LOIX

ET

CONSTITUTIONS

DES COLONIES FRANÇOISES

DE L'AMÉRIQUE SOUS LE VENT.

LOIX

ET

CONSTITUTIONS
DES COLONIES FRANÇOISES
DE L'AMÉRIQUE SOUS LE VENT;

SUIVIES,

1°. D'un Tableau raisonné des différentes parties de l'Administration actuelle de ces Colonies: 2°. d'Observations générales sur le Climat, la Population, la Culture, le Caractere et les Mœurs des Habitans de la Partie Françoise de Saint-Domingue: 3°. d'une Description Physique, Politique et Topographique des différens Quartiers de cette même partie; le tout terminé par l'Histoire de cette Isle et de ses dépendances, depuis leur découverte jusqu'à nos jours.

PAR M. MOREAU DE SAINT-MÉRY, Avocat au Parlement, Ancien Avocat au Conseil Supérieur du Cap François, Secrétaire de la Chambre d'Agriculture et Membre du Cercle des Philadelphes de la même Ville, Vice-Président du Musée de Paris, Secrétaire Perpétuel du Musée autorisé par le Gouvernement, sous la Protection de MONSIEUR et de MADAME, etc. etc.

TOME SECOND,

Comprenant les Loix et Constitutions depuis 1704 jusqu'en 1721 inclusivement.

Rien ne doit être si cher aux Hommes que les Loix destinées à les rendre Bons, Sages et Heureux.

MONTESQUIEU.

BIBLIOTHEQUE ROYALE

A PARIS,

Chez
- l'Auteur, rue Plâtriere, N°. 12.
- MOUTARD, Imprimeur, Libraire DE LA REINE, rue des Mathurins.
- MEQUIGNON jeune, Libraire au Palais, à l'Ecu de France.
- Les Freres LABOTIERES, à Bordeaux.
- D'ESPILLY, Libraire, à Nantes.

AVEC APPOBATION ET PRIVILÈGE DU ROI.

Ministres et Secrétaires d'État ayant le Département de la Marine.

6 Sept. 1699. M. de Phelippeaux, Comte de Pontchartrain. *Voy.* le premier Volume.

Sept. 1715. *Etablissement du Conseil de Marine pendant la minorité du Roi Louis XV.*

S. A. S. Monseigneur le Comte de Toulouse, Amiral de France, Chef du Conseil.

M. le Maréchal d'Etrées, Vice-Amiral, Président.

V. le troisieme Volume.

Gouverneurs-Généraux des Isles.

1er. Juil. 1702. M. Charles-François de Machault, etc. *Voy.* le premier Volume.
Mort à la Martinique le 7 Janvier 1709.

Janv. 1709. *Interim.* *M. Nicolas de Gabaret, Chevalier de l'Ordre Militaire de Saint-Louis, Lieutenant au Gouvernement général des Isles Françoises et Terre-Ferme de l'Amérique, Gouverneur Particulier de la Martinique, et Commandant en Chef auxdites Isles*, remplit l'interim.

1er. Janv. 1709. *M. Reymond-Balthazard Phelippeaux, Grand-Croix de l'Ordre Militaire de Saint-Louis, Lieutenant-Général des Armées du Roi, Conseiller d'Etat d'épée,*

Nota. *On a mis en italique dans cette Liste, comme dans les suivantes, les noms et les qualités des Gouverneurs-Généraux, Intendans, etc.*

Gouverneur et Lieutenant-Général des Isles Françoises et Terre-Ferme de l'Amérique.

Reçu à la Martinique le 3 Janvier 1711.

Il y meurt le 21 Octobre 1713.

21 Oct. 1713. *Interim.* *M. Robert Cloche de la Malmaison, Chevalier de l'Ordre Militaire de Saint-Louis, Gouverneur de la Guadeloupe, Commandant en Chef aux Isles de l'Amérique,* ayant un ordre de Commandement en cas d'absence ou de mort de M. de Phelippeaux, prit l'interim.

1er. Janv. 1714. *M. le Marquis Duquesne, Chevalier de l'Ordre Militaire de Saint-Louis, Chef d'Escadre des Armées Navales du Roi, Gouverneur et Lieutenant-Général des Isles Françoises* du Vent *de l'Amérique.*

Reçu à la Martinique le 2 Janvier 1715.

Le même jour, 1er. Janvier 1714, Saint-Domingue fut érigé en Gouvernement général des Isles *sous le Vent.*

Intendans-Généraux des Isles.

1er. Oct. 1702.	M. de Mithon.	*Voy.* le premier Volume.
1er Sept. 1704.	M. de Vaucresson, jusqu'en 1716.	

GOUVERNEURS DE LA PARTIE FRANÇOISE de Saint-Domingue.

1er. Mai 1703. M. Auger. *Voy.* le premier Volume.
Mort à Léogane le 13 Octobre 1705.

13 Oct. 1705. *Interim.* *Le sieur de Charite, Chevalier de l'Ordre Militaire de Saint-Louis, Lieutenant de Roi de l'Isle de la Tortue et du Cap, Commandant en Chef les Colonies Françoises de l'Isle de la Tortue et Côte Saint-Domingue*, prend l'interim.

1er Août 1706. *M. le Comte de Choiseul Beaupré, Capitaine de Vaisseaux, Gouverneur pour le Roi de l'Isle de la Tortue et Côte Saint-Domingue*, succede à M. Auger.
Reçu au Conseil du Cap, le 28 Décembre 1707.
Et à celui de Léogane, le 30 Janvier 1708.

22 Sept. 1710. *M. Laurent de Valernod, Chevalier de l'Ordre Militaire de Saint-Louis, Gouverneur pour le Roi de l'Isle de la Grenade, Commandant en Chef à celle de la Tortue et Côte Saint-Domingue*, prend l'interim en vertu d'un ordre du Roi dudit jour 22 Septembre 1710, au départ de M. le Comte de Choiseul pour France.
Reçu au Conseil du Cap, le 7 Février 1711.
Et à celui du Petit-Goave, le 5 Mai suivant.
Il meurt au Petit-Goave, le 24 du même mois de Mai.

24 Mai 1711. *Interim.* *M. Jean-Pierre de Charite, Chevalier de l'Ordre Militaire de Saint-Louis, Gouverneur de Sainte-Croix, Commandant en Chef de l'Isle de la Tortue et Côte Saint-Domingue*, prend ce nouvel interim.
Il fut nommé Gouverneur de la Martinique le premier Septembre 1711; mais il refusa cette place.

M. Jean-Joseph de Paty, Commandant de la partie de l'Ouest, y rendoit des Ordonnances pendant cet interim, soit seul, soit en commun avec M. de Mithon.

1er. Sept. 1711. M. de Gabaret, Lieutenant pour le Roi au Gouvernement général des Isles, fut nommé Gouverneur de Saint-Domingue pour remplacer M. le Comte de Choiseul; mais il mourut à la Martinique, le 25 Juin 1712, et ne pût faire aucun usage de cette nomination.

29 Juin 1712. *Interim.* *M. le Comte d'Arquyan, Chevalier de l'Ordre Militaire de Saint-Louis, Capitaine des Vaisseaux du Roi, Capitaine général des Côtes de Luçon en Poitou, Gouverneur de l'Isle de Sainte-Croix;* (il avoit été nommé le 1er Septembre 1711 à la place de M. de Charite), *Commandant en Chef à celle de la Tortue et Côte Saint-Domingue*, prend l'interim à son arrivée.

Reçu au Conseil du Cap, le 29 Août 1712.

1er Oct. 1712. *M. le Comte de Blénac, Grand Sénéchal de Saintonge, Lieutenant au Gouvernement général des Isles Françoises et Terre-Ferme de l'Amérique, Gouverneur en Chef de l'Isle de la Tortue et Côte Saint-Domingue,* nommé à la place de M. de Gabaret.

Reçu au Conseil du Cap, le 13 Juin 1713.

Et à celui de Léogane, le 7 Juillet suivant.

1er Janv 1714. Saint-Domingue fut érigé en Gouvernement général, sous le titre d'*Isles sous le Vent.*

Intendans particuliers de Saint-Domingue.

Voy. le premier Volume.

28 Déc. 1703. *Le sieur Deslandes, Commissaire-Ordonnateur de la Marine et des Colonies, faisant fonctions d'Intendant de Justice, Police et Finances de l'Isle de la Tortue et Côte Saint-Domingue.*

Reçu au Conseil de Léogane, le 13 Février 1705.

Et à celui du Cap, le 15 Mars suivant.

Il meurt à Léogane, le 27 Octobre 1707.

5 Oct. 1707. *Interim.* M. Mercier, Inspecteur-Général de la Compagnie de l'Assiente, désigné par M. Deslandes à sa mort pour rester

rester chargé des affaires du Roi, les administre en vertu d'une Ordonnance de M. de Charite, Commandant en Chef par interim, dudit jour 5 Novembre 1707.

15 Fév. 1708. *Interim.* M. de Verninac, Conseiller au Conseil Supérieur de Léogane, Ecrivain principal de la Marine, ayant un ordre pour faire les fonctions de Commissaire, prend celles d'Ordonnateur, en vertu d'un ordre de M. le Comte de Choiseul, Gouverneur.

20 Juin 1708. Ordre du Roi, qui confirme M. Mercier jusqu'à l'arrivée de M. Mithon; mais cet ordre n'eut aucun effet.

6 Juil. 1708. *M. Jean-Jacques Mithon, Ecuyer, Conseiller du Roi en ses Conseils, Commissaire de la Marine, faisant fonctions d'Intendant de Justice, Police et Finances en l'Isle de la Tortue et Côte Saint-Domingue*, est nommé pour remplacer M. Deslandes.

Il est nommé Premier Conseiller des Conseils de Saint-Domingue, le 9 Septembre 1708.

Reçu dans les deux qualités au Conseil du Cap, le 26 Juin 1709.

Et à celui de Léogane, le 8 Juillet suivant.

Il est nommé Intendant des Isles sous le Vent en 1718.

Gouverneurs-Généraux des Isles sous le Vent, depuis le premier Janvier 1714 que Saint-Domingue a été établi en Gouvernement général desdites Isles sous le Vent.

1er. Janv. 1714. *M. le Comte de Blénac, Grand Sénéchal de Saintonge, Gouverneur-Général des Isles Françoises et Terre-Ferme sous le Vent de l'Amérique*, fut le premier qui eut ce titre quand Saint-Domingue fut rendu indépendant du Gouvernement général des Isles, dont le chef lieu avoit été à la Martinique jusqu'à ce moment.

Reçu au Conseil de Léogane, le ....

Et à celui du Cap, le 5 Mars 1715.

GOUVERNEURS-GÉNÉRAUX DES ISLES SOUS LE VENT.

1er. Janv. 1716. *M. le Marquis de Chateaumorand, Chef d'Escadre des Armées Navales de Sa Majesté, Gouverneur-Général pour le Roi des Isles de la Tortue, Côte Saint-Domingue et Terre-Ferme de l'Amérique Méridionale*, remplace M. le Comte de Blénac.

Reçu au Conseil du Cap, le 11 Janvier 1717.
Et à celui de Léogane, le 13 Février suivant.

1er. Sept. 1718. *M. le Marquis de Sorel, Chevalier de l'Ordre Militaire de Saint-Louis, Gouverneur et Lieutenant-Général des Isles sous le Vent de l'Amérique*, remplace M. le Marquis de Chateaumorant.

Reçu au Conseil du Cap, le 10 Juillet 1719.
Et à celui de Léogane, le 13 Novembre suivant.

Voy. la Suite au troisieme Volume.

INTENDANS DES ISLES SOUS LE VENT,

Depuis le premier Janvier 1714 que Saint-Domingue a été érigé en Chef-lieu du Gouvernement général desdites Isles sous le Vent.

9 Août 1718. *M. Jean-Jacques Mithon, Conseiller du Roi en ses Conseils, Intendant de Justice, Police et Finances des Isles sous le Vent de l'Amérique*, a été le premier Intendant; il étoit Commissaire-Général de la Marine.

Reçu au Conseil de Léogane, le 6 Mars 1719.
Et à celui du Cap, le premier Avril suivant.
Il fut nommé Intendant à Toulon en 1720.

6 Mai 1720. *Interim.* *M. Jean-Baptiste Duclos, Conseiller du Roi en ses Conseils, Commissaire de la Marine, Ordonnateur de l'Isle de la Tortue et Côte Saint-Domingue, y faisant fonctions d'Intendant de Justice, Police et Finances*, prit l'interim.

Reçu au Conseil de Léogane, le 6 Mai 1720.
Et à celui du Cap, le 18 du même mois.

M. Duclos remplit cet interim jusqu'à la réception de M. de Montholon, qui n'eut lieu qu'en 1722.

Voy. la suite au troisieme Volume.

SUITE DE LA LISTE
DE MESSIEURS
LES SOUSCRIPTEURS,
PAR ORDRE ALPHABÉTIQUE.

Voyez en tête du premier Volume.

A

M. le Comte d'Agoult ✱, Commandeur, Prevôt et Maître des Cérémonies de l'Ordre de Saint-Lazare de Jérusalem, Brigadier des Armées du Roi, Major de la Cour, etc.

M. Amalric, Procureur au Conseil de la Martinique.

M. le Duc d'Aumont ✱, Pair de France.

B

M. Babille de Presnoy, Avocat au Parlement de Paris.

M. Bapst, Négociant à Bordeaux.

M. Barbey de Marbois, Intendant des Isles Françoises de l'Amérique sous le Vent.

M. Baresme, Négociant à la Martinique.

M. de Basterot, Conseiller au Parlement de Bordeaux.

M. Baudry, pere, à Paris.

M. le Président Baumez.

M. de Belair, Conseiller à la Cour des Aides, à Paris.

M. Bigot de Préameneu, Avocat au Parlement de Paris.

M. Blaizot, Libraire à Versailles.

M. Blanc, Avocat au Conseil de la Martinique.

M. Blondel, Avocat au Parlement de Paris.

M. Bluteau, Commis de la Marine, à Versailles.
M. Boissel, ancien Commandant et Habitant à Jean-Rabel.
M. Bose, Procureur aux Successions vacantes, à Sainte-Lucie.
M. de Brucourt, Conseiller au Conseil du Cap.

C

M. Calabre de Chassenay, Procureur du Roi de la Sénéchaussée du Fort Royal, à la Martinique.
M. Caun, Avocat au Cap.
M. Charpentier, Habitant à la Petite-Anse.
MM. du Club, de la Place Royale, à Bordeaux.
M. Corneille aîné, Négociant au Cap.

D

M. le Chevalier David ✠, Lieutenant-Colonel d'Infanterie.
M. Deschamps, Avocat et Substitut de M. le Procureur-Général au Conseil du Cap.
M. Despaulx, Avocat aux Conseils du Roi.
M. Duboismartin, Avocat aux Conseils du Roi.
M. Dubuc, Major pour le Roi à la Martinique.
M. Durand, Avocat au Parlement de Paris.
M. Duval Sanadon, Officier de Dragons, et Habitant à l'Artibonite.

E

M. Elie de Beaumont, Avocat au Parlement de Paris.
M. Espilly, Libraire à Nantes. . . . . *Pour 6 exemplaires.*

F

M. Freze aîné, Habitant à Ouanaminthe.

G

M. Gin, Conseiller au Grand-Conseil.
M. le Marquis de Gouffier ✠, Mestre-de-Camp de Cavalerie.
M. Guerin, Procureur au Conseil de la Martinique.

H

M. le Président d'Hornoy.

J

M. Jauvin, Contrôleur de la Marine au Port au Prince.

M. Joly, Avocat.

L

M. de Laborde, Garde-Magasin de la Marine au Cap.

M. le Chevalier de la Bourdonnaye, ancien Mousquetaire de la premiere Compagnie.

M. de Lahaye jeune, Consul Général de S. M. Impériale, au Havre.

M. le Comte de la Luzerne ✠, Lieutenant-Général des Armées du Roi, et son Gouverneur, Lieutenant-Général des Isles Françoises de l'Amérique sous le Vent.

M. le Comte de la Touche, Capitaine de Vaisseau, Directeur des Ports et Arsenaux, à la Cour.

M. la Vigne de Bonnaire, Procureur-Général au Conseil de la Martinique.

M. le Camus, Notaire à la Martinique.

M. le Gros, Procureur au Cap.

M

M. Marrier de Chanteloup, Commissaire de la Marine, Membre du Cercle des Philadelphes du Cap François.

M. Mas, Commissaire de la Marine, à la Martinique.

M. Masson, Avocat en Parlement.

M. de Mirbeck, Avocat aux Conseils du Roi.

M. de Monjuzion, Agent Général de la Compagnie Royale du Sénégal.

M. le Marquis de Montesquiou-Fezenzac ✠, Commandeur, Chancelier et Garde-des-Sceaux, et Surintendant des Finances de l'Ordre de Saint-Lazare de Jérusalem, Maréchal des Camps et Armées du Roi, Premier Ecuyer de MONSIEUR, etc.

M. Mozard, Rédacteur des Affiches Américaines à Saint-Domingue, Membre du Cercle des Philadelphes du Cap, etc.

P

M. le Baron de Perrier ✠, Colonel d'Infanterie.

M. Petit de Vievigne, Commissaire-Général de la Marine, Ordonnateur, faisant fonction d'Intendant à la Martinique.

M. Pingré, de l'Académie Royale des Sciences, Bibliothécaire de Sainte-Genevieve.

M. Poulin de Vieville, Censeur Royal.

M. Prevost, Avocat au Conseil, et Secrétaire perpétuel du Cercle des Philadelphes, au Cap François.

R

M. de Raime, Commissaire-Général de la Marine, ancien Ordonnateur à la Martinique.

M. Regnaudin, Substitut du Procureur du Roi de la Sénéchaussée de Saint-Pierre, à la Martinique.

M. Riviere, Négociant au Port au Prince.

M. Roignan, Greffier en Chef du Conseil de la Martinique.

S

M. Sauteyron, Conseiller au Conseil du Port au Prince.

M. de Seze, Avocat au Parlement de Paris.

T

M. Tascher de la Pagerie ✠, Lieutenant de Vaisseau, et Capitaine de Port, au Fort Royal, à la Martinique.

M. Tarot de Chambrun, ancien Conseiller au Conseil du Port-au-Prince.

V

M. le Comte de Vaudreuil, Chevalier des Ordres du Roi, Grand Fauconnier, ect.

M. le Duc de Villequier, Chevalier des Ordres du Roi, Lieutenant-Général de ses Armées, Premier Gentilhomme de sa Chambre, etc.

Fin de la Liste de MM. les Souscripteurs.

FAUTES ESSENTIELLES A CORRIGER.

Cette marque = *signifie au lieu de.*

Tome Ier.

Page 228 ligne 31 = 1669 mettez, 1670.
229 —— 18 = 1669 mettez, 1670.
241 à la fin après l'enregistrement, ajoutez, *R. au Conseil de Léogane, le 27 Novembre 1684.*
282 ligne 24 = 3 Septembre mettez, 13 Décembre.
283 —— 23 = 3 mettez, 13.
419 —— 5 = *crieries*, mettez, crimes.
— —— 25 après ces mots *les auront préposés*, ajoutez, et en cas que leurs Maîtres n'aient donné aucun ordre, et ne les aient point préposés.
— —— 27 après ces mots *profit des Maîtres*, ajoutez, et si rien n'a tourné au profit des Maîtres.
— —— 36 = *en partie*, mettez, ni être arbitres, experts.
420 —— 5 après ces mots, *en matiere crimenelle*, ajoutez, sauf à leurs Maîtres d'agir, et les défendre en matiere civile et de poursuivre.
421 ligne 11 = *réglée*, lisez, régalée.
422 —— 5 = conditions, mettez, exceptions.
734 —— 15 = Septembre 3, mettez, Décembre 13.

Tome II.

Page 31 ligne 21 = *derniers Régimens*, mettez, dernieres en Régimens.
32 —— 14 après ces mots *Cul-de-Sac*, ajoutez, un à Léogane.
82 —— 7 = *Mourtique*, lisez Moustique.
127 —— pénultieme = *qui*, mettez, puisqu'il.
132 —— 2 = *ils*, mettez, elles.
140 —— 21 = *interdit*, mettez, destitue.
198 —— 23, mettez : Le second Arrêt homologue l'estimation faite du Sucre par les arbitres à 4 liv. 10 sols le cent.
202 —— 16, ajoutez, du Conseil du Cap.
236 —— au titre = 1er, mettez, 2.

Page 279 ligne 12 == 22, mettez, 23.
300 —— 13 == *Jean-François*, mettez, Jean-Pierre.
316 —— 12 == Août, mettez, Avril.
338 —— 15 == *Arguyan*, lisez, Arquyan.
351 —— 1er. == *touchant*, mettez, contenant.
387 —— 22 == *disposée*, lisez, déposée.
— —— 26 == *étrampées*, lisez, étampées.
— —— 27 == 1712, mettez, 1713.
463 —— 12 == *Art. II.* mettez, Art. XI.
— —— 18 == *Art. IV.* mettez, Art. XIV.
492 —— 28 == *et lieux*, mettez, ès lieux.
484 à l'endroit effacé dans le titre, mettez, condamnés aux Galeres.
512 au premier titre, ajoutez, sur l'Octroi.
536 au titre == *de préférence*, mettez, préséance.
591 ligne 22 == *Pont François*, lisez, Port François.
662 —— 17 lisez, marques à feu.
770 —— 28 == *du 3 Août*, mettez, du mois d'Août.

Quant aux fautes typographyques, le Lecteur est prié d'y suppléer.

LOIX
ET
CONSTITUTIONS
DES COLONIES FRANÇOISES
DE L'AMÉRIQUE SOUS LE VENT.

ARRÊT du Conseil du Cap, qui ordonne l'exécution du Tarif du Conseil de Léogane, du 7 Octobre 1686; et que les Minutes des Greffes seront exhibées aux Juges et aux Procureurs du Roi des Sieges lorsqu'ils le requerront.

Du 11 Février 1704.

VU par la Cour la Requête présentée par Me Héron, Juge en la Juridiction ordinaire, et Brunet, Procureur du Roi en icelle, contre Me Duperrier, Greffier de ladite Juridiction, tendante, etc.; conclusions dudit Procureur-Général; et tout considéré, LA COUR faisant droit auxdites Conclusions, a ordonné et ordonne que le Tarif et Réglement fait par le Conseil Supérieur de Léogane, du 7 Octobre 1686, sera exécuté selon sa forme et teneur par les Officiers de la Juridiction de ce lieu et ressort du Conseil, en attendant qu'il y soit plus amplement pourvu, et qu'il sera dressé un Tableau des Droits mentionnés audit Tarif, pour être placé en la Chambre de ladite Juridiction ; et défenses auxdits Officiers de contrevenir audit Réglement, à peine de concussion ; ordonne que ledit Réglement sera enregistré, tant au Greffe de la Juridiction qu'en celle du Port-de-Paix ; le tout à la diligence dudit Procureur-Général ; et au surplus, la Cour faisant droit desdites Conclusions, ordonne aussi que les Minutes du Greffe resteront en une des Chambres dudit Greffe pour être exhibées par ledit Duperrier audit Juge et Procureur du Roi, lorsqu'il en sera par eux requis, en observant les formalités requises par les Ordonnances.

EXTRAIT de la Lettre du Ministre à M. AUGER, concernant les Capucins établis à Saint-Domingue.

Du 27 Février 1704.

LE Provincial des Capucins de Normandie ne pouvant envoyer à Saint-Domingue le nombre de Religieux nécessaires pour desservir les Cures que les Religieux ont dans cette Isle, le Roi en a reçu son désistement, et a résolu d'en charger les Peres Jésuites, en se déterminant en même temps de leur donner le Quartier du Nord, qui comprend le Cap et le Port-de-Paix, et de laisser aux Peres Jacobins celui de l'Ouest où ils sont établis, afin d'éviter les incidens qui pourroient survenir s'ils étoient mêlés ensemble ; je vous en informe de la part du Roi, pour qu'à mesure qu'il arrivera des Jésuites à Saint-Domingue, vous les placiez dans les Cures où il n'y aura point de Religieux, jusqu'à ce qu'elles soient toutes remplies.

Le Provincial des Capucins a demandé qu'il lui fût permis de retirer les Effets que ces Religieux avoient dans l'Isle ; comme ils ne peuvent en avoir aucuns en propre, Sa Majesté a jugé qu'ils ne leur appartenoient pas, mais aux Eglises qu'ils desservent ; et son intention est, que de concert avec M. Deslandes, vous fassiez employer ce qui proviendra de ces Effets à l'utilité ou à l'ornement de chacune de ces Eglises, ainsi que vous l'estimerez tout deux plus à propos.

Je suis, etc.

R. au Conseil de Léogane, le 21 Juin 1704.

Et à celui du Cap, le 11 Juillet suivant.

ARRÊT du Conseil du Cap, portant que la subsistance de l'Exécuteur des Hautes-Œuvres, et les frais des Exécutions seront pris sur la Caisse des Amendes.

Du 3 Mars 1704.

SUR la Remontrance faite à la Cour par le Procureur-Général, tendante à ce qu'il plaise à ladite Cour, ordonner qu'il sera pris pour la subsistance de l'Exécuteur de la Haute-Justice, et autres frais des Criminels qui pourront être détenus dans les prisons, et pour le Mémoire présenté par M. de Bonnefoi, Conseiller pour les avances qu'il a pu faire, et frais des exécutions qui se sont faites pendant qu'il exerçoit l'Office de Procureur du Roi; comme aussi pour le Mémoire, tant du Greffier de la Cour que de celui de la Juridiction ordinaire des sommes par eux déboursées, de leurs deniers; sur les amendes, tant du Conseil que de ladite Juridiction pour y satisfaire; et tout consideré, la Cour a ordonné que les dénommés ci-dessus seront payés sur lesdites amendes, tant du fol appel qu'autres, qui n'auront point leurs destinations particulieres; et que lesdits Greffiers en seront valablement déchargés, en rapportant les quittances d'emploi dudit Procureur-Général.

COMMISSION de Premier Pilote du Cap, avec Tarif des Droits à lui dûs.

Du 18 Mars 1704.

NOUS Gouverneur, etc.

Etant informé depuis la délivrance de la Commission accordée au sieur Biscourt que Me Jean Dupré, dit Duval, Pratique de cette Isle, a été ci-devant le seul chargé d'entrer et sortir les Vaisseaux du Roi, et les Marchands du Port dudit Cap, et qu'il est le plus capable de tous ceux qui dans les occasions y sont employés; nous en vertu du pouvoir à nous donné par Sa Majesté, avons établi et établissons Dupré Duval pour le Premier Pilote, Pratique du Cap, pour en faire les fonctions, préférablement audit Biscourt, que nous déclarons Pilote en second sous ledit Dupré Duval, sans qu'il puisse prétendre par la date de sa

Commission pouvoir aller au contraire de la présente qui prévaudra à toutes autres Commissions antérieures, le bien du service de Sa Majesté le demandant ainsi; ledit Dupré Duval jouira de la paie ordinaire ci-devant réglée audit Pilote, Pratique; savoir, cinquante livres tournois pour chaque Navire de haut bord, trente-six livres pour Flûte de Roi, et vingt-quatre livres pour chaque Vaisseau Marchand au-dessus de cent tonneaux, et dix-huit livres pour ceux qui sont au-dessous; et ce qui revient desdits Vaisseaux du Roi lui appartiendra à lui seul, et partagera avec les autres Pilotes ce qui viendra des Vaisseaux Marchands sans que personne puisse aller au contraire. FAIT au Cap, etc. *Signé* AUGER.

ARRÊT du Conseil du Cap, qui reçoit un Greffier en la Cour pour le temps de la maladie du Titulaire.

Du 26 Mars 1704.

LE Conseil extraordinairement assemblé, le Procureur-Général auroit remontré que le sieur Conegre, Greffier, seroit malade au lit et entièrement hors d'état d'exercer sa charge; la Cour ayant égard auxdites Remontrances, a nommé et nomme le sieur Jean-Baptiste Duperrier, Greffier de la Juridiction de ce lieu pour faire les fonctions de Greffier dudit Conseil, jusqu'à la convalescence dudit sieur Conegre; tout après ledit sieur Duperrier a prêté le Serment accoutumé de se bien acquitter dudit Emploi. DONNÉ en la Chambre du Conseil, en présence de M. Auger, Gouverneur, etc.

ARRÊT du Conseil du Cap, qui interdit un Juge pour Déni de Justice, et ordonne que la procédure sera instruite à ses dépens.

Du 26 Mars 1704.

VU par la Cour la Requête à elle présentée par le nommé le Blond, Prisonnier, détenu ès prisons de ce lieu, tendante à ce qu'il plût à ladite Cour lui accorder des dommages et intérêts contre Me Héron, Juge ordinaire de ce lieu, faute par lui de n'avoir pas instruit son Procès, conformément à l'Arrêt de ladite Cour, en date du trois du présent mois; la Requête présentée audit Juge par le Substitut du Procureur-Général pour instruire de nouveau le Procès fait extraordinairement contre ledit le Blond; la réponse dudit Juge en datte du 7 Mars présent mois, par laquelle il déclare qu'il fait refus de travailler de nouveau audit Procès; ouï sur ce le Procureur-Général en ses Conclusions verbales; le tout considéré, la Cour a interdit ledit Mᵉ Héron, Juge ordinaire de ce lieu, pendant un mois des fonctions de sa Charge pour sa désobéissance aux Arrêts de ladite Cour, lui fait défenses de récidiver à l'avenir sous les peines portées par l'Ordonnance audit cas; et faisant droit sur la Requête dudit le Blond, a condamné ledit Héron, Juge, et le Procureur du Roi, à trois livres tournois par jour pour les dommages et intérêts du jour de l'emprisonnement jusqu'au jour que le Commissaire, nommé par le présent Arrêt, commencera à instruire de nouveau ledit Procès incessamment; et pour ladite instruction a nommé M. Pierre Roger, Conseiller-Commissaire et Rapporteur en cette partie; le tout aux dépens desdits Juge et Procureur du Roi; et le tout à la diligence de M. le Procureur-Général du Roi. DONNÉ en la Chambre du Conseil, etc.

ORDONNANCES du Gouverneur, touchant la Déclaration à faire lors de l'embarquement de l'Indigo et le paiement des droits sur cette Denrée.

Des 26 et 27 Mars 1704.

NOUS Gouverneur, etc.

Le Roi ayant résolu par l'Arrêt de son Conseil d'Etat, du 18 Juillet 1696, registré au Conseil Supérieur de Léogane, le 12 Décembre ensuivant, que les Habitans de Saint-Domingue contribuent aux dépenses qu'il convient de faire pour la sûreté et conservation de cette Colonie, a ordonné qu'il sera levé et perçu deux sols pour livre pesant sur tout l'Indigo qui se fabrique et transporte hors des Dépendances de cette Colonie; et comme nous sommes informés qu'il se glisse des abus dans les embarquemens et transports qui s'en font au prejudice dudit Arrêt du Conseil d'Etat, pour y pourvoir et empêcher à l'avenir qu'il ne se puisse embarquer ni transporter aucun Indigo hors des Dépendances de notredit Gouvernement, il est ordonné à tous Capitaines de Vaisseaux, Maîtres et Patrons de Barques, Chaloupes et autres Bateaux, de faire avant leur départ leur déclaration par écrit entre les mains des Commis à la recette desdits Droits, de la quantité d'Indigo qu'ils ont à bord pour leur compte, ou pour celui des Particuliers, afin que lesdits Commis puissent vérifier si ledit Droit a été payé en entier, et en donneront décharge auxdits Capitaines, Maîtres ou Patrons, pour leur servir en cas de besoin; et seront lesdits Commis tenus de garder leursdites déclarations ou copies d'icelles, afin qu'elles puissent être envoyées en France, suivant nos ordres, aux Receveurs des Domaines de Sa Majesté, pour agir vers le Propriétaire, pour la confiscation dudit Indigo qui se trouvera ainsi non déclaré, et pour le paiement de l'amende de 1500 liv. portée par ledit Arrêt, et même de plus grandes peines en cas de récidive; et pour l'exécution du présent ordre, il sera lu, publié et affiché à l'issue des Messes Paroissiales, par trois Dimanches consécutifs, afin que personne n'en ignore. FAIT au Cap, ect. *Signé* AUGER.

R. au Conseil du Cap, le même jour.

NOUS Gouverneur, ect.

Ayant été informé depuis l'enregistrement de la présente Ordonnance qu'il y a des Particuliers qui embarquent de l'Indigo sans payer les Droits de deux sols par livre, soit par fraude ou pour n'avoir pas le temps, à cause quelquefois de leur embarquement précipité, ou celui de leur Indigo, il est ordonné auxdits Particuliers d'acquitter lesdits Droits de ceux qu'ils voudront embarquer avant de les porter à bord, et tireront un acquit du Receveur desdits Droits, pour le faire voir auxdits Capitaines où ils embarqueront l'Indigo desdits Particuliers, sur lequel acquit lesdits Indigos seront embarqués sans difficulté; mais au défaut dudit acquit les Capitaines qui embarqueront l'Indigo desdits Particuliers, seront tenus d'en payer lesdits Droits en leur propre et privé nom, à quoi ils seront contraints par les voies de la rigueur, sauf a eux ensuite d'avoir leur recours sur lesdits Particuliers; le présent Article augmenté à l'Ordonnance ci-dessus sera suivi et exécuté, tout ainsi que ladite Ordonnance, à laquelle fin elle sera publiée, etc. *Signé* AUGER.

R. au Conseil du Cap, le 27 Mars 1704.

ORDONNANCE du Gouverneur, qui interdit les Chiens aux Hâtiers.

Du 4 Avril 1704.

NOUS Gouverneur, etc.

L'application que nous avons eue en arrivant dans ce Gouvernement pour connoître les avantages les plus convenables au bien public;

particulierement sur ce qui sert à la subsistance, comme aussi à la conservation et augmentation des Hâtes et Corails qui font partie de ladite subsistance, nous avons permis aux Propriétaires desdites Hâtes et Corails d'entretenir chacun deux Chiens pour servir à la garde de leurs Parcs, et rassembler les troupeaux qui peuvent s'en écarter; mais lesdits Chiens qui devoient être uniquement pour lesdits usages ayant été changés en abus étant employés à la chasse en contrevenant à l'Ordonnance qui porte défense de chasser aux Chiens et Eperlins, nous oblige de retirer ladite permission accordée ci-devant aux Hâtes et Corails, et à défendre très-expressément aux Maîtres desdits Etablissemens de bêtes à corne et de cochons privés, d'avoir ni souffrir aucuns Chiens, sous quelque prétexte que ce puisse être, dans leursdites Hâtes, sur peine de trois cens livres tournois d'amende, applicables le tiers pour les frais qui surviennent pour des Exprès et Couriers employés pour le service de Sa Majesté; le second tiers aux Pauvers honteux infirmes; et le dernier tiers au Dénonciateur.

En outre, étant informé que des Chasseurs contreviennent de même à la susdite Ordonnance, chassant aux Chiens, Trous et Eperlins, ordonnons à tous ceux qui en auront connoissance de nous donner avis des Blancs libres, Engagés, Negres libres et Esclaves qu'ils rencontreront chassant auxdites chasses défendues, sur peine d'être eux-mêmes privés de chasser s'ils manquent à donner lesdits avis, et d'une amende arbitraire; et s'ils récidivent à manquer à nous donner, ou au Commandant du Quartier où ils se trouveront, lesdits avis pareillement, ils y seront contraints sous de plus grandes peines; et au contraire, exécutant exactement le présent Article, ils seront récompensés du tiers de l'amende de trois cens livres tournois mentionnée ci-dessus, comme Dénonciateurs; et comme il est important de faire contenir absolument tous lesdits Chasseurs de chasser aux environs des Quartiers habités, lesdites Hâtes et Corails établis dans lesdits lieux écartés servant à la subsistance des Peuples des Quartiers dont ils sont voisins; ceux desdits Chasseurs qui seront trouvés chassant de plus près que de trois lieues desdits Quartiers habités, comme aussi desdites Hâtes et Corails paieront les susdites amendes de trois cens livres tournois, applicable par tiers comme ci-dessus pour la premiere fois; et en cas de récidive, leurs armes seront confisquées, et la chasse interdite pour un an, et sur de plus grandes peines pour la suite si les premieres ne suffisent pas pour arrêter de telles désobéissances; d'ailleurs, ayant égard aux besoins que peuvent avoir plusieurs personnes qui sont sans établissement de vivres et de faire des Viandes salées pour les débiter aux Familles de la Colonie qui forment les Bourgs qui sont établis sur les bords de la Mer; il est permis auxdites personnes nommées Chasseurs de faire leur chasse au fusil sans Chiens, Trous ni Eperlins dans les Terres qui sont au-delà de trois bonnes lieues des Quartiers habités, comme aussi des Hâtes et Corails, sur les peines portées ci-dessus, s'ils font le contraire; leur étant défendu aussi de tirer dessus les Coches plaines, ou étant suivies de leurs petits, pour éviter la destruction et perte considérable qui s'ensuivroit s'il leur étoit permis d'en user autrement; et pour que lesdits Chasseurs ne soient point sans aveu, comme aussi pour la sûreté de leur personne et de leurs chasses éloignées, ils prendront à l'avenir un Billet de permission du Commandant de leur Quartier, dans lequel il sera marqué les lieux où ils prétendent chasser, et le temps à peu près qu'ils peuvent rester, afin que lesdits Commandans le sachent, et puissent les faire avertir sûrement lorsqu'il s'agira d'occasion pressante pour le service du Roi; la présente Ordonnance étant aux fins d'établir un ordre convenable au bien commun de la Colonie, sera observée ponctuellement, après avoir été lue, publiée et affichée par tout où besoin sera, et registrée au Greffe de la Juridiction ordinaire du Port-de-Paix, afin que personne n'en prétende cause d'ignorance. DONNÉ au Port-de-Paix, etc. *Signé* AUGER.

R. au Siege Royal du Port-de-Paix, le 7 du même mois.

ORDRE du Commandant du Cap, pour indiquer qu'il y a des Negres Epaves au Corps-de-garde de la même Ville.

Du 6 Avril 1704.

ON fait à savoir qu'il y a des Negres Marons au Corps-de-garde au Cap; et comme ils ne sont pas étampés, et qu'on ne sait point à qui ils appartiennent, ceux qui en auront s'y trouveront Mercredi prochain, huitieme Avril; pour les reconnoître et les retirer.

Les Huissiers publieront le contenu ci-dessus aux portes de toutes les Eglises Dimanche prochain. DONNÉ le, etc.

Signé DE CHARITTE.

R. au Siege Royal du Cap, à la requête de M. de Charitte, le 17 du même mois d'Avril.

ARRÊT

Arrêt du Conseil du Cap touchant l'Inventaire de ses Regisrres et de ses Minutes.

Du 21 Avril 1704.

Vu par la Cour la Remontrance faite au Conseil par le Procureur-Général du Roi, tendante à ce que ce Conseil nommât un Commissaire pour être présent à l'Inventaire des Minutes et Registres du Greffe ci-devant occupé et géré par feu Me Bertrand Conegre, Greffier dudit Conseil, pour lesdites Minutes être enregistrées et remises entre les mains de Me Jean-Baptiste Duperrier, à présent Greffier par interim dudit Conseil, pour par lui en être chargé jusqu'à ce que ledit Conseil en ait autrement ordonné; et le tout considéré, LA COUR a nommé Me de Cayrol, Conseiller, pour Commissaire, et être présent audit Inventaire, et que par lui les registres et Minutes du Greffe du Conseil, seront mis entre les mains dudit Jean-Baptiste Duperrier qui en est chargé, etc.

Arrêt du Conseil du Cap, qui ordonne qu'un Procureur du Roi continuera à faire les fonctions du Juge pendant l'interdiction de ce dernier, malgré son appel au Conseil privé du Roi *de l'Arrêt qui l'interdit.*

Du 5 Mai 1704.

Sur la Remontrance fait à la Cour par le Procureur-Général du Roi, tendante à ce qu'il lui plût de statuer sur un Procès-verbal en date du 29 Avril dernier, fait par le sieur Brunet, son Substitut en la Juridiction de ce lieu, faisant fonctions de Juge, par l'interdiction du sieur Héron, Juge ordinaires des fonction de sa Charge pour un mois, suivant l'Arrêt rendu par ladite Cour, auquel ledit Juge s'est porté pour Appellant au Conseil privé du Roi, et relevé ledit appel par la déclaration que ledit Juge en a faite au Greffe de la Juridiction ledit jour; et que ledit Juge s'étant présenté au Greffe de ladite Juridiction pour faire les fonctions de sa Charge, voulant troubler ledit Substitut d'en faire les fonctions, sans auparavant avoir donné la démission dudit appel, ni sa Requête à ladite Cour pour être rétabli, et étant nécessaire d'y pourvoir pour le service du Public. A CES CAUSES, et le tout considéré, LA COUR faisant droit aux

Remontrances dudit Procureur-Général du Roi, a ordonné que ledit sieur Brunet, commis par ladite Cour pour exercer la fonction de Juge pendant l'interdiction dudit Héron, Juge ordinaire, continuera lesdites fonctions de Juge Civil et Criminel de ce lieu, jusqu'à ce qu'il en ait été autrement ordonné. DONNÉ, etc.

ARRÊT de Réglement du Conseil du Cap, touchant les Dispositions pieuses.

Du 6 Mai 1704.

SUR ce qui a été remontré à la Cour par le Procureur-Général du Roi, que nonobstant le soin qu'il a eu jusqu'à présent de savoir des Notaires et autres Personnes publiques, qui reçoivent des Testamens et Actes dans lesquels il est fait des Legs, Donations, ou Fondations, au profit des Hôpitaux, Eglises et Communautés, et de lui en donner connoissance incontinent après que lesdites dispositions auront lieu, et de lui délivrer copie en bonne forme desdits Actes, afin de prendre soin de faire mettre à exécution la volonté des Testateurs; néanmoins ils ne prennent soin d'y satisfaire, et par cette négligence sont cause de ce que les Hôpitaux, Communautés et Personnes qui sont dans la nécessité, sont privées de l'utilité qu'ils recevroient pour leur subvenir dans leurs besoins desdites dispositions pieuses, et donner l'occasion aux Exécuteurs Testamentaires de s'approprier des biens ainsi légués aux Pauvres; à quoi il est nécessaire de pourvoir, la matiere mise en délibération, la Cour faisant droit sur les Conclusions du Procureur-Général du Roi, a ordonné et ordonne à tous Notaires et autres Personnes publiques qui recevront des Testamens et autres Actes contenant des Legs, Aumônes ou Dispositions au profit des Hôpitaux, Eglises, Communautés, etc. d'en donner avis audit Procureur-Général du Roi, incontinent que lesdits Testamens ou autres Actes auront lieu, et seront venus à leur connoissance, et de lui mettre ès mains des extraits en bonne forme desdits Testamens et Dispositious pour en faire les poursuites nécessaires, à peine de répondre en leur nom des dépens, dommages et intérêts; ordonne en outre que les Héritiers, Exécuteurs Testamentaires, et tous autres qui auront connoissance desdits Testamens ou autres Dispositions de dernieres volontés, faites sousseing privées, en feront déclaration dans huitaine, à peine d'être condamnés en leur nom au paiement du quadruple, et être procédé contr'eux pour les Recelés selon la rigueur des Ordonnances, et contre lesdits Notaires de trois cens livres d'amende, dont sera délivré exécutoire, en vertu du présent Arrêt, sans qu'il en soit besoin d'autre, applicable moitié au profit de l'Hôpital de ce lieu, et l'autre aux Pauvres prisonniers.

Que le présent Arrêt sera signifié aux Notaires de ce Quartier, publié aux lieux et endroits accoutumés, ect.; les Notaires et autres Personnes qui recevront des Testamens où il y aura des Legs pieux, tenus d'en avertir lesdits Substituts dans pareil tems sous les mêmes peines. DONNÉ, ect.

ARRÊT du Conseil d'Etat, qui ordonne que le Bœuf salé d'Irlande qui entrera par le Port de Brest, pour les Isles Françoises de l'Amérique, sera exempt du droit de cinq livres du cent pesant, comme celui entrant par les Ports dénommés en l'Arrêt du 7 Décembre 1688.

Du 20 Mai 1704.

ORDONNANCE du Gouverneur, portant défenses aux Esclaves d'avoir des Chevaux.

Du 1er Août 1704.

NOUS Gouverneur, ect.

Quelques défenses que l'on ait pu faire aux Habitans de notre Gouvernement de permettre à leurs Esclaves d'avoir en propre des Chevaux, de s'en servir et en faire commerce; il nous paroît trop visiblement au préjudice de tout le Public qu'ils n'y font aucune attention, ce qui est cause que les vols de Chevaux, les déguisemens et les transports d'iceux d'un Quartier à l'autre sont si fréquens, qu'il nous en vient de toute part des plaintes, même des vols de brides et harnois; c'est pourquoi nous faisons d'abondantes défenses à toutes personnes que ce puisse être de permettre à l'avenir à leurs Esclaves d'avoir des Chevaux et harnois, soit que leursdits Esclaves disent les avoir achetés, ou qu'ils leur aient été donnés par d'autres; sur peine auxdits Maîtres de 300 liv. d'amende, et de confiscation desdits Chevaux et harnois, applicable un tiers au Dénonciateur, et les deux autres tiers au bien Public, ainsi que nous le jugerons à propos ; à cet effet les demandes et confiscations seront consignées entre les mains des Notaires des lieux ; défendons aussi à toutes personnes de donner aux Esclaves d'autrui aucuns Bestiaux sans la participation de leurs Maîtres, à peine de pareille amende et confiscation ; et comme il peut même arriver que lesdits Esclaves aient des Chevaux et harnois sans la participation de leurs Maîtres, soit qu'ils les aient achetés ou volés, lesdits Maîtres tiendront la main à ce que cela n'arrive plus, sur les peines susdites, et que quelque Esclave que ce soit qui sera trouvé monté ou avec des Chevaux, soit dans les Bourgs ou chemins hors de la compagnie de leurs Maîtres, ou sans billets ou marques évidentes qu'ils sont pour leur service, lesdits Chevaux et harnois seront confisqués de plein droit, sans qu'il soit besoin d'autres preuves, la moitié au Dénonciateur, et l'autre moitié remise auxdits Notaires, pour le même usage que dessus ; et pour tenir la main à l'exécution des présentes, nous ordonnons à toutes personnes, même aux Soldats des Troupes, de prendre et arrêter lesdits Esclaves ainsi montés, ou avec Chevaux, et se saisir de leur monture et harnois, s'ils ne sont en compagnie de leurs Maîtres, ou s'il n'apparoit par écrit ou preuves évidentes qu'ils vont pour leur service, et consigneront lesdits Chevaux et harnois chez le plus proche voisin du lieu ; et le tout, nous étant rapporté, nous ordonnerons ladite confiécation et amende s'il y a lieu, et plus grande peine s'il y échoit, sans qu'il soit besoin du Ministere de Justice ; requérant MM. du Conseil Supérieur de notre Gouvernement de faire l'enregistrement des présentes ; et afin que personne n'en ignore, elles seront lues, etc.

R. au Conseil de Léogane, le premier Septembre 1704.

ORDONNANCE du Gouverneur, qui défend les Assemblées et Danses des Negres Esclaves.

Du 1er Août 1704.

NOUS Gouverneur, etc.

Sa Majesté ayant fait des Réglemens et Ordonnances contre les Danses et Assemblées des Negres qui se font de nuit les Dimanches et Fêtes pendant le Service Divin ; à quoi nous trouvons peu d'exactitude de la part des Habitans et Maîtres des Esclaves, c'est pourquoi il est du service du Roi et de l'utilité publique de renouveller la publication desdites Ordonnances ; à l'effet de quoi nous défendons expressément à tous Habitans de ne point permettre la sortie de leurs Esclaves pour aller à de pareilles Assemblées, non plus que de souffrir les autres venir chez eux, ni qu'ils battent le tambour pendant le Service Divin, ni après le Soleil couché et pendant la nuit, à peine de répondre des mauvais événemens ; et quand les Habitans trouveront des Esclaves sur leurs Habitations qui y sont entrés sans leur permission ou de leur Commandeur, pour quelque sujet que ce soit, et comme ce ne peut être qu'à mauvais dessein, ils les feront châtier de quinze à vingt coups de fouet pour la première fois, et plus pour la seconde, et les renverront ; et si lesdits Maîtres ou Econômes ou Commandeurs souffrent ou permettent que leursdits Esclaves battent le tambour pendant le Service Divin, ou pendant la nuit, depuis le Soleil couché jusqu'au levé, ou fassent des Assemblées tumultueuses, ils seront condamnés en 300 livres d'amende sur la moindre dénonciation, sans que pour quelque raison que ce puisse être, ils en puissent être déchargés, ni qu'il soit besoin du Ministere de la Justice pour la faire payer, de laquelle amende il y en aura un tiers pour le Dénonciateur, et les deux autres tiers seront consignés entre les mains du Notaire des lieux pour être employés aux besoins Publics, ainsi que nous le jugerons à propos ; enjoignons à tous Officiers Majors et Commandans dans notre Gouvernement, Officiers des Troupes et Milices, Habitans et autres personnes que ce soit, de tenir la main à l'exécution du présent Ordre, et aux Rondeurs, Batteurs d'Estrade et Gens de Garde, de faire, sur peine de désobéissance, un détachement pour aller pendant la nuit aux lieux où ils entendront battre le tambour, ou Assemblées tumultueuses de Negres, pour ensuite venir nous en faire leur rapport, afin de faire payer dans la derniere rigueur la peine dûe aux contrevenans au présent Ordre, dont nous requérons MM. des Conseils Supérieurs de notre Gouvernement de faire l'enregistrement ; et afin que personnes n'en ignore, il sera lu, etc.

R. au Conseil de Léogane, le premier Septembre 1704.

Arrêt du Conseil du Cap, qui maintient la liberté de deux Negres et un Mulâtre, Prisonniers de Guerre, et annulle la Vente faite d'iceux.

Du 6 Août 1704.

Vu par le Conseil la déclaration faite au Greffe de l'Amirauté de ce lieu, le 27 Juin dernier, par le sieur le Roux, Commandant le Navire *la Pucelle de Nantes*, au sujet de deux Noirs et un Mulâtre par lui pris Esclaves en l'Isle de Sel, appartenante aux Portugais, Ennemis de l'Etat; les dispositions et auditions faites par partie de son Equipage; la Requête du sieur le Roux concluant que lesdits Portugais soient déclarés de bonne Prise et Esclaves; les conclusions du Substitut du Procureur-Général; la Sentence rendue qui adjuge les trois Hommes de bonne Prise, et qu'ils soient vendus, sans néanmoins les déclarer Esclaves; publication faite par Veilhaut, Huissier, le lendemain Dimanche 29 pour procéder à la Vente; le Procès-verbal, l'Adjudication et Vente faite en faveur du sieur la Peyre par ledit Juge le 30; la signature exposée sur une feuille de papier par lesdits deux Noirs et Mulâtre, lesquels se voyant vendre, se déclarerent libres; la Requête présentée en ce Conseil par l'Adjudicataire, où il expose que lesdits Negres se disent libres, icelle communiquée au Procureur-Général; les conclusions par lui prises le 12 Juillet, tendante à ce que la procédure fût rapportée au Conseil; l'Arrêt intervenu ledit jour; signification faite d'icelui audit le Roux le 22 dudit mois, pour en venir au premier jour de Conseil; autre Arrêt rendu le jour d'hier, après avoir ouï les Parties, qui ordonne sur la requisition du Procureur-Général que lesdits Portugais seront interrogés par un Commissaire nommé pour cet effet; les auditions séparément faites d'iceux par Me Cayrol, Conseiller et Commissaire des cinq et six; lesdites auditions signées sur le fait résultant de leur prise; et vu les conclusions par écrit du Procureur-Général de ce jour, et ouï sur ce le rapport de Me Cayrol, Conseiller audit Conseil et Commissaire en cette partie; le tout vu et considéré, Le Conseil a déclaré nulle la Vente desdits deux Noirs et du Mulâtre, Portugais de Nation et libres, attendu qu'ils paroissent l'être, suivant leurs interrogatoires et signatures; et ordonne que ledit Capitaine le Roux les reprenne et les garde à son bord comme Prisonniers de Guerre, et défense à lui de les exposer en vente à l'avenir, dépens compensés. Donné, etc.

ORDRE DU ROI, au sujet des cinquante Pas du bord de la Mer.

Du 6 Août 1704.

DE PAR LE ROI.

SUR ce qui a été représenté à Sa Majesté par le nommé Graissier, Habitant de la Guadeloupe, que les sieurs Comte Desnots et Robert, Gouverneur-Général et Intendant des Isles, ont fait au sieur de la Malmaison concession du Terrein des cinquante Pas du bord de la Mer au-dessous de son Habitation le 25 Juillet 1701, ce qui la lui rend inutile, et est contraire à l'usage dans lequel on est aux Isles de ne point concéder les cinquante Pas réservés pour le service de Sa Majesté, ou d'en laisser la jouissance à ceux dont les Habitations y confinent; et Sa Majesté voulant y pourvoir, après avoir vu ladite concession, et celle qui a été faite à André Graissier pere, par le sieur de Tracy, le 28 Juillet 1664, elle a cassé, annullé et révoqué ladite concession du 25 Juillet 1701, faisant défenses au sieur de la Malmaison de s'en aider ni de troubler, sous ce prétexte ledit Graissier dans la possession et jouissance dudit Terrein; voulant que lesdits cinquante Pas du bord de la Mer demeurent réservés suivant les Réglemens faits à ce sujet; enjoint Sa Majesté au sieur de Machault, Gouverneur-Général des Isles de l'Amérique, et au sieur Mithon, Commissaire-Ordonnateur, etc. FAIT à Versailles, etc.

R. au Conseil Souverain de la Martinique, le 13 Novembre 1704.

Cet Ordre du Roi est adopté à Saint-Domingue.

LETTRE du Roi à M. AUGER, pour lui ordonner de fournir à M. DUCASSE les secours qu'il lui demandera.

Du 27 Août 1704.

M. Auger, les ordres que je donne au sieur Ducasse sur le service qu'il aura à rendre dans l'Amérique avec l'Escadre de mes Vaisseaux qu'il commande, pouvant l'obliger à tirer des secours de Troupes et de Milices de Saint-Domingue pour en assurer l'exécution; je vous écris cette Lettre pour vous dire que mon intention est que vous lui fournissiez tous ceux qui seront praticables, sans vous exposer à aucun péril évident en vous trop dégarnissant, et que vous agissiez au surplus de concert avec lui sur tout ce qui pourra avoir rapport à mon service, ou à celui du Roi d'Espagne mon Petit-Fils, et la présente n'étant à autre fin, etc.

ORDONNANCE du Gouverneur, touchant la Chasse.

Du 25 Septembre 1704.

NOUS Gouverneur, etc.

Le service du Roi et l'utilité publique demandant qu'il soit fait un Réglement pour la Chasse, pour conserver à la Colonie l'abondance des Bestiaux, qui la rend recommandable par-dessus les autres Isles, ce qui fait une partie de sa subsistance, à quoi les Habitans, soit par eux-mêmes ou par leurs Esclaves, ont néanmoins si peu d'égard, que la destruction journaliere qui s'en fait la rendroit bientôt dépeuplée, si l'on n'en arrêtoit le cours; c'est pourquoi nous défendons à quelques personnes que ce soit de chasser aux Cochons avec des Chiens, ni aux Trous et Eperlins; leur permettons seulement de chasser à l'affut sur les Cochons Marrons et Bêtes à cornes, et point du tout sur les Bestiaux des Hâtes et Corails, ni plus près desdites Hâtes et Corail, et des plus prochaines Habitations des Quartiers que de trois lieues; à laquelle distance nous permettons aussi la Chasse de la Pintade, et non plus près, non plus que celle des Perdrix de France; à peine contre les contrevenans de trois cens livres d'amende, applicable moitié au Dénonciateur, et l'autre moitié aux besoins Publics, laquelle dite amende et autres plus grandes peines s'il y échoit, sera payée sans remise sur simple Dénonciation; enjoignons à toutes personnes d'y tenir la main, et requerrons MM. des Conseils Supérieurs de notre Gouvernement de faire l'enregistrement de la présente; et afin que personne n'en ignore elle sera lue, etc. FAIT à Léogane, etc. *Signé* AUGER.

R. au Conseil de Léogane, le 12 Novembre 1704.

ARRÊT

ARRÊT du Conseil d'Etat, touchant les Droits du Domaine d'Occident sur les Marchandises d'Amérique prises par les Ennemis, et reprises sur eux.

Du 18 Octobre 1704.

SUR la Requête présentée au Roi en son Conseil, par Louis Guigue, Fermier-Général du Dumaine d'Occident, contenant qu'aux termes du Bail qui lui a été fait, il a droit de prendre quarante sols du cent pesant de Sucre, et trois pour cent sur les Sucres et autres Marchandises du crû des Isles et Terres-fermes de l'Amérique, qui entrent dans le Royaume; cependant les sieurs Fermiers-Généraux ayant prétendu que le Suppliant ne pouvoit lever le droit de quarante sols sur les Sucres, qui ayant été pris par les Ennemis, avoient été repris sur eux, conduits dans un Port de France, et déclarés de bonne prise, parce qu'ils devoient être regardés comme Sucres Etrangers, et que la totalité du Droit leur appartenoit; cette contestation a été décidée par le sieur Chamillard, Conseiller au Conseil Royal, Contrôleur-Général des Finances, Ministre et Secrétaire d'Etat; et il a été jugé que la nature de ces Sucres n'étoit point véritablement changées, quoiqu'ils eussent été déclarés de bonne prise, et que les Droits en devoient être partagés entre les sieurs Fermiers-Généraux et les Intéressés en la Ferme du Domaine d'Occident, suivant les Réglemens, comme s'ils étoient arrivés en droiture des Isles; les sieurs Fermiers-Généraux se sont conformés à cette décision, et ils ont restitué au Suppliant les quarante sols par quintal, faisant partie des trois livres ordonnées être levées sur les Sucres provenans des Prises, par l'Arrêt du Conseil du 21 Juin 1702, quoique ces Sucres eussent été pris par les Ennemis, repris sur eux, conduits dans nos Ports, et déclarés de bonne prise; cependant le Suppliant ayant voulu se faire payer par les Propriétaires des Sucres, et autres Marchandises provenans du crû des Isles et Terres-fermes de l'Amérique, qui avoient été pris par les Ennemis, et repris sur eux; ils ont refusé de le faire, et prétendu qu'ils ne doivent point le Droit de trois pour cent, mais seulement les trois livres portées par l'Arrêt du 23 Juin 1702; ce qui est contraire à l'Article CCCLXXIX du Bail de Domergue, et à la décision faite entre les sieurs Fermiers-Généraux et les Intéressés en la Ferme du Domaine d'Occident; le Roi en son Conseil, ayant égard à ladite Requête, a ordonné et ordonne que le Droit de trois pour cent de la valeur des

Marchandises appartenant à la Ferme du Domaine d'Occident, sera payée pour les Sucres, et autres Marchandises venant des Isles Françoises de l'Amérique sur des Vaisseaux François, qui ayant été pris par des Armateurs Ennemis, et repris sur eux, seront amenés dans les Ports du Royaume, quoique lesdits Vaisseaux soient déclarés de bonne prise. FAIT au Conseil d'Etat, etc.

LETTRES-PATENTES, portant Etablissement des Religieux de la Compagnie de Jesus dans l'Isle Saint-Domingue.

Du mois d'Octobre 1704.

LOUIS, etc.: SALUT. Par nos Lettres-patentes du mois de Juillet *1615*, enregistrées en notre Cour de Parlement, le 11 Avril *1658*, nous avons accordé aux Peres de la Compagnie de Jesus la permission de s'établir où bon leur sembleroit dans les Isles et Terres-fermes, de l'une et de l'autre Amérique de notre obéissance, pour y exercer les fonctions de leur Institut selon leurs Constitutions, avec la faculté d'y posséder des Terres, des Maisons, pour en jouir de même que des Droits, Privileges et Exemptions qui y sont expliqués; et par notre Edit du mois de Décembre 1674, portant Réunion des Isles de l'Amérique à notre Domaine, nous avons confirmé et ratifié les Concessions qui leur auroient été faites dans tous les lieux de l'Amérique Méridionale par la Compagnie d'Occident, par ses Délibérations du 17 Juillet 1673, 4 Août, 28 Novembre et 13 Décembre *1674*, en présence des Commissaires-Généraux par nous préposés à l'examen des Charges et Engagemens de cette Compagnie; mais d'autant que depuis ces Concessions la partie de l'Isle de Saint-Domingue, qui est sous notre domination, s'y est considérablement augmentée par le défrichement des Terres qui n'avoient pas encore été cultivées, nous avons cru ne pouvoir mieux nous assurer que nos Sujets qui les habitent auront tous les secours Spirituels qui leur sont nécessaires, qu'en établissant les Peres Jésuites dans les Quartiers du Nord de Saint-Domingue. A CES CAUSES, nous avons permis et permettons par ces Présentes, aux Religieux de la Compagnie de Jesus, de s'établir dans la partie du Nord de l'Isle de Saint-Domingue, appellée *le Cap François*, *le Port-de-Paix*, et autres Quartiers qui en dépendent, formés ou à former, pour y avoir seuls le soin de tout le Spirituel, et y desservir les Cures suivant leurs Constitutions et Privileges, sans qu'aucun autre Prêtre, Missionnaire, Séculier ou Régulier puisse s'ingérer d'y faire aucunes fonctions, sinon que du consentement desdits Religieux; et pour leur donner des marques de notre Protection Royale, et aider à leur subsistance, voulons que pour partie de la Fondation de la Maison principale, qu'ils établiront au Cap et au Port-de-Paix, le Fermier de notre Domaine d'Occident paie en France par chacun an au Procureur de cette Misson la somme de quinze cens livres, que nous avons fait et faisons employer chacune année dans les Etats de notre Domaine d'Occident en vertu des Présentes, sans qu'il soit besoin d'autres Lettres, Arrêts ni Déclarations; voulons qu'au Quartier du Cap, il soit donné auxdits Religieux un Terrein commode, et non concédé, pour y bâtir leur Maison principale proche le Presbytere, s'il se peut; et un autre pour établir une Habitation, dans laquelle il puisse être employé jusqu'à cent Noirs; que pour la subsistance de chacun de ceux qui seront employés à faire les fonctions Curiales dans lesdits Quartiers du Nord, il soit payé trois cens piastres par le Syndic de chaque Paroisse suivant l'usage, au Supérieur de cette Mission ou au Procureur, et pareille somme de trois cens piastres annuellement par chacun de deux Religieux chargés de l'Instruction des Negres, dont l'un sera au Cap, et l'autre au Port-de-Paix; voulons que les Habitans du Quartier du Nord soient tenus de fournir aux Peres qui y desserviront les Cures, une Eglise en chaque Quartier, avec un Logement commode et en état d'y pouvoir contenir au moins deux Religieux, et autant de Domestiques, d'entretenir et réparer les Eglises sans que lesdits Religieux soient tenus d'y contribuer en quelque maniere que ce soit, sauf à eux, après qu'il en aura été fait Procès-verbal en leur présence et en celle des Officiers et des Syndics, lors de la prise de possession, de les augmenter si bon leur semble; permettons néanmoins de se charger en tout ou partie du soin desdits Quartiers, en laissant les Presbyteres au même état qu'ils les auront reçus, aux Habitans qui seront tenus de les rembourser des augmentations et améliorations qu'ils y auront faites; auquel cas tout ce qui sera provenu des Legs et Donations faites par les Habitans, restera aux Paroisses des Quartiers, pour servir à l'entretien et subsistance des Curés et autres Religieux qui les remplaceront; voulons en outre, que conformément à nos Lettres-patentes du mois de Juillet 1651, et à notre Edit du mois de Décembre 1674, lesdits Peres et leurs Successeurs puissent établir des Missions dans l'étendue du Quartier du Nord de Saint-Domingue, y acquérir des Maisons et des Terres, pourvu qu'elles n'excedent point celles qui sont nécessaires pour l'emploi de cent Negres; construire des Moulins et autres Engins et Machines nécessaires pour l'usage du Pays ; qu'ils jouissent de l'exemption pour leurs Domestiques, Engagés et Negres, de Guet et Garde, et des Corvées ordinaires et extraordinaires, à l'exception des occasions urgentes ; qu'ils jouissent de l'exemption des Droits de Poids pour leurs Marchandises, comme aussi du Droit de Chasse et de Pêche, sur les Terres à eux appartenant par Acquisition, Concession, Donation et toute autre voie légitime, sans qu'aucun autre puisse chasser dans leur étendue, détroits et limites, que de leur consentement, ni prendre les Herbages et toutes autres choses qui se trouveront sur les Rives de ces Terres par l'ouverture des Eaux et des Marées, dont en tant que besoin seroit, nous leur avons fait don, à l'exception toutefois des Mines que nous nous réservons. Si donnons en mandement à nos amés et féaux Conseillers les Gens tenant notre Cour de Parlement et Chambre des Comptes à Paris, Conseils Supérieurs établis à l'Amérique, et à tous Gouverneurs, nos Lieutenans établis sur les lieux, et à tous autres nos Officiers et Sujets, etc. DONNÉ à Fontainebleau au mois d'Octobre, l'an de grace, mil sept cent quatre, et de notre regne le soixante-deuxieme. *Signé* LOUIS. *Et plus bas*, PHELYPEAUX.

R. au Conseil du Cap, le 18 Mars 1705.

BREVET de Don des Biens d'un Prêtre marié, en faveur de la Femme et des Enfans.

Du 17 Décembre 1704.

AUJOURD'HUI, 17 Décembre 1704, le Roi étant à Marly, et voulant gratifier Joseph-Alexandre et Barbe Lancelot, Sa Majesté leur a fait Don de la moitié des Effets acquis par Jean-Etienne de Bonald, Prêtre et Religieux, marié avec Barbe de Grachet, pendant qu'ils ont été ensemble sous le nom d'Alexandre-Etienne Lancelot, qui est celui qu'il avoit pris en passant à Saint-Domingue ; l'autre moitié appartenant à ladite Grachet, à cause de la Communauté qui étoit entr'eux, pour en jouir par lesdits Joseph-Alexandre et Barbe Lancelot, comme de choses à eux appartenantes, et ainsi qu'ils auroient pu faire, si le Mariage avoit été légitime, et qu'ils leur fussent avenus par la mort de leur Pere, déclarant nuls tous Contrats de Vente desdits Effets qui auroient pu être faits par ledit de Bonald, avant son départ de l'Isle Saint-Domingue ;

le tout en vertu du présent Brevet, que Sa Majesté veut être exécuté et enregistré au Conseil Supérieur du Cap François de ladite Isle, et lequel pour marque de sa volonté, elle a voulu signer de sa main, et être contre-signé par nous Conseiller en tous ses Conseils, Secrétaire d'Etat de ses Commandemens et Finances. *Signé* LOUIS. *Et plus bas*, PHELYPEAUX.

R. au Conseil du Cap, le 5 Novembre 1705.

Le faux Lancelot étoit Religieux Bénédictin de la Province de Normandie, et avoit été à Saint-Domingue successivement Arpenteur, Greffier-Notaire du Cap, et Procureur du Roi du même Siege. Il partit secrétement de cette Ville sur les premiers bruits de son double sacrilége; mais la bonne foi de la Mere porta Sa Majesté à user de clémence envers elle et envers ses Enfans.

ARRÊT du Conseil de Léogane, concernant les Legs pour Œuvres Pies.

Du 3 Février 1705.

SUR les Remontrances faites au Conseil par le Procureur-Général du Roi, qu'il auroit eu avis qu'au mépris des volontés de plusieurs Décédés qui ont ordonné par leurs Testamens de certaines sommes destinées à Œuvres Pies, soit pour les Eglises, Hôpitaux, et les Personnes qui se trouvent dans la nécessité; les Héritiers ou Exécuteurs Testamentaires ne tenoient compte d'y satisfaire, sous prétexte de s'approprier lesdites sommes; et par cette avarice ou négligence sont cause que lesdits Hôpitaux ou Pauvres sont privés de l'utilité qu'ils recevroient desdites Dispositions pour subvenir dans leurs besoins; que pour mettre ordre à ces sortes d'abus, et faire mettre à exécution les volontés desdits Testateurs, il est d'une nécessité, et conformément à ce qui se pratique dans le Royaume, d'obliger les Notaires et autres Personnes publiques, ect. LE CONSEIL faisant droit à ladite Remontrance dudit Procureur-Général du Roi, ordonne aux Notaires et autres Personnes publiques qui auroient des Testamens et autres Actes contenans des Legs, Aumônes ou Dispostions au profit des Eglises, Hôpitaux et Personnes, d'en donner avis audit Procureur-Général et de lui en délivrer des Extraits en bonne forme, à peine d'en répondre en leurs noms; ordonne en outre, que les Héritiers, Exécuteurs Testamentaires et tous autres qui auront connoissance desdits Testamens et Dispositions faites sous seings privés, en feront déclaration dans huitaine, à peine d'être condamnés au quadruple envers les Pauvres, et d'être procédé contr'eux pour les Recelés selon la rigueur des Ordonnances, et ledit Notaire à telle amende que le Conseil avisera; que ledit Arrêt sera lu, publié et affiché; et qu'à cet effet il en sera délivré expéditions nécessaires pour être envoyées auxdits Notaires, pour les garder en Tableau dans leur Tabellion, et en donner avis audit Procureur-Général pour en certifier le Conseil.

ARRÊT du Conseil de Léogane, concernant les Registres de Baptêmes, Mariages et Sépultures.

Du 3 Février 1705.

SUR la Remontrance faite au Conseil par le Procureur-Général du Roi, qu'encore que par Arrêt du 9 Janvier 1696, il ait été enjoint aux Curés et Missionnaires faisant lesdites fonctions, conformément aux Articles VIII, IX, X, XI, XII et XIII du Titre XX de l'Ordonnance de 1667, de tenir tous les ans deux Registres, qui leur seront fournis par les Marguilliers aux dépens de la Fabrique, pour y enregistrer par lesdits Curés les Baptêmes, Mariages et Sépultures, le tout dans les formes prescrites par ladite Ordonnance, et selon l'ordre des jours, sans laisser aucun blanc, afin d'en délivrer un au Greffe du Juge qui l'aura paraphé; néanmoins ils n'ont tenu compte d'y satisfaire; au contraire, ledit Remontrant a appris que lesdits Curés tenoient trois Registres séparés, et sans que pour ce ils se soient mis en état d'en remettre une Grosse auxdits Greffes; et étant informé d'où pouvoit procéder une pareille nouveauté, n'étant point parvenu jusqu'à présent au Remontrant que Sa Majesté ait révoqué ces Articles, on l'a assuré que c'étoit par ordre de M. de Galiffet, pendant qu'il étoit Commandant en Chef; ce qui met ledit Remontrant hors d'état de se pourvoir pour la contravention à l'exécution dudit Arrêt, espérant d'en être plus amplement informé; et comme ces ordres, s'ils ont été donnés, n'ont été qu'à dessein d'avilir l'autorité du Conseil par l'inexécution de ses Arrêts, quoiqu'ils ne soient rendus que conformément aux intentions de Sadite Majesté; il est de l'intérêt du Roi et de ses Sujets, dans cette Colonie, de renouveller l'exécution dudit Arrêt; et en expliquant icelui, ordonner, etc. LE CONSEIL faisant droit à ladite Remontrance, ordonne que son Arrêt du 9 Janvier 1696 sera exécuté selon sa forme et teneur ; en conséquence la Minute dudit Registre sera apportée au Greffe avec la Grosse pour la collationner ; laquelle ensuite demeurera au Curé, après que le Greffier aura barré en l'une et en l'autre les blancs et feuillets qui resteront ; en outre ordonne qu'aux dépens de ladite Fabrique, il sera fourni un Registre pour y inserrer tous les Actes qui se trouveront dans les anciens, lesquels seront certifiés par le Curé qui se trouvera remplir la Cure, et ensuite collationné, et les feuillets blancs restans barrés, ladite Grosse restera au Greffe pour y avoir recours en cas de besoin ; enjoint au Substitut du Procureur-Général du Roi de tenir la main à l'exécution des Présentes, et d'en certifier le Conseil dans deux mois.

ARRÊT du Conseil de Léogane, touchant l'Enoncé des Promesses et Billets.

Du 3 Février 1705.

SUR la Remontrance faite au Conseil par le Procureur-Général du Roi, que certains Brouillons portés à la chicanne pour éluder et changer la nature de leurs dettes, ont introduit le mot *effectif*, prétendant par ce mot que les Actes ou Billets payables en Argent, le doivent être en Marchandises, à moins que ce prétendu mot n'y soit ; ce qui est contraire à la liberté de l'Homme et contre la propre signification de notre Langue, qui est assez fertile, sans la vouloir aider par un mot qui ne fait qu'assurer la réalité d'une chose ; et comme par le mot d'*effectif*, on veut de jour en jour, de plus en plus fomenter des Procès par le changement de la nature des Créances, que parce que les Débiteurs, par un esprit d'ingratitude, veulent être les Maîtres pour choisir la Marchandise qui se trouve avoir moins de débit, et de Vaisseaux pour l'embarquer ; ce qui porte une grosse perte aux Créanciers, qui se voient plus souvent obligés de traiter avec d'autres, et à vil prix, les Marchandises qu'ils ont reçues ; requerrons qu'il soit ordonné, etc. LE CONSEIL faisant droit à ladite Remontrance, ordonne que tous les Billets et Contrats qui se feront en Argent, seront spécifiés en Livres, Sols et Deniers ; que ceux qui sont faits en Argent, seront payés en Argent, et suivant le changement des Especes ; et que ceux qui sont portés en Argent, pour être ensuite transformés en Marchandises, seront aussi payés de même, et suivant la teneur desdits Contrats et Billets ; ordonne que le présent Arrêt sera lu, etc.

ARRÊT du Conseil d'Etat, qui juge que les Parlemens du Royaume ne peuvent pas connoître des Arrêts des Conseils de Saint-Domingue, par la voie de la Requête Civile.

Du 16 Février 1705.

ENTRE les Héritiers Bénéficiaires de défunt Jacques Yvon, sieur Deslandes, Lieutenant de Roi au Gouvernement de Saint-Domingue, Demandeurs d'une part; et Leger Pellé, Bourgeois de Paris, au nom et comme Tuteur de ses Enfans, Défendeur d'autre part. Vu copie des Lettres-patentes du mois d'Août 1685, par lesquelles Sa Majesté a créé et établi un Conseil Souverain et quatre Sieges Royaux dans la Côte de l'Isle de Saint-Domingue; copie collationnée d'une Sentence rendue par le Sénéchal de Léogane, le premier Août 1699; copie d'Arrêt du Conseil de Saint-Domingue, par lequel ladite Sentence a été confirmée avec amende et dépens, ledit Arrêt daté du 5 Octobre audit an 1699; Lettres de Requête Civile obtenues le 6 Septembre 1702 en la Chancellerie près le Parlement de Paris, par Leger Pellé, au nom et comme Tuteur de Leger et Jacques Pellé ses Enfans Mineurs, contre l'Arrêt du Conseil Souverain de Saint-Domingue, établi au Petit-Goave du 5 Octobre 1699; Requête dudit Pellé audit nom, audit Parlement de Paris, afin d'entérinement desdits Lettres de Requête Civile, ensuite de laquelle est l'Ordonnance de viennent du 5 Décembre 1702; Requête présentée au Parlement de Paris, le 26 Février 1703, tendante à ce que la Procédure de Pellé, sur la Requête Civile, soit déclarée nulle, et en tant que besoin, que Buttet et Consorts soient reçus Opposans à l'Ordonnance de viennent du 5 Décembre; et sans les approuver, les Parties renvoyées devant le Juge Souverain du Conseil de Saint-Domingue qui en doit connoître, ayant rendu ledit Arrêt suivant l'Article XXVI du Titre XXXV de l'Ordonnance de l'an 1667; Arrêt dudit Parlement de Paris, du 4 Juin audit an, par défaut contre lesdits Buttet et Consorts, par lequel sans s'arrêter à la Requête et Opposition desdits Buttet et Consorts, dont ils sont déboutés; sur lesdites Lettres en forme de Requête Civile, les Parties sont appointées au Conseil, et joint la Requête de Buttet et Consorts afin d'opposition audit Arrêt. Le Roi en son Conseil, sans s'arrêter aux Lettres en forme de Requête Civile du 6 Septembre 1702, ni à tout ce qui s'en est ensuivi, a déchargé lesdits Buttet et Consorts des Poursuites

et

et Procédures contr'eux faites au Parlement de Paris, au sujet desdites Lettres en forme de Requête Civile; et fait Sa Majesté défenses audit Pellé audit nom, de les continuer, sauf et sans préjudice à Pellé pere et à ses Enfans, de se pourvoir par les voies de droit contre le Jugement du Conseil Supérieur de Saint-Domingue, du 5 Octobre 1699, ainsi qu'ils aviseront bon être, condamne ledit Pellé pere audit nom aux dépens. FAIT au Conseil d'Etat privé du Roi, tenu à Versailles, etc.

ARRÊT de Réglement du Conseil de Léogane, qui, 1°. défend le Port d'Armes et les Assemblées aux Esclaves : 2°. établit 36 Hommes dans chacun des Quartiers désignés pour chasser les Negres Marons : 3°. fixe la nature et les circonstances de cette Chasse : 4°. ordonne une Levée publique pour payer lesdits Hommes, et d'autres objets : 5°. regle la Comptabilité de cette Levée, et les Droits du Receveur : 6°. et enfin, enjoint de fournir à ce dernier un récensement fidele.

Du 16 Mars 1705.

SUR la Requête présentée au Conseil par le Procureur-Général du Roi, que quelques ordres qu'il ait plu à Sa Majesté accorder à ses Sujets de l'Amérique, pour contenir les Esclaves dans leur devoir, et dans l'obéissance; néanmoins parce que les Terres sont d'une grande étendue, lesdits Negres trouvent la facilité de s'y attrouper dans les Bois, et y vivent exempts du service de leur Maîtres, et sans Chef que celui d'entr'eux qu'ils élisent; les autres, à la faveur des Cannes qui les couvrent le jour, attendent la nuit dans les grands chemins ceux qui passent pour les voler, et vont d'Habitations en Habitations enlever le Bétail qu'ils peuvent rencontrer pour se nourrir, ou se cachent dans la demeure de leurs Camarades, qui sont pour l'ordinaire participant de leurs vols; lesquels sachant ce qui se passe chez leurs Maîtres, en donnent avis auxdits Esclaves fugitifs, afin qu'ils prennent leurs mesures pour faire lesdits vols sans être apperçus; desorte que le libertinage pourroit augmenter le nombre desdits Esclaves, et les porter à des excès, tant par la douceur qu'ils trouvent, que par la trop grande négligence de leurs Maîtres, à observer l'Ordonnance de Sa Majesté de 1685, qui défend aux Negres Esclaves de porter aucune arme défensive, ni de gros bâtons, à peine de fouet, ans avoir de Billet de leurs Maîtres; qui leur défend pareillement de s'attrouper le jour ou la nuit, sous quelque prétexte que ce soit, même chez leurs Maîtres ou ailleurs, et encore moins dans les grands chemins et lieux écartés, à peine de punition corporelle, qui ne pourra être moindre que le fouet et la Fleur-de-Lys, et qui rend leurs Maîtres responsables des dommages causés par semblables et telles Assemblées ; à cet effet qu'il y soit pourvu suivant son Mémoire au bas d'icelle ; LE CONSEIL après avoir eu la lecture de la Requête, ensemble d'un Mémoire ; *et après avoir pris l'avis des principaux Habitans de ce Quartier*, a ordonné ce qui suit :

1°. Fait défenses aux Negres Esclaves de porter aucunes Armes défensives ni gros bâtons sans avoir des Billets, ou marques de leur Maître, sous peine de fouet et marque de la Fleur-de-Lys.

2°. Défend pareillement aux Esclaves de différens Maîtres de s'attrouper jour ou nuit, sous prétexte de noces ou autrement, soit chez leur Maître ou ailleurs, encore moins dans les grands chemins et lieux écartés, sous mêmes peines qui ci-dessus.

3°. Fait défenses aux Maîtres de quelque qualité ou condition qu'ils soient de souffrir de telles Assemblées, à peine d'être responsables des dommages causés par leurs Negres.

4°. Et comme il est d'une nécessité urgente de faire remettre dans l'obéissance ceux qui sont actuellement fugitifs, et contenir les autres dans le respect et l'obéissance, ordonne qu'il y sera tenu la main ; en conséquence il sera entretenu 36 Hommes par chaque Quartier du Petit-Goave, Léogane et Cul-de-Sac, qui seront payés à raison de 300 livres chacun an, laquelle somme sera prise du fonds qui sera pour cet effet levé et réglé par chaque tête de Negres, depuis l'âge de 14 ans jusqu'à 60 ; pour lesdits Hommes, faire la recherche des Negres fugitifs, soit dans la demeure des Esclaves, de nuit ou de jour (ordonne pour cet effet aux Maîtres ou Commandeurs de leur ouvrir les portes et leur prêter main-forte, au cas qu'ils le demandent, sans que pour quelque prétexte que ce soit, ils puissent s'en exempter) ou dans les Cannes, grands Chemins et Bois.

5°. Qu'il sera pareillement payé auxdits Hommes, sans diminution de leur pension, par les Propriétaires des Negres qu'ils prendront, soit par eux-mêmes, ou par l'assistance des Maîtres ou Commandeurs, la somme de 30 livres par chaque Esclave pris, soit dans la demeure desdits Negres ou dans les Cannes et grands Chemins ; celle de 45 livres pour ceux qui seront pris en-deçà des Montagnes ; et celle de 60 livres pour ceux qui seront pris dans les Quartiers plus éloignés, desquelles sommes ils seront payés comptant.

6°. Et comme lesdits Negres fugitifs pourroient se mettre en devoir de se défendre, permet auxdits Hommes de tirer dessus pour les arrêter; et au cas qu'il se trouve quelques Esclaves détruits et dénoncés par lesdits Maîtres, ordonne qu'ils seront payés sur lesdits fonds.

7°. Qu'il sera levé pour cet effet un fonds de 15,000 liv. qui demeurera entre les mains d'un Habitant solvable, tel qu'il plaira à MM. Auger, Gouverneur, et Deslandes, Commissaire-Ordonnateur choisir, pour par lui payer tous lesdits Hommes préposés, Negres suppliciés et autres frais qu'il conviendra sur les Ordonnances dudit sieur Commissaire-Ordonnateur.

8°. Ordonne qu'il sera payé au sieur Trésorier ou Syndic le dixieme dudit fonds, pour les frais de la Recette qu'il fera ou fera faire dans les Quartiers ci-devant dits; auquel il sera donné par chaque Habitant un dénombrement de tous les Negres, depuis l'âge de 14 ans jusqu'à 60 signé; et au défaut ledit Syndic ou Commis en fera foi sur son Registre, qu'il fera parapher par le Commissaire-Ordonnateur.

9°. Finalement le Conseil ordonne à tous les Habitans de donner un fidele dénombrement desdits Negres nom par nom, tant celui de Baptême que du Pays, et l'âge d'iceux ou environ, à peine au contrevenant de perdre les Negres qui se trouveront par lui recelés, pour lesdits Negres être vendus, et les deniers en provenant être partagés moitié au Dénonciateur, l'autre audit fonds; et duquel fonds ledit Syndic se fera décharger tous les ans au mois de Décembre par le Conseil; que le présent Arrêt sera enregistré dans les Juridictions en ressortissantes, et ensuite lu, publié et affiché, etc.

Ce Réglement fut approuvé par une Lettre du Ministre à M. Deslandes, en date du 24 Avril 1706.

ARRÊT du Conseil du Cap, qui nomme un Commissaire pour apposer les Scellés sur les Effets d'un autre Conseiller décédé, et en faire l'Inventaire.

Du 20 Avril 1705.

SUR la Remontrance verbale du Procureur-Général du Roi au sujet des Biens appartenans à feu Me Pierre de Lestang, vivant Conseiller au Conseil Supérieur du Cap, qui requiert qu'il soit nommé un Commissaire pour apposer les Scellés, et faire inventaire desdits Biens, le tout à la diligence dudit Procureur-Général du Roi, ou de son Substitut. LE CONSEIL a nommé Me Pierre de Silvecanne, Conseiller, pour Commissaire pour faire ledit Inventaire, et qu'il établira un Procureur pour la sûreté des Biens, pour le tout être rapporté au Conseil. DONNÉ en la Chambre du Conseil extraordinairement assemblé, etc.

ORDONNANCE du Roi, pour régler le Rang entre les Officiers dans les Isles.

Du 21 Avril 1705.

SA MAJESTÉ étant informée des contestations survenues entre les Officiers Majors des Compagnies qui sont employées pour son service dans les Isles Françoises de l'Amérique, pour le Rang entr'eux, et voulant leur en ôter tout prétexte, afin que ces sortes de discussions ne les détournent pas de l'application qu'ils doivent à leurs emplois, et ne donnent point lieu à des procédés toujours contraires au bien du service; elle a ordonné et ordonne, veut et entend que les Gouverneurs Particuliers d'une Isle qui passent dans une autre par son ordre, commandent les Lieutenans de Roi, et autres Officiers Majors de cette Isle; et si le Gouverneur venoit à manquer, par absence ou autrement, qu'il commande en Chef dans l'Isle sans qu'il y ait besoin de pouvoir particulier.

Dans quelqu'endroit que les Lieutenans de Roi se trouvent ensemble par ordre ou occasion imprévue du service, le plus ancien commandera.

Les Lieutenans de Roi des Isles dégradées qui seront employés, aussi bien que les Majors qui en auront l'ordre, auront Rang avec ceux de l'Isle où ils se trouveront, suivant leur ancienneté.

Les Capitaines et Officiers des Compagnies entretenues aux Isles, tiendront Rang entr'eux suivant la date de leurs Commissions, ou Brevets de leurs emplois dans les Troupes sans égard aux Brevets des Officiers de Marine, dont quelques-uns peuvent être pourvus. Mande Sa Majesté au sieur de Machault, Gouverneur et Lieutenant-Général desdites Isles, au sieur de Vaucresson, Intendant, et aux Gouverneurs Particuliers d'icelles, et autres Officiers à qui il appartiendra, de tenir la main à l'exécution de la présente Ordonnance. FAIT à Marly, etc. *Signé* LOUIS. *Et plus bas*, PHELYPEAUX.

CONVENTIONS *faites entre* M. DE LA MIRANDE, *Enseigne des Vaisseaux du Roi, son Lieutenant de la Partie du Sud de Saint-Domingue, Commandant l'Isle Saint-Louis et* M. ROCHETE, *Directeur de la Compagnie Royale de Saint-Domingue; et les Habitans Colons de ladite Compagnie, en présence de* M. AUGER *et de* M. DESLANDES.

Du 28 Avril 1705.

DEMANDES DES HABITANS.

1°. *Si les Habitans de la Compagnie peuvent trafiquer entr'eux les Denrées du Pays, et même avec ceux de la Bande du Nord; s'il sera permis auxdits Habitans d'en faire venir de la Bande du Nord?*

Appert les Lettres-Patentes accordées à la Compagnie par Sa Majesté.

Réponses de MM. de la Mirande et Rochete.

1°. M. de la Mirande et M. Rochete accordent que les Habitans puissent trafiquer entr'eux des Denrées de leur crû, et même qu'ils puissent faire venir des Quartiers du Nord les Denrées du crû du Pays nécessaires à la vie.

2°. *S'il sera permis auxdits Habitans d'acheter des Marchandises pour leur usage, de celles qu'il n'y aura point dans les Magasins de la Compagnie, dans les Vaisseaux François et Etrangers qui entreront en ce Port, bien entendu payables en Argent ou Vivres seulement?*

2°. Ne le pourront faire sans la permission par écrit du Directeur, qui ne pourra la leur refuser.

3°. *Si les Marchandises ou Vivres de France, qui se vendent dans les Magasins de la Compagnie, ne doivent pas être sur le pied de celles de la Bande du Nord; duquel Quartier du Nord la Compagnie ou son Directeur retirera un Certificat des Prix courans tous les mois, légalisé du Juge dudit lieu du Petit-Goave ou de la Petite Riviere; lesquels Prix seront affichés à la porte de l'Eglise ou autre lieu public?*

Appert un Mémoire envoyé à défunt M. de Bricourt par la Compagnie, laquelle l'ordonne ainsi.

3°. Le contenu en cet Article a été accordé conformément aux ordres de la Compagnie ; le Commissaire-Ordonnateur aura attention de faire exécuter cet Article.

4°. *Si les Marchandises fabriquées dans ladite Colonie de la Compagnie, seront prises sur le pied de celles de la Bande du Nord, en rapportant par l'Habitant un Certificat du Marchand, légalisé du Juge ou autre Homme public, concernant le prix courant de ladite Marchandise ; et en faisant sommer le Directeur, s'il ne sera pas dans l'obligation de prendre celles que l'on lui offrira ; et à faute de ce, si le Colon pourra les faire transporter à la Bande du Nord ?*

Appert le Mémoire cité ci-dessus.

4°. Sera permis de les porter à la Bande du Nord, si le Directeur ne veut pas les acheter ou refuse d'en donner le Prix qu'elles vaudront à la Bande du Nord ; ce que les Habitans ne pourront faire cependant sans la permission par écrit du Directeur, qu'il ne pourra leur refuser, s'ils ne s'accommodent pas.

5°. *Si les Habitans ne pourront point embarquer leurs Marchandises à frêt dans les Vaisseaux de ladite Compagnie, en leur payant sur le pied du Prix courant, bien entendu ceux qui ne lui devront point ?*

5°. Le contenu dans ledit Article leur est accordé, supposé qu'il y ait place dans les Vaisseaux de la Compagnie.

6°. *S'il ne sera pas permis auxdits Habitans de faire venir de France leurs nécessités dans les Vaisseaux de la Compagnie en payant le frêt ?*

6°. Renvoyé à la Compagnie pour en agir comme elle le jugera à propos.

7°. *Si les Negres qui sont ou pourront être sur les Habitations de la Compagnie, ne seront point sujets aux Corvées communes, Chemins ou autres Travaux publics ?*

7°. Accordé ledit VII Article pour y être sujets.

8°. *Si les Habitations de la Compagnie sont exemptes de la répartition générale pour paiement des Negres justiciés, Elévations d'Eglise, Gages et Entretien des Curés et Bourreaux ?*

Appert les Lettres-Patentes citées au premier Article de l'autre part.

8°. Les Habitations de la Compagnie contribueront à proportion des

Negres qui seront dessus; et les Habitations ne commenceront à payer le Curé que du premier Janvier dernier.

9°. Si le Magasin qui a été acheté par la Compagnie pour en faire une Eglise, doit être pour son compte, sauf aux Habitans de le faire entretenir.

Appert lesdites Lettres citées ci-dessus.

9°. Renvoyé à la Compagnie à qui on représentera le peu de moyens qu'ont les Habitans de supporter une semblable dépense.

Fait et arrêté sous le Scellé de ladite Compagnie à l'Isle et Fort Saint-Louis, ce 28 Avril 1705. *Signés* AUGER, DESLANDES, DE LA MIRANDE, ROCHETE, DUMOND, DESCHIENS, DESCOPINS, CABANIEULX, LE PAYS, LA ROCAUDIERE, FENIER, GALLAIS, HOSTEIN, TRICHET, LEGENDRE et DE CHATENAY.

Pour copie à l'Original étant en mes mains, que je promets faire enregistrer au Greffe pour y avoir recours, toutefois et quantes. FAIT à Saint-Louis, ce 28 Avril 1705. *Signé* ROCHETE.

R. au Greffe de la Juridiction du Fond de l'Isle à Vache, le 14 Octobre 1705.

ORDONNANCE *du Roi, touchant le Service des Troupes Réglées et des Milices, et la Formation de ces derniers Régimens.*

Du 29 Avril 1705.

SA MAJESTÉ ayant résolu de faire cesser les Contestations survenues entre les Compagnies qui servent dans les Isles Françoises de l'Amérique, et celles des Milices qui sont formées d'Habitans desdites Isles, lorsqu'on est obligé de les faire assembler pour des Expéditions contre les Ennemis de l'Etat, ou pour résister à leur attaque; et en même tems établir des degrés dans les Milices qui puissent servir de récompenses et de marques de satisfaction à ceux qui en seront pourvus, et même aux Capitaines des Troupes entretenues; elle y a pourvu par le présent Réglement.

ART. Ier. Les Compagnies entretenues dans les Isles de l'Amérique, auront toujours la droite, lorsqu'elles formeront un Corps avec celles de la Milice, et dans toutes les Expéditions dans lesquelles elles seron employées ensemble.

ART. II. Il sera à l'avenir établi des Colonels de Milice qui auront, chacun sous leur commandement, un certain nombre de Compagnies, tant d'Infanterie que de Cavalerie, qui sera réglé sur l'avis du Gouverneur desdites Isles, par rapport à la disposition des Quartiers, par un Etat qui sera arrêté par Sa Majesté, afin qu'il ne puisse être fait aucun changement.

ART. III. Les Colonels seront choisis entre les Capitaines entretenus, ayant des Habitations dans les Isles, et qui ont le plus de Service, et les Capitaines de Milices les plus aisés, et qui sont les plus distingués. Il en sera établi quatre à la Martinique, pour les Quartiers du Fort-Royal, du Bourg Saint-Pierre, de la Trinité, et du Cul-de-Sac Marin; deux à la Guadeloupe; un à la Grenade; deux à Cayenne, et sept à Saint-Domingue, dont deux au Cap, un au Port-de-Paix, un au Cul-de-Sac, un au Grand et Petit-Goave, et un dans le Quartier du Sud. Ils jouiront des Privileges des Gentilshommes dans les Isles, et rouleront, avec les Capitaines entretenus, suivant la date de leurs Commissions, à la réserve de ceux qui étoient Capitaines entretenus, qui conserveront leur rang du jour de leurs Commissions de Capitaines. Ils auront aussi entrée dans les Conseils des Généraux.

ART. IV. Les Capitaines de Milices auront à l'avenir des Brevets de Sa Majesté; les Lieutenans et les Enseignes, des Ordres particuliers. Les Capitaines auront rang de derniers Capitaines entretenus, et commanderont à tous les Lieutenans de Milice; les Lieutenans de Milices celui de derniers Lieutenans entretenus, et commanderont à tous les Enseignes; et les Enseignes, celui de derniers Enseignes entretenus.

ART. V. Le Lieutenant de Milice, que le Commandant de chaque Quartier aura choisi pour faire la fonction d'Aide-Major, agira en subordination au Major de l'Isle, pour l'exécution des Ordres qui seront donnés par le Gouverneur; et lorsque les Compagnies seront assemblées, il fera dans les détails les fonctions de la Majorité.

ART. VI. Les Lieutenans des Compagnies de Milice, seront choisis par préférence, pour remplir les Places de Capitaines qui viendront à vaquer, lorsqu'ils auront servi avec assiduité; et il en sera usé de même, pour les Places de Lieutenans à l'égard des Enseignes.

ART. VII. En l'absence ou défaut de Lieutenans de Roi, ou autres Officiers Majors, commandans dans un Quartier, les Capitaines et les Officiers des Troupes ne commanderont point les Capitaines et Officiers de de Milice, et ne prendront aucune connoissance de leur Discipline, ni de la Police des Habitans ; ils se mêleront seulement du détail des Soldats ; et pareillement les Colonels, Capitaines, et autres Officiers de Milice, ne commanderont pas les Troupes, ni n'en prendront connoissance, si ce n'est le tems d'une occasion de Guerre, auquel cas le commandement aura lieu entr'eux, suivant les Articles III et IV du présent Réglement, et le Capitaine de Milice exécutera les ordres du Gouverneur, Officier-Major, ou Commandant, pour ce qui regarde la Police des Habitans : si cependant ils assistoient ensemble à quelques Cérémonies ou Assemblées, par ordre ou autrement, pour le Service, le Capitaine entretenu aura le pas ; à l'exception des Cérémonies de l'Eglise, et autres publiques, purement de Bourgeoisie, où les Officiers des Troupes n'ont point de rang.

Art. VIII. En l'absence ou défaut d'Officiers-Majors, Commandans dans un Quartier, l'Aide-Major ou autre Officier de Milice, recevra le mot de l'Officier-Commandant les Troupes.

Mande Sa Majesté, etc.

Arrêt du Conseil du Cap, qui déclare nulle une Assignation sans date.

Du 4 Mai 1705.

Entre Marie-Anne Dieu le Veut, Veuve de feu Me de Graffe, Demanderesse, d'une part ; contre Me Antoine Robineau, Procureur-Général du Roi, comparant en sa personne, Défendeur, d'autre part ; ouï les Parties, et attendu que l'Assignation donnée au Procureur-Général par Lemaire, Huissier, n'est point datée, le Conseil a renvoyé le Procureur-Général de ladite Assignation, et condamne l'Huissier en dix livres d'amende, applicables à la Réparation du Palais.

LETTRES d'Erection en Comté d'une étendue de Terre depuis le Fossé de Limonade jusqu'à la Riviere Marion en longueur, et depuis la Mer jusqu'à la Montagne en largeur, en faveur de M. de Galiffet, Gouverneur de Sainte-Croix et du Cap, avec droits de Haute, Moyenne et Basse-Justice, de Patronage et de Commandement.

Du 6 Mai 1705.

Cette Erection faite à la charge d'une seule foi et hommage, d'un Pavillon pour le Mât d'un Vaisseau à chaque Mutation, mais notamment d'établir cent Habitans dans cette étendue de Terrain dans l'espace de 10 ans, avec défenses de les tirer des autres Quartiers de l'Isle, n'a pas eu lieu. Il n'existe à Saint-Domingue aucun Fief ni Propriété Seigneuriale.

ORDONNANCE du Gouverneur de la Partie du Sud qui défend le Transport des Indigos hors de la Concession de la Compagnie de Saint-Domingue.

Du 6 Juin 1705.

NOUS Lieutenant pour le Roi de l'Isle de la Tortue et Côte de Saint-Domingue, Commandant au Fort Saint-Louis et dans toute la Partie du Sud.

Sur ce qui nous a été représenté par le Directeur de la Compagnie Royale de Saint-Domingue que la plûpart des Habitans doivent depuis très-long-temps des sommes considérables à ladite Compagnie, et que bien loin de payer et s'acquitter envers ladite Compagnie, ils détournent et trafiquent toutes les Marchandises et Denrées provenantes de la culture des Terres qui leur ont été concédées pour éluder et éloigner toujours le paiement de ce qu'ils doivent au grand préjudice de ladite Compagnie, qui est dans de grosses avances, tant pour Negres, et autres Marchandises qui ont été données auxdits Habitans, que pour autres paiemens faits pour eux; et pour remédier à tous les abus qui se peuvent commettre dans le Commerce desdits Habitans, nous leur avons fait très-expresses inhibitions et défenses de transporter ni trafiquer en aucune maniere l'Indigo, et autres Denrées provenant des Terres qui leur ont été concédées par ladite Compagnie, qu'ils n'aient au préalable offert lesdits Indigos et autres Denrées à ladite Compagnie, et fait leur déclaration de celles qu'ils négocieront; ordonnons que tous les Indigos, et autres Denrées qui seront trouvées être transportées, tant par Mer que par Terre, sans avoir été offertes et déclarées à ladite Compagnie, seront confisquées à son profit, et les Contrevenans condamnés à cent livres d'amende pour la premiere fois, et à plus grande peine en cas de récidive; ordonnons que la présente Ordonnance sera lue, publiée et affichée, et enregistrée au Greffe de cette Isle, et au fond de l'Isle à Vache à ce que personne n'en ignore. DONNÉ à Saint-Louis, le sixieme Juin 1705. *Signé* DE LA MIRANDE.

R. au Greffe de l'Isle de Saint-Louis, le 8 Juin 1705.

ARRÊT de Réglement du Conseil de Léogane, qui ordonne que les Baux à Ferme seront réglés d'après l'Edit du mois de Mars 1685.

Du 8 Juin 1705.

VU au Conseil une Requête présentée par M. Charles de Devezien, Chevalier, Seigneur de Rancogne, expositive, qu'étant Cessionnaire de M. Jean du Quesnot, Procureur-Général audit Conseil du Bail à Ferme des Biens des Mineurs de feu M. et Demoiselle la Place, dont il est Adjudicataire, il auroit remarqué que ledit Bail est fait contre l'ordre et la forme de l'Edit du Roi de 1685, en ce que par l'Adjudication il charge ledit Fermier des Esclaves qui décéderont pendant le cours dudit Bail, et lui donne la faculté de compter parmis les fruits qu'il prélévera de ladite Habitation les Enfans qui naîtront desdits Esclaves; vu aussi ledit Edit de 1685, qui ordonne que les conclusions de M. René Buttet, Conseiller, faisant les fonctions de Procureur-Général du Roi, conclusions d'icelui; et le tout considéré, LE CONSEIL faisant droit à la Requête, ordonne que le Bail en question sera réglé suivant l'Edit de 1685, et que le présent Arrêt sera lu, publié et affiché dans les Juridictions qui ressortissent de ce Conseil, pour s'y conformer en pareil cas, suivant l'Ordonnance du Roi.

ARRÊT du Conseil du Cap, qui condamne une Veuve à faire Inventaire à la demande du Ministere public, et protestation du Doyen contre cette décision.

Du 8 Juin 1705.

ENTRE la Dame Veuve de Jean Chabanon, Demanderesse, comparante en sa personne, et par Duval, son Procureur, d'une part.

Contre M. le Procureur du Roi de la Juridiction Royale du Cap, Défendeur, et comparant en sa personne, d'autre part; ouï les Parties, ensemble les conclusions verbales du Procureur-Général, LE CONSEIL ordonne que l'Inventaire de la Veuve Chabanon sera fait et parfait à la Requête du Procureur du Roi, pour la conservation des Biens des Enfans Mineurs, ainsi que pour celui des absens, et des Tutelles et Curatelles, dont la Succession est chargée, et ladite Succession aux dépens. DONNÉ, etc.

Mon sentiment est que l'on ne peut pas obliger une Femme de faire Inventaire sans que personne le demande. Au Cap le 8 Juin 1705.

Signé au Registre, GARNIER, Doyen.

ORDONNANCE du Roi, contre les Negres libres, qui facilitent aux Esclaves les moyens de devenir Marons.

Du 10 Juin 1705.

DE PAR LE ROI.

SA MAJESTÉ étant informée que la peine qu'elle a établie par le Réglement du mois de Mars 1685 contre les Negres libres qui facilitent aux Esclaves les moyens de devenir Marons ou de commettre des vols, ne les empêche point de les recevoir chez eux et de leur y donner retraite, même de receler leurs vols et les partager avec eux, n'étant que pécuniaire, ce qui cause des désordres dans la Colonie, et un préjudice considérable aux Habitans; à quoi estimant nécessaire de pourvoir, Sa Majesté a ordonné et ordonne, veut et entend qu'à l'avenir les Negres libres qui retireront chez eux des Negres Marons, ou recéleront les vols qu'ils font ou les partageront avec eux, seront déchus de leur liberté, et vendus avec leur Famille résidant chez eux, à son profit, et le prix provenu de leur vente remis au Commis Trésorier de la Marine pour être employé au fait de sa Charge, à la réserve toutefois du tiers, qui sera donné au Dénonciateur, lorsqu'il y en aura; veut Sa Majesté que la présente Ordonnance soit lue, publiée et enregistrée aux Greffes des Conseils Supérieurs des Isles, et affichée par-tout où besoin sera, à ce que personne n'en ignore. Mande Sa Majesté au sieur de Machaut, Gouverneur et Lieutenant-Général desdites Isles; au sieur de Vaucresson, Intendant; aux Gouverneurs Particuliers d'icelles, et autres Officiers qu'il appartiendra de tenir la main à l'exécution de la présente Ordonnance. FAIT à Versailles, etc.

R. au Conseil du Cap, le 22 Décembre 1705.

Et à celui de Léogane, le 7 Juin 1706.

ARRÊT du Conseil du Cap, portant défenses à un Conseiller de suspendre à l'avenir l'exécution des Arrêts de la Cour.

Du 22 Juin 1705.

ENTRE la Dame Chabanon, Opposante à l'exécution de l'Arrêt du Conseil du huit du présent mois, suivant sa Requête répondue par M. Garnier, Conseiller audit Conseil, d'une part.

Contre le Procureur du Roi de la Juridiction Royale du Cap, Défendeur, et comparant en sa personne, d'autre part; vu, etc. ouï sur ce les Conclusions verbales du Procureur-Général du Roi, LE CONSEIL ordonne qu'il sera procédé à l'apposition des Scelés qui ont été levés à la Requête de la Veuve Chabanon en présence du Juge, par-tout où le Procureur du Roi le trouvera nécessaire, qui tiendront jusqu'à ce que ladite Veuve ait pris qualité dans les délais de l'Ordonnance; et qu'à l'égard de l'Ordonnance de M. Garnier, Conseiller audit Conseil, apposée au bas de la Requête à lui présentée par ladite Veuve Chabanon, ladite Ordonnance, en date du 9 Juin présent mois, demeurera nulle, et défenses lui sont faites de suspendre à l'avenir l'exécution d'aucun Arrêt. DONNÉ en la Chambre du Conseil extraordinairement assemblé, etc.

La conduite de M. Garnier étoit une suite de sa Protestation contre l'Arrêt du 8 du même mois de Juin.

ORDONNANCE du Lieutenant du Roi, Commandant au Cap, touchant les Matelots, et autres Personnes qu'on embarque sans permisson.

Du 26 Juillet 1705.

SUR les avis qu'on nous a donnés qu'il y a plusieurs Particuliers de la Colonie et Matelots déserteurs qui s'embarquent sur les Vaisseaux qui sont dans les Ports et prêts à partir, nous défendons à tous Capitaines qui les commandent d'en recevoir aucun sans notre Ordre, Congé et Permission, sous peine d'être repris suivant les Ordonnances du Roi; et afin qu'il ne puisse se commettre aucun abus dans l'exécution du présent Ordre, enjoignons auxdits Capitaines de nous représenter la Permission et Congé de ceux qui leur demanderont passage. Au Cap, le, etc. *Signé* DE CHARITE.

R. au Siege Royal du Cap, le 8 Août 1705.

ARRÊT du Conseil de Léogane, touchant la Succession d'un Irlandois.

Du 7 Septembre 1705.

Cet Arrêt rendu sur les conclusions du Procureur-Général, en infirmant la Sentence du Juge de Léogane, déclare le sieur Langlois, Chirurgien, déchu de sa qualité de Légataire Universel du sieur Corneille Okelly, Irlandois Naturalisé, et les Biens de la Succession acquis et confisqués au profit de Sa Majesté par droit de Deshérence; et faisant droit sur l'intervention du Supérieur de l'Hôpital, des Marguilliers de la Paroisse de l'Ester, et de plusieurs autres Particuliers, ordonne qu'ils seront payés, au desir du Testament, des Legs y contenus; et que le surplus sera remis aux ordres de M. Deslandes, Commissaire-Ordonnateur, faisant fonctions d'Intendant, pour suivre ceux de Sa Majesté.

ORDONNANCE du Roi, qui fixe la quantité de Vivres à embarquer pour les Voyages aux Isles de l'Amérique et Côte de Saint-Domingue.

Du 28 Octobre 1705.

DE PAR LE ROI.

SA MAJESTÉ étant informée qu'il périt un grand nombre de Matelots dans les Vaisseaux qui vont aux Isles de l'Amérique, parce qu'on n'embarque pas sur les Vaisseaux la quantité de Vivres nécessaires pour de pareils Voyages, et qu'il arrive aussi souvent que les Capitaines les vendent; à quoi estimant nécessaire de pourvoir, elle a ordonné et ordonne, veut et entend qu'il soit embarqué sur les Vaisseaux qui seront destinés pour les Isles Françoises de l'Amérique et pour la Côte de Saint-Domingue, pour huit mois, de toutes sortes de Vivres nécessaires pour la subsistance de leurs Equipages; fait Sa Majesté défenses aux Commissaires de la Marine d'arrêter les Rôles des Equipages desdits Vaisseaux, et aux Officiers de l'Amirauté de leur donner leurs expéditions, qu'il ne leur ait paru que ces Vivres ont été effectivement embarqués, et aux Capitaines desdits Vaisseaux de vendre lesdits Vivres, sous quelque prétexte que ce soit, à peine de punition corporelle et de tous dépens, dommages et intérêts. Mande et ordonne Sa Majesté à M. le Comte de Toulouse, Amiral de France, de tenir la main à l'exécution de la présente Ordonnance, et aux Officiers de l'Amirauté de la faire publier dans les lieux de l'étendue de leur Juridiction, afin que personne n'en prétende cause d'ignorance. FAIT à Versailles, etc.

ARRÊT du Conseil du Cap, concernant la Nature des Paiemens.

Du 3 Novembre 1705.

SUR la Remontrance faite au Conseil par le Procureur-Général, que certains Brouillons, etc. Vu, etc. LA COUR ordonne que tous les Contrats ou Billets qui seront faits en Ecus, Pieces de Huit ou Livres tournois, seront payés en Argent, conformément à la teneur des Billets ou Contrats ; et que les autres Billets, Obligations ou Contrats expliqués payables en Noirs et Marchandises, seront aussi payés conformément à la teneur desdits Actes ; et sera le présent Arrêt lu, publié et affiché, etc.

La Remontrance est mot à mot la même que celle qui précede l'Arrêt du Conseil de Léogane, du 3 Février même année.

ARRÊT du Conseil de Léogane, touchant les Baux à Ferme.

Du 9 Novembre 1705.

SUR la Remontrance faite au Conseil par le Procureur-Général du Roi, qu'il a plu au Conseil rendre un Arrêt sur la Requête présentée par Charles de Devezien, sieur de Rancongne, Cessionnaire de la Ferme de l'Habitation appellée *Maramon* ; lequel Arrêt, sans avoir égard à l'Adjudication faite par le Juge de Léogane, qui rend responsable le Preneur de la perte ou mortalité des Esclaves, où il n'y a point de sa faute ; moyennant quoi les Enfans nés pendant le Bail lui demeurent, et conformément aux Articles XLIX, L et LIV de l'Edit de Sa Majesté de 1685, ledit Arrêt a remis ledit fait aux termes de l'Ordonnance, et ayant été rendu sans la participation du Remontrant, ne pouvant y assister ; il a appris quelque temps après que ledit Conseil desiroit qu'il fût rendu public ; ce qui obligea ledit Procureur-Général d'en envoyer une expédition à son Substitut pour le faire public ; ce qu'il fit, ledit Remontrant présent ; néanmoins, quoique ledit Arrêt fût affiché à la porte de l'Auditoire de Léogane, cela n'empêcha pas que ledit Juge ne poursuivît les Criées de la Ferme des Biens appartenans aux Mineurs de feu sieur et dame Cotrard, conformément aux Bannies faites de son consentement, à la Requête de M. Charles le Maire, Conseiller audit Conseil, Tuteur desdits Enfans ; et que l'Adjudication n'ait ensuite été faite conformément aux Bannies, sous prétexte que ledit Arrêt ne s'adressoit pas audit Juge pour s'y conformer ; comme s'il falloit un Arrêt du Conseil pour autoriser l'Ordonnance, elle qui est la regle, et sur laquelle les Jugemens des Sieges doivent être fondés ; requérant à cet effet, etc. LE CONSEIL faisant droit à la Remontrance, sans avoir égard à l'Adjudication faite des Biens dudit feu sieur Cottard, ordonne qu'il sera remis, aux termes de l'Ordonnance, sans que le Preneur soit responsable de rendre le prix des Negres de ceux qui seront décédés ou diminués par maladie, vieillesse ou autrement, sans

sans son fait, et sans qu'il puisse aussi retenir, comme fruit de ses profits, les Enfans nés desdits Esclaves durant son Administration, a ordonné qu'à la diligence des Substituts du Procureur-Général, le présent Arrêt sera lu, publié, l'Audience tenante, enregistré, et aux sieurs Juges de s'y conformer. DONNÉ, etc.

ACTE de Notoriété du Châtelet de Paris, portant que les Negres attachés à la Culture à Saint-Domingue sont Meubles.

Du 13 Novembre 1705.

SUR la Requête faite en Jugement par-devant Nous par Me Jean-Baptiste Fossier, Procureur de Marin Buttet, Procureur au Mans; et Magdeleine Yvon sa Femme, tant pour eux que pour leurs Co-héritiers, Héritiers de feu Jacques Yvon, sieur Deslandes, Lieutenant de Roi en l'Isle Saint-Domingue; contenant que ledit feu sieur Deslandes demeuroit en ladite Isle Saint-Domingue en Amérique, qu'il étoit Propriétaire des Habitations de la Grande Riviere et de la Frelatte; que pour l'exploitation de ces Habitations, il avoit acheté 50 à 60 Esclaves Negres qui les cultivoient; qu'ensuite il épousa Memoiselle Marie Ciret; qu'il décéda sans Enfans et avant ladite Ciret, qui s'empara de tous ses biens dans l'espérance que les Supplians n'auroient pas connoissance de sa mort; que les Supplians, ses légitimes Héritiers, ont demandé la restitution desdites deux Habitations avec les Negres, comme faisant partie desdites Habitations, *tanquam adjecti Glebæ*, destinés et attachés auxdites Habitations, et qu'ils prétendent être réputés Immeubles suivant l'usage de l'Amérique, la Jurisprudence du Châtelet et la Disposition tacite de la Coutume de Paris, qui est suivie dans ladite Isle de Saint-Domingue, comme la Coutume de la Ville Capitale du Royaume; laquelle Coutume a des dispositions approchantes comme les Pigeons des Colombiers et les Poissons des Etangs, qui sont réputés Immeubles suivant l'Article XCI, et suivant les Coutumes de Bourgogne, Nivernois et autres, dans l'étendue desquels les Hommes de conditions serviles font partie des Duchés, Marquisats, et autres Terres régies par les Coutumes, lesquels sont réputés Immeubles; ils ne peuvent sortir desdites Terres pour aller demeurer ailleurs sans le consentement des Seigneurs; cependant les Héritiers de la Demoiselle Marie Ciret conviennent d'abandonner la propriété desdites Habitations; mais ils prétendent que lesdits Negres sont Meubles; et ne veulent pas les rendre aux Supplians ; nous requerrant vouloir leur donner Acte de Notoriété pour leur servir dans ladite Isle Saint-Domingue et ailleurs, pour confirmer que lesdits Esclaves Negres, servans dans lesdites Habitations, sont Immeubles et non Meubles.

Après avoir pris l'avis des anciens Avocats et Procureurs, communiqué aux Gens du Roi, et conféré avec les Juges de ce Siege, nous disons par Acte de Notoriété, que suivant l'usage de la Coutume de Paris, les Bestiaux qui sont dans les Fermes et Métairies, ne font point partie d'icelles, mais se vendent séparément, et dans les Successions, appartiennent aux Héritiers des Meubles, les Créanciers de la Succession les distribuent entr'eux par contribution, au Sol la Livre de leur dû ; et comme dans l'Isle de Saint-Domingue l'on suit la Coutume de Paris, il ne peut y avoir de difficulté que les Negres ne font pas partie du fonds. FAIT et donné par Messire Jean le Camus, Chevalier, Conseiller du Roi en tous ses Conseils, Maître des Requêtes ordinaire de son Hôtel, Lieutenant Civil de la Ville, Prevôté et Vicomté de Paris, le 13 Novembre 1705. *Signé* LE CAMUS.

ARRÊT du Conseil d'Etat, qui rend à la Dame DE GRAFFE *et à sa Fille les Biens du feu sieur* DE GRAFFE, *et leur Etat.*

Du 2 Décembre 1705.

SUR la Requête présentée au Roi étant en son Conseil, par Marie-Anne-Dieu-le-Veut, Veuve de Laurent-Corneille Ledran, sieur de Graffe, Ecuyer, Ancien Lieutenant de Roi en l'Isle de Saint-Domingue, Capitaine de Fregate légere, et Chevalier de l'Ordre Militaire de Saint-Louis, Mere et Tutrice de Marie-Catherine de Graffe leur Fille Mineure, contenant, que le 28 Mai 1693, elle a épousé solemnellement, et après toutes les formalités requises, le sieur de Graffe, dans l'Eglise de leur Paroisse commune au Cap François de l'Isle de Saint-Domingue; que de ce Mariage il est issu un Fils et une Fille, que le Fils est décédé, que la Fille appellée *Marie-Catherine* est encore vivante, âgée d'onze à douze ans; que les sieur et dame de Graffe ont joui paisiblement de leur état depuis l'année 1693 jusqu'au décès du sieur de Graffe, arrivé le 24 Mai 1704; que la Suppliante ayant été nommée Tutrice de sa Fille, elle a pris l'Administration des Biens de la Succession du sieur de Graffe, sans qu'alors personne s'y soit opposé; que ce n'a été que le 20 Avril 1705 qu'elle y a été troublée par une Saisie faite à la Requête du Procureur-Général du Conseil Supérieur de Saint-Domingue, en vertu d'un Arrêt de ce Conseil rendu le même jour sur sa réquisition; que pour faire cette poursuite on a supposé que son Mariage avec le défunt sieur de Graffe n'étoit pas valable, parce qu'en l'année 1674, il avoit épousé au Port de Sainte-Croix de l'Isle de Ténériffe la nommée *Françoise Pétronille*, et que cette Femme étoit encore vivante, qu'ainsi la Suppliante n'avoit pu être la Femme du sieur de Graffe, ni leur Enfans naître en légitime Mariage; d'où le Procureur-Général a conclu que le sieur de Graffe étant mort sans Héritiers, ses Biens étoient dévolus à Sa Majesté par droit de Deshérence; que sur cet exposé le Conseil Supérieur de Saint-Domingue, ordonne que les Biens du défunt seroient saisis, et que pour leur conservation il y seroit établi trois Gardiens, ce qui a été exécuté; qu'on ne peut douter que cette Saisie ne soit nulle, premierement parce qu'elle a été faite en vertu d'un Jugement, qui n'a pour fondement qu'un fait qui n'est pas véritable; en second lieu, parce qu'on a saisi, non-seulement les Biens du sieur de Graffe, mais même les Biens propres de la Suppliante et ceux des deux Enfans qu'elle a de deux premiers lits, dont les Peres sont morts au service de Sa Majesté; que l'état de la Suppliante de Veuve du sieur de Graffe et celui de Marie-Catherine de Graffe leur Fille, ne peuvent être convertis, par deux raisons qui sont sans réplique; la premiere résulte de la bonne foi de la Suppliante, dont le Mariage avec le sieur de Graffe a été célébré publiquement avec toutes les solemnités requises, et qu'elle a été en possession paisible de son état pendant douze années entieres; ainsi il n'appartenoit pas au Procureur-Général de Saint-Domingue de la troubler dans cette Possession sur de telles présomptions; qu'il le pouvoit d'autant moins, que lorsque Sa Majesté a permis par sa Déclaration du mois du Juin 1697, à ses Procureurs et même aux Promoteurs des Officialités, de faire assigner ceux qui auroient contracté Mariage hors la présence du propre Curé, pour les obliger à le réhabiliter, elle leur limite l'exercice de cette faculté dans la premiere année du Mariage, pour montrer qu'après plusieurs années de possession il ne leur seroit pas permis d'y apporter de trouble; la seconde raison se tire de l'état même du sieur de Graffe, qui étoit libre lorsqu'il a épousé la Suppliante; il est vrai qu'en l'année 1674 il avoit épousé la nommée *Pétronille* au

F ij

Port de Sainte-Croix de l'Isle de Ténériffe; mais il n'est pas moins véritable que le Mariage a été déclaré nul par Sentence contradictoire du Juge Ecclésiastique de Ténériffe, à qui il appartenoit d'en connoître; laquelle Sentence qui a été prononcée aux Parties le 23 Mai 1689, leur permet de disposer librement de leur personne; sur l'appel qui fut interjetté de cette Sentence, elle a été confirmée par autre Sentence du Vicaire-Général de l'Evêché des Canaries du 10 Février 1690; et cette seconde Sentence a encore été confirmée par une troisieme que le Vicaire-Général de l'Archevêché de Séville dans lesdites Isles a rendue le 23 Février 1691; desorte que la nullité de ce premier Mariage est une chose jugée par trois Sentences conformes des Tribunaux Ecclésistiques de degré en degré, desquelles Sentences il n'y a et ne peut y avoir d'appel, aussi toutes les Parties y ont acquiescé; la nommée *Pétronille*, qui auroit été la seule Partie véritablement intéressée à se plaindre du Mariage du sieur de Graffe avec la Suppliante ne l'a jamais fait; au contraire, jouissant de sa part de la liberté rendue aux Parties par ces Sentences, elle a solemnellement épousé dès le mois de Mai 1691 Jean-Philippe Bars, avec lequel elle a vécu en possession publique et paisible de son état jusqu'au jour de son décès; le sieur de Graffe de son côté, usant de la même liberté, a, le 28 Mai 1693, épousé publiquement la Suppliante; ce délai de deux années qui s'est écoulé depuis la date de la derniere de ces Sentences jusqu'à la célébration du Mariage, marque même qu'elles n'ont point été obtenues dans la vue, par le sieur de Graffe, de contracter précipitamment un autre Mariage; comme ses moyens sont sans replique, la Suppliante implore la Justice de Sa Majesté, afin qu'elle lui rende l'honneur de son état, et celui de sa Fille; que la Procédure faite en exécution dudit Arrêt du Conseil Supérieur de Saint-Domingue semble leur ôter, et qu'elle la rétablisse et ses Enfans dans la possession de leurs Biens, de laquelle ils ont été dépouillés; vu ladite Requête ensemble les Pieces Justificatives d'icelle; et tout considéré, Sa Majesté étant en son Conseil, ayant égard à ladite Requête, a cassé et annullé l'Arrêt rendu au Conseil Supérieur de Saint-Domingue, le 20 Avril 1705, et tout ce qui s'en est ensuivi, et en conséquence a fait pleine et entiere main-levée des Saisies, et établissement de Garnison, qui ont été faites en exécution dudit Arrêt; voulant que ladite Veuve et sa Fille soient remises en possession de leursdits Biens et Effets; et que si aucuns en avoient été divertis, ils leur soient rendus; fait défenses au Procureur-Général dudit Conseil, et à tous autres de les troubler à l'avenir dans la Possession de leur état ; et à cet effet ordonne que le présent Arrêt sera lu, publié et registré audit Conseil Supérieur de Saint-Domingue. FAIT au Conseil d'Etat du Roi, Sa Majesté y étant, tenu à Versailles, etc.

R. au Conseil Supérieur du Cap, le 11 Novembre 1706.

ENQUÊTE faite par le Juge du Cap, à la Requête de M. DE CHARITE, Commandant en Chef à Saint-Domingue, pour se justifier de l'Imputation à lui faite auprès du Ministre, d'avoir taxé le Prix du Sucre.

Du 5 Décembre 1705.

A M. le Juge Civil et Criminel du Siege Royal du Cap.

Vous remontre le sieur de Charite, Chevalier de l'Ordre Militaire de Saint-Louis, Lieutenant de Roi, Commandant en Chef de l'Isle de la Tortue et Côte Saint-Domingue; Disant qu'il auroit appris que M. de Galiffet, pour lors Gouverneur de Sainte-Croix et Commandant en Chef de ce Gouvernement, auroit informé Monseigneur le Comte de Pontchartrain, Ministre d'Etat, le 24 Janvier 1703, que ledit sieur de Charite, Commandant dans ce Quartier du Cap, y auroit taxé les Sucres à 14 livres, ce qui n'est pas vraisemblable, d'autant qu'à l'arrivée du Navire l'*Aimable de Nantes*, commandé par le sieur Courrant, leurs Prix étoient à 16 livres; et que ne voulant pas les prendre sur ce pied-là en échange de ses Marchandises, soit qu'il alléguât qu'ils avoient diminué de valeur en France, ou qu'il voulût se prévaloir de ce qu'il n'y avoit pas d'autres Vaisseaux dans ce Port, et que l'on manquoit de tout à la Côte; plusieurs Habitans des plus principaux étant assemblés au Bourg du Cap, où étoit ledit Courrant, pour convenir avec eux du Prix desdits Sucres, après plusieurs contestations de part et d'autre, tant ledit Courrant que tous les Habitans assemblés, furent trouver ledit sieur de Charite pour le prier de vouloir régler le Prix des Sucres; mais n'en ayant voulu rien faire, ils convinrent d'un commun accord de les donner à 14 l.; et ledit Courrant les ayant acceptés à ce prix-là, il ouvrit son Commerce publiquement à tous les Habitans; il est vrai que ledit sieur de Charite dit audit sieur Courrant, que les Sucres du Quartier du Cap étant estimés pour les plus beaux, non-seulement de ceux de la Côte, mais même de tous ceux des Isles de l'Amérique, les Habitans aimoient mieux, pour conserver leur réputation, acheter les Marchandises un peu plus cheres, et donner leurs Sucres à un meilleur Prix ; tout cela ne devoit pas donner lieu de dire à ceux qui l'avoient mandé à mondit sieur de Galiffet, qui pour lors étoit à Léogane, que le sieur de Charite les avoient taxés à 14 livres ; et d'autant mieux qu'après le départ de l'*Aimable*, les sieurs de Martin et le Roux, Capitaines sur les Navires le *Saint Paul de la Rochelle et la Jossue de Nantes*, ont traité sur le même pied que ledit Courrant ; et comme il importe audit sieur de Charite de faire connoître à Monseigneur le Comte de Pontchartrain la relation et la vérité de ce qui en est dessus, et que ledit sieur Courrant se trouve en ce lieu pour en rendre un témoignagne authentique, il requiert M. le Juge qu'il soit appellé au Siege aussi bien que les Habitans et Marchands notables du Quartier pour jurer et affirmer et rendre témoignage s'il est vrai qu'il ait jamais taxé, ni voulu le faire, les fruits des Habitans, ni les Effets qui viennent de France, et ferez justice. *Signé* DE CHARITE.

Vu la présente Requête, nous Ordonnons que M. de Charite fera Enquête pour la justification des faits contenus en icelle ; et pour cet effet, permis à lui de faire assigner, tous ceux qui peuvent en avoir connoissance, pour lui valoir et servir ce que de raison. FAIT au Cap, le 4 Décembre 1705. *Signé* BRUNET.

Enquête faite par nous Jean Brunet, etc. du 5 Décembre 1705.

Cette Enquête où fut entendu notamment le Capitaine Courrant, établit la vérité de l'exposé de la Requête de M. de Charitte, qui ne se crut pas au-dessus d'une preuve judiciaire et publique.

ARRÊT du Conseil d'État, portant confirmation d'un Jugement du Conseil des Prises, qui confisque au profit de l'Amiral une Prise, faute par l'Armateur d'avoir pris sa Commission ; et que les Rançons qui seront faites au-delà de la somme portée par les Ordonnances, et les Prises faites par les Armateurs qui auront tiré le coup de Semonce ou d'Assurance sous Pavillon étranger, seront confisquées au profit de l'Amiral.

Du 23 Janvier 1706.

VU par le Roi étant en son Conseil, les Requêtes respectivement présentées, la premiere par Bertrand Gabarus, Capitaine du Vaisseau *la Suzanne*, tendante à ce qu'il plaise à Sa Majesté le recevoir Appellant du Jugement rendu le 12 Octobre 1702. par lequel le Vaisseau Anglois *le Succès* de Lime et les Marchandises de son chargement ont été déclarés de bonne prise au profit de Sa Majesté; faisant droit sur son appel, ordonner, que ce Vaisseau lui demeurera en propriété : ladite Requête contenant, qu'étant parti de la Ville de Bayonne pour aller à Cadix, il auroit dans son retour augmenté son Equipage, pour se mettre en état de défense contre les Ennemis de l'Etat, et qu'ayant rencontré sur sa route un Bâtiment Anglois, il s'en est rendu le maître, et la conduit dans le Port de la Ville de Bayonne; et quoique ladite prise lui dût appartenir, puisqu'il a exposé sa vie et son Vaisseau pour s'en rendre le maître, cependant M. l'Amiral, par son Jugement du 12 Octobre 1702, l'a adjugée au Roi; ce qui l'oblige de se pourvoir par appel dudit Jugement : la seconde Requête présentée par le Procureur du Roi en la Commission des Prises, tendante à ce qu'il plaise à Sa Majesté le recevoir Appellant du Jugement rendu au Conseil de Marine le 8 Février 1703, par lequel le Vaisseau *le Succès* de Lime a été adjugé au sieur Comte de Toulouse, Amiral de France, fante par Gabarus, qui s'en est rendu le maître, d'avoir obtenu une Commission; faisant droit sur son appel, ordonner, que ledit Vaisseau demeurera confisqué au profit de Sa Majesté : la troisieme Requête présentée par le sieur Comte de Toulouse, Amiral de France, tendante à ce qu'il plaise au Roi, en confirmant le Jugement du 8 Février 1703, qui déclare la Prise *le Succès* de Lime confisquée à son profit, le recevoir Opposant à l'exécution des Réglemens des 2 Décembre 1693 et 17 Mars 1696, en ce qu'ils adjugent à Sa Majesté les Prises ou parts en Prises et les Rançons confisquées sur les Armateurs qui y contreviennent : vu aussi la Procédure faite en l'Amirauté de Bayonne sur la Prise dudit Vaisseau Anglois *le Succès* de Lime, et le Jugement rendu le 8 Février 1703, ensemble tout ce qui a été remis respectivement par les Parties : ouï le Rapport du sieur Comte de Pontchartrain, Secrétaire d'Etat, ayant le Département de la Marine; et tout considéré, le Roi étant en son Conseil, sans avoir égard aux Requêtes dudit Gabarus et du Procureur de Sa Majesté en la Commission des Prises, a ordonné et ordonne, que le Jugement du 8 Février 1703, sera exécuté selon sa forme et teneur; et faisant droit sur la Requête du sieur Comte de Toulouse, Amiral de France, l'a reçu Opposant aux Réglemens des 2 Décembre 1693 et 17 Mars 1696, en ce qu'ils adjugent à Sa Majesté les Rançons qui excedent la somme prescrite par les Ordonnances, et les Prises faites par les Armateurs qui ont tiré le coup de semonce ou d'assurance sous Pavillon étranger; et en conséquence ordonne, qu'à l'avenir seulement et sans aucune restitution du prix, lesdites Prises et Rançons appartiendront en entier à l'Amiral de France, à l'exception seulement des portions des Equipages des Armateurs qui ont tiré le coup de semonce sous un autre Pavillon que celui de France, que Sa Majesté leur a remis par son Ordonnance du 18 Juin 1704. FAIT au Conseil d'Etat, etc.

R. en l'Amirauté du Cap, en 1719.

ORDONNANCE *du Roi, sur le fait des Prises entre Armateurs.*

Du .... Janvier 1706.

SA MAJESTÉ étant informée que les fréquentes contestations qui surviennent entre les Armateurs au sujet du partage des Prises, les consomment en frais, et les mettent hors d'état de continuer leur course, et d'en entreprendre de nouvelles; et voulant suppléer tant à l'Ordonnance de 1681, qui n'a prescrit aucune regle sur cette matiere, qu'aux dispositions des anciennes Ordonnances, qui n'ont prévenu qu'une partie des difficultés qu'elle peut produire, Elle a ordonné et ordonne :

Art. Ier. Qu'aucun ne pourra être admis au partage d'un Vaisseau pris sur les Ennemis, s'il n'a contribué à l'arrêter, ou contracté société avec celui qui s'en est rendu maître.

Art. II. Celui qui prétend partager un Vaisseau, ne sera point censé avoir contribué à l'arrêter, s'il n'a combattu, ou s'il n'a fait cet effort qu'en intimidant l'Ennemi par sa présence, ou en lui coupant chemin, et l'empêchant de s'échapper, il l'ait obligé de se rendre, sans qu'il lui suffise d'avoir été en vue, et d'avoir donné la chasse, lorsqu'il sera prouvé que cette chasse aura été inutile.

Art. III. Les Armateurs qui établiront leur demande en partage sur une convention de partager les Prises faites, tant en présence qu'en absence, ne pourront justifier cette convention que par un Acte qui en contiendra les conditions, et qui sera signé des Capitaines, ou de leurs Ecrivains, en leur présence, s'ils ne savent pas signer, dont il sera fait mention dans l'Acte : défendant Sa Majesté d'avoir aucun égard aux Sociétés verbales, qu'Elle déclare nulles, et de nul effet.

Art. IV. Les Armateurs qui donneront chasse au Vaisseau ennemi, et qui en appercevront plusieurs autres, pourront néanmoins, en se séparant pour les poursuivre tous en même tems, convenir par des signaux de s'admettre réciproquement au partage des différentes Prises qu'ils feront; ensorte

ensorte que celui qui se séparera en faisant un signal de Pavillon rouge, sera admis à partager la prise dont il aura abandonné la poursuite, et sera aussi obligé de consentir au partage du Vaisseau qu'il aura pris, si les autres Armateurs qui continuent leur chasse, lui répondent par un autre signal semblable; et en cas que les autres Armateurs fassent un signal de Pavillon blanc, ce signal sera une marque de refus, et exclura la Société.

Art. V. Lorsque plusieurs Corsaires, sans être unis par aucune Société, auront donné en même tems dans une flotte, ils partageront entr'eux à proportion du calibre de leurs canons, et de la force de leur Equipage, le produit de tous les Bâtimens qui auront été pris, de même que s'ils avoient fait Société, ayant tous également contribué à la Prise.

Art. VI. Les Prisonniers trouvés sur les Vaisseaux ennemis, seront exactement interrogés par les Officiers des Amirautés, tant sur les circonstances de la Prise et sur le nombre des Vaisseaux qui leur ont donné chasse, et qui ont contribué à les arrêter, que sur les signaux qu'ils auront apperçus.

Art. VII. Les mêmes Officiers interrogeront aussi les Equipages des Armateurs, s'ils en sont requis, sur la vérité des signaux.

Mande Sa Majesté à M. le Comte de Toulouse, Amiral de France, de tenir la main à l'exécution du présent Réglement; et enjoint aux Officiers de l'Amirauté de le faire enregistrer, publier et afficher par-tout où besoin sera, à ce que nul n'en ignore. Fait à Versailles le Janvier mil sept cent six. *Signé*, Louis.

R. en l'Amirauté du Cap d'Ordre de M. Mithon, Intendant, en 1719.

Arrêt en Réglement du Conseil Supérieur de Léogane, touchant le Tarif des Droits pour l'Administration de la Justice.

Du 12 Avril 1706.

Sur ce que le Procureur-Général du Roi a représenté au Conseil que les Réglemens qui ont été faits ci-devant sur les Taxes imposées sur les Vacations et Salaires des Officiers des Juridictions et autres qui y sont sujets, n'ayant point empêché qu'il ne se soit glissé une quantité d'abus, parce qu'il ne s'est point étendu sur la maniere dont ils se doivent comporter tant dans les Offices dont ils sont pourvus, que dans l'Administration de la Justice et perception des Droits qui leur sont attribués; les plaintes qu'un chacun lui en a fait, l'ont obligé de s'informer par lui-même, ce qui lui a fait remarquer que les Juges se sont entierement relâchés sur l'exécution des Ordonnances, et que les Matieres qu'elles déclarent sommaires sont appointées indifféremment en Droit par un soit communiqué ou autres Ordonnances à mettre, pour avoir lieu d'en tirer leurs Epices ou Vacations, ce qui entraîne les Parties à une longueur de Procédures et des Frais immenses;

Que ces Sentences étant sur prétendus Procès par écrit, par un surcroit, les Substituts ou Procureurs Fiscaux, et les Greffiers des Sieges, s'attribuent les deux tiers desdites Epices, que le Conseil a mis à l'arbitrage desdits Juges; que les Huissiers exigent des Parties des sommes excessives bien au-delà des Taxes qui leur sont réglées, sous prétexte d'une explication dudit Réglement;

Qu'ainsi les accidens arrivés en ce Gouvernement, sur-tout dans les Familles, font naître divers Procès qui, étant le plus souvent fomentés par des esprits malins, on les voit augmenter par une quantité de Procédures où l'ambition desdits Officiers les conduit, de sorte que le soulagement que le Conseil a prétendu donner au Public est demeuré sans fruit, pour n'avoir pas prévu par son Réglement, qui a été fait dans le temps de sa création, ce qui pourroit causer le déréglement par la suite;

Qu'il seroit par conséquent à craindre que ce relâchement n'entraînât la ruine de plusieurs Familles s'il n'y étoit pourvu par un Réglement suivant les Articles du Mémoire auquel il a été chargé de travailler, persuadé que le Conseil y fera d'autant plus d'attention, qu'il a été fourni sur ce qui a été si prudemment établi ci-devant par la premiere Cour du Royaume, qui est la source où il a puisé la plupart desdits Articles qu'il présente audit Conseil afin d'y pourvoir.

Le Conseil, après avoir fait la lecture dudit Mémoire, ouï sur ce Me. Jean Nicolas et René Buttet, Conseillers-Rapporteurs, l'Affaire mise en Délibération, a ordonné et ordonne ce qui suit :

Art. Ier. L'usage s'étant introduit de tenir les Audiences une fois la semaine, les Juges, quant à présent, s'y conformeront, dans lesquelles se vuideront toutes les Affaires sommaires entre lesdites Parties, sans aucuns Frais, Epices ni Vacations, à peine de concussion.

Art. II. Lesdits Juges seront obligés de se trouver deux fois la semaine aux Bourgs où se tiennent les Audiences, un desquels sera pour y juger les Procès par écrit, et y appointer toutes les Requêtes qui leur seront présentées par les Parties, et l'autre pour y tenir leurs

Séances, pour y juger sur lesdits Appointemens ou Ordonnances au bas desdites Requêtes, comme ci-dessus est dit.

Art. III. Il sera permis aux Lieutenans, si lesdits Juges ne s'y trouvent point à neuf heures précises, d'appointer lesdites Requêtes et d'y tenir l'Audience, pour y rendre des Sentences au défaut des Juges.

Art. IV. Pour prévenir les incidens qui peuvent survenir entre les Officiers au sujet de leurs Offices, ordonne que lorsque le Lieutenant se trouvera dans des lieux éloignés dudit Siege, il pourra appointer lesdites Requêtes, sans faire néanmoins aucuns Actes de Juridiction; que même au cas de lief de corps mort ou autre cas qui requiert célérité hors le Bourg, de sorte qu'il y ait plus de facilité d'y appeller ledit Lieutenant, il pourra s'y transporter, dresser son Procès-verbal de l'état où se trouve la personne blessée, ou faire le lief du corps mort.

Art. V. Que lorsque le Juge se trouvera à l'Audience pour y présider, il demandera l'avis dudit Lieutenant; et au cas que leurs avis soient contraires, celui du Substitut ou Procureur Fiscal, s'il ne se trouve pas Partie dans la cause, ou d'un ancien Praticien si ledit Substitut y a conclu, qui sera nommé par le Juge au cas que l'Affaire le mérite.

Art VI. Qu'il en sera usé de même dans les Procès par écrit, auquel cas les deux tiers des Epices appartiendront à celui qui en sera Rapporteur, et l'autre tiers distribué aux autres qui y auront assisté.

Art. VII. Que le Rapporteur écrira de sa main le Dictum ou le Dispositif de la Sentence, et la date du jour qu'elle aura été rendue, avant que de la remettre au Greffier, qui s'en chargera, pour la mettre sur le Registre, qui sera signé dudit Rapporteur et de celui qui aura présidé.

Art. VIII. Que les Juges vuideront dans quinze jours, à compter du jour de la publication dudit Réglement, tous les Procès qui sont entre leurs mains, et à l'avenir dans huit jours, à compter du jour que toutes les Pieces leur auront été remises; faute de ce, les Parties pourront se pourvoir comme de déni de Justice, et lesdits Juges condamnés en tous les dépens, dommages et intérêts des Parties.

Art. IX. Les Juges seront tenus de faire toutes les Expéditions des Matieres sommaires et expliquées par les Articles III, IV et V du Titre 17 de l'Ordonnance dans ledit Siege et en l'Audience, sans exercer aucuns Actes de Juridiction dans leurs Maisons, sinon dans les cas suivans:

Art. X. Pour les Elections des Tuteurs ou Curateurs, Avis de

Parens, Partages, Enquêtes, Informations, Interrogatoire en Matiere Civile, si le cas y écheoit; Compulsoire, Redditions de Comptes; Rapports d'Experts, Appréciations, Comparaison des Seings et Ecritures, Vérifications d'icelles, Réception de Caution, Taxe de dépens, et Liquidation de dommages et intérêts, pour lesquels Actes particuliers lesdits Juges ne prendront que les taxes ci-après déclarées.

Art. XI. Que sur les Requêtes qui leur seront présentées, sur lesquelles ils mettront leurs Ordonnances, soit pour faire assigner Partie ou pour ordonner des Défenses provisoires, pour saisir conservatoirement ou de soit communiqué, au Substitut ou Procureur Fiscal, quand la matiere le requerra, ils ne prendront aucune chose, de quelque qualité que ce soit pour lesdites Requêtes, soit en Matiere Civile, Criminelle, et soit qu'il y ait vu des Pieces ou non, Affirmations ou autres Actes de simples instructions, et généralement pour tous Jugemens, Réglemens et Expéditions faites à l'Audience, à peine de concussion.

Art. XII. Il ne sera point donné Appointement à écrire en Matiere sommaire; mais si l'Affaire ne peut être jugée à l'Audience, il sera ordonné que les Parties mettront leurs Pieces et Mémoires entre les mains du Greffier, et sans qu'il soit besoin de conclusion après l'Acte de produit signifié et dans la huitaine, à compter dudit Appointement à mettre, sera donné Sentence sans frais.

Art. XIII. Seront tenus lesdits Substituts ou Procureurs Fiscaux, de se rendre à l'Audience pour prendre la communication qui leur sera faite des Causes qui y seront portées pour y conclure, sans qu'ils puissent prendre aucune chose des Parties, à peine de concussion.

Art. XIV. Ne pourront pareillement prendre ni recevoir aucune chose des Causes où le Roi et le Public auront intérêt, bien que les Parties intéressées leur en fissent offre volontaire.

Art. XV. Seront tenus tous Juges, Substituts, Procureurs Fiscaux et autres Officiers de Justice, d'écrire au pied de toutes sortes d'Actes leurs Epices, Salaires et Vacations, à peine de concussion.

Art. XVI. Seront pareillement tenus les Greffiers ou les Commis, de mettre sur toutes les Expéditions, tant premiere que seconde, qu'autres qu'ils délivreront, les Epices, Taxes sur icelles, et par qui elles auront été payées, à peine de deux cens livres d'amende, dont il sera levé Exécutoire sur le vu de ladite Expédition, sans autre forme ni figure de Procès.

Art. XVII. Les Greffiers ou leurs Commis mettront aux Sentences et autres Actes qu'ils expédieront, vingt-deux lignes à chaque Page ou

Rôle, et douze syllabes à la ligne si c'est du grand papier, et quatorze lignes et huit syllabes à la ligne si c'est du petit papier, sans pouvoir exiger des Parties autre Salaire que ce qui sera taxé ci-après.

Art. XVIII. Ne prendront lesdits Juges et Substituts, aucuns Droits pour Réception des Greffiers, Notaires, Huissiers, ni pour la publication des Edits, Déclarations du Roi, Lettres-Patentes, Arrêts et Réglemens, et tous autres Actes d'Audience.

Art. XIX. Ne pourront aussi lesdits Juges, Substitus et Procureurs Fiscaux, recevoir les Epices par leurs mains, ni les faire consigner avant le Jugement du Procès; et au cas qu'il soit besoin de décerner Exécutoire, ils ne seront ni en leurs noms, ni de leurs Greffiers, mais seront délivrés aux Parties intéressées qui les auront déboursées.

Art. XX. Ne pourront aussi lesdits Juges faire descentes où il n'y aura qu'un simple Rapport d'Experts, s'ils n'en sont requis par écrit par l'une ou l'autre des Parties, qui sera tenue de consigner les frais ordinaires.

Art. XXI. Les Juges ne pourront apposer aucuns Scellés lorsqu'il y aura Pere ou Mere survivant, ou qu'il se trouvera des Mineurs qui auront un Tuteur ou Curateur, si lesdits Juges n'en sont requis; et quand il n'y aura ni l'un ni l'autre, ou que les présomptifs Héritiers seront absens, les Scellés seront apposés par lesdits Juges à la diligence et sur le Réquisitoire desdits Substituts ou Procureur Fiscal, sur les Biens des Mineurs, et à la diligence du Curateur aux Biens vacans pour les Héritiers absens, néanmoins sans qu'ils puissent assister à la levée desdits Scellés, après qu'ils auront été reconnus, ni aux Inventaires, sous prétexte de minorité ou absence de l'une des Parties; et sera tenu ledit Substitut, s'il ne se trouve personne pour le requérir, de faire élire un Tuteur et Curateur audit Mineur, pour, par icelui, se trouver à la confection de l'Inventaire, auquel il sera procédé par un Notaire qui ne pourra prendre que ce qui sera taxé ci-après.

Art. XXII. Ordonne aux Juges de se conformer à l'Article 241 de la Coutume de Paris, pour la clôture des Inventaires, depuis la création du Conseil.

Art. XXIII. Au cas que le survivant des Pere ou Mere se remarie, et qu'il y ait dissolution de Communauté avec les Mineurs des précédens Mariages, les Juges, à la diligence du Substitut ou Procureur Fiscal, s'il ne se trouve personne pour le requérir, feront fonder une Rente des Biens desdits Mineurs, par personne de probité, en présence du subrogé Tuteur, ayant égard à la quantité et vraie valeur d'iceux, laquelle

Rente sera payée tous les ans par le second ou subséquent Mari, au subrogé Tuteur, si lui ou le survivant sont Tuteurs, pour être employée en augmentation de Fonds, Negres ou intérêts pour lesdits Mineurs, si mieux n'aime le second ou subséquent Mari mettre les Biens sans les diviser à l'enchere, pour la part desdits Mineurs être employée comme ci-dessus est dit, par le Tuteur ou subrogé Tuteur, à peine d'en répondre.

Art. XXIV. Qu'au cas que lesdits Mineurs deviennent Majeurs par Lettres de Bénéfice d'âge, ils ne pourront recevoir aucun compte, ni faire aucuns partages que devant le Juge, supposé que le survivant de leur Pere ou Mere soit marié; déclare nuls les comptes qui seront rendus, ou les Partages faits par-devant Arbitres, s'ils ne sont nommés d'Office et sans la présence dudit Juge; ordonne en outre qu'il y sera procédé de nouveau à la diligence du Substitut ou Procureur Fiscal.

Art. XXV. Que tous Baux judiciaires, soit qu'ils soient faits en conséquence de Saisie réelle ou autrement, seront expédiés après trois remises ou publications, et si par quelque raison il y en a davantage, ne sera énoncé dans lesdits Baux plus grand nombre de trois, desquelles remises ne sera expédié aucunes Sentences, mais seront déclarées par Acte et significations qui seront faites à la diligence des Parties qui poursuivront le Bail si besoin est.

Art. XXVI. Enjoint aux Greffiers de tenir un Registre pour y mettre toutes les Productions des Parties sur Procès par écrit, sur lequel le Juge s'en chargera par sa signature à côté de l'enregistrement, qui sera rayé lorsqu'il le remettra au Greffe, dont le Greffier en demeurera chargé jusqu'à la remise.

Art. XXVII. Que pour éviter les abus qui se pourront commettre par les Greffiers ou leurs Commis en l'anti-date des Actes d'Insinuation aux Contrats qui y sont sujets, ordonne que les Registres des Insinuations seront tous les mois, à la fin de chacun d'iceux, et à la fin de chaque page, paraphé par le Juge ou par son Lieutenant, qui sera obligé pour cet effet de le faire gratis, et ledit Greffier de le lui apporter, à peine de trois cens livres d'amende.

Art. XXVIII. A l'égard des Procès par écrit et non compris dans les cas exprimés ci-devant, laisse à la prudence des Juges pour le régler suivant l'importance des cas, et qu'en conscience il croira y avoir bien travaillé, sans considérer la valeur des choses ni la qualité des Parties, mais seulement son travail, lesquelles Epices seront mises de sa main au bas de la Sentence.

Art. XXIX. Ordonne qu'à l'égard de tous ceux qui sont sujets aux Artic. cxxv, cxxvi et cxxvii de la Coutume, ils intenteront leurs Actions ou arrêteront leurs Comptes; savoir, les Chirurgiens à la fin de l'année de leur abonnement, et des remedes par eux fournis pendant ledit an; les Marchands, du jour de la délivrance de leurs Marchandises, et les Hôtelliers tous les six mois, passé quoi ils seront déchus de leur demande.

Art. XXX. Ordonne aux Juges de travailler incessamment et sans interruption aux Procès Criminels, toutes autres affaires cessant, et au Greffier d'envoyer au Greffe du Conseil sitôt la Sentence définitive rendue, la Grosse desdits Procès, pour être jugés définitivement.

Art. XXXI. Pareillement lorsqu'il y aura des Prisons, renvoie aux Juges pour régler les Droits appartenans aux Geoliers, pour Vivres, Denrées, Geoles et Geolages.

Art. XXXII. Après le Jugement des Procès Criminels, le Greffier ne pourra délivrer aux Parties Civiles, ni à l'Accusé, aucunes Pieces secrettes du Procès; pourra seulement donner, s'il en est requis, un Extrait des Taxes faites pour raison des Informations, Récollemens, Confrontations et autres Procédures Criminelles, pour lequel Extrait il n'aura que sa Grosse, à la même raison que des autres Grosses des Procès.

Art. XXXIII. Ne pourront lesdits Juges, Substituts et Greffiers, lorsqu'ils travailleront ches les Parties, y prendre aucuns repas, soit chez l'une ou chez l'autre, même sous prétexte de diminution de leurs Taxes, sinon dans le cas ci-après déclaré.

Art. XXXIV. Fait défenses aux Notaires de laisser les Actes qu'ils passeront, sans être signés par eux et par les Témoins, à peine de deux cens livres d'amende, et des dépens, dommages et intérêts des Parties.

Art. XXXV. Ordonne aux Notaires de se conformer à l'Arrêt du Conseil du 3 Février 1705, pour les Legs pieux, vingt-quatre heures après le décès du Testateur, à peine de payer le Legs porté par le Testament, dont sera délivré Exécutoire sur la dénonciation qui en sera faite au Procureur-Général ou ses Substituts, sans autres formes de Procès, sans que pour raison de ce, ceux qui sont chargés desdits Legs puissent en être déchargés que par le paiement d'iceux.

Saisie Réelle.

Art. XXXVI. Que dans les Sentences de Certifications des Criées, ne seront employés par le menu les Héritages et choses saisies, ni les tenans et aboutissans d'iceux, mais contiendront qu'en vertu du Contrat ou autre pouvoir qui sera daté à la requête du Créancier qui sera nommé, faute de paiement de la somme désignée dans l'Exploit de Saisie, les Fruits, Héritages ou choses comprises en icelles ont été saisis réellement, et Commissaire y établi; les jours que les Criées auront été faites; les noms des Huissiers qui les auront faites, et en quelle Paroisse les Rapports en ont été faits, par son Lieutenant ou autres en son absence, qu'il nommera, et en présence de trois Notables de la Juridiction, qui seront nommés, et que par leur avis les Criées étant bien faites, le Juge les a certifiées, sans mettre autres Discours dans ladite Sentence; ensuite de quoi sera par le Greffier de la Juridistion à laquelle le Décret se poursuivra, délivré Commission pour faire appeller le Saisi, pour bailler moyen de nullité, et les Opposans pour bailler leur cause d'oppositions.

Art. XXXVII. Comme aussi dans les Sentences de congé d'adjuger, seront seulement insérées les qualités des Parties et la date de la Sentence de certification de la Commission, pour assigner la Partie saisie, pour bailler moyen de nullité de l'Appointement de Registre de production et contredit des Parties, si elles ont produit et contredit, ou de l'Acte de sommation de ce faire; et si elles sont par défaut, fait mention des dates du défaut et de la demande, sur le profit d'iceux, ensorte que la Sentence ne pourra excéder trois rôles.

Art. XXXVIII. Dans les Sentences d'Adjudication par Décret seront seulement insérées la Saisie réelle à la requête de qui et sur qui elle a été faite; les dates des Procès-verbaux des Criées; les Paroisses où elles ont été faites; les Témoins qui y auront été présens, les Oppositions, si aucunes y a; la Sentence de congé, soit qu'elle soit par défaut ou contradictoire; l'Enchere ou Placard des choses enchéries et comprises dans la Saisie, qui ne seront point répétées, mais seulement s'il y a quelques diminutions, distractions ou changement, en sera fait mention, et des Sentences qui les auront ordonnées; ensemble des Publications qui auront été faites dudit Placard ou Enchere, et des jours des Criées, même des Encheres qui auront été lors faites d'icelles; et s'il survient quelques Contestations, Oppositions, Sentences ou

Arrêts

Arrêts qui retardent ou confirment le Décret, en sera aussi fait mention, comme pareillement des Encheres qui auront été faites lors de l'Adjudication, le tout succinctement ; et dans ledit Décret sera fait mention de ce qui sera adjugé par le menu, tenans et aboutissans ; mais s'il y a plusieurs choses adjugées sous différens prix à plusieurs Adjudicataires, si chacun desire avoir une Expédition séparée dudit Décret, ne sera fait mention dans le Décret délivré à chaque Adjudicataire, que des choses qui lui auront été adjugées, tant à l'égard du titre où la Saisie sera référée, que de l'Adjudication, et ne peut ledit Greffier expédier ledit Décret par chacun Rôle d'icelui, que comme pour les Sentences.

Art. XXXIX. Les Greffiers seront tenus de publier à l'Audience la premiere Enchere, appellée *Placard*, des choses saisies, qui aura été faite par les Poursuivans, et mettre au bas leur Certificat de ladite Publication, et ne sera par eux fait aucune Expédition de ladite Enchere.

Art. XL. A l'égard des Expéditions des Décrets volontaires pour purger les Hypotheques, il en sera usé de la même maniere que pour les Décrets forcés, et n'y sera le Contrat d'acquisition mentionné, mais seulement daté, et quel héritage est saisi et décrété sur la partie saisie, comme l'ayant acquis de son Vendeur, et ne prendra ledit Greffier pour l'Expédition desdits Décrets volontaires, plus grande somme que pour une Sentence, à proportion des Rôles, dont il mettra son reçu.

Art. XLI. Dans le vu des Sentences d'Ordre et distribution du Prix, seront employés les noms des Poursuivans et Opposans ; la date des Réglemens intervenus en l'instance, les causes d'oppositions, productions et contredits des Poursuivans et Opposans qui en auront fournies, ou les Actes de soumission de ce faire, sans faire mention par le menu des Contrats et Pieces produites, moyens contenus par les inventaires, productions et contredits, et ne sera donné qu'une Sentence d'Ordre définitive, par laquelle les Créanciers seront colloqués pour leur principal, dépens, dommages et intérêts, et laquelle, en cas d'appel, sera exécutée, nonobstant oppositions ou appellations quelconques, et sans préjudice d'icelles, en baillant par le Créancier utilement colloqué, à l'égard desquels il y aura appel, bonne et suffisante caution, de rapporter ce qu'il aura touché, en cas que, par l'événement dudit appel, il soit ainsi ordonné, et ne prendront lesdits Greffiers que pour une Sentence, à proportion des Rôles, dont ils mettront leur reçu.

Art. XLII. Ne pourront lesdits Juges assister aux distributions et numérations des deniers provenans des biens décrétés, licités ou déposés, qui seront payés par les Greffiers qui les auront en leurs Bureaux, ni pour raison de ce prétendre aucune taxe, ni recevoir aucun salaire, encore qu'ils eussent été requis par les Parties d'y assister.

Art. XLIII. Les Greffiers ne pourront prétendre pour droits de consignation des deniers que deux pour cent de ceux qui leur seront remis par l'Adjudicataire, à la diligence des Créanciers utilement colloqués.

Art. XLIV. Les Greffiers ne pourront prétendre que les deniers provenans des ventes des Biens décrétés, ou des Meubles vendus soient déposés *en leurs mains, s'ils ne font* apparoir de leur solvabilité, ou qu'ils aient une caution solvable d'un Habitant, quoique Officiers pourvus de la Cour.

Art. XLV. Que les Huissiers, sitôt la vente des Meubles ou autres Effets saisis, seront obligés d'en avertir le Juge qui leur donnera ses Ordonnances; pour remettre pareillement les deniers provenans desdites ventes entre les mains d'un Habitant, comme dit est, si l'Huissier ne fait apparoir de sa solvabilité, et si les deniers proviennent de la vente faite à la requête du Curateur aux Biens vacans, lesdits deniers lui seront remis pour en tenir compte.

Arpenteurs.

Art. XLVI. Que pour éviter aux abus qui se commettent par les Arpenteurs sur l'interprétation de l'Arrêt du Conseil du ...., qui fait défenses auxdits Arpenteurs de prendre plus grande taxe que celle de douze livres par jour qui leur seront payés par celui qui les fera travailler, sans comprendre leur dépense, et celle de six livres à son Porte-Chaîne, s'il y est.

Ordonne auxdits Arpenteurs de mettre tous les ans au Greffe du Conseil, une copie des Actes d'arpentage, pour y avoir recours, si besoin est.

Fait pareillement défenses auxdits Arpenteurs de se servir, pour borner leur arpentage, d'aucun arbre ayant vie et racine; leur ordonne d'y poser une pierre avant en terre, ou à son défaut, une piece de bois de chêne ou autre bois incorruptible, d'un pied en quarré, de quatre pieds en terre, et six pieds hors de terre, sur lequel il y aura une plaque de fer blanc ou de plomb, qui seront fournis par les Propriétaires par moitié, si la lisiere est mitoyenne, et par le premier Propriétaire, si c'est par Commission, sans que pour ce il puisse avoir aucun recours sur celui qui se mettra à son côté; fait défenses à toutes personnes d'arracher lesdites bornes, à moins qu'il n'en soit ordonné par Justice, à peine d'être procédé contre eux criminellement.

Vacances.

Art. XLVII. Les Curateurs aux Successions vacantes, ne pourront prétendre d'autres salaires pour les deniers qui se trouveront aux Successions dont ils seront chargés, que cinq pour cent; et à l'égard de celles où il faudra parvenir à la vente, soit des Effets ou autres Biens d'icelles, dix pour cent, qui seront pris par ledit Curateur pour ladite vente et recettes desdits Biens et Effets, desquels il demeurera responsable ou la caution.

Taxe pour les Juges.

Art. XLVIII. Pour les Actes de Tutelles, Curatelles et Avis de Parens, par vacation. . . . . 3 liv.

Pour les Appositions de Scellés, Partages, Redditions de compte ou autres Actes expédiés en leurs Maisons au Bourg, seront réglés pour chacune matinée ou après-dîner, à raison de six livres tournois pour vacations de trois heures.

Pour les Réceptions de Rapports, de Visitations, Apréciations, Extraits, Collations, Réceptions de caution, ne prendront lesdits Juges plus grande Taxe que celle de trois livres.

Néanmoins dans les comparaisons de Signatures et Ecritures, Réceptions et Nominations d'Experts ou autres Actes qui requerreront un plus long-temps, pourront lesdits Juges prendre leur Taxe à raison de six livres par matinée, ce qui revient à quarante sols par heure.

Pour l'Interrogatoire sur Faits et Articles en matiere civile, à raison de quarante sols par heure.

Pour Homologation de Sentence arbitrale et Testament, Cloture d'Inventaire et Entérinement de Lettres, seront faites à l'Audience sans frais.

Pour les Vacations pour les Baux judiciaires, suivant la Taxe qui se trouvera au bas de la Sentence d'Adjudication.

Les Taxes des Juges qui se transporteront hors des Bourgs ou de leur demeure en exécution de leurs Sentences ou Arrêts, seront réglées à raison de dix-huit livres par jour, le tout, tant pour leurs dépenses, que pour lesdites Vacations, sans qu'elles puissent être augmentées pour quelque prétexte que ce soit, ni prendre aucun salaire particulier pour les Procès-verbaux qu'ils dresseront, ni souffrir qu'il en soit pris; mais au cas que lesdits Juges se trouvent dans des endroits éloignés, qu'ils ne puissent être nourris ailleurs, en ce cas, pourront prendre leurs repas chez les Parties, et ne prendront que douze livres pour leurs Vacations, comme il est dit ci-dessus.

Pour un Sentence de Certification de Criée, ... 3 liv.

Pour la Sentence de Congé d'Adjugé, ... 3 liv.

Criminel.

Pour chaque Procès-verbal de Plainte faite au Juge, 1 liv. 10 sols.

Si elle est faite par Requête, ... *gratis.*

Pour le Procès-verbal de l'état où se trouve la personne blessée, ou corps mort, ... 4 liv.

Pour Audition de chaque Témoin, tant en matiere civile que criminelle, les Juges ne prendront pour chacun que douze sols.

Pareillement pour le Recollement et Confrontation.

Pour Recollement des Interrogatoires et Confrontations des Accusés, pareille Taxe.

Pour chaque Décret de prise de corps, d'Ajournement personnel, ou Assigné pour être ouï, ... 2 liv.

Pour chaque Répétition, même Taxe.

Pour Sentence qui ordonne le Récollement et Confrontation, trois liv.

Pour Sentence qui ordonne que l'Accusé sera élargi sous caution, ci, ... 3 liv.

ART. XLIX. Au Substitut du Procureur-Général, ou Procureur-Fiscal, lorsqu'il y sera appellé, soit par Ordonnances, Réquisitions ou Nécessité, aura les deux tiers du Juge.

Aux Greffiers.

ART. L. Pour Expédition et Grosse des Actes de Tutelle, Curatelle et Avis des Parens, trente sols.

Pour les Appositions de Scellés étant avec le Juge, Partages, Redditions de Compte et autres Actes expédiés chez lesdits Juges, leur Grosse à raison de douze sols par Rôle.

Pour tous les autres Actes expédiés dans la Maison du Juge, et comme il est dit ci-devant, lesdits Greffiers n'auront que leurs Grosses sans Vacation, comme dit est, à raison de douze sols par Rôle.

Pour les Procès-verbaux de Plaintes faites devant les Juges de l'état où se trouve la personne blessée ou corps mort, ledit Greffier aura la moitié du Juge, ou sa Grosse à raison de cinq sols par Rôle, ci. 5 sols.

Pour les Informations, Récollemens, Confrontations, Décrets, Interrogatoires et autres Instructions criminelles, la moitié, comme dessus, et sa Grosse à raison de cinq sols par Rôle, ci. . . . . 5 sols.

Et pour la Grosse des Informations, Enquêtes et autres Expéditions qu'il fera en matiere civile, six sols par Rôle d'Ecriture, sans pouvoir prétendre aucune Vacation, ci. . . . . 6 sols.

Et envoyant par lesdits Greffiers au Greffe du Conseil la Grosse des Procès criminels, ne grossoyeront autres Pieces que les secrettes; savoir, la Plainte, les Informations, Interrogatoires, Récollemens, Confrontations, Conclusions du Substitut et Rapport en Chirurgie, de la Grosse desquelles Pieces seulement Exécutoire sera délivré à raison de cinq sols par chaque Rôle, sans pouvoir grossoyer les Requêtes, Ordonnances et autres Pieces qui servent seulement à l'Instruction, ci. . . . 5 sols.

Pour toutes les Sentences qui s'expédieront à l'Audience et sur Procès par Ecrit, le Greffier ne prendra que sa Grosse à raison de douze sols par Rôle, ci. . . . . 12 sols.

Comme aussi pour les Baux judiciaires, pour sa Grosse à raison de douze sols par Rôle, ci. . . , ... 12 sols.

Pour Façon d'un Appointement à mettre, pareille Taxe.

Lorsque ledit Greffier se transportera, il aura la moitié, sans que ladite Taxe puisse être augmentée pour quelque prétexte que ce soit, comme il est dit ci-devant, la Grosse comprise.

Pour l'Acte d'Affirmation d'un Voyage, ci. . . . 1 liv. 10 sols.

Pour Acte de Soumission de caution fait au Greffe, trois livres, ci. 3 liv.

Pour un Défaut, douze sols, ci. . . . . 12 sols.

Pour un Congé, douze sols, ci. . . . . 12 sols.

Pour la Déclaration des Negres, ... *gratis.*

Pour chacun Acte qu'ils mettront au bas des Grosses des Contrats de Donations, et autres sujets à Insinuations, Publications ou Enregistremens, trente sols, ci. . . . . 1 liv. 10 sols.

Et pour Copie des Contrats, et autres Actes qu'ils mettront sur le Registre des Insinuations, Publications ou Enregistremens, six sols par chaque Rôle que contiendra la Grosse du Contrat ou trente sols, ci. . . . . 1 liv. 10 sols.

Pour l'Enregistrement du Procès-verbal de la Saisie-Réelle et Etablissement du Commissaire, trois livres, ci. . . . . 3 liv.

Pour l'Enregistrement des autres Expéditions auxdites Saisies-Réelles, trente sols, ci. . . . . 1 liv. 10 sols.

Fait défenses auxdits Greffiers de prendre par Rôle de petit Papier plus de la moitié de ce qui est taxé pour le Rôle de grand Papier, à peine de restitution du quadruple.

Aux Notaires.

Art. LI. Pour chaque Vacation d'une matinée ou après dîné, six livres, lorsqu'il y aura transport, ci. . . . . 6 liv.

Pour la Grosse de l'Acte qu'ils expédieront, à raison de quinze sols par Rôle, en mettant vingt lignes et douze syllabes à la ligne, ci. 15 sols.

Pour Vacation d'une matinée ou après dîner, faite dans leur Maison, trois livres, et leur Grosse comme ci-dessus, ci. . . . . 3 liv.

Pour Droit de Recherche de toutes sortes d'Actes, l'année étant certaine, trente sols, ci. . . . . 1 liv. 10 sols.

Et où il faudra un plus long temps pour l'incertitude de l'année, ils prendront leurs Vacations comme il est dit ci-dessus, pour ce qui est fait en leur Maison, c'est-à-dire, trois livres, ci. . . . . 3 liv.

Les Notaires ne pourront prétendre pour les Contrats de Mariage fait en leurs Maisons plus grande Taxe que pour les autres Actes ci-dessus expliqués, à raison de trois livres, ci. . . . . 3 liv.

Pour Vacations et la Grosse, à raison de quinze sols par Rôle, et pour ceux auxquels il y aura transport vingt livres, tant pour le Contrat que pour ledit transport, et sa Grosse quinze sols par Rôle, ci. 15 sols.

Pour une simple Procuration quarante sols, ci. . . . . 2 liv.

Pour une Obligation, Minute et Grosse, trois livres, ci . . 3 liv.

Pour une quittance même taxe.

Pour celles du Trésor, elles seront délivrées *gratis*, à la réserve du Parchemin, qui leur sera payé par les Parties.

Lorsque la Minute d'une Quittance est délivrée trente sols, ci. . . . . 1 liv. 10 sols.

Pour un Compulsoire suivant sa Vacation.

Aux Témoins, Gardiens, etc.

Art. LII. Pour les Taxes des Témoins laissées à la prudence du Juge, ayant par eux égard à la qualité des Personnes et à l'éloignement.

Pour rapport des Visites des Blessés ou Corps morts aux Chirurgiens, soit qu'il y ait transport ou non, le même.

Aux Gardiataires des Bestiaux saisis, leur sera payé pour chaque neuf sols par jour, ... 9 sols.

Et pour la Garde des Meubles six sols par jour, ci. . . 6 sols.

Aux Huissiers.

ART. LIII. Sera payé aux Huissiers ou Sergens pour chaque Exploit d'ajournement dans le Bourg dix sols, ci. . . . . 10 sols.

Pour ceux faits hors le Bourg pour chaque lieue, y compris ledit Exploit quarante sols, ci. . . . . 2 liv.

Lesquelles lieues seront réglées ci-après.

Pour chaque Exploit de Commandement, Saisie et Arrêt, ci. . 15 sols.

Hors le Bourg à proportion des lieues, et son Exploit pour les exécutions des Meubles et transport d'iceux dans le Bourg, trois livres, ci. 3 liv.

Hors le Bourg son transport comme dessus et son Procès-verbal.

Pour chaque Extrait de Saisie qui sera délivré six sols par Rôle, ci. 6 sols.

Pour Vente de Meubles pour une matinée ou après dîner faite dans le Bourg trois livres, ci. . . . . 3 liv.

Pour le Procès-verbal de Vente quatre sols par Rôle, ci . 4 sols.

Pour Signification de chaque Rôle des Pieces dans le Bourg six sols par Rôle, lorsqu'il y aura transport, à raison de quarante sols par lieue, et la Grosse à quatre sols par Rôle, ci. . . . . 4 sols.

Pour la Publication d'un Bail à Ferme et Enchere quinze sols, ci . . . . 15 sols.

Pour son Procès-verbal d'Apposition à la porte de l'Eglise et Publication de l'Affiche qu'il fera au devant de ladite porte à l'issue de la Messe Paroissiale, trois livres, ci. . . . . 3 liv.

A la Campagne son transport comme dessus et pour Significations des Sentences et Appointemens, dix sols, ci. . . . . 10 sols.

S'il y a transport quarante sols par lieue, et la Grosse à raison de dix sols, ci. . . . . 10 sols.

A l'égard des Saisies-Réelles seront taxées suivant le Mémoire du Procès, qui sera joint au présent Réglement.

Saisies-Réelles.

Pour un Exploit de Commandement au Bourg, trente sols, ci. 1 l. 10 s.

Saisie Réelle d'une Maison, Habitation ou Rente au Bourg, six livres, ci. 6 liv.

Affiches pour parvenir aux Criées avec les Copies pour afficher au lieu saisi et à la porte de l'Eglise Paroissiale de la situation de la chose saisie et pour l'Apposition desdites deux Copies, six livres, ci. . 6 liv.

Exploit de Signification desdites Appositions et de premiere Criée à la Partie saisie, trente sols, ci. . . . . 1 liv. 10 sols.

Pour les Saisies Réelles où il y aura Transport, sera taxé audit Huissier, y compris la Copie et Signification à la Partie saisie, à raison de dix livres par jour, ci. . . . . 10 liv.

Pour les quatre Criées et quatorzaines au Bourg, sera payé à raison de cinq livres par chaque Criée, et en tout, vingt livres, ci. . 20 liv.

Pour celles où il y aura Transport, à raison de dix livres par jour, ci. . . . . 10 liv.

Pour les quintes et surabondantes Criées, lorsqu'il est survenu quelque changement à la Saisie, ou pour quelqu'autre raison, sera payé comme dessus.

Pour Signification des Moyens et Nullités, assigner la Partie saisie pour l'Interposition du Décret, ou les Opposans, pour procéder sur leurs Oppositions au Bourg, trente sols, ci. . . 1 liv. 10 sols.

Lorsqu'il y aura Transport, à raison de dix livres par jour, ci. 10 liv.

Procès-verbal de Perquisition de la Personne saisie pour lui donner Assignation au cas d'absence, trois livres, ci. . . . . . . 3 liv.

S'il y a Transport, comme ci-dessus, pour l'Affiche à publier au Prône, contenant l'Assignation au Saisi, attendu son absence, trois livres; et pour deux Copies, l'une pour le Curé, et l'autre pour l'Affiche, vingt sols pour chacune, ci. . . . . 1 liv.

Au Curé pour la Publication et en délivrer Certificat, trois livres, ci. . . . . 3 liv.

A l'Huissier pour son Procès-verbal d'Apposition à la porte de l'Eglise et Publication de l'affiche, qu'il fera au-devant de ladite porte, à l'issue de la Messe Paroissiale, trois livres, ci. . . . . . . 3 liv.

Lorsqu'il y aura Transport, comme dessus, pour les Copies des Procès-verbaux, des Saisies et Criées de la Sentence de Certification, seront taxés à raison de cinq sols par Rôle.

Pour la Contrainte par Corps et Emprisonnement fait pour dettes, il lui sera payé et à son Recors, lorsqu'il sera dans le Bourg, , ci. . 6 liv.

Et lorsqu'il y aura Transport hors du Bourg, à raison de quatre livres par lieue, ci. . . . . 4 liv.

Et le Procès-verbal de Capture ou Perquisition, comme ci-dessus, et pareille Taxe pour le Retour.

Pour

Pour les Emprisonnemens en vertu de Decret de Prise de Corps en matiere criminelle, sera payé comme pour les civils.

Les lieues se peuvent régler ; savoir, de la Petite-Riviere à l'Acul, ci. . . . . 2 lieues.

Et à la Ravine, que l'on nomme vulgairement *des Médeciniers*, 1 lieue.

Dudit lieu jusqu'à la Grande-Riviere, deux lieues, ci. . . 2 lieues.

Dudit lieu jusqu'à la Petite-Plaine, trois lieues, ci. . . 3 lieues.

Dudit lieu au Cul-de-Sac, dix lieues, ci. . . . . . . 10 lieues.

Dudit lieu à Jacquemel, dix lieues ; et ayant égard au chemin qui est très-mauvais, quinze lieues, ci. . . . . 15 lieues.

Dudit lieu au Grand-Goave, six lieues, ci. . . . . . 6 lieues.

Et au Petit-Goave, huit lieues, ci. . . . . 8 lieues.

Dudit lieu aux Montagnes, les Habitations les plus éloignées, ci. . . . . 2 lieues.

Du Petit-Goave au Grand-Goave, l'Habitation la plus éloignée 3 lieues.

Dudit lieu à Miragoane, quatre lieues, ci. . . . . . . 4 lieues.

Dudit lieu au fond des Negres, huit lieues, ci. . . . . 8 lieues.

Du Bourg du Cul-de-Sac aux Varreux, une lieue, ci. . . 1 lieue.

Dudit lieu à Mirebalais, dix lieues, ci. . . . . 10 lieues.

Dudit lieu à l'Hôpital, trois lieues, ci. . . . . 3 lieues.

Dudit lieu au Trou-Bourdet, cinq lieues, ci. . . . . . 5 lieues.

Dudit lieu à l'Artibonnite, ci. . . . . 26 lieues.

De la Petite-Riviere au Trou-Bourdet, cinq lieues, ci. . 5 lieues.

Dudit lieu à l'Hôpital, sept lieues, ci. . . . . 7 lieues.

Les Huissiers seront payés à demi-lieue du Bourg de la Taxe de la lieue inclusivement, à cause des détours pour aller aux Habitations.

Ordonne que le présent Réglement sera lu, publié à l'Audiance tenante, à haute voix, et enregistré au Greffe des Juridictions ressortissantes du Conseil, pour être exécuté selon sa forme et teneur, à la diligence des Substituts du Procureur-Général, auxquels le Conseil enjoint d'y tenir la main. DONNÉ, etc.

LETTRE du Ministre à M. ROBINEAU, Procureur-Général du Conseil du Cap, touchant l'incompatibilité des Places de Greffier de cette Cour, et de Greffier de la Juridiction.

Du 14 Avril 1706.

J'AI reçu votre Lettre du 1er Décembre dernier; je n'ai point entendu en expédiant pour le sieur Duperrier les Provisions de Greffier du Conseil Supérieur du Cap, qu'il jouît de ce Greffe en même tems que de celui de la Juridiction : j'ai seulement compté que de l'un il passoit à l'autre. Il faut lui laisser le meilleur, puisqu'il est pourvu, et j'expédierai de nouvelles Provisions pour l'autre.

LETTRE du Ministre à M. DE BRACH, qui annonce que Sa Majesté l'a interdit pour avoir disputé le Pas, lors de la Procession de la Fête-Dieu, à M. DESLANDES, faisant fonctions d'Intendant.

Du 14 Avril 1706.

SA MAJESTÉ a été indignée de votre procédé avec M. Deslandes dans la Procession de la Fête-Dieu, et que vous sachiez assez peu ce qui vous est dû pour prétendre avoir le Pas devant lui dans une fonction qui est de pure Cérémonie, sur-tout l'Officier Supérieur étant dans le lieu même; elle a estimé juste de vous interdire, pour vous apprendre et aux autres à ne point avoir de pareils procédés, et j'en ai envoyé l'ordre au sieur Deslandes.

M. Deslandes eut la générosité de ne faire aucun usage de cet ordre dont il sollicita et obtint la révocation.

EXTRAIT de la Lettre du Ministre à DE CHARITE, *qui approuve la Commutation de la peine des Galeres contre les Soldats déserteurs en celle d'être employés aux Travaux publics.*

Du 14 Avril 1706.

SA MAJESTÉ a approuvé les Jugemens rendus par le Conseil de Guerre contre les Soldats déserteurs; et qu'au lieu de les envoyer en France pour être mis sur les Galeres, on les ait condamnés à travailler anx Fortifications enchaînés comme Forçats; l'exemple en sera plus prompt et plus sensible, et contribuera mieux à arrêter ce désordre. Il faudroit seulement y ajouter l'habillement pareil, autant qu'on le pourra, à celui des Forçats, pour leur faire mieux sentir la honte de leur état.

EXTRAIT de la Lettre du Ministre à M. DESLANDES, *pour faire mettre en Ferme les Droits de Boucheries et Cabarets.*

Du 14 Avril 1706.

LE Roi n'entend point que les Officiers-Majors jouissent à l'avenir des Droits de Boucheries, ni de Cabarets; et Sa Majesté veut que vous en fassiez des Fermes, ou exigiez sur les Cabarets quelque annuel à son profit; et sur ce qui paroîtra du produit, elle leur accordera quelque augmentation de gratification.

ARRÊT du Conseil de Léogane, portant Etablissement d'un Bureau pour la Perception des Droits sur l'Indigo.

Du 3 Mai 1706.

SUR ce qui a été représenté par le Procureur-Général du Roi, que Sa Majesté ayant ordonné par son Arrêt du Conseil d'Etat du Roi, du 18 Juillet 1696, qu'il seroit levé deux sols pour chaque livre d'Indigo, qui se fabrique dans les Quartiers François de l'Isle de Saint-Domingue, à peine aux Contrevenans de 1500 liv. d'amende, et de plus grande peine en cas de récidive, enregistré en ce Conseil audit an; et comme personne n'ignore que ce que l'on en a tiré jusqu'à présent a été employé dans les Fortifications de l'Isle de Saint-Louis, et à plusieurs autres dépenses nécessaires pour le maintien de la Colonie, on avoit lieu d'espérer que les Habitans et les Marchands auroient eu la même exactude de payer ce Droit, comme ils ont eu la premiere année, qui se monte à une somme assez considérable; mais au contraire, il a eu avis que l'on s'étoit totalement ralenti depuis ce tems-là; qu'il n'a pas produit les années suivantes le tiers et même le quart de ce qu'on en avoit tiré la premiere; que même plusieurs Particuliers ne faisoient point de difficulté de contrevenir ouvertement à ce qui a été ordonné par le Roi, soit en ne faisant pas de Déclaration, les autres n'accusant pas le juste poids de leur Indigo, et les autres niant d'en avoir fait embarquer, lorsque les Vaisseaux étoient partis, ce qui ne provient que par la mauvaise foi des uns et la négligence des autres; que pour remédier à ces abus on y pouvoit parvenir, suivant les Articles contenus dans sadite Requête, par ce que le Conseil jugera plus à propos, dont il requiert d'y pourvoir. Le Conseil, après avoir fait lecture de ladite Requête et des Articles contenus en icelle, ayant été mis en Délibération, a ordonné et ordonne que l'Arrêt du Conseil d'Etat du Roi sera exécuté selon sa forme et teneur; en conséquence fait très-expresses inhibitions et défenses à toutes Personnes, de quelque qualité et condition qu'elles soient, d'embarquer aucuns Indigos, à moins qu'ils n'aient passé dans les Bureaux qui seront établis à l'Acul du Petit-Goave, l'Ester, Petite-Riviere, et au Bourg du Cul-de-Sac, Quartiers ressortissans de ce Conseil, et qu'ils n'aient un Certificat des Commis desdits Bureaux, où il soit fait mention du Nombre, Poids, Numéro, et de la Qualité ou Espece de Futaille que l'on embarquera, à peine de confiscation des Indigos et de l'amende de 1500 liv., payable par les Capitaines qui les auront embarqués, et pareille somme par ceux à qui lesdits Indigos appartiendront; et au cas de récidive, de plus grande peine, ladite amende applicable au Roi, et la confiscation, un tiers au Dénonciateur, et les deux autres tiers à qui il appartiendra; qu'il sera permis au Receveur-Général ou à son Commis, de faire peser lesdits Indigos, si bon lui semble, sans que le Commis puisse exiger aucune chose pour le Poids d'iceux; que le Chargeur sera obligé de prendre un Certificat du Receveur-Général ou de ses Commis, pour le donner aux Capitaines des Navires, Barques et autres Bâtimens, qu'ils remettront lorsqu'ils feront leurs Déclarations, entre les mains du Receveur-Général ou de ses Commis, et qu'ils spécifieront dans ladite Déclaration, le Nombre, Poids, Mesure et Marque, de la Qualité ou Espece de Futaille, et le nom de ceux qui les auront embarqués; que le Receveur-Général, ou ses Commis, donneront aux Capitaines et Maîtres, une Copie de leur Déclaration, qu'ils signeront, laquelle lesdits Capitaines ou Maîtres feront viser par M. le Commissaire Ordonnateur; et dans les endroits où ils ne pourront pas, par les Personnes par lui préposées, qu'il sera permis au Receveur-Général et à son Commis, de faire la visite dans les Navires et les Bâtimens, pour voir s'il n'y a pas d'autres Marchandises que celles portées par la Déclaration; que les Capitaines et Maîtres, après avoir fait leurs Déclarations, ne pourront plus embarquer d'autre Indigo, à moins de faire une nouvelle Déclaration; ordonne que le présent Arrêt sera enregistré dans les Sieges ressortissans de ce Conseil, lu, publié et affiché par-tout où besoin sera, à la diligence des Substituts du Procureur-Général, qui en certifieront le Conseil au mois, et sera Copie d'icelui tenue en Tableau dans le Bureau du Receveur-Général et de ses Commis, afin que personne n'en prétende cause d'ignorance, etc.

ARRÊT du Conseil du Cap, qui condamne un Econome qui a brûlé les pieds d'un Engagé, à 50 liv. d'aumône, et à payer 50 liv. au Maître de cet Engagé, que l'Arrêt déclare libre.

Du 3 Mai 1706.

VU par le Conseil le Procès extraordinairement fait et instruit par le Juge Ordinaire du Siege Royal du Port-de-Paix, à l'encontre de Thomas Laville Aufœvre, Défendeur et Accusé; et le sieur Roch, Dulaurens, Directeur de la Compagnie Royale de l'Assiente, tous deux Appellans de la Sentence contre eux rendue le 22 Janvier dernier, à la requête et poursuite du Substitut du Procureur-Général du Roi; la Sentence, etc. Conclusions par écrit du Procureur-Général; ouï le Rapport de M. Roger, Conseiller; tout considéré, LE CONSEIL a mis et met la Sentence au néant; émendant, corrigeant et réformant, condamne le nommé Laville

Aufœvre, Econome du sieur Dulaurens, accusé et convaincu d'avoir brûlé le dessous des pieds d'un Engagé nommé Fauveau, appartenant au sieur Dulaurens, en 50 liv. d'aumône, applicables aux Pauvres du Port-de-Paix, et en cinquante autres livres que ledit Laville Aufœvre paiera audit Dulaurens pour la liberté dudit Engagé, que le Conseil déclare libre dès à présent, et à lui permis d'aller où bon lui semblera, et aux dépens du Procès, tant des Causes principales que d'Appel, Alimens et Médicamens dudit Fauveau, avec défenses de récidiver sous plus grosses peines. DONNÉ, etc.

RÉGLEMENT du Conseil de Léogane, qui ordonne de planter des Vivres pour la Nourriture des Negres.

Du 3 Mai 1706.

SUR ce qui a été représenté au Conseil par le Procureur-Général, que quelqu'ordre qu'il y ait eu ci-devant pour obliger les Habitans d'avoir les Vivres nécessaires, tant pour la subsistance de leurs Negres, que pour prévenir tous les accidens qui pourroient survenir en cette Colonie, il a été impossible d'y parvenir, de sorte qu'on voit arriver journellement des accidens, tant sur les Negres qui se rendent fugitifs faute de Vivres, que par les autres qui se trouvent tués ou maltraités en volant ceux des voisins les plus proches de leur Patron; qu'au surplus il seroit à craindre que par quelques empêchemens qui détourneroient les Vaisseaux d'en apporter, ou par quelqu'autres accidens, cette Colonie se trouvât entierement dénuée; pour remédier et prévenir ces sortes d'accidens et mettre la Colonie en état de se pouvoir maintenir contre tous les inconvéniens, il est d'une nécessité d'y pourvoir par un Réglement qu'il supplie le Conseil de rendre. LE CONSEIL faisant droit sur ladite Remontrance, et l'Affaire mise en Délibération, a ordonné et ordonne à tous les Habitans, dans l'étendue de son Ressort, ce qui suit: Qu'il sera planté pendant l'espace de deux mois, à compter du jour de la Publication du présent, cent cinquante pieds de Magnoc par chaque tête de Negres, depuis l'âge de douze ans jusqu'à soixante, qu'il sera pareillement planté dans le même tems dix pieds de Bananiers par chaque tête de Negres, et qu'il sera fourni une fois l'an, ou dans deux Récoltes, tous les ans, un baril de Grains, soit Pois, Maïs ou Mil, par tête desdits Negres, sans que cela puisse diminuer des autres Vivres qui sont ordinairement en terre, soit Patates ou Ignames, à peine aux Contrevenans de cinquante livres d'amende par chaque tête desdits Negres qui ne seront pas fournis de la quantité de Vivres susdits, et à cent livres en cas de récidive, ladite amende applicable, un tiers au Dénonciateur, et les deux autres tiers aux Nécessités publiques; ordonne que le présent Arrêt sera enregistré dans les Juridictions ressortissantes du Conseil, lu, publié et affiché à l'issue des Messes Paroissiales, etc.

ARRÊT du Conseil du Cap, qui prononce une amende dans une Contestation produite par une Dette de Jeu.

Du 4 Mai 1706.

ENTRE Pierre de Gachet, Appellant de la Sentence du Port-de-Paix, du 15 Mars dernier, d'une part, contre le sieur Saleran, Intimé, d'autre part. Ouï les Parties par leurs bouches, le Conseil a mis ladite Sentence et ce dont a été appellé, au néant; émendant, condamne ledit Gachet à payer audit Saleran mille livres de Sucre, et en l'amende de mille autres livres en Sucre, applicable aux Réparations du Palais du Cap, et ce, attendu que la Dette de 90 barriques est causée par le Jeu, et ledit Gachet aux dépens. DONNÉ, etc.

RÉGLEMENT du Conseil de Léogane, contenant la Détermination d'une Echelle de Distances, pour les Transports et Significations.

Du 12 Mai 1706.

SUR ce que le Procureur-Général a représenté au Conseil, que dans le Réglement qu'il lui a plu donner le 12 Avril dernier, les lieues n'ont point été expliquées suivant l'état qu'il en avoit donné; et requiert qu'il plaise au Conseil les régler.

Vu par le Conseil ledit état, et faisant droit sur le Requisitoire du Procureur-Général, a ordonné et ordonne que les lieues fussent réglées:

SAVOIR;

De la Petite Riviere à la Pointe, une lieue.

De la Pointe à l'Ester, une lieue.

De l'Ester à l'Acul, une lieue.

De la Petite Riviere au Grand Goave, sept lieues.

Du Grand Goave au Petit Goave, dix lieues.

Du Petit Goave à l'Acul, une lieue.

De l'Acul à Miragoane, trois lieues.

De Miragoane au Fond des Negres, quatre lieues.

De la Petite Riviere jusqu'à la Grande Riviere, deux lieues.

De la Grande Riviere à la Petite Plaine, une lieue.

De la Petite Plaine au Quartier Bordet, quatre lieues.

Du Quartier Bordet à l'Hôpital, trois lieues.

De l'Hôpital au Bourg du Cul-de-Sac, deux lieues.

Du Bourg du Cul-de-Sac aux Varreux, deux lieues.

Des Varreux à Mirebalais, six lieues.

De Mirebalais à l'Artibonnite, quatorze lieues.

De la Petite Riviere à Jacmel, douze lieues, ayant égard aux mauvais Chemins, quinze lieues.

De la Petite Riviere aux Habitations les plus éloignées des Mornes, trois lieues.

Les Huissiers seront payés à demie-lieue du Bourg de la taxe de la lieue, à cause des détours, pour aller aux Habitations.

Ordonne que le présent Réglement sera joint à celui du 12 Avril dernier pour être exécuté selon sa forme et teneur, lu, publié et affiché où besoin sera, à la diligence des Substituts du Procureur-Général. Donné, etc.

Arrêt du Conseil du Cap, qui juge que le Fermier n'est pas tenu de la mort naturelle des Negres affermés, et que les Naissances durant son Bail ne lui appartiennent pas.

Du 7 Juin 1706.

Entre le sieur Clauzel, Appellant, comparant en sa Personne.

Contre le sieur Costard, Chevalier, sieur de Chatenoye, en la qualité qu'il procede, Intimé, comparant en sa Personne, d'autre part. Ouï les Parties, et vu la Sentence dont est appel, Le Conseil l'a mise et met au néant; émandant, ordonne que le sieur Clauzel ne payera le prix de sa Ferme que du jour qu'il est entré en possesion, conformément à son Bail; et à l'égard des Negres morts de leur mort naturelle durant ledit

Bail,

Bail, le sieur Clauzel ne sera point tenu de les remplacer; et les Négrillons qui sont provenus pendant son Bail judiciaire resteront audit sieur de Chatenoye suivant l'Article LIV du Code Noir; le présent Arrêt sera lu, publié et affiché dans toutes les Paroisses ressortissantes dudit Conseil; dépens compensés.

ARRÊT du Conseil du Cap, qui ordonne de planter des Vivres pour nourrir les Negres.

Du 7 Juin 1706.

Cet Arrêt est très-exactement calqué sur celui rendu par le Conseil de Léogane pour le même objet, le 3 Mai précédent.

ARRÊT du Conseil du Cap, pour le Paiement du Droit sur l'Indigo.

Du 7 Juin 1706.

Cet Arrêt ne differe de celui du Conseil de Léogane sur le même sujet en date du 3 Mai précédent que par l'indication de Bureaux au Cap et au Port-de-Paix.

ARRÊT du Conseil du Cap, qui défend de maltraiter l'Exécuteur des Hautes Œuvres.

Du 5 Juillet 1706.

VU par le Conseil la Remontrance du Procureur-Général, LE CONSEIL faisant droit défend à tous les Negres Esclaves de maltraiter ledit André Sénégal, Exécuteur de son district, à peine d'être fustigés, et même de la vie, si le cas y échoit, au premier qui en sera convaincu; fait aussi défenses à tous les Habitans et autres Gens libres, de battre ni toucher ledit Exécuteur, sur peine aussi d'être procédé contr'eux extraordinairement et châtiés conformément aux Ordonnances de Sa Majesté; LE CONSEIL permet aux Habitans, Negres, soit Libres ou Esclaves, de l'arrêter au cas qu'il soit trouvé sortant du Quartier aux dernieres Places pour se rendre Fugitif, ou chez les Espagnols, et de le faire conduire aux Prisons du Cap, lesquels seront payés suivant les regles usitées; ordonne que le présent Arrêt sera lu, publié et affiché en toutes les Paroisses de ce Quartier, etc,

...

ARRÊTS du Conseil du Cap, qui attendu que la Cour se trouve mi-Partie, nomme des Habitans pour juger et homologue leur Avis.

Des 5 Juillet 1706 et 8 Février 1707.

SUR ce que le Procureur-Général a remontré au Conseil, que la Chambre se trouve mi-Partie au sujet du Procès d'entre Jean Joly en sa qualité de Tuteur de l'Enfant Mineur de feu Pierre Dubois, contre la Veuve dudit Dubois; et le tout considéré, LE CONSEIL a nommé pour juger et pour départir le Conseil, les sieurs . . . . ., etc. pour examiner le Procès en question; ensuite de quoi donneront leur déclaration, qu'ils rapporteront au premier jour du Conseil, ect.

Suit la teneur du Rapport.

NOUS François-Denis l'Allemand, de Lisle Ribaut, Chereau, Voligny et Aramy, nommés par la Cour du Conseil Supérieur du Cap pour juger le Procès d'entre le sieur Joly, comme Exécuteur Testamentaire et Tuteur de l'Enfant Mineur de feu Pierre Dubois et Louise-Denise Bodin, Veuve dudit Dubois. Vu le Rapport fait dudit Procès par le sieur François-Denis l'Allemand, nommé à cet effet, et confrontation faite des Pieces, notre sentiment est que ladite Louise-Denise Bodin soit déclarée commune, et en conséquence qu'elle sera tenue de payer les Créanciers ;et en outre condamnée aux frais et dépens du Procès. Fait en la Maison de Chereau, au Cap, le 7 Février 1707. *Signés* L'ALLEMAND, DE LISLE RIBAULT, CHEREAU, DE VOLIGNY et ARAMY.

Vu par le Conseil le rapport des sieurs l'Allemand, Voligny, Aramy, Chereau et de Lisle Ribaut, nommés par le Conseil pour faire la visite du Procès d'entre Jean Joïy en la qualité qu'il procede, contre la Veuve Dubois; ensemble les Conclusions par écrit du Procureur-Général du Roi de ce jour, LE CONSEIL a déclaré ladite Dubois, commune avec ledit défunt Dubois, nonobstant la renonciation faite par elle, et sans y avoir égard, attendu les cas résultans dudit Procès, et en cette qualité la condamne à payer les Créanciers de ladite Communauté et dépens des Causes principales et d'Appel. DONNÉ en la Chambre du Conseil, le 8 Février 1707.

Ces Arbitres avoient prêté Serment pardevant un Conseiller, Commissaire de la Cour.

PROVISIONS de Gouverneur de l'Isle de la Tortue et Côte Saint-Domingue, pour M. le Comte de CHOISEUL-BEAUPRÉ, Capitaine de Vaisseau.

Du 1er Août 1706.

LOUIS, etc. Le Gouvernement de l'Isle de la Tortue et Côte Saint-Domingue, étant à présent vacant par le décès du sieur Auger, nous avons estimé, etc.

R. au Conseil du Cap, le 28 Décembre 1707.

Et à celui de Léogane, le 30 Janvier 1708.

Ces Provisions sont absolument semblables à celles de M. Ducasse, du premier Juin 1691.

ORDONNANCE de M. l'Intendant, qui déclare libre un Negre venu de chez les Espagnols, dans la Partie Françoise, pendant la Guerre des deux Nations.

Du 4 Août 1706.

LE sieur Deslandes, etc.

Vu la Requête à nous présentée par le nommé Gabriel Fernand, Negre libre, demeurant au Quartier du Cap, par laquelle il nous remontre que s'étant venu rendre, il y a environ dix-huit ans, aux François qui étoient pour lors en Guerre avec les Espagnols, M. de Cussy, Gouverneur des Colonies Françoises de Saint-Domingue, l'envoya à l'Isle de la Tortue, pour y servir pendant trois ans, après lequel temps il déclara qu'il demeureroit libre; le Certificat du sieur Paul Pin, qui étoit Commandant de la Tortue, en date du 8 Juillet 1704, qui certifie ce que dessus; un Ordre de M. Ducasse, du 22 Juillet 1699, et deux autres Ordres de M. Auger, du 22 Décembre 1703 et 24 Février 1705, qui défendent de troubler ledit Gabriel dans la possession d'une Habitation qu'il avoit au Cap; un Certificat de M. de Paty, du 20 Août, présent mois, qui certifie l'Exposé dans la Requête dudit Gabriel véritable, et qu'il l'a toujours connu pour libre; autre Certificat de M. Bouchet, Habitant de Léogane, du 22 dudit mois d'Août, qui certifie que ledit Negre se vint rendre à lui aux Gonaïves il y a environ dix-huit ans, et que M. de Cussy ordonna qu'il serviroit trois ans à la Tortue, et après lequel temps il seroit affranchi; tout vu et considéré, nous déclarons Gabriel Fernand libre et affranchi, comme s'étant échappé pendant la Guerre de chez les Espagnols chez les François, et avoir servi pendant trois ans à la Tortue, suivant l'ordre qu'il en avoit de M. de Cussy, après lequel temps il auroit déclaré que ledit Fernand doit jouir de tous les Priviléges accordés par les Ordonnances de Sa Majesté, aux Affranchis. DONNÉ, etc.

R. au Greffe du Siége Royal du Cap, le 2 Septembre suivant.

PREMIERE Commission de Receveur des Amendes dans le Ressort du Conseil du Cap, donnée par les Administrateurs.

Du 4 Septembre 1706.

LE sieur de Charite, Lieutenant du Roi, Commandant en Chef, etc.

Le sieur Deslandes faisant fonctions d'Intendant, etc.

Nous ayant été représenté qu'il étoit nécessaire d'établir un Receveur des Amendes dans le Ressort du Conseil Supérieur du Cap, tant pour la sûreté des deniers qui en proviennent que pour en pouvoir plus aisément disposer, et faire l'application lorsqu'elle sera ordonnée, nous, en vertu du pouvoir à nous accordé par Sa Majesté, avons nommé à ladite Charge de Receveur des Amendes du Ressort du Conseil Supérieur du Cap, le sieur Etienne du Millot, sur la connoissance que nous avons de sa capacité, fidélité et application, et de la profession qu'il fait de la Religion Catholique, Apostholique et Romaine, pour par lui l'exercer aux prérogatives, émolumens et fonctions que le Conseil jugera à propos d'y attribuer; requérons à cet effet mesdits Sieurs du Conseil Supérieur du Cap de le recevoir en l'exercice de ladite Charge, après qu'il aura donné bonne et suffisante caution, et avoir pris de lui le serment ordinaire et accoutumé. DONNÉ, etc. *Signés* DE CHARITE ET DESLANDES.

R. au Conseil du Cap, le 5 Janvier 1707.

PREMIERE Commission d'Huissier-Audiencier au Conseil du Cap, donnée par les Administrateurs.

Du 4 Septembre 1706.

LE Conseil Supérieur du Cap ayant jugé à propos d'établir un Huissier-Audiencier, tant pour faciliter le cours de la Justice que pour prendre soin des Sacs et Papiers, et les mettre sûrement entre les mains de Messieurs du Conseil, à qui les Procès seront distribués, Nous, en vertu du pouvoir à nous accordé par Sa Majesté, avons nommé à ladite Charge le sieur Etienne du Millot, sur la connoissance que nous avons de sa capacité, et qu'il fait profession de la Religion Catholique, Apostolique et Romaine, pour exercer ladite Charge d'Huissier-Audiencier aux prérogatives, émolumens et fonctions que le Conseil jugera à propos d'y attribuer; requérons à cet effet Messieurs du Conseil Supérieur du Cap de le recevoir en ladite Charge après avoir pris de lui le serment ordinaire et accoutumé. DONNÉ au Cap, etc.

Signés DE CHARITE ET DESLANDES.

R. au Conseil du Cap, le 5 Janvier 1707.

ORDONNANCE du Commandant en Chef par interim, qui établit un Receveur des Droits Curiaux dans la Dépendance du Port-de-Paix, avec dix pour cent de Commission.

Du 10 Septembre 1706.

LE sieur de Charite, etc.

Les Paroissiens faisant choix des personnes les plus distinguées, soit par rapport à leur probité, ou soit par rapport à leur capacité, et ne convenant pas qu'elles soient chargées des soins de faire la Recette des

Droits Curiaux, allant chez les particuliers pour leur demander, et même plus d'une fois, nous avons estimé à propos, et même pour les en décharger, que ladite Recette se fît par une personne particuliere que lesdits Marguilliers choisiroient et dont ils répondroient, comme il est pratiqué à Léogane depuis long-tems, et dans ce Quartier, depuis cette année; pour cet effet, nous ordonnons aux Habitans des Paroisses du Quartier du Port-de-Paix d'en faire de même, et d'augmenter d'un dixieme à l'avenir la taxe des Droits Curiaux, qui sera pour les gages de celui qui fera la Recette; le sieur Gangny, Major-Commandant au susdit Quartier, tiendra la main à l'exécution de la Présente. Au Cap, etc.

R. au Siége Royal du Port-de-Paix, le 18 Septembre 1706.

ARRÊT du Conseil de Léogane, qui ordonne la Publication de celui par lui précédemment rendu sur les Vivres à planter par les Habitans.

Du 11 Octobre 1706.

SUR ce qui a été représenté par le Procureur-Général du Roi, qu'il a plu au Conseil rendre un Réglement qui oblige les Habitans de planter une quantité de Vivres de terre deux mois après la Publication dudit Arrêt, les Expéditions duquel ayant été remises à ses Substituts des Sieges ressortissans dudit Conseil, pour la publication d'icelui, ce qui a été fait dans quelques Paroisses, et d'autres qui ont été omises, par la négligence des Huissiers à qui les Expéditions avoient été remises par ses Substituts, ce qui fait qu'il a recours au Conseil, afin qu'il lui plaise ordonner que ledit Arrêt de Réglement, et à la même diligence, sera lu, publié et affiché, à l'issue des Messes Paroissiales des Quartiers où il ne l'aura point été, sans que cela puisse empêcher son exécution dans les lieux où il se trouvera avoir été publié; requérant en outre, que faisant droit sur ses Conclusions, il plaise au Conseil imposer telle peine qu'il jugera à propos pour leur négligence. LE CONSEIL faisant droit à la Remontrance du Procureur-Général, ordonne que le Réglement et Arrêt rendu touchant les Vivres que chaque Habitant doit planter, sera lu, publié et affiché, à l'issue des Messes Paroissiales, dans tous les lieux où il ne l'a pas été, Dimanche prochain, à la diligence des Substituts du Procureur-Général, qui en certifieront le

Conseil dans quinzaine ; et erdonne aussi que dans les Paroisses où ledit Réglement et Arrêt a été publié et affiché, il sera exécuté selon sa forme et teneur ; et faisant droit aux Conclusions du Procureur-Général du Roi, condamne les Huissiers nommés Poussin et de Noltet, à chacun dix livres d'amende, applicable aux Réparations du Conseil, et leur fait défenses de récidiver à l'avenir sur plus grande peine.

ORDONNANCE du Commandant en Chef par interim, touchant l'inexactitude des déclarations faites dans le Recensement du Cap, pour la Perception des Droits Curiaux.

Du 19 Octobre 1706.

LES Maguilliers de la Paroisse de ce Bourg nous ayant présenté cejourd'hui la Liste qu'il ont faite pour les Droits Curiaux, et ayant vu par le nombre des personnes qu'elle contient, qui ne se monte qu'à deux cents quatre-vingt-sept, qu'il y a plusieurs Chefs de famille qui ne leur ont pas fidellement déclaré la quantité de celles qu'ils ont chez eux, soit Engagés, soit gens à gage, ou soit esclaves, et étant important de remédier à cet abus, qui est autant considérable pour les petits Habitans, qu'il est injuste de la part de ceux qui le commettent, nous ordonnons à toutes personnes de quelle qualité et condition qu'elles puissent être d'accuser au juste auxdits Marguilliers le nombre des personnes, soit libres ou esclaves, qu'un chacun aura dans sa Maison, au-dessous de quatorze ans, même les Créoles et Esclaves qui s'y trouveront le jour que ladite Liste se fera, sous peine de cinquante livres d'amende pour chaque blanc, et de confiscation des esclaves qui ne seront pas déclarés par lesdits Chefs de familles, le tout au profit de l'Eglise ; et afin que personne n'en ignore, la Présente sera publiée incessamment au son du tambour, affichée au Carrefour du Bourg, et enregistrée au Greffe de la Juridiction. DONNÉ au Cap, etc.

Signé DE CHARITE.

R. au Siége Royal du Cap, le lendemain.

ARRÊT du Conseil du Cap pour la Réception d'un Procureur du Roi, et Protestation du Doyen ensuite de cet Arrêt.

Du 24 Octobre 1706.

VU par le Conseil l'information des vie et mœurs du sieur ......, ensemble la Commission à lui accordée par MM. de Charite et Deslandes, pour exercer la Charge de Procureur du Roi au Siége Royal ....., en date du 4 Août dernier, et qu'il paroît que ledit ......, est de la Religion Catholique, Aposthólique et Romaine, et ouï sur ce le rapport de Me Pierre de Silvecane, Conseiller audit Conseil; le tout vu et considéré, le Conseil, après avoir pris sur ce le serment dudit..... l'a reçu en la Charge de Procureur du Roi du Siége Royal de ...., pour jouir des droits et prérogatives annexés à ladite Charge, conformément à ses Provisions; et enjoint ledit Conseil, au Sénéchal, de l'installer et de le faire reconnoître en ladite qualité de Procureur du Roi, de tous ceux et ainsi qu'il appariendra, à la charge d'observar les Coutumes, Loix et Ordonnances, et que la Commission sera enregistrée au Greffe de ce Conseil, et ensuite à celui de sa Juridiction. DONNÉ, etc.

Comme Doyen du Conseil, je ne puis me dispenser de signer l'Arrêt de Réception ci-dessus mentionné, quoique mon sentiment soit tout contraire, disant qu'un Mulâtre bâtard ne peut pas être reçu dans aucune Charge de Judicature. Signé au Registre, GARNIER.

PROVISIONS de Gouverneur de l'Isle Sainte-Croix, pour M. DE CHARITE, Lieutenant de Roi à la place de M. DE GALIFFET.

Du 1er. Novembre 1706.

LOUIS, etc.; Salut. Le Gouvernement de notre Isle de Sainte-Croix, dont la Colonie a passé par nos Ordres au Cap, Quartier de Saint-Domingue, étant à présent vacant par le décès du sieur de Galiffet, nous avons estimé, etc.

R. au Conseil du Cap, le 28 Décembre 1707.

Ces Provisions sont conformes à celles de M. de Galiffet, du 15 Février 1698.

ARRÊT du Conseil Supérieur du Cap, touchant les Droits, Salaires et Vacations des Officiers de Justice et autres.

Du 8 Novembre 1706.

SUR la Remontrance du Procureur-Général du Roi, portant, etc.

ART. II. Lesdits Juges seront obligés de se trouver deux fois la semaine, qui seront le Mercredi et le Samedi; savoir, le Mercredi pour appointer les Requêtes, vuider les Procès par écrit, et le Samedi pour les Audiences au Bourg où tiennent les Audiences, un desquels y sera pour y juger les Procès par écrit et y appointer toutes les Requêtes qui leur seront présentées par les Parties et un autre, pour y tenir leurs Séances, pour y juger sur lesdits Appointemens ou Ordonnances au bas desdites Requêtes, comme ci-dessus est dit.

L'Article premier, l'Article III et les suivans, jusques et compris le LIIIe. et dernier de ce Réglement, sont une Copie littérale des mêmes Articles du Réglement du Conseil de Léogane, du 12 Avril 1706, rapporté ci-devant, et auquel nous renvoyons nos Lecteurs. L'Article II ayant de légeres différences, nous l'avons rapporté, ainsi que l'Echelle des Distances.

A l'égard des lieues, le Procureur-Général présentera au Conseil le Mémoire qu'il en a fait, pour être porté audit Réglement.

Distances en Lieues, depuis le Cap jusqu'aux Endroits ci-après nommés.

SAVOIR:

Du Bourg du Cap au Passage de la Riviere du haut du Cap, une lieue.

Du Bourg du Cap à Mourtique, deux lieues.

Du Cap au Passage de la Riviere Salée, allant à l'Acul, trois lieues.

Du Cap au Morne Rouge, dans son étendue, trois lieues.

Du Cap à l'Acul du Camp de Louise, quatre lieues, et aux dernieres Places cinq lieues.

Du Cap au Limbé, six lieues.

Du Cap au Port Margot, huit lieues.

Du Cap à la Plaine du Nord, deux lieues, et aux dernieres Places trois lieues.

Du Cap au Grand-Boucan, dans son étendue, quatre lieues.

Du Cap aux environs de l'Eglise de la Petite-Anse, deux lieues.

Du Cap à la Plaine à Guingua, trois lieues.

Du Cap au haut du Quartier du Bonnet, quatre lieues.

Du Cap au Four de la Lane, trois lieues.

Du Cap au haut du Quartier de la Riviere de Sable, quatre lieues.

Du Cap au Morne Pelé, trois lieues.

Du Cap au Quartier de l'Eclaircy, dit le Lagon, trois lieues et demie.

Du Cap au Quartier de la Grande-Riviere, à l'endroit du Corps-de-Garde, cinq lieues.

Du Cap aux Plaines des Innocens et Bernard, six lieues.

Du Cap à l'Embarquadaire de la Petite-Anse, deux lieues.

Du Cap au Quartier Saint-Louis, vulgairement appellé *Morin*, trois lieues, aux dernieres Places quatre lieues.

Du Cap à la Plaine Despres, trois lieues.

Du Cap au Bois de Lance, dans son circuit, quatre lieues.

Du Cap à Limonade, aux premieres Places, trois lieues, et aux dernieres quatre lieues.

Du Cap à l'Acul des Sucriers, cinq lieues.

Du Cap au Trou de Jaquesy, aux premieres Places, six lieues, et aux dernieres sept lieues.

Du Cap à Bayaha, dix lieues.

Du Cap au Port-de-Paix, attendu les mauvais Chemins, vingt lieues.

Du Bourg du Port-de-Paix aux trois Rivieres, une lieue.

Du Bourg du Port-de-Paix à René Debas, deux lieues.

Du Bourg du Port-de-Paix au Martiniquois, une lieue.

Du Bourg du Port-de-Paix à la Riviere des Negres, deux lieues.

Du Bourg du Port-de-Paix à Saint-Louis, trois lieues.

Du Bourg du Port-de-Paix au Fond Espagnol, quatre lieues.

Du Bourg du Port-de-Paix au Cap Rouge, cinq lieues.

Du Bourg du Port-de-Paix à la premiere Crête, une demi-lieue; et sous la seconde, du côté de Tarly, une lieue.

Signé audit Réglement, ROBINEAU.

Vu par le Conseil la Remontrance du Procureur-Général du Roi, ensemble le Réglement des Droits concernant les Juridictions ressortissantes audit Conseil ci-dessus, et des autres parts, contenue en vingt Rôles, cotés et paraphés par premier et dernier; et ouï sur ce le Rapport de M^e^. Pierre Roger, Conseiller audit Conseil, Commissaire nommé per Arrêt dudit Conseil, pour examiner ledit Réglement, LE CONSEIL faisant droit, ordonne que le présent Réglement sera enregistré aux Juridictions ressortissantes d'icelle, pour être exécuté selon sa forme et teneur, aux peines y portées contre les Contrevenans, jusqu'à ce que Sa Majesté en ait autrement ordonné. DONNÉ, etc.

ORDONNANCE du Roi touchant les Engagés.

Du 17 Novembre 1706.

DE PAR LE ROI.

SA MAJESTÉ ayant, par son Ordonnance du 19 Février 1698, obligé les Négocians qui envoient des Vaisseaux à l'Amérique, d'y embarquer un certain nombre d'Engagés, à proportion de la force de leurs Bâtimens, non-seulement par le besoin que les Habitans des Colonies en ont, mais encore parce qu'en s'établissant ils les fortifient et augmentent, elle auroit été informée que la levée de ces Engagés est devenue très-difficile et peu possible, par les Recrues qui se font par ses Armées, et que quelques soins que les Négocians se donnent, ils ne pourront remplir la Condition de leurs Passeports ni cette Ordonnance, si elle ne veut bien entrer dans quelque tempérament qui les mette en état d'y suppléer, au moins pendant la conjoncture de la Guerre; sur quoi voulant pourvoir, Sa Majesté a ordonné et ordonne, veut et entend que l'Ordonnance du 19 Février 1698, et la Clause des Passe-ports qui s'expédient pour les Bâtimens destinés pour l'Amérique, concernant les Engagés, soit exécutée selon sa forme et teneur; et cependant que pendant le tems de la Guerre seulement, il sera permis aux Négocians qui n'auront pu en trouver, de remettre soixante livres pour chacun de ceux qu'ils seroient obligés d'avoir, au Commis du Trésorier de la Marine, moyennant quoi, et sur la Quittance dudit Commis, ils seront déchargés de ladite Condition et de la peine encourue par la contravention de ladite Ordonnance, ce qui ne subsitera que jusqu'à la Paix, auquel tems l'Envoi desdits Engagés redeviendra absolument nécessaire, et sans qu'il puisse y être suppléé; mande Sa Majesté à M. le Comte de Toulouse, Amiral de France, au Gouverneur-Général, Intendant, Gouverneurs Particuliers des Isles Françoises de l'Amérique, de tenir la main à l'exécution de la présente Ordonnance, et enjoint aux Officiers de l'Amirauté de la faire enregistrer, lire, publier et afficher, etc.

ARRÊT du Conseil du Cap, qui défend d'enivrer les Rivieres, Ruisseaux, Lagons, etc., et ordonne d'arracher tous les Bois d'enivrage.

Du 6 Décembre 1706.

SUR ce qui a été représenté au Conseil par le Procureur-Général du Roi, que nonobstant plusieurs défenses qui ont été ci-devant faites avant la création de ce Conseil, à tous les Habitans du Cap et lieux de son District, de jetter des Poisons dans les Rivieres et Ruisseaux pour enivrer et prendre des Poissons, soit par des Chaux vives, Tabacs, Bois à enivrer et autres Simples, plusieurs Personnes y sont contrevenantes et y récidivent actuellement, ce qui auroit causé des désordres extraordinaires, qui ont pensé faire périr des Familles entieres en buvant des Eaux empoisonnées; et comme il est nécessaire de remédier à un désordre semblable pour le bien du Public, le Procureur-Général requiert qu'il soit sur ce prononcé. La matiere mise en Délibération, LE CONSEIL fait défenses à toutes personnes, de quelque qualité et condition qu'elles soient, d'enivrer ni jetter aucunes sortes de Simples, Chaux vives, Tabac et autres Drogues semblables pour tuer et prendre les Poissons, soit dans les Rivieres, Ruisseaux, Lagons, ni même à la mer, à peine aux Contrevenans d'être procédé criminellement contr'eux, et punis suivant les rigueurs des Ordonnances ; ordonne en outre à tous les Habitans de faire arracher toutes les Plantes des Bois à enivrer qui se trouveront sur l'étendue de leur Place, dans trois mois de ce jour, à peine de cent livres d'amende, applicable un tiers au Roi, un au Dénonciateur, et l'autre pour les Réparations du Palais de ce Conseil ; que le présent Arrêt sera lu et publié, etc.

ARRÊT du Conseil de Léogane, qui enjoint à un ancien Greffier et Notaire de la Cour de remettre toutes les Minutes au Greffier actuel.

Du 3 Janvier 1707.

VU la Requête présentée au Conseil par M. Mathurin Florant Flos, Notaire et Greffier céant, où il expose que toutes les Minutes, tant du Greffe que du Notariat dudit Conseil, lui auroient été mises en mains par M. Lemaitre, ci-devant Greffier dudit Conseil, à la réserve de celles du *Notariat* que M. Ferron a rapportées pendant qu'il a été en Charge du Notariat dudit Conseil, desquelles Minutes M. Chauvet est chargé, et est refusant de les remettre ; pourquoi il requerroit, etc. Conclusions du Procureur-Général, LE CONSEIL faisant droit sur ladite Remontrance et Requête, a ordonné et ordonne que ledit Me. Chauvet remettra incessamment ès mains dudit Slos, les Minutes du Notariat qu'a tenu M. Ferron, et celles qu'il a tenu lui-même en qualité de Notaire dudit Conseil ; et à cet effet a nommé M. Buttet pour Commissaire en cette partie, par-devant lequel il en sera fait Inventaire.

COMMISSION *de Subdélégué au Cap, donnée par M.* **DESLANDES.**

Du 1er. Février 1707.

NOUS Commissaire de la Marine, Ordonnateur de l'Isle de la Tortue et Côte Saint-Domingue.

Comme les occupations que nous avons en ce Quartier ne nous permettent pas de passer au Cap aussitôt que nous le souhaiterions pour exécuter les Ordres que nous avons reçus de la Cour et régler plusieurs Affaires importantes au bien du Service, nous avons cru ne pouvoir pas mieux faire que de choisir M. Mercier, Inspecteur des Vivres de la Marine, pour y agir en notre lieu et place et comme notre Subdélégué, suivant les Instructions et Mémoires que nous lui avons remis ; ainsi nous avons nommé et commis le sieur Mercier pour faire publier et adjuger, suivant l'Ordre du Roi que nous en avons, au plus offrant et dernier Enchérisseur, en la maniere accoutumée, les Fermes des Droits de Boucherie et de Cabarets, dans lesquels sont compris ceux (*illisible sur le Registre*) d'Eau-de-vie et de Café, tant du Bourg du Cap et des lieux en dépendans, que du Port-de-Paix, les Droits de Passage et autres dont l'Etat-Major jouissoit ci-devant, pour être le Prix desdites Fermes remis au Trésorier de la Marine, comme aussi de demander compte en notre nom aux Gardes-Magasins, des Effets du Roi dont ils ont été chargés, aux Receveurs des Droits de la Poste, et du dixieme de Monseigneur l'Amiral et autres Comptables, arrêter leurs Comptes ; et leur en donner des Décharges valables, priant à cet effet M. de Charite, Commandant en Chef des Colonies de Saint-Domingue, de lui donner tous les secours et assistances dont il aura besoin pour l'exécution des Ordres dont nous l'avons chargé ; et MM. les Juges et Officiers du Siege Royal du Cap, de faire ce qui dépendra de leurs Charges, soit pour la Publication et Adjudication des Fermes dont il est fait mention ci-dessus, soit pour aider et maintenir les Fermiers dans la jouissance des Droits qui leur auront été adjugés. DONNÉ à Léogane, etc.

R, au Greffe du Siege Royal du Cap, le 12 Février 1707.

ORDONNANCE de M. l'Intendant pour encourager la Culture du Tabac à Saint-Domingue.

Du 6 Février 1707.

Le sieur Deslandes, etc.

Sa Majesté étant informée que rien n'est plus capable de faire fleurir le Commerce dans un Pays, et d'y attirer nombre de Vaisseaux, que la diversité des Manufactures qui y sont établies, et des Marchandises qui s'y fabriquent, nous a très-expressément ordonné d'exciter les Habitans de Saint-Domingue à rétablir la culture des Tabacs, et de leur faire comprendre les avantages qui leur en reviendront, puisque les plus riches d'entr'eux pourront y employer une partie de leurs Negres, et que les petits Habitans trouveront par cette Culture les moyens de subsister et de se procurer dans la suite de bons Etablissemens ; mais comme on s'étoit beaucoup relâché dans les derniers temps de l'application avec laquelle les premiers François qui arriverent dans l'Isle, s'attachoient à la Fabrique des Tabacs, et que plusieurs personnes avec lesquelles nous nous en sommes entretenus, nous ont témoigné qu'elles craignoient qu'après en avoir fait fabriquer de grosses parties, elles ne leur restassent sur les bras, ou qu'on ne voulût les prendre à un trop bas prix, et qu'il n'y eût de la difficulté au paiement, nous avons jugé à propos, tant pour nous conformer aux intentions de Sa Majesté, et donner des marques publiques du zele que nous avons pour le bien et pour l'augmentation de la Colonie, que pour répondre aux objections qui nous ont été faites, de déclarer par cet Ecrit les précautions qu'on doit prendre pour remettre les Tabacs de Saint-Domingue dans la réputation où ils étoient autrefois, et les mesures que nous avons dessein de prendre pour assurer aux Habitans le débit de ceux qu'ils fabriqueront.

On doit observer premierement, que le Tabac ne soit cueilli que dans sa maturité, et par un temps bien propre ; 2.° Que les endroits où il sera pendu pour essorer, ne soient pas exposés au vent, parce que la poussiere et le sable s'attachant au Tabac, lui donnent la plus mauvaise des qualités, et c'est particulierement par-là que les Tabacs de Saint-Domingue ont été décriés ; 3.° Que lorsqu'il sera essoré, il sera mis en pile pour ressuyer ; 4.° Qu'il ne soit point filé par un temps pluvieux ni venteux, attendu que le vent brise les feuilles, et la pluie y engendre la rouille ; 5.° Que l'humectage du Tabac, lorsqu'on le fabrique, soit sur-tout fait avec de l'eau de mer, parce que son acide le nourrit et le conserve, au-lieu que l'expérience a fait connoître que l'eau douce le pourrit; 6°. Que chaque humectage soit fait avec de l'eau nette et nouvelle, en observant de ne point laver plusieurs parties de tabacs dans la même Eau; (comme ont l'a pratiqué à Saint-Domingue) parce qu'elle s'épaissit et porte à la second partie de Tabac l'ordure qu'elle a tiré de la premiere, qui est le plus considérable de tous les inconvéniens, rien n'étant plus désagréable aux Mâcheurs que de rencontrer du sable ou du gravier sous les dents, ce qui donne une mauvaise odeur au Tabac, et le rend rouillé, colé et sableux; ce défaut étoit très-ordinaire aux Tabacs de Saint-Domingue; 7°. Eviter que le Tabac ne devienne piqué, ce qui arrive lorsqu'on emploie dans la Fabrique des feuilles grêlées ou usées qui n'ont plus d'humeur, les mauvaises corrompant les bonnes; 8°. Que les rôles soient de cinquante sols, peu plus ou peu moins; mais prendre garde que les bâtons sur lesquels on les montera ne soient point verds ni couverts décorce, mais tout-à-fait secs, parce qu'autrement ils donnent un mauvais goût au Tabac, et engendrent une humeur qui l'échauffe et le corrompt; 9°. Que les bâtons ne pesent tout au plus que quatre livres, et ne soient pas plus gros par le milieu que par les bouts; on en a trouvé autrefois en France qui pesoient quinze livres; 10°. Qu'il y ait des peines établies contre ceux qui falcifieront leurs Tabacs en mêlant dans les Rôles des corps étrangers, ou qui les monteront sur des bâtons plus gros qu'il ne sera réglé, ce qui se vérifiera par une espece d'anneau déposé en un lieu public, qui servira à les étalonner. Les Tabacs en feuilles, (à l'imitation de ceux de la Virginie) seront toujours de plus de demande que les Tabacs en Rôles; mais il faut observer qu'à moins de les préparer avec beaucoup de soin, ils se gâteront et arriveront en fumier en France. Si les Habitans de Saint-Domingue ne veulent s'attacher de bonne foi à fabriquer des Tabacs en rôles et en feuilles avec les précautions ci-dessus marquées, ils peuvent compter qu'ils en auront un débit prompt et avantageux; et afin qu'ils n'aient aucun sujet de se plaindre, nous leur déclarons qu'ils auront la liberté de les vendre aux Navires et Marchands François qui voudront les acheter; nous leur promettons aussi (pour qu'ils soient assurés quelque chose qui puisse arriver d'en avoir le débit) de faire recevoir par des Personnes que nous préposerons à Léogane et au Cap, tous les Tabacs en rôles et en feuilles qu'ils auront, pourvu qu'ils soient bien fabriqués et de bonne qualité; nous leur promettons encore de leur faire payer les Tabacs, conformément à leur bonté, à un prix raisonnable, dont on conviendra de gré à gré

avec

avec eux en Argent ou en Lettres de change sur France qui seront ponctuellement acquittées suivant qu'ils jugeront leur être plus convenable ; et comme plusieurs Garçons se plaignent qu'ils ne trouvent point de terrein à se placer à Léogane, nous nous engageons de leur en faire donner avec l'agrément de MM. les Commandans ; et pour leur donner encore des marques plus fortes de l'envie que nous avons (en exécution des ordres du Roi) de leur procurer tous les avantages qui dépendront de nous, nous promettons aux Garçons et aux petits Habitans que nous connoîtrons être de bonne volonté et dans le dessein de travailler et de s'établir, de leur faire avancer avec le temps des Negres, lesquels ils payeront du produit des Tabacs qu'ils fabriqueront. A Léogane, etc.

Signé DESLANDES.

ARRÊT du Conseil du Cap, qui défend à un Médecin d'exercer sans Titre, et le déboute de la Réclamation du paiement d'un Mémoire.

Du 7 Février 1707.

SUR la comparution du sieur Brossard de Beaulieu, se disant Médecin, le Conseil assemblé, après l'avoir ouï, ainsi que le Procureur-Général en ses conclusions verbales, ensemble un Certificat de Médecin, soi-disant, réfugié à Londres en Angleterre; LE CONSEIL sans avoir égard audit Certificat et faisant droit aux conclusions du Procureur-Général du Roi, lui fait très-expresses défenses dès à présent d'exercer l'Art de la Médecine et d'en prendre la qualité, jusqu'à ce qu'il ait fait paroître des Lettres en bonne et due forme des Facultés de France, non plus que de fournir des Remedes à qui que ce soit, ni d'en donner en qualité de Médecin et de Chirurgien, le tout sur peine de cinq cents livres d'amende et de plus grande peine s'il y échoit; et au regard du Mémoire par lui fourni audit Chevy, tant pour visites que pour médicamens, le Conseil l'a entiérement débouté de sa demande et avec dépens. DONNÉ, etc.

ARRÊT du Conseil du Cap, sur la Police des Marchés.

Du 7 Février 1707.

SUR ce que le Procureur-Général du Roi a remontré au Conseil qu'il avoit eu des plaintes contre divers Particuliers qui se portent sur les grands chemins et qui arrêtent toutes les Denrées que les Habitans envoient débiter au Bourg du Cap, pour après les survendre à un prix violent, ce qui fait que les Malades des Vaisseaux de Sa Majesté, les Officiers, Religieux, l'Hôpital et les Familles en souffrent, étant privés par cet endroit d'avoir les Œufs, Volailles et Légumes qui sont pris par ceux qui vont au-devant, qui les recédent sûrement à ceux qui en donnent le plus, ce qui cause même que l'on est obligé de manger des Viandes les jours défendus par l'Eglise, d'autant qu'il est impossible d'avoir des Œufs qui sont enlevés par des Personnes postées sur lesdits chemins, et les Denrées pour les jours d'abstinence; pour mettre fin à un abus si contraire à l'intérêt du Roi et au bien public, et pour remédier et mettre l'ordre nécessaire, il requiert qu'il plaise au Conseil d'y être sur ce pourvu, etc. LE CONSEIL faisant droit sur lesdites Remontrances, défend à tous Cabaretiers, Vendeurs et Regratiers d'aller ni envoyer acheter sur les Places ni dans les Habitations, ni d'attendre ou faire attendre sur les grands chemins les Volailles, Légumes et autres Denrées, à peine de cinquante livres d'amende; ordonne que tous les Habitans qui envoyeront ou voudront vendre des Volailles, Légumes ou autres Denrées au Bourg du Cap, les feront exposer en vente à la nouvelle Place joignant l'Eglise du Cap, depuis cinq heures du matin jusqu'à midi; défend auxdits Cabaretiers et Regratiers d'y rien acheter avant huit heures du matin, à peine de l'amende ci-dessus portée, pour donner le temps aux Bourgeois du Cap de faire leurs provisions; défend pareillement à aucuns Habitans de faire rien crier dans les rues par leurs Negres avant ladite heure de midi, après laquelle il leur sera permis de faire crier leurs Denrées dans lesdites rues du Cap, à peine contre les contrevenans de trente livres d'amende et confiscation desdites Denrées, applicable moitié au Dénonciateur, et l'autre moitié à l'Hôpital; enjoint au Procureur du Roi de la Justice du Cap de tenir la main et veiller à l'exécution du présent Arrêt, qui sera lu et publié à l'issue de la Messe Paroissiale du Cap et de toutes les Paroisses en dépendantes; comme aussi la défense ci-devant faite est présentement réitérée à tous les Negres de rien apporter pour vendre au Cap sans une permission par écrit ou une marque reconnue de leur Maître, à peine de confiscation de leurs Denrées, applicable comme dessus; défend pareillement le Conseil à toutes personnes de rien acheter ni retenir sur les grands chemins, à peine de trente livres d'amende. DONNÉ, etc.

ARRÊT du Conseil du Cap, confirmatif d'une Sentence qui condamne un Particulier à épouser la Fille enceinte de ses œuvres.

Du 8 Février 1707.

VU par le Conseil la Requête de Barthélemine-Guionne-Jean, majeure, native de Rennes en Bretagne, de présent en ce Bourg du Cap, contenant qu'elle auroit obtenu Sentence contre Jean Dechaille, Marchand, demeurant en ce Bourg, par laquelle dite Sentence qui est ci attachée, ledit sieur Dechaille est condamné à épouser ladite Suppliante, à quoi ne se refusant pas, que s'étant adressé au Pere Girard, déservant la Cure du Cap, pour qu'il eût à marier la Suppliante, le tout conformément à ladite Sentence, lequel Pere Girard auroit été refusant de le faire, alléguant pour raison qu'il ne se trouvoit pas autorisé assez par ladite Sentence, et qu'il vouloit qu'elle fût confirmée en votre Conseil, ce qui fait que la Suppliante a recours à votre justice; ce considéré nos Seigneurs et vu la Sentence ci jointe, le Contrat de Mariage de la Suppliante et autres Pieces énoncées à ladite Sentence ci jointe, et attendu que ladite Suppliante se trouve grosse de trois mois et plus des faits dudit sieur Dechaille, et qu'il peut mourir, il vous plaise, Nosseigneurs, autoriser ledit Pere Girard dans la célébration du Mariage avec ledit sieur Dechaille, et ferez justice. *Signé* BERTHÉLEMINE-GUIONNE-JEAN. Ouï les Parties, ensemble, les Conclusions verbales du Procureur-Général du Roi et la Sentence du premier de ce mois, le Conseil a confirmé ladite Sentence pour sortir son plein et entier effet et dépens compensés. DONNÉ, etc.

Arrêt du Conseil du Cap, touchant les Negres Épaves.

Du 9 Février 1707.

Vu par le Conseil la Requête de Me Noel Camusat, Greffier et Notaire de la Juridiction du Cap, contenant qu'il auroit trouvé à son arrivée une Coutume qui se seroit introduite au sujet des Negres qu'on mene au Corps de Garde, et qui lui est préjudiciable, étant obligé d'avancer ses deniers, et quelquefois en risque, comme il est arrivé, de les perdre, et comme aujourd'hui il y a un Receveur des amendes et consignations à qui cette charge appartient, à ces causes requiert, etc. les conclusions par écrit du Procureur-Général du Roi, le Conseil ordonne que, pour les avances qu'il est nécessaire de faire pour les Negres Marons qu'on mene en prison, elles seront faites par le Receveur des amendes; et en cas que lesdits Negres meurent dans les prisons, ou se sauvent sans faire connoître leurs Maîtres, lesdites avances faites par ledit Receveur seront prises sur le Public; et après que lesdits Negres auront été un mois en prison sans pouvoir connoître leurs Maîtres, il sera mis des affiches à toutes les Paroisses de la dépendance du Cap, pour avertir le Public de la vente qui se fera desdits Negres, un mois après la publication faite à la porte de l'Auditoire, par une seule publication, et les deniers provenans desdits Negres, remis entre les mains dudit Receveur, qui en demeura chargé jusqu'à ce qu'il en soit autrement ordonné, les frais de la publication pris sur la chose, et pour l'exécution du présent Arrêt, il sera lu, publié, etc.

Arrêt du Conseil du Cap, qui nomme des Conseillers pour vérifier, avec des Officiers de Milice, si la quantité de vivres prescrite se trouve plantée sur les Habitations.

Du 14 Mars 1707.

Sur la remontrance qui a été faite par le Procureur-Général du Roi, que nonobstant l'Arrêt qui a été rendu en ce Conseil le 7 Juin dernier, et publié en toutes les Paroisses de ce quartier, pour obliger tous les Habitans à planter les vivres portés audit Arrêt, que plusieurs l'ont exécuté, et d'autres ont négligé de le faire, ce qui est préjudiciable à l'intérêt public et à la sûreté de la Colonie, et une contravention audit Arrêt; c'est pourquoi il requiert qu'il soit nommé des Commissaires pour faire la visite desdits vivres en présence d'un Officier de Milice de chaque quartier, qui sera nommé par M. de Charite, Commandant en Chef en cette Isle, et par deux Experts qui seront choisis par chacun desdits Commissaires dans le quartier qui leur sera marqué pour le tout visité, et les Procès-verbaux rapportés lui être communiqués pour requérir ce que de droit.

Vu la remontrance ci-dessus, LE CONSEIL y faisant droit a nommé pour Commissaire du qartier de Limonade, Trou et les Mornets, Me Garnier, Doyen du Conseil; pour les quartiers du Bois-de-Lance et Petite-Ance, M. Pierre de Silvecane; pour le quartier de Bayaha, Me Pierre de la Thuilerie; pour le quartier du Cap et dépendances, M. Pierre Roger; pour le quartier de l'Acul et dépendances, Me de Maurepas; pour le quartier de Moustique et Morne-Rouge, Me Lallemand, Adjoint; et pour le quartier royal de Saint-Louis, vulgairement appellé *le Morin*, le Procureur-Général du Roi, lesquels Commissaires ci-dessus nommés feront leur visite incessamment en présence de l'Officier qui sera nommé par M. de Charite, Commandant en Chef de cette Colonie, et les Habitans Experts qui seront par eux nommés, et auxquels ils feront prêter le serment en tel cas requis et accoutumé pour les Procès-verbaux de visite, être rapporté au Conseil, communiqué au Procureur-Général du Roi, et être ordonné ce qu'il appartiendra, les vacations desdits Commissaires prises sur les amendes, si aucune il y a. DONNÉ, etc.

ORDONNANCE de M. l'Intendant, portant défenses d'abandonner le quartier de Léogane pour aller s'établir dans d'autres.

Du 30 Avril 1707.

LE sieur Deslandes, etc.

Sur l'avis que nous avons eu que plusieurs petits Habitans et Negres libres du quartier de Léogane, cherchent à vendre leurs places pour aller demeurer en d'autres quartiers, où ils esperent qu'on leur accordera la permission d'habituer, nous avons jugé qu'il étoit d'autant plus à propos de s'opposer à un abus aussi préjudiciable que cela nuit au bien de la

Colonie, dont Léogane a toujours été regardé comme le quartier principal; qu'il est de notoriété publique que ceux qui s'en retirent ne le font que dans la vue de s'exempter des gardes et des corvées qui sont établies pour la conservation du Pays, de se soustraire de l'inspection que les Commandans et les personnes chargés des ordres de Sa Majesté ont sur leur conduite, et s'abandonner avec plus de licence à toutes sortes de désordres; en conséquence de ce que dessus, nous faisons très-expresses inhibitions et défenses à toutes personnes d'acheter aucunes places et habitations dans l'étendue du quartier de Léogane, sans nous en avoir donné avis, et obtenu de nous la permission par écrit que nous leur accorderons lorsque les vendeurs nous auront fait connoître qu'ils ont des raisons bonnes et valables pour s'en défaire; défendons aux Notaires de passer aucuns Contrats de vente des places et habitations situées dans ledit quartier, sans s'être fait représenter les permissions qu'on en aura de nous; leur ordonnons d'en faire mention dans les Contrats; déclarons nuls tous ceux qui seront passés au préjudice des présentes défenses, et les places et habitations qui auront été vendues sans notre permission, ou par des Actes sous seing privé, réunies au Domaine de Sa Majesté; déclarons de plus qu'il ne sera point accordé de concessions ni de permissions d'habituer à ceux qui étant Habitans de Léogane, le quitteront pour aller demeurer en d'autres quartiers; et afin que personne n'en ignore, la présente Ordonnance sera enregistrée à la diligence du Procureur du Roi au Greffe du Siége Royal de Léogane, lue, etc. DONNÉ à Léogane, etc. *Signé* DESLANDES.

ARRÊT du Conseil de Léogane, touchant l'Audiencier & les Huissiers au Conseil.

Du 2 Mai 1707.

SUR la Remontrance faite au Conseil par le Procureur-Général du Roi, que le besoin où s'est trouvé le Conseil d'un Huissier-Audiencier, par le décès de celui que le Roi avoit pourvu, l'a obligé de se servir, pendant plusieurs années, d'un Huissier de la Juridiction, qui, le plus souvent, se trouvant absent, sa tenue étoit retardée; ce qui portoit un très-grand préjudice aux Parties; de sorte que s'étant apperçu du peu d'ordre, il crut qu'il étoit d'une nécessité d'ordonner aux Huissiers des Juridictions de se faire recevoir en Justice, et d'y faire chacun à leur égard les mêmes fonctions qu'un Huissier-Audiencier; ce qu'il fit par Arrêt du 5 Sptembre 1701; mais, par cet Arrêt, le Conseil se réservant d'avoir égard aux légitimes causes que les Contrevenans rapporteront de leur absence, il ne leur a pas été difficile de trouver des moyens de s'absenter, sous prétexte de leur emploi auxdites Juridictions; ce qui a rendu ledit Arrêt infructueux; de sorte que M. Deslandes, Intendant de Justice, s'étant apperçu de cette négligence, et suivant les avis qu'il lui auroit plu recevoir du Remontrant, a cru devoir se servir de l'autorité que Sa Majesté lui a confiée d'expédier une Commission d'Huissier-Audiencier à Urbain Bournegal, sur l'assurance qu'il a eue qu'il s'acquitteroit dignement de ladite charge; et pour lui donner le moyen de s'y maintenir, il a bien voulu y joindre le pouvoir de se saisir des Pieces des Parties par inventaire, par forme de Garde-Sacs, afin de les porter suivant leur distribution, soit en les prenant au Greffe, ou des Parties mêmes, et ledit Huissier s'est retiré pardevant le Remontrant pour ses droits et prérogatives; comme aussi ce qu'il plaira au Conseil lui accorder, tant pour l'appel de chaque cause, que pour ses vacations d'Huissier et voyage de remise des Pieces, ledit Remontrant est obligé d'avoir recours à l'autorité de la Cour, pour et conformément aux Edits et Création desdits Huissiers-Audienciers, etc.; LE CONSEIL faisant droit sur ladite Remontrance, a ordonné et ordonne que, conformément aux Edits et Création desdits Huissiers, ledit Bournegal pourra exploiter privativement toutes les causes qui seront pendantes en ce Conseil depuis l'appel; Lettres-Patentes, ou autres expédiés à la grande Chancellerie; les Arrêts et Commissions des Cours Supérieures; et concurremment avec lesdits Huissiers, les significations et exécutions des Sentences des Sénéchaux, et leurs Lieutenans qui ressortissent de ce Conseil, Contrats, Obligations et autres, ou l'exécution sera requise, à la charge toutefois qu'il fera enregistrer sa Commission et le présent Arrêt auxdites Juridictions; le Conseil a taxé et alloué audit Huissier-Audiencier pour l'appel de chaque Cause trente sols, et pour ses Voyages à raison de trois livres par lieue, si mieux n'aiment les Parties élire leur domicile à Léogane, conformément à ce qui se pratique dans toutes les Cours du Royaume où ledit Huissier fera son exploit; et au cas qu'il survienne quelque maladie ou autre légitime empêchement audit Huissier de se trouver aux Audiences du Conseil, ordonne aux Huissiers des Juridictions de se trouver deux à la tenue dudit Conseil à tour de rôle, dont il sera tenu registre par le Greffier d'icelui, sans qu'ils puissent s'en exempter sans congés dudit Conseil; pour lesdits deux Huissiers en l'absence de celui du Conseil, y appeller les Causes et y faire les mêmes fonctions, et lorsqu'ils s'y trouveront exécuter les Mandemens du Conseil, à peine de soixante livres d'amende pour la premiere fois, et de cent cinquante en cas de récidive; auquel cas lesdits Huissiers, ainsi de service, auront les mêmes émolumens jusqu'à l'autre Conseil pour les Causes qu'ils y auront appellées, et la même taxe pour ledit appel; et lorsqu'ils auront assisté ledit premier Huissier y étant, pourront en son absence exploiter et avoir les mêmes droits d'icelui; et à ce que tous les Huissiers des Juridictions n'en prétendent cause d'ignorance, ordonne que le présent Arrêt et Réglement sera lu le Conseil tenant; à cet effet seront mandés pour y être présens. DONNÉ, etc.

ARRÊT du Conseil de Léogane, qui nomme deux Conseillers-Commissaires pour liquider les Amendes dues par les Contrevenans à l'Arrêt qui ordonne de planter des Vivres.

Du 2 Mai 1707.

ORDONNANCE du Roi, touchant les Congés des Soldats des Colonies.

Du 18 Mai 1707.

DE PAR LE ROI.

SA MAJESTÉ étant informée que quelques Commandans Particuliers des Quartiers des Isles Françoises de l'Amérique ont donné des Congés absolus aux Soldats des Compagnies qu'Elle y entretient, quoiqu'ils n'en aient aucuns pouvoirs, et que quelques-uns d'eux et même des Capitaines de ces Compagnies en ont tiré des rétributions, et exige des Soldats auxquels ils les ont accordés des sommes assez considérables; Elle a estimé nécessaire de réprimer une licence aussi contraire aux Ordonnances, à la Discipline et au bien de son Service, et d'autant plus injuste, qu'Elle est chargée des frais de remplacement et de recrues; et voulant y pourvoir, Sa Majesté a fait et fait très-expresses inhibitions et défenses à tous Commandans particuliers dans les Colonies, ou Quartiers des

des Isles Françoises de l'Amérique, Capitaines des Compagnies qui y servent, et autres Officiers, de donner, sous quelque prétexte que ce soit, aucuns Congés absolus aux Soldats desdites Compagnies, réservant aux Gouverneurs de chaque Isle le pouvoir de les donner lorsque les Soldats se trouvent hors d'état de servir sur les Certificats des Capitaines, qui en expliqueront la cause, visé par le Major de la Colonie ou du Quartier, ni d'exiger pour raison de ce aucune rétribution des Soldats auxquels ils seront accordés, à peine contre ces derniers de nullité des Congés, et d'être dénoncés et punis comme Déserteurs s'ils en avoient profité; et à l'égard des Officiers-Majors, Capitaines, ou autres qui les auront donnés, de cassation, six mois de prison, et de restitution du double de l'argent qu'ils auront exigé, dont moitié sera délivrée sur le champ au Dénonciateur, et l'autre à l'Hôpital; permet en outre Sa Majesté au Gouverneur-Général pour les Isles du Vent, et aux Gouverneurs de Saint-Domingue et de Cayenne de donner des Congés aux Soldats pour se faire Habitans, suivant les ordres particuliers qu'ils en recevront. Mande Sa Majesté au sieur de Machault, Gouverneur et Lieutenant-Général; aux Gouverneurs Particuliers, Intendans, Commissaires-Ordonnateurs, Officiers-Majors, et autres desdites Isles qu'il appartiendra de tenir la main à l'exécution de la présente Ordonnance, et qu'elle veut être lue, publiée, etc.

ORDONNANCE *de M. l'Intendant, qui enjoint aux Huissiers de faire toutes significations aux Officiers Militaires, sans prendre aucune autorisation particuliere pour cet effet.*

Du 19 Mai 1707.

LE sieur Deslandes, etc.

Ayant été informé que quelques Officiers des Compagnies Franches de la Marine, entretenues en cette Isle, refusent de recevoir les significations et assignations que les Huissiers du Conseil et de la Juridiction leur donnent en vertu des Ordonnances des Juges dans les Affaires qu'ils ont avec les Habitans et les Particuliers, à moins qu'ils ne leur représentent à chaque signification un ordre particulier de Nous qui leur permette de la faire; Nous déclarons que conformément aux ordres et intentions du Roi, il est permis aux Huissiers du Conseil et de la

Juridiction de faire tous exploits et significations qui seront ordonnés par les Juges, à tous les Officiers d'Infanterie qui auront des Procès ou des Différends avec les Habitans, sans qu'ils aient besoin pour cela d'un ordre particulier de Nous; ordonnons auxdits Huissiers de se conformer au présent Réglement; et en cas de mauvais traitemens ou de refus de la part des Officiers de recevoir les significations qu'ils auront à leur faire, d'en dresser leur Procès-verbal. DONNÉ, etc.

R. au Siege Royal de Léogane, le 5 Juillet 1707.

Et au Siege Royal du Petit-Goave, le 27 Septembre suivant.

ORDONNANCE du Roi, portant Amnistie en faveur des Flibustiers et Déserteurs.

Du 1er Juin 1707.

DE PAR LE ROI.

SA MAJESTÉ ayant été informée que depuis la Guerre plusieurs Flibustiers et Habitans des Isles Françoises de l'Amérique ayant armé pour la Course contre les Ennemis de l'Etat, ont été pris à la Mer ou dégradés, qu'une partie de ceux qui ont été menés dans les prisons de la Jamaïque ou de Curaçao, n'ayant pas voulu attendre l'occasion de les échanger, se sont engagés de servir sur les Bâtimens Anglois ou Hollandois pour obtenir leur liberté; que d'autres sont restés dans les Ports et Côtes des Indes Espagnoles, après la perte de leurs Bâtimens, et y demeurent, de même que des Soldats des Compagnies qui ont déserté; sur quoi voulant pourvoir et faire cesser un désordre préjudiciable aux Colonies et au Commerce de ses Sujets, en donnant en même temps le moyen à ceux que leur légéreté seulement ou la nécessité ont jetté dans le mauvais parti de ressentir des effets de sa clémence; Sa Majesté a ordonné et ordonne, veut et entend que tous les Flibustiers, Habitans et Soldats des Isles, qui ont quitté ou déserté, même ceux qui se sont faits Forbans avant la Guerre et sont restés chez les Ennemis ou en Pays Neutres ou Alliés, et qui reviendront s'y habituer ou rentrer dans les Compagnies dans lesquelles ils servoient dans six mois du jour de la publication de la présente Ordonnance dans les Isles, pourront le faire sûrement sans crainte d'être poursuivis pour ces crimes, leur en accordant une Amnistie entiere ; et à l'égard de ceux qui seront pris en navigant et croisant en Mer, où après le temps expiré, Elle veut et ordonne qu'ils soient punis de mort en quelque lieu qu'ils soient rencontrés, et menés des Isles de l'Amérique de son obéissance ou du Royaume, et leurs effets confisqués à son profit, à la réserve du tiers qui sera donné aux Capitaines Preneurs, ou aux Dénonciateurs ; et ceux qu'on justifiera avoir favorisé ou entretenu correspondance avec les Ennemis ou favorisé la désertion et retiré les Soldats qui y tombent, seront condamnés aux Galeres à perpétuité, et leurs effets pareillement confisqués ; enjoint Sa Majesté au sieur de Machault et de Vaucresson, Lieutenant-Général et Intendant des Isles Françoises de l'Amérique, aux Gouverneurs Particuliers d'icelles et aux Officiers des Conseils Supérieurs qui y sont établis, ensemble à tous les Juges et Officiers qu'il appartiendra de tenir la main à l'exécution de la présente Ordonnance, etc. FAIT à Marly, etc.

R. au Conseil Supérieur du Cap, le 5 Janvier 1708.

LETTRE *du Ministre sur les Negres amenés en France.*

Du 10 Juin 1707.

L'INTENTION de Sa Majesté est que les Negres qui auront été amenés dans le Royaume par les Habitans des Isles qui refuseront d'y retourner, ne pourront y être contrains ; mais que du moment que de leur pleine volonté, ils auront pris le parti de les suivre et de se rendre avec eux dans l'Amérique, ils ne puissent plus alléguer le Privilege de la Terre de France, auquel ils semblent avoir renoncé par leur retour volontaire dans le lieu de l'Eclavage ; c'est la regle qui doit être suivie sur ce sujet qui ne peut tirer à aucune conséquence, ni augmenter considérablement le nombre des Negres libres, parce que les Habitans en amenent peu, et choisissant lorsqu'ils sont obligés d'en amener pour les servir ceux qu'ils connoissent le mieux et dans lesquels ils ont plus de confiance, ils seront plus certains qu'ils ne desireront pas les quitter ; cette regle répond au cas particulier qui regarde les Négresses, dont les Requêtes ne doivent point être reçues.

R. au Conseil du Cap, le premier Juillet 1709.

Et à celui de Léogane, le 5 Août suivant.

SENTENCE du Juge du Cap, confirmée par Arrêt, pour suppléer un Don mutuel porté en un Contrat de Mariage incendié.

Du 2 Juillet 1707.

VU la Requête présentée par le sieur Chicanneau et Anne Leroy son Epouse, aux fins de faire valider la Donation mutuelle de tous leurs Biens en faveur du dernier vivant, qui étoit portée par leur Contrat de Mariage qui auroit été incendié, aussi-bien que les Minutes des Notaires, pendant la Guerre avec les Espagnols, l'Ordonnance de soit communiqué : Conclusions du Procureur du Roi, et l'Ordonnance portant qu'avant faire droit sur les fins de ladite Requête, que les Supplians justifieroient des faits contenus en icelle. Le Contrat de Mariage passé entre les Parties, bien et duement enregistré au Greffe, au rapport de Haguelon, Notaire de ce lieu, en date du 17 Novembre 1695 *, l'Enquête faite en conséquence de ladite Ordonnance, par laquelle il est suffisamment prouvé des faits contenus en ladite Requête; et tout considéré, ordonnons que ledit Chicanneau et Anne Leroy jouiront à l'avenir de l'effet de la Donation mutuelle entre-vifs faite au dernier vivant, de tous leurs Biens, suivant qu'elle étoit portée par leur Contrat de Mariage, conformément au Contrat passé entre les Parties ci-dessus daté, lequel aura son effet rétroactif du jour de la passation de leurdit Contrat de Mariage; et ce en vertu du présent Jugement. DONNÉ de nous, Juge Civil et Criminel du Siege Royal du Cap, etc.

R. au Conseil du Cap, le 6 Août 1707, en vertu d'Arrêt du 4 Juillet précédent.

** L'Acte du 17 Novembre 1695, visé dans cette Sentence, avoit été passé après l'incursion des Ennemis, et les Parties y avoient consigné les Conventions du Contrat de Mariage primitif et incendié.*

ARRÊT *du Conseil du Cap, touchant les Droits Suppliciés.*

Du 4 Juillet 1707.

VU par le Conseil la Remontrance ci-dessus, le Conseil ordonne qu'il sera fait une levée de 12000 liv. dans toute l'étendue du Ressort de ce Conseil, qui demeureront entre les mains d'un Habitant solvable, tel qu'il plaira à MM. Charite, Commandant en Chef, et Deslandes, Commissaire Ordonnateur, choisir dans le Ressort, pour par lui payer tous lesdits Hommes préposés, Negres suppliciés et autres frais qu'il appartiendra, sur les Ordonnances dudit sieur Commissaire Ordonnateur; qu'il sera payé au sieur Longray, préposé pour ladite Recette, qu'il sera tenu de faire ou de faire faire dans l'étendue de ce Conseil, auquel il sera donné par chaque Habitant un dénombrement de tous les Negres, depuis ledit âge de quatorze ans jusqu'à celui de soixante, signé; et à défaut, ledit Longrais en fera foi au bas, qu'il fera viser incessamment par ledit sieur Commissaire Ordonnateur; finalement, LE CONSEIL ordonne à tous les Habitans de donner audit Longrais un fidele Dénombrement de ses Negres nom par nom, tant celui de Baptême que du Pays, et l'âge d'iceux, ou environ, à peine au Contrevenant de perdre les Negres qui se trouveront avoir été par lui recelés, pour lesdits Negres être vendus, et les deniers en provenans, être partagés moitié au Dénonciateur, et l'autre au profit dudit Fonds, et duquel Fonds ledit sieur Etabli se fera décharger tous les ans par le Conseil; enjoint audit Procureur du Roi du Port-de-Paix, de faire faire un Récensement à sa diligence, de tous les Negres dudit Quartier, conformément audit Arrêt, qu'il sera tenu d'envoyer incessamment entre les mains du Procureur-Général, et que tous ceux qui ont reçu et qui sont chargés des deniers des Negres suppliciés, seront assignés par-devant Me. Pierre Roger pour examiner ledit compte, et communiquer ensuite au Procureur-Général du Roi; que le présent Arrêt sera enregistré dans les Juridictions en ressortissant, et ensuite lu, etc.

ARRÊT du Conseil du Cap, qui commet un Huissier pour faire les Fonctions du Greffier de la Cour dans une Instance où ce dernier est Partie.

Du 5 Juillet 1707.

VU par le Conseil la Requête de M. Duperrier, Greffier de la Cour; LE CONSEIL a nommé pour Greffier dans la présente Affaire, la Personne de Josse, Huissier audit Conseil, etc.

LETTRE du Ministre au Gouverneur-Général et à l'Intendant des Isles, touchant l'emploi des Fonds.

Du 1er. Août 1707.

LE ROI défend aux Gouverneurs Particuliers d'employer ses Fonds pour leurs Bâtimens particuliers, et ordonne à M. le Général d'envoyer chaque année le Mémoire des Ouvrages qu'il estimera nécessaires, qui seront concertés avec M. l'Intendant.

Le Roi m'a témoigné n'être point satisfait du peu de compte que je lui ai rendu des Fortifications et de l'emploi des Fonds faits par les Etats; Sa Majesté a su d'ailleurs par des Mémoires qui lui ont été remis, que chacun de MM. les Gouverneurs en dépense ce qui lui convient pour ses usages particuliers et pour ce qu'il estime lui convenir; et sans entrer sur ce sujet dans un détail que je puis vous assurer qu'elle sait, elle m'ordonne de vous dire qu'elle défend absolument d'employer aucune portion de ces Fonds pour des Bâtimens particuliers et autres, que pour les Travaux et Ouvrages du Service, sans son Ordre exprès, avertissant M. de Vaucresson que si j'en trouve dans les Comptes du Trésorier qui aient passé, et pour lesquelles il ait donné des Ordonnances, le Roi m'a commandé de les rayer, à reprendre sur ses Appointemens; et pour éviter à l'avenir le désordre dans lequel on est tombé à cet égard depuis quelques années seulement, l'intention de Sa Majesté est que M. de Machault m'envoie dans le courant de chaque année le Mémoire des Ouvrages qu'il aura estimé nécessaire de faire dans la suivante, après l'avoir concerté avec M. de Vaucresson et sur les projets de l'Ingénieur, et qu'il y joigne un Plan avec un Devis estimatif de la Dépense ; il pourra seulement, pour les choses pressées, ordonner qu'on y travaille avant d'avoir reçu l'ordre, pour ne point perdre de temps ; il l'attendra pour les autres, ce qui ne peut causer de contre-temps en prenant bien ses mesures.

ARRÊT du Conseil de Léogane, contre un Esclave Assassin de son Maître.

Du 1er. Août 1707.

LOUIS, etc. Procès Criminel auroit été mû et poursuivi extraordinairement au Siege Royal de Léogane, à la requête de M. Poirrier, pour le Substitut du Procureur-Général audit Siege, Défendeur; contre le nommé Gaspard, Negre Esclave du sieur Nicolas Michot, Défendeur, accusé d'avoir donné un coup de houe par la tête dudit Michot son Maître ; vu par notre Conseil Supérieur de Léogane la Sentence dont est appel, du 30 Juillet dernier, ensemble toutes les Pieces et Procédures énoncées en icelles, Conclusions du Procureur-Général du Roi de ce jour, interrogatoire sur la sellette par ledit Accusé, et vu le Rapport de M. Vernon, Conseiller-Rapporteur, aussi de ce jour, et tout considéré, LE CONSEIL a mis au néant l'Appellation et Sentence dont est appel, en ce que par icelle il est ordonné que l'exécution sera faite à Léogane ; émendant, ordonne qu'elle sera faite au Cul-de-Sac, devant la porte principale dudit Michot, et l'Amende honorable devant l'Eglise du Cul-de-Sac ; et au surplus, que ladite Sentence * sortira effet, ledit Negre préalablement estimé avant son exécution ; pour le prix en être délivré à son Maître ; renvoie l'exécution au Juge dont est appel. DONNÉ, etc.

* *Elle portoit encore condamnation à avoir le poing coupé, et à être rompu vif.*

EXTRAIT de la Lettre du Ministre à M. DESLANDES, touchant certaines Exemptions, et portant que personne n'en doit prétendre pour les Droits Curiaux.

Du 3 Août 1707.

LES Exemptions des Religieux, des Officiers-Majors, de ceux des Troupes et des Milices, des Conseillers et des Juges, sont fixées par les anciens Réglemens faits pour les Colonies; les uns et les autres sont exempts de la Garde et des Corvées ordinaires, quant à leurs personnes; mais leurs Habitations sont assujetties, de même que les autres, à toutes les Corvées qui se font pour les Ouvrages des Fortifications et la défense du Pays, dont leurs Habitations font partie. Cependant pour leur ôter tout prétexte de se plaindre, Sa Majesté veut bien qu'elle soit poussée à trente Negres pour les Gouverneurs, à quinze pour les Officiers-Majors, et à dix pour ceux des Troupes et des Milices. A l'égard des Droits Curiaux et de l'entretien des Eglises, la prétention d'en être exempt, pour qui que ce soit, est ridicule; et Sa Majesté paie ces dépenses elle-même dans tous les endroits où elle a des Domaines corporels; vous l'expliquerez aux Officiers, s'il y en a quelques-uns qui l'aient encore; et s'ils ne s'y rendent point, vous m'en informerez, en me mandant leurs noms.

EXTRAIT de la Lettre du Ministre à M. DE CHARITE, touchant les Droits de Boucherie, de Cabaret, d'Ancrage et de Passage, dont Sa Majesté entend qu'il soit fait une Ferme à son profit.

Du 3 Août 1707.

LE ROI a jugé à propos de réunir les Droits de Boucherie, de Cabaret, d'Ancrage et de Passage, et Sa Majesté a donné ordre à M. Deslandes de les administrer et affermer; mais pour ôter aux Officiers-Majors qui profitoient de partie de ces revenus sans aucuns Titres ni ni Droits, toute occasion de se plaindre, et pour leur marquer même l'attention qu'elle fait sur eux, elle a bien voulu leur accorder une augmentation d'appointemens par forme de gratification extraordinaire.

ORDONNANCE du Roi sur la Discipline des Milices.

Du 3 Août 1707.

SA MAJESTÉ ayant ordonné que les Milices des Isles Françoises de l'Amérique fussent Enrégimentées, et nommé les Colonels et autres Officiers de chaque Régiment, pour les conduire et former au Service qu'elles peuvent avoir occasion de rendre, elle a jugé nécessaire de prévenir les incidens qui pourroient arriver entr'elles, en mettant les Officiers en état de les réprimer par eux-mêmes, ou au moins d'en faire un Exemple prompt qui pût les aider à les maintenir dans l'obéissance et la subordination; et pour cet effet, elle a ordonné et ordonne, veut et entend, que les Réglemens et Ordonnances faits pour la Discipline des Troupes entretenues dans la Marine, seront communs aux Milices des Isles Françoises de l'Amérique, lorsqu'elles seront assemblées et en Corps, pour marcher dans les occasions du Service, ou pour faire les Revues pour ce qui peut y avoir rapport, et exécuté à cet égard, de même que si elles y étoient comprises; voulant Sa Majesté qu'en cas de désobéissance, ou de quelques fautes ou crimes, dans lesquels les Officiers ou Soldats desdites Milices pourroient tomber, et qui mériteroient punition, ils soient jugés par le Conseil de Guerre, assemblé par ordre du Gouverneur; et en son absence, du Lieutenant de Roi, et composé des Officiers-Majors, des Colonels, Lieutenans-Colonels, et Capitaines de Milice du Quartier, auquel ceux du plus prochain seront appellés, lorsqu'il n'y aura pas le nombre suffisant des Officiers ci-dessus nommés, et condamnés aux peines portées par lesdits Réglemens. Mande, etc.

ORDONNANCE *du Roi, sur les Gardes des Habitans à Saint-Domingue.*

Du 3 Août 1707.

SA MAJESTÉ étant informée que les Gardes qui se font dans les Quartiers François de l'Isle de Saint-Domingue, sont négligées et peu exactes, les principaux Habitans se dispensant de les faire ou d'y commettre en leur place, et laissant la fatigue aux Petits, lesquels, pour la plupart, ne subsistant que de leur travail journalier, ne peuvent y être souvent assujettis, sans les exposer à trop de fatigue et à la perte d'un temps qui leur est nécessaire pour leurs travaux ordinaires; et voulant pourvoir à cet abus, et établir ces Gardes dans une juste proportion entre les Habitans qui en sont tenus, Sa Majesté a ordonné et ordonne, que tous les Habitans non Privilégiés des Quartiers François de Saint-Domingue, seront sujets aux Gardes ordinaires, et la feront en personne, chacun à leur tour, sans qu'aucun puisse s'en dispenser, pour quelque cause et prétexte que ce soit, à peine de punition corporelle, à la réserve de ceux qui fourniront à leur place, savoir, les Habitans qui auront vingt Negres, deux Hommes; ceux qui en auront quarante, trois; et ainsi en augmentant d'un à chaque vingtaine de Negres qu'ils auront de plus, et sans que ces Hommes puissent faire deux Gardes de suite, ni être présentés qu'après quatre jours francs de l'un à l'autre; et à l'égard des Habitans qui n'auront pas le nombre de Negres proportionné à l'étendue des terreins dont ils sont en possession, veut et entend Sa Majesté qu'ils puissent pareillement être dispensés de faire leurs Gardes en personne, en fournissant des Hommes sur le pied de cette étendue; savoir, les Habitations de six cens pas de haut, sur autant de large, cultivées ou non, un; celles au-dessus, deux; et ainsi en augmentant d'un par chaque six cens pas de plus; ordonne en outre que ceux des Habitans qui manqueront auxdites Gardes, soit par eux ou par ceux qu'ils auront mis en leur place, ainsi qu'il est prescrit ci-dessus, soient condamnés en une amende de cinquante livres pour la premiere fois, de cent cinquante pour la seconde; et en cas de récidive, de la peine de prison, avec ladite amende, qui sera applicable au paiement de ceux qu'on aura été obligé de faire servir en leur place, afin que la Garde soit toujours complette, et le surplus remis au Commis du Trésorier-Général de la Marine. Mande, etc.

ORDONNANCE *du Roi, qui fixe l'âge et la taille des Engagés à transporter aux Isles.*

Du 3 Août 1707.

DE PAR LE ROI.

SA MAJESTÉ ayant, par son Ordonnance du 19 Novembre 1698, obligé les Capitaines Marchands, qui font le Commerce des Isles Françoises de l'Amérique, d'y porter, à chaque voyage qu'ils feroient, un certain nombre d'Engagés, proportionné à la grandeur et à la force des Bâtimens, suivant qu'il seroit fixé dans leurs Passeports, ces Capitaines, sous prétexte que ladite Ordonnance, ni celle du 17 Novembre dernier, n'explique point l'âge ni la taille que doivent avoir ces Engagés, portent dans les Colonies de jeunes gens qui, n'ayant pas la force de supporter les changemens d'air et de nourriture, ni le travail qu'ils doivent faire, meurent, ou deviennent inutiles, ou sont rebutés par les Habitans; ainsi on ne tire de cet établissement aucun avantage pour les Colonies; à quoi Sa Majesté voulant pourvoir, elle a ordonné et ordonne, veut et entend que les Ordonnance du 19 Février 1698 et 17 Novembre dernier soient exécutés; et en conséquence, que les Engagés que les Capitaines doivent porter aux Isles de l'Amérique, auront au moins dix-huit ans, et ne pourront être plus âgés de quarante ans, et seront au moins de la grandeur de quatre pieds; que la reconnoissance en soit faite par les Officiers de l'Amirauté et les Commissaires de la Marine, ou des Classes des Ports où les Bâtimens seront expédiés, et le signalement desdits Engagés mentionné dans les Rôles des Equipages, leur faisant défenses d'en recevoir qui n'aient lesdites qualités, et ne leur paroissent de bonne complexion; veut aussi Sa Majesté que les Capitaines abordant aux Isles, soient tenus de représenter aux Officiers qu'elle a commis, les Engagés qu'ils auront portés avec le Rôle de leur signalement, pour vérifier si ce sont les mêmes qui auront dû être embarqués; et en cas qu'ils aient contrevenu, qu'ils en fassent mention dans leurs Certificats que les Capitaines seront obligés de rapporter de la remise d'iceux, pour être contraints au paiement de soixante livres pour chacun de ceux qu'ils n'auront point fournis ou auront été rebutés, et d'une amende de cent livres pour la contravention, applicable suivant ladite Ordonnance du 17 Novembre dernier; mande Sa Majesté à M. le Comte de Toulouse, Amiral de France, au Gouverneur-Général, Intendant, Gouverneurs-Particuliers, Commissaires-Ordonnateurs, Commissaire de la Marine et des Classes, et autres Officiers qu'il appartiendra, de tenir la main, etc.

EXTRAIT de la Lettre du Ministre au sieur SANTO-DOMINGO, Major à Léogane, touchant le Compte à rendre aux Commandans par les Capitaines des Bâtimens qui arrivent, et la Prétention des Officiers de Milice à cet égard.

Du 3 Août 1707.

LES Colonels et les Officiers de Milice n'ont de rang et d'autorité que lorsqu'elles sont assemblées, ou que le Gouverneur les destine à quelque service particulier; ainsi ils n'ont rien à demander aux Gens de Mer qui arrivent, lesquels n'ont de leur part aucun Compte à rendre qu'au Capitaine-Commandant, lorsque les Officiers-Majors ne se trouvent pas présens dans les lieux où les Bâtimens abordent.

EXTRAIT de la Lettre du Ministre à M. le Comte DE CHOISEUL, Gouverneur, touchant le Rang du Commissaire-Ordonnateur.

Du 24 Août 1707.

IL est survenu un incident, dans la Procession de la Fête-Dieu, entre le sieur Deslandes et le sieur de Brach, sur le Rang, qui m'oblige à vous expliquer les intentions du Roi, afin que vous puissiez, dans un cas pareil, les faire exécuter. M. Auger qui, comme Gouverneur, devoit avoir le premier Rang, ayant dit qu'il ne pouvoit assister à cette Cérémonie, et qu'aucun des Lieutenans de Roi ne se présenteroit pour tenir sa place, le sieur Deslandes se détermina à y aller, et se mit à la tête des Habitans. Le sieur de Brach, excité, à ce qu'on prétend, par les autres Officiers-Majors, se joignit à la Procession qui étoit déjà commencée, et prit le pas sur l'autre qui, pour éviter toute discussion, se mêla avec les Habitans. Sur le compte que j'en ai rendu à Sa Majesté, elle a puni le sieur de Brach du procédé; mais elle a jugé qu'il avoit raison dans le fond, un Officier-Major-Commandant devant toujours avoir le Pas, parce qu'il représente le Gouverneur, et que ce dernier est censé représenter la Personne du Roi; mais si le sieur Deslandes, ou autre Commissaire-Ordonnateur, ne peut jamais être le premier, il doit toujours être le second, et vous suivre, ou l'Officier-Commandant à votre place dans les Conseils de Guerre, de même que dans les Cérémonies, avant tout autre Officier quel qu'il soit.

ORDONNANCE du Commandant en Chef par interim, qui défend aux Habitans de la Partie du Nord de vendre leurs Terreins sans sa permission.

Du 25 Août 1707.

LE sieur de Charite, etc.

La parfaite connoissance que nous avons des abus qui se commettent dans les ventes des Places et des Habitations que plusieurs Particuliers font dans le Quartier du Cap et dans ses dépendances; les uns les faisant sur de simples pouvoirs d'habituer; les autres qui auront des concessions sans avoir satisfait aux conditions qui y sont expressément portées; d'autres même sans l'un ni l'autre; il y en a aussi qui se défont de leur Terrein par la vexation de leurs voisins; d'autres pour s'éloigner du service des gardes et corvées; et enfin d'autres pour frustrer leurs Créanciers, et passer dans les Quartiers Espagnols; de l'avis de M. Deslandes, Commissaire-Ordonnateur de cette Isle, faisant fonction d'Intendant de Justice, Police et Finance, nous avons jugé qu'il étoit à propos de s'opposer à des abus aussi préjudiciables que ceux-là au bien de la Colonie, et aussi contraires aux intérêts du Roi; en conséquence de ce que dessus, nous faisons très-expresses inhibitions et défenses, comme elles ont été faites à Léogane, à toutes personnes de l'étendue de la Juridition du Cap et du Port-de-Paix, d'acheter .... *, réunis au Domaine de Sa Majesté; et afin que personne n'en ignore, la présente Ordonnance sera enregistrée à la diligence du Procureur du Roi au Greffe du Siége Royal du Cap et du Port-de-Paix, lue et publiée, etc. DONNÉ au Cap.

Signé DE CHARITE.

R. au Greffe du Siége Royal du Cap, le 30 du même mois.

* *Pour ce que nous supprimons ici, voyez l'Ordonnance du 30 Avril précédent.*

ORDONNANCE de M. l'Intendant, qui défend la vente des Terreins de plusieurs Quartiers, pour aller s'établir dans d'autres.

Du 3 Septembre 1707.

LE sieur Deslandes, etc.

Sur l'Avis que nous avons eu que plusieurs Habitans et Negres libres des Quartiers de Léogane, Petit-Goave, du Grand-Goave et de l'Acul du Petit-Goave, cherchent à vendre, etc.

R. au Siége Royal du Petit-Goave, le 10 Septembre 1707.

Le surplus de cette Ordonnance est copié mot à mot sur celle du 30 Avril précédent.

EXTRAIT de la Lettre du Ministre à M. DE LA MIRANDE, Lieutenant de Roi, Commandant la Bande du Sud, touchant les pouvoirs d'un Commandant d'une partie de l'Isle, en matiere d'Ordonnance à rendre.

Du 7 Septembre 1707.

VOTRE autorité ne s'étend point jusqu'à pouvoir rendre des Ordonnances qui fassent loi entre les Habitans dans leur Commerce; mais lorsque vous estimez nécessaire de remédier à quelque désordre, vous n'avez qu'à en informer M. Deslandes, qui donnera, de concert avec M. de Choiseul, les Ordonnances ou les ordres nécessaires pour y pourvoir.

CERTIFICAT du Commandant en Chef par interim, touchant ce que l'on doit entendre par Restant de Terre.

Du 17 Septembre 1707.

NOUS Gouverneur de Sainte-Croix certifions que les permissions que l'on donne pour habituer des Restans de Terre, ne doivent s'entendre que pour des Terreins qui ont au-dessous de deux cents pas de large, et de six cents pas de hauteur, et que si l'on en donne quelques-uns qui contiennent davantage, qu'ils ont été surpris, et que l'intention de la Cour est qu'ils soient réformés, quand même les Particuliers en auroient une Concession en forme; en foi de quoi nous avons donné le Présent pour servir ce que de raison. FAIT au Cap, etc. *Signé* DE CHARITE.

ORDONNANCE de l'Intendant des Isles, pour que le Baril de mesure soit de cinquante-cinq pots de Paris.

Du 1er Novembre 1707.

NICOLAS-FRANÇOIS-ARNOUL DE VAUCRESSON, etc., Intendant des Isles Françoises et Terre-Ferme de l'Amérique.

Sur la Remontrance du Procureur du Roi, que les Habitans qui fabriquent et négocient de la Farine de Magnoc, Mil, Riz, Pois et autres telles denrées, les livrent dans des Barils qui ne tiennent que quarante-cinq et cinquante pots, quoique le Baril doive contenir cinquante-cinq pots, comme il a été réglé par Arrêt du Conseil Supérieur du 2 Mars 1680; vu ledit Arrêt, nous ordonnons à tous Habitans qui fabriquent et négocient lesdites denrées d'avoir chacun un Baril marqué et étalonné par le Jaugeur-Juré de cette dite Isle, contenant cinquante-cinq pots, mesure de Paris; leur défendons d'en vendre et livrer à autres mesures, à peine de soixante livres d'amende applicable, moitié à l'Hôpital et aux Dames Religieuses Ursulines, et l'autre moitié aux réparations du Palais; ce qui sera lu, publié et affiché. DONNÉ à la Martinique, etc.

ORDONNANCE du Commandant en Chef par interim, pour ratifier le choix fait par M. DESLANDES, Ordonnateur, à sa mort, de la Personne du sieur MERCIER pour veiller aux Affaires du Roi.

Du 5 Novembre 1707.

LE sieur Mercier, Inspecteur-Général de l'Assiente en l'Amérique, ayant été choisi par feu M. Deslandes, Commissaire-Ordonnateur, pour avoir l'œil sur la Recette des Droits d'Indigo, des Cabarets et des

Boucheries, et autres qui ont été établis par ordre de la Cour en cette Colonie, pour en faire remettre le montant ès mains du Trésorier, comme aussi de faire rendre compte aux Gardes Magasins de leur Gestion; Nous Commandant en Chef en ce Gouvernement, ordonnons à tous Fermiers et Receveurs des susdits Droits, de rendre leurs comptes audit sieur Mercier, que nous confirmons sous nos ordres, dans le choix que feu M. Deslandes en avoit fait, jusqu'à ce qu'il en soit autrement ordonné par la Cour; enjoignons aussi aux Gardes-Magasins du Petit-Goave, de Léogane et du Cap, de lui rendre compte de leur Gestion, pour que le tout nous soit représenté; ordonnons en outre au sieur Durand, Trésorier de la Marine, de livrer pendant notre absence de Léogane, sur les Ordonnances du sieur de Santo, Major et Commandant audit Quartier, les deniers qu'il conviendra de payer pour les Troupes, et autres dépenses qu'il conviendra de faire indispensablement pour les Affaires du Roi; le tout certifié par ledit sieur le Mercier. Au Cap, etc. *Signé* DE CHARITE.

ARRÊT du Conseil de Léogane, touchant l'état des Negres et Mulâtres venus de la Vera-Crux.

Du 7 Novembre 1707.

ENTRE Pascale Renaude, Mulâtresse libre de la Vera-Crux, se disant libre et femme du nommé François le Maréchal, d'une part.

Et M. de Puligny, Curateur aux Successions vacantes du Petit-Goave, d'autre part.

Vu par le Conseil un Billet d'affranchissement donné par M. Ducasse, pour lors Gouverneur de cette Colonie en date du 14 Février 1692, enregistré au Greffe du Conseil le 6 Avril 1706 par M. le Maître, Greffier; un Certificat donné par Marie Mouliné, passé devant le Maître, Notaire, le 27 Février 1706, comme elle a une parfaite connoissance d'avoir connu ladite Demanderesse de condition libre à la Vera-Crux, ainsi que ses Pere et Mere, et qu'elle a été amenée ici par les Flibustiers de cette Côte: Vu les Conclusions par écrit dudit Procureur-Général en Remontrance, qui fait connoître que les Mulâtres ou autres de cette nature, venus de la Vera-Crux, n'avoient qu'un certain terme à servir, passé lequel ils jouissent de pareille liberté que les Naturels du Pays; et comme ces sortes de services ne peuvent point être réputés Esclavage, puisqu'ils sont limités d'un temps prescrit, et non pas à vie; il s'ensuit s'ensuit que les Enfans qui sont venus à ladite Pascale Renaude, doivent suivre le même sort de leur Mere, étant impossible que d'une Femme libre il en puisse sortir un fruit Esclave, quoiqu'il ait été fait du temps du service de la Mere; c'est pourquoi il demandoit Acte à la Cour de sa Remontrance; et tout considéré, LE CONSEIL a donné Acte audit Procureur-Général de sa Remontrance; y faisant droit, déclare ladite Renaude et ses Enfans Affranchis, Ingenus et Libres; et comme tels, jouir des mêmes droits qui leurs sont attribués par l'Edit du Roi de 1685, sans dépens; ordonne que le présent Arrêt sera lu et publié aux Sieges ressortissans de ce Conseil, l'Audience tenant, pour servir de Réglement aux autres qui sont venus du même lieu de la Vera-Crux, et enregistré, etc.

ARRÊT du Conseil du Cap, qui homologue une Sentence Arbitrale rendue par un Conseiller en la Cour.

Du 7 Novembre 1707.

VU par le Conseil la Requête d'Ecuyer Pantaléon de Bréda, Major, contenant qu'au sujet d'un Procès, le Suppliant, conjointement avec MM. de Galiffet et de Badier, pour terminer à l'amiable leur différend, auroient par un sousseingprivé remis leurs intérêts entre les mains de M. de la Thuillerie; conclusions du Procureur-Général et la Sentence Arbitrale rendue entre lesdits Supplians, en date du 26 Octobre dernier, le Conseil l'a homologuée, et ordonne qu'elle sortira son plein et entier effets, sans dépens, etc.

ORDONNANCE de M. le Général, qui défend aux Officiers d'aller à bord pour contraindre à leur livrer des Marchandises.

Du 20 Février 1708.

LE le Comte de Choiseul, etc.

Sur l'avis que nous avons eu que plusieurs Officiers Commandans dans les Quartiers de cette Côte, vont à bord des Vaisseaux lors de leur arrivée contraindre les Marchands de leur livrer des Marchandises,

Farine, Vins, Eau-de-vie et autres Denrées, à vil prix; que même ils se sont fait livrer des Cargaisons entieres de leur autorité pour profiter sur la vente en détail et mettre les Habitans dans la dure nécessité de prendre les Denrées à un prix excessif par la sûreté et la disette où ils se trouvent de pouvoir en trouver ailleurs, à quoi étant nécessaire de pourvoir; nous faisons expresses inhibitions et défenses à tous Officiers, soit Commandans ou autres de quelque qualité et condition qu'ils soient d'aller à bord des Vaisseaux arrivés dans les Ports et Rades de cette Côte, ni d'user d'autorité, force ni violence pour se faire délivrer les Marchandises, Farine, Vin, Eau-de-vie et autres Denrées, à peine d'être procédé extraordinairement contr'eux; à ces fins que la présente Ordonnance sera lue, etc. DONNÉ à Léogane, etc. *Signé* CHOISEUL-BEAUPRÉ. *Et plus bas*, par Monseigneur JOUBERT.

SENTENCE du Siege Royal du Petit-Goave, contre une Femme convaincue d'Adultere; et Arrêt sur l'appel de ladite Sentence, qui entr'autres choses fait défenses au Greffier de la Juridiction de délivrer aucune Piece Criminelle sans l'ordre du Juge.

Des 23 Mars et 16 Avril 1708.

VU le Procès Criminel par Nous extraordinairement fait et instruit à la Requête de sieur D......... le Procureur du Roi joint, Demandeur et Complaignant, à l'encontre de Dame...... Epouse dudit sieur D....... et Jeannot, Negre Esclave, appartenant à la Veuve Martel, accusé, détenu prisonnier ès prisons de ce lieu, Défendeur; la Plainte du Demandeur; un Ecrit en forme d'Extrait-Baptistaire de deux Enfans Mulâtres, du 21 Novembre 1707, notre Jugement portant que ladite Dame..... sera interrogée sur les faits résultans de ladite Plainte, l'Interrogatoire par elle subi; autre Requête dudit sieur D..... tendante à ce que ladite Dame..... soit déclarée, atteinte et convaincue du Crime d'Adultere; et qu'attendu les Enfans Mulâtres de Pierre, Jeanne et Marie, Enfans de ladite......., les déclarations et aveux par elle faits qu'ils sont tous trois illégitimes, il conclut à ce que lesdits Enfans soient déclarés Bâtards Adultérins; et que comme tels, il leur sera fait défenses de se dire Enfans dudit sieur D.......; notre Jugement qui ordonne que l'Enfant Pierrot sera vu et visité par les sieurs de Pas, Médecin, et de la Malle, Chirurgien, que nous avons nommés d'Office pour par eux dresser leur Rapport de l'état et qualité du sang dudit Pierrot; Assignation à eux donnée en conséquence; l'Acte de prestation de Serment desdits sieurs de Pas et la Malle; le Rapport par eux fait; les Décrets de prise de corps décernés contre les nommés Jeannot, Negre, et Grégoire, Mulâtre; confrontation, etc. notre Ordonnance que toute la Procédure soit communiquée au Procureur du Roi pour y prendre ses conclusions définitives, conclusions par lui prises, les Interrogatoires subis sur la sellette par lesdits Accusés, en présence et assistés des sieurs Coignard, d'Aguitte et Amyel, par nous convoqués à cet effet; le tout vu et mûrement considéré, nous avons déclaré ladite M...... duement atteinte et convaincue du Crime d'Adultere et de s'être abandonnée indifféremment à toutes sortes de Personnes; et ledit Jeannot d'avoir été complice, tant dudit Adultere que de l'évasion de ladite......, et de l'avoir voulu conduire dans les Pays étrangers, sans considération de la différence qu'il y a de l'état d'un Negre Esclave à celui de ladite.....; pour réparation de quoi les condamnons; savoir, ledit Jeannot à faire amende-honorable nud en chemise, la corde au col, tenant en ses mains une torche de cire ardente, conduit par l'Exécuteur de la Haute-Justice depuis la prison jusqu'à la porte de l'Eglise, et là nud tête et à genoux, dire et déclarer à haute et intelligible voix, que méchamment il a eu l'audace et l'effronterie d'entretenir une Femme blanche d'Adultere et de l'avoir voulu emmener dans les Pays étrangers, qu'il s'en répent, en demande pardon à Dieu, au Roi et à la Justice; ce fait avoir le poing droit coupé par ledit Exécuteur sur un échafaut qui y sera dressé, et ensuite condamné d'être mené et conduit dans la Place d'Armes où il sera pendu et étranglé, jusqu'à ce que mort s'ensuive, à une potence qui y sera dressée pour cet effet, ce fait son corps mort porté par l'Exécuteur de la Haute-Justice à une fourche patibulaire sur le grand chemin; et, à l'égard de ladite Marie...... d'être conduite en France pour y être mise et recluse dans un Monastere de Filles Religieuses, tel que son Mari voudra, pour y demeurer trois années, pendant lequel temps D...... son Mari pourra la retirer si bon lui semble, sinon ledit temps passé sera rasée et voilée pour y demeurer le reste de ses jours, en payant par ledit sieur D...... la pension dont il conviendra; et dès à présent avons déclaré ladite Marie...... privée et déchue de sa dot et conventions Matrimoniales, ensemble de tous les avantages qui pourroient lui être faits à l'avenir, soit par Succession, Donations ou autrement; et attendu la couleur mulâtre de ses Enfans Pierrot, Jeanne et Marie, les déclarations et aveux par elle faits, et autres preuves résultantes au Procès, qu'ils sont illégitimes, déclarons lesdits Enfans, Pierre, Jeanne et Marie, Adultérins; leur faisons défenses de jamais prendre le nom et qualité d'Enfans dudit sieur D......, et qu'à cet effet mention sera faite du présent Jugement à la marge des Registres aux endroits où sont inserrés leurs Baptêmes; condamnons ladite ..... en deux cens livres d'amende envers le Roi, et le surplus de ses Biens en réparations civiles, dépens, dommages et intérêts dudit sieur D......, à condition qu'il sera tenu faire les frais d'habillement et entretien de ladite....., tant en France que pour l'y conduire, et fournir les alimens aux Enfans jusqu'à ce qu'ils aient atteint l'âge de dix ans, et aux dépens du Procès. FAIT et donné de Nous Claude François, Conseiller du Roi, Juge Civil et Criminel du Siege Royal du Petit-Goave Côte Saint-Domingue, assisté des sieurs Coignard et d'Aguitte, Major et Aide-Major des Milices, et de Louis Amiel, Praticien, cejourd'hui 23 Mai 1708.

LOUIS, etc. Procès Criminel auroit été extraordinairement fait et instruit au Siege Royal du Petit-Goave à la Requête de D........., la Sentence dont est appel en date du 23 Mars dernier; l'appel dudit Substitut *ad Majora* de ladite Sentence; conclusions prises sur le tout par le Procureur-Général du Roi le 14 dudit mois; et vû le rapport de M. Buttet, Conseiller-Rapporteur de ce jour; tout considéré, LE CONSEIL a mis et met l'appellation au néant, émandant, condamne ledit Jeannot, Accusé, d'avoir les oreilles coupées et marqué d'une Fleur-de-lys sur les deux joues, fustigé nud de verges par l'Exécuteur, et sera attaché par trois Dimanches consécutifs à la Place publique du Bourg du Petit-Goave, au résidu que la Sentence sortira effet; fait défenses au Greffier de la Juridiction dudit lieu de délivrer aucunes Pieces Criminelles, sans ordre du Juge; renvoie l'exécution au Juge dont est appel. DONNÉ, etc.

L'Arrêt a été exécuté dans tous ses chefs, et la Femme Adultere récluse dans une Ville Maritime de France.

L'espece de cet Arrêt, avec les circonstances qui l'accompagnent, ne s'est pas reproduite à Saint-Domingue.

ARRÊT du Conseil du Cap, qui défend, 1°. d'établir des Guildives; 2°. de vendre des Liqueurs fortes aux Negres s'ils n'ont pas un billet de leur Maître, et, 3°. de laisser aller les Negres de Qartier en Quartier aussi sans billet.

Du 9 Mai 1708.

VU par le Conseil la Remontrance du Procureur-Général du Roi, LE CONSEIL fait défenses à tous Habitans et Officiers de quelque qualité que ce puisse être de faire et fabriquer des Guildives jusqu'à ce qu'il plaise à Sa Majesté en ordonner autrement sur peine de 3000 l. d'amende; et pour ce qui est des Guildives qui peuvent être fabriquées jusqu'aujourd'hui, défenses sont faites sous pareille peine, de les vendre ni débiter aux Negres; en outre fait défenses ledit Conseil à tous Cabaretiers de vendre ni débiter Eaux-de-Vie de France, Liqueurs ni Vins auxdits Negres Esclaves, à moins qu'ils n'aient un billet de leur Maître, sous les peines portées par le présent Arrêt; comme aussi fait défenses ledit Conseil à tous Habitans d'envoyer leurs Negres de Quartier en Quartier sans un billet de leur Maître, ou marque que l'on puisse connoître venant de leur main, à peine de 15 livres d'amende; en outre ordonne que le présent Arrêt sera lu, publié et affiché par toutes les Paroisses de ce ressort. DONNÉ, etc.

ARRÊT du Conseil du Cap, qui ordonne qu'un Negre condamné à mort sera Exécuteur des Hautes-Œuvres, et qu'il sera estimé par Experts pour être sa valeur prise sur les amendes et payée à son Maître.

Du 9 Mai 1708.

VU par le Conseil la Représentation qui a été faite par le Procureur-Général du Roi au sujet du nommé Sénégal qui avoit été condamné à mort, et sur la nécessité qu'il y avoit d'un Exécuteur des Hautes-Œuvres, LE CONSEIL a commué sa peine en celle d'Exécuteur; et à l'égard de l'estimation qui en sera faite par Experts nommés par le Lieutenant de Juge de ce lieu, ladite estimation faite sera prise sur les amendes de ce ressort, qui appartiennent au Roi. DONNÉ, etc.

C'est l'usage constant des Colonies de prendre les Exécuteurs de la Haute-Justice parmi les Negres condamnés à mort. On choisit toujours ceux qui sont coupables d'un délit accompagné de circonstances qui, sans être propres à faire fléchir la rigueur de la Loi, permettent cependant cette espece de commutation.

Avant que la peine de mort prononcée contre les fugitifs au troisieme cas, fût changée en celle d'être attaché à la chaîne publique pour la vie, on choisissoit les Bourreaux dans cette classe; mais à présent c'est communément dans celle des voleurs avec effraction, sans circonstances aggravantes, qu'on les prend.

On a vu plusieurs Negres préférer la mort à la faculté de la conserver à ce prix.

L'assignation du paiement du nommé Sénégal à son Maître sur les amendes, étoit une conséquence de l'Arrêt de la même Cour, du 5 Juillet 1706, qui veut que l'Exécuteur soit nourri et entretenu sur le produit de ces amendes.

ARRÊT du Conseil de Léogane, qui ordonne une levée pour les Droits Supplicié à raison de 3 liv. 6 sols par tête, celle ordonnée par l'Arrêt du 6 Mars étant insuffisante.

Du 4 Juin 1708.

EXTAIT d'une Lettre du Ministre à M. MERCIER, nommé pour faire les fonctions d'Ordonnateur, sur les significations relatives aux Officiers.

Du 5 Juin 1708.

SA MAJESTÉ a approuvé que M. Deslandes ait déclaré que, conformément à ses ordres, il étoit permis aux Huissiers de faire les significations qui seroient ordonnées par Justice aux Officiers des Compagnies, sans qu'on eût besoin d'aucun ordre particulier; si ces Officiers veulent avoir des Habitations et faire le Commerce, ils ne doivent point être traités différemment des autres Sujets du Roi.

Pour être enregistré au Conseil Supérieur du Cap, enjoignons à M. le Procureur-Général du Roi de tenir la main à l'exécution du présent ordre, et de prescrire aux Huissiers, sous peine de prison, d'exécuter les Arrêts du Conseil, et de faire à toutes personnes les significations dont ils seront chargés, sans en demander aucune permission aux Commandans. DONNÉ au Cap, ce 27 Juin 1709. *Signé* MITHON.

R. au Conseil du Cap, le premier Juillet 1709.

Et au Conseil de Léogane, le 5 Août suivant.

ARRÊT du Conseil du Cap, touchant le paiement ou le remplacement des Negres suppliciés.

Du 2 Juillet 1708.

LE CONSEIL ordonne que dorénavant tous les Negres qui seront suppliciés, et qui l'ont été ci-devant, et qui restent à payer aux Propriétaires, seront remplacés dans les Negriers qui viendront en ce Port, suivant la qualité desdits Negres suppliciés; savoir, Piece d'Inde pour Piece d'Inde, et défectueux pour défectueux; si mieux on n'aime en prendre la valeur en argent, suivant l'estimation qui en sera faite suivant l'Ordonnance. DONNÉ, etc.

COMMISSION de Commissaire-Ordonnateur de l'Isle la Tortue et Côte Saint-Domingue, pour M. MITHON DE SENNEVILLE.

Du 6 Juillet 1708.

SA MAJESTÉ ayant établi par Commission du 20 Juin dernier le sieur Mercier, pour faire les fonctions de Commissaire-Ordonnateur à Saint-Domingue, à la place du feu sieur Deslandes, jusqu'à ce qu'elle y eût fait passer un Sujet pourvu d'une des charges de Commissaire de la Marine, créées par son Edit du mois de Mars 1702, pour remplir cette place; et Sa Majesté voulant y pourvoir, et étant informée que le sieur

Mithon de Senneville pourvu de l'une desdites charges, servant ci-devant à la Martinique, de présent en France, a les qualités nécessaires pour s'en bien acquitter, elle l'a choisi pour servir en qualité de Commissaire de la Marine, Ordonnateur de l'Isle de la Tortue et Côte Saint-Domingue, à la place dudit feu sieur Deslandes, pour avoir le même rang qu'avoient ceux qui étoient avant ledit Edit du mois de Mars 1702, Commissaires-Généraux de la Marine, conformément à l'Ordonnance de Sa Majesté, pour régler les dépenses dudit Pays, concernant son service au lieu et en l'absence du sieur Arnoud de Vaucresson, Intendant de Justice, Police et Finances des Isles de l'Amérique Méridionale, qui sont sous l'obéissance de Sa Majesté; avoir séance aux Conseils qui seront tenus pour les entreprises de Guerre et l'Action de ses forces Maritimes; faire les revues d'Officiers et Soldats qui sont du détachement de la Marine servant à Saint-Domingue; celles des Equipages des Vaisseaux qui seront envoyés audit Pays pour le service de Sa Majesté, toutefois et quantes il en sera besoin, et les faire payer de leur Solde suivant les Etats de Sa Majesté; tenir la main à ce que les Vivres et Munitions pour les besoins dudit Pays soient de bonne qualité, et en la quantité portée par les Edits de Sa Majesté pour la distribution desdits Vivres et Munitions, et qu'ils vivent dans une telle Discipline que Sa Majesté n'en puisse recevoir de plainte; et en cas que quelqu'un d'entr'eux fussent prévenus de désertion, malversation ou autres crimes, les faire juger par le Conseil de Guerre ou autrement, suivant l'exigence des cas; établir les Ecrivains, entretenus audit Pays, et leur faire tenir un registre, cotté et paraphé, de la quantité de Munitions de Guerre et de Bouche, et Ustensilles servant audit Pays, afin qu'ils puissent rendre compte des consommations qui se font, et généralement faire les fonctions ordinaires et accoutumées des Commissaires de la Marine, et jouir des mêmes pouvoirs, honneurs, autorités, prééminences et prérogatives aux Gages attribués à ladite Charge, et aux Appointemens qui seront réglés par les Etats de Sa Majesté; validant dès à présent toutes les Ordonnances duement contrôlées, que ledit sieur Mithon de Senneville aura expédiées concernant lesdites dépenses, lesquelles serviront de valable décharge aux Trésoriers-Généraux de la Marine; voulant Sa Majesté que tout ce qui aura été ainsi par eux ou leurs Commis payé, soit passé et alloué en la dépense de leur compte particulier, et ainsi qu'il appartiendra. Mande Sa Majesté au Gouverneur-Général des Isles Françoises de l'Amérique, audit Intendant et au sieur Comte de Choiseul, Gouverneur de l'Isle de la Tortue et Côte Saint-Domingue, de le faire reconnoître en

ladite

ladite qualité de Commissaire-Ordonnateur audit Pays. FAIT à Fontainebleau, etc.

R. au Conseil du Cap, le 26 Juin 1709.

Et à celui de Léogane, le 8 Juillet suivant.

Il est aisé de remarquer qu'il y a des différences entre cette Commission et les Provisions de M. Deslandes, du 28 Décembre 1703.

ARRÊT du Conseil d'Etat, pour contraindre à porter en France tous les Produits des Isles, à l'exception des Sucres terrés et rafinés qui pourront être envoyés directement dans les Pays Etrangers.

Du 24 Juillet 1708.

VU au Conseil d'Etat du Roi la Requête présentée en icelui par le Fermier du Domaine d'Occident, contenant que Sa Majesté ayant été informée à la fin de la précédente Guerre de la nécessité où les Habitans des Isles Françoises de l'Amérique avoient été de terrer et rafiner une grande partie de leurs Sucres, auroit permis par Arrêt du Conseil du 20 Juin 1698 aux Négocians François de porter en droiture desdites Isles aux Pays Etrangers les Sucres terrés ou rafinés jusqu'à ce qu'autrement il en soit ordonné, en payant les Droits dûs au Domaine d'Occident; lesquels Sa Majesté a réglé depuis par autre Arrêt du Conseil du premier Septembre 1699 à quarante sols par cent pesant, outre le Droit de trois pour cent d'ancien Droit; que la permission de transporter les Sucres terrés et rafinés des Isles au Pays Etrangers qui n'a été accordée que pour procurer aux Habitans desdites Isles le débouché d'une Marchandise dont ils se trouvoient surchargés, a eu un effet contraire aux intentions de Sa Majesté, en ce que lesdits Habitans abusant de cette permission envoient aussi à droiture desdites Isles aux Pays Etrangers des Sucres bruts et des autres Fruits et Marchandises desdites Isles, dont le transport n'est point permis par ledit Arrêt du 20 Juin 1698, et dont il n'est payé aucun droit au Fermier du Domaine d'Occident, ce qui cause une diminution considérable dans le produit des Droits de sa Ferme, et oblige le Suppliant d'avoir recours à Sa Majesté pour lui être sur ce pourvu: A CES CAUSES, requéroit, etc. le Roi en son Conseil, faisant droit sur ladite Requête, a ordonné et ordonne que conformément aux anciens Réglemens faits pour le Commerce desdites Isles Françoises de l'Amérique, les Maîtres et Capitaines des Navires, tant des Isles que de France, seront tenus d'apporter en France, sous les peines portées par lesdits Réglemens, tous les Fruits, Denrées et Marchandises qu'ils chargeront auxdites Isles ; à l'effet de quoi lesdits Maîtres et Capitaines de Navires seront tenus après le chargement achevé de leurs Vaisseaux, de donner aux Commis de ladite Ferme du Domaine d'Occident aux Isles, un état exact, contenant la qualité et quantité de chaque espece de Marchandises chargées sur leurs Vaisseaux, duquel état lesdits Commis leur donneront une ampliation signée d'eux avec les autres expéditions nécessaires ; ordonne aussi que les Maîtres et Capitaines de Vaisseaux qui chargeront dans leurs Bords avec des Sucres terrés et rafinés, d'autres especes de Marchandises, seront pareillement tenus de donner un état exact de leur chargement, avec soumission de revenir directement en France décharger lesdites especes de Marchandises, avant que de porter aux Pays Etrangers les Sucres terrés ou rafinés, duquel état de chargement ensemble de ladite soumission, il sera délivré par les Commis des Fermes une ampliation signée d'eux ; et que les Maîtres et Capitaines des Navires qui n'auront chargé auxdites Isles que des Sucres terrés ou rafinés, sans aucune autre espece de Marchandise, pourront, tant que la permission portée par ledit Arrêt du 20 Juin 1698 aura lieu, porter lesdits Sucres terrés ou rafinés directement desdites Isles aux Pays Etrangers, à la charge par lesdits Maîtres et Capitaines de Navires de faire leur déclaration aux Bureaux des Fermes aux Isles avant que de commencer le chargement de leurs Vaisseaux, qu'ils ne peuvent charger que de Sucres terrés ou rafinés pour les porter aux Pays Etrangers, et de donner après le chargement achevé un état exact de la qualité et quantité desdits Sucres qui auront été chargés sur leurs Vaisseaux, et de leur destination, avec soumission de revenir en France après le déchargement aux Pays Etrangers des Sucres terrés ou rafinés, sans pouvoir retourner desdits Pays Etrangers auxdites Isles Françoises de l'Amérique, duquel état ensemble de ladite soumission, il leur sera aussi délivré une ampliation signée par les Commis des Fermes ; fait Sa Majesté défenses aux Maîtres et Capitaines qui auront fait leur déclaration qu'ils ne chargeront que des Sucres terrés ou rafinés, de charger aucune autre espece de Marchandise, à peine de confiscation du Vaisseau et de 3000 liv. d'amende ; et aux Marchands et Négocians de charger d'autres Marchandises sur lesdits Vaisseaux, à peine de confiscation desdites autres especes de Marchandises et de 500 livres d'amende; permet Sa Majesté aux Directeurs et aux principaux Commis des Fermes aux Isles de mettre sur les Vaisseaux sur lesquels n'aura été déclaré ne devoir être chargés que des Sucres terrés ou rafinés pour les Pays Etrangers, un Commis pour être présent et vérifier le chargement desdits Vaisseaux; enjoint Sa Majesté aux sieurs Intendans et Commissaires départis pour l'exécution de ses ordres, de tenir la main à l'exécution du présent Arrêt, qui sera lu et publié par-tout où besoin sera pour être exécuté, à commencer du jour qu'il sera publié aux Isles. FAIT au Conseil d'Etat du Roi, tenu à Fontainebleau, etc.

ORDONNANCE du Roi, concernant les Précautions à prendre pour éviter la Communication des Maladies Contagieuses, et notamment de celle de Siam.

Du 25 Juillet 1708.

SA MAJESTÉ étant informée des désordres que la Maladie de Siam a causés jusqu'à présent dans les Isles de l'Amérique qui sont sous son obéissance, et qu'on peut espérer d'éviter ses fréquens renouvellemens en apportant les Précautions nécessaires pour empêcher qu'elle se forme et communique des Bâtimens dont les Equipages en sont attaqués à d'autres, et en donnant les soins qui conviennent pour en arrêter les suites, et voulant y pourvoir, Elle a ordonné et ordonne ce qui suit:

ART. Ier. Il ne sera expédié aucun Navire ou Bâtiment des Ports du Royaume pour les Isles Françoises de l'Amérique qu'après que les Capitaines les auront fait nettoyer et parfumer entre les Ponts, et que les Vivres embarqués pour le Voyage auront été reçonnus de bonne qualité, et dans la quantité suffisante, par les Officiers de l'Amirauté qui seront tenus de faire la visite des Bâtimens et Vivres, et de donner leur Certificat du bon état d'iceux en même temps que leurs autres expéditions; lequel les Capitaines seront tenus de représenter à l'Intendant ou autres Officiers établis pour la Police dans les Quartiers où ils aborderont, pour y mettre leur vû, et être ensuite rapporté, à peine contre les Contrevenans de 1000 liv. d'amende, applicable aux Hôpitaux des Isles où leurs Bâtimens arriveront.

ART. II. Fait Sa Majesté défenses aux Capitaines, tant de ses Vaisseaux que de ceux de ses Sujets, de mettre aucun de leur Equipage ou Passager à Terre qu'ils n'aient auparavant fait avertir l'Intendant de l'état où ils se trouvent, par rapport à la santé, à peine contre les premiers d'interdiction pour six mois et de 1000 liv. d'amende contre les autres, applicable comme dessus; et en cas qu'il y ait quelque Mal contagieux dans les Equipages ou Passagers; veut Sa Majesté que lesdits Capitaines établissent incessamment des Tentes dans les lieux qui leur seront indiqués aux environs de la Rade sous le Vent des Quartiers pour y mettre les Malades auxquels ils feront donner les secours convenables, obligeant à cet effet le Chirurgien du Bord de les voir continuellement, et avertissant le Médecin du lieu, s'il y en a, de les visiter une fois le jour, pour ordonner les Remedes qui leur seront nécessaires.

Art. III. Ceux des Matelots et autres qui mourront de la Maladie dont il s'agit, seront enterrés dans des Cimetieres éloignés et dans des Fosses profondes, et les hardes qui leur auront servi étant Malades, brûlées, à moins qu'elles ne fussent de valeur, auquel cas elles seront parfumées et mises à l'air pendant quinze ou vingt jours; faisant défenses d'en vendre aucunes que de ces dernieres, à peine contre les Matelots et Soldats de privation de leur Solde pendant un mois, et d'être mis sur le Cheval de bois pendant trois jours consécutifs, et contre les autres de 150 liv. d'amende, applicable comme dessus.

Art. IV. S'il se trouvoit à Bord quelques Officiers de Sa Majesté ou Passagers de distinction attaqués de ladite Maladie, l'Intendant ou Commissaire, de concert avec le Médecin du lieu où le Bâtiment sera mouillé, conviendront de l'endroit où ils seront débarqués, et de la maniere dont ils seront traités; les secours Spirituels leur seront administrés sans cérémonie; et en cas de mort, ils seront enterrés comme il est ci-dessus expliqué.

Art. V. Les Chirurgiens du Bourg de la Martinique seront obligés d'avertir le Médecin des Maladies qu'ils traiteront, et de la qualité de leurs Malades, et de prendre ses avis, à peine d'être privés de leurs fonctions pendant six mois et de prison pendant quinze jours.

Art. VI. Les Bâtimens faisant la Traite des Negres, étant les plus sujets à la Maladie, Sa Majesté défend aux Capitaines qui les commanderont de laisser descendre à Terre aucune personne du Bord, et d'en vendre aucun qu'après que la visite de l'Equipage aura été faite par les Médecins ou Chirurgiens établis dans les Quartiers, suivant les ordres de l'Intendant ou du Commissaire; et en cas de Maladies dans les Negres ou Equipages, lesdits Bâtimens feront une quarantaine dans l'endroit qui sera désigné, en observant de mettre dans un Bâtiment particulier tous les Gens de santé, où ils seront parfumés pendant vingt-quatre heures, d'en user de même lors de la guérison des autres; et par les Capitaines de faire ce qui leur sera prescrit par les Intendans ou Commissaires, le tout à peine de 50 liv. d'amende contr'eux, applicable comme dessus, par chaque personne qui aura contrevenu, et de plus grande punition s'il écheoit.

ART. VII. Veut au surplus Sa Majesté que les Ordonnances qu'Elle a rendues à ce sujet soient exécutées selon leur forme et teneur. Mande Sa Majesté à M. le Comte de Toulouse, Amiral de France, etc. de tenir la main à l'exécution du présent Réglement; et enjoint au sieur de Machault, Gouverneur et Lieutenant-Général; au sieur Vaucresson, Intendant; aux Gouverneurs Particuliers, Commissaires-Ordonnateurs, et tous autres Officiers des Isles qu'il appartiendra; aux Commissaires de la Marine, et aux Officiers de l'Amirauté, de tenir ponctuellement la main, chacun en droit, à l'exécution dudit Réglement, qui sera publié, etc. FAIT à Fontainebleau, etc.

R. au Conseil de Léogane, le 5 Août 1709.

Et à celui du Cap, le 9 Décembre 1720.

EXTRAIT de la Lettre du Ministre à M. MERCIER, nommé pour faire les fonctions d'Ordonnateur, touchant la proposition d'établir une Juridiction Consulaire à Saint-Domingue.

Du 25 Juillet 1708.

JE n'ai pas bien conçu l'avantage que vous avez prétendu qu'on peut tirer de l'établissement d'une Juridiction Consulaire à Léogane et au Cap; la plus grande utilité de ces sortes de Juriditions, est qu'elles décident sommairement : les Juges ordinaires qui sont dans ces Quartiers, font sans doute la même chose; on appelle de ces Juridictions de même que de leurs Sentences; ainsi on ne seroit pas mieux par rapport au Commerce qu'en suivant la voie qui est en usage, et ce seroit une multiplication d'Incidens et de Juges : d'ailleurs ce qui regarde le Commerce en général, et ce qui peut être contraire à sa liberté, est de pure Police, et regarde uniquement l'Ordonnateur; et dans de certains cas le Gouverneur et lui : je crois qu'il n'y a point de Juridiction plus sommaire que ce qui peut venir par leur canal; ainsi on n'a qu'à y avoir recours pour remédier aux abus qui peuvent fatiguer les Négocians et les Capitaines de Bâtimens qui abordent à Saint-Domingue; et il leur sera aisé de le faire, suivant les Ordonnances du Roi, ou les instructions particulieres.

Ordonnance du Roi, portant défenses aux Officiers Majors d'acheter à bord des Navires.

Du 25 Juillet 1708.

Sa Majesté voulant empêcher qu'à l'arrivée des Navires Marchands dans les Ports et Rades des Quartiers François de l'Isle de Saint-Domingue, les Officiers Majors aillent à bord, et se prévalant de leur autorité, obligent les Capitaines à leur vendre les Denrées et Marchandises de leur chargement à vil prix, et conserver aux Négocians une liberté entiere de tirer par eux-mêmes le profit et l'avantage qui peut se trouver dans le Commerce; et desirant en même temps ôter aux Officiers l'occasion de tomber dans une faute très-contraire à ses intentions et indigne de leur caractere, Sa Majesté a fait et fait très-expresses inhibitions et défenses à tous Commandans et Officiers servant dans les Quartiers François de l'Isle de Saint-Domingue, de quelque caractere qu'ils soient, d'aller à bord des Bâtimens qui y arriveront, pour y faire aucun achat de Denrées, Marchandises ou Negres qui y seront embarqués, ni d'user d'aucune violence à l'égard des Capitaines, pour les obliger à les leur vendre, sous peine de cassation, de 2000 livres d'amende, dont la moitié sera délivrée aux Capitaines qui rapporteront la preuve, et de tenir prison jusqu'à ce qu'elle ait été payée; leur permettons seulement de se fournir desdites Denrées ou Marchandises ou Negres, après le déchargement, ainsi que les autres Habitans, en convenant du prix gré à gré avec les Capitaines ou Propriétaires; mande Sa Majesté au sieur Comte de Choiseul, Gouverneur, au sieur Mithon, Commissaire de la Marine, Ordonnateur à Saint-Domingue, et à tous autres Officiers qu'il appartiendra de tenir la main à l'exécution de la présente Ordonnance, de la faire publier, enregistrer, etc.

R, au Conseil de Léogane, le 5 Août 1709.

ARRÊT du Conseil du Cap, qui déclare un Negre libre pour service rendu à la Colonie, et ordonne une taxe générale pour en payer le prix à son Maître.

Du 6 Août 1708.

VU par le Conseil l'Extrait de la Lettre écrite par M. le Comte de Choiseul, Gouverneur de l'Isle de la Tortue et Côte Saint-Domingue, présentée par M. de Barrere, Lieutenant de Roi et Commandant au Cap, tendante à ce que le Negre, nommé Louis la Ronnerie, Esclave de madame de Graffe, soit déclaré libre; et vu les conclusions du Procureur-Général du Roi sur ce; LE CONSEIL, après avoir mûrement délibéré sur la liberté d'un Negre, nommé Louis la Ronnerie, appartenant à madame de Graffe, et vu le service qu'il a rendu au Roi et à la Colonie, ledit Conseil le déclare libre dès à présent pour récompense dudit service, en arrêtant et tuant le nommé Baguedy, Negre Esclave du sieur Skeret, et le nommé la Boullaye, Negre de la dame Dureau, et ayant fait arrêter, par le moyen de ses camarades, d'autres Negres et Negresses de la compagnie et complot dudit Baguedy, atteints et convaincus d'assassinats et vols publics, l'estimation dudit Negre Louis la Ronnerie préalablement faite par les sieurs Jean Bonnefoy, Capitaine de Cavalerie, et Joseph Garien pour Arbitres, et pour sur-Arbitre le sieur Jean Fournier de Limonade, lesquels prêteront serment devant M. Roger, Conseiller en ce Conseil, de bien et fidelement s'acquitter de ladite estimation, laquelle sera levée sur le Public, et remise entre les mains de qui il appartiendra, et que ledit Negre Louis restera au service de ladite Dame jusqu'à ce qu'elle ait touché le prix de ladite estimation. DONNÉ, etc.

La Dame de Graffe donna une Requête au Conseil, soutenant que la mort de Baguedy ne devoit pas être attribuée à son Negre, et qu'au surplus on ne pouvoit l'affranchir sans son consentement qu'elle refusoit. Arrêt du 2 Juillet 1709 la débouta de cette réclamation qui ajoute au triomphe de la Ronnerie qui eut alors le Public reconnoissant pour défenseur.

ARRÊT du Conseil de Léogane, au sujet du paiement des Esclaves condamnés à mort.

Du 6 Août 1708.

LE Procureur-Général du Roi étant entré au Conseil, a remontré que, sur une Requête qu'il a présentée audit Conseil, il lui a plu rendre son Arrêt le 16 Mars 1705, qui ordonne, du consentement de tous les Habitans assemblés pour cet effet, la levée d'une somme de deniers pour être employés au paiement d'un certain nombre d'hommes pour faire la chasse aux Esclaves fugitifs, afin de les remettre à l'obéissance, et de les contenir dans leur devoir, sur les promesses qu'avoient faites MM. Auger et Deslandes d'obtenir l'agrément du Roi; que de cette somme qui avoit été fixée à 15000 livres, il ne se trouvoit que celle de 5600 livres destinée au paiement des Negres suppliciés, et de ceux qui se trouveroient tués par lesdits Hommes, soit en se défendant, ou en fuyant; mais que la difficulté de trouver lesdits Hommes, avoit, suivant les besoins pressant, obligé MM. les Officiers, ou ceux qui se trouvoient commander dans les Quartiers, d'y employer des Affranchis, ou autres Esclaves affidés, et même qu'il s'est trouvé que lesdits Negres fugitifs ont été poursuivis, soit par des Chasseurs, ou autres Esclaves, lesquels excités par l'espérance du gain destiné pour la capture, en ont arrêté quelques-uns, et tué d'autres; ce qui auroit obligé les Maîtres des derniers d'en demander le paiement sur les deniers publics, qui leur ont été payés par Ordonnance de feu M. Deslandes, et quelques-uns par Arrêt du Conseil, sur les Requêtes que présentoient les Parties, auquel ledit Remontrant n'avoit fait aucune difficulté de conclure, attendu que ladite somme ayant été levée, et ledit Arrêt sans exécution, à l'égard desdits Hommes, cet emploi ne se faisoit qu'au profit des Particuliers qui avoient contribué à la dite somme, et attendu que l'autorité y avoit pourvu; mais que les besoins ayant contraint de lever une seconde somme, elle se trouvoit absorbée par de pareils emplois; de sorte que le bien public que le Conseil s'étoit proposé de faire, lui deviendroit à charge, s'il ne distinguoit point les Negres esclaves qui devoient être payés d'avec les autres, en s'attachant uniquement au cas qu'il s'est formé pour le bien public; et que comme les propositions que ledit Remontrant avoit ci-devant faites sur différens sujets, avoient toujours été honorées de l'attention de la Cour, n'étant fondées que sur les ordres de

MM.

MM. les Gouverneurs, qu'il regarde comme les vrais Interprêtes des volontés du Roi, il osoit espérer qu'ils trouveroient bon qu'il leur représentât que l'Article concernant le paiement des Negres tués, étant renfermé uniquement pour ceux qui l'ont été, ou le seront par lesdits Hommes préposés, aucun Habitant ne pouvoit se prévaloir de cet Article que ceux qui se trouveroient dans ce cas, ou à défaut des Hommes, par ceux qui auront été condamnés comme est ci-devant dit; auquel cas le fonds destiné à ce sujet, seroit suffisant; qu'à l'égard des autres punis de mort, la Cour doit faire attention que Sa Majesté, par le XLe Article de son Edit de 1685, veut que l'Esclave puni de mort sur la dénonciation de son Maître non complice du crime, soit estimé, etc.; que par le trente-septieme Article du même Edit Sa Majesté ordonne qu'en outre la peine corporelle dudit Esclave, le Maître soit tenu de réparer le vol et autres dommages causés par ledit Negres, si mieux n'aime l'abandonner à celui auquel le tort aura été fait; ce qu'il sera tenu d'obter dans trois jours de la condamnation, autrement ils en seront déchus; d'où l'on doit conclure qu'il ne suffit pas au Maître de l'Esclave de l'abandonner à la Justice, comme tous les Habitans font; mais qu'il faut que ce soit sur leur propre dénonciation qu'il ait été puni de mort pour en demander le paiement; ce qui est du vrai sens de l'Article, qui n'est, à proprement parler, qu'une suite du trente-septieme, et une explication récente; lesquels dits Esclaves suppliciés doivent être payés, afin que personne n'en reçoive aucun dommage sans être réparé, soit par l'abandon de l'Esclave, ou par le Maître, lorsqu'il est déchu du paiement pour ne l'avoir pas dénoncé lui-même; que cette Loi, toute particuliere qu'elle est, ne laisse pas de dépendre de la générale, par la raison que le Maître doit être le premier Dénonciateur du crime de son Esclave, afin que le Public une fois satisfait, lui en donne une espece de récompense sur lui-même, par le remboursement qu'il lui en fait; que pour le précédent qui veut que les Maîtres soient responsables des vols commis par leurs Esclaves, que c'est une peine contre le Maître qu'il doit s'imputer de n'avoir pas pris garde à la conduite de son Esclave; mais que comme il n'est pas juste aussi que la méchanceté de l'Eclave soit préjudiciable au Maître, cette même Loi lui donne la liberté d'abandonner ledit Esclave, afin que la peine ne puisse point aller au-delà de la valeur, et que par les mots *et autres dommages*, l'Ordonnance ait voulu comprendre toutes sortes de délits, et qu'elle ne s'est servie en premier lieu de celui de vol que par rapport à la proprieté de l'Esclave; qu'ainsi il ne croit pas que pour la réserve de certains cas particuliers qui peuvent changer le sens de l'Ordonnance, lors desquels chaque partie pourra se pourvoir si bon lui semble, qu'il y ait lieu de charger le Public du paiement des Esclaves fugitifs tués sans ordre des Commandans, par écrit, en l'absence ou faute desdits Hommes; que pareillement aucun Maître ne doit être reçu à demander le paiement de son Esclave condamné à mort, qu'il ne le soit sur sa dénonciation avant que sa Justice en soit saisie: l'affaire mise en délibération, LE CONSEIL a donné Acte audit Procureur-Général de sa Remontrance; en conséquence ordonne que l'Art. XL de l'Edit de 1685 et l'Art. VI du Réglement du Conseil du 16 Mars 1705, seront exécutés selon leur forme et teneur. DONNÉ, etc.

ARRÊT du Conseil du Cap, touchant les Poids et Mesures.

Du 6 Août 1708.

VOUS remontre le Procureur-Général du Roi, que nonobstant les soins qu'il auroit pris jusqu'à présent pour obliger les Officiers de la Juridiction Royale du Cap de faire exécuter l'ordre de la Police sur les Cabaretiers, Boulangers et autres Détailleurs qui vendent à faux Poids et Mesures, il voit que l'injonction qu'il a plu au Conseil de leur faire à sa requête demeure sans fruit; que lesdits Officiers qui doivent faire punir ceux qui se trouvent dans le cas s'en sont peu mis en peine, et laissent les Peuples en souffrance et sous la tyrannie de ceux qui vendent et débitent leurs Denrées à des Poids et Mesures fausses; et étant nécessaire de remédier à un abus aussi préjudiciable au bien public, requiert ledit Procureur-Général qu'il soit sur ce pourvu, et qu'il plaise au Conseil d'ordonner, etc. Vu par le Conseil la Remontrance du Procureur-Général du Roi, LE CONSEIL ordonne et enjoint aux Juges, Lieutenans, à leur défaut aux Substituts du Procureur-Général du Roi des Juridictions du ressort de faire la visite au moins une fois tous les mois chez les Marchands et Cabaretiers pour voir et examiner leurs Poids et mesures, suivant la Coutume de la Ville, Prevôté et Vicomté de Paris; et pour cet effet le Conseil a nommé pour Etalonneur François Bita, Armurier de ce lieu, lequel sera obligé d'avoir chez lui des Poids et Mesures à ses dépens, conformément à ceux dont on se sert suivant ladite Coutume de Paris, et aura chez lui des Poinçons marqués ou gravés d'une Fleur-de lys pour marquer lesdits Poids et Mesures, et en remettre, le tout à ses dépens, des mêmes Modeles et Empreintes desdits Poinçons au Greffe de la Juridiction; défenses sont faites à toutes personnes de quelque qualité et condition qu'elles soient de contrefaire lesdits Poinçons, à peine d'être procédé contr'eux extraordinairement, et à lui taxé pour ses peines et salaires quatre sols par chaque marque que lesdits Marchands seront tenus de lui payer; lequel dit Bita prêtera le Serment devant le Juge de ce lieu, de bien et fidelement s'acquitter de sa Charge; enjoint ledit Conseil à tous Marchands, Cabaretiers et autres Détaillans de faire marquer leurs Poids et Mesures par ledit Bita après la publication du présent Arrêt, à peine de trente livres d'amende pour la premiere fois, Vacations et Salaires des Huissiers.

Requête du Procureur-Général du Conseil de Léogane à l'Intendant sur une Amende prononcée contre lui par le Lieutenant de Roi pour n'avoir pas monté le Piquet comme Milicien.

Du 31 Août 1708.

A M. Mithon, etc.

Supplie humblement Jean Duquesnot, disant qu'il a toujours cru que la Charge de Procureur-Général exemptoit sa Personne du service Militaire; cependant il fut hier surpris de recevoir un ordre que le sieur Desplas, Sergent, lui donna de l'ordre de M. de Brach, pour payer deux Pieces de huit d'amende, pour ne s'être point rendu au Piquet; comme c'est un Réglement nouveau au Suppliant, et qu'il est à craindre pour lui que cette amende ne fût forte de plus en plus, s'il venoit à y manquer, il lui est d'une nécessité de quitter ignominieusement sa Charge pour se remettre au service, d'où il n'est sorti que pour elle, ne pouvant faire l'un et l'autre; qu'il lui est à la vérité fort indifférent en quelle qualité il serve le Roi, mais qu'il ne croit pas que sa conduite ait donné sujet à continuer les affrons qu'on lui fait depuis quelque temps pour lui faire abandonner sa Charge, ne pouvant le faire d'une autre maniere, ce qu'il ne peut néanmoins faire sans le consentement du Chef de la Justice; ainsi il a recours à vous, Monsieur, à ce que vu l'ordre ci-attaché avec le reçu du sieur Desplas, il vous plaise qu'au cas que ce soit la volonté du Roi que le Suppliant soit obligé de faire le Service Militaire, lui donner Acte de l'impossibilité où il est d'exercer sa Charge;

et comme il s'en démet contre son gré, toutefois sauf à la remplir de celui qui en sera plus digne, et ferez bien. *Signé* DUQUESNOT.

Suivant l'ordre de M. de Brach, il est ordonné au sieur Desplas, Sergent de cette Garnison, d'aller sur l'Habitation du sieur Duquesnot pour faire payer l'amende de deux Piastres pour avoir manqué au Piquet du 27 Août, de n'en pas partir que ledit ordre ne soit effectué. FAIT à la Petite-Riviere, le 29 Août 1709. *Signé* TILLADE.

Ce Tillade faisoit les fonctions d'Aide-Major à la Petite-Riviere.

J'ai reçu de M. Duquesnot deux Piastres pour l'amende ci-dessus. FAIT aux Sources, le 30 Août 1707. *Signé* DESPLAS.

V. *la Dépêche du Ministre du 27 Août 1710.*

PROVISIONS de Premier Conseiller des Conseils Supérieurs de Léogane et du Cap, pour M. MITHON DE SENNEVILLE.

Du 9 Septembre 1708.

LOUIS, etc. SALUT. Mettant en considération les services que le sieur Mithon de Senneville, Commissaire de la Marine, Ordonnateur de l'Isle la Tortue et Côte Saint-Domingue, nous rend avec distinction depuis plusiers années aux Isles de l'Amérique; Nous avons cru ne pouvoir lui donner des marques qui en témoignent plus la satisfaction que nous en avons, qu'en lui donnant un rang distingué dans les Conseils Supérieurs que nous avons établis au Cap et à Léogane, dans l'Isle de la Tortue et Côte Saint-Domingue; étant bien informé de sa probité, de son zele et capacité au fait de la Judicature, pour avoir exercé en l'absence de notre Intendant des Isles de l'Amérique la Charge de Premier Conseiller dans nos Conseils Supérieurs de la Martinique et de la Guadeloupe : A CES CAUSES, et autres à ce nous mouvant, nous avons ledit sieur Mithon de Senneville, commis, ordonné et établi, et par ces Présentes signées de notre main, commettons, ordonnons et établissons notre Premier Conseiller en nos Conseils Supérieurs du Cap et de Léogane, de l'Isle de la Tortue et Côte Saint-Domingue, pour en ladite qualité y avoir rang et séance immédiatement après notre Gouverneur; voulons en outre quand il se trouvera à l'un desdits Conseils qu'il y préside pour demander les avis, recueillir les voix des autres Officiers et Conseillers qui assistent auxdits Conseils, et prononcer les Jugemens et Arrêts qui y seront rendus, le tout aux honneurs, autorités, prérogatives et droits y appartenans. Si donnons en mandement au sieur Comte de Choiseul, Capitaine de Vaisseau, et notre Gouverneur de l'Isle de la Tortue et Côte Saint-Domingue; à nos Lieutenans, Majors, Conseillers esdits Conseils Supérieurs, et à tous autres nos Officiers qu'il appartiendra, qu'après avoir reçu dudit sieur Mithon de Senneville le Serment requis, ils le mettent et instituent de par nous en possession et jouissance de ladite Charge de Premier Conseiller esdits Conseils, ensemble des honneurs, autorités et prérogatives, et droits y appartenans, et l'en fassent jouir et user pleinement et paisiblement obéir et entendre de tous ceux ainsi qu'il appartiendra, ès choses concernant ladite Charge : Car tel est notre plaisir, etc. DONNÉ à Versailles, etc.

R. au Conseil du Cap, le 26 Juin 1709.

Et à celui du Petit-Goave, le 8 Juillet suivant.

CONDITIONS arrêtées entre la Compagnie Royale de Guinée et Traité de l'Assiente, et M. MITHON nommé Directeur des ses Affaires dans ladite Isle.

Du 27 Septembre 1708.

PREMIERE CONDITION.

M. Mithon s'engage de faire régir les Affaires de la Compagnie Royale de Guinée et Traité de l'Assiente, en la qualité ci-dessus, et de suivre les ordres que ladite Compagnie lui donnera pour le bien de ses Affaires pendant tout le temps qu'il plaira au Roi le laisser à Saint-Domingue en la qualité qu'il y va.

SECONDE CONDITION.

La Compagnie a accordé à M. Mithon pour appointemens et table, qui commenceront à courir du jour qu'il mettra à la voile du Port de France où il s'embarquera, la somme de 6,000 livres par année, qui finiront du jour qu'il s'embarquera à Saint-Domingue pour s'en revenir en France, où il quittera la Régie des Affaires de la Compagnie. FAIT et arrêté au Bureau général de ladite Compagnie, le 27 Septembre 1708. *Signés* CROZAT, RARLE, DE VANOLLES, RAVENES, SAUPIN, PONIHON et THOMÉ.

Pour Copie. *Signé* MITHON.

COMMISSION qui établit M. MITHON DE SENNEVILLE pour faire à Saint-Domingue les Fonctions d'Intendant, comme M. DESLANDES.

Du 2 Octobre 1708.

LOUIS, etc. A notre cher et bien amé le sieur Mithon de Senneville: SALUT. Vous ayant par notre ordre du 6 Juillet dernier établi Commissaire-Ordonnateur dans l'Isle de la Tortue et Côte Saint-Domingue à la place de feu sieur Deslandes, et par nos Provisions du 9 Septembre suivant, donné entrée et séance dans les Conseils Supérieurs du Pays où notre intention est que vous présidiez; Nous avons estimé nécessaire, pour prévenir tout ce qui pouvoit causer quelques troubles ou empêchemens dans vos autres fonctions, de vous revêtir du même pouvoir qu'avoit ledit feu sieur Deslandes : A CES CAUSES, et autres à ce nous mouvant, nous vous avons ordonné et établi par ces Présentes signées de notre main, ordonné et ordonnons, et établissons pour en l'absence du sieur Arnoult de Vaucresson, Intendant des Isles de l'Amérique, faire conjointement avec le sieur Comte de Choiseul, Gouverneur de ladite Isle la Tourtue et Côte Saint-Domingue, les Réglemens de Police requis, départir les Concessions des Terres, régler leurs bornes, observer tout ce qui sera jugé utile et nécessaire pour le bien de notre service, et pour l'intérêt et conservation des Habitations, et généralement vous conduire en tout avec le même pouvoir, autorité et prérogative dont jouissoit ledit feu sieur Deslandes. Si donnons en mandement au sieur de Machault, Gouverneur, et notre Lieutenant-Général aux Isles de l'Amérique, et auxdits sieurs Arnoult de Vaucresson, et le Comte de Choiseul, de vous faire jouir de l'effet et contenu en cesdites Présentes; ordonnons aux Officiers des Conseils Supérieurs établisenladite Isle de s'y conformer : Car tel est notre plaisir, etc. DONNÉ à Marly, etc. *Signé* LOUIS. *Et plus bas*, PHELYPEAUX.

R. au Conseil du Cap, le 26 Juin 1709.

Et au Conseil du Petit-Goave, le 8 Juillet suivant.

EXTRAIT de l'Instrution du Roi, donnée à M. DE MITHON, touchant son Rang au Conseil.

Du 8 Octobre 1708.

LE sieur Mithon doit savoir que c'est à présent le plus ancien Conseiller qui doit présider, n'y ayant point de Premier Président, afin que l'Intendant ou Commissaire-Ordonnateur, puisse en remplir la place; ainsi il doit toujours être à la tête du Conseil, à moins que le sieur Comte de Choiseul ne veuille y assister, auquel cas c'est à lui à prendre la premiere place, mais au sieur Mithon à recueillir les voix et à prononcer; le tout ainsi qu'il est d'usage à la Martinique.

R. au Conseil de Léogane, le 7 Octobre 1709.

EXTRAIT de l'Instruction du Roi au sieur MITHON, touchant les Religieux de la Charité, chargés des Hôpitaux du Cap et de Léogane.

Du 8 Octobre 1708.

LES Freres de la Charité du Cap et de Léogane doivent leurs secours par préférence aux Soldats, ... et les Officiers seront punis, etc. FAIT au Cap, pour être remis aux Peres de la Charité, qui s'y conformeront, le 30 Juin 1709. *Signé* MITHON.

Ce que nous avons supprimé de cette Piece est mot à mot dans l'Instruction de M. Deslandes. Voy. *Tom. I, pag. 713.*

Arrêt du Conseil de Léogane, touchant la Monnoie.

Du 5 Novembre 1708.

Par cet Arrêt, le Conseil en augmentant la valeur des Monnoies et Especes d'Espagne, ordonne qu'à l'avenir elles auront cours et seront reçues dans les Paiemens ; savoir, les Pistoles d'Or, à raison de quinze livres ; et les doubles et les demies, à proportion ; les Piastres, à raison de quatre livres, et les autres divisions aussi à proportion, sans toutefois que la Monnoie de France d'Or ou d'Argent soit comprise dans cette augmentation ; ordonne que l'Arrêt sera lu, publié et affiché, etc.

Voy. l'*Ordonnance du Roi, du 3 Avril 1709, rendue sur cet Arrêt.*

Lettre du Gouverneur pour la Cessation, même la Suppression d'une Procédure faite par le Conseil du Cap, contre le Juge du Port-de-Paix ; et Arrêt de cette Cour pour passer outre.

Des 1er. Janvier 1709, et 4 Févier suivant.

Lettre de M. de Choiseul à M. Barrere, Lieutenant de Roi au Cap.

Le Conseil du Cap, Monsieur, a fait une Procédure contre le Juge du Port-de-Paix, qui me paroît violente. Je vous prie d'ordonner au Doyen du Conseil de rétablir cet Officier dans les fonctions de sa Charge, après avoir levé l'interdiction portée par l'Ajournement personnel qui a été décerné contre lui ; faites défenses au sieur Robineau, Procureur-Général, de faire aucunes poursuites pour raison des frais, et envoyez-moi toute la Procédure. Je, etc. *Signé* Choiseul Beaupré.

Vu par le Conseil l'Extrait de la Lettre écrite par M. de Choiseul à M. de Barrere ; et vu la Plainte dudit Procureur-Général du Roi, à l'encontre dudit Juge ; ensemble les charges contre lui faites par Me. René de Maurepas, Conseiller audit Conseil, et Commissaire député par ledit Conseil ; conclusions par écrit dudit Procureur-Général du du Roi, de cejourd'hui ; et tout considéré, LE CONSEIL, après avoir mûrement délibéré sur le fait en question, ordonne qu'il sera passé outre au Rapport du Procès et Arrêt définitif contre ledit Juge, toutes choses demeurant en état.

V. l'Arrêt du 5 Mars suivant.

EXTRAIT de la Lettre du Ministre à M. le Comte DE CHOISEUL, Gouverneur, sur l'augmentation des Especes.

Du 2 Janvier 1709.

JE trouve dans des Lettres qu'on m'écrit de Saint-Domingue, que vous paroissiez dans le dessein de faire rendre un Arrêt par les Conseils Supérieurs de Léogane et du Cap, pour l'augmentation des Especes, et faire porter les Piastres à quatre livres, et les Pistoles à seize livres. Quoique j'aie de la peine à croire que vous eussiez pu prendre une pareille résolution, n'étant pas possible que vous ignoriez que le Roi seul peut ordonner des changemens dans les Monnoies, et que l'autorité des Conseils Supérieurs ne peut jamais s'étendre jusques-là, j'ai cru devoir vous en écrire à tout hasard, pour vous empêcher de tomber dans cet inconvénient, si le mal n'étoit point encore fait ; ou en cas qu'il le soit, vous avertir de deux choses, l'une que vous devez sur le champ faire révoquer ces Arrêts, et laisser le cours des Especes comme s'ils n'avoient point été rendus, en vous ajoutant pour l'avenir, que c'est une matiere de Finance dont vous ne devez jamais vous mêler, qu'autant que le Commissaire Ordonnateur vous demande votre concours pour le bien du service ; j'écris même à M. Mithon à cette occasion, d'examiner avec vous si cette augmentation convient au bien de l'Etat et de la Colonie, et de m'en envoyer un avis raisonné, sur lequel je prendrai l'ordre du Roi.

ARRÊT du Conseil du Petit-Goave, qui, attendu les Ordres du Gouverneur, renvoie les Parties à se pourvoir où ils aviseront bon être.

Du 2 Janvier 1709.

VU par le Conseil la Requête présentée par le sieur Baussau, Directeur des Compagnies Royales de l'Assiente et de Guinée, au Quartier de Léogane, expositive, que sur l'avis qu'il auroit eu que le sieur Ménard auroit débarqué à Jacquemel vingt Negres, et conduit au Petit-Goave, où il les auroit vendus en partie, sans avoir fait aucune déclaration ni soumission au Bureau général de l'Assiente, ni apparoir aucune Permission du Roi, ni de ladite Compagnie, il auroit, le 29 Décembre dernier, présenté une Requête au Juge du Siege Royal du Petit-Goave, tendante à ce qu'il lui plût, (vu les Lettres-Patentes des Privileges à la Compagnie de Guinée, qui a seule le Privilege d'introduire des Negres en cette Côte, et les ordres prescrits à M. Mercier, Directeur-Général, par Monseigneur le Comte de Pontchartrain, par sa Lettre du 13 Juin dernier), lui permettre de faire assigner ledit sieur Ménard, pour voir dire que lesdits vingt Negres, sondit Bateau et Marchandises étant en la rade du Petit-Goave, demeureront confisqués au profit de la Compagnie, et en outre se voir condamner, conformément au Réglement de Sa Majesté, en l'amende de 3000 liv.; et que pour la conservation des intérêts de ladite Compagnie, il lui fût aussi permis de faire saisir lesdits Negres, tant vendus qu'existans en nature, en quelqu'endroit qu'ils pussent être; ensemble ledit Bateau et Marchandises; laquelle Requête ledit sieur Juge auroit répondue d'un soit assigné à trois jours; et qu'ayant encore eu avis ledit jour, que la vente de ses Negres auroit été continuée, et craignant que pendant ledit délai desdits trois jours, les effets dudit Bateau et Negres ne se fussent divertis, il auroit présenté une seconde Requête audit sieur Juge, que sur la connoissance qu'il avoit de la vente publique des Effets, il lui fût permis de faire saisir lesdits Negres en quelqu'endroits qu'ils fussent, aux risques et périls de qui il appartiendroit, et de faire assigner ledit Ménard à jour et heure, laquelle ledit Juge auroit répondue d'un soit assigné, à Lundi 31 Décembre, huit heures du matin; en conséquence de quoi, ledit Exposant auroit fait assigner ledit Ménard, et seroit comparu devant ledit sieur Juge, audit jour et heure, et lui auroit demandé Jugement: sur quoi ledit sieur Juge lui auroit déclaré n'avoir rien à dire, et qu'il ne prononceroit point; de quoi ledit Exposant auroit fait sa déclaration au Greffe pour en requérir Acte, toutefois et quantes, requérant qu'il plût au Conseil, (vu le préjudice qu'un tel retardement apporteroit aux intérêts de ladite Compagnie), ordonner que ledit sieur Juge prononcera sur les faits énoncés en ladite Requête, et déduira par-devant le Conseil les raisons qu'il a de ne point rendre son Jugement; en conséquence nommer un Commissaire par-devant qui il se pourvoira, pour être par lui ordonné ce que de raison; et que pour sûreté des prétentions de ladite Compagnie, le Conseil lui permît de faire saisir par provision lesdits Negres, aux risques et périls de qui il appartiendroit; conclusions du Procureur-Général, et tout considéré, LE CONSEIL, attendu les ordres de M. le Comte de Choiseul, Gouverneur en cette Isle, a renvoyé les Parties à se pourvoir comme ils aviseront bon être. DONNÉ au Conseil tenu au Bourg du Petit-Goave, etc.

ARRÊT du Conseil du Cap, portant que les Especes conserveront leur valeur jusqu'à ce qu'il plaise à Sa Majesté la changer.

Du 4 Février 1709.

VU par le Conseil la Lettre écrite par M. le Comte de Choiseul, à M. de Barrere, Lieutenant de ladite Isle, et Commandant au Cap, en date du 14 Novembre dernier; ensemble l'Arrêt du Conseil Supérieur de Léogane, envoyé à mondit sieur de Barrere, par mondit sieur de Choiseul, en date du 5 Novembre dernier, par lequel il paroît que ler Especes et Monnoies d'Espagne ont augmenté; conclusions par écrit du Procureur-Général du Roi, de cejourd'hui, et après y avoir mûrement réfléchi et délibéré, LE CONSEIL ordonne que lesdites Monnoies d'Espagne et autres Especes resteront dans leur même valeur, dans toute l'étendue de ce Ressort, d'autant qu'en les augmentant cela pourroit préjudicier aux intérêts du Roi, et jusqu'à ce qu'il apparoisse un Ordre de Sa Majesté pour les augmenter ou les diminuer.

ORDONNANCE de M. DE BARRERE, Lieutenant de Roi du Cap, touchant les Monnoies.

Du 4 Février 1709.

NOUS, Lieutenant de Roi de Sainte-Croix, et Commandant dans l'étendue des Quartiers du Cap, en vertu des ordres que nous avons reçus de M. le Comte de Choiseul, Gouverneur de l'Isle la Tortue et Côte Saint-Domingue, par lequel il veut que l'Arrêt qui a été donné par le Conseil du Petit-Goave, du 5 Novembre 1708, pour l'augmentation des Especes, ait lieu dans l'étendue du Gouvernement François de cette Isle pour que la valeur des Especes soit égale dans toute la Colonie, afin que l'Argent s'y répande également, ce qui n'arriveroit pas s'il valoit plus dans un endroit que dans l'autre, il est ordonné qu'à l'avenir les Especes d'Espagne auront cours dans le Public, et seront reçues dans les Paiemens; savoir, les Pistoles d'Or, à raison de quinze livres la Piece, et les doubles et demie à proportion; les Piastres, à raison de quatre livres la piece, et les autres divisions à proportion; fait défenses à toutes personnes de comprendre en cette augmentation la Monnoie d'Or ou d'Argent de France; ordonnons que la présente sera lue, publiée et affichée à la porte de l'Eglise. DONNÉ au Cap, etc.

R. au Siege Royal du Cap, le lendemain 5 Février.

ARRÊT du Conseil du Cap, qui interdit un Juge pour s'être adjugé indirectement des Effets.

Du 5 Mars 1709.

VU par le Conseil son Arrêt du 5 Novembre dernier, rendu sur la Plainte du Procureur-Général du Roi, de l'abandon qui a été fait par les Capitaines Dupeux et Guyan, Commandans les Vaisseaux *le Maréchal de Chamilly*, et *le Thomas Galure* de la Rochelle, qui se sont rendus avec leurs Equipages au lieu du Port-de-Paix, par lequel Arrêt a été nommé Commissaire Me René de Maurepas Cochon, Conseiller en cedit Conseil, pour s'y transporter avec ledit Procureur-Général, pour informer sur les lieux des faits exposés en ladite Remontrance; la Requête de Plainte faite audit Port de-Paix audit Commissaire par ledit Procureur-Général, à l'encontre de Mᵉ Girard Barthelemy, pour informer contre lui, au bas de laquelle est une Ordonnance portant permission de faire ouïr les témoins, du 21 dudit mois de Novembre; l'interrogatoire subi par ledit Juge, etc.

Vu aussi l'article de la Lettre écrite par M. le Comte de Choiseul à M. de Barrere, Lieutenant de Roi, Commandant au Cap, en date du 1er Janvier dernier; conclusions par écrit du Procureur-Général du Roi, et ouï le Rapport de Mᵉ Gabriel de Beuzeval, Conseiller en ce Conseil, et Rapporteur du Procès par écrit; et tout considéré, LE CONSEIL a déclaré ledit Gérard Barthelemy duement atteint et convaincu d'avoir contrevenu aux Ordonnances, en s'adjugeant plusieurs Marchandises des Effets sauvés dudit Navire *le Maréchal de Chamilly*, de la Rochelle, en procédant judiciairement en personne; pour raison de quoi, ledit Conseil le prive de sa Charge de Juge Civil, Criminel, et Amirauté du Siege Royal dudit Port-de-Paix; lui défend d'exercer à l'avenir aucunes Charges de Judicature; le condamne à payer les Sommes principales des Marchandises qu'il s'est fait adjuger directement ou indirectement, ainsi qu'il paroît par lesdites charges contre lui faites; et en outre de payer le quadruple de la valeur d'iceux entre les mains des Intéressés dudit Navire *le Maréchal de Chamilly*, et le rend responsable généralement, tant des Especes en Argent que Marchandises sauvées, provenantes desdits Vaisseaux, et aux dépens des frais pour le transport dont est question, etc.

ORDONNANCE du Roi, qui annulle un Arrêt du Conseil de Léogane, portant augmentation d'Especes, et fait défenses aux Officiers des Conseils Supérieurs des Isles, de donner de pareils Arrêts, à peine d'interdiction.

Du 3 Avril 1709.

SA MAJESTÉ ayant été informée que les Officiers du Conseil Supérieur de Léogane ont, par Arrêt du 5 Novembre dernier, augmenté le prix des Especes qui ont cours dans l'Isle Saint-Domingue, et porté les Pistoles à quinze livres, les Piastres à quatre livres, et les menues Especes à proportion, quoiqu'il ne leur appartienne point, et qu'ils n'aient en aucune maniere le pouvoir de changer la valeur des Monnoies, ni d'y toucher, sous quelque prétexte que ce soit, et qu'au fond ils ne peuvent en avoir eu aucun motif utile pour la Colonie, ou avantageux à l'Etat; et pour y remédier, et qu'il ne reste aucune trace d'un procédé aussi contraire aux Ordonnances et aux Loix du Royaume, Sa Majesté a ordonné et ordonne, veut et entend que, sans s'arrêter à l'Arrêt du 5 Novembre dernier, qu'elle regarde comme nul et non avenu, les Pistoles, Piastres et autres Especes d'Or et d'Argent qui sont reçues dans les Quartiers François de l'Isle Saint-Domingue, et dont l'usage est toléré pour la commodité du Commerce, reprennent leur cours ordinaire, et tel qu'il étoit avant ledit Arrêt, lequel sera rayé des Registres du Conseil; voulant que tous les Paiemens qui auront été faits depuis, ou les Comptes arrêtés, ne valident qu'après la réduction, suivant la valeur courante des Especes; à quoi toutes les Parties seront tenues également, sans difficulté ni discussion, à peine de tous dépens, dommages et intérêts; fait Sa Majesté très-expresses inhibitions et défenses aux Officiers des Conseils Supérieurs des Isles de l'Amérique, de donner de pareils Arrêts à l'avenir, à peine d'interdiction; et enjoint au Gouverneur en Chef, au Commissaire-Ordonnateur, et à tous autres Officiers, de tenir la main à l'exécution de la présente Ordonnance, qui sera lue, etc.

R. au Conseil du Cap, le 26 Juin même année.

Et à celui de Léogane le 18 Juillet suivant.

LETTRE du Ministre à M. MITHON, sur les Pouvoirs des Conseils quant aux Ordonnances des Administrateurs.

Du 14 Avril 1709.

LES CONSEILS Supérieurs n'ont pas le Pouvoir de connoître de vos Ordonnances; et s'ils prétendent qu'elles ne sont pas juridiques, il n'y a pour eux que la voie de s'en plaindre à Sa Majesté; et pour les particulieres, celle de se pourvoir au Conseil du Roi.

Collationné à l'original. *Signé* MITHON.

R. au Conseil de Léogane, le 2 Septembre 1709.

Et à celui du Cap, le 18 Juin 1710.

ARRÊT du Conseil du Cap, touchant, 1°. le Banc des Officiers du Siege du Port-de-Paix dans l'Eglise ; 2°. l'usage de payer les Soldats pour avoir main-forte.

Du 6 Mai 1709.

VOUS remontre le Procureur-Général du Roi, et requiert que les Articles des Paiemens faits par ledit sieur Dauvaise soient passés et alloués, excepté les cinquante-trois livres pour le Banc des Officiers de Justice, qui seront par eux payées, ou sur les amendes appliquées à cet effet, si aucunes y a ; qu'il plaise aussi au Conseil de faire défenses aux Officiers de Justice du Port-de-Paix, de payer à l'avenir aucunes sommes de deniers aux Soldats qui sont en Garnison audit Port-de-Paix, en donnant main-forte, soit pour la conduite des Criminels ou pour les Décrets, et arrêter les personnes y dénommées, sur les réquisitions, soit du Juge ou du Procureur du Roi, en s'adressant à M. le Commandant sur les lieux pour secourir la Justice, suivant l'intention de Sa Majesté, en exécutant ses Ordonnances, etc. Vu par le Conseil la Remontrance ci-dessus, LE CONSEIL faisant droit, ordonne que ladite Remontrance sortira son plein et entier effet. DONNÉ, etc.

EDIT portant retenue de quatre Deniers pour livre en faveur des Invalides de la Marine, et Création d'Offices à ce sujet.

Du mois de Mai 1709.

LOUIS, etc. ; Salut. Nous avons toujours eu attention à soulager les Officiers et Soldats de nos Troupes qui sont estropiés, ou qui, ayant vieilli dans le Service, ne sont plus capables de nous en rendre ; dans cette vue, nous avons, par Edit du mois d'Avril 1674, fondé l'Hôtel Royal des Invalides en notre bonne Ville de Paris ; mais comme cet asyle n'est destiné que pour nos Troupes de Terre, et que les Officiers, Matelots et Soldats de la Marine et des Galeres, qui contribuent de même à la défense de l'Etat, à la gloire et au bien de la Nation, ne méritent pas moins nos soins et notre attention, il nous paroît raisonnable d'assurer des récompenses à ceux qui s'en rendroient dignes par des services distingués et des actions de valeur, en leur donnant des pensions ou une demi-solde, lorsque leurs blessures ou la vieillesse les rendront incapables de continuer leur Service, même aux Ouvriers qui auront vieilli en travaillant dans nos Arsenaux, ou qui y auront été estropiés, afin qu'ils jouissent tous des fruits de leurs travaux, et passent le reste de leurs jours en tranquillité; ces soins et cette prévoyance nous paroîtroient imparfaits, si nous n'étendions ces récompenses jusqu'aux Officiers, Matelots et Soldats qui auront été estropiés au service des Négocians et Armateurs de notre Royaume. Pour assurer un fonds suffisant à cet effet, aucun moyen ne nous a paru plus naturel et plus aisé, que celui de retenir quatre deniers pour livre sur toutes les Pensions, Gages et Appointemens que nous donnons aux Officiers de Guerre et aux Equipages de la Marine et des Galeres, en réduisant à ces quatre deniers les six deniers pour livre qu'on retenoit sur lesdits Officiers, et en étendant cette retenue de quatre deniers pour livre sur les Gages et Appointemens des Intendans et Commissaires, et autres Officiers employés dans nos Etats, ceux des Hôpitaux de la Prévôté, des Gardes des Côtes, Aumôniers, Médecins, Chirurgiens, et généralement sur toutes les sommes qui sont employées en Pensions, Soldes, Gages et Appointemens pour le Corps de la Marine et des Galeres, soit dans le Royaume, soit dans les Colonies soumises à notre obéissance, de même que sur la Paie qui se donne aux Ouvriers employés dans les Arsenaux, et semblablement de retenir aussi quatre deniers pour livre sur les Gages et Appointemens que les Capitaines, Maîtres, Patrons, Pilotes, Officiers, Mariniers et Matelots recevront des Négocians et Armateurs, pour le service qu'ils leur rendront sur les Vaisseaux, Barques et autres Bâtimens, et sur le montant des Prises faites en Mer. A ces causes, après avoir fait mettre cette affaire en délibération en notre Conseil, de l'avis d'icelui, et de notre grace spéciale, pleine puissance et autorité Royale, nous avons, par le présent Edit, perpétuel et irrévocable, dit, statué et ordonné; disons, statuons, ordonnons, voulons et nous plaît, ce qui ensuit.

Art. Ier. Que pour la subsistance des Officiers, Matelots et Soldats, Ouvriers et Invalides de la Marine, il soit à l'avenir, à commencer du premier Juin prochain, retenu quatre deniers pour livre sur toutes les Pensions, Gratifications, Appointemens, Gages et Soldes que nous donnerons au Corps de la Marine et des Galeres, soit dedans, soit dehors

le

le Royaume, sans distinction de temps, de rang ni de qualité de ceux qui les reçoivent, de même que sur la Paie des Ouvriers travaillans dans nos Arsenaux de Marine et des Galeres; auxquels quatre deniers pour livre nous avons réduit et réduisons les six deniers pour livre qu'on avoit accoutumé de retenir sur les Appointemens desdits Officiers, et supprimé les deux autres deniers.

Art. II. Voulons pareillement qu'il soit retenu quatre deniers pour livre sur les Gages et Appointemens que les Capitaines, Maîtres, Patrons, Pilotes, Officiers, Mariniers et Matelots recevront des Négocians au service desquels ils seront employés, soit qu'ils soient payés au Mois ou au Voyage; et à l'égard de ceux qui serviront à la Part, il leur sera retenu, au-lieu desdits quatre deniers; savoir, aux Capitaines, Maîtres ou Patrons, vingt sols par mois; aux Officiers, Mariniers, dix sols; et aux Matelots indifféremment, cinq sols aussi par mois, de tout le temps qu'ils seront à la Mer.

Art. III. Sera pareillement retenu quatre deniers pour livre sur le montant total des Prises qui se feront pendant la Guerre, au-lieu de trois deniers qu'on avoit accoutumé de retenir, suivant l'Arrêt de notre Conseil du dernier Mars 1703.

Art. IV. Pour être lesdits quatre deniers qui seront retenus dans tous les cas ci-dessus, employés au paiement des Pensions que nous accorderons, tant aux Officiers Invalides de nos Vaisseaux et Galeres, qui en seront trouvés dignes, qu'aux Intendans et autres Officiers de nos Ports et Arsenaux de Marine; comme aussi pour la demi-solde, tant des Matelots et Soldats, que des Ouvriers de nos Vaisseaux de Marine et des Galeres, qui auront été estropiés, ou qui auront vieilli dans le Service et se trouveront Invalides, auxquelles récompenses seront pareillement admis les Officiers, Matelots et Soldats Invalides, ou estropiés sur les Vaisseaux Marchands ou Armateurs, laquelle demi-solde sera fixée pour lesdits Matelots, Soldats et Ouvriers, à la moitié de la plus haute Solde qu'ils se trouveront avoir reçue dans le dernier service qu'ils auront rendu, suivant les Rôles arrêtés par les Intendans et Ordonnateurs, dans les Départemens desquels ils auront servi sur nos Vaisseaux et Galeres, laquelle fixation servira de regle pour ceux qui auront servi en la même qualité sur les Vaisseaux Marchands et sur ceux des Armateurs.

Art. V. Le soin particulier que nous voulons prendre de cet Etablissement pour y maintenir le bon ordre et la justice dans la distribution des récompenses, nous oblige à nous réserver d'y pourvoir nous-mêmes, suivant l'exigence des cas.

ART. VI. Et pour faire la recette et dépense de tous les deniers destinés par le présent Edit, et que nous pourrons encore destiner à l'avenir au soulagement desdits Invalides, nous avons créé, érigé et établi, créons, érigeons et établissons en titre d'Offices formés et héréditaires, trois Offices de nos Conseillers-Trésoriers-Généraux des Invalides de la Marine; savoir, un Ancien, un Alternatif et un Triennal, pour être remplis et exercés alternativement d'année en année, par deux Sujets capables et expérimentés, au fait des Finances, qui seront par nous agréés, l'un sous le titre d'*Ancien et Mitriennal*, et l'autre sous celui d'*Alternatif et Mitriennal*, à commencer en la présente année mil sept cens neuf; à l'effet de quoi nous avons uni et incorporé ledit Office de Triennal auxdits Offices d'Ancien et Alternatif, sans qu'il puisse à l'avenir en être désuni, sous quelque prétexte que ce soit ou puisse être.

ART. VII. Ordonnons que les fonds qui se trouveront entre les mains des Trésoriers-Généraux de la Marine et des Galeres, provenans des six deniers pour livre qui ont été ci-devant et qui seront ci-après retenus, jusqu'au premier Juin prochain, seront remis sans retardement en celles du Trésorier-Général des Invalides Ancien et Mitriennal, incontinent après sa réception audit Office; et pour les quatre deniers pour livre qui seront retenus à l'avenir, à commencer dudit jour premier Juin, lesdits Trésoriers-Généraux de la Marine et des Galeres en fourniront un Etat d'eux signé et certifié, qu'ils remettront avec le montant d'icelui, de mois en mois, entre les mains du Trésorier-Général des Invalides en exercice, sur sa simple quittance, contrôlée par le Contrôleur-Général en exercice ci-après créé, qui leur sera passée et allouée dans leurs Comptes, sans aucune difficulté, sans qu'il puisse s'en dispenser, sous quelque prétexte, et pour quelque cause que ce soit ou puisse être, attendu la destination qui est faite desdits deniers.

ART. VIII. Voulons que tous lesdits deniers ne puissent être payés par lesdits Trésoriers-Généraux, que sur les Etats et Ordonnances que nous en ferons expédier, en rapportant lesquelles, avec les quittances suffisantes de ceux auxquels nous en accorderons des Pensions, Gratifications et Soldes, elles seront passées et allouées dans la dépense des Comptes desdits Trésoriers-Généraux.

ART. IX. Pour faire le Contrôle du maniment qui sera fait par lesdits Trésoriers-Généraux présentement créés, nous avons aussi, par le présent

Edit, créé, érigé et établi, créons, érigeons et établissons en titre d'Offices formés et héréditaires, trois Offices de nos Conseillers-Contrôleurs-Généraux desdits Trésoriers des Invalides de la Marine, pour être aussi exercés et remplis alternativement, d'année en année, par deux Sujets capables, qui seront chacun pourvus par une seule et même Provision, l'un sous le même titre d'*Ancien* et *Mitriennal*, et l'autre sous celui d'*Alternatif* et *Mitriennal*.

ART. X. Voulons que lesdits Contrôleurs-Généraux contrôlent jour par jour la recette et dépense desdits Trésoriers-Généraux; ensemble les quittances qu'ils fourniront aux Trésoriers-Généraux de la Marine, et celles qui seront données par ceux auxquels nous accorderons des Pensions, Gratifications ou Soldes, à peine de nullité d'icelles; de laquelle recette et dépense, lesdits Contrôleurs-Généraux tiendront des Registres particuliers.

ART. XI. Et de la même autorité que dessus, nous avons encore créé, érigé et établi, créons, érigeons et établissons en titre d'Offices formés et héréditaires, dans tous les Ports de notre Royaume où il y a Siege d'Amirauté, un Office de notre Conseiller-Trésorier Particulier des Invalides de la Marine, pour l'étendue du Ressort de chaque Siege, et un Office de notre Conseiller-Contrôleur dudit Trésorier, qui seront exercés par les Titulaires d'iceux, et dont ils seront chacun pourvus par Provisions qui leur en seront expédiées en la Grande Chancellerie, sur les quittances de Finances qui en seront délivrées par le Trésorier de nos Revenus casuels, en conséquence des Rôles que nous en ferons arrêter en notre Conseil.

ART. XII. Voulons que les quatre deniers pour livre sur les Gages des Equipages de Négocians et Armateurs, et sur le montant total des Prises, soient retenus, à commencer dudit jour premier Juin prochain; et qu'à cet effet les Commissaires de la Marine et des Classes marquent dans les revues qu'ils feront des Equipages des Négocians (dont ils remettront un double au Trésorier des Invalides de leur Département), les noms de ceux qui formeront lesdits Equipages, et le montant des Gages de chacun en particulier, soit qu'ils soient engagés au mois ou au Voyage; et quant à ceux qui seront à la part, voulons que les Négocians pour lesquels lesdits Equipages seront engagés, leur retiennent sur ce qui doit leur revenir; savoir, vingt sols par mois à chaque Capitaine, Maître ou Patron; dix sols à chaque Officier, Marinier, et cinq sols seulement à chaque Matelot indifféremment; et ce pour autant de temps que durera le Voyage, dont les Propriétaires des Bâtimens et ceux qui les auront équipés demeureront responsables en leurs noms, et remettrons les fonds desdits quatre deniers retenus entre les mains du Trésorier du Département, où les Chargemens et Armemens auront été faits, immédiatement après le retour des Bâtimens; les Propriétaires retiendront par leurs mains quatre deniers sur les avances qu'ils auront faites aux Equipages engagés au Voyage, pour les remettre trois jours après le départ du Bâtiment, et le restant dans le même délai, après le retour, entre les mains du Trésorier des Invalides du lieu où aura été fait l'Armement, qui s'en chargera sur le Registre qu'il tiendra à cet effet, et leur en donnera sa Quittance, qui sera contrôlée par le Contrôleur; et pour ceux qui seront au mois, les Négocians remettront les quatre deniers du montant de ce qu'ils auront avancé à leurs Equipages immédiatement après le départ, et le restant après le retour du Bâtiment.

Art. XIII. Les quatre deniers pour livre sur le montant des Prises faites en Mer, seront remis entre les mains du Trésorier, qui sera établi dans le lieu où elles auront été conduites, immédiatement après la vente d'icelles, et par ceux qui seront chargés de la vente, qui demeureront responsables en leurs noms du montant desdits quatre deniers pour livre; et ce sur les Quittances que ledit Trésorier en donnera, qui seront pareillement contrôlées par le Contrôleur de son Département.

Art. XIV. Voulons que tous les deniers provenans des revenus destinés à la subsistance, et entretenement des Invalides de la Marine, sans exception, soient employés sans divertissement suivant les Etats ou Ordonnances que nous en ferons expédier.

Art. XV. Lesdits Trésoriers particuliers envoyeront tous les trois mois un Etat d'eux, signé et certifié au Trésorier-Général en Exercice, contenant leur Recette, et lui remettront les fonds qu'ils se trouveront avoir, suivant les ordres que nous lui en donnerons.

Art. XVI. Ils ne pourront faire aucuns paiemens, soit Pensions, Gratifications ou Soldes, que sur les Etats et Ordonnances que nous en ferons expédier, et sur les Quittances de ceux auxquels elles seront délivrées, contrôlées par lesdits Contrôleurs, qui seront passées et allouées dans la dépense de leurs Comptes sans aucune difficulté.

Art. XVII. Et pour le soulagement desdits Trésoriers-Particuliers, ordonnons qu'ils rendront compte de leur Recette et Dépense d'une année dans les trois premiers mois de la suivante, pardevant ceux qui seront par nous commis à cet effet; voulons que les Comptes qui seront ainsi arrêtés, servent de décharge valable auxdits Trésoriers-Particuliers par-tout où il appartiendra, et qu'ils ne puissent être tenus d'en rendre aucun autre en notre Chambre des Comptes ni ailleurs, dont nous les avons déchargés et déchargeons pour toujours, duquel Compte il sera fait trois Copies; l'une pour demeurer entre les mains du Trésorier-Comptable, à qui elle servira de décharge, et les deux autres qui seront signées par le Trésorier, seront remises avec les Pieces justificatives de la Recette, entre les mains de celui qui recevra et arrêtera lesdits Comptes, qui de sa part envoyera une desdites Copies avec lesdits Pieces justificatives, au Trésorier-Général des Invalides, pour servir à composer le Compte général.

ART. XVIII. Lesdits Trésoriers-Généraux rendront pareillement compte, tant de la Recette et Dépense qu'ils feront, que des Comptes des Trésoriers-Particuliers, dans les six premiers mois de l'année qui suivra celle de leur Exercice, pardevant ceux qui seront par nous commis à cet effet, sans qu'il puisse être alloué auxdits Trésoriers-Généraux aucune autre Dépense que celle qui aura été par nous ordonnée.

ART. XIX. En cas que la Recette excede la Dépense, nous nous réservons de disposer, ainsi que nous aviserons, des deniers qui se trouveront de reste ès mains du Trésorier-Comptable.

ART. XX. Voulons que les Comptes ainsi arrêtés servent auxdits Trésoriers-Généraux de décharge valable de leur maniement par-tout où il appartiendra, et qu'ils ne puissent être tenus d'en rendre aucuns autres en nos Chambres des Comptes ni ailleurs, dont nous les avons aussi déchargés et déchargeons pour toujours par le présent Edit.

ART. XXI. Les Comptes arrêtés avec les Pieces justificatives seront remis dans les Archives desdits Invalides, et les doubles remis auxdits Trésoriers pour leur décharge.

ART. XXII. Et pour mettre lesdits Trésoriers-Généraux et Particuliers et leurs Contrôleurs en état de remplir dignement et avec honneur les fonctions de leurs Offices, nous leur avons attribué et attribuons par le présent Edit, cent mille livres de Gages par chacune année pour deux quartiers de deux cents mille livres à répartir entr'eux, suivant la répartition qui en sera faite par les Rôles qui en seront arrêtés en notre Conseil, dont les deux tiers leurs tiendront lieu de Gages de la Finance desdits Offices, et l'autre tiers sera réputé augmentation de Gages.

ART. XXIII. Jouiront aussi lesdits deux Trésoriers-Généraux de quatre mille livres par année, à raison de deux mille livres chacun pour appointemens de Commis, et tous autres frais généralement quelconques, laquelle somme de quatre mille livres sera par eux prise et retenue sur les deniers destinés à la subsistance des Invalides, dont ils auront le maniement à commencer du premier Janvier dernier, le fonds desquels Gages et augmentations de Gages sera employé dans les Etats de nos Finances de chacune Généralité, aussi à commencer du premier Janvier dernier, pour être payés auxdits Trésoriers-Généraux et Particuliers et à leurs Contrôleurs, chacun en droit soi, ou à celui qui sera préposé pour l'exécution du présent Edit, en attendant la vente desdits Offices, de trois mois en trois mois, sur leurs simples Quittances, en fournissant pour la premiere fois seulement aux Receveurs et Payeurs qui seront chargés d'en faire le paiement, Copie collationnée du présent Edit, sans être obligé d'obtenir aucunes Lettres-Patentes ni de Validation ni de faire faire aucun Enregistrement en la Chambre des Comptes ni ailleurs, dont nous les avons expressément déchargés et déchargeons pour toujours, renonçant à cet effet à tous Edits, Déclarations et Réglemens à ce contraires, sans que lesdits Receveurs et Payeurs puissent se dispenser de faire le paiement desdits Gages à la fin de chacun quartier, soit sous prétexte de manque de fonds, ou sous tel autre que ce soit, ou puisse être, à peine d'y être contrains, comme pour nos propres deniers, en vertu du présent Edit.

Art. XXIV. Attribuons aussi auxdits Trésoriers et Contrôleurs-Généraux, trois deniers pour livre; savoir, au Trésorier-Général en Exercice, deux deniers; au Contrôleur-Général aussi en Exercice, un denier de toutes les sommes qu'ils recevront, pour les quatre deniers pour livre, qui seront retenus des fonds que nous ordonnerons pour les Dépenses de la Marine et des Galeres; et à l'égard du fonds de quatre deniers pour livre, dont lesdits Trésoriers-Particuliers feront Recette aux termes du présent Edit, voulons qu'ils retiennent trois deniers pour livre de leur maniement, desquels trois deniers il en appartiendra un au Trésorier-Général en Exercice, l'autre audit Trésorier particulier, et le troisieme sera partagé entre le Contrôleur-Général en Exercice et le Contrôleur particulier.

Art. XXV. Et auxdits Contrôleurs-Généraux et particuliers les droits de Quittances ci-après :

Savoir;

Pour celles de 100 liv. et au-dessous. . . . . . . 5 s.
Pour celles de 100 liv. jusqu'à 500 liv. . . . . . 7 s. 6. d.
Pour celles de 500 liv. jusqu'à 1000 liv. . . . . . 10 s.
Et pour celles de 1000 liv. et au-dessus,
à quelques sommes qu'elles puissent monter. . . 15 s.

Lesdits droits leur seront payés par ceux qui fourniront leurs Quittances dans tous les différens cas exprimés par le présent Edit et par toutes sortes de personnes sans aucune exception.

Art. XXVI. Voulons que lesdits deux Trésoriers-Généraux des Invalides et leurs Contrôleurs-Généraux jouissent des mêmes et semblables Priviléges de Noblesse, Honneurs, Prérogatives, Prééminences, Priviléges et Exemptions dont jouissent nos Secrétaires de la Grande Chancellerie, et à eux attribués par leurs Edits de Création, et les Déclarations, Arrêts et Réglemens rendus depuis, sans aucune exception, et tout ainsi que s'ils étoient rapportés et exprimés par le présent Edit, ensemble du droit de Committimus, tant au grand qu'au petit Sceau, lesdits deux Trésoriers-Généraux chacun de trois Minots de Franc-Salé, et lesdits deux Contrôleurs-Généraux de chacun deux Minots, dont l'emploi sera fait dans l'État des Francs-Salé des Gabelles de notre Grenier à Sel de Paris, sans payer aucuns droits ni frais; et à l'égard desdits Trésoriers et Contrôleurs particuliers qui seront établis dans les lieux où il y a Siége d'Amirauté, ils jouiront, soit qu'ils soient en Exercice ou hors d'Exercice, de l'exemption de toutes sortes de Tailles et Ustenciles, du Logement de Gens de Guerre, Contributions à iceux, Colecte, Séquestre, Tutelle, Curatelle et Nominations à icelles, Guet et Garde, et de toutes autres Charges de Ville et de Police, et ne pourront être augmentés à la Capitation sous prétexte de l'acquisition desdits Offices, et seront exempts de tous droits d'Entrées, Tarifs, Péages et Octrois pour les Vins et Denrées destinés pour leur consommation; comme aussi ils jouiront du droit de Committimus au petit Sceau en nos Cours de Parlement, dans le ressort desquels ils seront départis, et chacun desdits Trésoriers et Contrôleurs particuliers, d'un Minot de Sel de Franc-Salé, dont l'emploi sera pareillement fait dans nos Etats de Gabelles des Greniers les plus prochains de leur résidence, aussi sans payer aucuns droits ni frais.

Art. XXVII. Permettons auxdits Trésoriers et Contrôleurs particuliers de prendre, pendant leur vie seulement, la qualité d'Ecuyer.

Art. XXVIII. Confirmons dès à présent et pour toujours ceux qui seront pourvus de tous lesdits Offices, et leurs Successeurs, dans l'hérédité d'iceux, sans être obligés de nous payer aucune Finance, et ne pourront être taxés à l'avenir, soit pour confirmation de leurs Droits, Noblesse, Privileges et Exemptions, ni être obligés de prendre aucuns nouveaux Gages ni augmentations de Gages, droits de Quittances et

Taxations, pour quelque cause, occasion et prétexte que soit ou puisse être, dont nous les déchargeons pour toujours.

ART. XXIX. Pourront toutes personnes posséder lesdits Offices, pourvu à l'égard desdits Trésoriers-Généraux et de leurs Contrôleurs, qu'ils aient atteint l'âge de vingt-cinq ans; et à l'égard des Trésoriers et Contrôleurs particuliers, celui de vingt-deux sans incompatiblité avec d'autres Offices, ni être obligés de prendre pour raison de ce, soit à présent ou à l'avenir, aucunes augmentations de Gages en exécution de notre Edit du mois de Mars 1709, dont nous les déchargeons pour toujours.

ART. XXX. Promettons à ceux qui acheteront lesdits Offices, d'emprunter et hypothéquer au paiement desdits emprunts leurs Gages, augmentations de Gages et Droits à eux attribués par le présent Edit, dont mention sera faite dans les quittances de Finances qui en seront délivrées par le Trésorier de nos Revenus casuels.

ART. XXXI. Ne pourront lesdits Gages, augmentations de Gages et Droits attribués par le présent Edit, être saisis par d'autres Créanciers que par ceux qui auront prêté leurs deniers pour en faire l'acquisition.

Si donnons en mandement, etc. DONNÉ à Marly au mois de Mai, l'an de grace 1709, et de notre regne le soixante-sixieme, *Signé* LOUIS, *Et plus bas*, par le Roi, PHELYPEAUX.

R. au Conseil du Petit-Goave, le 4 Novembre 1712.
Et à celui du Cap, le 15 Mars 1713.

MÉMOIRE concernant quelques Usages suivis au Conseil Supérieur de la Martinique.

Du 16 Juin 1709.

LE Conseil Supérieur de la Martinique se tient tous les premiers Lundis de deux mois consécutifs, à commencer par le premier Lundi de Janvier, c'est-à-dire, six fois par an; le Général y entre avec le Gouverneur et les deux Lieutenans de Roi seulement; car ceux des autres Isles qui servent à la Martinique par ordre de la Cour n'y ont point d'entrée; le fauteuil et la place d'honneur sont pour le Général qui doivent rester vides quand il n'y assiste pas.

L'Intendant préside et est à la droite de ce fauteuil, il recueille toutes les

les voix par ordre de réception et de séance, à commencer par le dernier reçu et il prononce les Arrêts en son absence; le Doyen ou le plus ancien Conseiller après lui fait les mêmes fonctions; c'est lui qui reçoit aussi en l'absence de l'Intendant tous les Officiers du Conseil, ou autres qui y prêtent Serment, auxquels il le fait faire; les Officiers d'épée ne président jamais, et n'ont que leur voix délibérative comme les autres, et la séance et le pas après l'Intendant, suivant les dégrés de leur Emploi, sur le premier Conseiller, soit dans les Conseils ou dans les autres Cérémonies publiques, comme Processions, Feux de Joie, etc.

Le Major de l'Isle n'a aucun rang ni séance dans le Conseil ni dans les Cérémonies, et est regardé seulement comme Porteur d'ordre du Gouverneur, mais il n'a aucun pas avec le Corps; il y a eu seulement autrefois une explication dans une Dépêche de la Cour à son égard, qui veut que dans les visites particulieres, s'il se trouve seul à seul avec un Conseiller, il ait le pas sur lui, mais jamais avec le Corps, et plutôt cela par bienséance et honnêteté, que par droit.

C'est au Doyen du Conseil ou au Sous-Doyen, et au plus ancien en son absence, qu'appartiennent les affaires d'Office, comme information de vie et mœurs des Officiers, les Sermens, les Interrogatoires, etc. et les réponses et signatures au bas des Requêtes en l'absence de l'Intendant pour les dernieres.

Le Doyen des Conseillers Titulaires doit toujours avoir le pas sur un Conseiller honoraire, quoique plus ancien que lui, ou le Sous-Doyen en son absence; cependant jusqu'à présent l'usage a été suivi à la Martinique, que les Honoraires ont pris leur séance seulement du jour de leur ancienneté; mais cela est contraire à l'usage de toutes les Cours de l'Europe et du Royaume, où, ainsi qu'à l'Amérique, les Honoraires ne président jamais; le plus ancien Conseiller Titulaire après eux recueille les voix, prononce et signe les Arrêts en leur présence.

Les Conseillers ont le pas sur tous les Gentilshommes de l'Isle, et Justiciables du ressort du Conseil, ainsi que tous les Capitaines et Officiers de la Marine, et Colonels et autres Officiers de Milice, seul à seul, et à plus forte raison en Corps.

Le Conseil, dans les principales Eglises de l'Isle, a un banc destiné pour lui garni de tapis fleurdelysé, comme leur place dans le Palais, dans lequel banc, après les Gouverneurs, Lieutenans de Roi et Marguilliers dans leur place et bancs attribués, on leur apporte le Pain-Béni, quand bien même il n'y auroit qu'un Conseiller dans le banc.

Dans les Processions et Feux de Joie, le Conseil marche en Corps deux à deux après le Général, qui a l'Intendant à sa gauche, le Gouverneur et les Lieutenans de Roi ; le Procureur-Général marche seul après le dernier Conseiller, et un Huissier entre lui, et le Commis Greffier qui ferme la marche au Corps ; l'Huissier en Chef de la Cour est à la tête et commence cette marche, et les Huissiers à droite et à gauche sur les aîles.

Les Officiers de la Justice ordinaire marchant ensuite dudit Conseil, et font leur Corps à part avant toutes autres Personnes de quelque qualité qu'elles soient, et même avant les Capitaines de la Marine et les Colonels; cela a été ainsi jugé depuis peu en faveur du Lieutenant du Juge d'un des Quartiers de cette Isle, et du Substitut du Procureur du Roi.

Dans les Feux de Joie l'Intendant a un flambeau pour mettre le feu avec le Général ; et en l'absence de l'Intendant l'ancien Conseiller a le même honneur.

Le Procureur-Général en Corps est toujours le dernier, et en particulier il a le pas sur un Conseiller quand ils se trouvent seul à seul.

Tous ceux qui entrent dans le Conseil, soit de l'Etat-Major ou des Conseillers, n'ont qu'une même voix ; les Conseillers ont douze Negres exempts de Droits avec les honneurs d'Eglise dans leurs Paroisses ; ils sont aussi exempts de toutes Charges publiques, comme Marguillages, Tutelles et Curatelles.

Par un Réglement de M. de Vaucresson, il est aussi ordonné qu'aux Boucheries et autres lieux de Marché, les Conseillers des Conseils Supérieurs, et après eux les autres Officiers de Justice seront servis après l'Etat-Major, sous peine d'amende et de prison contre les Vendeurs et Bouchers.

Les Conseillers marchent et tiennent séance l'épée au côté ; le Greffier et Huissier de même, il n'y a que le Droit de Committimus pour leurs causes particulieres dont ils ne jouissent pas à la Martinique faute de Tribunal pour les y porter ; mais s'ils étoient accusés de quelque crime, ils ne pourroient être jugés que par leur Corps assemblé.

Les rapports des Procès par écrit se distribuent par le Président à tour de rôle ou suivant la demeure des Parties et des Conseillers, et pour leur commodité ; et le Doyen, s'il ne veut, ne s'en charge jamais, mais s'il le veut, il a la préférence, et celle pour le Bureau quand il les rapporte.

Quand le Procureur-Général est malade ou absent, le dernier Conseiller reçu fait ses fonctions, il est aussi le Commissaire pour faire donner la gêne et la question.

Lorsqu'un Conseiller veut se faire recevoir il est obligé d'aller saluer tous les Officiers qui composent le Conseil, et demander à chacun son agrément; et étant reçu il est d'usage dans cette Isle qu'il régale tout le Corps pendant la séance du Conseil qui dure souvent plusieurs jours.

Tous les matins avant d'entrer on assiste en Corps à la Messe du Saint-Esprit qui se dit aux dépens du Roi, et ensuite de laquelle on se rend en même ordre au Palais avec les Huissiers de Classe.

On commence toujours par les Affaires Criminelles, ensuite viennent les Civiles, entre lesquelles les rapports se font les premiers.

Il y a un certain nombre d'Huissiers de Classe à chaque séance qui sont obligés d'être toujours prêts à recevoir les ordres du Conseil à la porte du Parquet, soit pour appeller les Causes à tour de rôle ou autres choses, le tout sur peine d'amende et de prison en cas de récidive; l'état en est arrêté toutes les années au Greffe de la Cour et de la Juridiction ordinaire.

Les Parties sont obligées de fournir aux Conseillers leurs griefs et papiers au moins quinze jours avant la séance, ou leurs affaires sont renvoyées à une autre séance.

Les Peines de mort et autres publiques, prononcées contre les Criminels, sont ordinairement renvoyées par le Conseil à être exécutées par les Officiers de la Juridiction du lieu où l'exécution se fait, quoique leur Sentence soit confirmée ou infirmée.

On rend la Justice gratis au Conseil de la Martinique; cependant il est permis de prendre des Vacations et Epices conformément à l'Ordonnance dans toutes les affaires d'Office ou de Commissaires.

Quand un Conseiller meurt, tout le Corps, à la premiere séance après sa mort, lui fait faire un Service à ses dépens dans la principale Eglise où il assiste.

Au surplus, on peut encore se conformer au Mémoire qu'on a fait venir de France touchant les Honneurs et Usages des Cours Souveraines, dont il n'est pas fait ici mention, et qui a été remis à M. de la Tuillerie, Conseiller du Roi au Conseil Supérieur du Cap François à Saint-Domingue, par les Conseillers soussignés du Conseil Supérieur de la Martinique à la requisition dudit sieur de la Tuillerie, le 16 Juin 1709. *Signés* DE LA HANTE, DESNOTS, MARSEILLES et DESPRÉS.

R. au Conseil du Cap.

Et à celui du Petit-Goave.

LETTRE du Ministre à M. MITHON sur le Voyage de l'Archevêque DE SANTO-DOMINGO dans la Partie Françoise de la Colonie.

Du 26 Juin 1709.

JE suis averti que M. l'Archevêque de Saint-Domingue a dessein de venir dans les Quartiers François pour y administrer le Sacrement de Confirmation, et peut-être pousser ses fonctions jusqu'à une visite entiere pour y établir sa Juridiction; sur le compte que j'en ai rendu au Roi, Sa Majesté m'ordonne de vous dire que son intention est que vous empêchiez absolument ce Prélat de faire aucunes fonctions quelles qu'elles soient, à moins qu'il n'en use ainsi qu'il a fait à la Martinique en vous remettant et à M. le Comte de Choiseul une déclaration que vous ferez enregistrer par-tout, et que vous m'enverrez, portant que ce n'est point à titre de Juridiction, mais seulement par un motif de Religion et de Piété Chrétienne, qu'il vous a demandé la liberté d'administrer seulement la Confirmation, qui est la seule fonction que vous devez souffrir; le Roi ne voulant point qu'il puisse faire aucune visite d'Eglise ni examen Religieux pour les Confessions, sous quelque prétexte que ce soit; il conviendroit même mieux à leur égard que vous puissiez l'empêcher de suivre son projet et de venir dans nos Quartiers, parce que quelque déclaration qu'il ait donnée, il prétendra peut-être dans la suite avoir fait un Acte de Juridiction, parce qu'originairement ces Quartiers sont de son Diocèse; ce qui n'étoit point à craindre à la Martinique, qui étoit de celui de Porto-Rico; quelque parti que prenne cet Archevêque, observez de le traiter avec toute sorte de déférence et d'honnêteté, elles lui sont dues, autant par son mérite personnel que par son caractere; de sorte qu'indépendamment de son dessein, que nous ne connoissons pas, il ait lieu d'être content de vous et de tous ceux qui vous sont subordonnés. J'écris en conformité à M. le Comte de Choiseul.

Signé PONTCHATRAIN.

R. au Conseil de Léogane, le 2 Mars 1716.

Et à celui du Cap, le 6 Octobre 1717.

ARRÊT en Réglement du Conseil du Cap, qui homologue une Délibération de la Paroisse de la même Ville sur le Paiement et la Recette des Droits Curiaux.

Du 1er Juillet 1709.

Vu par le Conseil la Délibération du 30 Juin dernier, et ouï sur ce le Procureur-Général du Roi, LE CONSEIL a ordonné et ordonne que ladite Délibération * sortira son plein et entier effet dans tout le ressort et dépendance du Conseil du Cap, et pour cet effet que tous Habitans seront tenus de payer au sieur Verdery, établi pour Receveur-Général desdits Droits; savoir, les Habitans qui ne font que du Sucre, en Sucre, sur le pied d'argent, et non autrement, qui sera estimé suivant le courant desdits Sucres par deux Marchands; les Habitans qui font de l'Indigo; les Marchands Cabaretiers et autres, en argent effectif; et pour obvier aux difficultés que font les Habitans Sucriers mal-intentionnés, ils seront obligés à la premiere demande que leur en fera ledit sieur Verdery, de les faire charroyer et lui remettre leur Sucre aux Embarquadaires sans qu'ils puissent alléguer qu'ils n'ont aucun Sucre de fait, ni que les chemins soient impraticables, à peine de payer comptant en argent, à quoi ils seront contraints par toutes les voies dues et raisonnables; et pour que la Taxe imposée sur les Habitans soit faite avec équité, les Marguillers desdites Paroisses seront tenus de réprésenter la Liste des Habitans qui contribuent à ladite Taxe, aux Conseillers plus anciens qui se trouveront être de la Paroisse, pour examiner si la répartition faite sur lesdits Habitans est juste, et suivant les Negres d'un chacun; lequel dit Conseiller en arrêtera la Liste après toutefois la Délibération faite par les Marguillers et principaux Habitans en présence du Curé, dont l'Acte sera arrêté sur le Registre; déclarons aucun Officier ni Habitant, de quelque condition et qualité qu'ils soient, ne pouvoir prétendre aucune exemption pour le paiement desdits Droits, et pour tout ce qui peut être utile aux réparations des Eglises; enjoignons au Procureur-Général

* *Elle portoit outre ce que relate l'Arrêt que les Piastres ne vaudroient que 3 liv. tournois, et que la Pension des Curés seroit réglée à 900 liv.*

de tenir la main à l'exécution du présent Arrêt et de se trouver même si faire se peut aux Assemblées et Délibérations qui seront faites concernant lesdits Droits Curiaux, et autres besoins des Eglises; et sera le présent Arrêt publié et affiché, etc.

ARRÊT du Conseil du Cap, portant qu'aucun Médecin ne pourra exercer qu'il n'ait été reçu en la Cour.

Du 1er Juillet 1709.

VU par la Cour la Requête ci-dessus, ensemble toutes les Pieces y énoncées, et particulierement les Lettres de Docteur en Médecine du Suppliant en la Faculté de Montpellier; LA COUR après avoir ouï le Procureur-Général du Roi, a reçu et reçoit ledit sieur Dautun en ladite qualité de Médecin pour exercer dans ce district, avec défenses à tous autres de prendre la qualité de Médecin, qu'au préalable ils n'aient été reçus en ce Conseil, à peine d'amende arbitraire. FAIT et donné, etc.

ARRÊT du Conseil de Léogane, qui ordonne que les Esclaves réfugiés dans les Terres Espagnoles seront ramenés par une Personne préposée par le Gouverneur.

Du 1er Juillet 1709.

LE Procureur-Général a entré au Conseil et a dit et remontré que le nombre des Esclaves qui se sont rendus Marons depuis plusieurs années, et particulierement pendant la Guerre, est excessif, lesquels par un effet de leur libertinage se sauvoient par bandes, et se rendoient aux Etrangers avec lesquels on étoit en Guerre; de sorte que plusieurs Habitans ont eu le malheur de se voir privés de la Culture de leurs Terres, et réduits aux secours de leurs Amis pour faire subsister leurs Familles, qu'il est certain que dans aucun des Quartiers, l'Ennemi n'en a point tant enlevé que ceux qui se sont rendus volontairement; et quoique le grand nombre n'existe plus par la rentrée des uns et par la sortie des autres hors de l'Isle; il sait néanmoins par l'espérance et le rapport qu'on lui en a fait depuis peu qu'il en reste encore un nombre assez considérable dispersés dans l'Isle, dont les Propriétaires recevroient un grand secours s'ils leur étoient rendus; ce qui seroit facile si un Homme d'expérience vouloit se charger d'en faire la recherche, bien entendu toutefois que sa peine et la dépense seroient ensuite reprises sur les mêmes Esclaves et non autrement, et sans que, sous ce prétexte, il pût faire entrer d'autres Esclaves que lesdits, aux peines portées par la Déclaration du Roi; et comme il a eu l'honneur de conférer avec M. le Comte de Choiseul, qui a bien voulu se charger de nommer une Personne dont l'intérêt des Habitans lui seroit connu pourvu qu'il y ait un Réglement du Conseil, etc. L'Affaire mise en Délibération, LE CONSEIL ayant égard à ladite Requête, ordonne que lesdits Esclaves François appartenans aux Habitans de cette Colonie qui se sont rendus Marons et réfugiés dans les Terres Espagnoles de cette Isle jusqu'à ce jour, lesquels seront ramenés desdites Terres par la Personne qui sera commise par M. le Comte de Choiseul, Gouverneur, pour en faire la recherche, seront remis aux Propriétaires; à la charge par eux de payer audit Commis la moitié de l'estimation qui sera faite par ledit Commis du Negre, ou abandonner ledit Negre audit Commis, qui sera tenu de rembourser la moitié de ce à quoi il aura été estimé, et quitte de tous frais et dépens, sans par ledit Commis pouvoir prétendre plus grande récompense pour remettre lesdits Negres à leur Maître, le tout à l'option du Propriétaire; et sans que le Propriétaire soit tenu à aucun frais ni dépenses, soit pour nourriture, voyage, conduite ou autrement, en quelque maniere que ce soit; et pour rendre cet Arrêt notoire au Public, le Conseil a ordonné qu'il sera à la diligence des Substituts du Procureur-Général, lu et publié dans toutes les Juridictions de ce ressort, l'Audience tenant, enregistré aux Greffes d'icelles dans les lieux accoutumés, après la publication d'icelui à l'issue de la Grand'Messe, etc.

V. l'Ordonnance du Roi du 24 Décembre 1710.

ARRÊT du Conseil du Cap, qui juge que le Receveur des Amendes doit les restituer sans frais.

Du 2 Juillet 1709.

ENTRE Jean-Marie de Villevers, Demandeur.

Contre Damien Duplanty, Défendeur, etc. LE CONSEIL ordonne qu'à l'égard des Amendes que ledit Marie a consignées, le Receveur des consignations sera obligé de rendre le tout sans frais, etc. DONNÉ, etc.

ORDONNANCE de M. l'Intendant, touchant les Capitaines de Corsaires qui vont vendre leurs Prises à la Côte d'Espagne et à Saint-Thomas, et fraudent les Droits de M. l'Amiral.

Du 28 Juillet 1709.

JEAN-JACQUES MITHON, etc.

La plupart des Capitaines-Corsaires étant en usage, quand ils sont forcés, d'aller vendre leurs Prises à la Côte d'Espagne, et ne rapporter aucunes Pieces justificatives de la vente des effets desdites Prises ; et plusieurs allant les vendre à Saint-Thomas sous prétexte de mauvais temps, d'où ils ne rapportent aucunes Pieces justificatives de la vente des effets desdites Prises, ce qui peut causer un préjudice très-considérable aux Droits du dixieme de S. A. S. et aux Armateurs par la mauvaise foi des Capitaines et des Flibustiers ; à quoi étant nécessaire de remédier, nous enjoignons au sieur Durand Beauval, Receveur desdits Droits de poursuivre devant M. le Procureur du Roi lesdits Capitaines qui ne rapporteront point des décomptes en bonne forme des effets vendus à ladite Côte d'Espagne et à Saint-Thomas, signées des Acheteurs et légalisées par le Gouverneur, et les Juges des lieux, à peine contre les Contrevenans de cent livres d'amende envers S. A. S. lequel présent Réglement sera enregistré aux Greffes des Classes Maritimes de cette Isle à la diligence du sieur Durand Beauval pour que personne n'en ignore. A Léogane, le 28 Juillet 1709. *Signé* MITHON.

R. au Siege Royal du Port-de-Paix, le 17 Octobre suivant.

ORDONNANCE

ORDONNANCE des Administrateurs, qui établit un Postillon particulier au Port-de-Paix pour porter les Lettres de ce Quartier à l'Artibonite, où elles seront prises par les Couriers de communication entre le Cap et Léogane.

Du 30 Juillet 1709.

LE Comte de Choiseul, etc.

Jean-Jacques Mithon, etc.

Sur ce qui nous a été représenté par plusieurs Habitans du Port-de-Paix, qu'ils ne pouvoient avoir aucune Correspondance dans les Quartiers du Cap et de Léogane, n'y ayant point de Postillon commun établi dans les susdits Quartiers, ce qui fait un très-grand tort à leur Commerce et à leurs Affaires particulieres, étant contraints d'envoyer des Exprès qui leur coûtent des sommes considérables, ce que l'on éviteroit en établissant un Postillon qui porteroit les Lettres à l'Artibonite, pour être ensuite distribuées dans lesdits deux Quartiers au passage de leurs Postillons en les déposant chez le sieur Pesset, Commandant dudit Quartier; et ayant estimé cette proposition avantageuse au Public, nous avons établi et établissons par ces présentes un Courier ou Postillon audit Port-de-Paix, qui sera entrenu par le sieur Danzel, et recevra pour son dédommagement les ports de Lettres adressées aux Particuliers suivant la Taxe réglée dans les Quartiers de Léogane et du Cap; ordonnons aux Directeurs des Postes de Léogane et du Cap de faire prendre par leurs Couriers lesdites Lettres qui seront en dépôt chez ledit sieur Pesset; lequel présent Réglement sera enregistré au Greffe du Conseil, et publié, si besoin est, à la diligence du sieur David Millon, pour que personne n'en ignore. DONNÉ à Léogane, etc.

R. au Conseil de Léogane, le 5 Août 1709.

ARRÊT en Réglement du Conseil Souverain de Léogane concernant les Vivres pour les Negres.

Du 5 Août 1709.

Cet Arrêt est la répétition de celui du 3 Mai 1706.

ARRÊT du Conseil du Cap, touchant l'Audiencier et les Huissiers de la Cour.

Du 5 Août 1709.

Cet Arrêt est exactement copié sur celui rendu par le Conseil de Léogane pour son district, le 2 Mai 1707.

ORDONNANCES de M. l'Intendant, qui, sans avoir égard au refus de reconnoître sa Juridiction de la part d'une des Parties, prononcent sur une contestation de Terrein.

Des 8 et 25 Août 1709.

VU la Requête à nous présentée par la dame Archambaud, veuve Thiballier, tendante à ce qu'il nous plût régler les contestations qui sont entre M. de Brach, Lieutenant de Roi, Commandant à Léogane, et ladite dame Thiballier, au sujet d'un Terrein situé dans les Varreux, Quartier du Cul-de-Sac; notre Ordonnance étant au bas, portant qu'elle soit communiquée audit sieur de Brach, et que la dame Thiballier conviendra d'un jour de la semaine prochaine pour exposer et dire devant nous leurs raisons et défenses pour sur icelles ouïes, et les Titres à nous rapportés, être ordonné ce qu'il appartiendra, en date du 3 de ce mois; les Lettres dudit sieur de Brach, en date du 5 et du 6 de ce mois, par lesquelles il refuse de produire ses Titres et de comparoître devant nous pour dire ses défenses sur la contestation qui est entre lui et ladite dame Thiballier; ouï sur ce le sieur Desforges, qui nous a dit être verbalement chargé de défendre les droits et causes de mondit sieur de Brach en ses défenses, et ladite dame Thiballier; ouï en outre le sieur Giroust, Juge, qui nous auroit dit que l'instance sur ledit Terrein contesté, étant pendante à la Juridiction, il ordonna aux Parties de comparoître devant lui avec leurs Titres et Pieces justificatives; mais que M. de Brach n'ayant point paru ni personne pour lui, et n'ayant produit aucun Titre, le Jugement de ladite instance seroit resté indécis, et que depuis la veuve Subsol, pour lors Propriétaire dudit Terrein, auroit imploré la justice de M. Auger, Gouverneur, qui auroit remis lesdites contestations à être vidées par M. Deslandes, Commissaire-Ordonnateur, faisant les fonctions d'Intendant en ce Pays; que ledit sieur de Brach et la veuve Subsol convinrent de s'en rapporter à son Jugement qui a été indécis, M. Deslandes s'en étant désisté, et que la dame Thiballier, aux droits de la veuve Subsol, ayant demandé justice à M. de Choiseul, il ordonna audit sieur Giroust, Juge, de prendre connoissance de la contestation des Parties sur ledit Terrein; mais que ledit sieur de Brach, quelque temps après, lui ayant dit que M. de Choiseul jugeoit à propos qu'on attendît notre arrivée en cette Isle, il auroit encore surcis le Jugement dudit Procès sur la parole dudit sieur de Brach; et depuis notre arrivée ladite veuve Thiballier nous ayant présenté Requête au sujet dudit Terrein contesté, au bas de laquelle nous aurions rendu notre Ordonnance pour que les Parties eussent à comparoître et à produire leurs Titres devant nous, ledit sieur de Brach nous auroit paru, par ces Lettres ci-dessus citées, s'offencer d'être soumis aux ordres de la Justice, nous déclarant qu'il n'en reçoit que de ses Supérieurs; et attendu que la prévention du sieur de Brach tend à se soustraire de toutes Juridictions, à troubler par ce moyen les Habitans dans la possession de leurs Biens; à quoi il nous est prescrit, par les ordres du Roi et par notre instruction, de nous opposer de tout notre pouvoir: Nous, sans avoir égard au refus dudit sieur de Brach de comparoître devant nous et de nous produire ses Titres, faisant attention au préjudice que cette contestation a fait au Propriétaire dudit Terrein, par des remises éternelles qu'on ne peut justement attribuer qu'à l'abus de l'autorité et de l'emploi dont est revêtu mondit sieur de Brach, et attendu notre compétence qu'il ne peut décliner, avons donné défaut à la veuve Thiballier contre ledit sieur de Brach; et pour le profit d'icelui, nous ordonnons que ledit Terrein contesté de mille pas en quarré, situé aux Varreux, Quartier du Cul-de-Sac, appartiendra à la dame Thiballier, dans son entier, pour par elle en jouir pleinement et paisiblement; déboutons ledit sieur de Brach de toutes demandes et protestations sur ledit Terrein; faisons défenses à toutes personnes d'inquiéter ladite dame Thiballier dans la possession dudit Terrein; ce qui sera exécuté nonobstant opposition ou appellation quelconque, et sera notre présente Ordonnance enregistrée au Greffe de la Juridiction pour y avoir recours, toutefois et quantes besoin sera; mandons, etc. DONNÉ à Léogane, etc. *Signé* MITHON.

A M. Mithon, etc.

Le sieur de Brach, Lieutenant de Roi de l'Isle de la Tortue et Côte Saint-Domingue, vous représente humblement qu'il a appris depuis peu que vous aviez rendu une Ordonnance par défaut, le 8 du présent mois, sur la Requête de la veuve Thiballier, contre le Suppliant, au sujet d'un Terrein situé aux Varreux, contre laquelle Ordonnance le Suppliant se trouve obligé de se pourvoir par opposition, et il vous représente en premier lieu que la contestation est pendante pardevant le sieur Juge de Léogane; qu'ainsi la Juridiction ordinaire étant saisie de cette cause, elle ne peut être évoquée contre les dispositions de l'Ordonnance.

En second lieu, le Suppliant vous représente que MM. les Intendans n'ont point de Juridiction contentieuse pour décider les Saisies réelles et personnelles qui font la contestation des Parties, et qu'ainsi le Suppliant n'a pu être appellé devant vous pour raison de la contestation dont il s'agit.

Ce considéré, Monsieur, il vous plaise recevoir le Suppliant opposant à l'exécution de votre Ordonnance du 8 du présent mois d'Août, faisant droit sur son opposition, renvoyer la Cause et Partie devant le sieur Juge de Léogane, pour y procéder suivant les derniers erremens, devant lequel le Suppliant offre de remettre ses Titres et Productions incessamment, et vous ferez justice, ce 23 Août 1709. *Signé* DE BRACH.

Vu la Requête, attendu que nous croyons être en droit d'avoir décidé sur les contestations d'entre M. de Brach et la veuve Thiballier, et que nous avons sur lesdites contestations rendu notre Jugement, nous renvoyons ledit sieur de Brach à se pourvoir au Conseil du Roi, qui peut seul connoître de nos Jugemens, suivant la décision de Monseigneur le Comte de Pontchartrain; à Léogane, etc. *Signé* MITHON.

Voy. la Lettre du Ministre du 27 Août 1710.

ORDONNANCE des Administrateurs, portant modification de celle de Sa Majesté sur les Paiemens en especes d'or et d'argent.

Du 8 Septembre 1709.

Le Comte de Choiseul, etc.

Jean-Jacques Mithon, etc.

Sur ce qui nous a été représenté par les Habitans, Marchands et Négocians de cette Isle, qu'en conséquence de l'ordre du Roi, qui, en cassant l'Arrêt rendu par le Conseil de Léogane sur l'augmentation des especes d'or et d'argent d'Espagne, veut et entend que ceux qui auront reçu et payé de ces Monnoies sur le pied de ladite augmentation, en feront la restitution, sans aucune autre discution, sur l'ancien pied qu'elles avoient cours; et que depuis la publication dudit ordre du Roi dans tous les Quartiers de la Colonie, en conséquence d'icelui, il s'est intenté une multitude de Procès pour la restitution de cette augmentation d'especes qui vont à l'infini; le Marchand revient contre l'Habitant, et l'Habitant contre le Marchand; et que pour un seul paiement qui provient de vingt et trente autres, ils faut retourner sur vingt à trente personnes; ce qui cause un trouble trop préjudiciable à la Colonie et au Commerce, joint d'ailleurs qu'il faut s'en rapporter au serment de ceux qui ont payé, ou reçu pour la nature des especes qui ont été données en paiement, qui ont été fait partie en Monnoie de France, qui n'ont augmenté ni diminué, et partie en especes d'Espagne; que la plupart des Capitaines qui ont acheté leurs Cargaisons de Sucre et Indigo, sont partis pour l'Europe, sur lesquels il n'est pas possible d'avoir aucuns recours, et dont la plupart peuvent ne pas arriver à bon port; qu'ainsi il y auroit plusieurs personnes lésées, et d'autres qui profiteroient doublement, s'étant réglé dans leur vente par l'augmentation du prix de leurs Marchandises et Denrées, à proportion de l'augmentation des Monnoies et qui retireroient encore un autre profit pour la restitution de huit sols par piastres, qu'ils prétendent en conséquence dudit ordre du Roi; sur quoi, étant nécessaire de pourvoir pour le bien et la tranquillité publique, en faisant cesser toutes les poursuites faites pour raison de ladite restitution, Sa Majesté n'ayant pu prévoir toutes ces difficultés qui sont survenues à ce sujet, nous, sous le bon plaisir du Roi, avons ordonné et ordonnons que tous les paiemens faits en especes d'or et d'argent d'Espagne, à quinze livres la pistole, et quatre livres la piastre, en conséquence de l'Arrêt du Conseil de Léogane du 5 Novembre dernier jusqu'au jour de la publication faite au Cap et à Léogane, dudit ordre du Roi, demeureront valablement faits, sans aucuns retours de part ni d'autre, à la réserve toutefois des Droits Royaux qui seront restitués et payés sur l'ancien pied desdites especes, et de ceux qui auront fait leurs protestations lors des paiemens; et afin que personne n'en prétende cause d'ignorance, nous ordonnons que la Présente sera enregistrée au Greffe du Conseil de Léogane et du Cap, et à ceux des Juridictions qui en dépendent, lue, publiée et affichée, etc. DONNÉ, etc, *Signés* CHOISEUL-BEAUPRÉ et MITHON,

R. au Conseil de Léogane, le 9 Octobre 1709,
Et à celui du Cap, le 3 Février 1710.
Cette Ordonnance fut approuvée par Sa Majesté.

ORDONNANCE *des Administrateurs, pour promettre des Récompenses aux Flibustiers,*

Du 9 Septembre 1709,

LE Comte de Choiseul, etc,
Jean-Jacques Mithon, etc,

Sur la Connoissance que nous avons de la bonne volonté des Garçons Boucanniers et Flibustiers qui, dans les occasions, se sont intéressés à la gloire de la Nation, et se sont présentés d'eux-mêmes à la défense de l'Isle, et étant très-juste de reconnoître leur bonne volonté par les assurances que nous donnons à tous les Garçons Boucanniers et Flibustiers, Habitans et autres qui n'ont point de demeure fixe, que tous ceux qui se présenteront à l'avenir pour défendre l'Isle en cas d'attaque, seront récompensés en cas qu'ils soient estropiés; et ceux qui ne seront que blessés, seront pansés et médicamentés jusqu'à parfaite guérison; nous avons déclaré et déclarons par ces Présentes qu'il sera donné du fonds du Public récompense de six cents piastres une fois payée, ou cent cinquante livres de rente la vie durante à ceux qui demeureront estropiés des blessures qu'ils auront reçues en combattant pour la défense de cette Isle; et que tous ceux qui seront blessés dans la même occasion, seront pansés et médicamentés jusqu'à parfaite guérison, et fournis de tous remedes nécessaires aussi aux dépens du Public; lesquelles récompenses et autres dépenses seront payées sur des Certificats autentiques et incontestables, par le Receveur des deniers publics, qui s'en remboursera sur les Habitans de cette Isle, suivant la répartition qui en sera faite; le tout sur les Ordonnances qui seront données à cet effet, par nous Commissaire-Ordonnateur de l'Isle de la Tortue et Côte Saint-Domingue, de la même maniere que cela se pratique pour le remboursement des Negres justiciés; ordonnons que ces Présentes seront enregistrées au Conseil Supérieur de cette Isle, et ensuite publiées et affichées dans tous les Quartiers, même les plus éloignés de l'Isle, à la diligence des Gens du Roi. DONNÉ à Léogane, etc.

Signés CHOISEUL-BEAUPRÉ ET MITHON.

R. au Conseil de Léogane, le 9 Octobre 1709.
Et à celui du Cap, le 18 Juin 1710.

ORDONNANCE des Administrateurs, touchant les Negres à armer en temps de Guerre.

Du 9 Septembre 1709.

LE Comte de Choiseul, etc.

Jean-Jacques Mithon, etc.

La proximité de nos Ennemis nous oblige a prendre de bonnes mesures, et a nous servir des forces qui sont en notre pouvoir pour leur résister en cas d'attaque; et l'expérience nous a prévenu qu'on peut faire, des Negres des Habitans, un très-bon usage, en choisissant ceux que lesdits Habitans estiment les plus fideles, pour en destiner un certain nombre, qui serviront à la queue de chaque Compagnie de Milice, armés de fusils, d'espontons, ou autres armes, et quelques-uns aussi pour le service du canon; nous ordonnons à tous les Habitans de cette Isle, en général, de donner une liste des Negres qu'ils ont, et en qui ils connoissent assez de fidélité et de résolution pour être dignes de porter les armes contre les Ennemis de l'Etat, qui tenteroient quelques entreprises, et de mettre lesdites listes desdits Negres entre les mains de M. le Gouverneur particulier du Cap de cette Isle et des Lieutenans de Roi, Commandans dans les Quartiers, ou des Capitaines de Milice, qui auront charge de les recevoir, pour être ensuite lesdits Negres destinés et exercés au service auquel il aura été trouvé à propos de les employer; à l'effet de quoi les Maîtres desdits Negres seront tenus de leur fournir des armes, telles qu'il leur sera commode; et afin d'encourager lesdits Negres à servir fidelement et à combattre dans les occasions qu'il y en aura, nous déclarons qu'ils seront récompensés, selon le mérite de leurs actions, par gratification, pension leur vie durante, et même par don de leur liberté pour ceux qui, par des actions distinguées, mériteront une si noble récompense; déclarons en outre que si quelques-uns desdits Negres *sont blessés ou estropiés*, ils seront traités, pansés et médicamentés aux frais du Public; et qu'à l'égard de ceux qui seront tués, et à l'égard de ceux qui seront estropiés d'une maniere à ne pouvoir plus rendre aucuns services, ils seront payés sur le même pied de huit cent livres; et de plus il sera alloué une pension pour leur subsistance leur vie durante; lesquels paiemens seront faits, sur des Certificats autentiques et incontestables, des Commandans qui les auront vus dans l'action, par le Receveur des deniers publics, sur les Ordonnances qui seront données par nous Commissaire-Ordonnateur, ainsi qu'il se pratique pour le remboursement des Negres suppliciés; prions et requérons les Lieutenans de Roi, Commandans dans les Quartiers de cette Isle, de se faire rendre compte incessamment du nombre de Negres qui seront trouvés capables de rendre service, comme il vient d'être dit, et de les y dresser et faire exercer le plutôt qu'il se pourra; ordonnons que les Présentes seront enregistrées aux Conseils Supérieurs de cette Isle, et ensuite publiées et affichées dans tous les Quartiers, même les plus éloignés de l'Isle, à la diligence des Gens du Roi. DONNÉ à Léogane, etc, *Signés* CHOISEUL-BEAUPRÉ et MITHON,

R. au Conseil de Léogane, le 9 Octobre 1709.
Et à celui du Cap, le 18 Juin 1710.

ARRÊT du Conseil du Cap, qui ordonne l'élargissement de l'Huissier-Audiencier de la Cour, tenu en prison par le Lieutenant de Roi,

Du 9 Septembre 1709.

A Nosseigneurs du Conseil du Cap, etc.

Supplie humblement François Petit, Huissier-Audiencier de votre Conseil, disant qu'ayant été pour mettre à exécution un Arrêt contre la dame de Graffe, M. de Barrere lui auroit fait surseoir ledit Arrêt; et ayant envoyé chercher votre Suppliant, sous prétexte qu'il auroit mal parlé de lui, dont il n'y a aucune preuve, l'auroit maltraité de coups de canne, et lui auroit mis le corps noir comme un charbon, disant pourquoi il l'inséroit dans son Procès-verbal; et non content de cela, l'a fait mettre

mettre en prison depuis Vendredi matin, où il est encore; et veut, à ce qu'il dit, le laisser pourrir dans lesdites prisons; c'est pourquoi votre Suppliant a recours à vous, Nosseigneurs, pour vous prier de faire en sorte que ledit Suppliant soit élargi, étant malheureux qu'en faisant son dévoir, on soit maltraité et emprisonné en même temps; c'est ce qu'il espere de vos bontés et équité, et ferez justice. *Signé* PETIT, Huissier du Conseil.

Vu par le Conseil la Requête présentée par le sieur Petit, ensemble le soit communiqué avec les Conclusions de M. le Procureur-Général du Roi, et attendu le désistement verbal fait par M. de Barrere à mondit sieur de Boismorand, au sujet des plaintes verbales par lui faites au Conseil, contre ledit Petit, et qu'il a promis de faire élargir le Suppliant dans ce jour, le tout considéré, LE CONSEIL ordonne qu'il sera élargi dans ledit jour. DONNÉ au Cap, en la Chambre du Conseil *extraordinairement* assemblé, ect.

ARRÊT du Conseil de Léogane, sur une Cause d'Aubaine et une Procédure irréguliere.

Du 1er Octobre 1709.

ENTRE le sieur Mercier, ci-devant Directeur-Général de la Compagnie de l'Assiente et de Guinée aux Indes d'Espagne et Isles Françoises de l'Amérique, tant audit nom que prenant le fait et cause du sieur Joseph Garcia, Propriétaire de la Barque l'*Hercule* de Cadix, appellant de la Sentence rendue en la Juridiction de Saint-Louis, le 19 Septembre dernier, présent d'une part; Et le sieur Patrice Giraldin, Directeur-Général de la Compagnie Royale de Saint-Domingue, Intimé et Défendeur, comparant par le sieur Bonnaventure Saintard; vu par le Conseil, etc.; LE CONSEIL a mis et met l'Appellation et Sentence dont est appel au néant, émandant a débouté le sieur Giraldin de sa demande en Aubaine des prétendus effets dudit Burk, Commis de la Barque l'*Hercule* de Cadix, décédé à Saint-Louis, ainsi que de celle sur les contraventions prétendues faites par ledit sieur Burk, dont il n'a aucune preuve, et au contraire des indices, que l'Indigo livré à Jacquemel, ne l'a été que du consentement du Commis de la Compagnie de Saint-Domingue, audit lieu; en conséquence a donné main-levée à Augustin Domingo de Torrés, Capitaine de ladite Barque l'*Hercule*, de tous les effets et argent contenus aux Inventaires faits à Saint-Louis et à Jacquemel, condamne ledit sieur Girardin à les restituer, à peine d'en être tenu en son propre et privé nom, atrendu qu'ils ont été remis à son Procureur-Fiscal; et au surplus faisant droit sur les Conclusions du Procureur-Général, déclare la Procédure faite, tant à Jacquemel qu'à Saint-Louis, irréguliere et défectueuse, ledit Domingo de Torrés, comme Maître de ladite Barque, n'ayant pas été mis en cause; les Interprêtes n'ayant point prêté serment, et les Lettres Angloises n'ayant point été traduites en François; ordonne aux Juges desdits lieux d'observer à l'avenir l'Ordonnance avec plus d'exactitude; condamne ledit sieur Giraldin aux dépens, tant des causes principales que d'appel. DONNÉ en Conseil en la Chambre *extraordinairement assemblé en l'Hôtel de M. Mithon, etc.*]

ORDONNANCE de M. l'Intendant, qui, d'après une assemblée des Créanciers d'un Mineur, faite pardevant lui, déclare nulles, comme Frauduleuses, les nouvelles Dettes que ce Mineur contractera à l'avenir.

Du 22 Octobre 1709.

JEAN-JACQUES MITHON, etc.

La conduite un peu légere du sieur Legrand qui, par imprudence et par son bon cœur, avoit contracté, quoique encore dans sa minorité, des dettes considérables, nous ayant obligé, par notre attention au bien d'un Colon, de faire une assemblée des Créanciers dudit sieur Legrand, pour examiner la justice de leurs prétentions, et délibérer ensemble sur les moyens d'être payés, il auroit été convenu dans ladite assemblée, du consentement dudit sieur Legrand, de faire régir son Bien par Econome et de lui fixer une pension, afin qu'il ne pût, jusqu'à l'entier paiement de ses dettes, disposer du revenu de ses Habitations; mais comme nous devons étendre plus loin nos soins, et qu'il seroit à craindre que plusieurs personnes abusant de la facilité, de la générosité et de la jeunesse dudit sieur Legrand, comme il est arrivé par le passé, ne contractent à l'avenir de nouvelles dettes, sous le prétexte de l'aider dans ses besoins; nous faisons très-expresses défenses à toutes personnes de prêter de l'argent ou marchandises audit sieur Legrand, sous quelque prétexte que ce puisse être, et déclarant nulle et de nulle valeur les dettes qu'il contractera à l'avenir, comme frauduleuses, jusqu'à l'entier paiement de ses dettes; laquelle présente Ordonnance sera lue, publiée et affichée dans tous les Quartiers de l'Isle, et enregistrée au Greffe des Juridictions ordinaires. DONNÉ à Léogane, etc. *Signé* MITHON.

R. au Siége Royal de Léogane, le 23 Octobre 1709.

ORDONNANCE *des Administrateurs, concernant les Personnes chargées de Procuration, et les Exécuteurs Testamentaires.*

Du 24 Octobre 1709.

LE Comte de Choiseul, etc.

Jean-Jacques Mithon, etc.

Etant informés par plusieurs personnes de France, que ceux qu'ils chargent de leurs Procurations pour recueillir les Successions qui leur sont échues, et les Exécuteurs Testamentaires ne leur remettent pas fidelement les deniers dont ils font les recouvremens, et les gardent entre leurs mains un temps infini pour en faire leur profit, sans qu'on en puisse rien tirer, abusant de l'éloignement des lieux, qui ne permet pas aux Créanciers de pouvoir leur faire aucunes poursuites; à quoi voulant rémédier pour établir la bonne foi, et rendre à un chacun ce qui lui appartient, nous ordonnons à toutes personnes chargées de Procurations pour recueillir des Successions, et à tous Exécuteurs Testamentaires, de rapporter tous les ans aux Procureurs-Généraux des Conseils Supérieurs de cette Isle, un compte de leur gestion et du recouvrement des deniers qu'ils auront fait en leur qualité, dont lesdits Procureurs-Généraux rendront compte auxdits Conseils; seront en outre tenus lesdits Exécuteurs Testamentaires, de faire apparoître dans l'an et jour des diligences qu'il auront faites pour avertir les Héritiers; et en cas qu'il soit reconnu de la mauvaise foi dans l'Administration des Biens et dans le recouvrement des deniers, ou même de la négligence, il y sera pourvu par ledit Conseil, ainsi qu'il avisera bon être, et suivant l'exigence des cas; et sera la présente Ordonnance lue, publiée, etc.

R. au Conseil de Léogane, le 3 Décembre 1709.

Et à celui du Cap, le 15 Janvier 1710.

ORDONNANCE des Administrateurs, concernant les Chemins; et Articles particuliers pour ceux du Cap.

Des 24 Octobre 1709, et 10 Mars 1710.

LE Comte de Choiseul, etc.

Jean-Jacques Mithon, etc.

L'entretien des Chemins de cette Isle nous paroissant très-important, tant pour le Commerce et Société des Habitans, que pour la défense du Pays en temps de Guerre, par la communication des Quartiers les uns avec les autres; et étant bien informé de la négligence des Habitans pour la réparation desdits Chemins, dont la plupart se dispensent sous différens prétextes; à quoi étant très-nécessaire de rémédier, nous nous sommes déterminés à faire le Réglement ci-après.

ART. Ier. Chaque Particulier Privilégié ou non Privilégié entretiendra les Chemins Publics et Particuliers qui passent sur ses Terres; et à l'égard de ceux qui passent sur les Terres non concédées, ou sur celles qui appartiennent au Roi, ensemble les nouveaux ouvrages, ils seront faits par les Negres des Habitans non Privilégiés.

ART. II. Comme il se trouve quelquefois des ravines ou mauvais trous sur lesdits Chemins, qui ne peuvent se réparer que par des Ponts, les Particuliers à qui appartiendront les Terres où passeront lesdits Chemins, seront tenus à l'entretien desdits Ponts; mais à l'égard des grands Ponts des Rivieres, ils seront construits et entretenus aux dépens du Public.

ART. III. Les Chemins qui passent sur les cinquante Pas du Roi, seront entretenus par ceux qui possédent les Héritages qui y joignent.

ART. IV. Lorsqu'il sera nécessaire de travailler à la réparation des Chemins, le soin en appartiendra au Colonel et aux Capitaines des Quartiers sous ses ordres, qui feront travailler deux fois l'année auxdits Chemins, et plus souvent s'il en est besoin.

ART. V. Les Capitaines du Quartier, après avoir reçu l'ordre du Colonel, fera publier à l'issue de la Grand'Messe Paroissiale, que chaque Particulier ait à travailler, dans le temps qui sera par lui marqué, à la réparation de ceux qui passeront sur leurs Terres; et s'ils y manquent dans le temps qui leur aura été prescrit, le Capitaine en fournira son Certificat, sur lequel le Défaillant sera condamné par le Juge Ordinaire, à la diligence des Procureurs du Roi des Juridictions, à cinquante livres d'amende par chaque cent Pas qui n'aura pas été nettoyé et mis en bon état.

Art. VI. Outre la premiere amende, il sera tenu, dans le nouveau délai qui lui sera accordé, de réparer ledit Chemin, sous peine du double; et s'il y avoit de la rébellion et de l'opiniâtreté, l'amende sera augmentée, et même le Particulier dépouillé de sa Terre, suivant l'exigence des cas.

Art. VII. S'il se trouve des Particuliers extrêmement surchargés et hors d'état de pouvoir entretenir les Chemins qui passeront sur leurs Terres, sans une incommodité notable, en ce cas le Grand Voyer qui sera établi, et à son défaut le Capitaine du Quartier, examinera quels sont les voisins les plus proches qui n'auront point de Chemins à entretenir, et auxquels celui dont il s'agit sera commode, lesquels seront tenus à faire les réparations desdits Chemins.

Art. VIII. Lorsque des Particuliers font passer des Cabrouets sur le Terrein des autres Habitans, ou dans les Chemins publics, et qu'ils y causent des trous ou ravines, en ce cas celui ou ceux à qui les Cabrouets appartiennent, chacun à leur égard, et à proportion de l'intérêt qu'ils y ont, répareront le dommage fait par leurs Cabrouets auxdits Chemins.

Art. IX. Les grands Chemins publics seront au moins de quarante pieds de large, autant que le Terrein pourra le permettre; ceux de l'Estere, de soixante, à cause de la qualité des Terres; et les Chemins particuliers, de vingt et de dix-huit pieds, où il passera un Cabrouet; et seront lesdits Chemins nettoyés et applanis, ainsi que le Capitaine des Quartiers le prescrira.

Are. X. On ne pourra planter des Cannes le long des Chemins, plus près de dix pieds de chaque lisiere du Chemin, à moins qu'il n'y ait des lisieres de Bois vif ou mort pour les soutenir, ensorte que lesdites Cannes ne puissent incommoder les passages.

Art. XI. Lorsque les Negres des Particuliers non Privilégiés seront commandés pour travailler aux Chemins ou Ouvrages publics, seront les Défaillans condamnés à une Piastre par jour pour chaque tête de Negres pour la premiere fois, et au double pour la seconde.

Art. XII. Lorsqu'on découvrira un Chemin plus commode que celui dont on est en possession, en ce cas les Particuliers qui demandent un nouveau Chemin par l'endroit qu'ils trouvent le plus commode, sont tenus de se pourvoir par-devant le Grand Voyer qui sera établi; et en attendant, par-devant l'Arpenteur du Roi, lequel dressera son Procès-verbal en présence du Capitaine du Quartier, en présence des Voisins, de la commodité ou incommodité qui pourra se rencontrer dans le nouveau Chemin, ensuite duquel il mettra son avis sur la préférence desdits Chemins, sur lequel le Juge ordonnera ce qu'il croira raisonnable.

ART. XIII. Pourra le Grand Voyer, ou à son défaut le Capitaine du Quartier, toutefois et quantes que bon lui semblera, faire la visite des Chemins, et dresser son Procès-verbal de ce qu'il jugera nécessaire pour leurs réparations, dont il fera son rapport à M. le Gouverneur et au Commissaire Ordonnateur, qui donneront les ordres qu'ils jugeront raisonnables.

Ordonnons que le présent Réglement, contenant treize Articles, sera exécuté par les Colonels et Capitaines de Milices, chacun dans leur Quartier; et en cas qu'il survienne quelqu'incident à l'exécution, ils nous en informeront, et M. Mithon, Commissaire Ordonnateur pour les régler, comme il avisera bon être; enjoignons à tous les Commandans des Quartiers de tenir la main à l'exécution dudit Réglement, qui sera enregistré aux Conseils Supérieurs de cette Isle, lu, publié et affiché par-tout où besoin sera, à ce que personne n'en ignore. DONNÉ à Léogane, etc.

Exceptions pour le Cap au présent Réglement.

ART. Ier. Le Terrein de la Plaine du Cap étant très-plat et humide, les Chemins seront tirés le plus droit qu'il sera possible, à côté desquels il sera fait, dans les lieux les plus bas, des fossés pour l'égout des eaux, par les Propriétaires des Habitations sur lesquelles le Chemin se trouvera établi.

ART. II. En cas que dans l'alignement qui sera tiré desdits Chemins pour les rendre droits, une Maison, Sucrerie ou autre Bâtiment se trouveroient sur ledit alignement, le Chemin ne sera pas conduit au travers desdits Bâtimens, mais sera détourné de trente pas environ éloignés desdits Bâtimens.

ART. III. L'humidité du lieu ayant formé des ravines considérables, sur lesquelles les Particuliers ne pourroient, à leurs dépens, établir des Ponts, ils seront construits par Corvées de Negres, aux dépens du Quartier; mais l'entretien en appartiendra au Propriétaire de l'Habitation où passe le Chemin, jusqu'à l'entiere destruction dudit Pont; auquel cas le Quartier sera obligé de le rétablir.

Nous ordonnons que les trois articles ci-dessus seront exécutés pour les Chemins du Cap, ainsi que les treize Articles contenus en notre premier Réglement; prions M. de Charite d'y tenir la main. DONNÉ à Léogane; etc. *Signés* CHOISEUL-BEAUPRÉ et MITHON.

R. au Conseil de Léogane, (non compris les exceptions) *le 24 Octobre 1709.*

Et à celui du Cap, en entier, le 5 Mai 1710.

ORDONNANCE du Roi, portant que les Capitaines de ses Vaisseaux recevront sur leurs Bords les Munitions et Marchandises que les Intendans et Commissaires des Isles auront à leur donner pour les apporter en France.

Du 20 Novembre 1709.

DE PAR LE ROI.

SA MAJESTÉ étant informée que les Capitaines et autres Officiers qui commandent ses Vaisseaux de Guerre et autres Bâtimens qu'elle envoie aux Colonies de l'Amérique, refusent de recevoir sur leur Bord les Marchandises que les Intendans et Commissaires préposés dans les Colonies ont à leur donner pour les apporter en France, soit qu'elles appartiennent à Sa Majesté, ou pour la faire profiter d'un fret lorsqu'ils ne sont pas chargés pour le compte de Sa Majesté; et estimant nécessaire d'y pourvoir, elle a ordonné et ordonne auxdits Capitaines et autres Commandans des Vaissaaux de Guerre et autres Bâtimens à elle appartenans, qui se trouveront dans lesdites Colonies de l'Amérique, prêts à revenir en France, de recevoir sur lesdits Vaisseaux les Munitions, Marchandises et autres Effets que lesdits Intendans et Commissaires auront à leur donner, soit que ces Effets appartiennent à Sa Majesté ou à des Particuliers qui en paieront le fret; voulant à cet effet qu'ils signent les connoissemens desdits Effets, et qu'à leur arrivée dans les Ports du Royaume, ils en avertissent les Intendans ou Commissaires de la Marine qui y résident, qui leur feront savoir à qui il sera nécessaire qu'ils adressent ces Effets, et ce à peine de désobéissance; mande et ordonne

Sa Majesté à M. le Comte de Toulouse, Amiral de France, aux Vice-Amiraux, Lieutenans-Généraux, Intendans, Chefs d'Escadre, Capitaines de ses Vaisseaux ; ensemble aux Lieutenans-Généraux er Gouverneurs de ses Colonies de l'Amérique, et autres Officiers qu'il appartiendra, de tenir la main à l'exécution de la présente Ordonnance, etc.

ORDONNANCE qui défend aux Corsaires François d'aller prendre des Commissions Etrangeres, et de conduire leurs Prises en Pays Etrangers.

Du 22 Décembre 1709.

A M. Mithon, etc.

Supplie humblement Durand Beauval, Receveur-Général des Droits de S. A. S. Monseigneur l'Amiral ; disant qu'étant informé que la plupart des Capitaines Corsaires qui viennent à cette Côte avec des Congés de S. A. S., vont toucher à la Côte d'Espagne, où ils vont prendre des Commissions des Gouverneurs, croyant par-là frustrer les Droits qui doivent revenir à S. A. S., en faisant des Prises sous Pavillon Espagnol ; à quoi le Suppliant, comme Receveur de Son Altesse Sérénissime, voulant rémédier, a recours à vous, Monsieur, à ce qu'il vous plaise rendre vos ordres, etc.

Vu la présente Requête, et ayant connoissance des abus qui se commettent par la licence que se donnent les Corsaires, de prendre des Commissions des Gouverneurs Espagnols, dont ils ne se servent que pour frustrer S. A. S. des Droits qui lui sont attribués, et les Armateurs des Droits qui leur revienne, nous faisons très-expresses défenses à tous Capitaines Corsaires de faire la Course sous d'autre Commission que de celle qui leur sera donnée par les Receveurs de S. A. S. Monseigneur l'Amiral, à peine de confiscation des Prtses qu'ils pourroient faire sous d'autre Commission ; ordonnons auxdits Capitaines Corsaires de conduire les Prises qu'ils feront, à juger au lieu de la Commission, à moins qu'ils ne fussent forcés par la tempête ou autres bonnes raisons, de les amener dans les Ports d'Espagne, auquel cas ils seront tenus d'en dresser leur Procès-verbal, signé des Officiers, du Maître et du Pilote, et de rapporter des comptes en bonne forme, des effets, vendus dans lesdits Ports Espagnols, provenus desdites Prises, signés des Acheteurs, et légalisés

légalisés du Gouverneur et Juge des lieux, à peine de cent livres d'amende, et de plus grande si le cas y échet, envers S. A. S., conformément à notre Réglement du 20 Février dernier ; et sera la présente Ordonnance lue et publiée par-tout où besoin sera, et enregistrée au Greffe des Juridictions de cette Isle, à la diligence du sieur Durand, Receveur-Général de S. A. S., à ce que personne n'en ignore. FAIT à Saint-Domingue, etc.

Signé MITHON.

R. au Siege Royal du Cap, le premier Janvier 1710.

Et au Siege Royal du Port-de-Paix, le 22 du même mois.

ORDONNANCE de M. l'Intendant, portant Etablissement d'un Garde-Magasin-Général à Léogane.

Du 1er. Janvier 1710.

JEAN-JACQUES MITHON, etc.

Etant nécessaire d'établir à l'avenir une meilleure Régie dans la Recette et Dépense des Munitions du Roi, dont il a été fait jusqu'à présent une dissipation très-préjudiciable à Sa Majesté, nous aurions, pour y remédier, donné à chaque Garde-Magasin des Instructions très-précises sur l'ordre qu'ils doivent observer dans ladite Recette et Dépense ; mais cette précaution ne nous paroissant pas encore suffisante pour prévenir les abus passés, par la négligence qu'ont toujours eu lesdits Gardes-Magasins de coucher sur leurs Registres la Recette et Dépense desdites Munitions, et qui pourroit encore arriver dans les changemens, mort ou absence des Ordonnateurs, nous avons estimé à propos d'ériger en Magasin général celui de Léogane, sur le Livre duquel seront marqués généralement toutes les Recettes desdites Munitions, pour pouvoir en faire compter les Gardes-Magasins, quand le cas y écheoit, et prévenir par-là les négligences desdits Gardes-Magasins, qui ont apporté une confusion si grande dans leurs comptes, (n'ayant couché sur leurs Registres ni recette ni consommation), qu'il ne nous a pas été possible d'en débrouiller le cahos. A CES CAUSES, connoissant la probité et capacité du sieur Garnier, Garde-Magasin particulier dudit lieu, nous l'avons établi et établissons Garde-Magasin général de la Côte de Saint-Domingue, avec lequel les autres Gardes-Magasins du Cap, Port-de-Paix, Petit-Goave et de Saint-Louis, seront tenus de correspondre, en lui adressant les Etats et Factures de toutes les Munitions, Hardes et Farines qu'ils recevront dans leurs Magasins, et en lui en envoyant à la fin de chaque année la consommation qu'ils en auront faite, à peine d'être destitués de leurs Emplois; pourquoi avons attribué audit sieur Garnier, et à ceux qui lui succéderont dans ledit Emploi, la somme de deux cens livres d'augmentation, sous le bon plaisir de Monseigneur le Comte de Pontchartrain, à qui nous nous chargeons d'en rendre compte. DONNÉ à Léogane, etc. *Signé* MITHON.

ORDONNANCE des Administrateurs, portant Etablissement et Nomination d'un Grand Voyer de la partie de l'Ouest.

Du 14 Janvier 1710.

LE Comte de Choiseul, etc.

Jean-Jacques Mithon, etc.

Rien n'étant plus nécessaire pour la commodité publique, que l'entretien et réparation des Chemins, nous aurions à ce sujet fait un Réglement, le 24 Octobre 1709, contenant treize articles, par lequel nous chargeons les Colonels et Capitaines des Quartiers, de veiller aux réparations desdits Chemins, et étant encore nécessaire de commettre une personne capable de nous rendre compte de l'exécution dudit Réglement, qui ait une inspection particuliere sur lesdits Chemins, et en faire ouvrir de nouveaux quand la nécessité le requerra; A CES CAUSES; nous avons établi et établissons le sieur Jean-Baptiste Robillard, en qui nous avons reconnu les qualités à ce nécessaires pour se bien acquitter desdites fonctions, Grand Voyer dans toute l'étendue du Quartier de l'Ouest; en cette qualité faire la visite des Chemins publics, avertir les Colonels et Capitaines, de ceux qui manqueront à exécuter ledit Réglement rendu à ce sujet, sommer les Délinquants, en dresser son Procès-verbal; et faute par eux de satisfaire à la seconde sommation, les poursuivre devant les Juges des lieux, pour être condamnés aux peines portées par notredit Réglement, pour, par ledit sieur Robillard, jouir des Honneurs, Prééminences, Droits, Prérogatives et autres Immunités qui seront attribués à ladite Charge de Grand Voyer, sur la représentation que nous en ferons à la Cour; le dispensons cependant de Garde et autres Corvées, et lui attribuons pour Gages et Appointemens, en attendant ceux qu'il plaira à la Cour de lui attribuer, les amendes auxquelles les Délinquans seront condamnés, outre les Journées, qui lui seront payées sur le pied de quatorze livres, quand il se transportera sur des Chemins contestés entre les Habitans, et à leurs réquisitions; défendons à toutes personnes, de quelque qualité et condition qu'elles soient, de troubler ni inquietter, en quelque façon que ce puisse être, ledit sieur Robillard; au contraire, leur mandons de lui donner les secours dont il pourroit avoir besoin pour l'effet de ladite Commission, qui sera enregistrée au Greffe des Juridictions dudit Quartier de l'Ouest. DONNÉ à Léogane, etc.

R. au Conseil au Petit-Goave, le 13 Octobre 1710.

ARRÊT du Conseil du Cap, qui condamne en une amende de 200 liv., applicable à un Banc pour la Cour, qui sera mis dans l'Eglise de la même Ville.

Du 14 Janvier 1710.

LETTRE du Gouverneur à l'Intendant; et Réponse de ce dernier sur la Translatian du Conseil de Léogane au Petit-Goave.

Des 28 Janvier et 2 Février 1710.

MONSIEUR, étant de l'intérêt du Public et du Service du Roi, que le Conseil se tienne ici, je vous ordonne de cesser de l'assembler à Léogane. Je suis avec bien de la considération, Monsieur, votre très-humble et très-obéissant serviteur. *Signé* CHOISEUL-BEAUPRÉ.

RÉPONSE.

Monsieur, on cessera d'assembler le Conseil à Léogane, puisque vous l'ordonnez. J'ai fait avertir ces Messieurs de se rendre au Petit-Goave. Comme on s'attendoit de tenir le Conseil à Léogane, ainsi que nous en étions convenus d'abord, on ne peut s'empêcher de remettre d'un jour seulement l'Assemblée, afin que les Parties aient le temps de se rendre; il me suffisoit, Monsieur, que vous me marquassiez que vous aviez changé de sentiment pour m'y conformer. Je serai bien fâché de ne m'y pas trouver, m'étant blessé au pied depuis huit jours. J'ai l'honneur d'être avec toute la considération et l'attachement possible, Monsieur, votre, etc. *Signé* MITHON.

ORDONNANCE *des Administrateurs, confirmative de la Liberté donnée par le Conseil du Cap à un Esclave, pour un Service rendu à la Colonie.*

Du 10 Février 1710.

LE Comte de Choiseul, etc.

Jean-Jacques Mithon, etc.

Louis Laronnerie, Negre de Madame de Graffe, ayant été déclaré Libre par Arrêt du Conseil, du 6 Août 1708, pour avoir arrêté et tué le nommé Baguedy, Esclave, qui s'étoit rendu Chef d'une Troupe de Negres Voleurs, dont le Public étoit très-inquiété, nous ayant representé que ledit Arrêt demeuroit sans exécution par la négligence qu'on avoit eu jusqu'à présent de rembourser le prix de sa valeur à ladite Dame de Graffe, dont la répétition doit être faite sur le Public, et n'étant cependant pas juste que le service qu'il a rendu à la Colonie en cette occasion soit sans récompense, ledit Negre Laronnerie s'étant d'ailleurs distingué à l'attaque faite par les Ennemis au Cap, où il alla enlever par ordre de son Maître un Prisonnier dans le Camp Ennemi, ce qui le fit regarder dès ce temps par feu M. de Graffe comme Libre, n'ayant point été compris dans l'Inventaire des Negres de ladite Dame de Graffe lors de ses partages ; à quoi ayant égard, nous avons déclaré et déclarons dès à présent, sans aucune condition, ledit Negre Laronnerie Libre, pour jouir à l'avenir de tous les Privileges accordés à la Liberté, être incorporé dans les Milices, et y être regardé comme les autres Sujets du Roi, sans qu'il puissse être inquiété par les Héritiers de ladite Dame de Graffe pour l'objet de ladite Liberté ; et voulant cependant pourvoir au remboursement desdits Héritiers pour la valeur dudit Negre, nous ordonnons qu'il sera levé la somme de 1000 livres sur les Habitans du Quartier du Cap, par le Receveur des Deniers publics, suivant la répartition qui en sera faite par têtes de Negres, pour ladite somme être remise auxdits Héritiers. DONNÉ au Petit-Goave, etc.

Signés CHOISEUL-BEAUPRÉ, et MITHON.

R. au Conseil du Cap, le 23 Avril 1710.

COMMISSION *de Receveur-Général des Deniers publics, donnée par M. l'Intendant.*

Du 20 Février 1710.

JEAN-JACQUES MITHON, etc.

Sur la connoissance que nous avons que ceux qui ont été ci-devant chargés de la dépense des Deniers, ont extrêmement négligé les Recettes, dont il n'a été fait depuis deux ans aucun recouvrement, de sorte qu'il est dû à plusieurs Particuliers des sommes considérables, ce qui leur cause un très-grand préjudice; à quoi étant nécessaire de remédier, et étant suffisamment informé de la capacité, vigilance et fidélité du sieur Etienne de Millot; A CES CAUSES nous l'avons, par ces Présentes, établi et établissons Receveur des Deniers publics dans la Dépendance et Ressort du Conseil Supérieur du Cap; ordonnons à tous les Habitans de lui payer et remettre les sommes pour lesquelles ils seront employés dans les états qui seront arrêtés par le sieur Robineau, Procureur-Général, et visé de M. de Charite, Gouverneur, et remis audit de Millot, pour en faire le recouvremeut et les paiemens sur iceux, en conséquence des ordres du sieur Robineau, que nous avons commis et commettons à cet effet, et auquel le sieur de Millot rendra compte de l'emploi des Deniers de sa recette. DONNÉ à Léogane, etc.

R. au Siege Royal du Cap, le premier Septembre 1710.

LETTRE *de M. l'Intendant sur son Ressort en affaires, et sur celui des Conseils.*

Du 22 Février 1710.

A M. Robineau, Procureur-Général du Conseil du Cap.

J'AI reçu, Monsieur, la Lettre que vous avez pris la peine de m'écrire; je suis fâché de voir que Messieurs du Conseil, pour qui vous savez mes sentimens, n'aient pas en moi toute la confiance qu'ils doivent y avoir; ils pouvoient s'assurer que mon dessein n'étoit pas, en demandant l'enregistrement de la Lettre de M. le Comte de Pontchartrain, de les surprendre, et encore moins de diminuer l'autorité qui leur est attribuée, dans laquelle mon devoir est de les maintenir de tout mon pouvoir. Je n'ai d'autres vûes que d'établir l'ordre et la regle pour éviter les discussions, et d'entretenir avec eux une sincere union, si nécessaire au Public. Les observations qu'ils vous ont faites sur l'interprétation de cette Lettre sont justes, et je n'ai point d'autres prétentions, quoique Monseigneur de Pontchartrain n'y donne point de borne. Je vais vous expliquer les cas où sa décision peut avoir lieu. Il n'est pas question, par cet article, d'affaires de Police et de Finance, qui me regardent sans difficulté : cet Article s'entend de Procès et Différends sur lesquels j'aurai décidé quand les Parties s'adresseront à moi avant de s'adresser aux Juges.

Mais à l'égard des Procès qui ont été jugés en premiere Instance par les Juges Ordinaires, et dont est appel au Conseil, ils ont raison de douter que je puisse m'en attirer le jugement; je n'ai pas droit d'en connoître, et le Jugement en appartient au Conseil seul.

Il y a quelques exceptions, comme ces Messieurs l'ont fort bien remarqué.

Si, par droit de récusation ou cause d'Alliance, une Partie demandoit à être renvoyée devant moi, alors je pourrois m'évoquer la connoissance de l'Affaire en question, en prenant avec moi des Conseillers du Conseil de Léogane pour en juger. J'ai ignoré sans doute que le sieur Brossard eût été condamné par Sentence quand j'ai répondu sa Requête; je ne me souviens pas qu'on m'ait présenté cette Sentence; et j'étois si occupé, que je puis bien n'y avoir pas fait d'attention; le Conseil, en ce cas, a eu raison de décider sans avoir égard à mon Ordonnance; ils sont en droit de le faire, et l'honnêteté seule pouvoit leur faire suspendre leur Jugement.

Vous voyez, Monsieur, que mon sentiment se rapporte à celui de ces Messieurs. Pourroient-ils croire que je voulusse connoître des Affaires qui sont pendantes devant eux! j'en serois plus fâché qu'eux, étant accablé d'assez d'autres Affaires.

Ils n'auroient donc couru aucuns risques d'enregistrer d'abord cette Lettre; ils connoîtront mieux dans la suite mes sentimens, et seront convaincus que je veux les maintenir dans leurs Droits, et non les détruire. Assurez-les, je vous prie, de la considération que j'ai pour eux, et soyez bien persuadé qu'on ne peut être plus véritablement, Monsieur, votre, etc. *Signé* MITHON.

A Léogane, ce 22 Février 1710.

Et plus bas est écrit : Il y a encore une exception. Je peux charger un Juge de faire une Enquête sur une Affaire dont je me réserve la connoissance, et autres cas semblables.

Les Affaires où le Roi se trouve intéressé me regardent encore.

Déposée au Conseil du Cap.

ORDONNANCE des Administrateurs, qui défend de faire sécher les Cuirs dans les rues du Cap.

Du 8 Mars 1710.

LE Comte de Choiseul, etc.

Jean-Jacques Mithon, etc.

Sur ce qui nous a été représenté, que les Négocians du Cap et autres qui y font le Commerce des Cuirs, les mouillent au bord de la Mer, et les font ensuite sécher dans les rues, ce qui y causoit une puanteur insupportable, et attiroit le mauvais air, la chaleur du jour se faisant sentir au Bourg du Cap plus qu'ailleurs, à cause des Montagnes voisines qui le resserrent; étant nécessaire de remédier à un abus contraire à la commodité et à la santé des Habitans dudit Bourg, les Pays chauds demandant une Police très-exacte pour éviter la contagion dont ils sont souvent affligés, nous avons ordonné et ordonnons que les Négocians et autres qui font au Bourg du Cap le Commerce des Cuirs, seront obligés à l'avenir de les mouiller, de les faire sécher et battre vers l'Embarcadaire de la Petite-Anse, où ils sont à portée de les embarquer dans les Vaisseaux; faisons très-expresses défenses de les étendre à l'avenir dans les rues, à peine de confiscation desdits Cuirs, à la diligence du Procureur du Roi; enjoignons au Juge, audit Procureur du Roi et autres Officiers de Justice, de tenir la main à l'exécution de la présente Ordonnance, qui sera enregistrée au Greffe du Conseil et de la Juridiction, lue, publiée, etc. DONNÉ à Léogane, etc.

R. au Conseil du Cap, le 5 Mai 1710.

ORDONNANCE des Administrateurs, concernant l'exercice de la Chirurgie, et la Visite des Remedes et Médicamens.

Du 8 Mars 1710.

LE Comte de Choiseul, etc.

Jean-Jacques Mithon, etc.

Sur la Remontrance qui nous a été faite par le sieur Robineau, Procureur-Général du Cap, et par d'autres Habitans dudit Quartier, que quelques Particuliers s'ingéroient sans capacité, et même sans être pourvus de Remedes, d'exercer la Chirurgie au grand préjudice du Public, ayant causé des accidens fâcheux à plusieurs Particuliers, et même la mort, par leur ignorance et par la mauvaise qualité de leurs Remedes, dont on a des exemples récens, et étant nécessaire de remédier aux abus si préjudiciables aux Habitans dans ce Pays sur-tout, où les Chirurgiens, faute de Médecins, en font souvent les opérations; nous ordonnons qu'à l'avenir ceux qui voudront exercer la Chirurgie, qui ne seront pas pourvus de Lettres de Maîtrise ou de Brevets du Roi, seront examinés par le sieur Dautun, Médecin, Docteur de la Faculté de Montpellier, en présence de deux Chirurgiens Jurés ou reconnus habiles, à qui il donnera des attestations de capacité; défendons à tous ceux à qui il aura refusé ladite attestation, ou qui n'auroit pas subi l'examen, d'exercer à l'avenir la Chirurgie, sous peine de cinquante livres d'amende, applicable à l'Hôpital du Cap, quand ils en seront convaincus, à la diligence des Procureurs-Généraux du Roi; ordonnons en outre au sieur Dautun, Medecin, de faire une Visite exacte une fois par an chez lesdits Chirurgiens, pour y examiner en présence de deux autres Chirurgiens, la quantité et qualité des Remedes qu'ils auront chez eux, dont il sera tenu de rapporter un état au Juge, avec son sentiment sur lesdits Remedes, pour y être remédié en cas d'abus, à la diligence du Procureur du Roi, en obligeant lesdits Chirurgiens d'en avoir la quantité suffisante et de bonne qualité, à peine d'être interdits de leur Profession; ordonnons au sieur Robineau, Procureur-Général, et au Procureur du Roi de la Juridiction, de tenir la main à l'exécution de la présente Ordonnance. DONNÉ à Léogane, etc.

Signés CHOISEUL, MITHON.

R. au Conseil du Cap, le 12 Mai 1710, par Arrêt qui nomme

M,

M. de Boismorant Conseiller, pour être présent à l'Examen des Chirurgiens, à leur prestation de serment, et à la Visite de leurs Remedes et Médicamens.

CONCESSION *d'un Terrain pour loger les Missionnaires au Cap.*

Du 8 Mars 1710.

LE Comte de Choiseul, etc.

Jean-Jacques Mithon, etc.

Nous, en vertu du pouvoir à nous accordé par Sa Majesté, avons concédé et concédons à perpétuité au R. P. Combaud, Supérieur-Général des Missions de la Compagnie de Jesus, un Terrein situé en la Savanne du Bourg du Cap, pour y bâtir une Maison principale pour les Missionnaires de ladite Compagnie, borné au Nord de la rue, du Canal; au Sud, de celle du Gouvernement; à l'Est, de la rue Traverse; et à l'Ouest, de celle Notre-Dame, auquel Terrein il sera apposé des bornes, etc. et le Procès-verbal ainsi fait, sans opposition, servira de prise de possession audit Révérend Pere Combaud, ou à ses Successeurs, lesquels seront tenus de faire incessamment construire leur Maison principale sur ledit Terrein, après quoi ils en jouiront et disposeront en pleine propriété, à la charge auxdits Missionnaires d'entretenir les Chemins et les Rues sur lesquelles ils sont exposés. DONNÉ à Léogane, etc.

Signés CHOISEUL BEAUPRÉ, et MITHON.

R. au Siege Royal du Cap, le 8 Mai 1710.

Ce Terrein est celui qui forme aujourd'hui, (en 1784) l'Enclos du Gouvernement du Cap, et sur lequel les Jésuites avoient édifié un vaste Bâtiment, où, depuis leur Expulsion, on a logé le Gouverneur-Général, et où se tiennent les Séances du Conseil et des Sieges Inférieurs.

ORDONNANCE des l'Administrateurs, concernant la Police et la Propreté du Cap.

Du 9 Mars 1710.

LE Comte de Choiseul, etc.

Jean-Jacques Mithon, etc.

Rien ne contribuant plus au mauvais air et aux maladies que la malpropreté dans les Pays chauds; et étant informé du peu de Police observée à ce sujet dans le Bourg du Cap où chacun jette les ordures ou immondices dans le Bourg même, ce qui est très-contraire à la commodité et à la santé des Habitans; à quoi étant nécessaire de remédier, et d'établir dans ledit Bourg la Propreté, si salutaire à ceux qui l'habitent, nous avons ordonné et ordonnons à tous les Habitans dudit Bourg de jetter lesdites ordures et immondices sous le Vent dudit Bourg, à peine de 10 livres d'amende contre les Contrevenans; ordonnons en outre qu'il sera construit des Latrines publiques sur le bord de la Mer aux dépens du Public, par les Negres qui seront commandés à cet effet; prions M. de Charité, Gouverneur, et enjoignons au Procureur-Général du Roi de tenir la main à l'exécution de la présente Ordonnance, qui sera enregistrée au Greffe du Conseil et de la Juridiction, lue et publié, etc.

R. au Conseil Supérieur du Cap, le 12 Mai 1710.

CONCESSION d'un Terrein en faveur de la Paroisse du Cap pour y construire un Presbytere.

Du 10 Mars 1701.

LE Comte de Choiseul, etc.

Jean-Jacques Mithon, etc.

Nous, en vertu du pouvoir à nous donné par Sa Majesté, avons concédé et concédons à perpétuité au R. P. Combaud, Supérieur-Général des Missions de la Compagnie de Jesus, et aux Marguilliers de la Paroisse du Cap, un Terrein situé dans le Bourg dudit lieu pour y établir un Presbytere pour loger les R. R. P. P. Jésuites qui desservent ladite Paroisse; ledit Terrein borné au Nord de la rue du Canal, au Sud de celle du Gouvernement, à l'Est de la rue du Cimetiere, et à l'Ouest de la rue Traverse, auquel Terrein ils feront apposer des bornes, etc. et attendu que sur ledit Terrein il se trouve deux Magasins appartenans à des Particuliers, ledit R. P. Combaud et les Marguilliers seront tenus d'en dédommager les Propriétaires, ainsi qu'ils en conviendront à dire d'Experts, ou de faire transporter à leurs frais et dépens lesdits Magasins dans un autre emplacement qui sera accordé auxdits Particuliers; seront encore tenus lesdits Marguilliers de tenir ouverte la rue Traverse, et d'entretenir les autres rues qui passent sur le Terrein à eux accordé, etc. DONNÉ à Léogane, etc. *Signés* CHOISEUL BEAUPRÉ et MITHON.

R. au Siege Royal du Cap, le 8 Mai 1710.

Ce Terrein est aujourd'hui borné au Nord par la rue Sainte-Marie, au Sud par celle des Religieuses, à l'Est par la rue Saint-Louis, et à l'Ouest par la rue Espagnole. Il contient la Place et la Fontaine Montarcher, l'Islet ou Quarré de la Comédie, et l'Islet parallele et immédiatemens inférieur dans l'Est.

ORDONNANCE *des Administrateurs, pour assembler les Habitans de la Ville du Cap, afin d'y établir une Fontaine; les Habitans étant obligés d'en aller prendre l'Eté à plus d'un quart de lieue.*

Du 10 Mars 1710.

V. l'Ordonnance du 18 Mars 1712.

MÉMOIRE *pour la Défense du Quartier du Cap, et Ordonnance des Administrateurs à ce sujet et qui fixe le lieu du Bourg du même nom.*

Du 12 Mars 1710.

LA situation du Quartier du Cap et son étendue donne lieu à plusieurs objets pour la disposition de sa Défense; ce qu'il a de particulier aux autres Quartiers de Saint-Domingue, où il n'y en a qu'un seul qui est la Défense contre les Forces qui peuvent les attaquer par Mer;

mais le Cap étant aux frontieres des Espagnols qui l'environnent de presque tous les côtés, et qui peuvent l'attaquer, non-seulement par une étendue de plaine depuis leurs frontieres jusques dans le milieu des principaux Etablissemens, mais même par-deçà les Montagnes, rien n'étant impraticable aux Mulâtres Espagnols, en quoi consiste toutes leurs Forces ; il est donc nécessaire d'accorder la Défense de la Mer avec celle de la Terre ; de maniere qu'avec le moins de dépense l'on puisse tirer la plus grande utilité pour pouvoir parvenir à cette fin ; il faut envisager qu'elle est la situation du Cap ; le principal Etablissement est dans la Plaine du Cap, borné au Nord par le Port, au Sud par une chaîne de doubles Montagnes qui font la séparation des deux Nations, à l'Est par la Riviere de Limonade, et qui s'étend à l'Ouest jusqu'à une Baye enfoncée dans les Terres d'une lieue, que l'on appelle *le Port du Camp de Louise ;* la situation du Port est si avantageuse qu'on n'en peut souhaiter gueres de plus heureuse ; il est fermé à la Mer par des ressifs qui ne laissent pas de passage pour un Vaisseau que dans un seul endroit, et qui n'est pas éloigné de plus d'une portée de fusil d'une pointe de la Grande Terre, nommée *la Pointe de Picolet ;* et dedans ce passage il y a un autre ressif qui forme deux passes, l'une le long de la Terre, et l'autre qui s'en éloigne en suivant l'air de vent du premier ressif ; derriere ce second ressif est le mouilliage qui est fort bon, et tous les Vaisseaux ne peuvent rien craindre, la Mer étant toujours rompue par ce grand ressif du côté de la Pointe à Picolet, et quelques quinze cens toises en-dedans.

On a établi au bord de la Mer le Bourg qui est très-considérable ; ce Bourg est situé dans un petit espace de terrein uni terminé au Nord, et à l'Ouest par de grosses Montagnes qui chassent au Sud près d'une lieue, et qui ne laissent qu'une langue de terre de peu d'étendue depuis le pied de ses Montagnes jusqu'à la Riviere salée où les Chaloupes peuvent monter une lieue de haute Mer ; le côté de la Mer est partie terrein hâché et forme avec la Baye du Camp de Louise, une presqu'Isle qui n'est qu'un massif de Montagnes et qui peut avoir à la gorge trois quarts de lieue de large ; le reste de cette Plaine est occupé par les Habitations et séparé du commencement des Savannes qui menent à l'Espagnol par la Riviere de Limonade, qui fournit assez d'eau, et dont on pourroit faire usage si elle n'étoit pas sujette à changer de lit par les débordemens ; le Terrein de cette Riviere jusqu'à Bayaha, n'est que Savannes entrecoupées de quelques Ruisseaux, dont les bords sont garnis de petits bois en forme de bosquets que l'on appelle dans ce

Pays-ci *des Raques ;* il y a quelques Hattes établies dans ces endroits ; la Plaine de Bayaha a commencé de s'établir depuis quelques années, et le nombre de ses Habitans est déjà assez considérable; il se trouve en cet endroit un Port parfaitement beau et bon, et qui est en figure et en grandeur à-peu-près ce qu'est celui de Brest, soit par le goulet, soit par l'étendue de la Baye en-dedans à l'entrée du Port, qui n'a pas plus d'une portée de fusil de largeur ; il paroît quelques restes de Retranchemens et des Batteries qu'on y avoit fait autrefois ; mais tout est si renversé qu'on n'y peut rien distinguer ; les Terreins depuis les Etablissemens de Bayaha jusqu'à la Riviere, que l'on fait servir de borne à l'une et l'autre Nation, n'est que Savannes, Terrein hâché et coupé de raques d'espace en espace comme se trouvent les Ruisseaux. De la situation du Quartier du Cap ci-dessus expliqué, il est aisé de juger que le principal Etablissement ne peut être attaqué par des Forces de Mer que lorsque les Ennemis entreprendront d'entrer dans le Port n'étant pas vraisemblable qu'ils aillent descendre au Camp de Louise pour venir deux lieues dans les Terres dans des chemins fort mauvais par eux-mêmes, et où on les pourroit couper en plusieurs endroits; les Descentes du côté de Limonade sont aussi trop éloignées pour pouvoir en craindre par-là, d'autant plus que toutes les expéditions de Mer sont ordinairement coups de main de peu de temps, et qu'il n'est gueres d'usage d'abandonner les Chaloupes et de faire voiturer des Vivres; ainsi, pour donner au Cap toute la Défense qui lui est nécessaire contre les Forces de la Mer, il ne faut que défendre l'entrée de ce Port ; il faut pour cela établir sur la Pointe de Picolet une Batterie pareille à cele dont M. de Labroue a envoyé le Plan à Monseigneur le Comte de Pontchartrain, ou même moindre s'il le juge à propos ; cette Batterie que les Vaisseaux sont obligés de ranger à la portée de fusil doit être disposée de maniere qu'elle prenne les Vaisseaux de l'avant en arriere de plus loin que faire se pourra, qu'elle ait un feu assez considérable pour les battre par son travers, et enfin qu'elle puisse en avoir un pour les conduire dans le Port à toute port[illegible]tte Batterie vraisemblablement devroit suffire pour mettre cette en[illegible]en sûreté, y ayant tant de feux et si proches à essuyer ; mais comme le dedans de la Rade est grand, et que l'on peut y être mouillé sans être exposé à aucunes Batteries; il est à craindre que l'on ne se détermine à essuyer tout ce feu ou que l'on ne sacrifie quelque Bâtiment pour donner lieu aux autres d'entrer dans le Port, ou n'ayant plus de feu à essuyer on pourroit tout entreprendre avec tranquillité; pour empêcher que cela ne puisse arriver et pour donner à ce Port toute la plus grande Défense qui se peut; il faudra faire une bonne Batterie sur un ressif au milieu du Port appellé *le Petit Mouton*, qui commencera à battre les Vaisseaux ennemis d'abord qu'ils auront dépassé la Pointe de Picolet pour entrer par l'une ou l'autre passe; cette Batterie aura d'ailleurs l'avantage de nettoyer toute la Rade, ne laissant aucun endroit qui ne soit sous le feu de son Canon; cet Ouvrage sera de quelque considération, puisqu'il faudra bâtir au milieu de la Mer sur pilotis ou en caisses; comme il y a quelques passes pour les Canots dans l'étendue du grand ressif qui ferme le Port, et que l'on pourroit craindre les surprises de nuit pour le Bourg et les Habitations de la Plaine, il sera nécessaire de fermer le Bourg du côté de la Mer par un Retranchement de maçonnerie qui le flanque, et d'y ménager une Batterie de Canons pour croiser avec celle du Mouton; on escarpera le chemin de communication à la Pointe à Picolet, de maniere qu'il n'y puisse passer tout au plus qu'un homme à pied, et on garnira le bord de la Riviere jusqu'en haut de quelques crocs de chien, raquettes et autres mauvais arbrisseaux; toute la Ville et la Plaine seront gardées de même, ne laissant qu'un seul embarcadere, où l'on y fera un Retranchement pour y monter la garde; cette Défense ainsi établie, peut vraisemblablement assurer que les Ennemis ne réussiront pas dans les entreprises qu'ils pourroient faire par Mer; mais comme les temps peuvent changer, et que de bien unies que sont les Nations aujourd'hui, elles peuvent devenir ennemies, et former des desseins avec les autres pour nous attaquer par Terre et par Mer, comme ils ont fait autrefois, il est nécessaire de concilier la Défense de la Terre avec celle de la Mer; la situation du Bourg est d'autant plus avantageuse pour cela, qu'il est fort bien établi, et qu'il se trouve dans l'Isthme formé par le Camp de Louise et la Riviere salée, qui peut fournir une belle Retraite aux Habitans et à leurs effets, parce qu'ils seront toujours les Maîtres du Port quand les deux Batteries dont il est parlé ci-devant seront achevées; et qu'au cas qu'ils fussent forcés entiérement, ils auroient toujours la retraite de la Mer, que les Ennemis pourroient [illegible]mpêcher difficilement ne pouvant mouiller devant le Cap; le [illegible] de faire un réduit pour tout ne convient point, parce que si malheureusement on y est forcé, tout est etiérement perdu; celui de faire aussi une Ville à la Plaine a le même inconvénient, et de plus celui de ne pouvoir la faire assez grande pour y renfermer les Negres et les Bestiaux nécessaires pour la subsistance; il vaut mieux que chaque Particulier fasse son réduit dans les gros Mornes, leur étendue est assez grande pour y recevoir toute leur famille avec leurs Negres et Bestiaux ; et la précaution que l'on pourroit prendre, si le cas arrivoit de faire une ligne de Retranchement depuis la Riviere salée jusqu'au Camp de Louise, bien palissadé avec un bon fossé, mettroit tous ces réduits en état de défenses, et leur donneroit le temps d'attendre le secours des autres Quartiers, qui, joints avec les Forces du Cap, seront toujours plus que suffisans pour garder le Retranchement en se servant des Negres que l'on peut armer de faulx à revers, de lances et autres armes blanches ; l'on pourra aussi, si l'on veut, couper la langue de Terre qui restera depuis le Retranchement jusqu'au Bourg, depuis le pied des Montagnes jusqu'à la Riviere, de distance en distance, aux endroits où il conviendra le mieux, par de pareils Retranchement pour arrêter d'autant plus les Ennemis et donner lieu au secours d'arriver ; il paroît par cette disposition de Défense pour la Terre, que l'on abandonne la Plaine et tout ce qui est par-delà jusqu'aux frontieres ; mais si l'on considere que l'on peut être attaqué par le Camp de Louise, par le côté des Montagnes et par la Plaine de Bayaha, l'on verra qu'on ne peut choisir une meilleure Retraite ; ce n'est pas qu'il faille absolument s'en tenir là, car l'on peut aller jusqu'aux frontieres, suivant les occasions et les forces ; mais dans les temps où l'on se trouvera pressé, l'on sera bien aise de trouver cette Retraite, qui est à la portée de toutes les Habitations, et de laquelle les Ennemis ne seront jamais en état de couper la communication.

Signé CAUVET.

LE Comte de Choiseul, etc.

Jean-Jacques Mithon, etc.

Vu le Mémoire à nous présensé par le sieur Cauvet, Ingénieur en Chef de l'Isle Saint-Domingue, sur la situation du Bourg du Cap, ses avantages et désavantages, et sur les moyens d'en rendre l'entrée inacessible aux Ennemis ; lu ledit Mémoire à M. de Charite, Gouverneur de Sainte-Croix, Commandant au Cap ; et ouï les raisons d'objections et d'approbations, Nous, en vertu du pouvoir à nous donné par Sa Majesté, avons déterminé et déterminons le lieu du Cap, dans le lieu où il se trouve présentement établi, sans qu'il puisse être changé ni transporté sous aucun prétexte que par l'ordre exprès de Sadite Majesté ; disons et estimons que le parti le plus expédient pour se mettre à couvert de l'insulte de l'Ennemi, est en laissant la Batterie sur la Roche Picolet en l'état qu'elle est, de construire une bonne Batterie de quinze à seize Pieces de Canons sur le petit Mouton qui regarde l'entrée de la Rade, avec un logement pour y contenir vingt-cinq Hommes seulement de garde ordinaire avec les Bâtimens nécessaires pour le service de ladite Batterie; laquelle Batterie dans la situation où elle se trouvera suffira pour empêcher aucun Vaisseau ennemi d'y entrer, dont il sera fait un Plan et un Dévis par ledit sieur Cauvet, Ingénieur; mais comme la dépense en sera considérable à cause de la difficulté qu'il y aura de bâtir sur ledit petit Mouton, que la Mer couvre à toutes les marées, nous en avons remis la construction, après avoir fait dans le Quartier de Léogane les Batteries et autres travaux nécessaires pour la sûreté du Quartier; avons encore réglé et déterminé que pour le garantir des surprises que pourroient faire les Ennemis sur ledit Bourg, il sera fait un Retranchement de maçonnerie à la face dudit Bourg le long du bord de la Mer. DONNÉ à Léogane, le 12 Mars 1710. *Signés* CHOISEUL-BEAUPRÉ et MITHON.

R. au Conseil du Cap, le 16 Août 1710.

MÉMOIRE sur la Défense du Quartier de Léogane, et Ordonnance des Administrateurs, pour l'Etablissement de la nouvelle Ville de ce nom.

Des 15 Mars et 2 Mai 1710.

L'INTENTION du Roi étant que l'on établisse une Ville dans le Quartier de Léogane, et laissant en même temps la liberté d'en choisir la situation, pour ne point tomber dans l'inconvénient de déterminer un lieu qui n'y seroit pas propre; la principale attention que l'on doit avoir dans ce choix, est de considérer dans quelles vues les Villes se bâtissent; le bon et le mauvais de leur situation, par rapport à ces vues, et se déterminer enfin à celles qui aura le plus de ces choses qui sont absolument essentielles.

Dans l'établissement d'une Ville, il faut avoir attention premierement au bon air et à la bonne eau; ce qui contribue le plus à la santé des Habitans qui ont à y demeurer; secondement la défense; ensuite le Commerce extérieur, et enfin le Commerce intérieur. Si l'on pouvoit trouver un endroit où tout ce qui peut faire la perfection de ces quatre points principaux, pût se rencontrer ensemble, il n'y auroit rien à souhaiter davantage; mais comme dans le choix qu'on a à faire, l'on ne peut gueres se déterminer que pour une situation qui en a une partie, et

à

à laquelle l'autre manque, il s'agit de considérer lequel convient le mieux, ou de faire la Ville au bord de la Mer, ou de la faire dans les Terres éloignée d'une ou deux lieues, comme on l'a proposé jusqu'à présent.

Une Ville établie au bord de la Mer, a tout l'avantage que l'on puisse souhaiter pour le Commerce, et sur-tout pour ce Pays-ci, où il ne se fait aucun Commerce intérieur, chaque Habitant se mettant en état de n'avoir point besoin de son voisin : tout ce qui se consomme ici, vient par la Mer; et toutes les Marchandises qui s'y fabriquent, s'embarquent sur les Vaisseaux, pour les transporter en Europe; ainsi rien ne seroit plus agréable pour les Habitans, que d'avoir des Maisons et des Magasins au bord de la Mer, où mettre les Marchandises qu'ils vendroient et acheteroient; d'ailleurs le Commerce étant un peu considérable, et y ayant un nombre de Vaisseaux dans les Rades, ce seroit un Marché continuel; chaque Matelot particulier ayant sa petite pacotille, et les Habitans ayant toujours quelques affaires avec les Gens des Vaisseaux, on se trouveroit bien plus souvent joint ensemble, que si la Ville étoit dans les Terres; parce que la nature des Biens de ce Pays-ci étant telle, qu'elle exige la présence du Maître, on ne s'absente que le moins que l'on peut; et seulement pour des affaires; et comme tout le monde en a au bord de la Mer, il est indubitable que l'établissement en seroit très-prompt. Ces avantages sont contrebalancés par le mauvais air et la mauvaise eau que l'on y trouve par-tout, le Terrein étant marécageux; les chaleurs y sont extrêmes jour et nuit, par l'éloignement des montagnes, les vents de Terre ne pouvant parvenir jusques-là; les Moustiques et Maringouins y sont en si grande quantité qu'on y a peine à y résister; d'ailleurs il sera très-aisé d'insulter un pareil établissement, et encore plus de le bonbarder; il est à craindre que la facilité de l'attaque ne fasse naître aux Ennemis l'envie de le faire.

Une Ville dans les Terres sera bien plus en sûretée, puisque vraisemblablement des Ennemis n'entreprendront point, dans un Pays comme celui-ci, de voiturer tout ce qui peut être nécessaire pour en faire l'attaque, qui deviendra d'autant plus difficile, que l'éloignement sera plus grand, soit pour le transport des Vivres, soit pour la communication avec leurs Vaisseaux, que l'on sera en état de traverser tous les jours par des partis continuels. Cette Ville sera aussi plus aérée et plus saine; l'eau y sera meilleure, et le séjour en sera plus agréable et plus tranquille; mais tout y deviendra plus difficile pour le Commerce; les Marchandises de dehors augmenteront de prix, par rapport au transport du bord de la

Mer à la Ville; les Habitans n'y ayant aucune affaire, n'y viendront uniquement que pour leur plaisir; ce qui sera rarement, leurs Habitations et leurs Affaires du bord de la Mer les occupant assez pour qu'ils ne puissent penser qu'à cela : il n'y aura plus de société ni de liaison avec les Gens des Vaisseaux, n'étant pas à présumer que des Matelots fassent deux lieues pour aller vendre ce qu'ils auront apporté; les Officiers même de ces Vaisseaux aimeront mieux rester à bord, que de faire ce chemin, pour aller chercher la Ville : le Commerce se fera toujours au bord de la Mer, aux Bourgs qui seront déjà établis; et le seul avantage que l'on peut tirer d'une Ville ainsi située dans les Terres, est uniquement pour les Gens du Pays, qui, lorsque les Vaisseaux manqueront, s'y assembleront; mais d'abord qu'il y aura des Vaisseaux dans les Rades, on abandonnera tout pour courir à la nouveauté et pour se ranger au bord de la Mer.

Les désavantages qui se trouvent dans l'une et l'autre de ces situations, sont si extrêmes, qu'il n'est pas possible de pouvoir se déterminer pour l'une ou pour l'autre, que l'on ne tombe dans des inconvéniens considérables : d'un côté le mauvais air, la mauvaise eau, les Moustiques et Maringouins, et la facilité de l'attaque; de l'autre l'éloignement qui causera de la difficulté par-tout, et qui en retardera considérablement l'établissement, joint à ce que cette Ville ne contribue en rien à la défense du Quartier, parce qu'il faudra également conserver les Bourgs de la Petite-Riviere et de Lester; et que supposé que les Ennemis viennent surprendre pendant la nuit l'un de ces Bourgs, les Habitans de cette Ville ne seroient point à portée de s'y opposer : il seroit donc absolument nécessaire de chercher une situation où l'on pût concilier les avantages que donne la proximité de la Mer, avec ceux que l'on trouve dans l'éloignement, et qui fut telle, que, se trouvant au centre du Quartier, on pût abandonner les autres Bourgs, et ne faire qu'une seule Paroisse pour tout le Quartier; et que rendant toutes la Côte impraticable par les Quenniques, Crocs de Chiens, Acacias et Raquettes, il ne restât qu'un seul Embarquadaire qui fût à portée de tous les Habitans, et qu'il seroit d'autant plus aisé de garder, que les Gardes que l'on fait aujourd'hui à Lester et la Petite-Riviere, se trouveroient réunies, et par-là en état de résister à couvert d'un retranchement, et soutenues dans le moment par les Habitans de la Ville, à quelque surprise que ce fût; ce qu'elles ne peuvent pas faire aujourd'hui.

L'Habitation du sieur Ducasse de Plassac, est le Terrein qui approche le plus des Conditions ci-dessus expliquées; elle est, à peu de chose près, au centre du Qartier; elle n'est éloignée du bord de la Mer que d'environ neuf cents toises; il y a une très-belle source fort abondante, et dont l'eau est parfaitement bonne. La communication au bord de la Mer en seroit aisée, si l'établissement devenoit assez considérable pour mériter qu'en retenant les eaux de cette source par des écluses, on fît un Canal, pour voiturer les Marchandises, et pour aller et venir de la Ville au bord de la Mer. Les Bourgs de la Petite-Riviere et de Lester ne seront plus nécessaires, et toutes les forces du Quartier se trouveront réunies pour défendre un seul endroit: quand même il se trouveroit une autre situation qui pût, par ses avantages particuliers, entrer en parallelle avec celle-ci, le Port que l'on peut établir à la pointe, et qui est le seul dans toute l'étendue de cette Côte, doit absolument déterminer à cet établissement.

Cet endroit est appellé *la Pointe*, parce qu'effectivement il y a une pointe qui passe au large plus qu'aucune autre de Léogane, et au bout de laquelle il y a un ressif couvert d'un pied ou deux d'eau, et qui chasse un assez long espace pour renfermer un Bassin, où il se trouve quatre à cinq brasses d'eau, à une portée de fusil de terre; une Batterie sur la pointe de ce ressif, et une autre à terre qui croiseroit à la portée du fusil avec la premiere, pourroient mettre les Vaisseaux à couvert de l'insulte des Ennemis, en cas qu'ils y fussent surpris; les Bateaux y seroient tout au moins très en sûreté, puisqu'il y a deux brasses et demie d'eau beaucoup en-dedans de la Batterie, que l'on pourroit établir sur le ressif; et si l'on raccommodoit le retranchement de terre qui est déjà fait, on seroit d'autant plus en état de résister aux surprises et aux attaques, même les plus fortes, que toute la Garde se fera là, et qu'elle sera à portée d'être secourue de la Ville, et que les Ennemis seront obligés de forcer les deux Batteries avant toutes choses, ne pouvant attaquer le retranchement ni même ce Quartier, par d'autres endroits que par l'entrée du Port, tout le Terrein à l'Est étant absolument impraticable sur plus d'une lieue de longueur, et étant fort aisé de le mettre dans le même état à l'Ouest, par le moyen de la Riviere la Rouillonne, dont les eaux sont assez abondantes pour noyer tout ce bas là; et on doit s'assurer de tout le succès possible pour cette défense, si on y fait dégorger les eaux qui auroient été retenues dans le Canal.

Mais cette disposition de défense perdroit toute son utilité, si l'on ne condamnoit absolument tous les Embarquadaires, et si toute la Côte n'étoit rendue impraticable par les mauvais Arbrisseaux que l'on y doit mettre au moins sur les cinquante pas du Roi; et dans les endroits les plus accessibles, on pourroit les garnir sur cent pas pour une plus grande sûreté. A Léogane, le 15 Mars 1710. *Signé* CAUVET.

LE Comte de Choiseul, etc.

Jean-Jacques Mithon, etc.

Vu le Mémoire à nous présenté par le sieur Cauvet, Ingénieur en Chef, sur la situation d'un Bourg dans le Quartier de Léogane, et sur les moyens de le fortifier, nous estimons, après avoir examiné nous-mêmes les lieux proposés pour l'établissement de ce Bourg, qu'on ne peut le placer plus avantageusement que sur l'Habitation du sieur Ducasse de Plassac, où il y a une source abondante de très-bonne eau, éloignée environ d'une demi-lieue du bord de la Mer, et absolument hors des marécages; ce qui ne permet pas de douter que l'air n'y soit fort sain, sans cependant que cet éloignement qui n'est pas considérable dans un Pays plat, puisse nuire au Commerce de la Mer, la Rade d'ailleurs en étant très-bonne, et pouvant être défendue par les Batteries qui seront construites sur les ressifs de la pointe et sur la terre; ce qui nous a fait préférer ce lieu à tous ceux qui ont été proposés, où il se trouve des inconvéniens infinis, ainsi qu'il est plus au long marqué dans le Mémoire dudit sieur Cauvet, et n'envisageant dans le choix dudit lieu que l'avantage de la Colonie qui se trouvera à portée de défendre ce Quartier plus aisément que tout autre, et d'y faire son Commerce.

Nous, en vertu du pouvoir à nous donné par Sa Majesté, avons déterminé et déterminons la situation du Bourg du Quartier de Léogane, sur l'Habitation dudit sieur Ducasse, Quartier de la Pointe, suivant le Plan qui en sera dressé incessamment par ledit sieur Cauvet, Ingénieur, sans qu'il puisse être changé, sous quelque prétexte que ce soit, que par l'ordre exprès de Sadite Majesté; et ledit lieu étant le centre du Quartier, nous ordonnons que l'Eglise Paroissiale y sera incessamment construite, pour servir à tous les Habitans dudit Quartier, en réunissant en cette ditte Paroisse, celle de la Petite-Riviere et de Lester, qui seront démolies aussi-tôt après la construction de ladite Eglise de la Pointe; ordonnons en outre, pour le soulagement et la sûreté des Habitans, qu'il ne sera établi de Garde qu'audit lieu de la Pointe; que les Embarquadaires de la Petite-Riviere et de Lester, seront fermés et condamnés; que le retranchement de terre qui est déjà fait, sera raccommodé par Corvées publiques; qu'il sera planté des Queniques, Crocs de Chiens et Raquettes, le long de la Côte, dans l'étendue marquée par ledit sieur

Cauvet; que, pour la sûreté de la Rade, il sera construit deux Batteries; une sur le ressif, de douze pieces de Canon; et une autre à terre, de quatorze pieces qui se croiseront, suivant le Plan et le Devis qui en sera fait par ledit sieur Cauvet; et que la présente Ordonnance sera enregistrée au Conseil Supérieur de Léogane. DONNÉ à Léogane, etc.

Signés CHOISEUL-BEAUPRÉ et MITHON.

R. au Conseil du Petit-Goave, le ......

ARRÊT du Conseil du Petit-Goave, qui juge que le Droit de 10 liv. par Tête de Negres, Pièces d'Inde, introduits à Saint-Domingue, dûs à la Compagnie de l'Assiente et de Guinée, ne peut être exigé sur les Negres provenans des Prises.

Du 5 Mai 1710.

Cet Arrêt fut approuvé par Sa Majesté.

ARRÊTS du Conseil du Cap, qui autorisent à payer les Droits Curiaux en Sucre à prix d'estimation, et qui suppriment les Receveurs et Collecteurs desdits Sucres.

Des 6 Mai et 2 Juin 1710.

VU la Requête, ensemble les Conclusions du Procureur-Général du Roi, LE CONSEIL y faisant droit, même du consentement du R. P. Combaud de la Compagnie de Jesus, Supérieur-Général de leur Mission en l'Amérique; ordonne que les Sucres qui sont à présent dûs, ou ci-après, à commencer du jour seulement du Réglement qui a été fait le premier Juillet 1709, à l'égard des Droits Curiaux pour les Habitans Sucriers, seront taxés et réglés par deux Marchands de ce Bourg; et pour cet effet le Conseil a nommé les sieurs Leroux et Chereau, et pour tiers, en cas de contestation, le sieur Skereth, qui prêteront le Serment par-devant M. François-Denis Lallemand, Conseiller, de procéder à ladite estimation, eu égard au temps et à la valeur du jour de ladite estimation, et une fois pour chaque année; lesquels dits Habitans Sucriers feront leurs Billets suivant icelle audit R. P. Combaud, ou son Syndic, payables de leurs jours en un an, sauf au Débiteur de les retirer avant l'année expirée, en payant en argent comptant la somme; ledit temps passé lesdits Billets seront payés en Sucre, ainsi qu'ils seront conçus ; que les Marguilliers de chaque Paroisse ne pourront faire prendre audit R. P., Syndic, qu'autant de Sucre que chacun pourra devoir pour la taxe de ladite Pension des Curés, conformément aux Listes, et en conséquence du consentement ci-dessus ; LE CONSEIL a révoqué et révoque par le présent Arrêt le Receveur-Général nommé à cet effet, ainsi que les Collecteurs, et les Droits qui leur étoient attribués ; enjoint le Conseil à tous les Paroissiens Sucriers et autres d'apporter au jour assigné par les Marguilliers dans leur Bureau leurs Billets ou argent de la somme à laquelle ils seront taxés, sur peine d'être exécutés sans autre forme de procédure, en avertissant par les Marguilliers les Habitans de chaque Paroisse un mois auparavant à l'issue des Messes Paroissiales, et à faute par iceux d'y satisfaire, ladite exécution aura lieu. Mande et ordonne le Conseil au premier Huissier sur ce requis de faire lesdites exécutions, tant pour lesdits Billets que pour le paiement d'iceux, le tout à la diligence desdits Marguillers ; et fait défenses à toute personne de quelque qualité et condition qu'elle soit de s'opposer à l'exécution du présent Arrêt, à peine de 30 liv. d'amende, applicable à la Paroisse, et de plus grande peine en cas de récidive ; et afin que personne n'en ignore, ordonne LE CONSEIL que le présent Arrêt sera lu, publié et affiché à l'issue de la Messe Paroissiale de chaque Paroisse de ce Ressort, etc. DONNÉ au Cap en la Chambre du Conseil, etc. ; le tout en présence dudit R. P. Combaud, qui a signé, etc.

ARRÊT du Conseil du Cap, qui attendu la résidence d'un Particulier pendant deux ans dans la Colonie, où il passe pour non marié, ordonne au Curé de célébrer son Mariage.

Du 2 Juin 1710.

ORDONNANCE *du Général, pour l'Etablissement d'un Hôpital au Petit-Goave.*

Du 18 Juin 1710.

LE Comte de Choiseul, etc.

Notre intention ayant toujours été depuis que Sa Majesté nous a fait l'honneur de nous confier le Gouvernement de cette Colonie, d'établir dans ce Quartier du Petit-Goave, où est le gros des Troupes, un Hôpital pour leur soulagement, et pour celui des Flibustiers qui s'y sont habitués de tout temps pour y faire leur armement et leur retraite ; nous aurions proposé divers moyens qui n'ont pu jusqu'à présent, à notre grand déplaisir, avoir aucun succès ; et comme nous reconnoissons qu'il est impossible de ramasser assez promptement les fonds qui sont nécessaires pour cet Etablissement ; et que cependant on pourroit le faire avec facilité dans la suite, si nous le déterminions dès à présent, et que nous prissions à ce sujet les mesures nécessaires : A CES CAUSES, nous avons ordonné et ordonnons qu'il sera établi un Hôpital en ce Quartier du Petit-Goave dans l'endroit le plus convenable, que le sieur Cauvet, Ingénieur en Chef, indiquera ; et avons par ces Présentes établi le sieur Claude François, Juge Sénéchal du Petit-Goave, et l'établissons pour recevoir les fonds que les différences occurences ou la piété des Particuliers permettront de ramasser, lesquels seront mis entre ses mains à la poursuite du Procureur du Roi de ladite Juridiction, et dont ils tiendront un Registre double ; ordonnons en outre que le Lot que les Flibustiers ont accoutumé de donner à l'Hôpital, sera remis ès mains dudit sieur Claude François ; et que les Lots revenans à tous Flibustiers morts dans leur course, ou tués dans les combats, et qui ne seront répétés par aucun légitime Héritier du Pays, seront aussi mis ès mains dudit Procureur du Roi, notamment les Lots revenant aux Flibustiers tués au dernier Combat ; et que les Notaires qui passeront à l'avenir les Chartes-Parties des courses desdits Flibustiers seront tenus d'y insérer cette Clause pour éviter à toutes difficultés, sauf à nous à pourvoir à l'Etablissement dudit Hôpital lorsque le cas y échoira. DONNÉ au Fort du Petit-Goave, etc.

R. au Conseil du Petit-Goave, le même jour.

M. de Mithon refusa de signer cette Ordonnance contre laquelle les Flibustiers se récrioient à cause de l'usage où ils étoient de se succéder les uns aux autres.

EDIT portant Création de onze Offices de Capitaines-Généraux, et autant de Lieutenans-Généraux, de Majors et d'Aide-Majors Gardes-Côtes, dans les Isles de la Martinique et de Saint-Domingue.

Du mois de Juin 1710.

Quelques Habitans de Saint-Domingue acheterent de ces Offices; mais le nombre n'en étant pas rempli, l'Etablissement n'eut pas lieu.

Voy. l'Ordonnance du 11 Octobre 1711.

ARRÊT du Conseil du Petit-Goave, qui ordonne que les Insinuations seront faites aux Juridictions, conformément à l'Edit du 17 Décembre 1612.

Du 7 Juillet 1710.

VU par le Conseil la Requête à lui ce jour présentée par plusieurs Habitans dans le Ressort d'icelui, expositive, que, suivant qu'il paroît par un Extrait des Registres dudit Conseil y joint, qu'il a été et étoit en usage, depuis l'année 1699, de faire insinuer au Greffe dudit Conseil les Contrats de Mariage ou autres Actes, portant Donation, ils y ont en conséquence fait insinuer les leurs; qu'ayant appris qu'on prétendoit contester lesdites Insinuations, sous prétexte de ce qu'elles n'étoient point faites au Greffe de la Juridiction; qu'ils conviennent que suivant l'Edit des Insinuations, du 17 Décembre 1612, il est dit que les Donations seront insinuées aux Greffes des Juridictions où les Biens seront situés; mais que comme cet Edit porte expressément qu'il n'aura lieu qu'à compter du jour de sa publication dans les Juridictions, suivant ces termes: *Voulons qu'à l'avenir, à compter du jour que ces Présentes auront été lues et publiées aux Sieges des Juridictions, etc.* il ne peut ni ne doit avoir jusqu'à présent force de Loi, cet Edit n'ayant jamais été lu ni publié dans la Juridiction de Léogane, suivant qu'il paroît par le Certificat du Greffier y joint; que l'usage a toujours été contraire, depuis 1699, comme on l'a remarqué, presque tous les Habitans, même plusieurs des Conseillers ayant fait insinuer leurs Contrats de Mariage dans les Greffes du Conseil; que c'est par son ordre et son autorité,

autorité, que ces Insinuations se sont ainsi faites; qu'il a ordonné au Greffier d'avoir pour ce expressément un Registre; qu'il les a fait parapher année par année, par ceux de Messieurs qui se sont trouvés Présidens dudit Conseil, notamment par M. Deslandes, Ordonnateur, ce qui doit lever sur ce toutes difficultés; que cependant il se trouve tous les jours des gens pernicieux à la Colonie, par le trouble et le désordre qu'ils y introduisent dans les Familles, qui excitent plusieurs Particuliers à contester des Insinuations, sous prétexte qu'ils n'ont pas été insinués aux Greffes des Juridictions, mais à celui du Conseil; que ce seroit par-là vouloir renverser les Contrats de Mariage et les Partages, qui sont les seuls fondemens et le seul appas de tous ceux qui composent la Colonie, s'il n'y étoit par le Conseil pourvu et apporté un prompt remede, et nécessaire pour arrêter les Procès mûs et à mouvoir, n'y ayant point de mal plus à craindre, ni de perte plus dangereuse; pourquoi ils requierent, etc., conclusions du Procureur-Général du Roi; vu aussi un Extrait délivré par le Greffier du Conseil, de tous les Contrats de Mariage qui ont été insinués au Greffe dudit Conseil, depuis le 17 Janvier 1699, jusqu'au 9 Décembre dernier, un Certificat donné par le Greffier de la Juridiction de Léogane, par lequel il déclare n'avoir point été trouvé sur le Registre dudit Greffe l'Edit des Insinuations, du 17 Décembre 1612; et tout considéré, LE CONSEIL ayant égard à ladite Requête et à la bonne foi dans laquelle les Habitans ont toujours été jusqu'à présent, a déclaré les Insinuations faites au Greffe du Conseil, jusqu'à ce jour bonnes et valables; ordonne qu'à l'avenir lesdites Insinuations seront faites aux Juridictions ordinaires où les Actes auront été passés, conformément à l'Edit des Insinuations, du 17 Décembre 1612, qui sera enregistré en ce Greffe; ordonne que le présent Arrêt, ensemble ledit Edit, seront lus, publiés et enregistrés aux Greffes des Juridictions ressortissantes du Conseil, l'Audience tenante, etc.

ARRÊT du Conseil du Cap, qui, attendu la pauvreté d'un Particulier, vide un Appel, sans autre formalité que l'Audition des deux Parties.

Du 5 Août 1710.

VU la Requête du sieur René Frain, tendante à ce que, vu la Sentence dont est appel, qui condamne le sieur Gebert à payer une Piastre par jour, depuis le départ du Capitaine Billotteau, jusqu'au jour de ladite Sentence, et de faire conduire le Suppliant à Léogane, lieu de sa destination, il plaise à la Cour confirmer ladite Sentence, Partie duement appellée, sans qu'il soit besoin d'anticipation, eu égard à la pauvreté et nécessité extrême du Suppliant, qui ne peut faire d'avances pour les frais, et n'a pas le moyen de subsister en ce lieu, avec dépens, etc. Les conclusions du Procureur-Général du Roi, les Parties ouïes, LE CONSEIL a mis la Sentence au néant, et renvoie les Parties hors de Cour et de Procès, et le Demandeur aux Dépens.

ARRÊT en Réglement, concernant l'Exercice de la Chirurgie.

Du 5 Août 1710.

NOUS Pierre Dautun, Maître-ès-Arts, Docteur en Médecine de la Faculté de Montpellier, établi et reçu au Bourg du Cap, Côte Saint-Domingue, certifions qu'en exécution de l'Arrêt rendu au Conseil Supérieur du Cap, en date du 5 Mai dernier, par lequel il est ordonné que par nous, et par deux Chirurgiens de nous examinés et choisis, il sera procédé à l'Examen des Chirurgiens travaillant et exerçant dans la Dépendance dudit Cap, en présence de M. Philippe de Boismorant, Conseiller au Conseil Supérieur, et Commissaire Député en cette partie, nous être transportés dans son Hôtel, pour y donner serment de fidélité en premier lieu et en différentes fois, pour les fins susdites, où nous avons interrogé et fait interroger toutes les fois que les deux Chirurgiens par nous nommés; savoir, Gaschet l'aîné et Aurignac ont voulu s'y rendre, tant sur les principes de la Chirurgie, que sur l'Anatomie, Pansement de plaies, Opérations, Fractures, Dislocations, Bandages et autres concernant ledit Art.

Requérons qu'il plaise à la Cour ordonner :

1°. Savoir, que défenses soient faites tant à ceux qui ont renoncé qu'à ceux qui n'ont ni comparu ni renoncé, de travailler ni exercer ledit Art, sous quelque prétexte que ce puisse être, sous peine des amendes que la Cour voudra imposer, et que les défenses aient la même force pour ceux qui pourroient arriver ici à l'avenir, jusqu'à ce qu'ils seront pourvus de Lettres permettant de travailler ; 2°. que tous les Chirurgiens reçus seront obligés de venir retirer leurs Lettres, en payant les Droits réglés sous le terme d'un mois, à peine d'y être contraints ; 3.° que tous les Chirurgiens seront tenus de prêter serment avant l'expédition de leurs Lettres, de fidelement et en conscience exercer leur Art ; d'observer les Regles, Statuts, article par article, conformément aux Regles de France ; 4.° que nul Maître Chirurgien, soit au Bourg ou à la Campagne, ne pourra tenir des Garçons, sous quelque prétexte que ce puisse être, que ledit Garçon ne soit tenu de résider actuellement chez son Maître ; 5°. que le Maître répondra en son propre et privé nom, et à peine de telle amende que la Cour imposera, de toutes les mauvaises Cures et Opérations que les Garçons pourront faire ; 6.° qu'il soit défendu à tous Maîtres, conformément aux bonnes Regles, d'avoir sous eux Garçons ni Apprentifs, qui ne sachent véritablement bien lire et écrire ; 7°. Que les Maîtres ne pourront délibérer ni prendre des Réglemens entr'eux, qu'ils ne nous en aient préalablement donné la connoissance ; 8°. qu'ils n'interrogeront aucun Aspirant, et ne le recevront qu'en notre présence, supposé que la Cour leur permette de faire Corps, comme il paroît à propos de faire pour le bien du Public et pour leur avancement en Science ; 9°. qu'aucun Maître n'entreprendra de faire aucune Composition de conséquence, comme sont la Thériaque, Confection d'Hyacinte, Confection Alkermès, sans nous en avertir en premier lieu, et sans avoir étalé en public les Drogues destinées pour sa composition, afin que la visite en soit faite avant toutes choses ; 10°. nous prions la Cour, suivant notre Réception d'elle accordée, et l'Approbation que nous avons de la Cour de France, que nous jouissions dans toute sa Dépendance, de tous les Droits, Prérogatives accordés aux Médecins Royaux en France.

Vu par le Conseil les Mémoires et Rapport présentés par le sieur Dautun, Docteur en Médecine, et visé de M. Philippe de Boismorand, Commissaire en cette partie, et conclusions du Procureur-Général du

Roi, LE CONSEIL y faisant droit, a ordonné que lesdites conclusions et le Rapport dudit sieur Dautun, seront suivis de point en point, et en augmentant; que les Chirurgiens qui doivent subir un second Examen dans trois mois, du jour de la Publication du présent Arrêt, exerceront pendant lesdits trois mois seulement, pendant lesquels il seront tenus de se faire examiner pour obtenir des Lettres, s'ils en sont jugés capables; et ledit temps passé, le Conseil leur fait très-expresses défenses d'exercer ledit Art, sous les peines portées dans lesdites conclusions; sera permis dans la suite, tant à ceux qui ont renoncé, qu'à ceux qui viendront de France, de présenter leur Requête au Conseil, pour être examinés et reçus, s'ils sont jugés capables; qu'en outre toutes les Lettres de Maîtrise qui seront accordées par ledit sieur Dautun, seront visées tant dudit sieur de Boismorand, que du sieur Procureur-Général, lesquelles seront aussi enregîstrées au Greffe de ce Conseil, pour l'expédition desquelles Lettres le Conseil a accordé audit sieur Dautun la somme de 30 livres chacune, sans préjudice des frais de Justice; et sera le présent Arrêt lu, publié et affiché par-tout où besoin sera, après que ledit Rapport aura été enregistré en ce Greffe.

ARRÊT du Conseil du Petit-Goave, touchant la Fête de Saint-Dominique.

Du 5 Août 1710.

VU par le Conseil la Requête en forme de Remontrance, du Procureur-Général du Roi de ce jour, expositive, que s'étant transporté en ce Bourg du Petit-Goave avant-hier, pour se trouver à la Séance du Conseil qui devoit tenir hier Lundi, quatrieme du courant, il auroit été surpris d'apprendre que les RR. PP., Missionnaires Apostoliques, auroient recommandé aux Prônes des Paroisses la Fête de Saint-Dominique, avec défenses à tous les Habitans de faire travailler leurs Negres; ce qui l'a d'autant plus surpris, qu'il n'y a que depuis cette année que cette Fête s'est célébrée de cette maniere; ce qui a empêché la tenue du Conseil, et fait un tort considérable à la Colonie; ce qui l'obligeoit de requérir qu'il plût au Conseil ordonner, etc. LE CONSEIL a donné Acte au Procureur-Général de sa Remontrance ci-dessus; et y faisant droit, ordonne que le Supérieur des RR. PP. Prêcheurs, Missionnaires Apostoliques, communiquera incessamment au Procureur-Général les Bulles de Notre Saint Pere le Pape, qui ordonnent de faire célébrer la Fête de Saint-Dominique, pour, ses conclusions prises, être par le Conseil ordonné ce que de raison.

Cette Fête n'eut plus lieu.

EXTRAIT d'une Lettre du Ministre à M. MITHON, touchant les Biens de la Mission des Capucins ; et Avis de ce dernier sur la destination d'une partie de ces Biens pour aider les Jésuites.

Des 27 Août 1710, et 7 Février 1711.

COMME les Biens que les Capucins avoient autrefois à Saint-Domingue, ont été destinés pour la décoration des Eglises, feu M. Deslandes fit donner aux Peres Jésuites quatre Negres et 2000 livres ; ils m'ont assuré qu'ils en ont fait un fort bon usage ; ainsi il ne faut rien changer à ce qui a été fait par M. Deslandes à cet égard, à moins que vous n'y trouviez quelqu'inconvénient, auquel cas vous aurez soin de m'en informer.

Avis de M. Mithon.

Non-seulement il n'y a point d'inconvénient, mais il est au contraire très-juste que ces quatre Negres et ces 2000 liv. provenans des Biens des Capucins soient attribués aux RR. PP. Jésuites pour les aider dans le nouvel Etablissement de leur Mission en cette Colonie, auquel ils ne peuvent subvenir par eux-mêmes, étant naturel que ce Bien retourne au principe d'où il est venu.

EXTRAIT de la Lettre du Ministre à M. MITHON, touchant les Corvées pour le Bien public et la Sûreté de la Colonie.

Du 27 Août 1710.

COMME il y a des réparations et ouvrages pressés qui ne peuvent se différer sans exposer la Colonie, tels que des Retranchemens dans des endroits de descentes, des Embrasures aux Batteries et autres de cette espece, il est nécessaire que vous proposiez à M. de Choiseul de les examiner et de les régler, et que vous cherchiez les moyens les moins à charge aux Habitans pour les faire, en y employant quelques-uns de leurs Negres dans les temps pu'ils peuvent les donner, sans les détourner entiérement de leur culture; sur quoi vous devez observer que les Negres des Officiers, et ceux des Ecclésiastiques y sont sujets de même que les autres, sur le principe qui vous a déjà été expliqué, qu'il n'y a aucune exemption pour tous les Services qui regardent la sûreté de la Colonie et le bien public.

Collationné à l'original. *Signé* MITHON.

EXTRAIT de la Lettre du Ministre à M. le Comte DE CHOISEUL, touchant une amende prononcée contre le Procureur-Général du Conseil de Léogane.

Du 27 Août 1710.

J'AI été informé qu'on a voulu contraindre le Procureur-Général de Léogane de servir de Cavalier de Piquet; et que ne s'y étant pas présenté, on l'a contraint de payer, par ordre de M. de Brach, une amende de deux piastres. Vous devez savoir que cet Officier est exempt de ces sortes de Corvées, et je ne saurois penser que ce soit par votre ordre que ledit sieur de Brach ait agi; mais j'ai été très-surpris qu'en ayant reçu des plaintes, vous n'ayez point réprimé cette violence. Je dois vous dire que l'intention de Sa Majesté est que vous fassiez rendre à cet Officier les deux Piastres qu'on lui a fait payer fort mal-à-propos, et que vous donniez beaucoup d'attention à l'avenir que pareille chose n'arrive plus. Sa Majesté est très-mal satisfaite des violences que vous faites aux

Officiers de Justice ; elle desire que vous ayez pour eux les égards qui sont dûs au caractere dont elle les a honorés, et que vous leur donniez dans les occasions, toute la protection dont ils auront besoin. Vous devez songer qu'étant à la tête du Conseil Supérieur, comme vous y êtes, vous ne sauriez trop en relever la dignité et le pouvoir ; vous ne sauriez faire rien de plus agréable à Sa Majesté, que de vous régler sur ce principe, et je ne saurois trop vous y exciter.

EXTRAIT de la Dépêche du Ministre à M. MITHON, sur un Jugement par lui rendu, en Matiere de Terrein, entre un Habitant et un Lieutenant de Roi.

Du 27 Août 1710.

SA MAJESTÉ a approuvé le Jugement que vous avez rendu au sujet du Terrein qui étoit en contestation entre M. de Brach et la Veuve Thiballier, non-seulement parce que Sa Majesté est persuadée que vous avez rendu justice, mais encore parce qu'elle desire que vous exécutiez l'ordre qu'elle vous a donné, d'empêcher que les Officiers-Majors ne vexent les Habitans ; cependant comme ledit sieur de Brach n'étoit point convenu par écrit de s'en rapporter à votre décision, vous auriez beaucoup mieux fait de le faire juger par la Justice Ordinaire, que de le décider vous-même ; et il faut que vous vous régliez sur ce principe, excepté les occasions où les Officiers éluderont les Jugemens par leur autorité. Quand cela arrivera, ne manquez pas de m'en informer, et je vous enverrai aussitôt les ordres nécessaires pour les terminer.

ARRÊTS du Conseil du Cap, touchant les Droits suppliciés.

Des 1er Septembre, et 8 Octobre 1710.

SUR la Remontrance verbale du Procureur-Général, LE CONSEIL y faisant droit, ordonne qu'il sera fait une répartition sur tous les Negres en général, du Ressort de ce Conseil, tant grands que petits, à raison de 40 sols par tête, lesquels seront payés au sieur de Millot,

Receveur proposé pour ladite Recette, suivant sa Commission à lui accordée par M. Mithon, en date du 20 Février dernier; pour lesquels recouvremens il aura cinq pour cent pour sa Recette, et sera ledit de Millot obligé de faire publier le présent Arrêt dans toutes les Paroisses de son Ressort, auxquelles dites Paroisses il donnera quinze jours de délai pour le paiement desdits deniers, pendant lequel temps de quinzaine, les Habitans seront tenus de payer la Taxe de leurs Negres au Bureau qu'il établira; et à l'égard des Sucriers qui n'ont point d'argent, le Conseil leur permet de faire leur Billet audit Receveur, sur ce qu'il leur conviendra de payer en Sucre, à raison de 4 liv. 10 sols le cent, si mieux n'aiment faire leur Billet en argent; et faute par tous les Habitans, de quelque qualité et condition qu'ils puissent être, de satisfaire dans ledit temps au contenu du présent Arrêt, ils y seront contraints par toutes voies dûes et raisonnables, et sera le présent Arrêt exécuté sans autres formalités de Justice.

Le second Arrêt porte la taxe à 3 liv. par tête de Noir.

ARRÊT du Conseil du Petit-Goave, qui ordonne la Publication du Tarif des Droits de Justice, du 12 Avril 1706, de six mois en six mois.

Du 1er Septembre 1710.

ARRÊT du Conseil Supérieur du Petit-Goave, sur les Ventes par les Esclaves.

Du 1er Septembre 1710.

SUR la Remontrance faite par le Procureur-Général du Roi, qu'il auroit eu avis que, malgré l'Ordonnance de 1685, Articles XVIII et XIX, les Esclaves vendent, tant en public qu'en particulier, des Cannes à Sucre, des Denrées, Fruits, Légumes, Bois à brûler, Herbes pour les Bestiaux, Cassaves, Patates, Ignames, Volailles, même des Bœufs et des Cochons, ce qui cause un tort considérable, etc., LE CONSEIL a donné Acte au Procureur-Général du Roi, de sa Remontrance; en conséquence, a ordonné que les Articles XVIII et XIX de l'Ordonnance l'Ordonnance de 1685 seront exécutés ; défenses à eux de vendre des Cannes à Sucre, même avec la permission, sous peine de confiscation des Cannes et de cinquante livres d'amende pour les Acheteurs pour la premiere fois ; le Conseil a nommé des Gardes par le présent, dans chaque Quartier, pour l'exécution de ce que dessus, auxquels il donne pouvoir de visiter les Billets et Marchandises ; de s'en saisir, et dresser Procès-verbaux à l'occasion de ceux qui les acheteront ; défenses à aucuns de les troubler dans l'exercice de leurs fonctions, etc.

ARRÊT du Conseil du Cap, touchant les Exécutoires de Dépens.

Du 2 Sepembre 1710.

ENTRE le sieur Thévenot, Appellant ; contre le sieur Briard, Intimé. Ouï les Parties, etc. ; et attendu que le Juge dont est Appel a décerné ledit Exécutoire sans Mémoire des frais signifié, ni sans Assignation donnée à la Partie, mais seulement sur des Pieces volantes, LE CONSEIL lui fait défenses d'en user ainsi à l'avenir, et lui enjoint de suivre l'Ordonnance à cet égard.

EXTRAIT de la Lettre du Ministre à M. DE PHELYPEAUX, Gouverneur-Général des Isles, touchant, 1°. les Chasses de Negres Marons ; 2°. la liberté laissée aux Officiers Parlementaires ; 3°. les Milices ; et 4°. les Cartels avec les Isles Ennemies, pour l'Echange des Prisonniers.

Du 7 Septembre 1710.

M. de Vaucresson m'a informé que le peu d'attention qu'on a eu depuis quelque temps aux Isles, de faire faire des Chasses générales sur les Negres Marons, les a rendus si insolens, que le nombre en augmente journellement, et qu'ils attaquent même les Habitans qui, pour la nécessité de leurs affaires, sont obligés de marcher de nuit ; comme une pareille licence pourroit avoir des suites très-dangereuses, sur le compte que j'en ai rendu au Roi, Sa Majesté m'a ordonné de vous faire savoir que son intention est que vous fassiez faire régulierement trois ou quatre fois l'année, au moins, des Chasses générales sur ces Negres Marons, et que vous preniez d'ailleurs toutes les précautions pour réprimer leur insolence et le libertinage ; et comme le manque d'attention que les Maîtres ont à les contenir, peut être cause en partie de ce désordre, il faut que vous leur fassiez entendre que s'ils n'y apportent pas plus de soin, non-seulement vous les rendrez responsables de la conduite de leurs Negres, mais même que vous les ferez châtier sévérement ; c'est le seul moyen de réveiller l'attention des Habitans ; et je suis persuadé que vous y donnerez une vive application ; que vous rétablirez toutes choses dans le bon ordre ; c'est ce que je ne puis trop vous recommander.

La facilité qu'on a eue aux Isles depuis quelque temps, de permettre aux Officiers ennemis qui commandent les Parlementaires, et ceux qui les accompagnent, d'aller sur les Habitations avancées dans les Terres, pourroit avoir des suites dangereuses, par la connoissance qu'ils peuvent prendre de la force et de l'état du Pays ; et les liaisons qu'ils pourroient y faire pourroient les porter à faire des descentes. Pour remédier à de pareils abus et en prévenir les suites, Sa Majesté desire que vous y teniez exactement la main, et que vous empêchiez absolument que les Officiers et autres Gens qui iront sur les Parlementaires, ne puissent prendre aucune connoissance ni aucuns éclaircissemens du Pays ; vous en connoissez trop bien l'importance, pour n'y pas donner une vive attention.

Sa Majesté est informée que quoique les Milices des Isles s'aguerrissent par le moyen de la Course, où les jeunes Créoles vont, elles sont néanmoins très-mal disciplinées, et il est nécessaire qu'on les voie de temps en temps sous les armes, tant pour leur apprendre la maniere de combattre en cas d'attaque, que pour examiner s'ils sont tous bien armés et s'ils ont des Munitions de Guerre, Sa Majesté est persuadée que vous remédierez à tout cela, et que vous aurez attention que les Commandans des Postes, les Colonels et les Majors aient soin d'assembler et de voir sous les armes les Régimens le plus souvent qu'il sera possible.

M. de Gabaret m'a informé que le Gouverneur de la Jamaïque faisoit passer en Angleterre les Prisonniers François, quoiqu'ils dussent être échangés, sans leur faire faire ce voyage, ainsi que cela a été pratiqué à la Martinique ; à l'égard des Prisonniers de la Jamaïque qui ont été traités comme ceux des autres Isles avec lesquels il y a des Cartels, M. de Galaret a cru, par droit de représaille, devoir faire passer en France tous les Prisonniers de la Jamaïque qui se sont trouvés à la Martinique ; et Sa Majesté l'a approuvé, et Elle desire que vous continuiez d'en agir de même jusqu'à ce qu'il y ait un Cartel. Il seroit à propos qu'il y en eût un avec toutes les Isles ennemies ; et il faut que vous cherchiez les moyens de le faire proposer aux Gouverneurs avec lesquels il n'y en a point ; mais vous devez avoir beaucoup d'attention d'agir dans tout cela avec beaucoup de ménagement, de sagesse et de dignité, de maniere à ne point vous commettre.

Si vous pouvez parvenir à faire ce Cartel, il faut que vous ayiez l'attention de faire comprendre, s'il est possible, les Isles de Saint-Domingue et de Cayenne, afin qu'il soit général. Je vous prie de m'informer des mesures que vous prendrez sur tout cela.

ORDONNANCE des Administrateurs, pour le paiement de la Pension des Curés dans la Dépendance du Cap.

Du 12 Septembre 1710.

LE Comte de Choiseul, etc.

Jean-Jacques Mithon, etc.

Ayant été informés que les Habitans du Quartier du Cap n'ont aucune exactitude à payer les Pensions des Curés ; les uns par la faute des Marguilliers qui ne se donnent aucuns soins de lever les deniers imposés à chacun des Paroissiens ; les autres par mauvaise volonté, prétendant donner du Sucre à un prix excessif au lieu d'argent ; ensorte que dans la revente il s'y trouve plus de la moitié de perte, ce qui diminue à près de moitié la Pension desdits Curés, qui est déja très-modique, et les contraindroient infailliblement de quitter leurs Cures, pour n'avoir pas les besoins nécessaires à la vie ; à quoi étant nécessaire de remédier, nous ordonnons à tous les Habitans dudit Quartier du Cap de payer en argent, et d'avance, Quartier par Quartier, les sommes réparties sur chacun d'eux pour la Pension alimentaire desdits Curés, ainsi qu'il se pratique en ce Quartier ; et à l'égard de ceux qui objecteroient n'avoir que du Sucre, leur permettons de payer en cette Marchandise sur le pied de 4 liv. seulement, pour qu'il ne puisse y avoir de perte dans la revente ; rendons les Marguilliers responsables desdites Pensions qu'ils seront tenus de payer, ainsi qu'il est dit Quartier par Quartier, en faisant contre les Habitans qui manqueront de s'acquitter d'une dette si légitime toutes poursuites et contraintes, leur donnant pouvoir de saisir même leurs Negres, et de les vendre par encheres publiques au défaut de paiement ; ordonnons en outre auxdits Marguilliers de faire les levées de ce qui peut être dû des années précédentes dans trois mois de ce jour, et de nous envoyer la Liste de ceux qui n'y auront pas satisfait, aucun ne pouvant prétendre d'exemption pour le paiement desdites Pensions; enjoignons au sieur de Charite, Gouverneur de Sainte-Croix, Commandant au Cap, et au Procureur-Général dudit lieu, de tenir la main à l'exécution de la présente Ordonnance qui sera lue, publiée, etc.

Signés CHOISEUL-BEAUPRÉ et MITHON.

ORDONNANCE de M. le Général, touchant les Arbres plantés au Petit-Goave et la Police de ce lieu.

Du 16 Septembre 1710.

LE Comte de Choiseul, etc.

Sur la connoissance que nous avons que les Magasiniers de ce Bourg ont par leur négligence laissé perdre les Arbres que le sieur Cauvet, Ingénieur en Chef de la Colonie, avoit fait planter devant leurs Magasins, et qu'ils ne prenoient aucun soin de faire nettoyer le Terrein qui se trouve devant eux, nous leur ordonnons de faire planter d'autres Arbres en place des premiers au choix dudit sieur Cauvet, auquel ils seront tenus de les représenter, de les arroser tous les jours, et prendre les précautions convenables pour les faire revenir, et de nettoyer et entretenir le devant de leurs Magasins la longueur de 80 pieds sur la Place d'armes dans l'espace de quinze jours de la publication des Présentes pour tout délai, à peine de 30 liv. d'amende pour la premiere fois, et de pareille somme de quinzaine en quinzaine en cas de contravention jusqu'à l'exécution; ordonnons pareillement à ceux qui ont marqué des emplacemens de faire également planter des Arbres, et de nettoyer devant iceux dans un mois de ce jour pour tout délai, faute de quoi ils seront donnés à d'autres; défendons à toutes personnes de quelle qualité et condition qu'elles soient de laisser courir leurs Chevaux dans la Place d'armes et de les y faire paître autrement qu'à l'attache et loin des Arbres, sous peine de 30 liv. d'amende pour la premiere fois et de confiscation des Chevaux en cas de récidive, toutes les amendes applicables à l'Hôpital de ce lieu; ordonnons au premier Huissier ou Sergent sur ce requis, de lire, publier et afficher la présente Ordonnance et de la mettre à exécution envers les Contrevenans à la requisition du Procureur du Roi. DONNÉ au Fort du Petit-Goave, ect. *Signé* CHOISEUL-BEAUPRÉ.

Arrêt du Conseil du Petit-Goave, sur le Commerce de l'Orfévrerie et les Ventes par les Esclaves.

Du 6 Octobre 1710.

Sur la Remontrance faite au Conseil par le Procureur-Général du Roi, qu'il avoit eu avis que plusieurs Orfevres, établis dans le Ressort de ce Conseil, achetent publiquement des Negres Esclaves, des matieres d'Or ou d'Argent, soit brûlé, en morceau rompu, etc. ce qui donnoit occasion auxdits Esclaves de voler chez leurs Maîtres; que même plusieurs Particuliers se sont plaints que dans l'Argenterie qu'ils achetoient ou faisoient faire par lesdits Orfevres, ils en trouvoient beaucoup de mauvaise par l'alliage d'autres métaux; lesquels abus il étoit nécessaire de prévenir, pour ce requéroit, etc.; l'affaire mise en délibération, le Conseil a donné Acte au Procureur-Général du Roi de sa Remontrance, et y faisant droit a fait et fait de très-expresses inhibitions et défenses à tous Orfevres et autres personnes d'acheter des Negres Esclaves aucune Argenterie, soit cassée, rompue, brûlée ou autrement, en quelque maniere que ce puisse être, sans une permission expresse de leur Maître, à peine de 500 livres, et de plus grande peine s'il y échet; leur fait pareillement défenses de vendre à l'avenir aucune piece d'Or ou d'Argent qu'elle ne soit marquée de leur Poinçon, ou marque ordinaire, à peine de confiscation de celles qui ne se trouveront point marquées desdites marques, et de 500 livres d'amende; à cet effet a ordonné et ordonne que dans un mois, à compter de ce jour ou celui de la publication de l'Arrêt, ils mettront au Greffe de la Juridiction des lieux de leur domicile une empreinte de leur Poinçon, avec la déclaration de ne point se servir d'autres à l'avenir; fait pareilles défenses de fabriquer à l'avenir aucuns Ouvrages qu'ils n'emploient de l'Argent au titre de Paris, sans pouvoir être à un titre plus bas, à peine de confiscation desdits Ouvrages, et de pareille somme de 500 livres; et afin que lesdits Orfevres n'en puissent prétendre cause d'ignorance, ordonne que le présent Arrêt sera lu, publié et affiché, etc.

ARRÊT du Conseil du Cap, qui ordonne que les Ouvriers Charpentiers, Maçons et autres qui travaillent pour les Habitans, seront tenus d'accepter leur paiement en Sucre.

Du 6 Octobre 1710.

VU par le Conseil la Remontrance du Procureur-Général; LE CONSEIL faisant droit pour éviter la ruine des Habitans Sucriers, lesquels faute d'argent seroient obligés de laisser leur bien en friche, ce qui feroit un tort considérable à l'Etablissement de la Colonie, a ordonné et ordonne que les Billets qui seront conçus pour les Travaux faits pour les Manufactures des Sucreries et Moulins seulement, seront taxés en Sucre sur le même pied qu'il a été réglé pour les Droits Curiaux; et sera le présent Arrêt exécuté, lu, publié et affiché, etc.

COMMISSION de Premier Conseiller, Lieutenant-Général Civil, Criminel et de Police et Garde-des-Sceaux, donnée par la Compagnie de Saint-Domingue au sieur SIMONET DE LIENCOURT.

Du 13 Octobre 1710.

LES Directeurs-Généraux de la Compagnie Royale de Saint-Domingue, à tous ceux qui ces présentes Lettres verront : SALUT. Savoir, faisons que pour la grande confiance que nous avons en la personne de Me Nicolas-François Simonet de Liencourt, Avocat au Parlement de Paris, en ses sens, suffisance, loyauté, capacité, expérience, intégrité, conversation, bonnes moeurs, Religion Catholique, Apostolique et Romaine; nous lui avons donné et octroyé, comme par ses Présentes, nous lui donnons et octroyons, en vertu des Lettres-patentes de Sa Majesté à nous accordées au mois de Septembre 1698; savoir, les Offices de notre Premier Conseiller, Lieutenant-Général Civil et Criminel, Lieutenant-Général de Police, et de Garde-des-Sceaux de Justice de notredite Colonie de Saint-Domingue, aux honneurs, autorités, prérogatives, prééminences, privileges, franchises, exemptions, libertés, pouvoirs, fonctions, droits, fruits, profits, revenus et émolumens, tels que les Ordonnances Royaux les attribuent à pareils Offices suivant les Réglemens faits pour les Isles de l'Amérique, conformément aux Us et Coutumes de Paris; et en outre les Gages de 400 livres que nous avons bien voulu y attacher à condition de ne prendre aucune rétribution des affaires qui regardent la Compagnie en son particulier, lesquels sur sa quittance lui seront payées chaque année, et à la fin d'icelle, tant qu'il exercera lesdits Offices, par le sieur Moliere, notre Directeur en ladite Colonie, et ses Successeurs en la Direction d'icelle; quoi faisant et sur la représentation qu'il nous en fera, nous lui passerons en ses comptes pour argent comptant; et afin que ledit Me de Liencourt puisse conserver entre nos Vassaux en ladite Colonie la paix et union si désirable pour leur utilité particuliere, leur augmentation, et mettre ses Sentences et Réglemens en exécution, nous ordonnons à tous et un chacun en particulier nos Officiers de notre Domaine de Guerre à qui il aura recours pour cela de lui prêter main-forte autant qu'il sera en leur pouvoir, à peine de porter en leurs noms les dépens, dommages et intérêts que par leur refus ils auront occasionnés; et pour que ledit Me de Liencourt puisse à son arrivée en notredite Colonie prendre une entiere possession des Offices susdits, nous révoquons ceux qu'en notre nom pourroient y avoir établi nos Officiers sur nos pouvoirs, et ceux qui par leur tolérance se seroient immiscés en l'exercice de quelqu'un d'iceux, voulant que ledit Me Simonet de Liencourt en demeure seul pourvu; et pour ce qui regarde notre sûreté et celle de nos Vassaux, nous avons cejourd'hui pris et reçu le Serment dudit Me Simonet de Liencourt qu'il a prêté en nos mains de régir et exercer lesdits Offices suivant la Coutume de Paris et les Ordonnances Royaux de France, à peine d'encourir en sa personne et biens les peines que lesdites Ordonnances prononcent contre les Juges y soumis qui y contreviennent; après quoi, et nous avoir en outre juré en son ame n'avoir aucun parent ni allié aux dégrés prohibés par lesdites Ordonnances actuellement pourvu d'aucun Office de Judicature en notredite Colonie; et pour que nos Officiers et Vasseux d'icelle ne puissent faire aucune difficulté de le reconnoître en exercice des susdites Charges, nous lui avons accordé les Présentes pour en vertu d'icelles en jouir aux conditions susdites, tant et si longuement que nous n'y en pourvoirons pas d'autres; lesquelles restant en la meilleure forme qu'il nous est possible, nous les avons signées, fait contre-signer par le Secrétaire de notredite Compagnie Royale, et sceller du Sceau de nos Armes, que nous lui avons remis en notre Bureau général. A Paris, etc.

R. au Conseil de Léogane, le 2 Mars 1716.

RÉGLEMENT du Roi, pour les Fonctions des Trésoriers et Contrôleurs particuliers des Invalides de la Marine, et Apostilles et Ordonnance des Administrateurs sur icelui.

Des 15 Octobre 1710 et 15 Juin 1714.

LE Roi voulant que les Trésoriers et Contrôleurs particuliers des Invalides de la Marine, ou les Commis à l'exercice des Offices établis dans les Ports du Royaume, remplissent et exécutent très-exactement toutes les fonctions ordonnées par l'Edit du mois de Mai 1709, Sa Majesté a résolu le présent Réglement ainsi qu'il suit :

Les Ecrivains principaux dans les Quartiers de Léogane et du Cap, et le Garde-Magasin au Petit-Goave, feront fonction de Commissaire; le Trésorier de la Marine fera fonction de Trésorier, et y employera ses Commis dans les Quartiers. Comme il n'y a point de Contrôleur en cette Isle, les Commis que le Trésorier commet dans lesdits Quartiers, auront le demi pour cent pour leur peine.

1°. Le Trésorier particulier des Invalides de la Marine, recevra les quatre deniers pour livre à eux attribués sur les Gages des Equipages de tous les Bâtimens, sans exception, faisant Commerce, et de ceux armés pour la Course, comme aussi sur le montant des Prises; et ce à commencer du premier Juin 1709.

1°. *Les six deniers pour livre seront levés, conformément à l'Edit du mois de Mars 1713, sur les Gages des Equipages de tous les Bâtimens qui seront armés à la Côte Saint-Domingue, faisant Commerce, ou la Course même de ceux qui vont à la pêche, comme aussi sur le montant des Prises; et cela seulement à commencer du premier Mai 1714; que le Réglement du mois de Mars 1713, est parvenu à Saint-Domingue, où l'Edit en a été enregistré, les quatre deniers pour livre ayant été levés sur les Prises amenées à la Côte, et sur les Bâtimens qui ont armé depuis le premier Novembre 1712, dont il sera tenu compte.*

2°. Le Commissaire de la Marine et des Classes, lui remettront à cet effet un double des revues qu'ils ont été obligés de faire avec toute l'exactitude possible, contenant les noms de tous ceux qui composent lesdits Equipages, et le montant des Gages d'un chacun en particulier, soit qu'ils soient engagés au Mois ou aux Voyages desdits Bâtimens, à peine de de trente livres d'amende, au profit du Roi, contre ceux des Capitaines qui y manqueront, et lesdits Commissaires iront à bord faire leur revue des Equipages, excepté sur les Corsaires, où il n'est pas possible de le faire, à cause que les Bâtimens vont ordinairement prendre les Flibustiers dans des endroits écartés; mais l'Armateur sera tenu de remettre auxdits Commissaires les Rôles qui y seront tenus.

2°. *Les Personnes faisant les fonctions de Commissaire, tant au Cap qu'à Léogane, et le Garde-Magasin du Petit-Goave, seront avertis du départ de tous les Bâtimens, sans exception, trois jours auparavant, par les Capitaines.*

3°. A l'égard des Equipages qui sont à la part, les Maîtres des Bâtimens et les Négocians pour lesquels ils seront engagés, leur retiendront sur ce qui doit leur revenir; savoir, vingt sols par mois à chaque Capitaine, Maître ou Patron; dix sols à chaque Officier Marinier, et cinq sols à chaque Matelot indifféremment; et ce pour autant de temps que durera le Voyage, dont les Propriétaires des Bâtimens et ceux qui les auront équipés, demeureront responsables en leurs noms, et ils seront tenus de remettre les fonds qui proviendront desdites retenues, entre les mains du Trésorier particulier des Invalides du Département, où les Armemens auront été faits après le retour des Bâtimens; c'est sur quoi le Trésorier obtiendra leurs soumissions avant le départ des Bâtimens.

3°. *Les Equipages des Corsaires et autres Bâtimens qui seront armés à Saint-Domingue pour faire le Commerce, à la part, payeront, au lieu de six deniers pour livre, suivant l'Edit du mois de Mars 1713; savoir, les Capitaines, trois livres; les Officiers Mariniers, quinze sols; et les Matelots, sept sols six deniers, chacun par mois pendant le temps que le Voyage durera, dont les Propriétaires des Bâtimens demeureront responsables en leurs noms; lesquels seront tenus de remettre les fonds qui proviendront desdites retenues, entre les mains du Trésorier particulier des Invalides du Département, où les Armemens auront été faits après le retour des Bâtimens; c'est sur quoi le Trésorier retiendra leurs soumissions avant le départ desdits Bâtimens.*

4°. Les Propriétaires et Armateurs des Bâtimens étant tenus de retenir par leurs mains quatre deniers pour livre de toutes les avances qu'ils font aux Equipages au Mois ou Voyage, pour les remettre trois jours après le départ des Bâtimens, et le restant dans le même délai, après leur retour, entre les mains du Trésorier des Invalides du Port où aura été fait l'Armement; il en fera le recouvrement dans ce délai, et sans qu'il puisse l'étendre plus loin.

4°. Cet article sera suivi pour les Bâtimens armés à Saint-Domingue, et qui y font leur retour; mais à l'égard de ceux qui ont désarmé ailleurs, et dont le Voyage doit être consommé à leur arrivée en France, les Capitaines ne payeront au Trésorier que les six deniers pour livre des avances seulement qu'ils auront faites à leurs Equipages, et compteront du surplus des Gages dans les Ports où ils arriveront; la même chose sera pratiquée envers les Matelots qui seront pris à Saint-Domingue en remplacement par les Bâtimens venus de France.

5°. Il fera dès à présent toutes les diligences nécessaires pour se faire remettre, sans aucun délai, toutes les sommes qui sont dues et qui ont été retenues par les Propriétaires des Bâtimens chargés pour le Commerce, et armés en Course depuis le premier Juin 1709.

5°. Cette Recette ne peut avoir lieu que pour les quatre deniers pour livre et que du premier Novembre 1712, que ledit Article est enregistré, et pour les six deniers du premier Mai 1714, pour les raisons énoncées à l'Apostille du premier article.

6°. Il se chargera de ce recouvrement sur le Registre qu'il tiendra à cet effet, et il en fournira ses quittances qui seront contrôlées par le Contrôleur à la Recette du Trésorier.

6°. Cet article sera suivi, à commencer dudit jour premier Novembre 1712, à l'exception que ces quittances ne seront point contrôlées, n'y ayant point de Contrôleur de la Marine, et il n'y auroit pas de quoi le payer, si on en établissoit un, le demi-denier étant attribué aux Commis particuliers du Trésorier, qui feront ces Recettes dans chaque Quatier.

7°. Les quatre deniers pour livre sur le montant des Prises faites en Mer, seront remis aux mains du Trésorier particulier de chaque Amirauté, par ceux qui seront chargés de la vente, et immédiatement après qu'elle aura été faite; ils demeureront responsables en leurs noms du montant de ces quatre deniers pour livre, jusqu'à ce qu'ils en aient fait la remise au Trésorier, qui leur en donnera des quittances qui seront pareillement contrôlées par le Contrôleur de son Département.

7°. Les Armateurs des Bâtimens et le Quartier Maître des Flibustiers feront la remise des six deniers pour livre, conformément à l'Edit du mois de Mars 1713, sur le montant total des Prises, au Trésorier, qui leur en donnera des quittances qui ne seront point contrôlées, n'y ayant point de Contrôleur.

8°. Le Trésorier particulier observera que, dans les Equipages qui s'engagent à la part, on doit entendre sous le nom d'Officiers Mariniers, les Aumôniers, les Chirurgiens et les Ecrivains, les Subrécargues, les

Commis du fond de cale, les Lieutenans et les Enseignes qui ne payeront chacun que dix sols par mois; à l'égard des Volontaires et des Soldats, ils seront considérés comme des Matelots, et ils payeront chacun cinq sols par mois.

8°. *L'Apostille sera exécutée conformément à l'article ci-dessus, et payeront quinze sols; les Volontaires et Soldats, sept sols six deniers.*

9°. Le Trésorier particulier justifiera de la Recette des fonds des quatre deniers pour livre, provenant des Equipages qui servent à gages, au mois, ou à la part, par les doubles de tous les Rôles qui se produiront au Bureau des Classes; lesquels lui seront remis par les Commissaires qui seront tenus de les certifier; il fera mettre au bas de ces Rôles, par ceux qui lui payeront le montant des quatre deniers pour livre, les ampliations des quittances qu'il leur fournira.

9°. *Cet article sera justifié par les doubles de tous les Rôles que les Capitaines seront tenus de remettre au Greffe du lieu où ils armeront, certifié des Commissaires auxquels ils en remettront un pareil; le reste de l'article sera suivi.*

10°. A l'égard des quatre deniers pour livre sur le produit de la vente des Prises, le Trésorier particulier en justifiera la Recette par les extraits de liquidation de chaque Prise, que le Greffier de l'Amirauté est tenu de lui délivrer en lui payant dix sols par chaque extrait, y compris le papier, suivant l'Arrêt du Conseil du 8 Juillet dernier, au bas desquels extraits le Trésorier fera mettre les ampliations des quittances, par ceux à qui il les fournira, pour le paiement de ces quatre deniers pour livre; lesquelles quittances seront pareillement contrôlées, ainsi que toutes les autres, par le Contrôleur dudit Trésorier, à qui il sera alloué, dans la dépense de son compte, les dix sols qu'il payera au Greffier de l'Amirauté pour chaque extrait de liquidation.

10°. *Comme les Flibustiers séparent à leur arrivée les effets qui leur reviennent pour leur part aux Prises dans ceux des Armateurs, et qu'ils se partagent ordinairement lesdits effets en nature; pour suppléer aux extraits de liquidation qui ne sont point en usage aux Isles sur ces sortes de Prises, il sera fait une estimation du total desdits effets, en présence du Commissaire ou Garde-Magasin, de l'Armateur, et Quartier-Maître, par trois Commerçans qu'ils choisiront; il en sera dressé un Procès-verbal qui sera déposé au Greffe de l'Amirauté; le Trésorier en ce cas en retirera une expédition qui justifiera sa Recette; si la vente desdits effets se faisoit juridiquement du consentement de l'Armateur et des Flibustiers, comme cela se pratique quelquefois, il sera délivré par le Greffier une expédition de cette vente ; ledit Trésorier fera mettre les ampliations des quittances au bas de l'expédition de la vente, ou du Procès-verbal d'estimation.*

11°. Tous les fonds, sans exception des quatre deniers pour livre, ne seront employés uniquement que pour le paiement de la demi-solde que Sa Majesté a accordée aux Invalides de la Marine, résidant dans l'étendue de l'Amirauté du Trésorier particulier, qui ne pourra payer cette demi-solde que sur les Etats ou Ordonnances que Sa Majesté fera expédier par le Secrétaire d'Etat, ayant le département de la Marine.

11°. *Il sera tenu compte des fonds à Monseigneur le Comte de Pontchartrain.*

12°. Ce paiement ne sera point valable s'il n'est fait en présence des Commissaires de la Marine et aux Classes et du Contrôleur particulier des Invalides, qui seront tenus de le certifier au bas d'un état, en marge duquel les Invalides qui savent écrire, donneront leurs quittances ; et pour ceux qui ne le savent pas, il en sera fait mention à côté de leurs Articles, et la certification des Officiers tiendra lieu de quittance.

12°. *Item qu'à l'Article précédent.*

13°. Le Trésorier particulier enverra tous les trois mois un état de lui, certifié et signé, au Trésorier-Général en exercice contenant la Recette faite.

13°. *Le Trésorier de Saint-Domingue ne peut envoyer qu'à la fin de chaque année son compte de Recette au Trésorier-Général en exercice.*

14°. S'il lui reste des fonds entre les mains après qu'il aura payé la demi-Solde, il ne pourra les remettre au Trésorier-Général en exercice que sur les ordres que Sa Majesté en fera expédier par le Secrétaire d'Etat ayant le Département de la Marine.

14°. *Il ne sera fait aucune distribution de cet argent sans les ordres de Monseigneur le Comte de Pontchartrain.*

15°. Il ne pourra payer les Pensions et Gratifications que Sa Majesté jugera à propos d'accorder sur les produits des quatre deniers, que sur les Etats et Ordonnance qu'Elle en fera expédier par ledit Secrétaire d'Etat, et sur les quittances de ceux auxquels elles seront accordées, et qui seront contrôlées par le Contrôleur dudit Trésorier, moyennant quoi elles seront passées et allouées dans les dépenses de son compte.

15°. *Item, qu'à l'Article ci-dessus.*

16°. Il rendra compte de sa Recette et Dépense d'une année dans les trois mois de la suivante par-devant ceux que Sa Majesté commettra à cet effet, lequel compte ainsi arrêté lui servira de décharge ; et il en sera fait trois expéditions, l'une pour être remise au Trésorier particulier, la seconde pour rester au Bureau où ledit compte sera arrêté, et la troisieme pour être envoyée au Trésorier-Général des Invalides, avec toutes les Pieces justificatives, pour être employées dans son compte général.

16°. *Le Trésorier particulier rendra ses comptes en cette Isle au Commissaire-Ordonnateur ; le reste de l'Article sera suivi.*

17°. Si la Recette excede la Dépense, il ne pourra disposer de la somme qui lui restera entre les mains que sur les ordres de Sa Majesté.

17°. *Item, sera exécuté.*

18°. Il tiendra trois Registres, dont les feuillets seront paraphés, quand à présent, par l'Intendant de la Marine du Port où résidera le Trésorier particulier; et dans le Port où il n'y a point d'Intendant, par le Commissaire de la Marine ayant le Département des Classes; sur lesquels Registres le Trésorier particulier écrira par jour, sans aucun blanc ni rature, toutes les Recettes et Dépenses qu'il fera.

18°. *Item, sera exécuté.*

19°. Sur le premier Registre il enregistrera d'un côté les sommes qu'il recevra provenant des quatre deniers pour livre, retenus sur les avances qui auront été faites aux Equipages avant le départ des Bâtimens; et à leur retour il transportera l'Article de l'autre côté du Registre, où il fera le compte général de tout ce qui sera provenu de la retenue des quatre deniers pour livre pendant tout le temps du Voyage, en observant de distinguer toujours les Bâtimens dont les Equipages ont été engagés au mois, au voyage ou à la part, lorsqu'il y aura eu de ces Bâtimens péris à la Mer ou pris par les Ennemis, d'en faire mention dans ledit Article, en rapportant en même temps par le Trésorier particulier un Certificat de l'Amirauté, ou les Gens échappés du naufrage, ou de la Prise, auront été faire leur déclaration.

19°. *Item, sera exécuté.*

20°. Le second Registre servira à enregistrer les sommes qu'il touchera des quatre deniers pour livre provenant de la Vente des Prises qui ont été vendues depuis le premier Juin 1709, et qui se feront pendant la Guerre; il expliquera les noms, des Vaisseaux qui les auront faites, le montant de leur Vente et des Rançons.

20°. *Item, sera exécute.*

21°. Il enregistrera sur le troisieme Registre toute la Dépense qu'il fera pour le paiement de la demi-Solde aux Invalides de son Département, suivant les ordres que Sa Majesté fera expédier par le Secrétaire d'Etat ayant le Département de la Marine.

21°. *Item, sera exécuté.*

22°. Le Contrôleur particulier tiendra de pareils Registres, qui seront paraphés de même que ceux du Trésorier, dont il contrôlera et signera toutes les quittances pour la Recette qu'il fera, comme aussi celles qui lui seront fournies pour tous les paiemens qu'il fera.

22°. *Il n'y a point ici de Contrôleur; mais le Trésorier de Saint-Domingue tiendra de pareils Registres, où il rapportera les Recettes faites dans les différens Quartiers.*

23°. Il sera tenu de presser le Recouvrement des sommes qui sont et seront dues pour la retenue des quatre deniers pour livre; et il fera à cet effet toutes les diligences nécessaires pour les faire remettre au Trésorier particulier.

23°. *Ce sera au Trésorier à presser le Recouvrement.*

24°. Le Contrôleur Particulier enverra de trois en trois mois au Contrôleur-Général des Invalides de la Marine en exercice, un Bordereau des Recettes et Dépenses faites par le Trésorier Particulier, qui l'aura dû enregistrer et contrôler. FAIT à Marly, le 15 Octobre 1710.

24°. *Le Trésorier de Saint-Domingue se chargera de ce soin.*

Signé LOUIS, *Et plus bas*, PHELYPEAUX.

LE Comte de Blénac, etc.

Jean-Jacques Mithon, etc.

Vu le Réglement ci-dessus, etc. nos apostilles sur ce qui est praticable dans l'étendue du Gouvernement de Saint-Domingue, nous ordonnons que lesdites appostilles faites en conséquence dudit Réglement et des Edits du Roi, des mois de Mai 1709 et mois de Mars 1713, seront exécutées dans tout leur contenu, et que le tout sera enregistré dans les Greffes des Conseils et Juridictions ressortissantes, lu, publié et affiché par-tout où besoin sera, à la diligence des Procureurs Généraux et de leurs Substituts; prescrivons aux Greffiers d'en tenir une Carte qui sera affichée dans leurs Greffes. DONNÉ à Léogane, le 15 Juin 1714. *Signés* BLÉNAC et MITHON. *Et plus bas*, par Monseigneur BIZOTON; par mondit sieur CAIGNET.

R. au Siege Royal du Cap, le 21 Juillet 1714.

RÉGLEMENT *des Administrateurs, concernant la Perception des Amendes et Confiscations.*

Du 30 Octobre 1710.

LE Comte de Choiseul, etc.

Jean-Jacques Mithon, etc.

Sur ce qui nous a été représenté qu'il se seroit glissé plusieurs abus dans la perception des Amendes et Confiscations ordonnées, tant par les Conseils de cette Isle, que par les Juridictions au profit de Sa Majesté; et des réparations, tant des Auditoires de cesdits Conseils que des Juridictions; que même les Ordonnances des 26 Août et 24 Décembre 1709, rendues sur les Requêtes présentées par Bourgnival, ci-devant Receveur des Amendes, n'auroient eu aucune exécution, soit par la négligence dudit Bourgnival, qui n'en a pas requis l'enregistrement, ou par celle des Greffiers; à quoi étant nécessaire de remédier pour prévenir dans la suite de pareils abus, nous avons fait le Réglement ci-après pour la perception et dépense desdites Amendes et Confiscations.

ART. Ier. Les Receveurs-Généraux des Amendes qui se trouveront en Charge feront incessamment les diligences pour percevoir les sommes dues pour Amendes par les Particuliers suivant les états qui en seront produits par les Greffiers, par saisie de leurs Biens et Effets, même par Corps; et en cas d'insolvabilité desdits Particuliers, seront les Greffiers, pour lors en Charge, poursuivis pour le paiement desdites Amendes qu'ils ont manqué de recevoir, ou qu'ils se sont appropriées, n'en ayant jamais rendu compte.

ART. II. Ordonnons à tous Greffiers, tant des Conseils que des Juridictions de cette Isle, de délivrer auxdits Receveurs en Charge, incessamment et sans délai, dans un mois du jour de la publication de la Présente, un état de toutes les Amendes et Confiscations; des noms, surnoms, qualités et demeures des Personnes amendées, et même les noms de ceux qui étoient pour lors Greffiers depuis l'Etablissement des Conseils Supérieurs de Léogane et du Cap jusqu'à ce jour.

ART. III. Prescrivons à tous lesdits Greffiers de remettre tous les trois mois auxdits Receveurs un état des Amendes et Confiscations qui seront ordonnées dans la suite, à commencer du premier Avril 1711, dont ils retireront un Certificat pour leur décharge, ce qu'ils seront obligés d'exécuter sans aucune signification ni sommation préalablement faite à la requête desdits Receveurs, à peine de 500 livres d'amende contre les contrevenans pour la premiere fois.

ART. IV. Faisons défenses aux Greffiers des Conseils de délivrer dans la suite aucun relief d'appel à qui que ce soit qu'il ne leur ait au préalable apparu de la consignation de l'Amende par un reçu desdits Receveurs.

ART. V. Ordonnons à toutes personnes de quelque condition et qualité qu'elles puissent être, de rendre dans un mois du jour de la publication des Présentes pour tout délai, compte des Biens confisqués au profit de Sa Majesté, desquels ils auront eu la gestion, et d'en payer incessamment le reliquat auxdits Recevers, qui leur en donneront bonne et suffisante décharge en présence des Procureurs-Généraux des Conseils de Léogane et du Cap, et à la diligence des Procureurs du Roi.

ART. VI. Les Greffiers, tant desdits Conseils que des Juridictions, donneront avis auxdits Receveurs des Confiscations qui seront adjugées par Arrêt ou Sentence dans huit jours de ladite adjudication pour tout délai, sans qu'il soit besoin pour ce d'aucune signification ni sommation que de sa présentation au Greffe, à peine de 500 liv. d'amende.

ART. VII. Ordonnons auxdits Receveurs-Généraux de rendre compte tous les trois mois, à commencer du premier Janvier prochain, à nous Commissaire-Ordonnateur susdit, ou à ceux qui nous succéderont, tant des Amendes que des Confiscations, lesquels comptes seront par nous arrêtés et clos tous les trois mois; défendons auxdits Receveurs de payer aucuns deniers de la Caisse, tant des Amendes et Confiscations que sur les Ordonnances qui en seront rendues par nousdit Ordonnateur, à peine de radiation et de payer deux fois, à la réserve de l'Exécuteur de la Haute-Justice qui sera payé sur les Procès-verbaux des Exécutions qu'il remettra auxdits Receveurs, et dont le compte sera arrêté toutes les années par les Procureurs-Généraux; ordonnons que le présent Réglement contenant sept Articles sera enregistré aux Greffes des Conseils Supérieurs de cette Isle, et des Juridictions, lu, publié et affiché, etc.

Signés CHOISEUL-BEAUPRÉ et MITHON.

R. au Conseil du Petit-Goave, le 4 Novembre 1710.

Et à celui du Cap, le 28 Février 1711.

ARRÊT

ARRÊT du Conseil du Cap, qui suspend des Lettres d'Emancipation par lui accordées à des Mineurs, attendu leurs dépenses et l'état obéré de leurs Biens; leur défend de se mêler de la Gestion de leurs Habitations; leur fixe une Pension, et défend de leur rien vendre, si ce n'est de l'agrément de leur Curateur.

Du 10 Novembre 1710.

VU la Requête, LE CONSEIL y faisant droit, ordonne que les Lettres d'Emancipation ci-devant accordées auxdits Mineurs, seront suspendues jusqu'à ce que les dettes soient liquidées et partages faits; que quant à la Pension, le Conseil alloue à la Demoiselle de Grasse 1500 l. de pension en Sucre pour chacune année, et au sieur Chevel son frere cent pistoles aussi en Sucre, au prix courant du Commerce; en outre une Négresse et un Negre à ladite Demoiselle de Grasse pour la servir, et un Negre au sieur Chevel; leur faisant défenses de se mêler en aucune maniere de la régie des Biens de l'hérédité et des substitutions, sur lesquelles il sera incessamment mis un bon Econome ou Commandeur, qui sera choisi du consentement dudit Procureur-Général, et suivra les ordres qui lui seront donnés par le sieur Chopin; fait en outre défenses à tous Cabaretiers, Marchands et autres de rien fournir auxdits Mineurs sans le consentement exprès dudit Chopin, leur Curateur, à peine de perdre leur dû; et sera le présent Arrêt lu, publié et affiché par-tout où besoin sera. DONNÉ, etc.

ARRÊT du Conseil du Cap, qui ordonne une Levée dans le Quartier de l'Acul pour payer la Nourrice d'un Enfant abandonné.

Du 10 Novembre 1710.

ENTRE Me Dauvaise, Procureur du Roi de la Juridiction Royale du Cap, comparant en sa Personne d'une part.

Contre la nommée Jouanneau, dite David, comparant en sa Personne d'autre part; ouï ladite David qui affirme par serment que l'Enfant en question appartient au nommé Jean Prevôt, dit Saintonge, natif de

Saintes ; le Conseil a déchargé le sieur Duplanty de l'accusation contre lui formée, sans dépens ; et attendu la misere dans laquelle se trouve ladite David, LE CONSEIL ordonne qu'il sera fait une Levée dans la Paroisse de l'Acul pour payer la Nourrice qui a nourri ledit Enfant pendant l'absence de sa mere, et les frais avancés par ledit Procureur du Roi, suivant le mémoire qu'il en fournira. DONNÉ au Cap, etc.

ARRÊT du Conseil d'Etat, pour la Réunion des Terreins qui sont en friche.

Du 1er Décembre 1710.

LE Roi étant informé qu'une partie de Terres qui ont été accordées aux Habitans de l'Isle de la Tortue et Côte Saint-Domingue, n'ont point encore été défrichées par leur négligence, ou parce qu'en ayant demandé une étendue trop considérable, ils ne se sont pas trouvés en état de les cultiver, ce qui cause un préjudice considérable aux nouveaux Habitans, qui trouvent moins de Terre à occuper dans les lieux qui peuvent mieux convenir au Commerce ; à quoi voulant pourvoir, Sa Majesté étant en son Conseil, a ordonné et ordonne que dans six mois, du jour de la date du présent Arrêt pour toute préfixion et délai, les Habitans de l'Isle de la Tortue et Côte Saint-Domingue, qui ont encore quelque partie de leur Terre en friche, seront tenus de les mettre en culture de Sucre, d'Indigo, Vivres et autres Denrées nécessaires pour la subsistance ou le Commerce de la Colonie ; faute de quoi et ledit temps passé, veut Sa Majesté qu'elles soient réunies à son Domaine, à la diligence des Procureurs-Généraux des Conseils Souverains de Léogane et du Cap ; et sur les Ordonnances qui en seront rendues par le Gouverneur de ladite Isle la Tortue et Côte Saint-Domingue, et par le Commissaire-Ordonnateur qu'elle a pour ce Commis, pour être ensuite par eux fait des nouvelles Concessions desdites Terres en la maniere accoutumée. FAIT au Conseil d'Etat, etc.

R. au Conseil du Petit-Goave, le 9 Juin 1711.

Et à celui du Cap, le 21 Juillet suivant.

ORDONNANCE des Administrateurs, qui enjoint aux Habitans qui ont des Places proche les Hâtes de les clorre, et défend de chasser près ces Hâtes ni d'en tuer les Bestiaux.

Du 1er Décembre 1710.

Vu la Requête à nous présentée par plusieurs Habitans du Cap, qui ont établi des Hâtes et Corails, contenant que les Chasseurs vont jusqu'à leurs Hâtes tuer leurs Bestiaux et Cochons; et que les petits Habitans à qui on accorde des Concessions voisines desdites Hâtes et Corails, au lieu de se clorre comme il leur est prescrit, se contentent de planter quelques Vivres pour avoir occasion de tuer les Bestiaux des Hâtes voisines; à quoi étant nécessaire de remédier, cet abus étant très-contraire au bien et à l'avantage de la Colonie; et l'intention de Sa Majesté étant de maintenir et protéger ceux qui ont des Hâtes, ou qui en établiront dans la suite, afin que la Colonie puisse se fournir par elle-même des Bestiaux dont elle aura besoin, sans le secours des Espagnols, qui viennent les vendre dans nos Quartiers, et enlevent par se moyen l'argent comptant du Pays; nous ordonnons aux Habitans qui ont des Places et des Habitations dans le voisinage des Hâtes et Corails, de les clorre et fermer dans l'espace d'un an, du jour de la publication des Présentes; et faute par eux de faire lesdites clôtures, nous déclarons qu'ils ne pourront prétendre aucun dédommagement des Bestiaux qui pourront aller dans leurs Vivres, ni les tuer pour le dommage, sous peine d'en payer trois fois la valeur; défendons à toutes personnes de quelque qualité et condition qn'elles soient, de tuer les Bestiaux desdites Hâtes, à peine de 300 livres d'amende, et d'être extraordinairement procédé contr'eux, si le cas y échoit, même d'aller à la chasse du Cochon Maron à une demi-lieue près les Hâtes et Corails; ordonnons aux Propriétaires desdites Hâtes et Corails de faire étamper leurs Bestiaux, et de leur couper une oreille, afin qu'ils puissent être reconnus, et de les faire emparquer tous les quinze jours pour les rendre moins farouches; et sera la présente Ordonnance lue, publiée et affichée, etc. DONNÉ à Léogane, le 1er Décembre 1710. *Signés* CHOISEUL-BEAUPRÉ et MITHON.

R. au Conseil du Cap, le 28 Février 1711.

COMMISSION donnée par les Administrateurs au sieur BEAUSSAN, pour être chargé des Intérêts des François auprès du Gouvernement Espagnol à San-Domingo.

Du 1er Décembre 1710.

LE Comte de Choiseul, etc.

Jean-Jacques Mithon, etc.

Le sieur Beaussan de Petit-Bois, ci-devant Directeur de la Compagnie de l'Assiente à la Ville de Saint-Domingue, qui depuis a affermé le Comptoir dudit lieu, ayant en plusieurs occasions rendu service à la Nation, autant qu'il a été en son pouvoir, par les secours qu'il a procuré aux Bâtimens Marchands, Corsaires et autres qui ont abordé audit Saint-Domingue, et par les assistances qu'il a données à ceux qui y ont fait naufrage, ou y ont eu des Procès à soutenir; nous avons estimé ne pouvoir faire un meilleur choix que de la personne dudit sieur Beaussan pour le charger à l'avenir des Intérêts de la Nation Françoise de ladite Ville de Saint-Domingue; et pour cet effet lui recommandons de continuer ses assistances auxdits Vaisseaux François qui seront forcés par le mauvais temps ou par quelqu'accident imprévu d'y mouiller; lui donnons pouvoir de faire arrêter les Soldats déserteurs des Garnisons Françoises de cette Côte qui se trouveront à Saint-Domingue, ou dans les autres Quartiers Espagnols, même dans les Bâtimens Corsaires; de se saisir des Negres Marons des Quartiers François, en payant vingt-cinq piastres aux Espagnols qui les auront arrêtés, suivant la convention faite ci-devant entre M. le Président de Saint-Domingue et M. Ducasse; de poursuivre devant les Juges des lieux les Espagnols qui pourroient s'être emparés desdits Negres, ou leur avoir donné, sans aucun fondement, la liberté, dont nous sommes persuadés qu'il lui sera fait bonne justice; de renvoyer dans les Quartiers François à Léogane, sous bonne Escorte, lesdits Soldats et Negres déserteurs, dont la dépense lui sera remboursée par nos ordres, suivant les états qu'il nous en produira; lui ordonnons d'avoir pour M. le Président qui commande audit lieu, et pour M. Landeche, toutes les déférences dues à leur caractere, et de vivre avec eux dans l'union que demande l'Alliance des deux Couronnes; prions M. le Président, M. Landeche et tous autres qui sont en autorité, de favoriser ledit sieur Beaussan, et de lui donner tous secours et assistances dans les occasions qui se présenteront pour l'exécution des ordres à lui donnés. DONNÉ à Léogane, etc.

Signés CHOISEUL-BEAUPRÉ et MITHON.

ORDONNANCE *de M. l'Intendant, touchant les Boucheries.*

Du 10 Décembre 1710.

JEAN-JACQUES MITHON, etc.

Vu la Requête à nous présentée par le sieur Lefevre, Adjudicataire de la Boucherie au Cap, tendante à ce qu'il nous plût le maintenir dans ses droits et empêcher le cours des abus et des préjudices qui lui sont causés par la licence de quelques Particuliers qui s'ingerent de tuer de la Viande, et de la débiter dans le Bourg au mépris des Privileges dudit Fermier, qui est seul en droit de faire valoir la Boucherie; à quoi ayant égard, nous faisons très-expresses défenses à tous Habitans du Bourg, Cabaretiers et autres de vendre ni débiter aucun Bœuf, Veau, Cabrit, Mouton et Cochon franc, à moins que ce ne soit du consentement dudit Fermier, à peine de 50 liv. d'amende, applicable; savoir, un tiers au Roi, un tiers à l'Hôpital, et l'autre tiers au profit dudit Fermier, à la réserve du Cochon Maron qui sera débité à l'ordinaire; permettons toutefois aux Capitaines des Vaisseaux Marchands qui sont dans les Rades d'acheter des Habitans des Bœufs, Veaux, Moutons, Cabrits et Cochons francs en vie pour la subsistance de leurs Equipages, lesquels ils feront tuer à leur Bord, et non autrement, pour éviter tout abus; et faisant droit sur la plainte dudit Fermier contre le nommé Petit, attendu qu'il est suffisamment prouvé par les Enquêtes qui nous ont été présentées, qu'il a vendu des Bêtes à plusieurs Habitans du Bourg contre les Privileges dudit Fermier, nous l'avons condamné à la somme de 50 liv. d'amende seulement pour cette fois, applicable comme ci-dessus; lui défendons de récidiver sous plus grande peine; et sera la présente Ordonnance lue, publiée et enregistrée par-tout où besoin sera, à diligence dudit Fermier. DONNÉ à Léogane, etc. *Signé* MITHON.

R. au Siége Royal du Cap, le 28 Février 1711.

ORDRE du Roi, qui donne le Commandement de l'Isle Saint-Domingue à M. DE VALERNOD, en l'absence de M. DE CHOISEUL.

Du 22 Décembre 1710.

DE PAR LE ROI.

SA MAJESTÉ ayant été informée que la santé du sieur Comte de Choiseul et les affaires particulieres qu'il a en France ne lui permettant pas de rester plus long-temps à Saint-Domingue en qualité de Gouverneur, Elle a jugé nécessaire pour son service d'y faire passer le sieur de Valernod, Gouverneur de la Grenade, pour y commander jusqu'à nouvel ordre; à lui ordonné à cet effet de s'embarquer sur la Frégate la *Thetis*, armée à Brest. Mande Sa Majesté au sieur de Phelypeaux, Gouverneur et Lieutenant-Général aux Isles de l'Amérique, de le faire reconnoître en ladite qualité de Commandant en l'Isle de la Tortue et Côte Saint-Domingue de tous les Officiers et autres qu'il appartiendra. FAIT à Versailles, le 22 Décembre 1710. *Signé* LOUIS. *Et plus bas*, PHELYPEAUX.

RAIMOND-BALTASAR PHELYPEAUX, Lieutenant-Général des Armées du Roi, Conseiller d'Etat, d'Epée, Gouverneur et Lieutenant-Général des Isles de l'Amérique.

PAR ordre du Roi, en date du 22 Septembre 1710, Sa Majesté ayant donné à M. de Valernod le Commandement de l'Isle de la Tortue et Côte Saint-Domingue, il est ordonné à tous Gens de Guerre, Habitans et autres Sujets du Roi de l'Isle de la Tortue et Côte Saint-Domingue, de reconnoître M. Valernod, et lui obéir sans difficulté en tout ce qu'il commandera pour le service de Sa Majesté. FAIT au Fort Royal de la Martinique, le 1er Janvier 1711. *Signé* PHELYPEAUX.

R. au Conseil du Cap, le 17 Février 1711.

Et à celui du Petit-Goave, le 5 Mai suivant.

ORDONNANCE du Roi, qui maintient les Habitans dans la Possession de leurs Terres habituées, dont ils n'ont pas de Concession.

Du 24 Décembre 1710.

SA MAJESTÉ étant informée que les Habitans qui se sont établis dans les Quartiers du Cap Côte Saint-Domingue, auxquels il a été ci-devant accordé des Terres à défricher, ont excédé les Concessions qui leur en auroient été faites; mais ayant été représenté à Sa Majesté que la plus grande partie de ces Habitans ne sont tombés dans ce cas que parce qu'ils n'ont pas eu la précaution de faire arpenter les Terres qui leur ont été concédées; qu'ayant cru de bonne foi que ces excédans étoient de leurs Concessions, ils y ont fait leurs principaux Etablissemens; et que ce seroit les ruiner absolument, si Sa Majesté n'avoit la bonté de les confirmer dans la Possession de ces excédans; à quoi desirant pourvoir, Sa Majesté a ordonné et ordonne que les Habitans qui ont fait leurs principaux Etablissemens, ou qui auront mis en valeur les Terres qui ne sont pas de leur Concessions, seront maintenus dans la jouissance d'icelles; qu'à cet effet il en sera fait des arpentages, sur lesquels il leur sera fait de nouvelles Concessions et seront maintenus dans la jouissance d'icelles par le Gouverneur ou Commandant en Chef, et le Commissaire-Ordonnateur de l'Isle de la Tortue et Côte Saint-Domingue, afin de leur en assurer la propriété, et qu'ils puissent les posséder sans trouble; et à l'égard des Terres qui n'auront pas été mises en valeur ni qui n'auront pas été concédées, comme aussi celles qui en conséquence de l'Arrêt du premier de ce mois, seront réunies au Domaine de Sa Majesté; Elle veut et ordonne qu'elles soient vendues par le Gouverneur et Commandant en Chef, et le Commissaire-Ordonnateur conjointement, à ceux qui voudront les acquérir, et que les deniers qui en proviendront soient employés à des dépenses nécessaires, tant pour les réparations des Magasins, construction des Prisons, Poudriere ou augmentation d'Hôpitaux dans la Colonie; laissant Sa Majesté à la prudence desdits Gouverneur et Commandant en Chef, et Commissaire-Ordonnateur de régler le prix desdites Terres, ainsi qu'il sera le plus convenable; comme aussi de concéder gratis partie desdites Terres aux petits Habitans qui n'auront point d'Etablissement et qui voudroient les cultiver; ordonne au surplus Sa Majesté que l'Arrêt de son Conseil d'Etat, du premier de ce mois, sera exécuté selon sa forme et teneur; enjoint au sieur de Valernod, Commandant en Chef, et au sieur Mithon, Commissaire-Ordonnateur de ladite Isle de la Tortue et Côte Saint-Domingue, de tenir la main, chacun en droit soi, à l'exécution de la présente Ordonnance, qui sera publiée et enregistrée, etc.

R. au Conseil du Cap, le 21 Juillet 1711.

EXTRAIT *de la Lettre du Ministre à MM.* DE VALERNOD *et* MITHON, *qui leur ordonne l'Etablissement d'un Dépôt pour les Archives du Gouvernement et de l'Intendance.*

Du 24 Décembre 1710.

COMME les changemens qui sont arrivés à Saint-Domingue depuis plusieurs années, tant des Gouverneurs que des Commissaires-Ordonnateurs, ont causé beaucoup d'inconvéniens par le peu d'attention qu'on a donné à conserver les Papiers qui étoient entre leurs mains, ce qui ne seroit point arrivé s'il y avoit eu un lieu pour servir de Dépôt; et afin de prévenir de pareils inconvéniens à l'avenir, Sa Majesté desire que vous fassiez mettre des armoires dans les Greffe du Conseil Supérieur, dans lesquelles vous aurez soin de faire remettre tous les titres de propriété des Magasins du Roi, et autres Bâtimens appartenant à Sa Majesté; les Ordonnances concernant la Police, les Troupes et les Finances; les Arrêts et Réglemens concernant les Droits d'Indigo, Droits de Boucheries et de Cabarets; les Registres des Concessions; les Plans et Cartes du Pays et des Fortifications; les doubles des Comptes du Trésor et des Gardes-Magasins, et généralement tous les Ordres et autres Papiers que vous pourrez recouvrer du passé. Vous aurez le même soin pour tout ce qui se fera dans la suite; et lorsqu'il vous sera adressé des Ordres qui pourront être publics, vous les remettrez aussi-tôt dans ces armoires; et à l'égard de ceux qui seront secrets, vous les ferez remettre au moment que la nécessité du secret sera passée. Il est nécessaire que vous soyez très-exacts a exécuter les intentions de Sa Majesté à ce sujet. Vous aurez soin de m'informer de ce que vous ferez.

Cet Etablissement n'a jamais eu lieu.

ARRÊT

ARRÊT du Conseil de Léogane, qui ordonne que la Déclaration du Roi, du 10 Juin 1705, touchant les Libres qui recelent des Esclaves sera publiée et affichée de nouveau.

Du 5 Janvier 1711.

ORDONNANCE de M. l'Intendant, touchant les Boucheries.

Du 20 Janvier 1711.

NOUS Jean-Jacques Mithon, etc.

Ayant fait publier les Droits de Boucherie au Port-de-Paix, et ne s'étant présenté personne aux adjudications, ce qui porte non-seulement préjudice aux Droits du Roi, mais encore au Public, en ce qu'il ne peut se débiter de Viande dans ledit Quartier, à quoi ayant égard, nous permettons à tous les Habitans de tuer des Bestiaux, pour les débiter et vendre au Public, en avertissant la veille le sieur Meauce, Garde-Magasin du Roi audit Quartier, auquel ils seront tenus de payer deux piastres par chaque Bête; défendons à toutes personnes de quelque qualité et condition qu'elles soient de faire tuer ni débiter frauduleusement aucune Bête, sans en avoir donné avis audit sieur Meauce, et sans en avoir payé lesdits Droits de deux piastres, à peine de 50 liv. d'amende pour la premiere fois, et de confiscation de la Bête; et sera la présente Ordonnance enregistrée au Greffe du Port-de-Paix, lue, publiée et affichée, etc. DONNÉ à Léogane, etc. *Signé* MITHON.

R. au Siége Royal du Port-de-Paix, le 12 Février suivant.

Ordonnance *du Roi, concernant la recherche des Nègres Fugitifs passés dans la Partie Espagnole, et qui casse l'Arrêt du Conseil de Léogane, du premier Juillet 1709, à ce sujet.*

Du 2 Février 1711.

Sa Majesté ayant été informée que les Officiers du Conseil Supérieur de Léogane, ont, par Arrêt du premier Juillet 1709, ordonné que les Negres Esclaves appartenant aux Habitans de l'Isle de Saint-Domingue, qui se sont rendus Fugitifs ou Réfugiés dans les Terres Espagnoles, seront ramenés par une personne qui sera commise par le sieur Comte de Choiseul, Gouverneur pour Sa Majesté de ladite Isle de Saint-Domingue, pour faire la recherche desdits Negres, et à laquelle on payera la moitié du prix de ces Negres, suivant l'estimation qui en sera faite par ledit Commis ou Préposé, si mieux n'aiment lesdits Habitans abandonner ledit Negre, et en recevoir la moitié du prix à quoi ils auront été estimés ; et comme cette proposition est très-préjudiciable aux intérêts des Habitans, et qu'il n'appartient point aux Officiers du Conseil Supérieur de rendre de pareils Arrêts, ni ni de faire de tels Réglemens, Sa Majesté desirant y pourvoir et remédier à de pareils abus, a ordonné et ordonne, veut et entend que, sans s'arrêter audit Arrêt du premier Juillet 1709 qu'elle a cassé et annullé, il soit permis aux Habitans qui ont des Negres Fugitifs ou Réfugiés chez les Espagnols, d'en faire eux-mêmes la recherche, ou de la faire faire par telles personnes et à telles conditions qu'ils jugeront à propos ; fait Sa Majesté très-expresses inhibitions et défenses aux Officiers du Conseil Supérieur de Léogane, de les y troubler et de donner de pareils Arrêts à l'avenir, à peine d'interdiction ; enjoint au Gouverneur ou Commandant en Chef, ou Commissaire-Ordonnateur, et à tous autres Officiers, de tenir la main à l'exécution de la présente Ordonnance, qui sera enregistrée dans les Greffes, tant du Conseil Supérieur que des Jurisdictions qui en dépendent, lue, publiée et affichée, etc.

R. au Conseil du Petit-Goave, le 9 Juin 1711.

Et à celui du Cap, le 24 Décembre suivant.

ORDONNANCE du Roi, au sujet des Exécuteurs Testamentaires et des Personnes chargées de Procurations.

Du 2 Février 1711.

DE PAR LE ROI.

SA MAJESTÉ étant informée que les Exécuteurs des Testamens de ceux de ses Sujets qui meurent dans l'Isle de la Tortue et Côte Saint-Domingue; comme aussi ceux auxquels les Sujets du Royaume envoient leurs Procurations pour recueillir les Successions qui leur sont échues dans ladite Isle ne remettent pas fidelement les deniers provenant desdites Successions, dont ils font les recouvremens, qu'ils gardent un temps considérable, en abusant de l'éloignement des lieux qui ne permet pas aux Héritiers ou Légataires de faire les poursuites nécessaires; à quoi desirant remédier et empêcher de pareils abus, Sa Majesté a ordonné et ordonne que toutes personnes chargées de Procurations pour recueillir des Successions et tous Exécuteurs Testamentaires seront tenus de rapporter tous les ans aux Procureurs-Généraux de Sa Majesté du Conseil Supérieurs de Léogane et du Cap, les comptes de leur Gestion et du recouvrement des deniers qu'ils auront fait en leursdites qualités, dont lesdits Procureurs rendront compte auxdits Conseils Supérieurs; seront en outre tenus les Exécuteurs Testamentaires de faire apparoître dans l'an et jour les diligences qu'ils auront fait pour avertir les Héritiers; et en cas qu'il soit reconnu de la mauvaise foi, ou de la négligence de leur part dans l'administration des biens et dans le recouvrement des deniers, veut Sa Majesté qu'il y soit pourvu par lesdits Conseils suivant l'exigence du cas, et ainsi qu'ils aviseront bon être; enjoint Sa Majesté au Gouverneur et Commandant en Chef, au Commissaire-Ordonnateur, et aux Officiers des Conseils Supérieurs de l'Isle de la Tortue et Côte Saint-Domingue, de tenir la main, chacun en droit soi, à l'exécution de la présente Ordonnance, qui sera enregistrée aux Greffes des Conseils, lue, publiée et affichée par-tout où besoin sera, etc.

R. au Conseil du Petit-Goave, le 9 Juin 1711.

Et à celui du Cap, le 24 Décembre suivant.

ORDONNANCE du Roi, pour l'Entretien des Chemins.

Du 1 Février 1711.

DE PAR LE ROI.

SA MAJESTÉ étant informée du mauvais état des Chemins de l'Isle de la Tortue et Côte Saint-Domingue causé par la négligence et le peu de soin que les Habitans ont de les réparer et de les entretenir, dont la plupart se dispensent sous différens prétextes ; et étant très-important d'y pourvoir, tant pour le bien du Commerce et de la Société des Habitans, que pour la défense du Pays par la communication des Quartiers ; Sa Majesté a estimé nécessaire d'y statuer par le présent Réglement, ainsi qu'il suit :

ART. Ier. Chaque Particulier privilégié ou non privilégié, sera tenu d'entretenir les Chemins publics et particuliers qui passent sur les Terres qui appartiennent à Sa Majesté, ensemble les nouveaux Ouvrages qu'il sera nécessaire de faire pour mettre les Chemins en bon état, qui seront faits par les Negres Esclaves des Habitans non privilégiés.

ART. II. Lorsque des Ravines ou mauvais Trous se trouveront sur lesdits Chemins, lesquels ne pourront se réparer que par des Ponts ; les Habitans, Propriétaires desdites Terres où passeront lesdits Chemins, seront tenus de faire lesdits Ponts et de les entretenir.

ART. III. Les grands Ponts des Ravines seront construits et entretenus aux dépens du Public.

ART. IV. Les Chemins qui passeront sur les cinquante Pas du bord de la Mer, appartenant à Sa Majesté, seront entretenus par ceux qui possedent les Héritages qui les joignent.

ART. V. Les Colonels et Capitaines des Quartiers auront soin de donner les ordres nécessaires pour faire travailler deux fois l'année à la réparation des Chemins, et plus souvent s'il est nécessaire, dont ils informeront les Gouverneurs et Commandans à Saint-Domingue, et le Commissaire-Ordonnateur.

ART. VI. Les Capitaines des Quartiers, après en avoir eu l'ordre des Colonels, feront publier à l'issue de la Grand'Messe Paroissiale que chaque Particulier ait à faire travailler dans le temps qui sera marqué à la réparation des Chemins qui passeront sur leurs Terres ; et faute par les Particuliers de satisfaire dans le temps qui leur aura été prescrit, les

Défaillans seront condamnés par le Commissaire-Ordonnateur de ladite Isle à une amende qui sera par lui ordonnée suivant l'exigence des cas.

Art. VII. Les Particuliers Défaillans seront tenus après l'amende ordonnée, de réparer lesdits Chemins dans les nouveaux délais qui leur seront accordés, à peine de payer le double de l'amende qu'ils auront encourue pour la premiere contravention; et s'il y a de la rébellion ou de l'opiniâtreté, l'amende sera augmentée, et même les Défaillans condamnés à la prison selon l'exigence du cas.

Art. VIII. S'il se trouve des Particuliers qui soient surchargés et hors d'état de pouvoir entretenir les grands Chemins qui passeront sur leurs Terres sans une incommodité notable; en ce cas les Colonels et Capitaines des Quartiers examineront quels sont les voisins les plus proches qui n'auront point de Chemins à entretenir, auxquels ceux dont il s'agit seront les plus commodes, lesquels seront tenus d'en faire les réparations.

Art. IX. Lorsque les Particuliers feront passer des Cabrouets sur le Terrein des autres Habitans ou dans les Chemins publics, et qu'ils y causeront des Trous et des Ravines, ils seront tenus de réparer le dommage que leurs Cabrouets feront auxdits Chemins.

Art. X. Les grands Chemins seront au moins de quarante pieds de large, autant que le Terrein pourra le permettre, à la réserve de ceux de l'Ester, qui seront de soixante pieds, à cause de la qualité de la Terre; et les Chemins particuliers où il passera des Cabrouets seront de dix-huit pieds, et de vingt pieds de large; et seront lesdits Chemins nettoyés et applanis, ainsi que les Colonels et Capitaines de Quartier le prescriront.

Art. XI. On ne pourra planter des Cannes le long des Chemins plus près de dix-huit pieds de distance de chaque lisiere, à moins qu'il n'y ait des lisieres de bois vif ou mort pour les soutenir, ensorte que ledites Cannes ne puissent incommoder les Passans.

Art. XII. Lorsque les Negres des Particuliers non privilégiés seront commandés pour travailler aux Chemins ou Ouvrages publics, et qu'ils manqueront à s'y rendre aux jours qu'ils seront marqués, les Propriétaires seront condamnés à une amende, à moins qu'ils ne justifient qu'ils auront envoyé au Travail; et en ce cas seront lesdits Negres qui ne s'y seront pas rendus punis et châtiés par leur Maître.

Arr. XIII. Lorsqu'on découvrira des Chemins plus commodes que ceux dont on sera en possession, les Particuliers qui demanderont de nouveaux Chemins par les endroits qu'ils trouveront les plus commodes seront tenus de se pourvoir par-devant l'Arpenteur de Sa Majesté, lequel dressera son Procès-verbal en présence des Colonels et Capitaines, et des Voisins, de la commodité ou incommodité qui pourra se rencontrer dans les nouveaux Chemins, au bas duquel il mettra son avis sur la préférence desdits Chemins, sur lequel le Gouverneur ou Commandant, et le Commissaire-Ordonnateur ordonneront ce qu'ils estimeront nécessaire.

Art. XIV. Pourront les Colonels ou Capitaines des Quartiers toutefois et quantes que bon leur semblera, faire la visite des Chemins et dresser leurs Procès-verbaux de ce qu'ils jugeront nécessaire pour leurs réparations, dont ils feront leur rapport au Gouverneur ou Commandant, et au Commissaire-Ordonnateur pour être, par eux donné les ordres nécessaires; ordonne Sa Majesté que le présent Réglement, contenant XIV Articles, sera exécuté selon sa forme et teneur; enjoint au sieur de Valernod, Commandant de ladite Isle de la Tortue et Côte Saint-Domingue; au sieur Mithon, Commissaire-Ordonnateur, et à tous autres Commandans, Colonels et Capitaines des Quartiers d'y tenir la main, chacun en droit soi, à l'exécution du présent Réglement, qui sera enregistré aux Greffes des Conseils Supérieurs de ladite Isle de la Tortue et Côte Saint-Domingue, lu, publié et affiché par-tout où besoin sera, etc.

R. au Conseil du Petit-Goave, le 9 Juin 1711.

Et au Conseil du Cap, le 24 Décembre suivant.

Arrêt du Conseil du Cap, portant que ceux qui ne payeront pas au Receveur la Taxe des Droits suppliciés, mais qui l'obligeront à se transporter chez eux pour la recevoir, payeront en outre cinq pour cent.

Du 16 Février 1711.

ARRÊT du Conseil du Cap, qui fixe à deux et demi pour cent la Commission du Curateur aux Vacances sur l'Argent.

Du 2 Mars 1711.

ENTRE le sieur Churan en sa qualité de Procureur des Biens vacans, Appellant.

Contre le sieur Duval, Intimé; ouï les Parties et vu la Sentence dont est appel, LE CONSEIL a confirmé et réglé la Commission à deux et demi pour cent pour l'Argent seulement, et l'Appellant aux dépens. DONNÉ, etc.

ARRÊT du Conseil du Cap, qui accorde des Lettres de Requête Civile, sans Consultation préalable, n'y ayant point d'Avocats.

Du 2 Mars 1711.

VU par le Conseil la Requête du sieur Perrier, les Conclusions du Procureur-Général du Roi, qui ayant examiné la Requête, ensemble les Pieces y énoncées: *Au défaut des Avocats qui auroient dû donner leur avis à l'ouverture de la Requête Civile*, n'empêche qu'il ne soit accordé lesdites Lettres; et ouï sur ce M. René de Morepas, Conseiller-Rapporteur, qui ne trouve aucune difficulté à accorder ladite Requête Civile; LE CONSEIL y faisant droit a remis et remet les Parties dans le même état qu'elles étoient avant ledit Arrêt, et ordonne qu'il sera procédé de nouveau audit Conseil par-devant M. Pierre de Silvecanne, Conseiller-Rapporteur, nommé en cette partie; et a reçu et reçoit ledit Perrier en ladite qualité en Requête Civile, en consignant l'amende portée par l'Ordonnance.

INTERDICTION prononcée par les Administrateurs contre un Conseiller, pour avoir formé une opposition à leur Ordonnance portant Suspension de deux Arrêts rendus au profit de ce Conseiller.

Du 3 Mars 1711.

LE Comte de Choiseul, etc.

Jean-Jacques Mithon, etc.

Vu l'Acte d'opposition faite par le sieur de la Thuillerie, Conseiller au Conseil du Cap, du 12 Janvier de la présente année, signifié par Petit, Huissier, à notre Ordonnance du 27 Octobre dernier, par laquelle nous avons seulement sursis l'exécution des Arrêts du Conseil du Cap, des 5 Mai et 5 Août dernier, au profit dudit sieur de la Thuillerie, contre le nommé Bouquerant, jusqu'à la décision du Conseil privé du Roi, attendu l'oppression injuste et manifeste qui nous a parue avoir été faite audit Bouquerant, suivant les Titres et Pieces à nous représentés; à laquelle oppression il étoit temps de remédier, pour éviter la ruine entiere dudit Bouquerant, bon Habitant, qui s'est réfugié depuis vingt années en cette Isle après la Prise de celle de Sainte-Croix par les Ennemis, où il avoit été ruiné; laquelle surséance, l'autorité qui nous est confiée, conjointement à tous les deux, notre devoir et les ordres de Sa Majesté de défendre les foibles de l'oppression des plus forts, nous donnent droit de décerner, sans cependant juger au fond le Procès dont est question; et attendu que ledit sieur de la Thuillerie n'a pu ni dû, sans un manque de respect et un attentat contre notre autorité, y former aucune opposition; et les termes dont il se sert dans ladite oppostion étant à notre égard téméraires, séditieux et directement contraires à la subordination dans laquelle il doit se contenir, et à l'honneur dû à nos dignités; Nous avons, pour les raisons que dessus, interdit et interdisons ledit sieur de la Thuillerie des fonctions de Conseiller au Conseil Supérieur du Cap, et de son Emploi; défendons à toutes personnes de le reconnoître en cette qualité; déclarons nuls tous Jugemens dans lesquels il donneroit sa voix à l'avenir; et ce jusqu'à ce qu'il ait plu à Sa Majesté de l'en relever; et sans avoir égard à l'opposition par lui formée, ordonnons à tous Huissiers, sous peine d'interdiction, de mettre à exécution, sans aucun délai, notredite premiere Ordonnance, du 27 Octobre dernier, sur la premiere requisition qui leur en sera faite par

par ledit Bouquerant; ordonnons en outre au sieur Robineau, Procureur-Général audit Conseil du Cap, d'y faire enregistrer la présente Ordonnance, et par-tout où besoin sera, pour qu'elle soit notoire et serve de réparation à l'attentat public donné par ledit sieur de la Thuillerie à notre autorité; enjoignons à M. de Charite, Commandant au Cap, de tenir la main à l'exécution d'icelle, et de la faire publier si besoin est. DONNÉ au Petit-Goave sous les Cachets de nos Armes, et les contre-seings de nos Secrétaires, le 3 Mars 1711. *Signés* CHOISEUL BEAUPRÉ, et MITHON. *Et plus bas est écrit*, Sera aussi la présente Ordonnance, signifiée au sieur de la Thuillerie. *Signé* MITHON.

Voy. un Arrêt du Conseil du Cap, du 25 Avril 1712.

LETTRE du Ministre à M. MITHON, touchant l'Inexécution des Articles XXXII et LIV de l'Edit du mois de Mars 1685.

Du 20 Avril 1711.

J'AI examiné ce que vous m'avez écrit au sujet des Articles XXXII et LIV de l'Ordonnance du mois de Mars 1685, et j'en ai rendu compte au Roi; Sa Majesté a été fort surprise et a beaucoup désapprouvé que les Juges ordinaires des Isles du Vent se soient donné la liberté de juger contre la disposition expresse de l'Ordonnance, et elle a même trouvé fort mauvais qu'on l'ait toléré; il ne convient point en aucune maniere d'introduire des usages qui aillent à détruire l'exécution des Ordonnances; lorsque l'expérience apprend qu'il y a des inconvéniens dans l'exécution, on peus les représenter, et proposer les moyens d'y remédier; vous avez très-bien fait de prendre ce parti, et Sa Majesté a bien voulu y avoir égard. Vous trouverez ci-joint deux Ordonnances que Sa Majesté a rendues à ce sujet. Pour extrait, *Signé* MITHON.

R. au Conseil du Cap, le 20 Janvier 1713.
Et à celui du Petit-Goave, le 6 Mars suivant.

Voy. les deux Ordonnances du Roi qui suivent.

ORDONNANCE du Roi, portant que les Esclaves qui auront encouru les peines du Fouet, de la Feur-de-Lys et des Oreilles coupées seulement, seront condamnés en dernier ressort par les Juges ordinaires.

Du 20 Avril 1711.

SA MAJESTÉ ayant, par son Ordonnance du mois de Mars 1685, concernant les Esclaves de l'Amérique, Article XXXII, ordonné que toutes les peines afflictives, prononcées par les Juges ordinaires contre les Noirs Esclaves, seroient portées par appel aux Conseils Supérieurs, il auroit été représenté à Sa Majesté que le nombre des Noirs s'étant considérablement augmenté, les crimes étant plus fréquens, l'appel des Sentences desdits Juges ordinaires causoit de grands inconvéniens et empêchoit que les Esclaves ne fussent punis même pour les plus grands crimes, la longueur des Procédures facilitant souvent les moyens de leur évasion, ce qui, joint à la dépense de leur nourriture causée aux Habitans pendant le temps de leur détention, les empêchoit de les dénoncer et de les livrer à la Justice; à quoi étant nécessaire de pourvoir, et en assurant la punition des crimes, faire cesser les prétextes dont les Habitans se servent pour ne point découvrir ceux que leurs Noirs pourront commettre; Sa Majesté a ordonné et ordonne qu'à l'avenir les Noirs Esclaves qui auront encouru les peines du Fouet, de la Feur-de-Lys et des Oreilles coupées seulement, seront condamnés en dernier ressort par les Juges ordinaires des Isles du Vent et de l'Isle la Tortue et Côte Saint-Domingue; et pour cet effet, que les Jugemens seront exécutés sans que, pour raison de ce, il soit nécessaire qu'ils soient confirmés par les Conseils Supérieurs desdites Isles; Sa Majesté dérogeant à cet égard à l'Article XXXII de son Ordonnance du mois de Mars 1685; veut Sa Majesté que les peines de mort et du jaret coupé, auxquelles les Esclaves auront été condamnés en premiere instance par les Juges ordinaires, soient portées par appel aux Conseils Supérieurs sur la même instruction et avec les mêmes formalités que pour les personnes libres; ordonne Sa Majesté qu'au surplus ladite Ordonnance du mois de Mars 1685, sera exécutée selon sa forme et teneur, en ce qui n'y sera point dérogé par des Ordonnances; enjoint au Gouverneur et Lieutenant-Général, aux Gouverneurs particuliers, à l'Intendant et au Commissaire-Ordonnateur, aux Officiers des Conseils Supérieurs et des Juridictions desdites Isles, de tenir la main, chacun en droit soi, à l'exécution de la présente Ordonnance qui sera enregistrée aux Greffes desdits Conseils et Juridictions, publiée et affichée, etc.

R. au Conseil du Petit-Goave, le 9 Novembre 1711.

Et à celui du Cap, le 24 Décembre suivant.

ORDONNANCE *du Roi, concernant le Décès des Negres affermés.*

Du 20 Avril 1711.

SA MAJESTÉ ayant, par son Ordonnance du mois de Mars 1685, concernant les Esclaves des Isles de l'Amérique, Article LIV, ordonné que les Gardiens Nobles et Bourgeois Usufruitiers, Admodiateurs et autres jouissant des fonds auxquels sont attachés des Esclaves qui travaillent, ne seroient point tenus, après leur administration finie, de rendre le prix de ceux qui seroient décédés, ou diminués par maladie, vieillesse, ou autrement; comme aussi qu'ils ne pourroient retenir, comme fruit à leur profit, les Enfans nés desdits Esclaves, pendant leur administration, lesquels seroient conservés et rendus à ceux qui en seroient les Maîtres et les Propriétaires; mais l'usage ayant fait connoître que les Fermiers ne répondant point de la mortalité des Esclaves, ils les excédoient par le grand travail, les nourrissoient très-mal, n'en avoient aucun soin dans leurs maladies, ce qui causoit la mort de plusieurs; cela auroit porté ceux qui afferment leurs biens, de déroger à l'Article LIV de ladite Ordonnance du mois de Mars 1685, en stipulant, par une condition particuliere, que le Fermier seroit tenu de payer le prix des Esclaves morts, conformément à l'estimation qui en auroit été faite dans les Baux à Ferme, et que les Fermiers auroient en dédommagement les Enfans qui naîtront pendant le temps de ladite Ferme; que les Juges ont stipulé les mêmes conditions lorsqu'ils ont donné à Ferme les biens des Mineurs; et Sa Majesté étant informée que plusieurs Fermiers ont demandé d'être déchargés de l'exécution des conditions fondées sur ce qu'elles sont contraires à l'Article LIV de ladite Ordonnance, ce qui leur a été accordé par les Juges; et comme cela cause de grands inconvéniens, et est capable de ruiner les biens des Mineurs et de ceux qui donnent leurs Habitations à Ferme; à quoi Sa Majesté voulant pourvoir, a ordonné et ordonne que les stipulations et conditions particulieres qui ont été faites dans les Baux à Ferme, et celles qui seront faites à l'avenir, seront exécutées nonobstant qu'elles soient contraires à l'Article LIV de l'Ordonnance du mois de Mars 1685; Sa Majesté y dérogeant à cet égard seulement, veut Sa Majesté au surplus que ledit Article soit exécuté selon sa forme et teneur, lorsqu'il n'y aura point de stipulation ni condition contraires; enjoint Sa Majesté aux Gouverneurs particuliers, aux Officiers des Conseils Supérieurs des Isles du Vent et de l'Isle de la Tortue et Côte Saint-Domingue, chacun en droit soi à l'exécution de la présente Ordonnance qui sera enregistrée dans les Greffes desdits Conseils Supérieurs et des Juridictions desdites Isles, publiée et affichée, etc.

R. au Conseil du Petit-Goave, le 9 Novembre 1711.

Et à celui du Cap, le 24 Décembre suivant.

ORDONNANCE *des Administrateurs, concernant l'Infidélité des Recensemens.*

Du 1er Mai 1711.

LAURENT DE VALERNOD, etc.

Jean-Jacques Mithon, etc.

Ayant été informé que plusieurs Habitans, au mépris des anciennes Ordonnances, ne déclaroient pas au juste les Negres travaillans qui leur appartiennent, pour se soustraire aux corvées et travaux publics, dont les autres Habitans qui sont dans la bonne foi, se trouvent plus foulés; et n'étant pas juste qu'une telle supercherie tourne à leur avantage, nous ordonnons à tous les Habitans de quelque qualité et condition qu'ils soient de déclarer dans la vérité le nombre des Negres et Négresses, Mulâtres et Mulâtresses travaillans, et Domestiques qui sont à leur service, même surâgés et Négrillons de tout âge, dont ils en donneront les noms, sans en obmettre aucun, sous quelque prétexte que ce puisse être, à peine de confiscation des Negres qui ne seront pas déclarés, applicable le tiers au Dénonciateur, et les deux tiers au Roi, et de destitution des Officiers de Milice, qui en certifieront le Recensement, et sera la présente Ordonnance enregistrée au Greffe des Conseils et Juridictions de cette Isle, publiée et affichée par-tout où besoin sera. DONNÉ à Léogane, etc. *Signés* DE VALERNOD et MITHON.

R. au Conseil du Petit-Goave, le 5 Mai 1711.

Et à celui du Cap, le 21 Juillet suivant.

RÉGLEMENT concernant les Priviléges et Exemptions de Negres, dont jouissent les Officiers de la Colonie.

Du 1er Mai 1711.

LAURENT DE VALERNOD, Chevalier, etc.

Jean-Jacques Mithon, Conseiller, etc.

Les Officiers des Conseils Supérieurs de cette Isle, et ceux des Milices, nous ayant représenté que, quoiqu'ils donnassent leur tems et leurs soins, les uns pour administrer la justice *gratis*, les autres pour exécuter nos ordres, et ceux des Commandans dans les corvées, cependant ils n'étoient distingués par aucun Privilége et Exemption, dont jouissent les Officiers pourvus des mêmes emplois aux Isles du Vent; à quoi ayant égard, et étant juste non-seulement de les soulager, mais encore de leur donner des marques de distinction par proportion aux emplois qu'ils occupent, nous avons fait le Réglement ci-après, tant pour lesdits Officiers des Conseils et Officiers de Milice, que pour les Gentilshommes qui se trouvent dans l'Isle et autres dont les emplois demandent des distinctions.

Les Procureurs-Généraux et Conseillers des Conseils jouiront de l'Exemption de douze Negres, qui ne seront pas commandés pour les travaux, et qui ne seront point taxés pour les deniers publics, ni pour les pensions curiales; les Juges des Juridictions, douze Negres; les Lieutenans de Juge, huit; les Procureurs du Roi, six; les Colonels et Lieutenans-Colonels de Milice, douze; les Capitaines de Milice, douze; les Lieutenans, huit; les Enseignes, six; les Sergens, quatre; les Majors de Milice, comme les Capitaines; les Aides-Majors, comme les Lieutenans; les Gentilshommes dont les Lettres seront enregistrées aux Conseils de Saint-Domingue, douze Negres; le Trésorier de la Marine, les Directeurs des Vivres, six; le Receveur-Général des Droits des Indigos, six; et attendu que quelques Officiers-Majors et des Troupes ont des Habitations, et qu'il est juste de leur donner des distinctions proportionnées à leurs dignités, nous avons cru nécessaire de régler pour le Gouverneur en Chef, s'il est Habitant, quarante Negres; pour l'Ordonnateur, trente-cinq; pour le Gouverneur de Sainte-Croix, Commandant au Cap, trente; pour les Lieutenans du Roi de l'Isle, vingt-quatre; pour les Majors, dix-huit; pour les Capitaines des Troupes du Roi, douze; pour les Lieutenans, huit; pour les Enseignes, six; desquelles Exemptions lesdits Officiers ne jouiront que pendant qu'ils seront dans les fonctions de leur Charge; et en cas qu'ils viennent à décéder en étant pourvus, les Veuves jouiront des mêmes Exemptions que leurs Maris pendant leur viduité seulement; et sera le présent Réglement enregistré aux Greffes des Conseils Supérieurs et Juridictions de sette Isle, etc. DONNÉ à Léogane, etc.

Signés VALERNOD et MITHON.

R. au Conseil du Petit-Goave, le 5 Mai 1711.
Et à celui du Cap, le 10 du même mois.

ORDONNANCE des Administrateurs, touchant les Negres Marons.

Du 1er Mai 1711.

LAURENT DE VALERNOD, etc.
Jean-Jacques Mithon, etc.

Plusieurs Habitans de cette Colonie s'étant plaints à nous que, quoiqu'ils aient certitude que les Negres qu'ils ont Marons ne sont point sortis des Quartiers François de cette Isle, ils n'ont cependant pu jusqu'à présent, quelle diligence qu'ils aient faite, savoir les lieux où ils se sont retirés, et nous ayant de plus représenté que des Particuliers se sont permis d'en garder chez eux un très-long-temps qu'ils auroient pris dans les bois sans les avoir déclarés, ainsi qu'ils y étoient obligés, et cela dans le dessein de se les approprier; Nous, ayant égard à l'exposé ci-dessus, et estimant absolument nécessaire de remédier aux abus qui peuvent se commettre à l'occasion desdits Negres, ordonnons à toutes personnes de quelle qualité et condition qu'elles soient qui se trouveront avoir chez eux des Negres qui auront été pris dans les bois ou ailleurs, soit par eux, leurs Domestiques ou Esclaves, de les remettre incessamment; savoir, ceux qui seroient du ressort du Conseil Supérieur de

Léogane, entre les mains du sieur Drouillard, Procureur du Roi dudit Quartier; et ceux de la dépendance du Conseil du Cap, entre les mains du sieur Dauvaise, Procureur du Roi dudit lieu, à peine aux Contrevenans d'encourrir non-seulement les peines portées par l'Arrêt du Conseil rendu à ce sujet, mais encore d'être poursuivis comme pour crime de vol, et punis suivant la rigueur des Ordonnances du Roi; et cependant déchargeons de toutes poursuites ceux qui les ameneront de bonne foi pour cette fois seulement; ordonnons à tous Habitans qui auront connoissance desdits Negres recélés par leurs voisins d'en faire leur déclaration au Greffe des Juridictions où ils feront leur résidence, et aux Procureurs desdites Juridictions de poursuivre les Receveurs; enjoignons à tous les Commandans des Quartiers où ils s'en trouve de donner en cas de besoin main-forte pour les faire arrêter et conduire dans les prisons desdits Quartiers; et sera la présente Ordonnance enregistrée aux Greffes des Conseils Supérieurs de cette Isle, publiée à l'issue des Messes Paroissiales, et affichée par-tout où besoin seroit, etc. DONNÉ à Léogane, etc.

R. au Conseil du Petit-Goave, le 5 Mai 1711.

Et à celui du Cap, le 24 Décembre suivant.

ORDONNANCE des Administrateurs, concernant les Comptes des Procureurs aux Biens vacans.

Du 2 Mai 1711.

LAURENT DE VALERNOD, etc.

Jean-Jacques Mithon, etc.

Les Comptes des Successions vacantes qui ont été rendus par ordre de M. Mithon, Commissaire-Ordonnateur, ayant été trouvé défectueux, sans ordre ni décharge valables; et quelques-uns des Receveurs qui ne sont plus en charge ayant donné de justes suspicions de fraude et de malversation par le peu de précaution et de regle qu'ils ont observé dans leurs Recette et Dépenses desdites Successions pour obscurcir et embrouiller les Comptes qu'ils ont à rendre, sous prétexte de n'être pas instruits de l'ordre qu'ils doivent tenir dans lesdites Recettes; et cet abus causant un grand préjudice aux intérêts des Particuliers qui ont à répéter lesdites Successions au Roi, en cas de défaillance; à quoi étant nécessaire de remédier pour parvenir à une meilleure régie, nous avons estimé à propos de faire le Réglement qui suit :

ART. Ier. Les Procureurs de Biens vacans en charge seront tenus d'avoir un grand livre qui sera coté et paraphé par l'Ordonnateur ; et dans les Quartiers du Cap et du Port-de-Paix, par le Juge des lieux sur lequel ils écriront les Successions qui tombent en vacance par Recette et Dépense, suivant un fidele Inventaire et Vente qu'ils feront faire desdits Biens en présence du Juge et du Procureur du Roi.

ART. II. Ils rendront compte tous les ans des vacances à celui que l'Ordonnateur aura commis pour l'examen, auquel ils remettront trois copies desdites Successions dans l'ordre de leurs Livres, qui seront vus et examinés par celui qui sera chargé de recevoir ledit Compte, et visé par l'Ordonnateur pour leurs décharges, dont les deniers seront remis au Trésor sans aucun délai.

ART. III. Il ne leur sera passé et alloué en leursdits Comptes aucune somme qui excédera plus de trois livres, sans rapporter quittance sous seing-privé.

ART. IV. Lesdits Procureurs seront obligés de finir toutes les Successions qui tomberont en leurs mains dans l'an et jour ; et en cas qu'il si trouve quelque Contrat, Promesse, Obligation ou Billets, de quelque nature qu'ils puissent être, ils en feront le recouvrement ; et s'ils ne l'ont pas fait, ils les remettront entre les mains de celui auquel ils rendront compte pour qu'il en exige le paiement, dont les deniers seront remis au Trésor.

ART. V. Ils ne feront faire aucune vente de gré à gré des Biens qui tomberont en vacance sans une Ordonnance du Juge des lieux, qui leur en donne la permission ; ce qui sera seulement lorsque les Successions seront de peu de valeur, et que les frais de Justice pourront absorber le capital.

ART. VI. Lesdits Procureurs ne prendront que cinq pour cent pour leur Commission de l'argent qui se trouvera en nature, non plus que de celui qu'ils recevront des Contrats, Promesses, Obligations ou Billets ; mais à l'égard des Effets qu'ils feront vendre, ils en retireront leur dixieme.

ART. VII. En cas qu'une Succession fût divisée et assise en différens lieux, et que lesdits Procureurs fussent obligés de s'y transporter pour la recevoir, il ne leur sera rien alloué pour leur voyage, et ils ne pourront prétendre que dix pour cent de Commission, tant de l'argent que des autres effets, en rapportant par eux une copie, tant de la déclaration

qu'ils

qu'ils auront faite au Greffe du lieu de leur départ, qui justifie qu'ils sont partis exprès pour faire le recouvrement d'une telle Succession, dont ils rapporteront un compte fidele.

ART. VIII. Lesdits Procureurs des Biens vacans observeront les sept Articles ci-dessus, à peine de radiation et de payer le double des sommes à répéter sur eux quand ils n'auront pas observé l'ordre ci-dessus prescrit; et sera le présent Réglement enregistré aux Greffes des Conseils, et des Juridictions de cette Isle, où les Receveurs desdites Successions vacantes en pourront prendre communication. DONNÉ à Léogane, etc. *Signés* DE VALERNOD et MITHON.

R. au Conseil du Petit-Goave, le 5 Mai 1711.

Et à celui du Cap, le 24 Décembre suivant.

ORDONNANCE *des Administrateurs, portant défenses aux Habitans du Quartier de Léogane de vendre leurs Habitations sans permission, et aux Notaires d'en passer les Actes.*

Du 4 Mai 1711.

LAURENT DE VALERNOD, etc.

Jean-Jacques Mithon, etc.

La Plaine de Léogane, qui a toujours été regardée comme le principal Quartier de la Colonie par sa grandeur et par le nombre des Habitans qui l'occupent, y ayant jusqu'à mille Hommes portant armes, se dépeuplant tous les jours, et ne pouvant à présent fournir deux cens Hommes pour sa défense; cet abus provenant de ce que quelques uns vendent leurs places pour se soustraire à l'autorité des Commandans qui veillent sur leur conduite, et se retirent dans des Quartiers éloignés pour s'abandonner avec plus de licence à toutes sortes de désordres; et encore de ce que les plus forts Habitans, par une avidité de terre insatiable, non contens des Terrains qu'ils possedent, entassent Habitations sur Habitations, induisant leurs Voisins et les petits Habitans de leur vendre leur portion de Terre, et les chassent par ce moyen dans d'autres Quartiers; d'où il arrivera qu'un si grand Pays viendroit par la suite à être occupé par vingt ou trente personnes, sans considérer qu'ils se détruisent eux-mêmes, et qu'ils se mettent hors d'état de résister à la plus foible descente que pourroient faire nos Ennemis, ce que M. Deslandes,

Commissaire-Ordonnateur, avoit sagement prévu par les Ordonnances du 30 Avril 1707, qui n'a pas été exécuté; à quoi étant nécessaire de remédier, nous faisons très-expresses inhibitions et défenses à tous Habitans, de quelque qualité et condition qu'ils soient, dans l'étendue du Quartier de Léogane........, réuni au Domaine de Sa Majesté; et comme quelques Notaires qui avoient été informés de l'Ordonnance rendue sur ce fait, n'ont pas laissé de passer outre par les Contrats de Vente qu'ils ont expédiés sans permission, nous les avons condamnés en 50 liv. d'amende pour ceux qu'ils en pourront avoir passés depuis et au mépris de ladite Ordonnance du 30 Avril 1707, applicable à la construction de la nouvelle Eglise; à la diligence du Receveur-Général des amendes, le Procureur-Général joint; et sera la présente Ordonnance enregistrée au Greffe du Conseil et des Juridictions, à la diligence du Procureur-Général et du Procureur du Roi de la Juridiction de Léogane, lue et publiée, Audience tenante, et à l'issue des Messes Paroissiales, et affichée par-tout où besoin sera. DONNÉ à Léogane, etc.

R. au Conseil du Petit-Goave, le 5 Mai 1711.

Ce que nous avons supprimé de cette Ordonnance est pris mot à mot de celle de M. Deslandes, du 30 Avril 1707.

ARRÊT du Conseil du Cap, touchant les Chirurgiens de Navires et autres.

Du 5 Mai 1711.

VU par le Conseil la Requête des Chirurgiens du Cap avec les Conclusions du Procureur-Général du Roi, etc. y faisant droit, fait très-expresses défenses à tous Chirurgiens, tant de Navires Marchands qu'autres non privilégiés, dans l'étendue du Cap, de travailler, à peine et 1000 liv. d'amende; et afin que personne n'en ignore, ordonne que le présent Arrêt sera lu, publié et affiché dans tout le ressort du Cap, à la diligence des Supplians, etc.

ARRÊT du Conseil du Petit-Goave, touchant des Voies de Fait, commises contre un Conseiller.

Du 5 Mai 1711.

LOUIS, etc. Du Procès criminel extraordinairement fait et instruit en la Juridiction Royale du Petit-Goave, à la Requête de M. Perret, Conseiller du Roi audit Conseil, Demandeur et Complaignant, le Substitut du Procureur-Général joint; Contre Claude Mariot, Habitant, demeurant au Quartier du Grand-Goave, Défendeur et accusé d'avoir battu, maltraité et injurié ledit M. Perret, appel auroit été interjetté en notredit Conseil de la Sentence extraordinairement rendue, etc.

Vu par notredit Conseil la Sentence dont est appel, Conclusions du Procureur-Général du Roi du matin de ce jour, et ouï M. Jean-Baptiste Matges, Conseiller du Roi en son rapport, le tout joint et mûrement considéré; le Conseil a mis et met l'Appellation et Sentence dont est appel au néant, émendant a déclaré et déclare ledit Mariot duement atteint et convaincu d'avoir battu, excédé et maltraité ledit M. Perret dans la chambre où il s'étoit retiré; pour réparation de quoi, le condamne à garder, pendant un mois de ce jour, les prisons du Fort de ce Bourg; à être conduit, par les Huissiers du Conseil, à la première Séance qu'il tiendra, à la Chambre d'icelui; et là, étant à genoux et nu tête, ledit Conseil tenant, il déclarera à haute et intelligible voix, que malicieusement et méchamment il a battu, maltraité, excédé et injurié ledit M. Perret contre le respect qu'il devoit à son caractere, dont il lui en demandera pardon, et le priera d'oublier le passé; et en outre a condamné ledit Mariot en deux mille livres d'amende envers le Roi, en deux autres mille livres, qui seront employées à la construction d'un Palais pour le Conseil à Léogane, et à tous les dépens du Procès; lui fait très-expresses inhibitions et défenses de récidiver en de pareils cas, à peine de punition corporelle, ni de se trouver en aucun lieu où se trouvera le sieur Perret; et attendu qu'il est suffisamment prouvé par les charges et informations que le nommé Augustin a fait plusieurs violences en cette occasion, le Conseil, à son égard, a mis et met l'Appellation et Sentence au néant, émandant, l'a condamné et condamne à garder pendant un mois les prisons du Fort de ce Bourg, etc.

Voyez l'Ordonnance du 6 Juillet même année.

ARRÊT du Conseil du Petit-Goave, touchant les Droits Suppliciés.

Du 5 Mai 1711.

LE Conseil a donné Acte au Procureur-Général du Roi de sa Remontrance et du contenu audit Mémoire susdaté; en conséquence, et attendu les remboursemens considérables qui se trouvent à faire du prix des Negres justiciés ou tués dans les chasses ordonnées, ordonne que, par le Receveur des deniers publics, il sera, dans trois mois de ce jour, fait une levée sur tous les Habitans du ressort de ce Conseil de la somme de trois livres douze sols par chaque tête de leurs Negres travaillans; enjoint auxdits Habitans de porter incessamment, après lesdits trois mois expirés, chez ledit Receveur, ou les Commis qu'il proposera à cet effet dans chaque Quartier, les sommes pour lesquelles ils seront employés dans le Rôle qui sera fait desdits Negres, à peine, contre ceux qui y contreviendront, de payer les frais de contrainte qui leur seront faits à cet effet, à la Requête dudit Receveur ou de ses Commis, au moyen de quoi il ne sera passé audit Receveur, dans la dépense de ses comptes, que cinq pour cent pour son droit de commission sur le total de sa recette; fait défense audit Receveur de payer à l'avenir aucunes sommes sur les deniers de sa recette, que celles qui seront accordées pour le remboursement des Negres justiciés ou tués dans les chasses ordonnées, et les gages attribués au sieur Sevelinge, chargé des fonctions de la charge de grand Prévôt, suivant sa commission sur les Ordonnances qui en seront expédiées par M. Mithon, Commissaire-Ordonnateur, à peine de radiation desdites sommes; enjoint audit Receveur d'inscrire à l'avenir sur un registre, qui sera paraphé par mondit sieur Mithon, toutes les sommes qu'il recevra, provenantes de ladite levée, ainsi que de celles qu'il payera en exécution desdites Ordonnances; et afin que le présent Arrêt soit notoire, et que personne n'en puisse prétendre cause d'ignorance, ordonne qu'il sera lu et publié, tant dans les Juridictions ressortissantes dudit Conseil, l'Audience tenante, qu'aux portes des Eglises dudit ressort, issue de la Grand'Messe Paroissiale, registré ès registres du Greffe desdites Juridictions, et affiché par-tout où besoin sera, etc. DONNÉ en Conseil tenant au Fort du Petit-Goave, etc.

ARRÊT du Conseil du Petit-Goave, qui fixe à six cents livres le prix des Negres suppliciés, et ordonne de déclarer les Negres tués dans les chasses.

Du 5 Mai 1711.

VU par le Conseil la Requête à lui présentée, etc. LE CONSEIL faisant droit à ladite Requête, a ordonné et ordonne que lesdits deux Negres nommés Houx et Moussac, appartenans à la dame veuve Duquesnot, et tués, l'un dans une chasse ordonnée, et l'autre par ordre de M. de Valernod, Commandant en Chef de cette Colonie, lui seront payés par le Receveur des deniers publics, sur ceux de sa recette, à raison de six cents livres chaque, à quoi le Conseil a taxé le prix de chaque Negre; quoi faisant ledit Receveur en sera bien et valablement déchargé, en rapportant la quittance au pied du présent; ordonne qu'à l'avenir les Negres qui seront justiciés ou tués dans les chasses ordonnées, ne seront payés que sur le prix de six cents livres chaque, encore bien que lesdits Negres fussent de plus grande valeur; enjoint au sieur de Sevelinge, grand Prevôt de Léogane, lorsque dans les chasses qu'il fera, y sera tué quelques Negres, d'en faire incessamment après les déclarations aux Greffes des Juridictions des lieux où il aura fait lesdites chasses, et de les faire certifier véritables au pied d'icelles, par deux de ceux qui l'auront accompagné dans lesdites chasses, et au Greffier de chaque Juridiction du ressort dudit Conseil de recevoir lesdites déclarations et certifications *gratis*; et afin que le présent Arrêt soit notoire, et que nul n'en prétende cause d'ignorance, ordonne qu'il sera lu et publié, tant dans les Juridictions du ressort dudit Conseil, l'Audience tenante, qu'aux portes des Eglises du ressort d'icelui, issue de la Grand'Messe Paroissiale, enregistré et registré desdits Greffes d'icelles, et affiché par-tout où besoin sera, etc. DONNÉ, etc.

ORDONNANCE du Lieutenant de Roi de Saint-Louis et du Directeur-Général de la Compagnie de Saint-Domingue, touchant la sortie des Marchandises hors le Domaine de la Compagnie.

Du 23 Mai 1711.

NOUS Lieutenant de Roi de la Partie du Sud de l'Isle Saint-Domingue et du Fort Saint-Louis, y Commandant.

Et nous Directeur-Général de la Compagnie Royale de Saint-Domingue.

Ayant appris que, nonobstant que par les Priviléges accordés par Sa Majesté à ladite Compagnie, il soit défendu à toutes personnes de quelque qualité et condition qu'elles puissent être d'introduire ni vendre aucunes Marchandises dans l'étendue de sa Concession, sur peine de confiscation et d'amende; il y a continuellement des personnes, malgré lesdits Priviléges, qui vendent des Marchandises et Negres, même qui enlevent les Indigos; ce qui cause un préjudice considérable à ladite Compagnie, qui est contraire à ses Priviléges, et ruine entierement le Commerce; à quoi étant nécessaire de pourvoir, faisons défenses à tous Habitans de la Colonie d'acheter aucunes Marchandises ni Negres, et d'en enlever les Indigos, et auxdits Habitans d'en faire sortir, sur peine de confiscation desdites Marchandises, Negres et Indigos, et de dix mille livres d'amende applicable; savoir, un tiers au Dénonciateur; un tiers au profit de la Compagnie, et l'autre tiers au profit de M. le Gouverneur de Saint-Louis; et afin que personne n'en prétende cause d'ignorance de notre présente Ordonnance, qu'elle sera lue, publiée et affichée où besoin sera. FAIT à Saint-Louis, le 23 Mai 1712.

Signés BARTHOMIER et DEMOLIERE.

R. au Conseil du Petit-Goave, le 6 Juillet 1712.

Voyez l'Arrêt d'enregistrement à sa date.

JUGEMENT rendu par M. DUCASSE, lors de son passage à Saint-Domingue, conjointement avec M. l'Intendant.

Du 27 Mai 1711.

JEAN-BAPTISTE DUCASSE, Lieutenant-Général des Armées Navales du Roi, et chargé de ses ordres pour la Colonie de Saint-Domingue.

Jean-Jacques Mithon, etc.

Vu la Lettre de M. de Charite, du 13 de ce mois, qui nous donne avis des poursuites faites au Cap contre le sieur Jacques Brussel, Capitaine de *l'Espérance*, venant de Cadix, où il a fait son chargement, dont les Officiers de l'Amirauté du Cap prétendent la confiscation pour n'être pas muni d'un Passeport du Roi, s'étant servi dans ladite Navigation du Passeport qu'il avoit obtenu à la Martinique de M. de Gabaret, Lieutenant au Gouvernement général des Isles Françoises de l'Amérique, en date du 3 Septembre 1710, et d'une Commission en Guerre de M. l'Amiral, délivrée audit lieu de la Martinique, du 24 dudit mois, pour lui servir et valoir jusqu'à son arrivée à Nantes, etc. Le tout bien examiné, et nous paroissant constant que les Intéressés audit Navire sont Bourgeois de Nantes, Sujets du Roi, et Négocians reconnus, ledit Navire n'étant point d'ailleurs chargé d'aucune Marchandise de contrebande, mais seulement de Vin, Farine, et autres Denrées pour le comestible, ayant aussi égard à la bonne foi desdits sieurs Brussel, Capitaine, et Conty, Commis dudit Navire *l'Espérance*, et nous étant prescrit d'accorder notre protection aux Sujets du Roi, qui font le Commerce, nous avons accordé et accordons main-levée dudit Navire *l'Espérance*; en conséquence permettons auxdits sieurs Brussel et Conty de vendre les Marchandises de sa Cargaison; défendons au Juge du Cap, et à tous autres, de les inquiéter sous aucun prétexte, aux conditions toutefois de faire leur retour à Nantes, et de fournir, par lesdits Brussel et Conty, bonne et suffisante caution pour la somme de dix-huit mille livres seulement, à quoi nous avons évalué le prix dudit Navire et de sa Cargaison par modération, jusqu'à ce qu'il ait plu à Monseigneur le Comte de Pontchartrain d'approuver notre décision, et aussi pour la sûreté dudit retour audit Nantes; enjoignons à M. de Charite, Gouverneur de Sainte-Croix et Commandant à la Côte Saint-Domingue, de tenir la main à l'exécution des Présentes, etc.

DONNÉ au Fort Saint-Louis, Côte Saint-Domingue, sous les cachets de nos armes et les contreseings de nos Secrétaires, ce 27 Mai 1711. *Signés* DUCASSE et MITHON; *Et plus bas*, par Monseigneur, MIGNAN, et par mondit sieur DE JUGE.

Nous rapportons ce Jugement pour faire voir que M. Ducasse, pendant son passage à Saint-Domingue, à la tête d'une Escadre, y exerçoit une autorité qui faisoit cesser celle de M. de Charite, Commandant en Chef par interim, auquel il enjoint même de faire exécuter son Jugement, contenant des défenses adressées au Juge du Cap; en sorte que cet ancien Administrateur de Saint-Domingue y reprenoit instantanément tous les pouvoirs attribués au Gouverneur en Chef, et avoit même l'Intendant pour Collégue dans les Actes d'administration commune, comme le prouve le Jugement ci-dessus, qui est timbré de leurs deux noms.

BREVET de Don en faveur de M. DUCASSE, ancien Gouverneur de Saint-Domingue, des Lots non-réclamés par les Flibustiers employés à l'Expédition de Carthagene, et échus à Sa Majesté à titre de Déshérence, Aubaine, etc.

Du mois de Mai 1711.

R. au Conseil du Petit-Goave, le 4 Novembre 1712.
Et à celui du Cap, le 10 Décembre suivant.

Il étoit naturel que celui qui marchant à la tête de ces braves Flibustiers avoit concuru à la prise de Carthagene, et à leur faire gagner ces Lots, en devînt en quelque sorte l'Héritier.

EDIT portant Création de plusieurs Offices dans les Amirautés.

Du mois de Mai 1711.

LOUIS, etc. après avoir établi par nos Ordonnances de la Marine des mois d'Août 1681 et Novembre 1684, le bon Ordre et les Réglemens nécessaires pour le bien et l'avantage du Commerce et de la Navigation, soit

soit à l'égard des Provinces et Villes Maritimes et de notre Royaume, soit pour le Pays Etranger, nous avons par l'Edit du mois d'Avril 1691, créé et établi un Siege général d'Amirauté et Table de marbre en la Ville de Rennes; et nous avons pareillement créé par le même Edit les Officiers qu'il nous a paru nécessaire d'établir dans chacun des Sieges d'Amirautés des autres Provinces du Royaume; mais comme par plusieurs Edits et Déclarations postérieurs, les Titres, Fonctions et Droits desdits Officiers ont été partie supprimés, partie considérablement changés, et même diminués; ce qui a fait que presque aucun desdits nouveaux Officiers n'ont été jusqu'à présent levés; d'ailleurs nous sommes bien informés qu'au grand préjudice du Commerce, il survient tous les jours des nouveaux Conflits de Juridiction entre les Officiers des Amirautés, les Juges, Consuls et autres qui se trouvent établis dans les mêmes Villes et Ports par la grande extension, que les uns et les autres veulent donner à leur compétence, quoiqu'elle nous ait paru suffisamment expliquée par les différentes Edits, Déclarations et Arrêts de Réglemens qui ont été rendus en différens temps sur cette matiere, à tous lesquels inconvéniens nous n'avons pas cru pouvoir solidement remédier que par une nouvelle explication et interprétation des anciennes et nouvelles Ordonnances, Edits et Réglemens concernant la compétence de tous lesdits Officiers; et par une suppression générale de tous lesdits Officiers de nouvelle Création qui n'ont point été levés jusqu'à présent; au lieu et place desquels il nous à paru plus utile et plus convenable au bien de la Justice et du Commerce de créer ceux ci-après expliqués: A CES CAUSES, etc. avons créé, érigé et établi, créons, érigeons et établissons dans tous les Sieges des Amirautés de notre Royaume, tant Généraux et Tables de marbre, que particuliers, outre les Officiers anciennement créés, et présentement établis les Officiers qui suivent; savoir, au Siege général de l'Amirauté à la Table de marbre près notre Parlement de Paris, etc. jouiront lesdits Procureurs des mêmes honneurs, privileges et exemptions dont jouissent les Procureurs établis dans nos Bailliages, Présidiaux et Sénéchaussées, et des mêmes droits et attribution; les premiers Huissiers et les autres Huissiers créés par le présent Edit, tant dans les Sieges généraux et Tables de Marbre, que dans les Sieges particuliers, feront les mêmes fonctions que les pourvus de pareils Offices dans les Sieges de leur établissement; et les premiers Huissiers feront primativement aux Huissiers Audienciers l'appel des Causes, et jouiront des mêmes droits, honneurs privileges et exemptions dont jouissent les pourvus de pareils Offices dans nos Bailliages,

Présidiaux et Sénéchaussées, et les uns et les autres la faculté d'exploiter dans tout le Royaume, et de mettre en exécution toutes Lettres-Patentes, Arrêts, Sentences, Obligations, Jugemens et autres Actes de Justice, de quelques Juges qu'ils soient énoncés, même ceux passés sous le Scel de notre Châtelet de Paris, comme en jouissent les Huissiers présentement pourvus; les Sergens créés par le présent Edit dans les Sieges généraux et Tables de marbre, et dans les Sieges particuliers, même ceux qui résideront dans les Ports, Havres, Isles, annexes et dépendances, auront pareillement la faculté d'exploiter dans toute l'étendue de nótre Royaume, Pays, Terres et Seigneuries de notre obéissance, et jouiront des mêmes droits, honneurs, privileges et exemptions, et feront les mêmes et semblables fonctions qui sont attribuées aux pourvus de pareils Offices dans lesdits Sieges d'Amirauté; seront tous les créés par le présent Edit exempts de Tutelle, Curatelle, Guet et Garde, Logement de Gens de guerre, et autres Charges publiques; et nos Lieutenans Criminels seront exempts de Taille et autres Impositions ordinaires; les Lieutenans-Généraux et principaux, Civils et Criminels; les Conseillers, nos Procureurs et Avocats, tant anciennement que nouvellement créés dans les Sieges généraux et particuliers, auront rang et séance dans les Assemblées et Cérémonies publiques et particulieres avant les Officiers de nos Elections, Greniers à Scel, et Eaux et Forêts, Juges des Traites et ceux des Seigneuries, et ne pourront être précédés que par nos Juges ordinaires; seront les Acquéreurs desdits Offices par nous pourvus sur la nomination de l'Amirauté de France; et pour assurer l'Etat de tous lesdits Sieges et de tous les Officiers des Amirautés du Royaume, et éviter toutes les contestations et conflits qui arrivent tous les jours au sujet de la compétence desdits Officiers, nous avons de la même autorité que dessus, dit, statué, et ordonné, disons, statuons et ordonnons, voulons et nous plaît, en expliquant et interprêtant en tant que besoin seroit l'Article II du Titre II de notre Ordonnance générale de la Marine du mois d'Août 1681, et celle du mois de Novembre 1684, pour notre Province de Bretagne, que toutes actions et contestations qui naîtront entre Marchands, Négocians et autres, pour raison et en exécution des Contrats de Sociétés, et autres Actes passés pour des entreprises concernant le Commerce de la Mer et de la Navigation, soit de la compétence desdits Juges desdites Amirautés; comme aussi celles qui naîtront au sujet des Ventes, Achats ou autres Contrats concernant les Marchandises qui seront tirées, transportées ou envoyées par les voies de la Mer entre personnes associées pour en partager les pertes ou profits, sans que sous ce prétexte les Officiers et Juges des Amirautés puissent prendre connoissance desdites contestations entre autres personnes non intéressées auxdites pertes ou profit desdits frêts, envois ou transports; voulons pareillement que tous les Procès, Contestations et Prétentions des Directeurs Actionnaires et Intéressés dans les Compagnies formées ou érigées pour les Entreprises et Commerce de Mer par la Navigation, et dans celles qui pourront être formées ci-après, soit que les affaires soient personnelles entr'eux, soit qu'elles soient contre d'autres Particuliers non intéressés, pourvu néanmoins que ce soit pour raison desdites Entreprises de Mer et en conséquence d'icelles, soient declarées et députées, comme nous les déclarons et députons de la compétence des Officiers desdits Sieges, à l'exception toutefois de celles dont nous avons reservé la connoissance à Nous et à notre Conseil, et aux Gens tenant nos Requêtes de notre Hôtel; et que les Officiers desdits Sieges connoissent généralement de toutes matieres Criminelles et de Police à eux attribuées par les anciennes et nouvelles Ordonnances, Circonstances et Dépendances, à l'exclusion de tous les autres Juges et Officiers généralement quelconques et de la visite des Vaisseaux et Bâtimens de Mer qui entrent dans nos Ports et Havres, et qui en sortent, conformément à ce qui se pratique dans nos Ports du Levent; et attendu que dans plusieurs Villes et lieux où lesdits Sieges particuliers sont établis, il n'y a point eu d'Auditoire convenable pour y tenir les séances, et rendre la Justice à nos Sujets; voulons qu'en attendant qu'il y ait été par nous pourvu, les Officiers desdits Sieges d'Amirauté tiennent leurs Audiences dans les mêmes lieux où les tiennent nos Juges ordinaires ou autres Juges, et ce aux jours et heures dont ils conviendront entr'eux; sinon lesdits jours et heures seront par nous réglés. Si donnons en mandement, etc. DONNÉ à Marly au mois de Mai, l'an de grace, mil sept cent onze, et de notre regne le soixantieme. *Signé* LOUIS. *Et plus bas*, PHELYPEAUX.

R. au Parlement de Paris, le 16 Septembre 1711.

R. à la Cour des Aides de Paris, le 26 du même mois.

R. au Siege de l'Amirauté du Cap en 1719.

Nous avons retranché de cet Edit tout ce qui étoit absolument étranger aux Sieges des Amirautés de Saint-Domingue, comme l'établissement des Lieutenans Criminels, leurs fonctions, etc. etc.

ARRÊT du Conseil du Petit-Goave, qui ordonne que les Officiers des Sieges, faisant les fonctions d'Officiers d'Amirauté, se conformeront au Tarif de 1706, qui sera de nouveau publié et affiché dans les Chambres d'Auditoires desdits Sieges.

Du 9 Juin 1711.

ARRÊT du Conseil du Petit-Goave, qui impose un Droit pour la Subsistance des Troupes.

Du 9 Juin 1711.

LE Procureur-Général du Roi a entré au Conseil et dit, que la misere où la France s'étoit trouvée réduite les deux dernieres années par l'extrême disette des Bleds, ayant obligé Sa Majesté de défendre à tous ses Sujets de faire sortir hors le Royaume aucunes Farines pour les transporter dans les Pays Etrangers, même dans les Isles de l'Amérique, etc. LE CONSEIL a donné Acte au Procureur-Général du Roi de sa remontrance, et y faisant droit, a ordonné et ordonne qu'il sera levé sur tous les Habitans du ressort d'icelui la somme de 300 liv. tous les mois, à compter du jour du présent Arrêt pour l'excédant des Vivres qu'il convient faire aux Soldats tenant Garnison, tant au Fort du Petit-Goave qu'à Léogane, évalués au nombre de cent Hommes pour aider à leur subsistance jusqu'à ce qu'il soit venu pour eux des Farines de France; laquelle somme sera répartie sur tous les Habitans suivant le Rôle qui en sera incessamment dressé par le sieur Achard, Receveur des Deniers publics, que le Conseil a commis à cet effet, et ès mains duquel lesdits Habitans seront tenus de payer les sommes pour lesquelles ils seront employés dans ledit Rôle à la premiere réquisition qui leur en sera faite; faute de quoi qu'ils y seront contraints par toutes voies et rigueurs de Justice dûs et raisonnables pour icelle somme après l'entier recouvrement d'icelle être par ledit Commis remise ès mains du Trésorier de la Marine en cette Isle sur les Ordonnances qui en seront expédiées par M. Mithon,

Ordonnateur, pour être par ledit Trésorier employée à la fourniture des Vivres pour la subsistance desdits Soldats, suivant le Réglement fait par MM. de Paty et Mithon, Commandant et Ordonnateur en cette Isle ; et afin que le présent Arrêt soit notoire, a ordonné et ordonne qu'il sera lu, publié et enregistré, etc.

ORDONNANCE *de M. l'Intendant, sur la Vente des Negres Epaves.*

Du 17 Juin 1711.

A M. Mithon, etc.

Vous remontre le Procureur du Roi, qu'ayant été informé qu'il y avoit un Negre dans les cachots de la Petite Riviere depuis un très-long-temps sans qu'on sache à qui il appartient ; il auroit en exécution de l'Ordonnance de M. de Valernod, vivant Commandant en cette Côte, et de vous, Monsieur, rendue le premier Mai dernier, qui ordonne que les Negres qui se trouveront sans Maîtres lui seront remis entre les mains, fait prendre ledit Negre dans ledit cachot et fait conduire chez lui ; mais comme par ladite Ordonnance vous n'aviez pas statué sur la destination que doit faire le Remontrant desdits Negres qui peuvent mourrir chez lui, ou retourner Marrons et ainsi que des paiemens qu'il conviendra faire, tant pour la prise desdits Negres et nourriture, que pour leur Vente ; le Suppliant a recours à ce qu'il vous plaise, Monsieur, statuer sur l'exposé ci-dessus pour sa décharge. *Signé* DROUILLARD. Vu la Remontrance faite par le Procureur du Roi au Siege Royal de Léogane ; nous ordonnons que le Negre y mentionné, ainsi que tous ceux qui se trouveront dans le cas de l'Ordonnance du premier Mai dernier, seront vendus à sa requête à la porte de l'Auditoire dudit Siege issue d'Audience au plus offrant, après une bannie faite à l'issue de la Grand'Messe de la Paroisse de Léogane ; que ledit Procureur du Roi fera la Recette des deniers qui proviendront desdites Ventes, lequel les remettra à fur et à mesure entre les mains du sieur Durand Bauval, Trésorier de la Marine pour en compter suivant les ordres qu'il en aura ; ordonnons en outre que sur le prix de la Vente des Negres, il sera déduit les frais de la prise, nourriture dans les prisons, s'il s'y en trouve, et ceux desdites Ventes, lesquels à cet égard nous avons réglé à 26 liv. ; savoir, 12 liv. pour le sieur Sénéchal, 8 liv. pour le Greffier, y compris les expéditions qu'il sera tenu de délivrer des Procès-verbaux de Vente, tant au Procureur du Roi qu'audit sieur Durand, et 6 liv. pour l'Huissier qui aura fait les criées et bannies; en outre cinq pour cent pour le prix de la Vente pour ledit sieur Procureur du Roi; lequel nous n'entendons être chargé de la mort ni de l'évasion desdits Negres qui lui seront remis, seulement d'en faire sa déclaration au Greffe du Siege, laquelle lui vaudra décharge; et sera la présente enregistrée au Greffe de la Juridiction ordinaire. DONNÉ à Léogane. *Signé* MITHON.

R. au Siege Royal de Léogane, le 23 Juin 1711.

ORDONNANCE des Administrateurs, touchant les Concessions des Raques de Caracol et de Jaquezy, et des Savannes de Limonade, et la réserve d'une Commune dans ces dernieres pour les Habitans du Cap.

Du 21 Juin 1711.

JEAN-PIERRE DE CHARITE, etc.

Jean-Jacques Mithon, etc.

Vu le Mémoire à nous envoyé par Monseigneur le Comte de Pontchartrain sur les Raques de Jacquezy et Caracol, les Savannes de Limonade, et le Quartier de Bayaha, dans lequel il est allégué plusieurs raisons qui font voir l'importance de faire puissamment habiter lesdits Quartiers en les concédant par petites portions à plusieurs nouveaux Habitans pour augmentation du Quartier du Cap; nous étant prescrit de statuer sur ledit Mémoire ce que nous jugerons de plus convenable au bien et à la sûreté de la Colonie, sans avoir égard aux prétentions de quelques parsiculiers, qui par une avidité de terre insatiable ont envahi par surprise de Concessions ou autrement des Terreins d'une trop vaste étendue qu'il ne sont pas en état de cultiver; Sa Majesté voulant que lesdits Terrains soient réunis à son Domaine suivant l'Arrêt du Conseil d'Etat du premier Décembre 1710; nous avons réglé et déterminé qu'il sera concédé par préférence à tous les nouveaux Habitans qui se présenteront des Terres dans le Quartier de Bayaha jusqu'à la Riviere du Rebouc, en observant de ne pas excéder dans les plus fortes Concessions plus de douze cens pas quarrés, ou plus pour ceux qui n'en auront que deux ou trois; que sans avoir égard aux Concessions que quelques Particuliers, qui par autorité ou par surprise, ont obtenu pour faire des Hattes des Terreins d'une trop grande étendue dans les Raques de Caracol et de Jacquezy, y comprenant de grands Terrains en bois qui ne conviennent nullement en Hattes; il en sera donné des Concessions à de nouveaux Habitans de trois cens pas en Savannes, aux conditions d'y entretenir un nombre de Bêtes à cornes qui leur sera fixé par les Concessions qu'on leur en accordera; au moyen de quoi nous avons dès à présent réunis les Terreins desdites Raques de Jacquezy et de Caracol ci-devant concédés, qui ne sont point en valeur ou qui ne sont pas établis en Hattes, en vertu de l'Arrêt du Conseil du Roi du premier Décembre 1710; qu'il sera donné de semblables Concessions des Savannes de Limonade en petites parties qui n'excéderont pas en tout six cens pas en quarré, en réservant toutefois une Savanne principale pour faire une Commune, qui pourra servir à contenir les Bestiaux des Habitans du Cap qui voudront y en envoyer, aux conditions d'entretenir ladite Savanne commune; et sera la présente Ordonnance enregistrée au Greffe de la Jurisdiction du Cap, et publiée si besoin est pour que personne n'en ignore. DONNÉ à Léogane, etc. *Signés* DE CHARITE et MITHON.

R. au Siege Royal du Cap, le 21 Février 1713.

ORDONNANCE portant defenses de débaucher les Matelots des Bâtimens Marchands pour les mener en Course.

Du 6 Juillet 1711.

LE sieur de Paty, Commandant de la Partie de l'Ouest, etc. Jean-Jacques Mithon, etc.

Les Matelots des Vaisseaux Marchands qui viennent à la Côte, séduits par les Flibustiers et par le libertinage, désertant desdits Vaisseaux pour aller en Course, ou pour s'engager dans d'autres Navigations; ce qui porte un préjudice considérable auxdits Vaisseaux Marchands, et les met hors d'état de s'en retourner en France; à quoi étant nécessaire de remédier, nous défendons très-expressément à tous Corsaires d'embarquer aucun desdits Matelots, sur peine contre les Capitaines Corsaires et contre le Quartier Maître de perdre leurs Lots, et de payer en outre trois cents livres d'amende; ordonnons à l'avenir qu'il ne sera délivré aucun Lot aux Flibustiers qu'après qu'on aura fait la revue de leur Equipage à leur retour, pour y reconnoître les Matelots qui pourroient s'être embarqués avec eux, dont les Lots seront confisqués, moitié au profit de l'Hôpital, et l'autre moitié au Capitaine du Vaisseau d'où ils auront déserté; lesquels dit Matelots seront gardés aux fers jusqu'à ce qu'il se présente des Bâtimens pour les renvoyer en France; renouvelons en tant que besoin les défenses ci-devant faites aux Habitans de retirer aucun desdits Matelots ni Gens inconnus, à peine de trois mois de prison, et de trois cents livres d'amende, ainsi qu'il a été ci-devant ordonné par MM. le Comte de Choiseul et Mithon; et sera la présente Ordonnance lue, publiée et affichée par-tout où besoin sera. DONNÉ à Léogane, etc. *Signés* DE PATY et MITHON.

ARRÊT du Conseil du Petit-Goave, qui ordonne que les Biens des Mineurs et des Absens, seront tenus de la cotisation arrêtée pour construire une Eglise dans la nouvelle Ville de Léogane.

Du 6 Juillet 1711.

LE Procureur-Général du Roi a dit et remontré au Conseil que l'incendie du Bourg de la Petite-Riviere ayant enfin déterminé MM. les Gouverneur et Intendant de cette Colonie de jetter les fondemens d'une nouvelle Ville projettée depuis long-temps à la Pointe, leur piété les auroit d'abord portés, avant que de rien entreprendre, de faire édifier un Temple au Seigneur, pour servir de Paroisse aux deux Quartiers de la Petite-Riviere et de Lester; mais que s'étant fait rendre compte des fonds que pouvoient avoir les Fabriques des Paroisses de ces deux Quartiers, et ne les ayant pas trouvés à beaucoup près suffisans pour pouvoir entreprendre un si grand et si saint ouvrage, ils auroient été obligés d'avoir recours aux Habitans qui composent ces deux Quartiers, qui se trouvent indispensablement dans l'obligation de contribuer à cette dépense; et leur ayant proposé, tant pour leur commodité, que pour faire un fond pour la bâtisse de ladite Eglise, de se taxer eux-mêmes suivant leur dévotion et leur pouvoir et condition, de payer les sommes pour lesquelles ils seront taxés et cotés eux-mêmes en trois termes égaux, payables dans un an, dont le premier échoira au premier Septembre prochain, et ainsi continuer jusqu'à leur échéance; ce qui ayant été trouvé fort raisonnable par la plupart des Habitans, ils auroient été tous convoqués dans des Assemblées particulieres, dans lesquelles les uns excités par un zele très-louable, se sont cotisés pour des sommes même au-delà

de

de ce que leur force leur pouvoit permettre ; et d'autres qui, consultant un peu plus leurs intérêts, se sont fort modérés ; et d'autres enfin, comme sont quelques personnes absentes de la Colonie, et qui y ont de gros fonds ; lesquels n'y ont point contribué, aussi bien que les Mineurs ; les proches des premiers, et les Tuteurs de ceux-ci ayant allégué qu'ils n'étoient point les maîtres et dispensateurs des Biens dont ils étoient chargés, et qu'il ne leur étoit pas permis d'en pouvoir disposer ; mais cependant comme les fonds ne se trouvent pas encore suffisans, et qu'il ne seroit pas juste que ceux qui se sont déjà cotisés payassent pour ces derniers, et qu'une si sainte et si nécessaire entreprise demeurât imparfaite, faute des secours qu'ils pourront y apporter, il lui auroit été remis par M. Mithon un état de ceux qui étoient dans ce cas, parmi lesquels se trouvent le sieur Hardouinau, Propriétaire de l'Habitation de l'Acul, en suivant le recensement, il y a actuellement soixante-dix-sept Negres travaillans, les Mineurs Cottard, Louis Sannial, les Mineurs Lapierre, la Veuve et Mineurs Duverger, à la taxe et imposition desquels il estime que le Conseil qui est le Pere des Absens et des Mineurs, pourroit pourvoir ; pourquoi requéroit, etc. Le Conseil a donné Acte au Procureur-Général de sa Remontrance, et y faisant droit, a ordonné et ordonne que le sieur Hardouinau sera employé dans le Rôle général des fonds destinés pour la construction de l'Eglise à la nouvelle Ville de Léogane, pour la somme de douze cents livres, pour son Habitation de l'Acul, eu égard au fond considérable que possede ledit sieur Hardouinau ; les Mineurs Cottard, pour celle de 1000 livres ; Louis Sannial, les Mineurs Lepage, pour celle de 800 livres ; et les Mineurs Lapierre, pour celle de 300 livres ; la Veuve et les Mineurs Duverger, pour celle de 100 liv. au paiement desquelles les proches Tuteurs et Biens-Tenans des susnommés, seront contraints dans les termes prescrits, par toutes voies de Justice, dues et raisonnables ; quoi faisant, bien et valablement déchargés, en rapportant quittance du Receveur desdits fonds des sommes quils auront payées, etc.

ARRÊT du Conseil du Petit-Goave, portant enregistrement, avec modification, d'une Ordonnance du Gouverneur et du Directeur de la Concession de la Compagnie de Saint-Domingue, et qui ordonne qu'ils rapporteront incessamment leurs Commissions pour être enregistrées en la Cour.

Du 6 Juillet 1711.

VU par le Conseil la Requête à lui ce jour présentée par le Procureur-Fiscal de la Juridiction Seigneuriale de Saint-Louis, et en cette qualité chargé des Intérêts et Priviléges de la Compagnie de Saint-Domingue, a elle accordés par Sa Majesté par Lettres-Patentes du mois de Septembre 1698, expositive que, pour remédier aux différens abus qui se commettent continuellement dans l'étendue de la Concession de ladite Compagnie au préjudice de ses Priviléges, le sieur de Barthomier, Lieutenant pour le Roi de la Partie du Sud de cette Isle, et Commandant sur le Fort Saint-Louis, et le sieur Moliere, Directeur de ladite Compagnie, auroient, en conséquence desdites Lettres, rendu une Ordonnance, le 23 Mai dernier, pour défendre l'introduction des Marchandises dans les Terres de la Concession de ladite Compagnie, etc. Le Conseil a ordonné et ordonne que ladite Ordonnance sera enregistrée au Greffe du Conseil, pour être exécutée selon sa forme et teneur, à la réserve de l'Amende qui sera rayée de ladite Ordonnance, et laquelle sera arbitrée par les Juges, suivant le cas, sauf l'appel; et faisant droit sur la Remontrance verbale du Procureur-Général du Roi, enjoint aux sieurs de Barthomier, Lieutenant de Roi en la partie du Sud de cette Isle et y Commandant, et au sieur Moliere, Directeur de la Compagnie de Saint-Domingue, de rapporter incessamment leurs Commissions pour être enregistrées en ce Conseil; et afin que personne n'en ignore, ordonne que le présent Arrêt sera lu, publié et enregistré, tant dans la Juridiction Royale du Petit-Goave, qu'aux Sieges de Saint-Louis et Jacmel, l'Audience tenante, et affiché par-tout où besoin sera, à la diligence du Substitut du Procureur-Général du Roi en ladite Juridiction du Petit-Goave, et des Procureurs-Fiscaux pour ladite Compagnie dans lesdites Juridictions de Saint-Louis et Jacmel, etc.

ORDONNANCE en faveur d'un Charpentier poursuivi par un Conseiller du Petit-Goave.

Du 6 Juillet 1711.

JEAN-JOSEPH DE PATY, etc. Commandant au Quartier de l'Ouest. Jean-Jacques Mithon, etc.

Le sieur Perret, Conseiller, ayant déclaré se pourvoir au Conseil privé du Roi contre l'Arrêt du Conseil de Léogane du 5 Mai dernier, qui condamne le nommé Mariot, Habitant et Entrepreneur des Bois nécessaires pour le Roi, et autres Travaux publics, à une réparation considérable et à de grosses amendes pour maltraitement fait audit sieur Perret par ledit Mariot, pour lors en débauche et plein de vin, avec ses camarades, sous le prétexte infâme que ledit Mariot n'a été condamné à aucun dédommagement envers lui dit sieur Perret, pour les torts que lui ont causé les coups par lui reçus; ledit sieur Perret protestant par ledit Acte de tous les frais, dommages et intérêts qu'il sera obligé de débourser et souffrir pour son voyage en France pendant son séjour à la suite du Conseil du Roi, jusqu'à son retour en cette Côte; et cet Acte du 2 Juillet présent mois, n'ayant été signifié audit Mariot qu'après qu'il a subi l'exécution de l'Arrêt, par la prison et autres peines y portées, et qu'après que ledit Mariot s'est engagé à la fourniture des Bois nécessaires à la construction de l'Eglise de Léogane par Contrat passé avec M. Mithon, Ordonnateur, invention de chicane détestable pour ruiner totalement ledit Mariot, et empêcher l'Edifice de ladite Eglise; à quoi nous intéressant pour le bien public, nous déclarons et certifions avoir retenu en cette Isle ledit Mariot, seul Habitant capable de la fourniture desdits Bois, et de ceux dont on a journellement besoin pour le service du Roi, le déchargeons de tous les frais, dommages et intérêts prétendus par ledit sieur Perret, Chicaneur de profession, qui par de telles inventions et par son esprit processif, seroit capable de faire déserter ses voisins et autres avec qui il est continuellement en procès, dont nous rendrons compte à M. le Comte de Pontchartrain. DONNÉ au Petit-Goave. *Signés* DE PATY et MITHON.

ORDONNANCE du Commandant de la Partie de l'Ouest pour le service du Quartier du Petit-Goave.

Du 9 Juillet 1711.

JAEN-JOSEPH DE PATY, etc.

Nous trouvant obligés de passer dans les Quartiers de Léogane, Cul-de-Sac, et peut-être jusqu'à l'Artibonite pour y faire la revue des Milices et ordonner des recensemens suivant les ordres que nous en avons reçus de Sa Majesté ; et voulant éviter les contestes qui pourroient survenir pendant notre absence, nous avons fait le présent Réglement conforme à l'Ordonnance du Roi.

Nul Officier d'Infanterie ne pourra prétendre le Commandement du Quartier que lorsqu'il sera résident dans le Bourg ; et ne seront tenus les autres Officiers d'envoyer d'exprès où ils seront hors le Bourg pour leur rendre compte de ce qui s'y passe, et encore moins d'y donner le mot, s'ils n'y couchent.

Ils ne se mêleront en rien du service de la Milice que pour savoir si quelqu'un a manqué à la Garde, auquel cas ils feront avertir le sieur d'Aguille pour faire payer trois livres pour la premiere fois, six à la seconde, et à la troisieme en prison jusqu'à notre retour; s'il y a des discussions entre les Habitans, ils seront renvoyés devant leurs Officiers pour les mettre d'accord; au cas que ce ne soit pas un fait de Justice, auquel cas les Juges en connoîtront.

Les faits de Police, quant aux Chemins, appartiennent aux Officiers de Milice, et les autres à la Justice ; les Capitaines, Marchands et Corsaires, doivent être libres dans leur Commerce ; et défendons de leur prendre ni retarder leurs Chaloupes que pour porter des Soldats malades à l'Hôpital ; Sa Majesté défend aux Officiers des Troupes d'avoir aucun détail que desdites Troupes, excepté le cas des Ennemis en présence du Quartier, qui veut que pour lors seulement tout soit remis sous le Commandement du plus ancien Officier ou des Troupes, ou de la Milice; ordonnons à tous Officiers des Troupes et de Milice de s'y conformer, et le sieur Cabasol en donnera lecture et même copie, s'il est besoin, aux Officiers des Troupes; et le sieur d'Aguille à ceux de Milice, afin qu'il n'en prétendent cause d'ignorance. DONNÉ au Fort du Petit-Goave, ce 9 Juillet 1711. *Signé* DE PATY.

ORDONNANCE du Roi, portant Réglement sur la Discipline à observer dans l'étendue des Concessions de la Compagnie Royale de Saint-Domingue.

Du 30 Juillet 1711.

DE PAR LE ROI.

SA MAJESTÉ s'étant fait représenter l'Edit d'Etablissement de la Compagnie Royale de Saint-Domingue du mois de Septembre 1698, par lequel elle a concédé à ladite Compagnie à perpétuité toutes les Terres incultes de la partie de l'Isle de Saint-Domingue, situées depuis et compris le Cap Tiburon jusqu'à la Riviere de Naïbe, en pleine Propriété, Justice et Seigneurie, avec la nomination des Officiers Militaires et le pouvoir d'y établir des Juges; et voulant régler la Discipline qu'ils doivent observer pour maintenir le bon ordre dans le service, et ôter à ladite Compagnie tout prétexte d'étendre ses privileges, de même qu'à tous autres l'occasion d'y contrevenir; Elle y a pourvu ainsi qu'il suit :

ART. Ier. Le Gouverneur ou Officier Commandant dans le Quartier du Sud ou de Saint-Louis, occupé par ladite Compagnie, sera subordonné au Gouverneur-Général de l'Isle de Saint-Domingue, ou en son absence, à celui qui y commandera en Chef, lequel pourra l'appeller avec les forces de la Colonie, s'il en avoit besoin, pour défendre les autres Quartiers de l'Isle attaqués par les Ennemis; et en ce cas, il marchera suivant son rang.

ART. II. Le Gouverneur ou Commandant sera aussi obligé d'exécuter les autres ordres qui lui seront donnés par le Gouverneur-Général concernant uniquement le service Militaire.

ART. III. Lorsque les Officiers établis pour la Garde de la Côte et pour commander les Milices du Quartier du Sud, auront quelques plaintes à faire, ils les porteront au Commandant dudit Quartier, lequel en informera le Gouverneur-Général pour recevoir ses ordres, s'il ne peut y remédier par lui-même.

ART. IV. Veut Sa Majesté que lorsqu'il y aura quelque Déserteur ou Criminel qui se sera sauvé dans ledit Quartier du Sud, l'ordre pour les arrêter soit adressé par le Gouverneur-Général audit Commandant et aux

Commandans Particuliers des Quartiers pour le faire exécuter; ce qui aura lieu en toute autre occasion de cette espece.

Art. V. Sera ledit Commandant tenu d'informer exactement le Gouverneur-Général du passage des Vaisseaux Ennemis, de même que des autres avis qu'il aura par Mer ou par autres voies, et de tout ce qui peut avoir rapport au service.

Art. VI. Lorsque le Commissaire-Ordonnateur à Saint-Domingue recevra des plaintes des Habitans du Quartier du Sud, Sa Majesté veut qu'il s'informe de la vérité des faits par le Directeur de ladite Compagnie, et qu'il l'entende pour y pourvoir ensuite; lui enjoignant aussi d'adresser ses ordres au Juge établi daus ledit Quartier pour les faire exécuter.

Art. VII. Enjoint Sa Majesté au Commandant du Quartier du Sud d'envoyer à la fin de chaque année au Gouverneur-Général, et au Commissaire-Ordonnateur, l'état des Munitions qui se trouveront dans le Fort Saint-Louis, et des consommations qui en auront été faites, une revue signée de lui de sa Garnison, et un Mémoire des réparations à faire audit Fort, ou de lui marquer qu'il n'en est survenu aucune.

Enjoint Sa Majesté au Gouverneur-Général de Saint-Domingue, au Commissaire-Ordonnateur, au Commandant de Saint-Louis, et à tous autres, de tenir la main, chacun en droit soi, à l'exécution du présent Réglement. Fait à Fontainebleau, etc.

Pour copie, *Signé* Mithon.

Arrêt du Conseil du Cap, touchant la Résidence des Huissiers et leurs Transports.

Du 3 Août 1711.

Vous remontre le Procureur-Général du Roi, qu'il se glisse un abus très-préjudiciable au bien public, qui ne tend qu'à la ruine des Peuples, en ce que les Huissiers les consomment en des frais excessifs; lesquels résidens tous au Bourg du Cap, prennent leurs transports de ce lieu à celui où ils vont porter leurs Assignations et autres Actes, et encore bien même qu'ils en donnent à divers Particuliers le même jour et dans le même Quartier, néanmoins ils se font payer de tous, comme pour un seul, sans avoir égard à la distance de la premiere, d'où ils ne doivent tirer leurs salaires que de cet endroit, conformément au Réglement qui a été fait; quelque attention qu'on ai eu pour empêcher ces Concussions, on n'a pu remédier à un désordre semblable, dont on voit journellement des plaintes et des Familles ruinées; lesdits Huissiers séjournant exprès dans les lieux pour avoir, par ce moyen plus de temps, quoiqu'ils puissent le même jour donner leurs exploits; après avoir cherché la voie la plus assurée pour arrêter un mal si contraire aux intentions de Sa Majesté, en maintenant ses Ordonnances, et de soulager par ce moyen ses Sujets dans une Colonie comme celle-ci, où l'on doit abolir toute sorte de chicane et de frais, ledit Procureur-Général voit qu'il n'y a point de moyen plus certain que de faire un Réglement à ce sujet, en ordonnant le département auxdits Huissiers, afin que dans les Quartiers il y en ait un qui y réside, où ils ne pourront prendre leurs taxes que du milieu d'icelui, qui seront les Eglises Paroissiales pour les Assignations qu'ils feront au même Quartier, et encore bien même que ce ne soit celui y dénommé, aucuns ne pourront prendre au-delà de ladite taxe, quoiqu'ils résidassent, soit au Bourg ou ailleurs, n'empêchant toutefois qu'ils ne demeurent au Bourg, si bon leur semble; que pour éviter entr'eux toute contestation, que la nomination soit faite, ainsi qu'il est ci-après expliqué, si le Conseil le juge à propos :

SAVOIR;

Pour le Bourg du Cap, Plaine du Nord et Moustique; *Petit et de Millot.*

Pour le Camp de Louise, Port Margot et Limbé; *Thionsitte.*

Pour la Petite Anse, Quartier de Saint-Louis *, Grande Riviere et le Bonnet; *le Maire.*

Pour Limonade, Bois de Lance et Trou de Jacquezy; *le Roux.*

Pour Bayaha et Quartiers circonvoisins, *Ronseray.*

Que l'Arrêt sera lu, publié et affiché, etc.

LE CONSEIL ordonne que le Réglement ci-dessus sortira son plein et entier effet; et en augmentant, ordonne que lorsque quelqu'un des Huissiers dénommés pour les Paroisses de chaque Quartier, tomberont malades, que le premier Huissier sera requis pour aller exploiter dans la Paroisse de celui qui sera malade; que ledit Huissier qui sera requis sera tenu de le faire, à peine d'interdiction et de 50 liv. d'amende; ordonne en outre le Conseil que la Remontrance et Réglement de M. le Procureur Général sortira son plein et entier effet, et que le tout sera lu, publié et affiché, etc.

* *C'est à présent le Quartier Morin.*

ORDONNANCE des Administrateurs-Généraux des Isles, touchant les Affranchissemens.

Du 15 Août 1711.

Raimond-Baltazard Phelypeaux, etc.

Nicolas-François Arnoud de Vaucresson, etc.

Sur ce qui nous a été représenté, que la plus grande partie des désordres qui arrivent dans les Isles Françoises parmi les Esclaves provient de la facilité que les Habitans ont de leur accorder la liberté pour des sommes d'argent, desquelles ils conviennent avec lesdits Esclaves; les uns abandonnant le service de leurs Maîtres pour piller et voler leurs Maîtres mêmes, faisant des trafics particuliers, sous prétexte de travailler à la journée, moyennant une petite rétribution qu'ils promettent à leursdits Maîtres; les autres s'abandonnant à toutes sortes de vices pour amasser les sommes convenues, faisant leurs Assemblées et Commerce dans les maisons de ceux qui ont déja été affranchis, la plupart tenant des Cabarets, même chez des Blancs, qui ont assez de bassesse pour les recevoir de jour et de nuit, trafiquer avec eux, et souffrir leur Commerce infâme et impudique; ce qui se rend si commun, nonobstant les Ordonnances, et les défenses ci-devant faites aux uns et aux autres, publiées et affichées, qu'il y auroit beaucoup à craindre, s'il n'y étoit promptement pourvu: A CES CAUSES, pour prévenir les accidens qui pourroient s'en ensuivre, s'il n'y étoit rémédié, nous réitérons lesdites défenses ci-devant faites, de donner aucune retraite aux Esclaves, ni commercer avec eux, qu'ils ne soient porteurs de Billets de leurs Maîtres; et en attendant que Sa Majesté nous ait marqué ses intentions touchant les Affranchissemens, dont nous lui avons représenté que les causes étoient la plupart abusives, défendons à tous Habitans de rendre aucuns de leurs Esclaves libres, sous quelque prétexte que ce soit que par notre permission et consentement par écrit, sur les raisons qu'ils nous déduiront, lesquelles libertés déclarons autrement nulles et de nul effet; défendons aussi aux Officiers des Juridictions desdites Isles d'en insinuer ni confirmer aucune sans qu'il leur apparoisse de notredit consentement; et à ce que personne n'en ignore, seront les Présentes lues, publiées et affichées par-tout où besoin sera, et registrées aux Conseils

Supérieurs

Supérieurs de cesdites Isles, et aux Juridictions d'icelles, à la diligence des Procureurs-Généraux et de leurs Substituts. DONNÉ à la Martinique sous le cachet de nos Armes, et contre-signé par nos Secrétaires, le 15 Août 1711. *Signés* PHELYPEAUX et ARNOUD DE VAUCRESSON.

PROVISIONS de Gouverneur de l'Isle Sainte-Croix, pour M. le Comte D'ARQUIAN, Capitaine de Vaisseau, au lieu et place de M. DE CHARITE.

Du 1er Septembre 1711.

R. au Conseil du Cap, le 29 Août 1712.

Ces Provisions sont semblables à celles de M. de Galiffet du 15 Février 1698.

ORDONNANCE des Administrateurs, qui enjoint de remettre toutes les Lettres à la Poste, avec défenses aux Particuliers de s'en charger.

Du 2 Septembre 1711.

JEAN-PIERRE DE CHARITE, etc.

Jean-Jacques Mithon, etc.

Plusieurs Particuliers s'ingérant de se charger des Lettres, au lieu de les remettre à Léogane ou au Cap dans les Bureaux des Postes établis pour la commodité du public, ce qui diminue considérablement les Droits desdites Postes, qui ne suffisent pas pour payer les Couriers; de sorte qu'il en faut faire des répartitions onéreuses sur les Deniers publics, ou qu'il se faut résoudre à abandonner un Etablissement si nécessaire au Public par la soustraction de quantité de Lettres qui ne paient aucuns Droits; à quoi étant nécessaire de remédier, nous faisons très-expresses défenses à toutes personnes de quelle qualité et condition qu'elles soient, de se charger d'aucunes Lettres des Particuliers, qu'on sera tenu de mettre aux Bureaux des Postes de Léogane et du Cap, à peine de 300 liv. d'amende contre ceux qui s'en trouveront chargés, à la diligence des Directeurs desdites Postes; ordonnons à tous Capitaines

Marchands qui aborderont aux Ports de Léogane et du Cap; de remettre aux Bureaux desdites Postes les Lettres dont ils se trouveront chargés pour le Pays, sur pareille peine de 300 liv., à la réserve de celles des Commandans des lieux où ils aborderont, dont ils tireront un reçu; et sera la présente Ordonnance enregistrée aux Greffes des Juridictions de Léogane et du Cap, lue, publiée et affichée par-tout où besoin sera, afin que personne n'en ignore, et notifiée aux Capitaines Marchands à leur arrivée par le sieur des Bois Morant, Commissaire au Cap, et par le sieur Milon, Directeur de la Poste à Léogane. DONNÉ à Léogane, etc. *Signés* DE CHARITE et MITHON.

R. au Siege Royal du Cap, le 9 Octobre 1711.

ORDONNANCE *des Administrateurs, touchant le Droit de deux Sols par livre d'Indigo.*

Du 4 Septembre 1711.

JEAN-PIERRE DE CHARITE, etc.

Jean-Jacques Mithon, etc.

Sur les avis qui ont été donnés à Monseigneur le Comte de Pontchartrain des abus et fraudes qui se sont commis jusqu'à présent dans la perception des Droits de deux Sols par livre d'Indigo établis dans cette Colonie par Arrêt du Conseil d'Etat du Roi, du 18 Juillet 1696, sur la sortie desdits Indigos, s'étant trouvé par les vérifications qui ont été faites dans les Bureaux des Fermes de France, que les quantités desdits Indigos débarqués de chaque Navire, excédoient considérablement les Indigos déclarés dans les Bureaux établis dans cette Côte; ce qui provient de ce que les Capitaines des Bâtimens, les Marchands et Habitans embarquent des Boucauds pesant 5, 6 et 7 cens livres, qu'ils ne déclarent que pour des Barriques estimées à 350 livres pour le paiement des Droits; et encore de ce que la plupart des Capitaines et Commis des Bâtimens ne déclarent pas toutes les futailles pleines d'Indigos ni ce qui en est embarqué dans les caisses et dans les coffres; à quoi étant nécessaire de remédier, suivant les ordres très-précis que nous en avons de Monseigneur le Comte de Pontchartrain par sa Lettre derniere du 24 Décembre dernier, nous avons estimé devoir faire le Réglement ci-après.

ART. Ier. Que les Capitaines des Vaisseaux Marchands, Habitans et autres Chargeurs d'Indigo, seront tenus de faire leur déclaration jusque au Bureau du Receveur des Droits d'Indigo du nombre de Boucauds, Barriques, Tierçons, Quarts, Barrils, Coffres, Caisses et Sacs, dans lesquels ils auront logé leurs Indigos, et de la quantité qui se trouvera dans chacun, tant appartenant aux Bourgeois du Navire, Officiers Mariniers, ou Equipages, qu'aux Habitans et Marchands de cette Isle à fret, à peine contre les Contrevenans de payer le quadruple de l'Indigo qui se trouveroit recelé, et de 150 liv. d'amende, porté par ledit Arrêt du Conseil d'Etat, du 18 Juin 1696, et par le Réglement fait au Conseil de Léogane le 3 Mai 1706 sur la perception desdits Droits.

Art. II. Que les Capitaines ne signeront aucun connoissement des Indigos qu'ils embarqueront à fret pour le compte des Marchands, Habitans et autres Particuliers, que le poids net ne soit signifié dans iceux, qu'ils seront tenus de représenter au Receveur-Général desdits Droits, avec le Certificat des Receveurs Particuliers, comme ils ont été déclarés à leurs Bureaux, signé des Chargeurs, dont le Receveur-Général gardera une ampliation pour en faire rendre compte auxdits Receveurs Particuliers, et pour la vérification, tant en France qu'ici, des Indigos qui y seront débarqués; ledit Receveur-Général pouvant les faire entreposer à son Bureau si bon lui semble, déclarant que s'il s'en trouve une plus grande quantité, elle sera confisquée au profit du Roi, les Propriétaires condamnés au quadruple et en l'amende de 150 livres.

Art. III. Que le Receveur-Général fournira à nousdit Ordonnateur à Léogane, et au sieur de Bois Morant, Commissaire de la Marine au Cap, avant le départ de chaque Bâtiment, un état des Indigos qui y seront embarqués, avec le nom des Chargeurs, et de ceux à qui ils seront adressés, le nombre des Futailles, le poids net desdits Indigos, et les sommes payées pour les Droits, pour en pouvoir envoyer un double en France.

Art. IV. Que les Droits seront payés lors des déclarations et chargemens, à peine aux Receveurs d'en répondre, et les Chargeurs contraints aux paiemens par le premier Huissier sur ce requis par exécution de leurs Meubles et Negres, et même par corps, comme pour deniers Royaux, sans qu'il soit besoin d'aucune autre formalité.

Art. V. Qu'il sera fait un pareil état de chaque Cargaison de Navire sur le registre du Receveur-Général, lequel sera signé des Capitaines.

Art. VI. Qu'il sera permis, en cas de suspicion et de conteste, au Receveur desdits Droits de faire peser aux poids des Bureaux principaux de Léogane, du Petit-Goeve, Cul-de-Sac, du Cap et du Port-de-Paix, les Indigos qu'on voudra embarquer dans les Vaisseaux.

Art. VII. Enjoignons auxdits Receveurs de se transporter, autant qu'il sera possible, dans les Magasins et sur les embarcations où seront lesdits Indigos déclarés, même à bord des Vaisseaux, pour en vérifier les poids, avec défenses à toutes personnes de s'y opposer.

Ordonnons à tous Capitaines, Maîtres de Bâtimens, Habitans, Marchands et autres de se conformer au présent Réglement contenant sept Articles, sur les peines y contenues, et de plus grande s'il y échoit; et sera le présent Réglement enregistré dans tous les Greffes des Juridictions de cette Isle, lu et publié à l'issue des trois premieres Audiences, affiché aux portes des Auditoires, et notifié aux Capitaines Marchands par les Receveurs desdits Droits. Donné à Léogane, etc.

R. au Siege Royal du Cap, le 9 Octobre 1711.

Arrêt du Conseil du Petit-Goave, qui suspend un Conseiller de ses Fonctions.

Du 7 Septembre 1711.

Le Conseil, sans avoir égard à la Requête dudit Me Perret, a donné Acte au Procureur-Général du Roi de sa Remontrance, et y faisant droit sur la connoissance parfaite qu'il a de tous les faits y contenus, a interdit dès à présent ledit Perret des fonctions de la Charge de Conseiller audit Conseil, comme indigne et incapable de posséder ladite Charge; lui fait défenses d'assister à l'avenir aux séances dudit Conseil ni aux Cérémonies publiques en ladite qualité, jusqu'à ce qu'autrement, par Sa Majesté, en ait été ordonné.

Voy. l'Arrêt du 5 Mai et l'Ordonnance du 6 Juillet précédent.

ARRÊT du Conseil du Petit-Goave, touchant l'Exercice de la Médecine et de la Chirurgie.

Du 7 Sepembre 1711.

LE Procureur-Général du Roi a entré au Conseil, et dit qu'il voit tous les jours dans cette Colonie un grand nombre de Particuliers, qui sans science, sans art et sans expérience, se donnent au Public pour Chirurgiens, et même pour Médecins; qu'il n'est point d'abus plus triste et auquel il soit plus nécessaire de remédier; que si l'amour de la vie est si naturel à l'Homme, il est de la raison de chercher ce qui la peut conserver, et de rejetter non-seulement ce qui peut lui nuire, mais même la détruire; qu'un chacun sait et qu'on apprend tous les jours par une trop fâcheuse expérience, tant sur soi que sur les Esclaves, qui font le principal des biens de la Colonie, les accidens que cause la fatale ignorance de ces Gens, qui avec une témérité si pernicieuse veulent professer la Médecine et exercer la Chirurgie, n'ayant pour tout principe que l'envie du gain, et la foiblesse de l'Habitant qui se laisse aisément surprendre; qu'il est même un second abus qui n'est pas moins dangereux, et qui procede de la qualité des remedes, qui sont le plus souvent entierement altérés et corrompus, et que leur avarice leur fait employer; qu'il croit qu'il est de son devoir de proposer au Conseil les moyens d'arrêter le cours d'une perte aussi à craindre, etc.

LE CONSEIL a donné Acte au Procureur-Général de sa Remontrance, y faisant droit, a ordonné et ordonne que tous ceux qui voudront dans la suite faire la profession de Médecin ou exercer l'Art de la Chirurgie, seront tenus, dans trois mois, à compter du jour de la publication du présent Arrêt, de représenter à M. de Pas, en présence du Procureur-Général du Roi et de Me Louis Brice le Maistre, Conseiller, que le Conseil à nommé pour Commissaire en cette partie, les Lettres de Maîtrises ou Certificats qu'ils ont servi en qualité de Chirurgiens-Majors sur les Vaisseaux, s'ils en ont, et de subir par-devant eux, et deux Maîtres Chirurgiens, qu'ils désigneront, examen sur les maladies internes, sur les opérations de la Main, Anatomie et autres sujets qu'il conviendra, ensemble sur la nature des remedes, la nécessité et l'utilité de leur application pour, à la requisition dudit Procureur-Général du Roi, de l'avis dudit Me de Pas et desdits deux Maîtres Chirurgiens, et sur le rapport dudit Me Brice le Maistre, Conseiller, être délivrées des provisions d'exercer; a fait et fait très-expresses inhibitions et défenses à toutes personnes telles qu'elles soient d'exercer la Médecine ou Chirurgie, sous tel prétexte que ce soit, lesdits trois mois passés sans avoir subi ledit examen et obtenu ladite permission d'exercer, à peine d'amende et de punition corporelle s'il y échoit; ordonne que tous les six mois, à compter aussi du jour de la publication du présent Arrêt, les coffres de remedes des Chirurgiens seront visités par un Maître Chirurgien qui sera nommé dans chaque Quartier par ledit Me le Maistre, et ceux qui seront trouvés mauvais et hors d'état de pouvoir servir, jettés; ordonne auxdits Chirurgiens de se trouver à la conférence que ledit Me de Pas doit faire tous les seconds lundis de chaque mois sur quelque point de Médecine ou expérience de Chirurgie, et où le Procureur-Général du Roi et ledit Commissaire assisteront autant qu'ils pourront, à peine contre les Contrevenans qui y manqueront, de 20 livres d'amende, à moins qu'ils n'aient des causes légitimes d'absence; et afin que le présent Arrêt soit notoire, ordonne qu'il sera lu et publié dans toutes les Juridictions du ressort du Conseil, l'Audience tenante, enregistré aux Greffes d'icelles, et affiché par-tout où besoin sera, etc.

ARRÊT du Conseil du Cap, qui, attendu l'absence et l'empêchement des Officiers de la Juridiction, commet le sieur GAREAU, Marchand au Cap, pour Juge d'une Contestation.

Du 15 Septembre 1711.

ORDONNANCE de M. l'Intendant, portant Réglement sur le fait des Prises.

Du 1er Octobre 1711.

JEAN-JACQUES MITHON, etc.

Sur la connoissance que nous avons depuis que nous sommes en cette Isle des abus qui se commettent dans la Course par les Capitaines Corsaires et Armateurs au mépris de l'Ordonnance de 1681, et Arrêts sur le fait des Prises, dont aucuns des Juges et Procureur du Roi de l'Amirauté nous ont fait des remontrances ; la plupart des Capitaines Corsaires s'excusant de leur faute sur ce qu'ils prétendent n'être pas instruits desdites Ordonnance, Arrêts et Réglemens rendus ; à quoi étant nécessaire de remédier ; et après avoir examiné l'Ordonnance de 1681, Arrêts et Déclarations rendus sur le fait des Prises, nous avons estimé à propos de faire le Réglement ci-après, conformément aux susdits Arrêts, Déclarations et Ordonnance de 1681.

ART. Ier. Tous Capitaines Corsaires qui feront des Prises sans une Commission de Monseigneur l'Amiral, ne pourront prétendre aucune part auxdites Prises, lesquelles seront confisquées dans leur entier au profit de Monseigneur l'Amiral.

Suivant l'Arrêt du Conseil d'Etat du 22 Janvier 1706.

ART. II. Toutes Prises faites par les Corsaires qui auront tiré le coup de Semonce ou d'Assurance sous Pavillon étranger, seront confisquées au profit de Monseigneur l'Amiral, à l'exception toutefois des portions des Flibustiers qui leur seront délivrées sans que le Capitaine y puisse rien prétendre.

Idem.

ART. III. Ne pourront lesdits Capitaines Corsaires, sous aucun prétexte que ce puisse être, prendre Commission pour faire la Course des Gouverneurs Espagnols, ni même François, à peine de confiscation desdites Prises et d'amende arbitraire.

Ordonnance de 1681, Art. 3.

ART. IV. Ne pourront aussi lesdits Capitaines Corsaires conduire leurs Prises dans aucuns Ports Espagnols, à moins qu'ils n'y soient forcés par le mauvais temps, ou contraints par les Ennemis ; auquel cas ils feront faire les procédures en bonne forme de la Vente et Adjudication desdites Prises, dont ils rapporteront des expéditions au premier Port François où ils aborderont, où la liquidation en sera faite, tant pour le dixieme de Monseigneur l'Amiral, que pour les intérêts des Armateurs.

Ordonnance de 1681, Art. 17.

ART. V. Pourront lesdits Capitaines Corsaires remettre le dixieme desdites Prises vendues dans les Ports Esgagnols aux Directeurs de l'Assiente qui seront sur les lieux, dont ils rendront compte à leur arrivée ; et où il n'y aura point de Directeurs, ils seront tenus de rapporter le dixieme au premier Port François où ils aborderont pour le remettre au Receveur de Monseigneur l'Amiral.

ART. VI. Faisons défenses à tous Capitaines Corsaires, Matelots et Flibustiers de faire aucune ouverture de Coffres, Ballots, Sacs, Pipes,

Boucauds, Barrils, Tonnes, Tonneaux et Armoires, sous quelque prétexte que ce puisse être, à peine de perdre leurs Lots, et de la restitution du quadruple des Marchandises qu'ils auront détournées, même de punition corporelle si le cas y échoit, conformément à l'Article XX de l'Ordonnance de 1681.

Ordonnance de 1681, Art. 20.

ART. VII. Faisons pareillement défenses auxdits Capitaines, Matelots et Flibustiers de transporter, vendre ni partager aucunes Marchandises des Prises, même sous prétexte de pillage, avant que le Corsaire soit rendu dans le lieu où il aura pris la Commission de Monseigneur l'Amiral, sous les peines du précédent Article.

ART. VIII. Ordonnons que ce qui sera réputé pillage ne sera partagé que lors de l'arrivée desdits Corsaires dans le lieu où il aura pris sa Commission, en présence des Procureurs du Roi de l'Amirauté, que nous commettons à cet effet, à peine de perdre la part en Prise et de restitution du quadruple.

ART. IX. Défendons aux Notaires ou Greffiers qui passeront dorénavant les Chartes-parties des Corsaires, d'y inserrer cette clause ordinaire, que tous les Ballots et Coffres entamés seront réputés pillage, à peine de nullité et de 100 liv. d'amende contre lesdits Notaires.

ART. X. Seront obligés les Capitaines Corsaires d'amener les Prises, ou de les envoyer au Port où ils auront armé avec les Prisonniers, Inventaires, Factures et Papiers, dont ils feront leurs déclarations exactes devant les Officiers de l'Amirauté, à peine de perdre leurs Lots et d'amende arbitraire, à moins qu'ils ne fussent forcés par la tempête ou par les Ennemis de relâcher en quelqu'autre Port, conformément à l'Article XVII de l'Ordonnance de 1681.

ART. XI. Seront tenus lesdits Capitaines de représenter à leur arrivée, aux Officiers de l'Amirauté, un rôle exact de leur Equipage où seront marqués les Matelots et Flibustiers qu'ils auront recueillis ailleurs; les Morts et les Désertés, afin que les Lots qui leur reviennent soient remis aux Héritiers ou ayant droit, dont les partages seront faits en présence des Juges de l'Amirauté.

ART. XII. Ordonnons que les Articles I, II, III, XVI, XVII, XVIII, XIX et XX de l'Ordonnance de 1681, seront de nouveau publiés dans les Juridictions de l'Amirauté de cette Isle, et qu'ils seront transcrits sur une carte, et affichés aux portes des Juridictions et chez le Receveur de Monseigneur l'Amiral.

ART. XIII. Ordonnons aux Notaires, Greffiers de l'Amirauté de délivrer

délivrer gratis à tous les Corsaires qui partiront de ce Port pour une fois seulement, une expédition signée dudit Greffier du présent Réglement, lequel ils feront lire à leurs Equipages, et afficher au pied du grand Mât.

Enjoignons aux Juges et Officiers de l'Amirauté de cette Isle de tenir la main à l'exécution du présent Réglement contenant XIII Articles, qui sera enregistré aux Greffes des Sieges de l'Amirauté de cette Isle, publié par trois jours d'Audience, et affiché aux portes d'icelles et chez les Greffiers de l'Amirauté. DONNÉ à Léogane Côte Saint-Domingue, le premier Octobre 1711. *Signé* MITHON.

ARRÊT *du Conseil du Cap, qui renvoie les Parties pardevant le Greffier de la Cour pour être jugées par lui, et nomme un Greffier pour le remplacer dans cette cause.*

Du 5 Octobre 1711.

RÉGLEMENT *général fait par M. l'Intendant pour la Régie et la Perception des Droits de Monseigneur l'Amiral dans les Isles du Vent et à Saint-Domingue.*

Du 6 Octobre 1711.

JEAN-JACQUES MITHON, etc.

TITRE PREMIER.

Des Receveurs.

ART. Ier. Les Receveurs-Généraux de la Martinique et de Saint-Domingue feront la Recette des Droits de S. A. S. en vertu d'une Commission signée de sa main, contre-signée par le Secrétaire-Général de la Marine, et enregistrée au Siege de l'Amirauté ou des Juges connoissans des causes Maritimes, dans les lieux où elle doit être exercée, et après avoir prêté le serment en tel cas requis; sans qu'il soit permis à qui que ce soit de les déposer de leurs Charges pour en pourvoir d'autres, ni de leur ôter le maniment des deniers qu'ils ont entre leurs mains, sous quelque prétexte que ce puisse être, à moins d'un pouvoir par écrit de nous. Le Département du Receveur-Général de la Martinique comprendra toute ladite Isle, et celui du Receveur-Général de Saint-Domingue toute la Côte dudit Saint-Domingue, dans l'étendue duquel Département il leur sera loisible de mettre sous eux des Commis pour les petits Ports et autres lieux où il en sera besoin, desquels Commis ils demeureront civilement responsables; S. A. S. se réservant de commettre des Receveurs dans les Ports plus considérables, selon qu'elle le jugera à propos.

Art. II. Les Receveurs se conformeront dans l'exercice de leurs fonctions à ce qui est porté dans l'Ordonnance de la Marine de 1681, au Titre des Receveurs de l'Amiral, et leveront ses Droits, suivant l'instruction particuliere qui sera ou a été donnée à chacun d'eux pour son Département.

Art. III. Les Receveurs-Généraux à la Martinique et à Saint-Domingue tiendront un registre général de chaque Recette; savoir, un pour le dixieme des Prises et Rançons, un pour les Sequestres, un pour les Droits d'ancrage, un pour les Amendes et Confiscations, un pour les Bris et Naufrages, si besoin est, et un pour la Recette et Distribution des Congés ou Commissions, qui se délivrent gratis à l'Amérique; ces Registres seront cotés et paraphés par la personne chargée des intérêts de S. A. S., dans lesquels seront rapportées les Recettes des différens Ports ou Quartiers par chaque année; et lesdits Receveurs-Généraux prescriront le même ordre aux Commis par eux préposés, qui feront parapher leurs Registres par les Juges des lieux.

Art. IV. Les Receveurs-Généraux seront tenus d'envoyer à la fin de chaque année un Bordereau général des sommes qu'ils ont reçues pendant ledit temps; ensuite duquel ils inséreront un autre Bordereau des Remises qu'ils auront faites en France, en la forme qui suit:

Isle de Saint-Domingue.

Année . . . . . .

Dixieme des Prises ou Rançons.

Quartier du Cap pendant ladite année.
du Port-de-Paix.
de Léogane.
du Petit-Goave.
de Saint-Louis et Jacquemel.

Droits d'Ancrage.

Léogane. . . . .
Le Cap. . . . .

Amendes et Confiscations.

Léogane. . . . .

Le Cap. . . . .

Le . . . . . . envoyé à M. le Trésorier-Général de S. A. S. une Lettre de Change de la somme de, etc.

Embarqué dans le Vaisseau le . . . . . commandé par . . . . . . Barriques de Sucre ou Indigo, etc.

Portant il me reste en caisse de ladite année ou en recouvremens, dont je suis comptable, la somme de . . . . . .

Art. V. Les Receveurs-Généraux, aussi-tôt après la publication du présent Réglement, feront faire la vérification de leurs Recettes par M. Mithon, Commissaire-Ordonnateur, et dresseront leurs comptes depuis l'année 1701 jusqu'au premier Janvier 1711, si fait n'a été en la maniere qui leur a été prescrite par ledit sieur Mithon, n'étant pas possible de suivre en tout le modele qui en est venu de France, et se conformeront à l'avenir au présent Réglement; et comme ledit sieur Mithon ne peut continuer d'arrêter les comptes du Receveur-Général de la Martinique, à cause de l'éloignement des lieux, le sieur de Vaucourtois s'adressera pour cet effet à M. l'Intendant des Isles.

Art. VI. Le Receveur-Général enverra à la fin de chaque année à M. de Valincour, Secrétaire-Général de la Marine, un état général en forme de Bordereau des Prises qui y auront été adjugées pendant ladite année.

Art. VII. Les Receveurs seront tenus de faire mention dans leurs Registres, autant que faire se pourra, des Especes qu'ils recevront pour les Droits de S. A. S., et en feront mention dans leurs quittances ou ampliations d'icelles.

Art. VIII. Les comptes des Receveurs-Généraux de la Martinique et de Saint-Domingue seront arrêtés à la fin de chaque année par l'Intendant et Commissaire-Ordonnateur ou autres personnes préposées par S. A. S., lesquels seront envoyés à M. de Valincourt pour, après avoir été examinés, être signés par S. A. S.

Art. IX. Le Receveur-Général sera tenu de joindre à ces comptes les copies collationnées de ses Registres, pour servir à l'examen desdits comptes.

Art. X. Lorsqu'il surviendra une diminution ou augmentation d'Especes, les Officiers de l'Amirauté se transporteront dans la maison des Receveurs pour faire la vérification de leurs caisses, et en dresser Procès-verbal.

Enjoignons très-expressément à tous les Receveurs de faire faire exactement lesdits Procès-verbaux, faute de quoi il ne leur sera alloué aucune diminution pour raison du décri, et à peine d'être privé de leurs Appointemens ou Commission, s'il y a augmentation sur lesdites Especes.

TITRE DEUXIEME.

Des Commissions en Guerre.

ART. Ier. Tous les Congés et Commissions seront signés de S. A. S. et scelés du sceau de ses Armes, et expédiés sous la suite du même Numéro.

ART. II. Les Commissions en la forme ci-dessus seront envoyées au Receveur-Général, qui en donnera son reçu, et les distribuera dans les différens Ports qu'il jugera à propos, dont les Receveurs Particuliers tiendront un Registre de Recette et Distribution, qui sera envoyé au Receveur-Général pour être porté sur son Registre, dont il rendra compte de la distribution seulement ; voulant S. A. S. que ses Commissions soient délivrées gratis dans les Isles seulement pour faciliter la Course.

ART. III. Ce Registre sera arrêté et vérifié à la fin de chaque année par le Juge de l'Amirauté ou la personne chargée du soin des affaires de S. A. S. ; et le récipissé que le Receveur-Général enverra sera en cette forme :

J'ai reçu de M. de . . . . ., Secrétaire-Général de la Marine, la quantité de . . . . Commissions depuis et compris N°. . . . *jusques et compris* N°. . . . *de la distribution desquelles je promets de rendre compte.*

TITRE TROISIEME.

Des Droits d'Ancrage.

Les Receveurs recevront pour les Droits d'ancrage la somme de 37 liv. 10 sols de tous les Navires Marchands, Batteaux, tant grands que petits, qui mouilleront à la Côte de S. Domingue ; il en sera tenu un Registre coté et paraphé par le Juge de l'Amirauté, duquel ils enverront un extrait à la fin de chaque année arrêté par le Juge, au Receveur-Général pour être porté sur le Registre général, suivant qu'il sera expliqué par le modele.

TITRE QUATRIEME.

Amendes et Confiscations.

Art. Ier. Les Receveurs auront soin de recevoir les deniers qui reviendront à S. A. S. pour les Amendes et Confiscations adjugées à son profit dans l'étendue de la Justice où ils feront leurs Recettes, et s'en chargeront dans leur Registre en la maniere qui leur sera prescrite ci-après, ils enverront à la fin de chaque année une copie dudit Registre au Receveur-Général qui les portera sur le Registre général.

Art. II. Ils seront tenus aussi de faire toutes les poursuites et diligences nécessaires pour le recouvrement desdites Amendes et Confiscations, sous peine d'en répondre en leur propre et privé nom.

Art. III. Les Receveurs énonceront dans leurs Registres les Sentences qui auront prononcé lesdites Amendes et Confiscations; et s'il arrive que nous jugions à propos de les remettre par grace, ils déchargeront également du produit, sauf à faire reprise en rapportant l'ordre qu'ils en auront eu de S. A. S.

TITRE CINQUIEME.

Comme il arrive pendant la Guerre que l'on ordonne le séquestre de plusieurs effets des prises, les Receveurs feront toujours dans leur compte un chapitre particulier des séquestres pour se charger en Recette de ceux dont les effets leur auront été remis, et se chargeront seulement pour mémoire de ceux dont le temps ne sera pas expiré ou qui auront été séquestrés en d'autres mains.

TITRE SIXIEME.

Du Dixieme des Prises, Rançons, Represailles et de la Confiscation desdites Prises et Rançons.

Art. Ier. Les Receveurs établis dans les Ports où l'on mene des Prises feront la Recette, tant des Dixiemes qui appartiennent à S. A. S., que des Prises ou part d'icelles qui pourront être confisquées au profit de S. A. S., le tout conformément à l'Ordonnance de 1681, Réglemens et Arrêts du Conseil intervenus sur cette matiere.

Art. II. Lesdits Receveurs tiendront un Registre particulier pour ladite Recette suivant le modele ci-après qu'ils feront arrêter à la fin de chaque année par le Juge de l'Amirauté, dont ils enverront une copie collationnée par ledit Juge au Receveur-Général pour être portée sur le Registre général, qui sera arrêté par la personne chargée du pouvoir de S. A. S.

Art. III. Les Receveurs se chargeront en Recette de toutes les Prises et Rançons généralement quelconques, qui auront été menées dans leurs Ports, observant qu'à l'égard de celles dont il aura été fait main-levée, ils s'en chargeront en Recette par mémoire seulement, pour justification de quoi ensemble des autres articles de leurs comptes, ils seront tenus de rapporter un Certificat que le Greffier leur expédiera à la fin de chaque année, suivant la forme et modele qui sera mise ci-après.

Art. IV. Les Receveurs observeront de ranger dans leurs comptes les Prises dont ils se chargeront suivant l'ordre des dates des Jugemens qui auront été rendus, soit de bonnes Prises ou de main-levée.

Art. V. A l'égard des Rançons, Dixieme des Prises, ou part dans les Prises confisquées au profit de S. A. S., dont elle aura fait quelque remise, ils s'en chargeront pareillement en Recette à la charge de reprise de la somme dont S. A. S. aura fait remise, laquelle leur sera allouée en rapportant les ordres qu'ils auront de S. A. S.

Art. VI. Se chargeront pareillement en Recette des Prises qui n'auront point été jugées ni liquidées dans l'année où elles auront été faites, mais par mémoire seulement.

Art. VII. Seront tenus de rapporter pour pieces justificatives de leurs Recettes les pieces suivantes;

SAVOIR;

1°. Un état Certifié du Juge de l'Amirauté de chaque Port en la maniere qui suit:

Etat général des Prises amenées au Port de . . . . pendant l'année de . . . . , jugées de bonne Prise par Sentences du Juge, confirmées par la Chambre, et liquidées; savoir, etc.

Les Greffiers seront tenus de tenir un semblable Registre.

Nous Juge de l'Amirauté du . . . . certifions avoir extrait le présent Etat sur les Minutes du Greffe de ce lieu, qui s'est trouvé conforme auxdites Minutes, tant par rapport aux sommes, à quoi se monte le produit desdits Dixiemes, que par rapport aux noms et à la qualité des Prises qui ont été liquidées et amenées en ce Port; en foi de quoi nous avons arrêté le présent. à . . . le . . . .

Ledit Etat signé double servira de pieces justificatives dans les comptes du Receveur-Général, dont il en enverra un autre au Secrétaire-Général de la Marine, visé de l'Ordonnateur.

2°. L'Extrait du rapport fait au Greffe par celui qui aura amené la Prise ou ôtage de Rançon dans ce Port.

3°. L'Extrait des enregistremens faits au Greffe des Jugemens ou Arrêts qui auront déclaré bonne ladite Prise où Rançon.

4°. L'Inventaire des effets des Prises.

5°. L'Extrait des Procès-verbaux de vente et liquidation des effets de ladite Prise ou Rançon.

6°. L'Ampliation de la quittance qu'il aura donnée pour le Dixieme qui sera revenu de ladite Prise ou Rançon, à moins que le Dixieme n'ait été pris en Espece; auquel cas il rapportera l'Etat de vente de lui certifié et du Juge ou du Procureur du Roi de l'Amirauté, visé de celui qui sera chargé des intérêts de S. A. S.

Art. VIII. Défendons très-expressément aux Receveurs, sous peine de radiation de leur Commission et de plus grande peine s'il y échoit, de plus donner à l'avenir aucune quittance pour les Dixiemes qu'en la forme suivante, qui contiendra en abrégé les pieces ci-dessus mentionnées, et sans en retenir une ampliation signée de celui à qui il aura donné ladite quittance; et lorsque le Dixieme aura été pris en nature, il l'expliquera.

Je soussigné, Receveur de S. A. S., au Port de . . . . . , déclare avoir reçu de . . . . la somme de . . . . . . , à laquelle s'est trouvé monter le Dixieme dû à S. A. S. pour la Prise, le, etc.; sur laquelle somme de . . . . déduction faite des frais, dont S. A. S. est tenue, qui montent à la somme de . . . . ; il reste pour ledit Dixieme celle de . . . mentionnée ci-dessus, dont je quitte ledit. . . et tous autres fait à . . le . . ;

Lorsqu'il y aura des Dixiemes des Prises en nature, il faudra faire mention dans la quittance de la quantité et qualité.

Art. IX. Pour ce qui concerne les frais où le Dixieme doit entrer, les Receveurs se conformeront à l'Ordonnance de 1681, et aux Réglemens intervenus sur cette matiere, sans en passer aucun autre, sous prétexte de droit de Commission ni quelqu'autre que ce puisse être; cependant s'il se trouvoit quelques frais extraordinaires légitimement faits pour la conservation de la Prise, et dont les Armateurs demandassent que le Dixieme fût chargé; S. A. S. a donné pouvoir à l'Intendant des Isles et Ordonnateur de Saint-Domingue de les régler.

Art. X. Les Receveurs seront dispensés de rapporter les ampliations des quittances qu'ils ont fournies pour le Dixieme des Prises qui leur auront été payées avant l'enregistrement du présent Réglement, à la charge de rapporter les autres pieces ci-dessus mentionnées.

Art. XI. La Coutume étant établie aux Isles de l'Amérique que les Armateurs et Flibustiers prennent leur part en Espece de tout ce qui se peut partager, et de donner aussi en Espece le Dixieme de S. A. S. à son Receveur; il sera loisible auxdits Receveurs, lorsqu'ils le trouveront à propos pour l'intérêt de S. A. S., de vendre lesdites Marchandises prises en Espece par adjudication dans la forme ordinaire ou même de gré à gré en détail, dont ils donneront connoissance au Juge ou au Procureur du Roi de l'Amirauté, attendu qu'étant vendus par adjudication on n'en retireroit qu'un très-bas prix, à cause des Flibustiers, qui presque toujours vendent leur part pour très-peu de chose, ce qui aviliroit conséquemment les effets du Dixieme; observant lesdits Receveurs de faire un état de vente des effets et marchandises certifié du Receveur et du Juge de l'Amirauté ou du Procureur du Roi, dans lequel état seront marquées les personnes auxquelles lesdites marchandises auront été vendues, lequel sera visé et approuvé par l'Intendant ou Ordonnateur, ou autres personnes chargées des intérêts de S. A. S., et ensuite déposé au Greffe de l'Amirauté pour y avoir recours.

Art. XII. Les Registres seront tenus sur du papier commun de quatorze pouces et de la largeur de dix pouces, et chaque page sera séparée en deux colonnes; dans la premiere seront écrits les noms de chaque Prise, suivant l'avis que le Receveur aura eu de leur arrivée; et dans la seconde, à côté du nom de chaque Prise, seront marqués les dates des Jugemens qui auront été rendus, soit de main-levée, confiscation ou interlocutoire, les ventes qui auront été faites; et le dixieme qui en sera revenu.

Et afin que cela se puisse faire sans aucune confusion, les Receveurs observeront de laisser quatre pouces d'intervalle dans la premiere colonne entre les noms de chaque Prise, le tout conformément au modele ci-dessous.

Art. XIII. Le Receveur-Général enverra tous les ans au Secrétaire-Général de sa main des copies de ses Registres, qui seront collationnées par le Juge de l'Amirauté, ou autres personnes chargées des intérêts de S. A. S., sous peine d'être privé de ses Appointemens ou Commission pendant l'année où ils auront manqué d'y satisfaire, et de plus grande peine s'il y échoit.

Nota. Le Titre de l'Annuel inutile, n'y en ayant point aux Isles.

Modeles

Modeles des Registres qui seront tenus par le Receveur Particulier, lesquels seront cotés et paraphés par les Juges de l'Amirauté, ou les personnes chargées des intérêts de S. A. S.

PREMIER REGISTRE, *pour servir à la Recette et Distribution des Commissions pendant l'année....*

Aujourd'hui..... nous Commissaire-Ordonnateur ou Juge de l'Amirauté en vertu du pouvoir à nous donné par S. A. S. Monseigneur le Comte de Toulouse, Amiral de France et Gouverneur de Bretagne, nous étant faitreprésenter le Registre, etc.

DEUXIEME REGISTRE, *pour la Recette des Droits d'Ancrage.*

TROISIEME REGISTRE, *pour servir à la Recette des Bris et Naufrages à la Côte de Saint-Domingue pendant l'année....*

QUATRIEME REGISTRE, *pour servir à la Recette des Amendes et Confiscations.*

Effets provenans de....., lesquels ont produit la somme de....

Total......

Lorsque S. A. S. aura jugé à propos de remettre quelqu'Amende ou Confiscation, il en sera fait mention en marge.

Si les Confiscations sont prononcées par Jugement de S. A. S., il en sera fait mention sur le Registre, et le Receveur se fera délivrer une copie du Jugement.

CINQUIEME REGISTRE, *pour les Effets séquestrés à la Côte Saint-Domingue pendant l'année....*

SIXIEME REGISTRE, *servant à la Recette des Dixiemes des Prises et Rançons, année...*

Liquidation du.... montant à...., le Dixieme revenant à...., et les Marchandises prises en nature suivant l'état de vente à....

Total du Dixieme.......

Nota. Le cas d'avoir à relater le Jugement du Conseil des Prises n'arrive presque jamais ici, où l'on est obligé de déclarer de bonne Prise, ou de donner main-levée, sans attendre le Jugement du Conseil de S. A. S., à cause de l'éloignement des lieux, et du tort que le retardement causeroit aux Parties intéressées.

Des comptes qui seront rendus par le Receveur-Général après que la Recette aura été établie par les différens Registres tenus par le Receveur-Général sur les Registres des Receveurs Particuliers, vérifiés en la maniere ci-dessus prescrite, et par les pieces énoncées dans le Réglement, les Receveurs justifieront la dépense et la reprise de leur compte en la forme qui suit.

De la Dépense.

Les remises qui se feront par le Receveur-Général, soit en Lettres de changes ou embarquement de Marchandises, seront faites aux ordres du sieur de Selines, établi Receveur-Général de S. A. S. à la Rochelle, dont ledit sieur Receveur donnera avis en même temps à M. de Valincourt, et rapportera avec son compte les Connoissemens et Factures, ou Lettres de change, pour justifier les remises ou envois.

Quoique le sieur de Selines soit établi à la Rochelle, cela n'empêche que le Receveur-Général ne puisse embarquer des Marchandises dans des Vaisseaux qui iront dans d'autres Ports aux adresses des Receveurs Particuliers de S. A. S.; mais il marquera que c'est pour suivre les ordres du sieur de Selines, et il lui en donnera toujours avis.

De la Reprise.

Les Articles qui composeront ce Chapitre seront justifiés par les ordres qui auront été donnés, contenant quelques remises de Droits, et par les pieces qui prouveront l'insolvabilité des Débiteurs, et les diligences en tel cas requises que les Receveurs auront fait pour parvenir au recouvrement des Droits.

Modele des Comptes que rendra le Receveur-Général de S. A. S. de la Régie de ses Droits aux Isles du Vent et à Saint-Domingue.

Compte que rend à S. A. S. Monseigneur l'Amiral de France M....., Receveur-Général des Droits de S. A. S., de tous les différens Quartiers de la Côte Saint-Domingue pendant l'année....

RECETTE.

PREMIER CHAPITRE.

A cause du Droit d'Ancrage.

Fait Recette le Comptable de la somme de....., etc.

DEUXIEME CHAPITRE.

A cause des Bris et Naufrages.

Fait Recette le Comptable de la somme de . . . ., etc.

TROISIEME CHAPITRE.

A cause des Amendes et Confiscations.

Fait Recette le Comptable de la somme de . . . ., etc.

QUATRIEME CHAPITRE.

A cause des Sequestres.

Fait Recette le Comptable de la somme de . . . ., etc.

CINQUIEME CHAPITRE.

A cause des Dixiemes des Prises.

Fait Recette le Comptable de la somme de . . . ., etc.

Le total de la Recette monte à . . . .

DÉPENSE.

Fait dépense le Comptable de la somme de . . . . pour les six pour cent de Commission qui sont alloués au Receveur-Général de S. A. S., du total de la Recette montant à . . . .

Fait dépense le Comptable de la somme de . . . .

Somme de ce Chapitre . . . .

REPRISE.

Fait reprise le Comptable de la somme de . . . . pour le Dixieme de la Prise, le . . . . montant à . . ., duquel S. A. S. a fait remise en faveur de . . . . suivant l'ordre de S. A. S. en datte du . . . . ci rapporté . . ci . . . . .
De la somme de . . . . pour l'amende adjugée à S. A. S., à laquelle . . . . a été condamné . . . ., dont S. A. S. a fait remise suivant l'ordre en date du . . . . ci rapporté . . . ci . . . .

Somme de ce Chapitre . . . .

La Dépense monte à la somme de .....

Et les Reprises à ....

Total de la Dépense ......

Résultat du présent Compte.

La Recette monte à .... ci .....

Et la Dépense à .... ci ......

Partant le Receveur de S. A. S. Monseigneur l'Amiral, est Comptable de .... ci .....

Arrêté à Saint-Domingue ce ....

EXTRAIT *de la Lettre de S. A. S. Monseigneur l'Amiral à M.* MITHON, *Commissaire-Ordonnateur.*

Du 29 Septembre 1710.

COMME vous me marquez dans vos Lettres qu'il y a beaucoup d'Articles dans le Réglement que j'ai fait pour la Régie de mes Droits, qui ne peuvent pas être exécutés réguliérement dans les Isles, à cause de la distance des lieux et des différens usages, ce que j'avois bien compris; je vous laisse une pleine et entiré liberté de réformer ce Réglement, conformément aux usages des lieux, et de le faire enregistrer avec les changemens que vous aurez jugé à propos d'y faire, afin qu'il soit exécuté en cette maniere, et afin que les Juges connoissans des Causes Maritimes, aussi bien que les Receveurs, soient obligés de s'y conformer; j'en fais un Article exprès dans l'instruction que je leur envoie, dont vous trouverez ici le double, et que je leur ordonne de faire enregistrer dans tous leurs Sieges.

Ordonnons en vertu des pouvoirs à nous donnés par S. A. S. Monseigneur l'Amiral et de sa Lettre ci-dessus écrite aux Juges connoissans des Causes Maritimes, que le présent Réglement ils fassent publier et enregistrer pour être exécuté selon sa forme et teneur; enjoignons et ordonnons aux Greffiers desdits Sieges de communiquer et fournir aux Receveurs de S. A. S. Monseigneur l'Amiral toutes les Pieces, Extraits et autres enseignemens dont ils auront besoin, le tout sous peine d'amende arbitaire qui sera prononcée par les Juges ou par Nous. FAIT à Saint-Domingue, le 6 Octobre 1711. *Signé* MITHON.

R. au Siege Royal du Cap, le ....

R. au Siege de l'Amirauté de la même Ville en 1719.

ORDONNANCE *de M. l'Intendant, pour le Paiement des Charges Garde-Côtes, achetées à Saint-Domingue.*

Du 11 Octobre 1711.

JEAN-JACQUES MITHON, etc.

Le Roi ayant fait armer exprès sa Flutte *le Profond*, pour venir prendre en cette Côte les Sucres dus à Sa Majesté pour les Charges de Gardes-Côtes; et cependant étant informé que les Acquéreurs desdites Charges, quoiqu'avertis depuis plus de deux mois de l'arrivée dudit Vaisseau, n'ont pas leurs Sucres prêts, la plupart ne s'embarrassant pas des engagemens qu'il ont pris avec Sa Majesté, par le retardement dudit Vaisseau, qui consomme inutilement des Vivres, et coûte beaucoup par les Appointemens et Gages de l'Equipage; pour à quoi obvier, nous déclarons auxdits Acquéreurs des Charges Gardes-Côtes, que nous les rendons responsables, en leur propre et privé nom, des frais du retardement, tant pour les Gages de l'Equipage, que pour les Vivres dudit Vaisseau, s'ils n'ont leurs Sucres prêts et en Magasin à la fin de ce mois, suivant la Liste que nous en ferons au bas de la présente Ordonnance, le surplus du temps que restera ledit Vaisseau, étant à leurs frais et pour leur compte; à l'effet dequoi ils resteront contraints par vente de leurs effets, même des Negres, et par corps, s'agissant des propres deniers du Roi; et ayant aussi égard à ce qui nous a été représenté par aucun des Acquéreurs Gardes-Côtes, que leurs Débiteurs se défendoient de livrer leurs Sucres, sous prétexte d'avoir d'autres dettes à payer, qui les consommeroient en frais de Justice, nous ordonnons auxdits Débiteurs des Acquéreurs des Charges Gardes-Côtes de payer par préférence ce qu'ils doivent auxdits Acquéreurs Gardes-Côtes, comme s'agissant de deniers royaux; et en cette considération, leur accordons surséance de trois mois, à compter du premier Novembre prochain, à l'égard de leurs autres Créanciers, pendant lequel temps, défendons à tous Huissiers de leur faire aucune poursuite, à peine d'en supporter les frais et tous dépens; desquels Débiteurs aux Charges Gardes-Côtes il sera arrêté une Liste par M. de Boismorant, Commissaire au Cap, à laquelle lesdits Huissiers seront tenus de se conformer; enjoignons audit sieur de Boismorant et à tous les autres de tenir la main à l'exécution de la présente

Ordonnance; prions M. de Charite, Gouverneur, Commandant au Cap, de donner à cet effet tous les secours qui dépendront de lui audit sieur de Boismorant. DONNÉ à Léogane, etc. *Signé* MITHON.

LISTE DES ACQUÉREURS.

MM. de Songé, Bourjoly, de Laye, Héron, de Choupes et Arnoux.
Total . . . . 1200 Barriques.

ARRÊT *du Conseil Supérieur du Cap, qui fixe le Prix des Negres suppliciés à 500 livres chacun.*

Du 4 Novembre 1711.

ARRÊT *du Conseil du Cap, portant Tarif pour les Honoraires du Médecin du Roi.*

Du 5 Novembre 1711.

VU la Requête et ouï le Procureur-Général du Roi en ses Conclusions verbales, le Conseil a ordonné et ordonne que d'orénavant le sieur d'Autun sera payé en Campagne à quatorze livres par jour; et dans la Ville du Cap, à trente-six sols par visite; lesquelles visites il ne fera que quand il sera appellé.

ARRÊT *du Conseil du Cap, qui renvoie le Lieutenant de Juge de la même Ville d'une Prise à Partie, faute par le Demandeur d'avoir consigné l'Amende.*

Du 6 Novembre 1711.

ARRÊT du Conseil du Cap, qui fixe les Droits du Chantre aux Enterremens, même des Matelots, à 3 livres 12 sols.

Du 7 Décembre 1711.

Voyez l'Arrêt du 25 Avril 1712.

ORDONNANCE portant, 1°. qu'il n'y a d'autre Prix courant que celui en Argent; 2°. qu'il ne sera livré que des Sucres et Indigos de bonne qualité; et, 3°. que les Poids des Habitans seront étalonnés.

Du 13 Janvier 1712.

JEAN-JOSEPH DE PATY, etc.

Jean-Jacques Mithon, etc.

Vu la Requête à nous présentée par la plus considérable partie des Négocians, ou Marchands du Quartier de l'Ouest, contenante plusieurs faits, dont la vérité ne nous est que trop connue, sur les deux prix courans, que les mauvais Payeurs veulent introduire d'une même Marchandise dans le même temps; ce qui est contre tout usage, et directement opposé à la bonne foi; les Débiteurs contraignant leurs Créanciers sous ce prétexte de prendre leurs Sucres et Indigos à un plus haut prix que le prix courant en argent, pour récompense du crédit qu'on leur fait, et après plusieurs remises qu'on leur a faites, et dont ils ont fatigué leurs Créanciers, qui sont forcés d'en passer par ces dures conditions, pour retirer ce qui leur est dû; et encore sur la qualité desdits Sucres et Indigos, qui sont souvent faits sans soin; ce qui discrédite et avilit les Denrées du Pays, à la ruine des Habitans; même plusieurs livrant leurs Sucres trop gras, brûlés et sans être purgés; d'autres leurs Indigos mucres et tous verds, sur lesquels il se trouve une perte considérable; ce qui n'est pas moins tromper que si l'on donnoit de l'argent faux pour du bon, ces Denrées étant reçues au prix d'argent, et sur les poids de quelques Habitans, qui sont suspects par la forte diminution qu'on y trouve; et étant nécessaire de remédier à de pareils abus, dont il s'ensuivroit la destruction du Commerce, par qui seul cette Colonie peut subsister et devenir florissante, nous déclarons que le prix courant ne peut-être autre que celui de l'argent, et qu'il n'y en peut avoir qu'un seul dans chaque temps; que tous les Habitans qui, par mauvaise foi et pour éviter de payer leurs dettes, contraindront les Négocians et Marchands à prendre leurs Denrées à plus haut prix que le courant, seront condamnés à restituer ce qu'ils auront reçu de trop, sur la premiere plainte du Négociant ou Marchand; n'entendons néanmoins donner atteinte aux Billets ou Obligations, où le prix de l'Indigo ou du Sucre sera fixé; ordonnons qu'il ne sera livré aucuns Sucres ni Indigos qui soient bien purgés et bien secs et de bonne qualité; déclarons qu'il ne sera accordé des diminutions proportionnées à ceux qui auroient été contraints de les recevoir, sur la plainte que les Créanciers ou Marchands en feront, suivant l'estimation qui en sera ordonnée; et ce nonobstant les conventions particulieres que le Débiteur peut extorquer du Créancier, qui craint de perdre sa dette; et en cas qu'il soit reconnu de la fraude dans la qualité desdits Sucres et Indigos, ordonnons que lesdits Sucres ainsi fabriqués, seront jettés à la Mer, et les Indigos brûlés en place publique; condamnons en outre celui qui les aura fabriqués en cent cinquante livres d'amende applicable, le tiers à celui qui en aura poursuivi la condamnation, et les deux autres tiers aux réparations des Auditoires; défendons à tous Habitans de faire ni livrer d'autres Sucres et Indigos que ceux qui seront réputés loyaux et marchands, étant d'une conséquence extrême de soutenir le crédit du Pays, par des Marchandises de bonne qualité; à quoi nous exhortons tous les Habitans; et pour prévenir les abus qui se commettent par quelques Habitans sur les poids, ordonnons qu'à l'avenir aucun Habitant ne pourra se servir d'aucun poids qu'il n'ait été vérifié et étalonné par le Procureur du Roi, en présence de trois Marchands; lesquels seront vérifiés tous les six mois par le Procureur du Roi, faute de quoi ils seront contraints de faire peser leurs Denrées au poids public des Bourgs ou Ville de chaque Quartier; et afin que personne n'en ignore, sera la présente Ordonnance enregistrée au Greffe des Conseils Supérieurs et Juridictions, lue et publiée par-tout où besoin sera, etc. DONNÉ à Léogane, etc. *Signés* DE PATY et MITHON.

R. au Conseil du Petit-Goave, le 28 Janvier 1712.

ORDONNANCE

ORDONNANCE *des Administrateurs-Généraux des Isles, portant augmentation des Monnoies, et autre des Administrateurs de Saint-Domingue, qui en ordonne l'exécution.*

Des 13 Février et 20 Mars 1712.

Raimond-Balthazard Phelypeaux, etc.

Nicolas-François Arnould de Vaucresson, etc.

Sur la Remontrance du Procureur du Roi de cette Isle Martinique, que, depuis quelque temps, les Monnoies étrangeres d'or et d'argent, qui y ont été apportées par les Corsaires François, disparoissent et repassent chez les Etrangers, qui les reçoivent à plus haut prix qu'elles ont cours dans les Isles Françoises; de sorte que lesdites Isles sont sur le point d'être sans aucun argent, que celui qui pourroit y être apporté d'Europe, et que les Marchands et Habitans seroient obligés de faire leur Commerce en Billets, s'il n'y étoit pourvu; ce qui ruineroit entiérement les Colonies Françoises, et donneroit lieu au Commerce étranger; et que non-seulement les especes étrangeres ont été emportées desdites Isles, mais aussi les louis d'or des anciennes Fabriques, auxquels les Etrangers donnent un cours plus avantageux; requérant pour l'intérêt public et le soutien des Colonies, qu'il nous plut y remédier en fixant un prix auxdites especes qui restent dans lesdites Isles Françoises, et qui pourroient être apportées par des Corsaires; nous, ayant égard à ladite Remontrance sur la connoissance que nous avons de l'exposé en icelle, et en vertu du pouvoir à nous accordé par Sa Majesté, et pour le soutien desdites Isles et du Commerce, avons fixé le prix auxdites especes qui auront cours dans lesdites Isles Françoises; savoir, le louis d'or des anciennes Fabriques et les pistoles d'Espagne, pour la somme de quinze livres tournois chacun; les demi-louis et demi-pistoles, à proportion; les pieces de huit, quatre livres; les demi-pieces, quarts, escalins, et demi-escalins, sur ce pied chacun à proportion; à l'égard des autres pieces de France, elles auront leur cours ordinaire; ordonnons à tous Marchands et Habitans, commerçant dans lesdites Isles Françoises, d'y recevoir et donner en paiement lesdites especes sur le pied qu'elles sont ci-dessus expliquées, à compter du jour de la publication des Présentes, sur peine contre les Contrevenans d'être déchus de leur dû en argent; leur faisons défenses de les faire passer chez les Etrangers, ni de faire aucun Commerce, sur les peines desdites Ordonnances; et afin que personne n'en ignore, ordonnons que ces Présentes seront incessamment registrées aux Conseils Supérieurs desdites Isles, publiées et affichées par-tout où besoin sera, à la diligence des Procureurs-Généraux d'icelles, ou leurs Substituts. DONNÉ à la Martinique, le 13 Février 1712.

Signés PHELYPEAUX et ARNOULD DE VAUCRESSON.

Jean-Pierre de Charite, etc.

Jean-Jacques Mithon, etc.

Vu l'Ordonnance ci-dessus rendue par M. le Comte de Phelypeaux, Gouverneur-Général des Isles Françoises et Terres fermes de l'Amérique, et Arnould de Vaucresson, Intendant desdites Isles, en date du 13 Février 1712, sur l'augmentation des Monnoies, à nous adressée par mondit sieur de Phelypeaux, et collationnée de lui, nous ordonnons qu'elle sera exécutée selon sa forme et teneur dans l'étendue de ce Gouvernement du jour de la publication des Présentes; et afin que personne n'en ignore, qu'elle sera enregistrée aux Greffes des Conseils Supérieurs et Juridictions de cette Isle, publiée et affichée, à la diligence des Procureurs-Généraux et de leurs Substituts. DONNÉ au Cap, etc.

Signés DE CHARITE et MITHON.

R. au Conseil du Petit-Goave, le 4 Avril 1712.

Et à celui du Cap, le 11 du même mois.

ORDONNANCE *qui fixe le Rang du Procureur-Général, relativement aux autres Membres des Conseils.*

Du 24 Février 1712.

VU la Requête du sieur Girard, Procureur-Général, au sujet des prétentions de préséances qu'il a en ladite qualité sur le Doyen du Conseil Supérieur de Léogane, et les Conseillers dudit Conseil, et notre Ordonnance au bas de soit communiqué audit Doyen pour y répondre, en date du 19 Février présent mois, et ouï le sieur de la Buissonniere, nous disons, conformément aux usages des Isles du Vent de l'Amérique, que les Doyens des Conseils doivent précéder par leur dignité le Procureur-Général en toute occasion, en ce qu'ils sont regardés comme Présidens dans les Conseils, dans les Assemblées et rencontres particulieres d'un à un; que dans les Cérémonies de l'Eglise et autres, lorsqu'il se trouve trois Conseillers, ils sont censés faire Corps, et le Procureur-Général ne doit marcher qu'après eux; et que dans le banc destiné pour les Conseillers, au Petit-Goave et à Léogane, les Conseillers doivent y avoir toujours le haut bout du banc, suivant leur ancienneté, soit en Corps ou partie d'iceux, en quelque nombre qu'ils se trouvent, et le Procureur-Général après eux; ordonnons audit Procureur-Général et aux Conseillers du Conseil Supérieur de Léogane de se conformer à la présente Ordonnance, qui sera enregistrée au Greffe du Conseil. DONNÉ à Léogane, etc. *Signés* DE PATY et MITHON.

R. au Conseil du Petit-Goave, le même jour.

ORDONNANCE qui déclare solidaires toutes les Paroisses de la Partie de l'Ouest, pour le Paiement des Pensions des Curés, et ordonne une Imposition générale en conséquence.

Du 25 Février 1712.

Jean-Pierre de Paty, etc.

Jean-Jacques Mithon, etc.

Comme il se trouve plusieurs Paroisses dans le Quartier de l'Ouest, qui sont trop foibles pour supporter la dépense des Pensions des Curés, et autres charges indispensables à l'Eglise, ce qui est cause qu'on ne peut qu'avec une extrême difficulté, lever les deniers répartis sur eux, et que les Curés, faute de paiement, seroient contraints d'abandonner leurs Cures; à quoi ayant égard, nous avons estimé nécessaire pour l'utilité commune et en même temps pour maintenir lesdits Curés dans les Paroisses, afin que les Sacremens soient administrés à tous les Colons de ce Quartier, et qu'ils aient tous l'avantage d'assister au service Divin et aux exercices de la Religion Chrétienne, de rendre lesdites Paroisses solidaires en faisant une égale répartition sur tous les Negres des Habitans dudit Quartier; pour à quoi parvenir, nous aurions dressé un état des dépenses des Curés dudit Quartier, que nous avons trouvé monter à 14180 livres par chaque année; et la totalité des Negres se montant à 7000 ou environ; nous ordonnons qu'il sera payé par les Habitans 40 sols par chaque tête de Negres qu'ils se trouveront avoir suivant les derniers recensemens, lesquels seront levés par les Marguilliers de chaque Paroisse; à quoi les Habitans seront contraints par toutes voies dues et raisonnables, même par vente de leurs Negres, pour par lesdits Marguilliers remettre les deniers en provenant au Syndic qui sera par nous nommé; et pour que personne n'en prétende cause d'ignorance, nous ordonnons que la présente Ordonnance sera enregistrée au Greffe du Conseil Supérieur de Léogane et des Juridictions, publiée et affichée par-tout où besoin sera; et qu'il en sera délivré une copie à chaque Marguillier avec le recensement des Negres de leurs Paroisses pour s'y conformer. DONNÉ à Léogane, etc. *Signés* DE PATY et MITHON.

R. au Conseil du Petit-Goave, le 4 Avril 1712.

ORDONNANCES des Administrateurs et Délibération des Habitans du Cap, pour procurer de l'eau à cette Ville.

Des 18, 28 et 29 Mars 1712.

Jean-François de Charite, etc.

Jean-Jacques Mithon, etc.

MM. le Comte de Choiseul et Mithon, Gouverneur et Ordonnateur, avoient par leur Ordonnance du 10 Mars 1710 autorisé une Assemblée des Habitans et Négocians du Cap pour trouver entr'eux les moyens de faire venir de bonne Eau au Bourg du Cap en se cotisant, et nommant un Syndic pour la levée des deniers nécessaires à cet ouvrage, de laquelle Assemblée on ne retira aucun fruit, par la mauvaise intention de quelques Particuliers; et cependant l'expérience nous faisant voir que la mauvaise Eau qui arrose ce Bourg, et sa petite quantité est très-incommode à ceux qui y font leur demeure, et y cause bien des maladies de toute espece, ce qui contraindroit d'abandonner ledit Bourg pour le placer dans un lieu plus avantageux; à quoi étant nécessaire de remédier pour rendre stable l'établissement dudit Bourg dans la situation où il est, et pour procurer un bien si nécessaire aux Habitans dudit Bourg, nous ordonnons qu'il sera fait une Assemblée nouvelle desdits Habitans et Négocians, que nous indiquons à la seconde Fête de Pâque, à l'issue de la Messe Paroissiale, dans la maison de M. de Charite, pour y être délibéré en notre présence sur les moyens d'y faire venir de l'Eau d'une source voisine très-abondante, et prendre des mesures pour l'exécution de ce travail. DONNÉ au Cap, etc. *Signés* DE CHARITE et MITHON.

Publiée au Cap le 20 du même mois.

AUJOURD'HUI 28 Mars 1712 les principaux Habitans et Commerçans du Cap assemblés chez M. de Charite, Gouverneur dudit lieu, en conséquence de notre Ordonnance du 18 dudit mois et d'une autre rendue le 10 Mars 1710 pour délibérer sur les moyens de faire venir de bonne Eau dans ledit Bourg, sont convenus en présence de mondit sieur de Charite, et de nous de tirer ladite Eau du lieu nommé *la Source à Bidau*, où il sera fait un bassin couvert pour rassembler ladite Eau, et d'où l'on tirera un canal qui sera conduit jusques dans la Place d'Armes dudit Bourg, au milieu de laquelle il sera construit une fontaine couverte et fermée, le tout sans ornement et avec moins de frais que faire se pourra, dont il sera dressé un devis pour lesdits ouvrages être mis à l'enchere, au rabais, devant le sieur Héron, Juge du lieu, en la maniere accoutumée; pour à quoi parvenir, ils ont unanimement consenti qu'il seroit levé un Droit de 10 sols par chacune Bannette de Cuir qui sera payé par les Chargeurs desdits Cuirs entre les mains du sieur Joseph Verdery, nommé Syndic pour la levée desdits deniers qui resteront en dépôt entre ses mains, et dont il ne disposera pour aucun autre ouvrage que pour ladite Fontaine, suivant les ordonnances qui lui en seront données par le sieur le Roux, choisi pour cet effet par l'Assemblée, à peine d'en répondre en son propre et privé nom; lequel dit sieur le Roux n'ordonnera aucun paiement qu'au préalable il ne lui soit présenté des Certificats signés de l'Ingénieur de la fourniture qui aura été faite pour lesdits ouvrages, ou du travail fait pour la main-d'œuvre, dont ledit sieur Verdery retirera quittance pour sa décharge; sont aussi convenus que ledit Droit de 10 sols par Bannette de Cuir ne subsistera qu'autant de temps qu'il sera nécessaire pour avoir des fonds suffisans pour la construction de ladite Fontaine; passé lequel temps on ne pourra le continuer sous aucun prétexte; laquelle dite Fontaine sera conduite jusqu'au bord de la Mer, pour servir à l'aiguade des Vaisseaux, dont les Capitaines ou Commis seront tenus de payer pour la commodité de ladite Eau 25 liv. par cent tonneaux de port par voyage de chaque Vaisseaux qui serviront à l'entretien de ladite Fontaine et Canal; desquels deniers ainsi levés, ledit sieur Verdery rendra un compte exact année par année au sieur Procureur-Général du Roi du Conseil du Cap, suivant le registre qu'il en tiendra; en foi de quoi ils ont signé la présente Délibération, conjointement avec nous, lesdits jour en an que dessus. *Signés* ROBINEAU, HÉRON, LE ROUX, VERDERY, J. GACHET l'aîné, GÉRARD, G. BARTHELEMY, M. BAREAU, J. BIDA, TEVENOT, DUBOIS, PETIT, GELIN, FOURNIER, N. BINON, CHEVALIER, DE CHARITE et MITHON.

Jean-François de Charite, etc.

Jean-Jacques Mithon, etc.

Vu la Délibération des principaux Habitans et Négocians du Bourg du Cap pour faire venir de bonne Eau dans ledit Bourg, nous ordonnons qu'elle sera exécutée selon sa forme et teneur; en conséquence que les Chargeurs des Cuirs payeront au sieur Verdery nommé par l'Assemblée 10 sols par chaque Bannette qu'ils chargeront dans les Vaisseaux, à peine de confiscation desdits Cuirs pour ceux qui ne les déclareront pas, et de 50 liv. d'amende contre les Contrevenans à ladite Délibération, applicable au travail de la Fontaine qu'on doit construire dans le Bourg à la diligence dudit sieur Verdery, et sur la premiere plainte qu'il en fera. DONNÉ au Cap, etc. le 29 Mars 1712.

Signés DE CHARITE et MITHON.

ORDONNANCE *des Administrateurs, sur les Rangs et Préséances dans les Eglises.*

Du 19 Mars 1712.

Jean-Pierre de Charite, etc.

Jean-Jacques Mithon, etc.

Vu la Lettre de Monseigneur le Comte de Pontchartrain, Ministre et Secrétaire d'Etat du Roi et de la Marine, aux Gouverneur et Ordonnateur de l'Isle la Tortue et Côte de Saint-Domingue, par laquelle Sa Majesté veut et ordonne qu'il soit fait un Réglement sur les Rangs et Préséances que doivent avoir les Officiers des Conseils Supérieurs dans les Processions et autres Cérémonies publiques, conformément à l'usage des Isles; nous après avoir lu le Réglement fait par M. de Baas, du 2 Novembre 1675, les Ordonnances de MM. Bégon, Robert et de Vaucresson, Intendans desdites Isles, des 5 Novembre 1683, 8 Octobre 1700 et 22 Mai 1710, sur les Rangs et Préséances desdits Conseillers, avons ordonné et réglé ce qui suit:

Qu'il sera établi un banc pour les Conseils Supérieurs de Léogane et du Cap, où tous les Conseillers prendront place, lequel sera posé du côté de l'Evangile hors du Chœur, après celui du Lieutenant de Roi desdits Quartiers dans les Eglises du Petit-Goave, de Léogane et du Cap; que le banc du Major de chaque Quartier sera placé vis-à-vis de celui du Lieutenant du Roi un peu au-dessous du côté de l'Epître; que le Pain-Béni, après avoir été présenté au Célébrant, au Gouverneur, à l'Ordonnateur et au Lieutenant de Roi qui seront dans leurs bancs, sera porté au banc dudit Conseil, et présenté aux Conseillers qui s'y trouveront, soit en Corps ou partie d'iceux, ensuite aux Officiers de la Justice ordinaire dans un banc qui leur sera pareillement destiné du côté de l'Epître, au-dessous et non vis-à-vis de celui du Conseil, et après aux Marguilliers de l'Eglise; et au surplus que le Pain-Béni sera distribué à commencer depuis le haut de l'Eglise, de rang en rang, jusqu'au bas sans aucune distinction des personnes, soit Officiers de Milice ou autres jusqu'à ce que les rangs et attributs des Majors dans les Cérémonies publiques aient été réglés par M. de Phelypeaux, Général des Isles Françoises, à qui la décision en a été envoyée; ne pourront lesdits Officiers des Conseils Supérieurs et de Justice, prétendre être distingués dans la distribution du Pain-Béni, lorsqu'ils ne seront pas dans leurs bancs destinés pour leur Corps, non plus que dans les autres Paroisses où il n'y aura point de banc établi pour eux, que dans les Processions, Offrandes et autres Cérémonies publiques; mais ils auront le même rang ci-dessus marqué pour le Pain-Béni; pourront aussi lesdits Conseillers se faire précéder et suivre dans lesdites Cérémonies par les Huissiers du Conseil; qu'ils jouiront toujours de la Préséance qui leur est attribuée par le Réglement de M. de Baas, du 2 Novembre 1675, sur tous les Officiers de Milice, excepté le Colonel seulement, qui se trouvera Commandant d'un Quartier où il n'y aura point d'Officier Major, soit qu'il soit pourvu par Commission de la Cour, ou du Commandant en Chef de cette Isle, sans que le Lieutenant-Colonel, en son absence, puisse prétendre la même Préséance; lesquels dits Officiers de Milice, à la réserve dudit Colonel-Commandant, ne pourront prétendre la même Préséance, ni aucun Rang dans les Eglises; ordonnons à toutes personnes de quelque qualité et condition qu'elles soient de se conformer au présent Réglement dans tout son contenu, à peine de 150 liv. d'amende contre les Contrevenans, applicable à l'Eglise où il y aura été contrevenu; et pour que personne n'en ignore, sera la présente Ordonnance enregistrée aux Greffes des Conseils Supérieurs de Léogane et du Cap, et des Juridictions, etc. DONNÉ au Cap le 19 Mars 1712. *Signés* DE CHARITÉ et MITHON.

R. au Conseil du Cap, le 5 Avril 1712.

A celui du Petit-Goave, le 5 Septembre suivant.

Et au Siege Royal du Cap.

ORDONNANCES des Administrateurs, portant Etablissement d'une Chambre de Commerce, et Représentations du Conseil du Cap au Ministre à ce sujet.

Des 19 Mars, 25 Avril et 7 Juin 1712.

Jean-Pierre de Charite, etc.

Jean-Jacques Mithon, etc.

Les plaintes que nous avons reçues au Cap par plusieurs Capitaines, Marchands et Négocians qui viennent de France faire le Commerce en cette Côte, des chicanes qu'il leur falloit essuyer pour retirer le paiement des Marchandises vendues aux Habitans, lesquels les traduisent devant les Sieges ordinaires, et delà au Conseil, pour gagner du temps et éluder autant qu'il est possible le paiement de dettes incontestables, ce qui fait un tort considérable à leur Commerce, et les oblige de faire séjourner dans les Rades leurs Vaisseaux deux et trois mois au-delà du temps qu'ils y resteroient s'ils étoient payés exactement; à quoi ayant égard, la vérité de l'exposé desdits Capitaines et Négocians nous étant connue, et étant nécessaire pour le bien de la Colonie de soutenir le Commerce, qui seul peut la faire subsister et la rendre florissante; nous avons estimé devoir établir une personne qui pût juger sommairement et sans frais les affaires qui regarderont le Commerce des Capitaines des Vaisseaux Marchands, et autres Négocians Forains qui ne font pas leur demeure en cette Isle, qui sont dans lesdits Vaisseaux et s'en retournent avec; et connoissant la probité du sieur de Boismorant, nous l'avons établi et établissons pour juger sommairement et sans appel lesdites affaires de Commerce, assisté des sieurs Aramy et le Roux, Négocians de probité, qui font leur séjour au Cap, ou autres qu'il y appellera en leur absence; lesquels Jugemens porteront saisie et vente de Negres pour ce cas seulement, même par corps si le cas y échoit, conformément à l'Ordonnance de M. de Baas; et sera la présente Ordonnance enregistrée au Greffe du Conseil du Cap, publiée et affichée par-tout où besoin sera, à ce que personne n'en ignore. DONNÉ au Cap sous les cachets de nos Armes, et le contre-seing de nos Secrétaires, le 19 Mars 1712. *Signés* DE CHARITE et MITHON.

Vu par nous notre Réglement ci-dessus, au sujet des matieres sommaires qui regardent les Cargaisons des Vaisseaux en Rade en date du

19

19 Mars dernier, et les Marchands Forains; et ouï sur le tout les conclusions du Procureur-Général du Roi, nous ordonnons que ledit Réglement sera enregistré pour être exécuté selon sa forme et teneur, sauf au Conseil à faire ses remontrances à Sa Majesté pour les cas énoncés audit Réglement, et principalement celui de sans appel qu'il prétend être seul attribué audit Conseil seulement. DONNÉ au Cap en la Chambre du Conseil, le 25 Avril 1712. *Signés* DE CHARITE et MITHON.

R. au Conseil du Cap, ledit jour 25 Avril, de l'ordre des Administrateurs.

MONSEIGNEUR, nous vous supplions très-humblement de trouver bon que nous ayons l'honneur de vous représenter que dans le dernier Conseil qui s'est tenu au Cap où présidoit M. Mithon, M. de Charite présent, mondit sieur Mithon a fait lire une Ordonnance de Police, faite par mondit sieur Mithon et M. de Charite, du 19 Mars 1712, par laquelle ils ont créé une nouvelle Justice pour juger sommairement et sans appel les affaires qui regarderont le Commerce des Vaisseaux Marchands et autres Négocians Forains, qui ne font pas leur demeure en cette Isle, et ont nommé M. de Boismorand et deux Marchands pour les décider définitivement.

Cette Ordonnance fut présentée au Conseil le 25 Avril audit an pour y être enregistrée; et quoique le Conseil s'y soit opposé tout d'une voix et ait remontré à ces Messieurs qu'il croyoit que la création d'une Justice plus souveraine que le Conseil même, n'appartenoit qu'au Roi, et qu'il falloit au moins qu'ils y ajoutassent nonobstant l'appel et sans préjudice d'icelui, puisque l'on peut appeller des Arrêts du Conseil du Cap au Conseil privé du Roi; et que l'on ne sait où on peut appeller des Arrêts décisifs et sans appel de cette nouvelle Juridiction, dont il n'y a aucun exemple dans les Isles du Vent ni à Léogane; ces Messieurs ont jugé à propos de passer outre et d'en ordonner l'exécution et l'enregistrement, comme vous le connoîtrez par l'expédition de ladite Ordonnance de Police et dudit enregistrement inclus, avec des menaces très-fortes de mondit sieur Mithon de se plaindre à Votre Grandeur de la désobéissance dudit Conseil et de le faire châtier; comme si nous avions commis un crime capital en soutenant notre Etablissement, qui y est tout-à-fait contraire et la Justice du droit qui nous appartient; comme nous sommes très-soumis, Monseigneur, aux ordres du Roi et à celui de nos Supérieurs, pour lesquels nous n'avons jamais manqué de respect, nous ne nous sommes point opposés à l'exécution de cette prétendue Ordonnance de Police, qui n'a, comme nous avons l'honneur de vous le représenter, aucun exemple dans les Isles, et d'autant même qu'il paroît par les instructions de M. Mithon, qu'il ne doit passer outre les remontrances du Conseil dans les Ordonnances de Police, que dans les cas pressans; et qu'une Ordonnance de Police n'a rien de commun avec la création d'une nouvelle Juridiction souveraine et sans appel.

Nous vous supplions, Monseigneur, de vouloir bien avoir la bonté de décider si nos prétentions sont justes ou injustes, et de nous mettre à l'abri des menaces qu'on nous fait tous les jours, soit en particulier ou en public, n'ayant rien en vue que le bien de la Colonie, et l'honneur de soutenir la Justice que le Roi nous a confiée; l'Arrêt de son Conseil privé au sujet de l'augmentation des Monnoies, que le Conseil de Léogane avoit fait, et que celui du Cap a refusé d'approuver, a assez marqué l'attachement que nous avons à suivre exactement ses Ordonnances, et avec combien de respect nous avons l'honneur d'être, Monseigneur, vos très-humbles et très, etc. *Signés* DE LA THUILLERIE, GARNIER, DE BEUZEVAL, BEAUVAL BARBÉ, DE SILVECANE, DE LISLE RIBAUT, DE MAUREPAS COCHON, SILVECANE DUBOIS, MERCIER DUPATY et LALLEMAND.

Au Cap en la Chambre du Conseil, le 7 Juin 1712.

ORDONNANCE des Administrateurs, pour l'Emploi des Effets délaissés par les Capucins Missionnaires, à la Bâtisse de l'Eglise du Cap.

Du 23 Mars 1712.

JEAN-PIERRE DE CHARITE, etc.

Jean-Jacques Mithon, etc.

Vu la liquidation des biens délaissés par les R. P. Capucins ci-devant Missionnaires en cette Côte; la Lettre de Monseigneur le Comte de Pontchartrain, en date du 8 Février 1708, adressée à Me Deslandes, contenant que l'intention du Roi est que lesdits biens délaissés * soient employés à la décence et à l'utilité des Eglises, étant juste de les faire tourner à la source d'où ils sont venus; et aucune Eglise n'ayant un plus grand besoin de ce secours que celle du Bourg du Cap, qui tombe en ruine et qu'on est prêt à édifier; nous ordonnons aux Détempteurs desdits

* *Ils montoient à 9,273 liv. 5 sols.*

deniers de remettre incessamment les sommes dues par chacun d'eux au sieur Dupaty Mercier, à peine d'y être contraints par toutes voies dues et raisonnables, même par saisie et vente de leurs Effets et Negres, à la diligence du sieur de Boismorand, Commissaire de la Marine du Cap, pour lesdites sommes être employées, tant à la décoration de ladite Eglise qu'à la Bâtisse si besoin est, suivant les ordres qui en seront donnés audit sieur Dupaty par le sieur de Boismorand, Commissaire, que nous commettons à cet effet, dont la dépense sera arrêtée par l'Ordonnateur; à l'exception toutefois de la somme de 1000 liv. qui sera employé à la réparation de la Maison des Malades de l'Hôpital, ainsi que l'a approuvé mondit Seigneur de Pontchartrain. DONNÉ au Cap, etc.

Signés DE CHARITE et MITHON.

ORDONNANCE des Administrateurs, pour l'Affranchissement de plusieurs Gens de Couleur amenés de La-Vera-Crux.

Du 23 Mars 1712.

JEAN-PIERRE DE CHARITE, etc.

Jean-Jacques Mithon, etc.

Vu l'Arrêt rendu au Conseil Supérieur de Léogane, du 7 Novembre 1707, entre Pascoualle Hermandes, Mulâtresse de La-Vera-Crux, se disant Libre et Femme du nommé François le Maréchal, Habitant de la Grande Riviere, de lui duement autorisée, d'une part; et Me Claude de Pontigny, Curateur aux Successions vacantes du Petit-Goave, gérant celle de feu Sebastien Coutard, d'autre part; par lequel, etc. une déclaration faite devant le sieur Héron, Juge du Cap, par Pierre Franjon, qui a affirmé que les Négresses Toinette de la dame Fouquet et Francisque Danute, dite Fanchon, de la Succession des sieur et dame Lafosse, sont et proviennent de la Prise de La-Vera-Crux, aussi bien que plusieurs autres; au bas de laquelle est un Certificat de M. Robineau, Procureur-Général du Roi au Conseil Supérieur du Cap, chargés par nous de faire les perquisitions des Gens pris audit lieu, sur la plainte et demande par eux faite de leur Affranchissement, qui a été que lesdites Négresses ci-dessus, sont du même lieu, après avoir ouï leurs Maîtres et Maîtresses; une Requête présentée par Marie Osept, Femme de Beloche, Habitant de Limonade, où elle expose qu'elle auroit été prise audit Vera-Crux, et vendue en ce Pays au sieur Guillaume Benard;

ensuite de quoi elle auroit acquis sa liberté, que ses Enfans restent toujours Esclaves audit Benard, quoiqu'ils dussent être Libres, réclamant leur Affranchissement, au bas de laquelle est le renvoi fait audit Procureur-Général pour examiner son exposé; dépositions par lui reçues, le 3 Mai ensuivant, de la nommée Bernard Desosuel, Native de La-Vera-Crux, Femme du sieur André Becose Lecoq, Habitant de ce Quartier, qui affirme que ladite Marie Osept a été prise avec elle audit endroit, et même en cette Colonie, sur le Vaisseau commandé par le Capitaine Hiarque; trois autres attestations et certificats dudit Procureur-Général pour les Négresses nommées Thérese Angoudoumar de l'hérédité du sieur Debray, et Marie Manuel appartenante au sieur Huchet, et Honane de Molphe au sieur Herpin, qui ont justifié par-devant lui qu'elles sont et viennent de la Prise dudit Vera-Crux, des 6 Avril et 12 Mai de ladite année 1710, joint même à la tradition qui nous a été faite par des anciens de la Colonie, que lors de l'arrivée en cette Isle des Mulâtresses et Négresses provenans de cette Prise, les Armateurs et Flibustiers faisant le partage du Butin voulant procéder à leur vente comme Esclaves, icelles se diernt toutes Libres, quoique parmi le nombre il y en avoit qui ne l'étoient pas; ne connoissant l'état ni des unes ni des autres, dans cette incertitude il fut délibéré militairement, que toutes seroient vendues pour sept années seulement, au bout desquelles elles seroient toutes libres; sur quoi est intervenu l'Arrêt ci-dessus qui n'a point été exécuté en ce Quartier; le tout bien examiné et étant nécessaire de rendre une Justice long-temps demandée par lesdits Negres de La-Vera-Crux, pris en temps de paix contre le Droit des Gens, et contre la délibération même qui fut tenue alors par ceux qui avoient fait ledit enlevement, par laquelle il fut convenu que tous seroient Libres au bout de sept années de service; nous, après avoir pris le sentiment de M. Robineau, Procureur-Général au Conseil Supérieur, avons déclaré et déclarons Libres les nommées Honane de Molphe, appartenant au sieur Herpin, avec ses deux Enfans; Toinette appartenant à madame Fouquet; Fanchon de l'hérédité des sieur et dame de Lafosse; et à l'égard des Enfans de ladite Fanchon, ayant égard à la pauvreté des Mineurs Lafosse, et aux dépenses qu'ils ont faites pour l'éducation des Enfans de ladite Fanchon, dont ils n'ont pas retiré de service, nous ordonnons qu'il sera payé auxdits Mineurs, en dédommagement, la somme de 300 liv. par ladite Fanchon, pour le recouvrement de la liberté de chacun desdits Enfans; déclarons pareillement Libre Marie Manuel, appartenant au sieur Huchet; la nommée Thérese Angondoumàr de l'hérédité du sieur Debray ; et les Enfans de la nommée Marie Osept, Négresse Libre de La-Vera-Crux, mariée au sieur Beloche retenue Esclave chez le sieur Bernard, dit Maringoin, en payant toutefois par ladite Marie Osept ou autres, la somme de 300 liv. pour chacun desdits Enfans audit Bernard en dédommagement de leur éducation et du peu de service qu'ils lui ont rendu, les ayant acquis de bonne foi ; pour par lesdits Negres, Négresses et leurs enfans ci-dessus, jouir pleinement et paisiblement de la liberté qui leur est acquise, aux conditions prescrites à quelques-uns d'eux ; sauf à ceux qui s'en trouvent en possession, leur recours contre leurs Vendeurs, et ainsi des uns aux autres, en remontant jusqu'à la premiere Vente qui en a été faite ; et sera la présente Ordonnance enregistrée au Greffe de la Juridiction du Cap, pour y avoir recours par lesdits Negres Libres, dont il leur sera délivré copie par le Greffier. DONNÉ au Cap François, etc.

R. au Siege Royal du Cap à la requisition de M. Robineau, Procureur-Général, le lendemain 24 Mars.

ORDONNANCE *des Administrateurs, qui taxe les Concessions données dans les Raques de Caracol et de Jaquezy.*

Du 23 Mars 1712.

JEAN-PIERRE DE CHARITE, etc.

Jean-Jacques Mithon, etc.

Vu les états des Concessions données dans les Raques de Jacquezy et Caracol ci-devant concédées et réunies au Domaine du Roi en vertu de notre Ordonnance, du 21 Juin dernier, et en conséquence des ordres de Sa Majesté, qui nous prescrit de faire payer une somme modique à ceux que nous avons mis en possession desdits Terreins pour être employées au plus grand avantage de la Colonie ; nous, conformément auxdits ordres, avons taxé les Habitans dénommés en la Liste aux sommes pour lesquelles chacun d'eux y est employé sur le pied de 50 liv. par cent Pas de Terre sur six cens, au paiement desquelles sommes ils seront contraints par toutes voies dues et raisonnables, même par saisie et vente de leurs Noirs, comme pour deniers Royaux, à la diligence du sieur de Boismorand, Commissaire, pour lesdites sommes être mises en dépôt entre les mains du sieur Dupaty Mercier, Trésorier de la Marine au Cap, dont il sera disposé suivant les ordres de la Cour; ordonnons auxdits Habitans dénommés en ladite Liste ou autres qui ont obtenu des Terreins dans lesdites Raques de rapporter dans quinzaine au sieur Beaupré, Arpenteur, les pouvoirs qu'on leur en a donné pour leur être expédié des concessions en forme; faute de quoi déclarons leurs Titres et Billets de nulle valeur. DONNÉ au Cap sous les cachets de nos Armes, et les contre-seings de nos Secrétaires, le 23 Mars 1712.

Signés DE CHARITE et MITHON.

ARRÊT du Conseil du Petit-Goave, qui défend à MM. les Conseillers de s'absenter des Séances de la Cour.

Du 4 Avril 1712.

LE Conseil a donné Acte au Procureur-Général du Roi de sa remontrance, et y faisant droit, a ordonné et ordonne que les Ordonnances Royaux, ensemble le Réglement de M. de Baas, Général des Isles Françoises et Terre-ferme de l'Amérique, du 2 Novembre 1675, seront exécutés seront leur forme et teneur; en conséquence a fait et fait très-expresses défenses à MM. les Conseillers de s'absenter des Séances du Conseil sur les peines y portées, à moins qu'ils n'aient cause légitime. Enjoint au Greffier de délivrer à chacun de MM. les Conseillers copie du présent Arrêt, à ce qu'ils n'en ignorent et aient à s'y conformer.

ORDONNANCE des Administrateurs, sur la Translation de la Chapelle du Port Margot, et le Projet d'ériger ce Quartier en Paroisse.

Du 6 Avril 1712.

JEAN-PIERRE DE CHARITE, etc.

Jean-Jacques Mithon, etc.

Les Habitans du Port Margot, au nombre de douze, dont les noms seront marqués ci-après, s'étant assemblés en vertu de nos ordres pour délibérer du lieu où ils doivent placer la Chapelle de leur Quartier, et même un Presbytere si besoin est; sont convenus que pour éviter les débordemens des eaux il est nécessaire de déplacer la Chapelle de leur

Quartier, et de la transporter sur la Pointe Morne du Corail, où ils feront un emplacement convenable, et que les Savannes d'en bas pourront être attachées à ladite Eglise, en cas que dans la suite on y établisse un Curé; laquelle Délibération nous avons approuvée et confirmée pour être exécutée incessamment dans son contenu. A la Plaine du Nord chez M. de Barrere, le 6 Avril 1712; signés de Charite, Mithon, la Pierre, la Forrest, Ezenat, Fontaine, Antoine Poirette; et au dos est écrit : les nommés François Bernard, Pierre Thomazeau, Jean-Jacques Delaunay, Gille Delaunay, Louis Perger, Jacques Poisson, Jacques Lachenaye, ont déclaré ne savoir signer, *signé* MITHON.

Et sur ce que lesdits Habitans nous ont représenté qu'il ne pourroient recevoir aucun secours qu'avec beaucoup de difficulté de la Paroisse de l'Acul, à cause de l'éloignement, et qu'il n'étoit pas juste pour le service qu'ils en retirent qu'ils fussent taxés pour les pensions et autres droits Curiaux; offrant cependant de mettre en réserve et de faire recevoir par un Syndic ou Trésorier une rétribution par tête de Negres et de Blancs, dont le fond servira à construire dans la suite une Eglise et un Presbytere; nous, ayant égard aux remontrances desdits Habitans, les avons dispensés et dispensons de payer aucune taxe pour raison desdites pensions aux Marguilliers de l'Acul; ordonnons qu'ils remettront à l'avenir les deniers pour lesdites pensions au sieur Poirette, Habitant, nommé d'entr'eux, sur le pied de trente sols par tête de Negres et Blancs par chacune année, à commencer du premier Janvier de la présente année, pour le fond en être réservé à la construction d'une Eglise, d'un Presbytere, quand il sera jugé à propos; et sera la Liste des Negres dudit Quartier arrêtée chaque année par le Gouverneur-Commandant au Cap. FAIT à la Plaine du Nord, le 6 Avril 1712. *Signés* DE CHARITE et MITHON.

R. au Siege Royal du Cap, le 8 Avril 1712.

ORDONNANCE des Administrateurs, pour contraindre les Habitans du Cap à payer les Droits de Vigie.

Du 8 Avril 1712.

JEAN-PIERRE DE CHARITE, etc.

Jean-Jacques Mithon, etc.

Vu l'état extrait du compte général des Vigies arrêtés et signés par feu

M. de Galiffet, de ce qui reste dû des Droits de Vigie qu'ont retiroit anciennement; nous ordonnons aux Habitans y dénommés de remettre, sans aucun délai, les sommes pour lesquelles chacun d'eux y est employé, entre les mains du sieur de Paty Mercier, Trésorier de la Marine, pour les sommes être employées à la construction d'une maison pour les Gouverneurs-Commandans au Cap, à quoi nous l'avons attribué; au paiement desquelles sommes lesdits Habitans seront contraints par saisie et vente de leurs meubles et effets, à la diligence du sieur de Boismorand, Commissaire de la Marine. DONNÉ au Cap, etc.

Signés DE CHARITE et MITHON.

ARRÊT du Conseil du Cap, qui sur l'Ordonnance de M. l'Intendant homologue une Sentence arbitrale rendue par deux Conseillers, le Procureur-Général et le Commandant en Chef de la Colonie.

Du 25 Avril 1712.

NOUS soussignés Pierre-Louis Vestu, sieur de la Thuillerie, d'une part; et Joseph le Baron, d'autre part; et le sieur Pierre Bouquerant, encore d'autre part; sommes convenus que pour éviter les frais considérables de l'appel que ledit sieur de la Thuillerie a formé au Conseil d'Etat et privé du Roi, de l'Ordonnance rendue par MM. le Comte de Choiseul et Mithon, du 3 Mars 1711, qui suspend l'exécution des Arrêts rendus au Conseil Supérieur du Cap, les 5 Mai et 5 Août 1710; et finir l'affaire décisivement comme si ledit Conseil d'Etat avoit prononcé, nous avons nommé pour Arbitres et Juges en dernier ressort; savoir, de la part de mondit sieur de la Thuillerie, les Personnes de MM. de Beauval, Baubé et Boismorand; de la part dudit sieur Baron, la Personne de M. des Moulins; et de la part dudit sieur Bouquerant, M. Robineau, Procureur-Général, Arbitres; et M. de Charite pour sur-Arbitre, etc., le tout à peine de 3000 liv. de dédit et même de désobéissance contre celui qui contreviendra, attendu que les Parties ont eu recours à l'autorité de M. de Vallernod pour terminer cette affaire définitivement. FAIT au Cap, le 20 Février 1711, etc.

Approuvé le présent Compromis fait en ma présence et de mon avis. *Signé* DE VALERNOD.

VU par nous Arbitres dénommés au présent Compromis ci-dessus, dont

dont le sieur le Baron a nommé pour lui le sieur de Galiffet, sur le désistement du sieur des Moulins, etc. DONNÉ au Quartier Saint-Louis au Gouvernement, le 11 Octobre 1711. *Signés* BEAUVAL BARBÉ, BOISMORAND, ROBINEAU, GALIFFET et DE CHARITE.

A Monsieur, Monsieur Mithon, etc.

SUPPLIE humblement, Veuve Bouquerant, disant que n'ayant pu jusqu'à présent avoir aucune raison des sieurs de la Thuillerie et Baron pour la somme de 2000 liv. qu'ils se sont obligés de lui payer par l'accommodement que M. Robineau, Procureur-Général, a bien voulu faire entr'eux, etc.

Soit communiqué aux sieurs la Thuillerie et Baron, qui comparoîtront devant nous à tout jour et heure avec la Suppliante pour répondre au contenu de la présente Requête. Au Cap, le 5 Avril 1712. *Signé* MITHON.

Ouï les Parties, nous ordonnons que la Sentence rendue sur les discussions d'entre les Parties sera homologuée, à la diligence de la Suppliante, au prochain Conseil, et que cependant le sieur Baron payera dans un mois de ce jour pour tout délai la somme de 1200 liv., et le sieur de la Thuillerie celle de 800 liv. dans deux mois, ainsi qu'il est prononcé par ladite Sentence, à peine d'y être contraints par toutes voies dues et raisonnables, même par saisie et vente des meubles et effets. Au Cap, le 8 Avril 1712. *Signé* MITHON.

VU par le Conseil la Sentence arbitrale rendue pour la Veuve Bouquerant, contre M. de la Thuillerie et M. Baron; et ouï sur ce le Procureur-Général du Roi dudit Conseil; LE CONSEIL ordonne que ladite Sentence arbitrale sera homologuée pour être exécutée suivant l'Ordonnance de M. Mithon, et ce dans deux mois. DONNÉ en Conseil, etc.

ARRÊT du Conseil du Cap, qui ordonne le Transport des Ladres à l'Isle de la Tortue.

Du 25 Avril 1712.

VU par le Conseil la Remontrance du Procureur-Général du Roi, contenant qu'il a été rendu deux Arrêts en cette Cour sur sa Remontrance, les 5 Mai 1710 et 3 Mars 1711, pour la recherche des personnes atteintes de la Lêpre, afin de les séparer de la Société civile, et d'empêcher que la malignité de cette maladie ne pût se communiquer au Peuple; en exécution desquels on a encommencé ès Quartiers de Bayaha et du Trou les Procès-verbaux faits par Mrs de la Thuillerie et de Silvecane, Conseillers en cedit Conseil, et rapports de visite des Médecins et Chirurgiens des mois de Mai, Novembre et Décembre derniers, où l'on voit qu'en une seule Famille ce mal s'y est si fort mis, que non-seulement le Pere en est infecté, mais l'Enfant même et plusieurs Noirs; ce qui fait connoître la nécessité absolue de remédier promptement à séparer ceux qui sont dans ce cas d'avec les sains; paroissant esdits Procès-verbaux et rapports, qu'en la Maison de ce Chef qu'il y a d'autres Noirs qui ont une disposition évidente de cette contagion, joint qu'il y en a en iceux qu'on juge atteints dudit mal; ce qui prouve la nécessité de les séparer, ainsi que ceux qui se trouveront par la suite, pour les envoyer tous en un lieu écarté et éloigné du Public, et éviter un plus grand mal et l'infection qui se répandroit en tous les Quartiers de ce ressort; pour à quoi parvenir, requéroit ledit Procureur-Général qu'il soit délibéré en ce Conseil de l'endroit et des moyens qu'il est nécessaire de prendre pour les faire conduire; et avant leur faire faire les logemens qu'il sera jugé convenable, pourvoir aux besoins de leur subsistance, et autres choses qui leur seront nécessaires; qu'en faisant cette séparation, qu'il y soit procédé avec toute la charité Chrétienne, et avec les précautions justes en les sortant du centre de leurs Familles et amis; qu'étant privés des uns et des autres, que du moins ils aient la consolation des secours Spirituels et Temporels; que ceux qui sont déja jugés atteints, ensemble les personnes qui en ont une disposition, ou qu'on doute être attaqués de ladite Lêpre, seront de nouveau vus et visités en une Assemblée, en un lieu qu'il plaira au Conseil de nommer, où ils seront tenus de se rendre sur le premier mandement et au jour indiqué, par cinq Chirurgiens des plus habiles d'ici que la Cour choisira, qui jugeront tous ceux qu'ils connoîtront tachés de la même maladie, ensuite de quoi les transférer au Quartier ou Isle que l'on jugera le plus avantageux pour le bien de la Colonie; qu'en attendant que ceux qui sont atteints de ce mal et reconnus pour tels, suivant lesdits Procès-verbaux, seront exclus de se mêler aux Assemblées publiques; que lorsqu'ils approcheront des Eglises pour y entendre le service Divin, qu'ils seront séparés et mis à part pour éviter la contagion, avec défenses à toutes personnes de les fréquenter particulierement, et le nommé Bernard, à peine de 200 liv. d'amende, applicables; savoir, le tiers au Dénonciateur, et le surplus à la Paroisse du lieu où leurs biens seront assis; et afin qu'on sache les noms de ceux pris dudit mal, il en sera fait mention en l'Arrêt, qui sera lu, publié si besoin est, avec injonction à ceux qui n'ont encore exécuté les Arrêts précédens, de procéder avec diligence à leur visite avec des Chirurgiens, à faute de Médécin, pour être communiqué audit Procureur-Général, et requérir ce que de droit. *Signé* ROBINEAU.

LE CONSEIL y faisant droit, ordonne qu'il sera fait une seconde visite générale par les Commissaires de ceux qui sont accusés de Ladreté par les sieurs Montaulier, Laurignac, Bonnault, Gaschet l'aîné, Dombrenal et Buscaille, Chirurgiens de cette Côte, en présence des mêmes Commissaires qui ont fait la premiere visite, dont il sera dressé des Procès-verbaux sur les lieux; ordonne en outre que ceux qui seront reconnus et déclarés Ladres dans cette seconde visite seront envoyés à la Tortue pour être séparés de la Société civile, avec leurs Negres atteints dudit mal; et qu'à l'égard de leurs autres Negres, ils seront loués à leur profit, ou vendus, comme ils jugeront le plus convenable à leurs intérêts; seront tenues lesdites personnes convaincues de ladreté de prendre leurs précautions pour avoir des Vivres de Terre lorsqu'ils iront à ladite Isle, où ils trouveront au surplus les Viandes abondamment pour leur subsistance; et à l'égard de ceux qui se trouveront dans une extrême nécessité le Conseil a nommé M. Lallemand, Conseiller en ce Conseil, pour dresser un état desdits nécessiteux, et leur faire fournir des Cassaves et autres Vivres de Terre pendant quatre mois seulement, dont il fera un état de dépense, laquelle sera payée sur les deniers publics par l'Ordonnance de M. Robineau; fait défenses ledit Conseil à toutes personnes de se mêler avec lesdits Ladres, ni de les passer à la grande Terre-ferme, à peine de 500 liv. d'amende et de punition corporelle si le cas y échoit; et sera ledit Arrêt publié, lu et affiché par-tout où besoin sera, à la diligence du Procureur-Général ou de ses Substituts. DONNÉ au Cap en la Chambre du Conseil, le 25 Avril 1712. *Signé* MITHON.

ARRÊT du Conseil du Cap, touchant l'Assistance du Chantre aux Enterremens; et le Réglement de M. DE BAAS, du 10 Septembre 1671; quant aux Enterremens.

Du 25 Avril 1712.

VÚ la Remontrance; LE CONSEIL y faisant droit, ordonne qu'à l'avenir le Chantre ne se trouvera aux Enterremens que lorsqu'il y sera appellé; et que le Réglement de M. de Baas, arrêté en l'Isle de Saint-Christophe le 10 Septembre 1671, approuvé par Sa Majesté, et enregistré au Conseil Supérieur de Léogane, le 27 Novembre 1684, sera exécuté selon sa forme et teneur au sujet des Enterremens. DONNÉ, etc.

ARRÊT du Conseil du Cap, sur les Qualifications des Nobles.

Du 25 Août 1712.

VU par Conseil les Lettres de Noblesse * accordées par Sa Majesté aux sieurs de Lespérance; et vu les conclusions par écrit du Procureur-Général du Roi, le Conseil ordonne que lesdites Lettres seront enregistrées au Greffe dudit Conseil, pour être par eux joui des privileges accordés aux Nobles et Gentilshommes du Royaume et de cette Isle, suivant lesdites Lettres; et sur ce qui a été représenté par ledit Procureur-Général que plusieurs personnes s'ingerent de prendre la qualité d'Ecuyer, Messire et Chevalier sans aucun titre; le Conseil fait défenses à toutes Personnes de se qualifier desdits titres, qu'ils n'aient au préalable fait enregistrer audit Conseil les titres dont ils prétendent se servir, à peine de 150 liv. d'amende; défenses aux Notaires de passer aucun Acte où lesdites qualités soient insérées qu'ils ne soient informés du droit que les Parties pourront avoir de les prendre; ordonne que le présent Arrêt sera lu et publié; etc.

* *Ce sont les premiers titres de Noblesse qui ont été enregistrés au Conseil Supérieur du Cap.*

ARRÊT du Conseil du Cap, qui défend à tout Particulier d'écrire ni plaider pour les Parties, à peine d'amende et de bannissement.

Du 25 Avril 1712.

VU par le Conseil la Remontrance du Procureur-Général du Roi, et y faisant droit, défend à toutes personnes de s'immiscer, et nommément aux nommés Perrier et Chambillard de faire aucunes écritures pour les Parties qui se pourroient présenter à eux ni de plaider à la Juridiction ordinaire, ni audit Conseil, à peine de 500 liv. d'amende pour la premiere fois, et de bannissement pour la seconde, à l'exception toutefois des absens du ressort dudit Conseil qui pourront nommer et constituer des Procureurs en leurs places, et aussi des personnes malades, auquel cas le Juge ou le Rapporteur donneront des permissions pour agir; et sera le présent Arrêt lu, publié et affiché, etc.

ARRÊT du Conseil du Cap, qui nomme un Conseiller Receveur des Deniers destinés à l'Edification de l'Eglise du même lieu.

Du 25 Avril 1712.

VU par le Conseil la Remontrance du Procureur-Général du Roi; LE CONSEIL y faisant droit, a nommé la Personne de M. Mercier du Paty, Conseiller audit Conseil, pour recevoir les deniers destinés pour la construction de ladite Eglise, suivant les taxes qui en ont été faites; lequel a volontairement accepté; ordonne ledit Conseil que les deniers qu'il aura entre les mains seront par lui délivrés suivant les besoins qu'on en aura, et ce par les ordres de M. Robineau, Procureur-Général dudit Conseil, suivant les quittances, dont il sera bien et valablement déchargé. DONNÉ, etc.

ORDONNANCE des Administrateurs, qui enjoint aux Concessionnaires dans les Raques de Caracol et de Jacquezy d'en payer la taxe.

Du 26 Avril 1712.

Jean-Pierre de Charite, etc.

Jean-Jacques Mithon, etc.

Vu l'état des excédens de Terres accordés à plusieurs Particuliers sous la condition de payer une certaine somme pour être employée à l'avantage de la Colonie; en conséquence de l'ordre du Roi qui nous prescrit de faire payer lesdites sommes auxdits Particuliers, nous ordonnons à tous ceux qui ont été pourvus desdits excédens de payer incessamment les sommes auxquelles chacun d'eux a été taxé, suivant la Liste, à peine d'y être contraints par toutes voies dues et raisonnables, même par saisie et vente de leurs Meubles, Negres et Effets, s'agissant de Deniers Royaux, à la diligence du sieur de Boismorand, Commissaire de la Marine au Cap, pour lesdites sommes être remises en dépôt entre les mains du sieur Mercier du Paty, Trésorier de la Marine, dont il sera disposé suivant les ordres de la Cour; ordonnons auxdits Habitans dénommés dans ladite Liste, et autres qui ont obtenu lesdits excédens de Terre de rapporter dans quinzaine au sieur Beaupré, Arpenteur, les pouvoirs qu'on leur en a donné, pour leur être accordé des Concessions en forme; faute de quoi déclarons leurs Billets et Titres de nulle valeur. DONNÉ au Cap, etc. *Signés* DE CHARITE et MITHON.

ORDONNANCE des Administrateurs, concernant les Droits Curiaux et de Fabrique.

Du 26 Avril 1712.

Jean-Pierre de Charite, etc.

Jean-Jacques Mithon, etc.

Le Réglement de M. de Baas du 10 Septembre 1671, sur les Droits dûs aux Curés et à la Fabrique des Eglises, ne s'exécutant point par la modicité des taxes faites par M. de Baas, eu égard aux temps qui ont changé les Denrées, et le prix de toutes choses ayant augmenté considérablement depuis le dernier Réglement; ce qui auroit porté un préjudice considérable auxdits Curés et à la Fabrique desdites Eglises, si l'on s'en étoit tenu aux taxes faites par mondit sieur de Baas; et l'inexécution dudit Réglement ayant rendu ces Droits vagues et incertains, les uns exigent plus, les autres moins; en sorte que n'y ayant aucune regle fixe plusieurs Habitans se défendent de payer les Droits les plus légitimes auxdits Curés et à la Fabrique, et que d'autres moins difficiles paient quelquefois beaucoup plus qu'il ne faut; à quoi étant nécessaire de remédier en établissant un ordre uniforme dans le paiement desdits Droits en cette Isle; nous, après avoir donné communication au R. P. Combeau, Supérieur-Général des Missions de la Compagnie de Jesus, des taxes que nous nous proposions de faire sur lesdits Droits, et avoir reçu ses réponses sur les observations qu'il avoit à y faire, auxquelles nous avons eu égard, avons estimé et estimons devoir faire le Réglement ci-après; ordonnons que ledit Réglement sera exécuté selon sa forme et teneur, à peine contre les Contrevenans de payer le double desdits Droits et d'amende arbitraire, avec défenses d'exiger rien au-delà des taxes par nous réglées; et pour que personne n'en ignore, sera la présente Ordonnance enregistrée au Greffe des Juridictions, lue et publiée par-tout où besoin sera; et il en sera envoyé des expéditions aux Curés et Marguillers de chaque Paroisse pour être enregistrée aux Registres des Eglises, le tout à la diligence du Procureur-Général et de ses Substituts. DONNÉ au Bourg du Cap Côte Saint-Domingue, sous le cachet de nos Armes, et le contre-seing de nos Secrétaires, le 26 Avril 1712.

Signés DE CHARITE et MITHON.

RÉGLEMENT ou Taxe pour les Droits Curiaux.

Pour un Baptême . . . . 2 liv.
Pour un Baptême et Enterrement de Negres . . . . . . *gratis.*
Pour un Mariage avec la Messe . . . . 2 liv. 10 s.
Pour un Mariage sans Messe . . . . 2 liv.
Pour celui des Negres . . . . *gratis.*
Pour les trois Publications des Bans de Mariage . . . . *gratis.*
Pour un Extrait des Registres, soit Baptême ou Mortuaire . 15 s.
Pour l'Administration aux Malades et Moribonds . . . . *gratis.*
Pour une Messe basse . . . . 1 liv.

Pour un Enterrement et Inhumation d'un Corps avec simple luminaire sans Chant . . . . 2 liv.

Pour les Fosse dans le Cimetiere . . . . 30 s.

Pour un Enterrement de Negre . . . . *gratis.*

Pour un Service ou Messe haute, ou les Laudes des Morts . 5 liv.

Pour chaque Messe basse d'un Annuel . . . . 2 liv.

Pour la Levée du Corps et l'Enterrement avec les Prieres chantées ci . . . . 7 liv. 10 s.

Les Cierges pour l'Enterrement ou Service appartiendront, moitié au Curé, et moitié à l'Œuvre.

Les Cierges du Pain-Béni, Offrande de Bénédiction des Femmes après leurs Couches et des Baptêmes, appartiennent au Curé.

Les Offrandes faites avec la Patene appartiendront au Curé.

Pour l'Œuvre.

Pour l'Ouverture de la Fosse au Cimetiere, à l'exception des Negres, sera payé à l'Œuvre et Fabrique, pour un grand Corps . . . 30 s.

Pour le Fossoyeur, tant pour l'avoir ouverte que pour la recouvrir ci . . . . 2 liv.

Pour un Enfant . . . . 1 liv.

Pour l'Ouverture de la Terre et Fosse dans l'Eglise, depuis la porte jusqu'au milieu de l'Eglise, pour un grand Corps . . . . . 15 liv.

Depuis le milieu de l'Eglise jusqu'au Chœur . . . . . . 30 liv.

Pour un Enfant . . . . 10 liv.

Pour les Cierges que fournira la Fabrique, ce qu'ils coûteront chez les Marchands, dont la Fabrique aura la moitié et le Curé l'autre.

Pour l'Ouverture de la Fosse dans l'Eglise, au Fossoyeur . 2 liv.

Et pour le Carrelage au Maçon . . . . 3 liv.

Pour un Enfant, tant au Fossoyeur qu'au Maçon, chacun . 2 liv.

Pour la Tenture dans toute l'Eglise . . . . 4 liv.

Lorsque l'Eglise la fournira . . . . 7 liv. 10 s.

Lorsqu'elle n'est tendue qu'à moitié . . . . 3 liv. 15 s.

Pour la Croix, Chandeliers et Encensoir d'argent . . 7 liv. 10 s.

Pour le Drap Mortuaire, lorsque ce sera le commun . . . 15 s.

Pour un Drap Mortuaire extraordinaire , ... 30 s.

Pour la Sonnerie d'un Enterrement ou Service . . . . . 2 liv.

Pour la Tenture du grand Autel et de deux Credances, pour Enterrement ou Service . . . . 3 liv.

Pour la Tenture d'une Chapelle . . . . 30 s.

Pour

Pour les Chantres, Sacristains, Sonneurs et autres.

Pour la Levée du Corps et Enterrement à chaque Chantre lorsqu'ils sont appellés . . . . 2 liv.

A l'exception des Enterremens des Matelots qui se feront sans Chantres.

Pour un Service à chaque Chantre . . . . 2 liv. 10 s.

Pour un Enterrement ou Service, au Sonneur . . . . . 1 liv.

Pour la Tenture du Maître-Autel et Credance, au Sacristain . 15 s.

Pour les petits Clercs, en Robe et en Surplis, toutes les fois qu'on les employera à chacun . . . . 5 s.

Les Bancs seront mis à l'enchere quand ils vaqueront ou qu'on en voudra établir; celui qui les aura achetés en aura la jouissance sa vie durant, et sa femme en jouira pendant tout son veuvage; mais si elle convoitoit en secondes noces, le mari sera obligé de le payer suivant l'enchere, dont il aura la préférence; les Enfans et Héritiers jouiront par préférence desdits Bancs en payant de nouveau l'enchere qui en sera faite; à faute de quoi lesdits Bancs appartiendront à la Fabrique, pour en disposer par enchere et par préférence aux plus anciens Officiers, tant de Justice que de Milice.

L'Enchere desdits Bancs sans pupitres ne pourra être moindre de 15 l.

Pour la place depuis la porte de l'Eglise jusqu'au milieu . 15 liv.

Et depuis le milieu jusqu'au Chœur . . . . 30 liv.

Avec pupitre on payera le double; ils ne pourront être de plus de cinq pieds de longueur, sur trois de largeur, et tirés au niveau.

Les Enterremens faits avant la présente Ordonnance seront payés sur le pied du Réglement fait par M. de Galiffet; et l'on se conformera à l'avenir au présent Réglement. Fait et arrêté ledit jour et an que dessus.

Signés de Charite et Mithon.

R. au Conseil du Cap, le 8 Août 1712.

Et à celui de Léogane, le 7 Juillet 1713.

ARRÊT du Conseil du Cap, touchant les Inventaires.

Du 26 Avril 1712.

SUR ce qui a été représenté par le Procureur-Général du Roi, au sujet des Inventaires et autres Actes informes qui ont été faits dans le ressort de ce Conseil, faisant droit à sa remontrance ; et ayant égard que quoique le Conseil du Cap soit établi depuis dix ans, les formalités prescrites par la Coutume de Paris, au sujet des Inventaires, n'en ont gueres mieux été observées par l'ignorance des Notaires et Greffiers jusqu'au 11 Novembre 1706, qu'il fut fait un Réglement par le Conseil pour réformer plusieurs abus dans la forme de la Justice, et des Actes des Notaires, et qu'il n'étoit pas même possible de les suivre, n'y ayant point en cette Isle de Greffiers désignés pour la clôture desdits Inventaires, ainsi qu'au Châtelet de Paris, etc. ; ledit Conseil estimant néanmoins juste et nécessaire pour la sûreté et repos des Familles de confirmer la forme qui a été observée jusqu'audit ce jour 11 Novembre 1706 dans la clôture des Inventaires faits à l'effet de dissoudre les Communautés, pourvu qu'il n'y ait auxdits Inventaires dol, mauvaise foi ou recelé ; ordonne que lesdits Inventaires faits avant ledit jour 11 Novembre 1706, quoique destitués des formalités requises seront bons et valables, et auront force de dissoudre les Communautés pourvu qu'ils soient sans dol ni fraude ; et pour qu'à l'avenir on puisse suivre une regle fixe et certaine, ledit Conseil ordonne que dorénavant après que lesdits Inventaires auront été faits au desir de la Coutume de Paris, avec un légitime contradicteur, et une prisée et estimation des biens par des arbitres, serment préalablement prêté, tant par le survivant que par lesdits Contradicteur et Estimateurs, en présence du Tuteur ou subrogé Tuteur, lesdits Notaires rapporteront leurs minutes au Greffier de la Juridiction, devant lequel le survivant à la requête duquel ledit Inventaire aura été fait, fera serment comme il est bon, fidele et sans recelé, duquel serment ledit Greffier fera mention au bas de la minute, et en conséquence mettra ces mots : *Tenu pour clos et arrêté à l'effet de disjoindre la Communauté qui étoit entre tels et tels*, et ensuite le Greffier rendra la minute audit Notaire ; n'entend néanmoins ledit Conseil déclarer invalides les Inventaires faits depuis le 11 Novembre 1706 jusqu'à ce jour qui ne seroient pas dans la forme prescrite ci-dessus pour la clôture seulement, laissant à la prudence des Juges à en décider suivant qu'ils l'estimeront le plus raisonnable, ainsi que les autres Actes passés avant ledit jour 11 Novembre 1706; ordonne ledit Conseil que le présent Arrêt sera enregistré, lu, publié, etc. DONNÉ, etc.

Nota. Il est à observer que comme les Notaires exercent le Notariat et le Greffe de la Juridiction ensemble, ils pourront faire les fonctions de Notaire et Greffier de la Juridiction dans la confection et clôture desdits Inventaires. *Signé au registre* MITHON.

JUGEMENT du Conseil de Guerre, qui condamne un Traitre au dernier supplice.

Du 4 Juin 1712.

VU par le Conseil de Guerre l'ordre donné par M. de Charite, Chevalier de l'Ordre Militaire de Saint-Louis, Gouverneur de l'Isle de Sainte-Croix, Commandant pour le Roi en Chef de l'Isle la Tortue et Côte Saint-Domingue, au sieur de Santo-Dominguo, Major du Quartier de l'Ouest, d'informer contre le nommé François Tardif, accusé d'intelligence avec les Anglois; information faite en conséquence par ledit sieur de Santo-Dominguo contre ledit Tardif; interrogatoire et réponse personnelle par lui faite; recolement des Témoins en leurs dépositions, et confrontation d'iceux audit Tardif; vu aussi les déclarations faites au Greffe de Léogane par les nommés Louis Chadeau et François Mery, le tout des 10, 17, 20, 23, 24, 26 et 31 Mai dernier, et de ce jour; conclusions dudit sieur Santo-Dominguo, Major, sur le tout du deux du présent mois; ouï aussi le prévenu sur la sellette; et tout considéré; LE CONSEIL de Guerre a déclaré ledit Tardif duement atteint et convaincu du crime de trahison à son Roi et à sa Patrie, pour avoir fait enlever les Negres des Habitans et piller les Barques, et prendre les Canots par les Anglois; pour réparation de quoi la condamné et condamne d'être conduit par l'Exécuteur au Carrefour de la Ville de Léogane avec un écriteau devant et derriere où sera inscrit, *François Tardif, Traitre à son Roi et à sa Patrie*, pour y être rompu vif et y expirer sur la roue; après quoi sa tête sera tranchée par l'Exécuteur de la Haute-Justice et exposée sur un poteau, qui sera planté sur le grand chemin allant à la Mer, avec une inscription au-dessous où sera marqué, *François Tardif, Traitre à son Roi et à sa Patrie*; déclare ses biens acquis et confisqués au Roi. DONNÉ en Conseil de Guerre assemblé au Fort de la Petite Riviere où assistoient

M. de Charite, Chevalier de l'Ordre Militaire de Saint-Louis, Gouverneur de l'Isle Sainte-Croix, Commandant en Chef de l'Isle de la Tortue et Côte Saint-Domingue; M. Mithon, Conseiller du Roi en ses Conseils, Commissaire-Ordonnateur, faisant fonction d'Intendant de Justice, Police et Finances desdites Isles; M. de Brach, Lieutenant pour le Roi desdites Isles; MM. Le Fevre et Perigny, Capitaines en pied; et MM. Buttet et Beaumont, Capitaines réformés des Troupes de la Marine en garnison auxdites Isles, le quatrieme jour de Juin 1712, *Signés à la minute*, DE CHARITE, MITHON, DE BRACH, LE FEVRE, PERIGNY LE GOUX, BUTTET et DE BEAUMONT; et SEVRÉ, Greffier.

Exécuté le même jour.

ARRÊT du Conseil du Petit-Goave, touchant l'Appel des Causes en la Juridiction de la même Ville.

Du 4 Juillet 1712.

LE Conseil sur la Requête de Jacques Venette, Huissier Audiencier en la Juridiction Royale du Petit-Goave, en confirmant les droits et prérogatives de ladite Charge d'Huissier Audiencier au profit dudit Venette, ordonne qu'il fera seul l'Appel des Causes sur le Rôle ou Placet; fait défenses au Juge du Petit-Goave de juger aucune Cause à l'Audience qu'elle n'ait été appellée par ledit Venette; lequel pour cet effet se rendra au Palais du Petit-Goave une heure ou deux avant l'Audience, pour y insérer les Causes sur son Rôle; et fait défenses aux autres Huissiers de s'imimiscer dans l'appel des Causes, à peine de restitution du double des droits, etc.

Voy. l'Arrêt du 14 Novembre suivant.

ORDONNANCE de M. l'Intendant, touchant les Negres Epaves.

Du 12 Juillet 1712.

JEAN-JACQUES MITHON, etc.

Nous avions ordonné par notre Ordonnance du premier Mai 1711, que tous les Negres Marrons qui seroient pris dans le ressort du Conseil

Supérieur du Cap, et de qui l'on ne reconnoîtroit pas les Maîtres, seroient remis entre les mains du Procureur du Roi dudit Quartier; mais comme il en arrive de plusieurs autres endroits éloignés qui sont remis au sieur de Millot, Receveur des amendes, lesquels se consomment en frais avant d'être réclamés par leurs Maîtres; nous ordonnons audit sieur de Millot de les faire vendre au bout d'un mois qu'ils lui seront amenés, s'ils ne se trouvent pas réclamés, au plus offrant et dernier enchérisseur, après trois criées publiques, dont les deniers en provenans seront remis au sieur Mercier de Paty, Trésorier de la Marine au Cap, pour en faire la délivrance sur nos ordres aux Propriétaires desdits Negres, si dans la suite ils viennent à être reconnus; et sera la présente Ordonnance enregistrée aux Greffes de la Juridiction du Cap, lue, publiée et affichée par-tout où besoin sera à ce que personne n'en ignore. DONNÉ à Léogane, etc.

R. au Siege Royal du Cap, le 20 Février 1713.

COMMISSION de Directeur-Général de la Compagnie Royale de Saint-Domingue.

Du 17 Août 1712.

LES Directeurs-Généraux de la Compagnie Royale de Saint-Domingue, au sieur George Hays : SALUT. Etant nécessaire d'établir une personne pour diriger nos affaires dans le Pays, qu'il a plu à Sa Majesté de nous concéder par ses Lettres-patentes du mois de Septembre *1698*, et sachant que vous avez toute la capacité, l'intelligence et la probité nécessaires pour exercer ledit emploi, et régir nos affaires dans notre Colonie; et étant informés de vos Vie, Mœurs, Religion Catholique, Apostolique et Romaine, fidélité et affection au service du Roi : A CES CAUSES, nous vous avons nommé et établi, nommons et établissons Directeur-Général de toutes nos affaires à l'Amérique, pour faire notre Commerce et continuer l'établissement de la Colonie que nous avons formée en la Partie du Sud de l'Isle Saint-Domingue, suivant les ordres et instructions que vous en avez de nous; concéder nos Terres à ceux qui s'y établiront; contenir les Habitans en union et concorde, décider leurs différends au sujet des limites de leurs Terres et des cas de Police; destituer et nommer par provision sous notre bon plaisir, les

Officiers de Milice et Justice, et tous autres de notre Colonie; régler les affaires des Vaisseaux que nous employons à notre Commerce; juger les différends des Officiers, rendre justice aux Equipages, nous représenter en toutes affaires et occasions, et faire généralement par vous tout ce que vous estimerez nécessaire pour le bien de nos affaires, la conservation de nos privileges et intérêts, et jouir par vous de l'autorité, pouvoirs, honneurs et préséances qui nous sont dûs, comme Seigneurs directs dans notre Colonie, et aux appointemens qui vous seront réglés par l'état de nos Officiers et Employés, et ce tant qu'il nous plaira; en foi de quoi nous avons signé la présente Commission et fait contre-signer par notre Secrétaire, et sceler du sceau de nos Armes. FAIT à Paris en notre Bureau général, le 17 Août 1712.

R. au Conseil de Léogane, le 7 Juillet 1713.

TRAITÉ de Suspension d'Armes entre la France et l'Angleterre; Ordonnance du Roi et Lettre du Ministre en conséquence.

Des 19, 21 et 31 Août 1712.

Nous avons cru pouvoir nous dispenser de rapporter le Traité qui n'a rien de particulier par rapport aux Colonies.

ON fait à savoir à tous qu'il appartiendra qu'il y a suspension d'Armes générale et de tous Actes d'hostilité, tant par Terre que par Mer, etc.

Lettre du Ministre à M. le Comte d'Arquyan.

M., j'ai écrit à feu M. de Gabaret, le 9 de ce mois, au sujet de la situation des affaires dans laquelle étoit alors la France; la suspension d'Armes avec l'Angleterre, dont je lui parlois, a été signée à Paris le 19, ainsi que vous le verrez par la copie ci-jointe du Traité qui en a été fait de l'ordre du Roi, entre M. le Marquis de Torcy et le Milord Bolingbroke, Premier Secrétaire d'Etat de la Reine de la Grande Bretagne; vous verrez par cette copie de Traité quelles sont les intentions de Sa Majesté; elle veut qu'elles soient exécutées avec la derniere régularité, et elle m'ordonne de vous recommander encore de défendre absolument dès à présent tous Actes d'hostilité, tels qu'ils puissent être, avec les Anglois, tant dans l'étendue du Gouvernement de Saint-Domingue, qu'aux Capitaines des Vaisseaux et Bâtimens, sans exception, qui naviguent dans l'Amérique Méridionale, attendu que la Reine d'Angleterre a fait faire la même défense à tous ses Sujets ; je joins ici l'Ordonnance de Sa Majesté à ce sujet, que je vous prie de faire publier et afficher dans ce Gouvernement, afin que personne ne puisse l'ignorer.

Je suis, etc. A Fontainebleau, le 31 Août 1712.

R. au Conseil du Petit-Goave, le 14 Novembre 1712.

ARRÊT du Conseil du Cap, qui annulle plusieurs Libertés données par Testament.

Du 29 Août 1712.

SUR la Remontrance du Procureur-Général du Roi, que le nommé Geoffroi auroit donné la liberté à plusieurs Negres par son Testament du 31 Juillet 1706, ce qui est très-préjudiciable à la Colonie ; LE CONSEIL y faisant droit, et vu l'Article à pareil sujet d'une Lettre écrite par M. Phelypeaux, Lieutenant-Général des Troupes du Roi, Conseiller d'Etat Extraordinaire, Lieutenant-Général pour Sa Majesté aux Isles Françoises et Terre-ferme de l'Amérique, à M. le Comte d'Arquyan, alors Commandant en l'Isle de la Grenade, en date du 14 Octobre 1711 ; lequel Article sera enregistré au Greffe du Conseil, comme il l'a été à celui de la Grenade le 8 Avril dernier, a débouté lesdits Negres de leur prétendue liberté ; en conséquence ordonne que lesdits Negres resteront Esclaves, et qu'ils seront vendus au profit de Sa Majesté, pour les deniers en provenans être remis à qui il appartiendra.

Nous n'avons pas trouvé l'Article de la Lettre de M. de Phelypeaux. Voy. l'Ordonnance du 15 Août 1711, et l'Arrêt du Conseil d'Etat du 29 Octobre 1713.

PROVISIONS de Gouverneur de Saint-Domingue pour M. le Comte DE BLÉNAC, Capitaine de Vaisseau.

Du 1er Octobre 1712.

LOUIS, etc. le Gouvernement de l'Isle de la Tortue et Côte Saint-Domingue étant à présent vacant par le décès du sieur Gabaret, Nous avons estimé, etc.

R. au Conseil du Cap, le 13 Juin 1713.

Et à celui de Léogane, le 7 Juillet suivant.

Ces Provisions sont les mêmes que celles de M. Ducasse du premier Juin 1691.

PROVISIONS de Lieutenant au Gouvernement général des Isles Françoises de l'Amérique pour M. le Comte DE BLÉNAC, au lieu et place de M. DE GABARET.

Du 1er Octobre 1712.

R. au Conseil du Cap, le 13 Juin 1713.

Et à celui de Léogane, le 7 Juillet suivant.

ARRÊT du Conseil du Petit-Goave, touchant l'Ordre à garder dans les Greffes et les Notariats.

Du 14 Novembre 1712.

LE Procureur-Général du Roi a remontré au Conseil, et dit; que le mauvais ordre que la plupart des Greffiers qui ont exercé les Greffes et les Notariats depuis la création d'iceux, et notamment ceux de la Juridiction de Léogane depuis son établissement jusqu'au jour que Me Jean Drouillard, a été mis en possession des minutes de ladite Juridiction, ont causé et causent journellement de si grands désordres par la perte de plusieurs minutes, qu'il est absolument nécessaire d'y pourvoir, etc. ledit Procureur-Général du Roi retiré, l'affaire mise en délibération,

LE

LE CONSEIL a donné Acte au Procureur-Général de sa remontrance, et y faisant droit, a ordonné et ordonne que tous les papiers concernant les Greffes et Notariats de la Juridiction Royale de Léogane seront incessamment remis par Sevré à Mᵉ Etienne Forcade, dernier Greffier Titulaire reçu par Arrêt de ce jour, et qu'Inventaire et Recollement seront incessamment faits par Mᵉ Jean-Baptiste Belin de la Caillere, Juge audit Siege; savoir, ceux depuis la création de la Juridiction jusqu'au jour que Mᵉ Chauvet a remis ledit Greffe inclusivement par liasses, lesquelles seront cotées par premiere et derniere, et ceux depuis exclusivement suivant les répertoires que tous les Greffiers qui ont exercé lesdits Emplois seront tenus d'en fournir incessamment; et afin qu'à l'avenir il soit tenu un ordre exact dans tous les Greffes et Notariats pour la sûreté publique, a ordonné et ordonne à tous Greffiers et Notaires de l'étendue du ressort du Conseil de porter journellement sur des registres de répertoires, qui seront signés, cotés et paraphés par les Juges desdits Sieges, les Pieces et Actes qui devront rester au Greffe et en leur garde et possession, à peine d'interdiction pour six mois de leur Charge pour la premiere fois, et de cassation en cas de récidive; et afin que le présent Arrêt soit notoire, ordonne qu'il sera lu, publié et enregistré, etc.

ARRÊT du Conseil du Petit-Goave, pour les Clôtures des Maisons de la Ville de Léogane.

Du 14 Novembre 1712.

LE Procureur-Général du Roi a entré au Conseil et dit, qu'il seroit de nécessité de pourvoir par un Réglement général aux contestations qui sont déja nées et qui peuvent naître dans la suite entre les Propriétaires des emplacemens de la Ville de Léogane au sujet des Clôtures faisant les séparations de leurs Maisons, Cours et Jardins; qu'il est bien vrai que par l'Article CCIX de la Coutume de Paris, ces contestations sont formellement décidées, puisque cet Article porte que chacun peut contraindre son voisin ès Ville et Fauxbourgs de la Prevôté et Vicomté de Paris à contribuer pour faire faire Clôture faisant séparation de leurs Maisons, Cours et Jardins assis esdite Ville et Fauxbourgs jusqu'à la hauteur de dix pieds du rez-de-chaussée, compris le chaperon; mais que si juste que soit la décision de cet Article, qui a eu pour objet la sûreté du Commerce et la nécessité publique, il étoit cependant certain que si dans le commencement de l'Etablissement de la Ville de Léogane on n'y apportoit pas quelques modifications en certains cas, plusieurs Propriétaires se trouveroient hors d'état de mettre leur établissement en valeur; qu'on sait la difficulté qu'il y a d'avoir des matériaux suffisans pour la construction des murs, ainsi qu'il est prescrit par ledit Article CCIX de la Coutume; que les Ouvriers sont d'ailleurs rares et d'un très-grand coût, et les emplacemens fort considérables, et que presque tous les Propriétaires seroient obligés de contribuer à trois murs de Clôture; savoir, un de chaque côté de leur emplacement, et l'autre au bout; pourquoi il croyoit qu'il étoit de son devoir de proposer à la Cour quatre Articles de réglement touchant lesdites Clôtures de ladite Ville de Léogane pour y statuer comme elle le jugeroit à propos; et s'est ledit Procureur-Général du Roi retité; vu aussi par le Conseil les quatre Articles de réglement concernant les Clôtures de la Ville de Léogane proposés par écrit par le Procureur-Général du Roi; ouï sur ce Me René Buttet et Guillaume Dongé, Conseillers en leur rapport; le tout mis en délibération, LE CONSEIL a donné Acte au Procureur-Général du Roi de sa Remontrance, et y faisant droit, a ordonné et ordonne que les quatre Articles concernant les Clôtures des Maisons et Murs mitoyens dans la Ville de Léogane ci-après réunis, seront exécutés dans l'étendue du ressort du Conseil suivant leur forme et teneur; en conséquence a dit, statué, réglé et ordonné ce qui suit :

ART. Ier. Les Propriétaires des emplacemens de la Ville de Léogane sur lesquels il y aura une principale Maison ou Magasin, dont la valeur sera au-dessus de 8000 l. pourront contraindre leurs voisins, Propriétaires d'un emplacement, sur lequel il y aura aussi un Magasin et une Maison au-dessus de 8000 liv., de contribuer pour faire un mur de maçonnerie qui servira de Clôture et de séparation de leurs Maisons, Cours et Jardins jusqu'à la hauteur de huit pieds de haut rez-de-chaussée, compris le chaperon, lequel mur sera mitoyen; et à cet effet y seront faits des filets des deux côtés pour établir le mur mitoyen suivant l'Art. CCXIV de la Coutume de Paris.

ART. II. Lesdits Propriétaires des emplacemens de la Ville de Léogane, sur lesquels il y aura une principale Maison ou Magasin, dont la valeur sera au-dessus de 8000 l., et qui auront pour voisins des Propriétaires d'emplacemens, sur lesquels y aura une Maison principale ou Magasin du prix de 8000 liv. seulement, et au-dessous, ne pourront contraindre lesdits voisins à faire des murs de Clôture comme dans l'Article précédent; mais bien de faire et entretenir à communs frais une Clôture de séparation de palissades ou pieux de bois dur, serrés près les uns les autres, jusqu'à la hauteur de six pieds; sera néanmoins loisible auxdits Propriétaires de bâtir si bon leur semble sur leur Terrein à l'endroit de la ligne de séparation un mur de maçonnerie qui servira de Clôture, lequel leur appartiendra en pleine propriété, et pourront y faire mettre des filets de leur côté, et en faire passer Acte de reconnoissance par lesdits voisins.

ART. III. Lesdits Propriétaires d'emplacemens dans ladite Ville de Léogane, sur lesquels il y aura aussi un Magasin ou Maison principale de 5000 liv. seulement ou au-dessous, ne pourront contraindre leurs voisins, Propriétaires d'emplacemens, sur lesquels il y aura aussi un Magasin ou Maison principale du prix de 8000 liv. ou au-dessus, qu'à faire Clôture de palissades ou pieux de bois dur, ainsi que dans l'Article précédent; et leur sera loisible de faire, s'ils le veulent, bâtir à leurs frais sur leur Terrein mur de Clôture de maçonnerie, qui leur appartiendra en pleine propriété, et y faire mettre, s'ils le jugent à propos, des filets de leur côté ou passer Acte de reconnoissance, ainsi qu'il est dit audit Article précédent.

ART. IV. Lesdits Propriétaires des emplacemens sur lesquels il n'y a encore aucun Magasin, seront tenus de faire transporter avant le premier jour du mois de Février les bois propres à construire leurs Magasins, à l'effet de fixer leur valeur pour régler la qualité des Clôtures de séparation entr'eux et leurs voisins suivant ledit Article ci-devant; et faute par eux de faire apporter ledit bois avant lesdits jour premier Février, lesdits emplacemens seront en exécution de l'Ordonnance de MM. de Paty et Mithon, donnés en vertu du présent Réglement, lequel ne pourra à cet égard être réputé comminatoire; et afin que personne n'en ignore, ordonne que le présent Arrêt et Réglement sera lu, publié et enregistré, etc.

ARRÊT du Conseil du Petit-Goave, qui 1°. ordonne que les Chirurgiens examinés prendront une Commission du Médecin du Roi pour pouvoir exercer; 2°. fixe les Droits du Médecin du Roi pour cette Commission; et 3°. réduit un Particulier reconnu pour ignorant et incapable d'exercer la Chirurgie au Traitement d'une seule Maladie.

Du 14 Novembre 1712.

LE Procureur-Général du Roi a entré au Conseil et dit, qu'en exécution de l'Arrêt rendu par le Conseil le 7 Septembre 1711 contre les Chirurgiens, plusieurs se sont présentés dans les Assemblées qui se sont faites, y ont subi l'Examen, et ont été jugés capables d'exercer l'Art de la Chirurgie; d'autres moins habiles ont été renvoyés à quelques termes; et d'autres enfin, ont représenté des Certificats et Lettres en vertu desquels ils prétendent prouver leur capacité, et qu'ils sont en état et en droit d'exereer ledit Art de Chirurgie en cette Colonie; et comme par ledit Arrêt la Cour s'est réservée de faire délivrer des permissions d'exercer à qui il appartiendra sur la remontrance et rapport qu'en feroit Me André le Maistre, Conseiller-Commissaire en cette partie, requéroit, etc.; vu aussi une Commission en papier de Chirurgien-Major en toute l'étendue de la Compagnie de Saint-Domingue accordée par MM. les Directeurs-Gédéraux de la Compagnie Royale dudit Saint-Domingue, à Paris le 27 Décembre 1708, au sieur Beaupuy; une Commission donnée par M. Mithon, Ordonnateur, et faisant fonction d'Intendant en cette Isle, le 23 Juillet dernier, de Chirurgien-Major des Troupes de Sa Majesté à la Pointe au sieur Moreau; un Procès-verbal d'Examen subi par Pierre Moulin, le 26 Septembre dernier, sur les interrogations des sieurs de Pas, Médecin, Beaupuy et Pierre Moreau, Chirurgiens-Examinateurs, en présence de Me le Maistre, Conseiller du Roi, Commissaire en cette partie, et du Procureur-Général du Roi audit Conseil; un autre Procès-verbal d'Examen subi ledit jour par le nommé Marcombe, aussi trouvé capable d'exercer, mais à l'égard de la Profession médicale renvoyé à trois mois; un Certificat donné par le Frere Supérieur de l'Hôpital de la Charité de l'Ester, à Me Aubry, pas lequel il atteste qu'il a fait son apprentissage de Chirurgie pendant l'espace de trois ans dans ledit Hôpital, et s'en est acquitté avec charité et soumission envers les Pauvres en date du 6 Mars 1708; autre Certificat donné audit sieur Martin Aubry, le 18 Avril 1709, par les Docteurs-Régens en la Faculté de Médecine et Médecins de l'Hôtel-Dieu de Paris, et aussi par les Maîtres Chirurgiens dudit Hôtel, par lequel ils attestent qu'il a travaillé pendant un an dans ledit Hôtel-Dieu, et a assisté aux opérations de Chirurgie qu'ils y font, aux exercices anatomiques de l'Amphitéâtre, et qu'il s'est acquitté de son devoir envers les Pauvres qui lui ont été confiés; un Congé donné à Joseph Mabille, Aide-Chirurgien sur le Vaisseau *le Téméraire*, Commandé par M. le Marquis de Rouvroy, pour se retirer chez lui avec son décompte au pied; un autre Certificat à lui accordé le 15 Octobre dernier par François de Leury, Chirurgien-Major, entretenu dans la Marine, par lequel il atteste qu'il a connoissance que ledit Mabille a servi en qualité d'Aide-Chirurgien dans l'Hôpital de Brest, et en qualité de second sur les Vaisseaux du second et troisieme rang; ouï sur le tout Me Brice le Maistre, Conseiller-Commissaire en cette partie en son rapport; et tout considéré et examiné, LE CONSEIL a donné Acte au Procureur-Général du Roi de sa remontrance, et y faisant droit, a ordonné et ordonne qu'il sera par M. de Pas, Médecin en la Faculté de Montpellier, délivré aux Chirurgiens ci-après nommés et suivant le rang de leur nomination, des permissions d'exercer l'Art de Chirurgie dans toute l'étendue du ressort du Conseil à l'exclusion de tous autres, lesquelles seront signées des sieurs Jean-François Beaupuy et Pierre Moreau, nommés pour Examinateurs-Commissaires commis par ledit Arrêt, et visés d'eux; savoir, au sieur, etc.; à l'égard dudit sieur Marcombe, ordonne qu'il lui sera délivré une permission d'exercer l'Art de Chirurgie seulement, jusqu'à ce qu'il ait subi séance sur les matieres médicales suivant le Procès-verbal susdaté; et sans s'arrêter aux titres représentés par les nommés Aubry et Mabille, veut et ordonne qu'ils subiront l'Examen *, ordonné par ledit Arrêt du Conseil; ordonne pour tout droit d'examen, réception et délivrance de Commission d'exercer, qu'il sera par chaque Chirurgien payé audit M. de Pas la somme de 30 livres seulement; et pour faire les rapports de Chirurgie qui seront ordonnés par Arrêt du Conseil, a nommé et nomme lesdits sieurs Beaupuy et Moreau, qui prêteront serment par-devant les

* *Ils prétendoient que leurs titres que nous avons rapportés par cette raison, les en dispensoient.*

Commissaires de se bien et fidelement comporter en iceux ; a permis et permet au nommé la Croix de traiter des Negres *Pianistes* seulement ; et lui fait défenses au surplus d'exercer l'Art de Chirurgie, en ayant été trouvé incapable suivant le Procès-verbal susdaté.

ARRÊT du Conseil du Petit-Goave, touchant l'Appel des Causes aux Juridictions par l'Audiencier, et qui reçoit le Procureur-Général Opposant à l'exécution d'un Arrêt de Réglement.

Du 14 Novembre 1712.

LE Procureur-Général du Roi auroit remontré au Conseil qu'il lui auroit été remis un Arrêt rendu le 4 Juillet dernier sur la requête de Jacques Venette, Huissier-Audiencier en la Juridiction Royale du Petit-Goave, qui en confirmant les droits et prérogatives de ladite Charge d'Huissier-Audiencier au profit dudit Venette, fait défenses au sieur Juge du Petit-Goave de juger aucune Cause à l'Audience qu'elle n'ait été appellée par ledit Venette, lequel pour cet effet se rendroit au Palais du Petit-Goave une heure ou deux avant l'Audience pour y insérer sur son rôle les Causes ; que les Officiers, tant de la Juridiction du Petit-Goave que celle de Léogane, lui ont, en conservant le respect dû aux Arrêts, représenté qu'ils se trouvent en quelque façon privés du plus beau et du plus juste de leurs droits, puisque les Huissiers-Audienciers devenoient les Maîtres par ces Arrêts de faire donner des Audiences à qui bon leur sembloit ; ce qui ne s'étoit jamais pratiqué dans aucunes des Juridictions du Royaume, où les Juges sont les Maîtres d'accorder des Audiences suivant la qualité des personnes et des affaires ; qu'il dépendoit du Juge de faire appeller les Causes sur un rôle ou par placet ; que si la Cour trouvoit à propos, pour la commodité du Public qu'il fût fait un rôle des Causes à décider, il devoit dépendre du Juge de le régler ainsi qu'il le jugeroit le plus juste, après que ledit Huissier auroit fait une Liste des noms des Parties ; que dans cet état il croyoit qu'il étoit de son devoir de prendre le fait et cause des Officiers des Juridictions ressortissantes du Conseil, et lui représenter premierement que dans la forme l'Arrêt n'étoit rendu que sur une simple requête sans Partie appellée ni entendue ; que secondement il auroit remarqué que lorsqu'il avoit été rendu il n'y avoit pas trois de MM. les Conseillers; moyen qu'il ne proposeroit point si la science suffisoit seule pour pouvoir rendre un Arrêt; mais qu'il étoit de son devoir de faire valoir, puisqu'il lui étoit enjoint de protester contre tous les Arrêts qui, sous tel prétexte que ce soit, seroient rendus par un moindre nombre que cinq Conseillers Titulaires; qu'au fond il espéroit que ceux desdits MM. les Conseillers qui étoient présens à cet Arrêt ne feroient aucune difficulté de changer leur Jugement, lorsqu'ils verroient qu'ils compromettent un Juge avec un Huissier, qu'ils donnent à celui-ci le plus beau droit de celui-là; que ce n'étoit pas la premiere fois que les Cours Souveraines avoient cassé leurs décisions; que les Juges savent que c'est une gloire impossible à l'Homme de ne se point tromper, et qu'il étoit beau d'avouer son erreur lorsqu'on la reconnoissoit; qu'il étoit certain même qu'en quelque façon les Juges s'élevoient au-dessus d'eux-mêmes, lorsqu'ils admettoient des requêtes afin d'oppositions ou des requêtes civiles contre leurs Arrêts; que c'est ce qui l'engageoit à requérir qu'il plût au Conseil lui donner Acte de ce qu'il prenoit le fait et cause des Juges des Juridictions ressortissantes du Conseil, et en cette qualité le recevoir opposant à l'Arrêt du 4 Juillet dernier, lequel sera déclaré nul, etc.; LE CONSEIL a donné Acte au Procureur-Général du Roi de sa remontrance, et de l'opposition qu'il forme à l'exécution dudit Arrêt, et faisant droit sur son opposition, l'a reçu opposant à l'exécution dudit Arrêt, en ce que par icelui, il est dit que le sieur Juge du Petit-Goave ne pourra juger aucune Cause qu'elle n'ait été appellée par l'Audiencier; en conséquence et sans avoir égard audit Arrêt en ce Chef, a ordonné et ordonne qu'il sera permis audit sieur Juge de juger telle Cause qu'il avisera sans qu'elle ait été appellée par l'Audiencier, que par l'ordre dudit Juge; et au surplus a maintenu et maintient ledit Venette dans les prérogatives et droits accordés à la Charge d'Audiencier, conformément audit Arrêt, qui au résidu sortira exécution selon sa forme et teneur; et afin que le présent Arrêt soit notoire, ordonne qu'il sera lu, publié et enregistré, etc.; enjoint à tous Audienciers de s'y conformer, à peine d'interdiction.

ARRÊT de Réglement du Conseil du Petit-Goave, qui défend de vendre aucun Terrein si le tiers n'en est pas défriché, à peine de 500 livres d'amende.

Du 15 Novembre 1712.

ENTRE Montauzier, Habitant au Quartier du Cul-de-Sac, Appellant, d'une part.

Et les sieurs Durand Beauval, Trésorier de la Marine en cette Isle; et Chanson de Cormont, Habitant à Léogane, Intimés, d'autre part.

Vu par le Conseil la Sentence dont est appel, etc. conclusions par écrit du Procureur-Général du Roi; ouï Me René Buttet, Conseiller en son rapport; tout joint et considéré, LE CONSEIL, etc.; et ayant égard à la Requête d'intervention du Procureur-Général du Roi, le Conseil l'a reçu et reçoit Partie intervenante au Procès, faisant droit sur son intervention, ensemble sur les conclusions par lui prises, a déclaré et déclare le Contrat d'échange du 11 Août 1706 passé entre Me de Fontenelles, comme Procureur de l'Appellant, d'une part, et les Intimés, nul et de nul effet, attendu que c'est échange de Terrein, non mis en valeur; a fait très-expresses inhibitions et défenses à toutes personnes de quelque qualité qu'elles soient de vendre à l'avenir aucune Terre ou Terrein qu'il ne soit mis en valeur, ou du moins un tiers défriché suivant le Réglement, à peine de 500 livres d'amende; a déclaré et déclare ladite Concession accordée auxdits Intimés par MM. de Paty et Deslandes, le 18 Novembre 1705, bonne et valable; et au surplus des autres demandes des Parties, les a mis hors de Cour et de procès; et afin que personne n'en ignore, ordonne que le présent Arrêt sera lu, publié et enregistré, etc.

ORDONNANCE

ORDONNANCE du Roi, qui fait défenses à tous ses Sujets des Isles de l'Amérique de donner la Question à leurs Esclaves, de leur autorité privée, sous quelque prétexte que ce soit.

Du 30 Décembre 1712.

DE PAR LE ROI.

SA MAJESTÉ étant informée qu'au préjudice de ses Ordonnances et Réglemens ses Sujets des Isles Françoises de l'Amérique ne nourrissent point leurs Negres Esclaves, et sous différens prétextes leur font souffrir de leur autorité privée la Question avec une cruauté inconnue, même parmi les Nations les plus barbares; ensorte que ces Esclaves sont pour long-temps hors d'état de pouvoir rendre aucun service, qu'il y en a même qui en restent estropiés; et que ceux qui n'ont point encore subi telles peines, intimidés par l'exemple, se portent à la désertion pour se soustraire à une telle inhumanité; ce qui cause un grand désordre dans lesdites Isles; à quoi étant nécessaire de pouvoir remédier, Sa Majesté a ordonné et ordonne que les Negres seront nourris et entretenus conformément aux Ordonnances et Réglemens qu'elle a rendus sur ce sujet, lesquels seront exécutés selon leur forme et teneur; fait Sa Majesté très-expresses défenses à tous ses Sujets des Isles Françoises de l'Amérique, de quelque qualité et condition qu'ils soient, de donner à l'avenir à leurs Esclaves, de leur autorité privée, la Question sous quelque prétexte que ce soit, à peine de 500 liv. d'amende, applicable aux Hôpitaux des lieux; ordonne Sa Majesté que lorsque lesdits Esclaves auront commis des crimes ou délits, il sera procédé contr'eux par les Juges ordinaires, conformément aux Ordonnances et Réglemens; enjoint au sieur Phelypeaux, Gouverneur et Lieutenant-Général auxdites Isles; et au sieur de Vaucresson, Intendant, de tenir la main à la présente Ordonnance, etc.

R. au Conseil de Léogane, le 20 Décembre 1713.

Et à celui du Cap, le 10 Janvier 1714.

ARRÊT de Conseil du Cap, qui enjoint à un Conseiller de souffrir les Actes d'Huissiers qui le concernent.

Du 2 Janvier 1713.

VU par le Conseil le Procès-verbal qui a été fait par M. de Boismorant, Conseiller du Roi en ce Conseil le 11 Juillet 1711, sur la plainte de Royer, Huissier, etc. LE CONSEIL fait très-expresses défenses audit M. Silvecane de récidiver, en conséquence lui enjoint de recevoir les Huissiers chez lui, lorsqu'ils iront pour l'assigner, ou pour y exercer d'autres Actes de jour, et le tout à peine d'encourir les rigueurs des Ordonnances, etc.

ORDONNANCE des Administrateurs, qui nomme un Conseiller Syndic-Général pour entendre les Comptes des Marguilliers de l Dépendance du Cap.

Du 8 Janvier 1713.

LE Comte d'Arguyan, etc.

Jean-Jacques Mithon, etc.

Etant informé de la négligence des Marguilliers des Paroisses du Cap à rendre leurs comptes lorsqu'ils finissent leur exercice, plusieurs d'eux restans redevables de sommes considérables, sans se faire aucun scrupule de retenir des deniers destinés au service de Dieu; et étant nécessaire de remédier à cet abus, en établissant un Syndic-Général des Marguilliers des Paroisses et Quartier ressortissans du Conseil Supérieur du Cap, pour faire rendre compte auxdits Marguilliers de leur gestion: A CES CAUSES, nous avons établi et établissons le sieur Mercier du Paty, Conseiller au Conseil Supérieur du Cap, (dont la probité, la capacité et le zele pour le bien public nous sont connus) Syndic-Général desdits Marguilliers, pour en cette qualité faire rendre compte à tous les Marguilliers desdites Paroisses de leur gestion, sur les registres et acquits qu'ils seront tenus de lui représenter depuis cinq à six ans; ordonnons auxdits Marguilliers de lui remettre les sommes de deniers dont ils sont Détempteurs, quinze jours après la reddition de leurs comptes, à peine d'y être contraints par saisie et vente de leurs Meubles, Effets et Negres, même par corps si le cas y échoit, à cause de la nature de la dette; donnons pouvoir audit sieur Mercier du Paty de leur prescrire pour l'avenir une forme nouvelle s'il le trouve à propos, pour tenir avec plus d'ordre leurs registres, et de leur marquer, ce qu'ils doivent observer pour la décharge des sommes qu'ils ont à payer, dont il sera fait un Réglement si besoin est. DONNÉ à Léogane, etc.

A enregistrer au Greffe pour en donner des expéditions dans toutes les Paroisses, lesquelles seront transcrites sur le registre de chaque Eglise. *Signés* ARQUYAN et MITHON.

R. au Siege Royal du Cap, le 4 Avril 1713.

ARRÊT du Conseil du Cap, qui d'après l'Audition d'un Negre accusé de folie, le juge fort sensé, et condamne en l'amende deux Chirurgiens qui avoient certifié le contraire.

Du 6 Mars 1713.

ENTRE le sieur Perrier et la dame Blattour, Appellans, d'une part.

Contre le sieur Trévant, Tuteur des Mineurs Poule, d'autre part.

Ouï les Parties, LE CONSEIL a confirmé la Sentence dont est appel; et attendu le Certificat mandié des Chirurgiens Capet et Montaulin qui s'est trouvé faux: ledit Negre ayant été reconnu en la Chambre du Conseil pour être fort sensé; et suivant le témoignage de ceux qui l'ont eu ci-devant, le Conseil a condamné lesdits Montaulin et Capet à 25 liv. d'amende pour chacun solidairement, avec défenses de récidiver, etc.

ARRÊT du Conseil de Léogane, qui défend la Saisie des Negres de Culture.

Du 6 Mars 1713.

ENTRE Nicolas Delalande, Appellant, d'une part.

Contre François de Leury, Intimé, d'autre part.

Parties ouïes, LE CONSEIL a mis et met l'appellation ensemble l'Ordonnance dont est appel au néant; émandant, à déclaré et déclare la saisie et vente faite à la requête de l'Intimé, par Arzine et Audrain, Huissiers, le 21 Octobre dernier, des Négresses appartenantes à l'Appellant, adjugées au sieur Arzeard pour la somme de 1200 liv. nulle, injurieuse et déraisonnable; a condamné et condamne ledit Intimé à remettre audit Appellant lesdites trois Négresses ou à lui en payer la plus value suivant l'estimation qui en sera faite par Arbitres, dont les Parties conviendront par-devant Me Haran, Conseiller-Commissaire en cette partie, ou sur le refus d'aucuns d'eux qui seront par lui nommés d'Office, leur serment préalablement pris de bien et fidelement s'y comporter, et ledit Intimé en tous les dépens, depuis ledit Acte du 19 Juillet; faisant droit sur la remontrance du Procureur-Général du Roi, a fait et fait très-expresses inhibitions et défenses à tous Juges des Juridictions ressortissantes du Conseil d'ordonner à l'avenir des saisies particulieres de Negres sur les fonds, à moins que ce ne soit pour le prix de leur vente seulement, et de se conformer à l'Ordonnance du Roi de 1685 à ce sujet; ordonne que le présent Arrêt sera enregistré en tous les Greffes des Juridictions. DONNÉ en Conseil à Léogane, etc.

VENTE d'une Maison par le Commandant en Chef, par interim, aux Conseillers du Conseil du Cap, tant pour le Conseil que pour la Juridiction.

Du 6 Mars 1713.

PAR-DEVANT Durocher, Notaire Royal au Cap François, fut présent M. le Comte d'Arquyan, etc. lequel voyant que depuis l'établissement du Conseil Supérieur de ce lieu il n'y a eu aucune Chambre fixe pour rendre la Justice, et que celle de la Juridiction tombe en ruine; et que cela pourroit causer un trouble considérable au Public, si les papiers des Greffes du Conseil et de la Juridiction venoient à se gâter faute d'un lieu où ils puissent être en sûreté; et étant mondit sieur le Comte d'Arquyan porté de bonne volonté pour eux, voyant la difficulté qu'il y auroit de les loger, faisant même attention à la Requête présentée par MM. Héron et Flamen, Juge et Procureur du Roi de ladite Juridiction du Cap à ce sujet, a reconnu mondit sieur le Comte d'Arquyan avoir dès à présent vendu à MM. les Conseillers dudit Conseil Supérieur du Cap, à ce présens et acceptans Acquéreurs, tant pour le Conseil que pour ladite Juridiction; savoir, est un Magasin sis et situé en cedit lieu du Cap, ainsi que mondit sieur le Comte d'Arquyan l'a acquis de M. de Boismorand, Conseiller audit Conseil, pour et moyennant le prix et somme de 7000 liv. en argent, payable, tant des amendes qui ont été ci-devant destinées pour la construction d'un Palais, que de celles qui y seront destinées à l'avenir, sans par mesdits sieurs du Conseil être aucunement garans, tant en général qu'en particulier; et que pour raison dudit paiement ils puissent être aucunement inquiétés en aucune maniere que ce soit; mais bien feront seulement remettre à mondit sieur le Comte d'Arquyan un état des amendes par le Receveur qui a été nommé pour les recevoir; et au moyen de ce que dessus mondit sieur le Comte d'Arquyan s'est démis et dévêtu de la propriété, etc. *Signés* ARQUYAN, GARNIER, DE LA THUILLERIE, DE SILVECANE DUBOIS, LALLEMAND, DE BEUZEVAL, BEAUVAL BARBÉ, DE SILVECANE, DE BOISMORAND, MERCIER DU PATY, Conseillers; et nous Notaire.

Cette acquisition et l'imputation du paiement sur les amendes furent également désapprouvées par Sa Majesté. Voy. la Lettre du Ministre du 30 Octobre 1713; et l'Ordonnance des Administrateurs étant ensuite du 14 Mai 1714.

ARRÊT du Conseil de Léogane, concernant les Particuliers qui font appel de leurs propres Billets.

Du 6 Mars 1713.

CONGÉ Défaut à Jean Coeffé, dit Tourengeau, Intimé, d'une part. Contre Gabriel Azan, Appellant de Sentence qui le condamne à payer à l'Intimé la somme de 690 livres, à quoi se monte le Billet qu'il lui a consenti le 25 Février 1712 avec dépens; LE CONSEIL a mis et met l'appellation au néant; et sur ce que le Procureur-Général a remontré que pour se soustraire aux poursuites de la Justice, etc.; LE CONSEIL ayant égard à ladite Remontrance, a condamné et condamne ledit Azan en 100 livres d'amende applicable envers le Palais, pour avoir appellé de son propre Billet, sans aucune autre cause juste que d'en éluder le paiement, à laquelle il sera contraint comme pour propres deniers Royaux; en conséquence a condamné et condamne tous ceux qui appelleront à l'avenir de Sentences qui les condamnent à payer le contenu en leur propre Billet, saus aucune juste cause que d'éluder le paiement de leurdit Billet, en 100 livres d'amende applicable pour le Palais, au paiement de laquelle ils seront conrraints comme pour deniers Royaux; et afin que personne n'en ignore, ordonne que le présent Arrêt sera lu, publié et enregistré, etc.

ARRÊT du Conseil de Léogane, qui assujettit les Huissiers à mettre à exécution les Arrêts qui leur sont remis dans deux mois de la date des Récipissés qu'ils doivent en faurnir; et les Sentences dans un mois.

Du 6 Mars 1713.

LE CONSEIL a ordonné et ordonne à tous Huissiers, tant du Conseil que des Juridictions ressortissantes d'icelui, de mettre les Sentences et Arrêts qui leur seront remis par les Parties, à due et entiere exécution selon leur forme et teneur incessamment après la remise qui leur aura été faite des Pieces sans aucune interruption; savoir, pour les Arrêts dans deux mois du jour de la date du Récipissé; et pour les Sentences dans un mois, aussi à compter de la date dudit Récipissé, en leur payant par les Parties leur salaire, à peine contre les Huissiers qui y contreviendront de 150 livres d'amende envers le Roi, et six mois d'interdiction pour la premiere fois et de cassation en cas de récidive; et afin que le présent Arrêt soit notoire, ordonne qu'il sera lu, publié et enregistré, etc.

EXTRAIT du Mémoire pour servir d'Instruction à M. le Comte DE BLÉNAC, concernant les Chirurgiens.

Du 12 Mars 1713.

SA MAJESTÉ est bien aise de lui faire savoir qu'il s'introduisoit dans la Colonie des Fraters qui venant de France, sans autre talent que celui de savoir raser et saigner, s'érigeoient en Médecins, et ont fait faire aux Habitans une cruelle épreuve de leur ignorance sur eux et sur leurs Negres, qui y a causé plus de mortalités que l'intempérie de l'air; on y a remédié autant qu'il a été possible en les assujettissant à des Examens devant le sieur Dautun, Médecin au Cap, et le sieur de Pas, Médecin à

Léogane ; et on n'en souffre plus aucun qu'il n'en soit reconnu capable ; le sieur Mithon a même engagé le sieur de Pas de tenir tous les mois des conférences sur les maladies du Pays, et on a obligé tous les Chirurgiens du Quartier de Léogane d'y assister ; Sa Majesté desire que le sieur Comte de Blénac tienne la main de concert avec le sieur Mithon, que tout cela soit exécuté, et qu'il engage s'il est possible le sieur de Pas à tenir des conférences plus fréquentes, et le sieur Dautun à suivre pour le Quartier du Cap l'exemple dudit sieur de Pas.

ORDONNANCE *du Roi, concernant les Inventaires.*

Du 13 Mars 1713.

SA MAJESTÉ étant informée que quoiqu'elle ait établi depuis plus de dix ans un Conseil Supérieur au Cap, Côte Saint-Domingue, il est néanmoins arrivé que les formalités prescrites par la Coutume de Paris au sujet des Inventaires, n'en ont pas été mieux observés par l'ignorance des Greffiers, Notaires, qu'elles l'avoient été depuis la formation de la Colonie jusqu'à l'établissement du Conseil ; ce qui obligea ledit Conseil Supérieur de faire un Réglement le 15 Novembre 1706 pour réformer plusieurs abus dans la forme de ladite Justice et des Actes des Notaires ; mais comme le Réglement ne remédioit point aux défauts des formalités qu'il y a dans les clôtures desdits Inventaires, ce qui troubloit le repos et la sûreté des Familles ; ledit Conseil Supérieur, sur la représentation du Procureur-Général de Sa Majesté audit Conseil, auroit rendu un Arrêt le 26 Avril 1712, par lequel il auroit confirmé la forme observée jusqu'au 11 Novembre 1706, dans la clôture des Inventaires faits à l'effet de dissoudre les Communautés, quoique destitués des formalités prescrites par la Coutume de Paris, pourvu qu'il n'y ait auxdits Inventaires dol ou mauvaise foi ; et ordonne qu'à l'avenir les Notaires, après que les Inventaires auront été faits au desir de la Coutume de Paris avec un légitime Contradicteur et une prisée et estimation des biens par des Arbitres, serment préalablement prêté, tant par le survivant que par ledit Contradicteur et Estimateurs en présence du Tuteur et du subrogé Tuteur ; lesdits Notaires en rapporteront leurs minutes au Greffe de la Juridiction, devant lequel le survivant à la requête duquel ledit Inventaire aura été fait fera serment comme il est bon et fidele sans recelé ; duquel serment ledit Greffier fera mention au bas de la minute, et en conséquence mettra ces-mots : *Tenu pour clos et arrêté à l'effet de dissoudre la Communauté qui étoit entre tels et tels* ; et ensuite ledit Greffier rendra la minute audit Notaire ; ledit Conseil n'entendant néanmoins rendre invalides les Inventaires faits depuis le 11 Novembre 1706 jusqu'au 28 Avril 1712, qui ne seroient pas dans la forme prescrite ci-dessus pour la clôture seulement, laissant à la prudence des Juges à en décider suivant qu'ils l'estimeront raisonnable, ainsi que des autres Actes passés avant ledit jour 11 Novembre 1706 ; et étant nécessaire d'assurer l'exécution dudit Arrêt et procurer par-là le repos et tranquillité des Familles ; Sa Majesté a ordonné et ordonne qu'il sera exécuté selon sa forme et teneur ; et en conséquence Sa Majesté a confirmé et confirme la forme qui a été observée jusqu'audit jour 11 Novembre 1706 dans la clôture des Inventaires faits à l'effet de dissoudre les Communautés ; veut Sa Majesté qu'ils soient tenus bons et valables, et qu'ils aient force de dissoudre les Communautés, quoique destitués des formalités requises par la Coutume de Paris, pourvu toutefois qu'ils soient sans dol, fraude, ni recelé ; veut aussi Sa Majesté que la présente Ordonnance soit exécutée pour tous les Inventaires qui se trouveront dans le même cas dans les Quartiers du ressort du Conseil Supérieur établi à Léogane ; ordonne Sa Majesté, qu'aux Juridictions de l'Isle de la Tortue et Côte-Saint-Domingue, auxquelles les fonctions de Notaires et Greffiers desdites Juridictions sont réunies, ils pourront faire lesdites deux fonctions dans la confection et clôture desdits Inventaires. Mande Sa Majesté au Gouverneur, Lieutenant-Général et à l'Intendant des Isles Françoises de l'Amérique ; au Gouverneur particulier, au Commissaire-Ordonnateur, aux Officiers des Conseils Supérieurs et des Juridictions de l'Isle de la Tortue et Côte Saint-Domingue, de tenir la main, chacun en droit soi, à l'exécution de la présente Ordonnance, qui sera enregistrée aux Greffes desdits Conseils, etc.

R. au Conseil de Léogane, le 7 Juillet 1713.

Et à celui du Cap, le même jour.

ORDONNANCE du Commandant en Chef, par interim, portant défenses d'acheter des Bois des Negres, et de leur vendre de l'Eau-de-Vie.

Du 13 Mars 1713.

LE Comte d'Arquyan, etc.

Sur les plaintes qui nous ont été faites de la mauvaise discipline où sont tenus les Negres du Quartier du Cap, tant Libres qu'Esclaves, et des vols continuels qui se font par lesdits Negres, souvent dans les maisons, et journellement dans les bois, dont ils coupent des pieces d'acajou, bois rouge et autres, qu'ils croient propres à être mis en œuvre; étant informé en outre qu'au mépris des défenses ci-devant faites à toutes personnes de quelque qualité et condition qu'elles soient de vendre de l'Eau-de-Vie en détail, et sur-tout aux Negres, abus et contraventions criminelles, qui en dernier lieu a causé la mort à deux Negres, l'un tué, l'autre pendu; voulant par-tout notre zele pour le bien et le repos public, remédier aux désordres; défendons à tous Ouvriers, Habitans et toutes personnes d'acheter aucun bois écarri ou propre à travailler, des Negres, à peine de 40 livres d'amende applicable à l'Hôpital, et de plus grandes en cas de récidive; réitérons en outre les défenses ci-devant faites à toutes personnes de donner de l'Eau-de-Vie aux Negres, et de les assembler sur les Habitations ou dans la Ville, à peine de 500 livres d'amende, vu que les premieres défenses ont portés 150 livres; et si l'affreux intérêt des Particuliers et les profits qu'ils trouvent à débiter leur Guildive auxdits Negres, les rendent moins soumis qu'ils ne doivent à l'équité et au motif de notre défense, nous y ajouterons des peines afflictives; voulons que la présente Ordonnance soit publiée dans tout les carrefours de cette Ville, et copies tirées d'icelle pour être affichées aux portes des Eglises dépendantes du Cap. DONNÉ, etc. *Signé* ARQUYAN.

ORDONNANCE *du Roi, qui défend de Plaider ni d'Ecrire pour les Parties.*

Du 13 Mars 1713.

SA MAJESTÉ étant informée que malgré les ordres qu'elle a ci-devant donnés pour empêcher que la chicane ne s'introduisît dans l'Isle de la Tortue et Côte Saint-Domingue, elle est cependant venue au point que les Habitans sont le plus souvent détournés de leurs affaires particulieres, et de la régie de leurs biens pour suivre et soutenir les Procès qu'ils se font les uns aux autres, par certaines Personnes qui se sont érigées en Procureurs par la tolérance qu'on a eue de les souffrir contre les intentions de Sa Majesté, particulierement dans le ressort du Conseil Supérieur établi au Cap François, où cet abus, si préjudiciable au repos et à la tranquillité publique, a été poussé si loin, que sur la Requête présentée audit Conseil Supérieur du Cap François par le Procureur-Général de Sa Majesté; ledit Conseil par son Arrêt du 28 Avril 1712 a fait défenses à toutes personnes, nommément aux nommés Perrier et Chambillard, de s'immiscer à l'avenir de faire aucunes Ecritures pour les Parties qui se pourroient présenter à eux, ni de Plaider à la Juridiction ordinaire, ni audit Conseil, à peine de 500 livres d'amende pour la premiere fois, et de bannissement pour la seconde, à l'exception toutefois des absens du ressort dudit Conseil qui pourront nommer et constituer des Procureurs en leur place, et aussi des personnes malades, auquel cas le Juge ou le Rapport du Procès donneront des permissions; et étant nécessaire d'assurer l'exécution dudit Arrêt, et Sa Majesté voulant aussi pourvoir aux abus qui pourroient se commettre dans le ressort du Conseil Supérieur de Léogane; Sa Majesté a fait très-expresses défenses à toutes personnes de s'immiscer de faire aucunes Ecritures ni de Plaider dans les Juridictions ni aux Conseils établis à Léogane et au Cap, à peine de 500 livres d'amende pour la premiere fois, et de bannissement pour la seconde, à l'exception toutefois des absens du ressort desdits Conseils qui pourront nommer et constituer des Procureurs en leur place, comme aussi des malades; auquel cas veut Sa Majesté que ceux qui seront constitués ne puissent agir que sur les permissions qui leur seront données par les Juges des Juridictions, lorsque les Procès seront pendans par-devant eux, ou par ceux qui eront les fonctions de Présidens desdits Conseils, lorsque les Procès y seront portés. Mande Sa Majesté au Gouverneur-Lieutenant-Général et à l'Intendant des Isles Françoises de l'Amérique; au Gouverneur Particulier et Commissaire-Ordonnateur de ladite Isle de la Tortue et Côte Saint-Domingue; aux Officiers des Conseils Supérieurs établis à Léogane et au Cap; et aux Officiers des Juridictions, de tenir la main, chacun en droit soi, à l'exécution de la présente Ordonnance, qui sera enregistrée aux Conseils Supérieurs de Léogane et au Cap, lue, publiée et affichée, etc.

R. au Conseil de Léogane, le 7 Juillet 1713.

Et à celui du Cap, le même jour.

ORDONNANCE du Commandant en Chef, par interim, qui établit un Avocat unique au Cap, et un Faiseur de Requête pour le Commandant.

Du 22 Mars 1713.

LE Comte d'Arquyan, etc.

Etant informé qu'au mépris de l'Arrêt du Conseil Supérieur du Cap, et des Ordonnances de M. Mithon, qui ont cassés tous les Procureurs, plusieurs Particuliers et même plusieurs nouveaux venus, s'ingerent de conseiller sous main et faire des écritures, qui sont plus propres à fomenter des Procès qu'à en terminer, et troubler le repos public, l'union entre les Habitans, à quoi nous employons tout notre temps et nos soins pour y pouvoir parvenir; nous défendons à tous Habitans de se servir en rien de tout ceux qui ont ci-devant exercé la Charge de Procureur; et comme il y a plusieurs Particuliers qui n'entendent nullement les affaires et qui ont besoin de quelqu'un qui forme leurs Requêtes et dresse leurs Pieces pour être présentées aux Juridictions et Conseils; nous avons cru ne pouvoir faire un meilleur choix que de la personne du sieur Gebert, passé Avocat au Parlement de Paris, et établi en cette Ville, auquel nous donnons plein pouvoir de gérer les affaires des personnes qui auront recours à lui dans la nécessité de Plaider; défendons à toutes personnes de travailler pour le Public, à peine de 300 livres d'amende arbitrale pour la premiere fois, de 500 livres pour la seconde, et deux mois de prison, et d'être chassés de la Colonie s'ils y retomboient une troisieme fois ; permettons seulement au sieur de la Chaquain de faire les Requêtes qui ne devront être présentées qu'au Commandant ; voulons que la présente Ordonnance soit publiée, affichée, afin que personne n'en ignore. DONNÉ au Cap, etc. *Signé* ARQUYAN.

ORDRE du Roi, qui établit le sieur DE PATY *Commandant des Parties de l'Ouest et du Sud.*

Du 29 Mars 1713.

DE PAR LE ROI.

SA MAJESTÉ ayant fait choix du sieur de Paty, Gouverneur du Petit-Goave Côte Saint-Domingue, pour Commander dans les Quartiers de l'Ouest et du Sud ; Elle veut qu'il y fasse les fonctions de Commandant, sous l'autorité du sieur Phelypeaux, Gouverneur, et son Lieutenant-Général aux Isles de l'Amérique ; et du sieur Comte de Blénac, Gouverneur Particulier de l'Isle de la Tortue, et Côte Saint-Domingue, et Lieutenant de Sa Majesté ; au Gouvernement desdites Isles de l'Amérique ; et en l'absence ou au défaut dudit sieur Comte de Blénac, sous les ordres du sieur Comte d'Arquyan, Gouverneur de l'Isle de Sainte-Croix, auquel Sa Majesté mande de le faire reconnoître et obéir en ladite qualité. FAIT à Versailles, etc. *Signé* LOUIS. *Et plus bas*, PHELYPEAUX.

R. au Conseil de Léogane, le 7 Juillet 1713.

EXTRAIT d'une Lettre du Ministre à M. l'Intendant, touchant les Droits Curiaux, et l'Indépendance des Missions des Isles de tout Evêque.

Du 29 Mars 1713.

J'AI examiné le Réglement que vous avez fait avec M. Charite, concernant les Droits Curiaux, et j'en ai rendu compte à Sa Majesté, qui l'a approuvé ; mais Elle desire qu'il soit également exécuté dans les Quartiers de l'Ouest, comme dans les Quartiers du Nord ; il est inutile que ce Réglement soit vérifié par l'Archevêque de Paris ; car outre que c'est un fait purement de Police, vous savez bien que les Missions des Isles ne sont point assujetties aux Evêques.

Pour enregistrer au Greffe du Conseil, le présent est conforme à l'original. *Signé* MITHON.

R. au Conseil de Léogane, le 7 Juillet 1713.

Et à celui du Cap, le 8 Août suivant.

EXTRAIT d'une Lettre du Ministre à M. l'Intendadt, touchant les Procureurs aux Biens vacans.

Du 29 Mars 1713.

J'AI examiné le Réglement que vous avez fait pour obliger les Procureurs des Biens vacans de rendre compte tous les ans, et empêcher tous les abus qu'il y a eu jusqu'à présent de leur part; Sa Majesté l'a approuvé en son entier; vous aurez soin de le faire exécuter, et de m'informer de ce qu'il produira.

Extrait de l'original. *Signé* MITHON.

R. au Conseil de Léogane, le 7 Juillet 1713.

Et à celui du Cap, le 8 Août suivant.

LETTRE du Ministre à M. l'Intendant, pour n'assembler le Conseil de Léogane que tous les deux mois.

Du 29 Mars 1713.

PUISQUE vous croyez qu'il y auroit de l'inconvénient d'assembler tous les mois le Conseil Supérieur de Léogane, et que cela détourneroit les Conseillers et les Habitans du soin de leurs Habitations; il n'y a qu'à continuer comme par le passé, et ainsi qu'il se pratique à la Martinique de l'assembler tous les deux mois; mais vous devez observer de finir dans les séances qui se tiendront, toutes les affaires sans en remettre aucune, afin que le Public ne soit point lésé par le défaut d'expédition.

R. au Conseil de Léogane, le 7 Juillet 1713.

Et à celui du Cap, le 8 Août suivant.

Lettre du Ministre aux Administrateurs, touchant les Lépreux de Saint-Domingue.

Du 29 Mars 1713.

SA MAJESTÉ a approuvé le parti que le Conseil a pris d'ordonner une seconde visite des Habitans du Quartier qui sont attaqués de la Lépre; il est très-intéressant de les séparer pour que ce mal ne puisse point se communiquer; mais Sa Majesté n'approuve point qu'on destine leur Habitation à l'Isle de la Tortue; il faut au contraire la conserver pour s'en servir en cas d'une contagion ou de quelque irruption des Ennemis; si on y plaçoit des Lépreux, ce seroit ôter à la Colonie une retraite sûre dans le cas que je viens de vous expliquer; ainsi Sa Majesté desire que vous cherchiez un autre Quartier éloigné pour les placer, et que vous preniez de justes mesures pour qu'ils n'aient aucune communication avec les autres Habitans, etc.

R. au Conseil du Cap, le 7 Juillet 1713.

Lettre du Ministre aux Administrateurs, sur une Accusation de Viol.

Du 29 Mars 1713.

A l'égard du nommé Gerry accusé d'avoir violé une jeune Fille; il ne paroît pas à la vérité de preuves constantes pour déterminer une condamnation; elles étoient assez fortes pour ordonner la Question, par laquelle on auroit pu démêler la vérité; et s'il étoit véritablement convaincu du crime, la peine des Galeres, à laquelle il a été condamné, seroit trop légere : j'ai rendu compte de cette procédure à Sa Majesté, qui n'a point voulu accorder la grace audit Gerry, Sa Majesté n'en faisant point pour le crime dont il est accusé; elle approuvera cependant qu'on le laisse en liberté dans la Colonie, puisque la Partie civile est contente; mais il faudra qu'il habite un autre Quartier que celui du Cap.

Extrait sur l'original. *Signé* BLÉNAC et MITHON.

R. au Conseil du Cap, le 7 Juillet 1713.

EXTRAIT de la Lettre du Ministre aux Administrateurs, touchant Approbation de l'Etablissement de deux Grands Voyers.

Du 29 Mars 1713.

SA MAJESTÉ a approuvé la proposition que MM. de Charite et Mithon ont fait d'établir deux Grands Voyers dans l'Isle, et vous trouverez ci-joint les Commissions pour les sieurs de Brossard Beaulieu et Olivier, qui ont été proposés pour remplir ces deux Emplois; Elle a approuvé aussi qu'il leur soit attribué 14 livres pour chaque journée lorsqu'ils seront requis par les Habitans de se transporter sur les Chemins qui seront contestés entr'eux; sur quoi il est nécessaire que vous observiez que ces journées leur doivent être payées par lesdits Habitans; et cette dépense ne doit regarder en aucune maniere les fonds de Sa Majesté.

Et afin d'engager ces Grands Voyers de faire la visite de leur département, au moins une fois l'année, l'intention de Sa Majesté est qu'il leur soit attribué 600 livres d'appointement à chacun par an, dont le fonds sera pris sur le produit des amendes qui seront arbitrées par le Commissaire-Ordonnateur, à condition toutefois qu'ils ne pourront en être payés qu'en rapportant par eux tous les ans un Procès-verbal de la visite qu'ils auront faite des Quartiers de leur département; à quoi Sa Majesté vous recommande de tenir exactement la main, et de les obliger autant qu'il sera possible de lever des Cartes et des Plans des Quartiers dont ils feront la visite.

EXTRAIT de la Lettre du Ministre à M. MITHON, à l'occasion de l'Apposition des Scelés à la mort de M. DE VALERNOD, Commandant en Chef de Saint-Domingue.

Du 29 Mars 1713.

IL me paroît que vous ne deviez point consentir que l'Inventaire et la Vente des Effets de feu M. Valernod fussent faits par le Major; vous savez que suivant l'Ordonnance de la Marine, c'est au Commissaire-Ordonnateur à mettre le Scelé et à faire l'Inventaire, sauf en cas de contestation de la part des Héritiers ou Créanciers, à renvoyer le tout pardevant les Juges Ordinaires : je suis persuadé que le sieur de Santo-Domingo s'en est acquitté avec honneur ; mais à l'avenir Sa Majesté veut que conformément à l'Ordonnance de la Marine, les Commissaires soient chargés de ce soin : je vous prie de vous y conformer, et d'y faire conformer les autres.

COMMISSION de Subdélégué de l'Intendant des Isles de l'Amérique à Saint-Domingue pour M. MITHON DE SENNEVILLE.

Du 31 Mars 1713.

LOUIS, etc. A notre cher et bien amé le sieur Mithon : SALUT. La satisfaction des services que vous nous avez rendu dans les différens Emplois que vous avez exercé jusqu'à présent par nos ordres, nous a déterminé à vous établir le 6 Juillet 1708, en qualité de Commissaire-Ordonnateur de l'Isle la Tortue et Côte Saint-Domingue, en l'absence de l'Intendant ; et à vous accorder, le 9 Décembre suivant, la Charge de Premier Conseiller dans les Conseils Supérieurs desdits Pays avec pouvoir d'y présider ; et voulant vous donner des nouvelles marques de notre confiance et vous mettre de plus en plus en état d'être utile audit Pays, et de nous y rendre encore des services plus considérables, nous avons résolu de vous attribuer dans ladite Isle de la Tortue et Côte Saint-Domingue, en l'absence de l'Intendant de nos Isles de l'Amérique, en partie les fonctions qu'il seroit en droit d'y faire lui-même s'il y résidoit, afin que les Habitans dudit Pays ne souffrent aucun préjudice de l'absence dudit Intendant : A CES CAUSES, et autres à ce nous mouvant, nous vous avons commis, ordonné et établi, et par ces Présentes signées de notre main, commettons, ordonnons et établissons pour dans ladite Isle de la Tortue et Côte Saint-Domingue, en l'absence du sieur de Vaucresson, Intendant des Isles de l'Amérique, informer de toutes Entreprises, Pratiques et Menées faites contre notre service, procéder contre les coupables, de quelque qualité et condition qu'ils soient, et faire toutes les procédures et instructions nécessaires pour raison de ce, juger ensuite lesdits Procès avec le nombre de Gradués et Juges portés par nos Ordonnances, qui seront par vous appellés à cet effet ; veiller à ce que la justice soit exactement rendue, et tenir la main à ce que les Juges inférieurs dudit Pays et tous nos Officiers soient maintenus dans leurs fonctions sans y être troublés par lesdits Conseils Supérieurs,

rieurs ; juger de toutes matieres civiles conformément à nos Edits et Ordonnances, et à la Coutume de notre bonne Ville, Prevôté et Vicomté de Paris : voulons que vous ayez seul la connoissance et juridiction de tout ce qui concerne la levée et perception de nos droits dans l'étendue de ladite Isle de la Tortue et Côte Saint-Domingue ; savoir, des droits d'Indigo et de Boucherie, circonstances et dépendances, tant en matiere civile, de quelque nature qu'elle puisse être, qu'en matiere criminelle, sur laquelle cependant, en cas de peine afflictive, vous prendrez le nombre de Juges porté par nos Ordonnances : voulons que les Jugemens et Ordonnances, qui seront par vous rendus, soient exécutés comme s'ils avoient été donnés pér ledit Intendant de nos Isles, nonobstant toutes Récusations, Prises à Partie, Edits et Ordonnances, et autres choses à ce contraires, et que les appellations qui seront interjettées desdits Jugemens et Ordonnances soient portées directement en notre Conseil : voulons en outre que conjointement avec le sieur Comte de Blénac, Gouverneur de ladite Isle la Tortue et Côte Saint-Domingue, et notre Lieutenant, au Gouvernement Général des Isles de l'Amérique, vous fassiez les Réglemens de Police requis, départissiez les Concessions de Terre, et régliez les bornes ; de faire tout ce que dessus, vous donnons pouvoir, autorité et mandement spécial, même de Subdéléguer, dans les lieux où notre service ne vous permettra pas de vous transporter, telles personnes que vous jugerés à propos pour connoître des affaires purement civiles, sauf l'appel pardevant vous des Jugemens qui seront par eux rendus. Mandons au sieur Phelypeaux, Gouverneur, et notre Lieutenant-Général aux Isles de l'Amérique, et aux sieurs Arnould de Vaucresson et Comte de Blénac de vous faire jouir de l'effet et contenu dans ces Présentes ; ordonnons aux Officiers des Conseils Supérieurs établis en ladite Isle la Tortue et Côte Saint-Domingue de s'y conformer, à l'effet de quoi les Présentes seront enregistrées auxdits Conseils. Car tel est notre plaisir. DONNÉ à Versailles, le trentieme jour de Mars, l'an de grace, mil sept treize, et de notre regne le soixante-dixieme. *Signé* LOUIS. *Et sur le repli*, PHELYPEAUX.

R. au Conseil du Cap, le 13 Juin 1713.

Et à celui du Petit-Goave, le ....

Cette Commission comme le porte la Lettre du Ministre du 4 Avril 1713, fut dressée sur celle de M. Le Fevre d'Albon, Commissaire-Ordonnateur à Cayenne.

EDIT portant Création des Commissaires-Généraux et Provinciaux des Invalides de la Marine, et qui étend sur toutes les dépenses de la Marine et des Galeres, la retenue des 4 deniers pour livre, qu'il porte même à 6 deniers à l'egard de certains objets.

Du mois de Mars 1713.

LOUIS, etc. SALUT. Le succès qu'a eu l'établissement que nous avons fait de l'Hôtel Royal des Invalides en notre bonne Ville de Paris pour l'entretien et la subsistance des pauvres Officiers et Soldats de nos Armées de terre, qui après s'être distingués dans les services qu'ils nous ont rendus, se trouvent hors d'état de les continuer, ou par vieillesse ou par leurs infirmités, ou à cause de leurs blessures, nous a fait penser aux moyens de récompenser de même les Officiers, Matelots, Soldats de la Marine et des Galeres, et les Ouvriers travaillans dans nos Arsenaux qui auront été estropiés ou qui auront vieilli dans le service ; pour cet effet nous avons ordonné par notre Edit du mois de Mai 1709, etc. Les soins particuliers que nous nous sommes réservés de prendre de ce nouvel établissement, et l'attention que nous donnons à ce qui le regarde, nous ont fait connoître ce qui manque à sa perfection pour remplir les vues que nous avons toujours eues d'y attacher des sommes suffisantes, non-seulement pour fournir la subsistance nécessaire aux Officiers Mariniers, Matelots, Ouvriers, mais encore pour donner des récompenses aux Officiers de la Marine et des Galeres qui se distinguent par des actions de valeur ; nous avons considéré que la retenue des quatre deniers pour livre sur les Equipages des Bâtimens Marchands et les Prises ne produiroit pas à beaucoup près ce qui auroit été espéré ; que celle sur la Marine, de la maniere qu'elle a été ordonnée et qu'elle a lieu suivant ledit Edit, ne peut être constatée et touchée par les Trésoriers-Généraux des Invalides de la Marine qu'après le parfait paiement des dépenses de la Marine et des Galeres, qui ont rapport à l'exercice desdits Trésoriers sur lesquels elles sont ordonnées ; et aussi que dans l'année d'exercice desdits Trésoriers-Généraux, ils sont obligés d'entretenir un nombre de Commis pour la correspondance dans les Amirautés, les Isles et les Pays Etrangers, avec les Trésoriers Particuliers, leurs Commis et les Consuls de la Nation Françoise, et pour l'examen des Recettes et dépenses des comptes particuliers desdites Amirautés et Pays qui entrent dans leur compte général ; et encore qu'un Trésorier Particulier établi et chargé de faire la retenue et le paiement de la demie-solde dans l'étendue d'une Amirauté n'y peut suffire qu'en établissant des Commis dans les lieux qui en dépendent, ce qui a servi de prêtexte à ces Officiers pour vouloir retenir le montant de ces dépenses sur les fonds de leur manîment ; et comme il est important d'y pourvoir, nous avons jugé nécessaire, en augmentant autant qu'il nous est possible à présent le revenu desdits Invalides et pourvoyant à ce qui n'a pu être prévu par ledit Edit pour faciliter aux Trésoriers-Généraux et Particuliers les fonctions de leur Office, et la reddition de leurs comptes dans les temps présens, d'établir de nouveaux Officiers dont la vigilance et les soins répondent au dessein que nous avons de mettre ledit établissement dans l'état que nous nous sommes proposé, d'assurer le paiement des gages et augmentations des Officiers créés, et des gages de ceux à créer, et les dépenses dont les uns et les autres seront tenus pour remplir et faire remplir sous eux les fonctions de leur Office, en leur accordant à tous des appointemens outre leurs gages, au moyen des fonds que nous nous proposons de faire dans les Etats de nos Finances pour leur être distribués annuellement par les Trésoriers-Généraux desdits Invalides ; ensorte qu'ils ne puissent espérer de toucher lesdits appointemens qu'en remplissant les fonctions de leurs Charges suivant nos intentions : A CES CAUSES, etc. nous avons par le présent Edit, perpétuel et irrévocable, créé et érigé, créons et érigeons en titre d'Office, formé et héréditaire, un notre Conseiller-Commissaire-Général, résident à Paris, et dix nos Conseillers-Commissaires Provinciaux des Invalides de la Marine ; voulons que ledit Commissaire-Général ait, sous nos ordres et sous ceux du Secrétaire d'Etat, ayant le département de la Marine, une inspection générale sur tous lesdits Invalides, et que tous les comptes des Trésoriers Particuliers des Invalides soient par lui examinés, ainsi que le compte général des revenus desdits Invalides qui sera rendu par les Trésoriers-Généraux desdits Invalides, lesquels comptes il fera rapporter par-devant les Commissaires que nous nommerons pour les arrêter, et qu'au surplus il fasse les autres fonctions que nous jugerons nécessaires par rapport auxdits Invalides suivant les ordres que nous lui en ferons expédier ; et que lesdits Commissaires Provinciaux aient aussi inspection sous nos ordres et sous ceux du Secrétaire d'Etat, ayant le département de la Marine, sur tout ce qui concerne l'établisssement des Invalides dans l'étendue de leur département ; qu'ils fassent tous les ans une revue desdits Invalides, etc. Jouira ledit Commissaire-Général des mêmes et semblables privileges de noblesse, honneurs, prérogatives, prééminences, et privileges et toutes autres sortes d'exemptions généralement quelconques dont jouissent nos Conseillers Secrétaires Maison Couronne de France et de nos Finances, qui leur ont été attribués par leur Edit de Création, et les Déclarations, Arrêts et Réglemens rendus depuis, sans aucune exception, et tout ainsi que s'ils étoient rapportés et exprimés par le présent Edit, du droit de Committimus en nos Grandes et Petites Chancelleries, etc. jouiront lesdits Commissaires Provinciaux des privileges de noblesse dont jouissent les Inspecteurs-Généraux, Commissaires de la Marine et Commissaires des Guerres, en exécution de nos Edits, Déclarations, Arrêts et Réglemens, sans aucune exception, et tout ainsi que s'ils étoient rapportés et exprimés par le présent Edit, du droit de Committimus au petit Sceau, etc. Jouiront pareillement les Veuves de ceux qui auront été pourvus desdits Offices des privileges et exemptions portés par ledit Edit tant qu'elles dureront en viduité; aux pourvus desquels Offices de Commissaire-Général et Commissaire Provinciaux, nous avons attribué et attribuons quarante mille livres de gages, etc. Et pour assurer d'autant plus ledit Etablissement Royal des Invalides de la Marine en y attachant des sommes proportionnées aux dépenses dont il est chargé, nous avons de la même puissance et autorité que dessus dit, statué et ordonné, disons, statuons et ordonnons, voulons et nous plaît, qu'à commencer du premier Janvier de la présente année 1713, il soit retenu six deniers pour livre sur les gages et appointemens des Capitaines, Maîtres, Patrons, Pilotes, Officiers Mariniers, Matelots employés au service des Négocians, et sur le montant total des Prises faites en mer, au lieu des quatre deniers ordonnés par notre Edit du mois de Mai 1709, et que la retenue des six deniers pour livre se fasse aussi et de la même maniere qu'a dû être faite celle des quatre deniers pour livre, ordonnée par notre Edit du mois de Mai 1709; ordonnons pareillement que la retenue des quatre deniers pour livre qui doit être faite en exécution de notredit Edit du mois de Mai 1709, sur toutes les pensions et appointemens que nous donnons aux Officiers de Guerre, et aux Equipages de Marine et des Galeres, gages et appointemens des Intendans, Commissaires, et autres Officiers employés dans nos Etats, ceux des Hôpitaux, de la Prevôté, des Gardes-Côtes, Aumôniers, Médecins, Chirurgiens, et généralement sur toutes les sommes qui sont employées en pensions, soldes, gages et appointemens pour les Equipages de la Marine et des Galeres, soit dans le Royaume, soit dans les Colonies soumises à notre obéissance, de même que sur la paie qui se donne aux Ouvriers employés dans nos Arsenaux, soit à l'avenir, à commencer dudit jour premier Janvier 1713, non-seulement continuée sur le même pied et sur lesdites dépenses, mais encore étendue généralement sur toutes les dépenses de la Marine et des Galeres sans exception ni distinction : voulons aussi qu'à commencer du jour de la déclaration de la présente Guerre, ledit Etablissement Royal des Invalides de la Marine jouisse du don que nous lui avons fait par l'Article XIV de notre Edit du mois de Décembre dernier, de la Solde, dixieme de portion d'intérêts appartenans aux Officiers Mariniers et Matelots volontaires, et autres armés en Course qui n'auront point été reclamés pendant le temps de deux années, à compter du jour de la liquidation des Prises; voulons pareillement que par ceux qui seront par nous commis à la recherche que nous ordonnons être faites desdites solde, dixieme et portion d'intérêts, il en soit dressé un état qui contiendra les noms et qualités desdits Officiers Mariniers, Matelots volontaires, et autres à qui le tout appartiendra; et à cet effet que les Armateurs ou Propriétaires des Vaisseaux armés en Course comptent par-devant ceux qui seront par nous Commis desdites solde, dixieme et portion d'intérêts des Equipages des Vaisseaux qu'ils auront armés qui auront été payées et de celles qui seront dues, et que ledit état soit fait double, l'un pour être envoyé au Secrétaire d'Etat, ayant le département de la Marine, et l'autre pour être remis au Trésoriers des Invalides, à l'effet de faire le recouvrement des sommes y contenues, ainsi qu'il sera expliqué ci-après; à la charge qu'il n'en pourra être par ledit Trésorier aucunement disposé que sur nos ordres; voulons en outre que les deniers qui proviendront de ladite recherche soient remis par ceux qui s'en trouveront chargés aux Trésoriers Particuliers des Invalides de la Marine à la premiere requisition; et pour faciliter la recherche ordonnée par le présent Edit, enjoignons à nos Procureurs des Amirautés de tenir la main à ce que les Greffiers desdites Amirautés donnent tous les éclaircissemens nécessaires à ceux que nous commettrons pour ladite recherche, et auxdits Greffiers d'obéir à la premiere requisition qui leur en sera faite de toutes lesquelles retenues de six deniers pour livres sur les gages et appointemens des Capitaines, Maîtres, Patrons, Pilotes, Officiers, Mariniers et Matelots employés au service des Négocians, de quatre deniers sur toutes les sommes qui sont employées en pensions, soldes, gages et appointemens, et sur toutes les dépenses de la Marine et des Galeres; desdites solde, dixieme et portion d'intérêts non reclamés ci-devant expliqués, ensemble des sommes de

143975 livres 8 sols 5 deniers, et de 53333 livres 6 sols 8 deniers, dont le fond est ordonné dans les Etats de nos Finances pour les gages et appointemens des Officiers de notredit Etablissement Royal des Invalides de la Marine; nous avons doté et dotons lesdits Invalides de la Marine pour en jouir de même et tout ainsi qu'ils jouissent de la retenue ordonnée par notre Edit du mois de Mai 1709; déclarons toutes lesdites retenues, dons et fonds ensemble tous les revenus qne nous pourrons donner dans la suite à l'Etablissement Royal desdits Invalides, deniers Royaux; et en conséquence voulons que lesdits Débiteurs soient contraints au paiement d'iceux, comme pour nos propres deniers et affaires; et en cas de contestations pour raison de ladite retenue qui sera faite sur les gages et appointemens des Capitaines, Maîtres, Patrons, Pilotes, et autres Officiers Mariniers employés au service des Négocians, et sur le montant des Prises faites en mer, comme aussi pour raison de la recherche que nous avons ordonnée être faite des solde, dixieme et portions d'intérêts appartenans aux Officiers Mariniers, Matelots volontaires et autres armés en Course qui n'auront point été reclamés et au paiement des sommes qui proviendront de la recherche entre les mains desdits Trésoriers des Invalides; avons attribué et attribuons par notre présent Edit toute Juridiction aux Officiers des Amirautés à l'exclusion de tous autres Juges; et voulons que les Sentences qui sont ou seront par eux rendues, même celles des premieres Amirautés, soient exécutées par provision, nonobstant toutes oppositions ou appellations quelconques et sans préjudice d'icelles; voulons que le fonds desdites retenues ensemble des dons ci-dessus soient employés conformément à l'Article IV de notre Edit du mois de Mai 1709, et encore à donner des gratifications et récompenses aux Veuves et Enfans des Invalides, et des Officiers et Matelots qui auront été tués ou qui décéderont sur nos Vaisseaux ou sur ceux de nos Sujets, le sout suivant que nous le jugerons à propos; voulons que la Recette de tous les deniers desdites retenues soit faite; savoir, celle des six deniers sur les gages et appointemens des Capitaines, Maîtres, Patrons, Pilotes, et autres Officiers Mariniers, et autres Matelots employés au service des Négocians, et sur le total des Prises, par les Trésoriers Particuliers chacun dans l'étendue de son département, et que les sommes destinées pour les dépenses qui s'emploient dans les comptes des Trésoriers-Généraux de la Marine et des Galeres soient par eux remises et délivrées auxdits Trésoriers-Généraux des Invalides de la Marine sur leurs simples quittances de mois à autre; ensorte que les fonds du mois de Janvier de chacune année soient remis dans le courant de Février suivant, et ainsi à continuer de mois en mois; voulons que le paiement en soit fait auxdits Trésoriers-Généraux des Invalides sur le pied de l'effectif des fonds qui seront ordonnés chacun mois auxdits Trésoriers-Généraux de la Marine et des Galeres à notre Trésor Royal et Recettes générales de nos Finances, et sur les fonds des Recettes ordinaires, de maniere qu'il ne sera fait aucune déduction sous quelque prétexte que ce soit des revenans-bons qui pourroient rester ès mains desdits Trésoriers-Généraux de la Marine et des Galeres, sauf à tenir compte dans les années suivantes si le cas y échoit de ce qui auroit été trop payé à cause des revenans-bons; ne pourront lesdits Trésoriers-Généraux et Particuliers desdits Invalides faire aucune dépense des deniers de leur maniment ni des fonds destinés au paiement des gages et appointemens des Officiers desdits Invalides que suivant les Etats et Ordonnances que nous ferons expédier à cet effet, et seront tenus d'en compter les recettes et dépenses par-devant les Commissaires qui seront par nous nommés; savoir, les Trésoriers Particuliers trois mois après l'expiration de chaque année, et les Trésoriers-Généraux six mois après l'expiration de leur exercice sans qu'ils puissent être obligés de rendre aucun compte en nos Chambres des Comptes ni ailleurs, dont nous les avons déchargés et déchargeons pour toujours, le tout conformément aux Articles XVII et XVIII de l'Edit du mois de Mai 1709; permettons auxdits Trésoriers et Contrôleurs des Invalides, même aux Officiers présentement créés de commettre aux fonctions de leurs Offices des Sujets pour les exercer à condition d'en demeurer civilement responsables, lesquels ne pourront néanmoins en faire les fonctions qu'après qu'ils auront été agréés par nous; et faute par eux d'exercer lesdits Offices ou d'y commettre, il y sera par nous commis même à ceux vacans par mort ou qui n'auront point été levés; voulons que ceux qui y seront commis jouissent sans aucune différence ni exception tant et si longuement qu'ils rempliront lesdites fonctions des mêmes pouvoirs, privileges, exemptions, fonctions, droits et autres avantages dont jouissent et doivent jouir les Titulaires par l'Edit du mois de Mai 1709, par le présent Edit et les Arrêts de notre Conseil rendus en conséquence, et en interprétation, ensorte néanmoins qu'il n'y ait qu'un seul privilégié pour chacun Office; lesquels Commis voulons être employés sous leurs noms pour les appointemens de l'Office qu'ils exerceront dans les Etats et Ordonnances que nous ferons expédier tous les six mois pour le paiement de tous les Officiers desdits Invalides, de maniere que ceux qui n'exerceront pas eux-mêmes lesdits Offices n'y seront employés que pour les gages et augmentations de gages attribués à leurs Offices, et que leurs appointemens soient payés auxdits Commis par les Trésoriers-Généraux desdits Invalides chacun dans l'année de leur exercice sur leur simple quittance, en fournissant pour la premiere fois seulement par ceux qui seront commis par les Titulaires copie collationnée de la procuration ou commission qu'ils auront, ensemble de notre agrément, et par ceux qui seront par nous commis copie collationnée de l'ordre qu'ils auront de nous pour exercer; voulons que lesdits Trésoriers et Contrôleurs-Généraux et Particuliers jouissent sur toutes les sommes qu'ils recevront en vertu du présent Edit des taxations, droits de quittance et autres réglés par les Articles XIV et XV dudit Edit du mois de Mai 1709, et ne pourront être compris dans les Rôles qui seront arrêtés en exécution de notre Edit du mois de Décembre dernier pour l'acquisition des taxations attribuées par ledit Edit, dont nous les avons dispensé et dispensons, de même et tout ainsi que les Trésoriers et Contrôleurs de notre Hôtel Royal des Invalides établi en notre bonne Ville de Paris, et qu'ils ne pourront aussi être assujettis à l'exécution de notre Déclaration du premier Octobre dernier pour confirmation du droit de franc salé dont les dispensons pareillement; pourront toutes personnes posséder lesdits Offices de Commissaire-Général et Commissaires Provinciaux créés par le présent Edit, sans incompatibilité d'autres Offices et Emplois pourvu qu'ils aient l'âge de 22 ans accomplis; ne pourront lesdits Commissaire-Général et Commissaires Provinciaux créés par le présent Edit, et les Trésoriers et Commissaires-Généraux et Particuliers des Invalides de la Marine, créés par notre Edit du mois de Mai 1709, être à l'avenir taxés pour comptabilité, supplément de finance, acquisition d'augmentation de gages ni autrement pour quelque cause et sous quelque prétexte que ce puisse être, dont nous les avons déchargés et déchargeons dès à présent et pour toujours nonobstant toutes dispositions contraires auxquels nous avons dérogé et dérogeons, attendu la nécessité de leurs fonctions et la modicité de leurs gages et appointemens; ne pourront pareillement être augmentés à la Capitation pour l'acquisition desdits Offices; jouiront desdits Offices eux et leurs successeurs à titre de survivance conformément à notre Edit du mois de Décembre 1709, sans être tenus de nous payer aucune finance, mais seulement aux mutations le huitieme du quart des sommes principales qui auront été payées pour l'acquisition desdits Offices; permettons à ceux qui acheteront lesdits Offices d'emprunter les sommes dont ils auront besoin à cet effet, et d'affecter auxdits emprunts lesdits Offices et les gages qui y sont attribués, dont il sera fait déclaration dans les quittances de finances. Si donnons en en mandement à nos amés et féaux Conseillers, les Gens tenant notre Conseil Supérieur (*de Léogane et du Cap*) Côte Saint-Domingue, que le présent Edit ils fassent lire et publier et enregistrer, et le contenu en icelui garder et exécuter selon sa forme et teneur, nonobstant tous Edits, Déclarations, Ordonnances et Réglemens, et autres choses à ce contraires, auxquels nous avons dérogé et dérogeons par le présent Edit, etc. DONNÉ à Versailles au mois de Mars, l'an de grace, 1713, et de notre regne le soixante-dixieme. *Signé* LOUIS. *Et plus bas*, PHELYPEAUX.

R. au Conseil de Léogane, le 7 Mai 1714.

Et à celui du Cap, le 2 Juillet suivant.

Nous avons retranché dans cet Edit ce qui a trait aux Finances et aux Gages des Offices qui y sont dénommés comme absolument étranger aux Isles.

ORDONNANCE *des Administrateurs, pour donner cours à la Monnoie de Hollande.*

Du 1er Avril 1713.

LE Comte d'Arquyan, etc.

Jean-Jacques Mithon, etc.

M. le Vasseur, Commissaire à la suite de l'Escadre de M. Cassard, venu en cette Isle par relâche dans le Vaisseau du Roi *le Ruby*, ayant eu besoin de Vivres pour ladite Escadre qui en manquoit; nous, à sa requisition et en conséquence des ordres de Monseigneur le Comte de Pontchartrain, de leur donner toute sorte d'assistance, lui en aurions fait fournir la quantité dont il auroit eu besoin par les Capitaines Marchands et autres Négocians de cette Isle; mais ledit sieur le Vasseur n'ayant pu payer lesdits Vivres qu'en monnoie de Hollande, qui n'a point cours ni de débit en cette Isle, et étant nécessaire de lui donner cours par proportion de sa valeur et du poids, attendu la nécessité du paiement desdits Vivres et l'impossibilité qu'il y auroit eu d'en trouver par d'autres moyens, et qui auroit été très-préjudiciable au service du Roi et à ladite Escadre; nous ordonnons que ladite Monnoie sera reçue sans difficulté par les Habitans, Négocians et autres, conformément au prix qu'elle a dans le Commerce de France; savoir, les Ecus de Hollande ordinaires à trois livres la piece, et les Ducatons, ou autrement Pieces de Banque qui ont les marques des sept Provinces 3 liv. 15 sols; les Ecus d'Espagne et d'Angleterre aussi 3 liv. 15 sols; les demi-Ecus de toutes marques 35 sols; et les tiers de Ducatons de toutes marques 25 sols; sans que personne puisse se dispenser d'en recevoir audit prix ci-dessus spécifié; et sera la présente Ordonnance enregistrée aux Conseils Supérieurs et Juridictions de cette Isle, lue, publiée et affichée, etc. DONNÉ à Léogane, etc. *Signés* ARQUYAN et MITHON.

R. au Conseil du Cap, le 8 Mai 1713.

Et à celui de Léogane le même jour.

EXTRAIT *de la Lettre du Ministre à M.* MITHON, *qui désapprouve l'Etablissement d'une Chambre Consulaire, et lui permet de subdéléguer à certains égards.*

Du 4 Avril 1713.

VOUS verrez par la Lettre que je vous ai écrite le 29 Mars qu'il n'étoit pas possible d'approuver l'Établissement que vous aviez fait d'une Chambre Consulaire au Cap, parce que vous aviez en cela surpassé votre pouvoir. Je vous ai marqué en même temps que je voulois bien vous laisser le soin de la supprimer vous-même; et afin de pouvoir établir un Subdélégué au Cap, je vous ai mandé de m'envoyer des copies de toutes les Commissions que vous avez et de celles qui furent données à feu M. Deslandes; ne manquez point de me les envoyer en réponse; en attendant, pour ne point laisser languir les affaires, et pour que ceux qui cherchent à les prolonger ne puissent tirer aucun avantage de la suppression que vous devez faire de l'établissement de cette Chambre, j'ai proposé au Roi de vous donner une Commission pareille à celle qui a été donnée à M. Lefevre d'Albon, Commissaire-Ordonnateur à Cayenne; Sa Majesté a bien voulu vous l'accorder; vous la trouverez ci-jointe; vous verrez qu'elle vous permet de subdéléguer dans les Quartiers où vous ne serez point, et que par conséquent vous pourrez établir un Subdélégué au Cap, auquel il sera nécessaire que vous recommandiez de se comporter avec sagesse et discrétion, en observant de ne s'attribuer que les affaires civiles qui seront de peu de conséquence, ou qui demanderont célérité, pour ne pas détruire la Juridiction, et de se conduire à l'égard du Conseil Supérieur avec les égards qui conviennent, et de maniere qu'il ne puisse donner occasion à aucune plainte: je vous recommande de vous observer vous-même avec la plus grande attention dans les fonctions que cette Commission vous attribue, et de n'attirer à vous que les petites affaires, ou celles où il vous paroîtra que l'autorité sera nécessaire pour empêcher l'oppression : ce n'est qu'en pareil cas que vous devez connoître de celles qui seront considérables, et toujours en pratiquant les égards dûs au Conseil Supérieur que vous devez toujours soutenir ; les fonctions que vous y faites et la séance que vous y tenez doivent toujours vous faire agir dans cet esprit.

C'est en vertu de ces pouvoirs que M. Mithon donna une Commission de Subdélégué au Cap à M. de Boismorant, Conseiller au Conseil Supérieur de la même Ville et Commissaire de la Marine, le 18 Juillet 1713. Voy. cette Piece.

RÉGLEMENT du Roi, pour une Compagnie de soixante Ouvriers passant à Saint-Domingue sous le nom de Compagnie d'Artillerie.

Du 20 Avril 1713.

DE PAR LE ROI.

SA MAJESTÉ estimant nécessaire pour le bien de son service et celui des Habitans de la Tortue et Côte Saint-Domingue, d'y faire passer des Ouvriers de tous métiers ; elle a approuvé les propositions qui lui ont été faites par le sieur de la Grange, Enseigne d'Infanterie dans les Troupes que Sa Majesté entretient dans ladite Isle, et Sous-Ingénieur au Cap François, pour former par ledit sieur de la Grange une Compagnie de soixante Ouvriers, sous le nom de Compagnie d'Artillerie ; et voulant assurer l'exécution desdites propositions, a ordonné et ordonne ce qui ensuit :

ART. Ier. Qu'il sera établi à l'Isle de la Tortue et Côte Saint-Domingue une Compagnie d'Artillerie composée d'un Capitaine, d'un Lieutenant, d'un Sous-Lieutenant, de deux Sergens, deux Caporaux, quatre Anspesades, cinquante Soldats et deux Tambours.

ART. II. Que les soixante Hommes qui composeront cette Compagnie seront Ouvriers et des métiers de Forgerons, Serruriers, Armuriers, Cloutiers, Taillandiers, Maçons, Tailleurs de Pierre, Charpentiers, Scieurs de Long, Charrons, Menuisiers, Tourneurs, Tonnelliers, Bourliers et Boulangers, et seront levés aux dépens du sieur de la Grange.

Art. III. Le sieur de la Grange commandera cette Compagnie suivant la Commission que Sa Majesté lui en fera remettre, et le Lieutenant et Sous-Lieutenant sous lui auxquels il sera expédié des ordres à ceteffet.

Art. IV. Le sieur de la Grange sera tenu de payer les appointemens et solde des Officiers, Sergens, Caporaux, Anspesades, Soldats et Tambours de ladite Compagnie, lui compris, et de leur fournir les Vivres nécessaires pour leur subsistance; le tout suivant les conventions qui seront faites entr'eux de gré à gré.

Art. V. Il sera tenu d'armer ladite Compagnie et de l'habiller, ainsi que la Compagnie des Bombardiers de la Marine.

Art. VI. Veut Sa Majesté que ladite Compagnie soit sous les ordres des Gouverneurs et Commandans à Saint-Domingue, comme les Troupes qu'elle y entretient, et sujette aux revues, et qu'elle fasse au moins deux fois le mois aux jours de Dimanches et Fêtes, l'exercice du Canon.

Art. VII. Les Soldats de ladite Compagnie seront logés dans les Cazernes, s'il y en a, et après que les Troupes qui sont à Saint-Domingue seront logées.

Art. VIII. Ils seront reçus aux Hôpitaux de la Charité à Saint-Domingue, et le sieur de la Grange payera ce qu'il faudra.

Art. IX. Ordonne Sa Majesté que les Sergens, Caporaux, Anspesades, Soldats et Tambours de ladite Compagnie travailleront aux travaux qu'elle fera faire à Saint-Domingue quand le Commissaire-Ordonnateur les demandera, et en cas de travail par eux seront payés à 3 liv. par jour, prix ordinaire de Saint-Domingue.

Art. X. Sera permis au sieur de la Grange de faire travailler les Soldats de ladite Compagnie pour les Particuliers quand ils ne seront point demandés pour les travaux du Roi, et de retirer le prix de leur travail, aussi bien que les 3 liv. par jour que Sa Majesté leur fera payer quand ils travailleront aux travaux qu'elle fera faire, le tout cependant suivant l'accord que ledit sieur de la Grange aura fait avec eux.

Art. XI. Les soixante Ouvriers qui doivent former ladite Compagnie seront passés gratis dans les Vaisseaux de Sa Majesté quand elle en armera pour Saint-Domingue, et ensuite tous les ans quinze Hommes de recrue pour ladite Compagnie qui seront embarqués au lieu d'engagés par les Marchands, afin de faciliter leur passage, et en cas qu'il n'y ait point de Vaisseaux de Sa Majesté pour les embarquer.

Art. XII. Il ne pourra être embarqué pour lesdites Recrues que des

Ouvriers, lesquels seront examinés dans les Ports où ils seront embarqués par les Commissaires de la Marine.

ART. XIII. Veut Sa Majesté qu'en arrivant à Saint-Domingue ils soient présentés au Gouverneur et au Commissaire, et incorporés dans ladite Compagnie.

ART. XIV. Veut et entend Sa Majesté que les bas Officiers et Soldats de ladite Compagnie soient sujets, en cas de désertion, aux peines portées par ses Ordonnances concernant ses autres Troupes, et en conséquence qu'ils soient mis et jugés au Conseil de Guerre.

ART. XV. Ordonne au surplus Sa Majesté que les autres Articles des propositions du sieur de la Grange seront exécutés selon leur forme et teneur.

Mande au sieur Phelypeaux, Grand Croix de l'Ordre Militaire de Saint-Louis, Gouverneur et Lieutenant-Général des Isles de l'Amérique; au sieur Comte de Blénac, Gouverneur Particulier de l'Isle de la Tortue Côte Saint-Domingue, et Lieutenant de Sa Majesté desdites Isles de l'Amérique; au sieur Mithon, Commissaire-Ordonnateur, et tous autres qu'il appartiendra de tenir la main, chacun en droit soi, à l'exécution du présent Réglement. FAIT à Versailles le 20 Avril 1713.

Signé LOUIS. *Et plus bas*, PHELYPEAUX.

ARRÊT du Conseil Supérieur de Léogane, sur la Chaîne des Arpenteurs.

Du 18 Mai 1713.

LE Procureur-Général du Roi a entré au Conseil et dit qu'il avoit eu avis que le sieur des Forges, ci-devant Arpenteur, s'étoit servi dans tous les différens arpentages qu'il à faits pendant tous le temps qu'il a été dans le service de cette Charge, d'une chaîne de trente-six pieds de long; que défunt Charles le Boursier, précédent Arpenteur, et auquel ledit des Forges a succédé, s'étoit aussi servi de ladite chaîne, quoiqu'elle ne doive avoir que trente-cinq pieds; que comme il étoit nécessaire de réformer ladit chaîne à sa véritable longueur de trente-cinq pieds, il étoit de la prudence du Conseil qu'en l'ordonnant, il fût dit, etc. LE CONSEIL a donné Acte au Procureur-Général du Roi de sa remontrance, et y faisant droit, a ordonné et ordonne qu'en présence du Procureur-Général du Roi, et du sieur Cauvet, Ingénieur en Chef en cette Côte, la chaîne dont se sont servis lesdits sieurs Boursier et des Forges, ci-devant Arpenteurs du ressort du Conseil, laquelle a trente-six pieds de longueur pour dix pas, sera réduite à celle de trente-cinq pieds, sa juste longueur; en conséquence ordonne à l'Arpenteur en charge ou autres qui lui succéderont de se servir à l'avenir pour arpenter les terreins non concédés, et d'autres terreins qui n'ont point encore été arpentés, de ladite chaîne de trente-cinq pieds, avec défenses à eux de se servir à l'avenir d'une chaîne plus longue ou plus courte, à peine de répondre en leurs propres et privés noms de tous événemens; et à l'égard des terreins qui ont été arpentés par lesdits Boursier et des Forges avec leur chaîne de trente-six pieds, a déclaré lesdits Procès-verbaux d'arpentages qu'ils ont faits avec icelle bons et valables, ordonne qu'ils subsitteront en leur entier selon leur forme et teneur; et pour prévenir les contestations entre Habitans au sujet desdits arpentages, a ordonné et ordonne que ceux qui seront faits des terrains ci-devant arpentés avec ladite chaîne de trente-six pieds seront réduits au même pied de trente-six pieds pour dix pas; et afin que le présent Arrêt soit notoire, et que personne n'en puisse prétendre cause d'ignorance, ordonne qu'il sera lu, publié, etc.

ORDONNANCE pour la Publication de la Paix signée à Utrecht entre la France, l'Angleterre, la Hollande, la Prusse et la Savoye.

Du 22 Mai 1713.

LETTRE du Ministre à M. le Comte de BLÉNAC, touchant la liberté conservée aux anciens Habitans de Saint-Christophe de vendre les Immeubles qu'ils y possédoient avant leur expulsion.

Du 31 Mai 1713.

JE vous ai fait savoir que la Paix a été conclue à Utrecht le 11 du mois dernier; le Roi ayant jugé à propos de céder à l'Angleterre l'Isle de Saint-Christophe, Sa Majesté auroit souhaité en faisant cette cession que ses Sujets qui sont dans cette Isle, ou qui en sont sortis, eussent la liberté de pouvoir vendre leurs biens immeubles qu'ils y ont acquis et possédés; mais cela n'ayant point été inséré dans le Traité de Paix, M. le

Duc d'Aumont, Ambassadeur de Sa Majesté en Angleterre, lui a fait savoir que la Reine de la Grande-Bretagne y a suppléé, et qu'elle donnera des ordres particuliers et si précis que les Sujets de Sa Majesté pourront disposer des biens immeubles qu'ils ont acquis ou possédés dans cette Isle : j'écris à M. Phelypeaux d'en avertir ceux qui y sont actuellement, ou qui se sont retirés dans les Isles du Vent ; vous aurez soin de donner le même avis à ceux qui se sont retirés dans les Quartiers de l'Isle Saint-Domingue, afin qu'ils puissent prendre les mesures nécessaires pour jouir de cette grace : j'enverrai à M. Phelypeaux un duplicata des ordres de Sa Majesté Britannique, afin qu'il puisse en demander l'exécution en cas qu'il survînt quelque difficulté de la part de ceux qui en seront chargés : vous aurez agréable de m'informer des mesures que prendront les Habitans de Saint-Christophe qui sont dans votre Gouvernement, et vous aurez soin aussi de le faire savoir à M. Phelypeaux.

R. au Conseil du Cap, le 18 Novembre 1713.

R. au Siege Royal du Cap, et publié le 23 Décembre suivant.

ORDONNANCE *du Directeur-Général de la Compagnie de Saint-Domingue, portant établissement de Bureaux et Canots pour la visite des Marchandises dans l'étendue de la Concession de ladite Compagnie.*

Du 15 Juin 1713.

NOUS Directeur-Général de la Compagnie Royale de Saint-Domingue à Saint-Louis, sur l'avis que nous avons eu que quelques Particuliers, tant de la Colonie de la Compagnie que de la bande du Nord et autres, s'ingéroient de faire un commerce illicite au préjudice des droits et privileges de ladite Compagnie par le transport des Marchandises et Denrées d'Europe de la partie du Nord en cette Colonie, et des Indigos, Carrets et autres Marchandises dans ces Quartiers à ceux du Nord sans permission de nos Directeurs, et nonobstant l'Ordonnance portant défenses du 23 Mai 1711, confirmée et enregistrée au Conseil Supérieur de Léogane, et publiée dans tous les Quartiers de cette Colonie ; pour à quoi obvier et empêcher ledit commerce, nous avons établi un Bureau sur le Morne d'Acquin, et le sieur Morin pour Garde, avec ordre de visiter les Marchandises qui passeront, et arrêter celles qui ne seront pas pourvues de notre permission ; pareillement autre Bureau au fond de l'Isle à Vache, avec un Canot servant de passage pour faire la visite par mer des Marchandises qui pourroient s'introduire dans cette Colonie ou sortie d'icelle; enjoignons pour cet effet à tous ceux qu'il appartiendra qui voudront faire passer leurs Indigos, Negres et autres Marchandises au Quartier du Nord, ou les introduire dans cette Colonie, d'en faire leur déclaration au Bureau de ladite Compagnie à Saint-Louis, dont nous leur donnerons permission si le cas le requiert, en nous payant deux sols par chaque livres d'Indigo, et vingt-quatre livres par chaque tête de Negres, conformément aux ordres que nous avons de la Compagnie; et en cas de contravention, seront lesdites Marchandises saisies et confisquées, et les contrevenans condamnés à l'amende qui sera arbitrée par le Juge, conformément à l'Ordonnance. DONNÉ à Saint-Louis sous le scel de ladite Compagnie, et le contre-seing de notre Secrétaire, le 15 Juin 1713. *Signé* HAYS.

R. au Conseil de Léogane suivant l'Arrêt du 7 Juillet 1713. V. cet Arrêt.

ARRÊT du Conseil du Cap, qui défend aux Notaires de faire passer des Actes en Ville par leurs Commis, tandis qu'ils operent à la Campagne.

Du 4 Juillet 1713.

VU par le Conseil la Requête du sieur Duperrier, Greffier de la Cour et Notaire du ressort du Cap, contenant que le sieur Durocher, Notaire et Greffier de la Juridiction du Cap, fait passer journellement des Actes de Notaire par son Commis quoique lui absent, ce qui cause un préjudice considérable à votre Suppliant, puisque par-là ledit sieur Durocher travaille à la Campagne, et son Commis au Bourg, ce qui multiplie le nombre des Notaires; d'ailleurs, c'est que les Actes qu'il fait passer par son Commis ne peuvent valider s'il ne se trouve dans le lieu où l'Acte a été passé, et l'Acte devient faux, etc. Ouï le Procureur-Général en ses conclusions verbales, LE CONSEIL y faisant droit, ordonne que le sieur Durocher se conformera à l'avenir aux Ordonnances du Roi dans la passation des Actes qui se feront à son rapport, à peine, en cas de contravention, d'encourir les peines portées par lesdites Ordonnances. DONNÉ, etc.

ARRÊT

ARRÊT en Réglement du Conseil du Cap, touchant l'Etalonnement des Poids des Habitans.

Du 4 Juillet 1713.

Vu par le Conseil la Requête des Marchands du Cap, contenant, etc. et les conclusions par écrit du Procureur-Général du Roi, LE CONSEIL y faisant droit, ordonne que conformément à l'Arrêt ci-devant rendu les Poids des Sucriers seront étalonnés en présence du Procureur du Roi, le tout sans frais, pour aprés lesdits Poids se trouvant justes, être marqués d'une Fleur-de-lys par le nommé Bittet, nommé par le précédent Arrêt; et comme il n'y a pas de Poids suffisamment pour tous les Sucriers, les Marchands, en feront venir de France, en payant à ceux qui n'en auront point, avec défenses de se servir à l'avenir de Romaines et de Poids non marqués pour peser lesdits Sucres; et sera le présent Arrêt lu, publié, etc.

ARRÊT du Conseil du Cap, qui ordonne, attendu que la Maison du Greffe de la Juridiction tombe en ruine, que les Minutes seront mises chez le Greffier.

Du 4 Juillet 1713.

Vu par le Conseil la Requête du Procureur du Roi du Siege Royal du Cap, contenant que l'état pitoyable de la Chambre de l'Auditoire dudit Siege, laquelle étant ouverte de part et d'autre et prête à tomber en ruine et en danger même d'écraser ceux qui par malheur se trouveroient dessous; met par cet endroit là un nombre de Familles en danger de perdre le fondement de tout leur établissement, tous les Actes et Minutes qui les y autorisent étant journellement exposés à être divertis et dérangés par le peu de sûreté où ils sont dans ladite Chambre; ledit Procureur du Roi n'auroit même pas tardé à en faire la remontrance pour remplir les devoirs de sa Charge, s'il n'avoit été informé que la Cour y auroit déja remédié par l'achat d'un Magasin assez spacieux pour tenir ses séances, et en même temps pouvoir servir audit Siege, etc. ensemble les conclusions du Procureur-Général, LE CONSEIL ordonne que les Minutes, tant du Greffe que des Notaires seront transportés chez M. Durocher, Notaire et Greffier d'icelle Juridiction, jusqu'à ce que le lieu destiné pour rendre la justice soit en état.

ORDONNANCE *du Roi, faisant défenses aux Propriétaires des Vaisseaux et Capitaines qui iront à l'avenir des Ports de France dans les Colonies et hors de l'Europe, de les faire partir sans avoir pris auparavant, outre les Congés de l'Amiral, des Passeports de Sa Majesté.*

Du 5 Juillet 1713.

DE PAR LE ROI.

SA MAJESTÉ étant informée que plusieurs Propriétaires et Capitaines de Navire ont contrevenu aux Réglemens et Ordonnances qu'elle a ci-devant rendus pour défendre aux Négocians du Royaume d'envoyer leurs Navires dans les Colonies et hors de l'Europe pour y faire commerce sans avoir pris des Passeports de Sa Majesté; et estimant nécessaire d'y pourvoir, Sa Majesté a fait très-expresses inhibitions et défenses aux Propriétaires et Capitaines des Vaisseaux qui iront à l'avenir des Ports de France dans les Colonies et hors de l'Europe en quelque endroit que ce soit, de les faire partir sans avoir pris auparavant, outre les Congés de l'Amiral de France, des Passeports de Sa Majesté, qui leur seront délivrés gratis, à peine de confiscation desdits Bâtimens et de leurs Cargaisons; voulant au surplus que les Propriétaires desdits Bâtimens soient condamnés en 3000 liv. d'amende, et les Capitaines en 1000 liv. pour la premiere fois, et en six mois de prison en cas de récidive; permet seulement Sa Majesté aux Propriétaires desdits Vaisseaux de les envoyer dans les Ports de l'Europe et dans ceux de la Méditéranée sans lesdits Passeports. Mande et ordonne Sa Majesté à M. le Comte de Toulouse, Amiral de France; à ses Gouverneurs, Lieutenans-Généraux dans lesdites Colonies, et autres lieux de son obéissance; aux Gouverneurs et Lieutenans Particuliers; aux Intendans, Commissaires et autres Officiers de la Marine et de l'Amirauté, de tenir la main, chacun en droit soi, à l'exécution de la présente Ordonnance, etc.

R. au Conseil de Léogane, le 20 Décembre 1713.
Et à celui du Cap, le 10 Janvier 1714.

ARRÊT du Conseil de Léogane, qui défend au Directeur de la Compagnie Royale de Saint-Domingue de rendre aucune Ordonnance sans la participation du Commandant du Fort Saint-Louis, et en déclare nulle une portant imposition.

Du 7 Juillet 1713.

LE Procureur-Général du Roi a entré au Conseil, et dit, qu'il lui auroit été remis en communication une Ordonnance rendue par le sieur George Hays, Directeur-Général de la Compagnie Royale de Saint-Domingue à Saint-Louis, le 15 Juin dernier, portant, etc. de laquelle Ordonnance ledit sieur Hays requéroit l'enregistrement pour être exécutée dans toute l'étendue de la Colonie de Saint-Louis; mais qu'ayant remarqué que contre la disposition de l'Edit du Roi du mois de Septembre 1698, portant établissement de ladite Compagnie de Saint-Domingue, par lequel il lui est étroitement prohibé de faire exécuter aucun Statut et Réglement qu'elle feroit pour la police, conduite et régie de son commerce qu'ils ne soient approuvés de Sa Majesté; ledit sieur Hays, par contravention audit Article, imposoit par icelle un droit de deux sols par livre d'Indigo, et 24 liv. par tête de Negres de ceux qui entreroient ou sortiroient dans les terres de sa Concession sans rapporter l'approbation de Sa Majesté; et ce sur une simple Ordonnance par lui rendue sans la participation du sieur Barthomier, Commandant sur le Fort Saint-Louis, à qui il a en devoit donner connoissance; à l'exécution de laquelle il étoit en droit de s'opposer, et de requérir comme il faisoit, qu'il plût au Conseil déclarer ladite Ordonnance nulle, etc. LE CONSEIL a donné Acte au Procureur-Général du Roi de sa remontrance, et y faisant droit, a déclaré et déclare ladite Ordonnance nulle et de nul effet, en ce que par icelle, elle impose deux sols par livre d'Indigo, et 24 liv. par tête de Negres de ceux qui entreront ou sortiront des terres de la Concession de ladite Compagnie, jusqu'à ce que par Sa Majesté il en ait été autrement ordonné, et au résidu qu'elle sortira son plein et entier effet, selon sa forme et teneur; en conséquence a permis et permet à ladite Compagnie d'établir des Bureaux sur ledit chemin d'Acquin et fond de l'Isle à Vache, et Canots servant de Pataches y mentionnés, et aux Commis desdits Bureaux et Pataches de faire la visite, tant par mer que par terre, desdites Marchandises qui entreront et sortiront ou s'introduiront dans les terres de la Compagnie, et d'arrêter celles qui ne seront pas pourvues des Passeports du Directeur de ladite Compagnie, ou autres imposés par lui à cet effet; enjoint à toutes personnes, de quelque condition et qualité qu'elles soient, qui voudront faire entrer, sortir ou introduire dans les terres de la Compagnie, des Negres, Indigos et autres Marchandises, d'en faire leur déclaration au Bureau de la Compagnie de Saint-Louis, et de se munir des Passeports nécessaires, qui leur seront donnés, si le cas le requiert, sans aucuns frais, à peine contre les contrevenans d'amende qui sera arbitrée par les Juges suivant le cas, sauf appel, conformément à l'Arrêt du Conseil du 6 Juillet 1711; fait défenses au Directeur de Saint-Louis de rendre à l'avenir aucune Ordonnance sans la participation du Commandant en Chef du Fort Saint-Louis; et afin que le présent Arrêt soit notoire, ordoone que ladite Ordonnance sera enregistrée au Greffe du Conseil, et que copies, tant de ladite Ordonnance que du présent Arrêt, seront enregistrées au Siege de la Compagnie pour y être lues, publiées et enregistrées, l'Audience tenante, et affichées par-tout où besoin sera, à la diligence des Procureurs-Fiscaux, etc.

ORDONNANCE des Administrateurs, contenant la Proposition au nom de Sa Majesté de l'Etablissement d'un Octroi, et Indication de l'Assemblée du Conseil Supérieur de Léogane au 17 du même mois pour délibérer sur ce sujet.

Du 8 Juillet 1713.

LE Comte de Blénac, Lieutenant, etc.

Jean-Jacques Mithon, Conseiller, etc.

Le Roi nous expliquant ses intentions par la Lettre de Monseigneur le Comte de Pontchartrain du 29 Mars dernier, sur les fonds nécessaires pour le paiement des Officiers Majors, l'entretien des Troupes et les Fortifications de l'Isle la Tortue et Côte Saint-Domingue, que Sa Majesté n'est plus en état de remettre en ladite Isle par l'épuisement de ses Finances, dans la longue Guerre qu'elle a eue à soutenir; et Sadite Majesté ne trouvant pas juste que tandis qu'elle a été obligée de surcharger son Peuple en France pour fournir aux dépenses immenses de la Guerre; les Habitans de l'Isle Saint-Domingue, loin de contribuer à des nécessités si pressantes, lui soient au contraire à charge par la dépense qu'elle a faite jusqu'à présent pour leur sûreté et la conservation de leurs biens, ce qu'elle ne peut plus soutenir à son grand regret, et n'ayant rien de plus à cœur que l'accroissement de ses Colonies; sur ce principe plein de justice, le Roi nous ordonne de conférer avec les principaux Habitans de cette Isle pour trouver entr'eux le moyen de payer un Octroi qui puisse suffire à toutes ses dépenses, dont la levée sera faite par leurs soins, pour être moins à charge à la Colonie, avec assurance de la part de Sa Majesté de ne laisser introduire en ladite Isle aucun Fermier ni Traitant; leur laissant la liberté d'établir eux-mêmes les droits les moins à charge à la Colonie, soit par une dixme sur les biens ou par des taxes sur les Denrées et Marchés qui leur viennent de France, ou sur les Denrées et Marchandises du Pays, ou tel enfin qu'ils jugeront le plus convenable pour faire un fonds suffisant aux dépenses de ladite Colonie, suivant l'état qui en sera ci-après transcrit.

En conséquence duquel ordre du Roi, nous avons proposé de bouche et le présent écrit à la meilleure partie des Officiers-Majors et au Conseil Supérieur deLéogane représentans les principaux Officiers et Habitans de ladite Isle, en leur nom, et encore au nom du Conseil Supérieur du Cap que nous n'avons pu rassembler à cause de l'éloignement, plusieurs moyens pour parvenir à faire un fonds d'Octroi, leur laissant la disposition libre de nommer des Syndics ou Receveurs d'entr'eux pour la perception desdits droits, même un ou deux Trésoriers, entre les mains desquels seront remis lesdits deniers, dont ils ne disposeront que sur les Ordonnances de M. Mithon, Commissaire-Ordonnateur, visées de nuos pour raison des dépenses exprimées audit état.

Sur quoi nous demandons de la part de Sa Majesté qu'il soit délibéré par lesdits Officiers du Conseil Supérieur de Léogane, tant en leur nom qu'au nom du Conseil Supérieur du Cap, sur les propositions ci-dessus, dont nous devons rendre compte à Sa Majesté pour la délibération qui s'ensuivra dans l'Assemblée convoquée le 17 de ce mois, être suivie et exécutée selon sa forme et teneur. DONNÉ à Léogane, etc.

R. au Conseil de Léogane, le 17 du même mois.

Et à celui du Cap, le 14 Août suivant.

DÉLIBÉRATION et Arrêt du Conseil de Léogane, qui accorde, tant pour lui que pour le Conseil du Cap et toute la Colonie, un Octroi à Sa Majesté pour l'entretien des Troupes, des Fortifications, etc. Ensuite de quoi est la dispense de Service Militaire pour les Conseillers, pour leurs Économes, etc.

Du 17 Juillet 1713.

LE Procureur-Général du Roi a entré au Conseil et dit, qu'il lui auroit été remis par le Greffier de la Cour un écrit contenant des propositions que font au nom du Roi, au Conseil Supérieur de Léogane, Messire Louis de Courbon, Comte de Blénac, et Messire Jean-Jacques Mithon; exposant *, etc.; que par la communication qu'il a prise de cet écrit et sur les diverses réflexions qu'il avoit faites, il ne pouvoit s'empêcher d'avouer qu'il ne trouvoit rien de plus juste que ce que Sa Majesté demandoit aux Habitans de Saint-Domingue; qu'il falloit convenir que depuis le commencement de cette Guerre, Sa Majesté par une bonté toute particuliere pour les Habitans de Saint-Domingue, avoit toujours fourni aux dépenses de la Colonie pendant qu'elle avoit été obligée de surcharger son Peuple en France; qu'ils étoient tous Sujets du Roi, et que conséquemment les Habitans de Saint-Domingue, pour donner des marques à Sa Majesté de leur attachement dans un temps où toutes les Finances se trouvent épuisées par les dépenses immenses de la Guerre qu'elle a eue à soutenir, ne devoient pas faire la moindre difficulté de fournir un Octroi qui fût suffisant pour les dépenses de la Colonie portées en l'état du Roi, de quelque maniere qu'ils voudroient se l'imposer, et qui seroit la plus convenable et la moins à charge à la Colonie; que c'étoit le vrai moyen pour conserver dans la Colonie la franchise qui y a toujours régné; puisque ces Messieurs assuroient de la part du Roi, qu'au moyen de cet Octroi, Sa Majesté ne souffriroit point qu'il s'introduise dans l'Isle aucun Fermier ni Traitant; que les bontés de Sa Majesté étoient d'autant plus grandes qu'elle leur laissoit la liberté d'établir eux-mêmes des Syndics ou Receveurs pour la perception dudit Octroi; pourquoi requéroit qu'il plût au Conseil ordonner qu'il seroit tout présentement délibéré sur lesdites propositions pour la délibération qui

* *Voy. l'Ordonnance qui précede.*

ensuivra être exécutée selon sa forme et teneur, et que copies d'icelle seront envoyées en toutes les Juridictions ressortissantes de ce Conseil pour y être lues, publiées, enregistrées, à la diligence de ses Substituts, l'Audience tenante, affichées par-tout où besoin sera, dont Acte; et s'est, ledit Procureur-Général du Roi, retiré; Après que lecture a été faite par le Greffier en Chef de la Cour des propositions sus mentionnées, datées de Léogane le 8 du courant, signées Blénac et Mithon, etc. l'affaire mûrement examinée, et tout bien considéré, LE CONSEIL ayant égard aux raisons mentionnées aux propositions à lui faites par mondit sieur le Comte de Blénac, et mondit sieur Mithon, et la remontrance du Procureur-Général du Roi, dont il lui a donné Acte; et voulant donner des marques à Sa Majesté de la reconnoissance où ils sont d'avoir été ménagés pendant cette Guerre, avec tant de bonté, est convenu, tant pour lui que pour le Conseil du Cap, et Habitans de cette Isle, d'accorder à Sa Majesté, tant pour l'année présente que pour la prochaine, un Octroi de 6 livres pour chaque tête de Negres payant droit, les exempts réservés, sauf à se rassembler au premier Janvier 1715, pour convenir d'un nouvel Octroi; en conséquence a ordonné et ordonne que par tous les Habitans de cette Isle, il sera incessamment payé par chaque tête de leurs Negres payant droit la somme de 6 livres pour la présente année 1713, et pareille somme pour l'année 1714; et pour parvenir avec plus de facilité à la levée desdits droits, le Conseil a ordonné et ordonne qu'il sera présentement par lui fait une délibération en forme d'instruction, laquelle servira de regle, tant pour l'établissement des Receveurs et Trésoriers, que pour le paiement fixé; lesquels deniers seront employés au paiement des sommes comprises dans l'état du Roi pour le paiement des Officiers Majors, l'entretien des Troupes, et les Fortifications, suivant les Ordonnances de M. Mithon, Ordonnateur, visées par M. le Comte de Blénac; et comme, au moyen dudit Octroi, il se trouvera suffisamment pour payer les Compagnies complettes, les Habitans ne seront tenus de faire aucune garde au Fort de l'Ester, la Pointe et le Petit-Goave; mais seulement à l'Acul du Petit-Goave en temps de Guerre, à l'Acul, à la Ferlatte, au Grand-Goave, à la Grande Riviere; à l'égard du Quartier du Cap, il a été remis à la prudence de M. le Comte de Blénac, d'exempter de garde les Habitans dans les lieux qu'il ne jugera à propos; il a été de plus accordé, au moyen dudit Octroi, qu'il ne seroit commandé à l'avenir aucun Negre des Habitans pour les travaux et corvées, à l'exception des grands chemins, qui seront entrenus conformément à l'Ordonnance du Roi du 2 Févr. 1711;

les fonds faits étant suffisans pour faire l'achat des Negres nécessaires aux travaux Royaux et Publics.

Et sur la représentation qu'ont fait les Conseillers du Conseil de la dépense à laquelle ils sont obligés pour rendre la justice aux Sujets gratuitement, mondit sieur le Comte de Bléuac et Mithon, sont convenus sous le bon plaisir du Roi, par la justice de leur demande, d'exempter l'Habitation principale où lesdits Conseillers feroit leur résidence de garde et de piquets, non-seulement pour leurs Pesonnes, mais aussi pour leurs Économes, Blancs et autres qu'ils auront chez eux.

Et afin que le présent Arrêt de délibération soit notoire, ordonne que l'instruction qui sera ci-après dressée et ledit Arrêt seront lus et publiés en ce Conseil, et celui du Cap François de cette Isle, et seront enregistrés pour être exécutés selon leur forme et teneur, suivant les ordres de MM. de Blénac et Mithon, et que copies seront envoyées aux Juridictions ressortissantes pour y être pareillement lues, publiées et enregistrées, l'Audience tenante, et affichées par-tout où besoin sera, à la diligence des Substituts du Procureur-Général du Roi, qui en certifieront lesdits Conseils. FAIT et délibéré en Conseil, tenu en la Ville de Léogane, etc.

R. au Conseil du Cap, le 14 Août suivant.

ARRÊT du Conseil de Léogane, concernant les Actes des Notaires.

Du 17 Juillet 1713.

VU par le Conseil la Requête à lui ce jour présentée par Joseph Lafoye, ci-devant Commis de Me Forcade, vivant Notaire et Greffier au Siege Royal de Léogane, par laquelle il expose que pendant la maladie dudit feu Forcade, et notamment dans les derniers jours avant son décès, il auroit passé des Actes de très-grande conséquence qu'il ne lui auroit pas été possible de pouvoir lui faire signer attendu son extrême foiblesse; que comme il ne seroit pas juste que ceux qui ont consenti et passé lesdits Actes, qui au défaut de signature de Notaire se trouveroient nuls de plein droit, fussent dans la suite frustrés de leur exécution, s'en étant en cela rapportés à sa bonne foi; et que, pour leur assurer le repos qu'ils ont cru avoir en passant lesdits Actes, il requiéroit qu'il plût au Conseil, vu l'exposé en ladite Requête et la déclaration qu'il faisoit que ledit feu Me Forcade n'a pu signer les derniers Actes qu'il

a

a passé pour lui en la qualité de Notaire, et qui sont sous les scelés, seront et resteront en leur exécution comme s'ils avoient été signés dudit feu Forcade ; et qu'à cet effet note seroit mise sur iceux par le Greffier du Conseil de l'Arrêt qui interviendroit aux offres qu'il faisoit de les représenter lorsque les scelés auront été levés de dessus le Cabinet où sont lesdits Actes ; la Requête signée Lafoye ; Ordonnance étant au pied portant communication au Procureur-Général du Roi ; ses conclusions verbales ; et tout considéré, LE CONSEIL a débouté et déboute ledit Lafoye des fins et conclusions de sa Requête ; en conséquence a déclaré et délare les Actes passés par ledit feu Forcade qui ne se trouveront pas revêtus de sa signature, nuls et de nul effet. FAIT au Conseil de Léogane, etc.

COMMISSION de Subdélégué de l'Intendant au Quartier du Cap pour M. DE BOISMORANT, Conseiller et Commissaire de la Marine.

Du 18 Juillet 1713.

JEAN-JACQUES MITHON, etc.

L'éloignement du Quartier du Cap ne nous permettant pas d'y vaquer à nos fonctions, et étant nécessaire de commettre une personne qui les exerce en partie en notre absence ; nous avons estimé ne pouvoir faire un meilleur choix que de commettre auxdites fonctions le sieur de Boismorand, Commissaire de la Marine au Cap, et Conseiller au Conseil Supérieur dudit lieu, par la connoissance que nous avons de son expérience et de sa capacité dans les affaires dont nous l'avons ci-devant chargé : A CES CAUSES, nous avons ledit sieur de Boismorand commis et établi, commettons et établissons notre Subdélégué au Cap François Côte Saint-Domingue ; lui donnons pouvoir en ladite qualité de connoître et juger toutes les affaires concernant les droits du Roi, celles concernant les pensions des Curés, et celles qui regardent les Cargaisons des Vaisseaux Marchands mouillés au Cap que nous lui recommandons particuliérement ; au moyen de quoi la Commission donnée audit sieur de Boismorand par M. de Charite et Nous, le 19 Mars 1712, au sujet des dettes de Cargaison demeurera nulle et de nulle valeur ; donner toutes condamnations requis es et nécessairescontre les refusans ; lesquelles aussi bien que les Ordonnances et Jugemens rendus par ledit sieur de Boismorand, seront mis à exécution par les Huissiers ressortissans dudit

Conseil du Cap, auxquels nous ordonnons ainsi le faire; donnons en outre pouvoir au sieur de Boismorand de recevoir les Requêtes qui lui seront présentées pour affaires purement civiles, soit pour renvoyer aux Juges celles qui les regarderont, soit pour se réserver la connoissance de celles qu'il voudra juger lui-même; de commettre les Arpenteurs dudit lieu du Cap dans les affaires où les Parties auront besoin de leur ministere pour l'éclaircissement de leurs contestations, après en avoir demandé le consentement à celui qui commandera au Cap; d'ordonner le transport desdits Arpenteurs dans les Quartiers, autant qu'il sera possible, pour sur leurs Procès-verbaux et Cartes figuratives des Lieux, Concessions et Pieces justificatives, juger desdites contestations en présence des Parties intéressées, ou duement appellées, sauf les cas de réunion, qui seront réservés au jugement du Gouverneur en Chef et de l'Ordonnateur, sans qu'il puisse être formé opposition ou appellation des Ordonnances et Jugemens rendus par ledit sieur de Boismorand, pardevant autres Juges que devant Nous; et sera la présente Subdélégation enregistrée au Conseil Supérieur du Cap, à ce que personne n'en ignore. DONNÉ à Léogane en vertu du pouvoir à nous accordé par le Roi, du 31 Mars dernier. *Signé* MITHON.

Vu, signé BLÉNAC.

R. au Conseil du Cap, le 24 Août 1713.

LETTRE des Administrateurs au Conseil du Cap, touchant l'Octroi demandé par Sa Majesté.

Du 18 Juillet 1713.

M. le Comte de Blénac, Messieurs, nous a parlé à son arrivée d'un Octroi que le Roi demande à la Colonie pour payer les Charges portées par son Etat, dont Sa Majesté ne peut plus remettre les fonds par l'épuisement de ses Finances; vous savez qu'elle a été obligée de surcharger les Peuples en France, tandis qu'elle a eu pour vous les plus grands ménagemens; ces raisons de nécessité ont pensé déterminer Sa Majesté à établir le dixieme des biens sur les Habitations de ce Pays, si M. le Comte de Pontchartrain ne l'avoit assuré de la bonne volonté des Habitans de Saint-Domingue, persuadé qu'ils fourniroient d'eux-mêmes par Octroi les fonds nécessaires à l'entretien des Officiers

Majors des Troupes, et des Fortifications de la Colonie; sur l'exposition que nous en avons faite aux Officiers Majors, aux Conseillers du Conseil de Léogane, et aux principaux Habitans, ils sont tous unanimement convenus d'accorder un Octroi de 6 livres par tête de Negres payant droit, dont ladite délibération passa hier au Conseil; comme nous n'avons point douté que votre zele n'égalât le leur, et que d'ailleurs il n'étoit pas possible de vous rassembler tous de si loin, nous y avons compris le Conseil du Cap, nous tenant assurés que vous regarderez cette délibération comme faite par vous-mêmes; nous vous l'envoyons avec notre premiere exposition, et l'instruction particuliere dressée pour la Recette de cet Octroi; nous vous prions de la faire enregistrer, de tenir la main à son exécution, et nommer pour Receveur-Général celui d'entre vous que vous jugerez y convenir le mieux; nous sommes très-parfaitement, Messieurs, vos, etc. *Signés* DE BLÉNAC et MITHON.

R. au Conseil du Cap, le 14 Août 1713.

DÉLIBÉRATION du Conseil du Cap, touchant l'Octroi.

Du 14 Août 1713.

LE Procureur-Général du Roi ayant eu communication d'une Lettre commune de Messire Louis de Courbon, Comte de Blénac, et M. Jean-Jacques Mithon, sur une affaire très-importante adressée au Conseil, ensemble de leurs propositions de la part du Roi pour la levée d'un Octroi pour subvenir aux dépenses nécessaires pour le paiement des Officiers Majors, Soldats et Fortifications de cette Isle, suivant l'état de Sa Majesté; ledit Procureur-Général ayant convoqué le Conseil de l'ordre de Messire le Comte d'Arquyan, Gouverneur de l'Isle de Sainte-Croix, Commandant au Cap François, pour délibérer sur la matiere, aura l'honneur d'exposer au Conseil qu'il est très-vrai que les Quartiers dépendans du ressort de ce Conseil ont souffert beaucoup par l'irruption des Ennemis de l'Etat, qui, à deux différentes fois, ont ruiné toutes les Habitations, et réduit la Colonie dans le plus triste état. Ces malheurs ne sont pas les seuls qui ont affligé les Habitans, la situation des Quartiers et la nature du Terrein joint au Climat, et autres difficultés, n'ont permis la fabrique d'autres Marchandises que du Sucre, dont le débit a été interrompu et si peu recherché, que pendant plusieurs années, l'Habitant étoit forcé de voir périr chez lui les Sucres qu'il avoit fabriqués avec des peines et des dépenses infinies, faute d'avoir du débouchement; malheur qui entraînoit celui d'une cherté la plus ruineuse sur les Denrées de France, et nécessaires à la vie de toutes les Familles, à l'entretien de leurs Noirs et à la culture de leurs Terres. Le Procureur-Général, touché de ces vérités, et chagrin de voir la plus forte partie des Colons encore bien chargés de dettes qu'ils n'ont pas eu le temps d'acquitter, croit devoir représenter au Conseil que ces malheurs sont moindres pour le temps présent que ceux des Peuples de France, qui ont soutenu avec zele et patience les fardeaux de la plus cruelle Guerre qui ait affligé l'Europe, et les Etats du Roi en particulier, par les anciennes taxes qu'il a été forcé d'imposer sur son Peuple, et par les calamités que les disettes des Vivres et autres fléaux dont cette malheureuse Guerre a été accompagnée, et qui ont causé dans les Finances du Roi un entier épuisement, ce que Sa Majesté a la bonté de confier au Conseil par la voix et l'écrit de MM. le Comte de Blénac et Mithon. Cette bonté paternelle du Roi s'est particulierement étendue sur la Colonie de Saint-Domingue, sur laquelle il n'a mis aucune taxe ni imposition, et dont il a soutenu la dépense sans nos secours aux dépens des sommes qu'il tiroit des Sujets de France; la conjecture des temps et les suites de cette terrible Guerre, ont mis le Roi dans une insuffisance réelle de continuer les dépenses de cette Isle; Sa Majesté qui pouvoit de droit user de son autorité pour telle imposition qu'il lui plairoit faire sur nos biens, nous traite avec une distinction qui mérite les plus humbles et les plus amples remercîmens et le plus sincere retour; le Roi se contente de nous demander un Octroi suffisant pour les dépenses de l'Isle, de le lever en le fixant sur tel genre de Denrées du Pays qui vous paroîtra convenir le mieux à vos intérêts, et enfin d'en faire faire la perception comme vous le jugerez à propos; au moyen de cet Octroi le Roi étend sa bonté jusqu'à vous promettre qu'il ne laissera introduire en cette Isle aucun Fermier ni Traitant; cette faveur et les autres considérations de la remontrance du Procureur-Général, doivent rappeller aux Sujets de cette Isle le dévouement du cœur François au bien de sa Patrie et à l'amour pour son Roi, et doivent les porter à accorder avec empressement et avec zele l'Octroi demandé par Sa Majesté; pourquoi le Procureur-Général requiert Acte de ses remontrances, en conséquence conclut à ce que Conseil accorde au Roi un Octroi de deux Ecus valant six francs sur chaque Negre dépendant du district de ce Conseil, réputé travailleur et sujet aux droits, de tous sexes et de l'âge depuis et au-dessus de quatorze ans jusqu'à soixante inclusivement; lequel Octroi sera levé et dirigé par un Réglement particulier, qui pour cet effet sera arrêté par le Conseil, sur lequel le Procureur-Général se réserve de conclure; de la liste desquels Negres il n'en sera exempté que le nombre affecté à chaque Dignité du ressort dudit Conseil, ainsi qu'il est déja pratiqué; que ladite somme provenant dudit Octroi sera employée au paiement des Officiers Majors, Soldats, Fortifications, et autres dépenses de cette Isle, suivant l'Etat du Roi; que cette somme fera partie et sera jointe à celle accordée pour même cause par le Conseil de Léogane; que les paiemens s'en feront par les Ordonnances de M. l'Intendant de cette Isle, visées de M. le Gouverneur en Chef; que ledit Octroi ne subsistera que pendant deux années entieres et consécutives du premier Janvier dernier jusqu'au premier Janvier 1715, auquel temps il sera fait une autre convocation du Conseil pour une nouvelle délibération sur ce que conviendra pour lors; que la Lettre de MM. le Comte de Blénac et Mithon sur l'affaire présente sera déposée et enregistrée au Greffe de ce Conseil, ensemble les propositions ou demandes faites par lesdits MM. au nom du Roi des 8 et 18 Juillet dernier.

Ledit Procureur-Général doit aussi informer le Conseil que l'affaire en question a été proposée au Conseil de Léogane, et qu'elle y a passé; mais de la maniere que le Conseil de Léogane s'est comporté pour ladite affaire, il a expressément compris le Conseil du Cap dans la délibération avec des termes qui semblent détruire l'indépendance du Conseil de celui dudit Léogane, et propres à exprimer une entiere subordination de l'un à l'autre Conseil, ce qui est formellement opposé à l'Edit de création du Conseil Supérieur du Cap, et aux droits, privileges, honneurs et prérogatives dudit Conseil du Cap; pourquoi requiert le Procureur-Général, que par l'Arrêt qui interviendra, il soit expressément fait mention que les termes de la délibération du Conseil Supérieur de Léogane portant la levée de l'Octroi accordé au Roi, et de l'Arrêt d'enregistrement, seront sans conséquence, et ne pourront préjudicier aux droits, privileges, honneurs et prérogatives du Conseil Supérieur du Cap, ni donner atteinte à son indépendance, ni lui causer aucune subordination audit Conseil Supérieur de Léogane; que MM. de Blénac et Mithon seront très-humblement priés quand le service du Roi ou du Public requérera les Délibérations et Arrêts ou Réglemens de ce Conseil, d'adresser leurs remontrances et ordres directement audit Conseil Supérieur du Cap, sauf relation avec celui de Léogane, pour ne pas déranger l'ordre de l'indépendance desdits Conseils; et au moyen dudit

Octroi, qu'il ne sera commandé à l'avenir aucuns des Negres des Habitans pour les travaux et corvées, à l'exception des grands chemins qui seront entretenus, conformément à l'Ordonnance du Roi du 2 Février 1711; les fonds faits étant suffisans pour faire l'achat des Negres nécessaires aux travaux Royaux et Publics; que MM. les Conseillers de ce ressort jouiront des exemptions accordées par MM. le Comte de Blénac et Mithon, sous le bon plaisir de Sa Majesté, soit pour les gardes de leurs personnes, gens à gages, et autres qu'ils auront chez eux, ainsi qu'il a été réglé audit Léogane.

Vu par le Conseil la remontrance du Procureur-Général du Roi ci-dessus, et des autres parts, ensemble l'exposition faite par MM. de Blénac et Mithon, et la Lettre du 8 Juillet, et leur Lettre du 18 dudit mois; aussi ouï l'exposition faite audit Conseil par M. le Comte d'Arquyan, Gouverneur de Sainte-Croix, et Commandant en Chef au Cap, sur les besoins de l'Etat et les dépenses immenses que le Roi a été obligé de faire pour soutenir de longues Guerres contre toute l'Europe, que Sa Majesté vient de finir glorieusement en accordant la Paix à ses Ennemis; pourquoi on ne pouvoit se dispenser de donner des marques de son zele et de son affection dans une occasion si pressante; LE CONSEIL *après avoir pris l'avis des principaux Habitans*, et voulant donner des marques de son zele au service du Roi, et de son affection au bien de l'Etat, ordonne que sans avoir aucun égard à la délibération du Conseil de Léogane, qui n'a pu ni dû parler au nom du Conseil Supérieur du Cap, qui ne lui est nullement subordonné, ni inférieur, mais entierement égal en autorité, prééminence et supériorité; les conclusions dudit sieur Procureur-Général seront suivies de point en point; et attendu que M. Mercier du Paty, Conseiller audit Conseil, s'est volontairement offert pour faire la recette et perception desdits droits, le Conseil l'a nommé pour faire ladite recette, conformément à l'instruction et délibération qui en sera dressée; et à ce que personne n'en ignore, le présent arrêté, ensemble ladite instruction et délibération, seront lus, publiés et affichés dans tout le ressort de ce Conseil, à la diligence des Substituts dudit sieur Procureur-Général qui en certifieront le Conseil pour être exécutés selon leur forme et teneur.

DONNÉ au Cap en la Chambre du Conseil extraordinairement assemblée, le 14 Août 1713. *Signés* ARQUYAN, BARRERE, DE LA THUILLERIE, LALLEMAND, DE BOISMORAND, BEAUVAL BARBÉ, MERCIER DU PATY, DE LISLE RIBAULT et SILVECANE DUBOIS.

INSTRUCTION.

Il a été nommé par le Conseil pour Receveur et Trésorier-Général la Personne de M. Mercier du Paty, Conseiller audit Conseil, lequel en cette qualité fera incessamment le recouvrement dudit Octroi dans la dépendance du Cap; et à l'égard du Port de Paix ledit sieur du Paty nommera tel Receveur qu'il jugera à propos, et dont il sera responsable; lequel Receveur du Port de Paix lui remettra entre les mains les deniers de sa recette à sa premiere requisition; il lui sera remis incessamment et à celui qu'il commettra au Port de Paix des recensemens justes et exacts de la présente année 1713, pour par eux recevoir des dénommés en iceux, 6 liv. d'Octroi par chaque tête de Negres travailleurs et payans droit, depuis l'âge de 14 ans jusqu'à 60 inclusivement, et ce sans dol et sans fraude, à peine contre les contrevenans et faute d'une fidelle déclaration dans lesdits recensemens de confiscation de plein droit des Negres qu'ils auront manqué de déclarer.

Il sera aussi fait des recensemens nouveaux pour l'année 1714 pour faire la levée de pareil Octroi de 6 livres par tête de Negres avec la même exactitude et sous les mêmes peines, qui seront remis dans le mois de Janvier prochain audit sieur Receveur, et à son Commis au Port de Paix.

Pourra, si bon lui semble, ledit Receveur établir à ses frais des Receveurs particuliers dans chaque Quartier, qui ne feront rien que par ses ordres, et lui rendront compte à sa premiere requisition.

Le paiement de 6 liv. d'Octroi par chaque tête de Negres travaillans pour la présente année 1713, se fera; savoir, celui de 3 livres au premier Novembre prochain pour le premier terme; et les 3 livres restantes pour le second terme au dernier Janvier aussi prochain, dans lequel temps tous les Habitans dénommés dans ledit recensement seront tenus de porter audit Receveur-Général, ou à ses Receveurs particuliers, qui seront par lui établis, la somme de 3 livres par chaque tête de Negres, travaillans et payans droit, employés dans ledit recensement.

Et pour l'année 1714, les paiemens dudit Octroi se feront en la même maniere en deux termes égaux, dont le premier sera au dernier jour du mois de Juin; et le second au dernier jour du mois de Décembre de ladite année; et au cas que quelque Habitant porté dans ledit recensement ne porte pas audit Receveur-Général, et à ceux par lui commis, les sommes pour lesquelles il sera employé dans les termes ci-dessus marqués, il y sera contraint par la vente de ses Meubles, Negres, et même par emprisonnement de sa personne si le cas le requiert, sur les Ordonnances de M. Mithon, ou de son Subdélégué au Cap, à la réquisition dudit Receveur-Général.

Sera tenu ledit Receveur-Général de rendre compte à M. Mithon, ou à son Subdélégué au Cap, de la recette et dépense qu'il aura faite de trois mois en trois mois, dont il tiendra un registre qui sera de lui paraphé par premiere et derniere feuille.

Ledit Receveur-Général ne délivrera aucuns deniers de sa recette que sur des Ordonnances de M. Mithon, Commissaire-Ordonnateur, visées de M. le Comte de Blenac, Gouverneur en Chef de cette Isle; lesquelles Ordonnances et Quittances des parties prenantes, ensemble les rôles des Compagnies et rôles d'Ouvriers certifiés en la maniere ordinaire, leur seront passés en décharge jusqu'à la somme de 200 livres sous seings privés, et au-dessus pardevant Notaire, qui sera tenu de les expédier gratis.

Et pour le soin que ledit sieur Mercier du Paty prendra pour les recensemens dudit Octroi, il lui a été accordé la somme de 2000 liv. pour tous frais de régie, sans qu'il puisse avoir autre prétention.

FAIT et délibéré pour être exécuté selon sa forme et teneur, conformément à l'Arrêt de cejourd'hui 14 Août 1713.

ORDONNANCE du Roi, portant Amnistie en faveur des Officiers Mariniers et Matelots.

Du 14 Août 1713.

SA MAJESTÉ voulant faire ressentir de la paix qu'elle vient de donner à ses Sujets, les Officiers Mariniers et Matelots qui ont quitté son service sans congé, comme aussi ceux qui par libertinage et sans aucun sujet de mécontentement sont sortis du Royaume pour aller servir dans les Pays Etrangers; et en cela faire jouir ceux qui sont restés aux Isles de l'Amérique et qui servent dans les autres Pays de l'Amérique, de la même grace qu'elle a accordée par son Ordonnance du 28 Juin dernier à ceux qui ont quitté son service dans le Royaume, et qui ont été servir dans les Pays Etrangers; Sa Majesté leur a accordé et accorde une Amnistie générale,

générale, à condition néanmoins que pour s'en rendre digne et pouvoir jouir de cette grace, ceux qui seront dans les Isles de l'Amérique iront se présenter aux Intendans et Commissaires-Ordonnateurs des Isles où ils se trouveront un mois après la publication de la présente Ordonnance, et dans un an ceux qui seront dans les autres Pays de l'Amérique; voulant Sa Majesté que lesdits Officiers Mariniers et Matelots soient envoyés en France, sans qu'il leur en coûte rien pour leur passage, par lesdits Intendans et Ordonnateurs; et que ceux qui ne profiteront pas de cette grace dans le temps qui leur est prescrit, en soient privés et punis suivant la rigueur des Ordonnances. Mande et ordonne Sa Majesté au sieur Phelypeaux, au sieur de Vaucresson, aux Gouverneurs Particuliers et Commissaires-Ordonnateurs desdits Pays de tenir la main, chacun en droit soi, à l'exécution de la présente Ordonnance, qu'elle veut être lue, publiée et affichée, etc. *Signé* Louis.

R. au Conseil de Léogane, le 20 Décembre 1713.

Et à celui du Cap, le 20 Janvier 1714.

Lettre de M. Robineau, Procureur-Général du Conseil du Cap, aux Administrateurs, et Réponse de ces derniers sur l'égalité parfaite et la non-préséance entre les deux Cours Souveraines du Cap et de Léogane.

Des 18 Août et 12 Septembre 1713.

Messieurs, le Conseil du Cap m'a fait l'honneur de me charger de vous informer de ses délibérations sur l'Octroi que vous lui avez fait l'honneur de lui proposer pour le Roi; toute la Compagnie s'est portée unanimement à suivre les intentions de Sa Majesté et les Vôtres; nos facultés sont très-bornées, la fâcheuse situation de nos affaires et de celles de notre Colonie, les révolutions que nous avons souffertes dans nos Habitations par les irruptions des Ennemis qui nous ont ruiné deux fois, et depuis par les difficultés du commerce, n'ont point ralenti leur zele pour le service du Roi, qui fera toujours notre plus solide attention; le Conseil a ordonné la levée de l'Octroi de 6 livres par tête de Negres travaillans, jusqu'en l'année 1715, pour être employé aux Fortifications, Paie des Officiers et Soldats, suivant l'Etat du Roi, conformément à l'Arrêt que j'aurai l'honneur de vous remettre à Léogane, sauf pour lors à prendre un autre parti convenable au temps; j'aurai aussi l'honneur de vous informer, Messieurs, que la Compagnie a cru devoir pour l'honneur du Corps, proposer une exception, quant à la forme, pour la délibération du Conseil de Léogane ; si cette délibération avoit passé par nous seuls, Messieurs, nous aurions suivi avec empressement les mouvemens de notre cœur pour marquer par notre acquiescement, sans restriction, notre déférence et notre dévouement ; mais que cette délibération soit émanée du Conseil de Léogane, auquel le nôtre est égal sans aucune subordination, et qu'elle nous comprenne ; c'est, Messieurs, ce que nous n'avons pas cru devoir souffrir ; et c'est, à vous-mêmes, Messieurs, que nous avons l'honneur de représenter la justice qui nous est due en cela, et le tort que nous nous ferions en laissant avilir l'honneur et les prérogatives que le Roi nous a accordées par son Edit de création de notre Compagnie ; nous vous prions, Messieurs, de juger favorablement de nos intentions par la considération respectueuse que nous avons pour le Conseil de Léogane, comme égaux, et en particulier comme amis des Sujets qui le composent, et de nous donner sur céla une explication convenable sur ce sujet ; nous mettons aussi sous vos auspices nos respects et nos obéissances aux ordres du Roi et notre zele à le seconder de nos Vies et de nos Biens dans les occasions où nous pouvons les employer ; et nous vous prions de nous croire, avec beaucoup de respect et de sincérité, Messieurs, vos très-humbles et très-obéissans serviteurs, les Conseillers du Conseil Supérieur du Cap, signé ROBINEAU, Procureur-Général. Cap, le 18 Août 1713.

RÉPONSE.

MESSIEURS, nous avons reçu la Lettre que M. le Procureur-Général nous a écrite de la part de MM. du Conseil du Cap en date du 18 Août dernier, à laquelle je répondrai pour tous deux de l'agrément de M. le Comte de Blénac ; vous n'avez point trompé nos espérances par le zele que vous avez tous fait paroître en accordant au Roi l'Octroi demandé, conformément à ses intentions ; nous convenons des révolutions fâcheuses arrivées à votre Quartier ; nous savons le préjudice en général qu'a souffert la Colonie d'une Guerre si longue et si animée ; votre don, Messieurs, en devient plus précieux, et l'on en connoît mieux votre reconnoissance des ménagemens qu'a eus pour vous Sa Majesté, par un retour de disposition favorable à la soulager de vous-mêmes, présentement qu'elle n'est plus en état de faire gratuitement pour cette Colonie des dépenses nécessaires pour la soutenir, nous ne manquerons pas de lui en rendre un témoignage fidele ; mais nous avons été surpris de la pensée que vous avez eu que nous eussions souffert aucun Droit, aucune Juridiction, ou une Prééminence sur vous de la part de MM. du Conseil de Léogane ; nous savons assez que celui du Cap lui est égal en tout ; vous avez mal interprêté le sens de quelques termes qu'on n'a pu disposer autrement dans cette délibération, ce que nous vous déclarons ne tirer à aucune conséquence, quoique nous y ayons présidé l'un et l'autre, il leur a fallu répondre à nos demandes qui étoient générales, et qui ont attiré de leur part quelques expressions aussi générales ; mais sans prétention de vous rien prescrire ; vous avez dû en être convaincus par l'adresse que nous vous avons fait de nos demandes à vous-mêmes ; et si nous vous avons envoyé tout ce qui a été dit et délibéré au Conseil de Léogane sur cet Octroi, ce n'a été que pour vous inviter à suivre le même ordre pour cette levée, afin que le poids en fût égal, et la regle uniforme dans toute l'Isle ; nous ne blâmons cependant point votre délicatesse ; mais nous vous prions à l'avenir de n'en pas porter un jugement si prompt, qui peut aliéner les esprits, au lieu de s'entretenir dans l'union, et dans des considérations réciproques entre deux Conseils égaux en pouvoirs, auxquels Sa Majesté a confié la justice qui doit être rendue à ses Peuples. Nous sommes avec beaucoup de considération, Messieurs, vos très-humbles et très-obéissans serviteurs. *Signés* DE BLÉNAC et MITHON. A Léogane, le 18 Septembre 1713. *Disposée au Conseil du Cap.*

ORDONNANCE des Administrateurs, portant que les Habitans ne délivreront aucuns Sucres ni Indigos qu'ils ne soient de bonne qualité, et que les Barriques seront étrampées et les Poids étalonnés.

Du 13 Septembre 1712.

LE Comte de Blénac, etc.

Jean-Jacques Mithon, etc.

Les plaintes continuelles que nous recevons des Marchands et Négocians qui viennent trafiquer en cette Isle, sur la mauvaise fabrique des Sucres et Indigos qui leur sont délivrés par les Habitans au mépris de l'Ordonnance rendue par MM. de Paty et Mithon, Commandant et Ordonnateur, du 18 Janvier 1712, nous obligeant en confirmant ladite Ordonnance, qui n'avoit eue son exécution que dans le Quartier de l'Ouest, à remédier dans toute l'étendue de ce Gouvernement à un abus aussi préjudiciable au Commerce, par qui seul cette Colonie peut subsister et devenir florissante; et étant nécessaire à l'ouverture de cette Paix de rétablir la bonne foi bannie dans lesdites fabriques, plus par la fâcheuse situation où se trouvoient les Habitans endettés, que par leur mauvaise volonté, ce qui ne manqueroit pas de décréditer le Pays et d'en avilir les Denrées à la ruine des Habitans même; nous avons dit et ordonné, disons et ordonnons que les Habitans ne délivreront aucuns Sucres qui ne soient bien purgés, et de bonne qualité, et aucuns Indigos qui ne soient bien secs; déclarons qu'il sera accordé des diminutions proportionnées à ceux qui auront été contraints de les recevoir non livrables, sur la plainte que les Créanciers ou Marchands en feront, suivant l'estimation qui en sera ordonnée, et ce nonobstant les conventions particulieres que le Débiteur extorquera du Créancier qui craint de perdre sa dette; et en cas qu'il soit reconnu de la fraude dans la qualité desdits Sucres et Indigos, le Sucre pour être gras, trop brûlé et enformé trop froid, afin que le poids s'en trouve plus considérable; et l'Indigo pour être livré trop verd, mêlé de gravier et mal battu; nous ordonnons que les Sucres ainsi fabriqués seront jettés à la Mer, et les Indigos brûlés en place publique; condamnons en outre celui qui les aura fabriqués à 150 livres d'amende, applicable le tiers à celui qui en aura poursuivi la condamnation, et les deux autres tiers à la réparation des Auditoires; défendons à tous Habitans de faire ni livrer d'autres Sucres et Indigos que ceux qui seront réputés loyaux et marchands; et afin que lesdits Sucres et Indigos livrés se puissent reconnoître, soit en cette Isle ou en France, nous ordonnons aux Habitans d'étamper de leurs étampes toutes les Barriques, soit de Sucre ou Indigo, dont ils déposeront une empreinte au Greffe, à peine contre les contrevenans de 50 livres d'amende par Barrique, applicable le tiers au Dénonciateur, et les deux autres tiers aux réparations de l'Auditoire; ordonnons sur les abus et pour prévenir les fraudes qui se commettent sur les Poids, qu'à l'avenir les Habitans ne pourront se servir d'aucuns Poids qu'ils n'aient été étalonnés et vérifiés par les Procureurs du Roi des Juridictions, faute de quoi ils seront contraints de faire peser leurs Denrées au Poids public des Bourgs ou Villes de chaque Quartier; et afin que personne n'en ignore, sera la présente Ordonnance enregistrée aux Greffes des Conseils Supérieurs de Léogane et du Cap, et des Juridictions en ressortissantes, lue, publiée et affichée. DONNÉ à Léogane, etc. *Signés* DE BLÉNAC et MITHON.

R. au Conseil Supérieur de Léogane, le 25 Septembre 1713.

Et à celui du Cap, le 8 Décembre suivant.

ARRÊT du Conseil d'Etat, qui regle les Diminutions sur les Especes, avec les Apostilles des Chefs de la Colonie.

Du 1er Mai 1713.

LE Roi s'étant fait représenter en son Conseil les Edits du mois d'Avril et Mai 1709, Déclarations et Arrêts rendus en conséquence concernant la fabrication des Especes nouvelles, le prix des anciennes, ainsi que des matieres d'Or et d'Argent; et Sa Majesté ayant considéré que les motifs qui l'ont engagé à augmenter pendant la Guerre le prix desdites Especes et Matieres cessent aujourd'hui par la Paix qui vient d'être conclue entre Sa Majesté et la plus grande partie des Princes et Etats de l'Europe; et que pour le bien du Commerce et l'avantage de ses Sujets, il est absolument nécessaire de remettre lesdites Especes le plutôt qu'il sera possible sur un pied proportionné à celui pour lequel elles ont cours dans les Pays Etrangers; Elle a cru qu'il étoit temps de recommencer à les rapprocher de leur juste valeur, et de marquer dès à présent le prix auquel elles doivent êtres réduites; mais pour rendre les diminutions plus insensibles, Sa Majesté a jugé à propos de les partager et de mettre par là ses Sujets en état d'en éviter la perte en faisant dans les différens intervalles des emplois convenables à leurs intérêts ou à leur commerce; ouï le rapport du sieur Desmarêts, Conseiller ordinaire au Conseil Royal, Contrôleur-Général des Finances.

Premiere Diminution.

Sa Majesté en son Conseil, a ordonné et ordonne qu'au premier Décembre prochain les Louis d'Or et d'Argent fabriqués en exécution des Edits des mois d'Avril et Mai 1709, seront et demeureront réduits et n'auront plus cours dans le Commerce; savoir, les Louis d'Or que pour 19 liv. 10 sols, les doubles et demis à proportion; les Louis d'Argent ou Ecus que pour 4 liv. 17 sols 6 den.; les demi-quarts, dixieme et vingtieme à proportion.

Apostilles de MM. de Blénac et Mithon.

La Diminution commencera au premier Juillet prochain, conformément à ce qui est réglé par cet Article.

Deuxieme Diminution.

Qu'à commencer du premier Février 1714 les mêmes Especes seront pareillement réduites, et n'auront plus cours; savoir, les Louis d'Or que pour 19 liv., les doubles et demis à proportion; et les Louis d'Argent ou Ecus pour 4 liv. 15 sols; les demi-quarts, dixieme et vingtieme à proportion.

Les mêmes Especes seront réduites au premier Septembre prochain.

Troisieme Diminution.

Qu'à commencer du premier Avril suivant lesdites Especes seront réduites; savoir, les Louis d'Or à 18 liv. 10 sols, les doubles et demis à proportion, et les Ecus à 4 liv. 12 sols 6 den.; les demi-quarts, dixiemes et vingtiemes à proportion.

La troisieme Diminution aura lieu le premier Novembre prochain.

Quatrieme Diminution.

Qu'à commencer au premier Juin 1714, lesdites Especes seront réduites; savoir, les Louis d'Or à 18 liv., les doubles et demis à proportion; les Ecus à 4 liv. 10 sols, les demi-quarts, dixiemes et vingtiemes à proportion; les Pieces de 30 deniers à 24 deniers; les sols ou douzains à 15 deniers, au lieu de 18 deniers; et que les Pieces de 15 deniers fabriquées dans la Monnoie de Metz, pour avoir cours dans l'étendue des trois Evêchés et Pays en dépendans, n'y seront plus reçues, à commencer dudit jour premier Juillet 1714, que pour 12 deniers.

La quatrieme Diminution aura lieu le premier Janvier 1716.

Cinquieme Diminution.

Qu'à commencer au premier Septembre 1714, lesdites Especes seront encore réduites; savoir, les Louis d'Or à 17 liv., les doubles et demis à proportion; les Ecus à 4 liv. 5 sols, les demi-quarts, dixiemes vingtiemes à proportion.

La cinquieme Diminution aura lieu le premier Avril de ladite année 1716.

Sixieme Diminution.

Qu'au premier Décembre de la même année 1714, les mêmes Especes seront encore réduites; savoir, les Louis d'Or à 16 liv., les doubles et demi à proportion; les Ecus à 4 liv., les demi-quarts, dixiemes et vingtiemes à proportion.

La sixieme Diminution aura lieu le premier Juillet de ladite année 1716.

Septieme Diminution.

Qu'au premier Mars 1715, lesdites Especes seront réduites; savoir, les Louis d'Or à 15 liv., les doubles et demis à proportion; les Ecus à 3 liv. 15 sols; les demi-quarts, dixiemes et vingtiemes à proportion.

La septieme Diminution aura lieu le premier Octobre de ladite année.

Huitieme Diminution.

Et qu'à commencer du premier Juin de ladite année 1715, lesdites Especes seront et demeureront réduites et n'auront plus cours dans le Commerce; savoir, le Louis d'Or sur le pied de 14 liv., les doubles et demis à proportion; et les Ecus sur le pied de 3 liv. 10 sols; les demi-quarts, dixiemes et vingtiemes à proportion.

Et la huitieme Diminution aura lieu le premier Janvier de l'année 1717.

Et à l'égard des anciennes Especes, Vaisselles et matieres d'Or et d'Argent; ordonne Sa Majesté que le prix continuera d'en être payé dans les Monnoies ou par les Changeurs sur le pied fixé par les derniers Arrêts et Tarifs et ce jusqu'au premier Juin 1714, que la valeur en sera réduite à proportion de la diminution des nouvelles Especes suivant les Tarifs ou évaluations qui en seront arrêtés par les Cours des Monnoies, ainsi qu'il sera par Sa Majesté ordonné, le tout sans préjudice aux Arrêts et Réglemens qui ont défendu le cours et l'exposition desdites anciennes Especes, et ordonne la confiscation d'icelles, lesquelles Sa Majesté veut et entend être exécutés selon leur forme et teneur; enjoint Sa Majesté aux Officiers des Cours des Monnoies, et à tous autres qu'il appartiendra, de tenir la main à l'exécution du présent Arrêt, lequel sera lu, publié et affiché. FAIT au Conseil d'Etat, etc.

A l'égard des anciennes Especes, comme on a point ici de Monnoies ni de Changeurs où l'on puisse les porter, et qu'il est cependant nécessaire de leur donner un cours, elles auront la même valeur qu'elles ont eu ci-devant, jusqu'à ce qu'il ait plu à Sa Majesté en envoyer un Tarif.

Les Pistoles d'Espagne et les Piastres, dont il n'est pas parlé dans cet Arrêt et auxquelles il convient pareillement de donner un cours à cause du Commerce de la Côte d'Espagne, auront la même valeur qu'elles ont eu jusqu'à présent; ordonnons que le présent Arrêt du Conseil d'Etat, conformément aux Apostilles que nous avons été obligé de faire eu égard au temps des Diminutions et aux lieux, sera exécuté selon sa forme et teneur dans l'étendue du Gouvernement, lequel sera enregistré avec lesdites Apostilles aux Greffes des Conseils Supérieurs et Juridictions ressortissantes, lu, publié et affiché, etc. FAIT à Léogane, etc.

Signés *BLÉNAC et MITHON.*

R. au Conseil du Cap, le 23 Mai 1715.

ORDONNANCE du Roi, au sujet des Places et Rangs dans les Eglises, Processions, Marches et autres Cérémonies publiques.

Du 30 Septembre 1713.

DE PAR LE ROI,

SA MAJESTÉ voulant prévenir les contestations qui pourroient arriver dans les Isles de l'Amérique au sujet des Places et des Rangs dans les Eglises, Marches et autres Cérémonies publiques, a ordonné et ordonne ce qui suit :

ART. Ier. Veut Sa Majesté que le Gouverneur-Général et l'Intendant aient leur Prie-Dieu et Fauteuils dans le Chœur des principales Eglises des Isles; savoir, le Général du côté de l'Epître, et l'Intendant du même côté, mais un peu au-dessous, lesdits Prie-Dieu et Fauteuils proche la muraille; et que le Lieutenant de Roi au Gouvernement, et le Gouverneur Particulier, aient une place aussi du côté de l'Evangile proche la muraille, vis-à-vis du Prie-Dieu de l'Intendant.

ART. II.

Art. II. Veut aussi Sa Majesté que hors du Chœur du même côté de l'Epître, il y ait un banc contre la muraille pour les Officiers du Conseil; et que de l'autre côté aussi contre la muraille, il y ait un banc pour le Lieutenant de Roi, et un autre pour le Major.

Art. III. Que les Officiers de la Juridiction aient leurs bancs après celui du Conseil, de la même suite et moins élevé.

Art. IV. Le Pain-Béni sera d'abord présenté au Prêtre célébrant, aux Ecclésiastiques assistans, ensuite au Gouverneur-Général, à l'Intendant, au Lieutenant de Roi au Gouvernement, au Gouverneur Particulier, au Lieutenant de Roi, aux Officiers du Conseil, au Major, aux Officiers de la Juridiction, et aux Marguilliers en Charge, lorsqu'ils seront dans les susdits bancs, lesdits Marguilliers dans celui de l'Œuvre et non ailleurs; après quoi au Public sans distinction: le même ordre sera suivi lorsqu'on ira aux Offrandes, Processions et autres Cérémonies de l'Eglise.

Art. V. Veut cependant Sa Majesté que lorsque le Major se trouvera Commandant, il ait le Pain-Béni avant les Officiers du Conseil.

Art. VI. Aux Assemblées et aux Marches publiques, le Général marchera à la tête du Conseil, et l'Intendant à sa gauche; ensuite le Lieutenant de Roi au Gouvernement; le Gouverneur Particulier; les Lieutenans de Roi Particuliers, même ceux qui en conservant leur rang auront quitté le service; les Conseillers et le Procureur-Général; le Major ensuite, s'il s'y trouve, et après lui les Officiers de la Juridiction, et la Marche ci-dessus réglée se fera de deux en deux; veut Sa Majesté qu'elle soit précédée d'abord par les Gardes du Gouverneur, qui marcheront immédiatement devant lui; les Sergens de la Juridiction et les Huissiers du Conseil qui marcheront immédiatement devant l'Intendant; ensorte que les Gardes du Gouverneur-Général auront la droite, et les Sergens et Huissiers la gauche; sur la même ligne des Huissiers marchera le Greffier en Chef, et ensuite le premier Huissier, le Capitaine des Gardes du Gouverneur-Général marchera à côté, et au-dessus de lui, ensorte qu'il ne soit pas sur la ligne du Conseil.

Art. VII. Aux Feux de Joie, il sera présenté trois Torches, une au Prêtre officiant, et les deux autres au Général et à l'Intendant pour y allumer le Feu; et en cas d'absence de l'Intendant, au Doyen du Conseil.

Art. VIII. Lorsque le Gouverneur-Général ne pourra, à cause de maladie ou autres raisons, assister aux Marches et Processions publiques ou particulieres, l'Intendant marchera seul à la tête du Conseil, et le

Lieutenant au Gouvernement, le Gouverneur, Lieutenant de Roi et autres viendront ensuite de deux à deux, ainsi qu'il est expliqué ci-devant; mais lorsque le Gouverneur-Général sera absent de l'Isle, le Lieutenant de Roi au Gouvernement prendra la droite de l'Intendant, en cas qu'il s'y trouve, et en son absence le Gouverneur Particulier.

Art. IX. Veut Sa Majesté que les Lieutenans de Roi, Commandans dans les Quartiers, aient un banc placé hors du Chœur du côté de l'Epître dans l'Eglise du lieu où ils résideront; et les Officiers de la Juridiction, s'il y a un Siege, en auront un du côté de l'Evangile; mais plus bas et placé de maniere qu'il ne soit pas vis-à-vis de celui desdits Lieutenans de Roi; et que le Pain-Béni soit donné aux uns et autres, et qu'ils aient rang dans les Processions et autres marches avant les Marguilliers; et veut et entend Sa Majesté que tous Officiers, Commandans dans lesdits Quartiers, puissent se placer dans le banc des Lieutenans de Roi, et qu'ils aient aux Processions et autres marches, le même rang qu'eux.

Art. X. Les Commissaires-Ordonnateurs de Saint-Domingue et de Cayenne auront un banc dans le Chœur du côté de l'Evangile, et dans les Marches et Cérémonies publiques ou particulieres, auront la gauche du Gouverneur; et à l'égard des autres Officiers desdites deux Colonies, veut Sa Majesté qu'ils observent entr'eux les mêmes rangs et places à l'Eglise ou dans les Cérémonies publiques, et qu'ils aient le Pain-Béni, ainsi qu'il est énoncé dans le présent Réglement qui sera suivi et exécuté dans toutes les Isles Françoises de l'Amérique, à l'exception des Sergens et Huissiers de Saint-Domingue ou de Cayenne, qui marcheront deux à deux devant le Gouverneur et le Commissaire-Ordonnateur.

Art. XI. Veut Sa Majesté qu'en l'absence, hors de l'Isle, des Gouverneurs de Saint-Domingue et de Cayenne, le Lieutenant de Roi, Commandant, ait dans les marches publiques la droite du Commissaire-Ordonnateur.

Art. XII. Fait défenses Sa Majesté à toutes autres personnes, de quelque qualité qu'elles soient, de se placer dans les bancs ni de se mêler dans les rangs ci-dessus réglés; aux Officiers du Conseil, lorsqu'ils ne seront pas dans les bancs qui leur sont destinés, et à tous Officiers, tant de Troupe que de Milice, de s'attribuer dans leur Quartier ni ailleurs, aucune place distinguée dans les Eglises, d'exiger le Pain-Béni avant les autres, ni de prendre aucun rang dans les Processions et autres marches que ceux réglés ci-devant; le tout à peine contre ceux qui contreviendront de cinq cents livres d'amende, applicable au besoin de l'Eglise où la contravention aura été commise.

ART. XIII. Mande et ordonne Sa Majesté au sieur Phelipeaux, Gouverneur et Lieutenant-Général aux Isles Françoises de l'Amérique, et au sieur de Vaucresson, Intendant, et à tous ses autres Officiers, de se conformer au présent Réglement, qu'elle veut être enregistré aux Conseils Supérieurs de la Martinique, de la Guadeloupe, de Léogane, du Cap et de Cayenne. FAIT à Fontainebleau, le 30 Septembre 1713.

Signé LOUIS. *Et plus bas*, PHELYPEAUX.

R. au Conseil du Cap, le 7 Janvier 1714.

ORDONNANCE du Roi, qui enjoint aux Habitans d'établir leurs Terres et d'en commencer le défrichement dans un an, à peine de réunion; à la réserve des biens des Mineurs.

Du 16 Octobre 1713.

LOUIS, etc. SALUT. L'attention que nous avons toujours eue sur notre Colonie de l'Isle la Tortue et Côte Saint-Domingue, nous a porté à donner en différens temps des ordres pour la peupler, et pour en faire cultiver les Terres, et même à rendre des Arrêts de notre Conseil sur ce sujet, lesquels n'ont pas pu être exécutés en tout leur contenu pendant la guerre, attendu que les Peuples de cette Colonie n'avoient pas en aussi grand nombre qu'il leur auroit fallu les Negres qui leur étoient nécessaires pour mettre en valeur les Terres que nous leur avons concédées, et que même pendant ce temps nous avons dispensé les Vaisseaux de leur porter des Engagés comme ils faisoient par le passé; mais ayant donné à nos Peuples la paix avec toutes les Puissances Maritimes, ce qui procurera à ceux que nous avons en nos Colonies de l'Amérique une plus grande quantité de Noirs, et le nombre d'Engagés qui leur étoient portés avant la guerre; nous avons cru aussi devoir renouveller nos attentions au sujet de la culture des Terres dans notre Isle de la Tortue et Côte Saint-Domingue, et devoir chercher les moyens en même temps d'empêcher que les Propriétaires de ces Terres n'en fassent un mauvais usage, soit en les vendant sans les avoir mises en valeur, soit en vendant les bois qui sont dessus, ce qui empêche quand ils les ont abandonnées de les pouvoir concéder à d'autres : A CES CAUSES, et autres à ce nous mouvant, de notre certaine science pleine, puissance et autorité royale, nous avons par ces présentes signées de notre main, dit, statué et ordonné, disons, statuons et ordonnons, voulons et nous plaît; que les propriétaires des Terres situées à l'Isle de la Tortue et Côte Saint-Domingue, soit par concession ou contrat d'acquisition, soient tenus de faire un établissement dessus et d'en commencer le défrichement dans un an du jour de la date des Présentes, d'en défricher les deux tiers dans le terme de six années suivantes; savoir, un tiers dans les trois premieres années, et l'autre tiers dans les trois suivantes; sinon et à faute de ce faire par eux, ordonnons qu'à la diligence de nos Procureurs des Juridictions où seront situées les Terres, elles soient réunies à notre Domaine sur les Ordonnances du Gouverneur, et Commissaire-Ordonnateur de notredite Isle la Tortue et Côte Saint-Domingue que nous avons pour ce commis, et par eux concédées à d'autres Habitans en la maniere accoutumée: voulons aussi que dans toutes les nouvelles concessions qu'ils donneront à l'avenir, les clauses de former un établissement sur les Terres la premiere année, et de commencer à les défricher, et celle de mettre les deux tiers en valeur dans les six années suivantes; savoir, un tiers dans les trois premieres années, et l'autre tiers dans les trois années suivantes y soit insérées; le tout à peine d'être déchu desdites concessions qui seront réunies à notre Domaine, ainsi qu'il est ci-devant dit et concédées à d'autres en la maniere ordinaire; permettons aux Propriétaires desdites Terres d'en conserver un tiers en bois debout; et leur défendons de vendre les terreins qui leur sont concédés ou qu'ils auront achetés, à moins qu'ils ne soient au tiers défrichés, à peine de réunion à notre Domaine, de restitution du prix de la vente et de mille livres d'amende, applicables aux Fortifications de l'Isle de la Tortue et Côte Saint-Domingue; leur défendons aussi de vendre aucuns bois desdites Terres, à moins que ce ne soit des bois de teinture, qu'ils n'en aient défriché le tiers, à peine de cent livres d'amende, applicables comme ci-devant, et du double en cas de récidive: voulons en outre, que ceux qui possedent des Hâtes et Corails, soit par concession ou autrement, soient obligés d'y mettre des bêtes à corne et des cochons par proportion aux terreins qu'ils posséderont; et que faute par eux d'y en avoir, lesdites Hâtes et Corails soient réunis à notre Domaine, ainsi qu'il est ci-devant dit pour les terres; exceptons de toutes les réunions ci-devant ordonnées, les biens des Mineurs qui restent en friche ou en non valeur par le mauvais état de leurs affaires, pourvu cependant que leurs Tuteurs en fassent leur déclaration aux Greffes des Jurisdictions où seront situés lesdits biens dont ils feront viser une expédition par les Gouverneur et Commissaire-Ordonnateur; voulons et nous plaît, que toutes les peines de réunion et d'amendes portées par ces Présentes, ne puissent être réputées en aucun cas peines comminatoires; et que toutes les discussions et affaires qui pourront arriver pour l'exécution des Présentes soient jugées par le Gouverneur et Commissaire-Ordonnateur de notre Isle de la Tortue et Côte Saint-Domingue; et que les réunions et condamnations d'amendes soient faites à la diligence de nos Procureurs des Juridictions où les Terres soient situées, à peine d'interdiction contr'eux, s'ils ne donnent pas avis au Gouverneur et Commissaire-Ordonnateur des délinquans aux Présentes; laquelle interdiction sera déclarée avoir été encourue par le Commissaire-Ordonnateur sans qu'il la puisse lever que par nos ordres; de tout ce faire leur donnons pouvoir, autorité et mandement spécial. Si donnons en mandement à nos amés et féaux les gens tenans nos Conseils Supérieurs à Léogane et au Cap, que ces Présentes ils aient à faire lire, publier et enregistrer, etc. DONNÉ à Fontainebleau, etc.

R. au Conseil du Cap, le 2 Janvier 1714.

ORDONNANCE des Administrateurs, qui enjoint à chaque Habitant d'avoir un Engagé ou Domestique blanc par vingt Negres travaillans.

Du 21 Octobre 1713.

LE Comte de Blénac, etc.

Jean-Jacques Mithon, etc.

Les difficultés qu'ont eu les Habitans de se munir pendant la guerre derniere d'Engagés et Domestiques blancs sur leurs Habitations, conformément à l'Ordonnance du Roi, venant à cesser par la paix qu'il a plu à Sa Majesté de procurer à la France, dont nous jouissons présentement; et étant nécessaire de faire observer ladite Ordonnance du Roi sur lesdits Engagés, tant pour l'augmentation des Colons qui font la force et la sûreté de la Colonie, que pour le défrichement des terres et l'agrandissement des Quartiers qui contribuent à un Commerce plus considérable; Nous, en conséquence des ordres du Roi, avons ordonné et ordonnons qu'à l'avenir chaque Habitant sera fourni d'un Engagé ou Domestique blanc par chaque vingt Negres travaillans, dont le recencement sera fait chaque année, à peine contre les contrevenans de 300 l. d'amende, applicable à la construction des prisons de cette Isle par chaque Engagé que lesdits Habitans manqueront d'avoir lors desdits récensemens, laquelle amende sera doublée la seconde année en cas de récidive; et ayant cependant égard à la représentation qui nous a été faite par aucuns desdits Habitans, que n'étant venu encore que très-peu de Vaisseaux depuis cette paix, ils n'auroient pu se m'unir du nombre d'Engagés ou Domestiques blancs par nous prescrit, nous leur avons accordé pour tout délai le terme de huit mois pour s'en m'unir, passé lequel temps les contrevenans subiront l'amende ci-dessus ordonnée; enjoignons à M. le Comte d'Arquyan, Gouverneur du Cap, et à M. de Paty, Gouverneur de Léogane, aux Officiers-Majors et Capitaines, Colonels de Milice de tenir la main, chacun en droit soi, à l'exécution de la présente Ordonnance, qui sera enregistrée aux Greffes des Conseils et Jurisdictions de cette Isle, etc. DONNÉ à Léogane, etc.

Signés DE BLÉNAC et MITHON.

R. au Conseil de Léogane, le 6 Novembre 1713.

Et à celui du Cap, le 9 Décembre suivant.

ORDONNANCE *du Roi, concernant l'Affranchissement des Esclaves.*

Du 24 Octobre 1713.

SA MAJESTÉ ayant par son Ordonnance du mois de Mars 1685, concernant les Esclaves des Isles de l'Amérique, Article LV, ordonné que les Maîtres pourroient affranchir leurs Esclaves par tous Actes entre-vifs, ou à cause de mort, sans qu'ils fussent tenus de rendre raison de l'affranchissement, ni qu'ils eussent besoin d'avis de parens, encore qu'ils fussent Mineurs de 25 ans; mais l'usage ayant fait connoître que depuis que les Esclaves ont été en plus grand nombre aux Isles et que les établissemens y sont considérablement augmentés, il s'est commis et commet actuellement plusieurs abus par l'avidité de plusieurs Habitans qui, sans d'autres motifs que ceux de leur avarice, mettoient la liberté des Negres esclaves à prix d'argent; ce qui porte ceux-ci à se servir des voies les plus illicites pour se procurer les sommes nécessaires pour obtenir cette liberté; et desirant y pourvoir et empêcher les Maîtres mercenaires de donner indifféremment la liberté à leurs Esclaves pour de l'argent, ce qui les engage dans le vol et le désordre : Sa Majesté a ordonné et ordonne qu'à l'avenir il ne sera plus permis à aucunes personnes, de quelque qualité et condition qu'elles soient, d'affranchir leurs Esclaves sans en avoir auparavant obtenu la permission par écrit du Gouverneur-Général et de l'Intendant des Isles pour ce qui regarde les Isles du Vent; des Gouverneurs Particuliers et Commissaires-Ordonnateurs des Isles de la Tortue et Côte Saint-Domingue, et de la Guyanne et Isle de Cayenne pour ce qui regarde lesdites Isles, lesquels accorderont lesdites permissions sans aucuns frais, lorsque les motifs qui leur seront exposés par les Maîtres qui voudront affranchir leurs Esclaves, leur paroîtront légitimes : veut Sa Majesté que tous les affranchissemens qui seront faits à l'avenir sans ces permissions, soient nuls, et que les affranchis n'en puissent jouir, ni être reconnus pour tels : ordonne au contraire Sa Majesté qu'ils soient tenus censés et réputés Esclaves, que les Maîtres en soient privés, et qu'ils soient vendus au profit de Sa Majesté; n'entend néanmoins Sa Majesté comprendre les Negres Esclaves qui auront été affranchis avant la présente Ordonnance, en conséquence de l'Article LV, de l'Ordonnance du mois de Mars 1685, lesquels Elle veut qu'ils jouissent de la liberté, conformément à ladite Ordonnance, et qu'ils soient réputés, reconnus libres et tenus pour tels; ordonne Sa Majesté au surplus que ladite Ordonnance du mois de Mars 1685, sera exécutée suivant sa forme et teneur, en ce qui n'y est point dérogé par des Ordonnances postérieures : enjoint Sa Majesté aux Gouverneurs et Lieutenans-Généraux, aux Gouverneurs Particuliers, à l'Intendant et aux Commissaires-Ordonnateurs desdites Isles, et à tous autres Officiers qu'il appartiendra de tenir la main, chacun en droit soi, à l'exécution de la présente Ordonnance, qui sera enregistrée, publiée et affichée, etc.

R. au Conseil du Cap, le 2 Janvier 1714.
Et à celui du Petit-Goave, le 5 Septembre 1735.

ARRÊT du Conseil d'Etat, qui casse celui du Conseil Supérieur du Cap, qui avoit déclaré Esclaves les Négres du nommé Geoffroy, affranchis par son Testament.

Du 29 Octobre 1713.

SA MAJESTÉ ayant été informée que les Officiers du Conseil Supérieur du Cap François de l'Isle Saint-Domingue ont par Arrêt du 29 Août de l'année derniere 1712, déclaré Esclaves et confisqué au profit de Sa Majesté plusieurs Negres appartenant ci-devant au feu sieur Geoffroy, Habitant de ladite Isle Saint-Domingue, et par lui affranchis par son Testament du 31 Juillet 1706; à quoi il auroit été autorisé par l'Article LV de l'Ordonnance de Sa Majesté rendue au mois de Mars 1685, *concernant les Esclaves des Isles Françoises de l'Amérique*, qui permet aux Maîtres de les affranchir par tous Actes entre-vifs ou à cause de mort, sans qu'ils soient tenus de rendre raison de l'affranchissement; et Sa Majesté ne voulant pas tolérer une telle injustice, que d'ailleurs il n'appartient point aux Officiers du Conseil Supérieur du Cap de contrevenir ni enfreindre les Ordonnances de Sa Majesté, et qu'il paroît visiblement que cet Arrêt a été rendu par des motifs d'iniquité, soit par la foiblesse ou l'ignorance des Juges; à quoi étant nécessaire de pourvoir, vu ledit Arrêt, l'Ordonnance du mois du Mars 1685, et tout considéré; le Roi étant en son Conseil, a ordonné et ordonne que sans s'arrêter audit Arrêt du Conseil Supérieur du Cap qu'elle a cassé et annullé, les Negres affranchis par le sieur Geoffroy par son Testament jouiront de la liberté et seront réputés, tenus et censés libres, et qu'en conséquence la vente qui en a été faite en vertu dudit Arrêt du 10 Septembre 1712, soit et demeure nulle, et que les deniers payés par les acheteurs leur soient restitués; à quoi faire les dépositaires contraints par toute voie due et raisonnable, même par corps; ordonne Sa Majesté que le présent Arrêt sera exécuté en tout son contenu, nonobstant oppositions ou appellations et autres choses à ce contraires; fait défenses aux Officiers dudit Conseil Supérieur du Cap, et tous autres Officiers de Justice de s'immiscer à l'avenir à rendre des jugemens contraires aux Ordonnances, à peine de cassation contre les contrevenans et de plus grande peine s'il y échoit. FAIT au Conseil d'Etat, etc.

R. au Conseil du Cap, le 2 Janvier 1714.

EXTRAIT d'une Lettre du Ministre sur les Amendes, et Ordonnance des Administrateurs rendue en conséquence.

Des 30 Octobre 1713 et 14 Mai 1714.

SA MAJESTÉ a fort désapprouvé aussi que le Conseil du Cap ait eu la témérité de prendre une Délibération en forme d'Arrêt pour attribuer les amendes au paiement de l'acquisition qu'il a faite d'une maison sans y être autorisé par aucun titre; ce Conseil ne doit pas ignorer qu'il n'appartient n'appartient qu'au Roi de disposer des amendes ; vous avez eu tort de ne m'avoir pas envoyé cette Délibération, que Sa Majesté auroit cassée; ne manquez pas de me l'envoyer au plutôt ; et cependant Sa Majesté vous ordonne d'empêcher que le Conseil du Cap ni autres, disposent en aucune maniere ni sous quelque prétexte que ce soit des amendes.

Vu l'Extrait ci-dessus de la Lettre de M. le Comte de Pontchartrain, nous ordonnons qu'il sera enregistré au Conseil Supérieur du Cap pour être exécuté selon sa forme et teneur, et qu'il en sera donné une copie à la diligence du Procureur-Général dudit Conseil, au Receveur des amendes, avec défenses audit Receveur de délivrer aucuns deniers desdites amendes que par les ordres du Commissaire-Ordonnateur en cette Isle. A Léogane, le 14 Mai 1714. *Signés* BLÉNAC et MITHON.

R. au Conseil du Cap, le . . . .

EXTRAIT de la Lettre du Ministre à MM. le Comte DE BLÉNAC *et* MITHON *sur le lieu de l'Assemblée du Conseil originairement établi au Petit-Goave.*

Du 30 Octobre 1713.

M. Mithon m'a fait savoir que par l'Edit d'établissement du Conseil Supérieur il est fixé au Petit-Goave; mais qu'ayant été transféré par M. Ducasse à Léogane, il y a resté sans interruption jusqu'à l'arrivée de M. le Comte de Choiseul, qui en a remis les séances au Petit-Goave, quoiqu'on prétende que Léogane est le lieu le plus commode au Public étant le centre de tout le Quartier. Sa Majesté se seroit déterminée par ces raisons de le transférer audit lieu de Léogane, si elle n'avoit pensé que ce changement pourroit devenir trop préjudiciable à l'établissement du Petit-Goave, qui, comme vous le savez, a de beaux commencemens et qui est de conséquence à cause de sa situation pour le Commerce. Ce motif a déterminé Sa Majesté à ne rien changer à la fixation faite par l'Edit d'établissement, et son intention est qu'en conformité les séances se tiennent au Petit-Goave. Si cependant vous prévoyez que cette destination est préjudiciable à l'établissement de la nouvelle Ville de Léogane, et que vous jugiez qu'en tenant les séances alternativement à Léogane et au Petit-Goave, on puisse concilier les intérêts des deux Quartiers, ou que cela leur soit indifférent, vous aurez agréable de m'en envoyer un mémoire qui contienne les raisons pour et contre, sur lesquelles Sa Majesté puisse statuer; en attendant Elle trouvera bon que vous preniez le parti le plus convenable.

Les Administrateurs s'étoient déja déterminés à faire assembler le Conseil à Léogane dès le mois de Juillet 1713, et le pouvoir contenu à la fin de cette dépêche étant devenu une véritable autorisation, le Conseil a continué d'y tenir ses séances jusqu'au 11 Avril 1723 exclusivement.

ARRÊT du Conseil d'Etat, qui accorde la jouissance de l'Office de Greffier-Notaire de la Juridiction de Léogane pendant cinq ans au sieur Forcade, Commissaire de la Marine, à la charge de le faire exercer.

Du 13 Novembre 1713.

Cette jouissance fut prorogée pour cinq autres années par autre Arrêt du Conseil d'Etat du 14 Mars 1719, enregistré au Conseil de Léogane, le 4 Septembre suivant.

JUGEMENT des Administrateurs sur une Accusation dont ils s'étoient évoqué la connoissance.

Du 15 Novembre 1713.

LE Comte de Blénac, etc.

Jean-Jacques Mithon, etc.

VU par nous la procédure extraordinairement commencée à instruire au Conseil Supérieur du Cap, laquelle nous nous sommes évoqués, ensemble celle faite par nos ordres en conséquence de ladite évocation entre M. Antoine Robineau, Procureur-Général; contre Jean le Page, Habitant au Bois de l'Anse; savoir, une Requête présentée au Conseil du Cap par ledit M. Robineau, contre ledit le Page: information faite en conséquence: Requête à nous présentée par ledit Demandeur, contenant ses moyens d'évocation dudit procès pardevant nous, par laquelle requiert qu'il nous plût en ordonner l'évocation pardevant Nous, et de tels autres Juges du Conseil de Léogane qu'il nous plairoit nommer, attendu le fait dont il s'agissoit, et qu'il y a quelques Conseillers du Cap qui ont déposé au procès, qui par conséquent n'en peuvent connoître. Notre Ordonnance étant au pied du 22 du mois de Juillet dernier, par laquelle ayant égard à l'exposé en ladite Requête, nous nous évoquons devant nous et les sieurs de la Buissonniere, Buttet et Fontenelle, Conseillers au Conseil Supérieur de Léogane, la connoissance dudit procès en question, et de la calomnie prétendue faite par le Défendeur, contre l'honneur dudit Demandeur; en conséquence ordonnons au Greffier du Conseil du Cap de nous envoyer les informations et procédures à ce sujet, ensemble la copie de la reddition des comptes. Le tout joint, ouï M. René Buttet, Conseiller du Roi au Conseil Supérieur de Léogane, en son rapport; et pris les avis des sieurs de la Buissonniere, Haran, Mithon et le Maistre, aussi Conseillers audit Conseil, Juges convoqués par nous pour le Jugement de cette Instance; le tout vu et murement examiné et considéré, nous avons ledit le Page déclaré duement atteint et convaincu d'avoir faussement et malicieusement calomnié ledit Me Robineau, tant par paroles que par ses écrits, en avançant qu'il lui avoit demandé 500 pistoles pour lui faire gagner le procès du Mineur Herpin, comme aussi d'avoir fait des menaces verbales, d'en faire donner audit Me Robineau une declaration par écrit; pour réparation de quoi, et par modération, eu égard à sa nombreuse famille, l'avons condamné et condamnons en deux mois de prison, de laquelle il sera traduit dans la maison de M. de Boismorand, Conseiller au Conseil Supérieur du Cap, le jour qui sera indiqué par ledit Me Robineau, où étant et en présence dudit Me Robineau, et de tel nombre d'autres personnes qu'il voudra y faire appeller, il déclarera nue tête à genoux et à haute et intelligible voix, que faussement, malicieusement et calomnieusement il a dit, écrit et publié que ledit Me Robineau avoit voulu exiger de lui 500 pistoles pour lui faire gagner le procès dudit Mineur Herpin, dont il demande pardon à Dieu, au Roi et à Justice, et audit Me Robineau, qu'il le reconnoît pour un Magistrat d'honneur et d'intégrité, et qu'il le supplie de vouloir lui pardonner l'offense qu'il a commise contre son honneur et réputation; condamnons en outre ledit le Page en 500 livres d'amende au Roi, en 600 livres que nous allouons audit Me Robineau pour les frais de son voyage et en tous les dépens du procès qui sesont taxés par Me Buttet, Conseiller-Rapporteur, que nous commettons Juge à cet effet; faisons très-expresses défenses audit le Page de récidiver à l'avenir en pareil cas sous plus grosses peines.

Et à l'égard de la déposition du nommé Vincent Doze, Capitaine de Milice audit Quartier du Cap, duement prouvée fausse mondit sieur le Comte de Blénac s'en est réservé le châtiment.

Et sur ce qu'il nous a paru que le sieur Beauval Barbé, Conseiller au Cap, avoit, au mépris de l'Ordonnance dévocation, que nousdits Comte de Blénac et Mithon, nous sommes faits du présent procès, laquelle a été signifiée au sieur Duperrier, Greffier du Conseil du Cap, le 21 Août dernier, procédé à une information à la requête dudit le Page, contre ledit Me Robineau, le 25 dudit mois; nous lui avons fait et faisons très-expresses défenses de récidiver à l'avenir dans un pareil attentat, à peine d'interdiction; et sera le présent Jugement enregistré au Greffe du Conseil du Cap, à l'exécution duquel nous enjoignons audit Me de Boismorand de tenir la main; et à cet effet mandons au premier Huissier sur ce requis, qu'en exécution de ses Ordonnances et à la requête dudit Me Robineau, ils aient à faire pour l'entiere exécution d'icelui toutes contraintes, exécutions, exploits et autres Actes de Justice dûs, requis et nécessaires. FAIT et donné à Léogane, Côte Saint-Domingue, au Gouvernement, etc.

Ce Jugement a été cassé par Arrêt du Conseil d'Etat, qui renvoie la connoissance de l'affaire au Ministre.

ORDONNANCE du Roi, qui regle dans quels cas les Propriétaires et Capitaines des Vaisseaux doivent prendre des Congés et Passeports.

Du 20 Novembre 1713.

DE PAR LE ROI.

SA MAJESTÉ a par son Ordonnance du 5 Juillet dernier, fait défenses aux Propriétaires et Capitaines de Navires François qui iront à l'avenir des Ports de France dans les Colonies, et hors d'Europe, en quelque endroit que ce soit, de les faire partir sans avoir pris auparavant, outre les Congés de l'Amiral, des Passeports de Sa Majesté; mais les Négocians ayant représenté que l'exécution de cette Ordonnance seroit plus facile si Sa Majesté avoit la bonté de leur marquer les endroits dans lesquels il ne leur est pas permis d'aller faire commerce sans prendre ses Passeports, afin de prévenir les contraventions dans lesquelles ils pourroient tomber par ignorance; et Sa Majesté voulant bien entrer dans ces raisons, Elle a ordonné et ordonne que sans s'arrêter à ladite Ordonnance du 5 Juillet dernier, les Propriétaires et Capitaines de Vaisseaux qui iront à l'avenir des Ports du Royaume aux Isles Françoises de l'Amérique, en Guieée et dans les Pays où il y a des Compagnies de Commerce établies, seront tenus de prendre, outre les Congés de l'Amiral de France, des Passeports de Sa Majesté, qui leur seront délivrés gratis, à peine de confiscation desdits Bâtimens et de leur Cargaison: veut pareillement Sa Majesté que les Propriétaires desdits Bâtimens soient condamnés en trois mille livres d'amende, et les Capitaines à 1000 liv. pour la premiere fois, et à six mois de prison en cas de récidive; et au surplus que les Arrêts et Ordonnances rendus sur le Commerce des Isles et Colonies Françoises soient exécutés selon leur forme et teneur. Mande et ordonne Sa Majesté à M. le Comte de Toulouse, Amiral; à ses Gouverneurs et Lieutenans-Généraux dans lesdites Colonies, et autres lieux de son obéissance; aux Gouverneurs et Commandans Particuliers, aux Intendans, Commissaires, et autres Officiers de la Marine et de l'Amirauté, de tenir la main, chacun en droit soi, à l'exécution de la présente Ordonnance, et de la faire lire, etc.

R. au Conseil du Cap, le 2 Juillet 1714.

ARRÊT du Conseil du Cap rendu avec des Habitans, à défaut du nombre de Juges nécessaires; l'Audiencier faisant les fonctions de Greffier.

Du 5 Décembre 1713.

VU par le Conseil le procès extraordinairement fait, etc. DONNÉ au Cap en la Chambre du Conseil extraordinairement assemblé, où ont assistés MM. de la Thuillerie, Lallemand et de Silvecanne, Conseillers; et le sieur Duperrier, Greffier; Gazin, Baron et Ségonzac, Habitans de la Ville, Adjoints, à cause de la maladie de la plupart des Conseillers dudit Conseil, et où le sieur Petit, Audiencier, a fait les fonctions de Greffier.

ORDONNANCE des Administrateurs, concernant le Concubinage avec les Esclaves.

Du 18 Décembre 1713.

LE Comte de Blénac, etc.

Jean-Jacques Mithon, etc.

La tolérance qu'ont eue nos prédécesseurs et les Conseils Supérieurs de cette Isle sur l'inobservation du IXe Article de l'Edit du Roi du mois de Mars 1685, qui défend expressément le concubinage des hommes libres et des maîtres avec lesdits esclaves, dont plusieurs desdits hommes libres et maîtres, au lieu de cacher leur turpitude s'en glorifient, malgré la peine d'amende et de confiscation; ayant causé une infame prostitution au grand scandale de la Religion Chrétienne, et au mépris de ladite Ordonnance, tenant dans leurs maisons leurs concubines, et les enfans qu'ils en ont eus, et les exposant aux yeux d'un chacun avec autant d'assurance que s'ils étoient procréés d'un légitime mariage; ce qui, par le mauvais exemple et par l'impunité, en entraîne d'autres dans le même libertinage et cause une corruption presque générale dans cette Isle; à quoi étant nécessaire de pourvoir et remédier, nous ordonnons que ledit Article IX de ladite Ordonnance de 1685, sera exécuté selon sa forme et teneur: qu'en conséquence les hommes libres qui auront à l'avenir un ou plusieurs enfans de leur concubinage avec des Esclaves, ensemble les Maîtres qui l'auront souffert seront condamnés à une amende de deux mille livres de Sucre, que nous fixons à la somme de 250 livres en argent, à cause du prix variable dudit Sucre; et que les Maîtres qui auront commerce avec leurs Esclaves, de laquelle ils auront un ou plusieurs enfans, outre la même amende qu'ils payeront, seront encore privés de ladite Esclave et des enfans, que nous déclarons confisqués et adjugés aux Hôpitaux de Léogane et du Cap, sans pouvoir être jamais affranchis; enjoignons aux Procureurs-Généraux et à leurs Substituts de faire actionner devant les Juges ceux qui tomberont en pareille faute, et de tenir exactement la main à l'exécution de la présente Ordonnance, qui sera enregistrée. DONNÉ à Léogane, etc. le 18 Décembre 1713.

Signés BLÉNAC et MITHON.

R. au Conseil de Léogane, le 20 Décembre 1713.

Et à celui du Cap, le 7 Mai 1714.

ARRÊT du Conseil de Léogane, qui prononce la Peine des Galeres pour Rébellion à Justice avec récidive.

Du 20 Décembre 1713.

LOUIS, etc. sur procès extraordinairement fait et instruit en la Jurisdiction Royale du Petit-Goave, à la requête du Substitut du Procureur-Général au Siege Royal de Léogane, commis en cette partie, Demandeur et Accusateur, en réparation de crime de rébellion faite à Justice en la personne des Officiers dudit Siege du Petit-Goave, contre C...., Habitant demeurant au Trou Chouchou; Sentence auroit été rendue par M. Belin de la Caillere, Conseiller, Juge Civil et Criminel au Siege Royal de Léogane, Commissaire en cette partie.

Vu par notre Conseil la Sentence dont est appel; conclusions du Procureur-Général du Roi, par écrit et cachetées, interrogatoire subi sur la sellette par ledit accusé devant le Conseil de ce jour; et ouï Me Nicolas Haran, Conseiller en son rapport; et tout considéré, LE CONSEIL a mis et met l'appellation et Sentence dont est appel au néant; émandant a déclaré et déclare ledit C..... duement atteint et convaincu d'avoir été rébelle à Justice par récidive, et s'être mis en défenses contre l'exécution de ses ordres; pour réparation de quoi l'a condamné et le condamne d'être conduit, Audience tenante du Petit-Goave, par l'Exécuteur de la Haute-Justice, où étant nud en chemise à deux genoux la corde au col, il demandera pardon à Dieu, au Roi et à la Justice de l'avoir offensée et de s'être rébellé contre ses ordres, dont il se répend; ensuite de quoi il sera embarqué sur le premier Navire qui partira pour France, pour être conduit sur les Galeres de Sa Majesté, où il servira en qualité de Forçat pendant l'espace de trois années consécutives, tous ses biens acquis et confisqués au profit de Sa Majesté, sur iceux préalablement pris la somme de 1000 liv. applicable à la réparation de l'Auditoire du Petit-Goave, 300 liv. d'amende à l'Hôpital Royal de l'Ester, et en tous les dépens du procès, avec défenses à lui de récidiver sous peine de la vie, renvoie l'exécution du présent Arrêt au sieur Juge de Léogane, ect.

La Sentence portoit bannissement de l'Isle à perpétuité.

PROVISIONS, pour M. le Comte DE BLÉNAC, de Gouverneur-Lieutenant-Général DES ISLES SOUS LE VENT, dont le Gouvernement est déclaré indépendant de celui des Isles du Vent.

Du 1er Janvier 1714.

LOUIS, etc. desirant marquer à notre très-cher et bien amé le sieur Comte de Blénac, Gouverneur de l'Isle de la Tortue et Côte Saint-Domingue, et Lieutenant pour nous au Gouvernement Général des Isles de l'Amérique, l'entiere satisfaction que nous avons des services importans qu'il nous a rendus pendant plusieurs années et qu'il nous rend actuellement, nous avons résolu de l'élever à une Charge plus éminente et plus convenable à sesdits services, en le faisant notre Gouverneur et Lieutenant-Général de ladite Isle de la Tortue et Côte Saint-Domingue; et en rendant ce Gouvernement indépendant de celui des autres Isles de l'Amérique, appellées *Isles du Vent*: A CES CAUSES et autres bonnes considérations, à ce nous mouvant, nous avons ledit sieur Comte de Blénac, constitué, ordonné et établi, et par ces Présentes signées de notre main, constituons, ordonnons et établissons Gouverneur et notre Lieutenant-Général de ladite Isle de la Tortue et Côte Saint-Domingue qui est sous le Vent desdites Isles de l'Amérique, pour en ladite qualité avoir Commandement tant sur tous Gouverneurs Particuliers, Officiers Majors, et Officiers des Conseils Supérieurs, que sur les trois Ordres de ladite Isle de la Tortue, leur enjoignons pour cet effet et à tous autres de reconnoître ledit sieur Comte de Blénac et de lui obéir en tout ce qu'il leur ordonnera; assembler quand besoin sera les Communautés, leur faire prendre les armes, composer et accommoder tous les différends nés et à naître dans ladite Isle entre les Habitans; assiéger et prendre des Places sur nos Ennemis suivant la nécessité qu'il y aura de le faire, y faire conduire des pieces d'Artillerie, établir des Garnisons où l'importance des lieux le demandera; faire suivant les occurrences paix ou treve avec les autres Nations de l'Europe, ou avec les Naturels du Pays qui occupent les Isles voisines, y faire des descentes pour établir de nouvelles Colonies, et pour cet effet donner combat et se servir des autres moyens qu'il jugera à propos pour de telles entreprises; commander à tous nos Sujets Ecclésiastiques, Nobles, Gens de guerre, et autres de quelque

quelque condition qu'ils soient y demeurans; défendre lesdits lieux de tout son pouvoir; maintenir et conserver les peuples en paix, repos et tranquillité; commander, tant par Mer que par Terre; ordonner et faire exécuter tout ce que lui ou ceux qu'il commettra jugeront devoir et pouvoir faire pour la conservation dudit Pays sous notre autorité et sous notre obéissance, et généralement faire et ordonner par lui tout ce qui appartient à ladite Charge de Gouverneur et Lieutenant-Général de la Tortue et Côte Saint-Domingue, la tenir et exercer, en jouir et en user pendant trois années aux honneurs, pouvoirs, autorité, prérogatives, prééminences, franchises, liberté, droits, fruits, profits, revenus et émolumens y appartenans, et aux gages et appointemens qui lui seront ordonnés par nos Etats. Si donnons en mandement à tous Gouverneurs, Lieutenans et Officiers des Conseils Supérieurs établis en ladite Isle, et à tous autres Officiers et Sujets qu'il appartiendra, chacun en droit soi, que ledit sieur Comte de Blénac, que nous avons dispensé de prêter en nos mains le serment requis et accoutumé, à cause du grand éloignement dudit Pays, et notre séjour; qu'ils aient à le reconnoître, lui obéir, faire et laisser jouir dudit Etat et Charge: voulons que par les Gens de notre Trésor Royal ou autres Officiers comptables qu'il appartiendra, il soit payé comptant desdits gages et appointemens par chacun an, aux termes et en la maniere accoutumée, suivant les Ordonnances et états qui en seront par nous expédiés et signés; et rapportant les quittances avec ces Présentes, ou copie d'icelles, duement collationnée pour une fois seulement, et quittances sur ce suffisantes, nous voulons que tout ce qui aura été payé à cette occasion, soit passé et alloué aux comptes de ceux qui en auront fait le paiement par nos amés et féaux les Gens de nos Comptes de Paris, auxquels enjoignons ainsi le faire sans difficulté; cessant et faisant cesser tous troubles et empêchemens; au contraire, mandons à notre très-cher et très-amé Fils Louis-Alexandre de Bourbon, Comte de Toulouse, Amiral de France, de faire reconnoître ledit sieur Comte de Blénac en ladite qualité de Gouverneur et notre Lieutenant-Général de ladite Isle de la Tortue et Côte Saint-Domingue: car tel est notre plaisir; en témoin de quoi nous avons fait mettre notre scel à cesdites Présentes. DONNÉ à Versailles le premier Janvier 1714.

Signé LOUIS. *Et sur le repli*, par le Roi, PHÉLYPEAUX.

R. au Conseil du Cap, le 5 Mars 1715.

Et à celui de Léogane, le . . . . .

Arrêt du Conseil de Léogane, qui autorise les Habitans à avoir des Engagés-Chirurgiens pour le service de leurs Habitations seulement.

Du 8 Janvier 1714.

Le Procureur-Général a remontré au Conseil, et dit que M. Depas, Docteur en Médecine en la Faculté de Montpellier, lui auroit représenté que la Communauté des Chirurgiens établis à Léogane, se plaignoit de ce que nonobstant le pouvoir qui leur étoit accordé par l'Arrêt d'établissement de leur Communauté d'exercer l'Art de la Chirurgie dans l'étendue du ressort du Conseil à l'exclusion de tous autres; néanmoins plusieurs Habitans auroient fait venir des Engagés-Chirurgiens pour servir leurs Habitations, et exercer l'Art de la Chirurgie à leur préjudice; qu'ils auroient droit, au terme de l'Arrêt d'établissement, de s'opposer à l'entreprise que lesdits Habitans vouloient faire contre leurs privileges en se servant ainsi d'Engagés pour servir leurs Habitations, ce qui leur causeroit un tort considérable; et l'auroient prié de lui représenter comme Commissaire député par le Conseil pour l'exécution dudit Arrêt d'établissement de leur Communauté, qu'il étoit dans l'obligation de s'opposer à l'entreprise desdits Habitans, et de requérir du Conseil qu'il eût la bonté de les maintenir dans leurs privileges; que sur cette représentation il se croyoit obligé d'en informer le Conseil, afin qu'il lui plût en faire droit; pourquoi requéroit qu'il lui plût aussi ordonner que ledit Arrêt d'établissement de la Communauté des Chirurgiens du ressort du Conseil seroit exécuté selon sa forme et teneur; qu'en outre défenses seroient faites auxdits Habitans d'avoir des Engagés qui exerçassent à l'avenir l'Art de la Chirurgie, et de se servir d'autres Chirurgiens pour le service de leurs Habitations que de ceux qui seront reçus Maîtres sous les peines portées par ledit Arrêt d'établissement de ladite Communauté; et que l'Arrêt qui interviendra seroit lu; et l'affaire mise en délibération, le Conseil a donné Acte de la remontrance; et sans y avoir égard, a permis et permet à tous les Habitans d'avoir chez eux des Engagés-Chirurgiens pour le service de leurs Habitations seulement; fait défenses auxdits Engagés de servir en ladite qualité, ailleurs que chez leurs Maîtres, à moins qu'ils ne soient reçus Mes Chirurgiens, à peine d'encourir les amendes et autres peines portées par l'Arrêt d'établissement de la Communauté desdits Chirurgiens ; et afin que personne n'en ignore, ordonnons que le présent Arrêt sera lu, etc.

ARRÊTÉ du Conseil du Cap, sur l'Evocation demandée par le Procureur-Général d'un Procès qui lui étoit personnel, pardevant les Administrateurs ; et Protestations du Procureur-Général contre cette Délibération.

Des 9 Janvier et 10 Mai 1714.

LE Conseil Supérieur du Cap François de Saint-Domingue assemblé, et ayant pris communication d'une Requête présentée à Monsieur le Comte de Blénac et à M. Mithon par Me Robineau, Procureur-Général, au sujet d'un procès qu'il a ci-devant eu avec le nommé le Page, et que mal à propos, il a fait évoquer pardevant eux, nonobstant l'Instance par lui commencée ; et voulant tirer une réparation proportionné aux termes injurieux et calomnieux dont il s'est servi dans ladite Requête, en accusant faussement l'honneur, la réputation et l'équité du Conseil par des calomnies aussi attroces qu'elles sont malicieusement inventées, et auxquelles on n'a eu nul égard dans l'Arrêt qui est intervenu ; pourquoi ledit Conseil a délibéré d'en porter sa plainte, et d'envoyer copie de ladite Requête à Monseigneur le Chancelier, comme Chef de la Justice, et à M. le Comte de Pontchartrain, Ministre et Secrétaire d'Etat, pour qu'ils leur plaise ordonner ce qu'ils jugeront à propos, ou envoyer des Commissaires désintéressés sur les lieux pour informer, tant de la conduite de chaque Conseiller en particulier, que de celle dudit Me Robineau, contre lequel le Conseil déclare dès à présent se porter partie, jusqu'à ce qu'il se soit pleinement justifié des faits par lui avancés, ainsi que de ceux qui lui seront produits en temps et lieu ; et afin qu'il n'en puisse prétendre cause d'ignorance, ordonne ledit Conseil que la Présente lui soit signifiée avec assignation, pour y répondre pardevant Monseigneur le Chancelier. FAIT et délibéré en la Chambre, le 9 Janvier 1714. *Signés* GARNIER, DE LA THUILLERIE, LALLEMAND, DE BEUZEVAL, BEAUVAL BARBÉ, DE LISLE RIBAUD, DE SILVECANNE, DUBOIS et MERCIER DU PATY.

Signifié par l'Audiencier le 22 Janvier 1714.

Aujourd'hui, 10 Mai 1714, est comparu au Greffe du Conseil Supérieur du Cap, M. Me Antoine Robineau, Conseiller du Roi et son Procureur-Général, lequel a déclaré qu'il prend Acte sur la Délibération du 9 Janvier dernier, faite par partie de MM. les Conseillers dudit Conseil, qui y sont signés, à lui signifiée, le 22 dudit mois, par Petit, Huissier-Audiencier, et qu'il part pour France sans autre affaire que celle de l'intimation desdits sieurs Conseillers, et qu'il se présentera à Monseigneur le Chancelier et à Monseigneur le Comte de Pontchartrain, pour y solliciter la justice qui lui est due; qu'il proteste contre lesdits sieurs Conseillers, qui ont signé seulement ladite Délibération, de tous ses dépens, frais de voyages pour aller et le retour, en tous les intérêts civils, et de ce qui est à protester en pareil cas, déclarant les rendre garans de tous événemens et affaires de tous genres concernant sa Charge pendant son absence; que prenant droit sur ladite Délibération, il déclare auxdits sieurs Conseillers qu'il prouvera à leurs Grandeurs que ce que trois d'iceux qui y ont signé, disent avoir délibéré en Conseil du 9 dudit mois de Janvier, est supposé, en ce que, aux Séances des 5 et 9 dudit mois, ils étoient absens; savoir, le sieur de la Thuillerie à Bahaya, distant du Cap de 12 lieues; le sieur de Beuzeval à Limonade, à quatre et cinq; que le sieur Lallemand étoit dans son lit agonisant, dont il est décédé de la même maladie; que Me Jean-Baptiste Duperier, Greffier du Conseil, qui étoit aux Séances desdits jours, n'a point signé ni écrit l'Acte en question, lequel est fait d'une main étrangere; ce qui prouve la cabale formée contre leur Procureur-Général, dont et de tout quoi, il a requis Acte pour être notifié desdits sieurs Conseillers, les jour et an que devant, et à signé avec nous,

Robineau.

Ordonnance des Administrateurs, qui défend de mendier aux Portes des Eglises.

Du 24 Janvier 1714.

Le Comte de Blénac, etc.

Jean-Jacques Mithon, etc.

Plusieurs Matelots déserteurs et vagabonds, après avoir vendu leurs hardes et employé ce qu'ils ont d'argent dans la débauche et l'ivrognerie, tombant malades, remplissent l'Hôpital de cette Isle; d'autres se réduisant par leur mauvaise conduite à la nécessité de mendier pour continuer de s'enivrer des charités qu'on leur donne, ce que nous n'avions point vu encore en usage en cette Isle, où il est facile à ceux qui veulent travailler de gagner leur vie ; et étant nécessaire de faire cesser ce libertinage qui entretient dans la fainéantise et dans la paresse des hommes sains et vigoureux qui pourroient travailler à la culture de la terre, et augmenter par la suite le nombre des Colons ; nous faisons très-expresses défenses à tous lesdits Matelots déserteurs, vagabonds et fainéans de demander l'aumône aux portes des Eglises, et aux Habitans de la leur donner ; ordonnons aux Procureurs-Généraux et à leurs Substituts de les faire emprisonner sur le champ ; les Matelots déserteurs pour être distribués et envoyés dans les Vaisseaux Marchands ; les vagabonds et gens sans aveu, pour être distribués aux Habitans, où ils serviront d'Engagés, et leur tiendront lieu de ceux qui leur est prescrit d'avoir par notre Ordonnance du 21 Octobre 1713, auxquels vagabonds et gens sans aveu il sera donné des billets dans ce Quartier par M. Mithon, Commissaire-Ordonnateur, et par le sieur de Boismorant au Cap, pour les distribuer chez les Habitans, où ils serviront d'Engagés pendant l'espace de trois ans, avec défenses à eux de déserter ni sortir de chez lesdits Habitans qu'à la fin desdites trois années, à peine de subir la rigueur des Ordonnances rendues sur ce sujet ; et sera la présente Ordonnance enregistrée aux Conseils Supérieurs de Léogane et du Cap, et aux Juridictions en ressortissantes, etc. DONNÉ à Léogane, etc, *Signés* BLÉNAC et MITHON.

R. au Conseil du Cap, le 7 Mai 1714.

ORDONNANCE des Administrateurs, qui condamne en l'amende de cinquante livres par Barrique de Sucre et Indigo non étampée.

Du 9 Février 1714.

LE Comte de Blénac, etc.

Jean-Jacques Mithon, etc.

Etant informés qu'au mépris de notre Ordonnance du 13 Septembre dernier, enregistrée aux Greffes de cette Isle, et publiée, rendue pour remédier à la mauvaise fabrique des Sucres et Indigos de la Colonie, par laquelle nous ordonnons à tous les Habitans Sucriers et Indigotiers d'étamper leurs Barriques de Sucre et Indigos, afin qu'on puisse non-seulement en cette Isle et même en France, en connoître la mauvaise qualité; et que cependant, sans égard auxdits enregistremens et publications de ladite Ordonnance, plusieurs desdits Habitans ne laissent pas que de se dispenser de marquer leurs étampes sur lesdites Barriques dans la vue sans doute de confondre les mauvais Sucres et Indigos avec les bons, et pour qu'on ne puisse reconnoître dans quelles Sucreries ou Habitations ils ont été fabriqués; à quoi voulant apporter remede par un ordre plus précis, nous avons commis et commettons le sieur Duplecas, Sergent à la Pointe, le sieur Gourand, Notaire au Cul-de-Sac, et le sieur ... à l'Acul du Petit-Goave, pour reconnoître lesdites étampes sur les Barriques qui seront apportées au bord de la Mer pour y être embarquées, auxquels les Cabrouetiers des Habitans s'adresseront, et les avertiront du transport de leurs Sucres et Indigos; et en cas qu'il se trouve aucunes desdites Barriques qui ne soient étampées, ordonnons aux ci-dessus dénommés, de nous en donner aussi-tôt avis, et aux Procureurs du Roi des Juridictions, pour faire payer sur le champ l'amende de cinquante livres par Barrique non étampée prescrite par notredite Ordonnance du 13 Septembre dernier; et sera de nouveau la présente Ordonnance publiée et affichée, etc.

R. au Conseil du Cap, le 7 Mars 1714.

LETTRE du Ministre à M. le Comte DE BLÉNAC, touchant l'usage introduit aux Isles d'exiger de la part des Gouverneurs des Droits en nature sur les Negres qu'on y apporte.

Du 28 Mars 1714.

LES Directeurs de la Compagnie du Sénégal se sont plaints à moi qu'un de leurs Navires étant arrivé au Cap, le sieur Dupaty Mercier a demandé de votre part dix Negres de choix; ce que leurs Commis ayant refusé, vous avez envoyé ordre à M. de Barrere de les faire délivrer de gré ou de force; et que s'il ne s'en trouvoit pas d'assez beaux ni de pieces d'Inde, de faire remettre mille écus pour le bénéfice que vous auriez pu faire sur ces dix Negres: il paroît par les Pieces que ces Directeurs rapportent que leur Commis a payé cette somme au sieur Dupaty Mercier, votre Agent au Cap, pour s'empêcher d'aller dans un cachot, où vous aviez donné ordre à M. de Barrere de le mettre au pain et à l'eau, en cas de refus.

Je vous avoue que j'ai été très-étonné d'apprendre une pareille chose de votre part, et je suis persuadé que vous ne vous y êtes déterminé que parce que vous avez cru pouvoir sans injustice, exiger ce droit qui s'est introduit par un mauvais usage que le Roi a toujours désapprouvé.

Pour que vous ne tombiez plus à l'avenir dans le même cas, il est nécessaire que je vous explique de quelle maniere l'usage de prendre des Negres de choix s'est introduit aux Isles, et dans quel cas Sa Majesté l'a désapprouvé et défendu.

Dans les premiers temps qu'on a commencé d'introduire des Negres aux Isles, les Négocians y faisoient un bénéfice si considérable, que de leur propre mouvement, et pour s'attirer la bienveillance des Gouverneurs et des principaux Chefs, ils leur faisoient des présens de quelques Noirs par proportion à l'importance des emplois. La délicatesse de quelques-uns ne leur permettant pas de recevoir de pareils présens, détermina les Négocians de prendre une voie plus honnête; ils offrirent pour cela de certain nombre de Negres un choix au prix de 300 liv. piece quoiqu'ils en valussent davantage: cela étoit alors volontaire, les Négocians l'établissoient eux-mêmes, et il n'y avoit rien à dire; mais dans les suites la plupart de ceux qui ont introduit des Negres aux Isles, bien loin de faire les profits qu'ils faisoient dans les premiers temps, ayant au contraire, en plusieurs occasions fait des pertes considérables, soit par la mortalité des Negres ou autres accidens arrivés dans le cours de leurs voyages, ils ne crurent pas devoir donner des Negres de choix à un prix modique; la cupidité de ceux qui avoient en main l'autorité ne s'étant point accommodée de ce retranchement, obligea ces Négocians de continuer la même gratification, et de s'arroger le choix comme un droit qui ne devoit pas être contesté; ensorte que ce qui n'étoit d'abord que volontaire devint alors forcé, et tourna dans la suite en usage: Sa Majesté en reçut en différens temps des plaintes; et comme cela parut une vexation très-grande et préjudiciable au Commerce, elle ordonna que ceux qui avoient pris des Negres de choix de leur autorité les payeroient sur le pied de leur juste valeur au prix des Marchands; ce qui fut exécuté. Sa Majesté se détermina dans la suite de défendre très-étroitement cet usage, comme étant très-injuste et contraire à ses intentions: Elle ne désapprouvera pourtant pas que lorsqu'il arrivera aux Isles des Vaisseaux Negriers qui auront fait un bon voyage, que les Chefs reçoivent des Capitaines des Negres de choix à l'ordinaire, lorsqu'ils voudront les donner volontairement à 300 liv. piece; mais elle ne veut point que cela soit forcé, n'étant pas juste; et je vous en laisse vous-même le Juge ; qu'un Navire qui dans son voyage, bien loin de faire des profits, fît au contraire des pertes ; ajoutât encore à cette perte celle de donner des Noirs de choix à un prix moindre que le courant, et détériorât entiérement sa cargaison par le choix d'un nombre de Noirs : je vous connois assez bien pour croire que vous n'en voudriez pas recevoir en pareil cas ; et je suis persuadé que vous n'en prendrez pas à l'avenir que des Navires qui auront fait de bons voyages, et qui vous seront donnés de gré à gré, qui est le seul cas dans lequel Sa Majesté le trouvera bon : j'ai été bien aise de vous expliquer tout cela, afin que vous vous conformiez aux intentions de Sa Majesté, que vous les exécutiez et les fassiez exécuter.

EXTRAIT de la Lettre du Ministre à MM. le Comte DE BLÉNAC et MITHON, sur le Jugement du nommé Tardif, Traitre, rendu par un Conseil de Guerre.

Du 29 Mars 1714.

J'AI examiné le procès qui a été fait au nommé François Tardif, convaincu de trahison et d'avoir favorisé les descentes des Anglois dans les Quartiers pour piller les Habitations : il a paru extraordinaire à Sa Majesté qu'une affaire de cette nature, qui étoit purement de la Justice ordinaire, se soit traitée dans un Conseil de Guerre : cela est contre les regles, et Sa Majesté desire qu'à l'avenir en pareille occasion la connoissance en appartienne à la Justice ordinaire, et que vous y teniez la main ; au surplus François Tardif avoit bien mérité la mort, et Sa Majesté a approuvé le Jugement pour ce qui concerne le fond.

Voy. le Jugement du 4 Juin 1712.

ARRÊT

ORDONNANCE des Administrateurs, qui défend de Chasser dans les Savannes.

Du 3 Avril 1714.

LE Comte de Blénac, etc.

Jean-Jacques Mithon, etc.

Les Habitans nous ayant fait plusieurs plaintes que des Chasseurs Blancs et Negres viennent jusques dans leurs Savannes et dans leurs Cannes y chasser du gibier dans le temps du passage des canards, sarcelles et autres especes de volatiles; que plusieurs sous ce prétexte chassant dans leurs Savannes, tuent leurs veaux et leurs pigeons; les autres entrant dans leurs Cannes y mettent le feu; ce qui leur cause des incendies ruineux; à quoi ayant égard, nous faisons très-expresses inhibitions et défenses à tous Chasseurs, de quelque qualité et condition qu'ils soient, de poursuivre le gibier ni de tirer dans les Cannes et dans les Savannes découvertes des Habitations, à peine de 300 liv. d'amende, applicables aux réparations de l'Auditoire du Quartier où ils auront chassé, sur la plainte qui en sera portée par les Habitans; et sera la présente Ordonnance enregistrée aux Greffes des Conseils et Juridictions de cette Isle, publiée et affichée, etc. DONNÉ à Léogane, etc.

R. au Conseil du Cap, le 7 Mai 1714.

ORDONNANCE des Administrateurs, au sujet des Paiemens qui seront faits pour les Billets consentis en Sucre ou en Argent.

Du 11 Avril 1714.

LE Comte de Blénac, etc.

Jean-Jacques Mithon, etc.

L'extrêmité fâcheuse où cette Colonie a été réduite pendant la derniere guerre par la non valeur des Sucres qui restoient dans les Sucreries des Habitans, sans pouvoir en trouver la défaite, non pas même en troc de Vin, Farine, et autres Marchandises nécessaires à la subsistance et à l'entretien de leurs Familles, ayant causé plusieurs billets usuraires de la part des Négocians ; et plusieurs subtilités vicieuses et contraires à la bonne foi de la part des Habitans ; la plupart desdits Habitans faisant valoir leurs Sucres à 10 liv., le double de ce qu'ils les vendoient aux autres argent comptant, leur voulant donner un prix fixe, tandis qu'il ne valoit que 4, 5, 6 et 7 liv. le cent ; les Négocians de leur côté, pour se mettre à l'abri de cette supercherie, vendant leurs Marchandises en Sucre à 10 liv. le cent, le double de ce qu'ils les vendoient aux autres argent comptant, ou en Sucre à prix d'argent ; d'autres profitant de la misere de l'Habitant en exigeant d'eux des billets en Sucre sur le pied de 4, 5, 6 et 7 liv., augmentoient encore le prix de leurs Marchandises ; et comme ils ne pouvoient remporter les Sucres qui leur étoient dûs, leurs Vaisseaux ne suffisant pas par leurs fortes cargaisons à prendre tous leurs effets, ils évitoient de recevoir lesdits Sucres de leurs débiteurs, dont ils attendoient une augmentation de prix par l'espérance d'une paix prochaine ; ce qui est un dessein formé d'usure, très-blâmable et exhorbitant, puisqu'ils prétendoient en retirer présentement 15 et 16 liv. le cent, qui est le prix courant du Sucre pour la chose vendue à 4 et 5 l. ; les Habitans même entr'eux ayant tâché à se surprendre, engageoient leurs amis et voisins chargés de dettes de prendre leurs Sucres qui restoient à se perdre dans leurs Sucreries sans s'en pouvoir défaire, en se faisant donner des billets et obligations par le débiteur de rendre à ordre ou volonté lesdits Sucres prêtés en même quantité, dont ils n'ont pas demandé le paiement pour en attendre l'augmentation qu'ils voudroient présentement exiger, dont ils retireroient trois fois la valeur ; à quoi étant nécessaire de remédier, en accordant un profit honnête aux Habitans et Négocians qui sont créanciers de pareils billets, sans leur permettre d'accabler leurs débiteurs par un profit énorme et usuraire de deux et trois pour un ; et ayant aussi égard à la remontrance qui nous en a été faite par le sieur Robineau, Procureur-Général du Cap, qui nous demande une décision de la part du Conseil dudit Quartier pour les différens billets contractés les années précédentes ; le tout mûrement examiné et pris les avis des principaux Habitans et Négocians de cette Isle, nous avons estimé devoir faire le Réglement ci-après :

1°. Tous les billets conçus en ces termes ou équivalens,

Je payerai à M.... ou ordre, ou à sa volonté, la somme de ... en Sucre à 4, 5, 6 et 7 liv., valeur reçue comptant en argent ou en Marchandises.

depuis le premier Janvier 1704, jusqu'à la fin de 1710, seront payés en Sucre sur le pied de 12 liv. le cent, seulement en Futaille, sans avoir égard au plus haut prix qu'il vaut présentement, à condition que les débiteurs desdits billets s'acquitteront dans le courant de la présente année 1714, et dans les trois premiers mois de l'année 1715 pour tout délai, à peine d'en payer la valeur passé ledit temps sur le pied de 10 l. le cent le Sucre à quelque prix différent qu'il puisse monter, et sans qu'il soit loisible au débiteur de retarder le paiement de son billet au-delà des termes ci-dessus marqués, ni au créancier de refuser son paiement sur la premiere sommation, à peine contre ledit créancier de la réduction de son billet au prix d'argent.

EXEMPLE.

Pour acquitter un billet de 500 liv. en Sucre de 4, 5, 6 et 7 liv. le cent, il faudra que le débiteur paie 4166 liv. de Sucre en Futaille; et le débiteur d'un billet de 500 liv. en Sucre payera cinq milliers de Sucre.

2°. Les billets conçus en ces termes ou équivalens,

Je payerai à M. . . . à ordre ou volonté la somme de . . . en Sucre à 10 liv., valeur reçue comptant en argent ou en marchandises depuis le premier Janvier 1704, jusqu'à la fin de l'année 1710.

ces billets seront payés en argent ou en sucre au prix courant d'argent du temps présent sans aucune augmentation de bénéfice, en ce que la valeur en marchandises données pour ces billets a été portée au double de la chose vendue en Sucres, le créancier étant suffisamment informé que le Sucre n'étoit pas à beaucoup près à si haut prix; cependant en cas qu'il soit prouvé par condamnation ou autre preuve valable, que le prix de la marchandise vendue n'ait pas été augmenté dans les billets de Sucre à 10 liv. pendant lesdites années, seront lesdits billets en Sucre à 10 liv. payés par la même quantité de Sucre, qui ne sera reçue par le créancier que sur le pied de 10 liv. le cent, quoiqu'il en vaille 14 et 16 liv.

EXEMPLE.

500 liv. payables en Sucre à 10 liv. le cent seront en ce cas payées par cinq milliers de Sucre, sans égard au prix qu'il vaut présentement, etc.

3°. Depuis le premier Janvier 1704 jusqu'à la fin de l'année 1710, les billets conçus en ces termes,

Je payera à M. . . . à ordre ou volonté la quantité de cinquante ou cent milliers de Sucre, valeur reçue de lui comptant en argent ou en Marchandises, ou pour pareille quantité de Sucres qu'il m'a prêtée.

seront payés en Sucres sur le pied de 10 liv.; ceux qui ont fait de pareils marchés n'ayant dû compter que sur la valeur des Sucres dans le temps de leurs marchés qui ne valoit que 4, 5, 6 et 7 liv.; et seront contraints les débiteurs desdits billets de s'acquitter, comme il est dit dans le courant de cette année, et les trois premiers mois de 1715, aux peines portées par le premier Article du Réglement.

EXEMPLE.

Le billet est de cent milliers de Sucre, le débiteur s'en acquittera en payant dix mille francs, soit en argent réel ou en sucre au prix courant d'à présent jusqu'à la concurrence de 10 liv.

EXEMPLE.

4°. Les billets faits dans le courant de l'année de 1711 et de 1712, que le Sucre a commencé de prendre faveur, et dont les Habitans ont eu un débouchement assez facile, seront payés par les débiteurs en Sucres sur le pied de 10 liv. le cent en Futaille, quoiqu'il en vaille 15 et 16 liv. présentement.

Le débiteur sera obligé de donner cinq milliers de Sucre pour un billet de 500 liv., en Sucre à 7, 8 et 9 liv.

5°. Les billets en Sucre de l'année 1713 et de la présente année, seront payés dans leur entier sur le pied qu'ils sont conçus, et au même prix des Sucres exprimés dans les billets.

6°. Et pour éviter à l'avenir toutes surprises et billets usuraires, tant de la part des Habitans, que des Marchands, et établir dans la Colonie la bonne foi dans les marchés, soit d'Habitant à Habitant, soit entre l'Habitant et le Négociant, nous enjoignons auxdits Habitans et Marchands de ne point faire des billets et ne point passer des contrats qu'ils ne soient conçus en argent, en spécifiant, s'ils le veulent, que la somme portée par lesdits billets sera payable en Sucre ou autres Denrées du Pays au prix courant d'argent lors du paiement, sans quoi lesdits billets seront exigibles en argent réel et effectif; défendons très-expressément d'établir un prix fixe aux Denrées du Pays, comme celui qu'on avoit mis au Cap sur le Sucre à 10 liv. le cent, tandis qu'il n'en valoit que 4 et 5 liv.

7°. N'entendons néanmoins donner atteinte aux Beaux à ferme des Habitations payables en certaine quantité de Sucre que le Fermier sera obligé de donner et livrer en même quantité sans aucune diminution à quelque prix que puisse monter et baisser ledit Sucre, ces Habitations n'étant affermées que sur le pied de la quantité de Sucres qu'elles sont en état de fabriquer par an, le prix différent des Sucres ne changeant rien à la condition du Fermier; et sera ledit Fermier tenu de délivrer les Sucres de sa Ferme dans les échéances, dont il fera une sommation au Bailleur en cas de refus, laquelle dite sommation lui servira en Justice pour le paiement dudit Bailleur sur le pied de la valeur du Sucre lors de son refus, quoiqu'il ait augmenté depuis; et si au contraire ledit Fermier n'est exact à payer dans les termes, il payera la même quantité de Sucre quoiqu'il puisse augmenter; et s'il venoit à diminuer de prix, il sera contraint de faire raison en entier de la diminution audit Bailleur; ce qui aura lieu pour les Beaux à ferme ci-devant passés pendant les années précédentes, à moins que le débiteur n'ait été négligent à se faire payer; auquel cas s'il y a de la faute dudit Bailleur, les Sucres dûs par le Fermier depuis le premier Janvier 1704 jusqu'à la fin de 1710, seront payés sur le pied de 10 liv. le cent, ainsi qu'il est réglé à l'Article 3. du présent Réglement.

8°. Ne prétendons non plus empêcher ni détruire les marchés des Négocians, qui pour la sûreté de leur commerce, et le prompt chargement de leurs Vaisseaux, achetent des Sucres à certains prix fixes, dont ils conviennent avec les Habitans, desquels ils leur paient une partie d'avance, lesdits Sucres devant être payés sur le pied de leur marché à condition que lesdits Négocians se feront payer dans les termes de leurs billets réguliérement; et qu'à faute de paiement, ils feront sommer leurs débiteurs; au moyen de laquelle sommation lesdits débiteurs refusans seront contraints de délivrer leurs Sucres les années suivantes sur le pied de leur marché, à quelque prix différent qu'ils puissent monter.

9°. Tous les billets faits en Sucre dans l'année 1703 que le Sucre avoit encore faveur, seront payés conformément à l'expression et à la teneur desdits billets sans aucune diminution pour le créancier, attendu le débouchement facile dudit Sucre à ladite année, et le long-temps que ledit créancier a été d'attendre sa dette.

10°. Les Jugemens qui peuvent avoir été rendus avant le présent Réglement sur lesdits billets subsisteront, et seront exécutés selon leur forme et teneur.

11°. Laissons à la prudence des Juges, s'il se trouve quelques circonstances omises dans lesdits billets qui ne soient pas exprimées par le présent Réglement, d'en décider comme ils le trouveront juste et raisonnable, en observant cependant de suivre l'esprit dudit Réglement.

Ordonnons que le présent Réglement contenant onze Articles sera exécuté selon sa forme et teneur dans l'étendue de cette Colonie, et sur-tout dans le Quartier du Cap, où ces sortes de billets ont plus de cours, lequel sera enregistré dans les Greffes des Conseils Supérieurs de cette Isle, et Juridictions en ressortissantes, lu, publié et affiché, etc.

R. au Conseil du Cap, le 7 Mai 1714.

ARRÊT du Conseil de Léogane, concernant la connoissance des Arts et Métiers prétendue par les Officiers de la Juridiction de la même Ville.

Du 7 Mai 1714.

VU par le Conseil la Requête à lui présentée par les Officiers de la Juridiction ordinaire de Léogane, tendante à ce que pour les causes y contenues, il plût au Conseil leur renvoyer la connoissance des Arts et Métiers de cette Ville, et particuliérement de l'examen des Chirurgiens aspirans à la Maîtrise. Conclusions du Procureur-Général du Roi au bas de ladite Requête; et tout considéré, LE CONSEIL a débouté les Officiers de la Juridiction ordinaire de Léogane des fins de leur Requête; ordonne que l'Arrêt en forme de Réglement rendu sur la réception des Chirurgiens sera exécuté selon sa forme et teneur, etc.

ARRÊT du Conseil du Cap, qui, sans tirer à conséquence, renvoie absous un Negre pris en maronage.

Du 8 Mai 1714.

VU par le Conseil le Procès criminel extraordinairement fait à la requête du Substitut du Procureur-Général du Roi, à l'encontre du Negre Songo, Esclave de M. le Febvre, prisonnier détenu ès prisons du Cap pour fait de maronage, ensemble la Sentence rendue à l'encontre dudit Negre; les conclusions par écrit dudit Procureur-Général du Roi; le tout vu et mûrement considéré, LE CONSEIL a mis la Sentence dont est appel au néant;

et pour des raisons particulieres a renvoyé ledit Negre absous, sans cependant que le présent Arrêt puisse tirer à conséquence, fait néanmoins le Conseil expresses défenses audit Negre de récidiver, sous les peines portées par l'Ordonnance.

Les traitemens injustes des Maîtres ont quelquefois nécessité de semblables Arrêts.

LETTRE du Ministre à M. MITHON, touchant les Récompenses dues aux Flibustiers.

Du 30 Juin 1714.

PUISQUE vous estimez nécessaire le Réglement fait par feu M. le Comte de Choiseul et M. Mithon, concernant les récompenses à donner aux Garçons Flibustiers et Boucanniers en cas d'estropiement dans la défense de la Colonie, Sa Majesté a bien voulu en faire un en conformité; vous le trouverez ci-joint, et vous aurez soin de le faire enregistrer au Greffe, afin que l'on puisse l'exécuter dans l'occasion, etc.

R. au Conseil du Cap, le 27 Novembre 1714.

Nous n'avons pas trouvé le Réglement annoncé.

EXTRAIT de la Lettre du Ministre aux Administrateurs, touchant la Distribution d'une Somme accordée aux Etats Majors sur les Droits de Cabarets, etc.

Du 30 Juin 1714.

SA MAJESTÉ a bien voulu avoir égard à la représentation que vous avez faite sur la modicité des appointemens des Officiers Majors de Saint-Domingue, auxquels elle a destiné une somme de 10,000 liv. par an sur le produit de la Ferme des Boucheries et Droits de Cabarets; elle desire qu'elle soit distribuée en 60 parts, en la maniere ci-après; savoir, au Gouverneur Général 12 parts; au Commissaire-Ordonnateur 6 parts; aux Gouverneurs Particuliers (*du Cap et de l'Ouest*) chacun

6 parts ; aux Lieutenans de Roi (*de Léogane, du Cap et du Port de Paix*) chacun 4 parts ; aux Majors (*de Léogane, du Cap, Port de Paix et Petit-Goave*) chacun 3 parts ; aux Aides-Majors (*de Léogane, du Cap et du Petit-Goave*) chacun 2 parts.

EXTRAIT de la Lettre du Ministre aux Administrateurs, touchant les Exemptions.

Du 30 Juin 1714.

SA MAJESTÉ a approuvé le Réglement fait le 24 Avril 1711 par feu M. de Valernod, et M. Mithon, concernant les Exemptions accordées aux Officiers revêtus de dignités dans la Colonie.

R. au Conseil du Cap, le 27 Novembre 1714.

Et à celui de Léogane, le 6 Mars 1720.

EXTRAIT de la Lettre du Ministre aux Administrateurs, touchant les Exemptions des Conseils.

Du 30 Juin 1714.

SA MAJESTÉ trouve bon que les Conseillers soient exempts de garde pour leurs Habitations principales, en considération des frais qu'ils sont obligés de faire pour rendre la Justice gratis.

R. au Conseil du Cap, le 27 Novembre 1714.

Et à celui de Léogane, le 6 Mars 1720.

EXTRAIT

EXTRAIT de la Lettre du Ministre aux Administrateurs, touchant l'Octroi.

Du 30 Juin 1714.

VOUS verrez par le duplicata du mémoire de Sa Majesté que vous trouverez ci-joint qu'elle a approuvé la maniere dont l'imposition de l'Octroi a été faite pour les années 1713 et 1714, et qu'elle veut que vous convoquiez une Assemblée au mois de Janvier prochain pour renouveller cette imposition, soit en la faisant comme la premiere sur les Noirs ou par d'autres moyens, si on en trouve, dont l'exécution, soit plus facile et moins à charge aux Habitans; et afin d'éviter les longueurs s'il falloit envoyer au Cap la résolution qui aura été prise à ce sujet à Léogane, Sa Majesté marque que le Conseil du Cap se transporte à Léogane pour assister à cette Assemblée pour que tout soit uniforme et se fasse de concert; Sa Majesté laisse néanmoins au Conseil du Cap la liberté d'envoyer deux Conseillers en qualité de Commissaires députés, en cas qu'il ne juge pas à propos d'y assister en corps; vous aurez soin de faire exécuter le contenu en ce mémoire.

Je ne sais si les soixante-dix-huit mille livres que vous comptez que produiront par an l'imposition des années 1713 et 1714 seront suffisantes avec les droits d'Indigo pour le paiement des dépenses de la Colonie: je crains qu'il n'y ait un manque de fonds, parce que outre la dépense de l'état du Roi, il y a celle des Farines et des habits des Troupes qui se fait en France, dont il est important de décharger Sa Majesté; je vous prie d'examiner tout cela à fond, et de faire tout ce qui dépendra de vous, pour que l'imposition qui se fera au mois de Janvier prochain, soit suffisante pour satisfaire à toutes les dépenses généralement qu'il faudra faire pour l'entretien de la Colonie; vous aurez soin de m'informer de tout ce que vous ferez à ce sujet; Sa Majesté approuve que sur les fonds de l'Octroi qui seront d'estinés pour les Fortifications, vous achetiez des Negres pour les travaux, afin de décharger les Habitans de ceux qu'ils sont obligés de fournir par corvées; mais il est bien à craindre que cela ne donne occasion à bien des abus; et je ne puis trop vous recommander d'y veiller avec soin, et de prendre de justes mesures pour les prévenir.

R. au Conseil du Cap, le 27 Novembre 1714.
Et à celui de Léogane, le 6 Mars 1720.

Mémoire du Roi, au sieur Comte de Blénac, et au sieur Mithon, touchant l'Octroi et Ordonnance des Administrateurs en conséquence.

Des 30 Juin et 13 Novembre 1714.

Sa Majesté a vu par la Lettre commune des sieurs Comte de Blénac et Mithon, du 18 Août de l'année derniere, que la proposition qu'ils ont faite aux Habitans de s'imposer un Octroi pour fournir aux dépenses de la Colonie, a été reçue avec beaucoup de marque, de zele et de soumission, et qu'en conséquence le Conseil Supérieur de Léogane s'étoit assemblé après avoir examiné les moyens les plus faciles et les moins à charge aux Habitans : qu'il a été rendu le 17 Juillet 1713 un Arrêt en forme de délibération par ledit Conseil, par laquelle l'imposition a été faite pour deux années sur chaque tête de Noirs travaillans, à raison de 6 livres par tête chaque année; Sa Majesté a été très-satisfaite du zele du Conseil Supérieur de Léogane, et de tous les Habitans; elle a approuvé la maniere dont cette imposition a été faite et les précautions qui ont été prises pour la délibération, pour empêcher les abus et les vexations dans la levée de cet Octroi; elle veut que ledit Arrêt et délibération du Conseil de Léogane, du 17 Juillet 1713, soient suivis et exécutés selon leur forme et teneur.

Sa Majesté a aussi appris que le Conseil Supérieur du Cap a rendu un pareil Arrêt en forme de délibération, le 17 Août 1713; Sa Majesté veut aussi qu'il soit exécuté.

Elle recommande aux sieurs Comte de Blénac et Mithon, de veiller avec attention que la levée de cet Octroi se fasse avec douceur et justice, et de témoigner aux Conseils Supérieurs et aux Habitans en général, la satisfaction qu'elle a de leur zele et de leur attachement pour Sa Majesté, et de les assurer qu'elle leur donnera en toute occasion des marques de sa protection, et de sa bienveillance.

Sa Majesté a approuvé que cette imposition n'ait été faite que pour les années 1713 et la présente, par les raisons que les sieurs Comte de Blénac et Mithon, ont marqué qu'on examineroit pendant ce temps, si elle seroit suffisante, et s'il conviendroit de la continuer comme elle a été ordonnée pour 1713 et 1714; où si l'on ne trouveroit pas d'autres moyens plus aisés et moins à charge pour faire cette levée à l'avenir.

Comme il est nécessaire de faire au mois de Janvier 1715, une nouvelle assemblée pour régler la continuation de la levée de cet Octroi, soit de la maniere qu'il aura été levé pour les années 1713 et 1714, ou par d'autres impositions qui seront jugées plus faciles et moins à charge aux Habitans ; Sa Majesté ordonne aux sieurs de Blénac et Mithon, de convoquer cette assemblée à Léogane pour ledit mois de Janvier 1715, et pour éviter les longeurs que l'éloignement des Quartiers du Cap apporteroit à l'exécution de la délibération qui y sera prise, et afin qu'elle soit uniforme, Sa Majesté veut que le Conseil du Cap se transporte à Léogane pour assister à cette assemblée, et que la délibération qui sera prise dans cette assemblée soit faite au nom des deux Conseils de Léogane et du Cap, et exécutée selon sa forme et teneur, sans qu'il soit délibéré de nouveau au Cap par ledit Conseil en corps ; et afin que les intentions de Sa Majesté soient rendues publiques, et autoriser, tant les résolutions qui ont été prises par les Arrêts et délibérations des 17 Juillet et 14 Août 1773, et ce qui sera réglé à l'Assemblée du mois de Janvier prochain, Sa Majesté ordonne aux sieurs Comte de Blénac et Mithon de déposer le présent Mémoire au Greffe du Conseil de Léogane, et de le faire enregistrer, tant audit Conseil qu'à celui du Cap, et même dans les Greffes des Juridictions, s'il est nécessaire. FAIT à Marly, le 30 Juin 2714. *Signé* LOUIS. *Et plus bas*, PHELYPEAUX.

LE Comte de Blénac, etc.

Jean-Jacques Mithon, etc.

Vu le Mémoire des autres parts du Roi à nous adressé, contenant les ordres de Sa Majesté sur le droit d'Octroi, et sur l'Assemblée des deux Conseils de Léogane et du Cap, pour ne faire ensemble qu'une délibération au sujet dudit Droit ; nous ordonnons qu'il sera enregistré, aux Greffes des Conseils Supérieurs de Léogane et du Cap, et des Juridictions en ressortissantes, à la diligence des Procureurs-Généraux desdits Conseils, qui seront tenus de nous en envoyer les certifications dans le mois du jour de la réception pour lesdits ordres de Sa Majesté être exécutés selon leur forme et teneur ; en conséquence, déclarons avoir convoqué l'Assemblée desdits deux Conseils à la Ville de Léogane, le 18 Janvier prochain ; sera libre toutefois audit Conseil du Cap, de nommer deux députés Commissaires, qui représenteront le Corps dans la délibération qui sera faite, conformément à la Lettre de Monseigneur le

Comte de Pontchartrain, à nous écrite le 30 Juin dernier. DONNÉ à Léogane. *Signé* DE BLÉNAC et MITHON.

R. au Conseil du Cap, le 27 Novembre 1714.

Et à celui de Léogane, le 6 Mars 1720.

ORDONNANCE *des Administrateurs, qui accorde des Appointemens à deux Grands Voyers du Cap.*

Du 22 Juillet 1714.

LE Comte de Blénac, etc.

Jean-Jacques Mithon, etc.

Nous Jacque Huet de la Gastiniere et François de Beaupré, Arpenteurs de la dépendance du Conseil Supérieur du Cap, avons l'honneur de vous présenter, Messieurs, les continuelles occupations que nous avons pour les grands chemins; et ayant appris que vous avez pourvu à celui de Léogane, ayant été l'Arpenteur dudit Quartier, Grand Voyer, avec 800 livres d'appointement, nous donne la hardiesse de vous importuner connoissant les deux Quartiers; nous osons vous avancer que le Quartier du Cap en mérite bien un; vous assurant, Messieurs, que nous ne passons point de mois que nous ne soyons employés à ouvrir des chemins, non-seulement dans la plaine dudit Cap mais dans les Quartiers voisins, qui sont presque aussi considérables que la plaine du Cap, etc.

VU la Requête et conformément aux intentions de la Cour, nous avons commis et commettons les sieurs de la Gastiniere et Beaupré, Grands Voyers du Quartier du Cap, lesquels se conformeront au Réglement du Roi sur les chemins; auxquelsdits sieurs de la Gastiniere et Beaupré, Grands Voyers, il sera attribué 600 livres par an pour eux deux sur les amendes qui seront décernées contre les delinquans au sujet desdits chemins, et en outre 14 livres à chacun par jour lorsqu'ils se transporteront sur des chemins contestés, par ordre supérieur. DONNÉ à Léogane, etc. *Signés* BLÉNAC et MITHON.

R. au Conseil du Cap, le 6 Août 1714.

ORDONNANCE des Administrateurs, qui décharge les Habitans du Cap du paiement des Droits de Vigie pour les années de 1698, 1699 et 1700.

Du 20 Août 1714.

ARRÊT du Conseil de Léogane, concernant les Esclaves tués en maronnage, autrement que dans le temps des chasses ordonnées.

Du 3 Sepembre 1714.

VU par le Conseil le Réglement de Duvaumartin, Capitaine de Milice au de Cul-de-Sac, expositive, qu'un des ses Negres, nommé Dastion, ayant été tué pendant son maronnage par un des Negres du nommé Digneron, Habitant à la grande plaine, il se seroit pourvu pardevant le Juge de Léogane, lequel auroit ordonné le remboursement du Negre sur les deniers publics suivant le Réglement du Conseil, requérant, etc. LE CONSEIL a mis la Sentence au néant, émendant, déboute ledit Duvaumartin de sa demande.

ARRÊT du Conseil de Léogane, portant que les plaintes contre les Negres Marrons doivent être formées par les Maîtres dans les 24 heures de leur prise.

Du 3 Septembre 1714.

ENTRE le Procureur du Roi de Léogane, appellant à minimâ, d'une part.

Contre le nommé Paul, Negre esclave, appartenant aux sieur Buttet et le Chat, intimé et accusé de marronnage par récidive, d'autre part.

Vu par le Conseil la procédure extraordinairement faite par le Juge dont est appel, sur laquelle est intervenue ladite Sentence dont est appel, par laquelle le Juge dont est appel, a déclaré l'accusé duement atteint et convaincu d'avoir été par récidive plus d'un mois fugitif et marron de la maison de son maître, pour réparation de quoi condamné d'avoir le jarret droit coupé, et ensuite à être flétri d'un fer chaud empreint d'une Fleur-de-Lys sur l'épaule droite par l'Exécuteur de la Haute-Justice, l'interrogatoire subi au Conseil sur la selette; conclusions du Procureur-Général du Roi, et tout considéré, LE CONSEIL a mis la Sentence au néant, émendant, renvoie ledit accusé absous de l'accusation contre lui faite pour n'avoir pas demeuré un mois entier dans son marronnage, ainsi qu'il est porté par l'Ordonnance; et faisant droit sur la requisition du Procureur-Général, ordonne qu'à l'avenir les Maîtres seront tenus, dans les 24 heures, après que les Negres auront été pris d'en former leur plainte devant le Juge, par laquelle il sera fait mention du jour de la prise desdits Negres, et par qui, lequel présent Arrêt sera lu, publié et affiché, etc.

EXTRAIT de la Lettre du Ministre à M. DE BLÉNAC et MITHON, touchant l'Enregistrement de leurs Ordonnances aux Greffes des Conseils et des Juridictions.

Du 10 Septembre 1714.

J'AI vu tout ce que vous m'avez écrit au sujet de la Savanne de Limonade, et des prétentions que le sieur de Buterval avoit, qu'elle lui appartenoit. Du moment que ce prétendu Propriétaire et les Habitans du Quartier du Cap, qui sont voisins de cette Savanne, ont été contens de ce que vous avez réglé au sieur de Buterval une portion qu'on peut mettre en culture, et de la réunion que vous avez faite du surplus en faveur des Habitans pour la posséder à l'avenir en commune; Sa Majesté a approuvé l'Ordonnance que vous avez rendue à ce sujet. Il est nécessaire que vous la fassiez exécuter.

En examinant cette Ordonnance, j'ai remarqué que vous n'en ordonnez point l'enregistrement au Greffe du Conseil Supérieur, ni à celui de la Juridiction; cela est cependant de conséquence, et vous devez l'observer pour tout ce qui peut avoir rapport au public, afin que ce soit un dépôt où l'on puisse avoir recours à l'avenir, lorsque les occasions le demanderont.

EXTRAIT de la Lettre du Ministre à M. MITHON, sur le Droit des Majors par rapport aux Armes des Officiers morts, et sur sa réponse à un Mémoire où l'on proposoit de déclarer les Negres immeubles, et d'empêcher le partage des Terres.

Du 10 Septembre 1714.

JE suis satisfait de l'assurance que vous me donnez que l'Ordonnance de 1689 pour le Droit des Majors sur les Armes des Officiers à leur mort, est observé à Saint-Domingue : il faut que vous continuyez d'y tenir la main.

J'ai examiné avec attention la réponse que vous avez faite au Mémoire du sieur d'Hauterive, Procureur-Général du Conseil Supérieur de la Martinique, sur la mobilisation des Noirs, et le partage des Terres : Sa Majesté, à qui j'en ai rendu compte, a été satisfaite des raisons que vous m'avez marquées, qui détruisent entierement la proposition de ce Procureur-Général : elle veut que l'on observe à cet égard ce qui a été pratiqué jusqu'à présent.

ORDONNANCE des Administrateurs, qui casse celle du Gouverneur du Cap, portant défenses aux Habitans de vendre leurs Habitations.

Du 8 Octobre 1714.

LE Comte de Blénac, etc.

Jean-Jacques Mithon, etc.

Ayant été informé que le sieur Comte d'Arquyan, Gouverneur de Sainte-Croix, Commandant au Cap, s'étoit ingéré de rendre une Ordonnance, portant défenses à tous Habitans du Quartier du Cap de vendre leurs Habitations sans qu'ils en eussent au préalable des permissions par écrit de lui ; et pareilles défenses aux Notaires d'en passer aucuns contrats, à peine de châtiment, sous le spécieux prétexte du bien public, laquelle dite Ordonnance nous avons lu en original, avec la publication au bas, du 30 Septembre dernier, du nommé Petit, Huissier ; et comme, au contraire, nous ne connoissons rien de plus préjudiciable auxdits Habitans que cette contrainte dans la disposition de leurs effets ; ce qui est une violence faite à la liberté publique, inusitée dans les Terres de la domination du Roi, où chacun dispose comme il lui plaît de ce qui lui appartient ; cette contrainte en pareil cas, au lieu de conserver les Habitans dans la Colonie, étant capable de les obliger de la quitter et d'en empêcher de nouveaux de s'y établir, s'ils envisageoient être gênés lorsqu'ils prétendroient en sortir : laquelle contrainte nous estimons n'aboutir qu'à servir de prétexte à un commandant avide de s'établir une espece de droit, de prétention et de retrait sur les terres qui se vendent, en obligeant lesdits Habitans à en avoir de lui la permission par une préférence onéreuse que le susdit Commandant demanderoit dans les achats, ou un droit qu'il en exigeroit, dont les plaintes en ont été anciennement portées au Roi, qui ordonne par son instruction du 8 Octobre 1708, à M. Mithon, de s'opposer à cet abus ; à quoi étant nécessaire de remédier, nous avons cassé et annullé ladite Ordonnance rendue par ledit sieur Comte d'Arquyan, portant défenses aux Habitans de vendre ou acheter aucunes terres sans sa permission, et aux Notaires d'en passer les contrats : la déclarons nulle et de nul effet, comme non avenue ; permettons aux Habitans de vendre et disposer de leur Habitation comme bon leur semblera, et auxdits Notaires d'en passer tous contrats, sans qu'il leur soit libre d'en faire refus auxdits Habitans sous aucun prétexte, à peine de trois cents livres d'amende, à condition seulement que l'Habitant, vendeur, sera tenu de donner avis de la vente de ses terres au Gouverneur en Chef de cette Colonie, et à l'Ordonnateur, pour avoir sur ce leur exposé avant que de passer ledit contrat, dont la permission leur sera toujours accordée gratis et sans aucuns frais, pourvu toutefois qu'ils ne s'avisent pas de disposer desdites terres en faveur de ceux qui en ont déjà trop ; et sera la présente Ordonnance enregistrée au Conseil Supérieur du Cap, et des Juridictions en ressortissantes, lue, publiée et affichée, etc. dont sera donné des copies aux Notaires, afin qu'ils s'y conforment. DONNÉ à Léogane, etc,

Signés DE BLÉNAC et MITHON.

R. au Conseil du Cap, le 7 Septembre 1714.

ORDONNANCE

ORDONNANCE des Administrateurs, touchant l'Infidélité des Recensemens.

Du 8 Octobre 1714.

LE Comte de Blénac, ect.

Jean-Jacques Mithon, etc.

Etant informés, qu'au mépris des Réglemens et Ordonnances ci-devant rendus sur les recensemens, plusieurs Habitans dans les déclarations qu'ils ont faites de leurs Negres, Négresses, Négrittes et Négrillons, aux Conseillers et Capitaines de Milice, lorsqu'ils se sont transportés chez eux pour les recevoir, ont manqué d'y porter quelques-uns de leurs Negres pour se disculper d'en payer les droits, ce qui est non-seulement contraire à la bonne foi, mais même paroît un vol manifeste, faisant supporter aux autres Habitans les taxes que ces Negres non déclarés payeroient; à quoi étant nécessaire de remédier, nous avons ordonné et ordonnons à toutes personnes, de quelque qualité et condition qu'elles puissent être, de déclarer au juste aux personnes proposées à cet effet, le nombre de leurs Negres, Négresses, Négrittes et Négrillons infirmes et marrons; leur déclarons, que conformément à notre Réglement fait et rendu le jour d'hier, les Negres qu'ils n'auront point déclarés seront saisis et confisqués les deux tiers au Roi, et l'autre tiers au Dénonciateur; et sera la présente Ordonnance enregistrée aux Conseils Superieurs de Léogane et Cap, et des Juridictions en ressortissantes, lue, publiée et affichée, issue des Messes paroissiales, et par-tout ailleurs où besoin sera, etc.

R. au Conseil du Cap, le 7 Novembre 1714.

ARRÊT du Conseil du Cap, qui, sur la démission d'un Conseiller, namme un Receveur des Droits d'Octroi.

Du 5 Novembre 1714.

SUR la démission de M. Mercier Dupaty, Conseiller en ce Conseil de la Recette des droits d'Octroi, dont il avoit été ci-devant chargé par

Arrêt, et sur le refus qu'en auroient fait MM. les Conseillers, attendu leurs affaires particulieres qui ne leur permettent pas d'y vaquer ; le Conseil fait choix du sieur Pinsarrat, Trésorier de la Marine, pour faire ladite Recette des deniers d'Octroi dans l'étendue de son ressort, aux mêmes honneurs et appointemens ci-devant réglés pour en rendre compte à qui il lui sera ordonné, etc.

ORDONNANCE *du Roi, touchant les Negres et Déserteurs qui passent dans la partie Espagnole, et Ordonnance des Administrateurs en conséquence.*

Des 30 Novembre 1714 et 2 Mai 1715.

SA MAJESTÉ étant informée que le Roi d'Espagne, son Petit-Fils, par son Décret du 3 Juin 1703, auroit défendu à tous les Gouverneurs des Indes d'Espagne de recevoir ni de consentir qu'aucuns jeunes gens François qui habitent dans les Quartiers de l'Isle de Saint-Domingue appartenans à Sa Majesté, ni aucuns Déserteurs de ses Troupes, ni autres, qui n'aient un juste titre, habitent dans l'étendue des départemens desdits Gouverneurs ; mais au contraire de les renvoyer aux Commandans des Quartiers François de l'Isle Saint-Domingue ; Sa Majesté Catholique auroit pareillement par son autre Décret, du 20 Octobre de la présente année, confirmé les défenses portées par celui 3 Juin 1703 ; et de plus ordonné que tous les Negres esclaves des Sujets de Sa Majesté de la partie Françoise de l'Isle de Saint-Domingue, qui ont déserté et passé dans les Quartiers Espagnols d'icelle, seroient renvoyés, sans avoir égard à la liberté que Don Guillaume Morfy, ci-devant Président de l'Audience de la Ville de Saint-Domingue, leur auroit donnée contre le droit des gens et l'union des deux Couronnes ; et qu'à l'avenir, tant les Negres esclaves que les Soldats déserteurs, qui passeront dans la partie Espagnole de ladite Isle, soient arrêtés, et qu'il en soit donné avis aux Commandans François, afin qu'ils puissent les envoyer prendre, avec défenses expresses au Président et Oydors de l'Audience de la Ville de Saint-Domingue, de consentir qu'il soit contrevenu auxdits Décrets ; mais au contraire, de les faire exécuter, avec cette circonstance néanmoins, qu'en quelque temps que ce soit, les Déserteurs blancs et noirs ne seront point punis de peine de mort, des Galeres ni de prison perpétuelle ; et Sa Majesté voulant de plus concourir à conserver l'étroite union entre les deux Couronnes, et établir la réciprocité demandée par Sa Majesté Catholique; Sa Majesté a ordonné et ordonne que les Soldats Espagnols et les Negres qui déserteront de leurs Quartiers, et qui passeront dans les parties Françoises de ladite Isle Saint-Domingue, soient arrêtés par les Commandans François, et qu'aussi-tôt il en soit donné avis aux Officiers de Sa Majesté Catholique, afin qu'ils puissent les envoyer prendre, avec pareille réserve, qu'en quelque temps que ce soit les Déserteurs et Esclaves Espagnols ne seront point punis de peine de mort, des Galeres, ni des prisons perpétuelles; n'entendant cependant, Sa Majesté, comprendre dans la présente Ordonnance les particuliers Espagnols, qui pour de justes motifs se réfugieront dans la partie Françoise de Saint-Domingue; voulant au contraire, Sa Majesté, qu'ils soient reçus, qu'ils y aient sûreté, et y restent en toute liberté; enjoint Sa Majesté au sieur Comte de Blénac, Gouverneur et Lieutenant-Général, au sieur Mithon, Commissaire-Ordonnateur, aux Gouverneurs Particuliers, aux Conseils Supérieurs de ladite Isle Saint-Domingue, et à tous autres qu'il appartiendra, de tenir sévérement la main à l'exécution de la présente Ordonnance, laquelle sera enregistrée aux Greffes desdits Conseils, publiée et affichée par-tout où besoin sera, à ce que personne n'en ignore. FAIT à Marly, etc.

VU l'Ordonnance du Roi, nous ordonnons qu'après avoir été enregistrée aux Greffes des Conseils de cette Isle et Juridictions en ressortissante, elle sera lue, publiée et affichée par-tout où besoin sera, à ce que personne n'en ignore. FAIT à Léogane, etc. le 2 Mai 1715.

Signés BLÉNAC et MITHON.

R. au Conseil du Cap, le 23 Mai 1715.

EXTRAIT de la Lettre du Ministre aux Administrateurs, touchant les Etats du Commerce fait chaque année à Saint-Domingue.

Du 24 Décembre 1714.

IL y a très-long-temps que j'ai demandé à M. Mithon de m'envoyer les états année par année des Denrées et Marchandises de France, et de la quantité de Noirs qu'on porte dans la Colonie, avec les prix de chaque espece; la quantité de Sucre, Indigo, et autres Denrées de l'Isle qui sont chargées pour France, avec les prix. Il est nécessaire qu'il soit exact à m'envoyer ces états réguliérement tous les ans, parce que ce n'est que par ce moyen que je puis connoître l'augmentation des cultures, et celle du commerce, dont il est très-important que je sois ponctuellement informé.

ARRÊT du Conseil du Cap, qui surseoit à prononcer définitivement contre un Negre homicide de sa femme.

Du 2 Janvier 1715.

VU par le Conseil le procès criminel extraordinairement fait et instruit à l'encontre du nommé Jacques, Negre esclave du sieur de Loye, prisonnier détenu ès prisons du Cap, pour avoir tué la Négresse, nommée Isabelle sa femme, ensemble tout ce qui s'en est ensuivi; vu aussi les conclusions par écrit du Procureur-Général, et ouï le rapport de M. de Silvecanne, Conseiller-Commissaire, nommé en cette partie, l'interrogatoire subi sur la sellette; le tout vu et murement considéré, LE CONSEIL a surcis au Jugement définitif, et ordonne que le procès sera envoyé à MM. le Comte de Blénac et Mithon, le tout à la diligence du Procureur-Général, etc.

Sur le compte rendu par MM. les Administrateurs, qui avoient approuvé le sursis; et après l'examen de la procédure, Sa Majesté se détermina à accorder des lettres de grace au nommé Jacques, meurtrier d'une adultere.

LETTRE du Ministre à MM. le Comte de BLÉNAC et MITHON, touchant les Droits exigés des Negriers.

Du 27 Janvier 1715.

VOUS avez été informés des plaintes que les Négocians du Royaume ont faites depuis quelque temps au sujet des Negres de choix que les Gouverneurs-Généraux, les Intendans, Commissaire-Ordonnateurs et Gouverneurs Particuliers exigeoient des Navires Négriers, suivant l'usage qui avoit été établi anciennement par les Négocians mêmes; mais qui par la suite leur est devenu fort à charge, parce que ce qui n'avoit d'abord été que volontaire, étoit devenu forcé. Ces plaintes ayant été nouvellement réitérées, et le Roi desirant les faire cesser et empêcher les abus qui se commettoient à cette occasion, Sa Majesté a pris la résolution d'abolir absolument cet usage, et ne veut point qu'à l'avenir sous quelque prétexte que ce soit, vous preniez ni laissiez prendre à personne aucun Negre de choix : Sa Majesté vous permet seulement, en cas que les Capitaines des Vaisseaux négriers veuillent vous faire quelque présent, de les recevoir de la seule maniere qui vous sera expliquée ci-après : elle regardera toutes les autres comme vexation et atteinte à ce qu'elle a réglé; Sa Majesté veut bien que le Gouverneur-Général reçoive un pour cent des Negres qui seront vendus dans l'étendue de son Gouvernement, l'Intendant ou Commissaire-Ordonnateur à son défaut demi pour cent, et le Gouverneur Particulier du Quartier où les Navires iront faire leur traite autre demi pour cent, le tout gratis; ensorte que pour ce qui concerne l'Isle de Saint-Domingue, les Navires négriers qui iront vendre leurs Noirs au Cap ou dans l'étendue du Gouvernement, en pourront donner un pour cent au Gouverneur-Général, demi pour cent au Commissaire-Ordonnateur, et demi pour cent au Gouverneur de l'Isle Sainte-Croix, Commandant au Cap; et à l'égard de ceux qui iront faire leur traite à Léogane ou au Petit-Goave, ou dans l'étendue du Gouvernement, ce sera le Gouverneur de ce dernier endroit à qui le demi pour cent pourra être donné.

Je crois devoir vous expliquer que ces deux pour cent de gratification que Sa Majesté permet à ces Officiers de recevoir, ne doivent être que sur les Negres vendus; ensorte que si un Navire chargé de 400 Negres arrive au Cap, où il n'en vende que 200, et s'en aille ensuite au Petit-Goave ou à Léogane vendre le reste de sa cargaison, il ne pourra donner qu'un Negre de gratification au Commandant du Cap; de même ceux qui commenceront leur traite au Petit-Goave ou à Léogane, ne pourront donner au Gouverneur Particulier que le demi pour cent des Negres qui seront vendus.

J'ai informé les Négocians du Royaume qui font le commerce de Noirs des ordres que Sa Majesté vous donne à cette occasion, afin que par une trop grande facilité, ils ne soient pas la cause que l'on tombe aux Isles dans le cas de contrevenir aux ordres du Roi.

Sa Majesté vous recommande encore de ne rien exiger au-delà de ce qui est réglé ci-dessus, et d'empêcher absolument que les Lieutenans de Roi, Majors ni autres en exigent de choix, ni autrement, sous quelque prétexte que ce soit; voulant que lorsqu'ils auront besoin de Noirs, ils les paient aux prix et par proportion à leur juste valeur: Sa Majesté trouvera bon seulement qu'en cas d'absence de l'Isle du Gouverneur-Général, Commissaire-Ordonnateur ou des Gouverneurs Particuliers, ou de vacance de quelqu'un de ces emplois, ceux qui en feront les fonctions par interim profitent pendant ce temps de la gratification qui est accordée; mais, hors ce cas, Sa Majesté vous défend très-expressément de le souffrir, et s'il lui en revenoit des plaintes, elle vous en rendroit responsables. Je compte que vous y tiendrez la main de maniere que les intentions de Sa Majesté seront ponctuellement exécutées, et que vous donnerez aux Négocians la protection et les facilités qui conviendront à leur commerce: c'est ce que je ne puis trop vous recommander, et vous ne pouvez faire rien qui soit plus agréable à Sa Majesté.

LETTRE du Ministre à MM. le Comte DE BLÉNAC et MITHON, touchant l'évocation d'une affaire.

Du 27 Janvier 1715.

LE nommé le Page s'étant rendu ici pour se plaindre du jugement que vous avez rendu dans l'affaire qu'il avoit eue contre le sieur Robineau, Procureur-Général du Conseil du Cap, a présenté sa requête en cassation; il a paru, tant de nullités dans la procédure que vous avez faite, et votre jugement est si contraire aux regles de la Jurisprudence, qu'il n'a pas été possible de le soutenir. L'évocation que vous vous étiez faite de cette affaire surpassant votre pouvoir, Sa Majesté a été surprise de ce que vous avez fait à cette occasion, et elle a rendu l'Arrêt du Conseil, dont je joins ici copie, qui casse votre jugement.

L'Arrêt du Conseil d'Etat renvoie la contestation pardevant le Ministre.

PROCÈS-VERBAL de la Fixation de l'Octroi par les deux Conseils de Léogane et du Cap.

Du mois de Janvier 1715.

L'AN 1715, et le mardi 22 Janvier huit heures du matin, le Conseil Supérieur de Léogane en corps, le Conseil Supérieur du Cap François, représenté par MM. François Bauval Barbé et Jean de Silvecanne, Dubois, Conseillers audit Conseil et Commissaires députés par icelui, assemblés en la Chambre du Conseil dudit Léogane en présence.

De Messire Jean-Joseph de Paty, Chevalier de l'Ordre Militaire de Saint-Louis, Gouverneur du Petit-Goave, et Commandant dans toute la partie du Sud et de l'Ouest de cette Isle.

Messire Jacques Mithon, etc.

Messire Joseph de Brach, Ecuyer, Chevalier de l'Ordre Royal de Saint-Louis, Lieutenant de Roi à Léogane et Côte Saint-Domingue.

Et de Santo Domingo, Ecuyer, Major pour le Roi en ladite Ville de Léogane, pour délibérer sur les moyens les plus convenables et moins à charge au public, et aux Habitans de cette Colonie, pour l'imposition de l'Octroi à eux demandé par Sa Majesté, suivant ses ordres du troisieme jour de Juin 1714, et la lettre de Monseigneur le Comte de Pontchartrain, tant pour payer les dépenses de l'Etat que pour les habillemens des Soldats, et farines pour leur subsistance, et l'entretien des armes, lesquelles dépenses peuvent monter à 190,000 livres ou environ, à quoi elles ont été estimées.

Sur quoi l'affaire mise en délibération lesdits Conseils ont déclaré unanimement qu'ils étoient prêts de faire fournir au Roi les sommes nécessaires auxdites dépenses, avec le zele de bons sujets, et avec une obéissance et soumission respectueuse à ses ordres; et pour cet effet, ouï le Procureur-Général en ses conclusions, il a été dit, statué et ordonné que lesdits Conseils, pour trouver les moyens les moins à charge à la Colonie, s'assembleront demain huit heures du matin pour délibérer et examiner les propositions qui ont été faites cejourd'hui; lesquels Conseils s'assembleront aussi le même jour deux heures de relevée pour communiquer à toute l'Assemblée le résultat de leur délibération, pour, sur icelle, être ordonné et statué ce qui sera trouvé le plus convenable; et lesquelles Assemblées se continueront de jour en jour et aux heures ci-dessus marquées jusqu'à l'entiere décision des moyens les plus convenables et les moins à charge aux Habitans pour ladite Assemblée, et ont tous signé la minute des présentes lesdits jour et an.

Et le 23 Janvier audit an 1715 huit heures du matin en exécution de la délibération du jour d'hier, les Conseils de Léogane et du Cap, se sont assemblés pour délibérer et prendre les moyens convenables pour l'imposition dont est question; sur quoi ayant délibéré et ouï le Procureur-Général en ses conclusions, à été arrêté sur le premier Article de l'ordre du Roi, qui ordonne la somme de 30,000 livres pour les fortifications, que le revenant-bon qui se trouve tous les ans sur les compagnies qui ne sont pas complettes peut suffire pour les fortifications, s'il y est employé; et comme il n'y a pas d'apparence qu'il le soit si-tôt, lesdits Conseils estiment que le revenant-bon de ces Compagnies doit tenir lieu des fonds assignés par l'Etat du Roi pour lesdites fortifications; et que quant à présent on doit rayer cet article dans les dépenses que lesdits Conseils doivent ordonner être levées, sauf pour l'avenir si lesdits revenans-bons ne suffisent pas à y être pourvu par lesdits Conseils.

A l'égard du second Article dudit Etat du Roi, touchant la solde des Troupes, lesdits Conseils la passent en son entier montant ledit Article à la somme de 67,176 livres.

Sur quoi lesdits Conseils observent que les Officiers desdites Compagnies qui s'absenteront de l'Isle pour vaquer à leurs affaires particulieres; et ceux qui ne se trouveront point aux revues sans congé ou excuses légitimes, ne seront point payés, ainsi qu'il se pratique dans le service.

Sur le troisieme Article, concernant les Officiers réformés, et qui sont au nombre de sept dans ledit Etat du Roi, dont la dépense monte à 5040 livres, lesdits Conseils représentent que cette Colonie commence à peine à respirer des fatigues et pertes considérables causées par la derniere guerre, qui a réduit presque tous les Habitans dans un état très-triste, tant par la cherté exhorbitante des Marchandises, que par la dureté des Capitaines de Navires qui ont refusé l'absolu nécessaire à tous les Habitans sucriers qui se trouvoient sans argent comptant pour acheter ce qui leur étoit absolument nécessaire pour leur subsistance, et celle de leurs Esclaves, qui, dans ce temps fâcheux, leur ont été plus à charge qu'utiles; le peu de temps qu'il y a que Sa Majesté a bien voulu conclure la la paix pour le bien de ses Sujets, n'a pas permis à ceux de la Colonie de pouvoir se liquider des dettes qu'ils avoient contractées avant la derniere guerre; c'est un fait notoire, et dont MM. le Comte de Blénac, Mithon, le Comte d'Arquyan, et le sieur de Paty, sont pleinement informés par les requêtes continuelles, dont ils sont journellement fatigués; ces raisons obligent lesdits Conseils de représenter que ces Officiers réformés leur paroissent inutiles a la Colonie, et qu'ils lui sont d'autant plus à charge, qu'ils ont une paie haute et forte, sans que pour cela la Colonie en soit plus fortifiée; c'est pourquoi ils estiment que cet Article doit être rayé, sous le bon plaisir de Sa Majesté.

Sur le quatrieme Article dudit Etat du Roi, concernant les appointemens de M. Mithon, en qualité de Commissaire de la Marine, que par l'Edit de leur création, ceux-ci ont un fonds assigné pour cela, dont il est fait état dans les sommes ordonnées aux Trésoriers-Généraux de la Marine, que ces gages et augmentations de gages sont comme un intérêt proportionné à la finance desdites charges, qu'il ne paroît pas convenable auxdits Conseils que la Colonie supporte cette dépense, d'autant plus que Sa Majesté ne demande de ce pays que les dépenses qui le regardent uniquement; quant aux autres appointemens dudit sieur Mithon, qui ne dépendent point de la finance de la charge de Commissaire, lesdits Conseils bien loin de trouver à redire, en reconnoissent la modicité pour la somme de 2500 liv.

Pour l'Article V, pour l'appointement d'un Ingénieur le passe pour 1500 liv.

Pour l'Article VI dudit Etat du Roi, concernant les gratifications de MM. les Gouverneurs, Lieutenans de Roi, et Majors de cette Colonie, pour la somme de 14,700 liv.

A l'égard de la somme de 5000 liv. ordonnée pour les radoubs et carenne des Vaisseaux du Roi, lesdits Conseils représentent que Sa Majesté ne faisant plus aucune dépense pour cette Colonie, elle ne sera plus obligée d'y envoyer des Vaisseaux, et partant que cette somme de 5000 liv., ne doit point être employée dans l'état des sommes à lever sur cette Colonie. Il résulte des observations ci-dessus, que la dépense à faire pour l'entretien des Troupes et Etat-Major du pays, qui, par l'état du Roi de l'année 1712, que M. Mithon a communiqué, monte à la somme de 126,156 liv., se trouveroit réduit, ainsi qu'il est représenté ci-dessus, à celle de 84,376 liv., à laquelle somme il faut ajouter celle de 10,000 liv. attribuée pour gratifications à MM. de l'Etat Major sur les Droits de Cabaret et Boucherie.

Et pour parvenir aux dépenses proposées dans le mémoire de M. Mithon pour l'habillement de douze Compagnies complettes, à raison de cinquante hommes pour chaque Compagnie; lesdits Conseils représentent qu'au lieu de six cents hommes qui sont portés dans ledit mémoire employés au service de cette Colonie, il y en a soixante-quinze occupés à la garde du Fort Saint-Louis, avec quatre Officiers pour les commander, et un Capitaine réformé qui fait les fonctions de Major, lesquels sont payés par la Compagnie de Saint-Louis, qui doit, suivant son traité et concession, fournir à la subsistance, solde et entretien des Officiers et Soldats de deux Compagnies complettes, c'est pourquoi au lieu de faire ici un fond desdites douze Compagnies complettes pour leurs habillemens, lesdits Conseils estiment qu'on ne le doit faire que pour cinq cents vingt-cinq hommes, qui, à raison de vingt-cinq livres par an par homme, ainsi qu'il est demandé par ledit Mémoire, fait la somme de 13,125 livres.

Pour les farines demandées par le même Mémoire pour la subsistance des Troupes, lesdits Conseils font pareille observation que dessus, et passent ledit article sur le même pied qu'il est demandé par M. Mithon par ledit Mémoire montant à la somme de 47,240 liv.

Lesdits Conseils allouent également la somme de 1000 livres, ainsi que M. Mithon l'a demandée, pour les armes des Troupes par chaque année.

Somme totale de toutes les dépenses qu'il a paru auxdits Conseils pouvoir être levées comme nécessaires à la Colonie, ci, 155,741 livres.

Et sur la vérification du présent état de dépense, il s'est trouvé une erreur de 1500 livres pour les appointemens de M. Mithon.

Partant le total de la dépense sera de . . . . . 157,241 liv.

Fait et délibéré, etc.

Et ledit jour, deux heures de relevée, lesdits Conseils assemblés en ladite Chambre du Conseil de Léogane, en présence desdits sieurs de Paty, Mithon, de Brach et Santo-Domingo, lecture a été faite à ladite assemblée de la conférence et observations faites ce matin par lesdits Conseils, sur les états de dépenses communiqués à ladite assemblée par ledit sieur Mithon, sur lesquelles observations contenues en ladite conférance, a été dit par lesdits sieurs de Paty, Mithon, de Brach et Santo-Domingo, sur le premier article concernant les fortifications, que le Roi n'entend point qu'on diminue son état de dépense, ne nous étant pas permis de rien changer à ce que Sa Majesté propose pour lesdites fortifications, dont l'Isle est absolument dépourvue comme un pays qui seroit nouvellement occupé par Sa Majesté; que cependant ayant égard aux remontrances qui leur ont été faites par lesdits deux Conseils de Léogane et du Cap, sur la misere présente de la Colonie, par les dettes immenses dont elle a été obérée dans le cours de la derniere guerre, ne faisant encore que respirer depuis la paix dont nous jouissons, et n'ayant pu s'acquitter desdites dettes, qu'ils acquiescent à une modération de la somme de 15,000 livres, eu égard au revenant bon des deux dernieres années qui peut suffire à commencer les travaux les plus indispensables.

A été dit sur le second article, qu'ils n'ont rien à y ajouter, étant très-satisfaits du zele desdits Conseils.

Sur le troisieme article concernant les Capitaines réformés, a été dit que ceux qui sont pourvus en vertu des commissions du Roi, ne peuvent être rayés, puisque Sa Majesté les a estimés jusqu'à présent nécessaires à son service, les payant, avant l'octroi, de ses deniers et fonds, malgré l'épuisement de ses finances; mais qu'il sera représenté à Sa Majesté que le nombre en est considérable, eu égard à la grande dépense que la Colonie est obligée de supporter, et que Sa Majesté sera suppliée non-seulement de ne les point augmenter, mais encore de ne les plus remplacer lorsqu'ils viendront à manquer.

Sur le quatrieme article, concernant les gages et augmentations de gages de M. Mithon, a été répondu par lesdits sieurs de Paty, de Brach et Santo-Domingo, que Sa Majesté avoit consommé le capital de ces charges aux frais de la guerre, et que l'intérêt de la finance étoit assigné sur les fonds de la Marine, aussi bien que sur ceux de l'Amérique, pour lequel paiement Sa Majesté demande un octroi, ne pouvant le payer.

Sur le cinquieme article, a été dit qu'il n'y a rien à y ajouter.

Idem, sur le sixieme.

Sur le septieme article, concernant les radoubs et carennes des vaisseaux du Roi venant en cette Colonie, a été dit que les vaisseaux ne viennent guere en cette Colonie sans qu'elle en tire quelque utilité; que cependant la Colonie faisant présentement la dépense des farines, et autres dépenses pour l'entretien des Troupes, l'objection peut avoir lieu quand ils ne viennent qu'en passant; mais que quand bien même ils n'aporteroient aucuns secours à la Colonie, l'on doit être tous trop zélés serviteurs du Roi pour laisser périr un vaisseau faute de quelque besoin de radoubs, dont ils estiment qu'on doit faire la dépense comme une avance, dont il sera tiré des lettres-de-change sur le Trésorier du Port où le vaisseau aura armé, sans qu'il en soit fait un fond fixe pour la Colonie.

A l'égard de l'article concernant l'habillement des Soldats, et celui des farines, il a été dit qu'il n'y a rien à y ajouter, et qu'il y a lieu de louer les Conseils de Léogane et du Cap, pour y remplir les volontés du Roi; et sur l'article concernant les armes, y a été seulement ajouté que lorsqu'il en manquera, il en sera acheté des Capitaines marchands, sur le revenant bon, si ladite somme de 1000 livres ne suffit pas.

FAIT et arrêté, l'Assemblée tenant, ledit jour et an, etc.

L'an 1715, et le vingt-quatrieme jour du mois de Janvier, huit heures du matin, le Conseil Supérieur de Léogane en corps, et le Conseil Supérieur du Cap, représenté par MM. François Bauval Barbé, et Jean de Silvecanne Dubois, Conseillers audit Conseil, et Commissaires députés par icelui, en la Chambre du Conseil Supérieur de Léogane, en exécution de l'arrêt dudit Conseil Supérieur de Léogane, du 17 Juillet 1713, et délibération en forme d'instruction rendue par ledit Conseil, ledit jour, pour la perception de six livres par tête de Negres, ordonnée être levée pour fournir aux dépenses de cette Colonie, et de l'arrêt du Conseil Supérieur du Cap, du 14 Août audit an 1713; et délibération dudit Conseil servant d'instruction du même jour; lesquels Arrêts et Délibérations, lesdits Conseils se sont fait représenter, et après en avoir pris lecture, ont procédé à l'examen du compte de dépenses faites par M. Charles Dupaty Mercier, Conseiller du Roi, audit Conseil Supérieur du Cap, et par lui, nommé Commissaire, lequel a représenté le récensement général des quartiers du Cap, et du Port de Paix pour l'année 1713; et remis au comptable pour faire le récouvrement de la somme de six livres, par tête de Negres; montant, savoir ledit récencement du Cap, à la quantité de quatre mille six cens quatre-vingt-six de Negres, payant droit dans le quartier du Cap, lesquels, à raison de six têtes livres par tête, font la somme de 28,116 livres, sur laquelle somme, M. de Boismorant, Commissaire de la marine au Cap, Bauval Barbé, et Silvecanne Dubois, conseillers et Commissaires nommés dudit Conseil Supérieur du Cap, pour l'examen dudit compte, ont passé en reprise celle de 90 liv. pour non valeur; partant le tout net de ladite recette, ne monte qu'à la somme de 28,026 liv.; ledit récensement arrêté par ledit sieur de Boismorant, le 6 du présent mois, et visé par les Conseillers Commissaires susdits, le 21 dudit mois; et le Port de Paix, montant à 666 Negres payans; ledit récensement certifié véritable par le sieur de Grandmaison, Commis à la recette, audit quartier du Port de Paix, montant à la somme de 3996 l. sur laquelle somme a été déduite celle de six livres, et ainsi qu'il est porté dans l'arrêté dudit compte fait par ledit sieur de Boismorant, portant recette nette de la somme de 3990 l. seulement pour la recette dudit quartier; ledit compte arrêté le 6 Janvier présent mois et an, et visé par les Conseillers Commissaires susdits, le 21 dudit mois; un bordereau représenté par ledit Comptable des pieces et décharges fournies par lui, pour la justification de la dépense dudit comptable, ledit bordereau servant de compte de dépense, laquelle monte à la somme de 24030 liv. 10 sols, suivant le vu du sieur de Boismorant, du 3 de ce mois, avec l'examen et arrêté qui en a été fait par les Conseillers Commissaires desdits Conseils, en date du 21 de ce mois; un compte de balance de la recette et dépense faite par ledit Comptable pendant ladite année, par lequel il se trouve redevable de la somme de 4985 liv. 10 sols, ledit compte de balance vérifié dudit Comptable et arrêté par lesdits Commissaires susdits, le 20 Janvier présent mois, laquelle somme sera rapportée en recette en son compte de l'année 1714.

Autre récensement général du quartier du Cap, pour l'année 1714, montant à la quantité de 5445 Negres, payant droits, lesquels, à raison de six livres par tête, montent à la somme de 32670 livres, sauf les non-valeurs, ledit récensement certifié véritable par ledit comptable, le 5 de ce mois, visé pat le sieur de Boismorant, le 6 dudit mois, et par les Conseillers Commissaires susdits, le 21.

Autre récensement pour l'année 1714, pour le quartier du Port de Paix, montant à 695 Negres, payant droits, lesquels, à six livres par tête de Negres, font la somme de 4170 livres, certifié véritable par le sieur de Grandmaison, Commis de ladite recette dudit lieu, le 4 du présent mois, sur laquelle il porte en reprise, celle de 84 liv. due par la dame Langlois qui a quitté ledit quartier; partant il reste net la somme de 4086 livres; visé et arrêté par ledit sieur de Boismorant, le 6 du présent mois, par les Conseillers Commissaires susdits, le 21 dudit mois.

Autre compte de balance de la recette et dépense fait par le Comptable, pendant lesdites années, dans lequel il porte en recette la solde de son précédent compte, par lequel compte de balance pour l'année derniere 1714, il doit pour solde 14406 liv. 15 sols 4 deniers, sauf les reprises pour les paiemens qui lui restent à récouvrer, présenté et affirmé par le Comptable, le 21 de ce mois, arrêté par les Conseillers Commissaires, susdits, le même jour, lesquels récensemens et comptes, lesdits Conseils ordonnent être mis en dépôt au Greffe de l'Assemblée; ensemble les acquits et quittances que ledit Comptable a rétirés pour les paiemens par lui faits, suivant les bordereaux et comptes ci-devant mentionnés, moyennont quoi, il sera bien et valablement déchargé.

Et à l'instant, MM. les Conseillers Commissaires députés du Conseil du Cap, ont dit avoir remarqué, dans les comptes du sieur Dupaty Mercier, plusieurs sommes passées pour gratifications, voyages et journaliers; sans qu'il leur soit apparu aucun ordre du Roi à cet effet; partant ils estiment qu'à l'avenir ces sommes ne doivent être passées dans les comptes des Receveurs, sans ordre du Roi, d'autant plus qu'elles se montent ensemble à celle de 2080 livres; sur quoi, lesdits Conseils ont dit, statué et ordonné qu'à l'avenir, il ne sera passé aucune somme en dépenses dans les comptes des Receveurs, pour gratifications, voyages et journaliers, à moins qu'il ne paroisse des ordres du Roi, ou de la nécessité indispensable d'icelles et de leur emploi; et attendu que le sieur Buttet, Capitaine d'une Compagnie Franche de la Marine, héritier général et universel de défunt Réné Buttet, Conseiller Commissaire, nommé par le Conseil Supérieur de Léogane, pour le recouvrement de six livres par tête de Negres, ne s'est point présenté pour la reddition de ses comptes, le Conseil de Léogane a nommé MM. Messires Brice Lemaistre et Balthazard Beauval, Conseillers en ladite Cour, pour Commissaires, pardevant lesquels le sieur Buttet rendra incessamment ses comptes, du maniment, recette et dépenses par lui faites de la levée desdits six livres par tête de Negres, à quoi il sera contraint par toutes voies dues et raisonnables, même par corps. FAIT et arrêté à ladite Assemblée tenue en la Chambre du Conseil de Léogane, le jour et an susdit.

Et le vingt-quatrieme jour dudit mois, deux heures de relevée, lesdits Conseils s'étant assemblés, pour répondre sur ce que MM. de Paty, Mithon, de Brach et Santo Domingo ont répliqué au procès-verbal et délibération desdits deux Conseils de leur séance du jour d'hier, huit heures du matin; sur quoi, et après que l'affaire a été mise en délibération, lesdits Conseils ont dit, délibéré et statué qu'il sera pris sur les revenans bons des Octrois des années 1713 et 1714, la somme de 60,000 livres, pour les fonds assignés pendant lesdites années 1713 et 1714, pour les fortifications, à raison de 30,000 livres par an, et que le surplus du revenant bon desdites années sera employé et porté en recette pour la levée de la présente année, et ainsi que pour l'avenir, et ordonnent lesdits Conseils, que la somme de 15,000 liv. demandée par lesdits sieurs de Paty, Mithon, de Brach, et Santo-Domingo sera levée la présente année

1715, pour être employée et portée en dépense pour les fortifications de cette Isle, à l'exception de celles qui sont dans la concession de la Compagnie de Saint-Domingue; et sur l'article concernant les Officiers réformés, lesdits Conseils, sur la représentation faite par lesdits sieurs de Paty, Mithon, de Brach, et Santo-Domingo, que la Colonie leur sera obligée de représenter à Sa Majesté, la triste situation où elle se trouve encore, qui la met hors d'état de pouvoir faire tout ce qu'elle souhaiteroit pour le bien du service, que cependant lesdits Conseils passent cette somme jusqu'à ce qu'il ait plu à Sa Majesté de les décharger; et à l'égard des gages et augmentations de gages attribués à la charge du Commissaire de la Marine de M. Mithon, lesdits Conseils, bien loin d'avoir fait l'objection portée dans leurs précédentes observations, en vue de dispenser la Colonie du paiement de cette somme, l'en charge volontiers; mais ils supplient Sa Majesté de vouloir bien ne pas envoyer ici des Commissaires de la Marine en titre d'office, pour ne pas surcharger la Colonie; et sur la lecture que lesdits Conseils ont pris de nouveau de l'article des farines, pour la subsistance des troupes, contenu dans le mémoire de M. Mithon, lesdits Conseils représentent que la colonie étant à présent chargée de faire cette dépense, Sa Majesté est suppliée de vouloir bien permettre aux habitans de payer, à chaque soldat, au lieu de farines, la somme de 7 liv. 4 sols par mois, pour remplacer la ration des farines qu'on leur donne ordinairement; ils ont lieu d'espérer cette grace, d'autant plus que pendant tout le tems de la derniere guerre, il en a été ainsi usé, lorsque les farines ont manqué dans les magasins, et même que les soldats y ont coutume de vendre leur farine, lorsqu'on la leur donne en nature; les révolutions du commerce qui rendent souvent les farines rares; la mauvaise qualité des magasins du pays, causée par les poux de bois et de terre qui se mettent dans les barils de bois de France, et empêche qu'on puisse faire des gros amas, font espérer que Sa Majesté voudra bien accorder à cette Colonie de payer les farines en argent. FAIT et délibéré à ladite Assemblée par lesdits Conseils, ledit jour et an, et ont signé à la minute des présentes.

Et le vingt-cinquieme dudit mois de Janvier audit an 1715, huit heures du matin, lesdits Conseils assemblés en la maniere accoutumée, pour délibérer sur les sommes demandées par Sa Majesté, et sur les moyens d'en faire l'imposition et la levée, avec le plus de facilité que faire se pourra, pour le soulagement des Habitans de cette Colonie; l'affaire ayant été encore mise en délibéré sur les sommes demandées par Sa Majesté, lesdits Conseils, après avoir mûrement examiné sur le tout, et que lecture a été faite desdites séances précédentes; ils ont dit, statué et ordonné que les sommes à lever sur la Colonie, durant la présente année 1715, consistent dans les articles qui suivent, savoir:

Pour les fortifications, ci.	15000 liv.
Pour la solde de dix Compagnies et demie.	58779
Pour les Capitaines réformés.	5040
Pour les gages et appointemens de M. Mithon, ci.	4300
Pour les appointemens d'un Ingénieur.	1500
Pour gratifications de l'Etat Major.	14700
Pour les gratifications ordonnées sur les droits de cabarets et boucheries.	10000
Pour les vêtemens des soldats.	13125
Pour les farines.	37800
Pour l'entretien des armes.	1000
TOTAL	161244

lesquelles sommes il convient lever pendant la présente année pour être employées, ainsi qu'il est dit, et porté par lesdits articles; pour à quoi parvenir, lesdits Conseils assemblés ont dit et statué que pour le paiement de ladite somme, il seroit pris;

SAVOIR:

Celle de trente mille livres qui se trouve actuellement en caisse, à cause du revenant bon de la levée faite pendant les années 1713 et 1714, laquelle dite somme sera tirée hors ligne, ci. . . . . . 30,000 l.

Et sur l'estimation qui a été faite des droits de boucherie, lesquels ont été estimés à la somme de dix mille livres, lesdits Conseils ordonnent que lesdits droits de boucherie seront employés au paiement de la somme ordonnée pour la présente année, ci. . . . . 10,000 l.

Et sur l'extrait des comptes de la recette générale des droits d'indigo, pendant les années 1707, jusques et compris 1713, qui a été remis à M. Mithon; l'Assemblée ayant examiné à quoi peuvent monter lesdits droits, une année rapportant l'autre, et après en avoir fait la supputation, a été trouvé qu'ils devoient monter à la somme de trente mille livres, laquelle, elle a ordonné être aussi employée au paiement de la somme accordée pour la présente année, ci. . . . . 30,000 l.

Et l'estimation des droits de Cabarets ayant été faite et calculée sur le pied

pied qu'ils ont produit pendant les années 1707 et suivantes, on a trouvé que ces droits pouvoient produire par année la somme de sept mille livres; et comme il a paru à l'Assemblée que les droits que payent les Cabaretiers sont trop modiques, eu égard aux profits qu'ils font, et que d'ailleurs il n'est pas proportionné à la consommation que chacun d'eux fait en particulier : le Cabaretier-Traiteur ne paye pas plus que celui qui vend à pot et à pinte, et ne débite que de l'eau-de-vie et de la guildive, à petites mesures, lesdits Conseils assémblés ont ordonné et statué que les Cabaretiers qui donnent à manger, paieront à l'avenir la somme de trois cens livres par an, également que ceux qui tiendront table pour des pensionnaires, depuis le nombre de trois et au-dessus; que les Cabaretiers vendans vin à pot et à pinte, paieront seulement la somme de cent cinquante livres; le tout ainsi qu'il sera réglé par l'arrêt que les Conseils assemblés rendront à ce sujet, laquelle augmentation de droit a été estimée pouvoir monter à trois mille livres, partant lesdits droits sont estimés produire la somme de dix mille livres, ci. . . . . 10,000 l.

Et sur la représentation faite à l'Assemblée qu'il y a un droit de dix sols par bannette de cuir qui se leve au Cap, sur ceux qui s'y embarquent, lequel droit avoit été destiné à y faire un aqueduc pour porter de l'eau dans le bourg du Cap, lequel projet, MM. les Députés du Conseil du Cap ont dit être absolument inutile, vu qu'il y a une source au-dessus du Bourg, très-peu éloignée qui fournit de l'eau abondamment, et qui seule peut suffire, et qu'il seroit presqu'impossible, avec une grosse dépense, de pouvoir conduire l'eau proposée, par un acqueduc, audit Bourg, la source étant éloignée de près d'une demie lieue; ce qui fait que sur ladite représentation, lesdits Conseils ont dit, statué et ordonné que ledit droit de dix sols par banette de cuir sera employé à payer partie des sommes qu'on levera dans la Colonie, et a ordonné et ordonne qu'à l'avenir, au lieu de dix sols, il sera levé vingt sols par bannette du cuir, laquelle levée a été estimée devoir produire la somme de cinq mille livres, ci. 5000 l.

Et pour répartir avec justice sur tous les Habitans, la somme à lever pour l'entretien de la Colonie, et les Habitans qui fabriquent de l'indigo, étant chargés de deux sols pour livre d'indigo, lesdits Conseils ont, pour égaliser ce droit, autant qu'il leur est possible, ordonné qu'à l'avenir, il sera payé vingt sols par barrique de sucre brut, et trois livres par chaque de sucre blanc, qui seront levés de la même maniere que se perçoivent les droits d'indigo; et sur la communication qui a été prise des récensemens généraux de la Colonie, on a trouvé qu'il y avoit cent cinquante sucreries, lesquelles sont estimées devoir produire, et faire l'une dans l'autre, la quantité de deux cens cinquante bariques de sucre, lesquelles, à vingt sols par chaque barrique, font la somme de trente-sept mille livres, ci. . . . . 37000 l.

Et comme les sommes ci-dessus ordonnées ne suffisent pas pour remplir la somme à lever, et qu'il ne seroit pas juste que les Habitans seuls supportassent toutes les charges, et que les Commerçans et Négocians ont un même intérêt dans l'entretien des troupes et construction des fortifications que les Habitans, il a été ordonné de mettre un droit modique sur les vaisseaux marchands venant négocier en cette Isle, lequel a été fixé à cinq livres par tonneau du port de chacun; et sur l'examen qui a été fait du nombre et port des vaisseaux qui viennent ici, l'on trouve qu'ils comportent le nombre de dix mille tonneaux, lesquels, à raison de cinq livres par tonneau, font la somme de ci. . . . . 50,000 l.

Et comme les navires qui viennent de Guinée payent au Roi un droit de trente livres par tête de Negres, lesdits Conseils ont ordonné qu'ils ne paieront que demi droit; qu'il a été remarqué qu'ils apportent toujours une quantité de marchandises seiches considérable, et sur la parfaite connoissance que lesdits Conseils ont que les vaisseaux de Sa Majesté qui viennent ici sont ordinairement chargés des marchandises et pacotilles, il a été dit et accordé que le Capitaine Commandant, ou l'Ecrivain du vaisseau déclarera, à son arrivée, ce qu'il a de marchandises, et en ce cas, sur sa déclaration, il paiera cent sols par tonneau du port dudit vaisseau, sauf à lui, à le répéter sur le propriétaire des marchandises qu'il avoit dans son bord, et en cas que les Capitaines ou Ecrivains déclarent n'en point avoir, si leur déclaration se trouve fausse, et qu'il s'en trouve, elles seront confisquées; savoir le tiers, au profit du Dénonciateur, et les deux autres tiers à la Colonie; et à l'égard des vaisseaux du Roi qui seront frétés par des particuliers ou Compagnies, ils paieront le droit en son entier; et comme les sommes ci-dessus mentionnées suffisent pour remplir la somme ordonnée pour la présente année, il a été dit, statué et ordonné que la capitation de six livres par tête de Negres cessera; font défenses lesdits Conseils, aux Receveurs proposés pour les lever, de la plus exiger ponr l'année 1715, et aux Habitans de la payer; et à l'égard de la revue des troupes, il sera nommé par les Conseils de Léogane et du Cap, un Conseiller pour y être présent, et y assister, à l'effet de quoi, les Commandans seront priés de vouloir bien avertir celui qui sera nommé, des jours desdites revues pour y être présent; savoir pour le quartier de Léogane, M. Messire Daniel Mithon, pour celui du Petit-Goave, M. Messire Matges, et pour le Cap, le Conseil nommera de sa Compagnie, tels Conseillers qu'il jugera à propos, et dans les lieux éloignés de la résidence des Conseils, où il n'y a point de Conseillers demeurans, comme le Port de Paix, il sera loisible audit Conseil d'y nommer telle personne qu'il jugera à propos; le Conseiller nommé visera les revues, le Conseiller Syndic ne signera que les Ordonnances pour les dépenses portées dans l'état ci-dessus; et pour faire la levée et recette des impositions ci-dessus, ont dit, statué et ordonné qu'il y aura deux Receveurs; savoir un pour le quartier de Léogane et un autre pour le quartier du Cap, auxquels il sera donné pour leurs appointemens, savoir, celui de Léogane, 4500 livres par an, et à celui du Cap, 3500 livres aussi par an, lesquels receveurs observeront exactement tous les Réglemens et Arrêts rendus sur la recette des indigos et perception des droits ci-devant établis; ils auront un registre qui sera coté et paraphé par des MM. du Conseil pour la recette qui se fera des sucres qui seront embarqués; ils auront un pareil registre pour la perception du droit imposé sur les navires par tonneau, dans lequel ils enrégistreront par extrait les passeports, signés du Capitaine de chaque vaisseau qui négocieront dans cette Isle et côte, ou y viendront faire décharger leurs acquits à caution ou bien, se régleront sur les passeports pour savoir le port desdits tonneaux, en faire payer la taxe, et à l'égard des deniers provenans des boucheries et cabarets, ils rapporteront les adjudications pour pieces justificatives de leurs recettes; lesdits Receveurs Trésoriers ne paieront aucune somme que sur les Ordonnances de M. Mithon, visées par les Syndics qui seront nommés à cet effet; ils ne paieront pareillement aucune somme aux troupes qu'en présence du Conseiller qui assistera aux montres et revues, ils apporteront tous les deux mois aux Conseils, un bordereau de leurs recettes et dépenses certifié d'eux et visé par les Syndics, en exécution de quoi le Conseil a nommé pour Syndic M. Messire de la Buissonniere, et pour Trésorier-Receveur dudit Conseil, M. Messire Gabet, Conseiller. Fait et arrêté à ladite Assemblée tenue ledit jour et an, et ont signé la minute des présentes.

Et le 26 desdits mois et an, huit heures du matin, les Conseils assemblés en la maniere accoutumée, en présence desdits sieurs de Paty, Mithon, de Brach et Santo-Domingo, et après que lecture a été faite des délibérations desdits Conseils, du jour d'hier, les sieurs de Paty, Mithon, de Brach, et Santo-Domingo, ont dit, sur le produit de l'article des Indigos, qu'il n'étoit pas vraisemblable qu'il puisse monter jusqu'à

30,000 livres par an, plusieurs Indigotiers ayant quitté cette manufacture pour s'adonner à faire des sucres, et que leur avis est, qu'ils ne pourront produire au plus par an que la somme de 25,000 livres; sur l'article de la taxe par barrique, a été pareillement dit qu'ils trouvent l'imposition de 20 sous par barrique trop modique, qu'il conviendroit beaucoup mieux de l'augmenter jusqu'à 40 sous par barrique, pour contrebalancer la taxe faite sur l'Indigo, par proportion de la valeur de l'un et de l'autre, ce qui feroit une égalité de taxe entre les habitans indigotiers, et les habitans sucriers, et que par cette imposition de 40 sous par barrique de sucre, on n'exigeroit plus que 3 livres par tonneau des marchandises de France, ce qui iroit au soulagement du commerce, qu'il est d'une importance extrême de ménager, pour le bien de la Colonie; sur l'article de cent sols par tonneau, il a été dit que le nombre de dix mille tonneaux paroît trop fort, et qu'il doit être réduit à huit mille, lequel réduit à trois livres, au lieu de cinq, ne produiroit que vingt-quatre mille livres; et à l'égard des autres articles, lesdits sieurs ont dit qu'ils n'y trouvent rien à augmenter ni à diminuer; sur quoi ils demandent auxdits sieurs des Conseils de Léogane et du Cap, de faire une sérieuse réflexion, sur-tout, pour l'article des sucres, pour qu'on ne puisse leur objecter que s'adonnant tous à cette manufacture, ils aient plutôt consulté leur intérêt particulier que celui du commerce.

Extrait du produit, suivant l'avis ci-dessus; fonds à faire pour l'année 1715, 161244 livres; frais de régie, 8000 livres; total . . 169244 l.

Pour laquelle somme fournir il se trouve de restant des fonds 30,000 l. les Boucheries pourront produire 10,000 l., l'Indigo 25,000 l., les Cabarets 10,000 l., les Cuirs 5000 l.; cent cinquante Sucreries qui sont comptées sur le pied de deux cents Barriques, l'une portant l'autre, à quarante sols par Barrique, 60,000 l. huit mille Tonneaux des Vaisseaux venant à la Côte à trois livres par Tonneau, 24,000 livres; somme totale, ci. 164,000 l.

Fait et arrêté à ladite Assemblée les jours et ans susdits, et ont signé la minute des présentes.

Avis de M. le Comte DE BLÉNAC.

Que les Conseils Supérieurs ne sont pas en droit de rien retrancher de l'état de dépense du Roi, que Sa Majesté expliquant sur cela ses volontés, il n'en doit point être délibéré.

Que la maniere de disposer les travaux pour les Fortifications, soit par entreprises ou adjudications, ne regarde point les Conseils; mais que ce soin est commis au Général et à l'Ordonnateur par les ordres du Roi.

Qu'il est donc seulement question de trouver la somme de cent quatre-vingt-dix mille livres que le Roi demande.

Que les vingt sous proposés par Barrique de Sucre, ne peuvent jamais aller à plus de trente mille livres, n'étant pas vraisemblable par le détail que nous avons des Sucreries, qu'il se fasse par an plus de trente mille Barriques de Sucre, ci. . . . . 30,000 l.

Que les cinq livres par Tonneau ne peuvent jamais monter à plus de quarante mille livres, n'arrivant point en cette Côte plus de huit mille Tonneaux par an, ... 40,000 l.

Que les droits d'Indigo ne peuvent gueres aller par an à plus de ci. . . . . 25,000 livres.

L'excédent des droits de Boucherie et de Cabarrets à plus de 5000 l.

Ce qui ne fait un total que de cent mille livres, bien éloigné de cent quatre-vingt mille livres demandées par le Roi; que pour trouver ce supplément, mon avis est qu'on augmente le droit sur le Sucre, ce qui même fait un équivalant approchant de deux sous pour livre sur l'Indigo, cette augmentation ira à environ . . . . . . 30,000 livres.

Qu'au lieu de cinq livres par Tonneau proposés qui tombent en entier sur le Commerce, on n'impose que trois livres, ce qui ne fait plus que vingt mille livres, ce qui est une diminution de seize mille, et qu'il faut trouver ailleurs; qu'on impose 4 livres par tête de Negres, ce qui fera à quatorze mille Negres, ... 56,000 l.

Montent les deux sommes ensemble à . . . . . . 86,000 liv.

Sur quoi est à déduire pour les deux livres retranchées par Tonneau . . . . 16,000 liv.

Reste . . . . 170,000 liv.

dont on se contentera cette année.

Je demande, au nom de Sa Majesté, qu'on délibére sur chacun de ses Articles, et que chacun donne sa voix par écrit pour en rendre compte au Roi.

Envoyé à M. de Paty pour lire aux Conseils, et y faire enregistrer le présent Mémoire de notre part. A Léogane, le 26 Janvier 1715.

Signé BLÉNAC.

Et ledit jour 26 Janvier 1715 de relevée, lesdits Conseils assemblés en la Chambre du Conseil en la maniere ci-devant dite, après avoir fait faire lecture de l'avis de M. le Comte de Blénac, Lieutenant-Général, et Gouverneur pour le Roi en cette Isle, contenu en son Mémoire représenté par ledit sieur de Paty à l'Assemblée de cejourd'hui matin, et les réponses et objections faites par lesdits sieurs de Paty, Mithon, de Brach, et Santo-Domingo, à la délibération desdits Conseils du jour d'hier du matin, ont dit sur le premier Chef concernant les droits d'Indigo, qu'ayant pris et calculé le produit desdits droits année par année depuis 1707 jusqu'à présent, représenté par ledit sieur Mithon, qu'ils ont trouvé qu'année par année ledit droit a produit 30,000 liv. Sur le second Chef concernant l'imposition de vingt sols par Barrique de Sucre brut, et quarante sols sur le Sucre blanc; ont dit qu'ils estiment que leur délibération sur ce Chef a été bien et murement balancée, et examinée, pourquoi ils y persistent; et sur l'Article concernant l'imposition de cent sols par Tonneau du port des Vaisseaux, ont dit pareillement qu'ils y persistent, et qu'il est raisonnable que les Commerçans portent aussi bien que les Habitans partie des charges de la Colonie, puisque les travaux et les fortifications sont plutôt pour la sûreté des Vaisseaux que pour les Habitans de la Colonie; et comme il est presque impossible de faire une imposition juste des sommes demandées par Sa Majesté, il y sera pourvu par l'imposition de l'année 1716. Arrêté et délibéré à ladite Assemblée, tenue lesdits jours et an.

Et ledit jour, à l'instant sont entrés en ladite Assemblée, lesdits sieurs de Paty, Mithon, de Brach et Santo-Domingo, lesquels après avoir pris lecture de la Délibération ci-dessus, ont représenté derechef que les droits ci-dessus imposés ne suffiroient pas pour remplir les fonds demandés par le Roi; et qu'il seroit nécessaire pour y parvenir de faire une augmentation sur les Sucres, et une diminution sur l'imposition par tonneau; surquoi l'Assemblée est unanimement convenue qu'on imposeroit trente sols par Barrique de Sucre brut, et trois livres par Barrique de Sucre blanc, et la somme de quatre livres par Tonneau du port des Vaisseaux qui viendront dans cette Isle.

L'an 1715 le 26 Janvier, quatre heures de relevée, le Conseil Supérieur de Léogane en Corps, et le Conseil Supérieur du Cap François, représenté, etc. en présence de Messire Jean-Joseph de Paty, Messire Jean-Jacques Mithon, Messire de Santo-Domingo, Ecuyer-Major pour le Roi, pour délibérer sur les moyens les plus convenables et moins à charge aux Habitans de cette Colonie pour l'imposition de l'Octroi demandé par Sa Majesté, suivant sesdits ordres, tant pour payer les dépenses de l'Etat, que pour les habillemens des Soldats, Farines pour leur subsistance, et l'entretien des Armes.

Les Procureurs-Généraux desdits Conseils sont entrés dans la chambre de l'Assemblée, et ont représenté à icelle Assemblée que lesdits Conseils de Léogane et du Cap, dans leurs séances du jour d'hier avoient pour le paiement de la somme accordée pour l'entretien des dépenses de la Colonie pour la présente année 1715, ordonné qu'il seroit fait une augmentation sur les droits de Cabaret, comme aussi sur les Cuirs, à raison de dix sols par Bannette de Cuir, plus qu'elle n'étoit imposée, et qu'on leveroit à l'avenir vingt sols par Barrique de Sucre brut, et quarante sols par Barrique de Sucre blanc; et que tous les Vaisseaux venant en cette Isle payeroient cinq livres par Tonneau; et que vu lesdites Délibérations, et en conséquence d'icelles, il plût à l'Assemblée rendre une Ordonnance pour la levée et perception desdits droits, et ont signé la minute des Présentes; sur quoi l'Assemblée a donné acte auxdits Procureurs-Généraux de leurs remontrances, dires et requisitions; et ayant de nouveau procédé à l'examen des moyens les plus convenables, et les moins à charge au public pour la levée dudit droit, ceux proposés et arrêtés dans lesdites séances ont été trouvés les moins onéreux; c'est pourquoi l'Assemblée a ordonné et ordonne ce qui suit:

ART. Ier. Que les Cabaretiers des Bourgs de cette Isle, qui donnent à manger, et les gens tenant pensions publiques, payeront à l'avenir la somme de trois cents livres chacun, au lieu de cent cinquante livres, et à ladite Assemblée réputé pensions publiques, les gens résidens dans les Villes et Bourgs qui ont trois pensionnaires et au-dessus; et à l'égard des autres Cabarretiers qui sont sur les grands chemins, quoiqu'ils donnent à manger, et logent les passans, ainsi qu'autres vendant vin en détail, ils ne payeront pour ce plus grand droit que celui accoutumé; et pour l'exécution de cet Article a ladite Assemblée, ordonné et ordonne qu'il sera incessamment procédé à la requête des Procureurs-Généraux, chacun en droit soi, à une nouvelle adjudication des droits de Cabaret à l'échéance des Beaux à ferme, et jusqu'à ce, ce seront les Fermiers tenus de compter de la somme de cent cinquante livres d'augmentation par chaque Cabarret, ainsi qu'il est dit ci-dessus, qu'ils feront payer pendant la présente année aux Cabaretiers qui seront dans le cas porté par le présent Arrêt.

Les Cabaretiers vendant vin, seront réputés donner à manger lorsqu'ils serviront table couverte de nappe avec plats et assiettes, et par conséquent comme tels assujettis à la nouvelle imposition de trois cents livres;

et en conséquence fait défenses à tous autres Cabaretiers qui vendent vin, eau-de-vie et guildive à pot et à pinte d'avoir dans leurs Cabarets aucune table couverte de nappes; voulant et entendant ladite Assemblée, que ceux qui donneront table couverte d'une nappe seulement soient assujettis au paiement de la somme de trois cents livres, à l'exclusion toutefois des Cabaretiers qui sont établis sur les grands chemins, et non dans les plaines du Cap de Léogane, et du Cul-de-Sac, qui payeront comme les Cabaretiers des Villes et Bourgs.

Art. II. Qu'au lieu de la somme de dix sols qui s'est levée jusqu'à présent par Banette de Cuir, il sera levé celle de vingt sols, laquelle sera perçue dans toute l'étendue de cette Isle, et de la même maniere qu'elle l'à été ci-devant au Cap, et payée par le chargeur, ainsi qu'il s'est pratiqué; et en cas de contravention contre le présent Article, ladite Assemblée a dès à présent condamné les contrevenans en quinze cents livres d'amende, applicable à la Caisse publique.

Art. III. Qu'il sera levé et perçu par le Receveur-Trésorier de chaque Conseil la somme de trente sols par chaque Barrique de Sucre brut pesant cinq cents livres; soixante sols par Barrique de Sucre blanc pesant cinq cents livres de Sucre net; à l'effet de quoi les Capitaines de Vaisseaux marchands, de quelque qualité et condition qu'ils soient, qui embarqueront desdits Sucres seront obligés d'en faire leur déclaration aux bureaux du Receveur-Trésorier-Général de chaque Conseil, qui seront à cet effet établis en chaque Quartier; savoir, un en la Ville de Léogane, un au Petit-Goave, un au Cap, et l'autre au Port de Paix; et seront pour cet effet lesdits Capitaines de Navires tenus de représenter aux Receveurs, ou à leurs Commis, à ce par eux préposés, les déclarations qu'ils auront faite au bureau du Domaine de leur chargement, et feront apparoir de la quantité et poids desdits Sucres par les factures qu'ils en auront faites, lesquelles factures les Chargeurs à frêt desdits Sucres, soit par commission ou autrement, seront obligés aussi de représenter auxdits Receveurs ou Commis, à peine de cinq cents livres d'amende contre les contrevenans, applicable comme dessus, desquelles factures il sera par lesdits Receveurs ou Commis pris des extraits sur les livres qu'ils tiendront à cet effet, signé desdits Capitaines ou Chargeurs, sur lesquels extraits lesdits Receveurs ou Commis feront payer ladite somme de trente sols par Barrique de Sucre brut net pesant cinq cents livres, et soixante sols par chaque Barrique de Sucre blanc pesant cinq cents livres; le tout à peine de quinze cents livres d'amende contre les contrevenans, applicable aussi comme dessus.

Art.

ART. IV. Qu'il sera aussi levé sur chaque Navire qui viendra dans cette Isle, soit pour y négocier, soit pour y faire décharger ses acquits à caution ou brieux, la somme de quatre livres par Tonneau de leur port, lequel sera réglé sur celui qui leur sera attribué par leurs passeports et connoissemens; et à l'effet de quoi ladite Assemblée a ordonné et ordonne que tous les Capitaines, Marchands et autres qui viendront à cette Côte seront obligés de représenter aux Receveurs Trésoriers-Généraux desdits Conseils ou leurs Commis dans leurs bureaux, leurs passeports, dont lesdits Receveurs ou Commis tireront un extrait sur un registre qu'ils auront à cet effet, et qui sera coté et paraphé par un des MM. des Conseils, lesquels extraits contiendront le nom du Navire, le lieu d'où il est parti, le nom du Capitaine, la quantité de Tonneaux du port dudit Vaisseau, le lieu où il va, et la date du passeport; que les Capitaines Commandans lesdits Navires seront tenus de payer à raison de quatre livres par Tonneau les sommes dont ils seront redevables pour le port de ceux qu'ils commanderont, sans qu'il soit besoin pour ce d'aucune autre Ordonnance, Jugement ou Contrainte, desquelles sommes ils retireront quittance des Trésoriers Receveurs desdits Conseils, qui leur servira de décharge, desquelles quittances ils signeront des ampliations que lesdits Receveurs rapporteront lors de la reddition de leurs comptes; et comme lesdits Vaisseaux viennent souvent chargés à frêt, il a été dit et statué qu'ils se feront rembourser par les Chargeurs desdites quatre livres imposées par Tonneau; le tout à proportion de ce qu'ils auront à frêt, suivant les connoissemens qu'ils en auront signés; et à l'égard des Vaisseaux qui viennent de Guinée chargés de Negres, comme ils paient au Roi trente livres par tête de Negres, a été ordonné qu'ils ne payeront que quarante sols par Tonneau de port de leur Vaisseau; quant aux Vaisseaux du Roi, qui seront frêtés par des Compagnies ou par des Particuliers, ils payeront le droit en entier; et comme il est à la connoissance publique que ceux de Sa Majesté, quoique armés par elle et pour son compte, apportent une quantité très-considérable de Marchandises qui appartiennent aux Officiers, soit en propre ou aux Particuliers, ce qui porte un préjudice considérable au Commerce, l'Assemblée a ordonné et ordonne que les Capitaines ou Ecrivains des Vaisseaux du Roi armés pour son compte, feront à leur arrivée des déclarations s'ils ont des Marchandises dans leur bord, afin qu'en ce cas ils paient quatre livres par Tonneau du port desdits Vaisseaux pour raison desdites Marchandises; à quoi les Capitaines sont déja condamnés, sauf à eux à répartir les sommes qu'ils payeront pour raison de ce sur ceux qui seront propriétaires desdites Marchandises et à s'en faire rembourser et où lesdits Capitaines ou Ecrivains auront déclaré n'avoir aucunes Marchandises, ladite Assemblée a déclaré sujettes à confiscation celles qui seront trouvées dans lesdits Vaisseaux, et les confisque dès à présent ; savoir, un tiers au Dénonciateur, un tiers à MM. les Gouverneur-Général, et Particulier par moitié, et l'autre tiers au profit de la Caisse publique.

Art. V. Et comme il est aussi à la connoissance de l'Assemblée qu'il se commet beaucoup de fraude sur le droit d'Indigo, les Négocians et les Chargeurs l'enfutaillant dans des barriques du Pays qu'ils font faire exprès, contenant au moins six cents livres, qu'ils ne déclarent aux Bureaux que pour trois cents cinquante, elle a ordonné et ordonne qu'à l'avenir les Indigos enfutaillés dans les barriques de Bordeaux payeront pour trois cents cinquante livres d'Indigo ; et ceux enfutaillés dans les barriques du Pays pour cinq cents cinquante, si mieux n'aiment les Chargeurs faire peser lesdites barriques ou futailles en présence du Receveur desdits droits à leurs Bureaux ; et seront lesdits Capitaines tenus de déclarer la quantité desdites futailles, à peine de quinze cents livres d'amende, et de confiscation du surplus de l'Indigo non déclaré ; lesdites amendes et confiscations applicables comme dessus.

Art. VI. Et sera le présent Arrêt en forme de Réglement enregistré aux Greffes des Conseils Supérieurs de Léogane et du Cap, et des Juridictions en ressortissantes, lu, publié et affiché par-tout où besoin sera, à ce que personne n'en ignore, à la diligence des Procureurs-Généraux et de leurs Substituts qui en certifieront lesdits Conseils dans un mois de ce jour.

Art. VII. Sur ce qu'il est encore venu à la connoissance de l'Assemblée, que les Navires de la Compagnie du Sénégal qui vont à la Côte de Guinée traiter des Negres pour les apporter en cette Colonie, sont frêtés par des Particuliers qui y chargent une quantité considérable des Marchandises qu'ils vendent ici en échange des denrées du Pays, dont ils prétendent ne payer que demi droit, en vertu des privileges que Sa Majesté ne leur a accordé en France que pour le produit de la vente de leurs Noirs ; à quoi étant nécessaire de remédier, l'Assemblée a ordonné et ordonne que lesdites Marchandises chargées à frêt dans lesdits Vaisseaux de la Compagnie du Sénégal payeront tous les droits comme tous les autres Négocians, et sous les mêmes peines. Donné à Léogane, en l'Assemblée des Conseils Supérieurs de Léogane et du Cap, tenue en la Chambre du Conseil de Léogane, le 26 Janvier 1715, quatre heures de relevée.

R. au Conseil du Cap, le premier Mars suivant.

ARRÊT du Conseil du Cap, approbatif de ce qui a été fait à celui de Léogane touchant l'Octroi, et qui nomme un Conseiller pour Syndic, et un autre pour assister aux revues des Troupes.

Du 1er Mars 1715.

VU le rapport fait par MM. de Beauval Barbé et de Silvecanne Dubois, que le Conseil avoit nommé pour le représenter à l'assemblée générale convoquée par MM. le Comte de Blénac et Mithon, à Léogane, ce Conseil a approuvé et ratifié, approuve et ratifie tout ce qu'ils ont fait et arrêté en ladite Assemblée, au nom dudit Conseil, et qu'en conséquence les Arrêts de Réglemens et les Procès-verbaux des Conférences passées à Léogane, seront enregiſtrés, et que la minute en restera au Greffe dudit Conseil, pour y avoir recours, si besoin est; et à cet effet a nommé pour Syndic, la personne de M. de Maurepas Cochon, et pour les revues des troupes, la personne de M. de Silvecanne Dubois.

COMMISSION de Greffier Commis, du Conseil du Cap, accordée par les Administrateurs au sieur PINSARRAT.

Du 15 Avril 1715.

LE Comte de Blénac, etc.

Jean-Jacques Mithon, etc.

Vu la Requête à nous présentée par le sieur Duperrier, Greffier en chef du Conseil Supérieur du Cap, et ayant égard aux raisons qu'il expose en icelle, dont nous avons une parfaite connoissance, étant suffisamment informé de la capacité du ſieur Pinsarrat; Nous, pour l'utilité publique, avons commis et commettons ledit ſieur Pinsarrat, pour faire les fonctions de Commis Greffier audit Conseil Supérieur du Cap, conjointement avec ledit ſieur Duperrier, pour, en cette qualité, assister aux Séances, signer les Arrêts du Conseil et tous autres actes de justice, dont il aura la moitié des émolumens et retribution, suivant les offres dudit sieur Duperrier, contenues dans sa requête; le tout, après que ledit ſieur Pinsarrat aura prêté serment de se bien et fidellement comporter dans ledit emploi, et qu'il aura été reçu audit Conseil. DONNÉ à Léoganne, etc.

R. au Conseil du Cap, le 6 Mai 1715.

ORDONNANCE des Administrateurs, portant que le produit des effets de la Mission des Capucins, sera employé à la construction d'une nouvelle Eglise au Cap, à la place de celle qui tombe en ruine.

Du 15 Avril 1715.

ORDONNANCE des Administrateurs, qui fait défenses à tous Navigateurs François d'aller trafiquer dans les Isles Angloises et à Curaçao, ni même d'aller pêcher sur les Côtes desdites Isles, à l'exception de Terre-Neuve.

Du 1er Mai 1715.

LE Comte de Blénac, etc.

Jean-Jacques Mithon, etc.

Nous étant prescrit, par les ordres du Roi, de renouveller les défenses, si souvent réitérées dans les Colonies de l'Amérique, de faire aucun commerce chez l'étranger, même de pêcher sur les Côtes des Iles Angloises et Curaçao, les mêmes défenses ayant été renouvellées dans les pays de la domination d'Angleterre, conformément au traité de neutralité entre les deux Nations, du 6 Novembre 1686, pour les pays de l'Amérique, à peine de confiscation des Navires et Barques qui iront pêcher les uns chez les autres : Nous, en conséquence desdits ordres et pour l'exacte observance dudit traité de neutralité, faisons très-expresses inhibitions et défenses à tous Navigateurs François d'aller trafiquer dans les Isles Angloises et à Curaçao, ni même d'aller pêcher sur les Côtes desdites Isles, à l'exception de Terre-Neuve, conformément au traité d'Utrecht du 11 Avril 1712, sous les peines portées par les Ordonnances du Roi, qui défend ce commerce, notamment par celle du 20 Août 1698; faisons pareillement défenses aux Habitans de cette Isle de faire commerce d'aucune sorte de marchandise avec lesdits Anglois et Hollandois, directement ni indirectement, sous les peines portées par ladite Ordonnance du 20 Août 1698; enjoignons aux Gouverneurs, Lieutenans de Roi, et Commandans Particuliers des Quartiers de tenir exactement la main à l'exécution de la présente Ordonnance, et de ne souffrir aucun Bâtiment Anglois commercer ni pêcher dans les Ports de leur commandement et Côtes adjacentes, dépendans de ce Gouvernement, dont ils seront tenus de donner aussi-tôt avis à M. le Comte de Blénac, Gouverneur-Général; ordonnons aux Officiers de l'Amirauté de cette Isle, et au sieur de Boismorant, Commissaire de la Marine au Cap, de procéder à la confiscation desdits Bâtimens, soit Anglois ou François, qui auront contrevenu à la présente Ordonnance, laquelle sera enregistrée dans les Greffes des Conseils de cette Isle, et Juridictions en ressortissantes. DONNÉ à Léogane, etc.

R. au Conseil du Cap, le 23 Mai 1715.

ARRÊT du Conseil du Cap, qui permet aux Huissiers de prendre des Records, à la charge d'en être garans.

Du 6 Mai 1715.

VU par le Conseil la Requête du sieur Petit, Huissier-Audiencier, contenant qu'il est chargé de quantité d'affaires, tant du Conseil que de la Juridiction, et entr'autres pour contraindre les Habitans au paiement de l'Octroi du Roi; et comme il ne peut vaquer à tout, n'y ayant que Lemaire, Huissier qui peut agir, et qui est aussi chargé de quelque liste pour ledit Octroi; d'ailleurs il est impossible de pouvoir faire mettre aucun Arrêt ni Sentence à double exécution, ni même faire des Procès-verbaux vu la disette d'Huissiers, etc. LE CONSEIL permet au Suppliant de prendre tels Records qu'il jugera à propos lui être nécessaires; comme au sieur Lemaire, Huissier à la Juridiction, en par eux se rendant garans de tous les événemens qui pourroient survenir de la part desdits Records.

ARRÊT du Conseil du Cap, touchant des Manquemens de l'Huissier-Audiencier de la Cour envers le Juge du Cap.

Du 6 Mai 1715.

VU par le Conseil la Requête de M. Héron, Juge du Cap, contenant que Petit, Huissier-Audiencier du Conseil, se prétendant créancier de la succession Arami, auroit obtenu Arrêt de condamnation; ce qui étant venu à la connoissance du Suppliant, qui se prétend aussi être créancier et des premiers, fondé sur un Arrêt; comme les Séances ne tiennent que tous les deux mois, le Suppliant se seroit pourvu pardevant M. de Paty Mercier, pour obtenir une surséance jusqu'à votre prochaine Séance, ce qu'il lui auroit accordé; et à l'instant V.S. l'auroit fait signifier; mais ledit Petit qui tendoit à ses fins, afin que votre Suppliant ne pût faire aucune réplique, s'avisa d'attendre à faire signifier la seconde Ordonnance qu'il avoit obtenue positivement au moment que le Suppliant étoit dans la chambre où il exerce la justice, quoique V. S. lui représentât doucement qu'il méritoit d'être condamné à l'amende; ce qui ne le rebuta pas, il persista toujours dans le même dessein; ce que Lemaire, qui étoit chargé de cette commission, n'ayant voulu faire, ledit Petit s'emporta en invectives contre le Suppliant, et les autres Huissiers; ce qui est à la connoissance du public, qui s'étonna de la douceur du Suppliant, qui en cette occasion ne voulut point se servir de son autorité, crainte qu'on ne dît que ce ne fût par récrimination, espérant par la suite avoir l'honneur de vous en présenter sa Plainte, et obtenir de vous la justice, qu'un tel attentat et pareille insolence commise contre la personne d'un Juge dans son Siege, et y faisant les fonctions de sa Charge, demande; ouï les conclusions verbales du Procureur-Général du Roi, LE CONSEIL y faisant droit, a ordonné pour réparation de l'injure faite en la personne du Suppliant sur son Siege, que ledit Petit se transportera à la premiere Audience tenante dans ladite Chambre de l'Audience, et que là, à haute et intelligible voix, il demandera excuse à mondit sieur Héron de son procédé, et lui dira que le Conseil l'a renvoyé à lui pour en faire la justice qu'il jugera à propos, se soumettant à telle punition qu'il décernera contre lui, et ledit Petit aux dépens.

EDIT du Roi, concernant la compagnie des trois cens quarante Sécrétaires du Roi.

Du mois de Juin 1715.

LOUIS, etc. SALUT, etc. Après avoir affermi le repos de l'Etat par une paix solide et avantageuse, nous avons reconnu que le moyen le plus certain, pour en faire ressentir à nos Peuples des effets prompts, étoit de rétablir l'ordre et la proportion dans nos Finances. A CES CAUSES, avons par le présent Edit perpétuel et irrévocable ordonné et ordonnons:

ART. Ier. Que le nombre de nos Conseillers Sécrétaires Maison

Couronne de France et de nos Finances, demeurera fixé à celui de trois cens quarante.

Art. X. Pour prévenir tous les prétextes de donner atteinte aux privileges de nos Conseillers Sécrétaires, nous avons, par le présent Edit, confirmé et confirmons, en tant que de besoin est ou seroit, tous les privileges, généralement quelconques, qui leur ont été accordés par les Rois nos prédécesseurs et par nous, nonobstant tous Edits, Déclarations et Arrêts de notre Conseil qui auront pu être rendus, au préjudice desdits privileges et exemptions, lesquels nous n'entendons nuire ni préjudicier à nos Conseillers Sécrétaires, et auxquels nous avons expressément dérogé et dérogeons par le présent Edit.

Art. II. Et sans déroger à cette confirmation générale, laquelle ne pourra passer pour nouvelle concession, nous voulons que, conformément à nos Edits et déclarations, et des Rois nos prédécesseurs, nos trois cens quarante Conseillers, Sécrétaires de notre grande Chancellerie, soient réputés nobles de quatre races, reçus et capables d'être reçus dans tous les ordres de Chevallerie de notre Royaume.

Art. IV. Confirmons nosdits trois cens Conseillers Sécrétaires, dans la jouissance de tous les honneurs, franchises, immunités, prérogatives, privileges, prééminences, rangs, séances, fonctions et exercices qui leur ont été attribués en vertu de nos Edits, Déclarations et Arrêts, et des Rois, nos prédécesseurs, encore qu'ils ne soient spécialement exprimés par le présent Edit.

Si donnons en mandement, etc.

R. à Paris en Parlement, le 19 Juin 1715.

Et au Conseil de Léogane, le 19 Février 1717.

Les Articles de cet Edit que nous ne rapportons pas, n'ont trait qu'à la finance et aux gages des charges de Secrétaires du Roi, et à des exemptions qui ne peuvent, par leur nature, avoir aucun effet aux Colonies.

DÉCISIONS du Lieutenant de Roi du Port de Paix, sur le droit des Habitans du Bourg du Petit Saint-Louis à l'eau de la Riviere du même lieu, et au Pâturage dans une Savanne voisine.

Des 17 et 27 Juin 1715.

Nous, Chevalier de l'ordre militaire de Saint-Louis, Lieutenant pour le Roi, Commandant au Port de Paix.

Ayant été requis par le R. P. Ranconneau, Supérieur de la Mission de la Compagnie de Jesus, par sa lettre sans date, écrite du Cap, de vouloir bien juger et décider une discussion et procès arrivé entre les Habitans du Bourg de Saint-Louis en ce quartier, et le R. P. de Montigny, Procureur de l'habitation de ladite Compagnie, sise audit lieu de Saint-Louis, au sujet de l'usage et droit de prendre de l'eau à la riviere nommée de Saint-Louis, enclose et coulante dans ladite habitation, dont les Habitans se plaignent que ledit Révérend Pere de Montigny les a empêché de jouir, et la connoissance de laquelle décision avoit été évoquée pardevant M. le Comte de Blénac, par ledit R. P. de Montigny, qui nous avoit requis d'arrêter le cours de la justice ordinaire de ce Siege pour cet effet; et voulant faire notre possible pour entretenir la paix, l'union et la société civile dans ce quartier confié à nos soins, nous avons, pour cet effet, demandé auxdits Habitans dudit Bourg de Saint-Louis, si, conjointement à la demande susdite dudit R. P. Ranconneau, ils se vouloient rapporter à notre décision sur leurs différends, tant au sujet de l'usage et chemin de ladite riviere de Saint-Louis, que du pâturage des bestiaux de l'hahitation de ladite Compagnie dans la Savanne du Bourg, à quoi ils auroient consenti; et pour avoir une plus ample connoissance du fait et en faire la décision la plus juste qui se pourroit, ne voulant pas suivre seulement notre sentiment, mais l'avis de personnes d'honneur et de capacité, nous avons fait choix de Messire Henri-Gabriel Pinaul, Ecuyer, sieur de la Joubretiere, Lieutenant-Colonel des Milices du Port de Paix, François Macé, de sa Compagnie, Delecocq, Philippe de Bocq, François Grespin et François Vandome, Habitans, tous de la paroisse Notre-Dame du Port de Paix, non suspects à aucune des parties, pour connoître avec nous des différends susdits, visiter les lieux, nous donner leurs avis, et enfin après une entiere connoissance donner leurs voix pour le Jugement avec nous; à quoi nous les autorisons à cet effet, pourquoi

pourquoi après que les parties nous ont remis leurs pieces contenant leurs demandes, défenses, raisons et procédures; le tout vu, examiné, et mûrement considéré par nous, et lesdits sieurs dénommés Juges à cet effet, et avoir visité nous-mêmes les lieux en différens endroits de ladite Riviere et Habitation; et qu'il nous a apparu que de tous temps lesdits Habitans ont pris l'eau et usé de ladite Riviere de Saint-Louis pour leurs nécessités sans empêchement dans les lieux enclos, dans la Savanne de l'Habitation desdits RR. PP. Jésuites; d'autre part considérant l'inconvénient et le dommage que cette servitude apporteroit à cette Habitation par la sortie des Bestiaux ou autrement; nous avons jugé qu'il falloit trouver un milieu dans ces difficultés; et après une seconde visite du terrein nous ordonnons que depuis ladite Riviere de Saint-Louis, à la ligne de la barriere de Saint-Louis, jusqu'à la ligne de la barriere de l'Habitation desdits RR. PP., est et ouest, jusqu'à cent trois pas courant de l'ouest à l'est; il sera fait ouverture desdites barrieres et dudit lieu, où il sera pour cet effet posé une borne par l'Arpenteur, tiré une ligne par lui sur les rumbs de vent courant du nord-quart-nord-d'est au sud-quart-sud-ouest, tirant par ladite Riviere et finissant au pied de la falaise qui se trouve en cet endroit au sud de la Riviere; ce qui a été fait en notre présence par ledit Arpenteur, par balises qu'il y a plantées, et auquel lieu il posera aussi une borne; et sur la ligne susdite les susdits RR. PP. feront barrieres à l'avenir pour clore leur Habitation, et par cet endroit feront incessamment et fourniront le chemin libre aux Habitans dudit Bourg pour l'usage de ladite Riviere; duquel espace de terre depuis le nord-quart-nord-d'est, courant sud-quart-sud-ouest desdits cent trois pas, plus à l'est que la Riviere, les Habitans dudit Bourg de Saint-Louis jouiront à perpétuité pour leur nécessité et usage de l'eau, et laver leur linge, et le sécher seulement, dans lequel espace au-delà des endroits où le plus grand flux de la mer entre, ils pourront commodément laver, sécher et prendre l'eau sans incommoder les propriétaires de ladite Habitation, qui ne pourront y donner atteinte sans cependant les priver du droit de propriété du terrein entier pour s'en servir en pâturage ou autrement.

A l'égard du pâturage de la Savanne de Saint-Louis; comme ce terrein est un don fait par le feu sieur Lejeune, pour faire un Bourg et une Eglise, qu'il a démembré de son Habitation, et que cette raison empêcha de le convertir en Savanne commune; et d'ailleurs y ayant un corps-de-garde établi en temps de guerre à la pointe de ce Bourg; il est nécessaire au service de conserver le pâturage aux chevaux des Cavaliers et

Habitans; nous avons ordonné qu'il ne pourra servir à la pâture d'aucune bête à corne ni à laine d'aucuns Habitans, auxquels sans exception nous défendons d'y en lâcher, et qu'elle sera seulement pour l'usage des Habitans du Bourg et des Gens de garde; et en cas qu'à l'avenir le malheur voulut qu'il survînt quelque différent entre lesdits RR. PP. et lesdits Habitans, nous enjoignons aux derniers de se servir de termes qui soient toujours respectueux à leur égard et à leur caractere; à tout quoi ci-dessus nous ordonnons aux Parties de s'y conformer, jusqu'à ce qu'il plaise à M. le Comte de Blénac de ratifier notre présent Jugement, dont lesdits Habitans nous ont prié d'obtenir la ratification en présence desdits sieurs susnommés qui nous ont assisté au Jugement. DONNÉ au Bourg de Saint-Louis, Quartier du Port de Paix, le 17 Juin 1715, et ont signé avec nous, à la réserve du sieur Vandosme, qui a dit ne savoir signer, ainsi signés BREDA, JOUBRETIERES, MACÉ, P. DUCOCQ, et FRANÇOIS GREPIN.

Lecture faite de ladite Sentence, nous avons jugé devoir expliquer plus clairement ce qui regarde l'Article de ladite Savanne de Saint-Louis, déclarant que nous n'entendons en aucune maniere par ledit Article déroger aux droits du Curé sur le terrein de l'Eglise; tellement qu'icelui terrein, qui a été de tout temps attaché à l'Eglise, demeurera affecté au Curé privativement à tous autres, tel qu'il a toujours été, ensorte qu'il puisse le faire entourer, comme il l'a déja été par les ordres de M. de Villaroche, Commandant en ce Quartier, s'en servir à tels usages qu'il voudra, et y faire paître les bestiaux qu'il jugera à propos, et que nous avons signé comme ci-dessus. DONNÉ au Port de Paix, le 27 Juin 1715. *Signés* BREDA, JOUBRETIERS, P. DUCOCQ, MACÉ, et FRANÇOIS GREPIN.

R. au Greffe de la Subdélégation du Cap, le 12 Août 1768.

ARRÊT du Conseil du Cap, qui condamne un Commandeur Blanc en l'amende pour avoir infligé un châtiment à un Negre en l'absence du Procureur de l'Habitation, sans appeller les voisins, duquel châtiment le Negre est mort.

Du 2 Juillet 1715.

ORDONNANCE des Administrateurs, portant Tarif des Droits du Capitaine de Port au Cap.

Du 23 Août 1715.

LE Comte de Blénac, etc.

Jean-Jacques Mithon, etc.

Le sieur Raoul, Capitaine de Port au Cap, nous ayant représenté que quelques-uns des Capitaines des Navires marchands qui entrent dans le Port dudit lieu refusoient de payer en entier le droit établi de tout temps par l'usage pour l'entrée desdits Vaisseaux, ce qui causeroit souvent des discussions, quelques-uns prétendant payer moins qu'ils ne doivent, sous prétexte qu'il n'y a aucun réglement à ce sujet; et ledit sieur Raoul nous requérant d'en faire un pour éviter dans la suite les contestations qu'il pourroit y avoir avec lesdits Capitaines, pour raison dudit droit; à quoi ayant égard, et vu les anciennes listes des droits d'usage sur ladite entrée auxquels nous desirons nous conformer, suivant la grandeur et port des Bâtimens.

Nous ordonnons qu'à l'avenir lesdits Capitaines Marchands payeront audit sieur Raoul, Capitaine de Port, pour l'entrée et sortie de leurs Navires; savoir,

Ceux de trois à quatre cents Tonneaux et au-dessus la somme de 50 livres.

De deux cents cinquante, et de deux cents soixante Tonneaux 45 livres.

De deux cents Tonneaux 40 livres.

De cent cinquante à cent quatre-vingt Tonneaux 35 livres.

De soixante-dix à quatre-vingt Tonneaux 30 livres.

Et les Brigantins, Barques et Bateaux qui viendront du dehors de l'Isle 18 livres seulement.

Les Barques du Pays qui font le Cabotage n'étant point sujettes audit droit.

Et en cas que lesdits Capitaines Marchands soient obligés de faire carenner leurs Navires, Brigantins, Bateaux ou Barques, ils payeront le double du droit ci-dessus, réglé audit sieur Raoul, attendu les soins qu'il est obligé de se donner pour entretenir le Port en bon état, et veiller à leur bonne carenne; au paiement desquelles sommes lesdits

Capitaines seront contraints, par saisie et vente des effets de leur Cargaison, et par toute autre voie due et raisonnable; défendons audit sieur Raoul d'exiger desdits Capitaines un plus gros droit que celui ci-dessus expliqué, à peine d'exaction et de restitution du quadruple; prions M. le Comte d'Arquyan de tenir la main à l'exécution du présent Réglement; et enjoignons au sieur de Boismorant de le faire exécuter selon sa forme et teneur; ordonnons en outre qu'il sera publié et affiché audit lieu du Cap, et enregistré au Greffe de l'Amirauté, afin que personne n'en ignore. DONNÉ à Léogane, etc. le 23 Août 1715.

Signés BLÉNAC et MITHON.

R. en l'Amirauté du Cap, le 15 Juin 1725.

Au Conseil du Cap, le 11 Juillet 1749.

Et à la Subdélégation du Cap, le 28 Août 1780.

EDIT du Roi, portant Réglement sur les Tailles, et Suppression générale, tant des Annoblissemens par Lettres qu'autrement, faits moyennant finance depuis le premier Janvier 1689.

Du mois d'Août 1715.

LOUIS, etc. SALUT. Par notre Déclaration du 9 Juillet dernier, nous avons ordonné la continuation de la levée et perception de la Capitation et du Dixieme, pour en être le produit employé au paiement des dettes de notre Etat, et à la libération de nos revenus, etc.

R. au Conseil de Léogane, le 2 Mai 1718.

Nous avons cru ne devoir pas rapporter les dispositions de cet Edit, comme étrangeres aux Colonies, puisque ceux dont il maintient la noblesse, comme ceux dont il la révoque, ne peuvent plus faire enregistrer leurs titres qu'avec l'attache du Ministre de la Marine, qui suit la vérification qu'en fait le Généalogiste.

LETTRE *de Cachet du Roi* LOUIS XV, *aux deux Conseils de Saint-Domingue, sur son Avénement au Trône.*

Du 1er Septembre 1715.

DE PAR LE ROI.

NOS amés et faux, la perte que nous venons de faire du Roi notre très-honoré Seigneur et Bisayeul, nous touche si sensiblement qu'il nous seroit impossible à présent d'avoir d'autre pensée que celle que la piété et l'amour nous demandent pour le repos et le salut de son ame; si le devoir à quoi nous oblige l'intérêt que nous avons de maintenir la Couronne en sa grandeur, et de conserver tous nos Peuples dans la tranquillité ne nous forçoit de surmonter les justes ressentimens pour prendre les soins nécessaires à la conduite de cet Etat; et parce que la distribution de la justice et le bon ordre que vos Compagnies doivent tenir dans leurs fonctions, est le meilleur dont nous puissions nous servir pour nous en acquitter dignement; nous vous ordonnons et nous vous exhortons, autant qu'il nous est possible, qu'après avoir fait à Dieu les Prieres que vous devez lui présenter pour le salut de feu notre Seigneur et Bisayeul, vous ayez, nonobstant cette mutation, à continuer la Séance de nos Conseils Supérieurs et l'administration de la justice à nos Peuples, avec la célérité que le devoir de vos Charges, et l'intégrité de vos consciences, vous y obligent; cependant nous vous assurons que vous nous trouverez toujours tels envers vous, et en général et en particulier qu'un bon Roi doit être envers ses bons et fideles Sujets et Serviteurs. DONNÉ à Versailles, le premier Septembre 1715. *Signé* LOUIS. *Et plus bas*, PHELYPEAUX.

R. au Conseil de Léogane, le 2 Mars 1716.

Et à celui du Cap, le 26 Mai suivant.

ARRÊT du Conseil de Léogane, touchant un Solliciteur de Procès.

Du 7 Septembre 1715.

Le Conseil condamna Joseph Lafoi, Solliciteur de Procès de profession, à demander pardon, et à faire une réparation publique aux Officiers du Siege ordinaire de Léogane, avec défenses de solliciter, postuler ni écrire pour aucun Particulier, directement ni indirectement, à peine d'être banni et chassé de la Colonie.

ARRÊT rendu le Roi séant, en son Parlement de Paris, par lequel M. LE DUC D'ORLÉANS, est déclaré Régent du Royaume; et Lettres-patentes sur icelui, adressées aux Conseils de Saint-Domingue.

Des 12 et 22 Septembre 1715.

R. au Conseil de Léogane, le 13 Janvier 1716.
Et à celui du Cap, le 28 du même mois.

DÉCLARATION du Roi qui établit six Conseils particuliers pour la direction des affaires du Royaume, outre le Conseil de Régence; savoir le Conseil de Conscience, le Conseil des Affaires étrangeres, le Conseil de Guerre, le Conseil de Finances, le Conseil de Marine et le Conseil des Affaires du dedans du Royaume qui étoient ci-devant portées au Conseil des Dépêches, sans rien innover à l'égard du Conseil privé; Et instruction sur la maniere d'écrire au Conseil de Marine.

Des 15 Septembre et 9 Novembre 1715.

Forme que l'on doit observer lorsqu'on écrira au Conseil de Marine.

LE nouvel ordre établi pour l'administration des affaires du Royaume, demandant, M.M., une nouvelle forme d'arrangement pour leurs expéditions, le Conseil de Marine souhaite que vous observiez, à l'avenir, d'écrire des lettres séparées pour chaque nature d'affaires différentes, ensorte que, dans la même lettre, vous ne rendiez compte que d'une seule et unique affaire, et lorsque vous aurez à informer des nouvelles dont vous aurez eu avis, ou vous acquitter de quelque compliment, vous le fassiez par des lettres particulieres.

Que vos lettres soient écrites sur du papier à la Telliere à mi-marge, afin que l'autre moitié de la marge puisse servir à mettre la délibération du Conseil sur le contenu de vos lettres.

Que la suscription de vos paquets soit : *à son Altesse Monseigneur le Duc d'Orléans, Régent du Royaume*, et que vous observiez d'écrire au haut de chaque paquet, *Conseil de Marine*, afin que ces paquets soient rendus au Conseil sans être confondus à la Poste.

Les Officiers subalternes, tant d'épée, que de justice et de plume, servant actuellement en l'Isle Saint-Domingue, n'écriront point au Conseil de Marine, comme ils avoient la coutume de faire, au Sécrétaire d'Etat, sur les affaires dont ils sont chargés, mais ils rendront compte de leurs gestions à leurs Supérieurs; savoir, les Officiers d'épée au Gouverneur général, et les Officiers de justice et de plume au Commissaire ordonnateur, ni ayant que vous qui deviez seuls écrire au Conseil sur-tout ce qui regarde les affaires et le détail de l'Isle Saint-Domingue.

Les Officiers d'épée qui auront besoin de congés s'adresseront au Gouverneur général, qui en envoyera une liste, et observera de marquer, en marge, à chaque article, les raisons particulieres que l'Officier aura de s'absenter, s'il convient de lui en accorder la permission, et pour combien de temps.

Les Officiers de justice et de plume, s'adresseront pareillement au Commissaire ordonnateur, à Saint-Domingue, qui observera la même chose que le Gouverneur général.

Le même ordre sera observé à l'égard des permissions pour mariages, les Officiers d'épée s'adresseront, pour l'obtention d'icelles, au Gouverneur général, et les Officiers de plume au Commissaire ordonnateur; et comme le Conseil est informé que les Officiers trouvent souvent à faire des mariages avantageux, que le temps qu'il faudroit pour recevoir la permission pourroit leur faire manquer, en ce cas, le Conseil veut bien laisser à votre Prudence de leur permettre, en observant cependant d'en rendre compte au Conseil, et de ne point accorder de pareilles permissions que pour des mariages avantageux.

Les Gouverneurs de l'Isle Sainte-Croix, Commandant du Cap et du petit Goave, écriront directement au Conseil, en la même forme, quand ils auront quelque chose de pressé et de conséquence à faire savoir, et observeront de vous en informer chacun pour ce qui regarde vos fonctions.

Tous les Officiers, en général, d'épée, de justice et de plume, et les Habitans de l'Isle de Saint-Domingue pourront écrire, pour ce qui regarde leurs affaires particulieres, aux différens membres du Conseil, et adresseront leurs lettres nommément à ceux du Conseil, auxquels ils les auront écrites, et quand ils auront à donner quelque avis de malversatiou ou autres choses concernant le service, ils écriront au Conseil directement, et dans la forme prescrite ci-dessus.

Tous ceux qui voudront écrire par lettres ou placets, pour leur avancement, s'adresseront directement au Conseil, et dans la forme prescrite ci-dessus.

Pour l'adresse du paquet, comme le Conseil a jugé que la multiplicité des lettres écrites par le passé par tous les Officiers des Colonnies indistinctement, pourroit retarder le service et troubler l'arrangement qu'il a pris pour son travail, il faudra, s'il vous plaît, que vous teniez la main à l'exécution exacte de ce que le Conseil vous prescrit pour y remédier, et qu'à cet effet vous rendiez cette lettre publique dans l'Isle Saint-Domingue, afin que les Officiers et Habitans puissent s'y conformer. *Signé* LOUIS-ANTOINE DE BOURBON; le Maréchal D'ESTRÉES.

Conseil de Marine.

Monseigneur l'Amiral.
M. le Maréchal d'Estrées.
M. de Coetlogon, Lieutenant général des Armées Navalles.
M. de Champigny, Chef d'Escadre.
M. de Vauvray, Intendant de la Marine.
M. Ferran, Intendant de la Province de Bretagne.
M. de Baurepos, Intendant général des Classes.

R. au Conseil de Léogane, le 13 Janvier 1716.
Et à celui du Cap, le 28 du même mois.

LETTRE

Lettre du Conseil de Marine à M. M. de Blénac *et* Mithon *touchant les Monnoies.*

Du 12 Octobre 1715.

Messieurs Duquesne et de Vaucreson avoient proposé MM. de laisser dans les Isles du Vent, les monnoies sur un plus haut pied que celui qu'elles ont en France, le Conseil de Marine a fort désapprouvé cette proposition, les monnoies devant toujours avoir une égale valeur dans les différens Etats qui sont sous une même domination ; cependant le Conseil n'a voulu donner aucun ordre sans communiquer auparavant cette proposition au Conseil des Finances ; elle a été examinée, ensuite portée au Conseil de Régence qui l'a désapprouvé, et ordonné de remettre les monnoies sur le pied qu'elles sont en France, conformément à l'extrait que vous trouverez ci-joint qui en fixe, pour toujours, le prix, vous aurez soin de le faire enrégistrer et de tenir la main qu'il soit exécuté dans toute l'étendue de l'Isle Saint-Domingue ; *Signé* Louis-Antoine de Bourbon, le Maréchal d'Estrées.

R. au Conseil de Léogane, le 13 Janvier 1716.

Arrêt du Conseil d'Etat qui, conformément à la Déclaration du 13 Août précédent, ordonne que les Louis d'Or demeureront à 14 l. les Ecus à 3 l. 10 s. et les doubles et demis à proportion.

Du 12 Octobre 1715.

R. au Conseil de Léogane, le 13 Janvier 1716.

ORDONNANCE des Administrateurs touchant une Chasse des Negres Marons etant à la Béate.

Du 25 Octobre 1715.

LE Comte de Blénac, etc.

Jean-Jacques Mithon, etc.

Les Negres Marons François et Espagnols qui seront pris à la Béate, seront payés à la troupe françoise et Espagnole, qui sera commandée pour cette expédition, sur le pied de 25 piastes par tête de Negre, par les Maîtres à qui ils appartiendront, et ceux qui seront tués seront payés aussi la même somme de 25 piastes à ladite troupe par le remboursement sur les deniers publics.

Les sommes provenantes desdits Negres pris et tués, seront partagées entre ladite troupe également, le dixieme préalablement pris sur lesdites sommes, et remis, par égales parts, aux deux Commandans François et Espagnols; le tout conformément aux réglemens du Conseil, du 16 Juin 1711, à quoi nous tiendrons exactement la main. DONNÉ à Léogane, etc.

ARRÊT du Conseil da Cap, qui défend aux Huissiers de faire porter leurs Exploits par des personnes qui n'ont pas ce titre.

Du 6 Novembre 1715.

ORDONNANCE des Administrateurs, concernant la réunion au Domaine du Roi, de plusieurs Hattes et Corails, situés aux quartiers du Limbé et de Bayaha.

Du 3 Décembre 1715.

LE Comte de Blénac, etc.

Jean-Jacques Mithon, etc.

Vu la rémontrance du Procureur-Général du Roi, au Conseil Supérieur du Cap, à nous présentée le premier de ce mois, contenant, etc.

Vu l'Arrêt du Conseil d'Etat du premier Décembre 1710, enrégistré dans les Conseils de Léogane et du Cap, concernant la réunion des terres, et la déclaration du Roi du 16 Octobre 1713, qui explique les cas desdites réunions, et notamment celles des hattes et corails non garnis de bestiaux, portant, etc. ladite Déclaration enrégistrée dans les Conseils de cette Isle; le tout murement examiné, ayant égard à la rémontrance dudit Procureur-Général, et étant nécessaire, conformément auxdits Arrêts et Déclaration, de rémédier à des abus si préjudiciables, à l'augmentation de la Colonie, et si contraires aux intentions de Sa Majesté, nous avons réuni et réunissons au Domaine du Roi lesdites hattes et corails dudit lieu du Limbé, terres abandonnées, concessions qui n'ont pas été mises en valeur, et celles qui seront au-dessus de mille pas quarrés, quoiqu'en partie défrichées, à commencer du bord de la Mer jusqu'à la Souffriere. Déclarons les prétendus Propriétaires desdites hattes et corails, et terres abandonnées, déchus de leurs prétentions, soit qu'ils les aient eues par concessi[illegible], acquisitions, ou autrement, faute par eux de les avoir entretenus, habitués et garnis de bêtes, conformément aux termes des concessions, à l'ordre observé dans la Colonie de tout temps, et aux Arrêts et Déclarations du Roi rendus à ce sujet; maintenons et conservons les nouveaux Habitans du Limbé dans la jouissance des terres qu'ils ont établies audit lieu, dont ils prendront des concessions, ou seront tenus de les faire confirmer s'ils en ont déja, nous réservant de donner ce qui reste à concéder à d'autres nouveaux Habitans par petites portions, suivant leurs forces, dont les plus fortes concessions n'excéderont pas mille pas quarrés, partie en Savannes et partie en Raques pour ceux qui auront beaucoup de Nègres, et six cens pas pour les autres; ordonnons au sieur Baupré, Arpenteur, de se transporter sur les lieux pour tirer les lisieres et fixer les bornes desdits nouveaux Habitans, conformément au présent réglement de réunion, et de nous faire son rapport de ce qui reste à concéder; n'entendons néanmoins préjudicier aux droits et intérêts des Mineurs, dont les Peres ont acquis, ou ont eu en concessions les terreins, compris dans la présente réunion, qu'ils n'ont pas été en état de faire valloir à cause de leur minorité ou absence, dont il est fait exception dans ladite Déclaration du Roi, du 16 Octobre 1713, nous réservant de faire rembourser lesdits Mineurs du prix du premier achat par ceux qui seront remplacés sur lesdits terreins, suivant les titres que lesdits Mineurs et Tuteurs en feront apparoître, ou de donner auxdits Mineurs d'autres concessions de terre en dédommagement, s'ils sont en état de les faire valloir, et par proportion de leurs forces; avons pareillement réuni et réunissons au Domaine du Roi les hattes et corails qui se trouveront n'être pas garnis d'un nombre suffisant de bêtes à corne et de cochons, dans les quartiers de Jaquezy et de Bayaha, jusqu'à la riviere de Rebouc, reonnue pour notre borne; déclarons déchus, ceux qui prétendent conserver dans ces hattes et corails des raques de bois bonnes à habituer, de la propriété desdites raques, que nous nous réservons de donner aux Habitans nouveaux qui se présenteront, nos Prédécesseurs, ni nous, n'ayant jamais entendu concéder, pour hattes et corails, des terreins propres à cultiver, qu'on a toujours réservés pour y placer, par préférence, des Habitans; réunissons lesdites raques au Domaine du Roi, sans avoir égard aux petits défrichés, qu'aucun desdits Propriétaires y ont fait, tant dans le quartier du Limbé, que dans ceux de Jaquezy et de Bayaha, y plaçant deux ou trois Negres pour se garantir de la réunion qu'ils ont encourue, sous prétexte de les avoir mis en valeur; Et faisant encore droit sur ladite rémontrance du Procureur-Général, à l'occasion de quelques Propriétaires desdites hattes et corails, lesquels ont vendu de ces raques, bois debout, sans les avoir défrichés en entier ou même lesdits bois, à des Ouvriers, contre les défenses expresses de Sa Majesté, portées par ladite Déclaration du Roi, sous peine de 1000 l. d'amende envers les premiers et de 100 l. envers ceux qui ont vendu seulement des bois; nous, déclarons les marchés faits desdits terreins, bois debout, et desdits bois nuls et de nulle valeur; ordonnons que les Vendeurs seront poursuivis, par devant nous, à la diligence du Procureur-Général ou de ses Substituts, pour être condamnés à l'amende portée par ladite Déclaration; annullons toutes confirmations des concessions qui se trouvent dans les cas susdits par nos Prédécesseurs ou Nous, comme subreptices et contraires aux ordres de Sa Majesté; mais ayant égard qu'un nombre considérable d'Habitans, dans lesdits quartiers de Jaquezy et Bayaha, ont garni d'un nombre de bestiaux suffisans et de cochons, les hattes et corails qu'ils ont eus en concessions, nous les avons confirmés et confirmons dans la propriété desdites hattes et corails si nécessaires au bien de la Colonie, excepté toute fois des raques bonnes à habituer; ordonnons aux Habitans de se clorre pour se garantir de l'incursion des bestiaux, leur déclarant que, faute par eux de s'être clos, ils ne peuvent prétendre aucuns dédommagemens, sous prétexte de dégâts dans leurs plantations; leur défendons d'en tuer aucuns, soit bêtes à corne, soit bêtes cavalines ou cochons, à peine de 300 liv. d'amende, conformément aux Ordonnances et Réglemens sur lesdites hattes ; ordonnons que le présent Réglement avec la rémontrance dudit Procureur-Général, seront enrégistrés au Conseil du Cap, et Juridictions ressortissantes. DONNÉ à Léogane, ect. *Signé* BLÉNAC et MITHON.

R. au Conseil du Cap, le 13 Janvier 1716.

ORDONNANCE des Administrateurs, touchant les Chirurgiens et les Médicamens.

Du 14 Décembre 1715.

LE Comte de Blénac, etc.

Jean-Jacques Mithon, etc.

Vu la Requête du sieur Fontaine, Docteur en Médecine de la Faculté de Montpellier et Médecin du Roi par Brevet, au quartier du Cap, etc.; à quoi étant nécessaire de remédier en renouvellant la rigueur des Ordonnances et Arrêts, nous avons ordonné et ordonnons que tous ceux qui voudront exercer la profession de Médecine ou l'art de Chirurgie, seront tenus de représenter au sieur Fontaine et au Conseiller Commissaire, nommé par le Conseil du Cap, les Lettres de Maîtrise qu'ils peuvent avoir obtenu en France, ou les Brevets de Chirurgien-major sur les Vaisseaux du Roi, pour être, par eux, approuvés ou rejettés suivant leur validité, assujettissant ceux qui ne seront pas munis de Lettres de Maîtrise ou de Brevet de Chirurgien-major, à soutenir devant le sieur Fontaine et deux Me Chirurgiens, Examinateurs-Syndics, l'examen sur les maladies internes et externes, sur les opérations de la main, anatomie et autres matieres de Chirurgie et Pharmacie, sur la nature des remedes, leur utilité et nécessité dans les différentes maladies, n'entendant néanmoins d'obliger de nouveau ceux qui ont déja été examinés et qui sont pourvu de lettres de subir un nouvel examen, lesquels seront seulement inscrits sur le registre des Examinateurs ; et à l'égard de ceux qui auront été trouvés capables après l'examen, il leur sera expédié des lettres en forme, pour exercer la profession de Chirurgien par ledit sieur Fontaine, que les Chirurgiens examinateurs signeront avec lui, lesquels seront visées par le Conseiller Commissaire dudit Conseil, auquel dit sieur Fontaine, il sera payé pour tous droits, tant de l'examen, que de l'expédition des Lettres, la somme de 30 liv. seulement, conformément au Réglement dudit Conseil du Cap ; seront, lesdits Chirurgiens reçus, obligés de prêter serment devant le sieur Conseiller-Commissaire de bien et fidellement se comporter dans leur Art, et pour qu'on puisse parvenir à trouver des remedes plus spécifiques dans les maladies contagieuses qui regnent dans ce pays, sur-tout sur les nouveaux venus d'Europe; nous ordonnons au sieur Fontaine de tenir des conférences et d'indiquer pour cet effet un jour fixe pour les Assemblés, dont il fera l'ouverture par un discours sur les maladies où les Chirurgiens reçus, tant anciens que nouveaux, seront tenus d'assister pour y conférer des différens genres de maladies, sur-tout des fievres contagieuses et du moyen de les traiter avec succès :

Ordonnons pareillement audit sieur Fontaine de visiter tous les six mois la quantité et qualité des remedes des Chirurgiens, en présence de l'un des Chirurgiens examinateurs, dont il fera son rapport au Conseiller Commissaire du Conseil, pour y être remédié en cas d'abus, en obligeant lesdits Chirurgiens d'en avoir la qualité suffisante et de bonne qualité, à peine d'être interdits de leur profession ; défendons à tous ceux qui ne seront pas pourvus de Lettres de Maîtrise, soit de France ou des Médecins du Roi de cette Isle ni de Brevet de Chirurgien-major, d'exercer, à l'avenir, la profession de Médecine ou de Chirurgie, à peine de 100 liv. d'amende applicable à l'Hôpital du Cap ; enjoignons au sieur Robineau, Procureur-Général, et à ses substituts de tenir la main à l'exécution de la présente Ordonnance qui sera enrégistrée au Greffe de la Jurisdiction, publiée, et affichée si besoin est. DONNÉ à Léogane, etc. *Signé* BLÉNAC et MITHON.

R. au Siege royal du Cap, le 13 Janvier 1716.

ORDONNANCE des Administrateurs qui défend aux Directeurs de la Compagnie de Saint-Domingue de faire le Commerce Etranger.

Du 20 Décembre 1715.

LE Comte de Blénac, etc.

Jean-Jacques Mithon, etc.

Nos Prédécesseurs et nous ayant souffert par tolérance, jusqu'à présent, que les Directeurs de la Compagnie de Saint-Louis fissent le commerce étranger avec les Anglois et Hollandois, tant en Negres qu'en farines et autres marchandises ; à quoi nous avons été porté par la considération des besoins pressans où s'est trouvé cette Colonie, qui manquoit des choses la plus nécessaires à la vie, par le peu de Vaisseaux qu'ont envoyé, pendant plusieurs années, les Directeurs généraux de ladite Compagnie, quoique ce commerce, par leurs Lettres-Patentes du mois de Septembre 1698, leur soit également interdit qu'aux autres sujets du Roi, sous peine de confiscation et de déchéance de leurs privileges, à moins qu'ils n'en aient des permissions particulieres de Sa Majesté, suivant l'expression desdites Lettres, leur étant seulement permis, par lesdites Lettres, d'introduire dans ladite Colonie jusqu'à la concurrence de 2,500 Noirs desdits étrangers, laquelle quantité se trouve remplie et au delà, par les derniers recensemens, mais nous étant connu qu'aucuns desdits Directeurs ont abusé de cette tolérance pour transmettre à des particuliers, Habitans de leur Colonie et même à quelques autres du quartier du Roi, un droit qu'ils n'ont pas eux-mêmes, à moins qu'ils ne soient munis des permissions particulieres du Roi, lesquelles marchandises traitées par lesdits particuliers, soit Negres ou denrées, peuvent s'introduire aisément dans les quartiers du Roi; ce qui rendroit toutes les défenses de Sa Majesté et les nôtres, si souvent réitérées contre le commerce étranger, vaines et abusives; à quoi étant nécessaire de remédier, en ôtant tout prétexte à ce commerce pour en déraciner l'abus, nous faisons très-expresses défenses aux Directeurs de ladite Compagnie de faire aucun commerce directement ni indirectement avec lesdits étrangers, que sur les permissions particulieres qu'ils en auront de Sa Majesté ou sur les nôtres, sous le bon plaisir de sadite Majesté dans les besoins pressans de ladite Colonie, dont ils seront tenus de nous donner avis, et de nous représenter un état des marchandises qui leur seront nécessaires, soit Negres ou denrées, pour le soutien de ladite Colonie; leur faisons encore plus expresses défenses de s'immiscer de prêter leur nom ni de donner des permissions particulieres aux Habitans, Négocians et autres des quartiers du Roi, même aux Habitans et Négocians de Saint-Louis de faire commerce illicite, sous prétexte de se faire Habitans ou de rendre lesdits Negres et marchandises dans les terres de la concession de ladite Compagnie, ou d'en fortifier leurs habitations, cette tolérance ne devant pas être soufferte qu'aux Directeurs pour le compte de ladite Compagnie sans aucune extension; déclarons les permissions, qui pourroient avoir été données auxdits particuliers, nulles et subreptices; ordonnons aux Procureurs-Fiscaux de poursuivre, devant les Juges des lieux, la confiscation des Negres et autres marchandises qui seroient introduits par lesdits particuliers, du produit desquelles confiscations le tiers sera attribué aux Dénonciateurs, et les deux autres au Roi et au Commandant de Saint-Louis ; enjoignons au sieur de Barthomier, Commandant audit Saint-Louis et autres Commandans des quartiers, de tenir la main à l'exécution de la présente ordonnance, qui sera enrégistrée dans tous les Greffes de la Jurisdiction de Saint-Louis, même dans ceux de Léogane et du Petit-Goave, lue, publiée et affichée par tout où besoin sera, à la diligence des Procureurs du Roi et Fiscaux. DONNÉ à Léogane, etc.

ORDONNANCE des Administrateurs concernant le Commerce prohibé, fait par les Habitans de la Partie du Sud de Saint-Domingue.

Du 20 Décembre 1715.

LE Comte de Blénac, etc.

Jean-Jacques Mithon, etc.

Etant informés que, malgré les défenses du Roi si souvent réitérées aux Habitans de la Colonie de Saint-Louis, de faire aucun commerce avec les Etrangers, plusieurs des Habitans du fond de l'Isle à Vache, Acquin, Jacquemel, traitent journellement avec les Barques Angloises qui vont le long des Côtes y vendre des Negres, farines, boeuf salé et toile pour de l'Indigo, et autres denrées que leur donne en paiement l'Habitant au grand préjudice des intérêts de la Compagnie et de ses privileges, et étant encore informés que lesdits Habitans font aussi le même commerce avec les Habitans de la bande du Nord, frustrant, par ce Commerce illégitime, la Compagnie de leurs indigots et autres denrées, pour éluder, par une ingratitude punissable, le paiement de ce qu'ils doivent à ladite Compagnie ; ce qui n'est pas moins contraire aux privileges de ladite Compegnie à qui sa Sa Majesté a accordé le Commerce exclusif dans l'étendue de sa concession ; à quoi étant nécessaire de remédier ; nous avons de nouveau réitéré et réitérons les défenses faites, non-seulement dudit Commerce avec les Etrangers, mais encore avec les Habitans de la bande du Nord ; ordonnons la confiscation des Barques étrangeres qui feront commerce le long de la Côte, lesquelles seront arrêtées par les Commendans des lieux pour être ladite confiscation décernée par les Juges sur la connoissance qu'ils en auront à la diligence des Procureurs-Fiscaux des quartiers avec information contre les Habitans qui seront accusés d'avoir traité avec lesdits Etrangers, pour être punis

punis suivant la rigueur de l'Ordonnance du 20 Août 1698, dont l'Extrait, collationné de nous, sera ci-joint; ordonnons pareillement la confiscation des indigos, marchandises et autres denrées que les Habitans de ladite Colonie de Saint-Louis commerceront avec les Habitans de la bande du Nord, lesquels seront poursuivis devant les Juges où la contravention aura été faite à la diligence des Procureurs du Roi ou Fiscaux; condamnons en outre les contrevenans, tant Habitans de Saint-Louis, que les Marchands de qui ils auront acheté, à 500 liv. d'amende pour la premiere fois; enjoignons au sieur de Paty, Gouverneur du Petit-Goave, au sieur de Barthomier, Commandant à Saint-Louis et autres Commandans des lieux, de tenir exactement la main à l'exécution de la présente Ordonnance qui sera enrégistrée avec ledit Extrait de l'Ordonnance du Roi dans tous les Greffes de la Jurisdiction de Saint-Louis, même à Léogane et au Petit-Goave, lue, publiée et affichée par tout où besoin sera, à la diligence desdits Procureurs du Roi et Fiscaux, afin que personne n'en ignore. DONNÉ à Léogane etc.

ORDONNANCE du Gouverneur-Général, portant surséance d'un an, à compter du premier Janvier 1716, aux poursuites des Créanciers du sieur Fontaine, Médecin du Roi, au Cap.

Du 29 Décembre 1715.

R. au Siege Royal du Cap, le 28 Février 1716.

LETTRE des Administrateurs au Conseil du Cap, touchant la prolongation de la perception du droit d'Octroi, et Ordonnance à ce sujet pour toute la Colonie.

Du 31 Décembre 1715.

La Lettre annonce simplement l'envoi de l'Ordonnance qui suit.

LE Comte de Blénac, etc.

Jean-Jacques Mithon, etc.

Les Receveurs des Droits imposés par Octroi pour la présente année

1715, ne pouvant être en état de rendre compte du produit desdits Droits pendant une année, la régie et perception n'en ayant commencé au Cap qu'au mois de Mars de ladite année 1715, et à Léogane qu'à la fin de Janvier, d'où il arriveroit que l'Assemblée des Conseils, si elle étoit convoquée au premier Janvier prochain, ne pourroit avoir une parfaite connoissance d'une année, ainsi qu'elle se l'est proposé par la délibération du 26 Janvier dernier, afin de pouvoir se régler sur ledit produit pour les impositions à faire pendant l'année 1716; à quoi ayant égard, Nous avons estimé devoir proroger la convocation que nous devions faire de ladite Assemblée en Janvier prochain, à un autre temps, jusqu'à ce que les Receveurs soient en état de compter du produit d'une année; et cependant pour que les Impositions faites par ladite Assemblée, le 26 Janvier, ne soient point suspendues dans cet intervalle, et que les fonds nécessaires pour le courant des dépenses de la Colonie puissent également se trouver, suivant les ordres du Roi, et conformément à l'Arrêt rendu en forme de Réglement, ledit jour 26 Janvier dernier, Nous avons ordonné et ordonnons que l'exécution dudit Arrêt, sera continuée jusqu'à la convocation et délibération de ladite Assemblée; ordonnons pareillement aux Receveurs de percevoir lesdites impositions jusqu'au dit temps, conformément audit Arrêt, de la même maniere et ainsi qu'ils ont fait la présente année; enjoignons aux Conseils Supérieurs de Léogane et du Cap, et aux Commandans des lieux de tenir la main à l'exécution de la présente Ordonnance qui sera enregistrée aux Greffes desdits Conseils et Jurisdictions en ressortissantes, publiée et affichée par tout où besoin sera, à ce que personne n'en ignore, à la diligence des Procureurs-Généraux desdits Conseils et de leurs Substituts. DONNÉ à Léogane, ect.

R. au Conseil du Cap, le 23 Mars 1716.
Et à celui de Léogane, le.....

EDIT du Roi et Lettre de MM. DE BLÉNAC et MITHON à M. le Procureur-Général du Cap sur le prix des Monnoies.

Du mois de Décembre 1715 et du 18 Mai 1716.

Les seuls articles de l'Edit qui peuvent avoir trait aux Colonies sont relatés dans la lettre des Administrateurs qui suit.

LE Conseil de Marine, Monsieur, nous envoie l'Edit du Roi sur les Monnoies, qui sera ci-joint, qu'il nous ordonne de faire exécuter en cette Isle, nous y avons mis notre attache au pied pour que vous en demandiez l'enregistrement au Conseil du Cap.

Comme nous n'avons point ici de Cour de Monnoies où l'on puisse porter les especes, nous estimons que le prix des louis fabriqués au mois de Mai 1709, qui avoient cours pour 20 liv., doit être fixé à 16 liv., lorsque la diminution en sera venue là, et les écus de 5 liv. à 4 liv., nous avons cru cette explication nécessaire afin que l'on en demeure là, ce qui sera au premier Juillet prochain; à l'égard des anciennes especes et pistoles d'Espagne, dont l'Edit ne parle point, elles auront toujours le même Cours dans la même Colonie, par la même raison qu'il n'y a point de Monnoies où l'on puisse les porter. Nous sommes très-parfaitement, Monsieur, Votre, etc. *Signés* BLÉNAC et MITHON.

R. au Conseil du Cap, le 8 Juin 1716.

Et à celui de Léogane, le 8 Juillet suivant.

PROVISIONS de Gouverneur-Général pour M. le Marquis de CHATEAUMORANT, Chef d'Escadre.

Du premier Janvier 1716.

LOUIS, &c. Le Gouvernement-Général de l'Isle la Tortue et Côte Saint-Domingue étant vacant par la retraite du sieur Comte de Blénac, etc.... Pour, en ladite qualité, avoir commandement sur tous les Gouverneurs particuliers que nous avons établis, sur les Vaisseaux François qui navigueront, soit de Guerre à nous appartenans, soit Marchands, faire prêter nouveau serment de fidélité, tant auxdits Gouverneurs et Officiers des Conseils Supérieurs, qu'aux trois Ordres dudit pays, leur enjoignant, pour cet effet et à tous autres, de reconnoître ledit sieur Marquis de Chateaumorant, etc... Si donnons en mandement à tous Gouverneurs, etc.... que ledit sieur Marquis de Chateaumorant, duquel nous nous sommes réservé le serment en tel cas requis et accoutumé, ils aient à reconnoître, etc.

R. au Conseil du Cap, le 11 Janvier 1717.

Et à celui de Léogane, le 13 Février suivant.

Tout le reste de cette Commission est conforme à celle de M. le Comte de Blénac, du premier Janvier 1714.

ARRÊTÉ du Conseil de Léogane, concernant le serment de la rentrée.

Du 13 Janvier 1716.

CEJOURD'HUI le Procureur-Général du Roi, a entré au Conseil, et a remontré qu'il est d'usage dans toutes les Cours du Royaume de commencer l'ouverture des Palais par la prestation de serment des Officiers de ces Cours et par la lecture des Ordonnances, et que cet usage contribue, non-seulement à rendre les Ordonnances et Loix plus publiques, mais encore à engager les Officiers à se ressouvenir de leurs Charges avec tout l'honneur, la probité et le secret qu'ils doivent; et comme cet usage n'a été, jusqu'à présent, observé en ce Conseil, parce qu'il ne discontinue pas, comme font les Cours de France, de vaquer aux affaires du public, c'est pourquoi il requiert qu'il plaise au Conseil de fixer une Séance dans le Conseil de l'année, dans laquelle il soit fait, à l'avenir, les sermens et lecture susdite dont il a requis Acte; l'affaire mise en délibération; LE CONSEIL a donné Acte audit Procureur-Général du Roi de ses dire et requisition, en conséquence a ordonné qu'à la premiere Séance de Janvier de chaque année, M.M. s'assembleront à 7 heures du matin dans la Salle ordinaire du Conseil, et comme il n'y a point dans le Palais de Chapelle, ainsi qu'en France, M.M. se transporteront en corps et en habit décent à l'Eglise parroissiale de cette Ville, pour assister à une Messe du Saint-Esprit qui sera célébrée, et au retour dans le Palais, sera fait le serment ordinaire sur lesdits Evangiles par tous les Officiers du Corps, après quoi sera fait lecture des Ordonnances; ce qui sera exécuté par les Jurisdictions ressortissantes du Conseil, selon sa forme et teneur, etc.

ARRÊT du Conseil du Cap qui ordonne au Greffier de la Cour de délivrer à chaque Conseiller une Expédition des Réglemens, Ordonnances, etc.

Du 13 Janvier 1716.

SUR ce qui a été représenté par le Procureur-Général du Roi, LE CONSEIL a ordonné et ordonne au Greffier dudit Conseil de délivrer à chacun de M.M. du Conseil une Expédition de chaque Réglement et Ordonnance qui seront rendus et enrégistrés ou qui l'ont été en ce Conseil pour s'y conformer.

PROVISIONS de Lieutenant au Gouvernement-Général de Saint-Domingue pour M. de CHARITE.

Du 28 Janvier 1716.

LOUIS, etc. Estimant nécessaire d'établir un Lieutenant pour Nous au Gouvernement-Général de Saint-Domingue, nous avons cru ne pouvoir choisir un meilleur sujet qui s'acquitte plus dignement de cette charge que le sieur de Charitte, vu les preuves qu'il nous a données de sa valeur, et bonne conduite en diverses occasions importantes au bien de notre Service. A ces causes, de l'avis de notre très-cher et très-amé Oncle le Duc d'Orléans, Régent, nous avons ledit sieur de Charitte ordonné et établi, et par ces Présentes, signées de notre main, ordonnons et établissons Lieutenant pour Nous au Gouvernement-Général de l'Isle de la Tortue et Côte Saint-Domingue pour, sous notre autorité et en l'absence du sieur Marquis de Chateaumorant, Gouverneur et notre Lieutenant-Général audit pays, avoir le commandement sur tous les Gouverneurs particuliers et Lieutenans que nous y avons établis, même sur les Officiers des Conseils Supérieurs et tous autres; leur enjoignant, pour cet effet, de reconnoître le sieur de Charite, et de lui obéir en tout ce qu'il leur ordonnera; assembler, quand besoin sera, les Habitans des différens quartiers dudit Pays, leur faire prendre les armes, composer et accommoder les différens qui pourront être nés et à naître dans l'étendue dudit Gouvernement entre les Habitans; établir des garnisons où l'importance des lieux le demandera; faire, suivant les occurrences, paix ou guerre avec les nations de l'Europe, ou entre les naturels du pays qui occupent les Isles voisines, y faire des descentes pour établir des Colonies, et pour cet effet donner combat et se servir des autres moyens qu'il jugera à propos pour telles entreprises; commander à tous nos sujets, Ecclésiastiques, Nobles, Gens de Guerre et autres de quelque condition qu'ils soient, y démeurans; défendre lesdits lieux de tout son pouvoir, maintenir et conserver les Peuples en paix, repos et tranquillité; commander tant par mer que par terre; ordonner et faire exécuter tout ce qu'il jugera devoir et pouvoir faire pour la conservation dudit Pays sous notre autorité et sous notre obéissance, et généralement faire et ordonner tout ce qui appartient à ladite charge de Lieutenant pour Nous au Gouvernement général dudit Pays, la tenir et exercer, en jouir et user pendant cinq années consécutives, à commencer de cejourd'hui aux honneurs franchises, droits, fruits, profits, revenus et émolumens y appartenans. Si donnons en mandement à tous Gouverneurs, Officiers des Conseils-Supérieurs audit pays et à tous autres Officiers qu'il appartiendra, que chacun en droit soi, ils aient à reconnoître et à obéir audit sieur de Charitte en l'absence dudit Gouverneur et notre Lieutenant-Général audit Pays; car tel est notre plaisir, etc.

R. au Conseil du Cap, le 7 Décembre 1716.

LETTRES-PATENTES pour la liberté du Commerce de la Côte de Guinée.

Du mois de Janvier 1716.

LOUIS, etc. Par les Lettres-Patentes du feu Roi notre très-honoré Seigneur et Bisayeul, du mois de Janvier 1685, il auroit été établi une Compagnie sous le titre de Compagnie de Guinée, pour faire, pendant l'espace de 20 années à l'exclusion de tous autres, le Commerce des Negres, de la Poudre d'Or et de toutes les Marchandises qu'elle pourroit traiter ès Côtes d'Afrique, depuis la Riviere de Serre-Lionne, inclusivement jusqu'au Cap de Bonne-Espérance, et il auroit été attribué à cette Compagnie plusieurs privileges et exemptions, et entr'autres celle de la moitié des droits d'entrée sur les marchandises de toutes sortes qu'elle feroit apporter des pays de sa concession et des Isles de l'Amérique pour son compte : quoique le terme fixé par ces Lettres-Patentes fût expiré, le feu Roi notre très-honoré Seigneur auroit trouvé bon, à cause des engagemens où cette Compagnie étoit pour la fourniture des Negres aux Indes Espagnoles, qu'elle continuât de jouir des mêmes privileges et exemptions sous le nom du Traité de l'Assiente jusqu'au mois de Novembre 1713 : et les Négocians de notre Royaume ayant alors représenté qu'il convenoit au bien du Commerce en général, et en particulier à l'augmentation des Isles Françoises de l'Amérique, que le Commerce de la Côte de Guinée fût libre, le feu Roi ne jugea pas à propos de former une nouvelle Compagnie, quoique plusieurs personnes se fussent offertes pour la composer; et comme nous voulons assurer la liberté à ce Commerce, et traiter favorablement les Négocians et Marchands qui l'entreprendront, pour leur donner moyen de le rendre plus considérable qu'il n'a été par le passé, et procurer par-là à nos Sujets des Isles Françoises de l'Amérique le nombre de Negres nécessaires pour entretenir et augmenter la culture de leurs terres : A CES CAUSES, etc. voulons et nous plaît ce qui ensuit.

ART. Ier. Nous avons permis et permettons à tous Négocians de notre Royaume, de faire librement, à l'avenir, le Commerce des Negres, de la Poudre d'Or et de toutes les autres marchandises qu'ils pourront tirer des Côtes d'Afrique, depuis la Riviere de Serre-Lionne inclusivement, ju'au Cap de Bonne Espérance, à condition qu'ils ne pourront armer ni équiper leurs Vaisseaux que dans les Ports de Rouen, la Rochelle, Bordeaux et Nantes.

ART. II. Les Maîtres et Capitaines des Vaisseaux qui voudront faire le Commerce de la Côte de Guinée, seront tenus d'en faire la déclaration au Greffe de l'Amirauté établi dans le lieu de leur départ, et de donner au Bureau des Fermes une soumission par laquelle ils s'obligeront de faire leur retour dans l'un des Ports de Rouen, la Rochelle, Bordeaux et Nantes, sans néanmoins que les Vaisseaux qui seront partis de Rouen, la Rochelle et Bordeaux puissent faire leur retour à Nantes et à Saint-Malo.

ART. III. Les Négocians dont les Vaissaux transporteront aux Isles

Françoises de l'Amérique, des Negres provenans de la traite qu'ils auront faite à la Côte de Guinée, seront tenus de payer, après le retour de leurs Vaisseaux dans l'un des Ports de Rouen, la Rochelle, Bordeaux et Nantes, entre les mains du Trésorier-Général de la Marine en exercice, la somme de 20 livres par chaque Negre qui aura été débarqué auxdites Isles, dont ils donneront leurs soumissions au Greffe de l'Amirauté, en prenant le congé de notre très-cher et très-amé Oncle Louis-Alexandre de Bourbon, Comte de Toulouse, Amiral de France; et à l'égard des Négocians dont les Vaisseaux feront seulement la traite de la Poudre d'Or et d'autres marchandises à ladite Côte, ils seront aussi tenus, après le retour de leurs Vaisseaux dans l'un desdits Ports, de payer entre les mains du Trésorier de la Marine la somme de 3 livres pour chaque tonneau du Port de leurs Vaisseaux, pour être le produit desdites 20 liv. et 3 liv., employé par les ordres du Conseil de la Marine à l'entretien des Forts et Comptoirs qui sont ou seront établis sur ladite Côte de Guinée, de laquelle dépense nous demeurerons chargés à l'avenir.

Art. IV. Exemptons du paiement dudit droit de 3 livres par tonneau, pendant trois ennées consécutives, à compter du jour et date de l'enregistrement des Présentes, ceux de nos sujets dont les Vaisseaux ne feront à ladite Côte de Guinée que la seule traite de l'Or, et Marchandises autres que des Negres.

Art. V. Voulons que les marchandises de toutes sortes qui seront apportées des Côtes de Guinée par nos sujets à droiture dans les Ports de Rouen, la Rochelle, Bordeaux et Nantes, soient exemptes de la moitié de tous droits d'entrée, tant de nos Fermes que locaux mis et à mettre; voulons aussi que les Sucres et autres especes de marchandises que nosdits sujets apporteront des Isles Françoises de l'Amérique, provenant de la vente et du troc des Negres, jouissent de la même exemption, en justifiant par un certificat du sieur Intendant aux Isles ou d'un Commissaire Ordonnateur ou du Commis du Domaine d'Occident, que les marchandises embarquées auxdites Isles, proviennent de la vente et du troc des Negres que lesdits Vaisseaux y auront déchargé, lesquels certificats feront mention du nom des Vaisseaux et du nombre des Negres qui auront été débarqués auxdites Isles, et demeureront au Bureau de nos Fermes, dont les Receveurs donneront une ampliation sans frais aux Capitaines ou Armateurs pour servir, ainsi qu'il appartiendra; faisons défenses à nos Fermiers, leurs Procureurs ou Commis, de percevoir autres ni plus grands droits, à peine du quadruple.

Art.

Art. VI. Les toiles de toutes sortes, la Quincaillerie, la Mercerie, la Verroterie, tant simple que contrebrodée, les barres de fer plat, les fusils, les sabres et autres armes et les pierres à fusil, le tout des Fabriques de notre Royaume, ensemble le corail, jouiront de l'exemption de tous droits de sortie dûs à nos Fermes, tant dans les Bureaux de leur passage, que dans ceux du Port de leur embarquement, à la charge qu'ils seront déclarées pour le Commerce de Guinée au premier Bureau de nos cinq grosses Fermes, et qu'il y sera pris un acquit à caution en la maniere accoutumée, pour en assurer l'embarquement dans l'un desdits quatre Ports, jusques auquel temps ledites marchandises seront mises dans le magasin d'entrépôt sous deux clefs différentes, dont l'une sera gardée par le Commis de l'Adjudicataire de nos Fermes, et l'autre par celui qui sera préposé par les Négocians, le tout à leurs frais; et à l'égard des vins d'Anjou et autres crus des Côtes de la Riviere de Loire, destinés pour la Guinée, il en sera usé comme à l'égard de ceux destinés pour les Isles Françoises de l'Amérique, suivant l'Arrêt de notre Conseil du 23 Septembre; et pour ce qui concerne les vins de Bordeaux, nous voulons pareillement qu'il en soit usé de la même maniere qu'il se pratique à l'égard de ceux qui y sont embarqués pour les Isles Françoises de l'Amérique, en y prenant le chargement desdits vins, et y faisant les soumissions accoutumées.

Art. VII. Permettons auxdits Négocians d'entreposer dans les Ports de Rouen, la Rochelle, Bordeaux et Nantes, les marchandises apellées Coris, les toiles de Coton des Indes, blanches, bleues et rayées, les toiles peintes, les cristaux en grains, les petits miroirs d'Allemagne, le vieux linge et les pipes à fumer qu'ils tireront d'Hollande et du Nord par mer seulement pour le Commerce de Guinée; voulons aussi qu'ils jouissent du même entrepôt pendant l'espace de 2 années seulement, à compter du jour et date de l'enregistrement des présentes, pour les couteaux Flamands, les chaudieres et toutes sortes de batterie de cuivre; le tout à condition que lesdites marchandises étrangeres seront déclarées à leur arrivée aux Commis des Bureaux de nos Fermes, et ensuite déposées dans un magasin qui sera choisi pour cet effet, et fermé à deux clefs, dont l'une restera ès mains du Commis des Fermes, et l'autre sera remise à celui que les Négocians proposeront, le tout à leurs frais.

Art. VIII. Les Commis de l'Adjudicataire de nos Fermes en chacun desdits ports, tiendront un registre qui sera coté et paraphé par le Directeur de nos Fermes, dans lequel ledit Commis enregistrera par quantité les marchandises spécifiées dans les deux articles précédens, à fur et mesure qu'elles seront déposées dans les magasins d'entrépôt ; défendons auxdits Commis de non certifier la descente sur les acquis à caution qui auront été pris dans les premiers Buraux qu'après que la vérification, l'enregistrement et la décharge en auront été faits dans lesdits magasins d'entrépôt, d'où elles ne pourront être tirées que pour être embarquées dans les Vaisseaux qui partiront pour les Côtes de Guinée ; et lors de l'embarquement desdites marchandises, tant étrangeres qu'originaires du Royaume pour lesdites Côtes de Guinée, voulons qu'il en soit fait mention en marge du registre à côté de chaque article d'arrivée, avec dénomination du nom du Vaisseau dans lequel elles auront été embarquées, et que cette mention soit signée, tant par les Commis des Fermes que par le préposé des Négocians, même par le Capitaine du Vaisseau qui les aura reçues pour les embarquer ou par son Armateur.

Art. IX. Permettons néanmoins aux Marchands ou Négocians de la Ville de Saint-Malo, d'armer et d'équiper dans leur Port des Vaisseaux pour la Côte de Guinée, et pour les Isles Françoises de l'Amérique, et de faire leur retour dans ledit Port aux clauses, charges, conditions et exemptions portées par les précédens articles, en nous payant pour les marchandises qui proviendront de la Côte de Guinée et des Isles Françoises de l'Amérique, tels et semblables droits qui se perçoivent à notre profit dans la Ville de Nantes, outre et par-dessus ceux qui se levent suivant l'usage accoutumé dans ledit Port de Saint-Malo au profit de notre très-cher et très-amé Oncle Louis-Alexandre de Bourbon, Comte de Toulouse, Duc de Pentievre, Amiral de France et Gouverneur de Bretagne.

Si donnons en mandement, etc.

R. au Conseil de Léogane, le 13 Février 1717.

Et à celui du Cap, le premier Mars suivant.

Arrêt du Conseil d'Etat qui ordonne que les Négocians qui ont envoyé des Navires en Guinée, payeront les sommes portées par leurs soumissions, entre les mains du Trésorier-Général de la Marine.

Du 28 Janvier 1716.

ARRÊT du Conseil du Cap, portant qu'à l'avenir il s'assemblera tous les mois.

Du 4 Février 1716.

SUR ce qui a été représenté par le Procureur-Général du Roi de ce Conseil, que les affaires publiques étoient en souffrance par rapport à la longueur du temps de la tenue des Conseils tous les deux mois, dont plusieurs Débiteurs se prévaloient de ce temps pour éluder à payer leurs Créanciers, LE CONSEIL faisant droit à la rémontrance dudit Procureur-Général du Roi, a ordonné que dorénavant le Conseil se tiendra tous les premiers lundis des mois, suivant qu'il est ordonné par l'Edit de création, et que le présent Arrêt sera lu et publié par tout où besoin sera, pour que les parties s'y conforment.

ARRÊT du Conseil du Cap, qui condamne en l'amende de 30 liv. chacun, des Maîtres qui ont refusés d'envoyer leurs Esclaves en témoignage.

Du 4 Février 1716.

VU la représentation du Procureur-Général du Roi, que le sieur Froment, Epoux de la dame Fournier, et la Dame la Thuillerye, ont refusé d'envoyer leurs Negres à la premiere sommation et assignation qui leur en a été faite de la part du Juge de ce lieu à la diligence de son Substitut, LE CONSEIL y faisant droit a confirmé le Jugement du 25 Janvier dernier, et fait défenses audit sieur Froment et à la Dame de la Thuillerye de récidiver sous de plus grosses peines, etc.

EDIT touchant les Passeports pour les Navires.

Du mois de Février 1716.

LOUIS, etc. SALUT. Les Négocians de notre Royaume nous ayant représenté que l'obligation à eux imposée de prendre, outre les congés de l'Amiral de France, des Passeports expédiés en notre nom, pour la navigation de leurs Vaisseaux, est très-préjudiciable au Commerce, non-seulement par la longueur inévitable de l'expédition de ces Passeports, mais aussi par l'abus qui s'est introduit dans leur distribution, et auquel il seroit impossible de remédier quelques sages précautions qui puissent être prises, nous avons fait examiner avec soin les Edits, Arrêts, Ordonnances et autres Réglemens rendus par le feu Roi, de glorieuse mémoire, notre très-honoré Seigneur et Bisayeul, pour imposer aux Négocians de prendre des Passeports, et nous avons reconnu qu'ils n'ont, pour la plupart, été rendus qu'à l'occasion du privilege accordé en 1669, à la Compagnie des Indes Occidentales, de faire le Commerce de l'Amérique, exclusivement à tous autres, lequel privilege a été révoqué par Edit du mois de Décembre 1674, et que ceux rendus depuis la révocation du privilege, n'ont eu pour motif que des raisons particulieres qui ne subsistent plus, que d'ailleurs l'obligation imposée aux Négocians de prendre lesdits Passeports, a été multipliée sans nécessité et appliquée à beaucoup de Navigations, ou, suivant les termes précis des Ordonnances rendues pour la Marine, et notamment celle de 1681, les congés de l'Amiral de France doivent suffire, et comme nous desirons procurer à nos sujets toutes les facilités convenables pour la navigation de leurs Vaisseaux et le soutien de leur Commerce, nous avons résolu de réduire l'obligation de prendre des Passeports expédiés en notre nom aux seuls cas où ils sont nécessaires, et de maintenir pour le reste l'usage établi par les Ordonnances rendues concernant la Marine, de prendre seulement des congés de l'Amiral de France; à ces causes, voulons et nous plaît, etc.

Art. Ier Que les Capitaines et Maîtres des Vaisseaux qui seront envoyés par les Négocians et lieux où il n'y a point d'interdiction pour la navigation et pour le Commerce, soient obligés seulement de prendre des Congés de l'Amiral de France, suivant l'usage et dans les formes ordinaires.

Art. II. Les Capitaines et Maîtres des Vaisseaux François ou Neutres, destinés pour porter des marchandises en pays ennemi, seront tenus de prendre des Passeports de nous, avec l'attache de l'Amiral de France.

Art. III. Quand, pour des raisons particulieres, nous jugerons à propos de permettre dans notre Royaume et Etats de notre obéissance l'interdiction des marchandises du pays ennemi, les Capitaines des Vaisseaux soit neutres ou ennemis chargés desdites marchandises, seront pareillement tenus de prendre des Passeports de nous avec l'attache de l'Amiral de France.

Art. IV. Il sera aussi donné des Passeports expédiés en notre nom pour la sortie des bleds et autres productions de terre dont l'extraction ne sera point permise, soit qu'ils doivent être transportés dans des Pays étrangers, ou d'une province à une autre de notre Royaume, et Etats de notre domination.

Art. V. Lorsque nous croirons devoir permettre aux Négocians François d'envoyer leurs Vaisseaux dans l'étendue des Concessions accordées à des Compagnies établies pour le Commerce, les Capitaines et Maîtres desdits Vaisseaux seront pareillement tenus de prendre de nous des Passeports avec l'attache de l'Amiral de France.

Art. VI. Quand pour des raisons particulieres nous jugerons à propos de donner des ordres pour faire fermer les Ports de notre Royaume, et des Terres et Pays de notre obéissance, soit que ses ordres s'étendent à tous nos Ports en général, ou seulement à quelques Ports dénommés; nous voulons qu'aucun Vaisseau, soit François ou Etrangers, ne puissent sortir desdits Ports, ou y entrer, sans Passeport de nous avec l'attache de l'Amiral de France.

Si donnons en mandement à nos amés et féaux les Gens tenant nos Conseils Supérieurs du Cap, et de Léogane, que le présent Edit ils aient à faire lire, etc.

R. au Conseil de Léogane, le 3 Février 1717.

Et à celui du Cap, le premier Mars suivant.

Arrêt du Conseil du Cap, sur une Attestation de bonne Conduite demandée par le Gouverneur de la même Ville.

Du 2 Mars 1716.

Vu par le Conseil la Requête du Comte d'Arquyan, contenante qu'ayant reçu depuis peu un Congé de huit mois de la Régence pour passer en France, qu'il a l'honneur de lui présenter; et sachant qu'il a été porté à la Cour, même du vivant du Roi Louis XIV, et du Ministere de M. le Comte de Pontchartrain, des Mémoires, Lettres, Libelles diffamatoires et injurieux à son nom, son honneur, sa naissance et son emploi; et venant tout récemment d'être interdit par M. le Comte de Blénac,

Général, il vous supplie, MM., de déclarer en Corps assemblé, et comme vous êtes sur le Siege de justice et de vérité, si vous avez vu dans toute sa conduite, tant en commandant en Chef dans toute l'Isle, qu'en commandant au Cap, rien qui ait été contre le Roi, la Religion, et le bien public; aussi contre les droits et prééminences, et attributs de vos Charges; il requiert vos témoignages, MM., par l'honneur et vénération qu'il vous porte sur le Siege, et par la singuliere estime et affection qu'il vous a toujours portée à chacun en particulier, et demande Acte au pied du Présent. *Signé* ARQUYAN.

Soit la présente Requête communiquée au Procureur-Général du Roi. DONNÉ à la Chambre du Conseil, le 2 Mars 1716. *Signé* GARNIER.

Le Procureur-Général du Roi requiert que M. le Comte d'Arquyan se pourvoie pardevant qui il avisera bien, la chose dont il s'agit ne regardant nullement le Conseil. M. le Comte de Blénac, Général, ayant eu ses raisons pour l'interdiction dans lesquels les Gens de Justice n'en doivent connoître. Au Cap, le 2 Mars 1716. *Signé* ROBINEAU.

LE CONSEIL faisant droit, a dit et déclaré qu'il n'a aucune connoissance de plainte portée en ce Conseil sur tous les Chefs mentionnés en la Présente, et en a donné Acte à M. le Comte d'Arquyan. DONNÉ en la Chambre du Conseil, etc.

ORDONNANCE du Roi, portant Amnistie en faveur des Forbans sortis des Isles, ou d'ailleurs, et étant dans les Mers des Indes Orientales, à la charge de revenir dans les Pays de sa domination, dans le terme de quatre ans; voulant qu'après ils soient punis de mort; et ceux qui les auront favorisés condamnés aux Galeres à perpétuité.

Du 14 Mars 1716.

REMONTRANCE, *Ordonnance et Arrêt relatifs aux droits du Subdélégué de l'Intendant.*

Des 17 Mars et 4 Mai 1716.

A MM. Blénac et Mithon, etc.

De Boismorant vous représente très-humblement qu'il a été ci-devant pourvu par M. Mithon de la Commission de son Subdélégué dans le Quartier du Cap; ladite Commission et Pouvoirs ont été enregistrés au Greffe du Conseil du Cap; et le Conseil parfaitement instruit de la compétence de Suppliant, lui a dans plusieurs occasions renvoyé les affaires concernant sa Juridiction, indépendante de lui dans ces cas, et les autres, comme en dernier lieu au Conseil de Janvier. Il est arrivé que le nommé Jeanson, Patron d'une Barque appartenante au sieur Gazeau, Marchand, ayant procès avec son Bourgeois au sujet de ses gages et dépenses faites pour le service de ladite Barque; ayant présenté sa plainte audit Conseil pour son paiement et remboursement, le Conseil, après avoir pris lecture de sa Requête sur la représentation de M. de Silveçanne Dubois, Conseiller, que le fait en question regardoit la Juridiction de votre Suppliant; il y auroit eu un appointement au bas de ladite Requête qui renvoi ledit Jeanson et sa Partie pardevant moi pour être fait droit à qui il appartiendra; sur quoi les Parties ayant produit, il seroit intervenu un Jugement de ma part, par lequel ledit Gazeau est condamné à payer les salaires audit Jeanson, et une partie de ses dépenses que nous lui allouons, à peine d'y être contraint par vente de ses effets; ledit Gazeau, homme dur et espérant rebuter sa Partie, qui est un Etranger, par des chicannes et des longueurs de procédures, dans le temps qu'on lui faisoit des sommations pour obéir à mon Jugement, a été assez mal conseillé pour interjetter appel de mon Ordonnance pardevant le Conseil à la derniere Assemblée de ce mois, dont je m'absentai par indisposition; et le Conseil apparamment par oubli de mon indépendance à son égard, dans mes Jugemens qui ne ressortent directement que de M. Mithon, l'a reçu dans son appellation; ce qui est entierement contraire aux Ordonnances du Roi; premier grief.

Le second; MM., n'est pas moins fort; le nommé Marquis, Habitant, ayant eu procès contre le nommé Dumoulin son voisin, l'affaire ayant été portée à notre Tribunal, après un mûr examen de leurs titres, et transport de l'Arpenteur ordonné par nous sur les lieux pour lever le plan de leurs places, Jugement seroit intervenu de notre part, qui condamne ledit Marquis à perdre une petite partie de son terrein anticipé sur celui de son voisin, plus ancien dans sa concession; et par un esprit d'accommodement et de gré à gré, nous aurions fait consentir ledit Dumoulin à abattre environ quatre-vingt pas de terre audit Marquis, et à le laisser jouir du terrein anticipé de même grandeur l'espace d'un an, pour lui laisser faire la récolte de quelques pois et vivres qu'il auroit planté.

Néanmoins, MM., le mauvais conseil de cet Habitant la poussé à se pourvoir pardevant le Conseil en cassation de mondit Jugement; et le Conseil, après les conclusions du Procureur-Général, l'a reçu Appellant de ladite Ordonnance, et a nommé un Commissaire pour se transporter sur les lieux, et faire son rapport à la premiere Assemblée; ce qui me fait conclure, etc. *Signé* DE BOISMORANT.

VU la Présente et les Pieces y énoncées, etc. le tout murement examiné, nous disons que le sieur Jeanson s'étant d'abord adressé au Conseil Supérieur du Cap pour lui être fait droit sur ses demandes envers le sieur Gazeau; et ledit Conseil ayant envoyé ledit Jeanson devant ledit sieur de Boismorant, Conseiller, qu'il a nommé en qualité de Commissaire dudit Conseil pour connoître et juger les discussions des Parties; l'appellation du Jugement qui en est intervenu doit être portée audit Conseil; et à l'égard du Jugement rendu par le sieur de Boismorant entre les sieurs Dumoulin et Marquis sur une discussion de terre, dont ledit sieur de Boismorant a d'abord pris connoissance en qualité de Subdélégué de mondit sieur Mithon, nous déclarons nulle et de nulle valeur l'appellation fait au Conseil du Cap dudit Jugement; ordonnons qu'icelui Jugement sortira son plein et entier effet, sauf l'appel pardevant Nous; défendons à tous autres Juges, même au Conseil du Cap, d'en connoître, etc. A Léogane, le 17 Mars 1716. *Signés* BLÉNAC et MITHON.

Vu par le Conseil la présente Requête avec l'Ordonnance de MM. de Blénac et Mithon, rendue à ce sujet, LE CONSEIL a ordonné et ordonne que la présente Piece paraphée sera remise en ce Greffe pour y avoir recours en cas de besoin. DONNÉ en la Chambre du Conseil, le 4 Mai 1716.

ARRÊT

ARRÊT du Conseil de Léogane, qui met à prix la Tête d'un Negre.

Du 4 Mai 1716.

LE Procureur-Général du Roi, a cejourd'hui représenté au Conseil qu'il a eu avis que le nommé Martin, Negre esclave, appartenant à M. de Brach, Lieutenant de Roi au Gouvernement de cette Colonie, lequel est fugitif de chez son Maître depuis un fort long-temps, faisoit journellement des vols, brigandages, enlevement et attroupement de Negres aussi fugitifs, et causoit fort souvent l'allarme dans les Habitations, ce qui troubloit le repos public; que pour en assurer la tranquillité et prévenir un plus grand mal, il estimoit nécessaire de se servir de toutes les voies possibles pour se saisir de sa personne, mort ou vif, que le moyen le plus prompt étoit de mettre sa tête à prix, pourquoi requéroit, etc. LE CONSEIL a délibéré de mettre la tête dudit Martin à prix; en conséquence enjoint à toutes personnes, de quelque qualité et condition qu'elles soient, de courir sur ledit Martin, de se saisir de lui ou de le tuer; pour récompense de quoi il sera payé par le Receveur des deniers publics à celui qui le livrera vif, ou apportera sa tête, la somme de deux cents livres, laquelle lui sera passée dans la dépense de son compte, en rapportant au pied du présent Arrêt et l'Ordonnance de M. Mithon, Ordonnateur, la quittance de celui à qui cette récompense se trouvera appartenir; fait défenses à toutes personnes, de quelque qualité et condition qu'elles soient, de donner retirance et de receler ledit Martin, ni empêcher qu'il ne soit poursuivi, et ce à peine de 500 liv. d'amende; et que le présent Arrêt sera lu, publié et affiché, etc.

STATUTS et Réglemens faits par la Compagnie Royale de S. Domingue, pour la Régie, Police et Conduite de ses Habitations et de son Commerce dans l'étendue de sa Colonie, et Lettres-Patentes qui les autorisent.

Du 25 Juin et du mois de Juillet 1716.

LA Compagnie Royale de S. Domingue; sur les remontrances qui nous ont été faites, tant par les Habitans de notre Colonie, que par plusieurs personnes qui se présentent à nous pour s'y établir, que les actes de concession et permission d'habiter et cultiver les terres que nous leur avons jusqu'à présent concédées, sont conçues d'une maniere qui n'est que provisoire, et qui ne donne pas aux Possesseurs, Héritiers et ayans cause, une assurance suffisante de la propriété desdites terres à perpétuité; qu'il n'a jusqu'à présent été fait aucuns statuts, réglemens pour les droits domaniaux ni pour la police de ladite Colonie; que plusieurs des Habitans qui y ont été transportés, et ceux qui desirent de s'y établir, n'étant pas suffisamment instruits de ce qui peut contribuer à leur profit particulier, et au bien général de la Colonie, ne peuvent pas s'adonner à toutes les cultures qui peuvent être nécessaires ou utiles au Royaume s'il n'y est pourvu; et desirant de notre part donner aux Habitans toute l'assurance qu'ils peuvent souhaiter au sujet de la propriété des terres que nous leur avons concédées, ou que nous leur concéderons à l'avenir, pourvoir à leur intérêt particulier, ainsi qu'au maintien de notre établissement, et de ce qui est du bien public; nous avons statué, réglé et arrêté ce qui suit, suivant la permission qui nous en a été accordée par les Lettres-Patentes de notre établissement.

Art. Ier Que tous les Habitans déjà établis dans notre Colonie seront tenus de représenter à notre Greffier à Saint-Louis dans trois mois, à compter du jour de la publication des Présentes, les Actes des concessions qui leur ont été faites, ou permissions d'habiter qui leur ont été données, auxquelles ils joindront la déclaration du nombre de pas de terres qu'ils ont actuellement défrichés, mis en culture, ou en Savannes, par tenans et aboutissans, et de ce qui en reste encore inculte, afin qu'il leur soit expédié gratuitement de nouvelles concessions revêtues de toutes les formes; au moyen desquelles ils seront incommutablement propriétaires des terres qui leur seront concédées, et sera le droit de succéder auxdites terres, et d'en disposer, reglé suivant et conformément à la coutume de Paris.

Art. II. Que trois mois après la représention desdites concessions, il sera fait par nos Juges et Officiers un papier terrier dans lequel toutes les nouvelles concessions par nous accordées, et toutes celles que nous accorderons à l'avenir, seront transcrites pour y avoir recours, en cas que les particuliers vinssent à perdre les titres de leurs concessions, et éviter tous les procès et contestations qui pourroient arriver entre eux au sujet des bornes et limites de leurs terres.

Art. III. Que conformément au Réglement fait par feu M. de Baas, et approuvé par Sa Majesté, tous ceux auxquels lesdites concessions auront été données, ne pourront vendre et aliéner les terres qui leur auront été concédées, qu'après en avoir défriché et mis en valeur au moins les deux tiers, n'étant pas juste qu'ils puissent vendre les terres qui leur ont été gratuitement concédées, sans les avoir auparavant cultivées.

ART. IV. Que pour éviter que quelques particuliers par la faveur de nos Gouverneurs, Directeurs, Juges et Officiers, n'obtiennent gratis plus de terres qu'ils n'en peuvent occuper et cultiver, à dessein de revendre dans les suites ce qui leur a été gratuitement concédé, il ne sera délivré aucune concession de la continence de plus de mille pas quarrés, à peine de nullité de la concession, pour tout ce qui se trouvera excéder lesdits mille pas quarrés; à l'effet de quoi toutes les concessions, qui ont été ci-devant accordées, seront réduites à mille pas quarrés qui sont plus que suffisans pour les plus grandes habitations de l'Amérique, sauf à donner à ceux qui seront en état de s'agrandir de nouvelles concessions.

ART. V. Et d'autant que de droit commun tous Tenanciers sont obligés de reconnoître les Seigneurs qui leur ont concédé des terres, et de leur payer à cet effet une redevance annuelle qui puisse servir de titre aux Seigneurs et aux Tenanciers propriétaires, sera chaque Habitant de notre Colonie, tenu de Nous payer, annuellement au jour de Saint Martin, six deniers de cens et redevance annuelle pour la concession de mille pas quarrés que nous leur aurons accordée, et à proportion pour les concessions de moindre étendue, et dans les mutations qui arriveront, tant par successions, que par donations entre vifs, ou dispositions testamentaires en faveur des enfans et descendans en ligne directe, il sera payé par les nouveaux Possesseurs 12 deniers de cens par chaque concession de mille pas quarrés de l'Amérique, et à proportion pour les concessions de moindre étendue; et dans les mutations qui arriveront par ventes, ou autres Actes emportant aliénation, il nous sera payé par l'Acquéreur ou nouveau Propriétaire pareils douze deniers de cens, et en outre pour droits de lods et ventes, le trentieme du prix des choses aliénées, excepté néanmoins les échanges pour lesquelles il ne nous sera payé que le soixantieme du prix de chaque maison ou terre échangées; à l'effet de quoi seront tenus les Héritiers, Acquéreurs, Donataires et nouveaux Possesseurs, de faire ensaisiner à notre Greffe de Saint-Louis leurs titres translatifs de propriété, et d'en fournir copie à notre Greffier, avec une déclaration par tenans et aboutissans des terres ou maisons de leur nouvelle possession, dans laquelle sera fait mention des cultures ou usages auxquels lesdites terres ou maisons sont affectées.

Art. VI. Et attendu qu'il est nécessaire de régler les chemins de communication et de traverse qui doivent être faits dans la Colonie pour la commodité desdits Habitans, et pour éviter tous les procès et contestations qui naissent entre eux au sujet des dommages que leurs bestiaux peuvent leur causer faute de clôture, avons statué, réglé et arrêté qu'à la diligence de nos Juges et Officiers les grands chemins ou chemins de traverse, depuis une extrémité de notre concession, jusques à l'autre, seront au moins de soixante pieds de largeur, qu'ils seront réglés et établis par étages de mille en mille pas, à commencer le premier étage depuis les bords de la mer, jusqu'à mille pas de profondeur dans les terres, le second étage commencera à 2000 pas des bords de la mer, le troisieme à 3000 pas des bords de la mer, et ainsi du reste, à mesure que le Pays se peuplera dans la profondeur desdites terres; et qu'à l'égard des chemins de communication entre chaque habitation, ils seront au moins de trente pieds de largeur, et fermés de haies suivant l'usage de l'Amérique, à peine de cent livres d'amende qui seront employés, moitié à fermer lesdits chemins de haies vives, et le surplus de l'amende applicable à de l'Hôpital Saint-Louis.

Art. VII. Et pour éviter l'inconvénient qui est arrivé dans toutes les autres Isles de l'Amérique qui se trouvent actuellement dénuées de bois propres à bâtir et à brûler, ou autres usages nécessaires à la vie, chaque Habitant, tant de ceux qui sont déja établis, que de ceux qui voudront s'établir dans les *suites*, sera tenu de laisser en bois propres à bâtir ou autres usages, la quantité de cent pas quarrés de l'Amérique, et si les bois qui se trouvent actuellement sur les terres qui lui ont été concédées, ou qui lui seront concédées à l'avenir, ne se trouvent pas propres à bâtir, il sera tenu d'en semer, et d'entretenir cent pas de son terrain en bois, et de les remplacer à mesure qu'il en coupera pour ses besoins. à peine de cent livres d'amende qui seront employés, moitié à semer et remplacer les arbres défaillans, à la diligence de nos Officiers et Juges à ce préposés, et le surplus de l'amende applicable à l'Hôpital de Saint-Louis.

Art. VIII. Et d'autant qu'outre les bois propres à bâtir, il se trouve encore dans ladite Colonie quantité d'autres bois précieux, soit pour les teintures, comme les bois de Bresillet et de Fustel, soit pour les fruits, comme les Cacoyers, Cottonniers et autres, soit pour ouvrages, comme le bois de Gayac, le bois Marbré, le bois de Fer, le bois de Chêne Violet, Cedre, Acajou bâtard, Grenadille et autres, dont lesdits Habitans et leurs descendans peuvent dans les suites avoir un grand débit et tirer beaucoup d'utilité; nous avons statué, réglé et arrêté que chacun desdits Habitans sera tenu de faire planter et semer au moins cent pieds de chaque espece desdits bois sur les clôtures de leurs terres, ou autres lieux où ils le jugeront à propos, sur ladite peine de cent livres d'amende, applicable comme à l'Article précédent, moitié à l'Hôpital de Saint-Louis, et l'autre moitié à faire planter ou semer, et entretenir sur lesdites terres la quantité de chaque espece de bois ci-dessus marqué, à la diligence de nosdits Juges et Officiers à ce préposés.

Art. IX. Les Bestiaux, et sur-tout les Vaches et les Brebis étant d'une utilité considérable aux Habitans pour les chairs, cuirs, suifs et laines qu'ils en peuvent tirer, chaque Habitant ayant une habitation de mille pas en quarré, sera tenu d'avoir dans deux ans, à compter du jour de la publication des Présentes, dans les Savannes au moins vingt Vaches et cinquante Brebis, et les mâles nécessaires pour les servir, et ceux qui n'auront que cinq cens pas quarrés de terrain, la moitié, à peine de cent liv. d'amende, applicable à acheter à ses dépens le nombre de Bestiaux ci-dessus marqué qu'il sera tenu d'entretenir toujours en pied sur la même peine.

Art. X. Et d'autant qu'il est nécessaire et très-important pour la sûreté desdits Habitans, d'avoir toujours un certain nombre de Blancs pour gouverner et contenir les Noirs, chaque Habitant sera tenu d'avoir un Blanc sur dix Noirs, à peine de cinquante écus d'amende par chaque Blanc qui lui manquera à proportion des Noirs qu'il aura, laquelle somme sera employée à leur faire fournir lesdits Blancs engagés.

Art. XI. Sa Majesté ayant expressément défendu par ses Réglemens et Ordonnances, tout commerce étranger aux Habitans de ses Isles, nous défendons sous les mêmes peines à tous Habitans de notre Colonie, de quelque condition qu'ils puissent être, et sous quelque prétexte que ce soit, d'entretenir aucun commerce avec les Etrangers, d'acheter d'eux, ou de leur vendre ni troquer aucunes marchandises, Negres, Bestiaux et autres choses, à peine de confiscation et des amendes et autres peines afflictives portées par lesdits Réglemens et Ordonnances de Sa Majesté; enjoignons à tous nos Officiers de Guerre, Justice et Police de tenir soigneusement la main à l'exécution desdits Réglemens et Ordonnances de Sa Majesté, à peine, en cas de contravention ou tolérance de leur part, d'en répondre en leurs propres et privés noms, même de punition s'il y échoit; et d'autant que, sous prétexte de la pêche, les Habitans vont eux-mêmes avec leurs Bâtimens, Chaloupes et Batteaux dans les Isles voisines appartenantes aux Etrangers, ou à bord de leurs Vaisseaux qui viennent mouiller dans les rades, sous prétexte d'avoir besoin d'eau, de bois, ou autres nécessités qui sont du droit des gens, *nous*, en conséquence du privilege exclusif qu'il a plu à Sa Majesté de nous accorder par sesdites Lettres-Patentes, *défendons à tous les* Habitans de notre Colonie, d'avoir aucuns Bâtimens, Chaloupes ni Bateaux, à peine de confiscation et *de trois cens livres d'amende*, applicable à l'Hôpital de Saint-Louis.

Art. XII. Ayant plu à Sa Majesté pour faciliter à notre Compagnie les moyens de s'établir, et de supporter les dépenses qu'elle a été et sera obligée de faire; de nous céder et accorder par l'Article 5 des Lettres-Patentes de notre établissement, tous les droits et devoirs à Elle appartenans, soit domaniaux ou autres de quelque nature qu'ils puissent être; et étant nécessaire que tous les Habitans des Isles paient les mêmes droits seigneuriaux et domaniaux, que ceux qui se paient par les Habitans des autres Colonies, afin d'empêcher que les Habitans d'une Isle où ils seroient imposés, ne la quittassent pour s'aller établir dans celle qui s'en trouveroit exempte, *nous avons statué*, réglé et arrêté qu'à l'avenir, à commencer du jour de la publication des présens Statuts et Réglemens, tous les mêmes droits de Capitation, de poids, de trois pour cent, de deux sols pour livre d'Indigo, Cabaret, Boucherie et Greffe, qui sont actuellement imposés, ou le seront à l'avenir dans les Isles appartenantes au Roi, *seront levés et perçus à notre profit* dans notre Colonie, suivant et conformément aux Ordonnances et Réglemens de Sa Majesté; enjoignons à cet effet au Conseil que nous avons établi dans les Pays de notre concession, d'y tenir soigneusement la main.

Art. XIII. La multiplicité et diversité des cultures, et sur-tout celles qui peuvent être les plus nécessaires et les plus utiles à l'Etat, ayant toujours été recommandée par Sa Majesté à tous ses Gouverneurs, Intendans et autres Officiers dans les Isles, comme le meilleur moyen d'augmenter le commerce et les richesses des Habitans des Isles, nous exhortons tous les Habitans de notre Colonie de s'attacher à multiplier, le plus qu'il leur sera possible, toutes les différentes sortes de cultures qui peuvent être introduites dans la Colonie; et comme la culture du Tabac est une des plus utiles qu'ils puissent faire, nous leur enjoignons d'en faire au moins chacun dix quintaux par année, dont le prix leur sera payé suivant le Réglement qui en sera fait par Sa Majesté.

ART. XIV. Et afin que les présens Statuts et Réglemens soient pleinement exécutés, Sa Majesté sera très-humblement suppliée de les approuver et autoriser en dérogeant à toutes choses à ce contraires, lesquels seront lus et enregistrés, l'Audience tenant, au Greffe de Saint-Louis, et publiés aux Prônes de chacune Parroisse de ladite Colonie, affichés aux portes des Eglises, à quoi nos Directeurs, Juges et autres Officiers seront obligés de tenir la main; sera pareillement Sa Majesté très-humblement suppliée de fixer une Jurisdiction dans laquelle ladite Compagnie pourra porter en premiere instance, et par Appel au Parlement de Paris, tous les procès et contestations qu'elle pourra avoir, ou qui pourront lui être faits, ou dans lesquels elle aura intérêt d'intervenir, avec l'attribution nécessaire pour en connoître exclusivement à toutes les autres Cours et Juges. Nous enjoignons à nos Directeurs, Juges et autres Officiers, de les faire lire, publier aux Prônes de chacune des Parroisses de notre Colonie, et d'en afficher des copies à la porte des Eglises, et de les enregistrer à notre Greffe de Saint-Louis. Fait et arrêté au Bureau Général de ladite Compagnie, à Paris le 28 Juin 1716. *Signé* DE LA BOULAYE, DE VANNOLLES, LE MARIÉ DE TERNY, DUREY DE NOINVILLE, GALABIN, GAYOT, THEVENIN et CHIPAUDIERE MAGON.

Les Lettres-Patentes attribuent la connoissance de toutes les contestations où la Compagnie aura intérêt en France, soit en demandant ou en défendant aux Requêtes du Palais, à Paris, et par appel au Parlement.

V. la Déclaration du Roi, du 22 Juin 1717.

ARRÊT du Conseil de Léogane, touchant les Ecclésiastiques.

Du 6 Juillet 1716.

VU par le Conseil la Requête à lui présentée par le Procureur-Général du Roi, contenant que les déréglemens de quelques-uns des Ecclésiastiques qui viennent dans cette Isle, tant sur les Vaisseaux pour y servir en qualité d'Aumônier, que ceux qui y desservent les Paroisses, et surtout ceux que le Supérieur des Missions, et obligé de prendre tels qu'ils se trouvent pour remplir les Cures du ressort du Conseil, augmentant tous les jours par l'impunité qu'ils y trouvent, parce qu'il n'y a ici aucun Tribunal Ecclésiastique qui les retienne; qu'il seroit à craindre que portant leur excès jusqu'à commettre des cas privilégiés, ils se croiroient encore à couvert de la censure Laïque, à cause que l'on ne peut ici observer les Ordonnances Royaux contr'eux en matiere criminelle, ce qui feroit un tort considérable à l'État, à la Religion et à la Colonie; sur quoi il requéroit la Cour d'y pourvoir, etc. LE CONSEIL faisant droit sur les conclusions du Procureur-Général du Roi, a ordonné que le Conseil se pourvoira pardevant Sa Majesté pour lui demander ses intentions sur la forme que tiendront le Conseil et les Juges en ressortissans contre les Ecclésiastiques en matieres criminelles dans les cas privilégiés, afin de s'y conformer; et qu'où, avant la réception des ordres de Sa Majesté à ce sujet, il seroit commis par quelques-uns desdits Ecclésiastiques quelques cas privilégiés; les Juges ordinaires informeront, conjointement avec le Curé le plus proche du lieu où le crime aura été commis, ou tel autre que le Supérieur des Missions y voudra nommer, et où le procès seroit instruit au Conseil, que le Supérieur des Missions y sera appellé, et ce sous le bon plaisir dudit Seigneur Roi; ordonne en outre qu'en matiere civile, et purement réelle, lesdits Ecclésiastiques, tant Séculiers que Réguliers, seront convenus en Justice comme les Laïques, dans les cas où il échoira, à peine d'y être contraints par saisie de leurs pensions, de leur temporel, et suspension de leur privilege, conformément à l'Ordonnance.

V. La Lettre du Conseil de Marine, du 30 Janvier 1717.

ARRÊTÉ du Conseil de Léogane, pour supplier SA MAJESTÉ *de porter une Loi relative à la Tutelle des Mineurs Créoles qui sont en France, et qui ont leurs biens en Amérique.*

Du 6 Juillet 1716.

VU par le Conseil la Requête à lui présentée par le Procureur-Général du Roi, contenant que les Juridictions et Cours de France, s'étant déja ingérés plusieurs fois de nommer aux Mineurs originaires de cette Isle, lorsqu'ils sont en France, des Tuteurs principaux, tant pour leurs personnes

sonnes que pour tous leurs biens, ce qui cause un préjudice considérable auxdits Mineurs, parce que les Juges du ressort du domicile des pere et mere desdits Mineurs, et où leurs biens sont situés, nomment aussi des Tuteurs auxdits Mineurs que leurs pere et mere ont envoyés en France, et que les différens Tuteurs se croient indépendans les uns des autres, et se croient respectivement seuls en droit de disposer, et ordonner, tant de l'éducation que des biens desdits Mineurs, se font respectivement des procès à l'occasion desdites Tutelles, dont les frais retombent sur les Mineurs; sur quoi il requéroit la Cour d'y pourvoir, etc. LE CONSEIL faisant droit sur les conclusions du Procureur-Général du Roi, a ordonné que la Cour se pourvoira devant Sa Majesté pour la supplier de faire expédier Lettres-patentes, portant défenses à toutes Cours et Juridictions de France, de nommer des Tuteurs aux Mineurs Créoles, que pour les biens situés en France; et qu'à l'égard des biens qu'ils auront en Amérique, ils seront régis par les Tuteurs nommés auxdits Mineurs sur les lieux, qui connoissant mieux les biens et les facultés desdits Mineurs, auront seul l'inspection sur leur personne pour leur faire donner une éducation convenable à leurs biens et facultés; que les comptes des biens situés en Amérique seront rendus pardevant les Juges, dans les Juridictions desquelles lesdits biens seront situés, tant par les Tuteurs, que par les Administrateurs desdits biens.

ARRÊT du Conseil de Léogane, qui ordonne une nouvelle Levée pour la Caisse publique; enjoint aux Habitans de porter leur contingent chez le Receveur, et assimile la dette à celle des deniers Royaux.

Du 7 Juillet 1716.

LE Procureur-Général du Roi a représenté au Conseil que le fond de la Caisse publique se trouvant épuisé, il est nécessaire de faire un nouveau fonds; LE CONSEIL a donné Acte au Procureur-Général du Roi de sa remontrance, et y faisant droit, a ordonné et ordonne que par M. Charles Lemaire, Conseiller en ce Conseil, que le Conseil a commis pour Receveur, et Trésorier-Général de la Caisse publique, il sera fait sur le public une nouvelle levée de 50 sols par chaque tête de Negres esclaves travaillans; laquelle tous les Maîtres desdits Esclaves, seront tenus de payer audit Trésorier, ou ses Commis, par chaque tête de leur Negres travaillans, et pour le nombre desquels ils seront compris dans le recensement qui en sera arrêté par MM. de

Blénac et Mithon; savoir, 20 sols par chaque tête de Negre dans le courant des 15 premiers jours du mois de Septembre prochain, et les 30 sols restant pour chaque tête desdits Negres au 1er Juillet de l'année prochaine 1717; et afin de lever tous les obstacles que les Maîtres desdits Esclaves pourroient apporter au paiement de ladite levée, ordonne que lesdits Maîtres seront tenus, lors de l'échéance desdits paiemens, de porter chez ledit Trésorier-Général, en son bureau ou celui de ses Commis qu'il aura dans chaque Quartier pour la facilité desdits Maîtres, les sommes pour lesquelles ils seront compris dans lesdits recensemens; et faute par eux de le faire dans le temps prescrit, ils y seront contraints, tant pour le principal que pour les frais de contrainte qu'il aura convenu leur faire jusqu'à parfait paiement, par toutes voies et rigueurs de justice, même par corps, comme pour deniers Royaux; et afin que personne n'en ignore, ordonne que le présent Arrêt sera lu, publié, enregistré en toutes les Juridictions ressortissantes du Conseil, l'Audience tenante; pareillement lu, publié quinze jours avant l'expiration de chaque terme aux Prônes des Paroisses dudit ressort, et que par ladite publication le Trésorier indiquera la personne proposée pour faire ledit recouvrement et sa demeure; laquelle dite publication les R. P. Curés, seront tenus de faire sans frais; qu'il sera pareillement lu, publié aux portes des Eglises paroissiales dudit ressort, à l'issue des Messes paroissiales, par le premier Huissier requis sans frais, et affiché par-tout où besoin sera, etc.

ARRÊT du Conseil du Cap, touchant les Qualifications attachées à la Noblesse.

Du 3 Août 1716.

ET faisant droit sur les conclusions du Procureur-Général du Roi sur la qualité d'Ecuyer et de Messire que prend ledit sieur de .... LE CONSEIL ordonne que dans tous les Actes où il les a pris, les qualités d'Ecuyer, Messire ou Chevalier, seront biffés et rayés; défenses à lui à l'avenir de s'ingérer de se donner lesdits titres, à peine de 2,000 liv. d'amende, ou du moins jusqu'à ce qu'il ait fait apparoir en ce Conseil ses Lettres de Noblesse pour y être enregistrées; mande ledit Conseil au Substitut dudit Procureur-Général du Roi audit Port de Paix de faire publier le présent Arrêt, qui servira de regle non-seulement pour ledit sieur de ...., mais pour tous ceux du Port de Paix qui prennent des qualités éloignées de leur état.

EXTRAIT du Mémoire du Roi à MM. DE CHATEAUMORANT et MITHON, sur l'Administration des Fonds, Vivres, et autres choses ayant rapport aux Magasins.

Du 25 Août 1716.

L'ADMINISTRATION des Fonds et des Vivres, Munitions et Marchandises, et généralement tout ce qui a rapport aux Magasins, appartient au Commissaire-Ordonnateur, où il ne doit être fait aucune consommation, vente ni autre chose que sur ses ordres, mais du consentement et avec la connoissance du Gouverneur; si cependant le sieur de Chateaumorant jugeoit à propos de faire faire quelques dépenses extraordinaire pour le service de Sa Majesté, elle souhaite que le sieur Mithon l'ordonne conformément à sa demande; mais aussi elle recommande à l'un et à l'autre de ne s'y point déterminer sans une nécessité absolue.

R. au Conseil de Léogane, le 13 Février 1717.
Et à celui du Cap, le premier Mars suivant.

DÉCISION du Conseil de Marine, portant que des Envois de Farine et d'Habillemens pour les Troupes seront remboursés sur l'Octroi.

Du 25 Août 1716.

R. au Conseil de Léogane, le 13 Février 1716.
Et à celui du Cap, le premier Mars suivant.

EXTRAIT du Mémoire du Roi aux sieurs Marquis DE CHATEAUMORANT et MITHON, touchant l'Administration de la Colonie.

Du 25 Août 1716.

SA MAJESTÉ estime si important pour son service et pour le bien de la Colonie, que le sieur Marquis de Chateaumorant et le sieur Mithon vivent dans une bonne union et intelligence, qu'elle a jugé à propos de commencer cette dépêche par leur recommander de ne rien omettre l'un et l'autre pour l'entretenir; ils doivent se communiquer leurs vues et leurs sentimens, sur tout ce qu'ils estimeront convenable pour le bien du service et l'avantage de la Colonie, et écrire conjointement des lettres communes sur toutes les affaires de la Colonie commise à leurs soins, après s'être concertés sur tout ce que ces dépêches devront contenir et sur lesquelles il leur sera envoyé les ordres qui seront estimés nécessaires; et en cas que dans le compte qu'ils auront à rendre, ils ne fussent pas de même avis, ils expliqueront dans ces lettres communes les raisons qui les feront penser différemment, afin qu'après qu'elles auront été examinées, Sa Majesté puisse leur faire savoir ses intentions; cependant pour prévenir toute discussion entr'eux, elle a estimé nécessaire de leur expliquer les fonctions qui les regardent chacun en particulier, et celles qui leur sont communes.

Tout ce qui regarde la dignité du Commandement et le Militaire est pour le Gouverneur-Général seul; c'est à lui à déterminer les Fortifications et les Ouvrages sur les projets et devis de l'Ingénieur, après toutefois en avoir conféré avec le Commissaire-Ordonnateur que les marchés, la dépense et les moyens de trouver les fonds nécessaires, regardent uniquement; et ils doivent envoyer conjointement les plans et les devis estimatifs pour recevoir les ordres de Sa Majesté sur ce sujet.

Le détail et l'administration des Hôpitaux regarde le Commissaire-Ordonnateur; mais Sa Majesté recommande audit sieur de Chateaumorant d'avoir attention que les choses s'y passent dans la regle.

L'administration de la justice regarde pareillement le Commissaire-Ordonnateur; à l'égard de la Police, elle est commune entre le Gouverneur-Général et le Commissaire-Ordonnateur, et ils doivent la faire conjointement: Sa Majesté desire qu'ils y tiennent la main exactement.

Ils doivent aussi donner conjointement les concessions des terres, et favoriser l'un et l'autre, tout ce qui pourra avoir rapport au Commerce, dans lequel ils ne doivent cependant entrer que pour donner protection à ceux qui le font, les aider quand ils en auront besoin, et qu'il sera à leur pouvoir, et leur procurer une justice prompte et facile.

Une des principales attentions des sieurs de Chateaumorant et Mithon doit être l'augmentation des Habitans.

Sa Majesté leur recommande d'avoir toujours en vue l'augmentation des Bestiaux: et ils rendront compte de ce qu'ils feront à cet égard.

Sa Majesté sait que jusqu'à présent le Gouverneur-Général et le Commissaire-Ordonnateur ont fait leur résidence à Léogane; et comme tous les Quartiers de l'Isle méritent leur attention, et particulierement celui du Cap, qui est le plus considérable, l'intention de Sa Majesté est qu'à l'avenir les sieurs de Chateaumorant et Mithon résident quatre mois de l'année au Cap, étant du bien de son service et de l'avantage de la Colonie qu'ils prennent une connoissance plus particuliere de toutes ses parties, ce qu'ils ne peuvent faire que par une résidence actuelle dans les lieux principaux, et à quoi ils parviendront, tant par leur séjour qu'ils feront au Cap, que par la visite qu'ils feront des autres Quartiers qui sont sur la route en allant et venant.

Mémoire du Roi aux Administrateurs pour empêcher que les Habitans aient aucune Chapelle sur leurs Habitations, sans des Ordres particuliers de Sa Majesté, et Ordonnance des Administrateurs en conséquence.

Des 26 Août 1716 et 25 Mars 1717.

Sa Majesté a été informée que, depuis quelque temps, plusieurs Habitans du quartier du Cap ont établi sur leurs habitations des Chapelles domestiques où ils font dire la Messe, sous prétexte de l'instruction de leurs Negres; comme cela est sujet à trop d'inconvéniens, Sa Majesté n'a point approuvé cet établissement, et s'il subsistoit les Parroisses seroient désertes, et les Maîtres, leurs Domestiques et leurs Negres, qui sont en grand nombre dans les Habitations, demeureroient sans instruction, et presque sans approcher des Sacremens; on peut croire que les Prêtres et Religieux qui déservent ses Chapelles ne vont aux Isles que pour se soustraire de la discipline de leurs Evêques et de leurs Supérieurs, et comme il n'y a point d'Evêque à Saint-Domingue qui puisse veiller à leur conduite, et les interdire quand ils tombent en faute, il seroit dangereux de les y laisser établir.

Ces raisons obligent Sa Majesté d'ordonner aux sieurs Marquis de Chateaumorant et Mithon de faire cesser l'exercice dans toutes les Chapelles domestiques qui sont dans l'Isle de Saint-Domingue, et d'empêcher qu'à l'avenir il n'en soit établi aucune sans des ordres particuliers de Sa Majesté.

Le Marquis de Chateaumorant, etc.
Jean-Jacques Mithon, etc.
Vu l'extrait du Mémoire du Roi ci-dessus, nous, en conséquence

dudit Ordre, faisons très-expresses inhibitions et défenses à tous Habitans du quartier de Léogane et du Cap, de quelque qualité et condition qu'ils soient, de faire aucuns exercices dans les Chapelles domestiques, ni de souffrir qu'aucuns Religieux ou Aumônier qu'ils pourroient avoir chez eux, d'y dire la Messe, ces fonctions étant réservées aux Missionnaires seuls établis auxdits quartiers, à peine de 500 livres d'amende contre les contrevenans, applicables aux réparations des Eglises du quartier, pour la premiere fois, et de plus grosse en cas de récidive, et à peine aussi contre les Religieux forains, non Missionnaires, qui voudroient s'ingérer de faire aucun exercice dans les maisons des Habitans et d'y dire la Messe, d'être embarqués pour France par le premier Bâtiment, et renvoyés dans leur Couvent, à moins qu'ils ne fussent approuvés et retenus par les Supérieurs pour y exercer les fonctions curiales, au défaut des Missionnaires de leur Ordre, avec notre consentement; enjoignons aux Commandans des quartiers, au Procureur-Général du Conseil du Cap et de Léogane, et à leurs Substituts de tenir la main à l'exécution de la présente Ordonnance qui sera enregistrée aux Conseils Supérieurs desdits lieux, publiée, etc.

R. au Conseil de Léogane, le 3 Mai 1717,
Et à celui du Cap, le lendemain.

Arrêt du Conseil du Léogane touchant les Taxes de Dépens,

Du 7 Septembre 1716,

Le Conseil a donné Acte au Procureur-Général du Roi de sa rémontrance, et y faisant droit, fait défenses aux Juges du ressort du Conseil de faire à l'avenir aucunes taxes de dépens sans y appeller les parties, et de se conformer dans lesdites taxes de dépens aux Ordonnances du Roi; et ordonne que le présent Arrêt sera registré en toutes les Jurisdiction du ressort du Conseil.

EXTRAIT de la Lettre du Conseil de Marine aux Administrateurs, concernant les Poids et Mesures, et leur Ordonnance à ce sujet.

Des 14 Septembre 1716, et 1er Mai 1717.

POUR établir une regle certaine dans la Colonie sur les Poids et Mesures, et empêcher la fraude qui peut s'y commettre, le Conseil a résolu d'envoyer des Poids de cuivre de différentes Mesures pour les Liqueurs et des Toise, Pied et Aune ferrés par les bouts; il souhaite que le tout reste au Greffe du Conseil, et qu'elles servent à régler celle du Pays; vous aurez soin d'y tenir exactement la main.

Mémoire des Poids et Mesures envoyés à M. Mithon, etc. par le Conseil de Marine pour servir de regle en cette Colonie.

1°. *Poids de Cuivre.*	2°. *Mesures d'Etain.*	3°. *Mesures de Longueur.*
Un Marc.	Un Pot de deux Pintes.	Une Toise.
Un Poids d'une Livre.	Une Pinte.	Une Aune.
Un de deux.	Une Chopine.	Une demi-Aune.
Un de quatre.	Un demi-Septier.	Un Pied.
Un de six.	Un Poisson.	
Un de huit.	Un Misérable.	*Le tout marqué et étalonné.*
Un de dix.		
Une demi-Livre.		
Un Quarteron.		

LE Marquis de Chateaumorant, etc.

Jean-Jacques Mithon, etc.

Vu l'Extrait de la Lettres du Conseil de Marine à Nous écrite, et le Mémoire des Poids et Mesures ci-dessus qu'il nous a adressé pour servir de regle dans la Colonie, et éviter la fraude qui peut s'y commettre dans le débit des Denrées et Marchandises, en gros ou en détail; Nous, conformément aux ordres dudit Conseil, ordonnons que lesdits Poids et Mesures seront déposés au Greffe du Conseil Supérieur de Léogane, et qu'à la diligence du Procureur-Général d'icelui, et en sa présence ou de ses Substituts, les Habitans et Marchands du ressort dudit Conseil y viendront faire étalonner et confronter leurs Poids et Mesures dans deux mois pour tous délais après la publication des Présentes, avec défenses de se servir à l'avenir d'autres Poids et Mesures que de ceux qui auront été étalonnés et confrontés en présence dudit Procureur-Général ou de ses Substituts, à peine de 300 liv. d'amende, applicable aux réparations du Palais de cette Ville, leur enjoignons d'y tenir exactement la main; ordonnons que la présente Ordonnance, ledit Extrait de Lettre et le Mémoire desdits Poids et Mesures, seront enregistrés au Greffe dudit Conseil et des Juridictions en ressortissantes, lues, publiées, etc.

R. au Conseil de Léogane, le 3 du même mois de Mai 1717.

EXTRAIT *de la Lettre du Conseil de Marine aux Administrateurs, Approbative de l'Ordonnance par eux rendue le dernier Décembre 1715.*

Du 14 Septembre 1716.

R. au Conseil de Léogane, le 13 Février 1717.
Et à celui du Cap, le premier Mars suivant.

EXTRAIT *de la Lettre du Conseil de Marine aux Administrateurs, touchant la Nomination aux Emplois vacans.*

Du 14 Septembre 1716.

LE Conseil souhaite que, pour les Emplois qui seront vacans, soit dans les Conseils-Supérieurs, soit dans les Jurisdictions, vous proposiez pour les remplir les meilleurs Sujets qui seront dans la Colonie; et, quand il en manquera sur les lieux, que vous mandiez ce que peuvent valoir les Emplois vacans pour lesquels vous n'aurez point de bons Sujets à proposer, afin qu'on puisse en envoyer de France qui soient convenables.

LETTRE

LETTRE du Conseil de Marine aux Administrateurs sur ce que les Appointemens de M. le Marquis de CHATEAUMORANT lui ont été payés en France pour jusqu'à la fin de 1716, afin que ceux accordés à M. le Comte de BLÉNAC, jusqu'à son arrivée en France, ne fissent pas un double Emploi sur les Etats de dépense de la Colonie.

Du 20 Septembre 1716.

R. au Conseil de Léogane, le 13 Février 1717.
Et à celui du Cap, le premier Mars suivant.

RÉGLEMENT de la Compagnie de Saint-Domingue portant que les Droits Domaniaux, Seigneuriaux et autres généralement quelconques, que le Roi a fait imposer et percevoir dans les Isles, et ceux qui pourront l'être à l'avenir seront imposés et perçus au profit de ladite Compagnie sur les Habitans de sa Colonie.

Du 22 Septembre 1716.

LES Directeurs de la Compagnie Royale de Saint-Domingue. A tous présens et à venir, etc. Sa Majesté ayant ordonné par ses Lettres-Patentes du mois de Juillet dernier, enregistrées au Parlement de Paris le 12 du présent mois, que tous les mêmes Droits, soit Domaniaux, soit Seigneuriaux ou autres généralement quelconques, que Sa Majesté a imposés et fait percevoir dans ses Isles, et ceux qui pourront l'être à l'avenir, seront imposés et perçus à notre profit sur les Habitans de notre Colonie pour empêcher que les Habitans des autres Colonies ne vinssent s'établir dans la nôtre si elle en étoit exempte; Nous en conséquence desdites Lettres-Patentes et de nos Statuts, avons réglé et ordonné qu'à commencer du jour de la publication de la présente Ordonnance aux Prônes des Paroisses de notre Colonie et de son enregistrement et publication au Greffe de notre Jurisdiction de Saint-Louis, tous les Droits déja imposés et ceux qui le seront à l'avenir dans les Colonies appartenantes au Roi, seront imposés dans notre Colonie ainsi qu'il ensuit; savoir:

Droit de Capitation.

Chaque Habitant sera tenu de nous payer entre les mains de nos Gardes-Magasins, tant pour lui que pour ses Domestiques et engagés Blancs, et pour ses Negres, Negresses, Mulâtres, Mulâtresses, Indiens et Indiennes, la somme de 6 livres par tête pour le Droit de Capitation, ou en Argent ou en Sucre, Indigo, Tabac ou autre marchandise de sa culture évaluée au prix courant du Pays à son option, et sera ledit Droit de Capitation exigible au premier jour de Janvier de chaque année, et payé par préférence et privilege à toutes autres dettes, suivant et conformément à l'Ordonnance de M. de Baas du 12 Février 1671, confirmée par Arrêt du Conseil du Roi du 5 Mai 1676, à la réserve toutefois des privilégiés ci-après dénommés, auxquels nous avons accordé l'exemption de partie desdits Droits à cause de leur dignité et des charges publiques auxquelles les Offices les assujettissent; savoir :

Ecclésiastiques Séculiers et Réguliers.

Tout Ecclésiastique séculier ou régulier servant de Curé, Vicaire ou Missionnaire sera exempt dudit Droit de Capitation pour sa personne, pour deux Domestiques Blancs et pour deux Noirs seulement, et s'il en a d'avantage, il payera ledit Droit pour le surplus.

Chaque Parroisse ou Cure sera composée de deux cens Feux ou Chefs d'habitation, et chaque Curé aura une concession de 200 pas en quarré de l'Amérique, pour y faire son Presbytere, son Jardin et sa Savanne.

Officiers de Guerre.

Le Gourverneur ou Commandant pour nous à notre nomination, sera exempt pour sa personne et pour tous ses Domestiques Blancs et pour vingt de ses Noirs, soit qu'ils soient Domestiques ou autrement, à cause de la dignité de sa Charge, et s'il en a davantage, il payera ledit Droit pour le surplus.

Le Capitaine d'une Compagnie de 50 Soldats sera exempt dudit Droit pour sa personne et pour tous ses Domestiques Blancs et pour trois Domestiques Noirs, et s'il en a davantage, il payera ledit Droit pour le surplus.

Le Lieutenant d'une Compagnie de 50 Soldats *comme le Capitaine, à un Negre près.*

L'Enseigne d'une Compagnie de 50 Soldats *comme le Capitaine, à deux Negres près.*

Le Major *comme le Capitaine.*

Tous les Sergens, Caporaux; Anspessades, Tambours et Soldats seront exempts dudit Droit pour leur personne.

Officiers de Justice.

Le Juge Supérieur de la Colonie sera exempt du Droit de Capitation pour sa personne et pour tous ses Domestiques Blancs et pour douze de ses Noirs, pendant qu'il sera en exercice seulement, attendu qu'il ne prendra aucun droit pour les Ordonnances et Jugemens qu'il rendra pour la Compagnie.

Le Procureur Fiscal *comme le Juge à deux Noirs près.*

Le Greffier de la Jurisdiction de Saint-Louis *comme le Juge, à quatre Noirs près.*

Et seront lesdits Juge Supérieur, Procureur Fiscal et Greffier de ladite Jurisdiction de Saint-Louis, obligés d'avoir chacun leur maison dans le Bourg de Saint-Louis.

Le Lieutenant de Juge que nous établirons dans le fond de l'Isle à Vache, sera exempt dudit Droit pour sa personne et pour ses Domestiques Blancs et pour six de ses Noirs, pendant qu'il sera en exercice seulement, attendu qu'il sera obligé de rendre la Justice, pour la Compagnie, gratis, et les appellations de ses Jugemens seront portées au Juge Supérieur de Saint-Louis.

Le Substitut du Procureur Fiscal audit fond de l'Isle à Vache, *comme le Procureur Fiscal à six Noirs près.*

Le Greffier audit fond de l'Isle à Vache *comme celui de Saint-Louis à cinq Noirs près.*

Le Lieutenant du Juge qui sera par Nous établi au quartier de Jacmel et adjaçens, *comme celui du fond de l'Isle à Vache.*

Le Substitut du Procureur Fiscal et le Greffier qui seront par Nous établis audit quartier de Jacmel, *comme ceux du fond de l'Isle à Vache.*

Et sera le ressort desdits Officiers de Justice réglé ainsi qu'il s'ensuit.

Le ressort du Juge Supérieur de Saint-Louis comprendra les quartiers de Saint-Louis, de la Baye de Mesle, de la Baye des Flamans, du

Port Cavaillon, et jusques et compris la Riviere des Cayes du côté de l'Ouest, et du côté de l'Est les quartiers des Anglois, de la Baye Saint-George et tout le quartier d'Aquin; le tout en premiere instance outre les appellations du ressort desdits Lieutenans.

Le ressort du Lieutenant du Juge du fond de l'Isle à Vache, commencera au bord de la Riviere des Cayes, et s'étendra jusques et compris le Cap Tiberon.

Le ressort du Lieutenant du Juge de Jacmel commencera à la Riviere de Naybe du côté de l'Est, et s'étendra jusqu'à dix lieues de Jacmel en tirant dudit Jacmel à l'Ouest.

Officiers de Milice.

Le Colonel des Milices de la Compagnie sera exempt dudit Droit de Capitation pour sa personne et pour tous ses Domestiques Blancs, et pour douze de ses Noirs, pendant qu'il sera en exercice seulement, à cause des obligations dont il sera chargé pour le commandement des Milices, et il payera ledit Droit pour tout le surplus.

Le Capitaine d'une Compagnie de Milice composée de cinquante Chefs d'habitation, *comme le Colonel, à quatre Noirs près.*

Le Lieutenant *comme le Colonel, à six Noirs près.*

L'Enseigne *comme le Colonel, à huit Negres près.*

Le Sergent *comme le Colonel à dix Noirs près.*

Les Compagnies de Milice ne pourront être moindres de cinquante Chefs d'habitation, non compris les Officiers Majors, et dans chaque Compagnie il n'y aura qu'un Capitaine, un Lieutenant, un Enseigne et deux Sergens; et lorsqu'il n'y aura pas de quoi former deux Compagnies dans le même quartier, on n'en formera qu'une de tout ce qui sera dans ledit quartier, jusqu'à ce qu'il ait assez d'Habitans pour en former deux complettes.

Le Major des Milices *comme le Capitaine.*

Il y aura trois Majors de Milice dans toute la Colonie; savoir : Un au quartier de Saint-Louis pour toute l'étendue du ressort de la Jurisdiction dudit lieu; un au quartier du Fond pour la Jurisdiction subalterne dudit quartier dans l'étendue du ressort qui lui a été assigné; un à Jacmel dans le ressort de la Jurisdiction subalterne qui y sera établie.

Et seront tous lesdits Officiers de Milices pourvus de nos commissions, sans lesquelles ils ne pourront exercer les fonctions de leurs Charges ni jouir des exemptions ci-dessus marquées.

Le Colonel des Milices recevra les ordres du Gouverneur ou Commandant pour la Compagnie au fort Saint-Louis, et les distribuera aux Majors des quartiers, et les Majors les porteront aux Capitaines.

Les Capitaines de chaque Compagnie de Milices seront obligés d'avoir toujours un rôle exact, suivant le modele qui leur en sera donné de tous les Habitans dont sa Compagnie sera formée, contenant le nom de chaque Habitant, de sa Femme et le nombre de ses Enfans et Domestiques Blancs, et de tous ses Noirs et Negresses, Mulâtres et Mulâtresses, Indiens et Indiennes de tout sexe et de tout âge, de ses Sucreries, Indigoteries ou autres cultures, de ses bestiaux, armes, poudre et plomb, et d'en remettre tous les ans une copie signée de lui et certifiée véritable au premier jour de Janvier, au Major de son ressort qui la remettra au Colonel des Milices, et ledit Colonel au Gouverneur ou Commandant au fort Saint-Louis, lequel le remettra au Conseil de la Compagnie pour en former le récensement général de la Colonie; et seront les particuliers Habitans qui auront récelé quelqu'un de leursdits Blancs ou Noirs condamnés en cent liv. d'amende, et à la confiscation des Noirs, Mulâtres ou Indiens récelés, et si ledit recellement s'est fait de concert avec lesdits Capitaines et Officiers, seront lesdits Capitaines et Officiers destitués de leurs charges sans pouvoir jamais y être rétablis, privés de toutes leurs exemptions, et condamnés en deux cens livres d'amende; et faute par le Colonel et les Majors de fournir exactement lesdits rôles au Gouverneur ou Commandant pour la Compagnie au Fort Saint-Louis, dans la premiere quinzaine du mois de Janvier de chaque année, ils seront destitués de leurs Charges et privés de toutes leurs exemptions.

Tous les Habitans Blancs de la Colonie, non Domestiques, seront enrôlés dans les Compagnies de Milice, depuis l'âge de 20 ans jusqu'à 60, soit qu'ils soient Chefs d'Habitation ou de quelque art, profession ou métier qu'ils puissent être, à la réserve des Ecclésiastiques et des Officiers de Guerre, de Justice et de Milice ci-devant spécifiés, qui seront employés dans le récensement général suivant leurs qualités et fonctions.

Autres Exempts dudit Droit de Capitation.

Toutes les Femmes et Filles Blanches seront exemptes dudit Droit de Capitation pour leur personne seulement.

Les Mâles et Femelles Blancs, Créoles et natifs de la Colonie seront exempts dudit droit pour leur personne seulement.

Les Blancs qui fourniront chacun par année dans les Magasins de la Compagnie, dix quintaux de tabac en feuilles et en manoques, bon, loyal et marchand, seront exempts dudit Droit pour leur personne seulement.

Les Negres, Negresses, Mulâtres et Mulâtresses, Indiens et Indiennes au-dessous de l'âge de 14 ans, et au-dessus de 60 ans, seront exempts dudit Droit de Capitation.

Le rôle de la Capitation sera arrêté tous les ans par les Officiers de notre Conseil à la fin du mois de Janvier, après que le récensement général sera achevé, et ledit rôle sera publié dans le mois de Février, à la diligenee de nos Procureurs Fiscaux chacun dans leur ressort; et pour cet effet lesdits rôles leur seront envoyés par les Officiers de notre Conseil, avec injonction à eux de les en certifier dans la quinzaine, et exigible par préférence et privilege à toutes autres dettes comme il a été ci-devant marqué.

Droit de Poids.

Cet ancien Droit ayant été établi dans toutes les Isles pour empêcher les fraudes continuelles qui se faisoient sur les poids que chaque particulier pouvoit avoir chez lui, et ayant été réglé qu'il seroit établi des Poids Royaux et Seigneuriaux où toutes marchandises, tant celles venant du dehors, que celles provenans du crû et cultures desdites Isles sujettes au Poids, seroient pesées et visitées avant leur livraison, et que pour Droit de Poids il seroit payé aux Seigneurs un pour cent en especes ou la valeur en argent, évaluée sur le prix courant de la marchandise dans le Pays, conformément à la pancarte contenant lesdites marchandises sujettes au Poids; savoir, lard, bœuf, molue, stocfix, tortue salée, graisse, beurre, fromage, chandelle, suif, savon, cire, dents d'Eléphant, épiceries, drogueries, soie filée, fil, farine, cuivre, étain, plomb, fer cloux, acier, bray, goldron, cordages, caffé, sucre, indigo, tabac, coton, cacao, caret et canéfice, gingembre, vanille, cochenille, bois de teinture et autres, et généralement toutes autres marchandises sujettes au Poids. Nous, en conséquence desdits Réglemens et entr'autres de celui de M. de Baas du 3 Février 1671, confirmé par Arrêt du Conseil du Roi du 5 Mai 1676; et pour nous y conformer, ordonnons qu'il sera établi trois Poids Seigneuriaux dans notre Colonie; un dans nos Magasins du fond de l'Isle à Vache; un dans nos Magasins de Saint-Louis; et un autre dans nos Magasins de Jacmel où toutes les marchandises sujettes au Poids seront apportées pour y être pesées et visitées par nos Gardes-Magasins en présence des vendeurs et acheteurs ; que pour Droit de Poids, il nous sera payé un pour cent en especes ou la valeur en argent, de toutes les marchandises sujettes au Poids ; défendons, conformément auxdits Réglemens, à tous nos Habitans, de quelque qualité et condition qu'ils soient, et à tous autres, de vendre, ni acheter aucunes marchandises qui n'aient été vues, visitées et pesées par nosdits Poids, à peine de confiscation et de cent livres d'amende.

Droits de deux sols pour livre d'Indigo.

Sa Majesté ayant, par son Arrêt, du 18 Juillet 1696 imposé le Droit de deux sols pour livre d'Indigo, sur-tout les Indigos du crû et culture de l'Isle S. Domingue, payable par les Habitans de ladite Isle en especes ou valeur en argent, évaluée sur le prix dudit Pays ; nous en conséquence des Lettres-Patentes de Sa Majesté du mois de Juillet dernier et des Statuts et Réglemens y joints, ordonnons qu'il nous sera payé à l'avenir, à commencer du jour de l'enregistrement et publication de la Présente, deux sols pour livre d'Indigo du crû ou commerce de notre Colonie par chacun des Habitans qui l'auront fourni ou fabriqué ; défendons à tous Habitans de livrer ou commercer leur Indigo et autres marchandises à d'autres qu'à nous, attendu notre privilege exclusif, sous peine de confiscation et de cent livres d'amende.

Droit de trois pour cent du Domaine d'Occident.

Sadite Majesté nous ayant cédé par ses Lettres-Patentes du mois de Septembre 1698, tous ses Droits Domaniaux, Seigneuriaux et autres généralement quelconques, et par ses Lettres-Patentes du mois de Juillet dernier, ordonné qu'ils seroient tous établis dans notre Colonie comme dans les autres Isles ; nous ordonnons qu'à commencer du jour de l'enregistrement et publication de la Présente dans notredite Colonie, le Droit local et domanial de trois pour cent, payable par les Habitans des Isles sur toutes les marchandises et denrées du crû desdites Isles, nous sera payé à l'avenir par les Habitans de notre Colonie entre les mains de nos Gardes-Magasins en especes ou la valeur en argent, évaluée au prix courant du Pays, suivant et conformément aux Arrêts rendus à ce sujet, et entr'autres à l'Arrêt du Conseil d'Etat du Roi du 20 Juin

1698, à peine, contre ceux qui y manqueront, de cent livres d'amende.

Et quant aux Droits de Greffe, confiscations, amendes, redevances, droit de cinquante pas du Roi, des biens vacans, aubaines, ancrage, sauvetage, biens naufragés, cabarets, boucheries, et autres Droits Seigneuriaux et Domaniaux appartenans à Sa Majesté dans les autres Isles, nous avons statué et réglé qu'ils seront payés et perçus à notre profit, suivant et conformément aux Réglemens faits par Sa Majesté dans toutes les autres Colonies, dont la copie sera pareillement publiée et enregistrée avec la Présente.

Et afin que personne n'en puisse prétendre cause d'ignorance, nous ordonnons que la Présente, conjointement avec lesdites Lettres-Patentes de Sa Majesté du mois de Juillet dernier, et les Statuts et Réglemens y attachés, seront enregistrés et publiés aux Greffes de nos Jurisdictions, et publiés aux Prônes des Eglises parroissiales de notre Colonie, et affichés aux portes desdites Eglises et à celles de tous nos Bureaux et Magasins, et que la certification dudit enregistrement, lecture et publication, nous sera envoyée par notre Juge de Saint-Louis, et visée par les Officiers de notre Conseil au bas de copie des Présentes; et pour lui donner toute créance, nous l'avons signé et fait contresigner par notre Secrétaire. Fait à Paris au Bureau général de ladite Compagnie, le 22 Septembre 1716, etc.

ARRÊT du Conseil du Cap qui ordonne de nouveau la publication de l'Ordonnance du premier Décembre 1710, et défend en conséquence les voyes de fait contre les Bêtes à Corne et autres Animaux des Hattes.

Du 5 Octobre 1716.

ARRÊT du Conseil du Cap touchant une amende prononcée par le Juge, pour lui avoir dit à l'Audience qu'on appelleroit de sa Sentence.

Du 5 Octobre 1716.

VU par le Conseil la Requête de la veuve Fournier, contenant que M. Carrere, Procureur aux biens vacans, l'ayant fait assigner, la Suppliante se se présenta à l'Audience, et fut nonobstant ses raisons, condamnée aux dépens; la Suppliante supportant à peine de se voir condamner aux dépens, vu qu'elle n'avoit jamais refusé de payer, il lui échappa de dire devant M. Guilbert qu'elle en rappelleroit. M. Guilbert l'a condamnée en 50 liv. d'amende applicable à l'Eglise, etc. Oui sur ce les conclusions verbales du Procureur-Général du Roi, LE CONSEIL, eu égard au don et à la générosité de la Suppliante envers l'Eglise du Cap, l'a déchargée à pur et à plein de ladite amende des 50 livres, portée par la Sentence du Juge du Cap du 3 de ce mois, et fait défenses à ladite dame Fournier de ne plus récidiver sous les peines portées par l'Ordonnance.

ARRÊT du Conseil du Cap pour le nettoiement des Rues et l'apport des Immondices de la Ville dans le Marais sous le Vent, à peine de 50 l. d'amende.

Du 5 Octobre 1716.

ARRÊT du Conseil du Cap portant que, dans le cas où une Partie ne pourra pas s'énoncer, le Procureur-Général en sera l'Avocat.

Du 5 Octobre 1716.

VU la Requête de Guiochet, contenant qu'il auroit procès contre le nommé Jacqueau, ci-devant son Commis; et comme c'est une affaire de discussion à laquelle ledit Guiochet n'est nullement au fait, ce qui l'oblige de vous présenter la Requête pour avoir la permission de prendre telle personne qu'il lui plaira. Conclusions du Procureur-Général du Roi, contenant que le Suppliant plaidera en personne, et que s'il ne sait s'énoncer, il prendra son fait et cause. LE CONSEIL y faisant droit, ordonne que le Suppliant plaidera en personne, et faute par lui de pouvoir et savoir s'énoncer, ledit Procureur-Général prendra son fait et cause.

ORDONNANCE *des Administrateurs, qui fait défenses de donner asyle à aucun Blanc inconnu, s'il n'est muni d'un Billet ou Congé, à peine de 300 liv. d'amende.*

Du 7 Octobre 1716.

LE Comte de Blénac, etc.

Jean-Jacques Mithon, etc.

La plupart des Habitans s'étant plaints à Nous de la désertion fréquente de leurs Engagés, qui, sans aucune raison et par un pur motif de libertinage ou de fainéantise, vont courir d'Habitations en Habitations, et changent même de Quartier pour trouver à s'embarquer, sans que lesdits Habitans puissent en tirer aucun service, se trouvant par-là dans l'impossibilité d'avoir le nombre de Blancs qui leur est prescrit par les Ordonnances, ce qui porte un préjudice considérable à la Colonie; et ces désertions n'étant causées que par la facilité qu'ont les Habitans de donner retraite à des inconnus au mépris des Ordonnances ci-devant rendues à ce sujet, et aussi par le peu d'attention qu'ont les Maîtres à châtier lesdits Engagés de leur désertion lorsqu'ils sont repris, quoique l'usage des Isles fût anciennement de les faire servir autant de mois par de-là leur temps qu'ils avoient été de semaines en maronage; à quoi étant nécessaire de remédier, Nous faisons très-expresses défenses aux Habitans, Négocians, Capitaines, Marchands, et autres demeurans dans cette Isle, de retirer ni donner asyle *plus de trois nuits à aucuns Blancs inconnus dans la Plaine du Cap, ou autres lieux éloignés, et plus d'une nuit pour les Habitans du Bourg et des environs* *, s'il n'est muni d'un billet ou congé de son Maître ou des Commandans des lieux, à peine de trois cents livres d'amende, applicable le tiers au Dénonciateur, et les deux autres tiers au profit de l'Habitant à qui appartiendra ledit Engagé; ordonnons auxdits Habitans de se saisir desdits inconnus, et de les conduire chez le Commandant du Quartier, qui les envertra aux Gouverneurs des Quartiers principaux pour être reconnus et punis suivant l'exigence du cas; réitérons autant que besoin est les défenses faites aux Capitaines des Vaisseaux d'embarquer aucun Blanc sans le congé du

* *Cette Ordonnance portoit* pas même pour une nuit, *et elle est même enregistrée avec cette disposition au Conseil de Léogane.*

Commandant, sous les peines portées par l'Ordonnance du Roi, et même aux Maîtres de Barque d'en faire naviguer aucun dans leur Barque ou Bateau sans permission; déclarons auxdits Engagés qu'ils seront obligés de servir leurs Maîtres le double du temps qu'ils auront été en maronnage, au-delà du terme porté par leur engagement; et sera la présente Ordonnance enregistrée dans les Greffes des Conseils de cette Isle, et Juridictions ressortissantes, à la diligence des Procureurs-Généraux et de leurs Substituts, lue, publiée et affichée, etc. DONNÉ à Léogane, etc.

R. au Conseil de Léogane, le 9 Novembre 1716.

Et à celui du Cap, le 4 du même mois, avec cette observation que le Procureur-Général demeure chargé de représenter aux Administrateurs que le temps d'un jour est trop court pour être instruit en Campagne sur le compte des personnes qui viennent réclamer l'hospitalité; cependant ledit Conseil a ordonné et ordonne l'enregistrement de ladite Ordonnance, et a sursis à la publication d'icelle jusqu'à la réponse de MM. de Blénac et Mithon.

Vu la représentation à nous faite par le Procureur-Général du Conseil Supérieur du Cap, en conséquence de l'Arrêt ci-dessus, et y ayant égard, nous accordons trois jours aux Habitans éloignés du Bourg du Cap qui recevront des inconnus et gens sans aveu chez eux, pour en donner avis au Commandant, et les faire conduire chez ledit Commandant; leur enjoignant toutefois de s'informer dès le premier jour de leur état. FAIT à Léogane, le 18 Novembre 1716. *Signés* DE BLÉNAC et MITHON.

ORDONNANCE *des Administrateurs, qui fait défenses de vendre aucuns Vivres aux Bâtimens qui naviguent le long des Côtes, à moins qu'ils ne soient connus pour François.*

Du 8 Octobre 1716.

LE Comte de Blénac, etc.

Jean-Jacques Mithon, etc.

Etant informés que quelques petits Habitans sur-tout ceux qui demeurent au bord de la Mer dans les Quartiers éloignés vendoient aux Forbans des Vivres, comme Farines de Magnoc, Patates, Pois, Maïs, et autres légumes, séduits par les profits considérables qu'ils en retirent, ce qui entretient lesdits Forbans le long de nos Côtes, par les secours journaliers de Vivres qu'ils trouvent chez lesdits Habitans dans leurs besoins, ce qui cause des vols et pirateries qu'ils exercent sur les Vaisseaux Marchands, soit en entrant, soit en sortant des Ports de cette Isle, et sur les Navigateurs du Pays, ainsi qu'il vient d'arriver ayant nouvellement pillé les Vaisseaux, la Balaine de Nantes, la Silvie, Galere de la Rochelle, et la Marguerite de Bordeaux, brûlé deux Bateaux, et pillé quatre Barques; au lieu que s'ils étoient dépourvus de ce secours, ils se verroient contraints par la famine d'abandonner nos Côtes, et peut-être de s'échouer à terre; et étant d'une nécessité importante de remédier à un abus si préjudiciable à la Colonie, Nous faisons très-expresses inhibitions et défenses à tous Habitans, et autres, de vendre aucuns Vivres, soit Farine de Magnoc, Patates, Pois, Ris, Mahy, et autres légumes, aux Barques qui naviguent le long de la Côte, à moins qu'ils ne les connoissent pour Barques Françoises, munies des Passeports des Gouverneurs du Pays, dont nous les rendons responsables; déclarons tous ceux qui auront vendu des Vivres auxdits Forbans, coupables des vols et pirateries qu'ils exerceront: ordonnons que leur procès sera fait, à la diligence des Procureurs du Roi des Juridictions où le délit aura été commis, pour être punis comme complices desdits Forbans; les condamnons en outre à cinq cents livres d'amende, applicable le tiers au Dénonciateur, et les deux autres tiers au Roi; et sera la présente Ordonnance enregistrée dans les Greffes des Conseils Supérieurs de cette Isle, etc. Fait à Léogane, etc.

R. au Conseil du Cap, le 4 Novembre 1716.

Et à celui de Léogane, le 9 du même mois.

Lettre du Conseil de Marine à M. le Marquis de Chateaumorant, touchant l'Autorité du Gouverneur-Général dans la Concession de la Compagnie de Saint-Domingue.

Du 28 Octobre 1716.

Les Directeurs de la Compagnie de Saint-Domingue se sont plaints que M. le Comte de Blénac a défendu au sieur Berthomier, Lieutenant de Roi au Fort Saint-Louis, de donner aucuns Détachemens de Soldats de la Garnison sans son ordre exprès, ce qui empêche qu'on puisse surprendre ceux qui font le commerce en fraude. Comme il est juste que les Soldats de cette Garnison servent à la Compagnie à empêcher les fraudes, le Conseil souhaite que vous ne fassiez point de pareilles défenses : LE CONSEIL vous recommande aussi de ne point donner aucuns ordres contraires aux intérêts de la Compagnie, et de laisser au Lieutenant de Roi de Saint-Louis la liberté d'exécuter ceux qu'elle jugera à propos de lui donner.

Il vous recommande aussi d'envoyer les ordres concernant le service au Lieutenant de Roi de Saint-Louis, qui les distribuera aux Officiers de Guerre ou des Milices de ladite Colonie; lesquels ordres seront communiqués au Conseil établi par la Compagnie, afin qu'il puisse s'y conformer.

Le pouvoir du Gouverneur-Général de Saint-Domingue sur les terres de la Concession de la Compagnie, consiste à examiner si la Garnison est complette, et si le service s'y fait régulierement, à entendre les plaintes des Habitans, si la Compagnie leur fait justice, et à tenir la main à l'exécution des Ordres, Réglemens et Ordonnances de Sa Majesté. Vous aurez agréable de vous y conformer, et au surplus de protéger la Compagnie en tout ce qui sera juste et équitable, et laisser le cours de la Justice libre.

EDIT concernant les Esclaves des Colonies qui seront conduits ou envoyés en France par leurs Maîtres.

Du mois d'Octobre 1716.

LOUIS, etc. SALUT, etc. Depuis notre avénement à la Couronne, nos premiers soins ont été employés à réparer les pertes causées à nos Sujets par la guerre que le Roi, notre très-honoré Seigneur et Bisayeul de glorieuse mémoire, a été forcé de soutenir, et nous nous sommes appliqué en même temps à chercher les moyens de leur faire goûter les suites de la paix: nos Colonies, quoique éloignées de nous, ne méritant pas moins de ressentir les effets de notre attention, nous avons fait examiner l'état où elles se trouvent, et par les différens Mémoires qui nous ont été présentés, nous avons connu la nécessité qu'il y a d'y soutenir l'exécution de l'Edit du mois de Mars 1685, qui, en maintenant la discipline de l'Eglise Catholique, Apostolique et Romaine, pourvoit à ce qui concerne l'état et qualité des Esclaves Negres qu'on entretient dans lesdites

Colonies pour la culture des terres ; et comme nous avons été informés que plusieurs Habitans de nos Isles de l'Amérique désirent d'envoyer en France quelques-uns de leurs Esclaves pour les confirmer dans les instructions et dans les exercices de notre Religion, et pour leur faire apprendre, en même temps, quelque Métier ou Art dont les Colonies recevroient beaucoup d'utilité par le retour de ses Esclaves ; mais que ses Habitans craignans que *ses Esclaves ne prétendent être libres en arrivant* en France, ce qui pourroit causer auxdits Habitans une perte considérable et les détourner d'un objet aussi pieux et aussi utile, nous avons résolu de faire connoître notre intention à ce sujet : A CES CAUSES, etc.

ART. Ier. L'Edit du mois de Mars 1685, et les Arrêts rendus en exécution ou interprétation, seront exécutés selon leur forme et teneur dans nos Colonies ; en conséquence les Esclaves Negres qui y sont entretenus pour la culture des terres, continueront d'être élevés et instruits avec toute l'attention possible dans les principes et dans l'exercice de la Religion Catholique, Apostolique et Romaine.

ART. II. Si quelques-uns des Habitans de nos Colonies ou Officiers employés sur l'Etat desdites Colonies, veulent emmener en France avec eux des Esclaves Negres de l'un et de l'autre sexe en qualité de Domestiques ou autrement, pour les fortifier davantage dans notre Religion, tant par les instructions qu'ils recevront, que par l'exemple de nos autres Sujets, et pour leur faire apprendre en même temps quelque Art ou Métier dont les Colonies puissent retirer de l'utilité par le retour de ses Esclaves, lesdits Propriétaires seront tenus d'en obtenir la permision des Gouverneurs-Généraux ou Commandans dans chaque Isle, laquelle permission contiendra le nom du Propriétaire, celui des Esclaves, leur âge et leur signalement.

ART. III. Les Propriétaires desdits Esclaves, seront pareillement obligés de faire enrégistrer ladite permission au Greffe de la Jurisdiction du lieu de leur résidence avant leur départ, et en celui de l'Amirauté du lieu du débarquement, dans la huitaine, après leur arrivée en France.

ART. IV. Lorsque les Maîtres desdits Esclaves voudront les envoyer en France, ceux qui seront chargés de leur conduite, observeront ce qui est ordonné à l'égard des Maîtres, et le nom de ceux qui en seront ainsi chargés, sera inséré dans la permission des Gouverneurs-Généraux ou Commandans, et dans les déclarations et enregistremens aux Greffes ci-dessus ordonnés.

Art. V. Les Esclaves Negres, de l'un et de l'autre sexe, qui seront conduits en France par leurs Maîtres ou qui seront par eux envoyés, ne pourront prétendre avoir acquis leur liberté sous prétexte de leur arrivée dans le Royaume, et seront tenus de retourner dans nos Colonies quand leurs Maîtres le jugeront à propos; mais, faute par les Maîtres d'observer les formalités prescrites par les précédens Articles, les Negres seront libres et ne pourront être réclamés.

Art. VI. Faisons défenses à toutes personnes d'enlever ni soustraire en France les Esclaves Negres de la puissance de leurs Maîtres, sous peine de répondre de la valeur desdits Esclaves par rapport à leur âge, à leur force et à leur industrie, suivant la liquidation qui en sera faite par les Officiers des Amirautés, auxquels nous en avons attribué et attribuons la connoissance en premiere instance, et en cas d'appel à nos Cours de Parlement et Conseils Supérieurs; nous voulons en outre que les contrevenans soient condamnés pour chaque contravention en 1000 livres d'amende, applicable un tiers à nous, un tiers à l'Amiral, et l'autre tiers au Maître desdits Esclaves, lorsqu'elle sera prononcée par les Officiers des Sieges généraux des Tables de Marbre, ou moitié à l'Amiral, et l'autre moitié au Maître desdits Esclaves, lorsque l'amende sera prononcée par les Officiers des Sieges particuliers de l'Amirauté, sans que lesdites amendes puissent être modérées, sous quelque prétexte que ce puisse être.

Art. VII. Les Esclaves Negres, de l'un et de l'autre sexe, qui auront été emmenés ou envoyés en France par leurs Maîtres, ne pourront s'y marier sans le consentement de leurs Maîtres, et en cas qu'ils y consentent lesdits Esclaves seront et demeureront libres en vertu dudit consentement.

Art. VIII. Voulons que, pendant le séjour des Esclaves en France, tout ce qu'ils pourront acquérir par leur industrie ou par leur profession, en attendant qu'ils soient renvoyés dans nos Colonies, appartiennent à leurs Maîtres, à la charge par lesdits Maîtres de les nourrir et entretenir.

Art. IX. Si aucun des Maîtres qui auront emmené ou envoyé des Esclaves Negres en France, vient à mourir, lesdits Esclaves resteront sous la puissance des Héritiers du Maître décédé, lesquels seront obligés de renvoyer lesdits Esclaves dans nos Colonies pour y être partagés avec les autres biens de la succession, conformément à l'Edit du mois de Mars 1685, à moins que le Maître décédé ne leur eût accordé la liberté par testament ou autrement, auquel cas lesdits Esclaves seront libres.

Art. X. Les Esclaves Negres venant à mourir en France leur

pécule, si aucun se trouve, appartiendra aux Maîtres desdits Esclaves.

Art. XI. Les Maîtres desdits Esclaves ne pourront les vendre ni échanger en France, et seront obligés de les renvoyer dans nos Colonies pour y être négociés et employés, suivant l'Edit du mois de Mars 1685.

Art. XII. Les Esclaves Negres étant sous la puissance de leurs Maîtres en France, ne pourront ester en jugement en matiere civile, autrement que sous l'autorité de leurs Maîtres.

Art. XIII. Faisons défenses aux Créanciers des Maîtres des Esclaves Negres de faire saisir lesdits Esclaves en France pour le payement de leur dû, sauf auxdits Créanciers de les faire saisir dans nos Colonies dans la forme prescrite par l'Edit du mois de Mars 1685.

Art. XIV. En cas que quelques Esclaves Negres quittent nos Colonies sans la permission de leurs Maîtres, et qu'ils se retirent en France, ils ne pourront prétendre avoir acquitté leur liberté; permettons aux Maîtres desdits Esclaves de les réclamer par tout où ils pourront s'être retirés et de les renvoyer dans nos Colonies; enjoignons à cet effet aux Officiers des Amirautés, aux Commissaires de Marine et à tous autres Officiers qu'il appartiendra, de donner main forte auxdits Maîtres et Propriétaires pour faire arrêter lesdits Esclaves.

Art. XV. Les Habitans de nos Colonies, qui après être venus en France, voudront s'y établir et vendre les habitations qu'ils possedent dans lesdites Colonies, seront tenus dans un an, à compter du jour qu'ils les auront vendues, et auront cessé d'être Colons, de renvoyer dans nos Colonies les Esclaves Negres, de l'un et de l'autre sexe, qu'ils auront emmenés ou envoyés dans notre Royaume; les Officiers qui ne seront plus employés dans les Etats de nos Colonies, seront pareillement obligés dans un an, à compter du jour qu'ils auront cessé d'être employés dans les Etats, de renvoyer dans les Colonies les Esclaves qu'ils auront emmenés ou envoyés en France; et faute par lesdits Habitans et Officiers de les renvoyer dans ces termes, lesdits Esclaves seront libres. Si donnons en mandement à nos amés et féaux Conseillers, les Gens tenant nos Conseils Supérieurs du Cap et de Léogane, Côte Saint-Domingue, que notre présent Edit, ils aient faire lire, etc.

R. au Conseil du Cap, le 3 Février 1717.

Et à celui de Léogane, le 13 du même mois.

Arrêt

ARRÊT du Conseil du Cap, portant qu'en cas d'empêchement de la part des Officiers de la Juridiction, le dernier Conseiller de la Cour connoîtra de certaines Affaires qui y sont pendantes.

Du 3 Novembre 1716.

ORDONNANCE des Administrateurs, touchant l'Etablissement d'un Marché à Léogane.

Du 9 Novembre 1716.

LE Comte de Blénac, etc.

Jean-Jacques Mithon, etc.

La représentation des Habitans de Léogane, et notre attention à donner tous nos soins pour faciliter auxdits Habitans le débit de leurs denrées, et leur procurer en même temps les commodités de la vie; en quoi les Marchés publics contribuent beaucoup par le secours mutuel que les Habitans en reçoivent, et par l'utilité de trouver en un même lieu, et en même temps de quoi subsister, et avoir les rafraîchissemens nécessaires au besoin de leur maison, nous déterminent à établir un Marché dans la Ville de Léogane, où il soit libre de vendre des Cochons en vie ou salés, soit Maron ou de Corail, Viandes boucannées, Volailles et Légumes, de toute sorte de Pain, Cassaves et autres Vivres et Denrées que le Pays produit; à quoi les petits Habitans peuvent s'appliquer et y trouver du gain honnête, ainsi qu'il se pratique depuis un temps, mais sans aucun ordre ni heure fixe; en sorte que les Habitans et Bourgeois de la Ville n'en reçoivent presque aucun secours; des Cabaretiers attentifs qui y demeurent accaparant sans considération les Vivres et Légumes à mesure qu'on y en apporte; à quoi étant nécessaire de remédier en donnant en même temps les privileges et sûretés qui conviennent auxdits Marchés, nous avons ordonné et ordonnons qu'il sera établi un Marché à la Ville de Léogane, lequel se tiendra trois jours de la semaine, les Mardi, Jeudi et Samedi, sous les arbres de la Place, vis-à-vis la grande maison du sieur Petit, et plus haut, où les Habitans des Quartiers circonvoisins, et leurs Negres, munis de permission d'eux, pourront apporter des Cochons en vie ou salés, Eguillettes, Viandes boucannées, Cochons marons, Volailles, Œufs, Pain, Cassaves, Vivres, Fruits, et généralement toutes sortes de Légumes et Denrées, tant de la production du Pays, que venant de dehors; sera encore loisible aux Habitans et Particuliers d'y amener tous les Jeudis de la semaine, Chevaux, Mulets et bêtes cavalines, pour les vendre, et des Bœufs en vie, qu'ils tiendront dans la Place hors du Marché; et ayant aussi égard au bien du Commerce, permettons auxdits Habitans, Marchands et autres d'y faire apporter et vendre les premiers Jeudis de chaque mois, toutes sortes de Marchandises venans, tant du dehors que du Pays, sans que pendant le temps desdits Marchés, même en s'y rendant ou au retour, il soit loisible à qui que ce soit de faire saisir et arrêter lesdites Marchandises, Denrées et Légumes, sous tel prétexte ou quelque cause de dette que ce puisse être, ni en saisir le prix entre les mains des Acheteurs, et sans même que le Créancier qui les auroit achetés de son Débiteur en puisse retenir le prix par ses mains, si le Vendeur n'y consent; et pour que l'Etablissement dudit Marché ait toute l'utilité que nous nous proposons pour lesdits Habitans et Bourgeois de la Ville, nous avons déterminé et fixé à six heures du matin la vente et débit des Marchandises, Légumes et Denrées qui s'y apporteront aux jours indiqués ci-dessus, que les Habitans et Bourgeois, à l'exclusion des Cabaretiers, y acheteront leurs besoins depuis lesdites six heures du matin jusqu'à neuf heures; après quoi il sera libre auxdits Cabaretiers de s'y pourvoir de ce qui leur conviendra; défenses à eux de rien acheter avant ledit temps, ni d'aller sur les chemins à la rencontre de ceux qui apporteront vendre auxdits Marchés, à peine de confiscation au profit du saisissant, et de trente livres d'amende, applicable les deux tiers à la réparation de l'Auditoire, et l'autre tiers audit saisissant; enjoignons au Procureur-Général du Conseil Supérieur de Léogane, et aux Officiers de la Juridiction, de tenir la main aux privileges et à la sûreté dudit Marché public; et sera la présente Ordonnance enregistrée aux Greffes du Conseil Supérieur de Léogane, et des Juridictions en ressortissantes, à la diligence du Procureur-Général et de ses Substituts, publiée et affichée par-tout où besoin sera pendant quatre Dimanches et jours d'Audience consécutifs, issue des Messes paroissiales, et desdites Audiences, afin que personne n'en ignore. DONNÉ à Léogane, etc.

R. au Conseil de Léogane, le même jour.

ORDRE du Roi, qui permet au sieur BILLARD, Habitant de Surinam, de passer à Saint-Domingue avec deux cents Negres, à la charge d'y établir une Concession, et de n'y pouvoir vendre lesdits Negres.

Du 16 Novembre 1716.

RÉGLEMENT du Roi, au sujet des Engagés et Fusils, qui doivent être portés par les Navires Marchands aux Colonies des Isles Françoises de l'Amérique, et de la Nouvelle France.

Du 16 Novembre 1716.

LE ROI ayant été informé que par différentes Ordonnances les Négocians ont été assujettis en différens temps d'envoyer dans les Vaisseaux qu'ils destinoient pour les Colonies des Isles Françoises de l'Amérique, des Bestiaux, des Engagés, et une certaine quantité de Farine, suivant les besoins que ces Colonies en avoient; et que par celles des 19 Février 1698, 8 Avril 1699, 26 Décembre 1703, 17 Novembre 1706, 3 Août 1707, et 20 Mars 1714, ils ont été assujettis à faire porter, tant auxdites Isles qu'en la Nouvelle France, un certain nombre d'Engagés et de Fusils boucanniers, lesquelles obligations étoient énoncées dans les Passeports de Sa Majesté; mais ces Négocians ayant été déchargés d'en prendre par Edit du mois de Février 1716, ils ont crû être dispensés de ces obligations; et Sa Majesté n'ayant point entendu les en décharger par ledit Edit, les Habitans des Colonies ayant à présent également besoin d'Engagés et de Fusils, elle a jugé à propos, de l'avis de M. le Duc d'Orléans son Oncle, Régent, d'expliquer ses intentions, et de faire le présent Réglement qu'elle veut être exécuté à l'avenir.

TITRE PREMIER.

Des Engagés.

ART. Ier. Tous les Capitaines des Bâtimens Marchands qui iront aux Colonies des Isles Françoises de l'Amérique et de la Nouvelle France ou Canada, excepté ceux qui iront à la Traite des Negres, seront tenus d'y porter des Engagés; savoir, dans les Bâtimens de soixante tonneaux et au-dessous, trois Engagés; dans ceux de soixante tonneaux jusqu'à cent, quatre Engagés; et dans ceux de cent tonneaux et au-dessus, six Engagés.

Art. II. La condition de porter lesdits Engagés, sera insérée dans les Congés de l'Amiral, qui seront délivrés pour la navigation desdits Navires.

Art. III. Lesdits Engagés auront au moins dix-huit ans, et ne pourront être plus âgés de quarante; ils seront de la grandeur au moins de quatre pieds, et en état de travailler; et le terme de leur engagement sera de trois ans.

Art. IV. La reconnoissance en sera faite par les Officiers de l'Amirauté des Ports où les Bâtimens seront expédiés, lesquels rejetteront ceux qui ne seront pas de l'âge et de la qualité mentionnée dans le précédent Article, ou qui ne leur paroîtront pas de bonne complexion.

Art. V. Le signalement desdits Engagés sera mentionné dans le rôle d'équipage.

Art. VI. Les Engagés qui sauront les métiers de Mâçon, Tailleur de pierres, Forgeron, Serrurier, Menuisier, Tonnelier, Charpentier, Calfat, et autres métiers qui peuvent être utiles dans les Colonies, seront passés pour deux; et il sera fait mention du métier qu'ils sauront dans leur signalement.

Art. VII. Les Capitaines desdits Bâtimens abordans dans les Colonies, seront tenus de représenter aux Gouverneurs et Intendans, ou Commissaires-Ordonnateurs lesdits Engagés, avec le rôle de leur signalement, pour vérifier si ce sont les mêmes qui auront dû être embarqués, et s'ils sont de la qualité prescrite.

Art. VIII. Ils conviendront du prix avec les Habitans pour lesdits Engagés; et en cas que lesdits Capitaines ne puissent pas en convenir, les Gouverneurs et Intendans, ou Commissaires-Ordonnateurs obligeront les Habitans qui n'en auront pas le nombre prescrit par les Ordonnances, de s'en charger, et ils en régleront le prix.

Art. IX. Lesdits Capitaines seront tenus de prendre un certificat desdits Gouverneurs, visé de l'Intendant ou Commissaire-Ordonnateur, qui feront mention de la remise desdits Engagés aux Habitans, et que ce sont les mêmes qui auront dû être embarqués.

Art. X. Les Capitaines desdits Bâtimens seront tenus à leur retour en

France, en faisant leurs déclarations de remettre lesdits certificats aux Officiers de l'Amirauté.

Art. XI. Les Capitaines et Propriétaires desdits Bâtimens seront condamnés solidairement par les Officiers de l'Amirauté à deux cents livres d'amende, pour chaque Engagé qu'ils n'auront pas porté dans les Colonies, sauf l'appel aux Cours de Parlement où lesdites Amirautés ressortissent.

TITRE DEUXIEME.

Des Fusils.

Art. Ier. Tous les Capitaines des Bâtimens Marchands qui iront dans les Colonies des Isles Françoises de l'Amérique, et de la Nouvelle France, ou Canada, excepté ceux qui iront à la Traite des Negres, seront tenus d'y porter chacun dans leurs Vaisseaux quatre Fusils boucanniers ou de chasse, à garniture de cuivre jaune.

Art. II. La condition de porter lesdits Fusils boucanniers ou de chasse, sera insérée dans les congés de l'Amiral, qui seront délivrés pour la navigation desdits Navires.

Art. III. Les Fusils boucanniers auront quatre pieds quatre pouces, et seront du calibre d'une balle de dix-huit à la livre, poids de marc, et seront légers.

Art. IV. Les Fusils de chasse seront de la longueur de quatre pieds, et légers.

Art. V. Lesdits Capitaines remettront à leur arrivée lesdits Fusils dans la Salle d'Armes du Magasin de Sa Majesté de l'endroit où ils aborderont, pour être ensuite examinés et éprouvés en présence du Gouverneur.

Art. VI. Si dans l'épreuve qui sera faite il s'en trouve de rebut, lesdits Capitaines seront tenus de payer trente livres pour chacun de ceux qui seront rebutés.

Art. VII. Ladite somme de trente livres sera employée par les Gouverneurs et Intendans, ou Commissaires-Ordonnateurs, en achat de Fusils pour les pauvres Habitans, lesquels leur seront distribués aussi-tôt.

Art. VIII. Lesdits Capitaines laisseront les Fusils qu'ils auront apportés dans les Magasins de Sa Majesté, jusqu'à ce que leurs correspondans les aient vendus, ou que les Gouverneurs les aient fait distribuer dans les Compagnies de Milices, auquel cas ils donneront conjointement avec l'Intendant ou Commissaire-Ordonnateur les ordres nécessaires pour leur paiement.

ART. IX. Lesdits Capitaines seront tenus de prendre un certificat desdits Gouverneurs, visé de l'Intendant ou Commissaire-Ordonnateur, de la remise desdits Fusils, dans lequel sera fait mention des sommes qu'ils auront payées en cas qu'il y en ait eu de rebutés.

ART. X. Ils seront pareillement tenus de remettre à leur retour en France, en faisant leur déclaration, lesdits certificats aux Officiers de l'Amirauté.

ART. XI. Les Capitaines et Propriétaires desdits Bâtimens seront condamnés solidairement par les Officiers de l'Amirauté à cinquante livres d'amende pour chacun des Fusils qu'ils n'auront pas porté dans les Colonies, sauf l'appel aux Cours de Parlement où lesdites Amirautés ressortissent.

TITRE TROISIEME.

Des Poursuites et Amendes.

ART. Ier. Toutes les poursuites pour les contraventions au présent Reglement, seront faites à la Requête et diligence des Procureurs du Roi des Amirautés.

ART. II. Les amendes qui seront prononcées pour lesdites contraventions dans les Sieges particuliers des Amirautés, appartiendront à l'Amiral; et à l'égard de celles qui seront prononcées dans les Sieges généraux des Tables de Marbre, il ne lui en appartiendra que moitié, et l'autre moitié à Sa Majesté, le tout conformément à l'Ordonnance de 1681.

Les Gouverneurs et Intendans, ou Commissaires-Ordonnateurs, rendront compte conjointement tous les six mois au Conseil de Marine du nombre des Engagés et Fusils que chaque Vaisseau Marchand aura porté, des sommes payées pour les Fusils défectueux, et de l'emploi qui en aura été fait.

Mande et ordonne Sa Majesté à M. le Comte de Toulouse, Amiral de France, aux Gouverneurs et Lieutenans-Généraux de l'Amérique Septentrionale et Méridionale, aux Intendans, Gouverneurs particuliers, Commissaires-Ordonnateurs, et autres Officiers qu'il appartiendra, de tenir, chacun en droit soi, la main à l'exécution du présent Réglement, lequel sera lu, publié et affiché par-tout où besoin sera. FAIT à Paris, etc.

R. au Conseil de Léogane, le 3 Février 1717.

Et à celui du Cap, le 6 Juin suivant.

EDIT portant qu'il sera Fabriqué dans l'Hôtel de la Monnoie de Paris de nouveaux Louis-d'Or qui auront cours pour 33 livres.

Du mois de Novembre 1716.

DÉCLARATION du Roi concernant le Commerce de Guinée, qui ordonne que trois Negrillons ne seront payés que sur le pied de deux Negres, et deux Negrittes pour un Negre.

Du 14 Décembre 1716.

LOUIS, etc. SALUT, Le feu Roi, notre très-honoré Seigneur et Bisayeul, ayant permis, depuis le mois de Novembre 1713, aux Négocians d'aller, en vertu des Passeports qui leur ont été délivrés, faire la traite des Noirs à la Côte de Guinée, et les transporter ensuite aux Isles de l'Amérique, à condition de payer, pour chacun de ceux qui seroient introduits à Saint-Domingue, 30 livres, et 15 livres pour ceux qui le seroient aux Isles du Vent, en conformité de quoi ils donnerent leurs soumissions; nous avons jugé à propos, au mois de Janvier de la présente année, d'assurer, par nos Lettres-Patentes, la liberté du Commerce de cette Côte, dont la Compagnie avoit joui exclusivement jusqu'audit mois de Novembre 1713; et en conséquence nous avons permis, etc. Mais les Négocians nous ayant représenté qu'il leur étoit demandé des droits aussi forts pour les Negrillons et Negrittes que pour les Negres, quoique trois Negrillons ne coutent pas plus en Guinée que deux Negres, et ne se vendent que cette proportion aux Isles, et qu'il en est de même pour deux Negrittes qui ne s'achettent et ne se vendent pas plus qu'un Negre; sur quoi nous avons résolu d'expliquer nos intentions. A CES CAUSES, etc. voulons et nous plaît que les Négocians qui ont envoyé ou envoyeront leurs Navires à la Côte de Guinée y traiter des Noirs, et les transporter ensuite aux Isles de l'Amérique, ne soient tenus de payer pour chaque Negrillon de l'âge de 12 ans et au-dessous, qui aura été ou sera débarqué auxdites Isles par les Navires porteurs des Passeports du feu Roi, que les deux tiers des droits à quoi ils se sont assujettis pour chaque tête de Negre par leurs soumissions, et pour chaque Negritte du même âge de 12 ans et au-dessous, la moitié desdits droits, et pour chaque Negrillon du même âge qui aura été ou sera débarqué auxdites Isles en vertu desdites Lettres-Patentes, les deux tiers des droits réglés par icelles pour chaque tête de Negre, et pour chaque Negritte du même âge la moitié desdits droits; voulons au surplus que, conformément audit Arrêt, les Négocians paient les sommes portées en leurs soumissions, et conformément à icelles, au moyen duquel paiement lesdites soumissions leur seront rendues, ils en seront bien et valablement déchargés; et que lesdites Lettres-Patentes du mois de Janvier de la présente année soient exécutées selon leur forme et teneur, en ce qu'il n'y est dérogé par les Présentes, etc.

R. au Conseil de Léogane, le 3 Mai 1717.
Et à celui du Cap, le 6 Juin suivant.

DÉCISION du Conseil de Marine pour donner aux Majors la préférence sur les Conseillers, et Ordonnance des Administrateurs en conséquence.

Des 16 Décembre 1716 et 22 Mars 1717.

LE Conseil a examiné les Mémoires qui ont été envoyés au nom des Officiers du Conseil-Supérieur du Cap, sur les difficultés qu'ils ont faites au sieur de Chartenoye, Major, à l'occasion de la préséance lorsqu'il s'est trouvé Commandant en l'absence de M. le Comte d'Arquyan et de M. de Barrereces; Conseillers, sont d'autant plus mal fondés que par les Lettres-Patentes de l'établissement de ce Conseil, le Major y est nommé immédiatement après le Lieutenant du Roi, et avant les Conseillers, et par ce moyen la présidence étant réglée suivant que les Officiers sont nommés dans ces Lettres-Patentes, le Major doit présider lorsqu'il se trouvera Commandant; c'est ce que vous aurez agréable de leur communiquer, afin qu'ils s'y conforment et qu'ils ne fassent point de pareilles difficultés à l'avenir.

Vu

Vu la décision du Conseil de M[illegible] dont l'Extrait est ci-dessus, au sujet de la préséance du Major du Cap sur les Conseillers du Conseil Supérieur dudit lieu, nous ordonnons qu'elle sera exécutée selon sa forme et teneur, et que ledit Extrait sera enregistré au Greffe dudit Conseil. Fait à Léogane, le 22 Mars 1717. *Signé* CHATEAUMORANT et MITHON.

R. au Conseil du Cap, le 8 Mai 1717.

LETTRE *du Conseil de Marine aux Administrateurs, touchant l'Administration de la Concession de la Compagnie de Saint-Domingue.*

Du 16 Décembre 1716.

LORSQUE vous enverrez des ordres aux Officiers de cette Compagnie, vous les adresserez, à l'ordinaire, au Commandant pour les faire exécuter. Tous ses Officiers sont à sa nomination, et doivent être pourvus par le Roi. Le Conseil vous fera deux observations sur ce sujet : la premiere, que la Compagnie est en droit de révoquer tous les Officiers qui sont à sa nomination, et d'en commettre d'autres à leur place aux conditions portées par les Articles 6 et 22 des Lettres-Patentes de 1698. La Compagnie doit être maintenue dans cette attribution; la seconde, que, pour n'être plus obligée de porter des plaintes, comme elle a fait, de n'être pas avertie des ordres qui sont donnés dans l'étendue de sa concession, elle a pris le parti de charger l'Officier qui commandera l'Isle Saint-Louis, de la direction de ses affaires, ainsi il n'y aura plus de difficulté à cet égard. Vous observerez que les ordres que vous donnerez soient par écrit; rien n'est plus capable d'assurer le service.

L'intention du Consil est que les Gouverneurs-Généraux et particuliers ne donnent aucun ordre dans l'étendue de cette Colonie pour leur service ou intérêt particulier; vous y tiendrez la main; et comme il doit être informé de la conduite que tiendront les Officiers pourvus à la nomination de la Compagnie, et que l'ordre et la regle soient entretenus dans l'étendue de cette Colonie, il estime qu'il ne peut en être plus assuré que par la visite qu'il souhaite que vous fassiez, une fois l'année, des principaux quartiers de cette Colonie, qui sont l'Isle Saint-Louis, le Fond de l'Isle à Vache et Jaquemel. Vous resterez dans ces quartiers le temps que vous estimerez nécessaire, et vous en dresserez conjointement votre Procès-Verbal que vous enverrez au Conseil.

LETTRE du Conseil de Marine à M. le Marquis de Chateaumorant, touchant l'Obéissance des Officiers des Troupes détachées de la Marine, en garnison dans les Pays de la Concession de la Compagnie de S. Domingue, envers l'Officier qui y commande et qui leur ordonne pour la Compagnie.

Du 16 Décembre 1716.

LA Compagnie de Saint-Domingue a donné un Mémoire au Conseil pour lui représenter que les Officiers des troupes du détachement de la Marine, entretenus à Saint-Domingue, qui servent à l'Isle Saint-Louis, font souvent refus d'obéir à l'Officier qui y commande, lorsqu'il s'agit des affaires de la Compagnie; comme cette difficulté n'est pas fondée, vous ferez savoir à ces Officiers qu'ils doivent obéir au Commandant de l'Isle Saint-Louis en tout ce qui leur sera par lui ordonné, la Compagnie étant en droit de nommer au Roi ce Officier, et de faire autoriser sa nomination par les provisions de Sa Majesté, et même de le destituer et d'en commettre un autre avec la même autorité, jusqu'à ce que les provisions du Roi lui aient été remises. Vous tiendrez la main qu'il n'arrive plus, à l'avenir, de pareilles difficultés de la part des Officiers des Compagnies des troupes, sans quoi le Conseil sera obligé d'y pourvoir.

LETTRE du Conseil de Marine aux Administrateurs, approbative de l'Armement qu'ils ont fait faire pour donner Chasse aux Forbans.

Du 16 Décembre 1716.

R. au Siege royal du Cap, le 4 Mai 1717.

Edit portant qu'il sera fabriqué dans la Monnoie de Perpignan cent cinquante mille Marcs de Pieces de Cuivre de six deniers, et de douze deniers pour les Colonies de l'Amérique.

Du mois de Décembre 1716.

Cette Monnoie n'a jamais eu cours à Saint-Domingue.

Arrêt de Réglement du Conseil du Cap, qui enjoint aux Personnes, chez lesquelles il y en aura de décédées ab intestat, *d'en prévenir le Curateur aux Successions vacantes.*

Du 4 Janvier 1717.

Vu par le Conseil la Requête de Jean Herrere, Receveur et Curateur aux successions vacantes, et oui sur ce les conclusions verbales du Procureur-Général du Roi. Le Conseil y faisant droit a ordonné et ordonne à toutes personnes, de quelque qualité et condition qu'elles soient dans tout le ressort du Conseil, de donner avis au Suppliant de la mort de tous ceux qui mourront chez eux *ab intestat*, tant François qu'Etrangers, à peine de 500 liv. d'amende, et que le présent Arrêt sera lu, publié et affiché par tout où besoin sera.

Arrêt du Conseil de Léogane, touchant l'Ordre des Registres et Minutes du Greffe de la Cour, et de ceux des Jurisdictions ressortissantes.

Du 4 Janvier 1717.

Le Conseil assemblé en la Ville de Léogane, le Procureur Général du Roi est entré en la Chambre, et a dit: que par Arrêt du Conseil du 2 Septembre 1715, M. Gabet, Conseiller en la Cour, auroit été nommé Commissaire pour apposer les Scellés et faire l'Inventaire, tant des effets de la succession du Défunt, M. Grandjean, Conseiller Sécrétaire, Greffier en chef de ce Conseil, que des Registres et Minutes des Greffes civils et criminels et du Notariat, dont ledit M. Grandjean étoit chargé ; à quoi ayant procédé, il auroit trouvé un désordre infini, tant dans les Minutes, que dans les Registres des Greffes dudit Conseil, provenant de la négligence des Greffiers qui n'ont tenu, jusqu'à présent, aucun ordre ; à quoi il est important de remédier ; pour quoi il requiert, etc. LE CONSEIL a donné Acte au Procureur-Général du Roi de ses dires et réquisitoire, et oui sur ce le rapport de M. Gabet, Conseiller-Commissaire, a *ordonné* qu'il *sera tenu par les* Greffiers cinq Registres : un pour les enregistremens du Greffe de la Cour ; un pour les Actes d'affirmations qui seront délivrés par les Greffier ; un pour les délibérations et affaires particulieres dudit Conseil ; un pour l'enregistrement des causes d'audience civile, et l'autre pour les matieres criminelles ; lesquels seront cottés sur premiere et derniere page, par M. Gabet, que le Conseil a nommé Commissaire à cet effet ; et à l'égard des Minutes desdites Greffes, le Conseil a *ordonné et ordonne* que celles des Matieres civiles *seront mises en liasse*, séparément des minutes criminelles ; que les *Minutes* de Notariat seront mises en liasse année par année, par ordre de date, séparément et distinctement *des Minutes* desdites Greffes, et qu'à l'avenir tous les papiers, tant dudit Greffe que du Notariat, ne pourront être déposés ailleurs que dans la Chambre dudit Conseil, dans une armoire qui sera faite à la diligence dudit Greffier sur le produit des amendes. Fait défenses audit Greffier de transporter ailleurs lesdites Minutes, à peine de tous dépens, dommages et intérêts des Parties, de 500 livres d'amende applicable aux réparations du Palais et de privation de leur Charge, à l'effet de quoi la clef de la Chambre dudit Conseil sera remise audit Greffe ; ordonne que le même Arrêt sera observé par le Greffier des Jurisdictions ressortissantes de ce Conseil ; enjoint aux Juges desdites Jurisdictions d'y tenir la main et de procéder incessamment à l'Inventaire de leur Greffe et Notoriat pour les mettre dans l'ordre prescrit par le présent Arrêt, si fait n'a été à la diligence du Procureur-Général et de ses Substituts, etc.

ARRÊT du Conseil de Léogane, qui ordonne que les Procédures criminelles faites contre les Negres Esclaves, jusqu'à la fin de 1715, seront toutes brûlées.

Du 4 Janvier 1717.

LETTRE du Conseil de Marine à M. MITHON, qui décide que les Discussions de Terrein appartiennent à l'Intendant.

Du 10 Janvier 1717.

PAR l'examen que le Conseil a fait du Mémoire et des Pieces, concernant la discussion entre les sieurs Beauval-Barbé et le sieur Heron, pour un restant de terre, il lui a paru que la compétence vous appartient, et vous recommande de juger le fond de l'affaire le plutôt que vous pourrez; le Conseil écrit au sieur Beauval qu'il a eu tort de décliner votre Jurisdiction, et qu'il faut qu'il se soumettre au jugement que vour rendrez.

R. au Conseil du Cap, le 4 Mai 1717.

ORDONNANCE du Gouverneur-Général, qui abolit le Droit d'Usage établi sur les Negres, en faveur des Officiers militaires et d'Administration.

Du 10 Janvier 1717.

LE Marquis de Chateaumorant, etc.

Sa Majesté nous ayant prescrit, par ses instructions, de supprimer le droit d'usage établi sur les Negres, en faveur des Officiers Généraux, Gouverneurs particuliers, Officiers commandans dans les Quartiers et Commissaire Ordonnateur de cette Isle, que le feu Roi, de glorieuse mémoire, avoit autorisé et approuvé par le Réglement qui avoit été rendu à ce sujet, à la requisition et du consentement des Négocians de France; Nous, en conséquence desdits ordres et instructions, faisons savoir, par ces Présentes, à tous Commerçans et Négocians qui font la traite des

Noirs dans toute l'étendue de cette Isle, que l'intention de Sa Majesté est que ledit droit d'usage soit éteint et aboli à l'avenir; faisons défenses à tous Gouverneurs, Commandans et Commissaires Ordonnateurs dans cette Isle, de plus exiger desdits Commerçans lesdits droits d'usage sur les Negres, à peine de contravention aux ordres du Roi; et afin que personne n'en prétende cause d'ignorance, nous ordonnons que la présente Ordonnance sera lue et publiée, affichée par tout où besoin sera, et enregistrée au Greffe du Conseil pour y avoir recours à la diligence du sieur de Boismorant, Commissaire de la Marine en ce quartier, subdélégué de l'Intendance de cette Généralité. DONNÉ au Cap. *Signé* CHATEAUMORANT.

R. au Conseil du Cap, le 3 Février suivant.

RÉGLEMENT concernant les Sieges d'Amirauté, que le Roi veut être établis dans tous les Ports des Isles et Colonies Françoises, en quelque partie du monde qu'elles soient situées.

Du 12 Janvier 1717.

LE Roi s'étant fait représenter l'Ordonnance rendue par le feu Roi, en l'année 1681, sur le fait de la Marine, pour être gardée et observée dans son Royaume, Terres et Pays de son obéissance, ce qui n'a point eu lieu jusqu'à présent, attendu qu'il n'y a point encore d'Amirautés établies dans les Colonies de l'Amérique ni des Indes Orientales, ce qui donne occasion à toutes sortes de Juges et de Praticiens de s'attribuer la connoissance des affaires Maritimes sans aucune capacité, ni connoissance des Ordonnances, ce qui cause un préjudice considérable au Commerce et à la navigation, que les Rois prédécesseurs de Sa Majesté, ont toujours regardées comme affaires très-importantes, et qui ne pouvoient être bien administrées que par des Ordonnances particulieres, et par des Juridictions établies exprès pour les faire observer; Sa Majesté, de l'avis du Duc d'Orléans son Oncle, Régent, a résolu le présent Réglement.

TITRE PREMIER.

Des Juges d'Amirauté et de leur Compétence.

ART. Ier. Il y aura à l'avenir dans tous les Ports des Isles et Colonies Françoises, en quelque partie du monde qu'elles soient situées, des Juges pour connoître des Causes Maritimes, sous le nom d'Officiers d'Amirauté privativement à tous autres Juges, et pour être par eux lesdites Causes jugées suivant l'Ordonnance de 1681, et autres Ordonnances et Réglemens touchant la Marine.

Art. II. La nomination desdits Juges appartiendra à l'Amiral comme en France, sans toutefois qu'ils puissent exercer qu'après avoir sur ladite nomination obtenu une Commission de Sa Majesté au grand Sceau, laquelle Commission sera révocable *ad Nutum.*

Art. III. Ils pourront être choisis parmi les Juges des Juridictions ordinaires, sans être obligés de prendre des Lettres de compatibilité; ils rendront la Justice au nom de l'Amiral, conformément à l'Ordonnance de 1681, et au Réglement de 1669; et les appels de leurs Sentences seront relevés en la maniere prescrite par ladite Ordonnance, et ainsi qu'il sera expliqué ci-après; ils ne pourront en même temps être Juges de l'Amirauté et Officiers des Conseils Supérieurs.

Art. IV. Leur Compétence sera la même qui est expliquée par l'Ordonnance de 1681, Livre premier, Titre II, et par l'Edit de 1711.

Art. V. Il y aura dans chaque Siege d'Amirauté, un Lieutenant, un Procureur du Roi, un Greffier et un ou deux Huissiers suivant le besoin, avec les mêmes fonctions qui leur sont attribuées dans l'Ordonnance de 1681.

Art. VI. Les Lieutenans et les Procureurs du Roi seront reçus au Tribunal où se porteront les appels de leurs Sentences; les Greffiers et les Huissiers seront reçus par les Officiers de leur Siege.

Art. VII. Les Lieutenans et les Procureurs du Roi ne pourront être reçus qu'ils ne soient âgés de vingt-cinq ans; seront dispensés d'être gradués, pourvu toutefois qu'ils aient une connoissance suffisante des Ordonnances et des affaires Maritimes, sur lesquelles ils seront interrogés avant que d'être reçus.

Art. VIII. Les Lieutenans rendront la Justice et tiendront les Audiences dans le lieu où se rend la Justice ordinaire, et on conviendra des jours et des heures, afin que cela ne fasse point de confusion.

Art. IX. En cas d'absence, mort, maladie, ou récusation d'aucun desdits Officiers, ses fonctions seront faites par le Juge ordinaire le plus prochain, jusqu'à ce qu'il y ait été pourvu, lequel Juge sera tenu de faire mention expresse dans ses Sentences et procédures de sa Commission.

Art. X. Le Greffier sera tenu de se conformer exactement à l'Ordonnance de 1681, pour ce qui regarde ses fonctions; et en cas d'absence, mort ou maladie, il y sera commis par le Lieutenant jusqu'à ce qu'il y ait été pourvu.

Art. XI. Les Huissiers seront reçus, et exploiteront conformément à l'Ordonnance de 1681, excepté pour ce qui regarde la visite des Bâtimens, dont les Officiers de l'Amirauté sont chargés par l'Edit de 1711, et qui se fera en la maniere expliquée ci-après.

Art. XII. Les Procureurs du Roi et les Officiers seront obligés de tenir des registres, ainsi qu'il est prescrit par l'Ordonnance de 1681; et si ces Officiers sont choisis parmi ceux des Juridictions ordinaires, ils tiendront leurs registres distincts et séparés pour chaque Juridiction, et sans que les affaires de l'une soient confondues avec celles de l'autre.

TITRE DEUXIEME.

Du Receveur de l'Amiral.

Art. Ier. Dans tous les lieux où il y aura des Officiers de l'Amirauté, l'Amiral pourra établir un Receveur pour délivrer ses congés et faire les fonctions prescrites au Titre VI, Livre premier de l'Ordonnance de 1681.

TITRE TROISIEME.

Des Procédures et des Jugemens.

Art. Ier. Les affaires de la Compétence de l'Amirauté seront instruites et jugées conformément à l'Ordonnance de 1681; et les appels seront portés au Conseil Supérieur où ressortit la Justice ordinaire du lieu.

Art. II. Les demandes pour le paiement de partie ou du total de la Cargaison d'un Vaisseau prêt à faire voile pour revenir en France, seront jugées sommairement, et exécutées nonobstant l'appel et sans préjudice d'icelui, et les détempteurs desdites Marchandises contraints par la vente de leurs effets, même par corps, s'il est besoin à en acquitter le prix, lorsqu'il ne s'agira que d'un paiement non contesté; et s'il y a quelque question incidente, la Sentence de l'Amirauté sera toujours exécutée par provision, nonobstant l'appel et sans préjudice d'icelui, en donnant caution.

TITRE QUATRIEME.

Des Congés et Rapports.

Art. Ier. Aucun Vaisseau ne sortira des Ports et Havres desdites Colonies et Etablissemens François pour faire son retour en France ou

dans

dans quelqu'autre Colonie, ou pour aller directement en France, ou dans les autres Colonies, sans congé de l'Amiral, enregistré au Greffe de l'Amirauté du lieu de son départ, à peine de confiscation du Vaisseau, et de son chargement.

Art. II. Fait Sa Majesté défenses à tous Gouverneurs desdites Colonies, ou Lieutenans-Généraux particuliers des Places, et autres Officiers de Guerre, de donner aucuns congés, passeports et sauf-conduits pour aller en mer; et à tous Maîtres, Capitaines de Vaisseaux d'en prendre, sous peine contre les Maîtres et Capitaines qui en auront pris, de confiscation du Vaisseau et Marchandises; et contre ceux qui auront donné lesdits congés, passeports et sauf-conduits d'être tenus des dommages et intérêts de ceux à qui ils en auront fait prendre.

Art. III. Ne seront néanmoins les Maîtres tenus de prendre aucun congé pour retourner au Port de leur demeure, s'il est situé dans l'étendue de l'Amirauté où ils auront fait leur décharge.

Art. IV. Lorsque les Gouverneurs-Généraux ou particuliers auront à donner à quelques Maîtres ou Capitaines de Vaisseau des ordres dont l'exécution sera importante pour le service de Sa Majesté, ils les mettront au dos du congé de l'Amiral signé d'eux, et suivant la formule qui sera mise ci-après.

Art. V. Les Maîtres des Bâtimens, dont la navigation ordinaire consiste à porter des Sucres ou autres Marchandises d'un Port à un autre dans la même Isle; comme aussi ceux qui navigueront d'Isle en Isle et iront de la Martinique aux Isles de la Guadeloupe, Grenade, Grenadins, Tabaco, Marie-Galande, Saint-Martin, Saint-Barthelemy, Saint-Vincent, Sainte-Alouzie et la Dominique; et ceux qui iront de l'Isle de Cayenne à la Province de Guyanne, et de la Côte de Saint-Domingue à l'Isle de la Tortue, prendront des congés de l'Amiral, lesquels leur seront donnés pour un an.

Art. VI. Ceux qui font leur commerce ordinaire à l'Isle Royale de Port en Port, ou qui iront aux Isles adjacentes, Isle de Sable, à celle du Golfe Saint-Laurent, et aux Côtes dudit Golfe, prendront aussi des congés de l'Amiral, lesquels leur seront donnés pour un an; mais s'ils viennent à Quebec, ils y prendront un nouveau congé.

Art. VII. Les Maîtres desdits Bâtimens, avant de recevoir leur congé, feront au Greffe leur soumission de n'aller dans aucune Isle ou Côte étrangere, à peine de confiscation du Vaisseau et Marchandises, et de trois cents livres d'amende, dont ils donneront caution.

Art. VIII. Les Maîtres des Bâtimens qui navigueront dans le Fleuve et Golfe Saint-Laurent, prendront aussi des congés de l'Amiral, lesquels leur seront donnés pour un an, lesquels congés pour un an seront toujours datés du premier Janvier de l'année où ils seront délivrés.

Ceux qui de Quebec iront à l'Isle Royale, seront tenus d'en prendre pour chaque voyage.

ART. IX. Les congés pour les Vaisseaux qui doivent retourner en France, ne pourront être délivrés par le Receveur ni enregistrés à l'Amirauté qu'après en avoir averti le Gouverneur de la Colonie, et ne pourront lesdits Vaisseaux ramener aucun Passager ni Habitant sans la permission expresse desdits Gouverneurs.

ART. X. Les congés pour la Pêche ne pourront être délivrés que du consentement des Gouverneurs, qui auront attention à empêcher qu'on n'en abuse pour faire le commerce avec les Etrangers.

ART. XI. Tous les Maîtres ou Capitaines de Navires arrivant dans les Colonies et autres Etablissemens François, seront tenus de faire leur rapport au Lieutenant de l'Amirauté vingt-quatre heures après leur arrivée au Port, à peine d'amende arbitraire.

ART. XII. Excepté seulement ceux qui arrivant à l'Isle Royale pour la Pêche, entreront dans les Ports ou Havres où il n'y aura point d'Amirauté, auquel cas ils seront seulement tenus de faire leur rapport à l'Amirauté la plus prochaine dans un mois au plus tard, du jour de leur arrivée sous les mêmes peines.

ART. XIII. Dispense Sa Majesté les Maîtres des Bâtimens énoncés dans les Articles III, V et VI du présent Titre, de faire leur rapport; ils seront seulement tenus de faire viser par le Greffier de l'Amirauté leur Congé à chaque voyage, si ce n'est qu'ils aient trouvé quelque débris, vu quelque Flotte ou fait quelque rencontre considérable à la Mer, dont ils feront leur rapport aux Officiers de l'Amirauté qui le recevront sans frais.

ART. XIV. Défend Sa Majesté aux Maîtres de décharger aucunes Marchandises avant que d'avoir fait leur rapport, si ce n'est en cas de péril éminent, à peine de punition corporelle contre les Maîtres, et de confiscation des Marchandises déchargées.

ART. XV. Le Procureur du Roi de chaque Siege d'Amirauté sera tenu, à la fin de chaque année, d'envoyer à l'Amiral un état des Officiers de sa Juridiction, et de ce qui s'y est passé de plus considérable; comme aussi la liste des Bâtimens qui y sont arrivés, avec le jour de leur arrivée et de leur départ, suivant la formule qui lui en sera donnée.

Art. XVI. Il est défendu à tous Marchands, Maîtres, Capitaines, et autres Gens de Mer, naviguans dans les Mers de l'Amérique, d'y faire aucun commerce avec les Etrangers, et d'aborder dans ce dessein aux Côtes ou Isles de leurs Etablissemens, sous peine pour la premiere fois de confiscation des Vaisseaux qui y auront été et de leur chargement, et des Galeres en cas de récidive contre le Maître et les Matelots qui auront fait cette navigation.

Art. XVII. Les Maîtres et Pilotes, en faisant leur rapport, représenteront leur congé, déclareront le temps et le lieu de leur départ, le port et le chargement de leurs Navires, la route qu'ils auront tenue, les hasards qu'ils auront courus, les désordres arrivés dans leurs Vaisseaux, et toutes les circonstances de leur voyage; représenteront aussi leur Journal de voyage qui leur sera remis, s'ils le desirent, par les Officiers de l'Amirauté au bout de huit jours et sans frais, après qu'ils en auront extrait les choses qui pourront servir à assurer ou perfectionner la navigation, dont ils auront soin de rendre compte à l'Amiral tous les trois mois.

Art. XVIII. Les Capitaines et Maîtres des Vaisseaux arrivant des Colonies Françoises dans les Ports de France, seront tenus en faisant leur rapport de déclarer comme ils ont été reçus dans les Colonies, de quelle maniere s'y rend la justice, quels frais et quelles avaries ils ont été obligés de payer depuis leur arrivée jusqu'à leur départ : Enjoint Sa Majesté aux Officiers d'Amirauté d'interroger exactement les Maîtres et Capitaines sur ces Articles, de recevoir les plaintes des Passagers et Matelots qui en auront à faire, et d'en dresser un Procès-verbal, qu'ils seront tenus d'envoyer à l'Amiral de France.

TITRE CINQUIEME.

De la Visite des Vaisseaux.

Art. Ier. A l'arrivée des Vaisseaux, la visite sera faite par les Officiers de l'Amirauté suivant l'Edit de 1711; ils observeront de quelles Marchandises ils seront chargés, quel est leur Equipage, quels Passagers ils amenent, et feront mention du jour de l'arrivée du Vaisseau, et en dresseront leur Procès-verbal.

Art. II. La visite des Vaisseaux destinés à retourner en France, se fera avant leur chargement par les Officiers d'Amirauté, avec un Charpentier nommé, et en présence du Maître, qui sera tenu d'y assister;

sous peine d'amende arbitraire, pour examiner si le Vaisseau est en état de faire le voyage; sera faite aussi la visite des agrés et apparaux en présence d'un ou deux Capitaines nommés par les Officiers d'Amirauté, à l'effet de voir s'ils sont suffisans pour le voyage; et seront tenus les Maîtres qui se préparent à charger leur Vaisseau, d'en avertir les Officiers d'Amirauté deux jours avant de commencer, sous peine contre les contrevenans de les faire décharger et recharger à leurs dépens.

Art. III. Ils prendront la déclaration du Maître et de l'Ecrivain, ou du Dépensier, de l'état, qualité et quantité des Vituailles, pour juger si elles sont convenables et suffisantes pour la longueur du voyage, et le nombre de l'Equipage et des Passagers; et ne pourra la quantité des Vituailles être moindre de soixante rations, et de deux tiers de barrique d'eau pour chaque personne.

Art. IV. Si les deux tiers de l'Equipage soutiennent contre la déclaration du Maître et de l'Ecrivain, ou Dépensier, que les Vituailles ne sont pas de bonne qualité, ou qu'il n'y en a pas la quantité portée par la déclaration, les Officiers d'Amirauté en feront la vérification; et en cas que la déclaration se trouve fausse, le Maître et l'Ecrivain seront condamnés chacun en cent livres d'amende, et à prendre les Vituailles, ainsi qu'il sera ordonné; ce qui sera exécuté à la diligence du Procureur du Roi, et de celui des Matelots que les deux tiers de l'Equipage nommeront; le prix desdites Vituailles sera pris sur le corps du Vaisseau, et même sur le chargement dont on pourra vendre jusqu'à la concurrence du prix desdites Vituailles, sauf à être supportée ladite dépense par qui il appartiendra, ce qui sera réglé par les Officiers d'Amirauté du lieu où le Vaisseau fera son retour.

Art. V. Sera par lesdits Officiers d'Amirauté dressé un Procès-verbal de l'état du Vaisseau, des agrés et apparaux, et des vivres, duquel Procès-verbal il sera délivré aux Maîtres une copie, qu'ils seront tenus de représenter à l'Amirauté du lieu de leur retour, sous peine d'amende arbitraire.

Pour ce qui est des frais de Justice, expéditions des congés et autres procédures, ils seront reçus par les Officiers de l'Amirauté sur le même pied qu'ils l'ont été reçus jusqu'à présent par les Juges ordinaires; et s'il arrivoit quelque difficulté à cet égard, elle sera réglée par provision par le Conseil Supérieur, se réservant Sa Majesté de les régler particulierement et en détail par un tarif exprès qu'Elle fera arrêter en son Conseil, sur les avis et instructions que les Officiers des Conseils Supérieurs, Intendans, Négocians et autres, que Sa Majesté jugera à propos de consulter, auront ordre d'envoyer incessamment; lequel tarif ordonné par Sa Majesté, sera imprimé et exposé dans le lieu le plus apparent du Greffe, afin que tout le monde puisse y avoir recours.

Mande et ordonne Sa Majesté à M. le Comte de Toulouse, Amiral de France, de tenir la main à l'exécution du présent Réglement, de le faire publier, afficher et enregistrer par-tout où besoin sera. FAIT à Paris, le 12 Janvier 1717. *Signé* LOUIS. *Et plus bas*, PHELYPEAUX.

R. au Conseil du Cap, le 6 Juin 1717.

Et à celui de Léogane, le 21 du même mois.

ORDONNANCE de M. le Général, qui défend de couper les Bois du Carénage du Cap.

Du 22 Janvier 1717.

LE Marquis de Chateaumorant, etc.

Ayant été informé que les Vaisseaux qui vont au Carenage coupent le bois et découvrent cet endroit d'une maniere à faciliter aux ennemis des descentes dans le Pays, ce qui est de la derniere conséquence; pour y remédier et arrêter le cours d'un abus si préjudiciable à la sûreté de ladite Colonie, nous défendons expressément à tous Capitaines de Vaisseaux, qui iront au Carenage, d'y couper ou faire couper par leurs équipages aucun bois, sous quelque prétexte que ce puisse être, à peine de répondre pour leurs Officiers ou équipages en leur propre et privé nom, et de 500 liv. d'amende applicable, moitié au Roi, un quart à l'Hôpital et l'autre au Dénonciateur; défendons pareillement à tous les Habitans des plaines et du Bourg, d'y envoyer leurs Negres et autres, pour y faire du bois, sur les mêmes peines ci-dessus; ordonnons que la Présente sera lue et publiée par tout où besoin sera. DONNÉ au Cap. *Signé* CHATEAUMORANT.

R. au Siege Royal du Cap, le 27 du même mois.

Ordonnance *du Gouverneur-Général, qui défend, conformément aux Ordonnances de Sa Majesté, tout Commerce étranger, et ordonne aux Officiers de l'Amirauté du Cap de visiter les Lieux suspects de servir à la Contrebande.*

Du 22 Janvier 1717.

R. au Siege Royal du Cap, le 26.

Arrêt *du Conseil d'Etat, qui ordonne que les Louis d'Or de 20 livres, seront décriés de tout cours dans le Commerce, et n'y pourront plus être exposés; savoir, dans la Ville et Election de Paris, passé le 15 Février prochain, et après le dernier dudit mois dans tout le reste du Royaume.*

Du 30 Janvier 1717.

R. en la Cour des Monnoies, à Paris, le 3 Février 1717.
Et au Conseil de Léogane, le 15 Juillet suivant.

Lettre *du Conseil de Marine au Conseil de Léogane, touchant la Discipline des Ecclésiastiques, et Ordonnance des Administrateurs en conséquence.*

Des 30 Janvier 1717 et 30 Janvier 1738.

La délibération que vous avez prise, MM., le 6 Juillet 1716, au sujet des Ecclésiastiques de Saint-Domingue, a été rapportée avec votre lettre du même jour, au Conseil de Régence, où il a été jugé qu'il est de la prudence de reprendre les Ecclésiastiques de leurs fautes secrétement et sans éclat, ainsi qu'on l'a toujours pratiqué aux Isles du Vent, où il est réservé au Gouverneur-Général et à l'Intendant de les corriger avec douceur pour le délit commun, quand ils y donnent occasion, et de les renvoyer en France s'ils tombent dans quelqu'un de ces cas privilégiés, au lieu de les traduire devant les Juges, comme vous l'avez ordonné par délibération, ce qui pourroit causer un sujet de scandale préjudiciable à la Religion ; ainsi le Conseil de Régence souhaite que l'usage des Isles du Vent, qui vient de vous être expliqué, soit exécuté à Saint-Domingue, et qu'en conséquence le Gouverneur-Général et le Commissaire Ordonnateur de cette Isle, prennent seuls connoissance de ce qui concernera les Ecclésiastiques, LE CONSEIL souhaite que cette dépêche soit enrégistrée au Greffe du Conseil Supérieur. *Signé* LOUIS-ANTOINE DE BOURBON et le Maréchal D'ESTRÉES.

Charles Brunier, Marquis de Larnage, etc.

Pierre de Sartre, etc.

Vu la Lettre, etc.

Mandons à MM. les Officiers du Conseil Supérieur du Cap de faire enregistrer ladite Lettre au Greffe dudit Conseil. DONNÉ à Léogane, le 30 Janvier 1738. *Signés* LARNAGE, DE SARTRE.

La Lettre du Conseil de Marine seulement, enregistrée à Léogane, le 21 Juin 1717.

Et le tout au Conseil du Cap, le 3 Mars 1738.

ARRÊT du Conseil de Léogane, touchant les Honneurs exigés par M. le Marquis de CHATEAUMORANT, Gouverneur-Général.

Du 13 Février 1717.

LE Conseil étant extraordinairement assemblé en la Ville de Léogane, lieu ordinaire du Conseil, M. Jérôme Gabet, Conseiller en icelui, a remis sur le Bureau les Provisions de Gouverneur et Lieutenant-Général de l'Isle de la Tortue et Côte Saint-Domingue, pour M. le Marquis de Chateaumorant, Chef d'Escadre des Armées Navalles de Sa Majesté, et a dit qu'il étoit chargé de dire au Conseil, de la part de M. le Marquis de Chateaumorant, qu'il étoit surpris de ce que le Conseil n'étoit pas venu le voir en Corps chez lui, le complimenter sur son arrivée, ainsi qu'il se pratique à la Martinique et au Canada, où les Conseils donnent la qualité de *Monseigneur* aux Gouverneurs et Lieutenans-Généraux, et qu'il demande que ledit Conseil lui rende les mêmes honneurs et lui donne la même qualité. *Signé* GABET.

Sur quoi, l'affaire mise en délibération, et oui sur ce le Procureur-Général en ses conclusions verbales, le Conseil a dit que, quoique cet usage n'ait pas été pratiqué jusqu'à présent dans le Conseil, il convient cependant d'acquiescer à la demande de M. le Marquis de Chateaumorant, sans préjudicier à ses droits et privileges, se réservant d'en écrire à la Cour pour asséoir une décision, et a nommé pour cet effet M. Jérôme Gabet pour le complimenter au nom du Corps assemblé; fait les jour et an que dessus. *Sigé* MITHON.

M. le Marquis de Chateaumorant a déclaré depuis au Conseil que sa prétention n'étoit pas bien fondée, tant pour la visite en Corps, que pour le titre de Monseigneur, *et qu'il avoit eu tort de les exiger.*

V. la Lettre du Conseil de Marine, du 26 Juillet suivant.

ARRÊT du Conseil de Léogane, qui déboute le Supérieur de la Mission des Dominicains de sa demande, afin d'Exemption générale de tous Droits, et le renvoie à l'exécution du Réglement du 24 Avril 1711.

Du 1er Mars 1717.

V. L'Ordonnance des Administrateurs, du premier Octobre suivant.

ARRÊT du Conseil du Cap, qui fait défense aux Officiers des Sieges de rien statuer pour les Mineurs sans avis de Parens.

Du 1er Mars 1717.

ENTRE le sieur Dugué, Appellant, contre le sieur Merey, Habitant, Tuteur des Mineurs Danzel, Intimé, parties ouïes et les conclusions du Procureur-Général du Roi, LE CONSEIL a mis et met la Sentence dont est appel au néant, ordonne que la Société passée entre le sieur Dugu et feu sieur Danzel, les 11 et 13 Janvier 1716, sortira son plein et entier effet pour les trois années consécutives, attendu qu'elle paroît avantageuse pour les Mineurs; condamne l'Intimé en tous les dépens, dommages et intérêts des Parties en son propre et privé nom, vu qu'il ne s'est conformé à la loi qui ordonne qu'il sera fait une délibération des Parens Amis des Mineurs, lorsqu'il s'agit de délibérer sur des faits pareils, d'autant mieux que le subrogé Tuteur a persisté et requis que ladite Société subsistât; ordonne ledit Conseil au Juge et au Procureur du Roi dudit lieu, de se conformer à l'avenir aux Ordonnances, et de ne rien faire pour les affaires des Mineurs que par délibérations des Parens et Amis.

ORDONNANCE *des Administrateurs qui enjoint de faire publier les Départs pour France.*

Du 6 Mars 1717.

LE Marquis de Chateaumorant, etc.

Jean-Jacques Mithon, etc.

Sur les plaintes qui nous sont revenues des différens quartiers de cette Isle, que plusieurs personnes en sortent et passent en France sans avoir au préalable satisfait leurs Créanciers, ce qui ne vient que de la facilité qu'ont les Huissiers de délivrer des Certificats de publications de leur départ, pendant trois Dimanches consécutifs, à l'issue de la Messe Paroissiale, lesquels sont la plupart faux et mendiés, et dont se servent ceux qui veulent en abuser et sortir de cette Isle sans payer leurs dettes pour surprendre les Gouverneurs et Commandans de cette Isle; à quoi étant nécessaire de remédier, nous avons ordonné et ordonnons qu'à l'avenir, et du jour de la publication des Présentes, ceux qui desireront passer en France, en feront leur déclaration au Greffe de la Juridiction Ordinaire du lieu où ils auront resté pendant leur séjour dans cette Colonie, dont les Greffiers feront publier et afficher l'Extrait aux portes de l'Eglise de leur Parroisse et à celle de ladite Jurisdiction, pendant trois Audiences consécutives par un Huissier, auxquels dits Greffes les Créanciers iront faire la déclaration de ce qui leur sera dû par celui qui fera publier son départ, et sur les certificats desdites publications ainsi faites, au bas desquels ils feront mettre une certification du Greffier qu'il n'y a eu aucune opposition faite ni déclaration de dettes à leur départ; il sera par Nous, Gouverneur et Lieutenant-Général, délivré des Passeports à tous Habitans, Marchands et autres, qui auront résidé dans cette Isle, sans lesquels nous défendons aux Capitaines des Vaisseaux d'embarquer qui que ce soit, de quelque qualité qu'ils puissent être, à peine d'être punis suivant la rigueur des Ordonnances à ce sujet; et ne pourront les Greffiers prendre plus de 3 liv. pour lesdites déclarations et certifications; n'entendons néanmoins comprendre en la présente Ordonnance les Officiers Mariniers et Matelots qui se trouveront dégradés en cette Isle, soit par prises, naufrages ou condamnation de Navire sur lesquels ils seroient embarqués, non plus que les Officiers de Justice et de plume, lesquels s'adresseront au Commissaire-Général de la Marine, ou à son Subdélégué au Cap, à l'égard des Matelots seulement pour être pourvu à leur passage ou embarquement pour France; et sera la présente Ordonnance lue, publiée et affichée aux portes des Eglises paroissiales de cette Isle, et enregistrée aux Greffes des Juridictions ordinaires, à la diligence des Procureurs du Roi. DONNÉ à Léogane, etc.

R. au Siege Royal du Cap, le 6 Avril 1717.

Es à celui du Port de Paix, le 8 Juillet suivant.

ORDONNANCE du Roi, qui défend le Commerce aux Officiers de ses Vaisseaux.

Du 13 Mars 1717.

SA MAJESTÉ étant informée que nonobstant la défense faite par l'Ordonnance du 15 Avril 1689, Liv. 1. Tit. 7. Article 15, aux Capitaines de ses Vaisseaux de recevoir sur leur bord aucune Marchandise, ni se mêler d'aucun commerce; plusieurs de ses Capitaines et autres Officiers, oubliant la dignité du Service et de leur Emploi, font embarquer sur les Vaisseaux armés pour les Colonies, et autres lieux, diverses sortes de Marchandises pour le Commerce aux endroits où ils abordent et en tirer d'autres effets du Pays, qu'ils font entrer en fraude dans le Royaume à leur retour au préjudice du frêt et des droits qui en sont dûs à Sa Majesté; à quoi étant nécessaire de pourvoir, elle a, de l'avis de M. le Duc d'Orléans son Oncle, Régent, ordonné et ordonne, veut et entend que ladite Ordonnance du 15 Avril 1689, soit exécutée selon sa forme et teneur, et en conséquence que l'Ecrivain du Vaisseau qui sera armé pour les Colonies, et autres lieux, dresse conjointement avec l'Officier chargé de l'arrimage, et le Maître d'Equipage du Navire, un état exact de tout ce qui y sera embarqué, et pour le compte de qui les effets seront déclarés, et qu'avant que ledit Vaisseau parte, cet état certifié d'eux et visé du Capitaine, soit remis à l'Intendant ou Commissaire-Ordonnateur par ledit Ecrivain, et qu'au retour il en remette pareillement une aurte copie en la même forme de tout ce qui aura été embarqué aux endroits où il aura abordé; l'intention de Sa Majesté étant que cet Ordre soit suivi et exécuté, sous peine de cassation des Officiers, et de confiscation des Marchandises qui n'auront point été déclarées; ne voulant cependant Sa Majesté déroger à cet égard à l'Article XXVI de son Ordonnance du 10 Juin de l'année derniere, où elle marque ce qu'Elle veut bien permettre que ses Capitaines embarquent sur les Vaisseaux qu'ils commandent, et pour les motifs qui y sont expliqués. Mande Sa Majesté à M. le Comte de Toulouse, Amiral de France, aux Vices-Amiraux, Lieutenans-Généraux, etc. et autres Officiers qu'il appartiendra, de tenir la main, chacun à son égard, à l'exécution de la présente Ordonnance. FAIT à Paris, etc.

R. au Contrôle à Saint-Domingue.

ORDONNANCE des Administrateurs, portant défenses aux Officiers de Milice de s'attribuer aucunes Distinctions dans les Eglises, ou aux Processions.

Du 1er Avril 1717.

LE Marquis de Chateaumorant, ect.
Jean-Jacques Mithon, etc.

Etant informés que plusieurs Officiers de Milice dans les Paroisses de Campagne de la dépendance du Cap, s'immisçoient de faire placer leurs bancs dans les places distinguées par préférence, d'exiger le Pain-Béni, et autres droits honorifiques des Eglises au mépris de l'Ordonnance du Roi, du 30 Septembre 1713, Article XII, au sujet des préséances et rangs que les principaux Officiers de la Colonie et des Conseils, doivent avoir dans les principales Eglises des Quartiers, par laquelle il est défendu à tous Officiers, tant des Troupes que des Milices, de s'attribuer dans leurs Quartiers ni ailleurs, aucune place distinguée dans lesdites Eglises, d'exiger le Pain-Béni avant les autres, ni de prendre aucun rang dans les Processions, à peine de 500 liv. d'amende contre les contrevenans; Nous faisons très-expresses défenses à toutes personnes, de quelque condition qu'elles soient, nommément auxdits Officiers de

Milice de s'attribuer à l'avenir aucune distinction dans lesdites Eglises de Campagne, soit pour la place, ou pour le Pain-Béni, et aux Processions, sous les peines portées par ladite Ordonnance : enjoignons au Procureur-Général du Roi, et à ses Substituts, de tenir la main à l'exécution de la présente Ordonnance, qui sera enregistrée au Greffe du Conseil du Cap, et sur les registres des Paroisses de la Campagne, lue, publiée et affichée, etc.

R. au Conseil du Cap, le 4 Mai 1717.

ORDONNANCE *des Administrateurs, qui donne provisoirement pour borne, à la Concession de la Compagnie de Saint-Domingue, la chaîne de Montagnes qui s'étend de la Riviere de Neybe au Cap Tiburon, et appellée* Montagne du Sud.

Du 17 Avril 1717.

Le Marquis de Chateaumorant, etc.

Jean-Jacques Mithon, etc.

En vertu de l'Ordre du Conseil de Marine expliqué par la Lettre que nous avons reçue du 16 Décembre dernier au sujet des limites de la Concession de Saint-Louis, que le Conseil souhaite être réglées par une Carte plus particuliere que le plan qu'il nous en adresse pour fixer la profondeur des terres que le Roi a entendu accorder à ladite Compagnie; nous aurions conféré avec M. de Rutant, Directeur, et l'un des Intéressés de ladite Compagnie, auquel nous aurions communiqué ladite Lettre, et le plan à nous envoyé; à quoi il auroit répondu conjointement avec M. de Barthomier, Commandant, et l'Inspecteur de ladite Compagnie, que les limites de ladite Compagnie étoient connues, tant des Habitans des Quartiers du Roi, que de ceux de ladite Compagnie, par une chaîne de montagnes, appellée *la Montagne du Sud*, qui regne depuis la Riviere de Neybe jusqu'au Cap Tiberon; que cette montagne donne en quelques endroits jusqu'à huit lieues de profondeur comme au fond de l'Isle à Vache, en d'autres 4, 5 et 6; qu'elle a été regardée comme la borne incontestable des deux Quartiers depuis plusieurs années; que ladite Compagnie a dans cette étendue autant de terre qu'elle en peut desirer, et qu'il ne lui conviendroit pas de passer au-delà de ladite montagne; qu'il y a trois ans ou environ qu'on lui disputa les terres de la grande Coline ; mais que depuis ce temps on les lui a laissé occuper sans trouble ; et comme il est à notre connoissance que ce que nous ont exposé lesdits sieurs de Rutant, de Barthomier et de Vieuxpré, est véritable, nous avons estimé sous le bon plaisir du Conseil de Marine, ne devoir y rien changer, et qu'on doit regarder comme borne fixe et incontestable ladite montagne, appellée *du Sud*, ainsi qu'elle se poursuit et comporte, que la Compagnie peut établir jusqu'au sommet ; en conséquence que toutes les Habitations, depuis ledit sommet, doivent être dans la Concession de ladite Compagnie, dont cependant nous renvoyons la décision au Conseil ; au moyen de quoi nous avons jugé inutile de faire dresser une Carte plus précise des lieux qui occuperoit deux Arpenteurs pendant 18 mois ou 2 ans, avec environ 30 Noirs pour tracer les chemins au travers des bois, et chaîner les distances, ouvrage qui coûteroit plus de 10,000 liv. à la Compagnie, que cette dépense regarde, sans en retirer aucun avantage ; outre que nous n'avons qu'un Arpenteur dans le Quartier de l'Ouest continuellement occupé à chaîner les Habitations et marquer les bornes des Habitans. FAIT au Fort Saint-Louis, le 17 Avril 1717. *Signés* CHETEAUMORANT, MITHON, DE BARTHOMIER, DU RUTANT et DE VIEUXPRÉ.

LETTRES-PATENTES portant réglement pour le commerce des Colonies Françoises.

Du mois d'Avril 1717.

LOUIS, etc. Le feu Roi notre très-honoré Seigneur et Basaïeul, ayant par Edit du mois de Décembre 1674, éteint et supprimé la Compagnie des Indes Occidentales, précédemment établie par autre Edit du mois de Mai 1664, pour faire seule le commerce des Isles Françoises de l'Amérique, et ayant réuni au Domaine de la Couronne les terres et pays dont elle étoit en possession, et où il permit à tous ses Sujets de trafiquer librement, voulut par différentes graces les exciter à en rendre le commerce plus florissant. Cette considération l'engagea de rendre, les 4 Juin et 25 Novembre 1671, 19 Juillet 1673, premier Décembre 1674, 10 Mai 1677, et 27 Août 1701, différens Arrêts par lesquels il exempta de tous droits de sortie et autres généralement quelconques, les denrées et marchandises du crû ou fabrique du Royaume, destinées pour les Colonies Françoises ; et par les Arrêts des 10 Septembre 1668, 19 Mai 1670, et 12 Août 1671, il accorda la faculté d'entreposer dans les Ports du Royaume les marchandises provenantes desdites Colonies. Nous avons été informés que les différentes conjonctures des tems ont donné occasion à une grande multiplicité d'autres Arrêts, dont les dispositions absolument contraires ou difficiles à concilier, font naître de fréquentes contestations entre les Négocians et l'Adjudicataire de nos Fermes, ce qui seroit capable d'empêcher nos Sujets d'étendre un commerce qui est utile et avantageux à notre Royaume, et qui mérite une faveur et une protection particulière, Nous avons estimé nécessaire d'y pourvoir par une Loi fixe et certaine, après avoir fait examiner les Mémoires qui nous ont été présentés à ce sujet par les Négocians de notre Royaume, les Réponses de l'Adjudicataire de nos Fermes, et tous les Edits, Déclarations et Arrêts intervenus sur cette matiere. A ces Causes, disons, statuons et ordonnons, voulons et nous plaît ce qui suit :

Art. I. Les armemens des vaisseaux destinés pour les Isles et Colonies Françoises, seront faits dans les Ports de Calais, Dieppe, le Havre, Rouen, Honfleur, Saint-Malo, Morlaix, Brest, Nantes, la Rochelle, Bordeaux, Bayonne et Cette.

Art. II. Les Négocians qui armeront des vaisseaux dans les Ports des Villes dénommées au précédent Article, pour les Isles et Colonies Françoises, feront, au Greffe de l'Amirauté, leur soumission, par laquelle ils s'obligeront, sous peine de 10,000 livres d'amende, de faire revenir leurs vaisseaux directement dans le Port de leur départ, hors en cas de relâche forcé, de naufrage ou autre accident imprévu qui sera justifié par des procès-verbaux, et les Négocians fourniront une expédition de leur soumission au Bureau des Fermes.

Art. III. Toutes les denrées et marchandises, soit du crû ou de la fabrique du Royaume, même la Vaisselle d'argent ou autres ouvrages d'Orfévrerie, les Vins et Eaux-de-vie de Guyenne, ou autres Provinces, destinés pour être transportés aux Isles et Colonies Françoises, seront exempts de tous droits de sortie et d'entrée, tant des Provinces des cinq grosses Fermes, que de celles réputées étrangeres ; comme aussi de tous droits locaux en passant d'une Province à une autre, et généralement de tous autres droits qui se perçoivent à notre profit, à l'exception de ceux unis et dépendans de la Ferme générale des Aides et Domaines.

Art. IV. Les munitions de guerre, vivres et autres choses nécessaires prises dans le Royaume pour l'avitaillement et armement des vaisseaux destinés pour les Isles et Colonies Françoises, jouiront de la même exemption.

Art. V. Les denrées et marchandises du Royaume, destinées pour les Isles et Colonies Françoises, et venant par mer d'un Port du Royaume à un autre, seront à leur arrivée dans le Port où elles devront être embarquées pour lesdites Isles et Colonies, renfermées dans un magasin d'entrepôt, et ne pourront être versées de bord à bord, sous peine de confiscation & de 1000 livres d'amende.

Art. VI. Les Négocians qui feront conduire des denrées et marchandises du Royaume dans le Port destiné pour l'embarquement, seront tenus de déclarer au Bureau du lieu de l'enlevement, s'il y en a, sinon au plus prochain Bureau, les quantités, qualités, poids et mesures des denrées et marchandises du Royaume destinées pour les Isles et Colonies Françoises, de les faire visiter et plomber par les Commis des Fermes, d'y prendre un acquit à caution, et de faire leur soumission de rapporter dans trois mois un certificat de leur déchargement dans le magasin d'entrepôt, ou de l'embarquement dans le Port, pour lequel ils les auront déclarées; lequel embarquement pourra être fait sans aucun entrepôt pour les denrées et marchandises qui auront été conduites par terre ou par les rivieres.

Art. VII. Les Voituriers seront tenus de représenter et faire viser leurs acquits à caution par les Commis des Bureaux, et par les Directeurs des Fermes dans les villes où il y en a d'établis, qui se trouveront sur la route desdites denrées et marchandises, et lesdits Commis et Directeurs vérifieront sur le champ, et sans aucun retardement ni frais, le nombre des tonneaux, caisses et ballots portés par lesdits acquits à caution, et reconnoîtront si les plombs sont sains et entiers, sans pouvoir faire aucune visite desdites denrées et marchandises, ni ouverture desdits tonneaux, caisses et ballots, qu'au cas que les plombs fussent brisés ou altérés; et si par la visite il paroit quelque fraude, les marchandises seront confisquées, et les contrevenans condamnés en 500 livres d'amende.

Art. VIII. Lesdites denrées et marchandises seront, avant leur embarquement, visitées et pesées par les Commis des Fermes, pour en vérifier les quantités, qualités, poids et mesures, et elles ne pourront être chargées dans aucun vaisseau qu'en présence desdits commis.

Art. IX. Les Négocians feront, au Bureau des Fermes du Port de l'embarquement, leur soumission de rapporter dans un an au plus tard un certificat du déchargement desdites denrées et marchandises dans les Isles et Colonies Françoises, et ledit certificat sera écrit au dos de l'acquit à caution, et signé par les Gouverneurs et Intendans, ou par les Commandans et Commissaires Subdélégués dans les quartiers, et par les Commis du Fermier du Domaine d'Occident, à peine de payer le quadruple des droits.

ART. X. Les denrées et marchandises provenant des pays étrangers, et dont la consommation est permise dans le Royaume, même celles qui seront tirées de Marseille et de Dunkerque, seront sujettes aux droits d'entrée dûs au premier Bureau par lequel elles entreront dans le Royaume, quoi qu'elles soient déclarées pour les Isles et Colonies Françoises; mais lorsqu'elles sortiront du Royaume pour être transportées ausdites Isles et Colonies, elles jouiront des exemptions portées par l'article III.

ART. XI. Permettons néanmoins de faire venir des pays étrangers, dans les Ports dénommés au premier article, du Bœuf salé pour être transporté dans lesdites Isles et Colonies, et il sera exempt de tous droits d'entrée et de sortie, à condition qu'il sera renfermé à son arrivée dans des magasins d'entrepôt, à peine de confiscation.

ART. XII. Les Négocians du Royaume ne pourront charger pour les Isles et Colonies Françoises aucunes marchandises étrangeres, dont l'entrée et la consommation sont défendues dans le Royaume, à peine de confiscation et de 3000 livres d'amende, qui sera prononcée par les Officiers de l'Amirauté.

ART. XIII. Les soiries et autres marchandises d'Avignon & Comtat Venaissin, qui seront déclarées pour les Isles et Colonies Françoises, paieront les droits dûs à l'entrée du Royaume, et seront exemptes de tous droits de sortie et autres droits, à l'exception de ceux unis et dépendans de la Ferme générale des Aides et Domaines.

ART. XIV. Les toiles de Suisse qui sont affranchies de tous droits à l'entrée du Royaume, ne jouiront point des exemptions portées par l'Article III, quoique destinées pour les Isles et Colonies Françoises.

ART. XV. Les marchandises et denrées de toutes sortes, du crû des Isles et Colonies Françoises, pourront à leur arrivée être entreposées dans les Ports de Calais, Dieppe, le Havre, Rouen, Honfleur, la Rochelle, Bordeaux, Bayonne et Cette; au moyen de quoi lorsqu'elles sortiront de l'entrepôt pour être transportées en pays étrangers, elles jouiront de l'exemption des droits d'entrée et de sortie, même de ceux appartenant au Fermier du Domaine d'Occident, à la réserve des trois pour cent, auxquels elles seront seulement sujettes, sans que sous

prétexte

prétexte du présent Article les Négocians puissent se dispenser de faire les retours de leurs vaisseaux dans les mêmes Ports d'où ils seront partis, conformément à l'Article II.

Art. XVI. Les Négocians des Villes dénommées au précédent Article, qui feront sortir par mer les marchandises provenantes desdites Isles et Colonies, seront tenus de faire au Bureau établi dans le Port duquel elles partiront, une déclaration du lieu de leur destination en pays étranger, et une soumission de rapporter dans six mois au plus tard un certificat en bonne forme de leur déchargement, signé du Consul François, s'il y en a, ou à son défaut par les Juges des lieux, ou autres personnes publiques, à peine de payer le quadruple des droits.

Art. XVII. Il sera aussi permis aux Négocians des Ports dénommés au premier Article, de faire transporter par terre en pays étranger les Sucres terrés ou Cassonnades, Indigo, Gingembre, Rocou et Cacao provenant des Isles et Colonies Françoises, et de les faire passer par transit au travers du Royaume sans payer aucuns droits d'entrée et de sortie ni autres droits, à la réserve de ceux unis et dépendans de la Ferme générale des Aides et Domaines, à condition de déclarer au Bureau du Port de leur départ les quantités, qualités, poids et mesures, de les y faire visiter et plomber, d'y prendre acquit à caution, et d'y faire leur soumission de rapporter dans quatre mois au plus tard des certificats de la sortie desdites marchandises hors du Royaume, lesquels certificats seront écrits et signés au dos desdits acquits à caution par les Commis du dernier Bureau de sortie, après que lesdits Commis auront reconnu les plombs et visité lesdites marchandises, et les voituriers seront tenus de faire viser lesdits acquits à caution par les Commis des Bureaux de la route, et par les Directeurs des Fermes où il y en a d'établis, le tout à peine de payer le quadruple des droits, et de confiscation des voitures et équipages contre les Voituriers contrevenans; au moyen desquelles précautions il ne sera fait aucune ouvertures desdites marchandises, et lesdits Directeurs et Commis vérifieront seulement, sans aucun retardement ni frais, le nombre des tonneaux, caisses et ballots, et reconnoîtront si les plombs sont sains et entiers. Permettons ausdits Commis, en cas que lesdits plombs soient rompus ou altérés, de visiter lesdites marchandises et de les saisir en cas de contravention, pour être lesdites marchandises confisquées, et les contrevenans condamnés en 500 livres d'amende.

Art. XVIII. Lesdites cinq especes de marchandises qui seront envoyées par transit en pays étranger, ne pourront sortir que par les lieux ci-après dénommés, savoir : celles destinées pour les Ports d'Espagne situés sur la mer Méditerranée, par les Ports de Cette et Agde; celles qui sortiront du Royaume par terre pour l'Espagne, par les Bureaux de Bayonne, du Pas de Beobie, Ascaing et Dainhoa; celles destinées pour l'Italie, par lesdits Ports de Cette et Agde; celles destinées pour la Savoie et le Piémont, par les Bureaux du Pont de Beauvoisin et de Champarillan; celles destinées pour Geneve et la Suisse, par les Bureaux de Seissel et Coulonges; celles destinées pour la Franche-Comté, par le Bureau d'Auxonne; celles destinées pour les trois Evêchés, la Lorraine et l'Alsace, par les Bureaux de Sainte-Menehould et Auxonne; et celles destinées pour les Pays-Bas de domination étrangere, par les Bureaux de Lille et de Maubeuge. Faisons très-expresses défenses de faire sortir du Royaume par d'autres Ports et Bureaux lesdites marchandises, lorsqu'elles passeront par transit avec exemption de droit, à peine de confiscation des marchandises, voitures et équipages, et de 3000 liv. d'amende.

Art. XIX. Les marchandises ci-après spécifiées provenantes des Isles et Colonies Françoises, et destinées pour être consommées dans le Royaume, paieront à l'avenir pour droits d'entrée dans les Ports de Calais, Dieppe, le Havre, Rouen, Honfleur, la Rochelle, Bordeaux, Bayonne et Cette, savoir : les Moscouades ou Sucres bruts, le cent pesant, 2 liv. 10 sols, dont il appartiendra 1 liv. 13 sols 4 deniers au Fermier du Domaine d'Occident, et 16 sols 8 deniers au Fermier général des cinq grosses Fermes. Les Sucres terrés ou Cassonnades, le cent pesant, 8 livres, dont 2 liv. appartiendront au Fermier du Domaine d'Occident, et 6 livres au Fermier général des cinq grosses Fermes. L'indigo, 2 liv. 10 sols le cent pesant; le Gingembre, 15 sols du cent pesant; le Cotton en laine, 1 liv. 10 sols du cent pesant; le Rocou, 2 liv. 10 sols du cent pensant; les Confitures, 5 liv. du cent pesant; la Casse ou Canefice, 1 liv. le cent pesant; le Cacao, 10 liv. le cent pesant; les Cuirs secs et en poil, 5 sols de la piece; le Caret ou Ecaille de Tortue de toutes sortes, 7 liv. du cent pesant. La totalité des droits sur lesdites neuf dernieres especes de marchandises, sera levée au profit du Fermier général des cinq grosses Fermes.

Art. XX. Les marchandises dénommées au précédent Article, qui seront apportées par mer, dans les Ports de Saint-Malo, Morlaix, Brest et Nantes, ne pourront être introduites dans les autres Provinces du Royaume pour y être consommées, qu'en payant les mêmes droits.

Art. XXI. Toutes les marchandises provenantes des Isles et Colonies Françoises, paieront à leur arrivée dans lesdits Ports de Bretagne, outre et par-dessus les droits de Prévôté, tels qu'ils sont perçus à Nantes, sans aucune restitution desdits droits lorsque lesdites marchandises seront transportées en pays étranger, ni aucune diminution ni imputation sur les droits énoncés dans le dix-neuvieme Article, quand elles seront introduites dans les Provinces des cinq grosses Fermes, ou autres Provinces du Royaume.

Art. XXII. Les Sucres blancs et non rafinés provenans de la Colonie de Caïenne, entrans par les Ports de Calais, Dieppe, le Havre, Rouen, Honfleur, la Rochelle, Bordeaux, Bayonne et Cette, et destinés pour la consommation du Royaume, ne paieront que 4 livres du cent pesant, conformément aux Arrêts des 19 Septembre 1682, et 12 Octobre 1700; et à l'égard de ceux qui seront apportés dans les Ports de Bretagne, ils y paieront les mêmes droits que les Sucres terrés provenans des autres Colonies Françoises, *savoir*: à leur arrivée les droits de Prévôté de Nantes, et autres droits locaux, et à la sortie de Bretagne pour entrer dans les Provinces des cinq grosses Fermes, et autres Provinces du Royaume, et y être consommés, les 8 liv. qui sont portées par l'Article XIX.

Art. XXIII. Les marchandises provenantes des Isles et Colonies Françoises, et non dénommées dans l'Article XIX, paieront les droits fixés par le Tarif de 1664, dans les Provinces des cinq grosses Fermes, et les droits locaux tels qu'ils ont été précédemment perçus, dans les Provinces réputées étrangeres, à la réserve *néanmoins* des Sucres rafinés en pain provenans desdites Isles et Colonies, qui paieront à toutes les entrées du Royaume, même dans les Ports de la Province de Bretagne et à Bayonne, 22 livres 10 sols du cent pesant, conformément aux Arrêts des 25 Avril 1690, et 20 Juin 1698.

Art. XXIV. Les droits portés par ledit Arrêt du 25 Avril 1690, sur les Sucres étrangers de toute qualité, seront aussi payés dans tous les Ports du Royaume, même dans les Ports de Bretagne, et dans ceux de Marseille, Bayonne et Dunkerque, nonobstant tous privileges et toutes franchises ci-devant accordés; et lesdits Sucres ne pourront jouir de l'entrepôt qui a été accordé par ledit Arrêt du 25 Avril 1690, ou autres Arrêts subséquens qui demeureront révoqués, à l'exception néanmoins des Cassonnades du Brésil qui pourront être entreposées dans les seuls Ports de Bayonne et de Marseille, et ne pourront sortir dudit entrepôt avec exemption des droits portés par l'Arrêt du 25 Avril 1690, que pour être transportées en pays étranger, sans que ladite exemption puisse être prétendue pour celles qui seront consommées dans lesdites villes et dans leur territoire.

Art. XXV. Toutes les marchandises du crû des Isles et Colonies Françoises, paieront au Fermier du Domaine d'Occident, à leur arrivée dans tous les Ports du Royaume, même dans les Ports francs et dans ceux des Provinces réputées étrangeres, une fois seulement trois pour cent en nature, ou de leur valeur, quand même elles seroient déclarées pour être transportées en pays étranger.

Art. XXVI. Défendons très-expressément aux Habitans des Isles et Colonies, et aux Négocians du Royaume, de transporter desdites Isles et Colonies dans les pays étrangers, ou dans les Isles étrangeres voisines desdites Colonies, par des Vaisseaux François ou étrangers, aucunes marchandises du crû des Isles Françoises, à peine de confiscation des Vaisseaux et marchandises, et de 1000 livres d'amende qui sera prononcée par les Officiers de l'Amirauté, et contre les Capitaines et Maîtres des Bâtimens d'en répondre en leurs propres et privés noms, de prison pendant un an, et d'être déclarés incapables de commander ni de servir en qualité d'Officier sur aucun Bâtiment; à l'effet de quoi les Capitaines seront tenus de représenter à leur arrivée en France, un état signé des Commis du Domaine d'Occident, des marchandises qu'ils auront chargées ausdites Isles.

Art. XXVII. Faisons aussi, sous les mêmes peines, très-expresses inhibitions et défenses aux Négocians du Royaume, Capitaines et Maîtres des Vaisseaux destinés pour les Isles et Colonies Françoises, de prendre et charger dans aucuns pays étranger, même dans l'Isle de Madere, aucuns Vins et autres denrées et marchandises pour les transporter dans lesdites Colonies.

Art. XXVIII. Les droits d'entrée qui auront été payés sur les marchandises des Isles et Colonies Françoises, ne seront point restitués, quand même elles passeront à l'Etranger, et elles seront sujettes aux droits de sortie, à l'exception néanmoins des Sucres de toutes sortes, de l'Indigo, Gingembre, Casse, Rocou, Cacao, Drogueries et Epiceries.

Art. XXIX. Les Sucres de toutes sortes, et les Sirops des Isles et Colonies Françoises, seront déclarés à leur arrivée dans tous les Ports du Royaume, par quantité de futailles ou caisses, sans que les Négocians Capitaines ou Maîtres des Vaisseaux soient assujettis à les déclarer par poids; mais la déclaration des autres marchandises sera faite suivant l'usage ordinaire, par quantité, qualité et poids, et aucune marchandise ne pourra être déchargée qu'en présence des Commis des Fermes.

ART. XXX. Les Magasins servans à l'entrepôt des marchandises et denrées du Royaume destinées pour les Isles et Colonies Françoises, de celles du crû desdites Isles, du bœuf salé des Pays étrangers, et des Cassonnades du Brésil, seront choisis par les Négocians à leurs frais, et fermés à trois clefs différentes, dont l'une sera remise aux Commis du Fermier des cinq grosses Fermes, l'autre au Commis du Fermier du Domaine d'Occident, et la troisieme entre les mains de celui qui sera pour ce préposé par les Négocians.

ART. XXXI. Attendu la modération faite par cesdites Présentes, des droits d'entrée sur les Sucres bruts, ou Mouscouades, provenans des Isles et Colonies Françoises, la restitution des droits d'entrée, ordonnée par les Arrêts du Conseil des 8 Septembre 1674, et premier Septembre 1699, sur le pied de 9 liv., et de 6 liv. 15 sols, demeurera à l'avenir réglée à 5 liv. 12 sols 6 den. par cent pesant de Sucre rafiné, dans les Villes de Bordeaux, la Rochelle, Rouen et Dieppe, qui seront transportés dans les Pays étrangers, et desdits 5 liv. 12 sols 6 den., il en sera restitué 3 liv. 15 sols par le Fermier du Domaine d'Occident, et 1 liv. 17 sols 6 den. par le Fermier-Général des cinq grosses Fermes.

Si donnons en mandement, etc.

R. au Conseil du Cap, le 6 Juin 1717.

Et à celui de Léogane, le 6 Septembre suivant.

ORDONNANCE du Roi, portant que toutes les Farines qui ne seront pas du Barillage de France ou de Canada, qui se trouveront dans les Isles, seront réputées Farines étrangeres et confisquées.

Du 10 Mai 1717.

DE PAR LE ROI.

SA MAJESTÉ étant informée que, nonobstant les ordres qu'elle a donné pour l'exécution des Ordonnances et Réglemens qui défendent le Commerce etranger dans les Isles Françoises de l'Amérique, il s'introduit des Farines étrangeres. Sa Majesté, de l'avis de Monseigneur le Duc d'Orléans, Régent, a résolu le présent Réglement ainsi qu'il ensuit.

ART. Ier. Toutes Farines qui ne seront pas de barillages de France ou de Canada, et qui seront apportées dans les Isles Françoises de l'Amérique, seront réputées Farines étrangeres, et en cette qualité seront confisquées dans tels Vaisseaux qu'elles soient apportées, et de quelques Ports qu'ils soient partis.

Art. II. Il ne pourra être vendu auxdites Isles des Farines autres que du barillage de France ou de Canada, excepte cependant Sa Majesté celles qui auront été emmenées sur des prises en temps de guerre ou confisquées pour Commerce étranger, lesquelles pourront être vendues et consommés dans lesdites Isles.

Art. III. Défend Sa Majesté à toutes personnes, de quelque qualité et condition qu'elles soient dans lesdites Isles, d'avoir chez eux des Farines qui soient d'autres barillages que de celui de France ou de Canada, soit pour leur consommation, soit pour en faire Commerce, à peine de confiscation, à moins cependant que lesdites Farines ne proviennent des prises en temps de Guerre ou de confiscation pour Commerce étranger.

Art. IV. Ceux qui auront chez eux des Farines provenant des prises ou des confiscations, seront tenus, à la premiere réquisition, de justifier la vente qui leur en aura été faite par un Extrait certifié du Juge.

Art. V. Veut Sa Majesté que, lors de la vente qui sera faite desdites Farines, il soit fixé par le Juge un temps pour la consommation d'icelles, auquel l'Acheteur se soumettra, et dont il sera fait mention sur l'Extrait qui lui sera délivré, après lequel temps expiré, les Farines qui pourront se trouver chez ledit Acheteur d'autre barillage que celui de France ou de Canada, seront confisquées.

Enjoint sa Majesté aux Gouverneurs, Lieutenans-Généraux desdites Isles, Intendans, Gouverneurs particuliers, Commissaires Ordonnateurs, et à tous les autres Officiers qu'il appartiendra, de tenir chacun en droit soi, la main à l'exécution du présent Réglement, lequel sera enregistré aux Conseils Supérieurs desdites Isles, et lu, publié et affiché, etc.

R. au Conseil de Léogane, le 6 Septembre 1717.

Et à celui du Cap, le 6 Octobre suivant.

ORDONNANCE des Administrateurs qui fait défenses aux Capitaines Negriers de vendre en gros leurs Cargaisons, et à toutes personnes de les acheter qu'après 15 jours de vente au détail.

Du 28 Mai 1717.

LE Marquis de Chateaumorant, etc.

Jean-Jacques Mithon, etc.

Plusieurs Habitans s'étant plaints à Nous que, depuis que les Sucres sont à non-valeur, les Capitaines des Vaisseaux Negriers vendoient leur Cargaison en gros à quelques particuliers qui ont de l'argent comptant, sans les exposer en vente aux Habitans qui sont en état de les acheter, et que, tout nouvellement, le Capitaine Nadrau avoit vendu ses Negres avant d'en avoir ouvert la vente, ce qui cause un préjudice considérable auxdits Habitans qui sont obligés de les acheter de la seconde main, à un plus haut prix; à quoi étant nécessaire de remédier, nous avons annullé la vente faite en gros par ledit Capitaine Nadreau; ordonnons qu'il ouvrira la vente de ses Negres auxdits Habitans pendant la quinzaine; faisons très-expresses inhibitions et défenses aux Capitaines des Vaisseaux Negriers qui viendront en cette Colonie, de vendre en gros leurs Cargaisons, et à toutes personnes de les acheter en gros, qu'après que la vente en aura été ouverte, en détail, pendant quinze jours aux Habisans, à peine de 1500 l. d'amende, tant contre les Capitaines, que contre les Acheteurs, applicable aux réparations des maisons de la Colonie; enjoignons aux Commandans des quartiers et aux Juges des lieux, de tenir la main chacun en droit soi, à l'exécution de la présente Ordonnance qui sera enregistrée aux Greffes des Conseils Supérieurs de cette Isle, et Jurisdictions en ressortissantes, lue et publiée, etc. DONNÉ à Léogane.

R. au Conseil de Léogane, le 5 Juillet 1717.

Et à celui du Cap, le lendemain.

ARRÊT du Conseil du Cap, qui accorde pour Femme au Bourreau, une Negresse condamnée à être pendue pour vol.

Du 8 Juin 1717.

LE CONSEIL, attendu l'humble demande de l'Exécuteur de la Haute-Justice de ce lieu, qui demande la Negresse Catherine pour Femme, a commué la peine de mort d'icelle en celle d'être Femme dudit Exécuteur de la Haute-Justice, et qu'elle sera mariée avant de sortir de prison, et faute par elle de consentir audit Mariage, l'Arrêt, ci-devant rendu contre elle, sera mis en exécution, et renvoie ledit Conseil l'exécution du tout par devant le Juge ordinaire du Cap.

Ces sortes de Mariages ont ordinairement lieu aux Colonies.

DÉCLARATION du Roi, qui attribue la connoissance des affaires de la Compagnie de Saint-Domingue aux Officiers de l'Amirauté générale de France au Siege de la Table de Marbre à Paris, dérogeant à cet effet aux Lettres-Patentes du mois de Juillet précédent, attendu qu'il s'agit d'affaires du Commerce Maritime.

Du 22 Juin 1717.

R. au Parlement de Paris, le 23 Juillet suivant.

ORDONNANCE des Administrateurs, pour défendre le Port d'Armes aux Esclaves.

Du 1er Juillet 1717.

LE Marquis de Chateaumorant, etc.

Jean-Jacques Mithon, etc.

Sur ce qui nous est revenu, que les Esclaves se servent de couteaux, droits et pointus, vulgairement appellés *Couteaux Flamands*; et qu'au mépris

mépris des Ordonnances à ce sujet rendues, les Marchands continuent à leur vendre de ces sortes de Couteaux, et les Maîtres souffrent que leurs Esclaves s'en servent; et comme cet abus est très-préjudiciable, et pourroit tirer à des conséquences très-fâcheuses, nous en renouvellant, en tant que besoin seroit, les Ordonnances ci-devant rendues au sujet des armes, dont le port est défendu; faisons très-expresses inhibitions et défenses à tous Esclaves de se servir, sous quelque prétexte que ce soit, d'aucuns Couteaux droits ou Flamands, à peine d'être attachés au carcan pendant quatre heures, et du fouet en cas de récidive; enjoignons aux Maitres desdits Esclaves de leur faire ôter, dans la huitaine de la publication des Présentes, tous les Couteaux Flamands et autres armes offensives et défensives, dont ils pourroient être munis, à peine de dix livres d'amende contre ceux dont les Esclaves se trouveront munis de pareils Couteaux ou autres instrumens défendus par les Ordonnances; défendons aux Marchands, sous peine de 100 liv. d'amende, de vendre ni débiter aucuns desdits Couteaux ou armes défendus; mandons à tous les Habitans et aux Grands Prévôts de faire faire régulierement les visites ordonnées dans les Cases des Negres Esclaves, et de leur ôter toutes les armes offensives et défensives dont ils se trouveront munis, à la réserve toutefois des armes que les Maîtres donneront à leurs Esclaves affidés ou Commandeurs, pour la défense de leurs Cases à Negres, et la garde de leurs bestiaux et vives contre les insultes des Negres Marons; et sera la présente Ordonnance, lue, publiée et affichée par tout où besoin sera, à ce que personne n'en ignore, et enregistrée aux Greffes des Conseils Souverains de cette Isle, et des Jurisdictions en ressortissantes, etc.

R. au Conseil de Léogane, le 5 Juillet 1717.

ORDONNANCE *des Administrateurs, pour enterrer, dans les lieux qu'ils indiquent, les Matelots morts de Maladie contagieuse.*

Du 15 Juillet 1717.

Le Marquis de Chateaumorant, etc.

Jean-Jacques Mithon, etc.

Les Equipages des Vaisseaux qui sont dans les rades de cette Isle, étant continuellement attaqués de maladie dont plusieurs Matelots meurent, lesquels on enterre dans le Cimetiere ordinaire des Parroisses de cette Isle, et comme plusieurs d'entre eux meurent de maladies contagieuses, qui pourroient se communiquer aux Habitans si l'on continuoit de les inhumer dans les Cimetieres ordinaires; Nous, en conséquence de la Déclaration du Roi, du 25 Juillet 1708, avons ordonné et ordonnons que les Matelots et autres personnes, de quelques qualités et conditions qu'elles soient, qui mourront dans cette Isle, attaqués de quelques maladies contagieuses, seront inhumés sans cérémonie; savoir, à Léogane, dans le Cimetiere de l'ancienne Paroisse de la Pointe, dans des fosses qui auront au moins six pieds de profondeur, et à l'égard des autres quartiers de cette Isle, dans les endroits qui seront indiqués par les Gouverneurs, Lieutenans de Roi ou Commandans, et seront l'Extrait de la Déclaration du Roi, et la présente Ordonnance, lus, publiés et affichés par tout où besoin sera, etc. DONNÉ à Léogane, ect.

Signé CHATEAUMORANT et MITHON.

SERMENT du Conseil de Léogane, prêté entre les mains de M. le Marquis DE CHATEAUMORANT, Gouverneur-Général.

Du 21 Juillet 1717.

LE Conseil Souverain de Léogane étant assemblé en la Chambre ordinaire où est entré et a pris séance M. le Marquis de Chateaumorant, Chef d'Escadre des Armées Navales de Sa Majesté et Gouverneur-Général de l'Isle de la Tortue, et Côte Saint-Domingue, et a dit qu'il demandoit au Conseil de prêter le serment de fidélité à Sa Majesté entre ses mains, suivant l'ordre qu'il en avoit du Roi; sur quoi la matiere mise en délibération, et ouï sur ce le Procureur-Général du Roi en ses conclusions verbales.

Le Conseil a dit que dans le cœur il avoit toujours conservé pour le Roi les sentimens de fidélité et de respect dûs à Sa Majesté, avec la plus profonde soumission, dont il étoit prêt de donner de nouvelles marques par un serment authentique, et en conséquence a nommé M. Marges, Conseiller, Sous-Doyen dudit Conseil, pour prêter le serment entre les mains de mondit sieur le Marquis de Chateaumorant dans la forme qui suit.

Monsieur, nous jurons le Saint Nom de Dieu, et promettons à Sa Majesté que nous lui serons toujours fidels Sujets et Serviteurs; que nous procurerons son service et le bien de l'Etat de tout notre pouvoir; que nous ne nous trouverons en aucun dessein, conseil ni entreprise au préjudice d'iceux, et que s'il en vient quelque chose à notre connoissance, nous le ferons savoir à Sa Majesté; ainsi nous soit Dieu en aide et ses Saints Evangiles.

Et ordonne que la présente Délibération et acte de serment, seront enregistrés dans le Registre des Délibérations de la Cour; ce qui a été fait à l'instant, etc.

ORDONNANCE du Commandant au Cap, qui défend à d'autres qu'à des Propriétaires de Canots d'en prendre pour aller à Limonade, au Trou et à Jaquezy, et enjoint de se servir des Passagers qui ont le Privilege exclusif de ce transport.

Du 26 Juillet 1717.

A M. de Chatenoye, etc.

Raoul, Capitaine de ce Port, a l'honneur de vous prier, Monsieur, suivant l'ordre qu'il a eu de M. de Chateaumorant pour les passages de Limonade, Trou et Jacquesy; l'ayant loué au nomme Fouquet pour passer et repasser les Habitans avec leurs marchandises et bagages; ils louent des Pirogues et Canots des autres Habitans voisins pour passer leurs meubles et autres choses, ce qui est défendu par ordre de M. le Général, en date du 20 Janvier 1717; ce qui fait un tort considérable au sieur Fouquet, ne pouvant être permis qu'à ceux à qui appartiennent les Canots et Pirogues et non à d'autres, attendu qu'il y a un passage exprès qui coûte à entretenir considérablement: Il vous plaise, Monsieur, de vouloir ordonner et faire défenses, à qui que ce soit, de prêter ni louer lesdits Pirogues ni Canots, réservant aux Propriétaires seulement à s'en servir, sous peine de payer lesdits droits de passages et à l'amende; vous priant, Monsieur, que la présente Ordonnance soit lue et publiée à la porte des Eglises, où besoin est, etc. Soit fait ainsi qu'il est requis, le 26 Juillet 1717. *Signé* CHASTENOYE.

R. au Siege Royal du Cap, le lendemain 27.

Lettre du Conseil de Marine à M. le Marquis de Chateaumorant, *sur le titre de Monseigneur par lui exigé des Conseils, et le bruit répandu qu'il exigeoit chez lui une Garde d'Habitans.*

Du 26 Juillet 1717.

Le Conseil a vu ce que vous avez marqué au sujet du titre *de Monseigneur*, que vous prétendez que que les Conseils Supérieurs de Saint-Domingue vous doivent donner, vous fondant en cela sur ce qui se pratique en Canada et à la Martinique.

Le Conseil s'est fait rendre compte de ce qui se pratique à ces deux endroits, et il a été informé qu'on n'y donnoit point le titre *de Monseigneur* au Gouverneur-Général, ainsi les Conseils Supérieurs de Saint-Domingue ne vous doivent point ce titre et vous ne devez point l'exiger d'eux.

Il a couru un bruit ici que vous faisiez monter une Garde d'Habitans chez vous; le Conseil a de la peine à le croire, étant persuadé que vous cherchez à soulager l'Habitant en tout, et cette Garde paroissant inutile en temps de paix. Il souhaite, en cas que ce que l'on dit sur ce sujet soit vrai, que vous cessiez de la faire monter; ce sera un moyen de vous attirer encore davantage l'amitié des peuples qu'il faut toujours joindre à l'autorité que les Places donnent.

Déclaration du Roi, qui dispense de publier aux Prônes ni pendant l'Office Divin les Actes de Justice, et autres, excepté l'Edit de Henri II, *contre les Femmes qui cachent leur Grossesse.*

Du 2 Août 1717.

Louis, etc. Salut. Le feu Roi notre très-honoré Seigneur et Bisayeul, voulant procurer que le Service Divin fût célébré avec toute la décence et dignité possibles, a dispensé par l'Article XXXII de son Edit du mois d'Avril 1695, concernant la Juridiction Ecclésiastique, les Curés, leurs Vicaires, et autres Ecclésiastiques, de publier aux Prônes ni pendant l'Office Divin, les Actes de Justice et autres qui regardent l'intérêt particuliers de nos Sujets, et par la Déclaration du 16 Décembre 1698, il a ordonné que cet Article auroit lieu même à l'égard de nos propres intérêts; et comme nous avons été informés que ledit Article XXXII de l'Edit du mois d'Avril 1695, et la Déclaration du 16 Décembre 1698, ne sont point exécutés dans toutes les Colonies soumises à notre obéissance, nous avons estimé nécessaire d'y pourvoir en ordonnant en même temps que conformément à notre Déclaration du 25 Février 1556, qui établit peine de mort contre les Femmes qui cachent leur grossesse, et laissent périr leurs enfans, soit publiée tous les trois mois aux Prônes des Paroisses : A CES CAUSES, etc. voulons et nous plaît, que dans toutes les Colonies soumises à notre obéissance, les Curés, les Vicaires, et autres Ecclésiastiques Séculiers et Réguliers faisant les fonctions Curiales, soient dispensés, comme par ces Présentes nous les dispensons de publier aux Prônes ni pendant l'Office Divin, les Actes de Justice, et autres qui regardent l'intérêt particulier de nos Sujets, ni même ce qui regarde nos propres affaires, excepté cependant l'Edit du Roi Henri II, du mois de Février 1556, qui établit peine de mort contre les Femmes qui cachent leur grossesse et laissent périr leurs enfans, lequel sera exécuté selon sa forme et teneur, et publié de trois mois en trois mois aux Prônes des Messes Paroissiales : enjoignons aux publications des Curés, Vicaires, et autres faisant les fonctions Curiales, d'en faire mention, et d'en envoyer un certificat signé d'eux, à nos Procureurs des Juridictions, dans lesquelles leurs Paroisses sont situées, à peine d'y être contraints par saisie de leur temporel, à la requête de nos Procureurs-Généraux en nos Conseils Supérieurs : voulons que les publications des Actes de Justice, et autres qui regardent l'intérêt particulier de nos Sujets, soient faits par les Huissiers, Sergens, ou Notaires, à l'issue des Grand'Messes, avec les affiches qui en seront par eux portées aux grandes portes des Eglises, soient de pareille force et valeur, même pour les décrets, que si lesdites publications avoient été faites auxdits Prônes; et qu'à l'égard de ce qui regarde nos propres affaires, les publications soient faites seulement à l'issue de la Messe de Paroisse par les Officiers qui en seront chargés, et soient de même effet et teneur que si elles étoient faites aux Prônes desdites Messes, nonobstant tous Edits, Déclarations et Coutumes à ce contraires, auxquelles nous avons dérogé et dérogeons à cet égard par ces présentes. Si donnons en mandement à nos amés et féaux les gens tenant nos Conseils Supérieurs de l'Amérique, ect.

R. au Conseil du Cap, le 6 Avril 1718.

Et à celui de Léogane, le 2 Mai suivant.

DÉCLARATION du Roi, pour la conservation des Minutes des Notaires dans les Colonies Françoises.

Du 2 Août 1717.

LOUIS, etc. SALUT. La conservation des Minutes des Actes et Contrats qui sont passés pardevant Notaires, étant d'une importance extrême pour assurer la bien et le repos des Familles, l'Article LXXXIII de l'Ordonnance d'Orléans, a obligé tous les Notaires d'enregistrer leurs Notes et Minutes, et de signer leurs Registres; cet Article veut aussi qu'après le décès d'un Notaire, inventaire soit fait par le Juge ordinaire des lieux des Registres et Protocoles du décédé, et qu'ils soient mis aux Greffes pour y être grossoyés, signés et délivrés par le Greffier aux Parties qui les requéreront, moyennant salaire comptant, dont moitié demeurera au Greffier, et l'autre moitié sera délivrée à l'Héritier ou Héritiers du décédé; mais ayant été informés que cette Ordonnance n'est point exécutée dans les Colonies soumises à notre obéissance, où les Notaires n'étant point érigés en Charge, il arrive souvent que des Minutes et Protocoles des Notaires décédés ne sont point enregistrés, ni même attachés ensemble, et que restant entre les mains d'Héritiers, quelquefois inconnus aux Parties intéressées, elles ne savent à qui s'adresser pour en avoir des expéditions; et quand ces Héritiers les leur ont indiquées, outre qu'elles sont en mauvais ordre, il s'en trouve souvent de soustraites, ou perdues; un pareil abus pouvant causer de grands désordres dans les affaires, nous avons estimé nécessaire d'y pourvoir: A CES CAUSES, etc. voulons et nous plaît ce qui suit:

ART. Ier. Du jour de la publication des Présentes, tous les Notaires, tant Royaux, que des Seigneuries, établis dans les Colonies soumises à notre obéissance, seront tenus de lier ensemble par ordre d'année et de date les Minutes et tous les Actes et Contrats qui auront été passés pardevant eux dans les années précédentes, et celle de la publication des Présentes, de distinguer les Minutes année par année, et de mettre chaque année séparément dans un carton ou papier double en maniere de registre, sur le dos duquel ils coteront l'année.

ART. II. Ils seront aussi tenus de lier ensemble par ordre de date les Minutes des Actes et Contrats qui seront par eux passés pendant le cours de chaque année à fur et mesure que les Actes auront été passés, et de mettre lesdites Minutes ainsi liées dans un carton ou papier double comme dit est, sur le dos duquel ils coteront pareillement l'année.

Art. III. Les Procureurs du Roi des Juridictions ordinaires et les Procureurs-Fiscaux des Justices Seigneuriales, seront tenus de se transporter sans frais dans l'Etude de chaque Notaire de leur district trois mois après la publication des Présentes, pour visiter les Minutes de toutes les années qui auront précédé celle de ladite publication, et voir si les Notaires auront exécuté ce qui est prescrit par le premier Article des Présentes.

Art. IV. Ils seront aussi tenus de s'y transporter sans frais dans les trois premiers mois de chaque année, pour visiter les Minutes de l'année précédente, et voir si les Notaires auront exécuté le second Article des Présentes, et conservé leurs Minutes des années antérieures en bon et dû état.

Art. V. Ils dresseront des Procès-verbaux sans frais de l'état où ils auront trouvé les Minutes des Notaires de leur district, et seront tenus d'envoyer lesdits Procès-verbaux dans les trois mois de leur date au Procureur-Général du Roi du Conseil Supérieur dans le ressort duquel ils seront, pour en être fait rapport audit Conseil par ledit Procureur-Général, et sur icelui, ordonné par Arrêt que lesdits Procès-verbaux demeureront au Greffe dudit Conseil, et en outre fait droit à qui il appartiendra.

Art. VI. Les Notaires qui n'auront pas satisfait aux deux premiers Articles des Présentes, seront condamnés par ledit Conseil Supérieur à une amende arbitraire, qui ne pourra cependant excéder 6 livres pour la premiere fois, et à plus grande peine, même interdits en cas de récidive.

Art. VII. Incontinent après la publication des Présentes, les Juges ordinaires des lieux, à la requête des Procureurs du Roi de leurs Juridictions; et les Juges des Justices Seigneuriales, à la requête des Procureurs-Fiscaux desdites Justices, seront tenus de se transporter sans frais aux domiciles des Héritiers des Notaires décédés dans leur district, ou de ceux qui se seront démis de l'emploi de Notaire avant la publication des Présentes, pour se faire représenter les Minutes et Protocoles des défunts, ou de ceux qui se seront démis, desquels ils feront inventaire sans frais, feront délivrer gratis une expédition dudit inventaire aux Héritiers des Notaires décédés, ou à ceux qui se seront démis dudit emploi, après lequel inventaire ils feront lier ensemble lesdites Minutes et Protocoles par ordre d'année et de date par leur Greffier, comme il est dit ci-devant, et ensuite déposer en leurs Greffes.

Art. VIII. Lesdits Juges seront encore tenus de se transporter sans délais ni sans frais à la même requête aux domiciles des Notaires qui décéderont dans leur district, ou qui se démettront de leur emploi après la publication des Présentes, y feront inventaire sans frais de leurs Minutes et Protocoles, duquel inventaire ils feront délivrer gratis une expédition aux Héritiers, comme il est dit à l'Article ci-devant; et feront ensuite déposer lesdites Minutes et Protocoles en leur Greffe.

Art. IX. Lesdits Procureurs du Roi, et Procureurs-Fiscaux, envoyeront audit Procureur-Général dans les trois mois de leur date les Procès-verbaux du transport des Juges aux domiciles des Héritiers des Notaires décédés, ou de ceux qui se seront démis de leur emploi avant la publication des Présentes, ou aux domiciles des Notaires décédés, ou qui se seront démis depuis ladite publication, ensemble une expédition de l'inventaire qu'ils auront fait des Minutes et Protocoles trouvés chez les Notaires, pour en être de même fait rapport audit Conseil Supérieur par ledit Procureur-Général, et sur icelui, ordonné par Arrêt que lesdits Procès-verbaux et expéditions d'inventaire demeureront au Greffe dudit Conseil, et en outre fait droit à qui il appartiendra.

Art. X. Enjoignons à tous nos Sujets desdites Colonies qui auront des Minutes de Notaires de les rapporter aux Juges de leurs domiciles, quinzaine après la publication des présentes, pour en être sur le champ fait inventaire, duquel il leur sera délivré sur le champ une expédition gratis, et être ensuite déposé au Greffe; et faute par eux de les rapporter, permettons aux Procureurs du Roi et Fiscaux d'en faire et faire faire toutes les perquisitions nécessaires, le tout aussi sans frais.

Art. XI. Les Greffiers qui seront dépositaires desdites Minutes et Protocoles, seront tenus de donner pendant cinq ans, à compter du jour de l'inventaire desdites Minutes et Protocoles, à l'Héritier ou Héritiers des Notaires décédés, ou à ceux qui se seront démis de leur emploi ou à leurs Héritiers, la moitié des salaires qu'ils recevront pour les grosses et expéditions des Actes et Contrats qu'ils pourront signer et délivrer aux Parties qui le requéreront, desquelles grosses et expéditions ils seront tenus de tenir un état année par année, où sera fait mention des sommes qu'ils auront reçues, qu'ils affirmeront véritable pardevant le Juge, et dont ils remettront moitié, comme il est dit ci-dessus, et ledit

temps

temps de cinq ans passé lesdits salaires appartiendront entièrement auxdits Greffiers. Si donnons en mandement à nos amés féaux les gens tenant nos Conseils Supérieurs à l'Amérique et aux Indes Orientales, etc. DONNÉ à Paris, le 2 Août 1717. *Signé* LOUIS, etc.

R. au Conseil du Cap, le 6 Avril 1718.

Et à celui de Léogane, le 2 Mai suivant.

ARRÊT du Conseil du Cap, qui proscrit une Cession de Lettres de Maîtrise de Chirurgie faite par le sieur BUSCAILLE *au sieur* GIRAUD, *et condamne l'un et l'autre en l'amende; le premier pour avoir cédé son Titre, et le second pour avoir exercé sans avoir été reçu suivant les Réglemens.*

Du 2 Août 1717.

ARRÊTÉ du Conseil de Léogane, touchant un Armement pour détruire des Forbans.

Du 2 Août 1717.

LE Conseil extraordinairement assemblé, M. le Marquis de Chateaumorant a dit qu'il avoit fait convoquer l'Assemblée pour délibérer des moyens qui conviendroient pour chasser et détruire les Forbans qui obsedent cette Côte, et qui depuis peu ont brûlé *la Marie Louise* de Saint-Malo, sortant de la Rade de ce Quartier pour aller à Saint-Louis, et pris deux Bateaux et trois Canots, qu'ils ont aussi brûlés; et que par le rapport des Officiers, Matelots qu'ils ont renvoyés, il a appris qu'ils ont projetté de bloquer cette Isle; qu'à cet effet ils ont disposé deux Bateaux sortis de la Providence, qui croisent actuellement sur nos Côtes, qu'il auroit conjointement avec M. Mithon, le 31 du mois dernier, assemblé les Capitaines des Vaisseaux Marchands qui sont actuellement en Rade pour leur représenter le tort que leur causeroit ces Forbans, si on ne les chassoit d'ici, et qu'étant autant intéressés que la Colonie à les chasser, il étoit aussi juste qu'ils contribuassent à la dépense nécessaire pour cela; et que les Capitaines Marchands ayant connu l'équité de la demande de ces Messieurs, ils seroient unanimement convenus de fournir 8000 l.

pour cette expédition, laquelle a été répartie entr'eux dans l'Assemblée qu'ils ont tenue à ce sujet le jourd'hier chez M. Mithon, et qu'à présent il ne restoit plus qu'à demander au Conseil de délibérer sur les moyens les plus convenables pour lever sur la Colonie les deniers qu'il conviendra pour parfaire la somme nécessaire pour l'armement des Bâtimens convenables à cette expédition; pourquoi il demande qu'il soit tout présentement délibéré : l'affaire mise en délibération, et vu les propositions faites par MM. de Chateaumorant et Mithon auxdits Capitaines Marchands, du 31 Juillet dernier, les répartitions faites en conséquence du jourd'hier; et ouï sur ce M. Durand Beauval, Conseiller du Roi audit Conseil, pour et en l'absence du Procureur-Général du Roi, il a été dit qu'il seroit pris par forme d'emprunt la somme de 10,000 liv. seulement sur les deniers saisis et arrêtés par forme de représailles sur un Bateau Espagnol, par l'ordre de M. le Marquis de Chateaumorant; à l'effet de quoi le dépositaire desdits deniers sera contraint de délivrer ladite somme sur les Ordonnances, qui lui seront à cet effet expédiées par M. Mithon; et quand l'armement sera fini, et toutes les dépenses payées sur l'état et compte qui en sera rapporté à l'Assemblée, il sera délibéré des moyens de répartition sur la Colonie pour le remboursement d'icelle; et que cependant la présente Délibération sera communiquée au Conseil du Cap, et qu'il sera demandé aux Capitaines Marchands, actuellement en Rade au Cap, et autres Ports de cette Colonie, de contribuer audit armement.

V. l'Arrêt du Conseil du Cap, du 19.

ORDONNANCE du Roi, touchant les Bancs des Majors dans les Eglises & la présentation du Pain-Béni.

Du 3 Août 1717.

DE PAR LE ROI.

SA MAJESTÉ s'étant fait représenter le Réglement du 30 Novembre 1713, et estimant juste de donner aux Majors de l'Isle de S. Domingue les honneurs dans les Eglises, par rapport aux rangs et séances qu'ils ont dans les Conseils Supérieurs de ladite Isle, Sa Majesté, de l'avis de M. le Duc d'Orléans, Régent, veut et entend que les Majors de ladite

Isle de Saint-Domingue aient dans les Eglises leur banc placé directement après ceux des Lieutenans de Roi et du même côté, et que le Pain-Béni leur soit porté dans ledit banc après lesdits Lieutenans de Roi et avant les Conseillers; mande et ordonne Sa Majesté au sieur Marquis de Chateaumorant, Gouverneur et Lieutenant-Général en l'Isle de Saint-Domingue, et au sieur Mithon, Commissaire-Général et Ordonnateur en ladite Isle, de tenir la main à l'exécution de la présente Ordonnance, et à tous autres ses Officiers de s'y conformer, nonobstant ce qui est porté par ledit Réglement du 30 Novembre 1713; veut Sa Majesté que la présente Ordonnance soit enregistrée aux Conseils Supérieurs de Léogane et du Cap, lue et publiée, à ce que personne n'en ignore, etc.

R. au Conseil de Léogane, le 28 Mars 1718.

Et à celui du Cap, le 6 Août 1731.

ORDONNANCE des Administrateurs, touchant les Effets de Gens morts dans un Hôpital établi par le Curé du Cap.

Du 13 Août 1717.

VU la Requête du Suppliant en sa qualité de Curateur aux successions vacantes et celle présentée au Juge du Cap, pour l'apposition des scellés sur les effets délaissés par feu sieur Cabot, Entrepreneur des Ouvrages de la nouvelle Eglise, mort ab intestat, et qu'inventaire en fût fait pour les remettre audit Suppliant en sadite qualité; l'Ordonnance dudit sieur Juge pour l'apposition desdits scellés, en présence du Procureur du Roi; réponse faite par le P. Boutin, Curé du Cap, nanti desdits effets, alléguant qu'au défaut de l'Hôpital qu'on avoit démoli dans la ville du Cap, voyant les malades couchés dans les rues (ne pouvant être reçus à l'Hôpital des Religieux de la Charité, à raison de la qualité de leurs maladies), il se crut obligé de rétablir ledit Hôpital de la Ville; qu'il auroit depuis ce tems fait soigner nombre de malades, dont il a sauvé plusieurs de la mort, qui aujourd'hui sont utiles à la Colonie; que ledit Cabot n'ayant pas de quoi payer l'auberge où il étoit malade, le pria de prendre soin de lui; qu'il logea ledit Cabot dans le clocher qu'il a fait bâtir, où il a pratiqué trois chambres; qu'il lui fit fournir tout ce qui lui étoit nécessaire comme aux autres pauvres; qu'étant mort, il a fait comme pour tous les autres, c'est-à-dire, qu'il auroit distribué ses hardes et tout ce qu'il avoit apporté audit Hôpital, aux pauvres gens à qui il doit; qu'il n'en peut rendre aucun compte, n'ayant pas cru qu'en se chargeant dudit Hôpital, la Justice lui redemande ce que les pauvres gens y apportent avec eux, puisque l'usage universel qu'il a vu pratiquer en France et ici jusqu'à ce jour, est que ce qui entre à l'Hôpital est censé donné et livré par ceux qui y décèdent, s'ils n'en disposent autrement avant leur mort; que, si l'on prétend qu'il a fait une faute et qu'on veuille en ordonner autrement, il déclare qu'il renvoie sur le champ les pauvres qu'il a en nombre dans ledit Hôpital et en ferme la porte; qu'il est prêt à rendre compte de tout ce qu'il a reçu et dépensé pour ledit Hôpital en général, mais non pour chaque pauvre en particulier, les soins de la Paroisse ne lui permettent pas; ladite réponse en date du 6 Juillet dernier procès-verbal de trransport; du Juge accompagné du Procureur du Roi et du Greffier de ladite Jurisdiction, pour procéder à l'inventaire dudit Cabot, et voulant procéder audit inventaire, auroit demandé au P. Boutin de représenter les effets, ce qu'il a refusé par une réponse par écrit signée du même jour; sur quoi ledit Juge faisant droit à la réquisition dudit Procureur du Roi, a ordonné que le P. Boutin communiquera copie de l'institution et privilége dudit Hôpital, pour le tout joint ensemble nous être envoyé, et être ordonné sur ce, ce qu'il appartiendra, dont il a été donné Acte, tant audit Procureur du Roi, qu'audit Curateur aux Successions vacantes; le tout considéré, nous disons que ledit Hôpital dudit Pere Boutin n'est muni d'aucune institution, ni privilege, n'y en ayant qu'un au Cap, fondé par le Roi, et déservi par les PP. de la Charité, capable de contenir les malades dudit lieu, que les hardes et l'argent des malades qui sont reçus dans ledit Hôpital, comme dans tous ceux du Royaume, doivent être rendus aux malades quand ils en sortent; et en cas de mort, doivent être remis aux Héritiers ou Créanciers, ainsi qu'il est porté par l'Article VII, Titre III du Livre 20 de l'Ordonnance de la Marine; en conséquence ordonnons que les scellés seront apposés sur les effets des malades qui mourront dans l'Hôpital dudit Pere Boutin, comme dans tous les autres, pour en tenir compte auxdits Héritiers ou Créanciers; et cependant la probité dudit Pere Boutin, qui a distribué les hardes et effets dudit Cabot, nous étant connue, l'avons déchargé et déchargeons d'en rendre aucun compte pour cette fois seulement, et sans tirer à conséquence pour l'avenir; enjoignons au sieur Juge du Cap, et au

Procureur du Roi, de tenir la main à l'exécution de notre Ordonnance. A Léogane, etc.

R. au Conseil du Cap, le 16 Septembre 1717.

L'Hôpital dont le Pere Boutin prenoit soin étoit dans le même terrein que celui dont il est question dans l'Ordonnance du 27 Décembre 1703, et qui a servi à l'Etablissement des Religieuses du Cap, provoqué par ce Religieux Jésuite.

ORDONNANCE des Administrateurs portant Etablissement d'un Grand Prevôt de la partie du Nord, & Reglement sur ses Droits & ses Fonctions.

Du 14 Août 1717.

LE Marquis de Chateaumorant, etc.

Jean-Jacques Mithon, etc.

Les désordres des Negres marrons qui s'augmentent tous les jours dans les Quartiers du Cap et dépendance, et causent aux Habitans de grands préjudices par leurs Etablissemens qu'ils font dans les Montagnes dont les suites peuvent tirer à conséquence, nous obligent de chercher tous les moyens de les détruire pour procurer aux habitans la tranquillité dans leurs travaux et la sûreté à leurs quartiers; nous avons estimé à propos de choisir promptement une personne capable pour commander tous les détachemens qui seront faits à l'encontre desdits Negres, et sur la connoissance que nous avons de la fermeté, vigilance et capacité du sieur Vidant, qui nous en a donné des preuves dans la derniere chasse qui s'est faite, où il servit sous le commandement du sieur Dubois, nous avons établi et établissons le sieur Vidant grand Prevôt du Quartier du Cap et dépendances, auquel nous donnons rang de Capitaine de Milice, lui donnons pouvoir en cette qualité de commander tous les Détachemens qui seront faits à la poursuite desdits Negres; et pour que ledit sieur Vidant soit toujours en état de courir sur les Negres marons, nous ordonnons qu'il sera fait incessamment une Compagnie de vingt-cinq bons hommes, qu'il choisira lui-même, dont il sera le Capitaine et le Chef, lesquels seront exempts de garde en tous temps et autres corvées publiques, à l'exception des pensions curiales, de la levée des deniers publics et de l'entretien de leurs chemins particuliers; ordonnons audit sieur Vidant, en sadite qualité; de poursuivre tous les Negres marons dans tous les endroits où ils pourront se réfugier, de les faire saisir et arrêter en tous tems et en tous lieux, même sur les habitations, sans être tenus d'en donner avis aux Maîtres, s'il le juge à propos; de tirer et faire tirer dessus en cas de résistance, sauf à être pourvu aux payemens des Negres tués, ainsi qu'il s'est pratiqué jusqu'à présent, de brûler et détruire tous les Etablissemens qui se trouveront faits par lesdits Negres marons, et de conduire dans les prisons tous ceux qu'il aura arrêtés dont la capture, lui sera payée par les Maîtres desdits Negres, sur la premiere demande; pour les sommes en provenant, ainsi que ce qui reviendra du pillage faits sur lesdits Negres marons, être partagé entre ledit sieur Vidant et ceux qui auront fait la chasse, dont ledit sieur Vidant aura deux parts; attribuons en outre audit sieur Vidant 1000 livres de gages pour chacune année à prendre sur les deniers publics, dont il lui sera délivré des ordonnances par nous Commissaire susdit, ou par notre Subdélégué audit lieu du Cap; et sur ce que nous avons été informés que les Negres esclaves voloient les chevaux des Habitans, et que plusieurs d'entr'eux portoient des armes et bangalas, nous ordonnons aux Habitans de donner des billets aux Negres qu'ils enverront à cheval pour leurs affaires particulieres, et audit sieur Vidant et sa Compagnie d'arrêter tous les Negres qu'ils trouveront à cheval sans billet de leurs Maîtres, et de les faire conduire en prison, ainsi que ceux qu'ils trouveront avoir des armes, ou des bangalas, dont chaque Maître desdits Negres sera tenu de lui payer une piastre par tête; défendons à tous Habitans de souffrir aucun de leurs Negres avoir des chevaux en leurs propres; ordonnons qu'ils seront tués ou vendus à la porte des Eglises, pour les deniers en être remis au sieur Vidant et partagés comme dit est; et sera la présente Commission et Ordonnance enregistrée aux Greffes des Jurisdictions ressortissantes du Conseil du Cap, publiée et affichée partout où besoin sera. Donné à Léogane, etc. *Signés* CHATEAUMORANT, MITHON, etc.

R. au Siége Royal du Cap, le 21 Septembre 1717.

ARRÊT du Conseil du Cap, portant Imposition pour un Armement contre les Forbans.

Du 19 Août 1717.

LE Conseil supérieur du Cap étant extraordinairement assemblé dans le lieu ordinaire des Séances, pour délibérer conjointement avec MM. le Marquis de Chateaumorant, Gouverneur et Lieutenant Général de cette Isle, et Mithon, Intendant, et le Conseil Supérieur de Léogane, au sujet de l'armement de deux Frégates pour courir sur les Forbans qui infectent cette côte; après avoir pris lecture des résolutions prises par mesdits sieurs de Châteaumorant, Mithon et Officiers Majors de Léogane, conjointement avec le Conseil dudit lieu, assemblé extraordinairement à ce sujet, ledit Conseil s'est conformé auxdites Résolutions de celui de Léogane, et a délibéré la même chose pour le Quartier du Cap, pour sortir son plein et entier effet dans tous les Quartiers de son ressort; et voulant statuer pour la levée de ladite Contribution desdits Habitans, a dit qu'elle seroit prise par forme de Capitation sur tous les Negres, tant grands que petits, vieux et infirmes, sans aucunes exemptions des personnes privilégiées, même des PP. Jésuites et de l'Hôpital; enjoint ledit Conseil aux Marguilliers des Paroisses d'ajouter aux listes des Droits Curiaux l'imposition extraordinaire de cette dépense sur chaque tête de Negres de leurs Paroissiens, et d'en faire la levée en la maniere accoutumée sur les ordres particuliers qu'ils en recevront de MM. les Conseillers de leur Paroisse, ou en ayant le département, qui en régleront la Capitation suivant la force de chaque Paroisse, pour lesdits deniers en provenans être rapportés par lesdits Marguilliers à la Caisse de ce Quartier, qui leur en fournira bonne et valable décharge; et à l'égard de la contribution que le Commerce d'ici doit faire pour la dépense dudit armement desdites deux Frégates, ledit Conseil, après avoir pris la lecture de la Délibération que les Marchands et Commissionnaires de ce lieu ont faite, le 17 du présent mois, chez M. de Chastenoye, qui les a fait assembler, laquelle dite Délibération auroit seulement offert au nom du Commerce pour la cause commune, la somme de 4000 liv. attendu la modicité de cette taxe, et qu'elle ne pourroit pas suffire auxdites dépenses dudit armement : LE CONSEIL a ordonné qu'elle seroit portée, conformément à celle du Commerce de Léogane, à la somme de

8,000 liv. étant aussi intéressé que celui de Léogane, et plus fort, laquelle sera répartie sur chaque Vaisseau actuellement en Rade, à proportion de la force desdits Vaisseaux, et de la traite qu'ils font ici par le sieur Beaujeau, qu'ils ont ci-devant nommé pour cette fonction en présence de M. Philippe de Boismorant, Commissaire dénommé par le Conseil, et à laquelle assisteront lesdits Capitaines et Facteurs intéressés, bien et duement appellés, sinon sera passé outre, tant en leur présence qu'absence; ordonne ledit Conseil que la présente imposition sera réputée grosse avarie, et que le présent Arrêt sera lu et publié par-tout où besoin sera, afin que personne n'en prétende cause d'ignorance.

La répartition qui eut lieu sur 22 Navires, le 23 du même mois d'Août fut registrée au Conseil du Cap le lendemain.

ORDONNANCE des Administrateurs, qui défend aux Arpenteurs d'arpenter des Terreins non concédés en forme.

Du 19 Août 1717.

Le Marquis de Chateaumorant, ect,

Jean-Jacques Mithon, etc,

Faisons défenses à l'avenir aux Arpenteurs de faire des Procès-verbaux d'arpentage sur des terreins en vertu de simple permission des Commandans, ni de planter des bornes, à moins que les Parties ne soient fondées de concessions en forme; réitérons, en temps que de besoin, la défense par nous faite aux Arpenteurs par notre Ordonnance du 28 Juin dernier, de donner autres bornes que celles portées par nos Concessions, qu'au préalable leurs Procès-verbaux contenant quelques changemens ne soient approuvés par le Commandant et Commissaire Subdélégué.

Ordonnons auxdits Arpenteurs d'expliquer mieux leurs opérations dans leurs Procès-verbaux, d'y marquer la quantité de pas que contiennent les côtés des figures des terres qu'ils arpentent, les rumbs de vent de chaque côté, et la superfice desdites figures dont ils seront tenus de faire un plan figuratif des lieux qu'ils joindront aux originaux desdits Procès-verbaux, et dont ils délivreront copie aux Propriétaires des terreins qu'ils auront arpentés en payant salaires raisonnables par proportion du travail dudit plan; et sera le présent Réglement enregistré au Greffe du Cap. DONNÉ à Léogane, etc.

ORDONNNACE

ORDONNANCE des Administrateurs, qui, sur la demande et les représentations des Habitans de l'Artibonite, ordonne l'Etablissement d'un Bac et d'un Péage sur la Riviere dudit Quartier.

Du 20 Août 1717.

V. l'Ordonnance du 24 Mars 1733 où celle-ci est relatée.

ORDONNANCE du Gouverneur du Cap, qui met à Prix la tête d'un Exécuteur des Hautes Œuvres.

Du 25 Août 1717.

Etienne de Chastenoye, etc.

Le nommé Joseph, ci-devant Negre du sieur Colenno, ayant été pour vol, condamné par Arrêt du Conseil Supérieur de ce lieu à être pendu, ou servir de Bourreau au Port de Paix, ce qu'il a accepté pour éviter la mort, à ce que l'on croyoit, mais seulement pour effectuer tous ses mauvais desseins avant de périr, soit par la roue, le feu, ou autrement, ainsi qu'il l'a fort bien su dire et qu'il le fait voir, puisqu'il vole, tue, viole tous les jours, pourquoi nous avons jugé nécessaire de mettre sa tête à prix, afin d'arrêter le cours des meurtres qu'il y a craindre qu'il n'ajoute encore à ceux qu'il a déja faits, d'ailleurs ledit Negre étant armé et cherchant à s'attrouper, et ayant de plus juré hautement que tôt ou tard il assassineroit son Maître et sa Maitresse, du moins suivant ce qui nous a été rapporté; pour prévenir donc l'effet des funestes et pernicieuses résolutions où sa mauvaise inclination le porte, nous avons assigné et assignons 150 liv., pour qui tuera ledit Negre, nommé Joseph, Bourreau du Port de Paix, laquelle somme sera payée à celui qui apportera sa tête, dequoi il fera sa déclaration au Greffe, pour ensuite, ladite tête, être plantée par l'Exécuteur sur un grand pieu, proche la potence, à la Place d'Armes. La présente Ordonnance sera lue et publiée par tout où il sera nécessaire, afin que personne n'en ignore, après déposée au Greffe, pour y avoir recours quand il en sera besoin. Ce 25 Août 1777. *Signé* DE CHASTENOYE.

R. au Siege Royal du Cap, le même jour.

Lettres-Patentes en forme d'Edit, portant Etablissement d'une Compagnie de Commerce, sous le nom de Compagnie d'Occident.

Du mois d'Août 1717.

ARTICLE LVI ET DERNIER.

Comme notre intention n'est point que la Protection particuliere que Nous accordons à ladite Compagnie, puisse porter aucun préjudice à nos autres Colonies, que nous voulons également favoriser; défendons à ladite Compagnie de prendre ou recevoir, sous quelque prétexte que ce soit, aucun Habitant établi dans nos Colonies, pour les transporter à la Louisianne, sans en avoir obtenu la permission par écrit de nos Gouverneurs Généraux ausdites Colonies, visée des Intendans ou Commissaires Ordonnateurs.

R. au Parlement de Paris, le 6 Septembre 1717.
Au Conseil du Cap, le 6 Avril 1718.
Et à celui de Léogane, le 2 Mars suivant.

Tous les autres Articles ne concernent que le Commerce de la Province de la Louisiane accordé à cette Compagnie exclusivement pour 25 années.

Arrêt du Conseil du Cap qui, attendu qu'un Pourvu de Commission de Procureur du Roi n'est connu de personne au Cap, le reçoit sur une Enquête faite au Port de Paix.

Du 6 Septembre 1717.

Vu par le Conseil la Requête du sieur Moreau de Beaulieu, contenant qu'il auroit été pourvu de la charge de Procureur du Roi au Siége Royal du Port de Paix, par MM. le Marquis de Chateaumorant et Mithon, et comme il est nécessaire que le Suppliant se pourvoie pardevant votre Cour pour l'installation dans sadite Charge, et qu'il n'est connu de personne au Cap qui puisse rendre un fidel rapport de sa conduite, il auroit présenté une Requête au Siége du Port de Paix pour faire une Enquête de ses vie et mœurs ; l'Enquête de vie et mœurs dudit Suppliant faite par-devant le Lieutenant du Juge dudit Port de Paix, Certificat du Révérend Pere Marin, Curé dudit lieu, du premier de ce mois; le tout vu et murement considéré, LE CONSEIL, après serment fait par ledit sieur Moreau de Beaulieu, la main levée, de bien et fidellement se comporter en Charge de Procureur du Roi dudit lieu de Port de Paix, l'a reçu et reçoit en ladite Charge, etc.

ARRÊTÉ du Conseil du Cap sur les Honneurs des Conseillers dans leurs Paroisses.

Du 9 Septembre 1717.

ENTRE M. Suhard de Clermont, Conseiller en ce Conseil, Demandeur, Comparant en personne d'une part.

Contre le sieur le Rat, Marguillier de la Paroisse de Limonade et défaillant : ouï la Partie comparante, LE CONSEIL ordonne que la plainte formée par ledit sieur Suhard de Clermont, au sujet de la contravention au Réglement de Sa Majesté, commise par les Marguilliers de sa Paroisse, ensemble ledit Reglement de Sa Majesté en date du 30 Septembre 1713, et celui de MM. le Marquis de Chateaumorant et Mithon, rendu en conformité en date du premier Avril dernier, seront envoyés à mesdits sieurs de Chateaumorant et Mithon, pour être prononcé dessus et avoir une explication plus ample sur les prétentions de MM. les Officiers du Conseil, au sujet des droits honorifiques dans les Paroisses de Campagne où il sont établis, et s'ils doivent avoir lieu pour y avoir recours à l'avenir, spécialement au sujet du Pain-Beni par préférence tant aux Officiers de Milice que Marguilliers qui le leur disputent.

ORDONNANCE des Administrateurs qui enjoint aux Capitaines Marchands qui n'auront point d'Aumônier, et qui auront des Malades, de faire avertir le Curé de la Paroisse; et lorsqu'ils auront plus de trois Malades, de les faire porter à l'Hôpital.

Du 13 Septembre 1717.

LE Marquis de Chateaumorant, etc.

Jean-Jacques Mithon, etc.

Vu la Remontrance du Procureur Général du Roi du Cap, et y ayant égard, Nous ordonnons à tous les Capitaines des Vaisseaux Marchands et autres Bâtimens, qui n'auront pas d'Aumônier dans leur Vaisseau, et qui y auront des Malades, de faire avertir le Curé de la Paroisse dudit lieu du Cap ou autres Religieux, par le Chirurgien du Vaisseau, trois jours après leur maladie, pour leur aller administrer les Sacremens, à peine contre les Capitaines, de 100 liv. d'amende, et de 50 liv. contre le Chirurgien, applicables à l'Hôpital dudit lieu du Cap, au payement desquelles amendes ils seront condamnés personnellement, à la poursuite et diligence dudit Procureur Général ou de ses Substituts et des Peres de la Charité, sur leurs gages ou effets, en cas que lesdits Matelots meurent sans Confession, faute par eux d'avoir averti ledit Curé ou autres Religieux; ordonnons pareillement auxdits Capitaines, lorsqu'ils auront plus de trois malades à leur bord, de les faire porter à l'Hôpital dudit lieu du Cap, pour y être soignés pendant leur maladie, à peine encore de 100 liv. d'amende contre lesdits Capitaines, applicables comme il est dit ci-dessus; enjoignons audit Procureur Général, au sieur de Boismorant, Subdélégué de M. Mithon, au Cap, et aux Juges des lieux, de tenir la main à l'exécution de la présente Ordonnance, qui sera enrégistrée, avec la Remontrance dudit Procureur Général, aux Greffes des Conseils et des Juridictions ressortissantes, lue, publiée et affichée, ect. DONNÉE à Léogane, etc.

R. au Conseil du Cap, le 6 Octobre 1717.

ORDONNANCE des Administrateurs, sur un Mariage célébré par l'Archevêque de Santo-Domingo.

Du 14 Septembre 1717.

LE Marquis de Chateaumorant, etc.

Jean-Jacques Mithon, etc.

Etant informé que le sieur Cahouet, encore mineur, ayant voulu contracter Mariage avec la fille de la dame veuve Lambert, les amis et parens dudit sieur Cahouet y auroient formé leur opposition entre les mains du Curé du Cap, sur laquelle il y auroit eu instance à la Juridiction dudit lieu, laquelle auroit été portée par Appel au Conseil Supérieur du Cap, qui auroit jugé l'opposition valable, et en conséquence auroit défendu, par Arrêt du 4 Mai dernier, audit Cahouet de passer outre à la célébration dudit Mariage; le sieur Cahouet pere ayant d'abandon envoyé sa Procuration au sieur Philippe, pour s'opposer de sa part audit Mariage, les choses en cet état, le sieur Cahouet fils, au mépris de cette défense et malgré l'opposition formelle de son pere, auroit été trouver M. l'Archevêque de Saint-Domingue, qui n'a aucun droit de Juridiction sur la Colonie Françoise, établie dans ladite Isle indépendamment dudit sieur Archevêque, conformément aux ordres du feu Roi, de glorieuse mémoire, ainsi qu'il nous a été expliqué par la lettre de M. le Comte de Pontchartrain, du 20 Juin 1709, lequel dit sieur Archevêque, sans aucun égard aux Loix du Royaume, qui déclarent clandestins les Mariages contractés contre le consentement des peres et meres, et au mépris du Concile de Trente, Session 24, qui annulle tous Mariages faits par d'autres Prêtres que par le propre Curé des Parties : *qui aliter quam presente Parocho vel alio Sacerdote*, auroit passé outre à la célébration dudit Mariage, et auroit de fait marié ledit sieur Cahouet avec ladite Lambert; et comme cette entreprise est contraire aux Constitutions Canoniques et aux Loix du Royaume, et qu'elle tireroit à des conséquences préjudiciables; Nous avons estimé devoir nous y opposer; en conséquence, nous disons et déclarons, que ledit sieur Archevêque de Saint-Domingue n'a aucun droit de Juridiction, ni sur les Religieux, ni sur les Sujets du Roi établis dans ladite Isle, et qu'il n'a pu ni du faire ledit Mariage entre ledit Cahouet et ladite Lambert; renvoyons au Procureur Général du Roi du Conseil du Cap à demander et requérir au Conseil dudit lieu, qu'il soit dit et déclaré par l'Arrêt qui interviendra, que ledit Mariage a été non-valablement contracté, comme fait contre les Loix et Constitutions Canoniques, avec défenses audit Cahouet et à ladite Lambert de se hanter et fréquenter; et sera la présente Ordonnance, avec la Lettre de M. le Comte de Pontchartrain du 26 Juin 1709, enrégistrée au Conseil Supérieur du Cap et Juridictions en ressortissantes à la diligence dudit Procureur Général et de ses Substituts, qui nous en certifieront dans un mois. DONNÉ à Léogane, ect.

R. au Conseil du Cap, le 6 Octobre 1717.
Et à celui de Léogane, le 8 Novembre suivant.

V. l'Arrêt du Conseil du Cap, du 8 Novembre 1717.

ORDONNANCE *des Administrateurs, sur les Réunions.*

Du 14 Septembre 1717.

VU la Remontrance du Procureur Général du Roi au Conseil du Cap, sur les abus des concessions et inexécutions des Arrêts du Conseil d'Etat et Déclarations du Roi des 1er Décembre 1710, 16 Octobre 1713, au sujet des Réunions des Terres non établies et Réglement rendu en conséquence, par MM. le Comte de Blénac et Mithon, du 3 Décembre 1715, portant Réunion des Hattes et Corails du Quartier de Limbé, de Bayaha, Caracol, Jacquezy et des concessions trop vastes et terres restées en friche, ainsi qu'il est plus au long expliqué audit Réglement, pour être lesdits terreins concédés à de nouveaux Habitans; ledit Procureur Général remontrant que plusieurs desdits nouveaux Habitans ne se sont pas mis en devoir d'établir lesdits terreins à eux accordés, que d'autres se contentent d'y jetter un ou deux Negres pour s'en conserver la propriété, et d'autres n'y en ont point du tout, tombant par là dans les mêmes fautes qui ont causé la Réunion desdits terreins, ect.; ayant égard aux dires et raisons du Procureur Général du Roi, et faisant droit sur ladite Remontrance et Résolution, nous avons Réuni et Réunissons de nouveau au Domaine du Roi, les Terres accordées par Concessions dans lesdits Hattes et Corails qui n'ont pas été mises en valeur; et à l'égard des Terres sur lesquelles les porteurs des Concessions n'ont employé que le travail d'un ou deux Negres, prétendant sous ce prétexte s'en conserver la propriété, les déclarons de droit réunies au Domaine du Roi, les places restées en friche, abandonnées, dans l'étendue du Port Margot et dans le Quartier de Bayaha, nommément celle du nommé Boissant, au Port Margot, et celle du feu sieur le Bayeux et du nommé Bourillon, à Bayaha, en conséquence de laquelle Réunion lesdits Terreins seront accordés à de nouveaux Colons qui n'ont point d'habitations, par les sieurs de Chastenoye et Boismorant, Commandant et Commissaire Subdélégué au Cap, qui en donneront des permissions suivant l'usage, sur lesquelles nous en expédierons des Concessions; déclarons nulles et de nulle valeur toutes les Ventes et Cessions de Terres en friche, soit pardevant Notaire, ou sous seings privés, et seront les Vendeurs et Cessionnaires desdites Terres, poursuivis à la diligence dudit Procureur Général ou de ses substituts, devant les sieurs de Chastenoye et de Boismorand, que nous commettons à cet effet, sauf l'appel devant nous, pour se voir condamner en 1,000 livres d'amende portée par la Déclaration du Roi dudit jour 16 Octobre 1713, applicable aux Fortifications de l'Isle, et le prix restitué à l'Acheteur dont les terreins seront réunis, pour être concédés, s'il est estimé raisonnable, ou auxdits Acheteurs ou à d'autres qui se présenteront et qui n'auront point de Terres, par lesdits sieurs de Chastenoye et de Boismorand; ordonnons que les places abandonnées en frich dans la dépendance du Cap, seront réunies et concédées de nouveau, et nottamment la vaste Concession obtenue en différens temps par le feu sieur de la Thuilliere, entre la bande du Nord et le Pont François, dont la plus grande partie est en friche, qui demeurera fixée à 1,000 pas quarrés seulement, le surplus concédé à de nouveaux Colons qui n'auront point de Terres, et par préférence au nommé Jean Pillent, une place de 500 pas de large, sur 400 de haut, sans aucuns dédommagemens envers les mineurs, attendu les 1,000 pas réservés pour lesdits mineurs, qui ont en outre une Habitation très-considérable à Bayaha, par concession accordée à leur pere; n'entendons néanmoins comprendre dans lesdites Réunions, les Terreins accordés à de petits Habitans, nouveaux Colons, qui n'ont qu'un, deux, ou trois Negres seulement, qui cultiveront leurs Terres suivant leurs forces, auxquels nous accordons quatre ans pour les mettre en valeur, avec défenses de les vendre ni céder à peine de Réunion et d'amende portée par la Déclaration du Roi du 16 Octobre 1713; enjoignons au Procureur Général du Roi et à ses Substituts, de veiller avec exactitude et vigilance à l'observation desdits Arrêts du Conseil d'Etat, Déclarations du Roi, et Reglemens des Gouverneurs et Ordonnateurs, tant au sujet desdites Réunions que des ventes et cessions induement faites, et de poursuivre les contrevenans aux peines y portées; enjoignons pareillement au Commandant et Commissaire Subdélégué au Cap, d'y tenir la main chacun en droit soi; et sera la présente Ordonnance, en forme de Reglement, avec la Remontrance dudit Procureur Général du Roi, enregistrée au Greffe du Conseil pour y avoir recours, lue et publiée, ect. DONNÉE à Léogane, ect.

Signés DE CHATEAUMORANT et MITHON.

R. au Conseil du Cap, le 6 Octobre 1717.

ORDONNANCE des Administrateurs, qui 1°. défend de détourner le Cours des Rivieres, et ordonne le rétablissement de celui de la Riviere Marion, et 2°. permet de faire des Levées le long des Rivieres.

Du 15 Septembre 1717.

A MM. le Marquis de Chateaumorant et Mithon, etc.

Vous remontre le Procureur Général du Roi du Conseil Supérieur du Cap, qu'il a eu diverses fois des plaintes de plusieurs Habitans de la Plaine de Bayaha, au sujet de la Riviere qu'on nomme *Marion*, laquelle fait un fourq vers le milieu de ces Quartiers qu'il sépare en deux bras, l'un qui tombe dans la Riviere des Roches et l'autre dans son lit naturel dudit Marion; mais quelques Particuliers se sont avisés de boucher ce dernier et l'ont toute faite donner dans cette seconde, ce qui cause la ruine et un dérangement très-fâcheux aux Colons qui sont situés d'un bord et d'autre de ladite Riviere Marion, qui se dégorge à la mer aussi bien que celle des Roches, desorte qu'il y en a déja quelques-uns qui ont quitté leurs Etablissemens, qui reviendroient si cette Riviere avoit son cours ordinaire; d'autres sont sur le point d'aller ailleurs, se voyant privés de l'eau qui borde en partie et arrose leurs Habitations; la chose a été connue si judicieuse, nécessaire et utile, que M. de Chastenoye, qui est Commandant au Cap, sur la visite qu'il en fit faire, avoit donné ordre au sieur Caron, Capitaine du Quartier, pour faire ouvrir le bras dont il s'agit, mais cet ordre n'a point eu d'exécution par la mort survenue audit sieur Caron; la connoissance qu'a le Procureur Général depuis 20 années qu'il est au Cap, soit dans sa Charge de Juge ou de celle qu'il a l'honneur d'occuper, il a vu que certaines personnes s'étoient avisées, de leur propre mouvement, sans aucune permission de leurs Supérieurs, de faire les

les travaux très-rudes et forts, pour détourner la Riviere de Limonade qui auroit inondé et ruiné plus de 100 familles; mais les choses ayant été découvertes, feu M. Danzé, Major Commandant au Cap, se transporta sur les lieux, avec le Procureur Général, et l'on fit recombler tous les travaux par ceux qui les avoient fait faire, ce qui est d'une notoriété publique; même depuis peu vers ledit Quartier de Limonade, deux à trois Particuliers s'étoient encore avisés de faire des travaux pour faire jetter le courant de ladite Riviere hors de son lit naturel, qui ont aussi été comblés, ce qui oblige le Procureur Général du Roi, pour l'intérêt public, de requérir, ect.

Vu la Remontrance du Procureur Général du Roi, sur les préjudices que portent au Public les détours des Rivieres hors de leur lit naturel, et notamment celui que quelques Particuliers ont fait d'un bras de la Riviere Marion, vers le fourque de ladite Riviere qu'ils ont bouché, ce qui l'empêche de tomber dans son lit naturel, d'où il seroit arrivé que plusieurs Habitans auroient été ruinés faute d'eau, et quelques-uns même auroient été obligés de quitter leurs Etablissemens, et comme de telles entreprises sont directement contraires aux Ordonnances des Eaux et Forêts, et au droit naturel *de aquâ*, qui défendent de détourner les eaux qui coulent sur les terres voisines et au-dessous, ni de rien faire qui puisse nuire aux commodités que la Nature a données :

Nous ordonnons que le bras de la Riviere Marion sera incessamment ouvert pas les Habitans de la Plaine de Bayaha, pour donner aux eaux dudit bras le cours ordinaire, après cependant que l'ancien lit en aura été reconnu par le grand Voyer en présence des voisins; à l'effet de quoi les Negres desdits Habitans seront commandés par proportion de leur force par le sieur de Chastenoye, Commandant du Cap; faisons très-expresses défenses à toutes personnes, de quelque qualité et condition qu'elles soient, de détourner de leur lit naturel le cours des Rivieres sous quelque prétexte que ce puisse être, à moins que ce ne soit par nos ordres, et pour le bien commun des Habitans, à peine de 200 liv. d'amende contre les contrevenans, applicable moitié à la réparation du Palais, et moitié à l'Hôpital, à la diligence et poursuite du Procureur-Général et de ses Substituts; n'entendons néanmoins empêcher les Habitans de faire des levées sur leur terre le long des Rivieres pour se garantir des inondations, pourvu qu'ils ne fassent aucune jettée dans le lit de ladite Riviere, qui doit avoir son cours toujours libre; enjoignons aux Commandans des lieux de tenir exactement la main à l'exécution du présent Réglement, qui sera enregistré au Greffe du Conseil du Cap, et Juridictions en ressortissantes, lu, publié et affiché par-tout où besoin sera. DONNÉ à Léogane, etc.

Signés CHATEAUMORANT et MITHON.

R. au Conseil du Cap, le 6 Octobre 1717.

ORDONNANCE des Administrateurs, touchant les Armes que les Habitans doivent entretenir chez eux en bon état.

Du 20 Septembre 1714.

LE Marquis de Chateaumorant, etc.

Jean-Jacques Mithon, etc.

Etant informés que la plupart des Habitans oubliant les travaux passés de leurs prédécesseurs, qui les ont mis en possession de cette Isle par leur valeur, et la précaution qu'ils avoient d'être bien armés, chacun d'eux se faisant gloire d'avoir son arme toujours en bon état, ne s'attachoient plus qu'à la culture de la terre, et à jouir de l'abondance qu'elle leur procure, le desir d'amasser de grands biens, à quoi l'on ne pensoit gueres dans les premiers temps, qu'on peut appeller l'âge d'or de la Colonie, ayant pris la place de cette généreuse et noble émulation des premiers possesseurs de cette Isle, dont le cœur n'étoit point amolli par le luxe, et les voluptés qu'on voit présentement en usage; sans considérer qu'ils peuvent perdre aisément, par leur nonchalance, ce que leurs prédécesseurs leur ont acquis par leurs travaux, témoignage que peuvent rendre encore quelques anciens Habitans, pleins de vie, qui ont eu part auxdits travaux; à quoi faisant une sérieuse réflexion pour le bien commun de la Colonie, la prudence exigeant de nous que quoique nous jouissions présentement du bonheur d'une paix générale, qui est si solidement affermie par les soins de notre auguste Régent, nous entretenions toujours les généreux sentimens des premiers Colons, et nous nous attachions à conserver les mêmes précautions qu'ils ont eues sur le soin de leurs armes, et sur le nombre que chacun en doit avoir à proportion des établissemens qu'il occupe; ce qui ne peut être que très-louable en tout temps, et est conforme au génie de la Nation; nous avons ordonné et ordonnons à tous les Habitans de cette Isle, de quelque qualité et condition qu'ils soient, soit Sucriers, Indigotiers, et autres, d'avoir et d'entretenir chez eux en bon état un Fusil boucannier, un Gargoussier, une Manchette ou Sabre, et une Bayonnette par chaque dix Negres, une livre de Poudre par chaque Fusil, et des Balles de calibre à proportion, lesquels Fusils boucanniers ils mettront en ratelier dans leur sale, ou dans leur chambre, de maniere qu'ils en soient toujours les maîtres ; et en outre une Lance de bon bois, ferrée par le bout, de dix pieds seulement de long, par chaque cinq Negres, qu'ils mettront dans leur maison ou dans leur grenier, de maniere qu'ils en soient aussi les maîtres, pour s'en servir dans l'occasion suivant les ordres des Commandans des lieux, à peine contre les contrevenans de 200 l. d'amende, qui serviront à acheter des armes aux pauvres Habitans, à laquelle ils seront condamnés lors des recensemens qui en seront faits par les Majors des lieux, et sur leur rapport, laquelledite amende sera double après la premiere année en cas de récidive ; et comme plusieurs n'ont pas le nombre desdits Fusils portés par ce Réglement, nous leur avons accordé dix mois pour s'en munir, après lequel temps ils subiront l'amende ci-dessus ordonnée ; enjoignons à M. de Paty, Gouverneur du Quartier de l'Ouest, aux Commandans du Cap, et du Port de Paix, aux Officiers, Majors, Colonels, Commandans et Capitaines de Milice, de tenir la main à l'exécution du présent Réglement, qui sera enregistré au Greffe des Conseils de cette Isle, et Juridictions ressortissantes, à la diligence des Procureurs-Généraux ou de leurs Substituts, lu à la tête des Milices assemblées, publié et affiché, etc. DONNÉ à Léogane, etc.

R. au Conseil de Léogane, le 9 Novembre 1717.

Et à celui du Cap, le 6 Décembre suivant.

ORDONNANCE *des Administrateurs, concernant les Exemptions des Curés et Missionnaires.*

Du 1er Octobre 1717.

LE Marquis de Chateaumorant, etc.

Jean-Jacques Mithon, etc.

Vu l'Arrêt du Conseil de Léogane en date du 1er Mars dernier, rendu sur les conclusions du Procureur-Général du Roi au bas de la Requête du R. P. Thomas Bullet, Vice-Préfet Apostolique de la Mission des

Freres Prêcheurs de cette Isle; et ayant remarqué que lesdits PP. aussi bien que les RR. PP. Jésuites, ont été omis par ledit Réglement du 24 Avril 1711, nous avons estimé devoir donner à l'un et l'autre ordre des marques de distinction convenables, tant à cause de leur caractere qu'en considération des bons services qu'ils rendent à la Colonie; à l'effet de quoi nous avons ordonné et ordonnons, sous le bon plaisir de Sa Majesté, que tous les Negres attachés au service des Curés, ne payeront aucun droit et ne seront sujets à aucunes corvées; qu'en outre lesdits RR. PP. des deux différentes Missions jouiront, à commencer du premier Janvier de la présente année, de trente Negres seulement d'exemption de leur Habitation, soit qu'ils en aient plusieurs ou qu'ils n'en aient qu'une, et ne seront sujets à payer les droits et aux corvées que pour les Negres qu'ils auront au-delà dudit nombre; laquelle présente Ordonnance sera jointe au Réglement sur les exemptions pour y avoir recours, et enregistrée aux Greffes des Conseils Supérieurs de Léogane et du Cap, et sur les Registres des Paroisses, à ce que personne n'en ignore. DONNÉ à Léogane, etc.

R. au Conseil de Léogane, le 25 Janvier 1718.

Et à celui du Cap, le 7 Mars suivant.

ARRÊT du Conseil du Cap, touchant les Instituteurs Publics.

Du 4 Octobre 1717.

VU par le Conseil la Remontrance du Procureur-Général du Roi, contenant qu'il a eu avis que dans les Quartiers de ce district il y a des personnes, de l'un et de l'autre sexe, qui se mêlent de tenir des Ecoles publiques et d'enseigner aux Enfans dans les maisons particulieres, soit à lire, à écrire, et autres exercices qu'on leur montre dans des âges aussi tendres, soit aussi pour les Catéchismes, Prieres, qu'autres préceptes de notre Religion, sans avoir l'aveu et la permission de MM. les Curés, ou de leurs Supérieurs, dont on ne sait de quelle Religion ils sont, ni qu'on sache de quelle vie et mœurs ils peuvent être; ce qui seroit d'une dangereuse et très-grande conséquence s'il n'y étoit pourvu, y ayant des peres et meres qui ne prévoient pas le mal qui en arriveroit par la suite, si l'on souffroit que leurs Enfans fussent instruits par des gens qui seroient de mauvaise vie, ou d'une Religion opposée à la nôtre; ce qui porte le Procureur-Général pour le dû de sa Charge, en se conformant aux

Ordonnances de Sa Majesté, de requérir que ce considéré, Nosseigneurs, par un Arrêt de Réglement, qu'il vous plaise de prononcer de faire défenses à toutes personnes, de l'un et de l'autre sexe, de tenir à l'avenir des Ecoles publiques, ni d'enseigner auxdits Enfans dans les maisons particulieres qu'ils ne soient Catholiques, Apostoliques et Romains, de bonne vie et mœurs, et sans l'approbation et permission par écrit desdits sieurs Curés, chacun dans l'étendue de leurs Paroisses, ou de celle du R. P. Supérieur de leurs Missions, à peine de 100 liv. d'amende contre lesdits Maîtres d'Ecole, et de pareille somme contre les Chefs de Familles qui feront enseigner leurs Enfans par eux, sans avoir ladite approbation, le tout applicable moitié pour la décoration des Paroisses où le délit se fera; et l'autre à l'Hôpital, sur les plaintes qui en seront faites, soit par lesdits Curés, Marguilliers ou autres; que l'Arrêt sera publié, lu et affiché en toutes les Paroisses, à la diligence des Substituts du Procureur-Général pour en certifier le Conseil dans le mois. *Signé* ROBINEAU. Soit fait comme est requis, etc.

MÉMOIRE et Lettre du Conseil de Marine, au sujet du Droit d'Aubaine, et de la nature mobiliaire ou immobiliaire des Esclaves, et Ordonnance des Administrateurs sur le même sujet.

Des 20 Octobre 1717, et 6 Avril 1718.

LES difficultés proposées par la Lettre écrite au Conseil de Marine par MM. de Chateaumorant et Mithon, le 30 Mai 1717, se réduisent en trois questions : la premiere, quels sont les Peuples qui sont exempts du droit d'Aubaine en France ; la seconde, si les Irlandois y jouissent de cette exemption, et en cas qu'ils en soient exempts, si cette exemption s'étend tant sur les meubles que sur les immeubles ; la troisieme, en quel rang les Negres qui se trouvent sur les habitations des Colonies doivent êtres mis, et si on les doit regarder comme des meubles.

1°. MM. de Chateaumorant et Mithon se trompent d'abord sur l'énumération qu'ils font des Peuples, qu'ils supposent n'être point sujets aux droits d'Aubaine ; ils mettent avec raison dans ce rang les habitans du Comtat d'Avignon, qui par les privileges qui leur ont été accordés par les Rois, et en particulier par les Lettres-Patentes du Roi Louis XI, du 8 Mai 1479, sont déclarés regnicoles et capables de tous les privileges qui leur ont été accordés, attachés à cette qualité, et par d'autres

Lettres semblables du Roi Henri III, du mois de Novembre 1574; et en effet la ville d'Avignon fait partie du Comté de Provence, et quoique S. M. en ait cédé la Souveraineté au Pape, il est encore Seigneur d'une grande partie du pont de cette Ville, où il a des Fermes, et où les Notaires sont pourvus par Sa Majesté, et prennent la qualité de Notaires Apostoliques et Royaux.

Baquet, de l'Aubaine, Chap. 7.

On met avec raison dans le même rang, par la même Lettre, les Suisses et les Ecossois, mais on les comprend dans l'exemption indistinctement, et il est nécessaire d'observer qu'il n'y a que ceux qui sont actuellement au service du Roi qui jouissent de cette exemption. Les Lettres de Louis XI de 1481, qui sont le fondement du privilége des Suisses, ne comprennent que ceux qui étant au service du Roi viennent s'habituer en France; et les Ecossois n'ont pas un privilége plus étendu.

Le Roi Henri II, en faveur du mariage de François II avec la Reine d'Ecosse, accorda à tous les Ecossois une exemption générale du droit d'Aubaine; mais ces Lettres ne furent registrées que pour avoir effet tant que la confédération subsisteroit, et que l'Ecosse demeureroit sous l'obéissance du Roi. Le Roi Henri IV en accorda d'autres à la vérité en 1599, mais ces Lettres sont aujourd'hui sans effet, tant parce que le Royaume d'Ecosse a été depuis uni à l'Angleterre, et que par les Loix d'Angleterre les François y sont sujets à l'Aubaine, que parce que les Lettres de Henri IV n'ont pas été renouvellées par les Rois qui l'ont suivi.

Enfin, on met dans les mêmes Lettres les habitans des pays conquis au rang de ceux qui sont exempts de l'Aubaine, et il ne peut y avoir de difficulté à leur égard, tant qu'ils demeurent sous l'obéissance du Roi, puisque la conquête les ayant rendus ses Sujets, ils deviennent participans de tous les priviléges qui sont attachés à cette qualité. Et à l'égard des Savoyards, c'est sans fondement qu'on les met au rang des Peuples qui jouissent de l'exemption du droit d'Aubaine.

Il est vrai que le Roi François Ier, s'étant rendu Maître de la Savoye, et en étant demeuré en possession pendant plusieurs années, le Roi Henri II qui rendit cette Province à son ancien Souverain dans la suite, déclara par des Lettres-patentes que tous ceux qui étoient venus de Savoye s'habituer en France, et qui avoient continué d'y demeurer depuis la restitution de la Savoye, ne pourroient être regardés comme Etrangers ; mais ces Lettres-patentes, loin d'établir un Privilege général en faveur des Savoyards, fait connoître au contraire qu'ils n'en ont aucun.

Il y a plusieurs autres Peuples qui sont exempts plus réellement du droit d'Aubaine, tels que sont les Hollandois par les Traités de paix faits entre la France et la Hollande ; les Flamands, par la disposition du Traité de Madrid, et des autres Traités entre la France et l'Espagne ; les Habitans de Geneve par des Privileges particuliers qui leur ont été accordés ; et les Habitans des Villes Anséatiques, dont les privileges à cet égard ont été renouvellés par un dernier Traité conclu entre la France et ces Villes, le 28 Septembre 1716.

2°. Par rapport aux Anglois et aux Irlandois le droit d'Aubaine a toujours été observé en France à leur égard, et on peut dire même qu'il y a été établi en haine de l'usage qui s'étoit établi en Angleterre contre les François de les exclure de la succession de leurs parens qui y étoient morts ; et cette regle s'y est observée exactement jusqu'au dernier Traité de paix conclu à Utrecht en 1713 ; par ce Traité le Roi exempte les Sujets de la Grande-Bretagne du droit d'Aubaine, par rapport à leurs meubles et marchandises ; mais ce Traité ne contient aucune disposition générale qui les affranchisse indistinctement du droit d'Aubaine ; et comme une pareille disposition ne peut être suppléée, il en faut conclure que les Privileges ne pourront être étendus au-delà des termes dans lesquels ils sont conçus ; et les Anglois et Irlandois ne peuvent jouir de l'exemption d'Aubaine que par rapport aux meubles, marchandises et argent comptant qui y sont exprimés, et qu'ils sont demeurés sujets à la regle générale, par rapport aux immeubles qu'ils peuvent posséder dans le Royaume, dont il ne leur est pas permis de disposer par testament, et dont leurs héritiers sont exclus par l'effet du droit du Roi sur la succession des Etrangers : il ne peut y avoir nulle différence entre la condition des Anglois et des Irlandois à cet égard, ensorte qu'il ne peut rester de question que par rapport aux Negres qui se trouvent dans les Habitations possédées par les Anglois ou Irlandois dans les Colonies Françoises.

3°. Les Negres, à la vérité, sont au rang des effets mobiliers par leur nature, et de la Déclaration de l'année 1685, dont l'Article XLIV, les met au rang des meubles ; mais la même Déclaration décide que ces mêmes Negres étant attachés à une Habitation sont réputés immeubles, lorsqu'il s'agit de la saisie-réelle de l'Habitation ; et cette loi décide de la question dont il s'agit aujourd'hui.

Aux termes de cette Déclaration, dès le moment qu'ils sont attachés par le propriétaire à la culture de son héritage, ils ne peuvent être considérés séparément, ils sont attachés à cet héritage, de maniere qu'ils participent à sa nature et deviennent immobiliers avec lui. La disposition de cette Déclaration ne peut être regardée comme contraire aux principes, puisque par les Loix Romaines les Esclaves destinés par le Maître à la culture des terres, ne pouvoient être détachés, et que le fonds ne pouvoit être vendu ni légué sans l'Esclave, ni l'Esclave sans le fonds.

Voyez le titre au Code des Agricolis et Censitis.

Par la Jurisprudence Françoise, même dans les Coutumes où les servitudes réelles se sont conservées, les Serfs sont si étroitement attachés à l'héritage mainmortable, qu'ils sont censés en faire partie, et qu'on doit même, suivant quelques-unes de ses Coutumes, les comprendre dans les aveux et dénombremens, comme étant, suivant les termes de M. le Bret, membres et instrumens de la terre; et cette maxime s'observe même à l'égard des bestiaux destinés à cultiver une terre, que les Arrêts ont jugé faire partie du fonds.

Vitry 45. Le Bret de la Souveraineté, Liv. 4. Chap. 11. Henry, titre 2. Liv. 4. numéro 45. Survin, tit. quels Biens sont meubles et immeubles.

On ne peut douter que les Etrangers qui acquierent des immeubles situés dans les Pays de la domination du Roi ne soient soumis, par rapport à la possession de ces immeubles aux dispositions des Coutumes de la situation et des Loix du Royaume, et les Arrêts l'ont plusieurs fois décidé; et comme la Déclaration de 1685 déclare les Negres attachés à une Habitation pour la culture de la même nature que l'Habitation même, il en faut tirer la conséquence que ces Negres ne sont pas compris dans l'exemption introduite en faveur des Anglois par le dernier Traité, par rapport à leurs effets mobiliers seulement.

Le Conseil de Marine a examiné avec attention ce que vous avez marqué au sujet des Etrangers sujets au droit d'Aubaine; il a fait faire un Mémoire sur cela que vous trouverez ci-joint, qui doit servir de regle, et auquel vous vous conformerez.

Le Marquis de Chateaumorant, etc.
Jean-Jacques Mithon, etc.
Vu le Mémoire à nous envoyé par le Conseil de Marine en réponse de

de plusieurs difficultés par nous proposées au sujet du droit d'Aubaine, dont copie est ci-dessus avec l'extrait de la Lettre dudit Conseil qui accompagne ledit Mémoire ; nous ordonnons que lesdits Mémoire et Extrait de ladite Lettre seront enregistrés aux Greffes des Conseils Supérieurs de Léogane et du Cap, et des Juridictions en ressortissantes, à la diligence des Procureurs-Généraux auxdits Conseils et de leurs Substituts, pour établir une Jurisprudence uniforme dans toutes les Juridictions sur ledit droit d'Aubaine, et que les Juges puissent s'y conformer. DONNÉ à Léogane, etc. le 6 Avril 1718. *Signés* CHATEAUMORANT et MITHON.

R. au Conseil du Cap, le 2 Mai 1718.

EXTRAIT de la Lettre du Conseil de Marine à M. le Marquis DE CHATEAUMORANT, touchant une Chasse de Negres marons à la Béate, et l'Envoi des Soldats déserteurs aux Travaux publics.

Du 20 Octobre 1717.

L'ENTREPRISE que vous avez faite sur les Negres fugitifs établis du côté de la Béate, et le succès qu'elle a eu servira peut-être à rendre la désertion des Esclaves moins fréquente. LE CONSEIL a approuvé ce que vous avez fait à cette occasion, et vous recommande d'être attentif à faire faire de fréquentes chasses aux Negres marons.

L'usage établi à Saint-Domingue depuis 1706, de condamner les Soldats déserteurs de servir aux travaux enchaînés comme forçats, est contraire à toutes les Loix du Royaume : le Roi veut absolument qu'il soit aboli, et que la derniere Ordonnance soit exécutée à la lettre ; vous en trouverez ci-joint des exemplaires ; vous en remettrez aux Officiers Majors, et à chaque Capitaine : le Conseil n'approuve point la proposition que vous faites d'envoyer deux Galeres en fagot à Saint-Domingue avec les Chiourmes et leurs agrès et apparaux, ce seroit une trop grande dépense.

LETTRE du Conseil de Marine à M. le Marquis DE CHATEAUMORANT, touchant le titre de Monseigneur, et une visite au premier de l'an exigés par lui du Conseil de Léogane.

Du 20 Octobre 1717.

LE Conseil a été informé que vous voulez exiger du Conseil Supérieur de Léogane au commencement de chaque année une visite en corps, comme celle que vous avez exigée à votre arrivée, où vous avez voulu qu'il vous donne le titre *de Monseigneur*; il vous a été marqué que ce titre ne vous est point dû : les Cours Supérieures ne connoissent d'autre Seigneur que le Roi, et ne donnent pas même ce titre au Dauphin, sans avoir des ordres de Sa Majesté sur ce sujet.

A l'égard de la visite en Corps du premier jour de l'année, vous devez en cela suivre l'usage établi sous les précédens Gouverneurs; ensorte que si M. le Comte de Blénac ne l'a pas eu, vous ne devez point aussi l'avoir.

LE CONSEIL n'est point dans l'intention d'établir aucune nouveauté sur ces sortes de choses dans les Colonies; ainsi il faut se renfermer dans les usages anciens.

EXTRAIT de la Lettre du Conseil de Marine à M. DE CHARITE, touchant les Prérogatives de sa Place de Lieutenant au Gouvernement général de la Colonie.

Du 6 Novembre 1717.

A l'égard des éclaircissemens que vous demandés sur les prérogatives de votre emploi; LE CONSEIL, pour prévenir les difficultés qu'il pourroit y avoir à ce sujet, écrivit le 24 Octobre de l'année derniere à M. le Marquis de Chateaumorant, que vous deviez avoir la même autorité que le Gouverneur-Général, lorsqu'il étoit absent de l'Isle; mais que lorsqu'il y étoit, quoiqu'il ne fût point dans la même place où vous résidiez, vous ne pouviez prétendre aucun commandement, mais seulement les honneurs consistant à avoir une sentinelle à votre porte, et à faire prendre les armes aux Corps-de-garde quand vous y passez. Outre ces honneurs militaires, on lui a marqué que vous devez avoir les honneurs aux Cérémonies et aux Eglises, où vous avez la premiere place, le Pain-Béni le premier, et que vous marcherez le premier aux Processions; ainsi voilà en partie ce que vous demandés. Quant à la demande que vous faites, si vous devez présider au Conseil du Cap, vous ne devez point y avoir séance quand le Gouverneur-Général est à Léogane. Pour ce qui regarde l'Encens qui vous est donné par les Curés, vous ne devez point faire difficulté de le recevoir.

ARRÊT du Conseil du Cap, qui déclare nul et abusif un Mariage célébré par l'Archevêque de San-Domingo.

Du 8 Novembre 1717.

ENTRE M. Robineau, Conseiller du Roi et son Procureur Général au Conseil de ce lieu, Demandeur comparant en personne, d'une part.

Contre le sieur Gaspard Cahouet et dame Marie Lambert, veuve Duverger, Défendeurs comparans en personne, d'autre part. Vu par le Conseil toutes les Pieces résultantes dudit Procès; et après avoir le tout vu et mûrement considéré, LE CONSEIL a déclaré le Mariage en question avoir été mal, nullement et abusivement procédé et célébré, le déclare non valablement contracté, comme fait contre les Loix du Royaume, et ledit Cahouet aux dépens.

ARRÊT du Conseil de Léogane, touchant le Commerce Etranger fait par les Directeur-Général et l'Inspecteur de la Compagnie de Saint-Domingue, et qui défend à ladite Compagnie de faire aucun Réglement, s'il n'est approuvé de Sa Majesté.

Du 9 Novembre 1717.

LE CONSEIL fait très-expresses inhibitions et défenses à ladite Compagnie Royale de Saint-Domingue, de produire à l'avenir aucun Réglement émané d'elle, qu'il ne soit au préalable approuvé de Sa Majesté, ainsi qu'il lui est prescrit par ses Lettres-Patentes du mois de Septembre

1698, et sur ce qui résulte des Pieces produites au procès, faisant droit sur les conclusions du Procureur-Général du Roi, ordonne qu'à sa diligence, ou de son Substitut au Siége Royal du Petit-Goave, il sera extraordinairement procédé contre le Directeur-Général et l'Inspecteur-Général de la Compagnie, pour raison du Commerce Etranger.

ARRÊT *du Conseil d'Etat, qui ordonne, à l'égard de Bayonne, l'exécution du Réglement du mois d'Avril 1717 pour le Commerce des Isles; et qu'en conséquence les Négocians de cette Ville seront tenus de payer les Droits fixés par le Réglement pour les Marchandises desdites Isles, ou de les mettre en entrepôt à leur arrivée.*

Du 16 Novembre 1717.

ARRÊT *du Conseil d'Etat, qui autorise les Officiers d'Amirauté établis dans les Isles et Colonies Françoises à recevoir les Droits, Salaires et Vacations suivant l'usage établi par les Juges ordinaires, qui ont fait auparavant les fonctions desdits Officiers d'Amirauté, et dont sera fait un Tarif provisionnel arrêté par le Gouverneur et Intendant, ou Commissaire-Ordonnateur.*

Du 6 Décembre 1717.

R. au Conseil du Cap, le 4 Juillet 1717.
Et à celui de Léogane, le 5 Septembre suivant.

ORDONNANCES des Administrateurs, concernant le Recensement du Ressort des deux Conseils.

Du 10 Décembre 1717.

Le Marquis de Chateaumorant, etc.

Jean-Jacques Mithon, etc.

Etant nécessaire de faire un Recensement général dans l'étendue du Ressort du Conseil Supérieur de Léogane, suivant les ordres de la Cour, et ainsi qu'il a été ci-devant pratiqué, nous avons jugé à propos, pour remédier aux abus desdits Recensemens, d'ordonner ce qui suit :

Art. Ier. Que les Capitaines de Milice de chaque Quartier, ou celui qui commande la Compagnie, se transportera sur les Habitations, ou Maisons des Chefs de Familles, sans exceptions d'aucuns, à commencer par nous, pour prendre leur aveu et dénombrement suivant et conformement au modéle ci-joint, lequel a été augmenté de quelques colonnes, par ordre du Conseil de Marine, à quoi lesdits Capitaines feront attention en faisant ledit Recensement.

Art. II. Outre ce modele, auquel les Capitaines de Milice se conformeront, il sera dressé une Liste, noms par noms, des Familles, Domestiques, Blancs, Engagés, Negres et Negresses esclaves de chaque Habitation, laquelle Liste ils nous enverront jointe audit modéle.

Art. III. Lesdits Capitaines seront tenus d'appeller au Recensement des Negres, un des Conseillers du Conseil Supérieur, que nous prions d'y assister, savoir, le sieur Margès, dans le Quartier du fond des Negres, jusques et compris le Petit-Goave; pour le Grand-Goave et l'Ester, le sieur Lemaire; depuis l'Ester jusqu'à la Grande-Riviere, appellé le Quartier de la Ville, le sieur Gabet; pour la Grande-Riviere, jusqués et compris le Trou-bourdet, le sieur Guerin; depuis le Trou-bourdet jusques et compris le Cul-de-sac, l'Arcahaye et les Vases, le sieur Durand, lesquels se feront représenter tous les Negres et Mulatres, grands et petits Domestiques, et surâgés de chaque Habitant, pour la levée des droits.

Art. IV. Le Conseiller et le Capitaine de Milice décideront sur l'âge des Negres au-dessous de 13 ans, et de ceux au-dessus de 60, sans s'en rapporter à la déclaration de l'Habitant, qui souvent n'est pas de bonne-foi; ils décideront aussi sur l'invalidité des Negres, s'il y a lieu, et ils feront mention des Habitans qui jouissent des exemptions, conformement au Reglement.

ART. V. Tous Chefs de Familles et autres, qui auront des Negres à louage ou en dépôt, seront tenus de les déclarer exactement comme les leurs propres, aussi bien que les Marons, qui sans cela ne seront point payés s'ils venoient à être tués dans les Chasses.

ART. VI. Que les Maîtres, Economes, Commandeurs Blancs, et Chirurgiens, seront tenus de prêter serment devant les Conseillers qui assisteront audit Recensement, du nombre des Negres qu'ils connoîtront sur l'Habitation qu'ils desservent, sans excepter les Domestiques et les Marons, à peine de perdre leurs gages et salaires, qui seront appliqués, le tiers au dénonciateur, et les deux autres tiers à Sa Majesté, en cas que leur déclaration ne fût pas fidele; lesquels Recensemens seront signés des Maîtres, des Economes, et des Chirurgiens, conjointement avec le Conseiller et le Capitaine de Milice, au bas de la Liste nom par nom, tant des Blancs que des Noirs de chaque Habitation.

ART. VII. Sera loisible aux Conseillers qui ne pourront se transporter dans les Habitations, à cause de leur éloignement, surtout le Quartier du Cul-de-sac, d'indiquer dans chaque Paroisse le jour qu'ils s'y trouveront, pour prendre le serment des Habitans et Economes, sur la déclaration fidele qu'ils doivent faire de leurs Negres aux Capitaines des Milices, et en ce cas, lesdits Conseillers se dispenseront d'aller sur les lieux.

ART. VIII. Que si après les aveux et dénombrement certifiés et remis, il ne se trouve qu'ils ne contiennent pas la quantité des Negres et Negrillons que chacun possede, ceux qui n'y seront pas nommés et compris, seront confisqués, les deux tiers au Roi, et l'autre tiers au dénonciateur.

ART. IX. Ils examineront aussi l'état des vivres d'un chacun, dont ils nous rendront compte suivant et conformement à notre Ordonnance sur ce rendue le jour d'hier, dans le délai y mentionné.

ART. X. Ordonnons aux Colonels, Capitaines et autres Officiers de Milice, de tenir la main à l'exécution des Présentes, qui seront publiées à leurs diligences dans chaque Quartier, et affichées aux portes des Eglises, à ce que personne n'en ignore. DONNÉ à Léogane etc.

Le même jour pareille Ordonnance, pour le Ressort du Conseil du Cap.

R. audit Conseil, le 7 Février 1718.

ARRÊT *du Conseil du Cap, qui sur la Requête des Négocians, ordonne que l'Etalonneur fera la visite des Poids sur toutes les Sucreries.*

Du 3 Février 1718.

ARRÊT *du Conseil du Cap, qui bannit à perpétuité de son District le nommé la Chaume, qui, en prêtant sa plume dans un Procès, avoit injurié le Lieutenant au Gouvernement Général de la Colonie, et les Officiers de la Juridiction du Cap, et déclare solidaire, pour le payement de l'amende de 1000 livres, la Partie qui avoit signé les Ecrits.*

Du 8 Mars 1718.

ARRÊT *du Conseil d'Etat, qui regle par provision les Droits qui doivent être payés pour les Congés de l'Amiral, qui seront délivrés dans les Isles et Colonies Françoises.*

Du 14 Mars 1718.

LE ROI, étant en son Conseil, s'étant fait représenter le Réglement du 12 Janvier 1717, concernant les Siéges d'Amirauté qu'elle veut être établis dans les Isles et Colonies Françoises, en quelques parties du monde qu'elles soient situées, par lequel il est ordonné aux Capitaines et Maîtres des Bâtimens, navigant dans lesdites Isles et Colonies Françoises, de prendre des Congés de l'Amiral, ainsi qu'il est mentionné dans ledit Réglement, et estimant nécessaire, pour éviter les difficultés qui pourroient arriver au sujet des Droits desdits Congés, de les régler par provision, jusqu'à ce que sur les avis qui en seront envoyés par les Gouverneurs, Intendans, ou Commissaires Ordonnateurs desdites Isles et Colonies, il en soit autrement ordonné; oui le rapport, et le tout considéré, Sa Majesté, étant en son Conseil, de l'avis de M. le Duc d'Orléans, Régent, a ordonné et ordonne ce qui suit.

ART. Ier. Pour un Bâtiment de 10 Tonneaux et au-dessous, allant de Port en Port dans une même Isle et Colonie, quoique dans différentes Amirautés de ladite Isle et Colonie, il sera pris un Congé de l'Amiral, pour un an, pour lequel il sera payé 5 sols.

ART. II. Pour ceux de 30 Tonneaux et au-dessous jusqu'à 18, faisant la même navigation, il sera pris un Congé d'un an, pour lequel il sera payé 10 sols.

ART. III. Et pour ceux de 50 Tonneaux et au-dessous jusqu'à 30, faisant aussi la même navigation, il sera pris un Congé d'un an, pour lequel il sera payé 20 sols.

ART. IV. Pour les Bâtimens de quelque port et qualité qu'ils soient, qui iront à la pêche du poisson frais, le long des Côtes de chacune Isle et Colonie, il sera pris un Congé pour un an, pour lequel il sera payé 5 sols.

ART. V. Lesdits Congés d'un an, ne pourront servir que pour les mêmes Bâtimens, et les mêmes Maîtres; et en cas de changement, il sera pris un nouveau Congé de l'Amirauté du lieu où le changement sera arrivé, pour lequel il sera payé les mêmes droits ci-devant réglés.

ART. VI. Pour chaque Bâtiment du port de 10 Tonneaux et au-dessous, sortant des Ports d'une Isle et Colonie, pour aller dans les Ports d'une autre Isle et Colonie, il sera pris un nouveau Congé de l'Amirauté, pour chaque voyage, qui sera payé 10 sols.

ART. VII. Pour ceux de 30 Tonneaux et au-dessous jusqu'à 10, faisant la même navigation, il sera pris un Congé pour chaque voyage, pour lequel sera payé 15 sols.

ART. VIII. Pour ceux de 50 Tonneaux et au-dessous jusqu'à 30, faisant la même navigation, il sera pris un Congé chaque voyage, pour lequel il sera payé 20 sols.

ART. IX. Et pour ceux de 50 Tonneaux et au-dessus, faisant la même navigation, il sera pris un Congé chaque voyage, pour lequel il sera payé 30 sols.

ART. X. Pour les Navires ou Vaisseaux qui feront voyage en Europe, ou autres voyages de long cours, il sera pris un Congé pour chaque voyage, pour lequel il sera payé 7 livres 10 sols.

ART. XI. Les Congés qui seront donnés en France aux Bâtimens, pour aller aux Isles et Colonies, serviront aussi pour faire leur traite dans une même Isle et Colonie, à une autre, ils seront tenus dans ledit cas, de prendre un Congé, pour lequel il sera payé 30 sols.

Enjoint Sa Majesté, à tous ceux qu'il appartiendra, de tenir la main à à l'exécution du présent Arrêt, lequel sera enrégistré aux Greffes des Conseils Supérieurs desdites Isles et Colonies Françoises, lu, publié et affiché, par-tout où besoin sera. Fait au Conseil d'Etat, etc. Signé PHELIPPEAUX.

R. au Conseil du Cap, le premier Août 1718.

Et à celui de Leogane, le 5 Septembre suivant.

ORDONNANCE du Roi, qui défend aux Capitaines des Vaisseaux qui apporteront des Negres aux Isles, de descendre à terre, ni d'y envoyer leurs Equipages, sans en avoir obtenu la permission des Gouverneurs.

Du 3 Avril 1718.

SA MAJESTÉ étant informée que les Capitaines des Vaisseaux qui portent des Noirs dans les Isles de l'Amérique, ont communication avec les Habitans desdites Colonies, et souffrent que les Equipages de leurs Vaisseaux descendent à terre, quoique les Negres qu'ils amenent, et même partie desdits Equipages aient des maladies Contagieuses, ce qu'il est de conséquence d'empêcher, afin que par cette fréquentation, lesdites maladies Contagieuses ne se communiquent point aux Habitans desdites Isles; Sa Majesté, de l'avis de M. le Duc d'Orléans, Régent, fait défenses à tous Capitaines des Vaisseaux qui porteront des Noirs dans lesdites Isles, de descendre à terre ni de permettre à leurs Equipages d'y aller; comme aussi d'avoir aucune fréquentation avec les Habitans, tant par eux, que par les personnes de leurs Equipages, qu'ils n'en aient auparavant obtenu la permission de celui qui Commandera dans l'endroit où ils arriveront, laquelle permission leur sera accordée s'il n'y a point de maladies Contagieuses dans leur bord, et en cas qu'il y en ait, il leur sera indiqué un endroit où ils pourront mettre les malades à terre pour les y faire traiter, sans que pendant le temps que lesdites maladies dureront, ils puissent avoir communication avec lesdits Habitans; mande et ordonne Sa Majesté à M. le Comte de Toulouse, Amiral de France, aux Gouverneurs et ses Lieutenans-Généraux en l'Amérique Méridionale, Gouverneurs-Particuliers et autres ses Officiers qu'il appartiendra, de tenir chacun en droit soi, la main à l'exécution de la présente Ordonnance, qui sera lue, publiée et affichée par tout où besoin sera.

Arrêt du Conseil du Cap qui, attendu que l'Audiencier de l'Amirauté de la même Ville n'est pas nommé, ordonne que l'Audiencier de la Juridiction en fera les fonctions provisoirement et à l'exclusion de tous autres.

Du 4 Avril 1718.

Arrêt du Conseil du Cap, qui défend aux Cabaretiers de retirer les gens sans aveu, ni de leur donner à boire, & en condamne un, pour l'avoir fait, en une amende de 50 liv. applicable au paiement du Crucifix de l'Audience.

Du 4 Avril 1718.

Ordonnance des Administrateurs, touchant le passage de l'Archevêque de San-Domingo, dans la partie Françoise.

Du 7 Avril 1718.

VU l'ordre du Roi, expliqué par la lettre de M. le Comte de Pontchartrain, dont copie est ci-dessus *, nous ordonnons qu'elles sera enregistrée sur les Registres de la Paroïsse du Cap, comme elle l'a été dans la Jurisdiction de cette Isle; prions le R. P. Général des Missions de la Compagnie de Jésus, de s'y conformer tant dans sa Paroisse que dans celle desservies dans le quartier du Cap, par les Missionnaires de son Ordre : nous observons seulement audit R. P. Supérieur, qu'il suffira que la déclaration de M. l'Archevêque soit enregistrée sur les Registres de la Paroisse, en cas qu'il demande à y administrer le Sacrement de la Confirmation, portant expressément que ce n'est pas à titre de Jurisdiction, mais seulement par motif de religion et de piété chrétienne; laquelle déclaration sera enregistrée dans les Conseils de cet Isle : enjoignons audit R. P. de ne permettre audit Archevêque aucune autre fonction pastorale, telle qu'elle puisse être.

Donné à Léogane, etc.

* *C'est la lettre du 26 Juin 1709, rapportée à sa date.*

TARIF par M. le Général, et Réglement du Conseil du Cap, touchant les droits du Prévôt de Maréchaussée ; les Négres arrêtés à cheval, & ceux qui réclament grace de leur maronnage par l'entremise des Curés.

Des 13 Avril et 5 Décembre 1718.

Tarif pour le Prévôt.

POUR un Négre marron pris dans la plaine et banlieue du Cap, 15 liv.

Dans les premieres montagnes . . . . 30 liv.

Dans les doubles montagnes et chez les Espagnols . 75 liv.

Lorsque le Prévôt avec ses Archers prend ou tue des Négres lorsqu'il est détaché contre les attroupemens de Négres, pour chaque Négre pris ou tué . . . . 100. liv.

Les Réglemens faits au Cap par le Conseil peuvent être différens, en ce cas il faut que le Grand Prévôt s'y conforme, il n'a qu'à le demander à M. le Procureur Général., ce 13 Avril 1718.

Signé CHATEAUMORANT.

Pour la prise des Négres marrons dans la plaine du Cap, mornes du Cap où sont les habitans qui fournissent des vivres à la ville, 12 liv.

Dans le quartier de Bayaha, le Trou, Jacquesy, Limbé et Port Margot, les Négres que le Prévôt y prendra et qui seront des habitans et des habitations desdits quartiers, pareillement que dans la plaine du Cap . . . . 12 liv.

Dans les doubles montagnes du Morne Rouge, Limbé, Port Margot et autres lieux circonvoisins des habitations, suivant l'ancien usage, 30 l.

Dans les doubles montagnes éloignées des habitations, le Prévôt y prenant des Négres marrons . . . . . . 75 liv.

Lorsque le Prévôt sera détaché extraordinairement dans les plaines du Cap par ordre de l'Officier Major commandant, suivant qu'il a été payé ci-devant aux Négres libres détachés par ordre, de chaque Négre marron . . . . 30 liv.

Ledit Prévôt ne pourra tuer aucun Négre sans un ordre exprès de l'Officier Major Commandant, ou de l'Habitant qui voudra faire donner la chasse à ses Négres ; lorsque le Prévôt arrêtera des Négres à cheval sans billet de leur Maître, ou marque ou livrée (le collier en doit être une), il lui sera payé pour la prise du cheval la somme de 5 liv. pour chacun suivant l'ancien usage ; mais comme il arrive très-souvent que les Négres n'appartiennent pas au maître du cheval, et que lesdits Négres vont pour leurs promenades prendre dans les savannes de leurs voisins des chevaux, auquel cas bien justifié le maître du cheval ne doit point la prise, mais bien le maître du Négre . . . 5 liv.

Ce qui loin d'être d'un exemple, seroit très-dangéreux pour les habitans, ledit Prévôt ne pourra, sous prétexte de Négres marrons, aller faire la visite dans les cazes à Négres, sans qu'en même tems il ne fasse avertir le maître par quelques-un de sa suite, afin que ledit averti puisse donner main-forte audit Prévôt; les premiers et les principaux Officiers de Milice, et les plus notables Habitans ayant été consultés sont tous de ce sentiment, et le Conseil y ajoute leur avis.

Les RR. PP. Curés ayant représenté que leurs maisons étant l'asile des Negres marrons, qui ont souvent recours à la déférence que les habitans leurs Paroissiens ont pour eux, pour demander pardon de leur marronage; le Grand Prévôt n'y pourra prendre aucun desdits Negres marrons, sans savoir si lesdits Negres sont dans leurs maisons, de leur sçu auquel cas ledit Prévôt laissera lesdits Negres marrons entre les mains desdits RR. PP. Curés. FAIT et arrêté en Conseil pour être exécuté suivant sa forme et teneur; que le présent Réglement sera lu, publié et affiché par tout ou besoin sera.

ARRÊT du Conseil du Cap qui, attendu le peu de sûreté des prisons, ordonne qu'un Débiteur y sera mis aux fers, si mieux il n'aime donner bonne et suffisante caution pour le paiement de 15,901 l. de marchandises par lui dues.

Du 7 Mai 1718.

ORDONNANCE des Administrateurs, qui enjoint de bâtir sous six mois les emplacemens vides de la ville du Cap, et de la petite Ance.

Du 14 Mai 1718.

VU la Remontrance du Procureur-Général du Conseil Supérieur du Cap, sur les abus qui se commettent au sujet des emplacemens concédés pour y construire des maisons ou magasins, tant dans la ville du Cap, qu'à la Petite Anse, ceux qui ont obtenu lesdits emplacemens ne se mettent point en peine d'y faire élever des maisons, en quoi ils préjudicient considérablement à l'établissement de ladite Ville et Bourg, en occupant mal à propos un terrein que plusieurs Marchands ou Habitans mettroient en valeur si ledit terrein leur appartenoit, les uns faisant un espece de trafic et de commerce secret des emplacemens à eux accordés gratis, qu'ils vendent sans y avoir bâti, et les autres qui à la vérité ont fait ci-devant construire des magasins, mais qui faute d'y faire faire les réparations convenables, les laissent tomber en ruine, d'où il arrive que plusieurs sont abandonnés et inutiles, tant dans la ville du Cap qu'au bourg de la Petite Anse, ainsi qu'il est plus au long expliqué dans ladite Remontrance. A quoi ayant égard, nous ordonnons que dans six mois du jour de la publication des présentes, pour tout délai, les Propriétaires qui n'auront point fait construire des magasins sur leurs emplacemens, seront déchus de leurs droits desdits emplacemens, lesquels seront dès lors réunis au Domaine du Roi, pour être de nouveau concédés à ceux qui se présenteront pour y bâtir des maisons : déclarons en outre toutes ventes et marchés desdits terrains non occupés nuls et de nul effet ; et à l'égard des magasins abandonnés et qui tombent en ruine faute de nécessaire, nous ordonnons que s'il n'y est pourvu par les Propriétaires mineurs ou autres dans l'espace d'un an, après une seule sommation faite à la diligence du Procureur du Roi, il sera procédé à la vente desdits magasins abandonnés, au plus offrant et dernier enchérisseur, pour les deniers en provenant être remis à ceux à qui ils appartiendront. Enjoignons au sieur de Chastenoye, Lieutenant de Roi au Cap, audit sieur Procureur-Général et à ses Substituts, chacun en droit soi, de tenir la main à l'exécution de la présente Ordonnance, laquelle sera enregistrée au Greffe de la Jurisdiction du Cap, lue, publiée et affichée. DONNÉ à Léogane, etc. *Signé*, CHATEAUMORANT, et MITHON.

R. au Conseil du Cap, le 14 Juillet 1718.

COMMISSION de Second Conseiller au Conseil Supérieur du Cap, pour M. DUCLOS.

Du 22 Mai 1718.

LOUIS, etc. SALUT. Nous aurions destiné le sieur Duclos, Commissaire de la Marine, pour aller servir en ladite qualité au Cap François de Saint-Domingue, et étant informé de sa probité, capacité et expérience au fait de la Judicature, et estimant nécessaire pour le bien de notre service, de lui donner séance et voix délibérative au Conseil Supérieur du Cap : A CES CAUSES, etc. nous avons commis, député et établi, commettons, députons et établissons par ces Présentes signées de notre main, le sieur Duclos, notre Second Conseiller au Conseil Supérieur du Cap François de Saint-Domingue, pour y avoir avec voix délibérative, rang et séance après les Officiers Majors qui y ont entrée, et avant le Doyen, et les autres Conseillers dudit Conseil; et en cas d'absence du sieur Mithon, Premier Gonseiller des Conseils Supérieurs de Léogane et du Cap, y recueillir les voix, prononcer les Arrêts et faire les autres fonctions que le sieur Mithon feroit s'il étoit présent audit Conseil du Cap. Si donnons en mandement à nos amés et féaux les gens tenant notre Conseil Supérieur du Cap, que ces Présentes ils fassent registrer, et de leur contenu jouir et user ledit sieur Duclos, que nous avons dispensé et dispensons de prêter un nouveau serment, attendu celui qu'il a déja prêté, etc. DONNÉ à Paris, etc.

R. au Conseil du Cap, le 18 Mai 1719.

Et à celui de Léogane, le 6 Mai 1720.

ARRÊT du Conseil du Cap, qui provisoirement nomme un Sénéchal et un Procureur du Roi au Cap, en attendant que MM. les Général et Intendant en établissent d'autres.

Du 4 Juillet 1717.

SUR ce qui a été représenté par le Procureur-Général du Roi, que les affaires du Public étoient en souffrance, attendu l'absence des Juges, et Procureur du Roi, ou leurs maladies; le Juge étant parti pour France, le Lieutenant et Procureur du Roi étant malades, LE CONSEIL a nommé la personne du sieur Dauvaise pour tenir le Siege de la Juridiction Royale du Cap, et vaquer aux affaires publiques par intervalle, et M. Pinsarrat pour Substitut du Procureur du Roi, et ce en attendant que MM. Chateaumorant et Mithon y aient autrement pourvu.

ARRÊT du Conseil du Cap, qui attendu la maladie des Officiers du Siege du Cap, nomme un Huissier pour la Juridiction.

Du 4 Juillet 1718.

LE CONSEIL, après avoir pris et reçu le serment dudit Fossard par lequel il a promis, *genou en terre* * et la main levée, de bien et fidellement s'acquitter de ladite Charge et y remplir son devoir, l'a reçu et reçoit en icelle, *attendu l'absence de MM. les Juges de la Juridiction Royale du Cap, détenus par indispositions*, pour exercer ladite Charge en ladite Juridiction au lieu et place dudit feu Guilbert.

* *Le Conseil du Cap a été jusqu'en 1737 dans l'usage de faire prêter tous les sermens de cette maniere.*

V. l'Arrêt du 7 Mai de ladite année 1737.

ORDONNANCE des Administrateurs, qui distrait le Quartier des Gonaives du Commandement, de la Juridiction, et de la Paroisse du Port de Paix, pour le réunir au Quartier de l'Artibonite.

Du 20 Juillet 1718.

LE Marquis de Chateaumorant, etc.

Jean-Jacques Mithon, etc.

Vu l'Enquête faite par ordre de MM. le Comte de Blénac et Mithon, et à la requisition de M. de Breda, Lieutenant de Roi, Commandant au Port de Paix, pour reconnoître les limites du côté des Gonaives d'entre le Quartier dudit Port de Paix et celui de l'Artibonite, telles qu'elles avoient été anciennement réglées, tant pour la commodité des Habitans dudit lieu, que pour leur défense, ladite Enquête en date du 20 Juillet 1716, le Procès-verbal de prestation de serment desdits Habitans des Gonaives devant le sieur Fulgent, Lieutenant de Juge du Port de Paix, au sujet desdites limites en date dudit jour 20 Juillet, et le Procès-verbal en conséquence de la reconnoissance et fixation des bornes et limites des deux Quartiers, aussi dudit jour 20 Juillet, lequel dit Procès-verbal a été communiqué au sieur Villaroche, Commandant de l'Artibonite, qui y a fait ses observations contenues dans les deux Procès-verbaux de visite en date des 8 et 9 Octobre 1716; le tout mûrement examiné; Nous disons que la chaîne de montagne, presque inacessible, qui sépare le Quartier du Port de Paix d'avec les Gonaives, et les Rivieres qu'il faut passer plusieurs fois, rendent l'accès du Port de Paix très-difficile aux Habitans des Gonaives, et quelquefois même impraticable, n'étant presque pas possible en aucun temps de s'y rendre en un jour; de sorte que les Habitans, rebutés par les difficultés des chemins, ne peuvent aller que très-rarement à l'Eglise du Port de Paix les Fêtes et Dimanches, et ne peuvent facilement être assistés dans leur maladie par le Curé dudit Port de Paix, au lieu que la plaine des Gonaives étant contiguë au Quartier de l'Artibonite sans obstacle d'aucune montagne; les premiers Habitans de la plaine n'étant pas éloignés de plus de 4 lieues de l'Eglise, et les autres de 5, 6 et 7 lieues au plus, ils peuvent plus commodément se rendre à la Messe le même jour, et peuvent aussi se rendre facilement à la Juridiction de la Léogane et au Conseil quand ils ont des procès par des canots qui y sont en usage; à quoi ayant égard, nous avons établi et établissons pour borne fixe d'entre le Quartier du Port de Paix et celui des Gonaives, la Crête Espagnole, ou chaîne de montagne, qui forme la séparation des deux Quartiers en conséquence, ordonnons que tous les Habitans, depuis ladite Crête Espagnole jusqu'à la Mer, et ceux qui occupent les terres du côté de l'Ouest de la Riviere seront dépendans du commandement Juridiction et Paroisse de l'Artibonite; et comme le Quartier du Port de Paix pourroit être attaqué par surprise pendant la guerre, ou même insulté par des descentes des Corsaires ou des Forbans, en l'absence du Général, M. le Marquis de Chateaumorant ordonne au Commandant de l'Artibonite et à celui des Gonaives d'obéir dans les cas d'attaques ou de descentes au premier ordre du Commandant du Port de Paix, auquel ils seront tenus de donner dans l'occasion tout secours et assistance d'Hommes qu'ils pourront rassembler dans leur Quartier, dont ils nous donneront aussi-tôt avis; et sera la présente Ordonnance enregistrée au Greffe du Port de Paix, et au Notariat de l'Artibonite, avec les Pieces y énoncées, lue, publiée et affichée par-tout où besoin sera, à ce que personne n'en ignore. DONNÉ à Léogane, etc.

R. au Siege Royal du Port de Paix, le 27 Septembre 1718.

ORDONNANCE

ORDONNANCE du Roi, qui attribue aux Majors des Colonies le Commandement sur les Capitaines des Compagnies.

Du 26 Juillet 1718.

ORDRE du Roi, au sieur DUCLOS, pour faire les fonctions d'Ordonnateur de la Colonie de Saint-Domingue, en l'absence ou au défaut de M. MITHON.

Du 31 Juillet 1718.

DE PAR LE ROI.

SA MAJESTÉ ayant destiné le sieur Duclos, Commissaire de la Marine, pour aller servir d'Ordonnateur au Cap François de Saint-Domingue sous les ordres du sieur Mithon, Commissaire-Général de la Marine et Ordonnateur dans la Colonie de Saint-Domingue; Sa Majesté, de l'avis de M. le Duc d'Orléans, Régent, veut et entend qu'en cas d'absence de ladite Colonie; ou au défaut dudit sieur Mithon, le sieur Duclos y fasse les fonctions d'Ordonnateur, ait entrée, séance et voix délibérative au Conseil Supérieur de Léogane, ainsi et de la même maniere qu'il la doit avoir au Conseil Supérieur du Cap par ses provisions de second Conseiller audit Conseil. Mande et ordonne Sa Majesté au sieur Marquis de Chateaumorant, Gouverneur et Lieutenant-Général à Saint-Domingue, et à tous autres qu'il appartiendra de reconnoître et faire reconnoître ledit sieur Duclos en ladite qualité d'Ordonnateur lesdits cas arrivant. FAIT à Paris, etc.

R. au Conseil du Cap, le 18 Mai 1719.

Et à celui de Léogane, le 6 Mai 1720.

ARRÊT de Réglement du Conseil du Cap, qui en renouvellant les précédens, defend aux Chirurgiens, sans Lettres et non reçus, d'exercer, à peine de 500 liv. d'amende, dont moitié applicable à l'Hôpital de la Charité, et l'autre moitié à la nouvelle Eglise du Cap.

Du 1er Août 1718.

MÉMOIRE du Roi à MM. le Marquis DE CHATEAUMORANT *et* MITHON *sur l'Octroi.*

Du 2 Août 1718.

SA MAJESTÉ s'est fait rendre compte de la maniere dont s'est faite jusqu'à présent l'imposition de l'Octroi à Saint-Domingue, pour payer les dépenses de la Colonie, et elle a été informée que les sieurs de Blénac et Mithon, ayant fait savoir suivant, les ordres du feu Roi, aux Habitans de cette Isle, que l'état de ses finances, qu'une longue guerre avoit épuisées, ne lui permettoit plus de faire pour cette Colonie les mêmes dépenses que par le passé, que ne payant point les droits du Domaine comme les autres Isles, il étoit juste qu'ils fournissent aux dépenses de la Colonie; et ayant convoqué le Conseil Supérieur de Léogane pour délibérer sur une imposition convenable à ces dépenses, ce Conseil établit un droit de 6 liv. par an sur chaque tête de Negre travaillant pendant les années 1713 et 1714; et celui du Cap qui fut convoqué ensuite, établit le même droit dans sa dépendance.

Ces deux Conseils donnerent à l'envi des marques de leur zele et de leur attachement au service de Sa Majesté, et cette imposition faite en forme d'Octroi fut approuvée par le feu Roi, qui avoit marqué auxdits sieurs Blénac et Mithon, qu'il ne vouloit point se mêler de la perception des droits imposés, et qu'il n'établiroit point de Fermiers dans la Colonie; mais comme il étoit nécessaire de faire une nouvelle assemblée au mois de Janvier 1715, pour régler la continuation des l'assemblée de cet Octroi, ou pour en établir une autre, s'il étoit jugé convenable, pour la facilité des Habitans et le bien de la Colonie en général; Sa Majesté ordonna aux sieurs de Blénac et Mithon de convoquer une nouvelle assemblée en ce temps à Léogane, où le Conseil du Cap se transporteroit pour y assister, et que la délibération qui seroit prise dans cette assemblée seroit faite au nom des deux Conseils sans qu'il fût besoin de délibérer de nouveau à celui du Cap. Ces ordres ont été exécutés, et ces deux Conseils assemblés le 26 Janvier 1715, savoir celui de Léogane en corps, et celui du Cap représenté par les sieurs Beauval-Barbé et de Silvecanne Dubois, Conseillers députés à cet effet, ont continué de donner des marques continuelles de leur zele, et ont établi pour les dépenses de l'année 1715 un droit de 4 liv. par tonneau sur tous les Vaisseaux qui iroient commercer dans la Colonie, excepté ceux qui viendroient de Guinée qui ne payeront que 2 livres; 10 sols sur chaque barrique de Sucre brut; 2 liv. sur celles de Sucre blanc; 20 sols sur chaque bannette de Cuir; et une augmentation sur les droits de Cabarets. Ces deux Conseils convinrent en même temps que si le produit de ces droits ne suffisoit pas pour le paiement de ces dépenses avec le produit des Fermes de Boucheries, et celui du droit de deux sols sur chaque livre d'Indigo établi par ordre du Conseil le 18 Juillet 1696, il y seroit pourvu par une augmentation à l'Assemblée qui seroit tenue en l'année 1716, laquelle n'a point été convoquée, les sieurs Blénac et Mithon n'ayant reçu aucun ordre à ce sujet, ce qui les a obligés de rendre une Ordonnance, par laquelle ils ont prorogé la convocation de l'assemblée qui devoit être faite, et ont ordonné en même temps la continuation de la levée des mêmes droits, jusqu'à la convocation et délibération d'une nouvelle assemblée, ce que Sa Majesté a approuvé.

Sa Majesté, après avoir examiné ces différens droits, et son intention étant que ceux qui seront établis à Saint-Domingue, n'interrompent point le commerce, et n'empêchent point l'abondance qui doit être toujours dans la Colonie, et qui ne peut être perpétuée que par l'arrivée continuelle des Navires de France, sur lesquels il ne convient point d'établir des droits, aussi bien que sur les Marchandises qui en arrivent: Sa Majesté, de l'avis de M. le Duc d'Orléans, Régent, a résolu de régler ceux qui seront levés dans ladite Colonie de Saint-Domingue pour satisfaire aux dépenses, approuvant cependant les droits qui ont été établis en 1715, continués pendant les années 1716 et 1717, et la présente, ensemble la levée d'iceux; et à commencer du premier Janvier 1719, Sa Majesté veut, pour satisfaire à ces dépenses, qu'il soit continué d'être levé dans ladite Colonie de Saint-Domingue le droit de deux sols par livre d'Indigo établi par Arrêt du Conseil du 18 Juillet 1696, les droits de Boucherie et de Cabaret avec l'augmentation ordonnée par la délibération des deux Conseils du 26 Janvier 1715, continués pendant les années 1716 et 1717, et la présente, ensemble la levée d'iceux, et à commencer du premier Janvier 1719, le droit de 20 sols par bannette de Cuir établi par la même délibération, celui de 30 sols sur chaque barrique de Sucre brut, et 20 sols sur chaque barrique de Sucre blanc; si bien qu'il sera payé à commencer du premier Janvier 1719, 40 sols de droit pour la barrique de Sucre brut, et 3 liv. pour celle de Sucre blanc, et qu'il soit en outre levé l'Octroi sur chaque tête de Negre payant droit, les exempts réservés, établi par les délibérations des deux Conseils en l'année 1713, lequel sera de 3 liv. par chacun desdits Negres par chacune année, au lieu de 6 liv. portées par lesdites délibérations.

Sa Majesté veut bien laisser la liberté aux Conseils Supérieurs de Léogane et du Cap, de nommer dans les lieux de leur ressort les Sujets qu'ils estimeront capables pour les charger de la perception de ces droits; mais Sa Majesté veut en même temps que ceux qui en seront chargés, mettent tous les deux mois entre les mains des Commis des Trésoriers-Généraux de la Marine les deniers qui proviendront de leur recette pour être employés aux dépenses de la Colonie en la maniere accoutumée, sans qu'ils puissent sous aucun prétexte être employés à d'autres usages, et que ces Commis leur en donneront pareillement des reçus; il paroît juste à Sa Majesté de soulager les petits Habitans, et ceux qui commenceront à établir de nouvelles terres; et pour cet effet son intention est que les Habitans qui n'auront que quatre Negres, et au-dessous, soient exempts dudit droit d'Octroi imposé sur chaque tête de Noir; et que ceux qui commenceront à établir de nouvelles terres, soient aussi exempts du même droit pendant les deux premieres années pour les Negres qu'ils employeront au défrichement de ces nouveaux établissemens.

Sa Majesté sait que les Habitans sont persuadés de la justice qu'il y a qu'ils fournissent aux dépenses de la Colonie, ce sont des sentimens conformes à l'attachement qu'ils doivent au service de Sa Majesté; elle veut aussi qu'au moyen desdits droits qui seront levés par forme d'Octroi, les Habitans de la Colonie de Saint-Domingue continuent d'être exempts de ceux du Domaine qui se paient dans les autres Isles, et qu'il ne soit établi dans aucun cas des Fermiers dans la Colonie.

Sa Majesté ordonne auxdits sieurs Marquis de Chateaumorant et Mithon, aux Officiers des Conseils Supérieurs de Léogane et du Cap, et à tous autres ses Officiers qu'il appartiendra de tenir, chacun en droit soi, la main à l'exécution du présent Réglement, ou Mémoire, qui sera enregistré auxdits Conseils Supérieurs, et exécuté selon sa forme et teneur: ordonne aussi Sa Majesté à tous autres ses Sujets, de quelque qualité, condition et pays qu'ils soient, de s'y conformer. FAIT à Paris, etc.

R. au Conseil de Léogane, le 6 Mars 1719.

Et à celui du Cap, le même jour.

DÉCLARATION de se pourvoir au Conseil-privé contre un Arrêt du Conseil du Cap, fait au Greffe de cette Cour par le Greffier même, comme fondé de la procuration d'une Partie.

Du 3 Août 1718.

C'étoit alors un acte usité dans la Colonie.

PREMIERE Commission d'Intendant des Isles sous le Vent pour M. MITHON DE SENNEVILLE.

Du 9 Août 1718.

LOUIS, etc. estimant nécessaire pour le bien et l'utilité de notre service d'établir un Intendant *de Police, Justice et Finances* aux Isles sous le Vent de l'Amérique résidant à Saint-Domingue, nous avons cru ne pouvoir faire un meilleur ni plus digne choix que de vous pour exercer cet emploi, tant par la sage conduite que vous avez tenue dans les différens emplois qui vous ont été confiés, particulierement dans celui de Commissaire-Général de la Marine audit Pays, que par le zele et la fidélité que vous avez toujours témoignés pour notre service : A CES CAUSES, et autres à ce nous mouvant, de l'avis de notre très-cher et très-amé Oncle le Duc d'Orléans, Régent, nous vous avons commis par ces Présentes signées de notre main, commettons, ordonnons et députons Intendant de la Justice, Police et Finances aux Isles sous le Vent de l'Amérique résidant à Saint-Domingue, pour en cette qualité vous trouver aux Conseils de Guerre qui y seront tenus par le sieur Marquis de Chateaumorant, Gouverneur et Lieutenant-Général pour nous auxdites Isles; ouir les plaintes qui vous seront faites par nos Sujets desdites Isles, par les Gens de Guerre, et tous autres sur tous excès, torts et violences, leur rendre bonne et brieve justice, informer de toutes entreprises, pratiques et menées faites contre notre Service, procéder contre les coupables de tous crimes de quelque qualité et conditions qu'ils soient; leur faire et parfaire le procès jusqu'à jugement définitif et exécution d'icelui inclusivement, appeller avec vous le nombre de Gradués et Juges portés par nos Ordonnances, et généralement connoître de tous crimes, délits, abus et malversations qui pourroient être commis en nosd. Isles par quelque personne que ce soit, présider aux Conseils Supérieurs, demander les avis, recueillir les voix, prononcer et signer les Arrêts, tenir la main à ce que tous les Juges inférieurs de nosdits Pays, et tous nos Officiers soient maintenus en leurs fonctions sans y être troublés par les Conseils Supérieurs auxquels vous présiderez, ainsi que dit est, et juger toutes matieres civiles et criminelles, conformément à nos Edits et Ordonnances, et à la Coutume de notre bonne Ville, Prévôté et Vicomté de Paris; faire avec les Conseils Supérieurs tous Réglemens que vous estimerez nécessaire pour la police générale desdites Isles, ensemble pour les foires et marchés, vente, achats et débits de toutes denrées et marchandises, lesquels Réglemens généraux vous ferez exécuter par les Juges subalternes qui connoissent de la police particuliere dans l'étendue de leur Juridiction; et en cas que vous estimiez plus à propos et nécessaire pour le bien de notre service, soit pour la difficulté ou le rétardement de faire lesdits Réglemens avec lesdits Conseils Supérieurs, nous vous donnons le pouvoir et la faculté par ces mêmes Présentes de les faire seul en matiere civile, et de tout ordonner, ainsi que vous verrez être juste et à propos, validant dès à présent comme pour lors les Réglemens, Jugemens et Ordonnances qui seront ainsi par vous rendus, tout ainsi que s'ils étoient émanés de nos Cours Supérieures, nonobstant toutes Récusations, Prises à partie, Edits, Ordonnances et autres choses à ce contraires; voulons aussi que vous ayiez la direction du maniement et distribution de nos deniers destinés, et qui le seront ci-après pour l'entretien des Gens de Guerre, comme aussi des vivres et amonitions, réparations, fortifications, parties inopinées, emprunts et contributions qui pourroient avoir été et être faites pour les dépenses d'icelles, et autres frais qui y seront à faire pour notre service, voir, vérifier et arrêter les Etats et Ordonnances qui en seront expédiés par notre Lieutenant-Général en Chef, et en son absence par nos autres Lieutenans-Généraux, aux Payeurs qu'il appartiendra, vous faire représenter les extraits des montres et revues, les contrôler et registrer, et en tout ce que dessus, circonstances et dépendances; distribuer par provision, conjointement avec notre Lieutenant-Général, les terres aux Habitans desdites Isles, et à ceux qui y passeront, bien intentionnés et disposés à les cultiver et faire valoir pour s'y habituer, jusqu'à ce qu'ils se soient pourvus pardevant nous pour en demander la confirmation; comme aussi nous voulons que vous ayiez seul la connoissance et juridiction souveraine de tout ce qui concerne la levée et perception de nos droits dans l'étendue desdites Isles ; savoir, des droits de Capitation, et de Poids, circonstances et dépendances, tant en matiere civile de quelque nature qu'elle puissent être, qu'en matiere criminelle, sur laquelle toutefois en cas de peines afflictives, vous prendrez le nombre de Gradués porté par nos Ordonnances ; voulant que vos Jugemens soient exécutés comme Arrêts de Cour Souveraine, nonobstant toutes oppositions et appellations, prises à partie, récusation, et autres empêchemens quelconques ; voulant de plus que vous connoissiez de la distribution des deniers provenus de la levée desdits droits, suivant et conformément aux états que nous vous enverrons par chacun an, et au surplus faire ce que vous verrez être nécessaire et à propos pour le bien et avantage de notre Service, et qui dépendra de la fonction de ladite Charge d'Intendant de Justice, Police et Finances en nosdites Isles, de laquelle nous entendons que vous jouissiez aux honneurs, autorités, prérogatives, prééminences et aux appointemens qui vous seront par nous ordonnés ; de ce faire vous donnons pouvoir, autorité et mandement spécial, même subdéléguer en votre absence, et dans les lieux où notre Service ne nous permettra pas de vous transporter et d'être en personne. Mandons audit sieur Marquis de Chateaumorant, Gouverneur, et notre Lieutenant-Général, pour nous esdites Isles de vous faire jouir de l'effet et contenu de ces Présentes, ordonnons aux Officiers des Conseils Supérieurs, et à tous autres nos Justiciers, Officiers et Sujets, de vous reconnoître, entendre et obéir en ladite qualité, de vous assister et prêter main-forte si besoin est, pour l'exécution des Présentes : car tel est notre plaisir, etc. DONNÉ à Paris, le 9 Août 1718. *Signé* LOUIS. *Et plus bas*, par le Roi, LE DUC D'ORLÉANS, Régent présent, et au-dessous, PHELIPEAUX, et scellé du grand sceau de cire jaune.

R. au Conseil de Léogane, le 6 Mars 1719.

Et à celui du Cap, le premier Avril suivant.

ARRÊT du Conseil du Cap, qui juge qu'un Negre mort des suites de son jarret coupé par le Bourreau, meurt pour le compte de son Maître, et déboute celui-ci de sa demande, afin de paiement du prix de ce Negre sur les deniers publics.

Du 11 Août 1718.

TARIF Provisionnel dressé par les Administrateurs des Droits, Salaires et Vacations des Officiers des l'Amirauté établis à Saint-Domingue.

Du 25 Août 1718.

LE Marquis de Chateaumorant, etc.

Jean-Jacques Mithon, etc.

L'Arrêt du Conseil d'Etat du 31 Décembre 1717, qui autorise les Officiers de l'Amirauté établis nouvellement en cette Colonie à recevoir des Droits, Salaires et Vacations, nous commettant pour en faire un Tarif provisionnel; nous, après avoir pris les avis des Procureurs-Généraux des Conseils Supérieurs de Léogane et du Cap, avons dressé ledit Tarif en forme de Réglement, afin que lesdits Droits ne puissent être arbitraires, ni incertains, et que tous les Sieges de l'Isle observent une regle uniforme dans leur taxe, dont suit la teneur :

ART. Ier. Pour la déclaration ou rapport que doit faire le Capitaine à son arrivée dans cette Isle, il sera payé 6 l. au Lieutenant de l'Amirauté, les deux tiers au Procureur du Roi, et l'autre tiers au Greffier, y compris l'expédition, le rapport ou déclaration suffira, sans que les Officiers de l'Amirauté soient tenus de faire la visite à bord du Vaisseau nouvellement arrivé, dont nous estimons qu'ils doivent être dispensés sous le bon plaisir de Sa Majesté; lesdits Officiers peuvent également faire rendre compte à terre du nombre d'Equipage, des Passagers et du chargement du Vaisseau.

ART. II. Pour la visite que les Officiers de l'Amirauté seront tenus de faire lorsque le Navire sera prêt à charger, laquelle nous estimons nécessaire et indispensable, pour examiner si le Vaisseau est en état de faire le voyage, conformément à l'Article II, Titre V du Réglement du 12 Janvier 1717, il sera payé la somme de 12 liv. au Lieutenant de l'Amirauté, les deux tiers au Procureur du Roi, l'autre tiers au Greffier, y compris l'expédition du Procès-verbal de visite; et comme la rade de Léogane est plus éloignée de la Ville que celles du Cap, du Port de Paix, et du Petit-Goave, nous attribuons en cette considération 18 liv. au Lieutenant dudit lieu, les deux tiers au Procureur du Roi, et l'autre tiers au Greffier.

ART. III. Ne sera fait aucune visite au départ dudit Vaisseau, dont nous estimons que les Officiers de l'Amirauté doivent être dispensés sous le le bon plaisir de Sa Majesté; mais le Capitaine sera tenu de venir faire à son départ sa déclaration à l'Amirauté en présence de l'Ecrivain ou Dépensier dudit Vaisseau du Maître et du Pilote qui présenteront au Lieutenant d'Amirauté un état de leurs Vituailles pour leur retour en France, dont ils certifieront au bas la quantité et qualité par serment, et cette quantité ne pourra être moindre que celle portée à l'Article III, Titre V dudit Réglement du 12 Janvier 1717, et sera payé pour ladite déclaration et examen de Vivres 8 liv. au Lieutenant d'Amirauté les deux tiers auProcureur du Roi, et l'autre au Greffier, y compris l'expédition, tant de la déclaration que de l'état des Vivres.

ART. IV. Pour toutes autres déclarations reçues au Greffe de l'Amirauté, il sera paye 6 liv. au Lieutenant, les deux tiers au Procureur du Roi, et au Greffier seulement la Grosse à 12 sols par rôle.

ART. V. Pour toutes autres visites et transports faits à bord pour parvenir à la condamnation d'un Vaisseau, apposition des scellés, et autres cas, même taxe que celle portée à l'Article II du présent Réglement.

ART. VI. Pour les inventaires, il sera payé au Lieutenant 12 liv. par vacation, les deux tiers au Procureur du Roi et au Greffier; au Lieutenant d'Amirauté de Léogane, 18 liv. au Procureur du Roi, et au Greffier à proportion, pour les raisons citées à l'Article II.

ART. VII. Pour une Sentence qui déclare un Navire incapable de naviguer, le Lieutenant ne pourra prendre plus de 15 liv. les deux tiers au Procureur du Roi, et au Greffier sa grosse à 12 sols par rôle.

ART. VIII. Pour toutes les liquidations de paiemens, dûs aux équipages du Vaisseau condamné, il sera payé au Lieutenant 12 liv., les deux tiers au Procureur du Roi, et au Greffier sa grosse à 12 sols par rôle.

ART. IX. Pour les Procès-verbaux et Adjucations des Vaisseaux, il sera payé 24 liv. au Lieutenant, les deux tiers au Procureur du Roi, et au Greffier sa grosse à 12 sols par rôle.

ART. X. A l'égard des autres Procédures, tant en matiere civile que criminelle, le Lieutenant, Procureur du Roi et Greffier, ce conformeront au Réglement, fait au Conseil de Léogane, le 12 Avril 1706, et au Conseil du Cap, le 8 Novembre de ladite année.

ART. XI. Les Huissiers de l'Amirauté ce conformeront aussi pour leur taxe audit Réglement de 1706, pour tous les exploits, ajournemens, saisies, et autres procédures, avec défenses d'augmenter lesdites taxes, à peine de concussion.

Ordonnons que le présent Réglement provisionnel conformément à l'Article II, sera exécuté selon sa forme et teneur dans tous les Sieges de l'Amirauté de cette Isle, avec défenses d'exiger rien au-delà des taxes par nous réglées, à peine de restitution du quadruple; et sera le présent Réglement enregistré aux Greffes des Conseils Supérieurs de Léogane et du Cap, et Juridictions, lu, etc. A Léogane, etc.

R. au Conseil de Léogane, le 5 Septembre 1718.

Et à celui du Cap, le 3 Octobre suivant.

PROVISIONS de Gouverneur-Général, pour M. le Marquis DE SOREL, Capitaine de Vaisseau, Inspecteur des Compagnies franches de la Marine, au lieu et place de M. le Marquis DE CHATEAUMORANT.

Du 1er Septembre 1718.

R. au Conseil du Cap, le 10 Juillet 1719.

Et à celui de Léogane, le 13 Novembre suivant.

Ces provisions sont absolument les mêmes que celles de M. le Marquis de Chateaumorant du premier Juillet 1716.

ORDONNANCE du Roi, portant Amnistie en faveur des Forbans, qui dans un an de la date de l'enregistrement d'icelle viendront s'établir aux Colonies; voulant que ceux qui seront pris après ce délai ou pendant icelui, les armes à la main, soient punis de mort, et leurs complices des Galeres à perpétuité; que les Bâtimens pris sur eux appartiennent aux Preneurs, excepté ceux repris et appartenans à des François qui pourront les réclamer dans l'an, le tout en payant le tiers de la valeur, conformément aux Articles 4, 5 et 10 du Titre des Prises de l'Ordonnance du mois d'Août 1681, laquelle sera exécutée à l'égard desdites Prises, ainsi que le Réglement de 1669; et Ordonnance des Administrateurs pour l'enregistrement de celle de Sa Majesté.

Des 5 Septembre 1718, et 22 Janvier 1719.

R. au Conseil de Léogane, le 6 Février 1719.

Et à celui du Cap, le 6 Mars suivant.

ORDONNANCE de M. l'Intendant, qui défend au nommé **LALPHA**, *dont le Terrain concédé pour culture n'est pas enclos, de laisser vaguer ses bestiaux et de chasser avec des chiens, à peine de 300 livres d'amende; et permet de tuer ses bestiaux lorsqu'ils causeront des dégats, et ses chiens quand ils seront trouvés à la chasse.*

Du 17 Septembre 1718.

R. au Siege Royal du Cap, le 3 Janvier 1719.

PROVISIONS de Lieutenant de Roi, Commandant au Fort Saint-Louis et dans la Concession de la Compagnie de Saint-Domingue, sur la presentation de cette Compagnie, pour le sieur **DE RUTANT**, *son Directeur.*

Du 2 Octobre 1718.

ARRÊT du Conseil du Cap, portant que l'Audiencier du Siege Royal du Cap ne peut se faire représenter qu'en cas de maladie, et qu'alors il lui appartient encore la moitié du Droit d'appel des Causes.

Du 3 Octobre 1718.

ARRÊT du Conseil du Cap, et Ordonnance des Administrateurs, touchant la Construction de l'Eglise du même lieu.

Des 4 Octobre et 14 Novembre 1718.

SUR la représentation qui a été faite au Conseil par MM. les Marguilliers de la Paroisse du Cap que les fonds pour la perfection de la construction de la nouvelle Eglise manquoient, que d'ailleurs il y a un grand nombre d'Habitans qui n'ont point donné, ni n'ont point été taxés suivant leur force : LE CONSEIL ayant égard à ladite représentation, a nommé M. Robineau, Procureur-Général en ce Conseil, pour

Commissaire, qui a déja pris connoissance des taxes ci-devant faites *, et ce pour examiner les sommes qui ont déja été données, celles que l'Eglise doit, et celles qui sont nécessaires pour la perfection de ladite Eglise, et sur ce taxer les aisés, ceux qui ont donné moins que leurs forces permettoient ; et comme il a été examiné par le Conseil que lesdits fonds que l'on pouvoit lever par ce moyen ne suffiroient pas, il a été proposé de lever une petite taxe sur toute la quantité des Negres de la dépendance du Cap, sous le bon plaisir et ordre de MM. le Marquis de Chateaumorant, Général, et Mithon, Intendant, auxquels ledit Conseil a chargé ledit sieur Robineau d'écrire, et sur leur réponse être exécuté ce qu'ils ordonneront.

R. au Conseil du Cap, le 5 Décembre suivant.

Par leur Ordonnance du 14 Novembre suivant, MM. de Chateaumorant et Mithon ordonnent une levée de cinq sols par tête de Negres dans la dépendance du Cap.

V. l'Arrêt du 2 Janvier 1719.

* *En vertu d'un précédent Arrêt du 3 Mars de la même année qui autorisoit le Procureur-Général à faire venir devant lui, en général ou en particulier, les Paroissiens du Cap pour se taxer eux-mêmes.*

ARRÊT du Conseil d'Etat, qui permet à tous François d'envoyer à la Colonie de Saint-Louis, Côte de Saint-Domingue, des Vaisseaux chargés de Vivres et Marchandises, depuis le 15 Novembre prochain jusqu'au 15 Mai 1719.

Du 24 d'Octobre 1718.

LE ROI ayant été informé des besoins pressans des Habitans de la Colonie de Saint-Louis, Côte de Saint-Domingue, et du peu de soin que prend la Compagnie d'y remédier, quoique Sa Majesté lui ait accordé en 1698, la permission d'y négocier à l'exclusion de tous autres ; que le Directeurs et intéressés de cette Compagnie ont plusieurs contestations ensemble, que Sa Majesté a renvoyées pardevant des Commissaires de son Conseil ; et comme il n'est pas juste que les Habitans de ladite Colonie souffrent aussi considérablement de la mésintelligence qui regne entre lesdits Directeurs et intéressés ; Sa Majesté a résolu de pourvoir aux besoins desdits Habitans; après avoir examiné les lettres et Mémoires qui lui ont été envoyés de Saint-Domingue, et les réponses desdits Directeurs et intéressés, ouï le rapport, et tout considéré, Sa Majesté étant en son Conseil, de l'avis de M. le Duc d'Orléans, Régent, a permis et permet à tous François de quelque qualité et condition qu'ils soient, ainsi qu'à ladite Compagnie, d'envoyer à la Colonie de Saint-Louis, Côte de Saint-Domingue, des Vaisseaux chargés de Vivres et Marchandises pour la subsistance, entretien et commerce des Habitans de ladite Colonie, depuis le 15 Novembre prochain jusqu'au 15 Mai 1719 inclusivement, en observant par lesdits François les Réglemens faits par Sa Majesté, tant pour le départ des Vaisseaux de France pour les Isles, que pour le retour desdits Vaisseaux en France; fait Sa Majesté défenses à la Compagnie de Saint-Domingue d'apporter aucun trouble ni empêchement, tant aux Habitans de ladite Colonie, qu'à ceux desdits François, qui en vertu du présent Arrêt se porteront à faire commerce dans ladite Colonie pendant le temps prescrit par Sa Majesté, après lequel il sera permis à la Compagnie de Saint-Domingue de continuer l'exécution du privilege qui lui a été accordé par les Lettres-patentes de 1698. FAIT au Conseil d'Etat, etc.

R. au Conseil de Léogane, le 4 Novembre 1720.

ARRÊT du Conseil de Léogane, portant défenses de vendre aucuns Effets des Mineurs sans avis de Parens et autorité de Justice.

Du 10 Novembre 1718.

ENTRE M. Me Charles le Maire, etc. Contre les sieurs Pascal et autres, etc.

La COUR faisant droit sur les conclusions du Procureur-Général du Roi, a fait et fait très-expresses inhibitions et défenses aux Tuteurs, Curateurs, et autres gérans les biens des Mineurs, de vendre à l'avenir aucuns effets appartenans aux Mineurs sans avis de parens et autorité de Justice, à peine d'en répondre en leur propre et privé nom, de nullité desdites ventes et de tous dépens, dommages et intérêts; leur enjoint de se conformer aux Ordonnances Royaux à ce sujet; et sera l'extrait du présent Arrêt lu, publié et registré ès Greffes des Juridictions du ressort du Conseil, etc.

LETTRE du Conseil de Marine à M. DE CHATEAUMORANT et MITHON, pour faire exécuter à Saint-Domingue l'Ordonnance de 1673 sur le fait du Commerce.

Du 7 Décembre 1718.

LE ROI a été informé que les Officiers de Justice de l'Isle de Saint-Domingue font difficulté de se conformer aux Ordonnances du feu Roi de l'année 1673, concernant les Lettres de change et Billets à ordre; sur quoi Sa Majesté desire que vous fassiez entendre auxdits Officiers de Justice que l'Ordonnance de 1673 étant exécutée dans l'étendue du Royaume de France, elle doit pareillement l'être dans les Isles de l'Amérique qui en dépendent; c'est à quoi le Conseil vous recommande de tenir exactement la main pour prévenir les plaintes des Négocians; vous observerez, s'il vous plaît, que cette Lettre doit être enregistrée aux Greffes des Conseils Supérieurs, afin qu'on s'y conforme.

ARRÊT du Conseil du Cap, qui ordonne une Levée de 15 sols par tête de Negres, grands et petits, de la dépendance du Cap, pour les Droits suppliciés, laquelle se fera avec celle de 5 sols pour la Construction de l'Eglise de la même Ville.

Du 2 Janvier 1719.

ACCORDS fait entre les Marguilliers du Cap, le Supérieur de la Mission des Jésuites et le Curé; et Arrêt du Conseil de la même Ville qui les homologue.

Des 7 Janvier et 6 Février 1719.

NOUS, Louis Olivier, Supérieur du Couvent de la Compagnie de Jesus et de la Mission de la dépendance du Cap, Côte Saint-Domingue, et Pierre-Louis Boutin, aussi Missionnaire de ladite Compagnie, Prêtre desservant la Paroisse Notre-Dame de la Ville du Cap, avons de commun accord, et sans nul retour de nous ni de nos successeurs, convenu avec MM. Jean-Allaire Dulangot et Jean-Baptiste Beaujau, Négocians de cette Ville, Marguilliers en Charge de ladite Paroisse, des Articles suivans; et afin de terminer et assoupir toutes les demandes et prétentions dont lesdits sieurs Marguilliers étoient sur le point d'intenter action contre nous, voulant que le présent soit irrévocable, et en la meilleure forme qu'il puisse être.

Art. Ier. Qu'il ne sera pas quêté en aucune maniere que ce puisse être pour les Pauvres de ladite Eglise paroissiale de Notre-Dame du Cap, sans le consentement exprès desdits sieurs Marguilliers pour lors en charge, et que celle pour la Fabrique de ladite Paroisse sera toujours privilégiée, et que les deniers qui proviendront de ladite quête au nom des Pauvres seront mis dans un tronc fermant à deux clefs, dont l'une desdites clefs sera mise entre les mains desdits sieurs Marguilliers pour être ledit tronc par la suite ouvert en leur présence, ou duement appellés, et les deniers qui se trouveront y avoir pour lors seront employés, soit aux réfections ou réparations de ladite Eglise, ou autres choses, ainsi que celui desservant ladite Paroisse et lesdits Marguilliers le jugeront à propos, soit par délibération ou autrement.

Art. II. Qu'il ne nous sera pas permis de mettre ni faire mettre à l'avenir aucuns tableaux, images ou figures de Saints de notre Ordre dans ladite Eglise, à présent neuve, sans qu'au préalable lesdits sieurs Marguilliers n'en aient été prévenus et donné leur consentement.

Art. III. Que pour ce qui concerne le caveau qui est dans la Sacristie de ladite Eglise paroissiale dans lequel nousdits Religieux aurions inhumé le corps de feu le R. P. Laval, desservant la Cure du Trou, aussi Jésuite, nous déclarons et reconnoissons dès à présent qu'icelle inhumation n'a été faite dans icelui caveau que par tolérance desdits Marguilliers, Habitans et Paroissiens de ladite Eglise; qu'ainsi nous n'entendons en tirer par la suite aucuns avantages, directement ni indirectement, en aucune maniere que ce puisse être.

Art. IV. Qu'il ne sera pas célébré dans ladite Eglise paroissiale, les Fêtes des Saints de notre Ordre, mais bien dans notre Chapelle conventuelle, à moins que nous n'en ayions permission desdits sieurs Marguilliers en charge, jusqu'à ce que notre Chapelle soit bâtie, qui sera le plutôt possible.

Art. V. Qu'il ne nous sera pas permis à l'avenir de faire aucuns Services pour les Morts dans ladite Eglise paroissiale les jours des

Dimanches et des Fêtes, ni de dire la Messe sur le corps de quelque mort pendant la Messe paroissiale.

ART. VI. Que finallement nousdits Religieux, Missionnaires, Supérieur et Desservant la Cure de Notre-Dame du Cap, déclarons et certiffions par le présent que la bâtisse de l'Eglise Notre-Dame du Cap, également que le clocher, et ce qui en dépend est aux Paroissiens et Habitans de la Ville du Cap, pour avoir été bâti, construit et fait des deniers desdits Habitans, Paroissiens et Bienfaiteurs; pourquoi nous ne pouvons à l'avenir ou autres en notre lieu et place, y prétendre aucuns droits de propriété en aucune maniere que ce puisse être.

De tous lesquels Articles nousdits Religieux, Missionnaires en notre qualité, sommes convenus pour éviter à toutes contestations et innovations qui pourroient naître et arriver par la suite, à peine de tous dommages et intérêts; en foi de quoi nous avons délivré le présent auxdits sieurs Dulangot et Beaujau, comme étant Marguilliers en charge représentans la Paroisse, qui ont signé le présent en double avec nous. FAIT et arrêté au Cap François, le 7e jour du mois de Janvier 1719. *Signes* LOUIS OLIVIER, Supérieur de la Compagnie de Jesus; PIERRE-LOUIS BOUTIN, de la Compagnie de Jesus, Curé; ALLAIRE DULANGOT et BEAUJEAU.

VU par le Conseil la Requête des Marguilliers en charge, les conclusions verbales du Procureur-Général du Roi, à ce que le Traité soit enregistré, tant au Greffe de ce Conseil, que des Juridictions en ressortissantes, et qu'il sera inséré sur les registres de la Paroisse pour y avoir recours, quand et ainsi qu'il appartiendra: LE CONSEI ordonne qu'elles seront exécutées selon leur forme et teneur, le 6 Février 1719.

V. l'Arrêt du 3 Juillet suivant.

ORDONNANCE *du Roi, portant Déclaration de Guerre contre l'Espagne.*

Du 9 Janvier 1719.

ORDONNANCE

ORDONNANCE de M. l'Intendant, qui sur la demande des Marchands & Habitans, & leur Délibération, fixe le prix des Sucres à Léogane.

Du 23 Janvier 1719.

A M. Mithon, etc.

Vous supplie très-humblement le Corps du Commerce, tant Marchands habitués en ce quartier de Léogane, que tous Capitaines gerans les Cargaisons de leurs Navires, et prennent la liberté de vous exposer, que sous prétexte que ce lieu est sous le vent de tous les autres endroits, où il se fait des affaires dans cette Colonie, Messieurs les Habitans paroissent vouloir en prendre avantage, pour l'augmentation du prix qu'ils fixent à leurs denrées, et prévenus qu'ils sont que tous les Vaisseaux qui mouillent et font leur commerce ici bas, doivent pour s'expédier et retirer leurs effets se conformer à cette loi, qui leur est imposée sans égard aux prix que peuvent valoir lesdites denrées en France, des risques à courrir par Forbans ou guerre entre les Couronnes, des droits à payer d'entrée et de sortie, tant ici que ceux qui se payent dans le Royaume, et de nombre d'autres frais dont le détail vous seroit ennuyeux, etc.

Aujourd'hui 22 Janvier 1717, les principaux Négociants, Capitaines de Navires et Habitans de ce quartier, s'étant assemblés en vertu de notre Ordonnance du 17 dudit Mois, pour trouver le prix le plus juste et le plus courant des Sucres, et régler les discussions d'entre lesdits Habitans et Négociants au sujet desdits Sucres, ainsi qu'il est plus au long marqué dans leur Requête, et encore dans un Mémoire qu'ils y ont joint, lequel a été lu; après plusieurs contestations de part et d'autre, les Négociants alléguant un marché fait à 14 liv. il y a environ trois semaines, et deux marchés faits, il y a environ quatre mois, à 12 et 13 liv. du cent du Sucre brut; les Habitans disant au contraire, que les derniers marchés étoient à 15 liv., tant au Petit-Goave qu'en cette Plaine; et après avoir examiné lesdites raisons et preuves alléguées par les Parties, il a été dit que tous les billets faits jusqu'à présent pour Sucre, à quelque prix qu'ils puissent être, seront exécutés selon leur forme et teneur.

Qu'à l'égard des marchandises et argent donné par les Capitaines payables en Sucre, sans y avoir fixé aucun prix, les Habitans seront obligés de les payer en Sucre sur le pied de 14 liv. 10 sols en futailles, si mieux n'aiment lesdits Habitans payer en argent; et que quoique le prix des Sucres paroisse être à présent à 15 liv. enfutaillé, suivant le prix le plus courant, cependant il seroit libre auxdits Capitaines et Négociants de faire leurs marchés ainsi que bon leur sembleroit, et de les obtenir s'ils pouvoient à meilleur prix, sans prétendre gêner lesdits Négociants non plus que les Habitans, le Commerce demandant cette liberté: leur enjoignons seulement d'en passer des marchés par écrit pour éviter toutes discussions, et sera le contenu de la présente Délibération lu à l'issue de la Messe Paroissiale, publié et affiché partout où besoin sera, à ce que personne n'en ignore. A Léogane, le 23 Janvier 1719. *Signé* MITHON.

ORDONNANCE du Roi, portant Amnistie pour les Forbans.

Du 24 Janvier 1719.

Cette Ordonnance ne differe de celle du 5 Septembre 1718, sur laquelle elle est calquée, que par la prolongation du terme de l'amnistie à 18 mois dudit jour 24 Janvier 1719.

R. au Conseil de Léogane, le 2 Septembre 1720.

LETTRES-PATENTES pour permettre aux Négociants de Languedoc, de faire dans le Port de Cette le Commerce de Guinée, conformément aux Lettres-Patentes du mois de Juillet 1716, sur la liberté de ce Commerce.

Du mois de Janvier 1719.

ARRÊT du Conseil du Cap, qui donne à l'Hôpital de la Charité le titre d'Hôpital Général, *à la charge de recevoir les pauvres Malades; et lui permet d'avoir un Tronc dans les Eglises, et de faire quêter aux portes d'icelles.*

Du 6 Février 1719.

VU par le Conseil la Requête du Frere Martial Dougnon, Supérieur du Couvent et Hôpital Royal de la Charité du Cap François, lequel remontre que pour le bien et utilité de tous les Hôpitaux Royaux, il est généralement permis de faire placer un tronc pour la charité publique dans chaque Eglise de l'Hôpital, et même de faire quêter une personne d'honneur et de considération, zélée par l'intérêt d'un véritable Christianisme, pendant les grandes Messes après les quêtes ordinaires de l'Eglise, ce qui n'a point encore été jusqu'à présent observé dans cette Colonie, et par conséquent porte un préjudice notable à l'Hôpital Royal de ce lieu; que s'en rapportant à la prudence de la Cour, etc.: ouï les conclusions verbales du Procureur-Général, LE CONSEIL ordonne que la présente sera communiquée aux sieurs Marguilliers du Cap, qui en confereront avec le R. P. Curé d'icelle, pour, sur leurs rapports, être ordonné ce qui est de droit. DONNÉ au Conseil, ce 6 Février 1719.

Nous, Pierre-Louis Boutin, de la Compagnie de Jesus, Curé desservant l'Eglise Paroissiale de Notre-Dame du Cap, et Jean-Allaire du Langot, et Jean Beaujau, Marguilliers en charge d'icelle, en notre qualité, après avoir pris lecture du contenu ci-dessus, déclarons ne pouvoir consentir aux demandes des Religieux de la Charité portées dans leur Requête, à moins qu'ils ne prennent la qualité d'Hôpital Général, et s'engagent d'en faire les fonctions, moyennant quoi nous consentons au Tronc seulement, avec l'inscription *d'Hôpital Général*, conrformement aux Ordonnances du Roi. Au Cap, le 6 Février 1719. *Signé* ALLAIRE DU LANGOT, BEAUJAU, et LOUIS BOUTIN, de la Compagnie de Jesus.

Déclare le Frere Martial, qu'il consent fort de prendre la qualité d'Hôpital Général, pour les pauvres qui n'ont point le moyen de payer, ayant toujours été son intention et les recevant actuellement, se réservant les Matelots des Vaisseaux Marchands, et autres qui seront en état de payer; et prie très-humblement N. N. du Conseil de lui accorder la quête pour les pauvres insensés et nécessiteux, dans ladite Eglise de

Notre-Dame du Cap. Le 6 Février 1719. *Signé* Frere MARTIAL BOUGON.

Ouï sur le tout les conclusions verbales du Procureur-Général du Roi, LE CONSEIL a reçu lesdits Freres de l'Hôpital, en la qualité d'Hôpital Général pour les pauvres qui ne pourront payer, et leur permet d'avoir un Tronc dans l'Eglise non-seulement du Cap, mais encore dans les Eglises dépendantes de ce District, et de faire quêter ou de quêter eux-mêmes à la Porte des Eglises, ou par qui bon leur semblera. DONNÉ en la Chambre du Conseil, le 6 Février 1719.

ARRÊT du Conseil du Cap, qui dispense l'Audiencier de l'Amirauté de la même Ville, de faire les Corvées de semaine à la Juridiction.

Du 7 Février 1719.

ORDONNANCE des Administrateurs, qui en confirmant celle du 3 Mai 1717, enjoint aux Procureurs-Généraux et leurs Substituts dans les Sieges, de vérifier les Poids & les faire étalonner en leur présence sous trois mois; condamne les Habitans dont les Poids seront foibles en 200 liv. d'amende applicables aux Hôpitaux, et en 300 liv. envers le Procureur du Roi; ordonne que les Poids seront empreints d'une fleur de lis, et qu'à l'avenir ladite vérification aura lieu dans les trois premiers mois de chaque année.

Du 13 Février 1719.

R. *au Siege Royal du Cap, le 3 Avril suivant.*

LETTRES-PATENTES qui permettent à la Ville de Marseille le Commerce des Isles de l'Amérique, qu'elle faisoit avant les Lettres-Patentes d'Avril 1717.

Du mois de Février 1719.

ARRÊT du Conseil du Cap, qui ordonne la remise des Registres et Papiers concernant l'Amirauté de la même Ville, au Greffier dudit Siége par celui de la Juridiction, d'après l'inventaire qui en sera dressé par le Juge ordinaire.

Du 6 Mars 1719.

Avant l'établissement des Amirautés en 1717, tous les Actes qui pouvoient leur être relatifs, étoient faits aux Greffes et par les Officiers des Juridictions.

ARRÊT du Conseil du Petit-Goave, touchant la vente faite, sans nécessité et à vil prix, d'une Habitation, par le Curateur aux Successions vacantes, la Succession ayant des fonds.

Du 8 Mars 1719.

ENTRE les Cohéritiers de feu François Rambaud, vivant Habitant au Grand-Goave, appellant de l'adjudication de ses biens, et de tout ce qui a précédé et suivi, d'une part.

Contre Me Cornellissen, Lieutenant Civil et Criminel du Siege Royal du Petit-Goave, et Pageot, Habitant au Quartier du Grand-Goave, tous deux défendeurs, intimés et défaillans. Et encore contre Me Bourgois, Curateur aux Successions vacantes dudit Siege du Petit-Goave, gérant celle dudit feu François Rambaud, et Claude-François Boisrond, Habitant demeurant au Quartier du Petit-Goave, tous deux défendeurs et intimés, d'autre part.

LE CONSEIL a mis et met l'appellation au néant, émendant déclare nulle la vente de l'Habitation, Negres et Bestiaux, dépendans de la Succession de feu Rambaud; en conséquence ordonne qu'elle sera remise aux Héritiers dudit feu Rambaud ou ses représentans, et les détenteurs contraints à vuider les lieux, en payant par lesdits Héritiers ou les représentans, les sommes dûes audit sieur Boisrond (Adjudicataire); condamne le nommé Bourgois à rendre compte aux Appellans des biens meubles et immeubles, dépendans de la Succession dudit François

Rambaud leur frere, suivant l'inventaire, et des revenus de ces Habitations à dire d'Experts, dont les Parties conviendront par-devant Me Lemaire, Conseiller Commissaire nommé à cet effet, sinon par lui nommés d'office, et ce suivant l'état où étoient les Habitations dudit feu François Rambaud lors de la vente d'icelles; condamne ledit Bourgois et Me Cornellissen sa caution, à rendre et restituer solidairement et par corps, les commissions par lui induement perçues pour la vente desdits biens, et en 3,000 liv. de dommages et intérêts envers les Appellans; casse ledit Bourgois de son office de Curateur aux Successions vacantes du Siege du Petit-Goave, le déclarant incapable de posséder à l'avenir aucun emploi de judicature, a interdit Cornellissen des fonctions de sa charge pendant six mois. Mande le sieur Juge dont est appel, et le Substitut du Procureur-Général audit Siege du Petit-Goave, en la Chambre du Conseil pour y recevoir la mercuriale, ordonne qu'ils remettront les épices et vacations qu'ils ont reçues pour ladite procédure; renvoie le nommé l'Etourneau (acquéreur d'une partie d'Habitation) à se pourvoir ainsi qu'il avisera; condamne lesdits Bourgois et Boisrond en tous les dépens, l'amende remise aux Appellans.

ORDONNANCE des Administrateurs, portant que l'époque des payemens des droits d'Octroi, tels qu'ils sont fixés par le Mémoire du Roi du 2 Août 1718, aura lieu depuis le 1 Janvier 1719.

Du 11 Mars 1719.

COMMISSION de Subdélégué de l'Intendant de la partie du Nord pour M. DUCLOS, Commissaire de la Marine.

Du 24 Mars 1719.

Jean-Jacques Mithon, etc.

L'éloignement du Quartier du Cap, ... lui donnons pouvoir en ladite qualité d'ordonner au Trésorier le payement des appointemens et solde aux Officiers-Majors et aux Compagnies en garnison au Cap et au Port de Paix, les payemens pour les Fortifications qui seront ordonnées, radoubs des Vaisseaux et autres dépenses portées par l'état du Roi, dont il donnera des ordres au Trésorier bien libellés, sur lesquels nous rendrons nos Ordonnances en forme; de faire avec des Fournisseurs et Entrepreneurs les marchés nécessaires à la justification des dépenses, lesquels marchés seront de nous approuvés pour leur validité; d'instruire lui-même, s'il le juge à propos, les procédures concernant le Commerce étranger, tant à l'encontre des Bâtimens étrangers que contre ceux du pays qui auroient trempé dans ledit Commerce, et de prononcer les confiscations et condamnations portées par le Réglement du Roi, du 20 Août 1698, de connoître et juger toutes les affaires concernant les Pensions des Curés, etc.

R. au Conseil du Cap, le 18 Septembre 1719.

Nous n'avons rapporté de cette Commission, que ce qui ne se trouve pas dans celle de M. Boismorand, du 18 Juillet 1713.

LETTRES-PATENTES *portant établissement des Religieux de la Charité au Cap et à l'Ester, Quartier de Léogane.*

Du mois de Mars 1719.

LOUIS, etc. le feu Roi, notre très-honoré Seigneur et Bisaïeul, auroit fait envoyer en l'Isle de Saint-Domingue en 1698, des Religieux de la Charité de l'Ordre de Saint-Jean-Dieu, pour y établir des Hôpitaux, pour y panser et médicamenter les pauvres malades, et les Matelots et Soldats malades de nos Vaisseaux, et des Compagnies du détachement des Troupes de la Marine qui servent dans ladite Isle, ces Religieux y furent reçus par le sieur Ducasse alors Gouverneur, qui les mit en possession d'une Maison, Couvent et Hôpital, qui furent construits des libéralités du feu Roi, sous l'invocation de Saint-Jean de Dieu, (*dans la Ville du Cap, et dans le Bourg de l'Ester, au Quartier de Léogane*) où ils se sont établis; nous avons été informés qu'ils y exercent l'hospitalité envers les pauvres malades et blessés à la satisfactisn des Habitans, et lesdits Religieux nous ayant fait supplier de leur faire expédier nos Lettres d'Etablissement nécessaires, ainsi qu'il en a été accordées aux Religieux de leur Ordre établis à la Martinique et à la Guadeloupe, afin que par le moyen d'un établissement solide et permanent, ils soient en état d'exercer de plus en plus la charité envers les pauvres malades: A CES CAUSES, avons ordonné ce qui suit.

Art. Ier. Nous avons approuvé, confirmé et autorisé, et par ces Présentes signées de notre main, approuvons, confirmons et autorisons ledit établissement des Religieux de la Charité, audit Hôpital *du Cap et de l'Ester*, voulons et nous plaît qu'ils y demeurent et habitent à perpétuité, pour y exercer l'hospitalité envers les pauvres malades et blessés du sexe masculin, les traiter, panser et médicamenter, et leur faire toutes les opérations de Chirurgie, nécessaires pour leur entiere et parfaite guérison, leur administrer les Sacremens, faire le Service Divin, enterrer les morts par Prêtres séculiers ou réguliers, soit de leur Ordre ou autres à leur choix, y faire leurs autres fonctions sous l'autorité et obéissance du Provincial et Vicaire-Général dudit Ordre en France, suivant leur Institut, Bulles, Regles, Constitutions, Réglemens et Priviléges, ainsi qu'ils sont dans les autres Maisons, Couvens et Hôpitaux dudit Ordre dans l'étendue de notre Royaume : à l'effet de quoi nous leur avons fait et faisons don des Eglises, Couvent et Hôpital *du Cap et de l'Ester*, Bâtimens, Jardins, Enclos, Prés, Terres, Pâturages, Habitations, Savannes, Rivages, Sucreries, Negres et autres biens et droits qui en dépendent, de telle nature et qualité qu'ils puissent être, sans en rien réserver et retenir, même les meubles et ustensiles, et généralement de tous les biens dudit Hôpital; et les confirmons et maintenons dans la propriété, possession et jouissance d'iceux, et de tous ceux qu'ils ont acquis ou qui leur seront échus, avenus ou adjugés, soit par Contrat, Actes, Arrêts, Jugemens et Ordonnances, Testamens, Codicille, Donations, Confiscations, ou de telle autre maniere que ce puisse être.

Art. II. Nous leur donnons, concédons et attribuons, à commencer du jour de l'enregistrement des Présentes au Conseil Supérieur *du Cap et de Léogane*, en faveur des pauvres malades dudit Hôpital la somme de 300 liv. par an, qui leur sera payée par le Fermier des Boucheries du Quartier *du Cap et de Léogane*, pour la permission de débiter de la viande le Carême, à ceux qui par incommodité ou maladie sont obligés d'en manger.

Art. III. Voulons qu'après l'expiration du bail de la Ferme des Boucheries dudit Quartier *de Léogane et du Cap*, côte Saint-Domingue, qui aura lieu du tems de l'enregistrement des Présentes, la viande que lesdits Religieux prendront dans lesdites Boucheries, ne puisse leur être vendue au-dessus de trois sols la livre, et que de tout ce que dessus ils en jouissent à perpétuité, et leurs successeurs Religieux dudit Ordre qui seront envoyés de France par ledit Provincial, lequel les pourra changer

changer ainsi qu'il avisera pour le bien dudit Hôpital ; et des autres qui seront établis à l'avenir dans ladite Isle : prenant et mettant lesdits Religieux, leurs hommes, blancs et noirs, bestiaux, biens, appartenances et dépendances, en notre protection et sauve-garde spéciale envers et contre tous.

Art. IV. Permettons auxdits Religieux d'acheter en gros et en détail de la viande, et la faire habiller dans l'enclos de leur Hôpital, à condition qu'ils ne pourront la débiter n'y vendre aux Habitans, comme d'acheter des volailles, œufs et autres choses pour la nourriture des pauvres malades, même les jours de Carême et autres Jeûnes commandés par l'Eglise.

Art. V. Leur permettons aussi de faire mettre et apposer nos Armes, Panonceaux et Bâtons Royaux, sur les portes et lieux éminens dudit Couvent et Hôpital et lieux en dépendans ; acquérir Maisons, Terres, Possessions, Cens et Rentes, et autres biens meubles et immeubles, et faire construire des Moulins et autres engins et machines à l'usage du Pays ; recevoir les legs et donations qui leur seront faits pour être employés à ladite hospitalité, en obtenant de nous des Lettres d'amortissement nécessaires, sans que pour raison de ce qu'ils possedent, appartenant audit Hôpital *du Cap et de l'Ester*, ils soient tenus de nous payer, ou à nos Fermiers, aucuns droits d'amortissement, indemnité ou autres, dont nous leur avons fait don et remise dès à présent.

Art. VI. Donnons à perpétuité auxdits Religieux pouvoir et permission d'aller chercher, quêter et mandier les aumônes dans les Eglises Paroissiales et autres Eglises et Monasteres, et par-tout ailleurs dans ladite Isle de Saint-Domingue ; de faire recommander aux Prônes et Prédications en ladite Isle, et avoir en icelles troncs, bassins et personnes pour recueillir les aumônes et charités qui leur seront faites, comme aussi pour leur faciliter les moyens de soulager les malades, et participer aux mérites des bonnes œuvres et prieres qui se feront à l'avenir dans leur Hôpital ; à l'imitation des Rois nos prédécesseurs, donnons et concédons à perpétuité auxdits Religieux de la Charité, l'exemption tant pour eux que pour leurs Domestiques, blancs et noirs, qu'ils auront dans ledit Hôpital pour le service de gardes, corvées, capitation, et l'exemption de capitation pour 50 de leurs Domestiques, blancs ou noirs, travaillans, qu'ils auront sur les Habitations dépendantes dudit Hôpital, sans qu'ils en puissent prétendre pour un plus grand nombre sous quelque prétexte que ce soit ; ensemble la permission de faire venir de France tous les vivres, farines, vins, eaux-de-vie, huiles, médicamens, toiles, étoffes, meubles, ustensiles et marchandises nécessaires, pour eux, leurs malades et serviteurs, exempts et quittes de toutes sortes de droits de sortie de notre Royaume et d'entrée dans les Isles, dont nous les avons déchargés et déchargeons.

ART. VII. Voulons que le passage desdits Religieux, de leurs meubles et provisions, leur soit donné franc et quitte sur le premier de nos Vaisseaux.

ART. VIII. Voulons aussi qu'ils jouissent du droit de chasse et de pêche, sur les Terres appartenantes audit Hôpital, par acquisition, concession, donation ou autrement, sans qu'aucun autre puisse chasser ou pêcher dans leur étendue, détroit et limites, ni prendre herbages ni toutes autres choses qui se trouveront sur les rives desdites Terres par l'ouverture des eaux et des marais, dont et tant que besoin seroit, nous leur faisons don.

ART. IX. Leur donnons en outre le sixieme des adjudications des Vaisseaux et Cargaisons d'iceux, qui seront confisqués pour Commerce Etranger, et des Marchandises étrangeres qui seront saisies et confisquées à terre.

ART. X. Voulons que lorsqu'il y aura dans ledit Hôpital quelques Matelots ou Soldats malades de nos Vaisseaux, Ports et Places maritimes, les Commissaires des Vivres soient obligés de fournir auxdits Religieux la valeur de ce qu'ils devroient fournir aux Soldats et Matelots, s'ils étoient restés sur lesdits Vaisseaux, Ports et Places maritimes, et qu'il soit payé 15 sols par jour pour les Matelots des Navires marchands qui seront malades audit Hôpital, et pareille somme par Habitant qui viendront s'y faire traiter, et qui seront en état de payer.

ART. XI. Le compte annuel de toute la recette et dépense que le Supérieur est obligé de faire, sera représenté à notre amé et féal Conseiller en nos Conseils, l'Intendant à Saint-Domingue, toute et quante fois il voudra en prendre connoissance, et ledit sieur Intendant rendra compte tous les ans au Conseil de Marine, non-seulement des soins qui seront pris des malades, tant pour leur nourriture, que pour leur pansement et médicamens, mais encore du progrès et du revenu dudit Hôpital, provenant de nos droits, legs et fruits de leurs Habitations, et autres revenus quelconques, dont le Religieux, Procureur dudit Hôpital, sera tenu de représenter tous les ans ses comptes pardevant ledit sieur Intendant.

ART. XII. Et pour qu'il ne manque auxdits malades aucuns des secours que nous pouvons leur procurer, voulons que le Médecin établi de notre part dans lesdits Quartiers du Cap et de Léogane, pour y exercer sa profession, fasse au moins la visite deux fois la semaine dans ledit Hôpital gratis pour y examiner la nature des maladies, dont il conférera avec les Religieux, afin que les malades soient traités suivant son avis. Si donnons en mandement à nos amés et féaux Conseillers les gens tenant nos Conseils de Léogane et du Cap, que ces Présentes ils aient à faire lire, publier et enregistrer, et du contenu en icelles, faire jouir et user lesdits Religieux de la Charité, etc. DONNÉ à Paris, au mois de Mars 1719, etc.

R. au Conseil de Léogane, le 13 Juin 1721.
Et à celui du Cap, le 10 Juillet suivant.

ORDONNANCE des Administrateurs, qui enjoint à chaque Habitant de porter au Receveur le montant du droit d'Octroi.

Du 6 Avril 1719.

ORDRE du Roi, qui nomme pour Garde des Sceaux du Conseil de Léogane M. BIZOTON, Conseiller dudit Conseil.

Du 18 Avril 1719.

DE PAR LE ROI.

SA MAJESTÉ voulant faire choix d'une personne fidelle, et d'une probité connue, à qui elle pourra confier la Garde des Sceaux du Conseil Supérieur de Léogane, Isle de Saint-Domingue, et étant informée que le sieur Bizoton, Conseiller audit Conseil, a les qualités nécessaires pour s'en bien acquitter; Sa Majesté de l'avis de M. le Duc d'Orléans, Régent, lui en a confié la garde, et l'a établi en ladite qualité de Garde-des-Sceaux dudit Conseil de Léogane. Mande Sa Majesté aux Officiers dudit Conseil de le faire reconnoître de tous aux peines qu'il appartiendra, etc. FAIT à Paris, etc.

Cette Commission n'a point eu d'effet, ayant été réfusée à l'enregistrement par le Conseil de Léogane, le 15 Novembre 1722.

MÉMOIRE approuvé du Conseil de Régence et de celui de Marine, touchant le Tarif provisionnel des Droits dûs aux Officiers des Amirautés aux Isles.

Du 24 Avril 1719.

LE 28 Août 1718, MM. de Chateaumorant et Mithon estiment: 1°. que les congés ne peuvent être plus médiocrement taxés, et qu'il y auroit plutôt lieu de les augmenter que de les diminuer.

2°. Sur la durée des congés, il seroit dangereux d'en donner d'un an aux Caboteurs, parce que ce seroit leur procurer une très-grande facilité pour le commerce étranger; qu'il seroit aisé dans un si grand intervale de donner des rendez-vous aux Barques Angloises dans les lieux écartés pour y traiter, et même de faire plusieurs voyages à la Jamaïque Curaçao, et Saint-Thomas, sur-tout n'étant assujettis à paroître dans aucuns Ports d'Amirauté pendant l'année; il seroit à propos de restreindre le terme d'un an, à celui de trois mois, et cela paroît raisonnable; mais pour éviter l'embarras de renvoyer de pareilles formules M. l'Amiral écrira aux Officiers d'Amirauté de rayer ce terme d'un an, et de remettre en la place celui de trois mois.

3°. Il ne seroit pas moins dangereux que les Barques, Bateaux et autres Bâtimens, peuvent partir sans l'aveu du Commandant, par rapport non-seulement à l'importance qu'il y a de découvrir le commerce qu'ils font, d'avoir des nouvelles de ce qui se passe à la mer, que par rapport aux Forbans; joint à cela que ce seroit soustraire les Navigateurs des Colonies de la dépendance des Commandans, donner une grande facilité aux garçons de mauvaise volonté d'aller dans les anses écartées grossir leurs Equipages de pêcheurs, de boucanniers, ou autres vagabonds, qui munis desdits congés, iroient en sûreté tâter des Barques, et autres Bâtimens dont ils s'empareroient, s'ils les trouvoient plus foibles qu'eux, et se rendroient Forbans; ou s'ils n'étoient pas plus forts qu'eux, ni assez pour les enlever, en seroient quittes pour représenter leurs congés, qui les mettroient même à couvert de soupçon. Ils proposent pour remédier à ces inconvéniens que ces congés ne soient délivrés par le Receveur qu'après avoir averti le Gouverneur-Général ou Commandant en Chef du Quartier, et que lesdits congés ne valideront que sur leur vu.

Oservations de M. l'Amiral.

3°. *Il est juste qu'aucun Bateau ne puisse sortir sans permission du Gouverneur ; cet Article est marqué par les Art. IX et X du Titre IV du Réglement pour les congés ; mais il n'est décent ni convenable qu'il soit inséré dans la formule du congé, qu'il ne pourroit valoir sans être visé du Gouverneur ou Commandant du lieu ; M. l'Amiral donnera seulement ordre à ses Receveurs de n'en délivrer aucun sans en avertir le Gouverneur ou Commandant par un petit mémoire, que ledit Gouverneur ou Commandant apostillera, et que le Receveur sera tenu de garder pour sa décharge et de représenter toutes les fois et quantes qu'il en sera requis ; on pourra aussi ordonner aux Officiers d'Amirautés de n'enregister aucun congé que le Receveur n'ait représenté un mémoire apostillé du Commandant.*

4°. Il seroit nécessaire d'un certain nombre de congés par les Bâtimens qui veulent faire le commerce à la Côte d'Espagne, etc.

4°. *La nouvelle formule de congé pour les Vaisseaux qui vont aux Côtes d'Espagne, et dans laquelle il est nécessaire d'insérer pour naviguer dans les mers de l'Amérique, paroît convenable.*

Décision du Conseil de Régence.

Le Conseil de Régence a approuvé le 24 Avril 1719 tout ce qui est porté dans les observations de M. l'Amiral, et a décidé que le Tarif du 25 Août 1718, dressé par MM. de Chateaumorant et Mithon, sera exécuté, etc. *Signés* L. A. et de Bourbon, et le Maréchal Destrées.

Lettre du Conseil de Marine aux Administrateurs.

Le Conseil a reçu, Messieurs, la lettre que vous lui avez écrite le 28 Août dernier, avec les papiers qui y étoient joints, il en a fait faire un extrait, dont il a rendu compte au Conseil de Régence, qui a approuvé les observations de M. l'Amiral, et l'Ordonnance sur la taxe proportionnelle que vous avez fait pour les droits et salaires des Officiers d'Amirauté ; il auroit été rendu un Réglement en conséquence si vous aviez en même temps envoyé copie des Réglemens faits à Léogane, le 12 Avril, et au Cap, le 8 Novembre 1706, que vous citez, et auxquels vous renvoyez pour la taxe de quelque procédure de ces Officiers : vous aurez pour agréable de les remettre aux Commissaires par les premiers

Vaisseaux, afin que cette affaire puisse être entierement consommée. Vous trouverez ci-joint cet extrait avec la décision du Conseil de Régence. *Signés* L. A. et DE BOURBON, et le Maréchal DESTRÉES.

Pour copie, *signé* MITHON.

R. en l'Amirauté du Cap, le 21 Février 1722.

V. une Lettre des Administrateurs du 5 Novembre 1760.

ARRÊT du Conseil d'Etat, qui ordonne que du jour de sa publication, les Louis d'Or fabriqués en conséquence de l'Edit du mois de Mai 1718, n'auront plus cours que pour 35 liv. la piece, les demis et quarts à proportion.

Du 7 Mai 1719.

R. au Conseil du Cap, le 11 Décembre suivant.

ARRÊT du Conseil du Cap, qui défend de brûler des Eaux-de-Vie de Cannes ou autres, dans la Ville, à peine de 300 liv. d'amende, applicable à la construction d'un Palais.

Du 8 Mai 1719.

ORDONNANCE des Administrateurs, qui accorde une exemption de huit Negres au Capitaine de Port au Cap, comme aux Lieutenans d'Infanterie.

Du 12 Mai 1719.

R. en l'Amirauté du Cap, le 11 Octobre suivant.

ORDONNANCE du Roi, en forme de Réglement, sur ce que le Roi veut être observé dans les Colonies, par rapport aux Matelots qui déserteront des Vaisseaux de ses Sujets.

Du 22 Mai 1719.

DE PAR LE ROI.

SA MAJESTÉ s'étant fait représenter l'Article VII du Titre Ier du Livre second de l'Ordonnance de 1681, par lequel il est dit que le Capitaine, Maître ou Patron qui débauchera un Matelot engagé à un autre Maître, sera condamné à 100 livres d'amende, moitié applicable à l'Amiral, et l'autre moitié au premier Maître, lequel reprendra le Matelot si bon lui semble; et l'Article III du Titre VII de la même Ordonnance, qui porte que si le Matelot quitte après le voyage commencé, il sera puni corporellement; et Sa Majesté étant informée que l'amende de 100 liv. n'est pas capable de retenir les Capitaines qui sont dans les Colonies, quand ils ont besoin de Matelots, et n'est pas proportionnée au tort qui en résulte à celui de l'Equipage dont les Matelots ont été débauchés; que les Juges souhaiteroient que Sa Majesté voulût bien statuer la punition corporelle qui doit être imposée auxdits Matelots; et étant nécessaire d'arrêter le cours de ces sortes de désertions : Sa Majesté, de l'avis de M. le Duc d'Orléans, Régent, a ordonné et ordonne, veut et entend, en interprêtant lesdits Articles VII et III de l'Ordonnance de 1681, que le Capitaine, Maître ou Patron qui débauchera dans les Colonies un Matelot engagé à un autre Maître soit condamné en 300 liv. d'amende, moitié applicable à l'Amiral, et l'autre moitié au premier Maître, lequel pourra reprendre son Matelot, si bon lui semble; que le Matelot qui aura quitté dans les Colonies le Vaisseau pour lequel il se sera engagé, soit condamné pour la premiere fois au carcan, et en cas de rédicive au carcan et à la calle; défend Sa Majesté à tous Cabaretiers et Hôteliers de recevoir aucuns Matelots chez eux sans en donner avis dans le même jour au Commandant du lieu, à peine de 100 livres d'amende, applicable comme dessus; et ordonne auxdits Cabaretiers et Hôteliers de s'assurer de la personne desdits Matelots. Mande Sa Majesté à M. le Comte de Toulouse, Amiral de France, de tenir la main à l'exécution de la présente Ordonnance, qui sera lue et affichée par-tout où besoin sera, etc.

R. au Conseil du Cap, le 11 Décembre 1719.

ARRÊT du Conseil du Cap, qui condamne un Negre à porter aux pieds, toute sa vie, chez son Maître, une chaîne pesant 15 livres.

Du 2 Juin 1719.

VU par le Conseil le procès criminel extraordinairement fait et instruit à la requête du Substitut du Procureur-Général du Roi, à l'encontre du Negre Guillaume Bily, Esclave des Mineurs de Morinville, Habitans au Quartier Morin, accusé prisonnier détenu ès prisons de cette Ville, et toutes les pieces résultantes dudit procès : et ouï sur ce le rapport de M. de Beauval Barbé, Conseiller et Commissaire en cette partie, les conclusions verbales du Procureur-Général du Roi ; le tout vu et mûrement considéré, LE CONSEIL a infirmé et annullé la Sentence dont est appel, a renvoyé ledit Negre Bily, accusé absous, et ordonne qu'il soit renvoyé à son Maître ; et pour obvier aux désordres que ledit Negre pourroit causer dans la suite, ordonne le Conseil qu'il lui soit mis aux pieds une chaîne pesant 15 livres, qu'il gardera et portera le reste de ses jours, sous peine de la vie ; et enjoint au Fermier de la lui faire mettre incessamment aux dépens de la Ferme, à peine de 100 livres d'amende, etc.

ORDONNANCE des Administrateurs, qui suspend un Arrêt du Conseil du Cap, rendu en matiere de Terrein.

Du 28 Juin 1719.

LE Marquis de Chateaumorant, etc.

Jean-Jacques Mithon, etc.

Vu la requête à nous présentée ; à quoi ayant égard, et vu la concession accordée au feu sieur Brunelot par le sieur Gallifet, alors Gouverneur du Cap, le 3 Septembre 1701, l'Enquête faite à la requête dudit Brunelot le 8 Mars 1704. Vu aussi l'avis du sieur Robineau, Procureur-Général du Roi, par sa lettre missive à M. Mithon, du 14 de ce mois, nous avons sursis l'exécution dudit Arrêt, jusqu'à ce que nous en ayons informé le Roi et son Conseil de Marine ; en conséquence faisons défenses aux

aux Héritiers du feu sieur de Silvecane Dubois, de travailler sur le terrein contesté entre les Parties qui nous remettront dans un mois tous les titres et papiers, dont ils entendent se servir; enjoignons au sieur Duclos, Commissaire-Ordonnateur, Subdélégué au Cap, et Président du Conseil, et au sieur Robineau, Procureur-Général du Roi, de tenir la main à l'exécution de la présente Ordonnance. DONNÉ à Léogane, le 28 Juin 1719. *Signés* CHATEAUMORANT et MITHON.

Au rang des minutes du Conseil du Cap, à la date du 11 Décembre 1719.

ARRÊT du Conseil du Cap, portant que le Choix et la Nomination des Sacristains de la même Ville appartient aux Marguilliers.

Du 3 Juillet 1719.

ARRÊT du Conseil du Cap, qui destitue le sieur Bizet de la Tutelle de la Mineure Aramy, pour avoir voulu marier sa Pupille d'une maniere non sortable, et qui charge le Procureur-Général de la Tutelle suivant ses offres, comme Tuteur né des Mineurs.

Du 3 Juillet 1719.

ARRÊT du Conseil du Cap, contenant modification de celui du 7 Janvier précédent de la même Ville qui homologuoit le Traité d'entre les Marguilliers et les RR. PP.

Du 3 Juillet 1719.

VU par la Cour la Requête de Louis Olivier, Supérieur de la Mission du Cap, contenant que les discussions entre MM. les Marguilliers et le Pere Boutin étant heureusement terminées, par la sagesse et l'équité de M. Mithon, Intendant de cette Isle, il seroit de votre prudence et de votre justice d'annuller par un second Arrêt, l'Acte du 7 de Janvier de l'année courante, que votre Suppliant n'a signé que pour calmer les esprits, et qui pourroit dans la suite faire naître de nouvelles discussions entre MM. les Marguilliers et les Curés, comme il apparoîtra par la seule lecture des Articles du susdit Acte, enregistré au Greffe et sur le Livre de l'Eglise, très-injurieux à toute sa Mission, qu'on pourra soupçonner d'avoir eu des intentions qu'elle n'a jamais eues, et qu'elle n'aura jamais; les conclusions par écrit du Procureur Général du Roi, tendantes à ce que le 1er Article qui a été signé ne soit exécuté; quant au 2e qu'il sera permis aux Religieux de mettre les Saints de leur Ordre dans l'Eglise Cathédrale à l'exception du Maître-Autel, et cela de l'agrément des Marguilliers en charge; le 3e Article sera corrigé, en ce que sans tirer à conséquence, le R. P. de Laval qui y est enterré y restera, sans qu'on puisse obliger de l'ôter, mais que dorénavant il ne sera enterré aucun Religieux de l'Ordre que le Curé ou autres Prêtres; 4e Article touchant les Fêtes de leur Ordre, elles seront célébrées à ladite Cathédrale sans qu'on puisse faire fêter ledit jour aux peuples pour empêcher leurs travaux manuels, bien entendu que lesdits Marguilliers en seront avertis; le 5e Article passera ainsi qu'il s'observe en toutes les Paroisses; que quant au surplus, que la Déclaration qui a été faite et signée sera exécutée, sans qu'on puisse tirer à conséquence, directement ni indirectement, ce qui a été fait et signé par lesdits Religieux : LE CONSEIL, après avoir ouï le sieur Beaujeau, Marguillier en charge, tant pour lui que pour le sieur Dulangot, lesdites conclusions du Procureur Général du Roi seront exécutées selon leur forme et teneur, et en outre ce présent Arrêt sera enregistré partout où besoin sera.

ARRÊT du Conseil du Cap, qui annulle un Legs fait à un Curé, ainsi que les ventes par lui faites des biens meubles et immeubles d'une Succession.

Du 3 Juillet 1719.

ENTRE les sieurs Marguilliers du Cap, Appellans, d'une part.

Contre le R. P. Boutin, desservant ladite Paroisse, d'autre part.

LE CONSEIL, après avoir ouï le Procureur Général du Roi en ses conclusions verbales, et lesdits Marguilliers, ordonne que le Testament dudit jour 4 Février dernier, sera exécuté selon sa forme et teneur, à l'exception du Legs de la somme de 900 liv. dont il déboute ledit R. P. Boutin; que quant au surplus des autres Legs ils seront exécutés; que faisant droit sur la vente des biens, tant meubles qu'immeubles, faite par ledit Pere Boutin de son autorité, et sans aucune formalité à l'inçu desdits Marguilliers, ordonne le Conseil que toutes les ventes seront annullées, qu'en conséquence lesdits sieurs Marguilliers y feront incessamment procéder et les deniers à eux remis, et que ledit Pere Boutin sera tenu de les rapporter en nature pour procéder à ladite vente; permis auxdits Marguilliers de faire saisir lesdits biens, tant meubles qu'immeubles, partout où ils les trouveront, sauf le recours des Acheteurs vers ledit Pere Boutin, et icelui aux dépens.

ORDONNANCE de M. le Général, qui défend à tous Capitaines de Navires de sortir de la Rade du Cap, sans permission du Capitaine de Port.

Du 27 Juillet 1719.

LE Marquis de Sorel, etc.

Il est très-expressement défendu à tous Capitaines de Navires Marchands, Barques ou Bateaux, de sortir de cette Rade sans une permission du sieur Raoulx, Capitaine de Port, qui doit faire la visite desdits Bâtimens avant de sortir de cette Rade; faisons pareillement défenses auxdits Capitaines ou Patrons d'envoyer aucune Chaloupe ou Canot hors ladite Rade, sous quelque prétexte que ce puisse être, sans une permission dudit Capitaine de Port, n'y jetter aucun lest; et tout aussitôt leur arrivée en ce Port de lui venir rendre compte; afin que personne n'en prétende cause d'ignorance, nous ordonnons que la présente Ordonnance sera lue, publiée et affichée partout où besoin sera, enjoignons au Commandant de ce Quartier de tenir la main à l'exécution d'icelle. DONNÉ au Cap, etc.

ORDRE et Mémoire du Roi, pour l'établissement d'un Garde des Sceaux du Conseil Supérieur du Cap; Ordonnance des Administrateurs à ce sujet, etc.

Des 30 Juillet 1719 et 11 Mai 1722.

DE PAR LE ROI.

SA MAJESTÉ voulant faire choix d'une personne fidelle, et d'une probité connue, à qui elle puisse confier la garde des Sceaux du Conseil Supérieur du Cap, et étant informée que le sieur Duclos, Commissaire de la Marine, et Conseiller audit Conseil, a les qualités nécessaires pour s'en bien acquitter, Sa Majesté, de l'avis de M. le Duc d'Orléans Régent, lui en a confié la garde, et l'a établi en ladite qualité Garde des Sceaux dudit Conseil du Cap; mande Sa Majesté aux Officiers dudit Conseil, de le faire reconnoître de tous ceux et ainsi qu'il appartiendra. FAIT à Paris, le 30 Juillet 1719. *Signé* LOUIS. *Et plus bas*, FLEURIAU.

EXTRAIT du Mémoire du Roi aux sieurs Marquis de Sorel et Montholon, Gouverneur Général et Intendant, au sujet du droit du Sceau.

Il est de regle que les Arrêts soient scellés d'un Sceau, pareille chose se pratique à la Martinique et en Canada, et doit aussi s'exécuter à Saint-Domingue; à l'égard du droit qui sera payé pour chaque expédition, Sa Majesté souhaite que ses Conseils Supérieurs le reglent conformement à ce qui se pratique à la Martinique, et pour cet effet il est ordonné au sieur Besnard, d'envoyer au sieur de Montholon un Tarif de ces droits.

EXTRAIT des Registres du Conseil Supérieur de l'Isle de la Martinique.

Vu la Requête présentée par Me Louis le Moine, Procureur du Roi de cette Isle, tendante à l'enregistrement de la Commission de Garde-Scel de la Juridiction de cette Isle, à lui accordée par le Roi, Sa Majesté étant à Versailles le 23 Septembre dernier, et à le faire reconnoître en ladite Charge, et comme il n'y a aucuns émolumens ni rétributions fixés pour ladite Charge, il plaît à la Cour fixer les émolumens qu'il en percevra; vu aussi ladite Commission, et ouï le Procureur Général du Roi en ses conclusions, le Conseil a ordonné et ordonne que ladite Commission sera enregistrée au Greffe de la Cour, pour jouir par ledit sieur le Moine de l'effet et contenu en ladite Commission aux émolumens et rétributions ci-après expliqués, savoir :

Pour les Sceaux des Arrêts d'entérinement, de Lettres de Noblesse et de récisions, la somme de 3 liv.

Pour chacun de tous les autres Arrêts, 20 sols.

Pour les légalisations des pieces, 30 sols.

Pour les Contrats et Obligations, 20 sols.

Pour les Sentences d'Adjudications par Décret, 30 sols.

Et pour les autres Sentences définitives, 10 sols.

Ordonne ledit Conseil que le présent Arrêt sera enregistré au Greffe de la Juridiction de cette Isle, et partout ailleurs où besoin sera dans les différens Siéges de ladite Juridiction, pour y être exécuté selon sa forme et teneur. FAIT au Conseil, le 4 Novembre 1709.

Signé MOREAU.

LE Marquis de Sorel, etc.

François de Montholon, etc.

Sur les ordres que nous avons reçus de S. M., par le Mémoire commun à nous adressé par le Conseil de Marine, dont l'Extrait est ci-dessus, nous, en conséquence, ordonnons qu'à l'avenir tous les Arrêts qui seront rendus au Conseil Supérieur du Cap, seront scellés d'un Sceau; et que les droits qu'en percevront les Garde-Scels, pourvus des provisions du Roi, seront conformément pris suivant le Tarif qui en a été réglé à la Martinique, dont M. Besnard, Intendant audit Pays, nous a envoyé l'extrait ci-joint, dont visé ; ordonnons que la Présente sera enregistrée au Greffe du Conseil Supérieur du Cap, pour sortir son plein et entier effet. DONNÉE à Léogane, le 11 Mai 1722. *Signés* le Marquis DE SOREL et DE MONTHOLON.

ARRÊT du Conseil d'Etat, qui permet à tous François de continuer d'envoyer à la Colonie de Saint-Louis, Côte Saint-Domingue, des Vaisseaux chargés de Vivres et Marchandises pendant six mois.

Du 1 Août 1719.

V. l'Arrêt du Conseil d'Etat, du 24 Octobre 1718.

ORDONNANCE du Roi, portant Amnistie jusqu'à la fin de 1720 pour les Forbans; et Ordonnance des Administrateurs pour son exécution.

Des 13 Août et 20 Novembre 1719.

R. au Conseil du Cap, le 21 Décembre 1719.
Et à celui de Léogane, le 2 Septembre 1720.

V. l'Ordonnance du 5 Septembre 1718, sur la même matiere.

ORDONNANCE du Gouverneur Général, touchant les droits du Capitaine de Port à Saint-Louis.

Du 31 Août 1719.

M. de Sorel, Gouverneur Général, attribue au Cupitaine de ce Port, les mêmes droits qu'à celui du Port du Cap, en adoptant le Tarif de MM. de Blénac et de Mithon, du 23 Août 1715, par ces termes :

Nous confirmons et approuvons le présent Réglement. Au Quartier de Saint-Louis, le 31 Août 1719. *Signé* SOREL.

R. à la Subdélégation du Cap, le 28 Août 1780.

ARRÊT du Conseil du Cap, touchant la présence du Médecin du Roi aux rapports en Chirurgie.

Du 4 Septembre 1719.

VU par le Conseil la Requête du sieur Duvalin, Médecin du Roi au Cap, et ouï sur ce les conclusions verbales du Procureur Général du Roi, il ordonne que tous les rapports qui seront faits dans cette Ville par les Chirurgiens, seront faits en la présence du Suppliant, et à l'égard de ceux des Plaines il y assistera, seulement quand il y sera appellé ou qu'il lui sera ordonné.

LETTRE du Conseil de Marine à M. le Marquis de SOREL, touchant les ordres qui lui seront donnés par M. le Garde des Sceaux pour ce qui concerne la Colonie.

Du 25 Octobre 1719.

LE Conseil a reçu avec votre Lettre du 11 Août dernier, copie de celle qui vous a été écrite par M. le Garde des Sceaux, au sujet des droits du Domaine d'Occident, à laquelle vous ne devez point faire attention, parce que le Roi a promis à M. le Régent que le Domaine ne seroit point établi à Saint-Domingue. Vous ne devez point répondre à M. le Garde des Sceaux; et ce n'est que par le Conseil de Marine que vous devez recevoir les ordres du Roi et de son Altesse Royale.

ARRÊT du Conseil du Cap, portant que le Médecin du Roi nommera alternativement deux Chirurgiens Examinateurs, qui auront chacun 10 liv. pour leur rapport.

Du 6 Novembre 1719.

ORDONNANCE du Roi, qui défend aux Gouverneurs et Lieutenans Généraux, Gouverneurs particuliers et Intendans des Colonies, d'avoir des Habitations.

Du 7 Novembre 1719.

DE PAR LE ROI.

SA MAJESTÉ étant informée que parmi les Gouverneurs et Lieutenans Généraux, Gouverneurs particuliers et Intendans des Colonies Françoises de l'Amérique Méridionale, il y en a qui font valoir des Habitations plantées en Sucre, Indigo, Cacao et autres Denrées et Marchandises desdites Colonies, et que quelques-uns ont dessein d'en établir de nouvelles, ce qui n'étant point convenable au service de Sa Majesté, et que d'ailleurs leur résidence dans lesdites Colonies n'étant que pour un temps, cela pourroit les embarrasser dans la suite, lorsque Sa Majesté les destineroit en d'autres lieux pour son service ; elle a de l'avis de M. le Duc d'Orléans son Oncle Régent, ordonné et ordonne qu'à l'avenir il ne pourra être acquis par achat, ni autrement établi pour le compte des Gouverneurs et Lieutenans Généraux, Gouverneurs particuliers et Intendans des Colonies, aucunes Habitations pour y faire du Sucre, Indigo, Tabac, Cacao, Coton, Gimgembre, Rocou ni autres Denrées ou Marchandises desdites Colonies; leur permet néanmoins Sa Majesté d'avoir des Jardins portant Fruits, Legumes et Herbages pour leur usage particulier seulement ; et à l'égard de ceux qui ont actuellement des Habitations, leur défend Sa Majesté d'y faire aucunes augmentations, sous quelque prétexte que ce puisse être : enjoint Sa Majesté auxdits Gouverneurs Lieutenans Généraux, Gouverneurs particuliers et Intendans, de se conformer à la présente Ordonnance. FAIT à Paris, etc.

ORDONNANCE *des Administrateurs, touchant le payement du droit d'Octroi par tête de Negre travaillant.*

Du 18 Novembre 1719.

LE Marquis de Sorel, etc.

Jean-Jacques Mithon, etc.

Vu la Requête à nous présentée par le sieur le Maître, chargé du récouvrement des droits d'Octroi imposés sur chaque Negre travaillant, suivant l'Ordre du Roi du 2 Août 1718, expositive que par une interprétation vicieuse et contre l'intention de Sa Majesté, qui a bien voulu soustraire de cette imposition les petits Habitans, qui n'ont que quatre Negres et au-dessous, la plupart des gros Habitans qui pour leur utilité particuliere ont des petites places dans le lieu de leur résidence, ou dans des Quartiers éloignés où ils entretiennent trois ou quatre Negres, comme aussi les Marchands et Ouvriers qui résident dans les Villes et Bourgs, et qui ont pareil nombre de Negres à leur service, prétendent jouir de la même exemption pour leursdits Negres, que les petits Habitans qui cultivent la terre, et dont il est fait mention dans l'Ordre du Roi, ce qui seroit un abus très-contraire aux intentions de Sa Majesté, et au bien général de la Colonie, pourquoi il nous prie de vouloir bien y remédier conformément au sens naturel dudit Ordre du Roi ; sur quoi vu ledit Ordre du Roi en forme de Mémoire, du 2 Août 1718, portant Réglement

ment des droits qui doivent être imposés sur la Colonie, par lequel Sa Majesté n'entend excepter de la Capitation de 3 liv. par tête de Negre, que les petits Habitans attachés à la culture de la terre, qui n'ont que quatre Negres et au-dessous, pour leur donner la facilité de subsister plus commodement et de s'agrandir, et nullement les Marchands et Ouvriers qui font des profits considérables, dont il n'est pas fait mention dans ladite Exemption, non plus que les gros Habitans lesquels ont de petites Habitations séparées de la leur, soit dans leur Quartier ou ailleurs, sur lesquelles ils ont trois et quatre Negres, que Sa Majesté n'entend point comprendre sous le nom de petits Habitans; d'autant que lesdits gros Habitans qui ont ces petites Places, au lieu d'être d'aucun avantage à la Colonie, lui portent au contraire un préjudice considérable en s'emparant de ces petites Habitations ou Terreins, qui seroient plus utilement occupés par de nouveaux Colons; à quoi étant nécessaire de remédier, nous avons ordonné et ordonnons que les Marchands, Habitans et tous autres, demeurant dans les Villes et Bourgs de cette Colonie, payeront à l'avenir la somme de 3 liv. par chaque tête de Negre travaillant; ordonnons pareillement aux Habitans qui ont de petites Habitations dans ce Quartier ou autres plus éloignés, de déclarer dans le recensement général qu'ils donneront de leurs Negres, ceux qu'ils auront sur lesdites petites Places, afin d'en payer les 3 liv. comme pour leurs autres Negres, lesquels ils expliqueront être demeurans sur lesdites petites Places, afin d'éviter les doubles emplois qui se pourroient faire par les Capitaines des Quartiers, à peine de confiscation desdits Negres non déclarés: et sera la présente Ordonnance registrée ès Greffes des Conseils Supérieurs de Léogane et du Cap, et aux Juridictions ressortissantes, etc. DONNÉ à Léogane, etc. *Signés* le Marquis de DE SOREL et MITHON.

R. au Conseil du Cap, le 11 Décembre 1719.

ORDONNANCE de M. l'Intendant, qui regle les fonctions du Substitut du Procureur du Roi du Cap.

Du 20 Novembre 1719.

JEAN-JACQUES MITHON, etc.

Sur les plaintes que nous à fait le sieur Carbon, Procureur du Roi de la Juridiction du Cap, qu'il étoit interrompu dans les fonctions de son

Emploi par le sieur Sauvé, Substitut dudit Procureur du Roi, nous avons maintenu et maintenons ledit sieur Carbon dans toutes les fonctions de son Emploi, déclarant que ledit sieur Sauvé ne pourra faire aucune fonction de Procureur du Roi, lorque le sieur Carbon sera présent et en état d'agir, et quoi qu'il ait fait l'apposition des Scellés sur les effets d'Elie Camus, il n'a aucun droit d'assister à l'inventaire desdits effets au préjudice dudit sieur Carbon, le déboutons de ses prétentions à cet égard, ordonnons que sa présence sera rayée dudit inventaire comme nulle, ledit sieur Sauvé n'ayant été établi que pour soulager le Procureur du Roi du Cap dans ses fonctions lorsque le cas le requert, et toujours dans la subordination qu'il doit envers ledit Procureur du Roi, sans pouvoir lui contester en aucun lieu ses fonctions. DONNÉ à Léogane, etc. *Signé* MITHON, etc.

R. au Siege Royal du Cap, le 13 Décembre 1719.

ORDONNANCE du Roi, concernant le Commerce Etranger.

Du 26 Novembre 1719.

SA MAJESTÉ étant informée que non-obstant l'attention et les soins qu'elle veut bien se donner, pour empêcher que les Etrangers ne fassent aucun Commerce aux Isles Françoises de l'Amérique, les Capitaines ou Facteurs des Vaisseaux de ses Sujets qui vont auxdites Isles, reçoivent à bord de leurs Bâtimens dans les Rades, des Denrées et Marchandises qui leur sont portées par des Bateaux étrangers, et qu'ils les achetent soit en argent comptant, ou en Denrées de France ou des Indes, par la facilité qu'ils ont de les débarquer ensuite et de les vendre aux Habitans; et étant important d'arrêter une fraude d'autant plus préjudiciable au Commerce du Royaume, qu'elle empêche la vente des Marchandises et Denrées qui sont apportées de France, retarde la vente des Cargaisons desdits Vaisseaux, oblige de prolonger leur séjour dans les Isles, ce qui cause la mortalité parmi les équipages, et une dépense considérable aux Propriétaires; à quoi étant nécessaire de pourvoir, Sa Majesté, de l'avis de M. le Duc d'Orléans Régent, défend à tous Capitaines et Facteurs des Vaisseaux François, de faire dans lesdites Isles aucun Commerce directement ni indirectement avec les Etrangers, à peine des Galeres perpétuelles contre les Contrevenans; mande et ordonne Sa Mejesté à M. le Comte de Toulouse

Amiral de France, aux Gouverneurs et Lieutenans Généraux auxdites Isles, Gouverneurs particuliers, aux Officiers des Conseils Supérieurs des Colonies et autres ses Officiers qu'il appartiendra, de tenir la main chacun en droit soi, à l'exécution de la présente Ordonnance, qui sera lue, publiée, affichée et registrée, etc.

R. au Conseil du Cap, le 4 Novembre 1726.

Et à celui du Petit-Goave, le 11 du même mois.

ARRÊT du Conseil du Cap, qui ordonne qu'un Huissier fera le service chaque semaine auprès du Procureur du Roi et au Greffe du Siége Royal de la même Ville.

Du 18 Décembre 1719.

VU par le Conseil la Remontrance du Procureur du Roi, et ouï les conclusions verbales du Procureur Général du Roi, LE CONSEIL ordonne qu'à l'avenir il y aura toujours un Huissier de semaine, à peine de 100 liv. d'amende, au Greffe, autre que les Dimanches et Fêtes; il ira chez ledit sieur Procureur du Roi tous les matins prendre ses ordres, à peine de 200 liv. d'amende pour la premiere fois, et en cas de recidive à la prison; ordonne en outre que ledit Huissier de semaine ne quittera point, qu'il ne soit relevé par un autre qui sera tenu d'avertir, et cela à tour de role qui sera réglé par ledit Procureur du Roi, lesdites amendes par corps, et en conséquence infirme la Sentence dudit Juge qui n'a condamné qu'à 10 liv. d'amende.

ARRÊT du Conseil du Cap, qui oblige les Chirurgiens reçus par le Médecin du Roi, à prendre de lui des Lettres de Maîtrise sous un mois, et enjoint à ceux non reçus de cesser d'exercer, à peine de 500 liv. d'amende.

Du 8 Janvier 1720.

Arrêt du Conseil du Cap, qui défend à tous Huissiers de faire avec les Parties aucuns traités pour se charger d'affaires.

Du 8 Janvier 1720.

Ordonnance des Administrateurs, qui défend les Assemblées d'Esclaves.

Du 11 Janvier 1720.

Le Marquis de Sorel, etc.

Jean-Jacques Mithon, etc.

Etant informés que malgré les défenses faites et souvent réitérées aux Negres Esclaves, par l'Article XVI de l'Ordonnance du Roi de 1685, de s'attrouper le jour et la nuit, sous prétexte de nôces ou autrement, soit chez l'un de leurs Maîtres, soit ailleurs, et encore moins dans les grands chemins ou lieux écartés, à peine du Fouet et de la Fleur de Lis, plusieurs Negres de différens Maîtres se seroient assemblés sur l'Habitation du sieur Baujeau, située au Quartier de Maribaroux, dépendance du Cap, le 10 Décembre dernier, et qu'ils se seroient même nommés entr'eux des Capitaines et Chefs pour les commander; et comme de pareils attroupemens, s'ils étoient tolérés, pourroient tirer à des conséquences fâcheuses, etant nécessaire d'y remédier, en exécution dudit Article XVI de l'Ordonnance de 1685, nous avons fait et faisons de très-expresses défenses à tous Negres Esclaves appartenant à différens Maîtres, de s'assembler sur les Habitations, dans les grands chemins et lieux écartés, sous peine de punition corporelle, qui ne pourra être moindre que du Fouet et de la Fleur de Lis, et même de mort en cas de récidive où de quelque circonstance aggravante, conformement audit Article XVI de ladite Ordonnance; défendons pareillement aux Maîtres, Economes ou Commandeurs, de souffrir chez eux lesdites Assemblées à peine de 30 liv. d'amende pour la premiere fois, et de supporter tous les dommages que lesdites Assemblées auront causé aux Voisins, et du double en cas de récidive, applicable aux réparations du Palais; ordonnons au Grand-Prévôt, ses Archers et à tous autres, de se saisir desdits Negres, et de les conduire dans les Prisons les plus prochaines du lieu où lesdits Negres auront été arrêtés, dont la prise leur sera payée comme s'ils les avoient pris Marons; défendons aussi auxdits Negres de monter sur des Chevaux, et de marcher armés de Fusils, Pistolets, Manchettes, Couteaux Flamans et autres armes, sous les mêmes peines et de plus grosses si le cas y échoit, conformément à plusieurs Réglemens et Ordonnances, tant des Conseils de cette Isle, que des Gouverneurs et Ordonnateurs; permettons audit Grand-Prévôt et à ses Archers de se saisir desdits Chevaux, Pistolets et autres armes pour être vendus à leur profit, en cas que lesdits Negres ne se trouvent pas munis d'une permission par écrit de leur Maître, même de visiter dans les Cases desdits Negres, le jour et la nuit, à telle heure qu'ils jugeront à propos, sans en prévenir les Maîtres desdits Negres, et de prendre et emporter toutes les armes et munitions qu'ils y trouveront; et attendu qu'il nous a paru par les informations qui ont été faites, au sujet de l'attroupement dont est ci-dessus parlé, que le nommé Denis Colas a toléré l'Assemblée des Negres faite chez le sieur Baujeau, dont il est Econome, nous l'avons condamné en 30 liv. d'amende envers ledit Grand-Prévôt, lui faisons défenses de souffrir par la suite de pareils attroupemens sous plus grosses peines; et à l'égard des peines que lesdits Negres peuvent avoir encourues, pour s'être attroupés et nommés des Capitaines et des Chefs entre eux, nous en renvoyons la connoissance au sieur Juge du Cap, pour être fait droit ainsi qu'il appartiendra; enjoignons au sieur Comte d'Arquyan et au sieur Duclos, Gouverneur et Commissaire-Ordonnateur audit lieu du Cap, et aux Commandans des Quartiers, de tenir la main à l'exécution de la présente Ordonnance, laquelle sera enregistrée au Greffe du Conseil Supérieur dudit lieu du Cap, et des Jurisdictions ressortissantes, lue, publiée, etc. DONNÉ à Léogane, etc

R. au Conseil du Cap, le 6 Février 1720.

ARRÊT du Conseil d'Etat, portant Réglement pour les Farines qui s'envoient dans les Colonies.

Du 1er Février 1720.

LE ROI étant informé des fraudes qui se commettent journellement sur la qualité et sur le poids des Farines qui s'envoient dans les Colonies, où par un usage abusif elles se vendent en barils et non au poids, et que les barils qui devroient contenir 180 à 200 livres de Farine, n'en contiennent que 150 à 170; que les Farines se trouvent souvent de mauvaise qualité par le Son et les Recoupes, ou échauffées pour n'avoir pas sué, ou pour n'avoir pas été bien pressées dans les barils; à quoi étant nécessaire de remédier, ainsi qu'aux autres fraudes et abus qui pourroient se commettre dans le Commerce des Farines; ouï le rapport: Sa Majesté étant en son Conseil, de l'avis de M. le Duc d'Orléans Régent, a ordonné et ordonne ce qui ensuit.

ART. I. Toutes les Farines destinées pour les Colonies, seront de pure fleur de bon Froment, sans aucun mêlange.

ART. II. Les Boulangers et autres ne pourront faire mettre des Farines en barils, qu'elles n'aient sué et reposé au moins pendant un mois, à peine de confiscation des Farines et barils.

ART. III. Les Farines seront renfermées dans des barils bien construits et de bon bois, sans aucun aubier ou aubour.

ART. IV. Les Boulangers, Marchands et autres qui feront mettre des Farines en Barils, seront tenus d'y apposer leurs maruqes à feu sur les deux bouts des barils, laquelle marque sera figurée et employée sur les factures.

ART. V. La tare ou poids des barils vuides, sera marquée avec une rouannette sur les fonds des barils.

ART. VI. L'Intendant de l'Isle et Colonies Françoises de l'Amérique où les Farines seront débarquées, aura soin à l'arrivée des Vaisseaux de faire faire la visite par telle personne qu'il voudra commette, d'un baril de Farine de chaque marque différente, pour reconnoître le poids brut du baril et la qualité de la Farine y contenue, dont il sera dressé procès verbal qui sera par lui envoyé au Conseil de Marine.

ART. VII. Les Farines mises en barils qui auront été reconnues en France de mauvaise qualité, ou dont les barils ne contiendront pas la quantité portée par la facture, seront confisquées et le prix appliqué au profit des pauvres, et ceux qui auront commis la fraude condamnés en 20 liv. d'amende pour chaque baril, par les Juges qui en doivent connoître.

ART. VIII. Les Farines tamisées ou non tamisées qui seront destinées pour les Colonies, pourront être transportées dans les Ports de Mer par riviere ou par terre sans payer aucuns droits, conformément aux Lettres-Patentes du mois d'Avril 1717, et à l'Arrêt du Conseil du 11 Juin 1718, à la charge de prendre des acquits à caution dans les Bureaux de leurs passages, et de les faire viser lors de leur embarquement par les Commis des Fermiers, qui pourroient avoir droit d'en percevoir sur les Farines.

Art. IX. Enjoint Sa Majesté aux sieurs Intendans et Commissaires départis pour l'exécution de ses ordres dans les Provinces et Généralités du Royaume, et aux Intendans et Commissaires établis dans les Isles, de tenir la main chacun en droit soi à l'exécution du présent Arrêt, lequel sera lu, publié et affiché partout où il appartiendra, à ce que personne n'en ignore. Fait au Conseil d'Etat, etc.

Arrêt du Conseil du Cap, qui condamne un Assassin et Blasphémateur à avoir la langue percée d'un fer chaud et à être pendu.

Du 6 Février 1720.

Vu par le Conseil le procès criminel, extraordinairement fait et instruit à la Requête du Substitut du Procureur Général du Roi, au Siége de l'Amirauté de cette Ville, contre le nommé Thomas Porien, Matelot sur le Navire le Saint-Esprit, etc. : le Conseil a mis et met l'appellation au néant, et a déclaré ledit Porien duement atteint et convaincu d'avoir tué le nommé Michel Vince, Maître de l'Equipage du Vaisseau le Saint-Esprit où il étoit embarqué, et d'avoir blasphémé le nom de Dieu ; pour réparation de quoi le condamne à être conduit en chemise à la porte de l'Eglise de ce lieu, où il fera amende honorable la corde au cou et la torche au poing, et à genoux, demandera pardon à Dieu, au Roi et à la Justice, des blasphêmes et juremens par lui prononcés contre le saint nom de Dieu, ensuite de quoi aura la langue percée d'un fer chaud, et après à être pendu et étranglé jusqu'à ce que mort s'ensuive à la place publique de ce lieu, à une Potence qui sera pour cet effet plantée par l'Exécuteur de la Haute Justice, et après ladite exécution son Corps porté sur le bord de la Mer, et exposé jusqu'à demain matin à un Poteau planté pour cet effet, après quoi sera enterré sous le vent du Bourg au bord de la Mer, et tous ses biens confisqués au profit de qui il appartiendra, sur iceux préalablement prix la somme de 100 l. laquelle sera employée pour faire prier Dieu pour l'ame dudit Michel Vince, et sera remise pour cet effet à la Femme ou aux Héritiers dudit Vince, et renvoie ladite exécution par-devant le Lieutenant Général de l'Amirauté du Cap.

ARRÊT du Conseil du Cap, portant qu'il sera levé pour la présente année 15 sols par tête de Negres, grands et petits, pour le payement des Nègres suppliciés, et dont la perception sera faite par les Marguilliers pour éviter à frais, lesquels remettront les deniers ès mains du sieur de SAINT-GILLES, Trésorier.

Du 6 Février 1720.

ARRÊT du Conseil du Cap, qui ordonne la réhabilitation du Mariage du sieur CAHOUET avec la demoiselle LAMBERT, fait par l'Archevêque de Santo-Domingo, et déclaré nul par autre Arrêt du 8 Novembre 1717, et que les Enfans procréés d'eux ci-devant, seront légitimes et habiles à succéder.

Du 4 Mars 1720.

ARRÊT du Conseil du Cap, qui décide que les fonctions de Receveur de l'Octroi, ne sont plus compatibles avec celles de Conseiller.

Du 4 Mars 1720.

LE Procureur général du Roi étant entré au Conseil, a représenté que le sieur de Saint-Gilles, Receveur des Octroi pour Sa Majesté en ce lieu du Cap, étant décédé depuis quelques jours, qu'il est d'une nécessité absolue de procéder à la nomination d'une personne pour y vaquer pour ne laisser péricliter rien; que par les Arrêts rendus les 22 et 26 Janvier 1718, les deux Conseils assemblés à Léogane lors de l'établissement dudit Octroi, que le Roi a confirmé le mois d'Août 1718, et ordonne de continuer, il est expliqué qu'il sera loisible à MM. les Conseillers de nommer un du Corps de chaque District pour remplir cette Charge, qu'à la vérité on ne l'a pas fait ici jusqu'à présent ainsi que celui de Léogane, qui a toujours continué un de leurs Conseillers à l'exclusion de tous autres, et cela pour des raisons très-fortes et assez connues en cedit

cedit Conseil, dont le Procureur Général s'étendoit sur la matiere, s'il n'étoit plus que persuadé que cette Cour en est très-convaincue, et que ses lumieres ordinaires pénetrent fortement toutes les circonstances de cette vérité; qu'il est même convenable pour les intérêts du Roi et le bien de la Colonie qu'il y en ait un de nommé de cedit Conseil, pour que la même uniformité soit suivie dans les deux Corps qui le composent, dont il résultera un bien très-grand, d'autant qu'étant Conseiller le tout s'exercera avec plus de circonspection, par le serment de fidélité qu'il a donné en entrant dans cette premiere dignité, et qu'à l'avenir il seroit préféré au préjudice de tous ceux qui postuleront à y entrer, et cela en se conformant audits Arrêts, requérant ledit Procureur Général du Roi, etc.

Le Conseil a décerné Acte audit Procureur Général du Roi de ses dires et réquisitions, et ayant délibéré sur la matiere, a décidé qu'il ne paroissoit pas convenable à la dignité et au caractere d'un Conseiller d'occuper l'emploi de Receveur de l'Octroi, et M. Duperier, un des Conseillers, a requis acte de la demande qu'il faisoit de cet Emploi avant la présente Délibération, ainsi qu'il s'est ci-devant pratiqué en ce lieu, et qu'il se pratique encore à Léogane.

Et à l'instant le Conseil, après avoir recueilli les voix, a nommé et pourvu de la Charge de Receveur de l'Octroi dans le Quartier du Cap et dépendances dudit Conseil, après avoir ouï sur ce les conclusions verbales dudit Procureur Général du Roi, le sieur Allaire Dulangot, à la charge et conditions qu'il donnera bonne et suffisante caution, et même certificateur si le cas y échet, lequel dit sieur Dulangot, ici présent, a accepté ladite Charge aux conditions ci-dessus, et a promis de fournir ladite caution par-devant MM. de Beauval Barbé et Delisle Ribault, Conseillers et Commissaire nommés à cet effet, et le Procureur Général du Roi.

Commission de Subdélégué de l'Intendant pour M. Robineau, Procureur Général du Conseil du Cap.

Du 13 Avril 1720.

R. au Conseil du Cap, le 3 Juin suivant.

Cette Commission est conforme à celle de M. de Boismorand, du 18 Juillet 1713.

Lettres-Patentes, portant révocation de la Compagnie Royale de Saint-Domingue.

Du mois d'Avril 1720.

LOUIS, etc. l'application continuelle que le feu Roi, de glorieuse mémoire, notre très-honoré Seigneur et Bisaïeul, a toujours eu à augmenter le Commerce et à étendre la navigation de ses Sujets, en fortifiant nos Colonies par la culture des Terres qui n'auroient point encore été défrichées, l'a engagé à former par ses Lettres-Patentes du mois de Septembre 1698, une Compagnie sous le nom de Saint-Domingue, avec le privilege exclusif de faire seule le Commerce pendant 50 années, dans la partie de l'Isle de Saint-Domingue située depuis et compris le Cap Tiberon jusqu'à la Riviere de Naybe inclusivement, dans la profondeur de trois lieues dans les Terres à prendre des bords de la Mer dans toute cette étendue; et pour lui donner moyen de faire un Etablissement plus considérable, lui accorda à perpétuité toutes les Terres incultes de ladite partie de l'Isle pour en jouir en pleine propriété; le feu Roi étant par les suites informé des efforts que cette nouvelle Compagnie avoit fait pour commencer à remplir ses engagemens, et voulant lui donner des marques de sa satisfaction, augmenta par un Arrêt de son Conseil du 12 Novembre 1700, l'étendue de sa concession de toutes les Terres comprises depuis le Cap Tiberon jusqu'à la Riviere de Naybe, tant en longueur que dans sa largeur, qui s'étend depuis le bord de la Mer jusqu'aux Montagnes qui séparent le Quartier du Sud de ceux de Léogane et des Grand et Petit-Goave, ensemble de l'Isle à Vache et autres adjacentes; cet Etablissement a eu tout le succès que nous pouvions espérer, et ces Pays sont habités de grand nombre de Familles qui s'y sont établies, ce qui peut occuper un plus grand nombre de Bâtimens que la Compagnie n'est en état d'en envoyer, ce qui produiroit une augmentation de Commerce à nos Sujets, et le débit et la consommation des Denrées qui croissent et se recueillent dans notre Royaume; et comme nous avons été suppliés par la Compagnie, qui reste obligée de faire des dépenses considérables pour les commencemens de ses Etablissemens, et qui craignoit de s'engager dans de nouvelles dépenses, de lui rembourser tous ses Effets qui lui appartiennent, tant en France qu'à Saint-Domingue et autres lieux, et de lui accorder une indemnité pour la non-jouissance de son Privilege, et proportionnée aux avances qu'elle a été obligée de faire, en prenant sur nous les soins de la continuation de ces Etablissemens, et en acquérant à notre profit tous les Effets qui appartiennent à ladite Compagnie, nous en avons reçu volontiers la proposition, et pour faire connoître en quelle considération nous avons ceux qui s'engagent à de pareilles entreprises qui tournent à l'avantage de nos Etats, comme aussi pour donner dès à présent liberté à tous nos Sujets de faire le Commerce dans tous les Pays concédés à ladite Compagnie, chacun pour son compte, en prenant seulement les Passe-ports et Congés ordinaires, et contribuer par ce moyen au bien et avantage de nos Peuples : A CES CAUSES, de l'avis de notre très-cher et très-amé Oncle le Duc d'Orléans, Petit-Fils de France, Régent, etc. nous avons révoqué, éteint et supprimé, révoquons, éteignons et supprimons la Compagnie de Saint-Domingue, établie par les Lettres-Patentes du mois de Septembre 1698, permettons à tous nos Sujets de trafiquer dans les Pays qui avoient été concédés à ladite Compagnie, ainsi que dans tous les autres de notre obéissance, en vertu de la cession, transport et délaissement faits à notre profit, par Acte passé le 2 d'Avril 1720, pardevant Verany et de Mahault; nous avons approuvé, confirmé, ratifié et validé, approuvons, confirmons, et validons toutes les Délibérations, Ordres, Mandemens et Etablissemens, Graces, Concessions, Beaux à Ferme, et tous autres Actes généralement faits jusqu'à ce jour par les Directeurs de la Compagnie au nombre de six, ainsi qu'il est porté par leurs Actes de Société, ses Agens, Secrétaires, Commis, Procureurs, Caissiers et tous autres ses Officiers, tant sur les lieux qu'en France, à l'exception des ordres qui auroient pu être donnés par quelques-uns des Directeurs à l'insçu des autres Directeurs, et des sommes reçues par les Commis et Préposés de la Compagnie, dont il n'auront point compté; comme aussi nous avons validé, approuvé et confirmé, validons, approuvons et confirmons les Concessions accordées par les Directeurs, leurs Agens et Procureurs, les ventes particulieres qui ont été faites d'aucunes Habitations, Magasins, Fonds, Héritages dans les Pays par nous concédés, à condition néanmoins que les Propriétaires desdites Terres concédées se conformeront à la Déclaration donnée par le feu Roi, le 6 Octobre 1713, concernant les autres Terres de l'Isle de Saint-Domingue; et cependant voulant favorablement traiter ladite Compagnie, nous avons ordonné qu'elle se pourvoira par-devers nous, pour obtenir le remboursement des Effets qu'elle a actuellement existans, ensemble des sommes qui se trouveront lui être légitimement dûes, même pour obtenir une

Pppp ij

indemnité pour la non jouissance de leurs Privileges, et la privation des Terres à eux concédées à perpétuité : Si donnons en Mandement à nos amés et féaux les Gens tenant nos Conseils Supérieurs de Léogane et du Cap, etc.

R. au Conseil de Léogane, le 4 Novembre 1720.
Et à celui du Cap, le 2 Décembre suivant.

ARRÊT du Conseil du Cap, qui condamne le nommé JOSEPH, Esclave du sieur GASCHET, Habitant à l'Acul, à être pendu, pour avoir frappé un Blanc avec effusion de sang.

Du 7 Mai 1720.

ARRÊT du Conseil du Cap, concernant la Chirurgie, le traitement des Maladies internes, la fourniture des Remedes et la taxe des Comptes.

Du 3 Juin 1720.

VU par le Conseil la Requête du sieur Duvallain, Médecin du Roi en cette Ville, au sujet des Maladies internes, et ouï sur ce les conclusions verbales du Procureur Général du Roi, LE CONSEIL ordonne que dorénavant les Chirurgiens de la Ville du Cap ne pourront traiter aucune desdites Maladies sans y appeller le Médecin du Roi, attendu que l'on voit journellement des cas fâcheux par la mort ou autres accidens qui arrivent, soit aux Gens du Pays, mais plus particulierement à ceux qui arrivent d'Europe ou d'ailleurs, dont on a des exemples fréquens; défend ledit Conseil auxdits Chirurgiens de s'immiscer à connoître desdites Maladies internes, sans y appeller le Médecin du Roi, à peine contre les contrevenans de 500 liv. d'amende, applicable le tiers audit Médecin, le tiers à l'Hôpital, et l'autre tiers à la bâtisse du Palais, pour la premiere fois, et en cas de récidive à de plus grosses peines et même d'interdiction; que tous les remedes qui seront distribués, ne le seront que par l'ordonnance dudit Médecin par écrit, et ne leur seront alloués que suivant la taxe qui en sera faite par lui; à l'égard des pauvres et gens mal-aisés, les visites seront faites gratuitement, que quant aux autres dans toutes les maladies les plus dangereuses, quoiqu'il fasse plusieurs visites, il ne lui en sera alloué que deux seulement par jour à raison de 3 liv. par visite ; et afin que personne n'en ignore, le présent Arrêt sera lu, publié et affiché où besoin sera, et à la porte de l'Eglise de cette Ville.

ORDONNANCE de Police du Juge du Cap, qui fixe le prix du Pain d'un Escalin à deux livres et demi, celui du Pain demi-Escalin à cinq quarterons et les autres à proportion, tant que l'Escalin vaudra 12 sols 6 den. ; et ordonne que les Poids et Mesures seront étalonnés et marqués du Poinçon de la Ville dans quinzaine.

Du 18 Juin 1720.

EXTRAIT de la Lettre du Roi à MM. DE SOREL *et* MITHON *; concernant un envoi d'Engagés.*

Du 18 Juin 1720.

MONS de Sorel et Mithon, j'ai destiné par différens Ordres plusieurs Particuliers, à être transportés dans ma Colonie de la Louisiane, depuis ce tems je les ai destinés pour mes autres Colonies, suivant l'Arrêt de mon Conseil du 9 du mois dernier, et comme je veux bien qu'ils soient donnés aux Armateurs des Vaisseaux de mes Sujets, destinés pour mes Colonies de l'Amérique, pour leur tenir lieu des Engagés qu'ils sont obligés d'y passer, conformément au Réglement que j'ai rendu le 16 Novembre 1716, j'ai donné mes Ordres aux Commissaires de la Marine qui sont dans les Ports, de remettre aux Armateurs des Vaisseaux les Prisonniers pour être transportés dans mes Colonies, et de prendre d'eux des soumissions de vous les remettre, ou aux Commandans ou Subdélégués des endroits où ils arriveront, avec mes Ordres particuliers qui les destinent pour la Louisiane ou pour mes autres Colonies, n'étant pas juste qu'ils vendent des Prisonniers puisqu'ils ne leur coûtent aucun engagement. Je leur ai aussi ordonné de vous envoyer ladite soumission par le même Vaisseau sur lequel ils s'embarqueront, et de faire passer sur le pied d'Engagés les Femmes et Enfans de ces

Prisonniers qui sont destinés pour mes Colonies, ou qui voudront les suivre de bonne volonté. Je vous fais cette Lettre, de l'avis de mon Oncle le Dus d'Orléans Regent, pour vous dire que mon intention est que vous vous fassiez remettre lesdits Prisonniers aussitôt leur arrivée, avec mes Ordres qui les destinent pour la Louisiane ou pour mes autres Colonies, que vous en donniez une décharge valable aux Capitaines des Vaisseaux qui les apporteront, et que vous les fassiez engager pour cinq ans avec les Habitans qui en auront besoin; vous aurez soin qu'ils soient traités pendant le tems de leur engagement avec humanité, et qu'ils s'établissent après dans la Colonie, mon intention n'est point qu'ils reviennent en France, c'est à quoi vous aurez une particuliere attention. Comme il ne seroit pas juste de faire engager les Femmes et les Enfans de ces Prisonniers, qui ne sont point destinés par mes Ordres particuliers pour la Louisiane ou pour les autres Colonies, vous les laisserez libres de travailler pour qui ils voudront. Vous enverrez une copie de cette Lettre aux Gouverneurs particuliers, Commandans, Commissaires et Subdélégués, qui sont dans les différens Quartiers de la Colonies, et dans les Isles qui dépendent du Gouvernement général de Saint-Domingue, avec ordre de seconformer aux Ordrs qu'elle contient, etc.

R. au Conseil de Léogane, le 4 Septembre 1720.

EXTRAIT de la Lettre du Conseil de Marine à MM. DE SOREL et MITHON, qui proscrit le droit du Domaine d'Occident à Saint-Domingue.

Du 25 Juin 1720.

IL a été rendu compte à M. le Régent, de ce que vous avez marqué au sujet des démarches du sieur d'Erivaux, pour l'établissement du droit du Domaine d'Occident, S. A. R. a approuvé les mesures que vous avez prises pour rassurer les Habitans que ces nouvelles avoient alarmés; son intention n'est point que les droits du Domaine d'Occident soient établis à Saint-Domingue; et elle veut que si ledit sieur d'Erivaux ou quelques autres vont dans la Colonie pour cet établissement vous ne les ouffriez pas: vous rendrez cette résolution de S. A. R. publique, afin de tranquiliser les Habitans.

R. au Conseil de Léogane, le 2 Septembre 1720.

ARRÊT du Conseil du Cap, qui ordonne dans la dépendance du Port de Paix une levée de 30 sols par tête de Negres grands et petits, pour les droits suppliciés, dont la recette se fera par les Marguilliers en charge, qui en apporteront le produit dans la Maison qui leur sera indiquée audit Port de Paix par le Receveur Général.

Du 1 Juillet 1720.

MÉMOIRE du Roi à MM. DE SOREL et MITHON, portant que la perception des droits d'Octroi aura lieu dans la partie du Sud, ci-devant concédée à la Compagnie de Saint-Domingue, et réunie au Domaine de Sa Majesté, à compter du jour de l'enregistrement des Lettres-Patentes portant révocation de ladite Compagnie, et de la même maniere qu'elle a lieu dans le reste de la Colonie.

Du 2 Juillet 1720.

R. au Conseil de Léogane, le 13 Janvier 1721.

EDIT, portant que la Compagnie des Indes jouira à perpétuité de tous les droits et privileges qui conconcernent son Commerce.

Du mois de Juillet 1780.

LOUIS, etc.

ART. Ier. Que la Compagnie des Indes jouisse à perpétuité des droits et privileges ci-après spécifiés concernant son Commerce, sans pouvoir y être troublée en quelque sorte et sous quelque prétexte que ce soit; à l'effet de quoi nous la créons, établissons et déclarons, en tant que de besoin, Compagnie perpétuelle des Indes.

III. Jouira ladite Compagnie à perpétuité du droit de faire seule le Commerce dans notre Province et Gouvernement de la Louisiane, ainsi que nous l'avons réglé par nos Edits des mois d'Août et Décembre 1717.

ART. V. Attendu la cession faite le 15 Décembre 1718 par la Compagnie du Sénégal à la Compagnie des Indes, de toutes Concessions, Droits, Privileges et Etablissemens appartenans à ladite Compagnie du Sénégal, et le payement fait en conséquence du prix de ladite cession, ladite Compagnie des Indes jouira à perpetuité de toutes les Concessions, Droits et Privileges accordés à la Compagnie du Sénégal, ainsi que ladite Compagnie en a bien et duement joui, ou dû jouir suivant nos Lettres-Patentes du mois de Mars 1696, et autres données tant en faveur de la derniere Compagnie du Sénégal, que de celles qui l'ont précédée.

ART. VI. Jouira ladite Compagnie à perpétuité du privilége de négocier seule, depuis le Cap de Bonne-Espérance jusque dans toutes les Mers des Indes Orientales, Isles de Madagascar, Bourbon et France, Côte de Sofola en Afrique, Mer rouge, Perse, Mogol, Siam, la Chine et le Japon, même depuis le Détroit de Magellan et de le Maire, dans toutes les Mers du Sud; faisons défenses à tous nos autres Sujets de faire aucun Commerce dans lesdits lieux, à peine de confiscation, au profit de ladite Compagnie, des Vaisseaux, des Armes, Munitions et Marchandises.

ART. XIII. Voulons que ladite Compagnie soit et demeure maintenue et confirmée, ainsi que nous la maintenons et confirmons dans tous les Droits et Privileges accordés aux anciennes Compagnies des Indes et de la Chine, par notre Edit du mois d'Août 1664, notre Déclaration du mois de Février 1685, et autres Déclarations et Réglemens rendus en faveur de son Commerce, comme s'ils étoient tous rappellés par le présent Edit, tout ainsi que les anciennes Compagnies en ont joui ou dû jouir, à l'exception de ceux qui ont été révoqués ou modifiés, et sans préjudice des droits de l'Amiral de France, dont il a joui ou dû jouir conformément à la Déclaration du 3 Septembre 1712, et aux Réglemens faits en conséquence.

ART. XIV. Jouira ladite Compagnie à perpétuité de tous les Droits, Privileges et Exemptions, dont ont joui ou dû jouir les Intéressés en l'ancienne Compagnie d'Afrique, jusqu'au dernier Décembre 1718, temps auquel leur Privilege est expiré, ensemble de la propriété des places en dépendantes, aux facultés, charges, clauses et conditions portées par les Traités faits avec les Puissances d'Alger et de Tunis, sans qu'à l'avenir ladite Compagnie puisse en être évincée, recherchée, ni inquiétée, sous quelque prétexte que ce soit : sauf aux Intéressés, et à tous autres Particuliers qui peuvent avoir quelque prétention sur la propriété des Concessions du Cap Negre et Bastion de France, de rapporter leurs

leurs titres à notre Conseil de Marine, pour être par nous ordonné ce qu'il appartiendra.

Si donnons en Mandement, etc.

Les Articles non rapportés ne concernent que l'administration de la Compagnie des Indes en France.

ORDONNANCE *du Roi, pour défendre à tous Négocians, Marchands, Bourgeois et autres qui ne sont pas Officiers, de porter l'Epée dans les Villes et Bourgs des Colonies.*

Du 23 Juillet 1720.

DE PAR LE ROI.

SA MAJESTÉ étant informée des désordres qui sont causés dans ses Colonies par des personnes qui portent l'Epée, quoiqu'ils ne dussent pas la porter, et désirant les faire cesser; Sa Majesté, de l'avis de M. le Duc d'Orléans Régent, fait très-expresses inhibitions et défenses à tous Négocians, Marchands, Bourgeois et autres qui ne sont pas Officiers des Vaisseaux Marchands, de porter aucunes Armes offensives ni défensives dans les Villes et Bourgs de ses Colonies, à peine de trois mois de prison; permet Sa Majesté aux Capitaines, Lieutenans et Enseignes desdits Vaisseaux de porter l'Epée : mande et ordonne Sa Majesté aux Gouverneurs et ses Lieutenans Généraux dans ses Colonies, et aux Intendans d'icelles, de tenir chacun endroit soi la main à l'exécution de la présente Ordonnance, qui sera lue, publiée et registrée par tout où besoin sera. FAIT à Paris, etc. *Signé* LOUIS, *Et plus bas*, FLEURIAU.

R. au Conseil du Cap, le 8 Mai 1721.

RÉGLEMENT du Roi, concernant le Commerce Etranger dans les Colonies.

Du 23 Juillet 1720.

LE ROI étant informé que le Commerce Etranger continue dans quelqu'unes de ses Colonies, non-obstant les défenses qui ont été faites par différentes Ordonnances et Réglemens, et notamment par celui du 20 Août 1698, et désirant empêcher la continuation de ce désordre, et conserver en entier à ses Sujets le Commerce de toutes ses Colonies; Sa Majesté a estimé nécessaire, de l'avis de M. le Duc d'Orléans son Oncle Régent, de faire le présent Réglement.

ART. Ier. Ordonne Sa Majesté à tous ses Officiers, Capitaines, Commandans ses Vaisseaux, de courir sur les Vaisseaux, Barques et autres Bâtimens de Mer, tant François qu'Etrangers, faisant le Commerce Etranger à ses Colonies de l'Amérique, de les réduire par la force des armes, et de les prendre et emmener dans l'Isle la plus prochaine du lieu où la Prise aura été faite.

ART. II. Permet Sa Majesté à tous ses Sujets de faire aussi la course sur lesdits Vaisseaux et Bâtimens de Mer faisant ledit Commerce Etranger, et veut qu'à l'avenir il soit inséré dans les Commissions en Guerre et Marchandises, qui seront données par l'Amiral de France, que ceux qui en seront Porteurs pourront courir sur les Vaisseaux, Barques et autres Bâtimens de Mer, tant François qu'Etrangers, faisant le Commerce étranger aux Colonies Françoises de l'Amérique, les réduire par la force des armes, les prendre et emmener dans l'Isle la plus prochaine du lieu où la Prise aura été faite; lesquelles Commissions ne pourront cependant leur être délivrées, qu'après avoir donné caution de même que s'ils armoient en guerre.

ART. III. Les Prises ainsi faites, soit par les Vaisseaux de Sa Majesté, ou par ceux de ses Sujets, seront instruites et jugées par les Officiers d'Amirauté, conformément aux Ordonnances et Réglemens rendus à ce sujet, sauf l'appel au Conseil Supéreur, excepté en temps de Guerre que les procédures seront envoyées au Secrétaire Général de la Marine pour être jugées par l'Amiral, ainsi qu'il est accoutumé; et il appartiendra sur les Prises qui seront déclarées bonnes le dixieme à l'Amiral, conformément à l'Ordonnance de 1681.

Art. IV. Le produit des Prises faites par les Vaisseaux de Sa Majesté sera partagé, après le dixieme de l'Amiral déduit; savoir un dixieme à celui qui commandera le Vaisseau qui aura fait la Prise, un autre dixieme à celui qui commandera l'Escadre, un autre dixieme au Gouverneur et Lieutenant Général de la Colonie où la Prise sera conduite, un autre dixieme à l'Intendant, et le surplus moitié aux Equipages des Vaisseaux, l'autre moitié sera mise en dépôt entre les mains du Commis du Trésorier de la Marine dans les Colonies, pour être employée à l'entretien et augmentation desdites Colonies, suivant les ordres qui en seront donnés par Sa Majesté.

Art. V. Les Prises faites par les Vaisseaux des Sujets de Sa Majesté, seront adjugées à celui qui les aura faites, sauf le dixieme de l'Amiral, et sur le surplus du produit il en sera levé le cinquieme, dont moitié sera mise en dépôt entre les mains du Commis du Trésorier de la Marine dans les Colonies, pour être employée à l'entretien et augmentation des Hôpitaux desdites Colonies, suivant les ordres que en seront donnés par Sa Majesté, et l'autre moitié sera partagée, les deux tiers au Gouverneur et Lieutenant Général, l'autre tiers à l'Intendant de la Colonie où ledit Vaissseau preneur aura fait son armement; et à l'égard des Prises qui seront faites par les Vaisseaux qui auront été armés en France, ladite moitié sera partagée comme il est dit ci-dessus, entre le Gouverneur et Lieutenant Général, et l'Intendant de la Colonie où la Prise aura été conduite.

Art. VI. Ordonne Sa Majesté que les Gouverneurs particuliers des Colonies de Cayenne et de l'Isle Royale, jouiront pour les Prises qui seront conduites esdites Colonies, soit par les Vaisseaux de Sa Majesté, soit par ceux de ses Sujets, comme aussi sur celles qui seront faites par les Vaisseaux armés dans lesdites Colonies, des parts attribuées par l'Article IV et V du présent Réglement au Gouverneur et Lieutenant Général, et que pareillement les Commissaires Ordonnateurs desdites Colonies, jouiront de celles attribuées à l'Intendant.

Art. VII. Veut Sa Majesté que le présent Réglement soit exécuté selon sa forme et teneur, non-obstant toutes Ordonnances et Réglemens à ce contraires auxquels Sa Majesté a dérogé : mande et ordonne Sa Majesté à M. le Comte de Toulouse Amiral de France, de tenir la main à l'exécution du présent Réglement, de le faire publier, afficher et enregistrer, etc.

R, au Conseil du Cap, le 4 Mai 1721.

ORDONNANCE du Roi, portant suspension d'Armes par Mer dans les Colonies, entre la France et l'Espagne.

Du 29 Juillet 1720.

R. au Siege Royal du Petit-Goave, le 21 Avril 1721.
Et en l'Amirauté du Cap, le 26 Août suivant.

ARRÊT du Conseil d'Etat, portant augmentation des Especes d'or et d'argent, jusqu'au 31 Août lors prochain; et ensuite diminution successive et en quatre époques, du 1 Septembre au 16 Octobre suivant.

Du 30 Juillet 1720.

Cet Arrêt qui ne fut enregistré que le 30 Décembre 1720 au Conseil du Cap, n'eut pas le tems d'y recevoir aucune exécution, ce qui nous a dispensé d'en rapporter les dispositions.

ÉDIT concernant les Invalides de la Marine.

Du mois de Juillet 1720.

LOUIS, ect. Le feu Roi notre très-honoré Seigneur et Bisayeul, ayant résolu de procurer une subsitance certaine aux Invalides de la Marine et des Galeres, jugea à propos d'établir, par son Edit du mois de Mai 1709, une retenue, ect. Mais le fonds destiné pour cette subsitance ne s'étant pas trouvé suffisant pour la donner à tous ceux qui la méritoient, le feu Roi auroit, par autre Edit du mois de Mars 1713, étendu, ect. Et attendu qu'il est nécessaire de commettre et établir des sujets, qui fassent à l'avenir la recette et dépense des deniers qui proviendront desdites retenues et revenus, au lieu des Officiers titulaires suprimés par notre Edit du mois d'Avril 1716, et de régler les appointemens qu'il conviendra de leur accorder, Nous avons résolu d'expliquer nos intentions, tant sur ce sujet, que sur la maniere dont sera faite à l'avenir la dépense des revenus de l'établissement desdits Invalides, afin que par une bonne et sûre administration, ils puissent retirer les avantages qu'ils doivent attendre d'un établissement qui n'a été fait que pour leur procurer une subsistance certaine, dans des temps où leurs blessures et leur caducité ne leur permettront pas de continuer leurs services. A CES CAUSES, ect. Nous avons par le présent Edit perpétuel et irrévocable, dit, statué et ordonné, disons, statuons et ordonnons, voulons et Nous plaît ce qui ensuit.

TITRE PREMIER.

De la retenue des quatre & six deniers pour livre.

ART. Ier. La retenue pour la subsitance des Officiers-Mariniers, Matelots, Soldats, Ouvriers et autres Invalides de la Marine, continuera d'être faite à raison de quatre deniers pour livre, sur toutes les dépenses de la Marine et des Galeres, soit dedans, soit dehors le Royaume, et même dans les Colonies soumises à notre obéissance, sans exception ni distinction quelconques.

ART. II. La retenue de six deniers pour livre, continuera pareillement d'être faite sur les gages et appointemens des Capitaines, Maîtres, Patrons, Pilotes, Officiers-Mariniers et Matelots, employés au service des Négocians; et à l'égard de ceux qui serviront à la part, il sera aussi continué de leur être retenu, au lieu desdits six deniers, savoir, aux Capitaines, Maîtres et Patrons, trente sols par mois; aux Officiers-Mariniers, quinze sols; et aux Matelots indifféremment, sept sols six deniers aussi par mois; et ce, par rapport au temps qu'ils seront en mer, jusqu'à leur désarmement.

ART. III. Pareille retenue de six deniers pour livre, sera aussi continuée sur le montant total des prises qui se feront pendant la guerre, déduction préalablement faite des frais et dépenses nécessaires pour parvenir à la vente, et pour la conservation des marchandises trouvées sur lesdites prises, et du dixieme de l'Amiral.

TITRE SECOND.

Du don fait à l'Etablissement Royal des Invalides de la Marine, et de la recherche qui en doit être continuée.

ART. Ier. Confirmons, en tant que de besoin, le don fait par l'Article XIV de l'Edit du mois de Décembre 1712 aux Invalides de la

Marine, de tous les deniers et effets appartenant aux Officiers Mariniers, Matelots, Passagers, et autres, en quelque sorte et maniere que ce soit, qui n'auront point été réclamés dans les deux années de l'arrivée des Vaisseaux, à compter du jour et date des déclarations, qui seront faites à l'ordinaire aux greffes des Amirautés; comme aussi de la solde, dixieme et portion d'intérêts qui pourront appartenir aux Officiers Mariniers, Matelots, Volontaires, et autres armés en course depuis le commencement de la derniere guerre, qui n'ont point aussi été réclamés dans les deux années, à compter du jour de la liquidation des prises : confirmons aussi, en tant que de besoin, le don fait par le feu Roi auxdits Invalides de la part que nous avons dans les naufrages non réclamés; n'entendons néanmoins comprendre dans ce don le tiers de tous les effets appartenant aux Officiers Mariniers, Matelots, Passagers, et autres qui mourront sans tester sur les Vaisseaux durant le temps de la campagne qui appartient à l'Amiral, suivant l'Article IX, Titre XI de l'Ordonnance de 1681.

ART. II. Nous avons de nouveau doté et dotons, en tant que besoin est, ledit Etablissement Royal des Invalides de la marine de toutes lesdites retenues de six deniers pour livre sur les gages et appointemens des Capitaines, Maîtres, Patrons, Pilotes, Officiers mariniers et Matelots employés au service des Négocians, et sur le montant total des prises; de quatre deniers pour livre sur toutes les sommes qui sont employées en pensions, soldes, gages et appointemens, et sur toutes les dépenses de la Marine et des Galeres, don de solde, dixieme et portion d'intérêts non réclamés, et de la part que nous avons dans les naufrages aussi non réclamés; le tout, ainsi qu'il est ci-devant expliqué, pour par lesdits Invalides de la marine en jouir à perpétuité, sans trouble ni empêchement quelconques.

ART. III. Voulons et entendons que toutes lesdites retenues et dons, ensemble tous les revenus que nous pourrons donner par la suite audit établissement, soient censés et déclarés deniers Royaux; et en conséquence, ordonnons que les débiteurs ou dépositaires seront contraints au paiement d'iceux, comme pour nos propres deniers et affaires; et en cas de contestation pour raison desdites retenues qui seront faites sur les gages et appointemens des Capitaines, Maîtres, Patrons, Pilotes, Officiers Mariniers, et autres employés au service des Négocians, et sur le montant total des prises faites en mer, et des dons faits audit établissement mentionnés dans l'Article Ier du présent Titre, avons de nouveau attribué et attribuons, en tant que besoin est, toute jurisdiction et connoissance aux Officiers des Amirautés à l'exclusions de tous autres Juges, et voulons que les Sentences qui sont ou seront par eux rendues soient exécutées par provision, nonobstant toutes oppositions et appellations quelconques, et sans préjudice d'icelles.

ART. IV. Voulons que ceux qui sont actuellement commis ou qui sur la proposition qui nous en sera faite par notre Conseil de Marine, seront dans la suite commis par nous, à la recherche que le feu Roi a ordonné être faite, et que nous ordonnons être continuée desdits effets, soldes, dixiemes et portions d'intérêts non réclamés, soient tenus d'en dresser des états contenant les noms et qualités desdits Officiers mariniers, Matelots, volontaires et autres à qui le tout appartiendra; et à cet effet, que les armateurs ou propriétaires des Vaisseaux armés, tant en course qu'en marchandises, comptent dans le lieu de l'armement du maniement desdits effets, soldes, dixiemes et portions d'intérêts des équipages des Vaisseaux qu'ils auront armés, lesquels auront été payés, et de celles qui seront dues pardevant les Officiers qui sont ou seront commis à cet effet, auxquels nous donnons pouvoir de requérir en leur nom sans aucun empêchement ni opposition de la part de nos Procureurs et tous autres ès Amirautés de notre Royaume, à la charge de prendre des conclusions de nosdits Procureurs, et que lesdits états soient faits doubles, les uns pour être envoyés à notre Conseil de Marine, et les autres pour être remis aux Trésoriers particuliers des Invalides, dont il sera parlé ci-après, à l'effet de faire le recouvrement des sommes y contenues, dont il ne pourra être par lesdits Trésoriers aucunement disposé que sur les ordres de notredit Conseil.

ART. V. Voulons aussi que ceux qui seront chargés des deniers provenant de ladite recherche soient à la premiere réquisition tenus de les remettre aux Trésoriers particuliers des Invalides, et qu'en cas que lesdits deniers soient reclamés par leurs héritiers et ayant cause, après ledit temps de deux années, la délivrance en soit faite sur les ordres de notre Conseil de la Marine, à ceux qui auront droit de les recevoir per lesdits Trésoriers, et que le contenu en iceux soit passé en dépense dans les comptes qu'ils rendront desdits deniers en les rapportant, et la quittance des parties prenantes.

ART. VI. Et pour faciliter ladite recherche, enjoignons aux Officiers de nos Amirautés de tenir la main à ce que les Greffiers desdites Amirautés donnent tous les éclaircissemens nécessaires à ceux qui sont commis ou que nous commettrons pour ladite recherche sur la proposition qui nous en sera faite par notre Conseil de Marine, et de les y contraindre par Sentence, et sous peine d'amende.

TITRE TROISIEME.

De l'emploi qui sera fait du produit des quatre et six deniers pour livre, et des autres revenus que peut ou pourra avoir l'Etablissement des Invalides de la Marine.

Art. Ier. Le produit des retenues des quatre et six deniers pour livre, et des autres revenus qui sont ou seront attribués à l'établissement des Invalides de la marine continuera d'être employé aux pensions, gratifications et récompenses que nous accorderons sur la proposition qui nous en sera faite par notre Conseil de Marine, tant aux Officiers Invalides de nos Vaisseaux et Galeres qui en seront trouvés dignes, qu'aux Intendans et autres Officiers de nos Ports et Arsenaux de la Marine et des Galeres; comme aussi à la demi-solde, tant des Officiers mariniers, Matelots et Soldats, que des Ouvriers de nos Vaisseaux et Galeres, des Officiers mariniers, Matelots et Volontaires estropiés sur les Vaisseaux marchands et armateurs, ensemble à des gratifications et récompenses aux Veuves et Enfans des Officiers mariniers, Matelots, Soldats et Volontaires qui auront été tués sur nos Vaisseaux et Galeres, ou sur ceux de nos sujets, ainsi qu'il sera jugé par nous convenable, sur la proposition qui nous en sera faite par notre Conseil de marine.

TITRE QUATRIEME.

De la demi-solde des Invalides, et de leurs privileges et exemptions.

Art. Ier. La demi-solde sera par nous accordée suivant ce qui nous sera proposé par notre Conseil de Marine sur les certificats qui lui auront été représentéz pour justifier les services, blessures et invalidité, ou caducité de ceux qui seront dans le cas de la pouvoir obtenir, et elle sera fixée pour les Officiers mariniers, Matelots, Soldats et Ouvriers, à la moitié de la solde qu'ils auront gagnée dans le dernier service qu'ils se trouveront avoir rendu sur nos Vaisseaux et Galeres, ou dans nos Arsenaux, suivant les certificats qu'ils en rapporteront des Commissaires des bureaux des armemens, radoubs et constructions, visés des Intendans et Commissaires-Généraux de la Marine et des Galeres dans les départemens desquels ils auront servi; laquelle fixation servira de regle pour ceux qui auront servi en la même qualité sur les Vaisseaux marchands

et

et armateurs, nous réservant à la faire augmenter ou diminuer suivant les cas, et eu égard à la qualité de la blessure, ou de l'invalidité de celui qui y sera admis.

Art. II. Confirmons aux Invalides de la marine établis dans notre Royaume, les dispense et exemption de tout service personnel que nous leur avons accordées par l'Arrêt de notre Conseil d'Etat du 6 Août 1717; ordonnons en conséquence que quand leurs femmes tiendront boutique et feront commerce, elles contribueront à la Garde Bourgeoise des portes des Villes et Châteaux, suivant et à proportion de leur commerce, ainsi qu'elles y contribueroient en cas de viduité, sans toutefois qu'elles puissent être tenues de fournir des hommes à la place de leurs maris, dont nous les avons dispensées, dérogeant à cet effet à l'Arrêt du Conseil d'Etat du 12 Mars 1691.

Art. III. Confirmons pareillement lesdits Invalides dans l'exemption du paiement de la capitation, que nous leur avons aussi accordée à perpétuité par notre Ordonnance du 25 Juin 1718, à commencer du premier Janvier de la même année: dispensons en conséquence les Trésoriers Généraux de la Marine et des Galeres, de toute recette, tant en notre Chambre des Comptes qu'ailleurs, pour les sommes que le principal de ladite capitation et les deux sols pour livre pourroient produire, si le recouvrement en étoit fait.

TITRE CINQUIEME.

Des Trésoriers et Contrôleurs Généraux, et des Trésoriers Particuliers des Invalides de la Marine.

Art. VI. Les Consuls de la Nation, établis dans les pays étrangers, et les Subdélégués des Intendans, Commissaires généraux, et Commissaires de la Marine établis dans les Colonies soumises à notre obéissance, feront les fonctions de Trésoriers des Invalides de la Marine, en conséquence des ordres qui leur seront donnés par notre Conseil de Marine; et ils feront la recette des six deniers pour livre, tant sur les Equipages des Vaisseaux François, que sur le montant total des prises qui y seront conduites et liquidées, ainsi qu'il sera plus au long expliqué ci-après.

TITRE SIXIEME.

De quelle maniere se fera la recette des quatre & six deniers pour livre, par les Trésoriers des Invalides, & de ce qui proviendra de la recherche du don fait auxdits Invalides.

ART. II. Le produit des quatre deniers pour livre qui doivent être retenus par les Trésoriers généraux de la Marine et des Galeres, sur toutes les dépenses de notredite Marine et des Galeres, soit dedans, soit dehors notre Royaume, et dans les Colonies soumises à notre obéissance, sera par eux remis et delivré tous les trois mois, audit Trésorier général des Invalides de la Marine, sur ses simples quittances duement contrôlées; ensorte que les fonds des trois premiers mois d'une année soient remis dans le mois suivant, et ainsi consécutivement de trois mois en trois mois. Entendons que le paiement en sera fait audit Trésorier général des Invalides de la Marine, sur le pied de l'effectif des fonds qui seront ordonnés chaque mois auxdits Trésoriers généraux de la Marine et des Galeres, en notre Trésor Royal, et sur les fonds des recettes extraordinaires; à l'exception néanmoins de celles qui concerneront le cinquieme des prises, et le produit de la vente de nos vaisseaux et autres Bâtimens qui seront hors d'état de servir, et des munitions et effets des Magasins de nos Arsenaux de Marine et des Galeres, de maniere qu'il ne sera fait aucune déduction, sous prétexte des revenant-bons qui pourroient rester entre les mains desdits Trésoriers généraux de la Marine et des Galeres.

ART. IV. Les Négocians et Armateurs continueront de retenir aux Equipages qu'ils engageront pour servir sur leurs Vaisseaux par mois et au voyage, six deniers pour livre des avances qu'ils leur feront, laquelle retenue sera faite en présence du Commissaire de leur département, et remise avant le départ de leurs Bâtimens, au Trésorier particulier du Port où se fera le désarmement; lequel, en cas que ce ne soit pas le même lieu de l'armement, sera tenu d'en envoyer son certificat au Trésorier du Port où l'armement aura été fait, tous lesquels paiemens seront faits sur les simples quittances dudit Trésorier.

ART. V. Défendons auxdits Trésoriers de recevoir et faire faire aucuns paiemens des six deniers pour livre, aux Capitaines, Maîtres et Patrons des Bâtimens, dans les Ports où ils ne désarmeront pas, et où ils ne feront que décharger une partie de leurs marchandises.

ART. VI. Ordonnons que le lieu de l'armement desdits Bâtimens, et où le paiement des six deniers pour livre devra être fait, sera le Port où se prendront les expéditions de l'Amirauté et du Bureau des Classes pour le départ desdits Bâtimens.

ART. VII. Ordonnons aussi qu'à l'avenir, dans les rôles d'équipage qui seront expédiés par les Commissaires de la Marine, ou Commis principaux et ordinaires ayant le département des classes, après avoir été certifiés véritables par lesdits Négocians et Armateurs; il soit fait mention non-seulement des noms, surnoms et qualités des équipages, et de leur solde par mois, mais encore du montant des avances qui leur seront faites, soit qu'ils aillent au mois, ou au voyage; et qu'à l'égard de ceux qui iront à la part, il soit pareillement fait mention du nombre des parts qu'aura chacun de ceux qui composeront lesdits équipages.

ART. VIII. Voulons que lesdits rôles d'équipage soient expédiés par numéros, et par premier et dernier chaque année, de laquelle il sera fait mention au texte desdits rôles, afin qu'il n'en soit soustrait aucun.

ART. IX. Le Trésorier particulier des Invalides, auquel le paiement de la retenue des six deniers à l'armement aura été fait, donnera sa quittance au bas desdits rôles d'équipage, que les Négocians et Armateurs seront tenus d'embarquer dans leurs Navires; et afin qu'il leur reste un titre entre les mains, pour justifier des paiemens qu'ils auront faits, ledit Trésorier leur en remettra en même-temps un certificat libellé, comme il leur aura donné sa quittance au bas dudit rôle d'équipage.

ART. X. Lesdits Négocians et Armateurs seront tenus de leur part, de remettre audit Trésorier particulier copie dudit rôle, et de la quittance qu'il leur aura donnée au bas, laquelle copie sera signée d'eux par ampliation.

ART. XI. Lesdits Négocians et Armateurs seront pareillement tenus, lors du désarmement de leurs Navires, de rapporter trois jours après le rôle d'armement audit Trésorier, ensemble celui du désarmement qui leur aura été arrêté aussi par numéro, et par premier et dernier, chaque année, par le commissaire de la Marine, Commis principal ou ordinaire ayant le département des classes, après avoir été certifié véritable par lesdits Négocians et Armateurs, dans lequel il sera fait mention non-seulement des noms, surnoms et qualités des équipages et de leur solde, mais encore de ce qui leur reviendra au désarmement. Et en cas qu'il se trouve une augmentation ou diminution d'équipage, il y sera aussi fait mention de ce qui y aura donné lieu.

ART. XII. Le Trésorier particulier donnera sa quittance au bas dudit rôle de désarmement, dont lesdits Négocians et Armateurs lui remettront un double, au bas duquel sera copie de sa quittance, signée d'eux par ampliation.

ART. XIII. Lesdits Négocians ou Armateurs qui engageront des équipages à la part, continueront aussi de leur retenir sur ce qui doit leur revenir au retour de leur voyage, savoir, aux Capitaines, Maîtres et Patrons, trente sols par mois; aux Officiers-Mariniers, quinze sols; et aux Matelots indifféremment, sept sols six deniers par mois : seront lesdites retenues remises par eux au Trésorier particulier du Port, où ils feront le désarmement de leurs Bâtimens, trois jours après leur retour; lequel Trésorier, en cas que ce ne soit pas le même lieu de l'armement, sera tenu d'en envoyer son certificat au Trésorier du Port où aura été fait l'armement desdits bâtimens : Voulons au surplus que ces paiemens soient faits sur la simple quittance du Trésorier particulier.

ART. XIV. Seront censés Officiers-Mariniers dans lesdits Bâtimens, les Aumôniers, Chirurgiens, Ecrivains, Subrécargues, les Commis du fond de calle, les Lieutenans et Enseignes; quant aux Volontaires et aux Soldats, ils seront considérez comme Matelots, et paieront comme eux.

ART. XV. Les Négocians ou Armateurs qui engageront les Equipages à la part, remettront avant le départ de leurs Bâtimens, au Trésorier particulier des Invalides, un double du rôle de leur Equipage, qui leur aura été expédié en la maniere prescrite par les Art. VII et VIII du présent titre, par le Commissaire de la Marine, Commis principal ou ordinaire des Classes, après avoir été certifié véritable par lesdits Négocians ou Armateurs; au bas duquel rôle, ils donneront soumission de payer ce qu'ils devront retenir auxdits Equipages sur leurs parts, au retour de leurs Bâtimens, de laquelle soumission, ledit Trésorier leur donnera une ampliation au bas dudit rôle, qu'ils embarqueront dans leursdits Navires.

ART. XVI. Au retour de leurs Bâtimens, et trois jours après, ils représenteront ledit rôle d'armement au Trésorier des Invalides du Port où ils désarmeront; ensemble celui du désarmement qui leur aura été arrêté aussi par numéro, et par premier et dernier, chaque année, par le Commissaire de la Marine, Commis principal ou ordinaire, ayant le département des Classes, après avoir été certifié véritable par eux; dans lequel rôle sera fait mention des noms et qualités des Equipages, du nombre et de la valeur des parts d'un chacun; et en cas qu'il se trouve une augmentation ou diminution d'Equipage, il y sera fait mention de ce qui y aura donné lieu.

Art. XVII. Ledit Trésorier particulier donnera sa quittance au bas dudit rôle de désarmement, dont lesdits Négocians et Armateurs lui remettront un double, au bas duquel sera copie de sa quittance, signée d'eux par ampliation.

Art. XVIII. Ordonnons aux Capitaines, Maîtres et Patrons, à leurs Officiers-Mariniers, Matelots et autres, de déclarer au juste aux Officiers chargés du soin des Classes, les conditions de leurs engagemens avec leurs Armateurs; à peine, pour les contrevenans, de perdre ce qui leur reviendroit pour leur voyage : enjoignons auxdits Armateurs de faire les mêmes déclarations, à peine de cent livres d'amende en cas de contravention, le tout applicable au profit des Invalides.

Art. XIX. N'entendons assujetir à la retenue des droits des Invalides, que les Equipages qui sont ou seront sujets à prendre des congés de l'Amiral, notre intention étant que les Equipages qui ne prennent point lesdits congés, soient exempts de payer lesdits droits; et attendu qu'ils ne contribuent point à la subsistance des Invalides, ils ne pourront prétendre d'être admis à la demi-solde.

Art. XX. Et afin que les différentes retenues ordonnées par les présent Edit, ne soient point à charge aux Armateurs et à leurs Equipages, Voulons que s'il arrive que par quelque accident, tel que celui des Forbans, les Bâtimens armés, soit au mois, ou au voyage, ou à la part, ne fassent pas une bonne pêche, lesdits Armateurs ou Equipages ne soient tenus de payer les droits desdits Invalides qu'au prorata de ce qu'ils apporteront : Voulons pareillement que les Equipages des Bâtimens qui pourront être pris ou se perdre, ne paient aussi lesdits droits que sur le pied de leurs avances, ou de ce qu'ils auront pu devoir en partant du Port de leur armement.

Art. XXI. Les Trésoriers des Invalides de la Marine, percevront les droits attribués auxdits Invalides sur les Equipages des Pataches employées pour le service des Directeurs du Tabac et de nos Fermes, ainsi et de la maniere qu'il a été réglé par lesdits Directeurs : savoir, aux Capitaines, douze sols six deniers par mois; aux Lieutenans, dix sols six deniers; aux Pilotes, sept sols; et aux Matelots indifféremment, six sols aussi par mois, pendant toute l'année.

Art. XXII. Pour assurer la recette des droits attribués aux Invalides, et pour mettre leurs Trésoriers en état de la faire promptement, ensorte qu'il n'en échappe aucune par les non-valeurs et insolvabilités, et autres causes, ordonnons aux Commissaires de la Marine, Commis principaux et ordinaires chargés du soin des Classes, de ne délivrer aux Négocians ou Armateurs, des rôles des Equipages, qu'au préalable ils n'aient payé les droits du précédent voyage, ou donné bonne et suffisante caution.

Art. XXIII. Ordonnons aussi aux Négocians et Armateurs, de payer aux Trésoriers des Invalides les six deniers pour livre de tous les salaires ou profits qu'auroient pu gagner les déserteurs de leurs équipages, jusqu'au jour de leur désertion.

Art. XXIV. Voulons que lesdits Négocians, Armateurs ou Capitaines qui seront dans les Ports où il n'y aura point d'Officiers chargés du soin des Classes, soient tenus de prendre ou d'envoyer prendre des rôles d'Equipages dans le Bureau des Classes d'où leurs Ports dépendront, pour y faire en même-temps le paiement des droits des Invalides.

Art. XXV. Tous les Greffiers des Amirautés de notre Royaume, et tous ceux qui reçoivent les déclarations des Maîtres des Vaisseaux et autres bâtimens pour obtenir congé, soit pour sortir des Ports ou pour décharger les marchandises, soit pour désarmer quand ils sont rentrés, seront tenus de communiquer auxdits Trésoriers, les rôles mis en leurs mains par les Maîtres des Vaisseaux et autres Bâtimens, des gens de leurs Equipages et passagers, et les registres sur lesquels sont enregistrés lesdits rôles ou déclarations; sans pouvoir par eux, à peine d'interdiction et de cinq cens livres d'amende, exiger aucun salaire pour ladite communication, laquelle leur sera exactement demandée par lesdits Trésoriers, afin qu'ils puissent connoître les retours des Vaisseaux : Ordonnons aux Officiers desdites Amirautés, de n'enregistrer les congés qui seront délivrés pour faire sortir les Vaisseaux des Ports, ou pour faire décharger les marchandises, ou désarmer ceux qui entrent esdits Ports, qu'au préalable les droits portés par le présent Edit, n'aient été payés et acquités, et les quittances ne leur en aient été représentées, ou les cautions, ainsi qu'il est porté par l'article XXII du présent titre.

Art. XXVI. Ordonnons aussi à tous Capitaines, Officiers, Maîtres ou Patrons, au retour et désarmement des Vaisseaux et Bâtimens qu'ils commanderont, soit dans le Port où ils ont armé, ou dans quelqu'autre que ce puisse être, de remettre dans trois jours au Commissaire de la Marine, Commis principal ou ordinaire ayant le département des classes, une déclaration du jour de leur premiere sortie, de celui de leur arrivée, avec le rôle de leur Equipage, à la marge duquel et à côté des noms, ils seront tenus de marquer les Déserteurs et le jour de leur désertion, les morts et le jour de leur décès : s'il arrive que dans les relâches qu'ils auront pû faire pendant le cours du voyage, ils aient pris et engagé quelques Officiers, Matelots ou autres, entendons qu'ils les ajouteront au pied de leur rôle, de date en date, en observant de marquer leurs salaires par mois, et les avances, le tout, à peine de cinq cens livres d'amende: Voulons qu'ils remettent en même-temps auxdits Officiers, des copies des inventaires des effets des Officiers-Mariniers, Matelots et autres, morts sur leurs Bâtimens pendant leur voyage, et de la vente qu'ils en auront faite, le tout signé d'eux et de leurs Officiers.

Art. XXVII. Les six deniers pour livre sur le montant total des prises qui se feront pendant la guerre, ainsi qu'il est expliqué à l'art. III du titre premier, seront remis entre les mains des Trésoriers qui seront établis dans les lieux où elles seront conduites, immédiatement après la vente d'icelles, et par ceux qui seront chargés de ladite vente, qui demeureront responsables en leur nom, du montant desdits six deniers.

Art. XXVIII. La recette desdits six deniers pour livre sera faite par lesdits Trésoriers sur les extraits de liquidations de chaque prise, que les Greffiers des Amirautés seront tenus de leur délivrer, en leur payant vingt sols par chaque extrait, y compris le papier timbré, au lieu de dix sols portés par l'Edit du mois de Mai 1709; lesdits Trésoriers s'adresseront, pour l'obtention desdits extraits, aux Officiers de l'Amirauté, lesquels en ordonneront la délivrance sans frais. Seront tenus lesdits Trésoriers de faire mettre les ampliations des quittances, au bas desdits extraits, par ceux à qui ils les fourniront, pour le paiement de ces six deniers, et les vingt sols qu'ils auront payé auxdits Greffiers pour chaque extrait de liquidation, seront alloués en la dépense de leurs comptes.

Art. XXIX. Ils feront le recouvrement des deniers provenant des effets, solde, dixieme et portions d'intérêts, ensemble des parts que Nous avons dans les naufrages, le tout non reclamé, sur les états qui leur seront remis par ceux qui sont ou seront commis à la recherche desdits effets, solde, dixieme et portions d'intérêts, dont ils donneront leurs quittances aux Armateurs sur lesquels ils auront fait ledit recouvrement, dont ils retireront une ampliation signée d'eux, au bas d'une copie desdits états.

Art. XXX. En cas que les Trésoriers particuliers des Invalides de la Marine soient obligés de faire des procédures pour raison du paiement des six deniers pour livre, et des solde, dixieme et portions d'intérêts ci-dessus, Voulons et Entendons qu'ils se pourvoient pardevant les Officiers des Amirautés de notre Royaume, pour faire condamner par corpss dans huitaine, comme pour nos propres deniers et affaires, les débiteurs, desdits Invalides et dépositaires, tant pour le paiement des six deniers pour livre à eux attribués, que pour telle autre chose, de quelque nature qu'elle soit, qui pourra être due auxdits Invalides.

Art. XXXI. Voulons aussi qu'outre le rôle d'armement que les propriétaires, Maîtres et Patrons sont obligés de remettre au Greffe des Amirautés de notre Royaume, avant le départ de leurs Bâtimens, ils soient tenus d'y remettre en même temps un rôle du désarmement, pour servir à certifier par les Greffiers, un état du dépouillement de tous les armemens et désarmemens, par premier et dernier, qui auront été faits pendant le courant d'une année, dans le Port ou lesdits Greffiers sont établis, et dans les Ports du ressort de l'Amirauté, lequel état sera expédié par lesdits Trésoriers, et il y sera fait mention, non-seulement de tous lesdits armemens et désarmemens, mais encore du nombre et de la qualité des Equipages, par noms et surnoms, de la paie, des avances, de la solde, du retour et du montant des parts; et sera payé auxdits Greffiers pour ladite certification par lesdits Trésoriers, cinq sols, qui seront alloués dans la dépense de leurs comptes.

TITRE SEPTIEME.

Des revues des Invalides.

TITRE HUITIEME.

De la dépense qui sera faite par le Trésorier Général, et par les Trésoriers Particuliers des Invalides.

TITRE NEUVIEME.

Des Registres des Trésorier et Contrôleur Généraux, et des Trésoriers Particuliers des Invalides de la Marine.

TITRE DIXIEME.

De la recette de six deniers par livre, et de la dépense que doivent faire les Consuls de la Nation, établis dans les Pays étrangers, et les Subdélégués des Intendans, Commissaires Généraux et Commissaires de la Marine, qui résident dans les Colonies Françoises.

Art. Ier Lorsque les Négocians et Armateurs de notre Royaume, achèteront ou feront construire dans les Pays étrangers et dans les Colonies

nies soumises à notre obéissance des Bâtimens, et qu'ils les feront naviguer sous Pavillon de France, ils ne pourront les armer qu'avec des Equipages François, sur lesquels ils feront la retenue ordonnée par les Articles IV et XI du Titre VI du présent Edit; et ils en remettront le montant entre les mains du Consul de la Nation, et des Subdélégués des Intendans, Commissaires Généraux et Commissaires de la Marine, établis dans lesdits Pays étrangers ou dans lesdites Colonies, lesquels seront obligés d'expédier les rôles d'Equipage d'armemens et désarmemens, dans la forme prescrite par les Articles VII, XI, XV et XVI du même Titre; et auront soin de se faire fournir les pieces justificatives de leur recette, et de délivrer les quittances des payemens qui leur seront faits, suivant qu'il est porté par les Articles IX, X, XII et XVII du même Titre VI.

ART. II. Lesdits Consuls, Subdélégués des Intendans et Commissaires de la Marine, feront aussi la recette des six deniers pour livre sur le montant total des prises qui seront conduites, liquidées et vendues dans les Ports dépendans de ceux où ils sont établis, par des Vaisseaux appartenans à nos Sujets, ainsi et de la maniere qu'il est expliqué par les Art. XXVII et XXVIII dudit Titre VI, à la différence que les extraits de liquidation desdites prises seront délivrés dans les Pays étrangers par les Chanceliers des Consulats, avec le même droit que le Greffier, de vingt sols par extrait, au lieu qu'ils doivent l'être dans les Ports de notre Royaume par les Greffiers des Amirautés.

ART. III. Ils feront la recette des six deniers pour livre sur tous les Equipages qui armeront dans les Ports de notre Royaume, et qui pourront aller désarmer dans les Ports dépendans de leurs Consulats et desdites Colonies; auquel cas ils enverront un certificat au Trésorier particulier des Invalides du Port où lesdits Equipages auront armé, comme il auront fait leur désarmement dans un des Ports de leurs Consulats ou desdites Colonies, et qu'ils y auront payé les six deniers pour livre. Au surplus ils observeront et exécuteront ce qui est porté par tous les Articles du Titre VI, qui aura rapport aux fonctions des Trésoriers des Invalides.

ART. IV. ils enverront dans le mois de Janvier de chacune année à notre Conseil de Marine, des lettres de change du montant de la recette qu'ils auront faite pendant l'année qui sera échue, payables à Paris à l'ordre du Trésorier Général des Invalides de la Marine.

ART. V. Ils enverront en même temps un état détaillé en forme de compte, certifié et signé d'eux, de toute la recette et dépense qu'ils auront faite pendant ladite année, et ils y joindront les doubles des rôles d'Equipages, les états de dépouillement et les extraits de liquidation des prises, et autres pieces nécessaires pour établir et justifier lesdites recette et dépense.

ART. VI. Ils tiendront un Registre dont les feuillets seront cotés et paraphés par premier et dernier, savoir, ceux des Consuls par les Chanceliers, et ceux des Subdélégués par les Intendans, Commissaires Généraux et Commissaires de la Marine, établis dans les Colonies Françoises, dans lesquels ils enregistreront d'un côté, jour par jour, sans aucun blanc ni rature, la recette qu'ils feront, et de l'autre côté la dépense ou lettres de change, droits d'extraits de liquidation des prises ou de taxations, lesquels leur seront attribués ci-après.

ART. VII. Ils arrêteront au premier Janvier de chaque année leur Registre, et en signeront l'arrêté, tant de la recette que de la dépense, avec le Chancelier des Consulats, pour ce qui est des Consuls, et avec les Intendans, Commissaires Généraux et Commissaires de la Marine, pour ce qui regarde les Subdélégués.

ART. VIII. Nous avons attribué et attribuons auxdits Consuls et Subdélégués, neuf deniers pour livre de leur recette qui se trouvera au-dessous de dix mille liv. par an, et six deniers pour livre de toute leur recette lorsqu'elle se trouvera excéder ladite somme de dix mille livres par an, pour leur tenir lieu d'appointemens et de tous autres frais ayant rapport auxdites recette et dépense, lesquels leur seront alloués sur leurs simples quittances, qu'ils enverront en même temps que l'état en forme de compte dont il est parlé à l'Article V du présent Titre.

ART. IX. Il leur sera donné par notre Conseil de Marine, une décharge valable de leur maniement de chaque année.

ART. X. Lesdits Consuls et Subdélégués ne disposeront, sous quelque prétexte et pour quelque cause que ce soit ou puisse être, des fonds provenant de la recette des six deniers pour livre que sur les ordres de notredit Conseil, à peine de dépossession de leurs Emplois, et de restitution du double de ce qui se trouvera avoir été détourné sans lesdits ordres.

TITRE ONZIEME.

Des comptes des Trésorier Général et Particuliers des Invalides, et des pieces justificatives de recette et de dépense qu'ils seront tenus de rapporter.

R. au Parlement tenant à Pontoise, le 12 Décembre 1720.
R. au Conseil du Cap, le 10 Juillet 1721.

Nous nous sommes crus dispensés de rapporter les dispositions de cet Edit, qui sont absolument étrangeres aux Colonies.

ARRÊT du Conseil du Cap, qui déclare un Marguillier responsable du dépérissement de l'Eglise dont il ne prend pas soin.

Du 5 Août 1720.

VU par le Conseil la remontrance du Procureur Général du Roi, contenant que le jeudi 25 Juillet dernier, Fête de S. Jacques, les Fideles assemblés en leur Eglise Paroissiale du Quartier Saint-Louis, desservie par le R. P. Michel Jésuite, entendant le Saint Sacrifice de la Messe, s'appercevant que les Poux de Bois avoient quantité de traces en divers endroits de ce vase, et qu'ils s'étoient déjà emparés du plancher et comble, voyant la perte inévitable dont les Peuples ont tant eu de peine à parvenir de construire, soit par les débousés, soit pour les matériaux, pour la maçone, qui se montent à plus de 60,000 liv. tant pour les Ouvriers journaliers, que pour les autres dépenses qu'il a convenu de faire; après la Messe les Paroissiens sortant, et à la porte de cette Eglise, le Procureur Général pour le dû de sa Charge, et comme Subdélégué à l'Intendance de ce District, représenta à l'Assemblée que l'Edifice alloit tomber en ruine s'il n'étoit promptement secouru; et portant la parole au sieur Dutot Marguillier, qui étoit présent, qu'il étoit de son ministere d'y donner son attention; au lieu de répondre par la même honnêteté, se tourna vers lui et lui dit : qu'il s'en *moquoit*, etc. ce qui l'oblige de requérir pour le Roi, etc. déclarant ledit Procureur Général que le lendemain 26 dudit mois de Juillet, il fut exprès en la Ville du Cap prendre et acheter au nom de la Paroisse une once et demi d'arsenic, chez le sieur Germain Marchand, pour empoisonner cette Vermine, remede depuis environ 4 mois qu'on a trouvé propre pour arrêter les désordres qu'ils ont fait en cette Colonie depuis qu'elle est établie : LE CONSEIL lui a donné acte de sa plainte, dire et réquisition ; ordonne que ledit sieur Dutot, en sa qualité de Marguillier, demeurera responsable de tout ce qui pourra arriver à ladite Eglise du Quartier Morin, en son propre et privé nom.

ARRÊT du Conseil du Cap, qui ordonne que les Articles XVIII, XIX, XX et XXI de l'Edit du mois de Mars 1685, seront de nouveau publiés et affichés.

Du 5 Août 1720.

ARRÊT du Conseil d'Etat, portant que les droits de trois pour cent sur les Marchandises des Isles, ne sont réputés dûs que du jour de l'arrivée de ces Marchandises dans le Royaume, et les droits de consommation que du jour que ces Marchandises sont destinées à être consommées dans le Royaume ; et que le tout doit être perçu au profit du Fermier du Domaine d'Occident, qui se trouve en jouissance à ces époques, et non pas à celle du chargement aux Isles.

Du 10 Septembre 1720.

ARRÊT du Conseil d'Etat, qui subroge la Compagnie des Indes aux droits et prétentions appartenans à la Compagnie de Saint-Domingue, tant en France qu'en Amérique et autres lieux, avec le Privilege exclusif de fournir à l'Isle Saint-Domingue trente mille Negres tirés de l'Etranger.

Du 10 Septembre 1720.

VU par le Roi, étant en son Conseil, les Lettres-Patentes de Sa Majesté du mois d'Avril dernier, portant révocation et suppression de la Compagnie de Saint-Domingue, établie par Lettres-Patentes du mois de Septembre 1698, en vertu du délaissement et transport qui en a été fait à Sa Majesté, par acte passé par-devant Verani et Mahault Notaires, le 2 dudit mois d'Avril dernier; le Mémoire présenté au Conseil de Marine par différens Particuliers, contenant qu'ils offroient de former une Société qui feroit le remboursement et dédommagement de la Compagnie de Saint-Domingue supprimée, aux conditions suivantes. 1°. Que ladite Société donnera six millions, lesquels seront mis et déposés chez le Févre Notaire, pour acquitter les dettes de la Compagnie tant en France qu'ailleurs, et être partagés ensuite entre les Directeurs et Actionnaires de ladite Compagnie, chacun au prorata de son intérêt. 2°. Qu'au moyen du payement de six millions, il plaira au Roi subroger la Société dans tous les droits, noms, raisons et prétentions qui appartiennent à ladite Compagnie, tant en France qu'à l'Amérique et autres lieux, lesquels droits ont été retrocédés à Sa Majesté par ladite Compagnie, et que le recouvrement desdits effets pourra se faire sous le nom de Sa Majesté. 3°. Que toutes les Terres non concédées par ladite Compagnies, et qui sont comprises dans l'étendue du Terrein qui lui avoit été accordé, appartiendront à ladite Société, à l'exception des trois Concessions que Sa Majesté a accordées depuis la suppression de ladite Compagnie. 4°. Que ladite Société pourra disposer desdites Terres pendant l'espace de 15 années, et en transférer la propriété à perpétuité, soit par vente à prix d'argent, soit par vente a la charge de rente fonciere. 5°. Que les Habitans établis dans l'étendue des Terres qui ont appartenu à ladite Compagnie, seront tenus de représenter à ladite Société, dans un an, les Concessions qui leur ont été accordées, avec la déclaration des Terres par tenans et aboutissans, dont il sera fait état et description sans aucuns frais pour les Habitans. 6°. Qu'il sera permis à ladite Société de rentrer dans les Terres concédées par ladite Compagnie, lesquelles n'auront point été défrichées, conformément aux Réglemens de Sa Majesté, en faisant juger la réunion par les Juges qui ont droit d'en connoître. 7°. Que ladite Société aura le Privilege exclusif, pour l'Isle de Saint-Domingue seulement, de tirer des Etrangers, pendant le cours de 15 années, trente mille Negres pour les vendre dans ladite Isle, sans être tenue de payer aucun droit; à condition néanmoins que si dans moins de 15 années elle introduit les trente mille Negres, le Privilege cessera. 8°. Que lesdits Negres ne pourront être vendus par ceux qui les auront achetés du Commis de la Société, sans rapporter la quittance qui justifie l'entier payement desdits Negres, à peine de nullité. 9°. Que Sa Majesté fera expédier tous les Passeports dont la Société aura besoin, tant en temps de Paix qu'en temps de Guerre, pour les Vaisseaux étrangers qui seront par elle employés au transport desdits trente mille Negres seulement. 10°. Que la Société payera les Negres qu'elle tirera de l'Etranger, en Marchandises de France dont la sortie du Royaume est permise, et avec des Syrops de Sucre provenant de l'Islo de Saint-Domingue, à la charge que les Navires qui seront chargés uniquement de ces Syrops, pourront aller les porter à l'Etranger sans payer aucuns droits de sortie dans les Colonies, et sans être obligés d'aborder aux Ports du Royaume. 11°. Que la Société s'obligera de n'introduire lesdits Negres, et de ne faire sortir les Syrops qu'elle donnera en payement, que par quatre endroits qui seront convenus et désignés pour ce Commerce, afin qu'il soit plus facile de connoître s'il n'a point été embarqué d'autres Denrées du Pays sur les Bâtimens étrangers, dans lesquels endroits il sera permis à la Société de faire construire des Magasins, avec une enceinte de murailles pour la sûreté de ses Marchandises, ce qu'elle ne pourra faire néanmoins que du consentement du Gouverneur. 12°. Que la Société aura la faculté de charger ses Marchandises à fret sur les Vaisseaux de Sa Majesté qui iront à Saint-Domingue, lorsqu'ils retourneront en France, en payant le fret au prix commun; et à l'égard du reste des Denrées du Pays, provenant tant de la vente des Negres de la Société, que des anciennes dettes des Habitans à la Compagnie, la Société les fera embarquer sur les Vaisseaux Marchands François, et au défaut des uns et des autres, ou dans le cas que les Capitaines des Bâtimens François voulussent exiger un fret plus fort que celui de cent livres par tonneau, ce que la Société sera obligée de prouver par des certificats du Gouverneur ou de l'Intendant, elle pourra charger ses Marchandises sur les Vaisseaux Hollandois ou Danois, lesquels seront obligés d'apporter en droiture lesdites Marchandises en France pour y être entreposés, en cas que la Société ne les destine pas pour la consommation du Royaume, et qu'elle se propose de les envoyer en Pays étrangers. 13°. Que la Société sera exempte des droits de sortie de l'Isle Saint-Domingue pour les Marchandises provenant, tant du recouvrement des effets de la Compagnie, que du produit des Negres que la Société introduira dans la Colonie. 14°. Qu'il plaira à Sa Majesté d'accorder sa protection à ladite Société, pour toutes les affaires qu'elle pourra avoir à Saint-Domingue, et principalement pour le recouvrement des effets de la Compagnie, et pour les comptes que doivent rendre les Commis de ladite Compagnie; et qu'à cet effet il en sera écrit fortement au Gouverneur et à l'Intendant. 15°. Qu'il plaira aussi à Sa Majesté d'accorder l'évocation à l'Amirauté de Paris, de toutes les contestations que la Société pourra avoir en France au sujet de son Commerce, ainsi que l'avoit la Compagnie de Saint-Domingue. 16°. Que la Société payera à Sa Majesté outre les six millions, ce qui lui est dû par la Compagnie de Saint-Domingue, montant à 47,952 liv. 9 sols 2 den.; et qu'enfin Sa Majesté aura la bonté de prêter à ladite Société, pendant ledit temps de 15 années, un Magasin que la Compagnie a fait bâtir dans le Fort Saint-Louis pour y mettre ses Marchandises, lequel est inutile au service de Sa Majesté; et afin de s'assurer davantage que les Vaisseaux étrangers dont la Société se servira pour le Commerce des Negres, n'introduiront sous ce prétexte aucune Marchandise étrangere dans la Colonie, et n'en rapporteront aucune Denrée du Pays autre que les Syrops, elle consent qu'au cas qu'il se trouve des Marchandises étrangeres sur les Vaisseaux qui porteront des Negres, elles soient confisquées ainsi que le Bâtiment, à la réserve des Negres qui pourront être vendus dans la Colonie; et qu'au cas qu'au retour ces mêmes Vaisseaux rapportent d'autres Denrées du Pays que les Syrops, les Bâtimens et les Deurées ainsi embarquées soient confisquées, à moins qu'elles n'aient été embarquées au défaut des Vaisseaux François, sur les certificats des Gouverneurs ou Intendans, pour être portées en France et y être entreposées; lesquelles propositions ont été examinées et approuvées par le Conseil de Marine : la Délibération prise le 6 du présent mois de Septembre par les Directeurs de la Compagnie des Indes, auxquels ledit Mémoire a été communiqué, portant que Sa Majesté seroit suppliée de vouloir accorder à la Compagnie la proposition contenue audit Mémoire inséré en ladite Délibération, aux charges, clauses et conditions portées en icelui : la soumission faite le même jour 6 du présent mois en conséquence de ladite Délibération, par-devant le Févre et la Balle Notaires, par les Directeurs de ladite Compagnie des Indes stipulans pour et au nom de ladite Compagnie, lesquelles Délibération, Mémoire y contenu et Soumission demeureront annexés à la Minute du présent Arrêt; et Sa Majesté trouvant plus convenable de charger la Compagnie des Indes de l'exécution de la proposition contenue audit Mémoire que de la confier à des Particuliers, attendu que cette Compagnie, au moyen des fonds considérables qu'elle a, sera mieux en état de l'exécuter, et qu'il est juste d'ailleurs de préférer à des Particuliers une Compagnie publique, dans laquelle la plupart des Sujets de Sa Majesté se trouvent intéressés, et que Sa Majesté regarde comme l'Etablissement le plus important de l'Etat; ouï le rapport : Sa Majesté étant en son Conseil, de l'avis de M. le Duc d'Orléans Régent, a accepté et accepte les offres de la Compagnie des Indes, en conséquence à subrogé et subroge ladite Compagnie aux droits, noms, raisons et prétentions appartenant à la Compagnie de Saint-Domingue, tant en France qu'à l'Amérique et autres lieux, lesquels droits ont été retrocédés à Sa Majesté par ladite Compagnie de Saint-Domingue, par acte passé le 2 Avril dernier par-devant Verani et Mahault Notaires, à condition que le recouvrement desdits droits pourra être fait au nom de Sa Majesté, et aux autres conditions comprises au Mémoire inséré en la Délibération de ladite Compagnie des Indes, annexée à la Minute du présent Arrêt, à la charge toutefois par ladite Compagnie des Indes, de payer suivant ses offres la somme de six millions d'une part, qui sera remise à le Févre Notaire, pour être par lui distribuée ainsi qu'il sera ordonné par Sa Majesté, et celle de 47,952 liv. 9 sols 2 den. d'autre part, pour pareille somme dûe à Sa Majesté par ladite Compagnie de Saint-Domingue, laquelle somme sera payée par ladite Compagnie des Indes au sieur Gaudion Trésorier de la Marine. FAIT au Conseil d'Etat, etc.

V. l'Arrêt du Conseil de Léogane, du 17 Novembre 1722.

EXTRAIT de la Lettre du Conseil de Marine à MM. DE SOREL et DUCLOS, touchant l'utilité des Chemins, et l'établissement de deux nouveaux Bourgs aux Cayes et à Torbec.

Du 20 Septembre 1720.

S. A. R. a approuvé les ordres que les sieurs de Sorel et Mithon ont donné, pour l'établissement des Chemins du Quartier de l'Isle à Vache; On ne peut donner trop d'attention pour en faire établir dans toute la Colonie, qui soient commodes pour la communication des Quartiers et le transport des Denrées du Pays : et le Conseil vous recommande d'y veiller.

Il a approuvé la fixation qui a été faite dans le Quartier Saint-Louis de deux endroits, l'un aux Cayes et l'autre à la Riviere de Torbec, puisqu'ils sont les plus convenables et les plus à la commodité des Habitans, pour l'établissement de deux Bourgs qui serviront au Commerce de la Plaine, et où doivent être bâties deux Eglises Paroissiales.

PROVISION

PROVISIONS de Premier Conseiller aux Conseils Supérieurs de Saint-Domingue pour M. DUCLOS, Commissaire de la Marine.

Du 22 Septembre 1720.

LOUIS, etc. SALUT. Estimant nécessaire qu'il y ait aux Conseils Supérieurs établis dans notre Isle de Saint-Domingue un Premier Conseiller, au lieu et place du sieur Mithon que nous avons nommé Intendant de ladite Isle, nous avons cru ne pouvoir faire un meilleur choix que du sieur Duclos, notre second Conseiller à notre Conseil Supérieur du Cap, et Commissaire de la Marine à ladite Isle, étant informé de sa capacité, expérience, au fait de la Judicature, de son affection, attachement et fidélité pour notre service. A CES CAUSES, et autres à ce nous mouvans, de l'avis de notre très-cher et très-amé Oncle le Duc d'Orléans Régent, nous avons commis, député et établi, commettons, députons et établissons par ces Présentes signées de notre main, ledit sieur Duclos notre Premier Conseiller aux Conseils Supérieurs de Léogane et du Cap en notre Isle de Saint-Domingue, pour en cette qualité avoir voix délibérative, rang et séance auxdits Conseils, après tous les Officiers Majors et avant le Doyen et les autres Conseillers desdits Conseils; et en cas d'absence, maladie ou défaut d'Intendant en ladite Isle de Saint-Domingue, y recueillir les voix, prononcer les Arrêts, et faire toutes les autres fonctions que ledit Intendant feroit s'il étoit présent èsdits Conseils. Voulons cependant qu'en cas de mort dudit Intendant, ou en son absence de ladite Isle de Saint-Domingue, ledit sieur Duclos occupe dans lesdits Conseils Supérieurs la place dudit Intendant, et y ait le même rang et séance. Si donnons en Mandement à nos amés et féaux les Gens tenant nos Conseils Supérieurs de Léogane et du Cap en l'Isle Saint-Domingue, que ces Présentes ils fassent registrer et de leur contenu jouir et user ledit sieur Duclos pleinemet et paisiblement, non-obstant tous Edits, Déclarations, Lettres-Patentes, Réglemens, Arrêts, Ordonnances et autres choses à ce contraires, auxquels nous avons dérogé et dérogeons par ces Présentes : car tel est notre plaisir. En témoin de quoi, etc.

R. au Conseil du Cap, le 10 Juillet 1721.
Et à celui de Leogane, le lendemain.

Ces Provisions different assez de celles données à M. Mithon de Senneville, le 28 Août 1708, pour que nous ayons cru devoir les rapporter tout au long.

ARRÊT du Conseil d'Etat, qui accorde et réunit à perpétuité à la Compagnie des Indes, le Privilége exclusif pour le Commerce de la Côte de Guinée.

Du 27 Septembre 1720.

LE ROI s'étant fait représenter en son Conseil ses Lettres-Patentes du mois de Janvier 1716, par lesquelles Sa Majesté avoit permis à tous les Négocians de son Royaume de faire librement le Commerce des Negres, de la Poudre d'Or, et de toutes les autres Marchandises qu'ils pourroient tirer des Côtes d'Afrique, depuis la Riviere de Serre-Lyonne inclusivement jusqu'au Cap de Bonne-Espérance; et Sa Majesté étant informée qu'au lieu des avantages qu'on attendoit de cette liberté générale, il en resulte de très-grands inconvéniens : le concours de différens Particuliers qui vont commercer sur cette Côte, et leur empressement àaccélérer leurs Cargaisons pour éviter les frais du séjour, étant cause que les Naturels du Pays font si excessivement baisser le prix des Marchandises qu'on leur porte, et tellement surachetter les Negres, la Poudre d'Or, et les autres Marchandises qu'on y va chercher, que le Commerce y devient ruineux et impraticable; Sa Majesté a résolu d'y pourvoir en acceptant les offres de la Compagnie des Indes, de faire transporter par chacun an jusqu'à trois mille Negres au moins auxdites Isles Françoises de l'Amérique, au lieu du nombre de mille Negres porté par les Lettres-Patentes de 1685, s'il plaît à Sa Majesté de rétablir en faveur de ladite Compagnie des Indes le Privilege exslusif pour le Commerce de ladite Côté de Guinée, lequel sera d'autant plus facile à ladite Compagnie et d'autant plus avantageux à l'Etat, que la Compagnie se trouvant en situation de porter, tant des Indes que du Royaume, toutes les marchandises nécessaires pour le commerce de ces Côtes, et d'y faire des établissemens, par le moyen desquels les Vaisseaux qu'elle y envoyera trouveront à leur arrivée des cargaisons prêtes pour leur retour, elle pourra non-seulement fournir aux Colonies Françoises de l'Amérique, à un prix raisonnable, le nombre de Negres nécessaires pour l'entretien et l'augmentation de la culture de leurs terres, mais encore faire entrer dans le Royaume une quantité considérable de poudre et matieres d'Or, et d'autres marchandises propres pour le commerce; sur quoi voulant rendre ses intentions publiques, ouï le rapport, Sa Majesté étant en son Conseil, de l'avis de M. le Duc d'Orléans, Régent, a ordonné et ordonne ce qui suit:

Art. Ier. Sa Majesté a révoqué la liberté accordée par ses Lettres-patentes du mois de Janvier 1716, pour le commerce de la Côte de Guinée, et a accordé et réuni, accorde et réunit à la Compagnie des Indes le privilege à perpétuité de la Traite des Negres, de la poudre d'or, et autres marchandises qui se tirent des Côtes d'Afrique, depuis la Riviere de Serre-Lyonne inclusivement, jusqu'au Cap de Bonne-Espérance, à la charge par ladite Compagnie de faire transporter suivant ses offres par chacun an la quantité de trois mille Negres, au moins, aux Isles Françoises de l'Amérique.

Art. II. Fait Sa Majesté très-expresses inhibitions et défenses à tous ses Sujets de faire la navigation et commerce desdits Pays, soit en partant des Ports du Royaume, soit en partant des Ports étrangers, pour quelque cause et sous quelque prétexte que ce soit; comme aussi de transporter des Negres de quelque pays que ce puisse être aux Isles Françoises de l'Amérique, le tout à peine de confiscation des Vaisseaux, Armes, Munitions et Marchandises au profit de ladite Compagnie des Indes.

Art. III. Appartiendront à ladite Compagnie des Indes, en pleine propriété, les terres qu'elle pourra occuper dans l'étendue de la présente Concession, pour y faire tels établissemens que bon lui semblera, y construire des Forts pour sa sûreté, y faire transporter des armes et canons, y établir des Commandans, et le nombre d'Officiers et de Soldats qu'elle jugera nécessaire pour assurer son commerce, tant contre les Etrangers, que contre les Naturels du Pays; à l'effet de quoi Sa Majesté permet à ladite Compagnie des Indes de faire avec les Rois Negres tels Traités qu'elle avisera.

Art. IV. Les Prises, si aucunes sont faites par ladite Compagnie, des Navires qui viendront traiter dans les Pays qu'elle aura occupés, ou qui au préjudice de son privilege exclusif transporteroient des Negres aux Isles et Colonies Françoises de l'Amérique, seront instruites et jugées en la forme portée par les Ordonnances et Réglemens de Sa Majesté.

Art. V. Jouira ladite Compagnie de l'exemption de tous droits de sortie sur les Marchandises destinées pour les lieux de la susdite Concession, et pour les Isles et Colonies Françoises de l'Amérique, même en cas qu'elles sortent par le Bureau d'Ingrande.

Art. VI. A l'égard des Marchandises de toutes sortes, que ladite Compagnie fera apporter pour son compte des Pays de ladite Concession, elles seront exemptes de la moitié des droits appartenans à Sa Majesté, ou aux Fermiers, mis ou à mettre aux entrées des Ports et Havres du Royaume; faisant Sa Majesté défenses à sesdits Fermiers, leurs Commis et tous autres, d'en exiger davantage, à peine de concussion et de restitution du quatruple; veut Sa Majesté que les Sucres et autres especes de Marchandises que ladite Compagnie apportera des Isles Françoises de l'Amérique provenant de la vente et du troc des Negres, jouissent de la même exemption, en justifiant par un certificat du sieur Intendant auxdites Isles, ou d'un Commissaire-Ordonnateur, ou du Commis du Domaine d'Occident, que lesdites Marchandises embarquées auxdites Isles proviennent de la vente et du troc des Negres que lesdits Vaisseaux y auront déchargés; lesquels certificats feront mention du nombre des Vaisseaux, et du nombre des Negres qui auront été débarqués auxdites Isles, et demeureront au Bureau des Fermes de Sa Majesté, dont les Receveurs donneront une ampliation sans frais aux Capitaines ou Armateurs.

Art. VII. Fait pareillement Sa Majesté défenses aux Maires, Echevins, Consuls, Jurats, Syndics et Habitans des Villes d'exiger de ladite Compagnie aucuns droits d'Octroi, de quelque nature qu'ils soient, sur les Denrées et Marchandises qu'elle fera transporter dans les Magasins et Ports de mer pour les charger dans ses Vaisseaux; Sa Majesté déchargeant ladite Compagnie desdits droits, nonobstant toutes Lettres, Arrêts et clauses contraires.

Art. VIII. Sa Majesté décharge ladite Compagnie des Indes des droits de 20 livs par chaque Negre, et de 3 liv. par tonneau du Port des Vaisseaux, imposés par l'Article III desdites Lettres-patentes du mois de Janvier 1716, sur les Négocians qui iroient commercer à ladite Côte de Guinée, Et lui fait en outre don de tous les Forts et Comptoirs construits en ladite Côte, pour appartenir à ladite Compagnie à perpétuité en toute propriété. Au moyen dequoi Sa Majesté demeurera, pour l'avenir, déchargée de toute la dépense nécessaire pour l'entretien, tant desdits Forts et Comptoirs, que pour les paiemens des Garnisons et appointemens des Directeurs, Commis et autres employés.

Art. IX. Veut Sa Majesté, que par forme de gratification, il soit payé à ladite Compagnie sur les revenus du Domaine d'Occident, treize livres par chaque Negre, qu'elle justifiera avoir porté dans les Isles et Colonies de l'Amérique par un certificat de l'Intendant des Isles, ou des Gouverneurs en son absence, et vingt livres par chacun marc de Poudre d'Or, qu'elle justifiera avoir apporté dans le Royaume par des certificats des Directeurs de la Monnoie de Paris.

Art. X. Outre les droits, priviléges et affranchissemens ci-dessus, jouira ladite Compagnie pour son commerce à ladite Côte de Guinée, de tous ceux dont Elle a droit de jouir pour son commerce dans la Province de la Louisianne, en conséquence des Lettres-patentes du mois d'Août 1717, ensemble de tous ceux dont a joui ou dû jouir, en conséquence des Lettres-patentes du feu Roi du mois de Janvier 1685, l'ancienne Compagnie de Guinée, qui avoit été établie par lesdites Lettres-patentes, encore que quelques-uns desdits droits, priviléges et affranchissemens ne soient expressément déclarés par le présent Arrêt, sur lequel toutes lettres nécessaires seront expédiées. FAIT au Conseil d'Etat du Roi, Sa Majesté y étant, tenu à Paris le vingt-septieme Septembre 1720. *Signé*, FLEURIAU.

V. L'Arrêt du Conseil de Léogane du 17 Novembre 1722.

COMMISSION d'Intendant pour M. de MONTHOLON, Commissaire-général de la Marine à Rochefort à la place de M. MITHON fait Intendant de Toulon.

Du 6 Octobre 1720.

R. au Conseil de Léogane, le 18 Mars 1722.

Et à celui du Cap, le 4 Mai suivant.

Cette Commission est absolument conforme à celle de M. Mithon de Senneville du 9 Août 1718.

ORDONNANCE des Administrateurs pour le paiement des Marchandises d'Europe en Denrées Coloniales.

Du 6 Octobre 1720.

LE Marquis de Sorel, etc.

Jean-Baptiste Duclos, ect.

Les Habitans des différens Quartiers de cette Isle, nous ont remontré qu'ils se trouvent réduits à la derniere extrémité, par le refus que font, depuis quelque temps, les Capitaines des Vaisseaux, de prendre en paiement des Marchandises qu'ils apportent ici pour la subsistance de la Colonie, les denrées qui se fabriquent, ainsi qu'il s'est toujours pratiqué depuis l'établissement des Colonies de l'Amérique, et qu'au lieu des Sucres et Indigos, ils ne veulent plus recevoir que de l'argent, ce qui ne peut subsister sans l'entier dépérissement de cette Colonie; Sa Majesté n'ayant envoyé aucun fonds depuis douze ans pour la subsistance des Troupes qu'elle y entretient, et les especes d'Espagne, desquelles Sa Majesté a toléré le cours dans cette Colonie, se trouvant manquer, tant à cause du transport que les Capitaines des Vaisseaux Marchands en ont fait depuis cinq à six ans dans les différentes révolutions que le commerce de France a souffert, que par l'entiere interruption du commerce que cette Colonie avoit ci-devant fait avec les Colonies d'Espagne, qui a été causé par les Forbans, dont ces mers ont presque toujours été couvertes, et par les Corsaires, Gardes-Côte Espagnols; de sorte, que bien loin d'avoir pu tirer de ce commerce les especes qu'elles en avoient ci-devant reçues, elle y a souffert des pertes très-considérables, ce qui met les Habitans hors d'état d'avoir l'absolu nécessaire, si les Négocians de France continuent à ne vouloir traiter qu'en argent, ce qui est d'autant plus injuste, que les Denrées de l'Amérique sont à présent en France à un prix excessif, et auquel elles n'ont jamais été; que cette injuste prétention des Négocians, ne vient que d'une prétendue augmentation des especes d'or et d'argent en France, et des ordres qu'ils disent avoir reçus de leurs Bourgeois, de ne traiter qu'en argent, qui, en cela ne regardant que leurs profits présens et particuliers, s'embarassent peu de l'entier déperissement de la Colonie, qui seroit bientôt hors d'état de payer les 3 livres imposées par tête de Negres pour la subsistance des Troupes, les 40 sols aussi par tête de Negres pour l'entretien des Curés, Eglises, Presbyteres, et les 3 livres pour le remboursement des Negres suppliciés, ce qui fait la somme de 8 livres que chaque Habitant est obligé de payer par tête de Negres, indépendamment des autres droits; lequel paiement ne se peut faire qu'en argent, n'étant pas possible qu'on puisse payer l'Officier, le Soldat et les Missionnaires en Denrées, qui leur seroit peu utiles par leur non-valeur, dont ils s'ensuivroit infailliblement la perte de l'Officier, la désertion, le vol et le brigandage dans le Soldat, l'abandon des Cures dans les Missionnaires, et l'impunité dans les Esclaves fugitifs, que le Grand-Prévôt et ses Archers, ne voudroient plus poursuivre dans les doubles montagnes, puisqu'ils n'auroient pour récompense, que des Denrées avec lesquelles ils ne sauroient subsister; Sa Majesté même en souffriroit considérablement dans les droits qui se perçoivent en France sur les Marchandises de l'Amérique, et les Réglemens et les Ordonnances, qu'elle a rendus au sujet de l'Amérique, deviendroient inutiles, à quoi ayant égard, et vu par Nous, Nous avons ordonné et ordonnons ce qui suit.

Art. Ier. Que les Négocians de France feront leur commerce en troc des Denrées de la Colonie de gré à gré avec les Habitans, sans qu'il soit fixé aucun prix auxdites Denrées, non plus qu'aux Marchandises venant d'Europe.

Art. II. Que tous Négocians d'Europe qui auront fourni des Negres et autres Marchandises aux Habitans des Isles, auparavant être convenus par écrit de la qualité du paiement qui leur doit être fait, il sera sans censé être dans la Denrée que fabrique l'Habitant, devoir et s'il fabrique Sucre et Indigo, le paiement se fera à la moitié égale desdites deux Denrées.

Art. III. Comme il s'est glissé un abus dans toute la Colonie sur un prix fixé de chaque espece de Denrée, que les Habitans fabriquent, nommé vulgairement prix courant, et que sous ce prétexte il se commet des injustices au désavantage du Négociant, parce que tous les Sucres et Indigos n'étant pas d'une même qualité, doivent plus ou moins valoir selon leur bonne et mauvaise qualité; Nous ordonnons qu'on n'aura aucun égard au susdit prix courant, et que chaque Denrée sera estimée plus ou moins suivant sa qualité.

Art. IV. A l'égard des Cabaretiers, Marchands Détailleurs et autres qui exercent le métier d'Artisan dans les Villes et Bourgs de la Colonie, ils paieront les Négocians un tiers en argent, un tiers en Sucre, un tiers en Indigo, de tout quoi il conviendront de prix avec les Capitaines, faute de quoi lesdites Denrées seront estimées par arbitres, ce qui sera exécuté dans tous les paiemens, où il y aura contestations pour la valeur des Denrées; et sera la présente Ordonnance enregistrée aux Greffes des Conseils Supérieurs de cette Isle, et aux Jurisdictions en ressortissantes, tant Jurisdictions ordinaires que de l'Amirauté, lue publiée et affichée par-tout où besoin sera, même dans les Bureaux des Receveurs des déclarations, à ce que personne n'en ignore. Donné à Léogane, ect.

R. au Conseil du Cap, le 4 Novembre 1720.

Et à celui de Léogane, le même jour.

V. l'Ordonnance du 20 Novembre 1721.

Arrêt du Conseil du Cap, qui défend de se placer dans le Banc du Conseil, à peine de 500 liv. d'Amende.

Du 8 Octobre 1720.

Sur ce qui nous a été représenté par le Procureur-Général du Roi, que non-obstant les Arrêts rendus, et défenses faites pour toutes personnes de quelque qualité et condition qu'elles soient, de se placer dans le Banc destiné pour le Conseil, plusieurs personnes s'y mettent journellement, ensorte que les Conseillers entrant dans l'Eglise, trouvent leurs places remplies, la matiere mise en Délibération, le Conseil faisant droit à dite remontrance, a fait de nouveau défenses à toutes personnes de se mettre dans ledit Banc, à peine de 500 liv. d'amende applicable, la moitié à ladite Eglise, et l'autre moitié à la bâtisse du Palais, et ordonne que le présent Arrêt sera lu, publié et affiché à la porte de l'Eglise du Cap, ect.

Ordonnance de l'Intendant pour faire dresser par le Sieur Letellier, Arpenteur, un récensement général des concessions formant celle de la Compagnie de Saint-Domingue.

Du 18 Octobre 1720.

Ordonnance de l'Intendant pour le paiement des Dettes des Habitans envers la Compagnie de Saint-Domingue, et congédier les Directeurs, Agens & Commis de cette Compagnie.

Du 6 Novembre 1720.

Jean-Baptiste Duclos, etc.

En conséquence des ordres du Conseil de Marine qui nous enjoignent, après la clôture des inventaires des effets de la Compagnie de Saint-Domingue, et des états de tout ce qui lui est dû, de prendre toutes les mesures nécessaires pour mettre en sûreté tous lesdits effets, et tout ce qui lui sera dû : Nous avertissons le public que tout ce qui est dû dû par les Habitans, est hipothequé sur leurs Habitations; et qu'ainsi ceux qui les acheteront, seront responsables de ce que le vendeur pourra devoir.

Nous défendons de vendre ni détourner aucun Negre travaillant sur lesdites Habitations, à peine de prison contre les contrevenans, comme aussi d'en acheter de ceux qui devront, à peine de confiscation dudit Negre, au profit de Sa Majesté.

Nous défendons pareillement de rien payer de ce qui peut-être dû qu'entre les mains du sieur Ciron, Garde-Magasin du Roi à Saint-Louis, que nous avons commis et commettons à cet effet, ou de ceux qui seront préposés, et ce, à peine de payer deux fois.

Nous ordonnons que tous ceux qui doivent apporteront au Magasin du Roi à Saint-Louis entre les mains dudit sieur Ciron, ou au Magasin du Fonds entre les mains de celui qu'il en chargera, leurs Sucres ou Indigos, conformément et à l'échéance des paiemens qu'ils doivent faire ainsi qu'il a été ci-devant réglé par MM. de Sorel et Mithon, et cela sans attendre que l'on tire des mandats sur eux, ce que nous ne jugeons pas à propos de faire par les inconvéniens qui en ont résulté, et à peine de payer les frais que l'on fera pour leur aller demander et faire apporter ce qu'ils devront; ledit sieur Ciron leur en délivrera des reçus aux prix courans du Pays, lors de la livraison, conforme aux certificats que nous auront soin de lui envoyer tous les mois de Léogane.

Nous déclarons qu'il ne sera rien reçu, tant en Indigo qu'en Sucre qui ne soit bon, loyal et marchand suivant la coutume; et qu'après avoir été pesé au poids du Roi, et pour éviter les abus qui arrivent très-fréquemment sur les Sucres, nous ordonnons que l'usage établi à Léogane, et dans les autres Quartiers de l'Isle de ne délivrer aucune barrique de Sucre qui ne soit étampée de la marque de l'Habitant qui l'a faite, sera suivi dans tous les Quartiers de Saint-Louis; et ainsi nous déclarons qu'il ne sera reçu aucune barrique de Sucre qui ne soit étampée à l'étampe de celui qui la voudra délivrer; au surplus nous déclarons destitués de leurs emplois les Directeurs, Agens et Commis de la Compagnie de Saint-Domingue qui pourront prendre tel parti qu'ils jugeront à propos avec les permissions requises: enjoignons au sieur Fesnier et de la Frezeliere, Commandant et Juge du Quartier du Fonds, et aux Commandans et Juges des Quartiers du Port - Cavaillon et d'Aquin de tenir très-exactement la main, chacun en ce qui le concerne, à l'exécution de la présente Ordonnance, et de la faire lire, publier et afficher par-tout où besoin sera, et enregistrer aux Greffes des Juridictions. DONNÉ à Saint-Louis, etc.

R. sur les registres des enregistremens des Ordonnances du Roi du Greffe de la Juridiction d'Aquin, le 27 Novembre 1720.

Et encore est écrit : *Le Greffier soussigné au défaut d'Huissier, je certifie que la présente Ordonnance a été lue, publiée et affichée le Dimanche 24 Novembre 1720, issue de la Messe paroissiale d'Aquin. Fait le jour et an que dessus.* Signé CASSAMAJOR, *Greffier.*

ORDONNANCE *des Administrateurs sur les paiemens en Denrées.*

Du 27 Novembre 1720.

LE Marquis de Sorel, etc.

Jean-Baptiste Duclos, ect.

Vu par Nous l'Ordonnance que nous avons rendue, le 6 Octobre dernier, sur les difficultés que les Négocians et Commerçans, en ce pays, font de fournir, aux Habitans de cette Colonie, les Vivres et autres Effets dont ils ont absolument besoin en troc des denrées du pays, et les représentations que nous ont fait, par écrit au sujet de ladite Ordonnance, MM. le Comte d'Arquyan, Gouverneur du Quartier et Dépendance du Cap, et Robineau, Procureur-Général et Subdélégué de M. l'Intendant audit Quartier, après avoir mûrement considéré ; Nous ordonnons et disons, en confirmant et interprêtant ladite Ordonnance, que le premier article n'aura lieu qu'à l'égard des Habitans qui n'auront point d'argent, auxquels les Capitaines et Commerçans seront contrains de fournir tout ce qui leur sera absolument nécessaire pour leur besoin propre, en troc de leurs denrées dont ils conviendront de prix de gré à gré, aussi bien que de celui des Marchandises d'Europe : que le second article et les autres n'aura lieu que du jour de la publication de notredite Ordonnance ; et qu'à l'égard des billets faits avant la publication, ils sortiront leur plein et entier effet, et que l'usage sera observé après comme devant, au sujet de l'indigo qui sera réputé argent, s'il l'étoit auparavant : que Nous n'entendons point par le troisieme article déroger aux conventions particulieres que les acheteurs et vendeurs pourront faire par écrit, lesquelles seront suivies et exécutées; et enfin que ceux dont il est parlé dans le quatrieme article, auront la même liberté de faire leur marché par écrit, n'ayant rendu ladite Ordonnance que pour remédier aux discussions qui surviennent journellement entre le Négociant et l'Habitant, faute de faire des marchés par écrit; et ne voulant en aucune façon donner atteinte à la liberté du commerce, qui doit être toute entiere en ce pays ci, conformément à toutes les Ordonnances du Roi; et sera la présente Ordonnance jointe à la précédente, pour n'en faire qu'une seule et même, et être enregistrée comme elle aux Greffes des Conseils Supérieurs de cette Isle, et aux Jurisdictions y ressortissantes, tant ordinaires que de l'Amirauté, lue, publiée et affichée, ect. DONNÉ à Léogane, ect.

R. au Conseil du Cap, le 9 Décembre 1720.

V. l'Ordonnance du 20 Novembre 1721.

EDIT portant création de deux Sénéchaussées à Saint-Louis, et à Jacmel.

Du mois de Novembre 1720.

LOUIS, ect. Le feu Roi notre très-honoré Seigneur et Bisaïeul, a établi par ses Lettres-patentes du mois de Septembre 1698, une Compagnie de Saint-Domingue, à laquelle il a concédé des terres dans l'Isle de Saint-Domingue, avec les droits de Justice et Seigneurie, au moyen de quoi les Directeurs et Intéressés en ladite Compagnie, ont établi sur ladite terre des Juges et autres Officiers pour y exercer la Justice; mais ayant jugé convenable d'éteindre et supprimer ladite Compagnie, pour les raisons mentionnées dans nos Lettres-patentes du mois d'Avril 1720, Nous avons résolu d'établir dans ladite partie de Saint-Domingue des Siéges ordinaires, sous le titre de Sénéchaussées, et de les composer d'un nombre d'Officiers suffisans, pour rendre la Justice en notre nom. A ces causes, ect. Créons, érigeons et établissons deux nos Sieges et Sénéchaussées, dans l'étendue de ladite partie de l'Isle de Saint-Domingue; savoir une Sénéchaussée dans l'endroit le plus proche de Saint-Louis, de laquelle dépendront les Habitans des environs dudit Fort, du quartier d'Acquin, de la Baye du Mesle, du Port de Cavaillon, du Fond de l'Isle à Vache, des Anses, et de tous les endroits qui sont établis ou qui s'établiront aux environs desdits Quartiers; et une autre au Quartier de Jacmel, qui comprendra aussi les Quartiers de Baynet, Fesle, les Cayes, et les Habitans des Quartiers circonvoisins qui pourront s'y établir dans la suite, chacune desquelles Jurisdictions sera composée d'un notre Conseiller-Sénéchal, d'un Lieutenant dudit Sénéchal, d'un Procureur pour nous et d'un Greffier-Garde des minutes, lesquels Officiers ne pourront exercer, qu'en vertu des provisions que nous leur ferons expédier; attribuons auxdits Juges, et en leur absence, à leurs Lieutenans, la connoissance, en premiere instance, de tous les procès civils et criminels mus et à mouvoir, entre nos sujets de leur ressort, et de toutes causes personnelles, réelles et mixtes, jusqu'à jugement définitif, en la même forme et maniere que les autres Officiers des Sénéchaussées de notredite Isle de Saint-Domingue, et suivant les Ordonnances et Réglemens de notre Royaume, et à la charge de se conformer à la Coutume de la Prévôté et Vicomté de notre bonne Ville de Paris, suivant laquelle les Habitans pourront contracter, sans qu'ils puissent y en introduire d'autres, pour éviter la diversité; à peine de nullité des conventions qui pourroient être contraires à ladite Coutume; à condition que les appellations des Sentences et Jugemens rendus par les Officiers desdites Sénéchaussées, seront portées et relevées en toutes matieres, en notre Conseil Supérieur de Léogane; et afin de donner moyen auxdits Officiers d'exercer leurs Charges avec honneur et désintéressement, Nous voulons qu'ils jouissent et usent des mêmes honneurs, autorités prééminences, prérogatives, franchises, libertés, priviléges, exemptions, droits, fruits et émolumens dont jouissent les autres Officiers des autres Sénéchaussées établies dans ladite Isle. Si donnons en mandement à nos amés et féaux les Gens tenans notre Conseil Supérieur à Léogane, que le présent Edit, ils aient à faire lire, publier et registrer, ect.

R. au Conseil de Léogane, le 18 Mars 1722.

ARRÊT du Conseil du Cap, qui condamne le Negre Louis, Esclave du nommé Larose, Habitant à Jean Rabel, coupable de vol, d'assassinat, de viol, &c. à avoir le poing coupé & d'être rompu vif, pour son corps coupé ensuite en quatre quartiers, être exposé sur les grands Chemins.

Du 3 Décembre 1720.

ARRÊT du Conseil d'Etat, qui proroge, jusqu'à nouvel ordre, les diminutions indiquées pour le premier Janvier sur les especes, tant anciennes que nouvelles.

Du 26 Décembre 1720.

R. au Conseil du Cap, le 10 Juillet 1721.

DÉCLARATION du Roi, en interprétation de l'Edit du mois de Juillet dernier, concernant les Invalides de la Marine.

Du 30 Décembre 1720.

LOUIS, ect. Le feu Roi notre très-honoré Seigneur et Bisayeul, ayant par son Edit du mois de Décembre 1712, article XIV, fait don à l'établissement Royal des Invalides de la Marine, de tous les deniers et effets appartenant aux Officiers-Mariniers, Matelots, Passagers et autres, qui n'auroient point été réclamés dans les deux années de l'arrivée des Vaisseaux armés pour le commerce, à compter du jour et date des déclarations qui seroient faites à l'ordinaire aux Greffes des Amirautés, et de la solde, dixieme et portion d'intérêts qui pourroient appartenir aux Officiers-Mariniers, Matelots, Volontaires et autres armés en course, qui n'auroient point aussi été réclamés dans les deux années, à compter du jour de la liquidation des prises : et par autre Edit du mois de Mars 1713, ordonné que ledit don commenceroit, et auroit lieu du jour de la déclaration de la derniere guerre, et de quelle maniere la recherche en seroit faite. Nous avons par notre Edit du mois de Juillet dernier, confirmé seulement lesdits don et recherche, sans les étendre sur les appointemens, solde, dixieme, parts et portions de prises qui n'auroient point été, ou qui pourroient n'être pas réclamés dans la suite par nos officiers de la Marine et des Galeres, d'épée et de plume, et par les Officiers-Mariniers, Matelots, Soldats, et autres employés pour notre service, dont les fonds se trouvent en dépôt présentement, ou se trouveroient à l'avenir, tant dans les contrôles des Ports, qu'entre les mains des Trésoriers généraux de la Marine et des Galeres : Et reconnoissant la nécessité de protéger et de soutenir ledit établissement Royal des Invalides de la Marine, ensorte qu'il puisse avoir un revenu suffisant, et admettre à la demi-solde ceux qui deviennent tous les jours par leurs longs services, et par leur âge ou leurs blessures, dans le cas de ne pouvoir vivre sans le secours dudit établissement : cette omission pouvant faire douter de nos intentions sur cet article, Nous avons résolu de les expliquer, afin que ledit Etablissement Royal retire de notredit Edit tout l'avantage que Nous avons entendu lui procurer. A ces causes, ect. Nous avons, en interprétant en tant que besoin seroit, ledit Edit du mois de Juillet dernier, dit et déclaré, et par ces Présentes signées de notre main, disons, déclarons, voulons et Nous plaît, que le don fait à l'Etablissement Royal des Invalides de la Marine, par l'Edit du mois de Décembre 1712, et confirmé par ledit Edit du mois de Juillet dernier, soit étendu sur les appointemens, solde, dixieme, parts et portions des prises qui n'ont pas été, ou qui pourront n'être pas reclamés dans la suite par nos Officiers de la Marine et des Galeres, d'épée et de plume, et par les Officiers-Mariniers, Matelots, Soldats et autres employés pour notre service, dont les fonds se trouvent actuellement en dépôt, ou se trouveront à l'avenir, tant dans les contrôles des Ports, qu'entre les mains des Trésoriers généraux de la Marine et des Galeres, dont Nous avons doté et dotons ledit Etablissement Royal; et que la recherche en soit faite, ainsi de la même maniere qu'elle est ordonnée par l'Edit du mois de Mars 1713, pour ce qui regarde les Equipages des Vaisseaux et Bâtimens armés pour le commerce ou pour la course : Voulons que la remise desdits fonds soit faite par lesdits Trésoriers généraux de la Marine et des Galeres, et par lesdits Contrôleurs des Ports, sur nos ordres ou sur ceux de notre Conseil de Marine, et par des états par eux libellés et certifiés, au Trésorier général ou aux Trésoriers particuliers desdits Invalides, sur leurs simples quittances, lesquelles seront passées et allouées dans les comptes que les Trésoriers généraux de la Marine et des Galeres rendront en notre Chambre des Comptes, sans difficulté. Voulons aussi qu'en cas que lesdits fonds soient réclamés dans la suite par lesdits Officiers de la Marine et des Galeres, d'épée et de plume, et par lesdits Officiers-Mariniers, Matelots, Soldats et autres, ou leurs héritiers, après la remise faite auxdits Trésoriers des Invalides de la Marine, la délivrance en soit faite sur nos ordres, ou sur ceux de notre Conseil de Marine, à ceux qui auront droit de les recevoir, par le Trésorier général ou Trésoriers particuliers desdits Invalides de la Marine; et que le contenu en iceux soit passé en dépense dans les comptes que lesdits Trésoriers rendront desdits fonds en la maniere accoutumée, en rapportant lesdits ordres avec les quittances des parties prenantes, sur ce suffisantes : Si donnons en mandement, ect.

R. au Parlement de Paris, le 18 Janvier 1721.

Et au Conseil du Cap, le 10 Juillet suivant.

ORDONNANCE du Roi au sujet des Prisonniers qui seront donnés aux Armateurs des Vaisseaux, au lieu des Engagés qu'ils doivent porter dans les Colonies.

Du 14 Janvier 1721.

SA MAJESTÉ ayant fixé par son Réglement du mois de Novembre 1716, le nombre d'Engagés que chaque Vaisseau destiné pour les Colonies doit y porter, elle auroit depuis, en vertu de ses ordres particuliers, destiné différens de ses Sujets fraudeurs de ses droits, Vagabons, et autres pour y aller habiter, lesquels y sont engagés en arrivant pour cinq années aux Habitans qui y sont établis; Sa Majesté auroit bien voulu les faire donner aux Armateurs des Vaisseaux destinés pour lesdites Colonies, pour leur tenir lieu des engagés qu'ils y doivent porter; mais étant informée qu'il s'est déja sauvé de ceux qui ont été embarqués par la faute des Capitaines desdits Vaisseaux, pour à quoi remédier; Sa Majesté, de l'avis de M. le Duc d'Orléans Régent, a ordonné et ordonne que les Capitaines desdits Vaisseaux, du bord desquels lesdits prisonniers se sauveront dans les Ports de leur départ, seront tenus d'en embarquer le double de la quantité qui se sera sauvée, à peine de 60 liv. d'amende pour chaque prisonnier qu'ils auroient dû rembarquer : veut aussi Sa Majesté qu'ils soient condamnés à une pareille amende de 60 liv. pour chaque prisonnier qui se sauvera dans les Ports où ils pourront relâcher. Mande Sa Majesté à M. le Comte de Toulouse Amiral de France, de tenir la main a l'exécution de la présente Ordonnance qui sera lue, publiée et affichée par-tout où besoin sera, etc.

LETTRE du Conseil de Marine à M. le Chevalier D'HÉRICOURT, Major au Cap, touchant l'apposition des Scellés à la mort de M. DE CHARITE, Lieutenant au Gouvernement-Général.

Du 15 Janvier 1721.

LE Conseil a vu par votre lettre du 9 Novembre dernier la discussion que vous avez eue avec le sieur Robineau, Procureur-Général du Conseil Supérieur du Cap à l'occasion de la mort de M. de Charite.

Vous avez bien fait d'apposer le scellé chez lui, et le sieur Robineau a fait son devoir aussi en faisant croiser votre apposition par la Justice ordinaire, et vous ne devez plus vous en mêler, jusqu'à ce qu'il soit question de la levée du scellé à laquelle vous devez assister simplement, et du reste laisser agir la justice ordinaire; parce que M. de Charite étant, outre sa qualité d'Officier, un gros Habitant, et ayant une femme et trois enfans mineurs qui sont même absens, la suite de cette succession regarde la Justice ordinaire.

ORDONNANCES de M. l'Intendant, par intérim; Arrêts du Conseil du Cap, et autres Pieces concernant l'établissement des Religieuses Hospitalierès de la Rochelle, dans ladite ville du Cap.

Des 28 Août, 2, 6 et 22 Septembre 1721.

Ordonnance de M. l'Intendant.

JEAN-Baptiste Duclos, etc.

Vu la Requête de la Sœur Jesus, Prieure des Religieuses Hospitalieres de la Rochelle, contenant qu'après s'être informé si les Religieuses pourront

pourront être utiles à l'heureux établissement de la Colonie de Saint-Domingue, ayant appris qu'elles y feroient de grands biens pour le soulagement de plusieurs pauvres femmes et filles, qui dans leurs maladies se trouvent dans d'extrêmes nécessités, et pour l'éducation de toutes les jeunes filles de la Colonie selon leur institut; que de plus, elles y ont déja un fond, à elle offert comme déja donné, suffisant pour commencer leur établissement, sans qu'il en doive rien coûter à la Colonie, à laquelle elles ne demandent rien que ce qu'on jugera à propos de leur assigner pour la pension des filles que les Habitans voudront leur confier, se contentant des fonds susdits avec le secours qu'elles recevront de leurs Communautés de la Rochelle : elles sont prêtes à partir et à venir et à sacrifier leurs travaux et leurs vies au service de la Colonie, mais que ne pouvant le faire sans la permission de la Cour, et ne pouvant espérer cette permission sans qu'il lui paroisse que MM. les Gouverneur, Intendant et Habitans de la Colonie trouvent bon et utile notre établissement et y consentent; la Suppliante auroit adressé plusieurs Lettres au P. Boutin, de la Compagnie de Jesus, pour l'engager à demander par nous son consentement et approbation, espérant que la bonne conduite des Religieuses que nous choisirons pour cela, attirera sur elles notre protection. Ce considéré, etc. *Signé*, Boutin, de la Compagnie de Jesus, pour la Sœur Prieure des Religieuses Hospitalieres de la Rochelle. Et le Mémoire y attaché des fonds destinés à l'entretien et logement desdites Religieuses, certifié par le R. P. Boutin, et de nous paraphé; soit le tout communiqué à M. le Procureur-Général, à MM. du Conseil, et aux principaux et notables Habitans des quartiers de la dépendance du Cap, qui seront invités par M. le Procureur-Général de se trouver au premier Conseil qui se tiendra lundi prochain premier de Septembre, pour y délibérer 1°. sur l'article de cet établissement, et savoir s'il convient ou s'il ne convient pas; s'il sera à charge au Public ou non, et en cas qu'il le soit, si les services qu'il rendra au pays peuvent l'emporter sur les charges.

En second lieu, sur les fonds offerts pour l'entretien desdites Religieuses, pour savoir s'ils sont suffisans et s'ils sont assurés, et quelle sûreté l'on veut donner pour les 200 pistolles par an de casuel qu'un des Curés doit fournir, et de même pour les 1000 écus par an que doit donner l'Habitation du Haut-Morne au moyen de son four à chaux et des vivres qui y sont plantées.

Et en troisieme lieu, sur la maison que l'on offre pour loger lesdites Religieuses, pour savoir si elle suffit et si elle convient à l'endroit qu'elle est, au milieu d'une Ville et sans être enclôse, en observant qu'il peut résulter beaucoup d'inconvéniens de la part de quelques Religieuses, lorsqu'elles seront ainsi logées sans être enclôses, quoi que l'on soit très-persuadé de leur vertu en général; et si on propose de les enclôre, savoir si cela est praticables de façon qu'il ne puisse arriver aucun scandale, et aux dépens de qui se fera cette clôture. Et pour délibérer sur tout ce que dessus, il nous paroît que l'on doit fixer le nombre des Religieuses et de leurs Domestiques qui seront nécessaires pour ledit établissement. Laquelle délibération faite, à la pluralité des voix, après avoir pris les avis d'un chacun, nous sera rapportée avec la présente Requête et le Mémoire ci-joint, pour être par nous ordonné en conséquence. FAIT ce 28 Août 1721. *Signé*, DUCLOS.

Vu la Requête renvoyée au Conseil par M. Duclos, à qui elle avoit été présentée par le sieur Gerard Carbon, Conseiller du Roi, et son Procureur en la Jurisdiction Royalle du Cap, au bas de laquelle est l'Ordonnance de mondit sieur Duclos, qu'elle soit communiquée à M. le Procureur-Général du Roi et au Conseil; et vu aussi les conclusions par écrit dudit Procureur-Général, au bas de ladite Requête de ce jour, LE CONSEIL, après avoir mis l'affaire en délibératiou, et le tout vu et murement considéré, et faisant droit au réquisitoire dudit Procureur du Roi, ordonne qu'il sera procédé incessamment à sa requête, par le Juge ordinaire du Cap, à l'inventaire général et exact de tous les biens et effets qui composent l'établissement projetté pour des Dames Religieuses Hospitalieres, et ledit inventaire fait en présence des Marguilliers en charge de la Paroisse du Cap, lesquels seront tenus de s'en charger, d'en avoir soin, et d'en rendre compte tant du principal que des fruits qui en pourront provenir, suivant qu'il en sera par la suite ordonné par Sa Majesté; ordonne en outre le Conseil que la Dame Guimon sera tenue de se retirer de la maison où elle demeure, destinée audit établissement, et que tout ce qui a été fait en sa faveur par donation, lettres d'échange ou autrement demeurera cassé et annullé, comme non fait ni advenu; qu'il sera pareillement fait un inventaire de toutes les donations, procédures et autres pieces concernant ledit établissement desdites Dames Religieuses, lesquelles demeureront déposées en ce Greffe. Et vu aussi par le Conseil la Requête présentée à MM. le Marquis de Sorel et Duclos, Général et Commissaire Ordonnateur en chef en cette Colonie, par le R. P. Boutin, faisant pour la Sœur Jesus, Prieure des Religieuses Hospitalieres de la Rochelle, tendante à ce qu'elles soient reçues dans cette Ville ; avec un Mémoire dudit P. Boutin attaché à ladite Requête, des fonds destinés audit établissement ; au bas de laquelle Requête est l'Ordonnance de mondit sieur Duclos, du 28 Août dernier, de soit communiqué au Procureur-Général du Roi, au Conseil et aux Notables de la Colonie, pour délibérer sur l'utillité de cet établissement, sur les fonds nécessaires pour l'entretien desdites Dames Religieuses, et sur leur logement ; les conclusions préparatoires dudit Procureur-Général, du 30 Août dernier ; autres conclusions dudit Procureur-Général, de ce jour, le Conseil ordonne qu'il sera convoqué incessamment un Conseil extraordinaire où seront appellés tous les Officiers Notables de ce quartier, pour délibérer sur ladite Requête du R. Pere Boutin, conformément à l'Ordonnance de mondit sieur Duclos, pour le tout être renvoyé à MM. le Marquis de Sorel et Duclos, Général et Commissaire Ordonnateur en chef en cette Colonie. DONNÉ au Cap, en Conseil, le 2 Septembre 1721.

Jean-Baptiste Duclos, etc.

Le Conseil du Cap ayant, par son Arrêt du 3 de ce mois, délibéré sur une Requête du R. P. Boutin faisant pour ladite Jesus, Religieuse Hospitaliere de la Rochelle, tendante, etc. Nous ordonnons que ledit Conseil s'assemblera extraordinairement le 22 de ce mois, à la diligence de M. le Procureur-Général, auquel la présente sera communiquée, et qui fera avertir tous ceux qui doivent entrer dans le Conseil à la maniere accoutumée ; prions M. le Comte d'Arquian de faire avertir pareillement tous les Commandans des quartiers, et autres Notables et principaux Habitans qu'il jugera à propos de s'y trouver, à l'effet de tout quoi nous avons remis la présente Ordonnance entre les mains de M. de Monseignat, Greffier en chef dudit Conseil du Cap. DONNÉ au Cap, ce 6 Septembre 1721. *Signé*, DUCLOS.

Aujourd'hui lundi, 22 Septembre 1721, en exécution de l'Arrêt du Conseil Supérieur, et de l'Ordonnance de M. Duclos, le Conseil s'étant extraordinairement assemblé chez M. le Comte d'Arquian, Gouverneur de cette ville du Cap et dépendances, pour délibérer sur l'établissement projeté des Religieuses Hospitalieres en cette dite Ville, pour le service de la Colonie, où ont assisté mondit sieur le Comte d'Arquyan, M. d'Héricourt, Major pour le Roi au Cap, MM. de Lisle Ribaut, Beauval Barbé, Roche Blanche Cochon, Chavanne, Asselin, le Rat du Menil, Conseillers, et M. le Procureur-Général du Roi, et où se sont aussi trouvés le R. P. Ollivier, Supérieur de la Mission des Peres Jésuites, le R. P. Boutin, Religieux de ladite Société, qui a commencé ledit établissement; le R. P. Levantier, Curé de la Paroisse; de Veaulezar, Duplessis, le Tellier, Dukergouet, le Chat, le Seigneur, le Febvre, Beaujeau, Coquiere, Denis, *tous* Officiers de Milice et Notables de cette Colonie. MM. les Officiers de la Jurisdiction en corps, et plusieurs autres Notables de ladite Colonie; mondit sieur le Procureur-Général a proposé la matiere concernant ledit établissement, et fait lecture des pieces, et notamment de l'inventaire contenant l'état des biens à ce destinés, et d'une Requête présentée par ledit P. Boutin, pour et au nom des Dames Religieuses Hospitalieres de la Rochelle, d'où l'on entend tirer celles qui sont préposées pour ledit établissement dans cette Ville; au bas de laquelle est l'Ordonnance de M. Duclos, et les conclusions dudit sieur Procureur-Général, du 2 du présent mois de Septembre: et après la lecture desdites pieces et l'explication de ladite matiere, lesdits RR. PP. Jésuites ont déclaré que les fonds qui existent actuellement portés audit inventaire, proviennent du casuel du R. P. Boutin, depuis plusieurs années, lequel casuel ils sont obligés, suivant les constitutions de leur Société, d'employer en œuvres pies, avec liberté néanmoins d'en faire le choix suivant leur volonté et dévotion, et sous la direction de leur Supérieur, sans pouvoir s'en appliquer le profit à eux-mêmes, lequel emploi fait par ledit R. P. Boutin pour un Réfuge en faveur des pauvres Orphelins du Cap, ils déclarent et reconnoissent très-légitime et renoncent à y contrevenir, dont ils ont demandé acte qui leur a été octroyé; après, les voix ont été demandées à toute l'assemblée sur le consentement que demandent lesdites Dames Religieuses Hospitalieres de la Rochelle, pour fonder leur Etablissement en cette Ville et Colonie, pour le soulagement des pauvres suivant leur Regle et Institut: et après en avoir délibéré, LE CONSEIL assemblé, suivant les avis particuliers d'un chacun qui ont été recueillis, a répondu sous le bon plaisir de Sa Majesté et de MM. le Général et Intendant de cette Colonie, aux propositions ci-dessus ainsi qu'il s'ensuit.

ART. Ier Que les dames Religieuses Hospitalieres de la Rochelle, pourront envoyer en cette Ville du Cap trois de leurs Religieuses avec la demoiselle Guimon et sa Sœur, qui ont fait les fonctions et œuvres de charité dans la Maison destinée audit Etablissement jusqu'à ce jour, commencer leur Maison et Etablissement, et y exercer les œuvres de charité suivant les Regles et Instituts de leur Ordre, sans cependant que lesdites demoiselles Guimon puissent rien prétendre aux fonds destinés pour ledit Etablissement.

Art. II. Qu'elles se contenteront des biens et effets qui se trouvent contenus dans l'inventaire qui en a été fait le 3 de cedit mois, sans pouvoir exiger ni demander à la Colonie aucune somme ni autre chose, sous prétexte de besoin ni telle autre que ce puisse être, que ce que les Habitans de ladite Colonie voudront bien par bonne volonté, et autant qu'ils verront que ledit Etablissement leur sera avantageux.

Art. III. Que lesdites Dames seront tenues, avant toutes choses, de se pourvoir par-devant Sa Majesté, pour obtenir les Lettres-Patentes nécessaires pour ledit Etablissement à leur soin et diligence.

Art. IV. Qu'après l'obtention desdites Lettres, et que lesdites Dames Religieuses Hospitalieres de la Rochelle se seront mises en état d'envoyer trois de leurs Religieuses en cette Ville sur ledit Etablissement commencé, elles seront tenues de les faire passer à leurs frais et diligence, avec lesdites Lettres-Patentes de Sa Majesté, dans un an de ce jour pour tout délai, pour être mises en possesion dudit Etablissement, biens et effets en dépendans suivant ledit inventaire.

Art. V. Que la Maison et Etablissement desdites Dames en cette Ville demeurera sujete à l'observation de la Police, tant générale que particuliere, suivant l'usage et pratique de la Colonie, et particulierement en ce qui concerne les Maladies.

Art. VI. Qu'elles seront tenues de se gouverner pour le spirituel, par les conseils et par la direction du R. P. Curé de la Paroisse de Notre Dame du Cap, et de ses successeurs, et pour le temporel, par l'avis d'un Syndic qui leur sera nommé par le Conseil.

Art. VII. Et en attendant l'expiration de l'année accordée auxdites dames Religieuses Hospitalieres, pour envoyer lesdites trois Religieuses leur Sœurs sur ledit Etablissement, à commencer de ce jourd'hui jusqu'à pareil jour de l'année 1722 qu'elles seront tenues d'être ici, que la demoiselle Guimon et sa Sœur qui sont sur ledit Etablissement, continueront de faire les fonctions et œuvres de charité qui se pratiquent en ladite Maison, comme elles ont fait par le passé sous la direction du Marguillier en charge, qui sera regardé comme le Protecteur et Conservateur dudit Etablissement, auquel elles seront tenues de présenter leur compte toutes fois et quantes.

Après lesdits Article ci-dessus, le R. P. Boutin a demandé acte des offres qu'il fait en présence de son Supérieur, d'employer tout son casuel ainsi qu'il lui est permis, pour soutenir ledit Etablissement tant qu'il sera dans la Colonie, ce qui lui a été octroyé en ladite Assemblée : tout ce que dessus ainsi fait et arrêté, pour être exécuté selon sa forme et teneur du consentement unanime de l'Assemblée, et être envoyé à M. le Marquis de Sorel Général, et à M. Duclos Commissaire-Ordonnateur en chef, pour être par eux envoyé avec leur sentiment au Conseil de Marine de Sa Majesté, et servir tant auxdites dames Religieuses Hospitalieres de la Rochelle, à la Colonie et à tous ceux qu'il appartiendra ; à l'effet de quoi sera délivré toute expédition nécessaire. FAIT et arrêté lesdits jour et an, etc.

Le 3 Septembre il fut procédé à l'inventaire ordonné par l'Arrêt du premier du même mois, et ce à la Requête du Procureur du Roi et par le Juge du Cap.

V. l'Ordonnance du 27 Décembre 1703, et la Note qui la suit, Tom. I. pag. 718.

PROVISIONS de Conseiller Secrétaire du Roi, *et Greffier en Chef du Conseil Supérieur du Cap pour le sieur* DE MONSEIGNAT.

Du 18 Février 1721.

R. au Conseil du Cap. . . . . . .

ARRÊT du Conseil du Cap, qui 1°. casse et annulle une Procédure du Juge du Cap, pour avoir sur un Décret de prise de corps décerné par la Cour, prononcé un élargissement provisoire ; 2°. ordonne que l'Accusé sera réintégré dans les Prisons, et que la Procédure sera refaite par le Juge de l'Amirauté aux frais et dépens du Juge du Cap ; 3°. interdit ledit Juge, et le rend solidairement garant avec l'Accusé envers la partie civile ; 4°. interdit le Procureur du Roi, et enjoint à celui qui avoit été pourvu par interim avant lui, de reprendre ses fonctions sans nouvelle Commission.

Du 3 Mars 1721.

VU par le Conseil la Requête de M. Suard de Clermont, Conseiller du Roi au Conseil Supérieur du Cap, lequel remontre que pour raison des injures atroces faites à lui contre sa dignité et contre sa personne, au Corps du Conseil et crime d'impiété, par le nommé Rousleau, homme non domicilié et de profession servile, faisant les fonctions de Garçon de Boucherie, vous a porté sa plainte soutenue par la lettre dudit Rousleau, contenant la preuve desdits crimes, sur laquelle vous avez rendu votre Arrêt le 3 Février dernier, par lequel, sur les conclusions de M. le Procureur Général, vous avez décrété de prise de corps ledit Rousleau pour être conduit ès Prisons de ce lieu, son procès instruit par le Juge ordinaire à la diligence du Suppliant, sur les conclusions du Substitut du Procureur Général, pour la matiere être jugée en premiere instance sauf l'appel, et ordonné le paraphe de ladite lettre et de la suscription par Me Messire de Lisle Ribaut, ce qui a été fait; en exécution de cet Arrêt ledit Rousleau a été constitué prisonnier, et ledit sieur Suart a donné sa Requête au Juge du Cap, par laquelle il a demandé les mêmes choses que par sa plainte. Ledit sieur Juge après la plainte, la lettre et suscription, la Requête et l'Ecrou à lui remis, a pris l'interrogatoire de l'Accusé le 6 dudit mois. Le Suppliant ne peut rien dire du contenu aux réponses portées par l'interrogatoire de l'Accusé; mais il apprend par sa Requête signiffiée par ledit Exploit du 11 Février, que l'Accusé a déguisé la vérité sous couleurs de méprise, imputant au sieur Suard qu'il l'a traité de Fripon, sujet à restitution, ce qui l'avoit, à son idée, mis en droit d'y répondre avec vivacité, d'autant qu'il ne s'agissoit que d'une discussion d'Habitant à Habitant, et que revenu de sa premiere chaleur, il avoit écrit une lettre, dit-il, en forme d'excuse (et non pas d'excuse), et sa bile échauffée continuant, il ajoute par des termes peu convenables à un Conseiller et au Conseil, que tout autre en la place du Suppliant s'en seroit contenté, au lieu de vouloir faire regarder la premiere lettre dudit Rousleau comme un libelle diffamatoire contre sa personne, son honneur et sa réputation, et même intéressant le Corps du Conseil et la Religion, en quoi, dit-il, il s'est fort trompé, puisqu'il n'y a de libelle diffamatoire que ce qui est rendu public, (en donnant un sens tout contraire à la premiere), lui Rousleau n'ayant jamais prétendu insulter ledit sieur Suard, le Corps du Conseil, ni la Religion; et sur ce narré qui contient une maniere d'écrire toujours offensante; accusant le Suppliant Conseiller au Conseil de l'avoir traité de Fripon, et d'être capable de se tromper au sens des écrits, il demande au Juge du Cap que vu son interrogatoire, et attendu que le sieur Suard a le premier commencé en le traitant de Fripon, obligé à restitution, que l'Ordonnance défend de décréter contre domiciliés, et que l'instruction est renvoyée devant lui; il ait a déclarer l'emprisonnement de sa personne injurieux, tortionnaire et déraisonnable, ordonner son élargissement, et lui permettre de faire assigner le Suppliant pour prouver qu'il est un Fripon obligé à restitution; le Juge du Cap a provisoirement élargi ledit Accusé, et renvoyé icelui en état d'ajournement personnel et sous caution, sauf au Suppliant à prendre communication de l'interrogatoire de l'Accusé dans trois jours; ordonne que la Requête lui sera signifiée, et que les trois jours passés il jugera définitivement: cette Sentence est du 7 Février 1721, dont le Suppliant déclare appel; qu'il y a attentat à l'autorité du Conseil de la part du Juge et du Substitut de M. le Procureur Général, que le Juge a péché contre l'Ordonnance criminelle, qu'il y a lieu à prise à partie, etc. Les conclusions du Procureur Général du Roi tendantes à ce que vu la Requête, etc. il réquéroit qu'en donnant acte audit sieur Suard de son appel de la Sentence d'élargissement dudit Juge, la Procédure par lui tenue soit déclarée nulle, que l'Accusé sera réintégré ès Prisons, pour l'instruction du procès être fait de nouveau par M[e] le Roy, Lieutenant Général et Juge de l'Amirauté du Cap, sur les conclusions du sieur de Maisoncelle, ci-devant faisant fonctions de Procureur du Roi, qui seront commis à cet effet, lesquels avec le Greffier de la Jurisdiction, instruiront et jugeront cette matiere en premiere instance, sur les conclusions dudit sieur de Maisonnelle et de la partie civile, conformément à l'Arrêt dudit jour 3 Février, condamner ledit le Maître commis aux fonctions de Juge du Cap, aux payemens des frais et vacations desdits Officiers; enjoindre au Greffier de la Juridiction de remettre dans huitaine audit M[e] le Roi, toutes les pieces et Procédures pour servir de Mémoire, à peine d'y être contraint par corps, d'interdiction, et de 200 liv. d'amende dépens dommages-intérêts; ordonner que ledit le Maistre sera et demeurera interdit, et tenu solidairement avec l'Accusé des dépens, dommages et intérêts de la partie civile, et des condamnations pécuniaires qui pourront intervenir; que ledit sieur Carbon sera suspendu de ses fonctions pendant un mois, et lui enjoindre d'être à l'avenir plus circonspect sur l'observation des Ordonnances, Arrêts et Réglemens du Conseil, sous peine d'interdiction; enjoindre au sieur Sauvé de faire exactement les fonctions de Lieutenant de Juge du Cap, et au sieur de Maisoncelle de reprendre celles de Procureur du Roi, qu'il a cessées par le Brevet dudit sieur Carbon, sans nouveau serment, à l'effet de quoi l'Arrêt vaudra commission, sur la signification qui lui sera faite d'icelui à notre diligence.

gence. *Signé* ROBINEAU. LE CONSEIL faisant droit, ordonne que les présentes conclusions du Procureur Général du Roi sortiront leur plein et entier effet, et seront exécutées selon leur forme et teneur.

Ces deux Officiers furent rétablis par Arrêt rendu en Conseil, extraordinairement aessemble le 15 du même mois de Mars.

ARRÊT du Conseil du Cap, qui renvoye les Habitans de la même Ville à se pourvoir par-devant les Administrateurs en Chef, en matiere de Boucherie, ou pardevant le Subdélégué de l'Intendant, attendu le cas pressant.

Du 4 Mars 1721.

ARRÊT du Conseil du Cap, qui défend de vendre aux Portes des Eglises pendant le Service Divin, ni de donner à boire aux Esclaves.

Du 5 Mars 1721.

VU par le Conseil la Remontrance du Procureur Général du Roi; sur le premier Article, fait défenses à toutes personnes de quelque qualité et condition qu'elles soient, d'étaler, vendre ou exposer en vente aucune sorte de Marchandises, de quelque espece que ce soit, aux Portes des Eglises du Cap ni ailleurs, les jours de Fêtes et Dimanches pendant la Grand'Messe, à peine de trois cents livres d'amende contre les contrevenans, et de confiscation des Marchandises sans aucune modération, l'amende applicable aux décorations des Eglises où la confiscation se fera, et les deniers remis aux Marguilliers des Paroisses qui s'en chargeront sur le Registre de recette, lesquelles amendes et confiscations seront prononcées par les Juges ordinaires, sur les plaintes des Curé et Marguilliers de chaque Paroisse.

Quant au second Article, le Conseil fait pareilles défenses à tous Negres Esclaves de jouer ni s'assembler sur les bords de la Mer ni autres endroits, à peine de punition corporelle qui sera prononcée par le Juge du Cap, et sera permis à toutes personnes de les prendre et arrêter sur le fait et les emprisonner; fait aussi défenses à tous Cabaretiers, Taverniers de donner à boire Vin, Eau-de-vie ni autres Liqueurs aux Noirs dans leurs Maisons ou enclos, ni de les recevoir à table, le Propriétaire que les souffrira condamné pour la premiere fois en 200 liv. d'amende, et en cas de récidive en celle de 500 liv. applicable le tiers aux dénonciateurs, et le surplus employé aux dépenses publiques, le tout à la pousuite et diligence du Substitut du Procureur Général du Roi; et que le présent Arrêt sera lu, publié, etc.

V. l'Ordonnance du 26 Avril suivant.

ARRÊT du Conseil d'Etat, touchant le droit d'Aubaine et la destination de son produit, ainsi que de celui des autres droits domaniaux, aux Edifices publics.

Du 11 Mars 1721.

SUR ce qui a été représenté au Roi étant en son Conseil, qu'au préjudice des ordres qui avoient été donnés par le feu Roi, d'employer aux Edifices publics tout ce qui reviendroit à Sa Majesté dans l'Isle de Saint-Domingue, des biens vacans, amendes, confiscations et aubaines, et qu'à cet effet il ne seroit expédié par les Secrétaires d'Etat aucuns brevets de bon de cette nature dans ladite Colonie; lesquels ordres ont été confirmés de nouveau par Sa Majesté, le 26 Janvier 1717; le Conseil Supérieur de Léogane Côte Saint-Domingue, a rendu un Arrêt le 4 Novembre dernier, par lequel en infirmant une Sentence rendue au Siege de Léogane, le 31 Juillet précédent, qui cassoit le testament fait par le sieur Barthelemi Finil Napolitain, et ordonnoit que les biens dudit Finil seroient confisqués au profit de Sa Majesté, il a été ordonné entre autres choses que le testament dudit Finil seroit exécuté, et d'autant que cet Arrêt est non-seulement contraire aux ordres de Sa Majesté, mais encore même à ses droits, en ce que les biens des Etrangers décédés dans les Etats de Sa Majesté lui appartiennent par droit d'Aubaine; vu ledit Arrêt, ouï le rapport, et tout considéré, Sa Majesté étant en son Conseil, de l'avis de M. le Duc d'Orléans Régent, a cassé et annullé, casse et annulle ledit Arrêt du 4 Nouembre, et tout ce qui s'en est ensuivi, ordonne que la Sentence du Juge Royal de Léogane dudit jour 31 Juillet 1720, sera exécutée selon sa forme et teneur, et en conséquence que les biens meubles et immeubles dudit Finil, appartiendront à Sa Majesté à titre d'Aubaine, de tous lesquels biens meubles et immeubles Sa Majesté a fait et fait don à l'œuvre et Fabrique de Léogane sans tirer à conséquence ; ordonne au surplus Sa Majesté que les biens et effets qui lui seront dévolus à titre de vacances, amendes, confiscations, aubaines, déshérences ou autrement, continueront d'être employés ainsi qu'ils l'ont été par le passé aux Edifices publics, auxquels Sa Majesté veut qu'ils soient et demeurent assignés, sans pouvoir être destinés à d'autres usages, pour quelque cause et sous quelque prétexte que ce soit, et ce suivant les ordres qui seront donnés par Sa Majesté, et sera le présent Arrêt registré au Conseil Supérieur de Léogane. FAIT et arrêté au Conseil d'Etat, etc.

R. au Conseil de Léogane, le 12 Novembre 1721.

ORDONNANCE des Administrateurs, qui enjoint à tous Capitaines Passagers et autres, de remettre les Lettres à la Poste.

Du 13 Mars 1721.

LE Marquis de Sorel, etc.

Jean-Batiste Duclos, etc.

Nous étant revenu que les Capitaines des Navires Marchands arrivant de France du Cap, remettoient les Lettres des Particuliers dont ils sont chargés à des Négocians et autres personnes dudit lieu du Cap, malgré les défenses réitérées de nos prédécesseurs, dont il arrive que les Lettres se trouvent la plupart du temps perdues ou interceptées, ce qui est très-contraire au bien du Commerce et nuisible au repos public, à quoi étant indispensablement nécessaire de remédier, nous faisons très-expresses inhibitions et défenses à tous Capitaines des Navires Marchands et Passagers, de remettre les Lettres dont ils seront chargés ailleurs qu'au Bureau de la Poste dudit lieu du Cap, à peine contre lesdits Capitaines de mille livres d'amende, et de pareille somme contre les Négocians et autres Particuliers qui s'ingéreront de recevoir chez eux lesdites Lettres, lesquelles amendes seront payées à la diligence du sieur Philippe, Directeur de la Poste du Cap; ordonnons à tous Capitaines Marchands qui aborderont audit Quartier du Cap, de se conformer à ce qui est prescrit par ces Présentes, et de remettre, comme dit est, les Lettres dont ils se trouveront chargés pour le Pays au Bureau de la Poste, à la réserve de celle du Général et de l'Intendant, qu'ils remettront au Commandant en retirant un reçu : et sera la présente Ordonnance enregistrée au Greffe de la Jurisdiction du Cap, lue, publiée et affichée par-tout où besoin sera, afin que personne n'en ignore, et notifiée aux Capitaines Marchands à leur arrivée par ledit sieur Philippe, auquel nous enjoignons de faire mettre une copie de cette Ordonnance sur un tableau, en lieu d'être vue par lesdits Capitaines Marchands; lui prescrivons de poursuivre tous les Contrevenans à la présente Ordonnance, sans qu'aucune considération puisse l'en empêcher, à peine d'être interdit de son Emploi, et de payer la même amende de mille livres. DONNÉ à Léogane, etc.

Et plus bas est écrit : Le sieur Philippe remettra une copie collationnée de la présente Ordonnance aux Pilotes qui entrent les Navires, auxquels nous enjoignons de la faire voir aux Capitaines.

Signés le Marquis DE SOREL et MITHON.

R. au Siège Royal du Cap, le 20 Mars 1721.

ARRÊTS du Conseil du Cap, touchant les droits suppliciés.

Des 15 Mars 1721, et 13 Avril 1722.

Le premier Arrêt ordonne que la levée de 15 sols par tête de Negre sera continuée et perçue par les Marguilliers, et remise par eux au Receveur Général des droits d'Octroi.

Même Arrêt le 13 Avril 1722, et il ordonne au Receveur de rendre compte incessamment.

ORDONNANCE *des Administrateurs, qui sur la Requête des Habitans de la Ville du Cap, et des Capitaines des Bâtimens Marchands mouillés en Rade, ordonne 1°. l'établissement d'une Chaussée dite Royale, et en conséquence que tous les Habitans des Plaines du Cap feront couper un Pieu par chaque dix Negres, et les feront transporter sous 3 mois aux Embarcaderes, à peine d'en fournir dix pour un; 2°. que les Capitaines des Navires les enverront prendre par leurs Canots et Chaloupes, et leur feront faire un pointe par leurs Charpentiers; 3°, que les Habitans de la Ville les feront placer, à double rang avec un intervalle de deux pieds, pour soutenir la poussée des terres, et payeront les frais s'il y en a; 4°. et enfin que lesdits Habitans de la Ville donneront au Capitaine de Port, et à l'Aide-Major de la Place, chargés de surveiller et conduire cet ouvrage, une gratification laissée à leur discrétion.*

Du 26 Mars 1721.

R. au Siege Royal du Cap, le 16 Avril suivant.

ORDONNANCE *des Administrateurs, qui permet au sieur Prost de faire devant son emplacement joignant la Mer et dans la rue de l'Eglise, un Quai et une Chaussée à ses frais et dépens; à la charge de laisser 50 pas libres entre sa Maison et le bord de la Mer, de border la Chaussée de deux rangs de Pieux, et d'achever l'ouvrage dans 6 mois; lui permettant de recevoir le lest des Navires, pourvu que la Chaussée dite Royale n'en ait pas besoin.*

Du 27 Mars 1721.

R. à la Subdélégation, le 1 Septembre 1722.

ORDONNANCE *des Administrateurs, pour l'établissement d'une Maréchaussée.*

Du 27 Mars 1721.

LE Marquis de Sorel, etc.

Jean-Baptiste Duclos, etc.

Etant informés par M. le Comte d'Arquyan, Gouverneur du Cap, et par plusieurs autres lettres et plaintes très-fréquentes et réitérées, que les Negres Esclaves de ce Quartier en désertent tous les jours avec Armes et Chevaux, et tout ce qu'ils peuvent voler a leurs Maîtres ou aux autres Habitans, et même se joignent en grand nombre pour être en état de se défendre si on vouloit les arrêter, suivant qu'il est déjà arrivé à plusieurs; qu'ainsi attroupés ou seuls, armés ou sans armes, ils descendent de toutes parts chez les Espagnols où ils sont parfaitement bien reçus, et dont il n'est pas possible de les retirer, quelque instance que l'on ait pu faire pour cela, et que cette favorable réception que les Espagnols leur font s'étant repandue parmi tous les autres, soit par des Emissaires Espagnols, soit par les mêmes Negres renvoyés pour fomenter la désertion, cette réception, a fait dans tous leurs esprits une impression qui tend à une révolte générale, et par conséquent à la ruine totale des Habitans du Cap, et même à la perte entiere de la Colonie par le mauvais exemple, et jugeant qu'il est d'une extrême importance de remédier promptement à un si grand mal, après y avoir murement réfléchi, nous n'avons pas trouvé d'autres moyens d'empêcher les attroupemens, d'arrêter la désertion, et de faire cesser ce désordre autant qu'il est possible, que de faire le Réglement qui suit.

ART. Ier Il sera établi un Corps-de-Garde de 25 hommes des Troupes du Roi au Massacre, et un autre pareil à la Grande-Riviere.

ART. II. Et comme les deux Corps-de-Garde ne suffisent pas pour battre l'estrade, et garder tous les passages par où lesdits Negres s'évadent, il sera formé une Compagnie de Maréchaussée composée de 75 hommes, et payés ainsi qui suit:

Le Prevôt-Capitaine à 100 liv. par mois, fait par an .	1200 liv.
Le Lieutenant 75 liv. *idem*.	900
L'Enseigne ou Exempt à 60 liv. *idem*.	720

Trois Brigadiers à 50 liv. chaque, *idem*.	1800 liv.
Trois Brigadiers à 40 liv. *idem*.	1440
Soixante-six Archers à 30 liv. chaque	23760
Montant	29820 liv.

Art. III. Le Gouverneur ou Commandant du Cap, choisira les Sujets qu'il croira les plus propres à former cette Compagnie, dont il nous enverra un rôle, afin d'être pourvus par nous de commissions; si cependant l'affaire étoit pressée, le Gouverneur du Cap pourroit leur en délivrer pour être approuvées par nous.

Art. IV. Elle sera payée par le Receveur des fonds publics, de 3 mois en 3 mois, sur les ordonnances de l'Intendant ou Commissaire-Ordonnateur, et si les fonds publics ne suffisent pas pour cette dépense, il y sera pourvu suivant l'usage.

Art. V. Le Major du Quartier en fera tous les mois la revue pour visiter leurs Armes, qui seront un Fusil, deux Pistolets, une Manchette, un Sabre, un Gargoussier et une Bayonette, s'il se peut; il remettra le rôle signé de lui et du Prévôt, savoir une copie au Gouverneur, et l'autre à l'Intendant ou au Commissaire-Ordonnateur; et si les fonds publics ne suffisent pas pour cette dépense, il y sera pourvu suivant l'usage, et ledit Commissaire qui se trouvera, en rendra compte au Général.

Art. VI. Cette Compagnie sera ambulante séparée en trois Brigades, et plus s'il est besoin, ou jointe ensemble quand le cas le réquerra, et sera composée de Blancs et Mulâtres, les Negres libres ne seront reçus qu'à faute de Blancs.

Art. VII. Son principal service sera d'aller et de venir sur la Frontiere, de veiller avec soin qu'aucuns Blancs, Mulâtres, Negres libres ou Esclaves ne passent dans le Quartier Espagnol, et d'arrêter sans exception de personne, tous ceux qui n'auront pas un Passeport du Gouverneur ou Commandant au Cap.

Art. VIII. Les Officiers de Brigade pourront quand ils le jugeront à propos, faire des détachemens pour aller sur les Habitations dans toute l'étendue du Quartier, visiter les Câses à Negres de toutes sortes de personnes, de quelque rang et qualité qu'elles soient, pour voir s'il ni à point de Negres marons cachés, ou des Armes blanches ou à feu, observant par l'Officier ou Commandant d'avertir le Maître de l'Habitation de s'y transporter ou d'y envoyer son Econome, pendant que les Archers tiendront les Câses entourées pour empêcher l'évasion, et quand les Maîtres de l'Habitation seront venus ou les Economes, ou qu'ils auront été duement avertis, l'Officier Commandant fera ouvrir les portes, entrera dans les Câses à Negres, se saisira de toutes les Armes qu'il y trouvera, et fera rompre en sa présence toutes les pointes des couteaux.

Art. IX. Il sera payé à la Maréchaussée outre les gages fixes, savoir: la somme de 100 l. par chaque Negre ou Negresse qu'ils arrêteront au-delà de toute Habitation du côté de la Frontiere des Espagnols, soit qu'ils les aient tués ou qu'ils les ramenent en vie; la somme de 30 liv. pour tous ceux qui seront pris dans les Plaines, hors la Paroisse du Negre tirant vers l'Espagnol; et 12 liv. pour tous ceux qu'ils arrêteront en quelqu'autre endroit que ce soit, le tout au cas que les Negres n'aient point de billet de leur Maître qui leur permette de s'éloigner de la Paroisse.

Art. X. Si les Negres pris ont des Effets, Nippes, Chevaux, Hardes ou autres meubles, le tout appartiendra à la Maréchaussée; mais si lesdits Effets sont prouvés avoir été volés par les Negres, soit à leur Maître ou à d'autres, l'Officier commandant la Brigade en fera un fidel inventaire, duquel il reviendra le tiers à la Maréchaussée suivant l'estimation qui en sera faite, et les deux autres tiers seront rendus au Propriétaire, si mieux il n'aime faire vendre le tout, pour du produit en avoir les deux tiers, et l'autre tiers être remis à la Maréchaussée suivant qu'il vient d'être dit.

Art. XI. Toutes les sommes qui proviendront du maronage des Negres, ou Nippes prises sur iceux, feront une masse pour toute la Compagnie, qui sera répartie; savoir;

Pour le Prévôt, 5 lots.
Le Lieutenant, 4 lots.
L'Enseigne ou Exempt, 3 lots.
Aux trois Brigadiers, deux chaque; 6 lots.
Aux trois Sous-Brigadiers, chacun 1 et demi; 4 lots et demi.
A l'Archer qui fera la découverte, 1 lot et demi.
Aux 65 autres Archers 1 idem; 65 lots.

Art. XII. Il sera établi une Juridiction extraordinaire, dont les Officiers de ladite Compagnie seront les Juges, et qui suivant l'usage des Maréchaussées de France, auront droit de mort seulement sur les Negres qui seront pris sur les Frontieres, lesquels ils pourront faire pendre sur le champ et au premier arbre, observant de les exposer sur les grands chemins pour servir d'exemple, et pour cet effet le Bourreau suivra la Marchaussée,

Maréchaussée, et il lui sera alloué 500 liv. par an pour toutes les exécution qui seront ordonnées par ladite Maréchaussée.

Art. XIII. Arrivant le cas où l'on seroit obligé de fusiller les Negres, soit qu'ils se missent en défense, ou qu'ils n'arrêteroient pas au premier commandement, leurs têtes seront exposées sur des Poteaux, et sera dressé Procès-verbal de l'occasion de leur mort, de la reconnoissance de l'étampe et autres indices qui pourroient faire connoître à qui ils appar-partiennent, afin que le Propriétaire en soit remboursé, en payant préalablement sur ledit remboursement les droits de maronage, et ledit Procès-verbal sera envoyé au Gouverneur ou Commandant du Cap, et à l'Intendant ou Commissaire-Ordonnateur.

Art. XIV. La même Maréchaussée arrêtera tous les Soldats qui seront rencontrés à une lieue du Quartier où leurs Compagnies seront postées, lorsqu'ils n'auront point de billet de l'Officier de la Compagnie visé du Gouverneur, ou en son absence du Commandant des Troupes, pour lesquels Soldats il lui sera payé la somme de 30 liv. par le Trésorier de la Marine, sur les ordonnances du l'Intendant ou Commissaire-Ordonnateur, suivant les Ordonnances du Roi s'ils se trouvent Déserteurs.

Art. XV. Ils arrêteront pareillement ainsi qu'il est dit à l'Article VII, toutes sortes de Blancs, Mulâtres ou Negres libres qui voudront sortir des Frontieres, s'ils n'ont un congé par écrit du Gouverneur, pour lesquels il sera aussi payé la somme de 50 liv. pour chacun, qui sera prise sur leurs biens ou effets, et s'ils n'en ont point il ne sera payé que 30 liv. sur les fonds publics; quant aux châtimens que méritent ceux qui seront pris Déserteurs de la Colonie, on les laisse à la décision du Gouverneur ou Commandant du Cap.

Art. XVI. Ladite Compagnie fera son service à cheval ou à pied, suivant qu'il sera nécessaire, sous les ordres seulement du Gouverneur et des Officiers Majors, et s'il y a un Capitaine d'Infanterie sur la Frontiere, le Gouverneur pourra lui adresser ses ordres pour les donner au Prévôt ou Commandant de la Brigade.

Art. XVII. A l'égard des plaintes au sujet des Espagnols, sur ce qu'ils cherchent à débaucher nos Negres Esclaves, et qu'ils vont jusque dans leurs Câses les inviter à la désertion, ils seront tous avertis lorsqu'ils entreront sur la Frontiere, qu'il leur est défendu de parler à aucun Negre, ni de négocier avec eux aucune sorte de Denrée, à moins qu'ils n'en aient obtenu la permission de leurs Maîtres; et que s'ils sont surpris parlant ou négociant avec aucun Esclave quel qu'il puisse être, sans ladite permission du Maître, ils seront pris, arrêtés et mis dans les Prisons, jusqu'à ce qu'il en soit par nous ordonné sur les informations qui nous seront envoyées.

Art. XVIII. Les Espagnols étant entrés dans les Quartiers François, seront avertis de n'en pas sortir sans avoir un Passeport du Gouverneur du Cap lorsqu'ils y viendront, ou du Commandant du Quartier où ils auront affaire, lequel Passeport fera mention du nombre, de la qualité, noms, surnoms, signalemens, et de la différence des couleurs des Espagnols qui viendront se retirer dans leurs Quartiers.

Art. XIX. Lesdits Espagnols qui voudront sortir des Quartiers François sans être pourvus desdits Passeports, ou s'ils sont un nombre plus grand ou moindre qu'il ne se porte dans leurs Passeports, seront arrêtés et conduits dans les Prisons du Cap, et renvoyés s'ils se trouvent innocens, et punis s'ils se trouvent coupables de quelque enlevement de Negres, ou de les avoir voulu séduire et inciter à désertion, suivant ce qu'il en sera ordonné par nous, sur les informations qui nous en seront pareillement envoyées, lesquelles informations seront faites à la diligence du Procureur Général ou de son Substitut.

Art. XX. Il est ordonné à tous les Habitans de tenir leurs Armes et leurs Munitions sous la clef, sans en laisser aucune à la disposition des Negres; quant à celles qu'ils donnent à leurs Chasseurs Esclaves, ils se conformeront à l'Ordonnance qui a été ci-devant publiée, de retirer les Fusils tous les soirs, et toutes les fois que leurs Negres reviendront de la chasse, le tout sous peine au Maître qui négligera l'exécution de cet ordre, de payer tous les dommages que sa négligence auroit pu causer, en outre une amende de 300 liv. applicable au fonds publics; enjoignons aux Capitaines et Officiers de Milice, de faire une revue générale chez tous les Habitans de leur Compagnie, pour voir voir l'endroit où ils placent leurs Armes, qui doit être dans une grande caisse fermant à clef, au moins dans une chambre aussi fermant à clef, où les Negres ne puissent avoir aucun accès.

Art. XXI. Nous permettons à tout Habitant qui rencontrera de nuit un Negre, de tirer dessus et de le tuer lorsqu'il ne voudra pas arrêter au premier commandement, de quoi il fera son rapport suivant l'usage.

Art. XXII. Le Gouverneur du Cap tiendra la main à l'exécution de l'Ordonnance du Roi, concernant les Blancs que doit avoir chaque Habitant, suivant qu'elle a été ci-devant publiée.

Art. XXIII. Pour éviter les abus qui se commettent sur la vente des Fusils et autres Armes, que les Etrangers pourroient acheter indirectement, suivant l'exemple récent de neuf Fusils trouvés dans les broussailles auprès du Cap, que personne n'a osé réclamer ni ne s'est plaint d'avoir perdus, nous défendons à tout le monde de quelque qualité et rang qu'ils soient, de vendre aucune sorte d'Armes sans la permission du Gouverneur ou Commandant, qui n'en pourra donner qu'à ceux qui seront connus et domiciliés; et à l'égard des Négocians qui en apportent de France pour faire commerce, ils les remettront toutes sans exception d'aucunes dans les magasins du Roi, après y avoir mis leurs étampes ou cachet, le Garde magasin leur en donnera un reçu, et lorsqu'ils trouveront à les vendre, ils donneront un billet à l'acheteur, visé du Gouverneur ou Commandant sur lequel billet le Garde magasin les délivrera gratis, excepté le nombre porte par les Passeports, sur lesquels il lui est accordé un droit de trois livres sur chaque fusil.

Art. XXIV. Nous défendons pareillement de vendre aucune espece d'armes ou de munitions de guerre aux Etrangers, ni aux Negres esclaves, sans un billet de leurs Maîtres, sous peine de la vie contre les contrevenans, lesquels seront poursuivis devant les Juges du Cap, à la diligence du Procureur-Général, ou de son Substitut.

Art. XXV. Pour empêcher que les Blancs non domiciliés, ou mal intentionnés Mulâtres ou Negres libres ne puissent fournir de la poudre, et autres munitions aux Etrangers; nous défendons à tous sortes de personnes de leur en vendre sous peine de 500 liv. d'amende, applicable aux fonds publics; mais afin que les Blancs, Mulâtres ou Negres libres, ne soient pas privés du secours qu'ils peuvent tirer de la chasse, nous accorderons à une personne que nous choisirons, et nommerons par la suite la permission de leur vendre seul de la poudre, et autres munitions de chasse, lequel observera de tenir un registre pour ladite distribution, où il aura soin d'écrire exactement la date, le nom, la demeure de l'Acheteur, et la quantité de poudre qui lui sera délivrée, à la charge par lui d'avertir de la trop grande consommation; de n'en délivrer jamais plus d'une ou deux livres à la fois à un chacun, et de ne pas augmenter le prix de la poudre, ou autres munitions en faveur du privilege qui lui sera accordé, qui doit au contraire l'engager à la vendre à meilleur marché que les autres; cette défense ne regarde en rien les autres Habitans qui pourront s'en pourvoir où bon leur semblera, avec la permission du Gouverneur, ainsi qu'il est expliqué à l'Article XXIII.

Art. XXVI. Et pour engager un chacun à avertir et découvrir ceux qui contreviendront aux trois derniers Articles du présent Réglement; nous Ordonnons qu'il leur sera payé sur les Ordonnances de l'Intendant, ou Commissaire-Ordonnateur la somme de 300 liv. sur les fonds public à chaque fois qu'ils avertiront de la contravention qu'ils auront découverte; et en outre voulons qu'ils soient regardés comme bons et fideles Sujets du Roi, et Citoyens qui veillent à la conservation de la Colonie.

Art. XXVII. Ordonnons au Capitaine de Port et au Commissaire de donner lecture à chaque Capitaine Marchand qui arrivera des Articles du présent Réglement concernant les armes et munitions de guerre, afin qu'il n'en puissent prétendre cause d'ignorance.

Art. XXVIII. Enjoignons à M. le Comte d'Arquyan, Gouverneur du Cap, de faire publier de nouveau les Ordonnances et Réglemens faits au sujet des vivres que chaque Habitant doit avoir sur sa place, d'en faire faire la visite exactement par les Officiers de Milice qui en dresseront, sans complaisance pour qui que ce soit, des états fideles suivant les derniers modeles envoyés au Cap, lesquels états nous seront renvoyés, afin de punir par des amendes ceux qui ne se trouveront pas en regle, conformément aux Ordonnances.

Art. XXIX. Et comme chacun doit être prêt à marcher pour les cas imprévus, soit sur les Negres marons, Forbans, ou autres, nous ordonnons à tous les Habitans d'avoir toujours chez eux vingt livres de biscuit, cinquante livres de farine de magnoc pour chaque Blanc, Mulâtre ou Negre libre qu'ils ont dans leurs maisons, et chacun une calebasse pour mettre de l'eau pour quatre jours : ordonnons que le présent Réglement contenant vingt-neuf Articles, sera exécuté selon sa forme et teneur, et pour cet effet, nous ordonnons et voulons que ladite Compagnie de Maréchaussée soit formée et payée ainsi qu'il est marqué aux Articles II, III et IV, et nous avons attribué et attribuons par ces présentes, sous le bon plaisir de Sa Majesté, aux Officiers d'icelle, pourvû qu'ils soient au moins au nombre de trois, et que le Prevôt ou son Lieutenant en soit du nombre, le pouvoir de condamner à mort, seulement les Negres marons qu'ils arrêteront sur les frontieres ou hors de leur Quartier, tirant vers les Espagnols, sans un billet de leurs Maîtres, lorsqu'ils seront convaincus de vouloir déserter à l'Espagnol, le tout ainsi qu'il est expliqué plus au long dans le présent Réglement : voulons que l'Enseigne ou Exempt fasse les informations nécessaires, et que les Jugemens et Sentences qui interviendront soient rendus à sa requête, ou sur ses conclusions, et exécutée, nonobstant toute opposition ou appels, que le Greffier soit choisi d'entre eux des Archers qui en sera le plus capable, sans que pour raison desdits Jugemens ou Arrêts, les Juges ni les Greffiers puissent prétendre aucuns autres émolumens ou salaires que ceux qui leur sont attribués par le présent Réglement, excepté pour les expéditions des Sentences que demanderont les Habitans pour être remboursés de leurs Negres, pour lesquelles expéditions ledit Greffier pourra se faire payer la somme de 5 liv. seulement; accordons au surplus aux Officiers de ladite Maréchaussée les mêmes prérogatives, droits, et exemptions qu'aux Officiers de Milice; à l'effet de tout quoi, le présent Réglement et Ordonnance sera enregistré dans les Greffes du Conseil Supérieur du Cap, et des Juridictions en ressortissantes, lu, publié et affiché, etc.: Prions MM. du Conseil, enjoignons aux sieurs Juges et Commissaires, Subdélégué de l'Intendant, ou autres, de s'y conformer, chacun en ce qui les concerne. Mandons à M. le Comte d'Arquyan de tenir exactement la main à son exécution. DONNÉE à Léogane, etc.

R. au Conseil du Cap, le 8 Mai 1721.

ORDONNANCE du Roi concernant les Vaisseaux qui peuvent être armés dans la Colonie de Saint-Domingue; et Lettres-Patentes sur ladite Ordonnance et l'emploi des Droits Domaniaux.

Du 8 Avril 1721.

SA MAJESTÉ étant informée qu'il a été fait à Saint-Domingue un armement contre les Forbans, qui a été jugé nécessaire par les sieurs Marquis de Sorel, Général, et Duclos, Commissaire de la Marine, Ordonnateur dans ladite Colonie en l'absence de l'Intendant, dont la dépense a été prise sur les fonds de la Colonie, qui sont fournis par les Habitans, au moyen de l'Octroi accordé par lesdits Habitans, et ensuite réglé par le Mémoire de Sa Majesté, du 2 Août 1718, aux sieurs Marquis de Châteaumorant, et Mithon, alors Gouverneur général, et Commissaire Ordonnateur audit Saint-Domingue, registré ès Conseils Supérieurs de Léogane et du Cap; et Sa Majesté voulant que les fonds provenant de cet Octroi soient affectés pour le paiement des dépenses qu'elle estime nécessaires, suivant les états, qui en sont arrêtées toutes les années par Sa Majesté, et envoyés dans ladite Colonie, et que ceux provenans des biens et effets qui seront dévolus à Sa Majesté à titre de vacances, amendes, confiscations, aubaines, déshérences, ou autrement, continuent d'être employés, ainsi qu'ils l'ont été par le passé, aux Edifices publics auxquels Sa Majesté les a affectés par l'Arrêt de son Conseil du 11 Mars dernier; et l'intention de Sa Majesté étant que ces différens fonds ne servent à aucun autre usage, à moins d'une nécessite absolue; Sa Majesté, de l'avis de M. le Duc d'Orléans, veut et entend que ledit Mémoire de Sa Majesté du 2 Août 1718, ensemble ledit Arrêt du Conseil du 11 Mars de la présente année 1721, soient exécutés selon sa forme et teneur; ordonne cependant, Sa Majesté, que quand le Gouverneur et son Lieutenant à Saint-Domingue, ou Commandant en son absence dans ladite Colonie, estimera indispensable de faire un armement de Vaisseau ou autre Bâtiment de mer, dont la dépense se prendra sur le fonds de Sa Majesté ou sur ceux de la Colonie, sans en avoir reçu l'ordre de Sa Majesté; il sera tenu d'assembler auparavant un Conseil à ce sujet, lequel sera composé dudit Gouverneur général ou Commandant, de l'Intendant, du Gouverneur particulier qui sera le plus proche de l'endroit où se tiendra ledit Conseil, du Lieutenant de Roi, et Major dudit lieu, dans lequel Conseil il exposera les raisons qui peuvent déterminer à cet armement, lequel ne pourra avoir lieu, qu'en cas que tous ceux qui assisteront en soient unanimement d'avis; leur défend, Sa Majesté, de s'y déterminer à moins d'une nécessité absolue, et ordonne qu'il soit dressé procès-verbal de la résolution dudit Conseil qui sera envoyé au Conseil de Marine pour en rendre compte à Sa Majesté; et dans le cas d'armement, veut, Sa Majesté, que l'Intendant donne ses ordres pour le paiement des dépenses nécessaires à icelui, et qu'en cas d'absence dudit Intendant, le Commissaire de la Marine résident à Saint-Domingue, ait entrée, séance et voix délibérative audit Conseil; ordonne, Sa Majesté, que sur les prises qui ont été, ou pourront être faites par le Bateau armé par lesdits sieurs de Sorel et Duclos, et commandé par le sieur Courpon, Capitaine de troupes audit pays, et par les Vaisseaux, Barques et autres bâtimens qui pourront êtres armés à l'avenir, soit sur les ennemis de l'Etat, ou sur ceux qui font le commerce étranger, après le dixieme de l'Amiral déduit, il soit levé la somme à quoi monteront généralement toutes les dépenses qui auront été faites, tant pour l'achat desdits Vaisseaux, Barques ou autres Bâtimens de mer, que pour leur radoub, carennes, fournitures d'agrès, munitions, vivres et gages d'équipage, laquelle somme sera remise au Commis du Trésorier de la Marine en exercice, pour servir aux dépenses de la Colonie, et dont il fera recette extraordinaire dans son compte, et que du restant il appartienne un dixieme à celui qui commandera le Vaisseau, Barque, ou autre Bâtiment de mer qui aura fait la prise, un autre dixieme au Gouverneur et Lieutenant Général de Saint-Domingue, un autre dixieme à l'Intendant, et le surplus, moitié aux équipages, et l'autre moitié sera mise en dépôt entre les mains du Commis du Trésorier de la Marine en exercice, pour être employé à l'entretien et augmentation de ladite Colonie, suivant les ordres qui en seront donnés par Sa Majesté; mande et ordonne, Sa Majesté, à M. le Comte de Toulouse, Amiral de France, au Gouverneur et Lieutenant Général à Saint-Domingue à l'Intendant dudit pays, et autres qu'il appartiendra de tenir chacun la main en droit soi, à l'exécution de la présente Ordonnance, qui sera lue, publiée et affichée, etc.

LOUIS, etc. Salut, nous aurions été informés qu'il auroit été fait un armement contre les Forbans qui a été jugé nécessaire, par les sieurs Marquis de Sorel, Gouverneur général et Duclos, Commissaire Ordonnateur dans notredite Colonie, en l'absence de l'Intendant, dont la dépense à été prise sur les fonds de la Colonie, qui sont fournis par les Habitans d'icelle, au moyen de l'Octroi accordé par lesdits Habitans, du temps du regne du feu Roi de glorieuse mémoire, notre très-honoré Seigneur et Bisaïeul, et ensuite réglé par Nous, par notre mémoire du 2 Août 1718, aux sieurs Marquis de Châteaumorant, et Mihon, alors Gouverneur Général et Commissaire Ordonnateur en ladite Colonie, registré aux Conseils de Léogane et du Cap; pourquoi nous aurions expliqué nos intentions par notre Ordonnance de ce jourd'hui, et déclaré, qu'à moins d'une nécessité absolue, qui sera décidée dans un Conseil tenu à cet effet, les fonds provenans de l'Octroi, seront employés aux dépenses que nous estimons annuellement êtres faites dans ladite Colonie; et que ceux qui proviendront des biens et effets qui nous seront dévolus à titres de vacances, amendes, confiscations, aubaines, déshérences, ou autrement, continueront aussi d'être employés aux Edifices publics, suivant les ordres que nous en donnerons, et estimant nécessaire de vous donner connoissance de ces différentes dispositions : A CES CAUSES, ect. Nous avons ordonné et ordonnons, que les fonds qui proviendront de l'Octroi, que nous avons réglé par notredit mémoire du 2 Août 1778, consistant au droit de deux sols par livre d'indigo, établi par Arrêt de notre Conseil du 18 Juillet 1696, aux droits de Boucherie et de Cabaret, avec l'augmentation ordonnée par la délibération des deux Conseils Supérieurs de Léogane et du Cap du 26 Janvier 1715, au droit de 20 sols par Bannette de Cuir, établi par la même délibération, et celui de 30 sols par Barrique de sucre brut et 40 par Barrique de sucre blanc, ensemble au droit de 3 liv. par tête de Noirs, payant droits les exemps réservés, au lieu de 6 livres établis par lesdites délibérations desdits deux Conseils, en l'année 1713, continuent d'être employés aux dépenses, que nous estimerons nécessaire de faire annuellement pour le maintient et la conservation de ladite Colonie, et que lesdits droits continuent d'être levés et perçus par forme d'Octroi; Voulons que les Habitans de ladite Colonie, soient et demeurent exempts des droits du domaine, qui se paient aux Isles du Vent de l'Amérique, et qu'il ne soit établi, dans aucun cas, des Fermes dans ladite Colonie, le tout suivant ce qui a été par nous réglé par ledit Mémoire du 2 Août 1718, conformément à ce que le feu Roi, notre très-honoré Seigneur et bisaïeul, a fait promettre en différens tems aux Habitans; Ordonnons, que conformément à l'Arrêt de notre Conseil du 11 Mars de la présente année 1721, les fonds qui proviendront des biens et effets, qui nous seront dévolus à titre de vacances, amendes, confiscations, aubaines, déshérences, ou autrement, continuent d'être employés, ainsi qu'ils l'ont été du temps du feu Roi, notre très-honoré Seigneur et Bisaïeul, et ensuite depuis aux Edifices publics à faire dans ladite Colonie, auxquels nous voulons qu'ils soient et demeurent appliqués, sans pouvoir être destinés à d'autres usage, pour quelque cause ni prétexte que ce soit, et ce, suivant les ordres qui en seront par nous donnés, et cependant nous permettons de prendre, sur tous lesdits fonds, dans les cas d'une nécessité absolue, qui sera décidée dans un Conseil tenu à cet effet, ceux qu'il conviendra pour faire les armemens qui seront jugés indispensables, en observant ce qui est prescrit par notre Ordonnance de ce jourd'hui ci attachée, sous le contre scel des Présentes, laquelle nous vous mandons, ainsi que ces dites Présentes de faire lire, publier et registrer, et le contenu en icelles, garder et observer selon leur forme et teneur, en ce qui nous concerne, nonobstant tous Edits, Déclarations, Ordonnances, Arrêts, etc.

R. au Conseil du Cap, le 10 Juillet 1721.

Et à celui de Léogane, le 29 Novembre suivant.

ORDONNANCE

ORDONNANCE du Roi, qui défend de tirer des coups de Canon dans les Rades des Colonies, à moins que ce ne soit pour faire signal d'incommodité, ou de quelqu'autre nécessité.

Du 8 Avril 1721.

SA MAJESTÉ étant informée que les Capitaines des Vaisseaux Marchands tirent très-souvent des coups de canon dans les Rades des Colonies, surtout dans celles du Fort Royal et du Bourg Saint-Pierre de la Martinique, lorsqu'ils font entr'eux des Fêtes, ou qu'ils veulent saluer des personnes qui vont à leur Bord, ce qui constitue les Armateurs de ces Vaisseaux dans des dépenses inutiles et superflues, et est même souvent cause de la prise de ces Vaisseaux, parce qu'il ne leur reste plus de poudre pour se défendre contre les Corsaires et les Forbans; Etant aussi informée que dans ces sortes de saluts, le défaut de précaution cause les malheurs qui y arrivent, les Canonniers étant tués ou estropiez en tirant, et le même accident arrivant quelquefois à ceux à qui on fait ces sortes de saluts; qu'outre ces inconvéniens, les coups de Canon qui sont souvent tirés pendant la nuit, ne servent qu'à causer de l'alarme dans les Colonies; il a paru nécessaire à Sa Majesté d'empêcher la continuation d'un pareil usage, qui ne peut-être que nuisible et préjudiciable à ses Sujets; Pour à quoi remédier. Sa Majesté, de l'avis de Monsieur le Duc d'Orléans Régent, fait très-expresses inhibitions et défenses à tous Capitaines, Maîtres et autres Officiers des Vaisseaux marchands, de tirer à l'avenir sous quelque prétexte que ce puisse être aucun coup de canon, lorsqu'ils seront mouillés dans les Rades des Colonies Françoises, à moins que ce ne soit pour faire signal d'incommodité ou de quelqu'autre nécessité, sans permission expresse de l'Officier du Roi qui commandera dans les lieux et les Rades où seront mouillés lesdits Vaisseaux, à peine contre les contrevenans de 100 livres d'amende, et du double en cas de récidive. Mande et ordonne Sa Majesté à M. le Comte de Toulouse, Amiral de France, de tenir la main à l'exécution de la présente Ordonnance, etc.

R. au Conseil de Léogane, le 10 Novembre 1721.

Et à celui du Cap, le 3 Février 1722.

ORDONNANCE des Administrateurs, concernant les Mesures à prendre pour empêcher la communication de la Peste de Marseille, et celle des Maladies contagieuses des Bâtimens négriers.

Du 24 Avril 1721.

LE Marquis de Sorel, etc.

Jean-Baptiste Duclos, etc.

En conséquence des ordres du Roi à nous adressés par le Conseil de Marine par sa lettre du mois de Juillet dernier qui nous informe de la contagion qui est à Marseille, et nous enjoint de prendre toutes les mesures qui nous paroîtront les plus convenables pour empêcher qu'elle ne se communique en ce Pays-ci par le moyen des Vaisseaux qui pourroient y venir de la Mer méditerranée; nous ordonnons que tous les Vaisseaux qui viendront de ladite Mer méditerranée, iront mouiller dans le Port-François, où ils seront conduits par le Pilote du Port, qui marchera devant dans sa Chaloupe, laquelle Chaloupe ledit Vaisseau sera obligé de suivre, à peine de 1,000 écus d'amende, applicable à la bâtisse d'une prison dans la Ville.

Défendons audit Pilote d'entrer dans le Vaisseau, ni d'avoir aucun commerce avec ledit Navire autrement qu'à la voix, et se tenant au vent, et en lui demandant le nom de celui à qui il est adressé au Cap., et ce qu'il pourroit avoir besoin; lorsque ledit Navire sera mouillé dans le Port-François, celui à qui il sera adressé lui envoyera les rafraîchissemens et tout ce dont il aura besoin dans des Chaloupe qui les mettront sur le rivage, à la charge par lesdites Chaloupes et Equipages de n'avoir aucune communication avec l'Equipage du Navire arrivé, ni d'en retirer aucun effet, même des lettres, qu'après 40 jours, à peine de 500 liv. d'amende contre celui qui aura envoyé la Chaloupe, et de mois trois de prison contre le Maître ou Patron; et lesdits 40 jours passés, s'il n'y a point apparence de contagion ni de mortalité, les Médecin du Roi et Chirurgien-Major en iront faire la visite, et sur leur rapport, lorsqu'il n'y anra aucun soupçon de peste; MM. les Gouverneur et Commissaire pourront permettre auxdites Chaloupes de leur porter à bord tout ce qui leur sera nécessaires, comme aussi d'en débarquer ce qu'ils voudront, même de venir mouiller en ce Port, suivant l'état où se trouvera ledit Navire, et suivant ses besoins, en observant les formalités usitées en pareil cas, comme de parfumer les Equipages, et mettre à l'air tous les effets et marchandises embarqués dans ledit Navires; et attendu que cette contagion, qui est à Marseille, pourroit s'être communiquée dans les autres Ports; nous défendons à tous les Habitans de ce Quartier, et à tous Capitaines des Vaisseaux marchands qui sont en rade d'envoyer à bord des Vaisseaux qui viendront du large, aucunes Chaloupes ni Canots avant que les Navires soient mouillés dans la rade, et que les Capitaines ne soient descendus à terre, et n'aient reçu les ordres du Commandant, à peine de 500 liv. d'amende, applicable à construire une prison au Cap, ainsi qu'est dit ci-dessus; nous ordonnons au Pilote qui ira pour les faire entrer de n'en approcher qu'à la voix et au vent, de s'informer de quel Port ils sont, s'ils viennent de la Mer méditerrannée, il les conduira comme est dit ci-dessus au Port-François; s'ils n'en viennent pas, il s'informera s'ils ont des malades, à-peu-près la quantité, et de quelle nature est la maladie, et s'ils ont perdu beaucoup de monde depuis leur départ, et s'il y a apparence certaine de contagion, il n'entrera point dans le Vaisseau, mais il ira mouiller comme les Vaisseaux de la Mer méditerrannée dans le Port-François; s'il y a quelque lieu de douter, il les conduira sans entrer dans le Navire, fort au large de tous les autres Vaisseaux, et sous le vent, leur défendra de descendre à terre ni d'y envoyer qui que ce soit, dont il viendra faire son rapport au Gouverneur ou Commandant, et au Commissaire, qui y enverront les Médecin et Chirurgien-Major en faire la visite, et lesdits Médecin et Chirurgien-Major tacheront de découvrir sans entrer dans les Vaisseaux, et s'en tenant au vent, et à la voix, de quelle nature est la maladie; et si par les réponses qui leur seront faites, ils avoient lieu de douter, ils entreront dans le Navire, et s'en informeront par eux-mêmes, en examinant les malades, et sur le rapport qu'ils en donneront au Gouverneur ou Commandant, et au Commissaire, il sera ordonné au Navire d'aller au Port-François, ou permis de venir mouiller avec les autres, ou enjoint de rester où il sera mouillé suivant l'état où se trouvera ledit Navire.

Il en sera usé de même à l'égard des Vaisseaux négriers, lesquels au cas de maladie contagieuse, même petite vérole, ne sont point reçus dans le Port, à moins que ce ne fût des scorbutiques où maladies légeres, auquel cas le Pilote les ira mouiller comme est dit ci-dessus fort au large des autres Vaisseaux, et sous le vent; défendons au surplus à tous Capitaines de Navires qui viendront en ce Port, de descendre ni d'envoyer à terre qu'ils n'en aient la permission du Gouverneur ou Commandant, et du Commissaire de quelques Ports qu'ils soient, laquelle permission ils n'accorderont qu'après être certains qu'il n'y a aucune maladie à craindre; et pour l'exécution du présent Réglement, nous ordonnons qu'il sera lu, publié et affiché partout où besoin sera à ce que personne n'en ignore, et qu'une copie en sera remis au Capitaine du Port qui s'y conformera, et en délivrera des copies à chacun des Pilotes qu'il enverra au-devant des Navires qui paroîtront; enjoignons à M. le Comte d'Arquyan, Gouverneur, au Commissaire, et à tous autres Officiers de tenir très-sûrement la main à son exécution. DONNÉ au Cap, etc.

Approuvée par une lettre du Conseil de Marine du 15 Août suivant.

ORDONNANCE des Administrateurs sur les Ventes aux portes de l'Eglise du Cap.

Du 26 Avril 1721.

VU la requête de plusieurs petits Marchands et Marchandes du Cap, et après avoir pris sur ce l'avis de M. le Comte de d'Arquyan, Gouverneur, nous permettons aux Supplians de continuer leur vente à l'ordinaire, à condition qu'ils se retireront au dernier son de la grande Messe et feront place nette pendant toute le temps que la grande Messe continuera, et pendant que le service durera, à peine de confiscation des denrées exposées en vente pendant ledit temps; leur permettons de vendre aussi-tôt que le Service Divin sera fini, soit le matin ou l'après dîné. Au Cap, le 26 Avril 1721.

Signés le Marquis DE SOREL et DUCLOS.

R. au Greffe du Siege Royal du Cap, le 20 Octobre 1721.

Et au Conseil Supérieur du Cap, le....

ORDONNANCE du Roi, qui regle la Séance des Premiers Conseillers en cas de mort des Intendans.

Du 29 Avril 1721.

SA MAJESTÉ voulant régler la séance des Premiers Conseillers des Conseils Supérieurs de la Martinique, de la Guadeloupe, de Léogane et du Cap, en cas de mort des Intendans, ou en leur absence desdits Pays, de l'avis de M. le Duc d'Orléans, Régent, elle a ordonné et ordonne que lesdits Premiers Conseillers auront séance auxdits Conseils en cas de mort desdits Intendans, ou en leur absence desdits Pays, immédiatement après les Gouverneurs Particuliers qui ont séance auxdits Conseils, encore que par leurs provisions ils puissent prendre dans les cas susdits la même séance que l'Intendant. Mande Sa Majesté aux Officiers des Conseils Supérieurs de la Martinique, la Guadeloupe, Léogane et du Cap, de tenir la main à l'exécution du présent Ordre, qui sera enregistré èsdits Conseils, etc.

R. au Conseil du Cap, le 16 Juillet 1721.

Et à celui de Léogane, le lendemain.

ORDONNANCE des Administrateurs, pour l'introduction d'un Bâtiment du Port de Cette en Languedoc, et les précautions à prendre pour se garantir de la contagion de Provence, si elle lui avoit été communiqué par quelques Marchandises.

Du 2 Mai 1721.

LE Marquis de Sorel, ect.

Jean-Baptiste Duclos, etc.

Vu le certificat de M. le Duc de Roquelaure, Lieutenant-Général des Armées du Roi, Commandant en Chef dans la Province du Languedoc, qui dit que la santé est très-bonne dans la Ville de Montpellier, aussi bien que dans la Province de Languedoc, et qu'il n'y a même dans ladite Ville et Province aucun soupçon de maladie contagieuse; qu'ainsi le Vaisseau appellé *la Ville de Cette*, Capitaine Louis Pillet qui part du

Port de Cette chargé de marchandises et denrées du crû de cette Province pour le Cap François, Isle de Saint-Domingue, peut et doit être reçu par-tout sans aucune difficulté, ni aucune sorte de péril; témoignage qu'il dit rendre d'une vérité connue et constante, signé de sa main en date du 21 Janvier dernier; vu aussi le certificat de M. de Bernage, Conseiller d'Etat, Intendant en la Province de Languedoc, qui dit que la santé est très-bonne, etc.; vu encore le certificat des Intendans de la santé de la Ville et Port de Cette; vu pareillement le certificat des Consuls de l'Isle et Comté de Cette; vu pareillement le Procèsverbal du sieur Duvalin, Médecin du Roi en cette Ville du Cap, et Barbaroux, Chirurgien-Major dudit lieu, de la visite qu'ils ont faite par notre ordre à bord dudit Vaisseau la Ville de Cette, en date du premier de Mai, qui certifie avoir trouvé les Officiers, Equipage dudit Vaisseau, et Passagers dans une parfaite santé; nous permettons aux Officiers, Equipage et Passagers du Vaisseau la Ville de Cette, Capitaine Louis Pillet, arrivé depuis avant-hier en cette Rade, de venir à terre, s'ils le jugent à propos; mais attendu qu'il pourroit s'être glissé quelques ballots et marchandises de Provence dans ce Navire, dont on n'auroit point donné avis à M. le Duc de Roquelaure, ni à M. de Bernage, pourquoi ils auroient donnés les certificats ci-dessus mentionnés, nous leur défendons de décharger aucunes marchandises, effets, ballots, malles, ni aucunes hardes, ou coffres, qu'ils n'aient été ouverts, les serpillieres et enveloppes jettées à la mer, et lesdites marchandises et hardes bien mises à l'air, et parfumées, autant que faire se pourra pendant l'espace de 21 jours, à peine de confiscation desdites marchandises ou hardes au profit de celui qui informera du débarquement, et 500 liv. d'amende contre le Capitaine par chaque ballot qu'il laissera sortir de son Vaisseau, autrement que pour les mettre à l'air et les parfumer; et pour le faire commodement; nous leur avons indiqué l'endroit appellé *le Carenage*, qui est sous le vent de la Rade et du Cap, où le Navire ira dès aujourd'hui mouiller pour y débarquer toutes sesdites marchandises et effets sous des tentes, où ils seront ouverts, mis à l'air, et parfumés ainsi qu'est dit ci-dessus; pendant lequel temps, attendu que s'il y avoit quelque ballot de Provence qui fût infecté, ceux qui travailleront à l'ouverture desdits ballots pourroient gagner le mauvais air et nous le communiquer ici, nous défendons à tous ceux qui se trouveront dans ledit Vaisseau, d'en sortir autrement que pour aller à l'endroit où seront lesdites marchandises, ni à la Chaloupe dudit Vaisseau de venir au Cap, ni d'aller en aucun autre endroit, à peine de trois mois de prison contre tous ceux qui seront arrêtés au Cap, ou ailleurs, et de 500 liv. d'amende contre le Capitaine par chaque homme qu'il aura envoyé ou laissé venir, et ce jusqu'à ce que les Médecin du Roi et Chirurgien-Major aient été faire une seconde visite après lesdites trois semaines, pour voir l'état où se trouveront ceux qui seront restés à bord, et auront travaillé à ladite ouverture des ballots dont il nous fera son rapport.

Et pour être certain que toutes les marchandises et ballots du Vaisseau auront été ouverts, exposés à l'air pendant trois semaines, et parfumés, ainsi qu'est dit ci-dessus; nous enjoignons au Commandant de Milice du Cap d'y envoyer deux Habitans, si mieux n'aime M. le Comte d'Arquyan, Gouverneur, les nommer; lesquels resteront à bord pendant ledit temps, et seront témoins de tout ce qui s'y fera, dont il nous feront pareillement leur rapport, pourquoi il seront payés par le Navire suivant qu'il sera réglé par nous, et à tout ce que dessus, M. le Comte d'Arquyan, Gouverneur, et tous autres Officiers, tiendront exactement la main. FAIT au Cap, le 2 Mai 1721. *Signés* le Marquis DE SOREL et DUCLOS.

Et plus bas est écrit : Défendons en outre à toutes personnes, Habitans ou autres de cette Ville, Quartiers du Cap, et dépendances du Gouvernement Général, de quelque qualité et condition qu'elles soient, d'aller à bord dudit Navire, la Ville de Cette, n'y aux tentes qui seront dressées, ainsi qu'il est dit et ordonné ci-devant, qu'après les trois semaines et un jour expirés, et au lieu indiqué audit Navire pour y être aéré et parfumé, les deux Habitans empêcheront d'aborder quiconque se présentera, comme ignorant des défenses pour entrer à bord dudit Navire ou des tentes, et ce sous peine contre les contrevenans de 1500 liv. d'amende, payable sans déport, et de deux mois de prison. FAIT au Cap, le jour et an que dessus. *Signés* le Marquis DE SOREL et DUCLOS.

Approuveé par une lettre du Conseil de Marine, du 15 Août suivant.

ARRÊT *du Conseil du Cap, qui suspend un Conseiller de ses fonctions pour avoir écrit à MM. les Administrateurs une lettre où il les prioit,* au nom du Conseil, (*qui désavoue sa démarche*) *de procurer à cette Cour pour Membre, un Particulier qu'il nommoit avec éloges.*

Du 7 Mai 1721.

ARRÊT du Conseil du Cap, qui accorde une surséance de 20 mois, et regle l'administration des biens de la Débitrice pendant ce temps.

Du 7 Mai 1721.

VU par le Conseil la Requête de la veuve Vrignaud, et ouï sur ce le Procureur Général du Roi en ses conclusions verbales : LE CONSEIL a accordé à la Suppliante les délais qu'elle demandoit *, en conséquence a nommé le sieur Decamps son Associé pour prendre soin de ses affaires, recevoir tous les fruits et revenus de l'Habitation, recueillir toutes les sommes qui lui sont dûes pour payer les Créanciers à fur et à mesure, au prorata de ce qui sera dû à chacun, préalablement pris la somme de 600 liv. par an pour la subsistance et entretien de la Suppliante ; fait défenses au surplus à tous les Créanciers de lui faire aucuns frais à peine de les supporter.

* *Le cours de l'année 1722.*

ARRÊT du Conseil du Cap, qui défend de troubler les Juges dans les fonctions de la Police.

Du 7 Mai 1721.

ENTRE le sieur de Pardieu, Colonel des Milices du Cap, Appellant, comparant en personne, d'une part.

Contre M. Gerard Carbon, Procureur du Roi de la Juridiction ordinaire du Cap, Défendeur, comparant en personne, d'autre part.

Parties ouïes, et le Procureur Général du Roi. LE CONSEIL fait défenses à toutes personnes de quelque qualité et condition qu'elles soient, d'inquiéter ni troubler les sieurs Juges dans les fonctions de la Police, à peine de 500 liv. d'amende applicables à la bâtisse du Palais.

ORDONNANCE

ORDONNANCE des Administrateurs, qui autorise les Gardes du Général à faire les fonctions d'Huissier.

Du 19 Mai 1721.

LE Marquis de Sorel, etc.

Jean-Baptiste Duclos, etc.

Sur la demande que plusieurs Capitaines de Navires Marchands, Négocians ou Habitans nous ont fait, d'employer un des Gardes de M. le Marquis au lieu d'Huissiers pour une plus prompte expédition, nous ordonnons que ceux qui voudront s'en servir au lieu d'Huissiers, leur payeront 3 liv. par chaque lieue qu'ils seront obligés de faire à leur requisition, et autant pour leur retour au Cap. Ce 19 Mai 1721.

Signés le Marquis DE SOREL et DUCLOS.

R. au Siège Royal du Cap, le 2 Septembre suivant.

ORDONNANCE du Roi, au sujet des Engagés.

Du 20 Mai 1721.

SA MAJESTÉ ayant par son Réglement du 16 Novembre 1716, assujetti les Négocians qui envoient des Vaisseaux dans les Colonies Françoises de l'Amérique, d'y embarquer un certain nombre d'Engagés à proportion de la force de leurs Bâtimens; et ayant été informée de la difficulté qu'il y avoit de trouver la quantité nécessaire desdits Engagés, elle auroit fait fournir auxdits Négocians dans les Villes de la Rochelle, Nantes et Bordeaux, des Particuliers destinés par ses ordres pour les Colonies pour leur tenir lieu d'Engagés, dont les Capitaines de leurs Vaisseaux se chargent pour les remettre aux Gouverneurs et Intendans des Colonies où ils arrivent, qui les engagent ensuite aux Habitans; mais comme il ne s'en trouve pas toujours un nombre suffisant, elle a estimé devoir accorder aux Négocians la même liberté qu'ils avoient par l'Ordonnance du 17 Novembre 1706, à quoi voulant pourvoir, Sa Majesté de l'avis de M. le Duc d'Orléans Régent, a ordonné et ordonne, veut et entend que le Réglement du 16 Novembre 1716 soit exécuté selon sa forme et teneur, et cependant permet Sa Majesté aux Négocians des Ports de la Rochelle, Nantes et Bordeaux, même à ceux des autres Ports qui ont permission de faire le Commerce des Colonies de l'Amérique, auxquels il ne sera point fourni des Particuliers destinés par les Ordres de Sa Majesté pour les Colonies, pour leur tenir lieu d'Engagés au temps du départ de leurs Vaisseaux, de remettre 60 liv. pour chacun des Engagés qu'ils seront obligés d'embarquer au Commis du Trésorier de la Marine, moyennant quoi et sur la quittance dudit Commis ils seront déchargés de ladite condition, et de la peine encourue pour la contravention audit Réglement, ce qui ne subsistera cependant que jusqu'à ce qu'il en soit autrement ordonné par Sa Majesté : mande Sa Majesté à M. le Comte de Toulouse Amiral de France, aux Gouverneurs et Lieutenans Généraux, Intendans, Gouverneurs particuliers ès Colonies Françoises de l'Amérique, de tenir chacun en droit soi, la main à l'exécution de la présente Ordonnance, qui sera lue, publiée, etc.

R. au Conseil de Léogane, le 10 Novembre 1721.

Et en l'Amirauté du Cap, en 1721.

ORDONNANCE *des Administrateurs, touchant la multiplicité des Commissions de Notaires.*

Du 22 Mai 1721.

LE Marquis de Sorel, etc.

Jean-Baptiste Duclos, etc.

Sur ce qui a été représenté que plusieurs Habitans du Quartier et dépendance du Cap, se trouvoient pourvus de Commissions de Notaire sans en être en aucune façon capables, ne les ayant obtenues que sur de faux rapports qui auroient été faits de leur capacité, et même que quelques-uns d'eux n'en font aucune fonction, n'ayant demandé cet Emploi que pour jouir des priviléges qui y sont attachés, et que plusieurs autres passoient tous les jours des Actes si mal conçus et rédigés, qu'il ne pourroit que s'ensuivre beaucoup de procès, qui infailliblement tourneroient à la ruine des Familles, et jugeant qu'il est d'une extrême importance pour la sûreté des biens et la tranquillité des Familles de ce Pays-ci de remédier à un pareil désordre, nous n'avons pas trouvé d'autre exp dient pour cela que de révoquer et d'annuller toutes les Commissions de

Notaires : A CES CAUSES nous avons annulé et annullons par ces Présentes, toutes lesdites Commissions données par nous ou nos prédécesseurs avant la date des Présentes; enjoignons à tous ceux qui en sont pourvus de nous les rapporter, et de remettre au Greffe de la Juridiction toutes les Minutes des Actes qu'ils auront passés ou qui leur auront été remis, dont il sera fait un inventaire qu'ils signeront, et qui sera signé double par le Greffier, pour l'un desdits inventaires rester au Greffe, et l'autre leur être remis pour leur décharge; à quoi ils seront contraints par toutes voies dûes et raisonnables, même par corps si besoin est, et ce sous quinzaine de la signification qui leur en sera faite de la présente Ordonnance, à la diligence du Procureur du Roi; le tout sauf auxdits Notaires à se pourvoir par-devant nous pour être pourvus de nouvelles Commissions, lesquelles leur seront accordées après l'examen qui sera fait de leur capacité et intelligence au fait du Notariat, par MM. les Juges et Procureur du Roi de la Juridiction, et sur le rapport qu'ils nous en feront par écrit; et sera la présente Ordonnance déposée au Greffe, pour être incessamment signifiée à chacun desdits Notaires, à la diligence du Procureur du Roi; enjoignons aux sieurs Juge et Procureur du Roi, et à tous ceux qu'il appartiendra, de se conformer à la présente Ordonnance, et mandons à M. le Comte d'Arquian Gouverneur, de tenir la main à son exécution. DONNÉ au Cap, ect.

R. au Siege Royal du Cap, ...

COMMISSION de Major des Negres libres pour le nommé THOMANY, Negre.

Du 3 Juin 1721.

LE Marquis de Sorel, etc.

L'Emploi de Major de la Compagnie des Negres libres de la dépendance du Cap étant vacant depuis long-tems, et étant nécessaire d'y pourvoir une personne capable de faire lesdites fonctions, nous avons choisi et commis, choisissons et commettons Major des Negres libres le nommé Antoine Thomany, lequel jouira des exemptions attribuées à ladite Charge : mandons à M. de Pardieu Colonel des Milices, et à tous autres Officiers, de reconnoître et faire reconnoîte ledit Thomany en ladite qualité de Major de Negres libres. DONNÉ au Cap, ect.

Signé le Marquis DE SOREL,

R. au Siege Royal du Cap, le 27 Juin 1721.

C'est le même Thomany qui fut affranchi pour un service rendu à la Colonie.

V. l'Arrêt du Conseil du Cap, du 6 Avril 1708; et l'Ordonnance des Administrateurs, du 10 Février 1710.

ORDONNANCE du Roi, pour entretenir le Bataillon Suisse de Karrer de 3 Compagnies, au service de la Marine et des Colonies.

Du 15 Juin 1721.

V. celle du 1 Septembre 1752, pour le même Régiment alors sous le nom de Halwyl.

MÉMOIRE du Roi à MM. DE SOREL et DUCLOS, sur le refus du Conseil de Léogane d'enregistrer les ordres du Roi s'ils ne sont pas scellés du grand Sceau.

Du 24 Juin 1721.

SA MAJESTÉ a été informée par le sieur Marquis de Sorel, que le Conseil Supérieur de Léogane fait des difficultés sur l'enregistrement des ordres qui lui sont adressés, sous prétexte qu'ils ne sont pas scellés du grand Sceau, et qu'il est même dans la résolution de ne les point recevoir et reconnoître à moins qu'ils ne soient dans cette forme. Elle a été surprise de la nouveauté que ce Conseil veut introduire, puisque de tout temps il a registré et exécuté les Arrêts du Conseil, les Ordonnances, Réglemens et ordres de Sa Majesté qui lui ont été envoyés, encore bien qu'ils ne soient point scellés du grand Sceau.

Sa Majesté se servira toujours indifféremment de ces sortes d'expéditions pour faire connoître ses volontés à ses Conseils, et les lui adresser sous le nom de Conseils Supérieurs des Colonies, quand elles contiendront des ordres qui doivent être connus de tous les Conseils. C'est à celui de Léogane à les recevoir avec respect et à les faire exécuter, puisque Sa Majesté a bien voulu lui confier une partie de son autorité. Elle l'ôtera à ceux qui ne sont pas de ce sentiment, et qui veulent l'employer à refuser ses ordres; pour cet effet elle souhaite que les sieurs de Sorel et Duclos lui donnent avis de ceux qui insinuent cette nouveauté; ils marqueront aussi si le même esprit regne dans le Conseil du Cap, et les noms des Conseillers qui sont capables de penser de cette maniere.

ORDONNANCE des Administrateurs, qui défend d'avoir au Cap des Maisons couvertes en paille.

Du 26 Juin 1721.

LE Marquis de Sorel, etc.

Jean-Baptiste Duclos, etc.

Sur les représentations qui nous ont été faites, que quantité de Maisons du Bourg du Cap étoient couvertes de *Tâches* *, ce qui pourroit causer un grand dommage à tout le Bourg, par les incendies auxquels de pareilles Couvertures de Maisons sont sujettes, et sur-tout à cause des brises fortes qui regnent en ce Quartier, qui pourroient porter le feu dans tout le Bourg sans y pouvoir remédier, si le malheur vouloit que le feu prit à quelques-unes des Maisons ainsi couvertes, et ayant examiné par nous-mêmes, et trouvé que les représentations étoient bein fondées, et jugeant qu'il étoit d'une extrême importance pour la conservation des Maisons dudit Bourg, d'y apporter du remede autant qu'il est possible, même avant que le malheur arrive, nous n'avons pas trouvé d'autre expédient que de défendre à l'avenir de couvrir aucune Maison au Cap de *Tâches* ni de *Cannes*, et d'ordonner que celles qui sont ainsi couvertes seront couvertes d'Essentes sous un an; et ainsi nous défendons à tous les Habitans du Bourg du Cap, qui y feront à l'avenir construire des Maisons ou Magasins, ou quelque Bâtiment que ce puisse être, de le faire couvrir de Tâches ni de Cannes, leur enjoignons de le faire d'Essentes à peine de mille livres d'amende contre chacun de ceux qui contreviendront au présent ordre; ordonnons en outre à tous les

* *Feuilles de Palmier.*

Propriétaires des Magasins, Maisons et autres Bâtimens, qui se trouvent actuellement couverts de Tâches ou de Cannes, de les faire couvrir d'Essentes sous un an de la publication de la Présente, à peine pareillement de mille livres d'amende, lesdites amendes applicables à la bâtisse d'une Prison dans le Bourg; comme aussi et pour les mêmes raisons nous défendons à tous ceux qui ont Cuisines de n'y point faire de feu, ni en aucun endroit de leur Maison, qu'il n'y ait un âtre ou foyer au moins de quatre pied de haut sur quatre pied de large construit de briques, et de l'épaisseur au moins de dix pouces, pour la construction desquels âtres ou foyers leur accordons pareillement l'espace d'une année, passé lequel temps ceux qui allumeront du feu dans le Bourg autrement que dans un pareil âtre, à moins que ce ne soit dans une cour éloignée de tout Bâtiment, et sans aucune crainte de mettre le feu nulle part, seront condamnés à la même peine de mille livre d'amende : laquelle présente Ordonnance sera lue, publiée et affichée par-tout où besoin sera, à ce que personne n'en ignore, à la diligence du Procureur du Roi, que nous chargons nommément de l'exécution d'icelle, et enregistrée au Greffe de la Juridiction, pour y avoir recours en cas de besoin. Prions Messieurs du Conseil Supérieur du Cap, et M. le Comte d'Arquian Gouverneur, de tenir chacun en ce qui les concernera très-exactement la main, à ce qu'elle soit exécutée sans aucune complaisance pour qui que ce soit. DONNÉ au Cap, etc.

R. au Siege Royal du Cap, le 15 Décembre 1721.

MÉMOIRE des Administrateurs au Conseil Supérieur du Cap, et Arrêt en Réglement de cette Cour, touchant la Maréchaussée.

Du 7 Juillet 1721.

MÉMOIRE de MM. le Marquis de Sorel Gouverneur, et Duclos Commissaire-Ordonnateur, pour le Conseil du Cap, au sujet de la Maréchaussée.

Sur les plaintes qui nous sont revenues à Léogane par plusieurs Lettres du Cap, de la quantité des Negres qui en désertent tous les jours pour passer dans les Quartiers Espagnols, tant l'année derniere et les précédentes qu'au commencement de celle-ci, et après en avoir écrit plusieurs Lettres tant communes que particulieres au Conseil de Marine, sur lesquelles nous n'avons point eu d'autres réponses, sinon de prendre par nous-mêmes les mesures que nous jugerions les plus convenables pour y remédier, nous avons pensé qu'il falloit en effet trouver dans le Pays même les moyens d'empêcher une pareille désertion, qui ne tendoit pas moins qu'à la ruine entiere des Quartiers du Cap, suivant toutes les Lettres qui nous ont été écrites à cette occasion à Léogane, par M. le Procureur Général et plusieurs autres; après y avoir long-temps réfléchi, et pris sur ce sujet, qui nous a paru comme à tout le monde très-important, les avis des principaux et des plus notables Habitans du Pays, des personnes les plus judicieuses et les plus expérimentées sur toutes les affaires de la Colonie, nous n'avons pas trouvé d'autres moyens d'arrêter un pareil désordre, qu'en établissant une Maréchaussée pour la garde des Frontieres, suivant l'Ordonnance que nous avons rendue à ce sujet le 27 Mars dernier, laquelle a été enregistrée en ce Conseil.

On remarquera qu'à peine cette Ordonnance a commencé d'être mise en exécution, qu'à peine a-t-on vu l'ombre de cette Maréchaussée naissante, si l'on peut se servir de cette expression, qu'on n'a presque plus entendu parler d'aucunes désertions de Negres, marque évidente, nous le disons sans vanité, puisque nous n'y avons de part que le choix des moyens que l'on nous a proposés, marque évidente, dis-je, de la justesse d'esprit de ceux qui l'ont dirigée. Par-là on peut juger, et il est hors de doute, que si elle étoit exécutée en tous ses articles, et la Maréchaussée établie parfaitement, il en résulteroit un bien et un avantage à la Colonie beaucoup plus considérable; il s'agit de donc trouver les moyens de la faire exécuter en tout son contenu, et de bien établir la Compagnie de la Maréchaussée.

A l'égard de l'exécution de l'Ordonnance, c'est M. le Comte d'Arquian Gouverneur qui en est chargé, et nous ne doutons pas qu'il ne s'en acquitte avec son activité, son zele et sa prudence ordinaires; mais il faut auparavant que la Compagnie de Maréchaussée soit formée, il n'est pas possible de la mettre à exécution sans cela.

Deux raisons cependant l'empêchent de s'établir, la modicité de la solde des Archers, et les fonds pour les payer, qui ne sont pas encore faits ni ordonnés.

A l'égard de la modicité de la solde, il est facile d'y remédier sans augmenter les fonds, l'on peut diminuer le nombre des Archers, et l'on assure que le nombre de 50 suffira, 20 au Massacre, 12 à la Grande-Riviere, et 18 toujours prêts pour les détachemens qui sont nécessaires. La solde à la vérité de 30 liv. par mois qu'on leur attribue est bien modique en ce Pays-ci, pour y vivre, s'habiller et s'entretenir d'Armes et de Chevaux, ainsi qu'il faudra que chaque Archer fasse avec le temps. On remarquera qu'il leur est impossible de le faire tout d'un coup; et si l'on n'en vouloit point recevoir présentement qu'ils ne fussent ainsi équipés, il est certain qu'on n'en retrouveroit aucun.

A l'égard du revenant bon qui leur est attribué par l'Ordonnance pour la capture des Negres, l'on voit bien qu'il diminue tous les jours, et il y a tout lieu d'espérer que lorsque la Maréchaussée sera bien établie, ce revenant bon cessera tout à fait, et qu'ils ne feront plus aucunes captures, alors ne pouvant travailler à quoi que ce soit par ailleurs, puisqu'ils sont obligés par leur institution d'être incessamment sur pied pour la garde des Frontieres et pour veiller sur les Negres, ils seront absolument réduits à leur solde de 30 liv. par mois si on n'en diminue pas le nombre; mais ne composant la Compagnie que de 50 hommes au lieu de 75, dont elle doit être composée suivant l'Ordonnance, on pourra leur donner 45 liv. à chacun par mois; et en augmentant ainsi les appointemens des Officiers, afin de leur en donner qu'ils soient proportionnés à ceux de leurs Archers, ainsi que cela doit être naturellement, il se trouvera que la dépense de cette Compagnie montera par année; savoir :

Le Prévôt Capitaine à 120 liv. par mois, par année . .	1,440 liv.
Le Lieutenant de Prévôt.	1,080
L'Enseigne ou Exempt.	840
A deux Brigadiers, chacun 720 liv. et pour deux . . .	1,440
Deux Sous-Brigadiers, chacun 648 liv. et pour deux . .	1,296
Quarante-trois Archers, chacun 540 liv. et pour quarante-trois.	23,220
Total de la dépense de la Compagnie, . . .	29,316

Il se trouve, dis-je, que la dépense de cette Compagnie ne montera tous les ans qu'à la somme de 29,316 liv. au lieu que par la premiere institution elle auroit monté à 29,820 liv. c'est encore 504 liv. de diminution.

Il y a tout lieu d'espérer qu'avec de pareils appointemens et solde elle sera bientôt remplie, sur-tout lorsque les Habitans ne monteront plus la garde, ainsi qu'ils en seront dispensés aussitôt que la Compagnie sera formée, et cela par le grand nombre de jeunes gens qui ne trouveront

ront plus à gagner leur vie en montant les gardes au lieu et place des Habitans, et qui par-là seront contraints de prendre parti dans la Compagnie; mais elle sera encore bien plutôt remplie si l'on a soin de le faire payer régulierement tous les mois, et c'est à quoi il est principalement nécessaire de pourvoir.

C'est à Messieurs du Conseil à en trouver les moyens, en ordonnant, comme il se pratique pour les deniers publics, une levée d'une certaine somme par chaque tête de Negre ou autrement, comme ils le jugeront à propos; nous sommes très-persuadés qu'aussitôt que le Conseil l'aura ordonné, il n'y aura aucune difficulté pour le recouvrement : tout le monde sent bien la nécessité de fournir quelque chose pour ne pas perdre le tout. Il n'est pas possible que l'on ait déjà oublié la crainte et l'appréhension où l'on étoit de se voir ruiné tout à coup par la perte de tous ses Negres; tel qui se couchoit le soir avec 100 et 200 Negres, n'étoit pas sur de se relever le lendemain avec un seul; c'est du moins ce que nous a écrit par des Lettres très-fréquentes et très-pressantes M. le Procureur Général, comme portant la parole de tous les Habitans; et par le moyen de cette Maréchaussée, pourvu qu'elle fasse bien son devoir, ainsi qu'on n'en doute point par les bons ordres que M. le Procureur Général y donnera, les sages Réglemens que feront à ce sujet Messieurs du Conseil, l'attention que M. le Comte d'Arquian ne manquera pas d'apporter pour tenir la main à l'exécution du tout, par le moyen, dis-je, de cette Maréchaussée, ou pour parler plus juste, par le moyen de peu de chose que chacun y contribuera de sa part, tout le monde dormira tranquillement, sans aucune crainte ni appréhension de perdre aucun Negre ou bien peu, encore moins de se voir ruiné tout à coup, en sorte que nous ne doutons aucunement qu'un chacun n'exécute avec plaisir, ce que le Conseil ordonnera là-dessus. On est bien persuadé du moins que dans le temps de cette grande désertion de Negres, personne n'auroit fait de difficulté de payer pour pouvoir être assuré de n'en point perdre; présentement que le mal n'est plus si grand, que peu de Negres désertent, peut-être se trouvera-t-il quelques esprits peu raisonnables qui feront quelques difficultés, sans songer aux moyens qui ont contribué à arrêter cette désertion; et que la cessation de ces moyens, ne fera que renouveller et même accroître le mal par la suite. La plupart des hommes sont construits de façon, que dans le danger ils donneroient toutes choses pour en être dehors; le danger passé, ils seroient bien fâchés de donner la moindre chose pour n'y plus retomber; ils n'y pensent plus; peu prévoyans de leur nature, il n'y a que le présent qui les touche. Mais les [illegible]ns bien sensés, et qui font le plus grand nombre dans ce Quartier, penseront tout autrement, et ils ne manqueront pas de faire attention que le mal et la désertion n'a cessé que par les ordres que l'on a donnés, que l'on ne peut continuer d'exécuter ces ordres si l'on n'établit pas une Maréchaussée, et que pour l'établir il faut des fonds, sans quoi on retombera encore dans la confusion, le désordre et la crainte où l'on étoit il y a 6 mois et avant, et ainsi ne feront aucune difficulté de contribuer pour leur part à ces fonds, d'autant plus que la somme est modique; 40 ou 50 sols par tête de Negre suffiront. Et qu'est-ce que 40 sols, à l'égard de 900 ou 1,000 liv. prix du Negre? En donnant 2 liv. ou 2 liv. 10 sols par an, ils s'en assurent 1,000. Qui balancera là-dessus? Il ne peut y avoir que les gens déraisonnables, dont nous venons de parler; mais nous sommes très-persuadés qu'ils seront en fort petit nombre.

De l'établissement de cette Maréchaussée il resulte encore un autre avantage, c'est qu'aucun Habitant ne sera plus sujet à être détourné du travail, et du soin de son Habitation pour aller monter la Garde. Par l'Ordonnance il est dit, qu'on établira un Corps-de-Garde de 25 hommes de Troupes du Roi au Massacre, et un autre pareil à la Grande-Riviere, pendant que la Maréchaussée battra l'estrade, et gardera tous les passages par où les Negres et autres peuvent s'évader.

A la vérité on n'a pas pu jusqu'à présent établir ces Corps-de-Garde, par le petit nombre de Soldats qui sont actuellement en ce Quartier; mais aussitôt que ceux qui sont à la Mer seront revenus, et que les Recrues que le Conseil de Marine nous a promises, et que l'on attend tous les jours, seront arrivées, on ne manquera pas de l'établir; et en attendant pour soulager les Habitans, on propose de faire monter cette Garde par la Maréchaussée lorsqu'elle sera formée, et même dès à présent au Massacre seulement, dans l'espérance que l'on a que la Compagnie s'y formera bientôt; à la vérité il est nécessaire pour les encourager et leur donner moyen d'y vivre, de les faire payer, avant de les y envoyer, de ce qui peut leur être dû depuis le temps qu'ils se sont engagés. On peut faire pour cela un emprunt sur la Caisse des fonds publics, dont le receveur se remboursera sur les fonds qui lui seront remis pour l'entretien de cette Compagnie, lorsqu'ils auront été ordonnés par le Conseil.

Après avoir fait voir l'utilité et la nécessité de l'établissement de cette Maréchaussée, il ne nous reste plus qu'à parler des difficultés que quelques-uns proposent à ce sujet. La plus considérable, à ce qu'il nous paroît, est de dire que c'est un nouvel impôt qu'on veut établir sur le Quartier du Cap, sous le prétexte d'une Maréchaussée ; mais que dans quelque temps on ne manquera pas de réunir les fonds au Domaine du Roi, de les remettre au Trésor, et de congédier la Maréchaussée, au lieu et place de laquelle on substituera des Troupes du Roi, qui ne seront jamais en assez grand nombre, ni capables de faire un pareil service, puisque quand bien même ils seroient suffisans par le nombre, les maladies auxquelles ces Troupes sont ordinairement sujettes, les en empêcheroient, ainsi que l'expérience le fait voir tous les jours, étant certain que le nombre des Soldats qui viennent de France diminue de moitié dans un an par la mortalité, ce que l'on peut encore bien mieux remarquer aujourd'hui qu'il n'y a pas assez de Troupes pour établir un Corps-de-garde au Massacre de 25 hommes seulement, et ainsi que les Habitans se trouveront pour lors, ou dans les mêmes embarras et les mêmes craintes, ou dans l'obligation de se garder eux-mêmes, comme ils font aujourd'hui, et cependant payeront le double par tête de Negres de ce qu'ils paient présentement.

Je crois avoir rendu l'objection dans toute sa force, elle paroît d'une premiere vue, et lorsque l'on ne l'examine pas de près fondée en raison et sans replique ; mais pour peu d'attention que l'on veuille faire, il est facile d'en appercevoir la fausseté et j'espere que nous n'aurons pas grande peine à convaincre un chacun du peu de justesse, de ce raisonnement ; nous n'avons qu'à faire remarquer qu'on n'a jamais établi aucun impôt dans ce Pays-ci jusqu'à présent ; que l'intention du Roi et les paroles qu'il en a données si authentiquement, et si souvent réitérées, et qu'il vient même de renouveller par les Lettres-patentes que nous avons reçues avant-hier, et qui viennent d'être enregistrées cejourd'hui sont un garant plus que certain qu'on n'en établira jamais ; que tout ce que les Habitans d'ici paient actuellement pour les appointemens des Officiers, l'entretien des Troupes, les Fortifications, et pour les Arsenaux, que l'on est obligé de faire de temps en temps, soit ici, soit en France, n'a jamais été demandé que par forme d'Octroi, et du consentement des Habitans, qui voyant que Sa Majesté étoit obligée de faire des dépenses en ce pays ici, pendant qu'ils étoient exempts de contribuer aux frais de la guerre qu'il a soutenue pendant si long-temps, et si glorieusement en Europe, et dont tout le poids retomboit seulement sur ses sujets de France, ont cru être obligés par honneur de contribuer au moins pour les dépenses du Pays, et ont consenti par conséquent de leur pure et franche volonté, et sans y être contraints en aucune façon à payer tout ce qui se remet présentement au Trésor, qui de la connoissance de chacun, reste dans le Pays, pour toutes les dépenses que l'on vient d'expliquer, ensorte que l'on peut dire avec raison que de tout ce qu'ils paient, il n'en entre absolument rien dans les coffres du Roi.

Cela étant posé pour certain et incontestable, comme on n'en peut pas douter, quelle apparance, que sans consulter les Habitans que l'on a toujours consultés, sans demander leur consentement que l'on a toujours demandé, on aille réunir au Trésor de pareils fonds, qui ne sont précisément que pour l'entretien d'une Compagnie que le Quartier juge à propos de faire à ses dépens pour son intérêt particulier, et qui ne regarde en rien le reste de la Colonie.

Il s'ensuivroit delà que le Quartier du Cap payeroit pour les dépenses que le Roi fait dans ce Pays-ci environ 10,000 liv. par an plus que ne feroient les autres Quartiers, ce qui seroit sans exemple hors de toute raison, et ne peut jamais entrer dans l'esprit de personne; qu'auroit fait à Dieu, ou au Roi, le Quartier du Cap pour payer plus que les autres Quartiers de la Colonie? quoi, parce que les Habitans de ce Quartier se seroient cotisés tous pour une dépense qui leur a paru nécessaire à eux en particulier, on leur feroit payer cette somme à eux plus particulierement qu'aux autres? et on les y contraindroit pendant qu'on n'a jamais contraint personne qu'après qu'il y a consenti, ou ceux qui le représentent? il y a certainement de l'absurdité à le penser, beaucoup plus encore à le craindre.

Nous dirons plus, c'est que les fonds de cette Maréchaussées doivent être et ne peuvent être naturellement regardés que comme des fonds publics, ou les deniers qu'on leve dans chaque Quartier pour l'entretien des Curés, ou comme ceux que l'on leve pour les Negres suppliciés, il seroit fort difficile d'y trouver aucune différence; ces fonds sont différens dans chaque Quartier suivant les dépenses auxquels ils sont sujets, jusqu'à présent personne ne s'est avisé de craindre qu'on ne les réunît au Trésor; et en effet, on a raison, car par-là il se trouveroit qu'un Quartier, qu'une Paroisse même payeroit plus pour les fonds du Trésor qu'une autre, et il est certain que quand une Province et un Pays juge à propos d'accorder quelque Octroi à Sa Majesté, la répartition s'en fait également sur chaque Quartier de la Province, ou du Pays; on n'a point encore vu l'exemple du contraire, pourquoi veut-on donc craindre une pareille réunion des fonds de la Maréchaussée pendant qu'on est fort tranquille, et qu'on a raison de l'être sur les fonds publics, et que les uns et les autres sont dans le même cas; et pour prouver encore plus que ces fonds-là doivent être, et seront en effet censés fonds publics; nous ajouterons que ce sera le Conseil, comme nous avons déja dit, qui ordonnera et déterminera cette levée suivant qu'il jugera qu'il sera nécessaire, qui les fera lever par celui qu'il lui plaira nommer à cet effet, et qui en arrêtera les comptes de recette et de dépense tous les six mois ou tous les ans suivant qu'il le jugera à propos, le tout ainsi qu'il a coutume de faire à l'égard des autres fonds publics pour les Curés ou pour les Negres suppliciés.

Il est aussi marqué dans l'Ordonnance qui établit cette Maréchaussée que M. le Major en fera tous les mois la revue, sur laquelle l'Intendant ou Commissaire-Ordonnateur, ou celui qui le représentera leur fera payer leurs gages, ce qui a été ainsi ordonné, parce qu'il a paru nécessaire pour la discipline de cette Compagnie, et pour voir et examiner leurs armes, qu'elle fût de temps en temps passée en revue par M. le Major; mais comme il ne pourra pas s'y trouver tous les mois, on ajoutera à l'Ordonnance que la revue de cette Compagnie sera faite tous les mois alternativement par M. le Major, et par un des MM. les Conseillers que le Conseil jugera à propos de choisir un mois par l'un, et le suivant par l'autre, ou par les deux ensemble suivant que le Conseil le jugera à propos; de cette façon il sera informé par le compte que lui en rendra le Conseiller lorsqu'il aura fait cette revue des abus qui pourroient s'y glisser dans le nombre d'Archers qui la composeront, si M. le Major ne jugeoit pas à propos de lui en rendre compte; et sur la plainte que le Conseiller en porteroit à M. le Comte d'Arquyan, Gouverneur, ou à nous, on peut compter certainement qu'on y remédiera exactement.

Nous finirons ce Mémoire en assurant qu'on n'a eu d'autre vue dans l'établissement de cette Maréchaussée que le bien public de tous les Quartiers du Cap, qu'on n'a pas trouvé d'autres moyens de remédier à la désertion des Negres, à laquelle il n'y a personne qui ne soit exactement intéressée, et si quelqu'un en sçait un meilleur et moins à charge aux Habitans, il nous fera beaucoup de plaisir de nous en faire part, et nous n'aurons pas de plus grand empressement que de nous en servir, et de le mettre en usage, s'il est praticable; et enfin quand le Conseil aura ordonné les fonds nécessaires pour l'entretien de cette Maréchaussée, si les Habitans font la moindre difficulté de payer ce qui leur aura été ordonné, de maniere qu'on ne puisse pas les rassembler; il est facile de comprendre qu'on sera contraint de la congédier; mais pour lors les Habitans du Quartier du Cap feront ce qu'ils jugeront à propos pour empêcher la désertion de leurs Negres; et nous protestons dès aujourd'hui contre toutes les plaintes qu'ils nous en pourront porter, lesquelles seront fort inutiles, après qu'ils auront refusé les seuls moyens que nous avons pu et que l'on puisse trouver, que nous proposons aujourd'hui pour les mettre en sûreté de ce côté-là.

A l'égard des autres inconvéniens que l'on trouve à l'établissement de cette Maréchaussée par le mauvais usage que quelques particuliers en peuvent faire en déchirant les billets des Negres pour se faire payer de leurs captures, ainsi qu'il est déja arrivé à quelqu'un, il est très-facile d'y remédier par les sages Réglemens que le Conseil peut faire à ce sujet, par l'attention que l'on aura à faire punir très-sévérement les coupables, en un mot, par le bon ordre et une discipline exacte à laquelle M. le Comte d'Arquyan et nous ne manquerons pas certainement de tenir très-exactement la main.

Duquel présent Mémoire nous demandons acte au Conseil qu'il y soit enregistré; et qu'après en avoir délibéré, il rende sur tout ce qui y est mentionné, tel Arrêt qu'il avisera bon être. *Signés* le Marquis de SOREL et DUCLOS.

Soit communiqué au Procureur-Général. DONNÉ en Conseil, le 7 Juillet 1721. *Signé* DE LISLE RIBAULT.

Le Procureur-Général du Roi requiert qu'il soit décerné acte du présent Mémoire, fait par MM. le Marquis de Sorel, Général, et Duclos, Commissaire-Ordonnateur, faisant fonctions d'Intendant, qu'en conséquence il sera exécuté suivant sa forme et teneur, etc.

LE CONSEIL, après avoir ouï la lecture du Mémoire, fait par MM. le Marquis de Sorel, Général, et Duclos, Commissaire-Ordonnateur en Chef en cette Colonie, au sujet de l'établissement de la Maréchaussée; et après avoir mûrement délibéré sur icelui, et vu les conclusions du Procureur-Général du Roi, a décerné acte du présent Mémoire, et ordonné en conséquence qu'il sera enregistré et exécuté selon sa forme et teneur, et que pour l'entretien de ladite Maréchaussée, il sera levé 50 sols par tête de Noirs travaillans sur tous les Habitans de l'étendue du Quartier du Cap, dans lequel n'est compris celui du Port de Paix, à commencer du premier de ce mois de Juillet, les privilégiés déduits, laquelle levée sera faite par les Marguilliers de chaque Paroisse pour être par eux remise au Receveur-Général de la Colonie, qui s'en chargera sans prétendre aucune augmentation d'appointemens pour raison de cette Recette, ainsi que pour celle des Curés et des Negres suppliciés, pour éviter à frais, et continuera tant que la Maréchaussée subsistera, et si-tôt qu'elle cessera la levée sera éteinte sans qu'elle puisse être continuée sous quelque prétexte que ce soit; le Conseil a nommé aussi M. de Beauval Barbé, Conseiller, pour Commissaire, pour être présent cette année à la revue de ladite Maréchaussée qui en sera faite par M. le Major, ou pour la faire en son absence, ainsi qu'il est expliqué dans ledit Mémoire; et en cas qu'il se commette quelque abus par ladite Maréchaussée, il y sera pourvu par ledit Conseil. DONNÉ, ect.

ARRÊT du Conseil de Léogane concernant les Successions vacantes, les Notaires & les Inventaires.

Du 10 Juillet 1721.

Remontre le Procureur-Général du Roi qu'il s'est apperçu que plusieurs particuliers de ce pays-ci attentifs à leur propre intérêt, sans s'embarrasser des voies par lesquelles ils satisfont à leur cupidité, ont une attention particulière à s'informer des successions qui viennent à vaquer, et par eux, ou par procuration achetent en France lesdits biens vacans, dont ils ont une composition si avantageuse, que souvent ils n'en paient pas le dixieme de la juste valeur, ce qui provient de ce que les héritiers qui sont en France ignorent la valeur des biens qui leur sont échus dans cette Colonie, ce qui souvent est un obstacle à l'établissement de la Colonie, parce que la moitié de ces mêmes personnes leur font entendre que les successions sont de peu de conséquence, et de peu de valeur; et comme il est nécessaire de remédier à un tel abus pour l'intérêt public, celui des successions qui tomberont en vacances, ou en main de Procureur, et même qu'il importe aux Habitans de ce pays-ci qui vont en France, de savoir l'état et la juste valeur des biens, il requiert, ect.; LE CONSEIL a donné acte au Procureur-Général du Roi de ses dire et requisitoire, et en conséquence enjoint à tous Juges et Notaires de ce ressort, de ne procéder à aucun inventaire de quelque maniere que ce soit, sans en même-temps en faire faire estimation, à moins que l'on ne doive procéder incontinent après l'Inventaire fait à la vente, laquelle ne pourra être faite pour les biens fonds, auxquels il y aura des Negres attachés, où tous autres sans permission de Justice; et sera le présent Arrêt lu, publié et affiché par-tout où besoin sera, afin que personne n'en prétende cause d'ignorance.

ARRÊT du Conseil de Léogane, concernant les Habitans et Cabaretiers qui reçoivent et logent des gens sans aveu.

Du 10 Juillet 1721.

LE CONSEIL faisant droit sur la requisition du Procureur-Général, fait très-expresses inhibitions, et défenses à tous Habitans de quelque qualité et condition qu'ils soient, sous peine de 500 l. d'amende, et même plus grande peine, si le cas échoit de prendre à leurs gages aucunes personnes, soit Blancs, Mulâtres ou Negres libres, non domicillié et établis dans le ressort du Conseil, s'il ne leur apparoît par un écrit du dernier Maître où Habitant qu'ils auront servis, que lesdits Maîtres où Habitans en seront contant, et n'auront rien à répéter contr'eux, fait pareilles défenses, et sous les mêmes peines auxdits Habitans de recevoir chez eux, et de donner l'hospitalité à qui que ce soit sous le nom de passant, soit sous celui de Volontaire, s'ils ne sont porteur de billets ou passe-ports des Commandans, par lesquels ils apparoissent de l'état et condition desdits Passans ou Volontaires; ordonne à tous ceux qui ont actuellement des Volontaires, ou autres personnes non abitués, de les déclarer aux Commandans des quartiers de leur résidence, les noms et qualités, d'iceux auxquels le Conseil enjoint de prendre des billets des Commandans; fait pareillement défenses à tous Cabartiers de recevoir chez eux aucunes personnes non domiciliés sans pareils billets, et de leur donne le couvert pendant plus de trois jours sans en avertir les les Commandans du Quartier; de souffrir en leur maison aucunes personnes, outre ceux qui logent et couchent dans leurs Cabarets, et passé dix heures du soir, de donner du vin, soit auxdits Hôtes, soit à gens de déhors, passé ladite heure, sous peine de 1000 liv. d'amende contre lesdits Cabaretiers, et d'un mois de prison; sera le présent Arrêt lu, publié et affiché par-tout où besoin sera, et enregistré aux Greffes des Jurisdictions ressortissantes du Conseil.

ARRÊT

ARRÊT en Réglement du Conseil de Léogane, concernant les Marguilliers, les Fonds de la masse Curiale, l'Administration des Fabriques & les Sépultures dans les Eglises.

Du 11 Juillet 1721.

LE Conseil étant assemblé, M. le Procureur-Général du Roi est entré et a dit, qu'il y a une difficulté si grande pour la reddition des comptes des Eglises jusqu'à présent, tant parce que la plupart des Marguilliers ne rendent point, ou très-tard, leurs comptes, et que ceux qui en rendent, font une confusion des deniers de Fabriques, et des deniers de la masse Curiale, et confondent pareillement les dépenses de la masse Curiale avec celles des Fabriques, pourquoi requiert, ect. LE CONSEIL sur ce, oui, le rapport de Me Gabet, Conseiller en la Cour, a fait ce Réglement. Savoir :

ART. Ier. Les Paroisses du Cul-de-Sac, Petit Goave, l'Acul du Petit Goave, et du Fonds de l'Isle à Vache, auront pour Fonds, à prendre sur la masse commune des deniers Curiaux, la somme de 1350 liv. par an chacune pour les pensions du Curé, gages de Chantres, luminaires et blanchissages.

ART. II. Les Paroisses de Cavaillon, Saint-Louis, Aquin, Nipes, Fond des Negres, Grand Goave, Beynet, Jacmel, les Cayes, Trou-Bordet, l'Arcahaye, Mirebalais, Tapion, la Petite Riviere de l'Artibonite et Saint-Marc, auront pour fonds à prendre sur la masse commune, chacune la somme de 1180 liv. pour les dépenses de l'article précédent.

ART. III. A l'égard de la Paroisse de Léogane, il sera pris sur les fonds de la masse commune la somme de 2800 l., en outre, les frais et dépenses extraordinaires pour les services et cérémonies qui seront ordonnés.

ART. IV. Dans les Paroisses où sont les Siéges des Jurisdictions ressortissantes du Conseil, le coût des Bancs des Officiers Majors qui y font leur résidence, seront pareillement pris sur la masse commune, et toutes leurs autres dépenses, de quelque nature qu'elles soient, seront supportées par le fonds des Fabriques.

ART. V. Les Marguilliers seront dorénavant élus en toutes les Paroisses ressortissantes du Conseil aux Fêtes de Noel, à l'effet de quoi, le Dimanche précédent des Fêtes de Noël, les Curés des Paroisses avertiront à leur Prône de Grande Messe, que le jour de Noël l'on procédera à l'élection d'un nouveau Marguillier, afin que les nouveaux élus entrent en charge au premier jour de l'an suivant.

Art. VI. Les Marguilliers sortant de charge, seront tenus de présenter leurs comptes aux Marguilliers en charge, en la présence du Juge ou Procureur du Roi de la Paroisse du ressort, dans tout le mois de Février au plus tard.

Art. VII. Lesdits Marguilliers feront deux comptes séparés distinctement, l'un desquels contiendra uniquement la recette des deniers, ou droits curiaux, la dépense à supporter par la masse commune, suivant qu'il est réglé par les Art. I, II et III; et l'autre compte tiendra la recette et dépense de tout ce qui concerne la Fabrique, de la solde duquel le Marguillier en charge, sera chargé, ainsi que de celle du compte des deniers curiaux, dans le cas où ladite Paroisse n'aura pas consommé la dépense allouée.

Art. VIII. Il sera déposé, dans les Archives de chaque Paroisse, un double des comptes de Fabriques, il en sera remis un aux Marguilliers rendant comptes, et un troisieme sera remis à l'Officier devant lequel lesdits comptes auront été arrêtés, pour être par lui envoyé au Trésorier Général des Eglises, dans le mois, avec une lettre qu'il écrira au Conseil pour lui donner avis de ses diligences.

Art. IX. Et pour établir un fonds, et pouvoir fournir à l'entretien des Eglises, il a été statué, que dans les Paroisses dont les pensions ne sont que de 1180 liv., ceux qui desireront se faire enterrer dans lesdites Eglises, paieront à la Fabrique, pour l'ouverture de la fosse; savoir, depuis la balustrade jusqu'au tiers de l'Eglise, en descendant, la somme de 30 liv.; depuis le second tiers jusqu'au troisieme 20 liv., et depuis le dernier tiers jusqu'à la porte 15 liv.

Art. X. Dans les Eglises du Cul-de-Sac, Petit Goave, l'Acul du Petit Goave, et Fond de l'Isle à Vache, depuis la balustrade jusqu'au premier tiers 60 liv.; depuis le premier tiers jusqu'au second 40 liv., et depuis ce dernier jusqu'à la porte 30 liv.

Art. XI. Et pour l'Eglise de Léogane, depuis la balustrade jusqu'à la chaire 100; depuis la chaire jusqu'au pénultieme pillier 70 liv., et depuis le pénultieme pillier jusqu'à la porte 50 liv.

Art. XII. Ne pourront être enterrés dans les Eglises, que personnes notables et autres Habitans, lesquels cependant ne pourront être enterrés, s'ils sont suspects de maladie contagieuse, et sera mis dans les fosses de ceux qui seront enterrés un baril de chaux vive.

Art. XIII. Sera payé dans l'Eglise de Léogane, pour la tenture, la somme de 20 liv.; dans celle du Cul-de-Sac, Petit Goave, l'Acul du Petit Goave et Fonds de l'Isle à Vache 15 liv.; et dans les autres Eglises celle de 10 liv.

Art. XIV. Pour la croix, chandeliers et eccensoir d'argent 10 l.

Art. XV. Pour le drap mortuaire commun 1 liv.

Art. XVI. Pour le drap mortuaire des os, à Léogane; et l'ornement complet, pour Prêtres, Diacres et Sous-Diacres 12 liv.

Art. XVII. Et dans les cas où il n'y aura point de Diacre et Sous-Diacre, et pour les autres Paroisses, on payera pour l'ornement extraordinaire 6 liv.

Art. XVIII. Qu'à l'avenir les Marguilliers ne pourront faire des dépenses de Fabriques excédant la somme de 200 liv., sans être autorisés par une délibération des Paroissiens; et si les dépenses excedent la somme de 400 l., après en avoir délibéré, ils se pourvoiront au Conseil pour la faire confirmer.

Art. XIX. Déclare le Conseil les legs faits, ou qui pourront être faits ci-après aux Eglises, des biens-immeubles, soit terres ou maisons inaliénables; défend aux Marguilliers de les vendre ou engager sous quelques prétextes que ce soit, s'il n'en est ordonné par le Conseil; et à l'égard des Negres, ils ne pourront les vendre et aliéner sans y être autorisés par le Conseil; et sera le présent Arrêt lu, publié et affiché, et registré ès Greffes du ressort du Conseil à la diligence du Procureur-Général où de ses Substituts, qui en certifieront la Cour au mois, enjoint aux Greffiers desdits Siéges, de délivrer gratis des expéditions du présent aux Marguilliers de leur Jurisdiction, pour icelles être inscrites dans leurs Livres de Fabrique.

Arrêt du Conseil de Léogane, qui ordonne que les Vendeurs de Négres, atteints de Folie ou de Mal Caduc, seront, pendant le cours de six mois, tenus de les reprendre.

Du 15 Juillet 1721.

Le Conseil faisant droit sur la remontrance du Procureur-Général du Roi après en avoir délibéré, a ordonné et ordonne qu'à l'avenir tous Commerçans et autres particuliers qui vendront des Negres, seront tenus de répondre de l'événement desdits Negres, au cas qu'ils soient atteints du Mal Caduc, et de Folie pendant l'espace de six mois, à compter du jour qu'ils seront livrés aux acquéreurs, et auquel cas ils seront tenus de reprendre les Negres par eux vendus, et de rendre le prix d'iceux auxdits acquéreurs; ordonne que le présent Arrêt sera registré, lu, publié et affiché dans toutes les Jurisdictions, etc.

ORDONNANCE du Roi qui regle, que les Officiers des Troupes détachées de la Marine, auront, à grade égal, rang avant ceux du Régiment Suisse de Karrer aux Colonies, & que ledit Régiment y fera le même Service que les autres Troupes du Roi.

Du 19 Août 1721.

ORDONNANCE du Roi qui regle, que les Officiers du Régiment Suisse de Karrer, auront, à grade égal, rang avant ceux des Milices des Colonies.

Du 19 Août 1721.

MÉMOIRE de l'Ingénieur en Chef, pour la Construction de la Ville de Saint-Louis, et Ordonnance des Administrateurs en conséquence.

Des 24 Août et 12 Novembre 1721.

LE Roi ayant ordonné qu'on bâtit une Ville auprès du Fort Saint-Louis, tant pour la commodité du commerce, qui doit se faire dans la Baie, où Sa Majesté veut que les Navires se tiennent, que pour faciliter, à la Garnison de ce Fort, les moyens de subsister plus commodément, il a plu à M. le Marquis de Sorel, Général, et de Paty, Gouverneur, de me commettre, pour déterminer la situation de ladite Ville, la tracer et en dresser un devis, lequel étant par eux visés et approuvés, servira de regle invariable pour les alignemens, auxquels les nouveaux Habitans doivent se conformer pour planter leurs maisons.

La premiere attention qu'on doit avoir dans la situation d'une Ville, est de lui procurer la commodité de l'eau douce, qui est la plus essentielle à la vie, et la plus nécessaire à la propreté, et aux autres besoins d'une famille; sur ce principe, il n'y auroit point d'endroit plus commode pour placer la Ville de Saint-Louis, que la grande Prairie où Savanne de l'Habitation de la Plaine, parce qu'on y auroit d'un côté, l'eau douce de la petite Riviere, qu'on pourroit distribuer à toutes les maisons; et de l'autre on auroit l'avantage de la Navigation de l'embouchure de la grande Riviere, où les Canots peuvent remonter; mais puisqu'il a plu au Roi de concéder ce terrein à M. le Maréchal d'Estrées, et que Sa Majesté ne s'est réservée que la place de l'Assiente, et la Vieille Place, dans le bas desquelles il y a des Marécages, et presque par-tout des *Crabieres*, on ne peut trouver une situation qui ait de bonne eau douce, qu'en faisant un Canal d'environ 600 pas de long, sur le terrein de Monseigneur le Maréchal, jusqu'au bord de la mer, où l'on doit tracer la nouvelle Ville, parce que la petite Riviere se perd dans des Marais, où elle se corrompt avant que d'y arriver. Cette incommodité n'est pas la seule qui fasse sentir combien il est fâcheux, qu'on ne puisse pas situer cette Ville dans la grande Savanne de Monseigneur le Maréchal; la mauvaise qualité d'un terrein bas et marécageux, est encore plus touchante, parce qu'il sera peut-être mal sain; cependant il n'y a pas à choisir, et l'on ne peut éviter les Marais, à moins que de la situer sur le penchant de la haute Montagne, où il n'y a pas d'étendue plate pour son assiette. Puisqu'on est forcé à cette situation, il faudra tâcher de déssecher le terrein par quelques tranchées, et par un fossé, autour de la Ville, qui en formera l'enceinte, et dans lequel on pourra facilement faire entrer l'eau de la mer, afin que les eaux douces qui séjourneroient, ne causent point de mauvaise vapeurs. Comme les environs ne sont pas fort peuplés, et ne pourront pas l'être davantage dans la suite, si Monseigneur le Maréchal occupe la plaine par une Sucrerie, il n'est pas nécessaire d'embrasser une grande étendue de terrein dans le projet de la Ville, il suffira qu'elle soit capable de contenir cent maisons, puisqu'il ne pourra jamais s'y faire un commerce plus considérable qu'à Léogane, où il n'y en a que quatre-vingt-deux.

A l'égard de la distribution, on croit que la plus commode sera de traverser la Ville par des rues de six toises de large, perpendiculaires les unes aux autres, qui formeront des Islets quarrés, auxquels on donnera vingt-six toises de côté, et en retranchant celui du milieu, on fera une place de trente-huit toises en quarré, pour plus grande commodité; on coupera encore les Isles du milieu par deux rues, dont l'une sera la continuation du chemin d'Aquin à Cavaillon, et l'autre formera l'avenue de la mer, dont le milieu enfilera la porte de l'Eglise. Chaque grand Islet sera partagé en quatre, pour être concédé à autant d'Habitans qui auront chacun treize toises de côté, et cent soixante-neuf toises quarrées de surface, ce qui suffit pour une grande maison et une cour; en quoi on a pris un milieu entre les emplacemens du Cap, qui sont trop petits, n'ayant que dix toises de côté et cent de surface; et ceux de Léogane qui sont trop grands, ce qui occupe un espace immense et rend la Ville déserte.

Les rues seront orientées au Nord-Ouest quart d'Ouest, et au Sud-Est quart d'Est, afin que les premieres soient rafraîchies la nuit par le vent de terre, et les autres par la brise pendant le jour.

Sur le milieu de la Place Publique, dans l'Islet du Nord-Est de quart Nord, on bâtira une Eglise Paroissiale de trente pieds de large, et de soixante-dix de long, avec une Sacristie derriere, et l'on laissera tout au tour, un espace de trente pieds de vuide, afin qu'elle soit entierement isolée et détachée de tout bâtiment, et l'on en fera un Cimetiere pour enterrer tout le monde sans distinction, à la réserve de l'Etat Major, qui aura une tombe dans le bas de l'Eglise.

Aux deux coins dudit Islet, seront d'un côté le logement du Curé; et de l'autre celui du Chantre, qu'on obligera de tenir Ecole, pour montrer à lire et à écrire aux enfans de la Ville. Comme la Paroisse ne sera pas en état à présent de bâtir une Eglise, telle que nous l'avons dit, on en fera une provisionnellement comme on pourra. En face de l'Eglise sera le Palais de la Justice, et le logement du Juge avec le Greffe.

On obligera tous ceux qui se bâtiront, sur la Place, de faire des Porches ou Galeries, où l'on puisse se mettre à couvert du soleil; et pour donner encore plus d'abri, pour y tenir le Marché, on plantera un rang d'arbres à trente-six pieds de distance des maisons. On obligera aussi tous les Habitans de faire porter devant chez eux, des pierres et du sable, pour former les rues, de maniere qu'elles soient toujours seches et sans boue, et d'élever le sol de leurs maisons un pied plus haut que la rue.

On ne plantera point d'arbres dans les rues, comme à Léogane, pour ne pas interrompre le flux de l'air, afin qu'il n'y reste point d'humidité, et pour ne pas attirer les maringoins, et cette quantité prodigieuse de toutes sortes de mouches qui sont très-incommodes.

On donnera au contour de la Ville une forme de fortification, par le fossé qu'on fera pour déssecher ce terrein, en jettant les terres en dedans, dont on fera une espece de petit rempart, qu'on bordera d'une double haie de citronniers, qu'on formera par trois barrieres sur les avenues du grand chemin, et celle de la mer ; cette petite clôture ne sera pas inutile, pour contenir la témérité des Corsaires, qui peuvent débarquer à la Baie Saint-Georges, et venir piller la Ville, comme ils ont fait de l'autre côté de la Baie en 1712, qu'ils enleverent des Negres sur une Habitation qui étoit à la vue du Fort ; enfin tout sera conforme au Plan ci-joint, dès qu'il sera approuvé. Au Fort Saint-Louis, ce 24 Août 1721. *Signé*, FREZIER, Ingénieur ordinaire du Roi.

Le Marquis de Sorel, ect.

Jean-Baptiste Duclos, etc.

VU par Nous le Devis fait par M. Frezier, Ingénieur et Directeur des Fortifications en cette Isle, pour l'établissement d'une Ville près du Fort Saint-Louis, et le Plan qu'il a dressé, tant de la Ville que des environs ; Nous, après avoir pris sur ce l'avis de M. de Paty, Gouverneur, ordonnons que ledit Devis sera suivi en tout son contenu, et que ladite Ville sera située dans le terrein appellé de l'Assiente, sur le bord de la Riviere qui passe dans ledit terrein, à l'endroit le moins marécageux, désigné dans ledit plan ; enjoignons audit sieur Frezier de tracer les rues incessamment, et de faire planter des piquets à chaque coin des emplacemens, afin qu'ils se trouvent tous en droite ligne, conformément à un plan particulier, qu'il nous en a envoyé, et que nous lui renvoyons visé de nous ; et au sieur Courpon, Major de Saint-Louis, d'y tenir la main, et d'avertir tous les Habitans qui voudront y faire construire des maisons, de se pourvoir pardevant nous, pour en obtenir des concessions ; le tout sous le bon plaisir de Sa Majesté, et du Conseil de Marine, auquel nous envoyons le Devis de M. Frezier, son Plan et la présente Ordonnance. DONNÉ à Léoganne le Novembre 1721. *Signé*, le Marquis de SOREL, et Duclos, ect.

RÉGLEMENT que le Roi veut et entend être observé pour les Recensemens qui se font dans la Colonie de Saint-Domingue.

Du 26 Août 1721.

SA Majesté étant informée que les Récensemens de la Colonie de Saint-Domingue, nesont point faits da ns les temps marqués par le Gouverneur Général et Intendant de ladite Colonie, Elle a résolu, de l'avis de M. le

Duc d'Orléans Régent, de faire le présent Réglement, pour ordonner le temps, la maniere et par qui lesdits Récensemens seront faits.

Art. Ier. Les Récensemens de chaque Quartier seront faits dans les mois de Novembre et Décembre de chacune année, par un Conseiller de l'un des Conseils Supérieurs établis à Saint-Domingue, et par un des Officiers de Milice du Quartier, lesquels seront départis par cantons, suivant l'usage pratiqué.

Art. II. Les Conseillers et Officiers de Milice seront nommés par les Gouverneur Général et Intendant, et l'ordre pour le recensement sera envoyé au commencement de Novembre de chacune année au Commandant de Quartier, pour être remis à l'instant à l'Officier de Milice, lequel en avertira le Conseiller et prendra son jour pour partir.

Art. III. Enjoint Sa Majesté auxdits Conseiller et Officier de Milice de se mettre en marche aussitôt ledit ordre reçu, pour travailler audit recensement dans le Canton qui leur sera fixé, à moins qu'ils n'en soient empêchés par des raisons indispensables, auquel cas ils en donneront avis au Gouverneur Général et à l'Intendant, pour être par eux statué ce qu'il appartiendra.

Art. IV. Aussitôt que lesdits Conseiller et Officier de Milice seront arrivés chez un Habitant, il leur remettra un rôle signé de lui, de tous les Negres, Négresses, Negrillons et Negrittes, tant présens qu'absens, qui lui appartiendront ou qu'il aura à loyer, où leur âge sera marqué, en observant de commencer ledit rôle par les Negres et Négresses payant droits, qui sont les Negres et Négresses depuis 13 ans, jusqu'à ce qu'ils soient devenus invalides, et ensuite il fera mention des Negres qui ne payeront point de droits.

Art. V. Veut Sa Majesté que les Negres, Négresses, Negrillons et Negrittes qui ne seront point déclarés dans ledit rôle, soient confisqués sur les Ordonnances qui en seront rendues par l'Intendant, et ensuite vendus au plus offrant et dernier enchérisseur, et que les deniers en provenans soient remis entre les mains du Commis du Trésorier de la Marine, pour être employés aux dépenses de la Colonie.

Art. VI. Les Negres, Négresses, Negrillons et Negrittes contenus audit rôle, seront représentés auxdits Conseiller et Officier de Milice pour en faire la vérification; et veut Sa Majesté que ledit Conseiller juge de leur puberté ou invalidité, et que ce qu'il décidéra à ce sujet, dont sera fait mention au pied dudit rôle, soit exécuté.

Art. VII. Ledit rôle vérifié, ledit Habitant sera tenu de faire serment entre les mains dudit Conseiller, comme il n'a point une plus grande

grande quantité de Negres, à peine de confiscation de ceux qui ne seront point mentionnés dans ledit rôle, de laquelle prestation de serment sera dressé Procès-verbal au bas dudit rôle, qui sera signé dudit Conseiller, de l'Officier de Milice et dudit Habitant; et en cas de refus de la part dudit Habitant, il sera fait mention des raisons dudit refus dans ledit Procès-verbal, lequel ainsi fait, fera foi en Justice.

Art. VIII. Comme le défaut de culture de vivres pour lesdits Negres est cause de différens inconvéniens, dont on ne se ressent que trop dans la Colonie et particuliérement au Cap, ordonne Sa Majesté à tous les Habitans d'icelle de cultiver la quantité de vivres nécessaires pour la subsistance de leurs Negres, et ainsi que ladite quantité est réglée par les Ordonnances rendues à cet égard, et ce sous les peines et amendes portées par lesdites Ordonnances.

Art. IX. Et pour vérifier si lesdits Habitans se conforment auxdites Ordonnances, veut Sa Majesté qu'il soit remis par chacun d'iceux un état signé d'eux de chaque espece de vivres qui seront plantés sur leur Habitation, ou qu'ils auront en grenier, et que lesdits Conseiller et Officier de Milice en fassent la visite sur les lieux, et en dressent leur Procès-verbal où ils spécifieront, s'il y a lieu, la quantité par espece qui manquera audit Habitant, suivant le nombre de ses Negres; lequel Procès-verbal sera signé dudit Conseiller et de l'Officier de Milice, pour sur ledit état et Procès-verbal être prononcé par l'Intendant les peines et amendes encourues par les contrevenans.

Art. X. Ensuite sera remis par l'Habitant auxdits Conseiller et Officier de Milice, un état signé de lui contenant le nombre de Blancs, Engagés, Armes, Munitions, Bestiaux, Sucreries, Indigoteries et autres Etablissemens qu'il a sur son Habitation, et ce conformément aux anciens modeles, lequel état sera vérifié par lesdits Conseiller et Officier de Milice, et signé d'eux après y avoir fait mention, s'il y a lieu, de la quantité de Blancs ou Engagés, Fusils et Munitions qui manqueront audit Habitant, pour sur ledit état être prononcé par l'Intendant, s'il y a lieu, les peines et amendes encourues par les contrevenans.

Art. XI. Le recensement du Quartier ainsi fait, l'Officier de Milice portera aussitôt les différens recensemens qui le composeront au Gouverneur ou Commandant particulier, lequel après en avoir pris connoissance les enverra au Gouverneur Général et Intendant, en sorte qu'ils les reçoivent dans les premiers jours de Janvier, pour ensuite être fait par l'Intendant les vérifications, états et ordonnances nécessaires pour la perception des Droits, lesquels seront signés par le Gouverneur Général et ledit Intendant.

ART. XII. Lesdits Gouverneur Général et Intendant pourront commettre des Officiers des Justices inférieures à la place des Conseillers, pour faire lesdits recensemens dans les Quartiers éloignés des Conseils, comme Saint-Louis, Fond de l'Isle à Vache, Jacmel, l'Artibonite et Port de Paix; et en cas que lesdits Conseillers et Officiers de Justice n'aient pas fait le recensement dans le temps prescrit, lesdits Gouverneur et Intendant en donneront avis au Conseil de Marine pour en rendre compte à Sa Majesté; à l'égard des Officiers de Milice, ils seront privés pendant une année de l'exemption des Negres dont ils jouissent par rapport à leurs Emplois.

Mande et ordonne Sa Majesté au sieur Marquis de Sorel, Gouverneur et Lieutenant Général à Saint-Domingue, au sieur de Montholon Intendant, aux Officiers des Conseils Supérieurs établis à Léogane et au Cap, et tous autres qu'il appartiendra, de se conformer et tenir la main, chacun en droit soi, à l'Exécution du présent Réglement, qui sera registré au Greffe desdits Conseils Supérieurs, lu, publié et affiché par-tout où besoin sera, à ce que personne n'en ignore. FAIT à Paris, etc.

Signé LOUIS. *Et plus bas*, FLEURIAU.

R. au Conseil du Cap, le 4 Mars 1722.

Et à celui de Léogane, le 15 du même mois.

LETTRES-PATENTES, portant que les Religieux établis dans l'Isle de Saint-Domingue, ne pourront à l'avenir faire aucune acquisition, soit en Terres ou Maisons, sans la permission expresse et par écrit de Sa Majesté, à peine de réunion.

Du 3 Août 1721.

LOUIS, etc. SALUT. Le feu Roi, notre très-honoré Seigneur et Bisaïeul, étant informé de l'utilité que ressentoient les Habitans des Isles du Vent de l'Amérique, des services que leur rendoient les Religieux établis dans lesdites Isles, a cru ne pouvoir rien faire de plus avantageux pour les Habitans des Isles de Saint-Domingue, que de donner les Cures à desservir à différens Ordres Religieux, auxquels il fut permis de faire des Etablissemens ; mais comme nous sommes informés qu'il y a des difficultés sur l'étendue de leurs privileges, et sur l'exemption des droits d'Octroi qui se perçoivent dans ladite Isle, nous avons cru devoir fixer leur état et leur ôter tout sujet de discussion, en réglant les privileges dont ils doivent jouir à l'avenir : A CES CAUSES, etc. nous avons ordonné et ordonnons par ces Présentes signées de notre main, que les Religieux établis dans l'Isle de Saint-Domingue ne pourront à l'avenir faire aucunes acquisitions, soit en Terres ou Maisons, sans notre permission expresse et par écrit, à peine de réunion à notre Domaine, et en cas que nous jugions à propos pour des bonnes et justes considérations de leur accorder nosdites permissions, ils seront tenus de payer les droits d'amortissement et autres droits, qu'ont accoutumé de payer les Religieux établis dans notre Royaume : ordonnons que chaque Ordre Religieux établi dans ladite Isle, jouira de l'exemption des droits de Capitation, d'Octroi et Corvées, de Guet et de Garde pour trente Negres travaillans sur leurs Habitations, et pour ceux qui seront employés au service desdits Religieux, savoir pour la Maison principale de chaque Ordre jusqu'au nombre de douze Negres, et pour chaque Curé jusqu'au nombre de trois Negres : ordonnons au surplus que les autres Negres appartenans auxdits Religieux, lesquels ne se trouveront pas compris dans les exemptions ci-dessus expliquées, seront sujets au mêmes droits que les Negres des autres Habitans ; accordons auxdits Religieux les droits de pêche, de chasse, à l'exclusion de tous autres ; ensemble de recueillir les herbages et toutes autres choses qui se trouveront sur les rives de leurs Habitations par l'ouverture des eaux et des marais, dont en tant que besoin seroit nous leur avons fait et faisons don par ces Présentes : ordonnons au surplus au Fermier de notre Domaine, et aux Syndics des Paroisses de l'Isle Saint-Domingue, de continuer de payer auxdits Religieux, les mêmes sommes qu'ils ont payées par le passé, si donnons en mandement à nos amés et féaux les Gens tenant nos Conseils Supérieurs à Léogane et au Cap, Isle de Saint-Domingue, etc.

R. au Conseil de Léogane, le 3 Mars 1722.

Et à celui du Cap, le 4 Mars suivant.

ARRÊT du Conseil du Cap, qui défend aux Juges de nommer les Conseillers pour Tuteurs ou Curateurs, si ce n'est de leur consentement.

Du 1er Septembre 1721.

ENTRE M. de Rocheblanche Cochon, Conseiller en ce Conseil, Appellant de la Sentence de nomination de tutelle rendue par le Juge du Cap, d'une part,

Contre Me Gerard Carbon, Conseiller du Roi et son Procureur en la Jurisdiction du Cap, Défendeur intimé, d'autre part; Parties ouies et le Procureur Général du Roi.

LE CONSEIL a infirmé la Sentence dont est appel, ordonne qu'il sera incessamment procédé à une nouvelle élection de Tuteur et Curateur aux Mineur et dame Carrere, par-devant le Juge ordinaire du Cap à la diligence dudit Procureur du Roi, sauf audit sieur de Rocheblanche d'accepter volontairement ladite tutelle et curatelle; enjoint au surplus le Conseil au sieur Juge du Cap, de ne plus à l'aveuir nommer aucun Conseiller Tuteur et Curateur, à moins que ce ne soit de son consentement, attendu les privileges accordés au Conseil par Sa Majesté.

V. l'Arrêt du 3 Avril 1724.

ARRÊT du Conseil du Cap, qui déclare nulles les donations faites sous marques ordinaires, et défend au Pere Boutin Jésuite Missionaire, de se mêler d'affaire temporelle sans la permission de son Supérieur.

Du 1er Septembre 1721.

ARRÊT du Conseil du Cap, portant que le Supérieur des Missions n'est pas responsable des faits de ses Religieux, et qui défend de faire aucune affaire avec le Pere Boutin.

Du 2 Septembre 1721.

VU par le Conseil la Requête à lui présentée par le R. P. Olivier, Supérieur des Missionnaires de la Compagnie de Jesus en cette Colonie, l'Ordonnance de soit communiquée au Procureur Général du Roi, les conclusions dudit Procureur Général du Roi, vu aussi les deux Sentences mentionnées, des 2 et 8 Août dernier, en ladite Requête, et rendues par le Juge ordinaire du Cap, LE CONSEIL les a infirmées, quant à l'article seulement qui rend le R. P. Supérieur responsable des faits du P. Boutin, fait défenses seulement aux Habitans de cette Colonie, de quelque qualité ou condition qu'ils soient, d'avoir aucune affaire temporelle avec ledit R. P. Boutin, sous peine de nullité de tous actes ou écrits, à moins qu'il ne soit autorisé de son Supérieur; et pour l'exécution du présent Arrêt, le Conseil a ordonné qu'il seroit lu, publié et affiché à l'issue de la Messe Paroissiale de cette Ville, ou par-tout ailleurs que besoin sera, afin que personne n'en prétende cause d'ignorance; ordonne en outre que l'écrit du R. P. Olivier, du premier de ce mois et paraphé, restera en ce Greffe pour y avoir recours toutes fois et quantes, dépens compensés. DONNÉ, etc.

ARRÊT du Conseil du Cap, qui condamne des Huissiers absens du Palais, et l'Huissier Audiencier, en une amende de 30 l. pour chacun des premiers, et de 50 liv. pour le dernier.

Du 2 Septembre 1721.

ORDONNANCE des Administrateurs, portant que les comptes de Chirurgie seront réglés par le Médecin du Roi.

Du 5 Septembre 1721.

NOUS Docteur en Médecine de la Faculté de Montpellier, et Médecin ordinaire du Roi des Quartiers de Léogane, ayant reçu un ordre de M. le Marquis de Sorel de donner mon avis sur une Requête présentée à mondit Seigneur et à M. Duclos, par les Maîtres Chirurgiens du Cap, qui demandent qu'il soit fait un Réglement sur le prix des Remedes qu'ils fournissent dans les maladies qu'ils traitent, et sur les Opérations chirurgicales, et en outre sur un Tarif qu'ils ont fait du prix ordinaire des Remedes et des Opérations chirurgicales, laquelle Requête et Tarif m'ont été communiqués et que j'ai lus et examinés.

Les Maîtres Chirurgiens du Cap exposent que jusqu'à présent il n'a été fait aucun Réglement ni Tarif; comment veulent-ils qu'il en soit fait un en Amérique, puisque dans les Villes les mieux policées de France cela n'a jamais été pratiqué, et qu'on est en usage de faire régler les comptes des apothicaires par les Médecins agrégés des lieux? Il est vrai que les Médecins font presque tous les ans un Tarif des Drogues simples, des Remedes chirurgiques, Electuaires, etc. à tant la livre, l'once, le gros ou le grain, ce qu'ils reglent eu égard à la rareté ou abondance des Remedes; mais ils n'ont jamais pû faire un Tarif sur les Remedes composés qu'ils ordonnent.

Voici les raisons de cette impossibilité: un Médecin ordonne un Julep Cordial; un Julep Cordial n'est pas également composé des mêmes Remêdes, ou si c'est des mêmes Remedes la dose en est différente; la différence de qualité ou de dose doit faire un prix différent. Par exemple dans le premier article de leur Tarif ils mettent le Julep Cordial à 7 liv. ce prix est un juste milieu entre le prix du Julep Cordial bien spiritueux et un médiocre; on peut donner des Juleps Cordiaux à 3 liv à 5 liv. à 6 liv. et à 7 liv. et s'il est supérieur ils doivent valoir 10 liv. dans l'Amérique; est-il juste que celui qui prend un Cordial de 3 liv. le paie 7 liv., et de le donner à 7 l. lorsqu'il vaut 10 liv.? De tout le reste à proportion. Il est plus difficile de statuer là-dessus dans l'Amérique qu'en Europe: or puisqu'en Europe on est en usage de renvoyer les comptes aux Médecins pour les régler, pourquoi ne pas le faire dans l'Amérique?

Je suis d'avis que cette méthode soit continuée, et pour cet effet les Maîtres Chirurgiens auront soin de spécifier dans leurs comptes, la qualité et quantité des Remedes dont ils se sont servi pour la composition des Remedes qu'ils ont fournis : voilà pourquoi en France ils gardent les Ordonnances des Médecins pour justifier leurs comptes.

J'ai observé depuis que je suis dans l'Amérique, d'apprécier les Remedes trois cents pour cent au-delà du prix d'Europe ; et la raison de cela est que les Remedes dépérissent d'un quart au moins à la mer, soit par l'altération de plusieurs, soit parce qu'il se casse plusieurs pots ou phioles, et la deuxieme raison est qu'ils en perdent en les gardant dans l'Amérique, quelques précautions qu'on prenne ; d'ailleurs il y a des risques à les faire venir de France, par conséquent on doit payer 6 liv. à Saint-Domingue un Remede, qui ne coûte que 30 sols en France. Il est de la sagesse des Médecins de savoir tous les ans le prix général des Remedes de France pour régler leurs comptes, il faut outre cela que le Médecin ait égard aux distances où le Chirurgien est obligé de se transporter, tant pour donner les médicamens, que pour faire les opérations ou les pansemens divers ; on ne peut pas non plus régler les opérations à cause de la longueur différente des pansemens, tel homme guérira d'un empieme après quinze jours ou trois semaines, pendant qu'un autre malade aura besoin du secours du Chirurgien pendant deux mois. Ainsi toutes les raisons demandent qu'il soit fourni un compte, lequel doit toujours être renvoyé au Médecin du lieu : c'est un embarras que les Médecins ont, et duquel il ne leur revient rien.

Quant à la raison que les Maîtres Chirurgiens apportent, que rien ne les dérange tant que d'avoir besoin de se transporter au Cap, pour comparoître en Justice afin que leurs mémoires soient réglés, j'en conviens ; mais il arriveroit bien de plus grands inconvéniens, si on étoit livré dans le public à un Tarif, qui régleroit des Remedes de peu de valeur comme s'ils valoient beaucoup. Tout ce qu'on peut faire pour les soulager, c'est que le Réglement qu'aura fait le Médecin du lieu, passera en Justice pour n'avoir pas besoin d'une seconde instance, et pour lors leurs débiteurs s'en rapporteront presque toujours au Médecin.

On fait prêter serment en France dans les Villes aux Médecins, pour qu'ils promettent de se bien comporter dans les réglemens des comptes, et dans tout ce qui concernera leur profession ; sur cette prestation de serment une fois faite, leurs Réglemens passent en Justice. Voilà mon avis que j'ai signé. A Miragoane, le 13 Août 1721. *Signé* DE PAS.

J'approuve le Mémoire. *Signé* le Marquis DE SOREL.

Jean-Baptiste Duclos, etc.

Vu la Requête présentée à M. le Marquis de Sorel et à nous, par les Maîtres Chirurgiens de la dépendance du Cap, tendante à ce qu'il fût fait et réglé un Tarif pour le prix ordinaire des Remedes qu'ils fournissent, pour éviter deux Audiences, l'une pour avoir une Sentence qui les renvoie par-devant le Médecin pour se faire régler leurs Mémoires, et la seconde pour faire condamner les Parties au payement du Mémoire ainsi réglé; le Tarif fait et arrêté par lesdits Chirurgiens, le 25 Mai dernier, et l'avis ci-dessus du sieur de Pas Docteur en Médecine, et Médecin ordinaire du Roi des Quartiers de Léogane, approuvé de M. le Marquis de Sorel; nous ordonnons qu'il sera suivi exactement, et en conséquence que les Chirurgiens feront, suivant qu'il s'est pratiqué jusqu'à présent, arrêter et régler leurs Mémoires par le Médecin du Roi au Quartier du Cap, par-devant lequel ils pourront se pourvoir avant de présenter leur Requête au Juge, auquel nous recommandons d'ordonner le payement desdits Mémoires, lorsqu'ils seront ainsi réglés par le Médecin quoi qu'il ne les lui ait pas renvoyés, et cela pour éviter aux Chirurgiens le retardement de deux Audiences; à l'effet de quoi la Présente sera enregistrée au Greffe pour y avoir recours en cas de besoin. DONNÉE au Cap, le 5 Septembre 1721. *Signé* DUCLOS.

R. au Siege Royal du Cap, le 10 du même mois.

LETTRES-PATENTES, portant Confirmation de l'Etablissement des FF. Prêcheurs dans l'Isle Saint-Domingue.

Du 7 Septembre 1721.

LOUIS, etc. Les Religieux de l'Ordre des Freres Prêcheurs ont commencé depuis plusieurs années, suivant l'intention du feu Roi notre très-honoré Seigneur et Bisaïeul, leurs Etablissemens dans la partie de l'Ouest de l'Isle de Saint-Domingue, où ils sont employés à desservir les Cures, et le Général dudit Ordre a réuni, suivant nos intentions, ledit Etablissement sous le titre de la Congrégation du S. Rosaire à la Province de Toulouse, par la Patente du 22 Juin dernier, sur laquelle nous avions fait expédier des Lettres d'attache, en date des présens mois et an; étant informé du zele et de la charité avec lesquels cesdits Religieux donnent les secours spirituels à nos peuples, nous avons résolu de leur donner

donner des marques de notre satisfaction, en les confirmant dans l'Etablissement qu'ils ont dans ladite Isle : A CES CAUSES, etc. approuvons, confirmons et autorisons l'Etablissement desdits Religieux de l'Ordre des Freres Prêcheurs, réunis, comme dit est, sous le titre de Mission du S. Rosaire à la Province de Toulouse dans ladite Colonie de Saint-Domingue, à condition par eux d'y desservir les Cures depuis les Quartiers de Gonaives et de l'Artibonite inclusivement, le premier borné par la Juridiction du Port de Paix, et l'autre par les Terres Espagnoles jusque et joignant les Terres concédées ci-devant à la Compagnie de Saint-Domingue, et depuis réunies à notre Domaine, sans qu'aucun autre Prêtre Missionaire séculier ou régulier, puisse s'ingérer d'y faire aucunes fonctions sans le consentement desdits Religieux; et de fournir à cet effet les Missionaires de leur Ordre dont on aura besoin, même ceux qui seront nécessaires pour desservir les nouvelles Cures qui seront ou pourront être établies dans les Quartiers de leur District, et ce de telle maniere que lesdites Cures soient toujours remplies d'un Missionnaire de leur Ordre; voulons qu'ils jouissent eux et leurs Successeurs des Terres et Terreins, dont ils ont été en possession dans ladite Colonie jusqu'au mois d'Août dernier, soit qu'ils les possedent à titre de concession, donation ou autrement, sans que pour raison de ce ils soient tenus de nous payer ni à nos successeurs Rois, aucune Finance ni indemnité desquelles à quelques sommes qu'elles puissent monter, nous leur avons fait don et remise par ces Présentes; qu'ils jouissent aussi du droit de pêche et de chasse sur lesdites Terres, sans qu'aucun autre puisse chasser ni pêcher dans leur étendue, détroits et limites que de leur consentement, et qu'ils puissent recueillir les herbages et toutes autres choses qui se trouveront sur les rives de leurs Habitations par l'ouverture des eaux et marée, dont en tant que de besoin nous leur avons et faisons don; ordonnons que conformément aux Lettres-Patentes en forme d'Edit du mois d'Août dernier, lesdits Religieux ne puissent, à commencer dudit mois d'Août dernier, faire aucune acquisition, soit de Terre ou Maison, sans notre permission expresse et par écrit, et qu'en cas que nous jugions à propos pour de bonnes et justes considérations, de leur accorder par la suite nosdites permissions, ils soient tenus de nous payer les droits d'amortissement et autres droits, qu'ont accoutumé de payer les Religieux établis dans notre Royaume : voulons qu'ils jouissent dans ladite Colonie des exemptions de tous droits de Capitation, d'Octrois, Corvées, Guet et Garde de trente Negres travaillans sur leurs Habitations, et pour ceux qui seront employés au service desdits Religieux, savoir pour leur Maison principale jusqu'au nombre de douze Negres, et pour chaque Curé jusqu'au nombre de trois Negres; voulons aussi que conformément auxdites Lettres-Patentes, les Negres desdits Religieux qui ne seront point compris dans les exemptions ci-dessus expliquées, soient sujets aux mêmes droits que les Negres des autres Habitans. Si donnons en mandement à nos amés et féaux les Gens tenant notre Conseil Supérieur à Léogane, etc.

R. au Conseil du Petit-Goave, le 5 Janvier 1724.

ARRÊT du Conseil de Léogane, portant que la Charge de Syndic-Général des Paroisses, sera jointe et réunie à celle de Trésorier-Receveur Général des droits d'Octroi, sans qu'elles puissent être separées à l'avenir, et sous l'obligation de la part du Syndic-Général de rendre compte au Conseil tous les ans.

Du 8 Septembre 1721.

BREVET, qui accorde au sieur DE BOISMORANT, *Ecrivain principal allant faire les fonctions de Commissaire à Saint-Louis, rang et séance au Conseil de Léogane, du jour de l'enregistrement de ses Provisions de Conseiller au Conseil du Cap.*

Du 10 Septembre 1721.

ORDONNANCE de Police du Juge du Cap, qui 1°. ordonne que les rues et les cours seront nettoyées, sans que les Propriétaires et les Locataires puissent s'excuser les uns sur les autres, auquel effet il sera prix des Negres de loyer à leurs dépens; et 2°. défend aux Esclaves de porter des immondices dans les rues et carrefours, et sur les quais, permettant à toute personne de les arrêter alors, et de les emmener au Corps-de-Garde, sauf l'amende contre les Maîtres, dont le tiers appartiendra au dénonciateur.

Du 16 Septembre 1721.

ORDONNANCE des Administrateurs, qui défend de retirer ni donner asyle à aucun Blanc, même pour une nuit, s'il n'est muni d'un Passeport.

Du 22 Septembre 1721.

LE Marquis de Sorel, etc.

Jean-Baptiste Duclos, etc.

Nous étant revenu que les Habitans de cette Colonie, malgré les défenses réitérées de nos prédécesseurs, recevoient journellement chez eux toutes sortes de personnes inconnues, qui bien souvent sont des Soldats déserteurs, Matelots, Engagés ou des Malfaiteurs, et étant nécessaire de remédier à un mal si préjudiciable au bien et à la tranquillité des Colons; nous faisons très-expresses inhibitions et défenses à tous Habitans, Négocians, Cabaretiers, Capitaines Marchands, et autres demeurans en cette-dite Isle, de retirer ni donner asyle, pas même pour une nuit, à aucun Blanc inconnu, soit Soldats, Matelots ou autres, s'il n'est muni d'un billet ou congé de quelque Commandant ou Officier du Quartier d'où il sortira à peine de 50 liv. d'amende pour la premiere fois, et du double en cas de récidive, applicable le tiers au Dénonciateur, et les deux autres tiers pour les réparations des Forteresses de l'Isle; ordonnons à tous lesdits Habitans de se saisir desdits inconnus, et de les conduire chez le Commandant du Quartier ou Officier de Milice le plus prochain, qui les enverra aux Gouverneurs des Quartiers principaux pour être punis suivant l'exigence des cas; seront tous les Cabaretiers des Paroisses et autres lieux, ainsi que les Marchands, Ouvriers, et autres personnes, de quelque qualité que ce puisse être, tenus d'aller déclarer à l'Officier-Major de leur Quartier, ou à l'Officier de Milice, toutes les personnes inconnues qui iront chez eux au plus tard deux heures après leur arrivée, à moins qu'elles en soient munies de congés, et ce sous la même amende, et à peine d'être mis en prison pendant un mois. Mandons aux Gouverneurs particuliers, autres Officiers-Majors, et à tous les Officiers de Milice de l'Isle, de tenir la main, chacun en son Quartier, à l'exécution de la présente Ordonnance, et particulierement aux Officiers de Milice qui résident dans les Villes, Bourgs et Paroisses, à peine d'être destitués de leurs Emplois; et seront ces présentes enregistrées dans les Greffes des

Conseils de cettedite Isle et Juridictions, etc. lues, publiées et affichées partout où besoin sera, et particulierement les jours de revues à la tête des Compagnies. DONNÉ à Léogane, etc. *Signés* le Marquis DE SOREL et DUCLOS.

R. au Conseil du Cap, le .....

ARRÊT du Conseil du Cap, qui 1°. déboute le Supérieur de l'Hôpital de la Charité de sa demande, afin de faire appliquer audit Hôpital les biens qui ont formé l'établissement des Religieuses de la même Ville; et 2°. maintient les dispositions d'un Arrêt précédent qui adjuge audit Hôpital la moitié des Legs et Dons faits aux Pauvres de la Paroisse du Cap seulement.

Du 22 Septembre 1721.

VU par le Conseil la Requête du Frere Martial Dougnon, Supérieur du Couvent et Hôpital François de la Charité du Cap-François, tendante à ce qu'il fût fait droit aux justes demandes du Suppliant, c'est-à-dire, que tous les biens effectifs en Terre, Negres et Maisons, Argent, et généralement tout ce qui est porté par l'inventaire qui a été fait de l'établissement projeté par le Pere Boutin, appartenant aux Pauvres, soit adjugé à l'Hôpital du Suppliant pour en être fait l'usage porté par la présente Requête; et au cas que le Conseil ne jugeât pas à propos de décider sur la demande énoncée sur la Requête, qu'il lui plût, en lui décernant acte de faire joindre la présente à l'Arrêt, et renvoyer la question à décider à Sa Majesté en son Conseil de Marine; l'Ordonnance de soit communiquée au Procureur-Général du Roi, de ce jour; le réquisitoire dudit Procureur-Général, LE CONSEIL a débouté le Frere Martial des fins de sa Requête, sans donner atteinte à l'Arrêt rendu en cedit Conseil, qui adjuge aux Peres de l'Hôpital la moitié de tous les Legs et Dons qui seront faits en faveur des Pauvres de la Paroisse du Cap seulement. DONNÉ, etc.

ARRÊT du Conseil du Cap, qui sans formalité et sur la Plainte portée en la Cour par un Maître en personne, condamne deux Negres à être pendus, comme chefs d'une révolte.

Du 22 Septembre 1721.

Audience de relevée et extraordinaire.

LE sieur le Febvre, Capitaine de Milice du Quartier Saint-Louis est entré et a présenté sa plainte et dénonciation contre 21, tant Negres que Negresses, dans le nombre desquels il y en avoit cinq armés, et le surplus chargé de bagages accusés de désertion chez l'Espagnol et pris les armes à la main, et a ledit sieur le Febvre demandé un moment d'Audience; sur quoi le Conseil après avoir vu ladite plainte, le réquisitoire de M. le Comte d'Arquyan, concluant à ce qu'attendu les fréquens désordres qui arrivent par la désertion et la rébellion des Negres, Alexandre et César, deux des chefs de la cabale présentement détenus prisonniers au Corps-de-garde soient jugés et leur procès fait, même pendus sur le champ comme affaire extraordinaire pour empêcher les conséquences, et leurs complices punis suivant l'exigence du cas, lesdits deux Negres Alexandre et César, Bozat, Jasmin, Francœur, Louis, Marion, Thérese, leurs complices, aussi prisonniers esdites prisons, auxquels a été représenté ladite plainte, et fait interpellation judiciairement de reconnoître la vérité en présence dudit sieur le Febvre, qui leur a soutenu le tout véritable: à quoi ils ont répondu que quoiqu'ils eussent des armes, ils avoient dessein de revenir; le tout vu et mûrement considéré, et ouï sur le tout le Procureur-Général du Roi, LE CONSEIL, sans aucune formalité pour cette fois, et sans tirer à conséquence, attendu la nature du fait, et *après avoir entendu les Officiers de la Juridiction présens à ladite Assemblée*, a déclaré lesdits deux Negres Alexandre et César, duement atteints et convaincus de désertion, soulevement et rébellion les armes à la main, et lesdits Bozat, Jasmin, Francœur, Louis, Marion et Thérese, complices de cette action, pour réparation de quoi le Conseil a condamné et condamne lesdits Alexandre et César d'être pendus et étranglés jusqu'à ce que mort s'ensuive par l'Exécuteur de la Haute-Justice dans la place d'armes de cette Ville, et ensuite leurs têtes coupées et portées sur l'Habitation de leur Maître, et y être élevées sur des piquets pour servir d'exemple; à laquelle lesdits Bozat, Jasmin, Francœur, Louis, Marion, Thérese assisteront et seront réintégrés dans les prisons de cette Ville, pour au premier jour être fustigés et flétris d'un fer chaud empreint d'une Fleur-de-Lys, avec défenses à eux de récidiver, à peine de la vie; renvoie le Conseil l'exécution du présent Arrêt pardevant le Juge ordinaire.

ORDRE du Roi, qui accorde à M. DE PATY, Gouverneur de Saint-Louis, et Commandant des Quartiers du Petit-Goave, de Léogane et de l'Artibonite, entrée et voix délibérative au Conseil de Léogane avec la même séance qu'il y avoit étant Gouverneur du Petit-Goave.

Du 28 Septembre 1721.

R. au Conseil de Léogane, le 6 Juillet 1722.

ARRÊT du Conseil du Cap, qui défend d'entrer dans l'Auditoire l'épée au côté pendant les Séances.

Du 6 Octobre 1721.

LE le Procureur-Général du Roi ayant représenté au Conseil que tous les Habitans sans distinctions entroient l'épée au côté dans la Chambre du Conseil, contre l'usage des Cours Souveraines de France; LE CONSEIL ayant mis l'affaire en délibération à fait défenses à toutes personnes d'entrer à l'avenir dans la Chambre du Conseil les Séances tenantes l'épée au côté, à l'exception néanmoins de MM. les Gentilshommes, dont les lettres auront été enregistrées en ce Conseil, et MM. les Officiers des Troupes entrenus au service du Roi, ensemble MM. les Colonels, et autres Officiers de Milice, pourvus par Sa Majesté; enjoint le Conseil à l'Huissier-Audiencier de faire tenir un Huissier à la porte dudit Conseil pendant les Séances pour faire quitter les épées à tous ceux qui voudroient y entrer; et sera le présent Arrêt lu, publié et affiché, etc.

ARRÊT du Conseil du Cap, portant Tarif du prix du Pain et du Vin, rendu en conséquence d'une Ordonnance du Juge de Police de la même Ville.

Du 6 Octobre 1721.

LE Procureur-Général du Roi est entré en la Chambre du Conseil, et y a présenté une remontrance de son Substitut au sujet de la Police qui regarde les Boulangers et Cabaretiers de cette Ville, avec un Tarif du prix que lesdits Boulangers et Cabaretiers de cettedite Ville doivent vendre le Pain et le Vin à proportion de ceux qu'ils achetent les Farines et Vins des Vaisseaux marchands, avec une Sentence du Juge; en conséquence LE CONSEIL, après en avoir pris la lecture, vu et examiné lesdits Tarifs, et conformément aux conclusions dudit sieur Procureur-Général du Roi a confirmé et confirme ladite Sentence dans tous ses Chefs; ordonne le Conseil que l'Arrêt et lesdits Tarifs seront lus, publiés et affichés partout où besoin sera, etc.

Tarif pour le Vin qui se vend en d'étail chez les Cabaretiers, déduction faite du profit que peut leur être accordé d'un tiers en sus, et du bénéfice sur les bouteilles qui doivent tenir un verre moins que la pinte.

La Barrique de Vin étant au-dessous de	50 l., la Bouteille vaudra	6 s. 3 d.
depuis 50 liv. jusqu'à	60	8
depuis 60 liv. jusqu'à	70	10

et toujours en augmentant de deux sols sur le prix de la Bouteille par chaque pistole ensus.

Tarif de se que doit peser le Pain; le demi-escalin valant 6 s. 3 d. à raison des différens prix de la Farine suivant les différens temps.

L'on peut compter sur 175 livres pesant, dans un Barril de Farine, et accorder pour le profit du Boulanger l'augmentation de l'eau, comme il se pratiquoit autrefois, que les Boulangers rendoient poids pour poids à ceux qui leur donnoient la Farine pour faire leur pain, et y ajouter encore trois deniers par livre.

Le Barril de Farine à 35 l., c'est la liv. de pain à 4 s., et pour demi-escal. 24 on.

à	43	15 sols,	5	20
à	52	10	6	16
à	61	5	7	14
à	70		8	12
à	78	15	9	10
à	87	10	10	9
à	95	5	11	8 1/2
à	105		12	8

et toujours à proportion en augmentant ou diminuant.

ORDONNANCE de l'Intendant en Fonctions, portant Concession de la Liberté à un de ses Esclaves, avec la Ratification du Général.

Des 10 et 11 Octobre 1721.

Jean-Baptiste Duclos, etc.

Etant content des services de notre Negre, nommé *Paté*, et sur les représentations qui nous ont été faites par Madame Duclos, qu'il a toujours bien servi son défunt mari, et qu'en ayant été toujours très-contente, elle désiroit que nous lui accordassions sa liberté en mémoire de sondit défunt mari; nous certifions à tous ceux qu'il appartiendra que nous avons audit Negre, nommé *Paté*, accordé pleine et entiere liberté, voulant qu'il jouisse dès à présent des mêmes franchises et immunités dont jouissent tous les autres affranchis du Royaume; prions tous Commandans, Juges et autres qu'il appartiendra, d'avoir égard au présent Acte de liberté que nous lui accordons, pour lui servir et valoir ainsi qu'il appartiendra, et de l'en faire jouir pleinement et paisiblement suivant les Ordonnances du Roi rendues à ce sujet. DONNÉ au Fond des Negres, Côte Saint-Domingue, etc. *Signé* DUCLOS.

Le Marquis de Sorel, etc.

Vu pour nous le présent Acte de liberté accordé par M. Duclos à son Negre, nommé *Paté*; nous l'avons approuvé et ratifié, et ordonnons qu'il sortira son plein et entier effet; et en conséquence que ledit Negre jouira des mêmes privileges, exemptions et immunités dont jouissent tous

tous les autres affranchis du Royaume, et conformément aux Ordonnances du Roi, à la charge par lui de faire enregistrer au Greffe de la Juridiction du Cap, le présent Acte de liberté, pour y avoir recours en cas de besoin. DONNÉ au Fond des Negres, Côte Saint-Domingue, etc.

Signé le Marquis DE SOREL.

R. au Siege Royal du Cap, le 7 Janvier 1722.

***ORDONNANCE** des Administrateurs, concernant la Maréchaussée, et qui lui enjoint notament de porter des Bandoulieres.*

Du 10 Octobre 1721.

LE Marquis de Sorel, etc.

Jean-Baptiste Duclos, etc.

Sur les plaintes fréquentes qui nous ont été portées, que les Archers de la Maréchaussée établie au Cap, en conséquence de l'Ordonnance que nous avons rendue pour l'établissement de cette Maréchaussée, par laquelle il leur est enjoint de se saisir de tous les Negres qui n'auront pas de billets de leurs Maîtres, pour lesquels Negres il leur seroit payé une certaine somme, suivant l'endroit où ils les auroient saisis, arrêtoient souvent ces Negres sur les Habitations même de leurs Maîtres, au milieu desquelles il se trouvoit que le grand chemin passoit, lorsqu'ils les rencontroient sans billets de leurs Maîtres, et même que quelques-uns d'entre eux arrêtoient souvent des Negres porteurs de billets, lesquels ils déchiroient pour se faire payer de leur capture, et en outre qu'ils prétendoient le tiers des Chevaux qu'ils trouvoient auxdits Negres sans billets, ce qui étoit sujet à de grands inconvéniens, attendu que plusieurs Negres sans avoir aucun dessein de déserter, se servoient fort souvent la nuit des meilleurs Chevaux de leurs Maîtres, pour aller faire des visites nocturnes et revenir le lendemain dès le matin, dans lesquelles visites il leur arrivoit souvent d'être rencontrés par les Archers; et sur ce qui nous est revenu que la plupart des désordres qui arrivent au sujet de la capture de ces Negres, proviennent souvent de quantité de gens sans aveu, qui se disent de la Compagnie de la Maréchaussée et n'en sont point; nous, pour y remédier, et après y avoir murement réfléchi, avons fait le Réglement suivant.

Art. Ier. Nous ordonnons à tous les Archers de la Maréchaussée, de se faire faire incessamment et à leurs frais une Bandouliere bleue parsemée de fleurs de lis jaunes, et ce pour les faire reconnoître, et afin qu'ils ne puissent point rejetter sur d'autres les désordres dont ils pourront être capables.

Art. II. Et en attendant qu'ils se puissent pourvoir desdites Bandoulieres, pourquoi nous leur donnons terme jusqu'à l'année prochaine, ils auront soin d'être munis dans toutes les expéditions dont ils seront chargés, d'un ordre par écrit du Grand-Prévôt ou Capitaine de la Maréchaussée, qu'ils feront voir aux Maîtres des Negres qu'ils arrêteront, ou à celui à qui ils les remettront au Cap, auxquels nous défendons de leur rien payer sans avoir vu cet ordre, qui certifiera qu'ils sont Archers ou de la Compagnie de la Maréchaussée.

Art. III. Ne prétendons cependant point empêcher que l'on ne paie, conformément à l'Ordonnance de l'établissement de la Maréchaussée, tous ceux qui arrêteront des Negres lorqu'ils seront connus pour ce qu'ils sont, et qu'ils auront prouvé ou justifié comme ils les auront arrêtés avec droit et raison, et les Archers de la Maréchaussée seront obligés de justifier pareillement la même chose, en rapportant des certificats des Capitaines des Quartiers où ils auront arrêté lesdits Negres, ou de l'Officier de Milice commandant en son absence, qui portera qu'un tel a arrêté dans un tel Quartier un Negre appartenant à un tel, ou un Negre inconnu ; défendons à qui que ce soit de rien payer sans un pareil certificat ; et les Officiers de Milice seront obligés de questionner le Negre avant de délivrer ce certificat, pour savoir de lui s'il étoit porteur de billet ou non, et en cas que le Negre assurât avoir eu un billet qui lui auroit été déchiré, il le garderoit chez lui, enverroit avertir son Maître, qui seroit cru après ce qu'auroit dit le Negre, mais non avant préférablement à celui qui l'auroit arrêté.

Art. IV. Ordonnons à tous les Officiers de Milices de ne point refuser de pareils certificats à tous ceux qui arrêteront des Negres, lorsqu'ils le feront dans le cas des Ordonnances et avec droit et raison, et en cas qu'ils eussent des raisons de ne les pas accorder, d'en informer M. le Comte d'Arquian Gouverneur ; leur enjoignons de ne les point faire attendre, ni de leur donner aucun sujet de mortification, lorsqu'ils s'acquitteront comme ils doivent des fonctions de leur Emploi, comme aussi de leur prêter tous secours et assistances dont ils seront requis par eux pour lesdites fonctions.

Art. V. Défendons aux Archers de la Maréchaussée, et à toutes autres personnes, d'arrêter aucun Negre sur le terrein de l'Habitation de son Maître, en quelque endroit qu'il soit, grand chemin ou non, quand même il n'auroit pas de billet, à peine de 50 liv. d'amende; mais s'il étoit arrêté en passant de l'Habitation d'un Habitant à un autre, qui lui appartiendroit, sans avoir de billet, il seroit bien arrêté, lorsqu'il ne seroit pas sur le terrein de l'une des deux Habitations de son Maître, c'est à lui à avoir soin de lui donner un billet, ou de lui en faire donner par quelques voisins, s'il ne sçait pas écrire, ainsi que tous ceux qui sont dans le cas de ne pas savoir écrire.

Art. VI. Quoiqu'il soit porté dans le Xe Article de l'établissement de la Maréchaussée, que des effets, meubles, nippes, chevaux, et autres choses dont seront trouvés saisis les Negres qui seront arrêtés; le tiers appartiendra aux Archers, et les deux autres tiers rendus aux Propriétaires; nous en exceptons cependant les chevaux pour lesquels ils ne seaa payé que comme pour les Negres, suivant le IXe Article, si mieux n'aiment les Propriétaires desdits chevaux les abandonner aux Archers.

Art. VII. Ordonnons que les Archers qui contreviendront au présent Réglement, seront condamnés en 300 liv. d'amende, trois mois de prison, et chassés ignominieusement de la Compagnie, et même condamnés à de plus grandes peines si le cas y échoit; le tout conformément qu'il sera ordonné par M. le Comte d'Arquyan, Gouverneur, sur les plaintes, et les preuves qu'il en recevra, et de même pour tous autres, qui sans être de la Compagnie, s'en diroient et arrêteroient des Negres, dont ils déchireroient les billets, lesquels seront condamnés à 600 liv. d'amende au profit du Maître du Negre qu'ils auroient arrêté mal-à-propos, et à être mis au Carcan pendant trois jours différens une heure durant sur la place publique le marché tenant.

Lequel présent Réglement contenant sept Articles, sera exécuté selon sa forme et teneur; à l'effet de quoi il sera lu à la tête de la Compagnie de la Maréchaussée assemblée, publié et affiché par-tout où besoin sera, à ce que personne n'en ignore, et enregistré au Greffe du Conseil pour y avoir recours en cas de besoin: enjoignons à tous et un chacun de s'y conformer, et recommandons à M. le Comte d'Arquyan, Gouverneur, de tenir exactement la main à son exécution, et d'en envoyer copie à chaque Capitaine, ou Officier-Commandant les Quartiers, afin qu'ils s'y conforment. Donné au Fond des Negres, Côte Saint-Domingue, etc.

Signés le Marquis de Sorel et Duclos.

R. au Conseil du Cap, le 23 du même mois.

ORDONNANCE des Administrateurs, touchant le paiement de droits de Maréchaussée.

Du 10 Octobre 1721.

LE Marquis de Sorel, etc.

Jean-Baptiste Duclos, etc.

En exécution de l'Arrêt du Conseil du Cap, en date du 7 Juillet dernier, nous ordonnons à tous les Habitans des Quartiers du ressort du Conseil du Cap, excepté ceux du Port de Paix, de remettre incessamment et sans délai entre les mains des Marguilliers desdites Paroisses du Cap, 25 sols par tête de leurs Negres travaillans, les privilégiés déduits, pour les six derniers mois de cette année-ci, au payement desquels 25 sols par tête de leurs Negres travaillans et payant droits, ils seront contraints par toutes voies dûes et raisonnables, comme saisie et vente de leurs meubles, effets et Negres domestiques, et même par corps, et sur la simple signiffication de l'Huissier qui en sera chargé, attendu que ce sont des fonds publics; enjoignons auxdits Marguilliers d'en faire incessamment le recouvrement, et la remise entre les mains dudit Receveur Général, à peine d'en répondre en leur propre et privé nom, s'ils ne font apparoir de l'insolvabilité desdits Habitans, et des diligences qu'ils auront faites pour ledit recouvrement, lequel ils feront sur copie du recensement de Negres payant droits de l'année derniere pour celle-ci, qui leur sera remis par le sieur Dulangot Receveur Général de la Colonie; ordonnons audit sieur Dulangot de le leur remettre incessamment collationné par lui, etrecommandons à M. le Comte d'Arquyan Gouverneur, d'envoyer le plus promptement qu'il se pourra copie de la présente Ordonnance à tous les Marguilliers des Paroisses du Cap, comme aussi audit sieur Dulangot, pour qu'il leur envoie une copie du recensement, et en même temps de tenir exactement la main à l'exécution de la présente Ordonnance, qui sera enregistrée au Greffe de la Juridiction, pour y avoir recours en cas de besoin. DONNÉ au Fond des Negres, Côte Saint-Domingue, le 10 Octobre 1721.

Signés le Marquis DE SOREL et DUCLOS.

R. au Conseil du Cap, le 25 du même mois.

LETTRES-PATENTES, qui permettent à la Ville de Dunkerque de faire le Commerce des Isles Françoises de l'Amérique, ainsi que les autres Ports désignés par les Lettres-Patentes du mois d'Avril 1717.

Du mois d'Octobre 1721.

EXTRAIT du Mémoire du Roi, pour servir d'instruction à M. de FAYET, Capitaine de Vaisseau, commandant la Frégate l'Attalante, afin de faire un nouvel acte de propriété du Quartier de Samana, de la part de la France.

Du 12 Octobre 1721.

SA MAJESTÉ désirant conserver la possession du Quartier de Samana qui lui appartient, en attendant que la Colonie soit assez peuplée pour pouvoir s'établir solidement, elle veut que pendant le séjour que le sieur de Fayet fera dans la Colonie, il aille à Samana avec la Frégate l'Attalante, et même avec le Bateau s'il est nécessaire, planter un Poteau aux Armes de Sa Majesté dans la presqu'Isle de Samana, et que cela s'exécute au bruit de la Mousqueterie et des cris ordinaires en pareille occasion. Il fera le tout de concert avec le sieur Marquis de Sorel et le sieur de Montholon. Sa Majesté ordonne au premier d'y envoyer par la même occasion un Capitaine d'Infanterie avec 60 ou 80 hommes, moitié Soldats et moitié Boucanniers ou gens du Pays, pour y planter des Ajoupas, et y rester pendant 7 ou 8 jours. Elle juge cette précaution nécessaire pour se maintenir dans son droit de propriété, et pour ne pas tomber dans le cas de prescription, la derniere prise de possession ayant été faite en 1701.

ORDONNANCE des Administrateurs, touchant les Emplacemens non bâtis au Cap.

Du 12 Octobre 1721.

LE Marquis de Sorel, etc.

Jeau-Baptiste Duclos, etc.

Vu par nous la requisition du Procureur du Roi de la Juridiction du Cap, nous ordonnons à tous les propriétaires des Magasins qui tombent en ruine dans ladite Ville du Cap, même de emplacemens qui ne sont point bâtis, de les rétablir et bâtir à commencer dans trois mois de la publication de la présente Ordonnance, et de les parfaire et mettre en état de servir dans tout le courant de l'année, si non et à faute de ce, nous déclarons que lesdits emplacemens seront réunis au Domaine du Roi, et concédés de nouveau à d'autres à la diligence du Procureur du Roi; enjoignons aux Tuteurs des Mineurs qui ont des Magasins ou emplacemens, de se conformer à la présente Ordonnance ou de faire leur déclaration au Greffe des raisons qui les en empêchent, copie de laquelle ils nous enverront dans ledit temps de trois mois pour y être par nous pourvu, sinon et à faute de ce, ordonnons que lesdits Tuteurs en demeureront garants et responsables en leurs propres et privés noms envers lesdits Mineurs, qui n'auront plus aucun droit ni recours sur lesdits emplacemens, lorsqu'ils auront été réunis et concédés à d'autres, qu'en cas d'insolvabilité desdits Tuteurs seulement : et pour l'exécution de la présente Ordonnance, voulons qu'elle soit lue, publiée et affichée, et recommandons à M. le Comte d'Arquian de tenir la main à son exécution. DONNÉE au Fond des Negres, ect.

Signés le Marquis DE SOREL et DUCLOS.

R. au Greffe du Siege Royal du Cap, le 15 Décembre suivant.

EXTRAIT *du Mémoire du Roi à MM.* DE SOREL *et* DE MONTHOLON, *sur la fourniture du bois à brûler pour le Général.*

Du 9 Novembre 1721.

IL a été acheté des deniers de l'Octroi six Negres pour fournir du bois au Gouverneur, dont il reste à présent cinq; cet achat a été fait sans ordre de Sa Majesté; cependant elle veut bien, par rapport au sieur de Sorel, des services duquel elle est contente, que ces cinq Negres soient loués par l'Intendant pour fournir du bois au Gouverneur, que Sa Majesté a réglé à quatre charetées par semaine; cette fourniture subsistera de cette maniere tant qu'il y aura suffisamment de ces Negres, et des enfans qui en proviendront, pour en produire cette quantité; mais s'il arrivoit qu'au moyen de ce qui restera de ces Negres, il n'y en eût pas de quoi fournir ces quatre charetées de bois, et même qu'on n'en pût plus fournir, le Gouverneur achetera le bois dont il aura besoin, Sa Majesté ne voulant faire aucune dépense à cet égard.

R. au Conseil de Léogane, le 16 Janvier 1726.

ORDONNANCE *du Roi, qui regle la séance du Premier Conseiller et celle des autres Conseillers.*

Du 17 Novembre 1721.

SA MAJESTÉ étant informée des difficultés qui sont survenues au sujet de la séance dans le Conseil Supérieur de Léogane, par rapport à l'ordre du 29 Avril de la présente année, qui regle la séance des Premiers Conseillers dans les Conseils Supérieurs de la Martinique, Guadeloupe, Léogane et le Cap, en cas de mort des Intendans ou en leur absence desdits Pays, les Conseillers desdits Conseils de Léogane ayant prétendu qu'on pouvoit présumer par ledit ordre, qui ne fait mention cependant que des Premiers Conseillers, que l'intention de Sa Majesté étoit que le plus ancien d'eux devoit dans l'absence de l'Intendant et du Premier Conseiller avoir le même rang et séance; et Sa Majesté estimant nécessaire de prévenir toute difficulté à cet égard, de l'avis de M.

le Duc d'Orléans Régent, elle a ordonné et ordonne que ledit Premier Conseiller continuera à prendre séance ainsi qu'il est réglé par ledit ordre du 20 Avril, et que les Conseillers dudit Conseil continueront aussi d'avoir séance après les Lieutenans du Roi et Majors; défend Sa Majesté auxdits Conseillers de prendre une autre séance, soit sous prétexte de l'absence de l'Intendant et du Premier Conseiller, ou de l'un d'eux seulement, soit parce qu'en l'absence dudit Intendant et du Premier Conseiller, le plus ancien Conseiller fait dans le Conseil les mêmes fonctions que l'Intendant. Mande et ordonne Sa Majesté aux Officiers du Conseil Supérieur de Léogane, de se conformer au présent ordre, qui sera enregistré au Greffe dudit Conseil. FAIT à Paris, le 17 Novembre 1721.

R. au Conseil de Léogane, le 16 Mai 1721.

V. l'Ordonnance Roi, du 17 Novembre 1722.

ORDONNANCE des Administrateurs, touchant les Monnoies.

Du 20 Novembre 1721.

LE Marquis de Sorel, etc.
Jean-Baptiste Duclos, etc.

Sur les représentations fréquentes qui nous ont été faites, que tous les Commerçans et Capitaines de Navires Marchands en ce Pays, ne veulent vendre et livrer leurs Denrées qu'à ceux qui peuvent les leur payer en especes, desquelles ils ont fait un si grand enlevement qu'on n'en voit presque plus présentement, et que par-là les Habitans qui n'en ont point, ont beaucoup de difficulté à se pourvoir de ce qui leur est nécessaire, pourquoi ils sont obligés de donner leurs Denrées à très-bas prix, ce qui par conséquent leur cause un tort très-considérable, et voyant d'ailleurs que cette rareté d'especes est la source de quantité de procès et de discussions entre lesdits Habitans et les Commerçans, par l'impossibilité où se trouvent les uns et les autres, de satisfaire aux obligations qu'ils auroient contractées de payer en especes, dans l'espérance d'en trouver à l'échéance de leurs billets, au moyen des deniers dont ils étoient suffisamment pourvus, ce qui ne leur est plus possible par le manque

manque d'especes dans le Pays, lesdits Habitans ne pouvant aussi par la même raison payer les droits d'Octroi, les droits curiaux, ni les droits publics, et cette rareté d'especes ne provenant que de ce que les Piastres ne valent ici que 5 liv. et les Pistoles d'Espagne 20 liv. ce qui engage les Commerçans et Capitaines de Navires Marchands, à les enlever toutes pour les porter ou envoyer en France ou à la Martinique, où elles ont beaucoup plus de valeur par le profit considérable qu'ils y font : par toutes ces raisons et autres, nous avons cru qu'il étoit absolument nécessaire de donner plus de valeur à ces especes qu'elles n'en ont présentement, et ainsi en vertu du pouvoir qui nous en a été accordé par Sa Majesté, nous ordonnons qu'à commencer du jour de la publication de la presente Ordonnance, les Piastres seront reçues dans le Commerce et auront cours dorénavant pour la somme de 8 l.; les demies, quarts, huitiemes et seiziemes à proportion, et de même les Pistoles d'Espagne à 32 liv. et aussi les demies, quarts, doubles et quadruples à proportion, sur lequel pied lesdites especes continueront d'avoir cours jusqu'à ce qu'il en soit autrement ordonné par nous, conformément et par proportion aux diminutions qui pourront être par la suite ordonnées par Sa Majesté sur les especes de France; enjoignons aux Receveurs de l'Octroi et à leurs Commis, aux Commis des Trésoriers Généraux de la Marine, aux Receveurs des deniers publics et droits curiaux, Receveurs des amendes et confiscations, Procureurs des biens vacants, Trésoriers des Eglises et tous autres Receveurs et Comptables, établis dans toute l'étendue de ce Gouvernement, de faire parapher sur le dernier feuillet écrit, leurs Livres de recette et dépense, le jour de la publication de la présente Ordoneance par le sieur Juge des lieux où ils résident, et en son absence par le Procureur du Roi ou son Substitut, pour ensuite faire arrêter leurs comptes jusqu'à ce jour par M. l'Intendant, ou telle autre personne qu'il appartiendra, afin que l'augmentation qu'il pourra y avoir sur ces especes qui seront en caisses ou qui doivent y être, aille au profit de ceux à qui elles sont comptables, et au moyen de cette augmentation desdites especes, les Ordonnances que nous avons rendues les 6 Octobre et 27 Novembre de l'année derniere, sur la maniere dont les Commerçans et les Capitaines de Navires Marchands feroient leur Commerce avec les Habitans, devenant inutiles, nous les avons annullées et annullons par la Présente, et ordonnons qu'on n'y ait doénavant aucun égard; mandons à MM. les Gouverneurs, Commandans, Subdélégués des Intendans, et tous autres qu'il appartiendra, de tenir la main chacun en ce qui le concernera à l'exécution de la présente Ordonnance, laquelle sera lue, publiée, registrée et affichée. DONNÉE à Léogane.

Signés le Marquis DE SOREL et DUCLOS.

R. au Conseil du Cap, ...

ORDONNANCE des Administrateurs, touchant les Arpentages du Port de Paix.

Du 28 Novembre 1721.

LE Marquis de Sorel, etc.

Jean-Baptiste Duclos, etc.

Nous étant revenu que la plupart des Habitans du Port de Paix, ne se mettoient pas en devoir de faire arpenter les Terreins qu'ils occupent, ou qu'ils prétendent leur appartenir, quoi qu'il leur soit expressement ordonné par les concessions qu'ils en obtiennent, sans quoi elles sont nulles, et étant nécessaire de faire faire les Arpentages afin de pouvoir placer de nouveaux Colons sur les Terres qui ne sont point de leur concession, nous ordonnons à tous les Habitans du Port de Paix et dépendances dont les Terres ne sont point arpentées, de faire tirer incessamment les lisieres de leurs Habitations et planter les bornes conformément à leurs concessions; enjoignons au sieur Mignon, Arpenteur dudit Quartier, de se transporter chez les Habitans dont les Terres ne sont point arpentées, et de faire les operations nécessaires, faute de quoi et passé six mois du jour de la publication des Présentes, nous déclarons tous les Terreins qui ne seront pas arpentés réunis au Domaine du Roi, ponr être concédés à de nouveaux Habitans. Mandons au sieur de Breda, Lieutenant du Roi Commandant dudit lieu, de tenir la main à l'exécution de la présente Ordonnance, qui sera lue, publiée et affichée par-tout où besoin sera, et enregistré au Greffe de la Juridiction, afin que personne n'en ignore. DONNÉE à Léogane, ect.

R. au Siege Royal du Port de Paix, le 10 Mars 1722.

ARRÊTS du Conseil du Cap, sur l'incompatibilité des Places de Conseiller et de Receveur de l'Octroi.

Du 1 Décembre 1721.

SUR la délibération faite ce jourd'hui en ce Conseil, au sujet de la réception du sieur Allaire Dulangot Receveur des Octrois, pourvu par Sa Majesté de l'Office de Conseiller en ce Conseil, ouï le Procureur Général du Roi : LE CONSEIL a ordonné que l'Arrêt rendu en icelui le 4 Mars de l'année derniere 1720, sortira son plein et entier effet.

Du même jour de relevée.

Le Conseil a donné acte au sieur Dulangot de sa présentation en icelui, de l'information de ses vie et mœurs, faite ce jourd'hui par M. de Chavannes, Conseiler Commissaire en cette partie, et du refus que fait ledit Conseil de le recevoir et installer en la Charge de Conseiller audit Conseil, dont Sa Majesté l'a pourvu par les Provisions qu'elle lui a accordées le 18 Février dernier, attendu l'imcompatibilité que ledit Conseil trouve dans la jouissance dudit Office de Conseiller et la possession de l'Emploi de Receveur des Octrois qu'il occupe présentement, suivant l'Arret ci-devant rendu, le 4 Mars de l'année derniere 1720.

V. le Mémoire du Roi, du 17 Août 1722.

ARRÊT du Conseil du Cap, qui condamne en l'amende un ex-Engagé, pour avoir écrit une Lettre insolente à son ancien Maître.

Du 2 Décembre 1721.

ENTRE Jean-Baptiste Amat, Habitant à Limonade, Appellant, d'une part.

Et Moyse Riviere, Charon, Intimé, d'autre part; Parties ouïes, ensemble le Procureur Général du Roi, LE CONSEIL a ordonné et ordonne que la Sentence dont est appel sortira son plein et entier effet, condamne ledit Riviere à la somme de 150 liv. d'amende, applicables à la bâtisse du Palais, attendu la Lettre insolente qu'il a écrite audit sieur Amat ayant été son Engagé, et ne lui convenant pas de se servir dans ses écrits de semblables termes, défenses à lui de récidiver sous plus grosses peines, et a ledit sieur Amat condamné aux dépens de l'instance.

LETTRES-PATENTES, portant que les Mineurs ayant des biens en France et dans les Colonies, auront des Tuteurs dans l'un et l'autre Pays; et qui interdit auxdits Mineurs quoique émancipés la disposition de leurs Negres Esclaves, jusqu'à ce qu'ils aient atteint l'âge de 25 ans.

Du 15 Décembre 1721.

LOUIS, etc. SALUT. Depuis l'établissement des Colonies Françoises dans l'Amérique, plusieurs de nos Sujets y ont transporté une partie de leur fortune et de leur Famille, soit qu'ils y aient établi un véritable domicile, soit qu'ils se soient contentés d'y passer un temps considérable pour faire valoir les Habitations qu'ils y ont acquises; mais comme il arrive souvent que la succession des Peres de famille qui y ont fait ces sortes d'Etablissemens, est composée en partie des biens situés dans notre Royaume, et en partie des biens qu'ils possedoient dans nos Colonies, les tutelles et curatelles, les émancipations et les mariages de leurs enfans Mineurs qu'ils laissent en France ou en Amérique, font naître un doute considérable sur la Juridiction du Tribunal auquel il appartient d'y pourvoir, les Juges de France se croyant bien fondés à en connoître même par rapport aux biens situés en Amérique, lorsqu'il est certain que le Pere des Mineurs avoit conservé son ancien domicile au-dedans de notre Royaume; et les Officiers que nous avons établis dans les Colonies soutenant par la même raison que c'est à eux d'y pourvoir, même par rapport aux biens situés en France, lorsque le domicile du Pere a été véritablement transféré dans une des parties de l'Amérique qui sont soumises sous notre domination; mais quoique cette distinction paroisse juste en elle-même et conforme aux principes généraux de la Jurisprudence, l'expérience nous a fait voir qu'elle peut être sujete à de grands inconvéniens, soit parce qu'elle donne lieu à de grandes et à plusieurs contestations sur le véritable domicile du Pere des Mineurs, qu'il est assez difficile de déterminer dans les différentes circonstances de chaque affaire particuliere, soit parce qu'il est impossible qu'un Tuteur établi en France puisse veiller exactement à l'administration des biens que les Mineurs ont à l'Amérique, et réciproquement qu'un Tuteur établi dans nos Colonies puisse gérer avec une attention suffisante par rapport aux biens qui sont situés en France, en sorte qu'il arrive souvent que l'une ou l'autre partie du patrimoine des Mineurs est négligée, ou confiée par les Tuteurs à des mains peu sûres, qui abusent de son absence pour dissiper un bien dont il est fort difficile au Tuteur de se faire rendre un compte fidele; nous avons cru qu'à l'exemple des Législateurs Romains qui avoient introduit l'usage de donner des Tuteurs différens aux Mineurs, par rapport aux biens qu'ils possédoient dans des Pays éloignés les uns des autres, nous devions aussi partager l'administration des biens qui appartiennent aux mêmes Mineurs en France ou en Amérique, en sorte que ses différens patrimoines soient régis à l'avenir par différens Tuteurs, en confiant néanmoins le soin de l'éducation des Mineurs et la préférence à l'égard de leur mariage au Tuteur du lieu où le Pere desdits Mineurs avoit son domicile qui est toujours regardé comme celui des Mineurs, suivant les regles établies par les Ordonnances que les Rois nos prédécesseurs ont fait sur cette matiere; enfin comme nous avons été informés que les Negres employés à la culture des Terres, étant regardés dans nos Colonies comme des effets mobiliers suivant les Loix qui y sont établies, les Mineurs abusant souvent des droits que l'émancipation leur donne de disposer de leurs Negres, et en ruinant par-là les Habitations qui leur sont propres, font encore un préjudice à nos Colonies très-considérable, dont la principale utilité dépend du travail des Negres qui font valoir les Terres; nous avons jugé à propos de leur en interdire la disposition, jusqu'à ce qu'ils aient atteint l'âge de 25 ans, et nous nous portons d'autant plus volontiers à faire une Loi nouvelle sur ces différentes matieres, que ce sera en même temps un effet de la protection que nous donnons à ceux de nos Sujets à qui la foiblesse de leur âge la rend encore plus nécessaire qu'aux autres, et la preuve de l'attention que nous avons toujours pour ce qui peut favoriser le Commerce des Colonies Françoises, et le rendre utile à tout notre Royaume, dont l'abondance et le bonheur fait le principal objet de nos soins et de nos vœux. A CES CAUSES, etc. voulons et nous plaît ce qui suit.

ART. Ier. Lorsque nos Sujets Mineurs auxquels il doit être pourvu de Tuteurs ou Curateurs, auront des biens en France et d'autres situés dans les Colonies Françoises, il leur sera nommé des Tuteurs dans l'un et dans l'autre Pays, savoir en France par les Juges de ce Royaume auxquels la connoissance en appartient, et ce de l'avis des Parens et Amis desdits Mineurs qui seront en France, pour avoir par lesdits Tuteurs ou Curateurs l'administration des biens de France seulement; et dans les Colonies par les Juges qui y sont établis, aussi de l'avis des Parens et Amis qu'ils y auront, lesquels Tuteurs ou Curateurs élus dans les Colonies, n'auront pareillement que l'administration des biens qui s'y trouveront appartenant auxdits Mineurs, et seront lesdits Tuteurs et Curateurs de France et ceux des Colonies Françoises indépendans les uns des autres, sans être responsables que de la gestion et administration des biens du Pays dans lesquels ils auront été élus, de laquelle ils ne seront tenus de rendre compte que devant les Juges qui les auront nommés.

Art. II. L'éducation des Mineurs sera déférée au Tuteur qui aura été élu dans le Pays où le Pere avoit son domicile dans le temps de son décès, soit que tous les Mineurs enfans du même Pere fassent leur demeure dans le même Pays, ou que les uns demeurent en France et les autres aux Colonies, le tout à moins que sur l'avis des Parens et Amis desdits Mineurs, il n'en soit autrement ordonné par le Juge de la Tutelle.

Art. III. Les Lettres d'émancipation que lesdits Mineurs obtiendront, seront entérinées tant dans Tribunaux de France que dans ceux des Colonies, dans lesquels la nomination de leurs Tuteurs aura été faite, sans que lesdites Lettres d'émancipation puissent avoir aucun effet, que dans celui des deux Pays où elles auront été entérinées.

Art. IV. Les Mineurs quoique émancipés, ne pourront disposer des Negres qui servent à exploiter leurs Habitations, jusqu'à ce qu'ils aient atteint l'âge de 25 ans accomplis, sans néanmoins que lesdits Negres cessent d'être réputés meubles par rapport à tous autres effets.

Art. V. Les Mineurs qui voudront contracter mariage, soit en France, soit dans les Colonies Françaises, ne pourront le faire sans l'avis et le consentement par écrit du Tuteur nommé dans le Pays où le Pere avoit son domicile au jour de son décès, sans néanmoins qu'il puisse donner ledit consentement que sur l'avis des Parens, qui seront assemblés à cet effet par-devant le Juge qui l'aura nommé Tuteur, et sauf audit Juge, avant que d'omologuer leurs avis, d'ordonner que l'autre Tuteur qui aura été nommé en France ou dans les Colonies, ensemble les Parens que lesdits Mineurs auront dans l'un et l'autre Pays, seront pareillement entendus dans le délai compétant par-devant le Juge qui aura nommé ledit Tuteur, pour leurs avis rappportés être statué ainsi qu'il appartiendra sur le mariage proposé pour ledit Mineur, ce que nous ne voulons être ordonné néanmoins que pour de grandes considérations, dont le Juge sera tenu de faire mention dans la Sentence qui sera par lui rendue : Si donnons en mandement à nos amés et féaux les Gens tenant nos Conseils Supérieurs dans nos Colonies, que ces Présentes ils aient à faire registrer, etc.

R. au Conseil de Léogane, le 8 Juillet 1722.

Et à celui du Cap, le 5 Octobre suivant.

ORDONNANCE du Roi, au sujet des Matelots qui désertent dans les Colonies.

Du 23 Décembre 1721.

SA MAJESTÉ étant informée que le Commerce des Négocians à ses Colonies de l'Amérique est fort interrompu par la désertion des Equipages des Vaisseaux, que plusieurs Matelots abandonnent les Navires où ils servent et se cachent jusqu'à leur départ, pour ensuite s'engager dans d'autres Vaisseaux, qui, ayant souffert une pareille désertion, ne peuvent revenir en France sans remplacement; qu'alors profitant de la nécessité où les Capitaines se trouvent ils exigent d'eux des salaires excessifs, ce qui ruine le Commerce et entretient le libertinage; et Sa Majesté voulant empêcher un pareil abus, de l'avis de M. le Duc d'Orléans Régent, elle déclare nulles toutes les conventions que les Matelots pourront faire dans les Colonies, à commencer du premier Mars de l'année prochaine 1722, pour raison de leurs salaires ou autrement avec les Capitaines des Navires qui seront venus de France dans lesdites Colonies, à moins que lesdites conventions ne soient autorisées par les Intendans, Commissaires-Ordonnateurs desdites Colonies, ou leurs Subdélégués dans les lieux où lesdits Intendans ne résideront point : veut Sa Majesté que lesdits Intendans, Commissaires-Ordonnateurs ou Subdélégués, reglent lesdits salaires à un quart de moins que lesdits Matelots ne gagnoient sur les Navires qu'ils auront abandonnés : ordonne Sa Majesté que tous les Matelots de France qui se trouveront dans lesdites Colonies après le départ des Vaisseaux dans lesquels ils seront arrivés, soient arrêtés et mis dans les prisons, à moins qu'ils ne soient porteurs d'un Congé de leur Capitaine, visé de l'Intendant ou Commissaire-Ordonnateur, et qu'ils restent dans lesdites prisons jusqu'à ce qu'ils puissent être renvoyés en

France par des Navires auxquels il manquera des Matelots, et que les Capitaines auxquels ils seront donnés en remplacement, paient par avance sur la solde qu'ils gagneront leurs gîtes, géolages et subsistances dans les prisons, depuis le jour de leur entrée jusqu'au jour de leur sortie, dont ils prendront quittances du Géolier, qui seront visées par lesdits Intendans, Commissaires-Ordonnateurs ou Subdélégués, au moyen de quoi les sommes contenues dans lesdites quittances, seront déduites auxdits Matelots sur leurs salaires, dans le paiement qui leur sera fait en France au désarmement, et lesdites quittances à eux remises ; ordonne en outre Sa Majesté auxdits Matelots, aussitôt leur arrivée en France, de se rendre à leur Département, et de se représenter aux Commissaires des Classes, à peine contre les contrevenans de trois mois de prison. Mande et ordonne Sa Majesté à M. le Comte de Toulouse Amiral de France, aux Gouverneurs et ses Lieutenans Généraux en ses Colonies de l'Amérique, Intendans, Commissaires-Ordonnateurs et Subdélégués dans lesdites Colonies, et à tous autres qu'il appartiendra, de tenir la main à l'exécution de la présente Ordonnance, qui sera lue, publiée et affichée par-tout où besoin sera, etc.

Fin du Second Volume.

TABLE

TABLE

CHRONOLOGIQUE

Des Loix et Constitutions des Colonies Françoises de l'Amérique sous le Vent, contenues dans le Tome second.

1713

Fin de la Table Chronologique du Tome second.

INDEX ALPHABÉTIQUE

Des Matieres contenues dans le Tome second.

Nota. *Les Chiffres indiquent les Pages.*

B

C

Capitaines,

D

E

F

Fermiers,

G

H

I

J

K

L

M

N

O

P

Q

R

S

T

U

V

Fin des Matieres contenues dans le Tome second.

BIBLIOTHEQUE IMPERIALE IMPR.

APPROBATION.

J'AI lu par ordre de Monseigneur le Garde-des-Sceaux, le Recueil *des Loix et Constitutions des Colonies Françoises de l'Amérique sous le Vent; par M. Moreau de Saint-Méry*. Je n'y ai rien trouvé qui m'ait paru pouvoir en empêcher l'impression. A Paris, 3 Septembre 1784.

CADET DE SAINEVILLE.

Le Privilege est à la fin du premier Volume.

Achevé d'imprimer pour la premiere fois le 3 Septembre 1785, chez QUILLAU, Imprimeur de S.A.S. Monseigneur le Prince DE CONTI, rue du Fouare, N°. 3.

www.ingramcontent.com/pod-product-compliance
Lightning Source LLC
LaVergne TN
LVHW021040011026
849160LV00007BA/193

* 9 7 8 2 0 1 9 5 3 8 5 7 6 *